Brésil

Cofondateurs : Philippe GLOAGUEN et Michel DUVAL

Directeur de collection et auteur
Philippe GLOAGUEN

Rédacteurs en chef adjoints
Amanda KERAVEL
et Benoît LUCCHINI

Directrice de la coordination
Florence CHARMETANT

Directrice administrative
Bénédicte GLOAGUEN

Directeur du développement
Gavin's CLEMENTE-RUÏZ

Direction éditoriale
Catherine JULHE

Rédaction
Isabelle AL SUBAIHI
Mathilde de BOISGROLLIER
Thierry BROUARD
Marie BURIN des ROZIERS
Véronique de CHARDON
Fiona DEBRABANDER
Anne-Caroline DUMAS
Géraldine LEMAUF-BEAUVOIS
Olivier PAGE
Alain PALLIER
Anne POINSOT
André PONCELET

Conseiller à la rédaction
Pierre JOSSE

Administration
Carole BORDES
Éléonore FRIESS

2017

hachette

TABLE DES MATIÈRES

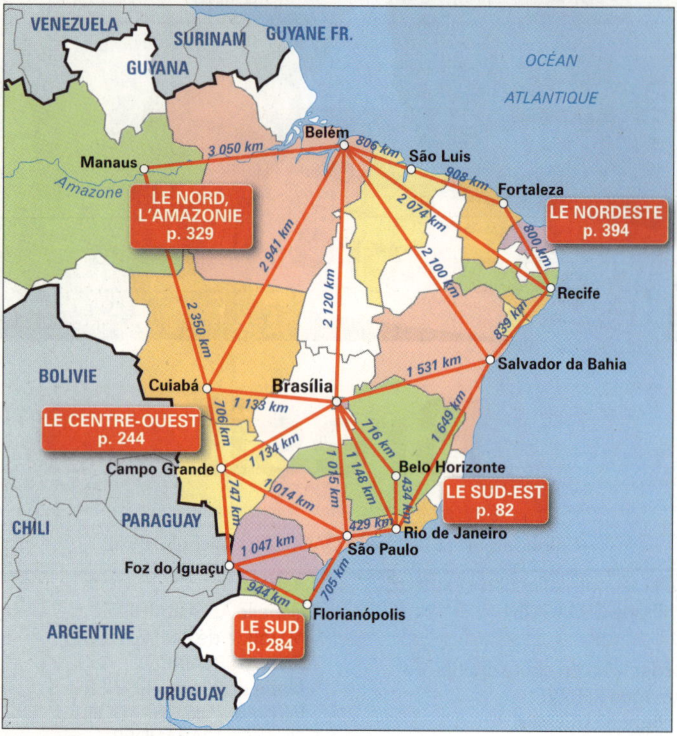

PRÉAMBULE

COMMENT Y ALLER ?

BRÉSIL UTILE

Important : dernière minute

Sauf rares exceptions, le *Routard* bénéficie d'une parution annuelle à date fixe. Entre deux dates, des événements fortuits (formalités, taux de change, catastrophes naturelles, conditions d'accès aux sites, fermetures inopinées, etc.) peuvent modifier vos projets de voyage. Pour éviter les déconvenues, nous vous recommandons de consulter la rubrique « Guide » par pays de notre site • *routard.com* • et plus particulièrement les dernières ***Actus voyageurs.***

LA RÉDACTION DU ROUTARD

(sans oublier nos 50 enquêteurs, aussi sur le terrain)

© R. Delalande et E. Dessons

Thierry, Anne-Caroline, Éléonore, Olivier, Pierre, Benoît, Alain, Fiona, Gavin's, André, Véronique, Bénédicte, Jean-Sébastien, Mathilde, Amanda, Isabelle, Géraldine, Marie, Carole, Philippe, Florence, Anne.

La saga du *Routard* : en 1971, deux étudiants, Philippe et Michel, avaient une furieuse envie de découvrir le monde. De retour du Népal germe l'idée d'un guide différent qui regrouperait tuyaux malins et itinéraires sympas, destiné aux jeunes fauchés en quête de liberté. 1973. Après 19 refus d'éditeurs et la faillite de leur première maison d'édition, l'aventure commence vraiment avec Hachette. Aujourd'hui, le *Routard*, c'est plus d'une cinquantaine d'enquêteurs impliqués et sincères. Ils parcourent le monde toute l'année dans l'anonymat et s'acharnent à restituer leurs coups de cœur avec passion.

Merci à tous les Routards qui partagent nos convictions : liberté et indépendance d'esprit ; découverte et partage ; sincérité, tolérance et respect des autres.

NOS SPÉCIALISTES BRÉSIL

Fiona Debrabander : franco-britannique, passionnée d'histoire, de musique et de cinéma, elle apprécie autant prendre le thé après un trek qu'un café au comptoir, les bains de foule sur les marchés que les bains de minuit en bord de mer. Avide de rencontres et de nature, au coin de la rue ou au bout du monde, elle sillonne la planète avec l'envie de partager ses découvertes.

Amanda Keravel : père indien, mère française… et, entre les deux cultures, un pont : le *Routard* ! Depuis ses premiers pas d'enquêtrice à la recherche de ses racines, cette historienne de formation roule sa bosse à l'affût de bons tuyaux. Gourmande et curieuse comme une chouette, elle prend la poudre d'escampette dès que possible en repassant toujours par la case France, son terrain de jeu favori.

Dimitri Lefèvre : après avoir travaillé sur de nombreux films, il a rejoint le *Routard* il y a 9 ans. Pour lui, recommander une adresse c'est faire un casting pointu, visiter un lieu c'est faire des repérages pour écrire le scénario de la Palme d'or du film de vacances. Mais, au final, les pépites découvertes et les bons conseils aux lecteurs, ce n'est pas du cinéma !

UN GRAND MERCI À NOS AMI(E)S SUR PLACE ET EN FRANCE

Pour cette nouvelle édition, nous remercions particulièrement :

- **Marie Gustot,** pour son aide précieuse et son travail efficace ;
- **Elsa Enriquez,** dont l'enthousiasme ne faiblit jamais ;
- **Alain, Clicea, Pauline,** etc., à Rio de Janeiro ;
- **Patrice Bouvier,** pour ses bons tuyaux et son aide précieuse ;
- **Carolina Albuquerque,** pour son aide précieuse sur Recife ;
- **Stéphane Roerich,** au top sur Pipa !
- **Izabella Borges,** qui nous a bien aiguillés sur Olinda ;
- **Lia Miceli** et **Diego di Niglio,** de l'ONG Central Turismo da Gente à Olinda ;
- **Camila, Carla** et **Rafael** de l'office de tourisme de Tamandaré.

Pictogrammes du Routard

Établissements

- Hôtel, auberge, chambre d'hôtes
- Camping
- Restaurant
- Boulangerie, sandwicherie
- Glacier
- Café, salon de thé
- Café, bar
- Bar musical
- Club, boîte de nuit
- Salle de spectacle
- Office de tourisme
- Poste
- Boutique, magasin, marché
- Accès Internet
- Hôpital, urgences

Sites

- Plage
- Site de plongée
- Piste cyclable, parcours à vélo

Transports

- Aéroport
- Gare ferroviaire
- Gare routière, arrêt de bus
- Station de métro
- Station de tramway
- Parking
- Taxi
- Taxi collectif
- Bateau
- Bateau fluvial

Attraits et équipements

- Présente un intérêt touristique
- Recommandé pour les enfants
- Adapté aux personnes handicapées
- Ordinateur à disposition
- Connexion wifi
- Inscrit au Patrimoine mondial de l'Unesco

Tout au long de ce guide, découvrez toutes les photos de la destination sur • *routard.com* • Attention au coût de connexion à l'étranger, assurez-vous d'être en wifi !

Le *Routard* est imprimé sur un papier issu de forêts gérées.

I.S.B.N. 978-2-01-330186-2

COLOMBIE
VENEZUELA
GUYANA
SURINAM
GUYANE FR.
Boa Vista
RORAIMA
BR 174
3 014
Pico de Neblina
Negro
Óbidos
Amazone
Manaus
Santarém
Alter do Chão
Amazone
Leticia
Tefé
Amazone
Tabatinga
P. N. da Amazônia
São Luis do Tapajós
Tapajós
Transamazonienne
BR 319
AMAZONAS
p. 329
Humaitá
Xingu
Cruzeiro do Sul
ACRE
Porto Velho
Rio Branco
Peixoto de Azevedo
BR 364
BR 163
RONDÔNIA
MATO GROSSO
p. 259
PÉROU
carte "Le Pantanal"
Chapada dos Guimarães
BR 364
BR 174
Cuiabá
BR 070
BR 070
BOLIVIE
BR 163
Corumbá
Aire de conservation du Pantanal
Campo Grande
BR 262
BR 262
Bonito
MATO GROSSO DO SUL
p. 259
Paraná
PARAGUAY
Paraguay
BR 163
Tropique du Capricorne
CHILI
Foz do Iguaçu
Parc national d'Iguaçu
Puerto Iguazú
OCÉAN PACIFIQUE
RIO GRANDE DO SUL
ARGENTINE
Paraná
Uruguaiana
BR 290
0
200
400 km
URUGUAY
BR 471

OCÉAN ATLANTIQUE
NORD
AMAPÁ
Macapá
Équateur
Ile de Marajó
Soure
Salvaterra
Algodoal
Belém
Alcântara
P. N. dos Lençóis Maranhenses
Barra Grande
Jericoacoara
carte "Le littoral de São Luís do Maranhão à Recife"
RIO GRANDE DO NORTE p. 455
São Luís do Maranhão
Fortaleza
Prainha do Canto Verde
Canoa Quebrada
Galinhos / Galos
São Miguel do Gostoso
Natal
Pipa
Ubajara
CEARÁ p. 421
PARAÍBA
João Pessoa
Olinda
Recife
Imperatriz
Maraba
PARÁ
MARANHÃO p. 396
Teresina
Picos
PIAUÍ
PERNAMBUCO p. 476
Redenção
TOCANTINS
Palmas
Juazeiro
ALAGOAS p. 506
Japaratinga
Penedo
SERGIPE p. 514
Aracaju
São Cristóvão
Pl. São Francisco
Mangue Seco
carte "PN de la Chapada Diamantina"
BAHIA p. 516
Lençóis
P. N. de la Chapada Diamantina
Cachoeira
Salvador da Bahia
Ilha de Itaparica
Archipel de Tinharé
Péninsule de Maraú
Itacaré
Ilhéus
carte "Le littoral de Recife à Salvador"
BRASÍLIA
Goiás
Goiânia
MINAS GERAIS p. 214
Diamantina
Trancoso
carte "Le littoral de Salvador à Porto Seguro"
carte "Le Minas Gerais"
Belo Horizonte
Ouro Preto
Congonhas
ESPÍRITO SANTO
Vitória
Pico da Bandeira
2880
carte "La région de Rio de Janeiro"
SÃO PAULO p. 180
Tiradentes
Teresópolis
Petrópolis
L'ÉTAT DE RIO p. 82
São Paulo
Paraty
Búzios
Santos
Rio de Janeiro
Ilha Grande
Tropique du Capricorne
PARANÁ p. 285
Curitiba
Morretes
Ilha do Mel
Forêt atlantique réserve du sud-est
SANTA CATARINA p. 316
São Francisco do Sul
Florianópolis
Porto Alegre
Tocantins
Araguaia
Parnaíba
São Francisco
Grande
site inscrit au Patrimoine mondial de l'Unesco
Capitale d'État

LE BRÉSIL

Danseuse brésilienne lors du carnaval de Rio

« Ah ! Ce Brésil beau et basané
C'est mon Brésil brésilien
Terre de samba et de tambourins
Brésil ! Pour moi, pour moi, Brésil ! »
Ary Barroso – Aquarela do Brasil

Plus qu'un pays en Amérique du Sud, le Brésil est un continent dans le continent : près de 8 515 770 km^2, 286 fois la Belgique, près de 16 fois la France !
« Terre de contrastes », a dit l'anthropologue Roger Bastide dans une formule qui fit succès : matérialisme brutal contre mysticisme exacerbé, splendeur fastueuse du carnaval contre misère quotidienne, baroque colonial contre délires futuristes de Brasília, ardente ferveur chrétienne et transes renvoyant aux racines africaines d'une partie de la population, fortunes colossales contre sous-alimentation endémique… On ne finirait pas d'en dresser l'inventaire.
De l'Amazone infini aux colossales chutes d'Iguaçu, du quadrilatère de la sécheresse dans le Sertão au territoire marécageux du Pantanal, ici, la nature atteint les extrêmes de la démesure. La démesure ! Voilà peut-être la clé du Brésil.
On vient découvrir ce pays pour ses plages, pour son soleil, pour sa musique, pour la folie unique au monde de son carnaval, pour son énergie incroyable comme pour ses langueurs, pour ses forêts tropicales humides et la jungle de ses villes… et surtout pour ébranler ses certitudes. Le Brésil, une frontière culturelle à franchir allègrement et à vivre intensément.

Maison flottante sur le rio Purus

NOS COUPS DE CŒUR

1 **À Rio, grimper au sommet du Corcovado et du Pain de Sucre, deux extraordinaires points de vue sur la ville et sa baie, uniques au monde.**

La *cidade maravilhosa* (« ville merveilleuse ») porte bien son nom. Sa beauté dépasse l'imagination : aucune ville n'aligne une telle succession de baies, de plages superbes, au pied d'un relief aussi accidenté qu'arboré ! Pour saisir la folie urbaine qu'est Rio, il faut d'abord la voir d'en haut. Depuis le Corcovado ou le Pain de Sucre, on jouit d'une vue panoramique grandiose. *p. 138, 140*

Bon à savoir : *les deux visites sont complémentaires pour apprécier la topographie de la ville. Réserver ses billets à l'avance.*

© Gunter-Solomango/Onlyworld.net

2 Voir et se faire voir le long des plages de Copacabana et d'Ipanema. Peu de grandes métropoles sont capables d'aligner de telles plages de sable fin en plein centre. Longue de près de 4,5 km, la légendaire plage de Copacabana s'étire entre le Pain de Sucre au nord et la pointe d'Arpoador au sud. Le long de la promenade ou les pieds dans le sable, la balade est très agréable, égayée par les joueurs de foot ou par les prouesses des sculpteurs sur sable. Ipanema est plus chic, tout comme Leblon. *p. 144*

Bon à savoir : *venir à l'heure du coucher de soleil pour apprécier un des plus beaux clichés de Rio.*

© Gardel Bertrand/hemis.fr

3 Participer au carnaval : défiler avec une *escola do samba* à Rio, suivre un *trio elétrico* à Salvador ou se mêler à la foule à Olinda…

Découvrir le Brésil pendant le carnaval, c'est plonger dans l'âme du pays. Rio, Salvador, Olinda… Chaque carnaval a sa particularité, les costumes éblouissent, les couleurs claquent, la musique percute, les corps chaloupent tout autant ! Plein d'autres carnavals réputés dans le pays, notamment à Florianópolis, au sud, ou à São Paulo ! *p. 84, 495, 528*

Bon à savoir : *le carnaval a lieu en février ou mars, 4 jours avant le mercredi des Cendres, mais les festivités débutent plusieurs semaines à l'avance, avec les répétitions.*

© Migel/Shutterstock

© Gardel Bertrand/hemis.fr

4 **Séjourner à Ilha Grande, superbe île tropicale couverte de végétation…**

Cette île de 193 km² est un site protégé, sans voiture et avec une activité touristique concentrée autour du village de Vila do Abraão. Un site naturel de toute beauté, propice à de belles balades sur les sentiers en forêt, qui mènent à des cascades ou à des plages isolées. Sympa aussi de faire le tour en goélette *(escuna)*, du *snorkelling* dans la laguna Azul ou même du surf sur la praia de Lopes Mendes. *p. 165*

Bon à savoir : liaisons en bateau régulières depuis Angra dos Reis, à 170 km de Rio. Beaucoup de monde pendant les fêtes et vacances d'été brésiliennes (décembre-février).

© M&G Therin-Weise/Age fotostock

5 **Flâner dans les ruelles de Paraty, splendide petite ville du XVIIIe s.**

Un petit bijou colonial qui semble n'avoir pas bougé depuis sa fondation au XVIIIe s, lorsque Paraty était le port le plus important du pays. Le long de ses ruelles mal pavées, églises et demeures coloniales lui confèrent un charme sans égal. Il faut aussi partir en bateau à la découverte des îlots alentour : la vue du village depuis la baie est très belle, tout comme les plages... *p. 173*

Bon à savoir : liaisons en bus en 4h environ depuis Rio, 6h depuis São Paulo.

6 **Visiter les chutes d'Iguaçu, spectacle naturel impressionnant.** Enserré dans la forêt tropicale, Iguaçu est un ensemble de 200 chutes que le Brésil partage avec l'Argentine et le Paraguay. La vue côté brésilien est saisissante et vertigineuse. Si certaines chutes ne sont que de minces filets d'eau, d'autres dépassent les 80 m de hauteur. Dans un nuage de vapeur d'eau et un grondement tonitruant, on assiste à un spectacle grandiose ! *p. 285*

Bon à savoir : *ne pas manquer la visite côté argentin, encore plus spectaculaire, en y consacrant 1 journée.*

7 **Découvrir Brasília, capitale dessinée par l'architecte Oscar Niemeyer.**
Incroyable cité futuriste et utopique créée au milieu de nulle part, sur un plateau à 1 000 m d'altitude, construite en moins de 4 ans. Évoquant les décors d'un film de Jacques Tati, elle a été conçue par le génial et talentueux Niemeyer, disciple de Le Corbusier. Les trekkeurs urbains, les chasseurs d'images insolites, les amateurs d'architecture monumentale et d'urbanisme se régaleront… *p. 244*
Bon à savoir : *loin de tout, y aller en avion. 2 jours suffisent pour tout voir.*

8 **Observer la faune et les innombrables oiseaux qui peuplent le Pantanal, immense réserve naturelle.**
À cheval sur 2 états à la frontière avec la Bolivie, le Pantanal est une vaste plaine traversée par le río Paraguay et ses nombreux affluents. C'est la plus belle réserve naturelle d'animaux du Brésil, une occasion unique de côtoyer la faune locale (caïmans, oiseaux, etc.). Le Pantanal est sans aucun doute – avec l'Amazonie – la plus merveilleuse destination pour découvrir la nature brésilienne. *p. 260*
Bon à savoir : *éviter la région en saison des pluies (novembre-avril) à cause des inondations.*

9 Séjourner sur Ilha do Mel, petite île du Paraná qui recèle des plages vierges.

Au large de Paranaguá, Ilha do Mel est une petite île paradisiaque que l'érosion sépare peu à peu en deux parties, uniquement reliées par un banc de sable. Au nord, une réserve écologique couverte de végétation abrite d'immenses plages de sable fin quasi désertes. Au sud, la plus petite partie de l'île concentre la majorité des insulaires autour de deux petits villages. *p. 312*

***Bon à savoir :** le nombre de visiteurs étant limité à 5 000 personnes/j., on embarque parfois au compte-gouttes, à mesure que des passagers débarquent.*

© Chris Schmid Photography/Alamy/Hemis

10 En Amazonie, séjourner sur la petite île d'Algodoal, où l'on se déplace encore en charrette à cheval.

L'attrait de ce paisible bout de terre réside surtout dans ses immenses plages de sable blanc, bordées de dunes. L'intérieur de l'île, lui, abrite une brousse maritime peuplée d'une faune variée : perroquets, iguanes, singes… Amoureux de nature vierge et de vie simple, voici un endroit pour vous ! *p. 391*

***Bon à savoir :** période idéale de juin à décembre.*

© Carlos Mora/Alamy/Hemis

(11) Remonter l'Amazone en bateau depuis Belém ou Manaus.

Qui n'a pas un jour rêvé de naviguer sur l'Amazone ? De nombreux bateaux vous attendent entre Belém, où le fleuve plonge dans l'océan Atlantique, et Manaus, la plus grande ville du centre de l'Amazonie. Ces bateaux sont le principal moyen de transport, la région ne disposant pas d'un réseau routier étendu. Pour parcourir 1 700 km, ils mettent 7 jours de Belém à Manaus et 5 jours dans l'autre sens… Allez, bon vent ! *p. 356*

***Bon à savoir :** on peut aussi partir de/vers Santarém, ville qui se trouve à mi-chemin.*

(12) Faire escale à Alter do Chão, pour se prélasser sur les étendues de sable blanc, bordées d'eau turquoise.

Alter do Chão est un village posé au bord d'un renfoncement creusé par le rio Tapajós. Tout autour, de superbes plages de sable bordent un lagon dénommé *lago Verde*, qui prend cette belle teinte turquoise lorsque les eaux sont basses. Ce qui n'empêche pas d'y aller toute l'année, car le cadre est attrayant. *p. 362*

***Bon à savoir :** la meilleure période correspond à la saison sèche, de juillet à décembre.*

13 S'enfoncer dans la forêt amazonienne, aux environs de Manaus, et passer la nuit dans un hamac.

Manaus est le point de départ idéal pour assouvir ses aspirations d'aventurier et partir à la découverte de la forêt tropicale. Pour vraiment « ressentir » le milieu amazonien, on optera pour une excursion itinérante, en bivouaquant chaque nuit à des endroits différents. Si votre condition physique vous le permet, l'expérience vous laissera des souvenirs inoubliables. *p. 353*

Bon à savoir : *l'Amazonie, c'est avant tout une ambiance, une atmosphère, mais pas vraiment un lieu de safari car les animaux s'y cachent facilement…*

© Andoni Canela/Age fotostock

14 Explorer le parc national dos Lençóis Maranhenses, véritable « Sahara » du Nordeste aux immenses dunes de sable blanc.

Voici un de ces lieux privilégiés où la nature a créé de l'exceptionnel. Sur 155 000 ha, d'immenses dunes d'un sable blanc aveuglant ondulent comme des draps (*lençois* en portugais) sur des dizaines de kilomètres, ponctuées par des lacs d'eau douce, des plages désertes où se réfugient tortues et oiseaux… Saisissant ! Un lieu fantastique, au sens premier du terme. *p. 417*

Bon à savoir : *période idéale d'avril à août.*

© Jon Arnold Images/hemis.fr

© Wagner Santos/Age fotostock

15 **À Jericoacoara, se promener sur le sable entre les dunes et les voiles blanches des *jangadas* voguant sur l'océan.**

Éloignée de tout et encore difficile d'accès, « Jeri » aligne cocotiers, dunes de sable fin, lagons d'eau salée et d'eau douce, immenses plages, rochers sculptés par l'érosion, etc. En prime, de sublimes couchers de soleil, un village où l'on danse sur le *forró* et où l'on peut admirer l'agilité des capoeiristes… Jericoacoara signifie « le lieu où les crocos dorment au soleil ». Imitons-les sans complexe ! *p. 421*

Bon à savoir : *le site est aussi réputé pour le kitesurf qui se pratique d'août à décembre, lorsque le vent souffle fort !*

16 **Découvrir les petits villages de pêcheurs sur la côte du Nordeste.**
Du Maranhão à Bahia, le Nordeste est formé de neuf États alignés sur 3 500 km de côtes. Son littoral révèle des paysages côtiers parmi les mieux sauvegardés du pays et abrite une multitude de villages de pêcheurs épargnés par l'agitation touristique, comme Prainha do Canto Verde, Galinhos, ou entre Japaratinga et Maceío. La mer, du sable et du vent, et puis c'est tout… C'est aussi ça, le Brésil ! *p. 449, 455, 508*
Bon à savoir : *l'idéal est de louer son propre véhicule, toutefois certaines parties du littoral se parcourent en buggy, avec une agence.*

17 **Parcourir les ruelles de la ville historique d'Olinda.**
Située à 6 km de Recife, Olinda est l'un des joyaux du Brésil. Son nom signifie d'ailleurs « Oh, la belle ! » en portugais. Ruelles escarpées bordées de maisons coloniales multicolores, églises baroques exubérantes et fontaines mauresques : la vieille ville est somptueuse, même si, mal entretenue, elle a un air décadent… qui ajoute à son charme. Une ville authentique, langoureuse et chaleureuse comme un air de bossa-nova. *p. 494*

Bon à savoir : *une des périodes idéales pour visiter la ville est décembre-janvier, avant la folie du carnaval.*

© Chris Schmid/Eyemage Media/Alamy/Hemis

18 **Goûter aux joies du farniente à Mangue Seco, site naturel de toute beauté.**

Bordée à l'est par l'Atlantique et à l'ouest par un *río,* Mangue Seco ressemble à une île. Parcelle de paradis, voilà une immense plage de sable blanc déserte, des dunes qui se déplacent sous l'effet du vent, des infrastructures minimales… Fruit de la volonté de ses habitants de la préserver à tout prix des diables du progrès, c'est un véritable eden terrestre comme on n'en rencontre plus que très peu sur la planète. *p. 517*

***Bon à savoir :** emporter suffisamment de liquide et une crème antimoustiques.*

19 Faire la fête dans le centre historique de Salvador (Pelourinho), au rythme endiablé des petites formations musicales.

Si Salvador de Bahia séduit par son littoral, sa baie majestueuse et les splendeurs coloniales de son centre historique, la ville possède aussi une scène musicale parmi les plus riches du pays. Au Pelourinho, des petits concerts se tiennent presque chaque soir, aux terrasses des bars, sur les placettes et dans les ruelles. Laissez-vous guider par les rythmes brésiliens… *p. 549*

Bon à savoir : *la meilleure période est celle des répétitions, de l'automne à février.*

© Frédéric Soreau/Photononstop

20 Explorer l'État de Bahia et randonner dans la spectaculaire Chapada Diamantina.

À 400 km à l'ouest de Salvador, le parc national de la Chapada Diamantina est une splendide région de basse montagne, de canyons semés de cascades et de hauts plateaux. À une altitude moyenne de 1 000 m, c'est l'endroit idéal pour faire des randonnées inoubliables, notamment autour de la jolie ville coloniale de Lençóis. *p. 607*

***Bon à savoir :** à 6h de route de Salvador, compter minimum 4 jours de voyage et 3 nuits dans la Chapada.*

Lu sur routard.com

La folie du carnaval
(tiré du carnet de voyage d'Anissa Hammadi)

Au Brésil, cette fête est d'une grande diversité et chaque ville a ses particularités. Rio, Salvador, Recife… À vous de choisir votre préférée, avant de vous laisser emporter dans la folie carnaval.

Le grand spectacle-vitrine du ***carnaval de Rio*** est incontournable. Il donne l'impression d'un vaste défoulement collectif, où les *Cariocas* (habitants de Rio) de tous milieux sociaux se retrouvent pour faire la fête. Le carnaval *carioca* est né de la rencontre de deux cultures au XIXe s. : les danses africaines et l'*Entrudo*, l'équivalent portugais du Mardi gras. Les colons portugais, qui faisaient la fête entre eux dans les beaux salons, ont vite rejoint les descendants d'esclaves noirs dans la rue. C'est ainsi qu'est né le carnaval de Rio. Quant au samba (mot masculin quand on parle de la musique...), il voit le jour en 1917, suivi par la création d'écoles de samba en 1920 et du fameux concours entre les écoles, qui constitue le point d'orgue du carnaval. Depuis, les écoles de samba défilent au sein du *sambodrome*, vêtues de costumes multicolores et délirants qu'elles ont confectionnés pendant l'année. Une école est élue reine du carnaval. Les règles du concours sont très strictes. En marge des festivités, des orchestres de quartier (les *bandas*) envahissent la ville qui vit alors au rythme des *batucadas*, du mambo et du *forró*…

Le ***carnaval de Salvador de Bahia*** s'impose comme une formidable fête populaire de rue, où des millions de personnes dansent des heures durant au son de rythmes frénétiques. Toutes les couleurs du Brésil battent le pavé : l'essentiel, ici, c'est de s'amuser en musique. Nuit et jour, des cortèges dansent la samba autour des *trios electricos*, de gros camions décorés sur lesquels des orchestres jouent la musique locale. Les *blocos* (groupes) sont séparés de la foule par une corde. Une foule qui danse et saute tellement qu'on l'a surnommée *pipoca* (pop-corn). Les meilleurs interprètes du Brésil se produisent *live* sur les *trios electricos*…

Le ***carnaval de Recife*** est rythmé par le *frevo*. Populaire et chaleureux, il combine les influences européennes, africaines et indiennes. Le *frevo* est la musique typique de Recife, frénétique et joyeuse, où les cuivres sont en bonne place. Munis de petits parapluies colorés, les danseurs (les *passistas*) font preuve d'une grande virtuosité. C'est à Recife que se trouve le plus grand groupe carnavalesque du monde, le *galo da madrugada*.

Le ***carnaval de São Paulo*** voit, lui aussi, défiler les écoles de samba sur un *sambodrome*. Les règles sont les mêmes qu'à Rio et le spectacle se révèle somptueux sous une pluie de strass et paillettes. Mais São Paulo est encore loin de faire de l'ombre à Rio...

ITINÉRAIRES CONSEILLÉS

Voici plusieurs suggestions d'itinéraires qui peuvent s'enchaîner. Bien entendu, en fonction du mode de transport et des options choisies, les parcours peuvent rapidement s'allonger. Une quinzaine de jours peuvent suffire pour un avant-goût du Brésil, mais une vie serait nécessaire pour connaître le pays dans son intégralité.

Une semaine

Rio de Janeiro et l'État de Rio

Du 1er au 3e jour : Rio de Janeiro (1). À ne pas manquer : le Pain de Sucre et le Corcovado, les plages de Copacabana et d'Ipanema, le Centro et le quartier de Santa Teresa, une virée nocturne à Lapa en fin de semaine.

Du 4e au 6e jour : cap au sud vers ***Ilha Grande (2)*** et ***Paraty (3)*** : nature, plages idylliques, architecture coloniale et ambiance très relax.

Autre option à l'est de Rio : ***Buziós (4),*** ses nuits festives et ses nombreuses plages.

7e jour : retour à ***Rio (1)*** pour passer le vendredi soir ou samedi soir sur place, au cœur de l'animation.

Salvador et l'État de Bahia

Du 1er au 3e jour : Salvador da Bahia (1). À ne pas manquer : les quartiers historiques du Pelourinho et de Santo Antônio, la basilique Nosso Senhor do Bonfim, une virée nocturne à Barra ou à Rio Vermelho.

Du 4e au 5e jour : cap au nord avec une étape à ***Praia do Forte (2),*** pour voir les tortues marines du Projeto Tamar. Puis séjour balnéaire à ***Mangue Seco (3).***

6e jour : retour à ***Salvador (1).*** Visite possible de ***Cachoeira (4)*** et juste en face, ***São Felix,*** petites villes coloniales du Recôncavo.

7e jour : retour à ***Salvador (1)*** pour passer le vendredi soir ou samedi soir sur place.

9-10 jours

Dans les deux cas, comme votre vol retour a de fortes chances de passer par Rio ou São Paulo, extension possible par avion en 2 jours et 1 nuit pour visiter un des musts du continent, les ***chutes d'Iguaçu (5).***

2-3 semaines

Rio de Janeiro, l'État de Rio et le Minas Gerais

Même principe que pour un séjour d'une semaine à ***Rio (1),*** mais en prenant son temps pour explorer les alentours, notamment ***Petrópolis (5)*** et les villes coloniales du Minas Gerais : ***Tiradentes (6), Ouro Preto (7),*** etc. Avec, en prime, quelques jours de détente sur le littoral, qui recèle de plages *maravilhosas* ! De quoi satisfaire à la fois les amateurs de musique, de baignade, de farniente, mais aussi de vieilles pierres et d'églises baroques.

Le Nordeste

Option 1 :

Depuis ***Salvador (1),*** on peut explorer le littoral sud, ***l'archipel de Tinharé (2),*** un de nos coups de cœur, ***la péninsule de Maraú (3),*** ou plus loin et dans un autre registre, ***Trancoso (4)*** et ***Itacaré (5)*** pour les amateurs de *sea, sex & surf* (!).

Les randonneurs et amoureux de grands espaces ne manqueront pas de faire une incursion dans le superbe parc de la ***Chapada Diamantina (6),*** à 6h de route de Salvador – compter alors minimum 4 jours de voyage et 3 nuits sur place.

Option 2 :

Autre alternative pour visiter le Nordeste : longer le littoral depuis ***São Luis do Maranhão (1),*** en passant par les dunes de sable du ***parc national dos Lençóis Maranhenses (2), Jericoacoara (3), Canoa Quebrada (4), Pipa (5),*** ainsi qu'une multitude de petits villages de pêche ou stations balnéaires, certaines particulièrement réputées pour la vie nocturne ou le kitesurf. Finir en séjournant dans la superbe ***Olinda (6),*** à proximité de Recife, pour son charme colonial et ses fêtes populaires.

© Frédéric Soreau/Photononstop

Le Sud

Escale à ***São Paulo (1),*** pour sa vie culturelle intense et sa gastronomie, réputée et cosmopolite. Après avoir visité les ***chutes d'Iguaçu (2),*** partir explorer le littoral sud, l'île de ***Florianópolis (3)*** et ses plages innombrables, ***Ilha do Mel (4)*** ou encore la ***serra da Graciosa (5),*** que l'on visite en train au départ de Curitiba, au cœur de montagnes nappées de végétation.

Brasília et le Pantanal

Cette variante est particulièrement recommandée aux routards amateurs de nature sauvage. Ceux qui s'intéressent à l'architecture contemporaine feront étape à ***Brasília (1),*** capitale futuriste unique au monde, conçue par Oscar Niemeyer. Puis, partir explorer le ***parc du Pantanal (2),*** immense, une occasion unique d'observer de près la faune locale (caïmans, cabiais, toucans, ibis, perroquets et autres oiseaux exotiques), bien plus qu'en Amazonie où les animaux se cachent facilement dans la forêt…

L'Amazonie

Première étape : rejoindre ***Manaus (1)*** depuis Rio ou São Paulo, puis relier Belém (ou vice versa) en bateau ou en avion, en explorant à chaque fois la région. Étapes à ***Alter do Chão (2),*** près de ***Santarém (3),*** avant de rejoindre ***Belém (4).*** De là, ne pas manquer de séjourner sur les ***îles d'Algodoal (5)*** et ***de Marajó (6),*** sans oublier de faire une excursion (plus ou moins longue) en forêt, incontournable en Amazonie !

SI VOUS ÊTES...

Plutôt plage : vous avez l'embarras du choix. De la baie de Rio aux plages du Sud (Florianópolis et Ilha do Mel), des stations balnéaires branchées de Trancoso, Itacéré ou Porto Seguro en passant par Jericoacoara ou Canoa Quebrada, au nord, et tous les petits villages du littoral nordestin. Au menu : plages et dunes de sable fin, cocotiers, spots de kitesurf ou de planche à voile et soirées endiablées en saison.

Plutôt culture et vieilles pierres : l'État de Rio, le Minas Gerais, Salvador, Olinda, São Luís, Belém… Le pays regorge de villes historiques à l'architecture coloniale, qui ne manqueront pas de charmer les amateurs d'histoire et d'art baroque. Mais découvrir la vie culturelle brésilienne, c'est aussi visiter ses nombreux musées et centres culturels, ou simplement passer une soirée dans un bar populaire, pour écouter les classiques de la bossa ou de la samba…

Plutôt nature : l'Amazonie est mythique, mais c'est l'arbre qui cache la forêt ! Le Pantanal présente un paysage humide, plus ouvert, avec beaucoup plus de savane tropicale. La faune y est d'une grande richesse, tout comme celle de la Chapada Diamantina, dans le Nordeste. Le parc national du Lençóis Maranhenses est également de toute beauté, en particulier après la saison des pluies. Au sud, la région de Morretes se prête aussi à de belles balades au cœur de la forêt atlantique.

En famille : privilégier le littoral et ses plages. Il y en a pour tous les goûts, des plus animées aux villages isolés dans un environnement idyllique. Iguaçu offre aussi un spectacle mémorable, pour les grands comme pour les petits ! Enfin, le Pantanal peut offrir une belle occasion d'observer la faune et de profiter des activités en pleine nature (balade à cheval, en barque, etc.). En prime, pas de paludisme dans cette région, mais bien se protéger toutefois des moustiques.

Démonstration de capoeira

fortement développés dans les grandes villes, notamment à Rio et à Salvador ; là, il n'existe aucun traitement préventif hormis l'usage de bons répulsifs (pour la peau et les vêtements).

➢ Peut-on y aller avec des enfants ?

Oui, bien sûr ! Outre les innombrables plages du littoral (certaines propices à la baignade, d'autres à la pratique du windsurf ou du kitesurf, donc plus dangereuses), la nature, la faune et le mode de vie brésiliens ne manqueront pas de séduire aussi vos enfants. On signale dans le guide les sites/musées particulièrement adaptés aux routards en herbe. Repérez-les grâce au symbole 🚸.

➢ Quel est le taux de change ? Comment payer sur place ?

La monnaie nationale est le « real », dont le symbole utilisé au Brésil est R (et que l'on indique Rls dans le guide). Le taux de change moyen est de 0,25 € pour 1 Rl. L'euro et le dollar se changent facilement dans les villes touristiques. En revanche, contrairement à d'autres pays d'Amérique du Sud, on utilise peu le dollar (ou une devise étrangère) pour payer sur place.

➢ Quelles langues y parle-t-on ?

Le portugais du Brésil... avant tout ! L'anglais est encore peu répandu, même dans les lieux touristiques. Le mieux est d'apprendre quelques phrases et mots-clés.

➢ Les plages brésiliennes, mythe ou réalité ?

Réalité ! Sublimes plages tout le long du littoral, tellement étendu qu'il existe encore des coins sauvages... C'est dans le Nordeste qu'on trouve les plus réputées : cocotiers, sable fin et soleil presque toute l'année. Mais le littoral au sud de Rio n'est pas en reste...

➢ Où profiter de la fièvre du carnaval ?

À Rio, bien sûr ! Mais il y a d'autres carnavals tout aussi réputés, comme à Salvador, à Recife (et Olinda) ou dans le Sud, à Florianópolis. Sans oublier les « carnavals de rue », partout dans le pays.

COMMENT Y ALLER ?

LES LIGNES RÉGULIÈRES

▲ AIR FRANCE

Rens et résas au ☎ 36-54 (0,34 €/mn – tlj 6h30-22h), sur • airfrance.fr •, dans les agences Air France (fermées dim) et dans ttes les agences de voyages.

➢ Air France dessert, au départ de l'aéroport Roissy-Charles-de-Gaulle, terminal 2E, Rio de Janeiro avec 1-2 vols/j. et São Paulo avec 2 vols/j.

➢ Également 13 destinations intra-Brésil opérées par la compagnie brésilienne *GOL,* en partage de code avec Air France et en correspondance avec les vols transatlantiques de/vers Rio de Janeiro et/ou São Paulo d'Air France.

Air France propose des tarifs attractifs toute l'année. Pour consulter les meilleurs tarifs du moment, allez directement sur la page « Nos meilleurs tarifs » sur *• airfrance.fr •*

Flying Blue, le programme de fidélisation gratuit d'Air France-KLM, permet de cumuler des miles et de profiter d'un large choix de primes. Cette carte de fidélité est valable sur l'ensemble des compagnies membres de *Skyteam*.

▲ LATAM AIRLINES

Infos par tél slt, ☎ 0821-23-15-54 (0,15 €/mn ; lun-ven 9h30-17h30). • latam.com •

➢ Assure 1 vol/j. de Paris (Roissy-Charles-de-Gaulle T1) vers São Paulo. Les vols s'effectuent de nuit.

Compagnie aérienne de référence vers l'Amérique latine, LATAM Airlines opère des vols vers plus de 115 destinations en Amérique latine, dont 40 au Brésil.

▲ AIR EUROPA

– Paris : 58a, rue du Dessous-des-Berges, 75013. ☎ 01-42-65-08-00. • aireuropa.com • Ⓜ Bibliothèque-François-Mitterrand. Bureau ouv lun-ven 9h-17h. Résa par tél 24h/24.

➢ Assure 3 vols/sem entre Paris (Orly-Ouest) et Salvador da Bahia via Madrid. Des vols sont aussi proposés au départ de Roissy-Charles-de-Gaulle (2F), en collaboration avec *Air France* sur le trajet Paris-Madrid.

LES ORGANISMES DE VOYAGES

– Ne pas croire que les vols à tarif réduit sont tous au même prix pour une même destination à une même époque : loin de là. On a déjà vu, dans un même avion partagé par 2 organismes, des passagers qui avaient payé 40 % plus cher que les autres. De plus, une agence bon marché ne l'est pas forcément toute l'année (elle peut n'être compétitive qu'à certaines dates bien précises). Donc, contactez tous les organismes et jugez vous-même.

– Les organismes cités sont classés par ordre alphabétique, pour éviter les jalousies et les grincements de dents.

EN FRANCE

▲ ALMA LATINA

– Paris : 5 bis, rue de l'Asile-Popincourt, 75011. ☎ 01-53-70-23-68. • alma-latina-tours.com •

Cette agence spécialiste vous accompagne dans l'organisation de vos voyages sur mesure en Amérique latine (Brésil, Pérou, Costa Rica, Guatemala, Bolivie, Équateur, Argentine et Chili). Une équipe de globe-trotteurs est à votre disposition pour vous conseiller sur la destination et la formule à adopter selon vos envies : circuits en liberté au volant de votre voiture ou avec un chauffeur privé, circuits en groupe guidés en français, combinés de différents pays, et de nombreuses expériences insolites... N'hésitez pas à leur demander conseil.

▲ ALTIPLANO

– Annecy-le-Vieux : 18, rue du Pré-d'Avril, 74940. ☎ 04-50-46-41-55. • bresil@altiplano-voyage.com • altiplano-voyage.com • Lun-ven 9h-13h, 14h-19h.

Mariana, d'origine brésilienne et directrice d'Altiplano Voyage, connaît extrêmement bien son pays. Avec son expérience de plus de 12 ans dans l'organisation du voyage sur mesure, elle vous conseille pour préparer le séjour de vos rêves dans ce pays magique. Découvrez la vie sauvage du Pantanal et de l'Amazonie, explorez les sites coloniaux du Minas Gerais et de Parati sans oublier les étapes incontournables comme Rio et son Pain de Sucre, Iguaçu (Unesco) avec ses chutes majestueuses et Salvador de Bahia aux influences africaines. N'hésitez pas à la contacter.

▲ ANAPIA VOYAGES

– Aix-en-Provence et Saint-Jean-de-Luz : ☎ 04-42-54-21-52. 📱 06-88-62-62-66. • anapiavoyages.fr •

L'équipe d'Anapia Voyages, basée à Aix-en-Provence et à Saint-Jean-de-Luz, s'appuie sur l'expérience de ses 5 spécialistes pour proposer des séjours et circuits, notamment en Amérique latine, en Asie et en Afrique australe... Le plus d'Anapia : proposer, en plus des visites de sites incontournables, une qualité d'accueil pour les hébergements (charme, petites structures) et surtout une vraie rencontre avec les populations grâce à des repas, des activités et des nuits chez l'habitant. Le mélange est dosé selon le cahier des charges de chaque client, du sur-mesure au cousu main.

▲ BRÉSIL À LA CARTE

Infos et résas : • bresil-alacarte.com •

Brésil à la Carte est une agence locale de confiance, dont les conseillers, fins connaisseurs du terrain, vous accompagnent dans la préparation de votre voyage sur mesure. Vous avez ainsi accès à un service personnalisé tout en bénéficiant d'un prix accessible. Pour vous proposer un maximum de garanties, Brésil à la carte a noué un partenariat avec Destinations en direct, possédant un agrément français. Cette alliance vous permet notamment de régler votre voyage en ligne de façon sécurisée, et de bénéficier des garanties de la loi française en matière de protection du consommateur.

▲ CERCLE DES VACANCES – VACANCES AMÉRIQUE LATINE

– Paris : 4, rue Gomboust (angle 31, av. de l'Opéra), 75001. ☎ 01-40-15-15-03. • cercledesvacances.com • Lun-ven 9h-20h ; sam 10h-18h30.

Le vrai voyage sur mesure, à destination de l'Amérique latine : Brésil, Argentine, Pérou, Bolivie, Chili, Mexique, Guatemala, Nicaragua, Colombie, Panama, Costa Rica, Cuba et Équateur.

Leurs experts partageront avec vous leurs conseils et leurs petits secrets pour faire de votre voyage une expérience inoubliable. Cercle des Vacances propose différents types de voyage adaptés à ses clients : circuits privés, trekking, voyages au volant de votre voiture de location, croisières, circuits en petits groupes, combinés, voyages de noces... Également un service liste de mariage gratuit. Les petits plus qui font la différence : une virée en tyrolienne dans la forêt tropicale, une excursion en rafting, un cours de danse...

▲ CLUB FAUNE VOYAGES

14, rue de Siam, 75116. ☎ 01-42-88-31-32. • club-faune.com • Lun-ven 9h-19h.

Club Faune Voyages, spécialiste du voyage sur-mesure depuis 1985, vous invite à découvrir le Brésil. Accompagnés et conseillés par un de ses experts passionnés, vous construirez ensemble le « voyage de vos envies » et découvrirez les adresses les plus secrètes au cours d'itinéraires à la carte : survol des chutes d'Iguaçu en hélicoptère, circuit privé entre canyons et lagunes dans la Chapada Diamantina au départ de Salvador de Bahia, croisière de plusieurs nuits en Amazonie ou d'une journée dans la baie de Paraty à bord d'un bateau de pêcheur privé, farniente sur les belles plages du Nordeste, observation du jaguar dans la réserve de biosphère du Pantanal, balade à vélo sur les plages mythiques

AIRFRANCE
SKYTEAM
FRANCE IS IN THE AIR
AU DÉPART DE PARIS
SAO PAULO
JUSQU'À
11 VOLS
PAR SEMAINE
RIO DE JANEIRO
7 VOLS
PAR SEMAINE
AIRFRANCE KLM
AIRFRANCE.FR
France is in the air : La France est dans l'air.

d'Ipanema et Copacabana à Rio... Extension possible en Argentine. Votre conseiller vous recevra dans « l'Espace Voyage » de l'agence : salon cosy avec projection sur grand écran des sites incontournables et d'une sélection d'hôtels et lodges de prestige, le tout pour satisfaire vos attentes et créer un voyage sur-mesure authentique !

▲ COMPTOIR DES VOYAGES

– Paris : 2-18, rue Saint-Victor, 75005. ☎ 01-53-10-30-15. • comptoir.fr • Ⓜ Maubert-Mutualité. Lun-ven 9h30-18h30 ; sam 10h-18h30.

– Lille : 76, rue Nationale, 59160. Ouverture prévue début 2017.

– Lyon : 10, quai Tilsitt, 69002. ☎ 04-72-44-13-40. Ⓜ Bellecour. Lun-sam 9h30-18h30.

– Marseille : 12, rue Breteuil, 13001. ☎ 04-84-25-21-80. Ⓜ Estrangin. Lun-sam 9h30-18h30.

– Toulouse : 43, rue Peyrolières, 31000. ☎ 05-62-30-15-00. Ⓜ Esquirol. Lun-sam 9h30-18h30.

– Bordeaux : 26, cours du Chapeau-Rouge, 33800.

Comptoir des Voyages s'impose comme une référence incontournable dans le voyage sur mesure, avec 80 destinations couvrant les 5 continents. Ses voyages s'adressent à tous ceux qui souhaitent vivre un pays de façon simple en s'y sentant accueilli. Les conseillers privilégient des hébergements typiques, des moyens de transport locaux et des expériences authentiques pour favoriser l'immersion dans la vie locale. Comptoir vous offre aussi la possibilité de rencontrer des francophones habitant dans le monde entier, des *greeters,* qui vous donneront, le temps d'un café, les clés de leur ville ou de leur pays. Comptoir des Voyages propose aussi une large gamme de services : échanges par visioconférence, devis Web et carnet de voyage personnalisés, assistance téléphonique tous les jours 24h/24 pendant votre voyage.

▲ EQUINOXIALES

☎ 01-77-48-81-00. • equinoxiales.fr •

25 ans d'expérience et une passion inépuisable sont les clés de l'expertise d'Equinoxiales. Pour des voyages sur mesure au long cours à prix « low-cost », assortis des meilleurs conseils. Un simple appel, un simple mail, et les conseillers sont à l'écoute pour créer le périple qui vous convient au meilleur prix.

▲ FRANCE AMÉRIQUE LATINE

– Paris : 37, bd Saint-Jacques, 75014. ☎ 01-45-88-20-00. • franceameriquelatine.fr • Ⓜ Saint-Jacques. Lun-jeu 9h30-18h ; ven 10h-16h.

Présent depuis 1986 sur les terrains de la culture, de la solidarité et de la défense des droits de l'homme, le service voyage de France Amérique latine propose de découvrir les richesses naturelles et surtout humaines du continent latino-américain à travers des circuits uniques et authentiques. Toute l'Amérique latine et la Caraïbe sont programmées afin de montrer la réalité des peuples d'Amérique latine, sous diverses formes de voyages : séjours organisés ou à la carte, treks, mais aussi chantiers internationaux dans de nombreux pays, avec plusieurs associations et organisations de jeunesse, notamment des voyages solidaires. Sur place, les voyageurs pourront remettre eux-mêmes les médicaments et le matériel scolaire qu'ils auront réunis avant leur départ.

▲ HUWANS – CLUB AVENTURE

☎ 04-96-15-10-20. • huwans-clubaventure.fr •

– Paris : 18, rue Séguier, 75006. ☎ 01-44-32-09-30. Ⓜ Saint-Michel ou Odéon. Lun-sam 9h-19h.

– Lyon : 38, quai Arloing, 69009. ☎ 04-96-15-10-52. Ⓜ Bellecour ou Ampère. Lun et sam 10h-13h, 14h-18h ; mar-ven 9h-19h.

– Marseille : 4, rue Henri-et-Antoine-Maurras, 13016. Sur rdv slt.

Spécialiste du voyage d'aventure, ce tour-opérateur privilégie la randonnée en petits groupes, en famille ou entre amis pour parcourir le monde hors des sentiers battus. Leur site offre 1 000 voyages dans 90 pays différents, à pied, en pirogue ou à dos de chameau. Ces voyages sont encadrés par des guides locaux et professionnels.

▲ JEUNESSE ET RECONSTRUCTION

– Paris : 10, rue de Trévise, 75009. ☎ 01-47-70-15-88. • volontariat.org • Ⓜ Cadet ou Grands-Boulevards. Lun-ven 10h-13h, 14h-18h.

Jeunesse et Reconstruction propose

des activités dont le but est l'échange culturel dans le cadre d'un engagement volontaire. Chaque année, des centaines de jeunes bénévoles âgés de 17 à 30 ans participent à des chantiers internationaux en France ou à l'étranger (Europe, Asie, Afrique et Amérique) et s'engagent dans un programme de volontariat à long terme (6 mois ou 1 an). Dans le cadre des chantiers internationaux, les volontaires se retrouvent autour d'un projet d'intérêt collectif (1 à 4 semaines) et participent à la restauration du patrimoine bâti, à la protection de l'environnement, à l'organisation logistique d'un festival ou à l'animation et l'aide à la vie quotidienne auprès d'enfants ou de personnes handicapées.

▲ NOMADE AVENTURE

☎ 0825-701-702 (0,15 €/mn + prix appel). • nomade-aventure.com •

– Paris : 40, rue de la Montagne-Sainte-Geneviève, 75005. ☎ 01-46-33-71-71. Ⓜ Maubert-Mutualité. Lun-sam 9h30-18h30.

– Lyon : 10, quai Tilsitt, 69002. Lun-sam 9h30-18h30.

– Marseille : 12, rue Breteuil, 13001. Lun-sam 9h30-18h30.

– Toulouse : 43, rue Peyrolières, 31000. Lun-sam 9h30-18h30.

Nomade Aventure propose des circuits inédits partout dans le monde à réaliser en famille, entre amis, avec ou sans guide. Également hors de groupes constitués, ils organisent des séjours libres en toute autonomie et sur mesure. Spécialiste de l'aventure, avec plus de 600 itinéraires (de niveau tranquille, dynamique, sportif ou sportif +) faits d'échanges et de rencontres grâce à des hébergements chez l'habitant, Nomade Aventure donne la priorité aux expériences authentiques à pied, à VTT, à cheval, en bateau ou en 4x4.

▲ NOSTALATINA

– Paris : 19, rue Damesme, 75013. ☎ 01-43-13-29-29. • ann.fr • Ⓜ Tolbiac. Lun-ven 10h-13h, 15h-18h.

Parce qu'il n'est pas toujours aisé de partir seul, Nostalatina propose des voyages sur mesure en Amérique latine, notamment au Brésil, du séjour classique jusqu'aux contrées les plus reculées, en individuel ou en groupe déjà constitué. Plusieurs formules au choix, dont deux qui sont devenues des formules de référence depuis quelques années pour les voyageurs indépendants : *Les Estampes,* avec billets d'avion, logements, transferts entre les étapes en mixant avec astuces avion, bus, train, ou encore voiture de location ; *Les Aquarelles,* avec en plus un guide et un chauffeur privé à chaque étape. Vous trouverez sur le site internet des idées d'itinéraires que vous pourrez ensuite personnaliser et adapter selon vos envies avec Ylinh, la chaleureuse directrice qui connaît parfaitement le terrain, et son équipe de jeunes passionnés qui vous donneront des conseils avisés pour découvrir le continent sud-américain dans ses moindres recoins.

▲ NOUVELLES FRONTIÈRES

Rens et résas au ☎ 0825-000-747 (service 0,15 €/mn + prix appel), sur • nouvelles-frontieres.fr •, dans les agences de voyages Nouvelles Frontières et Marmara, présentes dans plus de 180 villes en France.

Depuis plus de 45 ans, Nouvelles Frontières fait découvrir le monde au plus grand nombre à la découverte de nouveaux paysages et de rencontres riches en émotions. Selon votre budget ou vos désirs, plus de 100 destinations sont proposées sous forme de circuits, de séjours ou de voyages à la carte à personnaliser selon vos envies. Rendez-vous sur le Web ou en agence où les conseillers Nouvelles Frontières seront à votre écoute pour composer votre voyage selon vos souhaits.

▲ ROUTE DES VOYAGES (LA)

• route-voyages.com •

Agences ouv lun-ven 9h-19h (18h ven). Rdv conseillé.

– Paris : 10, rue Choron, 75009. ☎ 01-55-31-98-80. Ⓜ Notre-Dame-de-Lorette.

– Angers : 6, rue Corneille, 49000. ☎ 02-41-43-26-65.

– Annecy : 4 bis, av. d'Aléry, 74000. ☎ 04-50-45-60-20.

– Bordeaux : 19, rue des Frères-Bonie, 33000. ☎ 05-56-90-11-20.

– Lyon : 59, rue Franklin, 69002. ☎ 04-78-42-53-58.

– Toulouse : 9, rue Saint-Antoine-du-T, 31000. ☎ 05-62-27-00-68.

20 ans d'expérience de voyage sur

© Fotolia/ filipefrazao - IM 07512077

mesure sur les 5 continents ! Cette équipe de voyageurs passionnés a développé un vrai savoir-faire du voyage personnalisé : écoute, conseils, voyages de repérage réguliers et des correspondants sur place soigneusement sélectionnés avec qui ils travaillent en direct. Son engagement à promouvoir un tourisme responsable se traduit par des possibilités de séjours solidaires à insérer dans les itinéraires de découverte individuelle. Elle a aussi créé un programme de compensation territoriale qui permet de financer des projets de développement locaux.

▲ TERRE BRÉSIL

– Paris : 28, bd de la Bastille, 75012. ☎ 01-44-32-12-81. ● terre-bresil.com ● Ⓜ Bastille. Lun-ven 9h-18h30 ; sam 10h-18h.

Spécialiste et passionnée, l'équipe de Terre Brésil cherche à dévoiler les trésors cachés de cet immense pays et répond à toutes les demandes, des plus classiques aux plus originales, avec des itinéraires variés, où le plaisir de la rencontre avec les Brésiliens est aussi fort que le spectacle de sa formidable nature. Présentés par thèmes en brochure ou réalisés sur mesure, utilisant tous les modes de transport possibles, de la goélette au buggy, ces voyages s'adressent aux individuels comme aux groupes.

▲ TERRES LOINTAINES

● terres-lointaines.com ●

– Issy-les-Moulineaux : 2, rue Maurice-Hartmann, 92130. ☎ 01-84-19-44-45. Lun-ven 9h-19h ; sam 10h-18h. Sur rdv slt ou par tél.

– Bordeaux : 4, rue Esprit-des-Lois, 33000. ☎ 09-72-41-71-18.

Terres Lointaines est le dernier-né des acteurs du Net qui compte dans le monde du tourisme avec pour conviction : « Un voyage réussi est un voyage qui dépasse les attentes du client. » Son ambition est clairement affichée : démocratiser le voyage sur mesure au prix le plus juste. En individuel ou en petit groupe, entre raffinement et excellence, Terres Lointaines met le monde à votre portée. Europe, Amériques, Afrique, Asie, Océanie, la palette de destinations programmées est vaste, toutes proposées par des conseillers-spécialistes à l'écoute des envies du client. Grâce à une sélection rigoureuse de prestataires locaux, Terres Lointaines crée des voyages de qualité, qui laissent de merveilleux souvenirs.

▲ VOYAGEURS EN AMÉRIQUE DU SUD

☎ 01-42-86-17-70. ● voyageursdumonde.fr ●

– Paris : La Cité des Voyageurs, 55, rue Sainte-Anne, 75002. ☎ 01-42-86-16-00. Ⓜ Pyramides ou Opéra. Lun-sam 9h30-19h.

– Agences également à Bordeaux, Grenoble, Lille, Lyon, Marseille, Montpellier, Nantes, Nice, Rennes, Rouen, Strasbourg et Toulouse. Également à Bruxelles et Genève.

Parce que chaque voyageur est différent, que chacun a ses rêves et ses idées pour les réaliser, Voyageurs du Monde conçoit, depuis plus de 30 ans, des projets sur mesure. Les séjours proposés sur 120 destinations sont des suggestions élaborées par leurs 180 conseillers voyageurs. Spécialistes par pays, ils vous aideront à personnaliser les voyages présentés à travers une trentaine de brochures d'un nouveau type et sur le site internet où vous pourrez également découvrir leurs hébergements exclusifs et consulter votre espace personnalisé. Au cours de votre séjour, vous bénéficiez des services personnalisés Voyageurs du Monde, dont la possibilité de modifier à tout moment votre voyage, l'assistance d'un concierge local, la mise en place de rencontres et de visites privées et l'accès à votre carnet de voyage via une application iPhone et Android. Voyageurs du Monde est membre de l'association ATR (Agir pour un tourisme responsable) et bénéficie de la certification Tourisme responsable AFAQ AFNOR.

Comment aller à Roissy et à Orly ?

Conservez dans votre bagage cabine vos médicaments, vos divers chargeurs et appareils ainsi que vos objets de valeur (clés et bijoux). Et on ne sait jamais, ajoutez-y de quoi vous changer si vos bagages n'arrivaient pas à bon port avec vous.

Toutes les infos sur notre site ● *routard.com* ● à l'adresse suivante : ● *bit.ly/aeroports-routard* ●

Voir aussi au sein de chaque ville les agences locales que nous avons sélectionnées.

EN BELGIQUE

▲ AIRSTOP

Pour ttes les adresses Airstop, un seul numéro de tél : ☎ 070-233-188. ● airstop.be ● Lun-ven 9h-18h30 ; sam 10h-17h.

– Anvers : Jezusstraat, 16, 2000.

– Gand : Maria Hendrikaplein, 65, 9000.

– Louvain : Mgr. Ladeuzeplein, 33, 3000.

Airstop offre une large gamme de prestations, du vol sec au séjour tout compris à travers le monde.

▲ CONNECTIONS

Rens et résas au ☎ 070-233-313. ● connections.be ● Lun-ven 9h-19h ; sam 10h-17h.

Fort d'une expérience de plus de 20 ans dans le domaine du voyage, Connections dispose d'un réseau de 30 *Travel Shops*, dont un à Brussels Airport. Connections propose des vols dans le monde entier à des tarifs avantageux et des voyages destinés à des voyageurs désireux de découvrir la planète de façon autonome. Connections propose une gamme complète de produits : vols, hébergements, locations de voitures, autotours, vacances sportives, excursions...

▲ CONTINENTS INSOLITES

– Bruxelles : rue César-Franck, 44A, 1050. ☎ 02-218-24-84. ● continents-insolites.com ● Lun-ven 10h-18h ; sam 10h-16h30 sur rdv.

Continents Insolites, organisateur de voyages lointains sans intermédiaire, propose une gamme étendue de formules de voyages détaillées dans leur guide annuel gratuit sur demande.

– *Voyages découverte sur mesure :* à partir de 2 personnes. Un grand choix d'hébergements soigneusement sélectionnés : du petit hôtel simple à l'établissement luxueux et de charme.

– *Circuits découverte en minigroupes :* de la grande expédition au circuit accessible à tous. Des circuits à dates fixes dans plus de 60 pays en petits groupes francophones de 7 à 12 personnes. Avant chaque départ, une réunion est organisée. Voyages encadrés par des guides francophones, spécialistes des régions visitées.

▲ NOUVELLES FRONTIÈRES

● nouvelles-frontieres.be ●

– Nombreuses agences dans le pays dont Bruxelles, Charleroi, Liège, Mons, Namur, Waterloo, Wavre et au Luxembourg.

Voir le texte dans la partie « En France ».

▲ SERVICE VOYAGES ULB

● servicevoyages.be ● 25 agences dont 12 à Bruxelles.

– Bruxelles : campus ULB, av. Paul-Héger, 22, CP 166, 1000. ☎ 02-650-40-20.

– Bruxelles : pl. Saint-Lambert, 1200. ☎ 02-742-28-80.

– Bruxelles : chaussée d'Alsemberg, 815, 1180. ☎ 02-332-29-60.

Service Voyages ULB, c'est le voyage à l'université. Billets d'avion sur vols charters et sur compagnies régulières à des prix compétitifs.

▲ VOYAGEURS DU MONDE

– Bruxelles : chaussée de Charleroi, 23, 1060. ☎ 02-543-95-50. ● voyageursdumonde.com ●

Le spécialiste du voyage en individuel sur mesure. Voir le texte dans la partie « En France ».

EN SUISSE

▲ ALTIPLANO

– Genève : pl. du Temple, 3, 1227 Carouge. ☎ 022-342-49-49. ● altiplano-voyage.ch ●

Voir texte dans la partie « En France ».

▲ JERRYCAN

– Genève : rue Sautter, 11, 1205. ☎ 022-346-92-82. ● jerrycan-voyages.ch ● Lun-ven 9h-12h30, 13h30-18h.

Tour-opérateur de la Suisse francophone spécialisé sur l'Afrique, l'Asie et l'Amérique latine. 3 belles brochures proposent des circuits individuels et sur mesure. L'équipe connaît bien son sujet et peut vous construire un voyage à la carte.

▲ NOUVEAUX MONDES

– Mies : route Suisse, 7, 1295. ☎ 022-950-96-60. ● nouveauxmondes.com ●

Spécialiste de l'Amérique du Sud depuis plus de 15 ans, Nouveaux Mondes propose des circuits originaux dans le cadre de voyages à thème et de voyages sur mesure dans toute l'Amérique du Sud. Nouveaux Mondes mise sur le logement de charme et sur des excursions hors des circuits touristiques traditionnels.

▲ STA TRAVEL

☎ 058-450-49-49. • statravel.ch •

– Fribourg : rue de Lausanne, 24, 1701. ☎ 058-450-49-80.

– Genève : rue Pierre-Fatio, 19, 1204. ☎ 058-450-48-00.

– Genève : rue Vignier, 3, 1205. ☎ 058-450-48-30.

– Lausanne : bd de Grancy, 20, 1006. ☎ 058-450-48-50.

– Lausanne : à l'université, Anthropole, 1015. ☎ 058-450-49-20.

Agences spécialisées notamment dans les voyages pour jeunes et étudiants. 150 bureaux STA et plus de 700 agents du même groupe répartis dans le monde entier sont là pour donner un coup de main *(Travel Help)*.

STA propose des tarifs avantageux : vols secs *(Blue Ticket)*, hôtels, écoles de langue, *work & travel*, circuits d'aventure, voitures de location, etc. Délivre la carte internationale d'étudiant et la carte Jeune.

▲ TUI – NOUVELLES FRONTIÈRES

– Genève : rue Chantepoulet, 25, 1201. ☎ 022-716-15-70.

– Lausanne : bd de Grancy, 19, 1006. ☎ 021-616-88-91.

Voir le texte dans la partie « En France ».

AU QUEBEC

▲ EXOTIK TOURS

Rens sur • exotiktours.com • ou auprès de votre agence de voyages.

Exotik Tours offre une importante programmation en été comme en hiver, notamment au Brésil. Dans la rubrique « Grands voyages », le voyagiste suggère des périples en petits groupes ou en individuel. Au choix : l'Amérique du Sud, le Pacifique sud, l'Afrique (Afrique du Sud, Kenya, Tanzanie), l'Inde et le Népal. L'hiver, des séjours sont proposés dans le Bassin méditerranéen et en Asie (Thaïlande et Bali).

▲ EXPLORATEUR VOYAGES

Rens : ☎ (514) 847-1177. • explorateur.qc.ca •

Cette agence de voyages montréalaise propose une intéressante production maison, axée sur les voyages d'aventures en petits groupes (5 à 13 personnes) ou en individuel. Ses itinéraires originaux, en Amérique latine, en Asie, en Afrique et au Moyen-Orient, se veulent toujours respectueux des peuples et des écosystèmes guidés par un accompagnateur de l'agence. Intéressant pour se familiariser avec ces différents circuits : les soirées Explorateur (gratuites), avec présentation audiovisuelle.

▲ TOURS CHANTECLERC

• tourschanteclerc.com •

Tours Chanteclerc est un tour-opérateur qui publie différentes brochures de voyages : Europe, Amérique du Nord, Amérique du Sud, Asie et Pacifique sud, Afrique et Bassin méditerranéen en circuits ou en séjours. Il s'adresse aux voyageurs indépendants qui réservent un billet d'avion, un hébergement (dans toute l'Europe), des excursions ou une location de voiture. Également spécialiste de Paris, le tour-opérateur offre une vaste sélection d'hôtels et d'appartements dans la Ville Lumière.

BRÉSIL UTILE

• Carte *p. 8-9*

ABC du Brésil

- ❏ ***Nom officiel :*** république fédérale du Brésil.
- ❏ ***Capitale :*** Brasília.
- ❏ ***Superficie :*** 8 515 770 km², divisés en 26 États et un district fédéral. Et pas moins de 7 491 km de littoral !
- ❏ ***Point le plus élevé :*** le pico da Neblina (2 994 m), dans l'Amazonas.
- ❏ ***Population :*** 204,45 millions d'habitants (estimation 2015).
- ❏ ***Régime :*** démocratie constitutionnelle. Régime présidentiel.
- ❏ ***Chef de l'État :*** Michel Temer, président par intérim depuis la destitution de Dilma Rousseff le 17 avril 2016.
- ❏ ***Densité de la population :*** 24 hab./km² (avec 87 % de population urbaine et 70 % des Brésiliens vivant à moins de 100 km de la mer).
- ❏ ***Moyenne d'âge :*** 31 ans.
- ❏ ***Taux de natalité :*** 1,7 enfant/femme.
- ❏ ***Taux d'alphabétisation :*** 92,6 %.
- ❏ ***Monnaie :*** *real* (pluriel *reais*). 1 Rl = environ 0,25 €.

AVANT LE DÉPART

Adresses utiles

– Pas d'office de tourisme du Brésil dans les pays francophones mais des infos générales (en portugais, espagnol ou anglais) sur le site officiel : *• visitbrasil.com •*

En France

■ ***Ambassade du Brésil :*** *34, cours Albert-Ier, 75008 Paris. ☎ 01-45-61-63-00. • paris.itamaraty.gov.br • Ⓜ Alma-Marceau. Lun-ven 10h-17h.*

■ ***Service consulaire :*** *65, av. Franklin-D.-Roosevelt, 75008 Paris. • cgparis.itamaraty.gov.br • Ⓜ Saint-Philippe-du-Roule. Lun-ven 9h-13h, sur rdv.*

En Belgique

■ ***Ambassade du Brésil :*** *av. Louise, 350, boîte 5, Bruxelles 1050. ☎ 02-640-20-15. • bruxelas.itamaraty.gov.br • Lun-ven 9h-13h, 14h30-18h.*

■ ***Service consulaire :*** *rue du Trône, 108, 1050 Ixelles, Bruxelles. ☎ 02-626-28-91. • cgbruxelas.itamaraty.gov.br • Lun-ven 8h-13h.*

En Suisse

■ ***Ambassade du Brésil :*** *Monbijoustrasse 68, 3007 Berne. ☎ 031-371-85-15. • berna.itamaraty.gov.br • Lun-ven 9h-13h, 14h30-17h.* Pas de service consulaire à Berne, consulats à Zurich *(Stampfenbachstrasse 138, 2e étage ;*

NOUVEAUTÉ

COSTA RICA (novembre 2016)

Costa Rica, littéralement la Côte riche. Ce pays est le royaume de la biodiversité planétaire. Un grand bain de nature, voilà la promesse de cette bande de terre qui s'étend entre la mer des Caraïbes et l'océan Pacifique. Un quart du territoire est classé en parcs nationaux ou zones protégées. Alors ouvrez grand vos yeux pour ne pas en perdre une miette ! De la paisible côte caraïbe aux rouleaux agités du Pacifique, le Costa Rica égrène ses richesses. Plantations de cafés, champs de bananiers, cordillères piquées de volcans, lacs et forêts impénétrables, sans oublier ses plages splendides, Mère Nature dévoile ici toutes ses merveilles. Paresseux, iguanes, oiseaux, tortues ou singes, le pays offre de belles rencontres. Et n'oubliez pas que depuis 1948, le Costa Rica abolit son armée pour investir dans l'éducation et la santé. On adopte vite la maxime locale : *pura vida !*

☎ 044-206-90-20 ; ● zurique.itamaraty.gov.br ●) et Genève *(54, rue de Lausanne, 3e étage ; ☎ 022-906-94-20 ; ● genebra.itamaraty.gov.br ●). Lun-ven 9h-13h.*

Au Canada

■ ***Ambassade du Brésil :*** *450 Wilbrod St, Ottawa (Ontario) K1N 6M8. ☎ 613-237-1090. ● ottawa.itamaraty.gov.br ● Lun-ven 9h15-12h45 (12h pour le service des visas).* Prévoir au moins 10 jours de délai et 81,25 $Ca pour les citoyens de la région d'Ottawa. Également des consulats généraux à Montréal *(☎ 514-499-0968 ; ● montreal.itamaraty.gov.br/pt-br/ ●),* Toronto *(☎ 416-922-2503 ; ● toronto.itamaraty.gov.br/pt-br/ ●)* et Vancouver *(☎ 604-696-5311 ; ● vancouver.itamaraty.gov.br/pt-br/ ●),* ainsi qu'un consulat honoraire à Halifax *(☎ 902-462-0714).*

Formalités

Pensez à ***scanner*** passeport, visa, cartes de paiement, billets d'avion et *vouchers* d'hôtel. Ensuite, adressez-les-vous par mail, en pièces jointes. En cas de perte ou de vol, rien de plus facile pour les récupérer dans un cybercafé. Les démarches administratives en seront bien plus rapides. Et tâchez de ne pas transférer tous ces documents sur une clé USB, car si quelqu'un de mal intentionné tombait dessus, il aurait toutes les infos à disposition...

- ***Passeport :*** valable au moins 6 mois à partir de la date d'entrée au Brésil pour les Français, les Belges et les Suisses.
- ***Visa :*** il n'est plus obligatoire pour les Français, les Belges et les Suisses si le séjour touristique ne dépasse pas 90 jours (par période de 6 mois). En revanche, visa de tourisme ***obligatoire pour les Canadiens*** (billet d'avion aller-retour ou aller simple vers une destination autre que le Brésil nécessaire pour l'obtenir), valable 5 ans (renseignements au service consulaire).
- ***Important :*** lorsque vous entrez sur le territoire, la douane vous remet un ***cartão de entrada/saída.*** Conservez-le, il vous sera demandé à votre départ.
- Tout voyageur doit être muni d'un ***billet retour ou de sortie du territoire brésilien.***

Avoir un passeport européen, ça peut être utile !

L'Union européenne a organisé une assistance consulaire mutuelle pour les ressortissants de l'UE en cas de problème en voyage.
Vous pouvez y faire appel lorsque la France (c'est rare) ou la Belgique (c'est plus fréquent) ne disposent pas d'une représentation dans le pays où vous vous trouvez. Concrètement, cette assistance vous permet de demander de l'aide à l'ambassade ou au consulat (pas à un consulat honoraire) de n'importe quel État membre de l'UE. Leurs services vous indiqueront s'ils peuvent directement vous aider ou vous préciseront ce qu'il faut faire.
Leur assistance est, bien entendu, limitée aux situations d'urgence : décès, accidents ayant entraîné des blessures ou des lésions, maladie grave, rapatriement pour raison médicale, arrestation ou détention. En cas ***de perte ou de vol de votre passeport,*** ils pourront également vous procurer un ***document provisoire*** de voyage.
Cette entraide consulaire entre les États membres de l'UE ne peut bien entendu vous garantir un accueil dans votre langue. En général, une langue européenne courante sera pratiquée.

Ariane, le fil à suivre

Ariane est un service gratuit mis à disposition par le Centre de crise du ministère des Affaires étrangères et européennes. Il permet aux voyageurs français qui le souhaitent de s'enregistrer à l'occasion de leurs séjours à l'étranger. Les informations déposées sur Ariane sont utilisées en cas de crise, par exemple pour contacter des voyageurs dans l'hypothèse où des opérations de secours sont organisées, ou encore pour joindre rapidement les familles ou les proches en France si une situation le nécessite. Pour en savoir plus : *• pastel.diplomatie.gouv.fr/fildariane •*

Assurances voyage

■ ***Routard Assurance*** *(c/o AVI International)* ***:*** *40-44, rue Washington, 75008 Paris.* ☎ *01-44-63-51-00. • avi-international.com •* Ⓜ *George-V.* Depuis 20 ans, *Routard Assurance,* en collaboration avec *AVI International,* spécialiste de l'assurance voyage, propose aux voyageurs un contrat d'assurance complet à la semaine, qui inclut le rapatriement, l'hospitalisation, les frais médicaux, le retour anticipé et les bagages. Ce contrat se décline en différentes formules : individuel, senior, famille, light et annulation. Pour les séjours longs (2 mois à 1 an), consultez leur site. L'inscription se fait en ligne et vous recevrez dès la souscription tous vos documents d'assurance par e-mail.

■ ***AVA :*** *25, rue de Maubeuge, 75009 Paris.* ☎ *01-53-20-44-20. • ava.fr •* Ⓜ *Cadet.* Un autre courtier fiable pour ceux qui souhaitent s'assurer en cas de décès-invalidité-accident lors d'un voyage à l'étranger, mais surtout pour bénéficier d'une assistance rapatriement, perte de bagages ou annulation. Attention, franchises pour leurs contrats d'assurance voyage.

■ ***Pixel Assur :*** *18, rue des Plantes, BP 35, 78601 Maisons-Laffitte.* ☎ *01-39-62-28-63. • pixel-assur.com • RER A : Maisons-Laffitte.* Assurance de matériel photo et vidéo tous risques (casse, vol, immersion) dans le monde entier. Devis en ligne basé sur le prix d'achat de votre matériel. Avantage : garantie à l'année.

Vaccinations

– ***Vaccins obligatoires :*** même si le Brésil n'exige, en pratique, quasi jamais la vaccination contre la ***fièvre jaune*** à l'entrée sur son territoire pour les voyageurs en provenance d'Europe (sauf pour la visite du Pantanal, dans le Mato Grosso), il est extrêmement recommandé de se faire vacciner contre cette maladie : de très graves épidémies ont ponctué les années 2008-2010 notamment, y compris dans des endroits touristiques (particulièrement en Amazonie et dans les États du Minas Gerais et de Rio de Janeiro). En outre, si vous venez d'autres pays d'Amérique du Sud, ce vaccin est exigé pour entrer au Brésil.

– ***Vaccins universels :*** déjà recommandés aux Européens non voyageurs, ils sont évidemment encore plus utiles dans ce pays chaud, humide, à l'hygiène parfois déficiente et au système de santé encore bien défaillant en certains endroits. Vérifiez donc si vous êtes à jour de vos vaccins contre le tétanos, la poliomyélite, la diphtérie et la coqueluche (Repevax®) et l'hépatite B.

– ***Autres vaccins :*** l'hygiène alimentaire étant souvent défectueuse, les vaccinations contre la fièvre typhoïde (Typhim Vi) et l'hépatite A (Avaxim ou Havrix 1440) sont hautement recommandées. Vaccin contre les méningites A et C : séjours prolongés, contacts étroits avec la population, en particulier pour les enfants et les jeunes adultes. Vaccin préventif contre la rage : expatriés, séjours ruraux ou prolongés.

Centres de vaccinations

Pour les centres de vaccinations partout en France, dans les DOM-TOM, en Belgique et en Suisse, consulter le site internet • *astrium.com/centres-de-vaccinations-internationales.html* •

Carte internationale d'étudiant (carte ISIC)

Elle prouve le statut d'étudiant dans le monde entier et permet de bénéficier de tous les avantages, services et réductions dans les domaines du transport, de l'hébergement, de la culture, des loisirs, du shopping...
La carte ISIC permet aussi d'accéder à des avantages exclusifs (billets d'avion spécial étudiants, hôtels et auberges de jeunesse, assurances, cartes SIM internationales, location de voiture...).

Renseignements et inscriptions

- ***En France :*** • *isic.fr* • *13 € pour une année scolaire*
- ***En Belgique :*** • *isic.be* •
- ***En Suisse :*** • *isic.ch* •
- ***Au Canada :*** • *isicanada.com* •

Carte d'adhésion internationale aux auberges de jeunesse (carte FUAJ)

Cette carte vous ouvre les portes des 4 000 auberges de jeunesse du réseau *HI-Hostelling International* en France et dans le monde. Vous pouvez ainsi parcourir 90 pays à des prix avantageux et bénéficier de tarifs préférentiels avec les partenaires des Auberges de Jeunesse *HI*. Enfin, vous intégrez une communauté mondiale de voyageurs partageant les mêmes valeurs : plaisir de la rencontre, respect des différences et échange dans un esprit convivial. Il n'y a pas de limite d'âge pour séjourner en auberge de jeunesse. Il faut simplement être adhérent.

Renseignements et inscriptions

- ***En France :*** • *hifrance.org* •
- ***En Belgique :*** • *lesaubergesdejeunesse.be* •
- ***En Suisse :*** • *youthhostel.ch* •
- ***Au Canada :*** • *hihostels.ca* •
- ***En France et dans le monde :*** • *hihostels.com* • Si vous prévoyez un séjour itinérant, vous pouvez réserver plusieurs auberges en une seule fois !

ARGENT, BANQUES, CHANGE

L'unité monétaire du Brésil est le *real* (*reais* au pluriel). Son taux est assez fluctuant, mais ***mi-2016,*** cela donne en moyenne : ***1 Rl = 0,25 € ou 1 € = 4 Rls.*** Pour disposer de *reais,* deux solutions : ***le change ou le retrait par carte*** aux distributeurs de billets, très nombreux dans le pays.
– ***Important :*** si vous prévoyez un périple de plusieurs jours loin des principales villes, assurez-vous d'avoir suffisamment de réserves, car il vous sera parfois difficile, voire impossible, de changer ou de retirer de l'argent avec une carte de paiement.

Change

On conseille vivement de se rendre dans les *câmbios* (bureaux de change), présents dans toutes les villes un peu importantes, plutôt que dans les agences du *Banco do Brasil* qui, si elles veulent bien faire le change, prennent une forte commission (sans parler des files d'attente).
Ces bureaux de change sont généralement ouverts du lundi au vendredi de 8h30-9h à 17h-18h, ainsi que le samedi matin. On y change les euros en espèces à un cours pas moins avantageux que le dollar. Mieux vaut partir avec une carte de paiement internationale.

Cartes de paiement

Il est ***très vivement conseillé d'avertir votre banque avant votre départ*** (pays visité et dates). En effet, votre carte peut être bloquée dès le premier retrait pour suspicion de fraude... C'est de plus en plus fréquent. Ainsi, cela vous évitera de vous retrouver rapidement dans l'embarras ! Pensez aussi, dans la mesure du possible, à relever le plafond de votre carte avant de partir. N'oubliez pas enfin de VÉRIFIER LA DATE D'EXPIRATION DE VOTRE CARTE DE PAIEMENT.

- ***Cartes Visa et MasterCard :*** elles permettent de retirer de l'argent aux distributeurs des principales banques du pays *(Banco do Brasil, Bradesco, Banco Meridional),* ainsi qu'à ceux des grands groupes internationaux (*HSBC* ou *Citibank*). Attention, il se peut que votre banque européenne ait un accord avec telle ou telle banque brésilienne et que seule celle-ci veuille bien vous délivrer de l'argent – il vous faudra peut-être en essayer plusieurs avant de voir quels distributeurs fonctionnent. En général, les distributeurs *HSBC* sont les plus efficaces pour un retrait avec une carte *Visa*. Selon la somme retirée, prévoir une commission (de l'ordre de 8 € par retrait), mais comme l'opération s'effectue au cours officiel du jour, généralement supérieur à celui des bureaux de change, ce n'est pas nécessairement moins avantageux.
Important : le plafond de retrait est parfois limité à 500 Rls.
Les ***cartes de paiement*** sont aussi acceptées dans la plupart des hôtels et restos d'une certaine catégorie, ainsi que dans pas mal de magasins et boutiques. N'hésitez pas à les utiliser pour régler vos notes, la transaction est sûre et s'effectue là encore au taux officiel du jour. Cela dit, renseignez-vous avant sur l'éventuelle – petite – commission perçue par votre banque à chaque transaction.
- ***Attention :*** les ***piratages de cartes de paiement*** sont assez fréquents au Brésil. Nul besoin pour cela de perdre sa carte ou de se la faire piquer. Ils ont lieu le plus souvent à un distributeur, équipé d'un faux lecteur qui copie votre puce, voire d'une caméra qui enregistre votre code. Les pirates effectuent ensuite des retraits débités de votre compte sans que vous ne vous aperceviez de rien, et pour cause, votre carte fonctionne toujours !
Pour limiter les risques, mieux vaut retirer dans les guichets situés à l'intérieur des banques, vérifier que tout, sur la machine, semble normal, cacher le clavier au moment de taper le code, etc. Enfin, consulter régulièrement son compte sur Internet pour s'assurer que tout est normal et pouvoir faire rapidement opposition le cas échéant. En cas de piratage, votre banque est tenue de vous rembourser des sommes débitées (mais souvent avec une franchise).
- ***En cas de perte ou de vol :*** quelle que soit la carte que vous possédez, chaque banque gère elle-même le processus d'opposition et le numéro de téléphone correspondant ! Avant de partir, notez donc bien le numéro d'opposition propre à votre banque (il figure souvent au dos des tickets de retrait, sur votre contrat, ou à

côté des distributeurs de billets), ainsi que le numéro à 16 chiffres de votre carte. Voir aussi la rubrique « Urgences » plus loin.
Bien entendu, conservez ces informations en lieu sûr et séparément de votre carte. Par ailleurs, l'assistance médicale se limite aux 90 premiers jours du voyage et l'assistance véhicule aux cartes haut de gamme (renseignez-vous auprès de votre banque).

Carte prépayée Travelex

La carte prépayée *Cash PassportTM* (qui remplace les chèques de voyage) fonctionne comme une carte bancaire. Muni d'une pièce d'identité, il suffit de se rendre en agence de change et de charger le budget voyage désiré en dollars sur la carte. Elle peut aussi être commandée en ligne sur • *travelex.fr* • avant d'être collectée en agence sur présentation des documents d'identité. L'utilisateur peut ensuite la recharger à tout moment depuis le site • *travelex.fr* • partout dans le monde. Une fois à l'étranger, elle est utilisable chez 32 millions de commerçants et distributeurs de billets. Pratique pour régler une note de resto ou d'hôtel sans frais bancaires ni commission. Sûre, la carte n'est pas liée au compte bancaire de l'utilisateur et elle est protégée par une puce et un code PIN personnel. Assistance internationale d'urgence 24h/24 en cas de perte ou de vol. La carte est alors remplacée gratuitement sous 24h avec des fonds d'urgence.

ACHATS

Artisanat, vêtements et autres souvenirs...

Vous aurez la possibilité de faire quelques bons achats à prix sages. Dans le genre haut de gamme, on trouve aussi les pierres précieuses, mais il faut savoir acheter (voir le chapitre « Pierres précieuses » dans « Hommes, culture et environnement en fin de guide »).
– ***Dans le Nord et en Amazonie :*** hamacs et sacs tissés sont incontournables. On trouve aussi de belles céramiques en grès, spécialités de la région, et les fameuses poteries de l'île de Marajó, ornées de motifs géométriques. L'artisanat indien est varié et souvent superbe, mais peut se révéler encombrant, comme certaines pièces de vannerie ! On peut aussi être séduit par les jolis colliers colorés en graines, les bracelets en paille tressée, les animaux en patchouli (odorants), les armes traditionnelles, les masques de cérémonie, les peignes en bois, etc.
Naturellement, on déconseille d'acheter des objets faits à partir d'animaux sauvages (félins, perroquets, tortues, tatous...) : il s'agit souvent d'espèces protégées, donc d'une part cela favorise l'extermination d'espèces locales, d'autre part vous encourez des sanctions aux frontières (brésilienne comme française)...
– ***Dans le Pernambuco :*** vous trouverez les fameuses figurines naïves en terre cuite, peintes de couleurs vives, représentant des scènes de la vie quotidienne. Jolies et authentiques. Fabriquées à l'origine à Caruaru, elles sont vendues un peu partout dans le Nordeste, mais aussi dans les boutiques d'artisanat des grandes villes du pays.
– ***À Salvador et dans l'État de Bahia :*** pourquoi pas un pantalon de survêtement de capoeira ? Il en existe de diverses couleurs, les « rastas » (aux bandes rouges, jaunes et vertes) étant les plus répandus, les blancs restant plus « authentiques ». Préférer la marque officielle *Afro Bahia,* les autres sont des copies. Pour les amateurs de tee-shirts ou pantalons bariolés, les « blocs » de carnaval Olodum et Ilê Aiyé vendent des vêtements sympas à leurs couleurs. Également les fameuses tongs *Havaianas,* de toutes les couleurs, de toutes les formes et ultra-résistantes (et que l'on trouve partout dans le pays), et bien

sûr les *fitas de Nosso Senhor do Bomfin,* petits bracelets porte-bonheur, aux couleurs des divinités du candomblé.
– ***Sur le littoral, de Rio à Salvador :*** ne manquez pas d'explorer une des boutiques de bikinis brésiliens, proposant une variété considérable de modèles, avec trois tailles, petite, moyenne et grande, cette dernière équivalant au 38-40 européen... En tout cas, sachez que depuis belle lurette la mode n'est plus au « fil dentaire » mais à la toute petite culotte ! Et pour les hommes, le *shorty* en Lycra version années 1950 est un must (oui !). Pour compléter la panoplie, toutes sortes de paréos et les tongs *Havaianas,* bien sûr.

DU CAOUTCHOUC À PRIX D'OR

Créée en 1962, la célèbre tong Havaianas *fut d'abord vendue pour une poignée de reais, en modèle unique, devenant un accessoire de la vie quotidienne. L'État l'a classée d'ailleurs parmi les produits de première nécessité ! La marque connut une notoriété mondiale bien plus tard, en particulier grâce à la Coupe du monde de foot en 1998.* Havaianas *ornait alors les brides d'un petit drapeau en signe de soutien à la « Seleção »... Depuis 2003, la marque participe aussi à la cérémonie des oscars, les candidats nominés recevant une paire exclusive en cadeau ! Fabriquée uniquement au Brésil,* Havaianas *s'enorgueillit de plus de 4 milliards de paires vendues dans 85 pays...*

– ***Dans le Minas Gerais :*** de beaux objets fabriqués en « pierre à savon », une pierre lisse et marbrée. Également des pierres semi-précieuses, notamment l'améthyste, à acheter dans les boutiques délivrant un certificat d'authenticité.
– ***De Fortaleza à Recife :*** de jolis napperons blancs et de multiples dentelles. Quelques belles couvertures également, très colorées.
– ***La région de Natal*** est connue pour ses plages au sable de différentes couleurs. Vous pourrez toujours en rapporter dans ces petites bouteilles en verre un peu kitsch, renfermant des paysages exotiques.
– ***La région du Pantanal*** est réputée pour son artisanat local (céramiques, objets en bois, tissus). Mieux vaut faire ses achats dans les *centros* (ou *casas*) *de artesanato,* boutiques officielles qui reversent directement les bénéfices aux petits artisans.
– ***Côté gastronomie :*** la fameuse ***cachaça,*** l'eau-de-feu nationale, se trouve à tous les prix dans l'ensemble du pays. Plutôt sympa de rapporter une bonne bouteille artisanale achetée dans une distillerie. Pour le reste (fruits, produits frais), sachez que les importations de denrées alimentaires sont désormais interdites dans l'UE. Des noix de cajou ou du Brésil, peut-être, si vous les glissez discrètement au fond du sac...

BUDGET

La hausse moyenne du niveau de vie des Brésiliens depuis une décennie et l'inflation importante que connaît le *real* ces dernières années ont fait du Brésil un pays assez cher pour les routards. Dans certaines grandes villes comme Rio ou São Paulo, le coût de la vie est même parfois égal ou supérieur à ce qu'il est chez nous ! Même Belém et Manaus, en Amazonie, ne sont plus si bon marché. En revanche, dans les régions intérieures – Minas Gerais, Goiás, Tocantins, Centre-Ouest –, les prix demeurent plus abordables.
On vous indique des catégories de prix pour l'hébergement et la restauration correspondant à la haute saison et dans la plupart des régions touristiques, mais, comme d'habitude, elles ne sont qu'indicatives, les fourchettes pouvant varier d'une région ou d'une ville à l'autre, et bien sûr selon le taux de remplissage.

Hébergement

Sur la côte, et notamment dans le Nordeste, de nombreux hôtels et *pousadas* pratiquent des tarifs haute saison, grosso modo de mi-décembre jusqu'au carnaval de février. En juillet et août (parfois même septembre), les prix connaissent aussi une fièvre inflationniste (logique, les Brésiliens du Sud partent à la quête du soleil dans le Nord...). En basse saison, vous pouvez compter sur une réduction des tarifs jusqu'à 30 %. Dans les régions concernées, nous vous indiquons donc souvent une fourchette couvrant la basse et la haute saison.

- Dans la majorité des endroits touristiques, les hôtels imposent un ***pacote*** durant les périodes de fêtes comme Noël, le Nouvel An ou le carnaval : il s'agit d'un séjour minimum de 3 à 5 nuits, à prix nettement gonflés.
- ***Dans la très grande majorité des cas, le petit déjeuner est compris*** dans le prix de la chambre. Idem pour la ***connexion wifi,*** le plus souvent incluse.
- Il arrive que certains établissements (catégorie « Chic ») ajoutent une taxe qui peut varier de 5 à 15 % ; c'est légal, mais à prendre en compte.

Marchandage

- Selon la période, on peut demander assez facilement une ***réduction sur le prix*** des chambres dans les hôtels et *pousadas*. Des remises sont généralement accordées pour un paiement en espèces, pour des séjours en basse saison ou à partir de 2 ou 3 nuits.

Les prix ci-dessous s'entendent pour une chambre double (avec petit déj) en haute saison. Les voyageurs en solo peuvent s'attendre à payer un peu moins cher.
Le taux de change - arrondi à la hausse - appliqué sur ce guide est de 4 Rls pour 1 €.

- ***Bon marché :*** moins de 130 Rls (env 33 €).
- ***Prix moyens :*** de 130 à 200 Rls (env 33-50 €).
- ***Chic :*** de 200 à 300 Rls (env 50-75 €).
- ***Plus chic :*** de 300 à 500 Rls (env 75-125 €).
- ***Très chic :*** plus de 500 Rls (plus de 125 €).

Restaurants

Au Brésil, les plats à la carte sont le plus souvent pour deux, voire trois personnes (surtout dans les régions du littoral), mais il est aussi possible de demander une demi-portion à un moindre coût. En général, ils sont servis avec du riz, des haricots et des pommes de terre (frites le plus souvent). Les budgets serrés profiteront des formules au kilo : on pioche dans un buffet varié avant d'aller faire peser son assiette. De quoi s'offrir un repas équilibré pour pas bien cher.

Les fourchettes de prix que nous vous indiquons sont basées sur un plat principal, souvent assez copieux pour qu'on puisse se passer d'autre chose.

- ***Bon marché :*** moins de 40 Rls (env 10 €).
- ***Prix moyens :*** de 40 à 60 Rls (env 10-15 €).
- ***Chic :*** de 60 à 100 Rls (env 15-25 €).
- ***Plus chic :*** plus de 100 Rls (env 25 €).

Pourboire

Dans les restaurants, le service peut, ou non, être compris dans l'addition. La plupart des établissements un tant soit peu chic ajoutent 10 % à la note, ce qui ne vous empêche pas de rajouter un pourboire.

En taxi, il est de coutume d'arrondir la somme. On peut aussi donner 2-3 Rls aux portiers dans les hôtels, ainsi qu'aux pompistes s'ils nettoient les vitres ou vérifient la pression.

CLIMAT

Le Brésil est si vaste qu'il est pratiquement impossible de définir la saison idéale pour y voyager. Il n'y a pas un seul climat mais plusieurs, tout dépend de la région où vous allez. Rappelons que le pays se situant dans l'hémisphère austral, les saisons sont inversées par rapport à chez nous.

– ***Dans le sud du pays,*** l'été austral s'étend de décembre à mars. Il est très chaud, voire étouffant à Rio et à São Paulo. Il n'est pas exempt de pluies tropicales, soudaines et parfois diluviennes. L'hiver austral court de juin à septembre, mais les températures restent agréables, de 12 °C la nuit à 25 °C le jour (grosso modo). La côte offre un climat quasi méditerranéen : hiver doux, été chaud.

– ***Dans les États du Nordeste*** – Bahia et Pernambuco – proches de l'équateur, la chaleur, parfois lourde de décembre à mars, est ponctuée de fréquentes mais brèves averses. Préférez la période de septembre à mi-décembre pour visiter cette région. Notez que la région du Sertão connaît des sécheresses terribles.

– ***Le Mato Grosso et le Mato Grosso do Sul*** connaissent aussi, pendant l'été austral, une saison des pluies qui inonde les grandes plaines du Pantanal. La ville de Cuiabá, dans le Mato Grosso, est réputée pour être une des plus chaudes du Brésil, avec des températures proches de 40 °C toute l'année.

– ***L'Amazonie*** est une région chaude, humide et pluvieuse. Dans la forêt, le taux d'humidité atteint les 100 %. On distingue deux périodes : celle de la *chuva,* qui s'étend de janvier à juin (pluies parfois torrentielles mais souvent de courte durée), et celle qui va de juillet à décembre (la saison « sèche »), période la moins humide pour voyager en Amazonie...

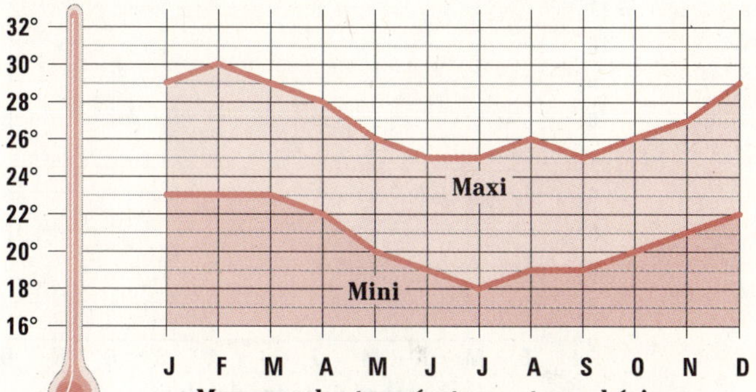

Moyenne des températures atmosphériques

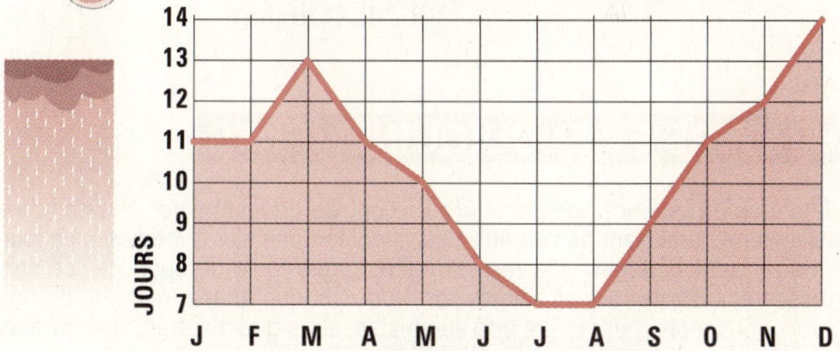

Nombre de jours de pluie

BRÉSIL (Rio de Janeiro)

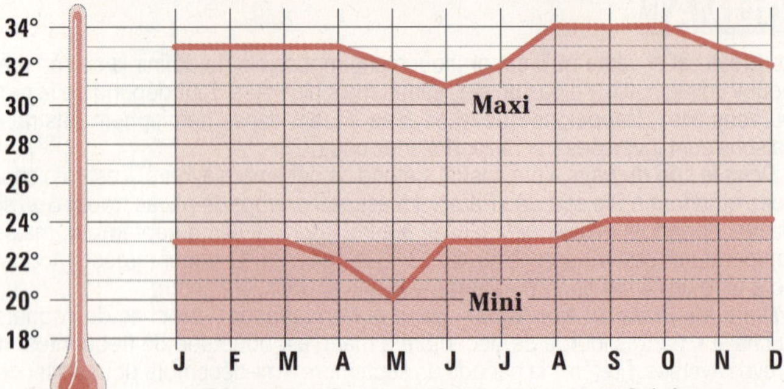

Moyenne des températures atmosphériques

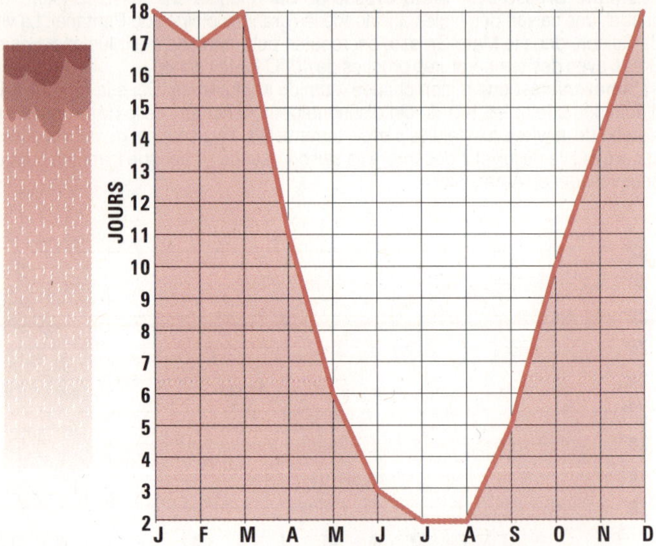

Nombre de jours de pluie
BRÉSIL (Cuiabá)

DANGERS ET ENQUIQUINEMENTS

Les images de violence sociale et urbaine ont de quoi inquiéter. Pourtant, les Brésiliens ne paraissent pas en être tant affectés dans leur quotidien... Le jour, les plages sont bondées et la rue est agitée d'une foule de badauds. Le soir, terrasses et bistrots restent animés fort tard. Chaque année, certains de nos lecteurs nous reprochent d'être trop alarmistes, alors que d'autres, au contraire, nous remercient pour nos recommandations... Pour la plupart des visiteurs, le voyage se déroule sans problème, mais il arrive de temps en temps que d'autres aient moins de chance.

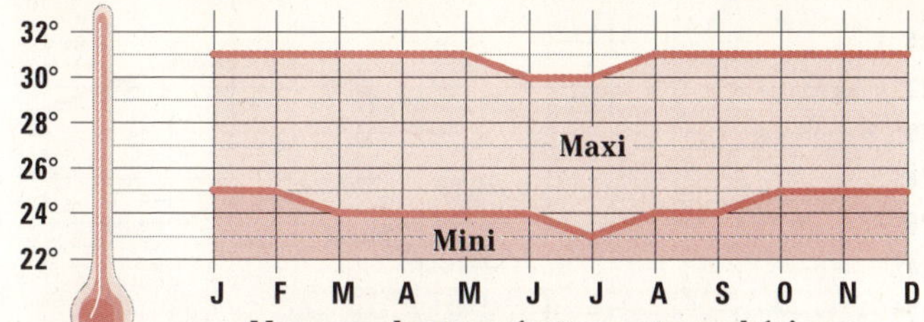

Moyenne des températures atmosphériques

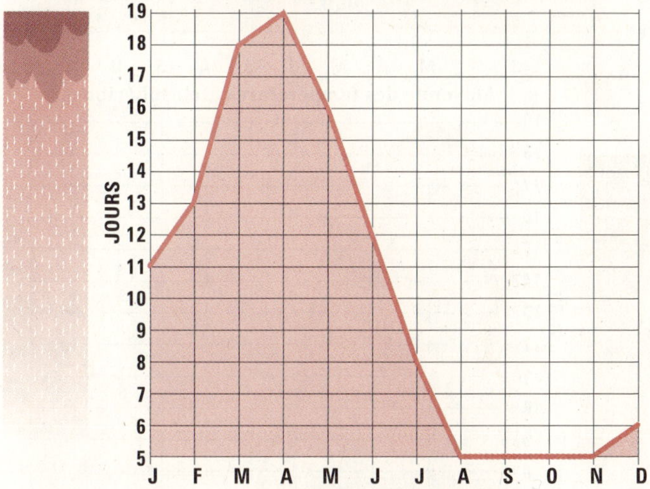

Nombre de jours de pluie
BRÉSIL (Fortaleza)

Alors, le Brésil est-il un pays violent ? En 2010, 468 000 homicides ont été enregistrés dans le monde. Presque un homicide sur dix a été commis au Brésil. La misère, le trafic de drogue, la délinquance et le crime organisé ne sont pas les seuls responsables de ce désastre. Il y a aussi des homicides pour des raisons futiles et stupides : disputes, bagarres, altercations sous l'effet de l'alcool, crimes passionnels... Cette violence spectaculaire et sanglante concerne peu les voyageurs. L'écrasante majorité des crimes est le fruit des conflits entre une police corrompue et une jeunesse pauvre et désespérée ; ils ont lieu dans les favelas, les quartiers misérables des périphéries des grandes villes. Pour sécuriser les zones touristiques, des polices spécifiques *(polícia turística)* ont été créées dans certaines grandes villes (à Belém et à Salvador, par exemple). Leurs agents sillonnent toute la journée les lieux fréquentés par les visiteurs (les plages, centres historiques, etc.).

Alors, ***le Brésil est-il un pays dangereux pour le voyageur ? Notre réponse est formelle : vous pouvez voyager sans inquiétude, à condition d'observer certaines règles.***

Il faut avant tout ***distinguer*** l'intérieur du pays, ***les petites villes, où la violence est rare,*** des ***grands centres urbains.*** À Rio, São Paulo, Salvador, Recife, Natal,

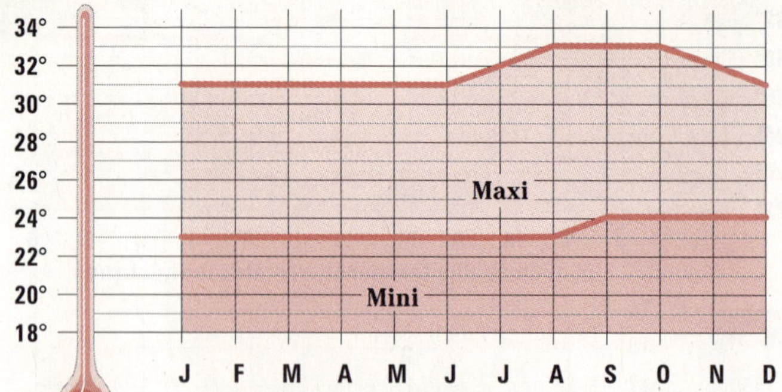

Moyenne des températures atmosphériques

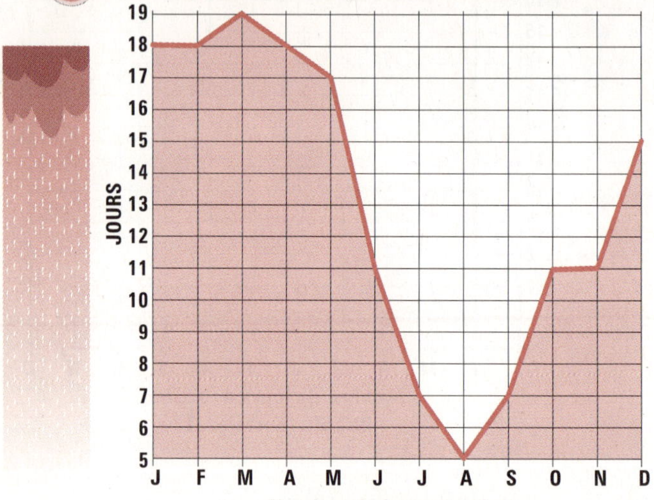

Nombre de jours de pluie

BRÉSIL (Manaus)

Fortaleza ou Belém, prudence, une concentration de misère s'est accumulée à côté d'une grande richesse. Conséquence, tout ce qui est convoité est bon à prendre : baskets et vêtements de marque, bijoux, appareils photo, etc. Si un gamin vous demande les trois frites qui traînent dans votre assiette, c'est parce qu'il a vraiment faim.

Précautions élémentaires

– ***Faites des photocopies*** de tous vos papiers avant de partir : passeport, permis de conduire, etc. Mieux, scannez-les avant de les envoyer à votre adresse mail. En cas de perte ou vol, vous pourrez récupérer vos documents dans n'importe quel cybercafé. Et vous galérerez moins pour les faire refaire !
– Il n'est jamais superflu de conserver au chaud une ***petite liste de numéros utiles,*** au cas où toutes vos affaires seraient volées : numéros de passeport,

de cartes de paiement, de Sécu, numéros à appeler en cas de vol (consulats, banques, éventuels amis sur place), références de votre assurance-assistance, etc.

Conseils pratiques

– ***Tenue vestimentaire :*** règle numéro un, ***évitez de ressembler à un touriste !*** Cela peut sembler élémentaire, mais habillez-vous simplement, sans ostentation. Évitez les vêtements et accessoires de marques (lunettes, joggings, baskets...). Observez le style des locaux. Votre meilleur prêt-à-porter pour partir, c'est en gros : pantalon de toile ou jean, chemisette ou tee-shirt sobre, sandales, tongs ou baskets bon marché...
– ***Sortez avec le strict nécessaire :*** généralement, les Brésiliens gardent tout simplement leurs affaires (clés de voiture, lunettes, cigarettes...) à la main. Si vous ne pouvez vous passer de votre sac, choisissez-en un porté en bandoulière, que vous pourrez placer devant vous dans la foule. Mais pour passer inaperçu, le mieux est encore de mettre ses affaires dans ses poches...
– ***Évitez les signes extérieurs de richesse :*** montres luxueuses, chaînes en or, gourmettes, bagues et autres bijoux clinquants, appareils photo dernier cri, caméscopes, etc. Pour un Brésilien qui gagne l'équivalent de 200 € par mois, une paire de baskets de marque représente 15 jours de salaire.
– ***Photos :*** si vous prévoyez de faire des photos, un petit appareil qui tient dans la poche vaut mieux qu'une sacoche remplie d'objectifs sophistiqués. Si vous ne pouvez vous en passer, procédez à un repérage préalable, comme un vrai pro, et évitez de trimbaler ces accessoires, même dans un sac, en tout lieu et à toute heure ; ça vous évitera, en prime, d'être obsédé par les risques de vol. La règle : voyager léger.
– ***À la plage,*** n'emportez que le strict minimum. Serviette ou paréo, crème solaire et juste trois sous pour les boissons ou le *picolé.* Si vous devez emporter plus d'affaires, veillez à ce que votre sac soit toujours sous bonne garde (ami ou voisin de plage) pendant que vous faites trempette.
– ***La nuit :*** dans les grandes villes, évitez de vous balader à pied une fois ***la nuit tombée*** (en tout cas après 21h), déplacez-vous plutôt en taxi, en demandant qu'il vienne vous chercher à l'hôtel. Si vous avez une voiture, faites comme les autres automobilistes et utilisez les parkings ou emplacements surveillés.

Conseils pour l'argent

C'est évidemment la cible première.
– ***Effectuez toujours le change*** dans des officines spécialisées.
– ***Ne changez jamais avec un inconnu*** qui vous propose un taux intéressant, c'est un coup à se faire détrousser. Moins violent : on vous demande vos euros en vous disant qu'on vous ramène la somme changée dans 5 mn... (ne riez pas, ça arrive !).
– La sortie du bureau de change est un endroit où le braquage est tentant et courant. Ne traînez pas après avoir changé et, avant de sortir, rangez le principal de façon difficilement accessible pour ne garder en poche que l'argent immédiatement nécessaire.
– En général, ***ne gardez sur vous que l'argent indispensable*** et laissez le reste au coffre de l'hôtel ou correctement caché dans vos bagages (fermés avec un cadenas).
– Le coup des ceintures porte-billets de banque, c'est éculé. Dites-vous que si vous êtes braqué, une ceinture d'aussi belle qualité apparente vous sera réclamée avec le reste. En revanche, les ***ceintures avec zip intérieur*** ou à fixer sous votre pantalon sont une bonne solution, à condition de prendre un modèle discret (en

tissu) et, bien sûr, d'éviter de s'en servir comme d'un portefeuille en y mettant tout son argent et en l'ouvrant en public !

– ***Évitez d'avoir des grosses coupures,*** supérieures à l'équivalent de 20 €. Si vous avez des euros sur vous, sortez-les discrètement et non par liasses.

– ***Évitez, bien sûr, de laisser votre portefeuille ou vos papiers dans la poche arrière de votre pantalon !*** Une combine qui a déjà fait ses preuves : garder les grosses coupures dans un endroit discret (poche ventrale intérieure, etc.) et les petites dans une poche de pantalon. En plus, c'est plus pratique ; ça évite de sortir des liasses de gros billets pour payer le bus ! En cas de braquage, le voleur pressé se contentera (peut-être) des petites coupures en croyant que vous n'avez rien d'autre...

– ***N'acceptez jamais de partager une boisson avec un inconnu :*** il se pourrait qu'il ait versé un hypnotisant dans le verre, notamment du gamma-hydroxybutyrate (GHB), la fameuse « drogue du violeur » (dans les bars ou boîtes de nuit, par exemple).

– ***Pendant le carnaval*** à Salvador, à Recife ou à Rio, respectez toutes les consignes précédentes. Le mieux est de sortir chaussé de vieilles baskets et vêtu d'un short léger (muni d'une pochette intérieure). Les nombreux pickpockets qui sévissent ne pourront rien vous voler (ou presque). Pensez aussi à faire une photocopie de votre passeport.

Ultime conseil

Si, malgré toutes vos précautions (et nos recommandations !), vous vous faites braquer, surtout ne résistez pas et videz vos poches. Que votre agresseur soit armé d'un simple cutter ou d'une arme à feu, ne prenez en aucun cas le risque de le provoquer en lui refusant ce qu'il exige. C'est une règle élémentaire à respecter impérativement.

DÉCALAGE HORAIRE

Ne demandez pas à un Brésilien de Rio de vous dire l'heure qu'il est à Manaus ou à Belém (et vice versa), il aura toutes les difficultés du monde à vous répondre ! Il est vrai que c'est compliqué et qu'on s'y perd facilement. Essayons de faire simple...

Le Brésil est découpé en quatre fuseaux horaires, avec 1h de décalage pour chacun d'eux (de février à octobre) :

– le fuseau de l'île de Fernando de Noronha, située à 400 km dans l'océan Atlantique, au large de Natal ;

– le fuseau de Brasília, regroupant les régions du Nordeste, du Sudeste, du Sud, ainsi que les États du Goiás, de l'Amapá, et la moitié est du Pará ;

– le fuseau de Manaus avec les États du Roraima, de l'Amazonas, du Mato Grosso, du Rondônia, du Mato Grosso do Sul, du Tocantins et la moitié ouest du Pará (dont Santarém) ;

– le fuseau de l'État de l'Acre.

– Quand il est 12h en France, il est 9h à Brasília entre octobre et février et 7h entre mars et septembre.

Seul le fuseau horaire de Brasília change d'heure en octobre (+ 1h) et en février (- 1h), mais attention (et c'est là où tout se complique !), certaines villes de ce même fuseau ne changent pas (Belém conserve par exemple la même heure toute l'année), à moins que, l'année suivante, les autorités n'en décident tout autrement ! Vous suivez ?

DROGUES

Des revendeurs proposent parfois de la drogue aux étrangers de passage. Cela dépend des lieux... et des voyageurs ! De grandes quantités de drogues illicites à bas prix circulent, principalement marijuana *(maconha)* et cocaïne. Leur consommation est fréquente : *maconha* dans les classes populaires, la jeunesse et chez les intellectuels, cocaïne dans les classes aisées et pendant le carnaval. Contrairement à ce que l'on croit, la répression de leur possession, transport, usage ou trafic, est extrêmement sévère, quelle qu'en soit la quantité. La corruption globale de la police et son implication généralisée dans le trafic ne font qu'aggraver les choses. Aussi, ne vous laissez pas griser par le sentiment d'exotisme et évitez toute imprudence dans ce domaine.

Mystérieux *ayahuasca*

Il existe au Brésil d'autres substances psychotropes, tenues pour sacrées par les Indiens d'Amazonie. Non soumises à la législation locale, elles sont utilisées par les communautés dans le cadre de cérémonies rituelles, soit pour entrer en transe dans un but divinatoire (pour le chaman), soit comme outil de purification dans une démarche thérapeutique. La plus célèbre est l'*ayahuasca* (« liane des esprits »), aussi nommée *santo daime,* répandue dans tout l'ouest de l'Amazonie (Brésil, Pérou et Équateur).
L'*ayahuasca* est constituée de deux ingrédients : des feuilles de *Psychotria viridis* (cousine du caféier) et de l'écorce d'une liane de la forêt, *Banisteriopsis caapi.* C'est la combinaison des deux qui permet de libérer les effets psychotropes. À ne pas prendre à la légère... Outre l'état second et les visions, la décoction induit nausées, vomissements, voire convulsions. Quelques Occidentaux en quête d'expériences spirituelles en sont même morts ces dernières années.

ÉLECTRICITÉ

Le sujet peut paraître simple, mais, comme pour le décalage horaire, il n'en est rien ! D'une région à l'autre, les prises sont alimentées soit en 110 V, soit en 220 V, avec des prises à deux fiches plates ou trois fiches rondes (différentes des européennes). On trouve des adaptateurs multiprises dans les stations-service.

FÊTES ET JOURS FÉRIÉS

Carnavals et fêtes locales

Le Brésil est un pays de fêtes... ce n'est pas un scoop ! Le carnaval de Rio, bien sûr, avec ses jours de folie... tout un mythe ! Mais il ne faut pas perdre de vue que de nombreuses autres villes ont leurs propres carnavals, parfois organisés hors saison, comme le *Carnatal* à Natal, le *Fortal* à Fortaleza... Les costumes éblouissent, les couleurs claquent, la musique percute, les corps chaloupent... On ne va évidemment pas les énumérer tous ici, comme on ne va pas citer non plus l'ensemble des fêtes locales, trop nombreuses. Au Brésil, chaque ville a son jour anniversaire, ainsi qu'un jour consacré à la célébration de son (sa) saint(e) patron(ne). C'est alors férié et une belle occasion de faire la fête ! Les principales manifestations sont mentionnées dans les rubriques spécifiques de chacune des villes dans le guide.

Fêtes nationales

- ***1er janvier :*** Jour de l'an.
- ***Février ou mars*** (4 jours avant le mercredi des Cendres) **:** le carnaval ! En 2017, du 24 au 28 février.
- ***Mars ou avril :*** Vendredi saint et lundi de Pâques (en 2017, les 14 et 17 avril).
- ***21 avril :*** jour honorant la mémoire de Tiradentes, martyr de l'Indépendance. Célébré notamment dans le Minas Gerais.
- ***1er mai :*** fête du Travail.

– ***Juin :*** de nombreuses villes célèbrent les *festas juninas.* Feux de joie et pétards à tout va honorent les saints du mois. Le 24 juin, la Saint-Jean est l'occasion de grosses fêtes dans le Nordeste.
– ***Fin juin-fin août :*** fêtes traditionnelles de *bumba-meu-boi,* célébrée dans le Nordeste et le Maranhão. Elle a pour thème l'histoire d'un bœuf tué et ressuscité et prend, selon les régions du Brésil, des noms différents.
– ***7 septembre :*** commémoration de l'indépendance du Brésil.
– ***12 octobre :*** le pays célèbre Nossa Senhora da Aparecida, sa sainte patronne.
– ***2 novembre :*** jour des Morts.
– ***15 novembre :*** jour anniversaire de la proclamation de la république en 1889.
– ***25 décembre :*** Noël.
– ***31 décembre :*** le réveillon du Nouvel An est aussi l'occasion de célébrer Yemanja, déesse de la Mer dans le culte umbanda, particulièrement fêtée à Rio et Salvador. Les fidèles du culte afro-brésilien jettent à la mer – à minuit – des offrandes et des fleurs. Dans tous les cas, si vous comptez passer le 31 au Brésil, glissez dans votre valise une tenue blanche, de rigueur ce jour-là.

HÉBERGEMENT

– ***Petit rappel :*** en période de vacances (Nouvel An, carnaval, célébration de Tiradentes, Semaine sainte, ponts prolongés, etc.), la plupart des hôtels imposent des forfaits *(pacotes),* c'est-à-dire des séjours minimum de 3, 5 ou même 7 jours, à des tarifs élevés. Tenez-en compte dans l'organisation de votre voyage ! Et n'oubliez pas qu'en période de vacances scolaires brésiliennes mieux vaut réserver le plus à l'avance possible.
– ***Les auberges de jeunesse*** *(albergues da juventude)* ***:*** le réseau d'auberges est très complet. Elles sont pour la plupart bien conçues et propres, offrant le petit déj et de nombreux services (cuisine, connexion à Internet, etc.).
Il n'y a pas de limite d'âge pour séjourner en AJ. De même, il n'est pas nécessaire d'être membre du réseau *Hostelling International,* mais vous paierez quelques *reais* de plus si vous ne l'êtes pas. Vous pourrez toutefois devenir membre au fil de votre séjour, car à chaque nuitée payée avec ce supplément, vous recevrez un cachet sur une fiche. Quand la fiche, qui contient six cases, est remplie, on est membre. Pour toutes les adresses et infos sur les AJ brésiliennes : • *hihostelbrasil.com.br* • ou • *alberguesp.com.br* • (le site du siège, à São Paulo).
Sinon, sachez que la FUAJ (Fédération unie des auberges de jeunesse) offre à ses adhérents la possibilité de réserver en ligne depuis la France, grâce au système de réservation international • *hihostels.com* •, jusqu'à 12 mois à l'avance, dans des centaines d'auberges à travers le monde. Ça évite de se retrouver le bec dans l'eau ! Si vous prévoyez un séjour itinérant, vous pouvez réserver plusieurs auberges en une fois. L'intérêt, c'est que tout cela se passe avant le départ, en français et en euros. Vous versez simplement un acompte de 5 % et des petits frais de réservation (non remboursables). Vous recevrez en échange un reçu de réservation que vous présenterez à l'AJ une fois sur place. Ce service permet aussi d'annuler et d'être remboursé selon le délai d'annulation, qui varie d'une AJ à l'autre.
– ***Les pousadas :*** au Portugal, une *pousada* est un hôtel de luxe classé monument historique. Au Brésil, ce n'est pas ça du tout ! En général, ce sont des petites structures pas trop chères, à l'atmosphère plus ou moins conviviale, façon auberge. Mais on a vu, sous le nom de *pousada,* de véritables demeures de charme aux tarifs en conséquence ! Bref, le terme « *pousada* » est très élastique, d'autant que certains établissements que l'on serait tenté d'appeler *pousada* (grande maison familiale, avec des chambres d'hôtes) se nomment... hôtel.

– ***Les hôtels :*** terme flou lui aussi, puisqu'il peut tout aussi bien désigner une demeure aux allures de *pousada* qu'une structure hôtelière classique. Toutefois, un bâtiment avant tout fonctionnel, avec réception et chambres numérotées aux étages, s'appelle en général « hôtel » et non « *pousada* ». Comme celles-ci, ils peuvent être de toutes les catégories, de bon marché à très chic. Ils sont généralement bien tenus et confortables, avec, dès la catégorie « Prix moyens », la clim dans la chambre, une salle de bains privée, un frigo et la TV. Sachez que dans certaines régions un *quarto* désigne une chambre simple, parfois avec douche à l'étage, et un *apartamento* une chambre double avec salle de bains privée. L'*apartamento* est donc un peu plus cher.
– ***Les motels :*** attention, ce sont des hôtels essentiellement destinés aux plaisirs galants. Nullement réservés à la prostitution, ils offrent, pour pas bien cher et quelques heures, un décor « hollywoodien » d'alcôve, équipé et adapté à toutes sortes de fantasmes, et un confort discret. Si vous êtes du genre coquin, ne ratez pas l'expérience ! Les plus kitsch sont dans les zones périphériques, repérables à leur nom évocateur comme le *Motel Extase* ou *Love,* par exemple... En réalité, le motel correspond à une nécessité sociologique : comme il y a beaucoup de familles nombreuses au Brésil, les couples n'ont pas forcément d'endroits où faire des câlins. Le motel répond à ce besoin !
– ***La location d'appartements :*** une solution en plein développement dans le pays, en général via des agences. Le problème est le même que partout ailleurs : il faut vraiment faire confiance à l'agence pour réserver ! Nous en avons sélectionné quelques-unes, qui travaillent souvent uniquement sur une ville et que vous trouverez dans les lieux concernés.
– ***Les campings :*** situés surtout près des plages, ils sont en général très basiques, soit un petit terrain privé où les tentes s'entassent les unes sur les autres. On peut souvent y louer une tente déjà montée. Pas beaucoup moins cher que les AJ cependant, autrement plus confortables...
– ***Les redários :*** en Amazonie, vous trouverez un peu partout de ces « hangars à hamacs », où l'on accroche le sien pour rarement plus de 15 Rls la nuit. En général, ils sont équipés de sanitaires, parfois de casiers et proposent un petit déj en supplément.

LANGUE

La prononciation

– *ão* se prononce « an » ou « on » ;
– *au :* « ao » ;
– *e :* « i » ;
– *l* après une voyelle s'avale comme pour Brasil, soit « Brasiou » ;
– *d :* « dj » (sauf dans le Grand Sud) ;
– *t :* « tch » (sauf dans le Grand Sud) ;
– *nh :* « gne » ;
– *lh :* « lie » ;
– *x :* « che » ;
– *r* en début de mot se prononce souvent à peine et devient une sorte de « h » aspiré. Ainsi, une *rua* se dit « houa ».
Pour vous aider à communiquer, n'oubliez pas notre *Guide de conversation routard* en portugais... sans perdre de vue que le portugais du Brésil diffère un peu de celui du Portugal !

FAUX AMIS

Noix de coco se dit coco, avec l'accent tonique sur le premier « co ». Prononcé avec l'accent sur la seconde syllabe, ce mot signifie malencontreusement... « caca » ! De même pour pão (pain), dont on ne prononce pratiquement pas le « o » final : s'il est mal prononcé, les Brésiliens comprennent... « pénis ». D'une façon générale, lorsque les mots comportent un accent, il faut bien le respecter !

frère et sœur embarqués dans l'expédition pour servir d'interprètes. Sont évoqués les périls de la traversée maritime, la découverte d'une terre inconnue, dans la baie de Rio. Mais surtout, l'auteur esquisse la confrontation de deux civilisations, celle des Européens face aux Indiens, et la rigueur de l'Église opposée aux lois ancestrales de la nature.

- ***Bahia de tous les saints*** *(1938)*, de Jorge Amado (Gallimard, « Folio », 1981). Bahia la Noire et ses mauvais garçons, ses mulâtresses torrides, ses mendiants, ses rites, ses délires... Au travers de la vie d'Antonio Balduino, un Noir laissé-pour-compte, l'auteur chante sa ville et sa foi en l'homme. Un roman d'Amado « première manière », d'inspiration marxiste, mais baroque, joyeux et flamboyant. Autres incontournables d'Amado : *Dona Flor et ses deux maris* (Stock, 2005) et *Gabriela, girofle et cannelle* (J'ai lu, 2014).
- ***Diadorim*** *(1965)*, de João Guimarães Rosa (Albin Michel, 2006). Roman épique écrit par un diplomate érudit, *Diadorim* nous plonge dans le Brésil méconnu du Sertão, terre mythique et violente où l'homme dévoile son âme. Un hallucinant pavé au style tantôt lyrique, tantôt paillard, considéré comme l'un des chefs-d'œuvre de la littérature sud-américaine.
- ***L'Exposition coloniale*** *(1988)*, d'Erik Orsenna (Points, 2014). Véritable satire sociale, sous couvert de l'histoire romanesque de la famille de Marguerite, grande admiratrice de l'Empire, dont le voyage s'arrêta aux portes de Levallois-Perret. Prix Goncourt 1989.
- ***Dictionnaire amoureux du Brésil,*** de Gilles Lapouge (Plon, 2011). Ce très beau recueil donne à voir et sentir ce pays-continent : « ses forêts [...], ses eldorados, [...], la douceur de ses habitants et leurs cruautés, la volupté de Rio, de Brasília, de São Luís, les fêtes et les sambas, les fascinants poissons de l'Amazone, l'aventure du caoutchouc, du café et de ce bois écarlate qu'on appelle "le bois brésil" ».
- ***Enfer*** *(2001)*, de Patrícia Melo (Actes Sud, « Babel », 2004). À l'image d'un *Poil de Carotte* exotique, entre une mère qui ne sait l'aimer qu'au travers des coups qu'elle lui porte et l'absence d'un père idéalisé, Petit Roi explore les grandeurs et décadences de la favela, d'amours en trahisons, jusqu'à devenir, à son tour, le caïd de cette butte de Rio. Une véritable épopée portée par un style haut en couleur, entre le roman initiatique et la fresque.
- ***La Cité de Dieu*** *(1997)*, de Paulo Lins (Gallimard, « Folio », 2005). Résultat de 8 ans d'enquête, ce roman suit, sur trois décennies, le parcours ultra-violent de jeunes habitants d'une favela de Rio gangrenée par le trafic de drogue. Un livre choc, écrit par un ancien habitant de cette *Cidade de Deus,* et adapté au cinéma en 2002 par Fernando Mereilles (voir la rubrique « Cinéma »).
- ***Corcovado*** *(2005)*, de Jean-Paul Delfino (Points, 2006). Assassin « malgré lui » du fils d'un parrain marseillais, le docker Jean Dimare s'enfuit à Rio. Accueilli par un oncle d'adoption, il devient João Domar et fait des rêves de fortune qui le conduiront dans la pègre et les lupanars. Seule rédemption possible : participer à la construction du Corcovado. Un roman qui décrit bien le fourmillement du Brésil au début du XXe s, ce nouvel Eldorado. La suite, *Dans l'ombre du Condor,* évoque le destin de Lucina et Paulo dans les années 1960-1980.
- ***Les Carnets de voyage de Jano – Rio de Janeiro,*** de Jano (Albin Michel, « Les Carnets de voyage », 2001). Une planche par page, des dessins truculents et colorés qui dépeignent avec un œil juste et une pointe d'ironie la vie quotidienne et l'ambiance de Rio, quartier par quartier.
- ***Je suis favela,*** ouvrage collectif (Anacaona, 2011). Une vingtaine de nouvelles, poétiques ou réalistes, douces ou violentes, traitant de la vie quotidienne dans les favelas de São Paulo. Des fictions complétées par un intéressant dossier documentaire, regroupant entretiens, articles de presse, etc. Il a été suivi d'un deuxième recueil paru en 2014, *Je suis toujours favela.*

Sur l'Amazonie et les Amérindiens

– ***Le Rêve amazonien,*** de Michel Braudeau (Gallimard, 2004). Publiés d'abord sous forme de reportage dans *Le Monde,* les six chapitres de ce tout petit livre déclinent « en grand » le rêve amazonien, fait de fantasmes et de mirages, au travers des histoires parfois méconnues, souvent extraordinaires, dans les pas de rêveurs éveillés : Candido Rondon, colon et philanthrope, Henry Ford et Fordlandia, Daniel Ludwig et son usine pharaonique de pâte à papier, la Transamazonienne – autoroute de l'amertume –, l'incroyable mine d'or de la Serra Pelada et l'aventure technologique des avions-espions du Sivam qui surveillent l'Amazonie du haut du ciel !

– ***Court voyage équinoxial*** *(Carnets brésiliens),* de Sébastien Lapaque (Table Ronde, 2008). Entre voyage pur, histoire et politique, cet itinéraire brésilien se noue en grande partie autour de l'Amazone et de la route transamazonienne – avec une escapade jusqu'à Cayenne et São Luís do Maranhão. Un reportage écrit avec passion et un bon sens de l'observation.

– ***Amazonie, ventre de l'Amérique,*** de Gaspar de Carvajal (Grain de Sable, 2000). « Relation de la première descente de l'Amazone » effectuée en 1542 par le conquistador espagnol Francisco de Orellana et ses 57 hommes, depuis sa source jusqu'à son embouchure. L'auteur, un moine dominicain, perdit un œil dans une bataille contre les Indiens, mais il rédigea jusqu'au bout la chronique de l'expédition. Témoignage unique de cette prodigieuse aventure humaine dans le « ventre » inconnu du Nouveau Monde.

– ***L'Amazone, un géant blessé,*** d'Alain Gheerbrant (Gallimard, « Découvertes », 2005). L'histoire de ce pays à part, mais aussi sa population, sa faune, ses enjeux et les dangers qui le menacent. Bref, un panorama complet, magnifiquement illustré, par un poète spécialiste de la question, qui se fit connaître en dirigeant en 1949 l'expédition Orénoque-Amazone.

– ***Le Chant du Silbaco*** *(1969),* de Jacques Meunier et Anne-Marie Savarin (Payot, « Petite Bibliothèque », 1993). À la fois récit d'aventures, essai ethnologique et chronique inspirée à la gloire de l'Amazonie menacée. Écrit en 1968 après un long séjour sur place, ce livre constitue le premier récit en français (avec Lucien Bodard) alertant l'opinion sur le génocide indien.

– ***Forêt vierge*** *(1938),* de Ferreira de Castro (Grasset, « Cahiers Rouges », 1988). Originaire du Portugal, Ferreira de Castro s'embarqua dans sa jeunesse pour l'Amazonie, où il vécut plusieurs années dans une plantation de caoutchouc du rio Madeira. De ce séjour, il rapporta ce témoignage âpre et vrai sur la vie des colons. Un classique du genre, encensé à juste titre par Stefan Zweig.

Beau livre

– ***Brésil : les premiers photographes d'un empire aux tropiques,*** de Bia et Pedro Corrêa do Lago (Gallimard, 2005). Un beau livre de photographies noir et blanc du XIXe s. Des clichés étonnants d'un pays sous domination portugaise.

POSTE, TÉLÉCOMMUNICATIONS

Poste

En principe, ouverture des bureaux de poste du lundi au vendredi de 8h ou 9h à 16h ou 17h (voire 18h), selon les régions et l'importance des villes, et le samedi de 8h à 12h (ou 13h).

Deux tarifs : *simple* ou *preferencial,* ce dernier étant plus cher mais plus rapide. Un timbre *simple* pour l'Europe coûte environ 3 Rls. Comptez environ 10 jours pour que votre courrier parvienne à destination (parfois moins de Rio ou São Paulo). Postées dans les boîtes aux lettres traditionnelles, les lettres mettent un peu plus longtemps pour arriver à destination.

Téléphone

Bon, soyons clairs, c'est assez compliqué, et le fonctionnement est plutôt aléatoire. Sachez tout d'abord que la numérotation locale est à huit chiffres (après l'indicatif). Par ailleurs, il existe plusieurs opérateurs privés. Le plus courant est le 021 qui marche dans tout le pays ; on peut aussi utiliser le 023 ou le 031. Ainsi, pour téléphoner de Rio vers São Paulo (indicatif 11), il faut faire : 021 (ou 023 ou 031) + 11 + le numéro du correspondant. Bon, ça, c'est la théorie. En pratique, on est souvent sujet à quelques tâtonnements avant d'arriver à joindre le numéro désiré... Si vous avez un doute, tentez les annuaires Internet suivants (attention, certains ne concernent que quelques États, c'est la joie des privatisations...) :
• *102busca.com.br* • *telelistas.net* • *guiamais.com.br* •

– ***Brésil → France :*** 00 + un numéro d'opérateur sans le 0 (21 par exemple) + 33 + numéro du correspondant.

– ***France → Brésil :*** 00 + 55 + indicatif de la ville + numéro du correspondant.

– ***Brésil → Brésil :*** *d'une ville à l'autre,* théoriquement, il faut composer le numéro d'un opérateur (021 par exemple) + indicatif de la ville + numéro du correspondant. *En appel urbain,* sauf cas particuliers, on ne compose que le numéro du correspondant.

– ***Renseignements téléphoniques au Brésil :*** composer l'indicatif de la ville d'où l'on appelle, suivi du 102.

Cartes téléphoniques et appels en PCV

On peut téléphoner des « grosses oreilles » (*orelhão* en brésilien) – les téléphones publics. Certains, qui portent la mention *CDD,* permettent uniquement de passer des appels nationaux. Pour les appels internationaux, il faut un téléphone *CDI,* en principe pas trop difficile à trouver. Ils fonctionnent avec des cartes (*cartão* – prononcez « carton ») *OI,* en vente dans les bureaux de poste, certains kiosques à journaux ou les centres téléphoniques. Pour les appels internationaux, cependant, mieux vaut se procurer, dans les mêmes endroits, une carte à code PIN, qui permet de parler bien plus longtemps. Sinon, certaines villes possèdent des centres téléphoniques avec cabines, d'où l'on peut appeler directement ou après avoir acheté une carte au comptoir. Réduction le soir (à partir de 18h) et le dimanche. Prix à la minute. Éviter d'appeler depuis les hôtels, c'est toujours (beaucoup) plus cher.

Pour les appels en PCV *(a cobrar/collect call),* on peut utiliser les services d'*Embratel* *(en portugais ou en anglais ; ☎ 0800-703-2111 ; fonctionne aussi depuis une cabine).* Mais attention, pour appeler certains pays, il vous faudra composer un autre numéro que l'opératrice vous communiquera.

À savoir : la plupart des centres de téléphone international disposent d'annuaires téléphoniques, par région ou État, mais aussi par grande ville. Ces derniers sont particulièrement utiles pour le touriste : attractions touristiques, moyens de transport (lignes de bus et adresses de gares routières, stations de taxis, etc.), plan très détaillé de la ville...

Téléphone portable

Les téléphones portables captent dans toutes les villes et les zones peuplées. Certains coins isolés, en revanche, sont assez mal desservis et les communications ne passent pas ou très mal... Au Brésil, les numéros de portables commencent généralement par un « 9 » et comportent neuf chiffres.

Le téléphone portable en voyage

On peut utiliser son propre téléphone portable au Brésil avec l'option « Monde ».

– ***À savoir :*** un téléphone tribande ou quadribande est parfois nécessaire. Pour être sûr que votre appareil est compatible avec votre destination, renseignez-vous auprès de votre opérateur.

- ***Activer l'option « international » :*** pour les abonnés récents, elle est en général activée par défaut. En revanche, si vous avez souscrit à un contrat depuis plus de 3 ans, pensez à contacter votre opérateur pour souscrire à l'option (gratuite). Attention toutefois à le faire au moins 48h avant le départ.
- De plus en plus de fournisseurs de téléphonie mobile offrent des journées incluses dans votre forfait, avec appels téléphoniques, SMS, voire MMS et même connexion Internet en 3G/4G limitée pour communiquer de l'étranger vers la France. Les destinations incluses dans votre forfait évoluant sans cesse, ne manquez pas de consulter le site de votre fournisseur.
- ***Le « roaming » :*** c'est un système d'accords internationaux entre opérateurs. Concrètement, cela signifie que lorsque vous arrivez dans un pays, au bout de quelques minutes, le nouveau réseau s'affiche automatiquement sur l'écran de votre téléphone. Vous recevez rapidement un SMS de votre opérateur qui propose un ***pack voyageurs*** plus ou moins avantageux, incluant un forfait limité de consommations téléphoniques et de connexion internet. À vous de voir...
- ***Tarifs :*** ils sont propres à chaque opérateur et varient en fonction des pays (le globe est découpé en plusieurs zones tarifaires). N'oubliez pas qu'à l'international vous êtes facturé aussi bien pour les appels sortants que pour les appels entrants. Ne papotez donc pas des heures en imaginant que c'est votre interlocuteur qui paiera !
- ***Internet mobile :*** utiliser le wifi à l'étranger et non les réseaux 3G/4G. Sinon on peut faire exploser les compteurs, avec au retour de voyage des factures de plusieurs centaines d'euros ! Le plus sage consiste à ***désactiver la connexion*** « données à l'étranger » (dans « Réseau cellulaire »). Il faut également penser à ***supprimer la mise à jour automatique de votre messagerie*** qui consomme elle aussi des octets sans vous avertir (option « Push mail »). Opter pour le mode manuel.

Bons plans pour utiliser son téléphone à l'étranger

- ***Acheter une carte SIM/puce sur place :*** si vous restez assez longtemps au Brésil, cela peut être une option avantageuse. Cependant, il faut d'abord s'enregistrer et posséder un numéro de CPF *(Cadastro de Pessoas Físicas),* or seuls les résidents au Brésil peuvent avoir ce numéro... Une seule combine : si vous avez un ami brésilien, demandez-lui son numéro de CPF. Dans ce cas, ça marchera... Reste ensuite à s'acheter une carte SIM – *cartão chip* au Brésil – (pour une dizaine de *reais,* les prix varient un peu) dans un kiosque ou une boutique de téléphonie mobile, et à suivre les instructions. Recharges en vente dans les supérettes, kiosques ou même pharmacies.
- ***Se brancher sur les réseaux wifi*** est le meilleur moyen de se connecter au Web gratuitement ou à moindre coût. De plus en plus d'hôtels, restos et bars disposent d'un réseau, payant ou non.
- Une fois connecté grâce au wifi, à vous les joies de la ***téléphonie par Internet !*** Les logiciels ***Skype*** et ***WhatsApp,*** les plus répandus, vous permettent d'appeler vos correspondants gratuitement s'ils sont eux aussi connectés. Autre application qui connaît un succès grandissant, ***Viber*** permet d'appeler et d'envoyer des SMS, des photos et des vidéos aux quatre coins de la planète, sans frais. Il suffit de télécharger – gratuitement – l'appli sur son smartphone, celle-ci se synchronise avec votre liste de contacts et détecte automatiquement ceux qui ont *Viber.*

Internet / wifi

On trouve des endroits où surfer un peu partout, y compris dans certaines petites villes. Ils sont généralement ouverts du matin jusqu'au soir, sans interruption. Compter de 2 à 5 Rls pour 1h, en fonction des villes et des cybercafés. La plupart permettent d'utiliser *Skype* sans coût additionnel. Sinon, de nombreux hôtels et AJ possèdent le wifi, presque toujours gratuit. Il est en outre parfois possible de se connecter gratuitement dans certaines Alliances françaises et certains bureaux de poste.

SANTÉ

La situation de la santé publique au Brésil s'améliore malgré l'existence de secteurs géographiques difficiles et quelques cas isolés de choléra et de méningite. La dengue est en progression considérable, et la fièvre jaune a fait un retour en force un peu partout, particulièrement dans le Sud touristique. Les risques généraux graves restent cependant limités en dehors des favelas et des zones rurales amazoniennes, pour peu que l'on fasse attention à l'eau (voir « Boissons » dans « Hommes, culture, environnement » en fin de guide). Le virus zika a aussi sévi dans le pays, mais est encore circonscrit.
Enfin, si vous choisissez de vous rendre dans un hôpital privé, sachez que les prix des soins sont très élevés. Prenez une bonne assurance voyage avant le départ.

En Amazonie

Pour les séjours en forêt amazonienne, une consultation médicale dans un centre de vaccinations internationales et de conseils aux voyageurs est indispensable, ne serait-ce que pour évaluer les risques de ***paludisme*** (c'est également là qu'un traitement contre ce dernier vous sera prescrit) et aborder aussi la prévention de la leishmaniose cutanéo-muqueuse (sic), en expansion régulière. Vaccination contre la ***fièvre jaune*** impérative. Pensez également, le cas échéant (séjours en forêt), à emporter des systèmes de purification de l'***eau*** : selon les cas, comprimés pour désinfection chimique ou filtres microbiens type *Katadyn.*

Les moustiques

Le principal risque de maladies vient des moustiques. En forêt, c'est le palu, la fièvre jaune, le virus zika, la leishmaniose, la dengue... Cette dernière, en très forte progression, sévit aussi dans les zones urbaines, avec des taux records recensés chaque année, en particulier dans l'État de Rio... Conseil : préservez-vous, autant que possible, des piqûres ! Et ce, à toute heure, de nuit (paludisme) comme de jour (dengue, etc.). En forêt, dans les zones infestées de moustiques, couvrez-vous, aspergez-vous de répulsifs efficaces (DEET supérieur à 35 %) et, à défaut de clim, évitez de dormir sans une bonne moustiquaire.
Pour la plupart, les répulsifs antimoustiques/arthropodes vendus en grande surface ou en pharmacie sont peu ou insuffisamment efficaces. Il existe néanmoins une gamme fiable et conforme aux recommandations du ministère français de la Santé : *Insect Ecran* (adulte, enfant, spray et trempage pour tissus).
En Amazonie, le germe responsable du paludisme étant résistant à la Nivaquine, on conseille la Malarone, ou à défaut, le Lariam ou la Doxycycline. Attention, cette dernière est potentiellement photosensibilisante. Dans tous les cas, demandez l'avis de votre médecin ; de toutes les façons, ces médicaments ne sont délivrés que sur ordonnance.

Quelques recommandations

– Risque permanent pour les touristes : le ***soleil.*** N'oubliez pas casquette ou chapeau, de bonnes lunettes et une crème solaire, indispensables sous ces latitudes ! Faites surtout attention les premiers jours et évitez de faire la crêpe trop longtemps sur les plages... Buvez beaucoup d'eau (minérale ou purifiée par vos soins) pour éviter les coups de chaleur et la déshydratation. Méfiez-vous aussi pendant les balades en bateau : on ne sent pas toujours la chaleur à cause du vent (et des nuages qui bloquent la chaleur mais pas les UV), mais on cuit à une vitesse folle !
– Autre problème possible : les ***parasites,*** qui pullulent dans la campagne brésilienne et sur les plages. Ne marchez pas pieds nus et évitez de vous baigner dans les eaux douces. À Bahia en particulier, mais sur toutes les plages en général, attention au *bicho de pé* (larva migrans), un parasite qui vit dans le sable et pénètre

dans le pied. Pour l'éviter, une seule solution : porter des chaussures – ou des tongs – et s'allonger sur une natte !

- Se méfier également des ***punaises*** et des ***tiques,*** notamment en Amazonie. Quant aux ***serpents, scorpions*** et autres ***araignées,*** pas de panique : les accidents sont rares. Il suffit de regarder où l'on marche et de ne pas mettre ses mains n'importe où... En forêt, pour éviter ces désagréments, on dort dans des hamacs recouverts d'une moustiquaire imprégnée. Et si on est prudent, on secoue ses chaussures avant de les enfiler...
- Il faut savoir que les ***consultations*** dans un cabinet médical sont très chères (de 45 à 75 €). C'est également le cas pour les médicaments.
- ***Pharmacies*** *(droguerias)* ***:*** dans les grandes villes, aucune difficulté pour en trouver ouvertes nuit et jour.
- Enfin, n'oubliez pas de vous protéger contre le sida en utilisant des ***préservatifs.*** Il est à noter que le Brésil est précurseur dans le traitement de cette maladie et que le ministère de la Santé brésilien a l'obligation de prendre en charge financièrement le traitement des malades et d'assurer, le cas échéant, leur retraite.

Faux médicaments

La contrefaçon de médicaments touche tous les pays et toutes les classes thérapeutiques. Un faux médicament est au mieux inefficace et au pire mortel. Mais, parce qu'il ne soigne jamais convenablement et qu'il est fabriqué dans la clandestinité sans aucun contrôle sanitaire, le faux médicament est toujours dangereux. L'IRACM, l'Institut International de Recherche Anti-Contrefaçon de Médicaments, vous donne des conseils pratiques et les précautions à suivre en prévision de votre séjour, durant les formalités d'embarquement, pendant le vol, une fois à destination et, enfin, si vous êtes contraints d'acheter des médicaments sur place. Pour plus d'informations, rendez-vous sur le site : • *iracm.com* •

Avant votre voyage

- Prenez suffisamment de médicaments pour toute la durée de votre séjour.
- Voyagez avec votre ordonnance rédigée en « Dénomination commune internationale » (DCI).

Lors des formalités d'embarquement et pendant le vol

- Conservez au moins une partie de vos médicaments en cabine (utile en cas de perte ou de retard de votre valise).
- Gardez vos médicaments dans leurs emballages d'origine.

En cas d'achat de médicaments à l'étranger

- Pas de médicaments sans consultation.
- Soyez vigilant face aux contrefaçons.
- N'achetez vos médicaments qu'auprès de revendeurs officiels (pharmacies).
- En cas de doute, appelez votre ambassade pour obtenir la liste des pharmacies officielles.
- Vérifiez attentivement vos médicaments et leur conditionnement.
- Attention aux effets indésirables inhabituels. Consultez un médecin dans les plus brefs délais et apportez-lui les médicaments suspects.

Source : IRACM. L'Institut International de Recherche Anti-Contrefaçon de Médicaments est une association internationale indépendante à but non lucratif, dont la mission principale est de promouvoir et de développer la lutte contre le trafic de faux médicaments à travers le monde.

■ ***Catalogue Santé-Voyages :*** les produits et matériels utiles aux voyageurs, assez difficiles à trouver, peuvent être achetés par correspondance sur le site de Santé Voyages ● *sante-voyages.com* ● Infos complètes toutes destinations, boutique web, paiement sécurisé, expéditions Colissimo Expert ou Chronopost. ☎ *01-45-86-41-91 (lun-ven 14h-19h).*

SITES INTERNET

● ***routard.com*** ● Rejoignez la plus grande communauté francophone de voyageurs ! Échangez avec les routarnautes : forums, photos, avis d'hôtels. Retrouvez aussi toutes les informations actualisées pour choisir et préparer vos voyages : plus de 200 fiches pays, une centaine de dossiers pratiques et un magazine en ligne pour découvrir tous les secrets de votre destination. Enfin, comparez les offres pour organiser et réserver votre voyage au meilleur prix.

● ***autresbresils.net*** ● Ce site a pour vocation de faire découvrir la société brésilienne aux francophones. Dossiers thématiques, infos, reportages, analyses et témoignages sur le Brésil en provenance d'un réseau de partenaires français et brésiliens.

● ***capoeira-france.com*** ● Un site très complet et bien conçu pour tout connaître sur cet art martial brésilien.

● ***brazilmax.com*** ● Avis aux routards anglophones. Ce site recèle de bons plans sur le pays. Destinations, cartes, culture, festivals, plages, écotourisme, cuisine, sports, etc.

● ***viajeaqui.abril.com.br*** ● Cartes, adresses d'hôtels et de restos, itinéraires, agenda... La mine d'infos, en portugais seulement.

● ***cinemabrasil.org.br*** ● Ce site très complet fait partie du projet *Cinema Brasil na Internet,* qui a lancé en 1995 la première banque de films brésiliens sur la toile. En portugais.

● ***unilat.org*** ● Ce site, très bien fait, présente les cultures et patrimoines des pays latins. En français.

– Voir aussi les sites internet propres à chaque ville ou région, indiqués en début de chapitres.

TRANSPORTS

L'avion

Si vous ne disposez que de 2 ou 3 semaines et que vous désirez en voir le maximum, seul l'avion vous permettra de vous déplacer rapidement. Les compagnies *TAM, GOL* et *Azul* assurent la plupart des vols dans le pays. Elles disposent toutes deux de sites internet avec résa en ligne et de centres de réservation par téléphone (dans ce cas, avec supplément) joignables depuis le Brésil. En principe, les compagnies *low-cost* (*GOL* et *Azul*) sont moins chères que *TAM,* mais il vaut mieux comparer les tarifs sur Internet. Profitez-en pour voir aussi ce que proposent *Avianca.* Enfin, il existe des compagnies locales, qui desservent les petites localités.

Attention, en décembre, janvier et plus encore en juillet, les Brésiliens sont en vacances et de nombreux vols sont complets ; les attentes dans les aéroports peuvent alors être très longues.

– *TAM Airlines* propose un forfait valable 90 jours, le *Brazil Airpass,* destiné exclusivement aux étrangers ou aux Brésiliens résidant à l'étranger – il ne peut pas être acheté au Brésil. Le tarif de base comprend quatre coupons de vol (tarifs variables selon la classe de résa et la période), mais on peut aussi acheter cinq, six, sept, huit ou même neuf coupons (soit neuf vols intérieurs). Attention, chaque vol de correspondance avec une attente de plus de 4h coûte un coupon supplémentaire ! Vous devrez faire vos réservations en France bien avant le départ, quitte à modifier votre parcours sur place (gratuit jusqu'à 24h avant le vol, sinon majoration).

– *TAM Airlines* propose également le *South America Airpass* pour ceux qui voudraient voyager dans les pays voisins. Le principe est similaire, si ce n'est que, dans ce cas, on ne paie pas par coupon de vol, mais en fonction de la distance parcourue. Autre spécificité, ce *pass* n'est valable que 30 jours.

■ ***TAM Airlines :*** ☎ *0821-231-554.* • *tam.com.br* •
■ ***GOL :*** ☎ *0300-115-21-21.* • *voegol.com.br* •
■ ***Azul :*** ☎ *4003-1118 ou 0800-887-1118.* • *voeazul.com.br* •
■ ***Avianca :*** ☎ *4004-4040 ou 0300-789-81-60.* • *avianca.com.br* •

Le bus

Propre, confortable, sûr, ponctuel... le réseau des bus au Brésil est vraiment bien organisé et reste un excellent mode de transport pour « sentir » le pays et rencontrer sa population. Les bus, qui vont partout, sont particulièrement pratiques pour les voyages à l'intérieur d'un même État, ou entre États voisins. En revanche, pour les très longues distances, genre Rio-Belém (52h de route !), ils rivalisent difficilement avec l'avion, pas vraiment plus cher (voire moins cher !) et... 20 fois plus rapide. De même, en Amazonie, il faut parfois faire des détours de plusieurs jours pour atteindre sa destination. Là encore, entre le bus et l'avion, le choix est généralement vite fait. Beaucoup de trajets se font de nuit, ce qui permet d'économiser sur le budget hébergement.
Chaque ville possède sa ***rodoviária*** (ou *terminal rodoviário*). Ces gares routières sont de véritables centres névralgiques, à l'activité débordante. On y trouve des *lanchonetes* pour manger, des w-c (parfois avec douches), des téléphones, des consignes *(guarda volumes),* souvent des distributeurs de billets, et parfois l'accès à Internet. Certaines abritent aussi un petit bureau d'infos touristiques, des agences de voyages, des pharmacies, etc. Même s'il existe une multitude de compagnies, la plupart du temps, toutes partent de là.
– ***Un inconvénient :*** en dehors de quelques compagnies offrant un service de résa en ligne, on ne peut acheter son billet à l'avance que depuis la ville où l'on se trouve. En outre, passeport obligatoire.
– ***Un conseil :*** en saison, réservez vos billets dès l'arrivée dans votre ville-étape – en gardant à l'esprit, toutefois, qu'ils ne sont ni échangeables ni remboursables. La seule solution, si vous changez d'avis, est de trouver quelqu'un à qui les revendre.
– Les places sont numérotées, vous pourrez choisir un siège « fenêtre » ou « couloir ». Évitez ceux près des toilettes...
– Sur les moyennes et grandes distances, on peut en général choisir entre ***trois types de bus*** : ***convencional*** (pas d'AC ni de w-c), ***executivo*** (avec AC, w-c, sièges inclinables et distributeurs de café et d'eau) et ***leito*** (sièges semi-couchettes, quasi à l'horizontale, avec oreillers et couvertures, aussi confortables que des *business* en avion). Évidemment, le *leito,* plus spacieux, est plus confortable pour les longs trajets, mais il coûte environ deux fois plus cher que le *convencional* (et souvent plus que l'avion).
Les bus s'arrêtent 15 à 45 mn toutes les 2 ou 4h, ce qui permet de casser la croûte et de se dégourdir les jambes.
• *transportal.com.br* • Infos sur les transports en bus dans tout le pays, les gares routières et les diverses compagnies. Pratique pour connaître les horaires et réserver son billet en ligne.

Le train

À vrai dire, ce moyen de transport n'existe pratiquement pas, sauf comme curiosité locale, pour desservir la banlieue de Rio, rallier le Minas Gerais à Vitória (Espirito Santo), s'offrir un saut dans le passé tiré sur une poignée de kilomètres par une loco à vapeur (lignes Tiradentes-São João del Rei et Ouro Preto-Mariana dans le

Minas Gerais) ou explorer la petite sierra de Graciosa et Morretes au sud, dans le Santa Catarina.

La voiture

Dans beaucoup de régions, la voiture reste le moyen de transport et de découverte le plus agréable. Attendez-vous toutefois à de très longs trajets ! En théorie, ***on ne roule pas vite*** au Brésil (80 km/h) et les nombreux camions ne sont pas faciles à doubler sur les routes étroites, souvent très fréquentées. Alors ne comptez pas les distances en kilomètres, mais en heures... et apprenez à rester zen !

– Achetez la ***carte routière*** *Quatro Rodas* la plus récente. On peut en principe se la procurer partout, en particulier dans les kiosques. Sinon, Michelin édite une carte du Brésil au 1/3 850 000 (n° 764), utile pour se faire une idée préalable. On peut aussi télécharger des cartes par région sur le site • *dnit.gov.br* •

– L'***usage du GPS*** est assez répandu et pratique au Brésil, où la signalisation est aléatoire. Si vous n'en avez pas avec vous, les grands loueurs peuvent généralement vous en procurer un. Méfiance, toutefois : il n'est pas rare que le GPS vous embarque sur une piste ou une plage « identifiée » comme une route...

– ***Les routes*** sont correctes dans l'ensemble, surtout dans le Sud et le Sudeste, mais méfiez-vous des chaussées défoncées sur les axes secondaires et dans les zones un peu reculées. Les routes bitumées peuvent aussi être parsemées de nids-de-poule, méfiance ! Attention aussi, pendant les périodes de fortes pluies (janvier), aux rochers s'effondrant sur la chaussée, notamment dans le Minas Gerais.

– ***Les autoroutes*** (payantes) et voies rapides sont plutôt rares. En Amazonie, les routes, peu goudronnées, ne sont parfois utilisables qu'à la saison sèche. C'est en particulier le cas de certains tronçons de la *Transamazonienne* et de la *BR-319,* qui relie Manaus à Porto Velho – des travaux de remise en état sont en cours, mais ils devraient durer assez longtemps.

– ***Rouler la nuit :*** à éviter de façon générale, pour des questions de sécurité. La signalisation insuffisante dans la journée devient nulle une fois la nuit tombée. En outre, la nuit, dans certains quartiers des grandes villes, les Brésiliens ne s'arrêtent pas au feu rouge par peur des agressions ; verrouillez bien vos portes !

– ***Attention aux camions,*** pas toujours en bon état, qui roulent souvent (trop) vite. Au Brésil, on double indifféremment à droite comme à gauche. Soyez donc attentif et faites comme les autres : aux carrefours, croisements, etc., usez, voire abusez du klaxon pour signaler votre présence !

– ***Signalisation :*** les virages sont rarement indiqués, et les dos-d'âne (plutôt raides) systématiques aux entrées des villages. Parfois ils sont signalés, parfois pas...

– Évitez de vous déplacer en voiture dans les ***grands centres urbains*** (Rio, São Paulo...), à la circulation infernale.

– ***Essence et éthanol :*** les agrocarburants sont distribués dans toutes les stations-service sous le nom d'*Éthanol.* Plus « propre », cet alcool combustible fabriqué à partir de canne à sucre est le carburant le plus utilisé au Brésil. On en trouve de plusieurs qualités, et il coûte environ 2,90 Rls le litre. Le *Super,* lui, est plus cher (environ 3,70 Rls le litre début 2016), mais comme il brûle moins vite que l'éthanol, on parcourt plus de kilomètres, ce qui revient quasi au même côté dépenses. Les voitures de location acceptent généralement les deux. Quant au diesel, il coûte autour de 3 Rls.

– ***Limitations de vitesse et radars :*** en principe, jusqu'à 80 km/h (de 40 à 60 km/h en ville), vous êtes dans votre droit... Sur autoroute, on peut grimper jusqu'à 110 km/h. Évitez de dépasser ces limitations, les radars fixes sont devenus monnaie courante au Brésil, notamment aux abords des villes, qu'elles soient petites ou grandes, en ville même et sur les périphériques (autour de Rio, São Paulo, etc.). En général, ils sont annoncés suffisamment à l'avance et sont faciles à repérer : ce sont des boîtiers, de couleur blanche généralement, posés sur des portiques qui

Distances entre les villes (en km)	BELÉM	BELO HORIZONTE	BRASÍLIA	FORTALEZA	FOZ DE IGUAÇU	RECIFE	RIO DE JANEIRO	SALVADOR	SÃO PAULO
BELÉM	-	2 824	2 120	1 571	3 381	2 074	3 250	2 100	2 933
BELO HORIZONTE	2 824	-	716	2 528	1 508	2 061	434	1 372	586
BRASÍLIA	2 120	716	-	2 285	1 573	2 220	1 148	1 531	1 015
CAMPO GRANDE	2 942	1 453	1 134	3 035	747	3 332	1 444	2 653	1 014
CUIABÁ	2 941	1 594	1 133	3 100	1 464	3 341	2 017	2 652	1 614
CURITIBA	3 193	1 004	1 366	3 278	637	3 078	852	2 385	408
FLORIANÓ-POLIS	3 500	1 301	1 673	3 565	944	3 375	1 144	2 682	705
FORTALEZA	1 571	2 528	2 285	-	3 846	800	2 805	1 389	3 127
NATAL	2 106	2 348	2 507	520	3859	297	2 625	1 126	2 947
RECIFE	2 074	2 061	2 220	800	3 572	-	2 338	839	2 660
RIO DE JANEIRO	3 250	434	1 148	2 805	1 472	2 338	-	1 649	429
SALVADOR	2 100	1 372	1 531	1 389	2 885	839	1 649	-	1 962
SÃO LUIS	806	2 738	2 157	908	3 418	1 573	3 015	1 599	2 970
SÃO PAULO	2 933	586	1 015	3 127	1 047	2 660	429	1 962	-

surplombent la route... Attention, si vous louez une voiture et que vous êtes flashé, vous serez directement prélevé sur votre carte de paiement. Pour un dépassement jusqu'à 20 % de la vitesse autorisée sur route et de 50 % en ville, compter environ 130 Rls. Au-delà, cela vous coûtera environ 600 Rls, et si vous êtes arrêté, en principe, une interdiction de conduire pure et simple !

- ***Le port de la ceinture de sécurité*** est obligatoire et l'amende, en cas d'oubli, peut atteindre 150 Rls.
- ***Contrôles de police :*** la police n'a pas toujours une réputation d'intégrité maximale, si vous voyez ce que l'on veut dire. Dans certains États, comme le Paraíba, sa réputation est même carrément mauvaise. Aux postes de contrôle routier, il est indispensable de rouler à vitesse réduite, mais sans s'arrêter, sauf si on vous le demande clairement. Ne cherchez pas le regard des policiers comme si vous leur posiez la question « Est-ce que je dois m'arrêter ? »... Ils pourraient en conclure que vous avez quelque chose à vous reprocher ! En cas de contrôle, à vous d'être irréprochable, car un policier mal intentionné contrôlera votre véhicule jusqu'à ce qu'il trouve un problème, aussi petit soit-il, histoire de vous extorquer un billet (au mieux) de 20 Rls...
- ***Permis de conduire :*** le permis de conduire international est rarement exigé, un permis national suffit.
- ***Location de voitures :*** les agences de location ont pour la plupart un comptoir à l'aéroport, certaines un second au centre-ville. L'agence nationale la plus répandue est *Localiza (● localiza.com ●)*, mais, attention, elle n'est pas toujours moins chère que ses concurrents internationaux comme *Hertz, Unidas / Alamo* ou *Avis,* présents aussi sur l'essentiel du territoire brésilien. Sachez que l'on ne peut pas systématiquement racheter la franchise permettant une assurance tous risques.

Les tarifs les plus avantageux sont obtenus en réservant une voiture depuis la France, avant le départ, aux agences internationales classiques comme *Hertz (☎ 01-39-38-38-38 ; ● hertz.fr ●)* ou *Avis (☎ 0821-230-760 – 0,15 €/mn ; ● avis.fr ●)*. Ou, moins classiques mais tout aussi efficaces :

■ ***BSP Auto :*** *☎ 01-43-46-20-74 (tlj). ● bsp-auto.com ●* Les prix proposés sont attractifs et comprennent le kilométrage illimité et les assurances. *BSP Auto* vous propose exclusivement les grandes compagnies de location sur place, vous assurant un très bon niveau de services. Les plus : vous ne payez votre location que 5 jours avant le départ + réduction spéciale aux lecteurs de ce guide avec le code « routard ».

■ Et aussi ***Europcar*** *(☎ 0825-358-358 – 0,15 €/mn ; ● europcar.fr ●)*.

URGENCES

Numéros d'urgences nationaux

- ***Police :*** *☎ 190 ou 197 (civile ou militaire, selon les régions).*
- ***Ambulance :*** *☎ 192.*
- ***Pompiers :*** *☎ 193.*

Les autres numéros d'urgences varient d'un État à l'autre.

- En cas de vol ou d'agression, porter plainte au commissariat le plus proche ou auprès des services de police touristique lorsqu'ils existent, et ne pas hésiter non plus à le signaler au consulat.
- En cas de gros pépin, contacter évidemment le consulat général le plus proche ou, à défaut, les consulats honoraires ; ils pourront vous orienter vers les médecins, cliniques ou avocats les plus à même de vous assister.

Perte/vol de carte de paiement

- ***Carte Visa :*** *assistance médicale et véhicule incluse ; numéro d'urgence* (Europ Assistance) *: ☎ 0800-891-3680 (24h/24). ● visa.fr ●*

– **Carte MasterCard :** *numéro d'urgence, ☎ 0800-90-1387. • mastercard.com •*
– **Carte American Express :** *☎ (00-33) 1-47-77-72-00. • americanexpress.com •*

– **Pour toutes les cartes émises par La Banque postale :** *composer le ☎ (00-33) 1-45-45-36-39 (0,15 €/mn) ou ☎ 0892-705-705 (0,35 €/mn).*

Besoin urgent d'argent liquide

En cas de besoin urgent d'argent liquide (perte ou vol de billets, chèques de voyage, cartes de paiement), vous pouvez être dépanné en quelques minutes grâce au système ***Western Union Money Transfer.*** Pour cela, demandez à quelqu'un de vous déposer de l'argent en euros dans l'un des bureaux *Western Union* ; les correspondants en France de *Western Union* sont *La Banque postale (fermée sam ap-m, n'oubliez pas ! ☎ (00-33) 1-45-45-36-39 – 0,15 €/mn – ou ☎ 0892-705-705 – 0,35 €/mn)* et la *Société financière de paiements (SFDP ; ☎ 0825-825-842 – 0,15 €/mn ; à Rio : ☎ 0800-785-678).* L'argent vous est transféré en moins de 15 mn. La commission, assez élevée, est payée par l'expéditeur. Au Brésil, on peut retirer l'argent à la *Banco do Brasil,* muni de son passeport et du code de l'opération que vous aura transmis le donateur. Possibilité d'effectuer un transfert en ligne 24h/24 par carte de paiement (*Visa* ou *MasterCard* émise en France) sur le site *• westernunion.com •*

Perte/vol de téléphone portable

Suspendre aussitôt sa ligne permet d'éviter de douloureuses surprises au retour du voyage ! Voici les numéros des quatre opérateurs français, accessibles depuis la France et l'étranger.

– ***SFR :*** *📱 + 33-6-1000-1023.*
– ***Bouygues Télécom :*** *☎ + 33-800-29-1000.*
– ***Orange :*** *📱 + 33-6-07-62-64-64.*
– ***Free :*** *☎ + 33-1-78-56-95-60.*

Vous pouvez aussi demander la suspension de votre ligne depuis le site internet de votre opérateur.
Avant de partir, notez (ailleurs que dans votre téléphone portable !) votre numéro IMEI, utile pour bloquer à distance l'accès à votre téléphone en cas de perte ou de vol. Comment avoir ce numéro ? Il suffit de taper sur votre clavier *#06#, puis reportez-vous au site *• mobilevole-mobilebloque.fr •*

LE SUD-EST

« **São Paulo da café, Minas da leite,
e a Vila Isabel da samba...** »
Feitiço da Vila

« São Paulo donne du café, le Minas Gerais donne du lait, et Vila Isabel donne la samba... » On ne saurait mieux résumer le Sud-Est.

L'ÉTAT DE RIO

• Carte *p. 151*

RIO DE JANEIRO

6 330 000 hab. IND. TÉL. : 21

• Plan d'ensemble *p. 89* • Métro *p. 93* • Centre (plan I) *p. 98-99* • Sud (plan II) *p. 100-101* • Santa Teresa (zoom) *p. 107* • Les plages (plan III) *p. 112-113*

Corcovado ou Pain de Sucre, pour saisir la folie urbaine qu'est Rio, il faut d'abord la voir d'en haut. Aucune ville au monde n'aligne une telle succession de baies, de plages superbes, un tel bouleversement de reliefs, un tel puzzle géographique. Postée à l'entrée de l'immense baie de Guanabara, découpée par les *morros* – ces collines pointues où s'accrochent certaines favelas –, coincée entre les flancs du luxuriant parc national de

Tijuca et l'océan, la ville s'étire tout en longueur en un chapelet de quartiers aux tonalités changeantes : Lapa, Flamengo, Botafogo, Copacabana, Ipanema... Des quartiers qu'il vous faudra arpenter à pied pour ressentir cette « seule grande ville de l'univers où le simple fait d'exister est un véritable bonheur », comme l'écrivait Blaise Cendrars.
Rio, ce sont les porte-conteneurs et les barques de pêcheurs, la mer à la montagne, la jungle urbaine à l'orée de la forêt tropicale, les tongs *Havaianas* et le complet-veston. Et toujours la plage pour horizon... Cette plage, les Cariocas (habitants de la ville de Rio) l'ont dans la tête, sur la peau, et même à des kilomètres de l'eau, le short tend au maillot de bain et la jupe se fait mini. Enfin, à Rio, converser est un art, un plaisir, une façon de vivre. On vous conseille donc vivement d'apprendre quelques mots de portugais (l'espagnol peut cependant vous aider un peu) et de ne pas vous laisser intimider par les questions de sécurité. S'il convient d'être vigilant, le soir en particulier, Rio n'a rien d'un coupe-gorge et reste une expérience unique.

UN PEU D'HISTOIRE

Le site fut découvert le ***1er janvier 1502*** par les Portugais qui s'imaginaient à l'embouchure d'un grand fleuve, d'où le nom Rio de Janeiro : « rivière de janvier ». En 1555, ce sont les Français qui s'y installèrent, avant d'être chassés par les Portugais quelques années plus tard. La petite ville prospéra grâce à la canne à sucre, mais surtout grâce à la découverte de l'or du Minas Gerais au XVIIIe s. En 1808, l'arrivée du roi du Portugal en exil provoqua une grande ouverture sur l'Europe.
Au début du XXe s, ***de grands travaux*** modelèrent son visage actuel. De larges avenues furent tracées, des *morros* rasés. La baie de Copacabana connut un grand développement dans les années 1930, lorsque les villas cossues cédèrent le pas aux grands immeubles du type Côte d'Azur et que la promenade fut aménagée, rognant largement sur la mer. En perpétuel mouvement, la ville s'étend désormais sans cesse vers le sud.

FIASCO FRANÇAIS

Alors que le Brésil est investi par le Portugal, une expédition française est lancée en 1555 sous l'autorité d'Henri II, afin d'éloigner les protestants de France. Menée par le chevalier de Malte, Villegagnon, la flotte débarque dans la baie de Guanabara et y fait construire le fort Coligny, premier bastion de la « France antarctique ». Mais les guerres de religion qui font rage à l'époque n'épargnent pas la petite expédition, déchirée entre catholiques et protestants. Fragilisés, ils furent rapidement expulsés par les Portugais. Reste aujourd'hui la minuscule ilha Villegagnon, *qui abrite l'école navale de Rio.*

1930-1960 : l'âge d'or

Rio connut son heure de gloire entre les années 1930 et 1960. Capitale de ce qui s'appelait alors les ***États-Unis du Brésil,*** elle vit se développer une classe moyenne aisée de fonctionnaires et de rentiers, entourée d'un petit peuple qui passait des fonctions ancillaires au statut de travailleurs de l'industrie et des services. Durant cette période, entre les *morros* et la ville proprement dite, l'héritage culturel des anciennes classes de maîtres se mêla aux traditions populaires d'influences africaines.
Ville fétiche pour de nombreux artistes, Rio attira dans les années 1930 et 1940 des écrivains comme ***Blaise Cendrars*** et ***Stefan Zweig*** qui en firent l'éloge dans

leurs livres. Pour le second, « il n'y a pas de ville plus belle au monde ». Dans les années 1950 et 1960, bossa-nova, *cinema novo,* puis « tropicalisme » furent les signes éblouissants de cette ville unique en son genre. Ipanema est alors un repaire de bohèmes qui, pour la première fois dans l'histoire du pays, célèbrent la jeune fille, la *garota* de la fameuse ballade : bronzée, elle ondule sur le chemin de la plage. C'en est fini de la femme adultère et forcément fatale qui régnait sur l'univers de la chanson. Le Brésil se découvre jeune et plein d'espoir.
Mais un certain déclin du prestige de Rio s'est amorcé avec la ***perte du statut de capitale fédérale,*** au profit de la toute nouvelle Brasília. Le ***coup d'État de 1964*** n'arrangea pas les choses. Les militaires réprimèrent particulièrement Rio, traditionnellement la ville la plus à gauche du Brésil. Enfin, la crise économique des années 1980 emporta une bonne part de l'industrie. Pendant ce temps, l'hyperinflation plongea les pauvres plus encore dans la misère et les riches dans l'opulence de la spéculation, tandis que les ***favelas,*** bidonvilles abritant les plus démunis, s'étendaient plus vite que la ville elle-même.

Rio, une ville faite de contradictions

Aujourd'hui, Rio continue d'être cette ville « merveilleuse » qui enchante les visiteurs, tiraillée par des contradictions économiques et sociales qu'il convient de connaître avant d'y débarquer.
On estime que ***20 % des Cariocas habitent dans les favelas,*** et, contrairement aux idées reçues, la majorité d'entre eux sont des travailleurs que l'on croise tous les jours en centre-ville : vendeurs de glace sur la plage, caissier(ère)s de supermarchés, gardiens d'immeubles...
Chaque quartier riche est flanqué de sa favela, *Dona Marta* au-dessus de Botafogo, *São João* et *Cantagalo* au-dessus de Copacabana, *Pavão* et *Pavãozinho* au-dessus d'Ipanema, *Vidigal* au-dessus de Leblon et l'immense *Rocinha* (150 000 habitants) au-dessus de la Barra da Tijuca et de São Conrado.
Tandis que les riches se retranchent derrière grilles et systèmes de sécurité, la peur (des pauvres, des Noirs, etc.) obsède les classes moyennes. En outre, la violence extrême exercée par la police à l'encontre des gangs de narcotrafiquants, pour la plupart des jeunes (74 % des victimes d'homicides), favorise un climat d'insécurité permanent aboutissant à une quasi-coupure des ponts entre les classes sociales.
Depuis 2010, le ***PAC (Plan d'accélération de la croissance),*** un plan Marshall de 1,2 milliard de *reais* mis en place pour la réhabilitation des favelas, tente de s'attaquer aux problèmes des plus démunis en créant des écoles, des crèches, des hôpitaux, en réurbanisant les quartiers. Certaines favelas ont ainsi été « pacifiées ». On y trouve d'ailleurs quelques adresses de bars, des chambres d'hôtes et même une AJ officielle *(Favela Inn Hostel)* dans la favela de Chapéu Mangueira.
La ville a dû assurer la sécurité des visiteurs et accueillir la foule venue du monde entier pour la Coupe du monde de football en 2014 et pour les ***Jeux olympiques en 2016.***

LE CARNAVAL

Le carnaval est une institution relativement récente, née du choc de deux cultures : celle des Africains et celle des Portugais. Les esclaves possédaient une musique et des rythmes très dansants, les Portugais avaient apporté dans leurs bagages une de leurs fêtes, l'*Entrudo,* où ils s'éclataient pendant quelques jours chaque année. Les colons portugais s'amusaient dans leurs beaux salons, tandis que les Africains avaient déjà pris possession de la rue lors des processions religieuses.
À partir de 1870, tout le monde prend donc l'habitude de descendre dans la rue une fois l'an sur des rythmes et des thèmes au début assez disparates (marches et polka pour les Portugais, percussions pour les Africains), qui vont progressivement fusionner pour donner naissance au premier enregistrement de samba en... 1917.

Cette innovation devait par la suite susciter maintes vocations de compositeurs et la création d'une véritable industrie. Les années 1920 voient naître les écoles de samba, et les premiers concours ont lieu en 1933.
Aujourd'hui, avec le foot et la « tchatche », le carnaval et la samba sont les sujets de gloire de Rio. Durant la semaine de carnaval, la moitié de la ville part en vacances pour échapper au chaos, un quart participe mollement, pendant que le dernier quart s'en donne à cœur joie ! Pour autant, à partir du mois de janvier, toute la ville devient frénétique, et la samba bat son plein. Elle reste aujourd'hui encore la base culturelle des Cariocas.
Le carnaval de Rio, c'est une semaine de folie qui bouleverse la ville, où tout paraît permis, où les classes sociales semblent se diluer dans un immense défoulement collectif.

Le déroulement

Le calendrier du carnaval est fixé en fonction de la date de Pâques. Il se déroule du vendredi au mardi précédant le mercredi des Cendres, soit une quarantaine de jours avant Pâques ; le mercredi, tout le monde va dormir ! ***En 2017, le carnaval aura lieu du 24 au 28 février.***
Pour participer au carnaval de rue et assister librement aux défilés des innombrables *batucadas* de Rio, se procurer le guide *Rio que Encanta,* qui rassemble les dates, horaires et lieux des *blocos* de carnaval et *rodas de samba.* À l'approche du carnaval, vous pourrez faire la fête du matin au soir, avec des « parades » dès 9h ! Certains quartiers comme Santa Teresa éditent aussi leur propre petit programme, diffusé dans les bars et lieux culturels.
Si vous souhaitez participer activement au défilé – une sacrée expérience –, il vous faudra commander votre costume plusieurs semaines à l'avance pour les écoles prestigieuses, ou arriver au moins une semaine avant le carnaval pour avoir le temps d'acheter un costume auprès des écoles moins prisées, et d'apprendre les paroles de votre samba. Pour toutes les infos pratiques, voir la rubrique suivante « Infos utiles » pour participer au carnaval.
Déroulement du carnaval, en règle générale :
– ***le vendredi soir :*** défilé des enfants *(mirins)* au sambodrome ; c'est adorable et vraiment pas cher ;
– ***le samedi :*** défilé des *blocos,* petits ensembles musicaux de quartiers, dans les rues (voir le programme du *Jornal do Brasil* le vendredi) et défilé dans le sambodrome toute la nuit des écoles de « seconde division » (groupe A), dont une accédera au groupe des « grandes » (écoles du groupe spécial). C'est beaucoup moins luxueux que les jours suivants, mais on s'amuse tout autant, voire plus, car c'est très décontracté ;
– ***le dimanche :*** défilé de six écoles de samba du groupe spécial. Les places sont payantes : les plus chères coûtent entre 400 et 1 200 € par personne dans les loges privées *(camarotes)* en fonction de l'emplacement, généralement réservées aux entreprises. Sinon de 35 à 90 € dans les tribunes populaires *(arquibancadas).* Pour une soirée confortable, achetez vos places à l'avance, en vous renseignant auprès de votre hôtel (les hôtels proposent souvent des *pacotes* tout compris), auprès d'une agence de voyages ou au *Riotur ;*
– ***le lundi :*** même programme que le dimanche, avec les six écoles du groupe spécial restantes ;
– ***le mardi :*** défilé toute la nuit dans le sambodrome des écoles du groupe B ;
– ***le samedi suivant :*** défilé des six écoles en tête du groupe spécial. Près de 200 000 personnes assistent au « défilé des Champions ».

Infos utiles

Vous trouverez les infos complètes et mises à jour – en français ou en anglais – sur les sites : • *carnaval-de-rio.fr* • *riocarnaval.org* • *riocostumes.com* • *rio-carnival.*

net • Programme détaillé, plan du sambodrome, vente de billets en ligne, infos sur les écoles de samba, vente de costumes, etc.
– ***À savoir :*** les routards de plus de 60 ans bénéficient d'une réduction de 50 % sur le prix des billets pour le sambodrome.
– ***Comment participer au carnaval ?*** Deux options possibles. La première consiste à ***assister au défilé*** des écoles de samba comme simple spectateur, sur les gradins. La seconde consiste à ***figurer dans le défilé*** proprement dit, comme danseur revêtu d'un costume aux couleurs de l'école ! Et si vous séjournez à Rio quelques semaines avant le carnaval, ne manquez pas d'***assister à une répétition,*** celles organisées par les grandes écoles de samba sont annoncées à l'avance sur leur site internet et dans la presse culturelle. À l'approche du jour J, il y a foule et l'ambiance est déjà endiablée !
– ***Acheter un costume, où, quand, comment ?*** Pour ceux qui souhaiteraient participer activement au défilé des écoles, le mieux est de consulter à l'avance le site internet de l'école de votre choix qui annonce les dates de répétition et fournit les infos pratiques pour commander son costume. Idéalement, il faut arriver à Rio au moins 2 ou 3 semaines avant le carnaval. On vous donne les coordonnées de quelques écoles dans la rubrique « Adresses et infos utiles. Loisirs et spectacles. Les écoles de samba ». Compter de 200 à 500 Rls selon votre choix de figurer dans un défilé de 1re ou de 2e division. On récupère son costume quelques jours avant le début du carnaval. Le jour de la grande parade, le candidat rejoint l'école à laquelle il s'est inscrit et reste attaché à sa « concentration » et à son groupe – « Ala ».
– ***Qu'est-ce que le sambodrome ?*** Il s'agit d'une avenue – avenida Marquês de Sapucai – située dans le quartier nord de Rio, près de la praça Onze. Longue de 800 m, elle est fermée à la circulation à l'occasion du carnaval et occupée par des gradins pouvant accueillir près de 90 000 spectateurs. C'est là que se déroulent les défilés en plein air des meilleures écoles de samba.
– ***Où et quand acheter son billet pour les défilés du sambodrome ?*** Le plus simple consiste à l'acheter dans une agence ou directement auprès des hôtels. Les prix oscillent entre 50 et 1 000 Rls environ par personne, selon la place choisie et le jour. Les 2 jours où défilent les écoles du groupe spécial, compter environ 35 € pour les *arquibancadas* (tribunes), 90 € pour les *cadeiras individuais* (chaises individuelles : les meilleures places, au-dessous des tribunes et tout près du passage des chars). Évitez les secteurs 13 et 6, où la visibilité est vraiment mauvaise. Le secteur 1 est moins cher et déjà bien, c'est là que les écoles se préparent. Les meilleurs sont les secteurs 5, 7 et 9, qui offrent une bonne perspective (le 9 est réservé aux touristes).
Pour les petits budgets, il vaut mieux arriver vers 23h, les revendeurs sont fatigués et bradent les entrées, mais après, il faudra vous faufiler dans la foule pour trouver une place.
– ***Comment aller au sambodrome ?*** Le plus simple est d'acheter son billet d'abord, puis de prendre le métro, qui fonctionne de 9h à 5h du matin, jour et nuit en période de carnaval. Descendre à la station Praça Onze, puis marcher jusqu'au sambodrome. Il existe également des navettes régulières de bus spéciaux qui vont d'Ipanema et de Copacabana jusqu'aux stations de métro, ainsi que des transferts de votre hôtel au sambodrome proposés par toutes les agences.
– ***Quelques conseils :*** faites un bon dîner avant, car la nuit est longue et éprouvante, et habillez-vous légèrement avec un sac peu encombrant et suffisamment d'argent pour vos consos et déplacements, mais pas d'objet ou bijou de valeur. Comme ça vous serez tranquille. Enfin, à moins de vous y prendre au dernier moment, évitez aussi de passer par les agences, elles n'offrent aucun avantage supplémentaire et facturent le service jusqu'à 60 % plus cher !

Les écoles de samba

Il y a beaucoup d'écoles de samba à Rio. De la plus petite, groupant 20 personnes, à la plus prestigieuse en réunissant 6 000. Une petite école de samba peut devenir

grande en s'alliant à d'autres, et se transformer en *bloco,* avec plus de moyens, des costumes plus riches, plus élaborés. Si un *bloco* remporte du succès, il peut prétendre entrer dans le groupe des écoles de samba E, puis grimper la hiérarchie jusqu'au groupe A. Les écoles des trois meilleurs groupes (groupe spécial, groupe A et groupe B) défilent dans le sambodrome, les autres défilent dans les rues de Rio. Chaque école possède ses propres couleurs. Actuellement, dans le groupe spécial (ex-premier groupe) évoluent 12 écoles : de la plus appréciée, *Mangueira* (née en 1928, couleurs rose et vert), 19 fois championne du carnaval, notamment en 2016, à l'une des plus récentes, *Beija Flor* (née en 1948, couleurs bleu et blanc), en passant par *Portela,* l'une des plus anciennes et populaires, ou celle ayant le plus de participants, *Salgueiro* (6 000 personnes aux couleurs rouge et blanc), ou encore *Unidos da Tijuca* (costumes jaune et bleu).
Pour le grand défilé des écoles du groupe spécial, chacune choisit un thème (l'*enredo*) tiré du folklore ou de l'histoire du Brésil (les Dix Commandements, le foot, l'Amazonie, etc.), illustré par les paroles d'une chanson composée à cet effet, par les costumes, les danses, les chars, etc. En période électorale, les thèmes sont parfois très politiques (la santé, l'éducation...), mais dans les petits défilés de quartier, le thème le plus populaire est... le carnaval lui-même !

L'attente et le jugement

Les juges vont avoir à noter un certain nombre d'éléments : l'homogénéité de chaque école (il faut éviter l'impression de pagaille et de rupture de ton), la musique – une samba de qualité reprise en chœur par la foule marque beaucoup de points. De même, une école qui évolue pendant 70 à 85 mn doit éviter la cacophonie de sa musique, car la samba chantée en tête prend du retard, « se décale » au fur et à mesure qu'elle remonte le cortège. Éviter cet effet s'appelle l'*harmonie.* Seront notés aussi la *bateria,* l'orchestre, parfois composé de plusieurs centaines de musiciens, les costumes, d'une époustouflante richesse, les *passistas,* danseurs inventant de nouveaux pas de danse, les chars, les *porta bandeiras* (couples arborant le drapeau de l'école), etc.
L'ordre de passage des écoles est tiré au sort. La meilleure école peut très bien passer en dernier. Il n'est pas rare que, le défilé prenant du retard, la dernière école ne démarre que vers 9h ou 10h... du matin !

L'âme du carnaval

Des soirées sont organisées tous les soirs dans les grands hôtels (dont le *Copacabana Palace*). L'entrée est en général assez chère ou sur invitation, mais l'atmosphère souvent démente. Et surtout, en marge du défilé, des écoles perpétuent le ***carnaval de rue*** ; certains quartiers de Rio (Lapa, Cinelândia, Copacabana, Ipanema, Santa Teresa...) sont envahis de *blocos,* tout le monde s'agglutine, danse et suit les cortèges. Les horaires et lieux de passage sont signalés dans la presse locale. Les répétitions *(ensaios)* des blocs les plus prestigieux commencent dès septembre, et les dates sont annoncées sur les sites : • *liesa.globo.com* • ou • *rioguiaoficial.com.br* •
Le carnaval est aussi présent partout sous la forme d'orchestres de quartier – les ***bandas*** – jouant en fin d'après-midi les sambas à la mode. C'est à cette occasion que revit l'âme du vrai carnaval. Car il faut bien reconnaître que le carnaval de Rio est devenu une gigantesque opération commerciale. Autre ambiance, contre-pied total même serait-on tenté d'écrire, au ***Bate Bola,*** un « carnaval off » furieusement populaire, organisé sur la même période dans les quartiers périphériques nord et ouest de Rio.
Pour participer au défilé de son école, le Carioca dépensera entre un tiers et la moitié de son salaire pour son costume. Paillettes, plumes, colliers, strass, tout est cher. Ensuite, la famille se relaiera des jours et des jours pour faire la queue aux guichets de vente des tickets de défilé, car les places les moins chères sont

en quantité limitée. Restera toujours la solution d'en acheter au marché noir, mais elles verront leur prix multiplié par 10 ! Pour les places des tribunes, inutile d'y songer, plusieurs mois de salaire y passeraient. Quant aux loges les plus chères, n'en parlons pas. L'entrée des soirées et des clubs privés est également exorbitante. Dernière possibilité : faire la fête dans la rue pendant 4 jours, s'enivrer de danse et de musique, se libérer des tensions de longs mois de labeur et de fatigue... en toute liberté !

Durant l'année

Pendant le mois qui précède le carnaval, vous pouvez assister chaque soir, du vendredi au dimanche, aux répétitions des écoles de samba au ***sambodrome*** (*plan d'ensemble* ; bus nos 432 et 433 depuis Copacabana). Programme dans les journaux à la page des spectacles ou auprès des offices de tourisme. Gratuit et très festif !
Possibilité aussi de se rendre à la ***Cidade do samba*** *(plan d'ensemble)* : 130 000 m² dans le quartier de Gamboa (lire plus loin « À voir. Dans la Zona norte »). On y trouve 14 écoles, qui s'affrontent chaque année au cours du carnaval. Répétitions (payantes) les soirs de week-end à partir du mois de janvier. En dehors de cette période, possibilité d'assister aux répétitions des grandes écoles de samba (surtout à partir d'octobre), pour pas cher du tout. C'est un spectacle à ne pas manquer, surtout si vous êtes à Rio à l'approche du carnaval. Certains préféreront d'ailleurs la période de pré-carnaval, déjà effervescente et qui permet d'éviter la foule innombrable des 5 jours de fête officielle. Plus on approche du jour J, plus il y a de monde aux répétitions. Les écoles prestigieuses organisent aussi des soirées de répétition plusieurs semaines avant le jour J, en général le samedi. Les dates sont annoncées sur leur site internet et dans les journaux culturels. L'unique inconvénient est qu'elles sont en général loin du centre (voir plus loin « Adresses et infos utiles. Loisirs et spectacles. Les écoles de samba »).
Il y a enfin des boîtes, surtout à Ipanema ou à Leblon, qui présentent toute l'année des danses en costumes de carnaval. Touristique, bien sûr, mais certains spectacles sont de qualité.

Quand aller à Rio ?

En juin, juillet et août, qui sont les mois d'hiver, la température oscille entre 15 et 25 °C, avec des nuits plutôt fraîches, qui tombent vite (vers 17h30) et un ciel souvent couvert. Si la plage est praticable pour la bronzette, les vagues, en revanche, sont souvent hargneuses et l'eau reste assez fraîche.
Les mois d'été correspondent à décembre, janvier et février. C'est aussi la période où la ville tout entière se prépare pour le carnaval. La musique retentit sur les places, les blocs de carnaval répètent en plein air dans les quartiers, la plage fait le plein. Pour ceux qui supportent la chaleur humide (souvent 35 °C et plus) et quelques orages tropicaux, c'est le meilleur moment. Pendant le carnaval, ça se complique : nombreux musées, commerces et restaurants sont fermés et les distributeurs souvent à cours d'argent. Octobre, novembre et début décembre sont une bonne option : il fait déjà chaud mais pas trop, le ciel est clair et l'ambiance est estivale. Les mois de mars, avril et mai sont agréables, mais l'ambiance est beaucoup moins festive car on est en période post-carnaval, un rien *bluesy...*

Rio, quartier par quartier

Du nord au sud, au pied des *morros,* Rio n'en finit pas de s'étendre. Plus on va vers le sud, plus c'est riche. Et quelle que soit la zone, la pauvreté est

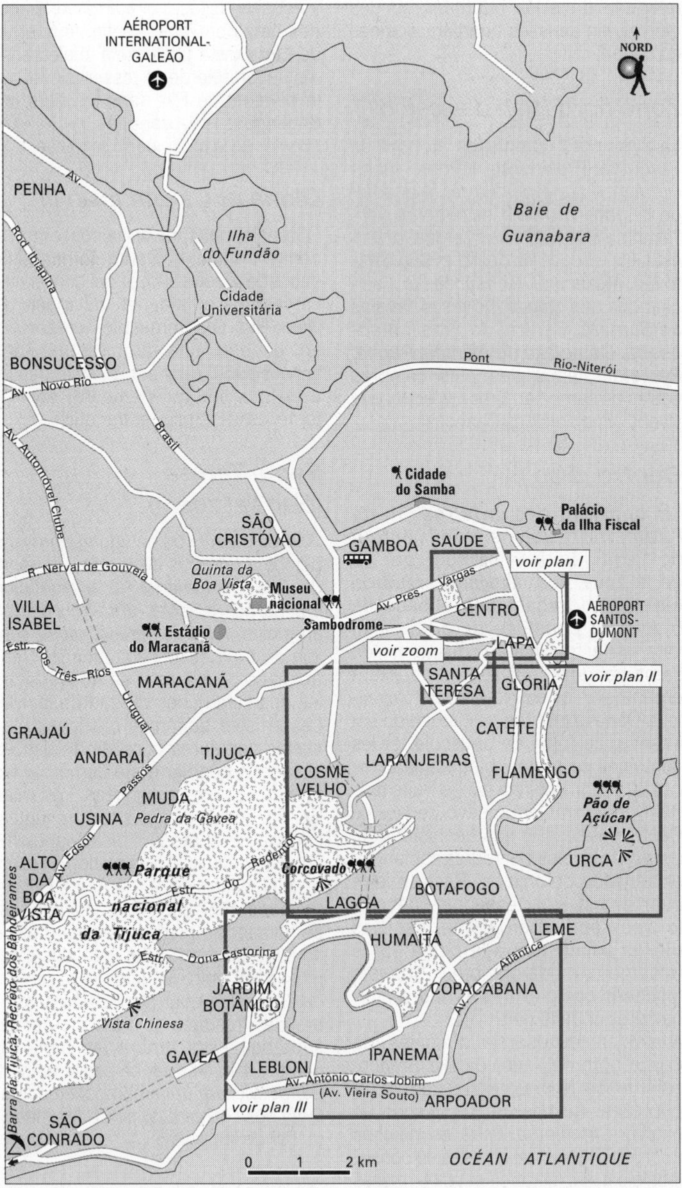

RIO DE JANEIRO – Plan d'ensemble

reléguée dans les hauteurs, sur les *morros,* ou dans les quartiers éloignés du centre.

Zone nord *(plan d'ensemble)*

La zone nord commence au nord de l'avenida Presidente Vargas, inclut l'immense ***zone portuaire,*** le quartier de la ***gare routière*** et remonte vers l'avenida Brasil et vers l'île du Gouverneur. On y trouve les quartiers ***São Cristóvão, Maracanã, Bonsuccesso...*** surplombés des grands *morros* et ***favelas de Sumaré, Central do Brasil, Mangueira, Complexo do Alemão, Penha, Portela,*** sièges des plus célèbres écoles de samba du Brésil. C'est ici que vivent la majorité des Cariocas.

Centro *(plan I)*

Le ***quartier des affaires et de l'administration*** s'étend autour de l'avenida Rio Branco, qui va de la zone portuaire au Parque do Flamengo, traçant une espèce de 5e Avenue ponctuée de gratte-ciel. Une vraie fourmilière, du moins en semaine, lorsqu'il est assidûment arpenté par les employés qui y travaillent. Dans la journée, la circulation est intense. La foule se bouscule, et les centaines de restos, bistrots *(lanchonetes)* et comptoirs à jus de fruits rendent cette ambiance savoureuse. Le Centro est aussi le quartier historique, qui abrite nobles demeures anciennes et bâtisses coloniales. Reste que le quartier est – par essence – déserté le week-end et en soirée, sauf les ruelles adjacentes à la praça 15 de Novembro, où de nombreux troquets affichent complet dès 17h30 et jusqu'au bout de la nuit.
À la lisière du quartier d'affaires, de l'autre côté de l'avenida Rio Branco, commence le vrai centre humain et populaire. Au bas de Rio Branco, le quartier ***Cinelândia.*** Entre les marches du théâtre municipal et celles du conseil municipal, sur le trottoir et aux terrasses des cafés, se rencontrent l'intelligentsia et la bureaucratie. Le troisième secteur nous mène, depuis Cinelândia, à travers Lapa et Fátima, vers la ***praça Cruz Vermelha*** par l'avenida Mem de Sá. La nuit y est plus agitée, voire arrosée, autour des bars populaires. Enfin, le quartier de ***Lapa*** reste fidèle à sa chaleureuse réputation fêtarde et rassemble le soir la bohème de Rio dans les bars mi-déglingués mi-branchés (voir « Où écouter de la musique ? Où danser ? »).

Glória et Catete *(plan II)*

Quartiers qui font la liaison entre le centre populaire, Santa Teresa et le début de la zone sud, et qui conservent l'ambiance animée et mélangée du vieux Rio. Les immeubles présentent en général une architecture des années 1960, donnant un style désuet à ce quartier qui demeure, somme toute, assez familial et tranquille.

Santa Teresa *(plan I et zoom)*

Voici un quartier qu'on adore. Un village perché au-dessus de la ville, un genre de « petit Montmartre » à la végétation luxuriante, le côté ultra-touristique en moins. À Santa Teresa, on se sent loin du bruit et de l'agitation du Centro, sans pour autant se trouver dans les quartiers riches du sud de la ville. Les artistes bohèmes ont investi les vastes demeures cossues délaissées lorsque le quartier a été cerné par les favelas – pourtant pacifiées. Les villas se succèdent, diverses, surprenantes, comme ce château « disneylandien » perché au-dessus de la station de taxis, à l'intersection de la rua Aarão Reis et de la rua Almirante Alexandrino. Il faut se balader au gré des ruelles pavées au charme tranquille, des escaliers musardant entre les jardins, et profiter de l'occasion pour découvrir les nombreuses fresques et graffitis – parfois superbes – qui ornent les murs du quartier. Le soir, tout se passe entre le *Bar do Mineiro* et l'embranchement du *largo dos Guimarães,* point de jonction du *bonde* (tramway).

Zone sud *(plans II et III)*

Flamengo *(plan II)*

C'est le début de la zone sud. Le chic s'affiche déjà sur le front de mer.

On y fait son jogging, on y joue au volley à l'ombre des immeubles aux loyers exorbitants. Vers l'intérieur, en revanche, au pied de bâtisses Art déco élégamment défraîchies, les bouts de rues résidentielles bordées de palmiers impériaux alternent avec les artères populaires, égrainant les petites brasseries où s'attablent les employés des classes moyennes en fin de journée.

Urca, Botafogo, Laranjeiras et le parque nacional da Tijuca *(plan II)*

Depuis la pointe de Urca jusqu'à la forêt, cette large bande transversale, plutôt populaire, est célèbre pour ses deux sites incontournables : le Pain de Sucre et le Christ du Corcovado, véritables emblèmes de la ville. Longtemps le quartier le plus élégant de la ville, **Botafogo** est aujourd'hui dépassé en richesse par les quartiers du sud (Ipanema, Leblon). On y trouve néanmoins de vieux immeubles de style Belle Époque patinés par le temps, quelques rues bordées de villas cossues, des voiliers au mouillage. C'est aussi de la baie de Botafogo que le *Christ du Corcovado* offre son meilleur aspect, de face.
Alternative bohème à Santa Teresa, plus éloigné du centre, Botafogo concentre aussi pas mal de restos et bars branchés, qui attirent la jeunesse « bobo » de Rio et les classes aisées. Quant à ***Urca,*** c'est le petit quartier qui se trouve au pied du *Pain de Sucre.* Un quartier résidentiel tranquille et une zone en partie militaire.

Copacabana *(plan III)*

À la sortie du *tunnel Cintra* apparaît enfin la plage dont le nom, mythique et poétique, fut sans doute l'un de vos premiers mots de brésilien. Très à la mode dans les années 1940 et 1950, elle a été dépassée en élégance (et en richesse) par Ipanema et Leblon. Si l'on vient toujours s'y faire voir sur son interminable plage, ses rues bordées de hauts immeubles ternis par les ans et la pollution ont perdu bien du lustre. Une foule mélangée y bourdonne entre une circulation dense et des *lanchonetes* installées à chaque coin de rue. Point positif cependant, le bord de mer est fermé à la circulation chaque dimanche, ce qui en fait un lieu de balade/footing/skate/roller, etc. très apprécié des Cariocas !

Lagoa et Jardim Botânico *(plan III)*

Situés au nord du Lagoa Rodrigo de Freitas, coincés contre les *morros,* deux quartiers résidentiels tranquilles et verdoyants. L'axe principal est la rua *Jardim Botânico.* Toutes les rues, ruelles et impasses qui lui sont perpendiculaires sont bordées d'adorables petites demeures datant du XIXe s et de la première moitié du XXe s. Elles abritent souvent des cafés et restos. Un quartier « branché résidentiel » on dirait, contrairement à Lapa, que l'on qualifierait plutôt de quartier « branché populaire »...

Ipanema et Leblon *(plan III)*

Quartiers riches aux immeubles rutilants et boutiques chic, coincés entre une belle plage de sable fin et la lagoa Rodrigo de Freitas. Le must : s'installer sur la *pedra do Arpoador* en fin de journée pour admirer le coucher de soleil sur la plage d'Ipanema, certainement la plus photogénique de Rio. Ambiance très sympa avec de nombreux vendeurs de rue et souvent des petits spectacles.
Le petit canal du *jardim de Alah* marque la séparation entre le quartier d'Ipa et de Leblon. C'est ici que se trouve la majorité des restos et bars chic de la ville. Toutefois la vie nocturne y est beaucoup moins animée que dans les quartiers de la zone nord.
Plus à l'ouest, en longeant la côte, Rio lance encore un tentacule : les terres n'étant plus limitées par les *morros,* ça bâtit à tout-va... ***Gávea, São Conrado, Barra da Tijuca, Recreio dos Bandeirantes*** continuent encore à s'étendre. C'est le royaume des centres commerciaux de grand luxe et des *condomínios,* ces résidences surprotégées où vivent les familles aisées, et qui sont parfois équipées comme des villes en miniature : boutiques, écoles, etc. On y trouve aussi de très belles plages desservies en bus depuis le centre de Rio.

Arrivée à l'aéroport

✈ ***Aeroporto internacional Galeão – Antônio Carlos Jobim*** *(plan d'ensemble)* **:** raccourci usuellement en « Tom Jobim », en hommage au père de la bossa-nova.

ℹ ***Kiosques d'information Riotur :*** *dans le hall des arrivées internationales du terminal 1 (☎ 3398-4077) et du terminal 2 (☎ 3367-6213). Tlj 8h-23h.* Pour obtenir un plan de la ville et le guide de Rio très complet émis par *Riotur* (programmes des activités, lignes de bus, etc.).

■ ***Distributeurs automatiques*** *(HSBC, Banco do Brasil...)* **:** *à l'étage du terminal 2.*

■ ***Bureau de change :*** *terminal 2, au niveau des arrivées internationales (rdc).*

■ ***Agences de location de voitures :*** *kiosques au rdc du terminal 2.*

Pour rejoindre le centre

➢ ***Bus :*** sortie « B », au rez-de-chaussée du terminal 2 ou au 1er étage du terminal 1. 2 types de bus bleus *Premium* (compagnie *Real*) assurent les transferts pour la ville, l'un pour le centre, l'autre pour les plages. Liaisons ttes les 30 mn env, 5h30-minuit ; compter 15 Rls. Selon le trafic, trajet 1-2h. Bus confortables (climatisés et dotés de soutes à bagages) qui desservent l'aéroport Santos-Dumont et les principales zones touristiques : Flamengo, Botafogo, Copacabana, Ipanema... Si vous êtes perdu, indiquez le nom de la rue ou d'un site connu au contrôleur ; il vous préviendra au moment de descendre. Attention, dans le sens centre-ville/aéroport, il n'y a pas d'arrêts définis. Guettez le bus : les conducteurs s'arrêtent à la demande. Pour rejoindre le centre, on peut également prendre les *bus urbains* nos 324 et 326, à l'étage du terminal 2 (moins chers mais plus longs).

➢ Si vous avez une ***correspondance à l'aéroport de Santos-Dumont*** (vols intérieurs), navette de minibus (2 fois moins chers) ttes les 20 mn 5h30-20h30. Attention, de nombreux vols nationaux partent de l'aéroport international.

➢ ***Taxis :*** à la sortie de l'aéroport, nombreuses compagnies de taxis. Prenez toujours un taxi jaune (taxis « communs »), beaucoup moins cher. De jour (tarif 1), env 60 Rls pour la zone sud et min 30 mn de trajet. Plus cher de nuit (tarif 2). Les anxieux achèteront un billet prépayé auprès des caisses *(Cootramo, Transcoopass...),* dans le hall d'arrivée de l'aéroport, mais c'est 2 fois plus cher. Le tarif de la course est fixé selon la destination ; compter 90 Rls pour Catete-Flamengo, env 130 Rls pour Copacabana-Ipanema.

Transports

– Attention : de 6h30 à 10h, la circulation en bord de mer (bus, automobiles, deux-roues, etc.) s'effectue uniquement dans le sens Zona sul-Centro. En outre, le dimanche et les jours fériés, la chaussée située la plus près des plages de Copacabana et Ipanema est interdite à la circulation afin de permettre aux promeneurs de déambuler en toute quiétude. Procurez-vous la brochure ***Rio Legal,*** très pratique, avec les infos sur les transports locaux, le temps de trajet, les tarifs des taxis et bus, etc.

Métro

Il fonctionne de 5h à minuit en semaine et de 7h à 23h les dimanche et jours fériés. Très pratique (les stations sont annoncées en portugais et en anglais), sécurisé, peu cher (4,10 Rls le ticket ; cartes rechargeables également, pratiques pour les longs séjours) et rapide compte tenu du trafic en surface.

Deux lignes seulement. La première commence à Ipanema (General Osório), dessert les quartiers de Copacabana, Botafogo, Flamengo, Catete, Glória et le Centro et poursuit vers les secteurs résidentiels de Tijuca. Aux stations de General Osório et Botafogo, des extensions par bus (véhicules et stations marqués d'un « M ») permettent de rallier Gávea via Leblon ou Jardim Botânico avec le

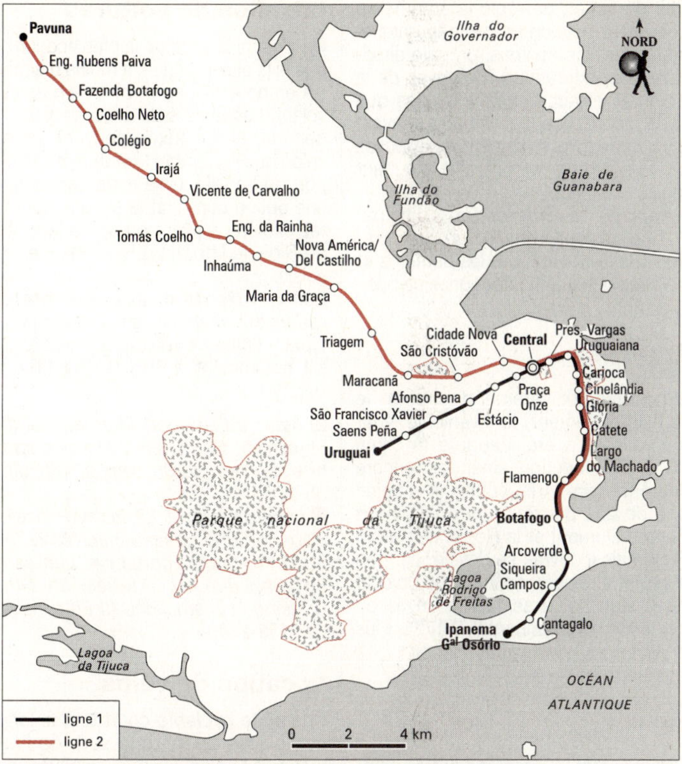

RIO DE JANEIRO – Métro

même billet. Liaison aussi vers Urca depuis Botafogo. Si vous souhaitez utiliser ces navettes, spécifiez-le au moment d'acheter votre billet (appelé *metrô na superficie*). D'autres extensions possibles en bus depuis General Osório vers Alvorada, à l'ouest du parc de Tijuca (appelé *Barra Expresso*) ou avec le pass *Integração Expressa*. La seconde ligne dessert les quartiers de São Cristóvão, Maracanã et monte vers les banlieues nord de Pavuna. Connexions entre les lignes 1 et 2 sur le même quai, à toutes les stations situées entre Central et Botafogo.

Pour plus d'infos : • *metrorio.com.br* • Objets perdus dans le métro : ☎ *0800-595-11-11.*

Bus

Bon marché (env 3,80 Rls) et hyper pratique. Vous apprécierez sa fréquence, surtout la nuit. La destination est inscrite sur le fronton et son circuit indiqué à l'avant à gauche. Dans la majeure partie de la ville, les bus n'ont pas d'arrêts attitrés. Placez-vous dans n'importe quel abribus et faites signe de la main, ou plutôt du bras. À Leblon, Ipanema et Copacabana en revanche, les lignes de bus sont classées en 3 listes (BRS1, 2 et 3), et chaque bus stoppe aux arrêts (marqués 1, 2 ou 3) correspondants à sa liste. Les listes sont affichées sur chaque abribus, avec le plan des arrêts 1, 2 et 3 les plus proches.

Pas de ticket, on règle la somme au contrôleur puis on passe le tourniquet (dans certains minibus, on paie directement au chauffeur). Prévoyez de la monnaie et accrochez-vous dès que vous montez, car ça démarre souvent en trombe ! Pour descendre, appuyez sur la sonnette ou sifflez le chauffeur (oui, ça se fait !).
– ***Rappel :*** le *Guia do Rio* édité par l'office de tourisme *(Riotur)*, très pratique, liste notamment les numéros et horaires des principales lignes de bus.

Tramway

Un nouveau système de trams, le *VLT* (littéralement, le « véhicule léger sur rails »), a été inauguré le 5 juin 2016. Son fonctionnement est encore limité (horaires très courts et à peine une dizaine d'arrêts, entre l'aéroport Santos-Dumont et la Rodoviária Novo Rio), mais il devrait se développer peu à peu et atteindre, en 2017, un objectif de 32 stations desservies sur un réseau de 28 km, fonctionnant tlj 24h/24. Plus d'infos sur : • *vltcarioca.com.br* •

Taxis

Relativement bon marché et très nombreux. Les chauffeurs mettent le compteur d'eux-mêmes. 2 tarifs : le « 1 » en journée et le « 2 » entre 20h et 6h.
Il existe 2 types de taxis : les taxis communs, collectifs (jaunes, avec taximètre) et les taxis dits spéciaux, individuels (blancs, rouges... qui opèrent avec des prix préfixés, plus chers). Préférez les ***taxis jaunes*** avec la plaque d'immatriculation rouge et le logo de la compagnie sur le côté. À titre indicatif : pour un trajet de jour Ipanema-Centro, il vous faudra débourser env 40 Rls.
– Quelques compagnies de taxis communs : ***Central de Táxi*** *(☎ 2195-1000)*, ***Cooparioca*** *(☎ 2518-1818)*, ou encore ***JB Taxi*** *(☎ 2178-4000)*.
– Compagnies de taxis spéciaux (forfaits fixes et voitures plus confortables) : ***Coopatur Radiotaxi*** *(☎ 3885-1000)*, ***Coopertramo Radiotaxi*** *(☎ 2209-9292)* ou ***Transcoopass*** *(☎ 2209-1555)*.

Location de voitures

Ce n'est ni la solution la plus économique ni la plus pratique, à moins d'aimer les embouteillages et d'être un as du volant. Les tarifs sont assez élevés en général, et les taxes peuvent varier selon que l'on prend la voiture à l'aéroport ou en ville. Cela reste cependant une option confortable si vous comptez explorer – avant ou après la visite de Rio – le littoral ou le Minas Gerais voisin.
Faites ***attention aux nombreux radars*** automatiques sur les axes principaux (linha Vermelha, avenida Brasil), notamment la BR 101 reliant Rio à Paraty.

■ ***Avis :*** *à l'aéroport international (tlj 6h-minuit), ☎ 3398-5022. • avis.com.br • Lun-ven 8h-20h, sam 8h-16h, dim 8h-14h.*
■ ***Localiza*** *(plan III, L7,* ***2****)* **:** *av. Princesa Isabel, 150 (Copacabana). ☎ 2275-3340. • localiza.com.br • Lun-sam 8h-20h, dim et j. fériés 8h-14h. À l'aéroport international (tlj 6h-minuit) : ☎ 2153-2100.*

Location de vélos

Une ***piste cyclable*** court tout le long des plages de la zone sud, de Flamengo à Leblon. De quoi se payer une balade sympa. En prime, ***le dimanche,*** toute la moitié de la chaussée côté bord de mer est fermée à la circulation et réservée aux seuls cyclistes et piétons.
De nombreuses auberges de jeunesse louent des vélos, ainsi que le magasin ***Bike & Lazer*** : *rua Visconde de Pirajá, 135, à Ipanema, près de la praça General Osório. ☎ 2267-7778. • bikelazer.com.br • Autre adresse dans le quartier de Laranjeiras.*
On peut aussi expérimenter le système ***Bike Rio,*** sorte de *Vélib'* carioca. Plan des stations et toutes les infos sur le site • *mobilicidade.com.br/bikerio.asp* • (en portugais). Pour utiliser un de ces vélos, il faut toutefois disposer d'un téléphone portable, mieux, un smartphone sur lequel on peut télécharger gratuitement l'application : • *movesamba.com.br/appbikerio* • Infos : *☎ 4003-6054.*

Le forfait coûte 5 Rls pour 24h. Durant ce laps de temps, chaque trajet de moins de 60 mn est gratuit, pour peu que vous reposiez entre-temps votre vélo à une station au moins 15 mn. Sinon, comptez 5 Rls par heure. Pour rendre le vélo, il suffit de le raccrocher sur un emplacement libre dans n'importe quelle station.

Transport aérien

✈ ***Aeroporto internacional do Rio de Janeiro – Antônio Carlos Jobim, ilha do Governador*** *(plan d'ensemble)* **:** ☎ *3004-6050.* Situé à une petite vingtaine de kilomètres au nord du *Centro,* il assure aussi certains des vols domestiques.

✈ ***Aeroporto Santos-Dumont, Castelo/Centro*** *(plan d'ensemble et hors plan I par D2)* **:** ☎ *3814-7070 ou 3814-7246.* Pont aérien Rio-São Paulo ttes les 30 mn, ainsi que divers vols domestiques tels que Brasília ou Belo Horizonte.

■ ***Air France-KLM*** *(plan I, D2,* ***3****)* **:** *av. Presidente Antônio Carlos, 58, 9e étage (Centro).* ☎ *4003-9955.* • *airfrance.com.br* • *Dans le même immeuble que le consulat de France. Lun-ven 9h-18h.*

■ ***GOL*** *(plan I, A1,* ***4****)* **:** *praça Cristiano Ottoni, s/n (Centro).* ☎ *0300-115-2121.* • *voegol.com.br* • *Lun-ven 9h-18h, sam 8h-14h.*

■ ***TAM :*** *av. Rio Branco, 181 (Centro),* ☎ *3212-9300 ; et av. Rio Branco, 251 (Cinelândia),* ☎ *2524-5267.* • *tam.com.br* • D'autres agences à Copa, Ipanema, etc.

Adresses et infos utiles

Infos touristiques

🛈 ***Riotur*** *(plan III, L7)* **:** *av. Princesa Isabel, 183 (Copacabana).* ☎ *2541-7522.* • *visit.rio* • *Lun-ven 9h-18h (variable pdt le carnaval).* Parmi les offices de tourisme de la ville de Rio, voici le plus efficace. Vous pouvez aussi vous rendre au *siège social (plan I, C1 ; praça Pio X, 119/9°, Centro ;* ☎ *2271-7000 ; mêmes horaires).* Personnel compétent, anglophone. Le week-end, rendez-vous au *kiosque d'infos de la plage de Copa (plan III, L7 ; entre les postos 3 et 4 ; tlj 8h-20h).*

– Plein d'infos pratiques et actualisées (en portugais et en anglais) sur le site : • *ipanema.com* •

Argent, change

D'un simple jus d'orange à sa note d'hôtel, on peut pratiquement tout payer par carte de paiement internationale, type *Visa* ou *MasterCard*. Pour retirer des espèces, les distributeurs des grandes banques (*Banco do Brasil, HSBC* et *Citibank*) acceptent tous les types de cartes.

■ ***CitiBank :*** *guichets automatiques accessibles tlj, 24h/24. Succursales dans les quartiers Centro (rua Assembléia, 100), Ipanema (rua Visconde de Pirajá, 250), Copacabana (av. N. S. da Copacabana, 828) et Botafogo (praia de Botafogo, 300).*

■ ***Banco do Brasil*** *(plan I, C2,* ***5****)* **:** *rua Senador Dantas, 105, 11e étage. Lun-ven 10h-15h. Autres adresses : rua do Acre, 15 (Centro) ; av. N. S. da Copacabana, 594 (Copacabana) ; rua Visconde de Pirajá, 174, et Joana Angélica, 124 (Ipanema) ; av. Bartolomeu Mitre, 438 (Leblon) ; et bien sûr à l'aéroport international.* Possibilité d'obtenir des *reais* avec un passeport et une carte *Visa.* Chèques de voyage et change uniquement dans certaines agences.

■ ***HSBC :*** *rua Visconde de Pirajá, 259 et 608 (Ipanema ; plan III, J8) ; av. N. S. da Copacabana, 817 (Copacabana) ; av. Rio Branco, 156 (Centro) ; et au Rio Sul Shopping Center à Botafogo (voir « Achats »).* Accepte toutes les cartes, y compris *American Express.*

■ ***American Express :*** *Copacabana Palace, av. Atlântica, 1702, loja 1 (Copacabana).* ☎ *2548-2148 (lun-ven 9h-15h). Un n° général :* ☎ *0800-702-07-77.* Pour effectuer des retraits avec votre carte et, en situation d'urgence, recevoir du cash via transfert international à l'aéroport international *(T2, au 1er étage ;* ☎ *3398-2340 ou 5050 ; tlj 7h-22h30).*

■ Possibilité aussi de changer des

euros, dollars, etc., auprès des bureaux de change ***(casas de cambio),*** présents un peu partout, et dans les nombreuses agences de voyages.

Urgences

■ ***Delegacia especial de apoio ao turismo*** *(commissariat spécial d'assistance au tourisme ; plan III, I8,* ***6****)* ***:*** *av. Afrânio de Melo Franco, angle Humberto de Campos (Leblon). ☎ 2332-2924. Ouv 24h/24.* Pour enregistrer les vols de documents et porter plainte en cas d'agression.

■ ***Pompiers :*** *☎ 193.*

✚ ***Hôpitaux :***

– Hôpital public d'urgence : ***Hospital Souza Aguiar,*** *praça da República, 111 (Centro). ☎ 3111-2601.*

– Hôpital privé d'urgence : ***Clinica São Vicente,*** *rua João Borges, 204 (Gávea). ☎ 2529-4422.*

■ ***Pharmacies ouvertes 24h/24 :*** un peu partout à Rio.

– À Catete : ***Drogaria Pacheco,*** *rua do Catete, 300 (largo do Machado). ☎ 2245-8899 ou 2265-6197.*

– À Copacabana : ***Farmácias do Leme,*** *av. Prado Junior, 237. ☎ 3223-9000.*

– À Jardim Botânico : ***Drogaria Pacheco,*** *rua Jardim Botânico, 700. ☎ 2529-2023/30.*

Représentations diplomatiques

■ ***Consulat de France*** *(plan I, D2,* ***3****)* ***:*** *av. Presidente Antônio Carlos, 58, 8e étage (Centro). ☎ 3974-6699. • ambafrance-br.org • Lun-ven 8h30-12h30 (infos par tél 14h-16h).* Venir avec une pièce d'identité (ou une copie). Permanence de médecins français (payant).

■ ***Alliance française :*** *nombreuses filiales à Rio, notamment rua Duvivier, 43, salle 102 (Copacabana) ; dans le Centro (plan I, D2,* ***3*** *; même adresse que le consulat, 3e étage), à Ipanema (rua Garcia d'Ávila, 72) et à Botafogo (rua Muniz Barreto, 730). Infos sur le site • rioaliancafrancesa.com.br •*

■ ***Consulat de Belgique*** *(plan II, G6,* ***7****)* ***:*** *rua Lauro Müller, 116, Torre do Rio sul, 39e étage, salle 3904 (Botafogo). ☎ 2543-8558 ou 8878. • diplomatie.be/riodejaneirofr • Lun-ven 8h-13h.*

■ ***Consulat général de Suisse*** *(plan II, G4,* ***8****)* ***:*** *rua Cândido Mendes, 157, 11e étage (Glória). ☎ 3806-2100. • eda.admin.ch/riodejaneiro • Lun-jeu 9h-11h30.*

■ ***Consulat du Canada :*** *av. Atlântica, 1130, 5e étage (Copacabana). ☎ 2543-3004. • rio@international.gc.ca • Lun-jeu 8h-12h30, 13h30-17h ; ven 8h-13h30.*

■ Également les ***consulats de l'Argentine*** *(praia de Botafogo, 228/201 ; ☎ 2553-1646),* de la ***Bolivie*** *(av. Rui Barbosa, 664/101, Flamengo ; ☎ 2552-5490),* du ***Paraguay*** *(praia de Botafogo, 242, 2e étage ; ☎ 2553-2294)* ou de l'***Uruguay*** *(praia de Botafogo, 242, 6e étage ; ☎ 2553-6030).*

Poste et télécommunications

Poste

✉ ***Postes :*** *ouv généralement lun-ven 9h-17h, sam 9h-13h.*

– Poste centrale (Centro ; plan I, C1) : rua Primeiro de Março, 64. Fermé sam. Fait poste restante *(payant). Autres adresses : av. Presidente Vargas, 3077 et rua da Conceição, 21.*

– À Botafogo : praia de Botafogo, 324. Fermé sam.

– À Copacabana : av. N. S. da Copacabana, plusieurs agences aux nos 540 A, 1059 A et 1298 AB.

– À Ipanema : rua Visconde de Pirajá, 414 (ouv sam) et 452.

– À Leblon : rua Ataulfo de Paiva, 822, angle Urquiza (plan III, I8).

– À l'aéroport international Tom Jobim : secteur 3 (bleu). Tlj 7h-20h.

Téléphone

■ ***Téléphones internationaux, régionaux et locaux :*** dans la rue, avec les *orelhões* (cabines téléphoniques bleues). Cartes téléphoniques auprès des kiosques à journaux. Sinon, quelques centres d'appels dans les rues commerçantes du Centro ou de Flamengo.

Accès Internet

Pour ceux qui voyagent équipés, le ***wifi*** est accessible pratiquement partout et, la plupart du temps, gratuitement. Sinon, voici quelques adresses.

@ **Phone Serv** *(plan I, C2)* **:** *station de métro Cinelândia, loja 3 ; accès par l'av. Rio Branco (Centro). ☎ 2240-7635. Tlj 9h-21h (14h sam). Autres filiales à Copacabana (av. N. S. da Copacabana, 454, loja B) et Ipanema (rua Prudente de Morais, 167).*

@ ***À Ipanema :*** **Xerox** *(plan III, J8), rua Visconde de Pirajá, 318 ; au rdc d'une galerie marchande. Lun-ven 9h-19h, sam 10h-14h. ou* Tout petit. *Autre adresse sur la pl. General Osório (plan III, K8). Lun-ven 9h-21h45, w-e 10h-21h.*

@ ***À Leblon :*** **Café com Letras** *(plan III, I8), av. Bartolomeu Mitre, 297 ; quasi à l'angle de l'av. Ataulfo de Paiva. ☎ 2249-3079. Lun-sam 8h30-20h.* Cybercafé qui fait aussi librairie et petit resto (goûtez à la délicieuse *salada da casa*...). Très relax.

Agences de voyages

Les agences de voyages pratiquant toutes les mêmes tarifs (imposés par les organismes de tourisme officiels), leur différence se fait essentiellement sur la qualité des prestations.
Le mieux est de téléphoner ou de consulter le site de l'*ABAV* (Association brésilienne des agences de voyages), qui vous aiguillera *(rua Senador Dantas,*

■ **Adresses utiles**

- ℹ Riotur *(plan I)*
- 3 Consulat de France, Air France-KLM et Alliance française *(plan I)*
- 4 GOL *(plan I)*
- 5 Banco do Brasil *(plan I)*
- 7 Consulat de Belgique *(plan II)*
- 8 Consulat général de Suisse *(plan II)*

Où dormir ?

- 19 Hotel Belas Artes *(plan I)*
- 20 Cidade Maravilhosa Hostel *(plan II)*
- 21 Art Hostel Rio *(plan II)*
- 23 Casa da Gente *(plan I)*
- 24 Pousada Baron Garden *(plan II)*
- 25 Augusto's Paysandú Hotel *(plan II)*
- 30 Oztel *(plan II)*
- 32 El Misti Botafogo *(plan II)*
- 35 Hotelinho da Urca *(plan II)*
- 54 Vila Carioca *(plan II)*
- 56 Brothers Hostel *(plan II)*

Où manger ?

- 60 Berbigão *(plan II)*
- 61 Bistrô do Paço *(plan I)*
- 62 Boteco do Gomes *(plan I)*
- 63 Bar Luiz *(plan I)*
- 64 Caffè Olé *(plan I)*
- 65 Os Ximenes *(plan I)*
- 66 Galeto Castelo *(plan I)*
- 67 Confeitaria Colombo *(plan I)*
- 68 Brasserie Rosário *(plan I)*
- 69 AlbaMar *(plan I)*
- 71 Adega Flor de Coimbra *(plan I)*
- 72 Bar Brasil *(plan I)*
- 73 Cosmopolita *(plan I)*
- 74 Nova Capela *(plan I)*
- 79 Refeitório Orgânico *(plan II)*
- 82 Oui Oui *(plan II)*
- 101 Boteco Belmonte *(plan II)*
- 108 Big Bi *(plan II)*
- 109 Mercado São José das Artes *(plan II)*
- 110 Garota do Flamengo *(plan II)*
- 111 Grégora Arte... Café *(plan II)*
- 112 Café Lamas *(plan II)*
- 114 Churrascaria Porcão Rio *(plan II)*
- 115 Garota da Urca *(plan II)*
- 116 Restaurante Terra Brasilis *(plan II)*
- 119 Botequim Informal *(plan II)*

Où boire un verre ? Où sortir ?

- 61 Bistrô do Paço *(plan I)*
- 65 Os Ximenes *(plan I)*
- 67 Confeitaria Colombo *(plan I)*
- 68 Brasserie Rosário *(plan I)*
- 70 Adega do Timão *(plan I)*
- 101 Boteco Belmonte *(plan II)*
- 130 Casa Cavé *(plan I)*
- 131 Antigamente *(plan I)*
- 132 Via 15 Botequim *(plan I)*
- 133 Ernesto *(plan I)*
- 135 Bar Urca *(plan II)*
- 143 Mike's Haus *(plan II)*
- 144 O Plebeu *(plan II)*

Où écouter de la musique ? Où danser ?

- 120 Barzinho *(plan I)*
- 121 Bar Bukowski *(plan II)*
- 122 Casa da Matriz *(plan II)*
- 150 Rio Scenarium *(plan I)*
- 151 Rival *(plan I)*
- 152 Comuna do Semente *(plan I)*
- 153 Carioca da Gema et Sacrilegio *(plan I)*
- 154 Boteko do Juca *(plan I)*
- 156 Estrela da Lapa *(plan I)*
- 164 Circo Voador *(plan I)*

Où danser la *gafieira*... ?

- 160 Estudantina Musical *(plan I)*
- 161 Casa da Mãe Joana *(plan I)*

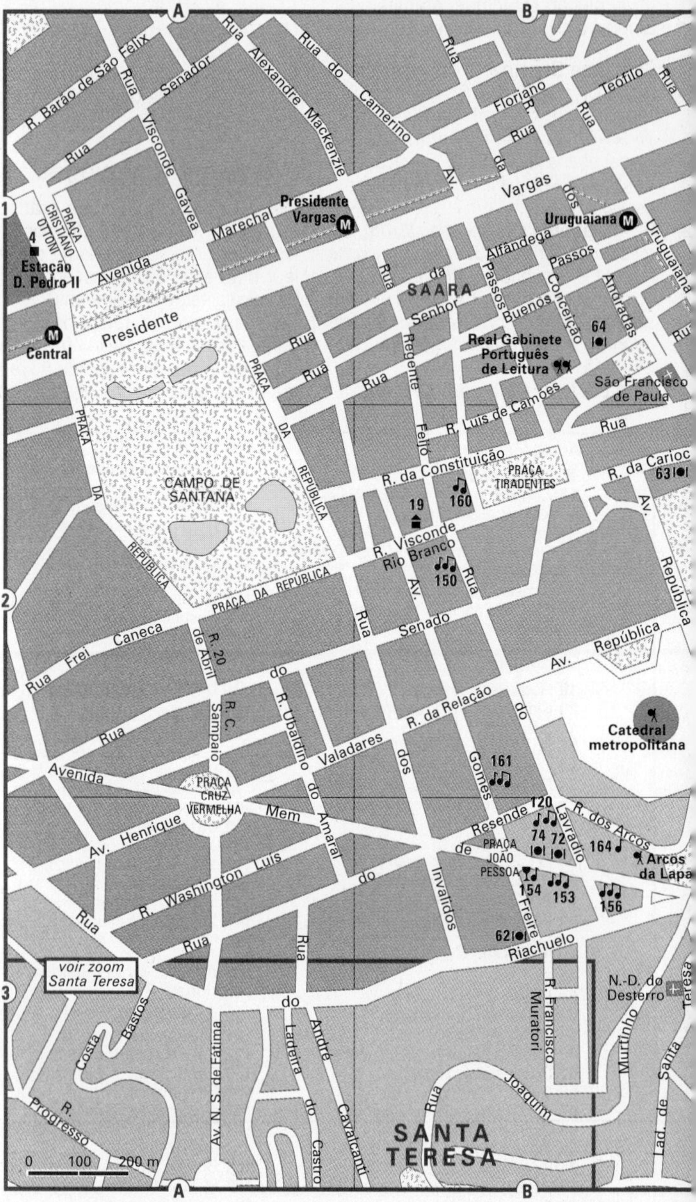

Presidente Vargas
Uruguaiana
Estação D. Pedro II
Central
SAARA
Real Gabinete Português de Leitura
São Francisco de Paula
CAMPO DE SANTANA
PRAÇA TIRADENTES
PRAÇA CRISTIANO OTTONI
PRAÇA DA REPÚBLICA
PRAÇA CRUZ VERMELHA
PRAÇA JOÃO PESSOA
Catedral metropolitana
Arcos da Lapa
N.-D. do Desterro
SANTA TERESA
voir zoom Santa Teresa
R. Barão de São Félix
Rua Senador
Rua Visconde Gávea
Rua Alexandre Mackenzie
Rua do Camerino
Av. Marechal Floriano
Rua Teófilo
Rua da Alfândega
Avenida Presidente Vargas
Rua dos Andradas
Rua Uruguaiana
Rua Senhor dos Passos
Rua Buenos
Rua Conceição
Rua Regente Feijó
R. Luís de Camões
R. da Constituição
R. da Carioca
R. Visconde Rio Branco
Av. República
Rua Frei Caneca
Rua do Senado
R. 20 de Abril
R. C. Sampaio
R. Ubaldino do Amaral
R. da Relação
Rua dos Inválidos
Rua do Lavradio
Rua Gomes Freire
Av. Henrique Valadares
Avenida Mem de Sá
R. Resende
R. dos Arcos
R. Washington Luís
Rua Riachuelo
R. Francisco Muratori
Rua Joaquim Murtinho
Lad. de Santa Teresa
Costa Bastos
R. Progresso
Av. N. S. de Fátima
Ladeira do Castro
Rua do André Cavalcanti
4 19 160 150 64 63 161 120 74 72 164 154 153 156 62
0 100 200 m
A B 1 2 3

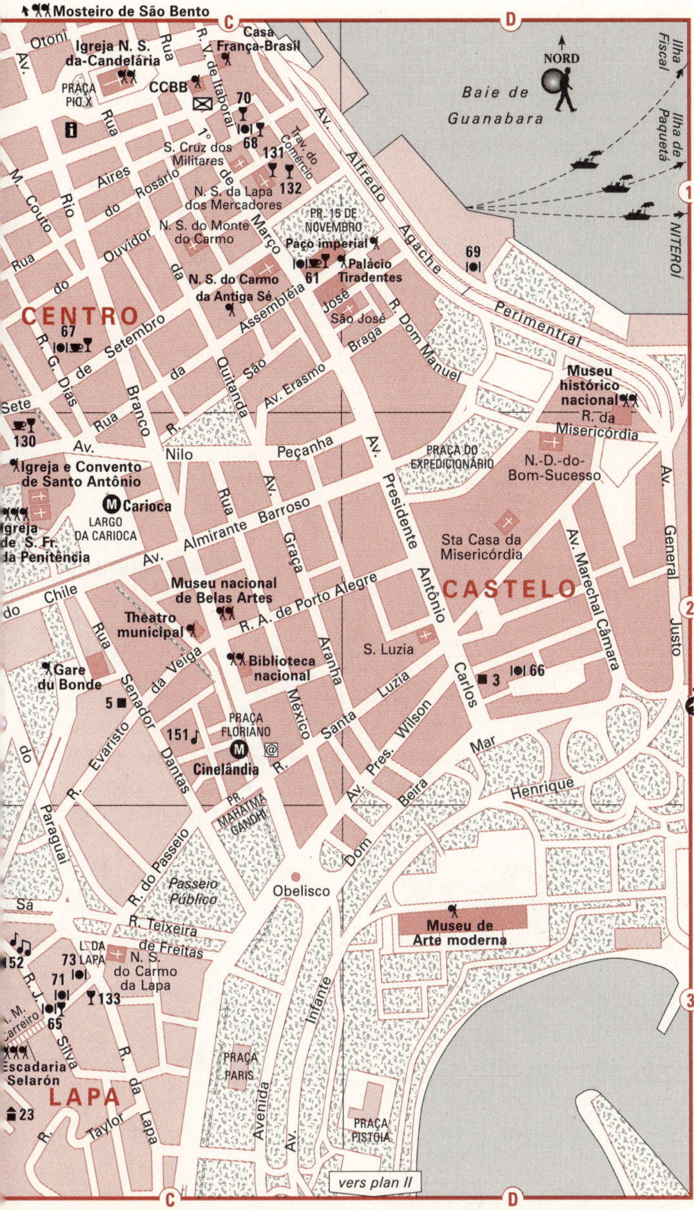

RIO DE JANEIRO – Centre (Plan I)

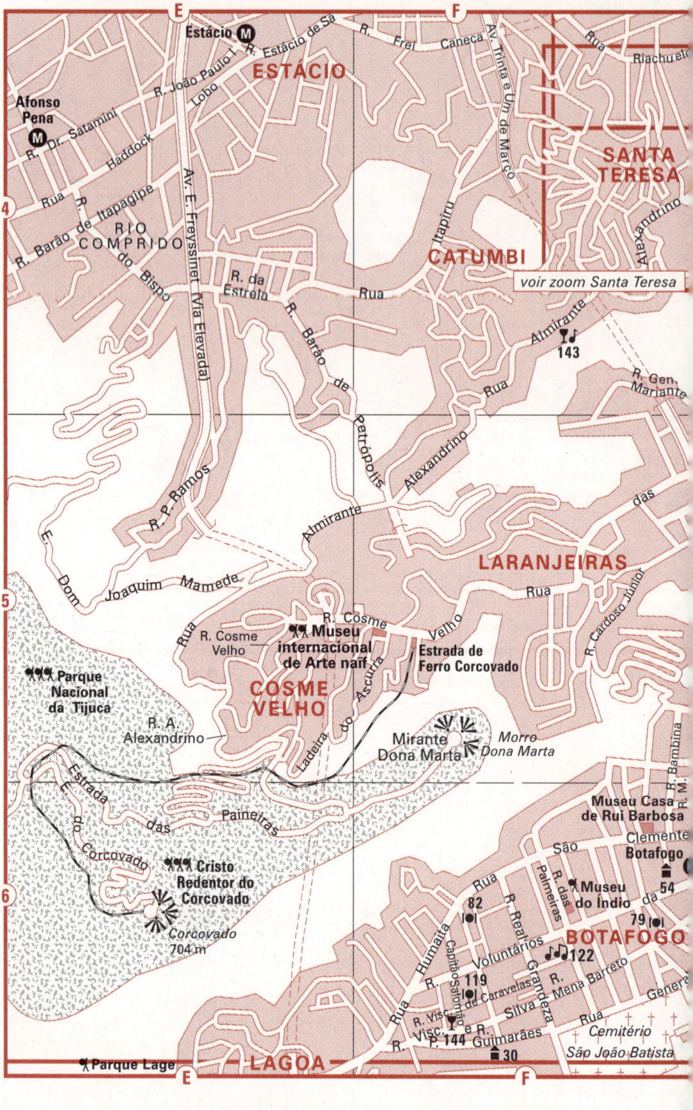
E
F
Estácio
ESTÁCIO
R. Estácio de Sá
R. Frei Caneca
Av. Trinta e Um de Março
Rua Riachuelo
SANTA TERESA
Afonso Pena
R. João Paulo I
Lobo
R. Dr. Satamini
Haddock
Rua
R. Barão de Itapagipe
RIO COMPRIDO
R. do Bispo
Av. E. Freyssinet (Via Elevada)
R. da Estrela
R. Barão de Petrópolis
Itapiru
CATUMBI
Rua Alexandrino
voir zoom Santa Teresa
Almirante
143
R. Gen. Mariante
Rua Almirante Alexandrino
R. P. Ramos
E. Dom Joaquim Mamede
das
LARANJEIRAS
Rua
R. Cardoso Júnior
R. Cosme Velho
Rua R. Cosme Velho
Museu internacional de Arte naïf
Estrada de Ferro Corcovado
Parque Nacional da Tijuca
COSME VELHO
Ladeira do Ascurra
R. A. Alexandrino
Mirante Dona Marta
Morro Dona Marta
Estrada das Paineiras
E. do Corcovado
Cristo Redentor do Corcovado
Corcovado 704 m
R. Bambina
R. M.
Museu Casa de Rui Barbosa
Clemente
São
Botafogo
54
R. das Palmeiras
Museu do Índio
Rua
82
R. Real Grandeza
da
79
BOTAFOGO
Rua Humaitá
Capitão Salomão
Voluntários
122
R.
119
de Caravelas
R. Mena Barreto
General
Silva
Rua
R. Visc.
R. Visc. e R. P.
144
Guimarães
30
Cemitério São João Batista
Parque Lage
LAGOA
4
5
6

RIO DE JANEIRO – Sud (Plan II)

76 – Centro ; ☎ 3231-7799 ; • abavrio.com.br •).

■ ***Rio by Jeep :*** *☎ 3322-5750. 99693-8800. • riobyjeep.com •* Agence dynamique et sérieuse dirigée par le sympathique Ricardo Hammond, qui organise des excursions en jeep, tour de Rio (4h30) ou forêt de Tijuca (env 3h). Un excellent moyen de découvrir la ville et d'avoir un bon aperçu des lieux, sans se perdre. Capacité de la jeep : 10 personnes. Les véhicules sont en très bon état, les conducteurs sérieux, les guides de bon niveau (anglais, espagnol, plus rarement français).

■ ***Favela Tour :*** *☎ 3322-2727. 99989-0074 ou 99772-1133. • favelatour.com.br •* Marcelo Amstrong organise la visite des favelas (Rocinha) dans le quartier de São Conrado. La visite dure 3h (départs à 9h ou 14h ; env 80 Rls/pers) et est vraiment très instructive. Pas de voyeurisme, une visite au cœur des favelas, qui permet de mieux comprendre Rio et ses contradictions sociales. Vous y découvrirez comment vivent et s'organisent ces communautés, leurs origines, les programmes sociaux mis en place. On visite aussi une école et un petit centre d'artisanat financé en partie par *Favela Tour.* Les visites se font généralement en anglais, mais aussi en français s'il y a un minimum de 3 Français dans le groupe.

■ ***Exotic Tours :*** *☎ 2179-6972. 99222-6972. • exotictours.com.br •* Une agence un peu particulière, puisque Rejane Reis (francophone) forme des jeunes des favelas aux métiers du tourisme. Visites de favelas combinées ou non avec le Corcovado, le Pain de Sucre ou la forêt de Tijuca. Mais aussi découverte des écoles de samba et de capoeira, ou encore vente de billets pour les matchs de foot au Maracanã. Guides parlant le portugais, l'espagnol et l'anglais. Possibilité de visites en français, mais un peu plus chères.

■ ***Bon Voyage Turismo :*** *av. Presidente Antônio Carlos, 58, 10e étage (Centro). ☎ 3717-2767. En France : ☎ 0870-44-71-69. • tourismebresil.com.br • Dans le même immeuble que le consulat de France.* Une des plus vieilles agences de voyages françaises de Rio, tenue par la dynamique et sympathique Dominique Picavet. Une adresse fiable et pro.

■ ***Brazil Expedition :*** *99376-2839 et 99998-2907. • brazilexpedition.com •* Agence dirigée par Wilson Neves. Surf, foot, samba, balades en forêt... Expéditions dans différents domaines. Compter 90 Rls par personne pour une soirée samba avec transfert en minibus (aller-retour), entrée à l'école incluse. On réserve par téléphone et on passe vous prendre à votre hôtel. Eduardo s'occupe en particulier des balades en forêt autour de Rio. Les excursions se font dans une petite camionnette et avec un guide anglophone (ou francophone si on le demande). Compter 220 Rls pour une sortie de 6h (soit de 10h à 16h).

Loisirs et spectacles

Pour toutes les informations que nous donnons quartier par quartier, il est prudent de passer un coup de fil pour vérifier si le spectacle a bien lieu. Les quotidiens *Jornal do Brasil* (*JB* pour les intimes) et *O Globo* offrent, dans leurs pages culturelles, de bons plans pour le soir même (liste des spectacles). Le *JB* édite une revue spéciale le vendredi *(Programa)* avec tous les programmes de sorties, théâtre, ciné et concerts. Même chose pour *O Globo (Rio Show).* Le très complet hebdomadaire *Veja,* quant à lui, annonce la couleur le dimanche et *Nomad,* guide sur Rio édité par les opérateurs de tourisme, est une mine d'informations.

Les écoles de samba

Le moyen le plus pratique (et le plus sûr) est de s'y rendre et d'en repartir en taxi. Vous trouverez la liste des 12 écoles membres du groupe spécial (le plus prestigieux) avec leurs coordonnées sur le site : *• carnaval-de-rio.fr •* (en français).

■ ***Salgueiro :*** *rua Silvia Teles, 104, Andaraí (près de Tijuca). ☎ 2238-9226. • salgueiro.com.br • Entrée : 40 Rls, sans les consos.* Fondée en 1953, c'est l'école de samba qui collectionne les premières : première à graver un disque, première à accepter des femmes dans l'orchestre, première à se produire à l'étranger... La plus proche du centre de Rio, elle est connue pour offrir les plus extraordinaires répétitions de la ville. Dès fin octobre, le mercredi à partir de 20h et plus tard le samedi (à partir de 23h), la batterie, composée d'une cinquantaine de percussionnistes, se lance dans une démonstration de force tandis que la foule « roule » littéralement dans la samba. La sueur dégouline, les tympans explosent, c'est une expérience incontournable. Le reste de l'année, programmation régulière de soirées *Pagode do Batuta.* Infos et agenda sur le site internet.

■ ***Mangueira :*** *au Palácio do Samba, rua Visconde de Niterói, 1072. ☎ 2567-3419 (quadra). • mangueira.com.br • Du côté de São Cristovão et pas très loin de Salgueiro. Entrée : 40 Rls.* La plus célèbre de toutes les écoles de samba de Rio, maintes fois championne du carnaval. Ses couleurs, rose et vert, font partie de l'histoire de la ville. Les bals dits « de répétition », durant lesquels la *bateria* joue notamment la samba qui sera présentée lors du carnaval, se déroulent en général le samedi à partir de 22h. Venez les mains dans les poches, avec peu d'argent et à peine vêtu (!).

■ ***Portela :*** *rua Clara Nunes, 81 ; Oswaldo Cruz. ☎ 3256-9411. • gresportela.org.br • Entrée : 10 Rls.* Le plus vieux bloc de carnaval de Rio, fondé en 1923 dans ce quartier populaire de la zone nord. Arborant les couleurs bleu et blanc, la *Portela* a notamment été rendue célèbre avec Paulinho da Viola ou Zeca Pagodinho, des grands noms de la samba et du *pagode* brésiliens. Les répétitions de ce bloc (le vendredi à partir de 23h) sont un événement à ne pas manquer, d'une grande ferveur populaire ! Pas mal d'événements le reste de l'année, notamment le samedi à partir de 13h, avec la traditionnelle *Feijoada da Família Portelense* (agenda sur le site internet). Ils sont aussi présents à la *Cidade do Samba,* à Gamboa.

– ***Autre solution :*** plusieurs agences organisent des visites d'écoles de samba. Ce sont des visites « participatives ». Les intéressés embarquent dans un minibus qui s'arrête aux différents hôtels pour prendre les clients. Une fois sur place, on passe une partie de la nuit à danser dans une ambiance enfiévrée de grand bal tropical. On trouve sur place des buvettes et des vendeurs d'en-cas pas chers. Au retour, le minibus dépose de nouveau chaque participant à son hôtel. On recommande notamment ***Exotic Tours*** et ***Brazil Expedition*** (voir « Agences de voyages »).

Divers

Laveries

■ ***Laveries*** *(lavanderias)* ***:*** *en général, lun-sam 8h-22h.* En payant un peu plus cher, ils s'occuperont de tout (lavage, séchage, éventuellement repassage), dans la journée ou pour le lendemain.
– *À Copacabana : rua Barata Ribeiro, 369 A et 707 D ; et av. N. S. da Copacabana, 1226.*
– *À Ipanema : rua Farme de Amoedo, 55 A (près de l'hôtel Vermont) et rua Teixeira de Melo, 31, loja 1.*
– *À Flamengo : rua Marquês de Abrantes, 82 (ouv aussi dim 10h-18h) et au 178 A.*

Librairies et journaux français

On trouve sans trop de soucis la presse magazine française et les principaux quotidiens américains, anglais et espagnols dans les kiosques, en particulier ceux de la zone sud. Voici quelques bonnes adresses.

■ ***A Jornaleira*** *(plan III, L7)* ***:*** *av. N. S. da Copacabana, 95 ; à l'angle de Prado Júnior (Copacabana).* Marchand de journaux bien fourni en quotidiens internationaux.

■ ***Livraria da Travessa*** *(plan III, J8)* ***:*** *rua Visconde de Pirajá, 572 (Ipanema). ☎ 3205-9002. Tlj 9h (10h dim et j. fériés)-minuit.* Élégante librairie toute de bois vêtue. Pas moins de 650 m² de livres (nationaux et étrangers) et CD (à l'étage), ainsi qu'un café branché. Autres adresses à Rio, notamment dans le Centro *(travessa do Ouvidor, 17, et av. Rio Branco, 44 ; lun-ven slt, 10h-19h).*

Où dormir ?

Tout dépend de votre budget et de vos aspirations. Le secteur le plus sympa est sans conteste Santa Teresa et ses charmantes ruelles façon village, où l'hébergement chez l'habitant est en plein boom. Seulement, même si le quartier est à cheval entre la Zona sul et le Centro, il reste assez isolé. Le soir, les bus ne sont pas légion, et les taxis rechignent parfois à s'y rendre...

Glória, Catete et Flamengo, à mi-chemin entre les chaudes soirées de Lapa et les plages, peuvent constituer une base aussi pratique qu'agréable. La vie sociale y est active et colorée, on y trouve des hôtels dans toutes les gammes de prix et de nombreux restos où bien manger pour pas trop cher.

Les hôtels « à la plage » sont en général plus chers qu'ailleurs. On y trouve cependant de nombreuses auberges de jeunesse et tout plein de gargotes où manger pas cher. Côté plages toujours, Ipanema et Leblon sont plus agréables que Copa, mais on commence à être sacrément excentré, et les petits budgets seront bien en peine pour trouver à s'y restaurer à des prix abordables.

– ***Important :*** faites-vous préciser le prix des ***taxes*** additionnelles au prix affiché dans la chambre, il peut varier de 0 à 15 % suivant l'établissement. C'est sur cette base-là (taxes incluses) que nous indiquons les tarifs des hôtels.

Enfin, la ***location d'appartement*** est une autre solution pour ceux qui souhaitent séjourner plus longtemps à Rio. Outre les classiques sites généralistes (*airbnb, booking,* etc.), on vous indique ici une adresse fiable :

■ ***Alex Rio Flats :*** *☎ 2287-7658. 📱 98715-2833. • alexrioflats.com • Studios 2 pers env 140-230 Rls la nuit selon saison et confort. Tarifs dégressifs. Séjour de 3 nuits min.* Une agence dirigée par Alexandre, un Brésilien jovial et accueillant, qui parle très bien le français. Loue des studios et des appartements, dans le quartier d'Arpoador, proches des plages de Copacabana et d'Ipanema. Ils sont tous meublés et équipés : literie (draps et serviettes), cuisine, ventilo et/ou clim, accès Internet...

DANS LE CENTRO ET À LAPA (plan I)

Nombreux petits hôtels dans les rues du Centro, mais excepté une adresse que l'on mentionne pour dépanner, on ne vous les conseille pas.

Prix moyens (moins de 200 Rls / env 50 €)

Hotel Belas Artes (*plan I, B2,* ***19***) **:** *rua Visconde do Rio Branco, 52. ☎ 2252-6336. • hotelbelasartes.com.br • Ⓜ Presidente Vargas. À 200 m de la pl. Tiradentes, d'où partent de nombreux bus. Doubles sans ou avec AC et frigo env 140-170 Rls. Parking à l'arrière.* 💻 Hôtel assez agréable et central, presque élégant, dans un quartier populaire à une encablure des quartiers qui vivent la nuit. Chambres simples et sans prétention, à la déco vieillotte mais d'un honnête rapport qualité-prix. Excellent accueil d'une dame joviale qui aime la France et adore les lecteurs du *Routard* !

À GLÓRIA, CATETE ET FLAMENGO (plan II)

De la station de métro Glória à celle de Largo do Machado, cafés, snacks et restos se succèdent, et le secteur des hôtels reste animé assez tard dans la nuit. Autour de la station de métro Catete, pas mal de petits hôtels vieillots, style pension de famille, à l'image de ces quartiers populaires et bon enfant. Et quelques bonnes adresses idéalement situées, à mi-chemin entre le centre et les plages.

De bon marché à prix moyens (moins de 130-200 Rls / env 33-50 €)

Cidade Maravilhosa Hostel (plan II, G4, **20**) : *rua Hermenegildo de Barros, 19 (Glória). ☎ 3970-3926. • cidademaravilhosahostel.com.br • Ⓜ Glória. Du métro, remonter la rue du même nom, tourner à gauche dans Cândido Mendes puis prendre la 1re à droite. Nuitée en dortoir 50 Rls (et chambre env 150 Rls) ; réduc avec la carte* HI. Cette grosse auberge orange est installée dans une bâtisse ancienne, égarée dans une rue calme, au tout début de la montée pour Santa Teresa. Petits dortoirs masculins ou féminins, avec *lockers* et salle de bains, portant chacun le nom d'un quartier de Rio. Quelques chambres privatives également, pouvant accueillir 4 personnes. Salon TV, cuisine. L'ensemble n'est pas tout neuf, mais c'est très bien tenu. Un bon point de chute pour qui compte brûler ses nuits à Lapa !

Art Hostel Rio (plan II, G4, **21**) : *rua Silveira Martins, 135 (Catete). ☎ 2205-1983. • arthostelrio.com • À 200 m du métro Catete. De la rodoviária, prendre le bus n° 170. Nuitée en dortoir env 40-58 Rls selon confort et capacité ; doubles 120-145 Rls ; petit déj inclus.* Une auberge de jeunesse chaleureuse et moderne à la fois, originale et colorée. Les dortoirs de 4 à 6 lits possèdent leurs propres sanitaires. Également un dortoir de 12-13 lits (le moins cher) et une petite dizaine de chambres doubles. Bien choisir, car certaines sont un peu basses de plafond. Le toit ouvert sur les chaudes nuits de Rio est un lieu idéal pour partager ses bons plans avant de partir pour une virée nocturne à Lapa. Cuisine, coin bibliothèque, location de vélos, etc.

Pousada Baron Garden (plan II, G4, **24**) : *rua Barão de Guaratiba, 195 (Glória). ☎ 2245-0040 ou 2245-9929. • barongarden.com • Dortoir env 85 Rls ; doubles 180-210 Rls, avec petit déj.* Une maison d'hôtes perchée en haut d'une petite rue tranquille du quartier de Glória. Très belle demeure coloniale de 1850, tenue par une dame charmante qui parle l'anglais. 5 chambres (avec ventilo) et un petit dortoir (clim). L'ensemble a beaucoup de cachet : fresques sur les hauts plafonds, *azuleros* ou boiseries d'époque aux murs... On partage les salles de bains, mais elles sont en nombre suffisant. Petite terrasse avec vue imprenable sur Rio, et on vous invite à grimper sur le toit, qui offre une des plus belles vues de la baie... après le Corcovado ! De fait, le cadre est superbe, entouré d'un joli jardin et agrémenté d'une piscine. Cuisine à dispo également, ce qui en fait un lieu idéal pour les familles, mais aussi pour tous les amateurs d'adresses de charme à prix routard.

Chic (200-300 Rls / env 63-94 €)

Augusto's Paysandú Hotel (plan II, G5, **25**) : *rua Paissandú, 23 (Flamengo). ☎ 2558-7270. • paysanduhotel.com.br • Doubles à partir de 210 Rls.* Dans une rue bordée de très hauts palmiers impériaux. Passé l'élégante réception, un ascenseur rétro mène à des chambres fraîches et modernes, à la déco sobre et aux couleurs claires, avec salle de bains carrelée, TV, AC et frigo-bar. Certaines, hautes de plafond, sont plus lumineuses.

LE SUD-EST

À SANTA TERESA (plan I, A-B3 et zoom)

En dépit du ballet des avions dû à la présence de l'aéroport Santos-Dumont, les auberges de jeunesse, chambres d'hôtes et adresses de charme se multiplient sur la colline de Santa Teresa. Pour accéder à la colline, prendre le tramway *(bonde)* ou les bus nos 206 et 214 depuis l'avenida Nilo Peçanha (Centro).

Cama e Café (zoom, **9**) : *rua Progresso, 67. Infos : ☎ 2225-4366 (lun-ven 9h-19h, sam jusqu'à 16h). Résas (tlj 8h-22h) : ☎ 8679-9966. • camaecafe.com.br • Doubles à partir de 130 Rls, jusqu'à 350 Rls pour les plus luxueuses.* Une des plus importantes sociétés de location de chambres d'hôtes à Rio. Pas moins d'une cinquantaine d'apparts ou de maisons recensés, dont environ 25 concentrés sur la colline de Santa Teresa, et ce dans toutes les catégories : des plus simples (salle de bains commune) aux plus luxueuses (maison spacieuse, AC, salle d'eau privée...). La plupart sont situés dans de vénérables demeures au milieu de beaux jardins. Propose aussi des chambres dans d'autres quartiers moins cotés, mais aussi à Copa et Ipanema. L'accueil y est chaleureux, et l'on récolte une masse d'infos sur les choses à faire. Donne parfois des plans de métro quartier par quartier, ainsi qu'un magazine, *Nomad,* qui présente l'actualité festive de Rio.

De bon marché à prix moyens (moins de 130-200 Rls / env 33-50 €)

Terra Brasilis Hostel *(zoom,* ***22****) : rua Murtinho Nobre, 156.* ☎ *3439-0037. • terrabrasilishostel.com.br • Dortoir env 40-45 Rls/pers ; doubles env 180-240 Rls.* Proche du parque das Ruinas, dans une rue calme, une belle et grande maison coloniale sur plusieurs niveaux, avec balcons filants et vue imprenable sur la ville. Dortoirs (6-10 lits) et jolies chambres avec salles de bains communes, parquet et haut plafond. Une belle chambre également avec sanitaires privés. Agréable véranda et terrasse avec transats et hamac, pour profiter du panorama sur la cathédrale et le pont de Niterói. On y sert le petit déj et on échange ses bons plans entre voyageurs. Soirées à thème avec projection de films, petits concerts, expos, etc. Atmosphère relax et cosmopolite. Une bonne adresse.

Rio Hostel Santa Teresa *(zoom,* ***49****) : rua Joaquim Murtinho, 351.* ☎ *3852-0827. • riohostel.com.br • Nuitée env 45-70 Rls/pers ; doubles env 170-250 Rls selon confort et saison.* Haut perchée sur la colline de Santa Teresa, cette AJ privée, colorée et très conviviale, bénéficie d'une jolie vue sur les toits de Rio. La grimpette sera par ailleurs récompensée par des dortoirs bien tenus (6 à 10 lits), un salon TV (câble) semé de coussins et de tapis, une cuisine et Internet à disposition, coffres, consigne à bagages, laverie, etc. Les chambres individuelles sont agréables, avec clim et sanitaires communs ou privés. La *master suite* se révèle idéale pour les couples, spacieuse, coquette et confortable, avec panorama sur la ville. Mais la vraie bonne surprise, c'est la terrasse équipée d'une petite piscine et d'un bar. Accueil fort sympathique.

De prix moyens à chic (moins de 200-300 Rls / env 50-75 €)

CasAlegre Art Vila *(zoom,* ***26****) : rua Monte Alegre, 316.* ☎ *8670-6158. • casalegre.com.br • Résa obligatoire. Doubles env 200-260 Rls selon confort.* Une grande et belle bâtisse du XIXe s ouvrant sur une petite galerie d'art au rez-de-chaussée. C'est une véritable maison d'artistes qui dispose de 8 chambres pour les hôtes de passage ou les longs séjours. Certaines ont une entrée indépendante, d'autres une kitchenette, 2 d'entre elles sont communicantes et partagent la salle de bains (bien pour une famille avec enfants). La plus grande dispose d'un salon et d'une petite terrasse avec hamac donnant sur la rue. Il y en a pour tous les goûts, dans un esprit vintage et bohème très convivial ! Bon petit déj à base de produits bio, cuisine à dispo et diverses activités culturelles.

Casa da Gente *(plan I, C3,* ***23****) : rua Gonçalves Fontes, 33.* ☎ *2232-2634. • casadagente.com • Doubles env 170-260 Rls.* *Casa da Gente,* la « maison des gens », tout est dit ! Architecture moderne conçue dans le respect de normes écologiques, beaucoup de lumière et des couleurs vives, de beaux matériaux, des meubles chinés ou contemporains, objets et tableaux d'artistes brésiliens. Vous voici chez Pauline, une Française engagée dans l'économie solidaire, qui assure à ses hôtes un accueil à la fois discret et attentionné. Sans oublier Roberta, son associée, une Carioca pur sucre, ex-designer reconvertie dans le tourisme et la boulangerie ! Elles

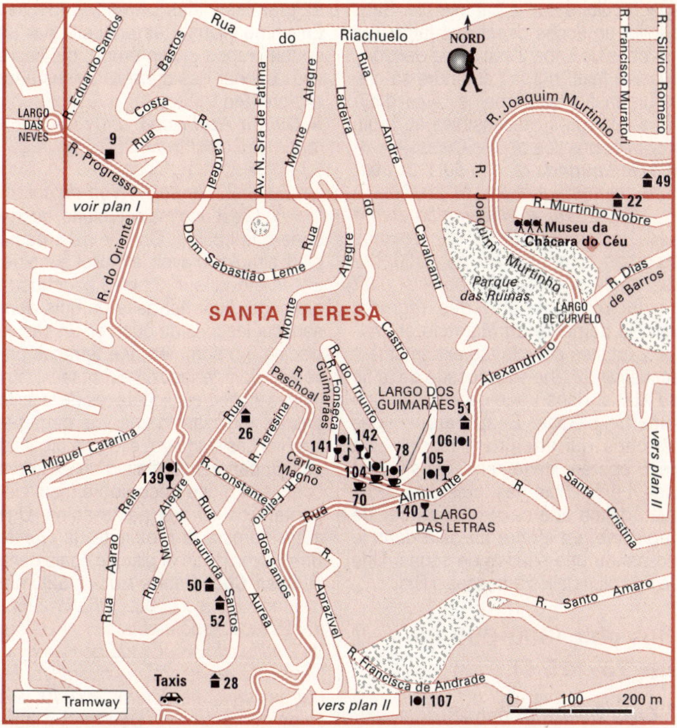

RIO DE JANEIRO – Santa Teresa (Zoom)

■ Adresse utile

9 Cama e Café

Où dormir ?

22 Terra Brasilis Hostel
26 CasAlegre Art Vila
28 Casa Beleza
49 Rio Hostel Santa Teresa
50 Villa Laurinda
51 Quinta Azul
52 Casa Cool Beans

Où manger ?

70 Cultivar Brasil
78 Café do Alto et Portella
104 Cafecito
105 Bar do Arnaudo
106 Espirito Santa
107 Restaurante Aprazível
139 Bar do Gomez
141 Bar do Mineiro

Où boire un verre ? Où sortir ?

105 Bar do Arnaudo
139 Bar do Gomez
140 Largo das Letras
141 Bar do Mineiro
142 Simplesmente

sauront notamment vous indiquer les bons plans de la vie culturelle de Rio et vous rendre plein de petits services (visites guidées, résa de taxi, baby-sitting, etc.). La maison dispose d'une petite dizaine de chambres simples et agréables, dont quelques-unes peuvent accueillir jusqu'à 4 personnes ou des couples avec enfants. Toutes personnalisées, avec salle de bains et eau chaude. Bon petit déj copieux et varié, avec pain bio et yaourt maison. Le must : un jardin suspendu qui surplombe les toits et offre une vue spectaculaire sur le centre-ville. Sans oublier un accès direct aux fameuses marches de Lapa (l'*escadaria Selarón*), quartier festif qui fait entendre sa clameur en fin de semaine. Avis d'ailleurs aux routards sensibles au bruit, n'oubliez pas vos boules *Quies*...

Villa Laurinda (zoom, **50**) : *rua Laurinda Santos Lobo, 98.* ☎ *2507-2216 ou 3648-2216.* • *villalaurinda.com* • *Résa fortement conseillée. Doubles avec sdb commune env 240-280 Rls ; suites env 330-360 Rls ; copieux petit déj inclus.* À l'abri des regards, voici la demeure de Mauricio et Walter, 2 artistes polyglottes extrêmement accueillants. Une villa cossue de la fin du XIXe s, dans un joli parc avec une superbe piscine. Beau parquet, des plafonds qui atteignent le ciel, une déco épurée, limite zen... On s'y sent bien. Le soir, loin des foules, on sirote avec délice une caïpirinha au bar de la piscine, on s'offre un bain dans le jacuzzi ou une séance de sauna. Une de nos plus belles adresses à Rio.

Plus chic (300-500 Rls / env 75-125 €)

Casa Beleza (zoom, **28**) : *rua Laurinda Santos Lobo, 311.* ☎ *2224-7403.* • *casabeleza.com* • *Résa impérative. Doubles env 290-390 Rls selon confort.* Attention, perle rare, adresse de charme à prix imbattables ! Cette très belle maison entourée d'un jardin exotique et agrémentée d'une jolie piscine est un véritable havre de tranquillité au cœur de Rio. Seulement 4 chambres vastes, claires et hyper confortables, toutes personnalisées. La *Azul* est la moins chère et dispose déjà d'un lit double et de 2 lits, ainsi que d'une grande salle de bains. Couleurs soignées et meubles chinés, l'ensemble a beaucoup de charme. Le must, très prisé des couples en lune de miel, le bungalow avec terrasse privée et grandes baies vitrées, superbe ! En prime, vous êtes accueilli par un couple franco-indien érudit, qui saura vous donner des conseils avisés pour explorer Rio.

Quinta Azul (zoom, **51**) : *rua Almirante Alexandrino, 256.* ☎ *3253-1021.* • *quintaazul.com* • *Doubles env 340-520 Rls selon type de chambre.* C'est une maison bleue, accrochée à la colline. On n'y vient pas à pied, à moins d'avoir le mollet entraîné. Elle s'étend sur 3 niveaux, chacun prolongé d'une terrasse en bois donnant sur les toits du quartier. En bas, la piscine. Au sommet, une terrasse privative, dont le jacuzzi est réservé aux (riches et) heureux locataires de la suite *deluxe,* jouissant d'une vue dégagée sur Rio. Les *standard,* elles, ne profitent pas du panorama, mais d'un excellent confort et d'une déco sobre mais élégante. Accueil aux petits soins. Une autre adresse à proximité, la *Quinta Rosa,* avec jardin et piscine également.

Casa Cool Beans (zoom, **52**) : *rua Laurinda Santos Lobo, 136.* ☎ *2262-0552.* • *casacoolbeans.com* • *Séjour de 2 nuits min en période de Carnaval, Nouvel An et vac ; résa impérative. En hte saison doubles env 300-400 Rls selon confort.* Derrière un haut mur, une grande maison à la façade mauve, des peintures murales originales et colorées, le tout au cœur d'un jardin tropical verdoyant et fleuri. Voilà une surprenante maison d'hôtes : la déco intérieure (patio, salles communes, terrasses) est particulièrement soignée, mêlant joliment les matériaux traditionnels aux tableaux contemporains. Chambres très confortables et de caractère, avec vue sur le jardin. Certaines vraiment spacieuses. Petite piscine. Copieux petit déj-buffet. Bref, une très belle adresse. D'ailleurs, succès oblige, *Casa Cool Beans* dispose aussi d'une annexe à Ipanema, tout aussi charmante.

À BOTAFOGO ET URCA (plan II)

Vieux quartier populaire aux vénérables demeures, qui constitue dorénavant un bon point de chute avec pas mal d'adresses de qualité, une atmosphère populaire et tranquille la journée et une vie nocturne assez animée.

De bon marché à prix moyens (moins de 130-200 Rls / env 33-50 €)

Oztel *(plan II, F6,* ***30****) : rua Pinheiro Guimarães, 91. ☎ 3042-1853. • oztel.com.br • Ⓜ Botafogo. Compter 50-63 Rls en dortoir (6-14 lits) et 185-200 Rls la double.* Sans conteste une des meilleures AJ de Rio ! Passé la grande porte anonyme, on découvre une courette très agréable qui ouvre sur cette maison blanche ultra-contemporaine, presque détonante dans ce quartier de vieilles demeures du XIXe s ! Béton brut, meubles design, objets et photos d'artistes contemporains et quelques touches colorées pour dynamiser l'ensemble. Les dortoirs et chambres sont à l'image des lieux, personnalisés et décorés de façon très insolite. L'ensemble est super lumineux, moderne et gai à la fois ! Enfin, la cour s'anime régulièrement de petits concerts et d'événements culturels autour du bar. Le tout animé par une équipe relax et disponible. Un vrai coup de cœur !

El Misti Botafogo *(plan II, G6,* ***32****) : rua Praia de Botafogo, 462. ☎ 2226-0991. • elmistibota.com • Ⓜ Botafogo. Au fond d'une impasse, à deux pas du* Botafogo Praia Shopping. *Selon saison, capacité et confort, env 30-60 Rls en dortoir et 140-220 Rls la double avec ou sans sdb privée. Promos sur Internet.* Une petite chaîne d'AJ et *pousadas* privées qui dispose de plusieurs adresses à Rio. Dans une jolie maison coloniale, des dortoirs de 6 à 12 lits, mixtes ou séparés. Sanitaires communs nickel. Également 5 chambres privatives, idéales pour les couples en mal d'intimité ! L'ensemble est coloré et bien tenu. Cuisine et coin bar, petit déj inclus. Atmosphère relax et pas mal de services : transferts vers la gare routière ou l'aéroport, résa d'excursions à Rio et dans les environs, etc.

Vila Carioca *(plan II, F6,* ***54****) : rua Estácio Coimbra, 84. ☎ 2535-3224. • vilacarioca.com.br • Ⓜ Botafogo. Au fond d'une impasse, dans un quartier tranquille. À partir de 35 Rls la nuit en dortoir et 130 Rls la double.* Ambiance décontractée dans cette AJ privée, idéalement située. Les parties communes sont agréables, aérées et peintes de couleurs vives. Kitchenette à disposition des hôtes. À l'arrière, cour fermée avec hamac et petit bar. Aux étages, une demi-douzaine de chambres doubles et presque autant de dortoirs (6, 14 ou 15 lits). Pas le grand luxe, mais l'atmosphère est très relax, et on s'y sent bien.

Brothers Hostel *(plan II, G5,* ***56****) : rua Farani, 18. ☎ 2551-0997. • brothershostel.com.br • Ⓜ Botafogo. Compter 65 Rls en dortoir et 170-180 Rls la double ; réduc avec la carte* HI. Encore une AJ établie dans une impasse, dans un quartier tranquille. Dans une villa à la tour crénelée façon château fort. 6 dortoirs (4 à 8 lits), dont un réservé aux filles, ainsi que 3 chambres privatives dont une pour les couples, avec lit double et salle de bains privée. Hauts plafonds et parquet. Atmosphère conviviale, en particulier lors des soirées animées au *Shelter Bar,* plutôt bière que caïpi, plutôt rock que bossa !

De chic à plus chic (jusqu'à 400 Rls / env 100 €)

Hotelinho da Urca *(plan II, G-H6,* ***35****) : rua Marechal Cantuária, 10. ☎ 3449-8867. 97713-5515 (Andreas). • hotelinho.blogspot.fr • Doubles env 270-320 Rls ; suite 390 Rls.* Un petit hôtel – plutôt une maison d'hôtes – situé à 5 mn à pied du Pain du Sucre. Dans un immeuble moderne de 3 étages avec terrasse commune dotée d'une petite piscine. Situation privilégiée offrant une vue imprenable sur la baie de Guanabará, Botafogo et le Corcovado au loin. 7 chambres simples, avec clim, ventilo, salle de bains. Vue superbe aussi sur le Morro da Urca, balcon ou terrasse. Également 2 chambres type appart avec cuisine équipée. Excellent petit déj (fruits et pain frais, yaourts et confitures maison...). Le tout géré par une petite équipe polyglotte, accueillante.

LES PLAGES : LEME, COPACABANA, ARPOADOR, IPANEMA ET LEBLON *(plan III)*

Copacabana

Pour ceux qui aiment le footing et les bains matinaux... ou qui veulent dire à leurs amis : « J'y suis allé ! » Si vous choisissez un hôtel sur l'avenida Atlântica, demandez une chambre avec vue sur l'océan, bien sûr, mais ce n'est pas du tout pour les petits budgets. Plus vous vous éloignez de la plage, plus les prix deviennent abordables.

De bon marché à prix moyens (moins de 130-200 Rls / env 33-50 €)

Che Lagarto Hostel Copacabana *(plan III, L7,* ***29****)* **:** *rua Barata Ribeiro, 111.* ☎ *3209-0348.* • *chelagarto.com* • *Nuitée à partir de 40 Rls/pers.* Peut-être l'AJ la plus propre et une des mieux organisées de Rio. C'est l'une des 4 adresses cariocas de cette chaîne d'AJ présente en Amérique du Sud. Dans une grande maison en pierre, des dortoirs mixtes ou féminins, avec ou sans clim, certains avec salle de bains privée. Nombreux services, jacuzzi et bar-snack sur le toit, salon TV, cuisine à dispo, location de surfs et de vélos, transfert depuis et vers l'aéroport, etc.

Copa Hostel *(plan III, K8,* ***31****)* **:** *av. N. S. da Copacabana, 1077.* ☎ *2521-1952.* • *copahostel.com.br* • *Nuitée en dortoir env 70-80 Rls selon confort ; doubles env 200-240 Rls ; réduc avec la carte HI ; petite taxe de séjour (2 Rls en dortoir, 10 Rls en chambre).* Belle AJ privée, genre auberge pour routards branchés, avec bar (ouvert jusqu'à 2h). Les chambres sont à l'étage : dortoirs de 6 ou 14 lits, doubles climatisées, et un grand appart, le tout hyper propre. Toute petite piscine, cuisine bien équipée, barbecue, laverie, *lockers,* etc. Projection de films, concerts le week-end, billard, divers services... Excellent accueil.

Copinha Hostel *(plan III, L7,* ***53****)* **:** *rua Felipe de Oliveira, 11.* ☎ *2275-8520.* • *copinhahostel.com.br* • *Selon confort et saison, lits en dortoir 44-57 Rls ; doubles env 145-165 Rls.* Dans une rue tranquille du quartier de Leme, à 500 m de la plage, une petite maison vert anis, serrée entre des immeubles. Elle abrite des dortoirs impeccables (4 ou 6 lits), tous avec clim et salle de bains privée. 4 chambres privatives également avec 1 ou 2 lits. Cuisine à dispo, nombreuses infos et possibilités d'excursions. Accueil jovial.

El Misti Copacabana *(plan III, K7,* ***27****)* **:** *travessa Frederico Pamplona, 20.* ☎ *2547-0800 ou 7265.* • *elmisticopacabana.com* • *Selon saison, confort et capacité, env 35-110 Rls/pers en dortoir ; doubles avec clim env 170-280 Rls. Réduc en réservant sur le site.* Située au pied des montagnes, dans une impasse tranquille, c'est l'une des AJ les moins chères de Copacabana. Pour cause, le plus grand dortoir aligne pas moins de 18 lits ! S'il y en a 3 qui ronflent... Quelques doubles privées également. Espaces communs sympas et colorés. Grande cuisine, casiers, et location de vélos. Atmosphère très conviviale et pas mal de soirées musicales.

Chic (200-300 Rls / env 50-75 €)

Edifício Jucati *(plan III, K7,* ***33****)* **:** *rua Tenente Marones de Gusmão, 85 (praça do Bairro Peixoto).* ☎ *2547-5422.* • *edificiojucati.com.br* • *Selon saison, compter 230-260 Rls pour 2. Pas de petit déj.* Sur une placette animée (manèges, marché aux fruits), ce bâtiment dispose d'une cinquantaine d'appartements spacieux avec clim, séjour, cuisine équipée et salle de bains. Déco basique mais c'est nickel et confortable, à des prix défiant toute concurrence, en tout cas celle des hôtels ! Un bon plan à plusieurs, sachant qu'ils peuvent accueillir jusqu'à 6 personnes. Patio intérieur calme, ensemble tranquille et bien tenu. Bon accueil.

Hotel Santa Clara *(plan III, K7,* ***34****)* **:** *rua Décio Vilares, 316.* ☎ *2256-2650.*

• hotelsantaclara.com.br • Doubles env 200-250 Rls, petit déj compris (servi dans la chambre). Dans une rue calme du quartier de Peixoto, à un peu plus de 1 km de la plage. Jolie maison à la façade blanche et aux volets bleus. Une bonne vingtaine de chambres confortables, avec salle de bains, AC, TV... Préférer celles à l'étage, avec joli petit balcon. Ensemble désuet mais bien entretenu. Accueil délicat. Une bonne adresse dans cette catégorie.

Plus chic (300-500 Rls / env 75-125 €)

Chambres d'hôtes de Tania Doyle *(plan III, L7,* ***37****) : rua Ministro Viveiros de Castro, 72 (5e étage, appart 503). ☎ 2542-6300. • doyle.tania@hotmail.com • Résa obligatoire. Double env 480 Rls. Table d'hôtes à la carte, repas et vins choisis.* 2 chambres impeccables, pour 2 ou 3 personnes. Votre chaleureuse hôtesse, une ancienne critique gastronomique qui a vécu 15 ans en France, adore recevoir et régaler ses invités en se mettant aux fourneaux. Sûr qu'un séjour chez Tania vous laissera un bon souvenir !

Acapulco Copacabana *(plan III, L7,* ***39****) : rua Gustavo Sampaio, 854. ☎ 3077-2000. • acapulcohotel.com.br • Derrière le Méridien, à 100 m de la plage de Leme. Doubles à partir de 370 Rls.* Dans une rue assez calme. Un hôtel de standing d'un bon rapport qualité-prix. Déco sobre et moderne avec quelques touches de couleurs vives. Une centaine de chambres spacieuses et tout confort (frigo, écran LCD, sèche-cheveux...). Les *deluxe* disposent d'un petit balcon (demandez alors une chambre à partir du 8e étage, afin de bénéficier de la vue sur la plage). Bon accueil et service efficace.

Premier Copacabana Hotel *(plan III, K7,* ***41****) : rua Tonelero, 205. ☎ 3816-9090. • premier.com.br • Ⓜ Siqueira Campos. Doubles env 320-370 Rls selon confort.* Hôtel moderne et confortable, frappé du sceau de l'élégance. Une bonne centaine de chambres (éviter celles donnant sur la rue). Comme beaucoup d'hôtels de ce standing, on retrouve la traditionnelle salle de fitness et une petite piscine sur le toit, avec vue panoramique.

Augusto's Copacabana *(plan III, K8,* ***38****) : rua Bolívar, 119. ☎ 2547-1800. • augustoshotel.com.br • Doubles à partir de 400 Rls. (payant).* Si l'extérieur peut paraître froid, les chambres se révèlent modernes, fonctionnelles et très confortables. Personnel compétent et... cerise sur le gâteau, piscine sur le toit pour profiter des couchers de soleil en sirotant un cocktail.

Arpoador

Arpoador, c'est le coude qui relie Copacabana et Ipanema.

De plus chic à très chic (300-500 Rls et plus / env 75-125 €)

Atlantis Copacabana Hotel *(plan III, K8,* ***42****) : rua Bulhões de Carvalho, 61. ☎ 2521-1142. • atlantishotel.com.br • À 3 blocs de la plage. Résa conseillée. Doubles env 310-380 Rls.* Agréable hôtel de standing offrant tout le confort possible. Chambres assez spacieuses (dont une dizaine avec vue sur la plage). *Coffee-shop*, bar, terrasse panoramique, petite piscine chauffée et sauna, *deck* pour bronzer... Bon accueil, de surcroît.

Hotel Arpoador Inn *(plan III, K9,* ***43****) : rua Francisco Otaviano, 177. ☎ 2529-1000 (résas) ou 2523-0060. • arpoadorinn.com.br • Doubles env 450-630 Rls selon confort et vue.* C'est le seul hôtel du secteur les pieds quasiment dans l'eau... et par ailleurs sans voitures sous ses fenêtres. Un privilège qui vaut de l'or, à en juger par les tarifs... Une cinquantaine de chambres un peu petites, mais certaines avec une vue fantastique sur l'océan depuis les étages élevés (plus clairs, plus calmes). Petit déj-buffet soigné. Atmosphère agréable.

Ipanema

La plupart des auberges de jeunesse sont situées dans une impasse

■ **Adresses utiles**

- Riotur
- 2 Localiza
- 6 Delegacia especial de apoio ao turisme

Où dormir ?

- 27 El Misti Copacabana
- 29 Che Lagarto Hostel Copacabana
- 31 Copa Hostel
- 33 Edifício Jucati
- 34 Hotel Santa Clara
- 37 Chambres d'hôtes de Tania Doyle
- 38 Augusto's Copacabana
- 39 Acapulco Copacabana
- 41 Premier Copacabana Hotel
- 42 Atlantis Copacabana Hotel
- 43 Hotel Arpoador Inn
- 44 The Mango Tree
- 45 Harmonia
- 46 Ipanema Beach House
- 47 Leblon Spot Design Hostel
- 48 Lemon Spirit Hostel
- 53 Copinha Hostel
- 55 Bonita

Où manger ?

- 75 Big Nectar
- 76 Papo de Anjo
- 77 Colombo do Forte
- 80 Cervantes

RIO DE JANEIRO – Les plages (Plan III)

81 Manoel & Juaquim
83 Sindicato do Chopp
84 Marius Degustare Carnes e Crustáceos
85 Cafeína
86 Restaurante New Natural
88 Bazzar
89 Gula-Gula
90 Casa da Feijoada
91 Alessandro & Frederico
92 Churrascaria Carretão
94 Porcão
95 Zaza Bistro Tropical
96 Bar Lagoa
97 Cantinha do Leblon
98 Fellini
99 Vegetariano Social Clube
100 Jobi
103 Stands de Lagoa
123 Talho Capixaba Delicatessen
124 Brasileirinho
125 Boteco Belmonte
127 Boulangerie Guerin
128 Apetite Café

Où boire un verre ? Où sortir ?

83 Sindicato do Chopp
100 Jobi
126 Fosfobox
134 Bracarense
136 Garota de Ipanema
137 Devassa
138 Empório et Barthodomeu
146 Da Graça
158 Bip-Bip
159 Vinícius

s'échappant de la rua Barão da Torre, un vrai refuge pour routards où chaque maison individuelle a été aménagée en AJ privée. En soirée, c'est un lieu de rencontre très international, et très animé ! En outre, la majorité des établissements propose à la fois des dortoirs pour les petits budgets et des doubles privées aux tarifs oscillant entre « prix moyens » et « plus chic ». De quoi satisfaire tout le monde.

De bon marché à chic (moins de 130-300 Rls / env 33-75 €)

■ ***Ipanema Beach House*** *(plan III, J8,* ***46****) : rua Barão da Torre, 485. ☎ 3202-2693. • ipanemahouse.com • Nuitée env 55-70 Rls/pers selon j. de la sem ; doubles avec sdb commune ou privée 200-240 Rls.* Cadre agréable pour cette AJ aux dortoirs et chambres colorés, dans une grande maison sur 2 niveaux, avec terrasse aménagée. À l'arrière, joli jardin avec piscine, transats, parasols, et le bar qui assure aussi le petit déj. Les chambres doubles sont dans le bâtiment au fond du jardin. Cuisine, bibliothèque, salon TV, consigne, laverie, etc. Possibilité d'excursions guidées et transfert depuis/vers l'aéroport. Location de vélos. Bon accueil et ambiance très conviviale.

■ ***The Mango Tree*** *(plan III, J8,* ***44****) : rua Prudente de Morais, 594. ☎ 2287-9255. • mangotreehostel.com • Nuitée en dortoir avec AC env 80 Rls/pers ; doubles 230-270 Rls selon confort.* Une auberge moderne et hyper discrète (pas de panneau), dans une maison de 1930. Son nom se chuchote de bouche à oreille. On est loin des hordes de *backpackers* de la rua Barão da Torre ! Une dizaine de chambres doubles ou triples (3 seulement avec salle de bains commune), ainsi que 4 dortoirs de 6 lits. Clim et ventilo partout, pas de jaloux ! L'ensemble est impeccable et joliment décoré. Cuisine à dispo, salon avec musique et DVD, hamac, etc. Jardin aéré et relaxant. Un petit bar ouvre en soirée pour des soirées conviviales.

■ ***Harmonia*** *(plan III, J8,* ***45****) : rua Barão da Torre, 175, casa 18. ☎ 2523-4905. • casadaharmonia.com • Toujours dans cette fameuse impasse. Nuitée 80 Rls/pers, avec petit déj ; également 2 doubles env 160 Rls.* *Harmonia ?* Mieux vaut effectivement avoir le sens de la communauté avant de poser ses valises ici ! Car cette charmante maisonnette proprette convertie en AJ par des Suédois dynamiques n'est pas extensible : on a tendance à s'entasser un peu dans les 3 dortoirs, et il faut souvent prendre son tour pour les (2) douches et la petite cuisine. Accueil sympa et dynamique.

■ ***Bonita*** *(plan III, J8,* ***55****) : rua Barão da Torre, 107. ☎ 2227-1703. • bonitaipanema.com • Compter 60-80 Rls en dortoir (mixte ou féminin ; 6 lits) ; doubles env 190-290 Rls (!) selon période et confort (sdb commune ou privée, avec ou sans clim).* Chambres sobres, claires et confortables, installées dans une grosse maison rose où vécut Tom Jobim. La plupart sont postées à l'étage, au-dessus de la cour-jardin au plancher de bois, tendue de hamacs et creusée d'une piscine. Bonne ambiance. Ajoutez à cela une très chouette déco colorée, un bar avec billard, des vélos à louer et toutes sortes de services ou excursions, et voilà de quoi passer des vacances à la cool !

Leblon

Même principe qu'à Ipanema, les auberges de jeunesse de Leblon proposent à la fois des dortoirs pour les « petits budgets » (toute proportion gardée...) et des chambres privatives aux tarifs carrément « plus chic ».

De bon marché à chic (moins de 130-300 Rls / env 33-75 €)

■ ***Lemon Spirit Hostel*** *(plan III, I8,* ***48****) : rua Cupertino Durão, 56. ☎ 2294-1853. • lemonspirit.com • Nuitée en dortoir env 80-90 Rls.* Posté tout près de la plage, ce petit hôtel coloré à prix réduits abrite des dortoirs confortables, avec douche/w-c, casiers et clim. Petit bar-salon où lier connaissance, microterrasse et cuisine. Service de prise en charge à l'aéroport et bus pour Ilha Grande.

Leblon Spot Design Hostel *(plan III, I8, **47**) : rua Dias Ferreira, 636. ☎ 2137-4310. • leblonspot.com • Compter 60-110 Rls/pers en dortoir selon nombre de lits ; doubles à partir de 220 Rls avec sdb commune, 260-350 Rls avec sdb privée.* Encore une auberge de jeunesse design à Leblon ! Lignes épurées et couleurs neutres habillent les dortoirs de 4 à 12 lits, confortables (AC), mais somme toute assez classiques. Espaces communs aérés et très lumineux, avec de jolies touches de déco. Chambres privées typées hôtel. Étroite cour semée de quelques tables et parasols. Cuisine commune. Accueil pro. Bref, une AJ version chic, du Leblon pur sucre quoi.

Où manger ?

On compte des milliers de restaurants et snacks à Rio ; vous avez l'embarras du choix ! On vous mentionne quelques belles adresses, les incontournables et ceux qui ont des caractéristiques intéressantes, mais on ne doute pas que vous ne trouviez vous-même la perle rare. Sans compter les innombrables *lanchonetes* (snacks) pour un en-cas vite avalé et les restos *ao kilo,* souvent la meilleure formule pour un déjeuner complet, frais et bon marché. Les *rodizios* de pâtes ou de viande sont également très économiques. Le samedi est par tradition le jour de la *feijoada,* et la majorité des établissements la propose ce jour-là. Sinon, on rappelle que les prix affichés sont souvent pour 2 personnes et les plats généralement copieux. Reste que les prix se sont envolés à Rio ces dernières années, et si vous souhaitez dîner dans un des restos chic ou branchés de la ville, proposant une nouvelle cuisine fameuse, attendez-vous à une note salée ! C'est la rançon de la gloire, le prix à payer désormais pour goûter une gastronomie de plus en plus inventive, dans un cadre souvent idyllique...

DANS LE CENTRO ET À LAPA (plan I)

Centro

Dans le centre des affaires, entre l'aéroport et l'avenue Rio Branco, la plupart des innombrables restaurants sont ouverts le midi seulement et souvent fermés le dimanche. De quoi satisfaire tous les appétits, entre snacks végétariens et kiosques à jus de fruits, restos *ao kilo,* bistrots et autres *churrascarias,* qui permettent de s'offrir un repas varié et bon marché.

De bon marché à prix moyens (moins de 40-60 Rls / env 10-15 €)

Bistrô do Paço *(plan I, C1, **61**) : praça 15 de Novembro, 48. ☎ 2262-3613. Dans le patio du palais impérial* (Paço Imperial), *désormais centre culturel ; demander le* Paço, *tt le monde connaît. Tlj 11h30-19h30 (12h-19h w-e).* Tables en granit poli sous des arches anciennes, voilà un bistrot-salon de thé des plus engageant, qui sert des petits plats variés d'une belle fraîcheur et à prix raisonnables, ce qui attire une clientèle régulière. Une oasis de calme au cœur du centre agité.

Caffè Olé *(plan I, B1, **64**) : rua Luiz de Camões, 2. ☎ 2509-7331. Lun-ven 10h-19h. Plats env 25-30 Rls ; formule déj (12h-15h) avec dessert et verre de vin env 50 Rls.* Une librairie-café-bistrot au cadre agréable et lumineux. Petite cuisine fraîche et inventive, spécialités de pâtes avec sauces maison au choix, plats du jour, sandwichs, salades, quiches... Pour les gourmands, desserts variés et un grand choix de thés, cafés spéciaux et chocolats chauds.

Bar Luiz (plan I, B2, **63**) : *rua da Carioca, 39. ☎ 2262-6900. À deux pas de la pl. Tiradentes, dans le quartier des musiciens. Tlj sf dim 11h-20h (16h lun et sam). Plats env 20-45 Rls.* Spectateurs et comédiens du théâtre João Caetano viennent s'y requinquer après le spectacle. Fondé en 1887, c'est un des hauts lieux survivants du Rio du XIXe s. Au moins 150 plats, dont beaucoup d'origine allemande. À déguster avec une bonne bière pression.

Galeto Castelo (plan I, D2, **66**) : *av. Franklin-Roosevelt, 84. ☎ 2532-3717. Lun-ven 12h-22h.* Une grande auberge établie dans une cour intérieure du secteur du Castelo, derrière le consulat de France. Boiseries, nappes rouge et blanc, véranda sur la cour et huile d'olive sur la table : on y sert des plats copieux et savoureux dans une joyeuse ambiance de cantine populaire.

Confeitaria Colombo (plan I, C1, **67**) : *rua Gonçalves Dias, 32. ☎ 2505-1500. Dans une petite rue piétonne du centre. Tlj sf dim 9h-19h30 (17h sam).* Créée en 1894, cette immense brasserie-salon de thé avec sa verrière, ses volutes, ses moulures extravagantes et ses rayonnages remplis de bouteilles n'est pas sans évoquer les cafés viennois de style 1900. Témoin de l'élégance bourgeoise du XIXe s, c'est une véritable institution à Rio. Au rez-de-chaussée, vitrine de souvenirs en tout genre et vente à emporter. Carte de brasserie à prix fort abordables et salon de thé pour s'offrir une des pâtisseries maison, fameuses. Sandwichs, salades, douceurs salées et sucrées aussi copieux qu'appétissants. Au 1er étage, calme mezzanine avec vue plongeante. On y sert un excellent buffet le midi et la *feijoada* traditionnelle le samedi (sur réservation). À la carte, les plats portent le nom de célébrités, comme l'*escalopinho de filé à la bouquetière de Villa Lobos* ou le *filé de frango à florista de Santos Dumont*. Service stylé et efficace. Une expérience à ne pas manquer !

Brasserie Rosário (plan I, C1, **68**) : *rua do Rosário, 34. ☎ 2518-3033. Lun-sam 11h-21h (18h sam).* Dans le quartier le plus branché du Centro. Grand atrium en encorbellement duquel s'étagent les petites tables. Bel endroit, sobre et clean. Pour le petit déj, viennoiseries et pains spéciaux en vente au guichet à l'entrée. Dans l'assiette, plats du jour, viandes et poissons, sandwichs-baguette, soupes et une flopée de salades. Et pour couronner le tout, un vin au verre, l'occasion de goûter notamment au gamay produit au Brésil.

Chic (60-100 Rls / env 15-25 €)

AlbaMar (plan I, D1, **69**) : *près de praça 15 de Novembro et, plus précisément, praça Marechal Âncora, 186. ☎ 2240-8378. Face à l'ilha Fiscal, en bord de mer, tt près des docks. Tlj 12h-23h (17h dim). Plats env 50-70 Rls.* Cet étrange édifice octogonal coiffé d'un petit dôme, avec ses nombreuses fenêtres, fut d'abord un marché municipal, avant d'être reconverti en restaurant haut de gamme. Spécialité de fruits de mer, notamment des huîtres fraîches, *moqueca* de crevettes ou langouste et autres poissons grillés aux légumes. Outre la cuisine d'une grande finesse, on profite de la vue panoramique sur Niterói et la baie de Guanabara. Service à la hauteur des lieux (et des prix !).

Lapa

L'avantage de dîner dans le quartier, c'est que vous n'êtes plus qu'à quelques pas des nombreux bars et boîtes qui, en outre, proposent eux aussi de quoi se sustenter. Voir aussi plus loin « Où boire un verre ? Où sortir ? » et « Où écouter de la musique ? Où danser ? ».

Prix moyens (40-60 Rls / env 10-15 €)

Os Ximenes (plan I, C3, **65**) : *rua Joaquim Silva, 82. ☎ 2221-6081. Tlj sf dim, midi et soir jusqu'à 1h, plus tard le w-e.* Au pied des escaliers de

Santa Teresa, une situation stratégique qui attire la foule de jeunes fêtards en fin de semaine. Tables en terrasse et salle un rien rétro. C'est un snack-bar populaire à toute heure, où l'on vient grignoter un sandwich, boire un jus d'*açaí* ou de fruits frais, ou encore prendre un verre entre amis autour de bons *tira gostos* (large choix pour l'apéro, *bolinho de aipim, bacalhau, cane do sol,* etc.). Côté resto, des plats traditionnels copieux, *picanha, churrasco, feijoada* le samedi. Bon accueil et service efficace, même quand le lieu est pris d'assaut le vendredi soir.

Boteco do Gomes *(plan I, B3,* ***62****)* **:** *rua do Riachuelo, 62. ☎ 2531-9117. Tlj 7h-1h du mat.* Une institution populaire dans le quartier, qui brasse étudiants, fêtards en sortie de boîte, employés de bureau, papys endimanchés et touristes de passage. Un bistrot au cadre rétro, murs en brique, carrelage ancien et long comptoir en bois sombre. Serveurs en tenue, efficaces et diligents. Carte longue comme le bras : sandwichs, salades, mais aussi *churrasco, pincanha, feijoada* (le samedi), plats de poisson, etc. Goûteux et ultra-copieux ! Bien aussi pour prendre le petit déj en profitant de l'animation.

Adega Flor de Coimbra *(plan I, C3,* ***71****)* **:** *rua Teotônio Regadas, 34. ☎ 2224-4582. Au cœur de l'animation de Lapa, au bas des escaliers. Tlj sf dim, midi et soir jusqu'à 23h30.* Petite auberge portugaise fondée en 1938, servant des plats traditionnels du Portugal, dont un excellent *bacalhau* (morue). Une trentaine de plats de poisson, autant de viande, et un large choix de *petiscos.*

Bar Brasil *(plan I, B3,* ***72****)* **:** *av. Mem de Sá, 90. ☎ 2509-5943. Tlj sf dim 11h30-minuit (18h sam). Plats à partir de 30 Rls.* Un des derniers authentiques bistrots de Rio (depuis 1907). On aime bien son côté désuet et patiné. Un resto de *deutsche Küche* aux accents cariocas. Pour les amateurs, énorme jarret de porc avec ses légumes servis copieusement. Et bien sûr de bonnes bières pression.

Chic (60-100 Rls / env 15-25 €)

Cosmopolita *(plan I, C3,* ***73****)* **:** *travessa do Mosqueira, 4. ☎ 2224-7820. Tlj sf dim 11h-1h (5h sam).* Un des plus anciens bars-restos de Lapa (1926). Porte à battants façon western et cadre vieillot à souhait. Une cuisine hispanico-portugaise qui a fait ses preuves. Les viandards tenteront le filet « Oswaldo Aranha » en hommage au politicien créateur de la recette, qui avait l'habitude de venir déjeuner ici. Fameux. Sinon, on retrouve les traditionnels plats de brasserie, copieux et bien tournés.

Nova Capela *(plan I, B3,* ***74****)* **:** *av. Mem de Sá, 96, anexo 98. ☎ 2252-6228. Tlj midi et soir jusqu'à minuit.* En plein « Lapa festif », voici une autre petite institution populaire, datant de 1965. Plus de 100 plats proposés (sans compter les desserts !). Grande salle carrelée, cadre chaleureux aux murs couverts de souvenirs et un personnel qui a des heures de vol. Plats cariocas copieux (spécialité de *cabrito* à l'ail frit) et vin de la maison. Seul bémol, les prix ont tendance à flamber !

À SANTA TERESA (zoom)

Bon marché (moins de 40 Rls / env 10 €)

Cultivar Brasil *(zoom,* ***70****)* **:** *rua Paschoal Carlos Magno, 124. ☎ 2505-9321. Tlj 7h30-20h.* Pas cher, naturel, bio et bon ! Petite carte de snacks, cafés et jus de fruits. On y sert un excellent *açaí* et des *pães de queijo* maison. Bien pour une pause sur le pouce.

Café do Alto *(zoom,* ***78****)* **:** *largo dos Guimarães, 143. ☎ 2507-3172. Lun-ven 12h-22h (20h lun), w-e et j. fériés 9h-22h.* Ce petit café propose une cuisine traditionnelle du Nordeste à prix très corrects. Petit menu du jour d'un bon rapport qualité-prix, mais aussi des sandwichs, crêpes de

LE SUD-EST

tapioca, salades et jus de fruits frais, et même un brunch le dimanche. Une aubaine pour s'offrir un repas goûteux ou un copieux petit déj, dans une jolie salle bien aérée. Accueil charmant et service efficace. On en fait rapidement sa cantine quand on loge dans le quartier !

Cafecito (zoom, **104**) : *rua Paschoal Carlos Magno, 121. ☎ 2221-9439. Tlj sf mer 9h-minuit.* Cadre très agréable pour ce snack-bar avec une jolie terrasse surplombant la rue. Sympa pour la pause déjeuner, avec un large choix de sandwichs au pain *ciabatta*, originaux et goûteux : *rucola*, brie, gorgonzola, coppa, gouda, truite fumée... Également des tapas, pâtisseries et gâteaux (*bolo de banana*, brownies), sorbets et glaces naturels. Belle carte de cafés spéciaux et jus de fruits frais.

Voir aussi plus loin, dans la rubrique « Où boire un verre ? Où sortir ? », le **Bar do Mineiro** (zoom, **141**) et **Bar do Gomez** (zoom, **139**).

Prix moyens (40-60 Rls / env 10-15 €)

Bar do Arnaudo (zoom, **105**) : *rua Almirante Alexandrino, 316 (loja B). ☎ 2252-7246. Tlj 12h-22h (18h lun, 20h w-e et j. fériés).* Une vénérable taverne ayant la réputation d'offrir toutes les variétés de cachaças existantes. Faut dire qu'il y en a des bouteilles au mur ! En prime, bonne cuisine nordestine : *sarapatel, carne do sol, cabrito*, etc. Prix modérés et possibilité de petites portions.

Portella (zoom, **78**) : *rua Paschoal Carlos Magno, 139. ☎ 2507-5181. Tlj 11h-minuit, jusque très tard ven-sam.* Encore un cadre très agréable pour ce resto-bar à la déco bohème, ouvert sur la rue. Ambiance très conviviale et personnel accueillant. On y sert une honnête cuisine variée, en particulier un large choix de *petiscos* du style beignets de *bacalhau*, crevettes marinées à l'ail ou *pasteis* fourrés à la viande, au fromage... De quoi maintenir le cap au fil des verres éclusés ! De fait, l'adresse est surtout fréquentée le soir jusque tard dans la nuit, avec toute une sélection de cachaças et une bonne caïpi... facturée 12 Rls quand même ! Se contenter d'une bière fraîche, comme la majorité des locaux d'ailleurs.

De chic à plus chic (60-100 Rls et plus / env 15-25 €)

Espirito Santa (zoom, **106**) : *rua Almirante Alexandrino, 264. ☎ 2507-4840. Tlj sf mar 12h-minuit.* Avec un chef originaire du Nord derrière les fourneaux, il ne fallait pas trop miser sur les classiques cariocas. Certains figurent pourtant à la carte, mais se font largement voler la vedette par les délicieuses spécialités sucrées-salées fleurant bon l'Amazonie. Cerise sur le gâteau, une irrésistible véranda qui domine les toits du quartier. Romantique à souhait ! Accueil et service soignés.

Restaurante Aprazível (zoom, **107**) : *rua Aprazível, 62. ☎ 2508-9174. Tlj sf lun 12h-23h (18h dim et j. fériés). Résa fortement recommandée. Repas à partir de 100 Rls.* Grand et beau resto chic réputé pour la qualité de sa cuisine et du service. Spécialités de poisson exotique ou poulet aux bananes plantains et haricots. Les viandes ne sont pas en reste et l'on vient aussi ici pour ça. Carte des vins assez chère, particulièrement ceux de l'étranger, l'occasion donc d'essayer les crus brésiliens. En hiver, les salles se prêtent bien à un dîner en amoureux.

À GLÓRIA, CATETE, FLAMENGO ET LARANJEIRAS (plan II)

Sur le pouce

Big Bi (plan II, G4, **108**) : *rua do Catete, 202 (angle Corréa Dutra). ☎ 2265-6749. Tlj 24h/24.* Une petite chaîne de *lanchonetes* typiques où les employés de bureau viennent se caler l'estomac d'un *pastel* ou sandwich varié. Toute la variété de petits plats brésiliens également, accompagnés de *feijão,* riz et frites ! L'adresse est aussi fréquentée pour ses jus de fruits frais naturels, délicieux.

🍽 ***Mercado São José das Artes*** *(plan II, G5,* ***109****) : rua das Laranjeiras, 90. À l'angle des rues Gago Coutinho et das Laranjeiras, pas très loin du largo do Machado. Tlj 18h-1h.* Cet ancien marché couvert a été sauvé des promoteurs. Plusieurs restos-bars et boutiques organisés en coopérative se partagent l'espace. Sous les arcades, on boit, on mange, on tchatche... À ne pas manquer.

De bon marché à prix moyens (moins de 40-60 Rls / env 10-15 €)

🍽 ***Boteco Belmonte*** *(plan II, G5,* ***101****) : praia do Flamengo, 300 (Flamengo). ☎ 2552-3349. Tj 9h-1h (voire plus).* Un des *botequim* les plus populaires de Rio, pas moins ! L'adresse a tellement de succès qu'on trouve désormais des filiales à Copa, Ipanema, Jardim bôtanico, etc. Cadre classique avec une petite salle façon taverne ouverte sur la rue, tables en bois, vieux carrelage et serveurs en tenue, efficaces en diable. Carte longue comme le bras de *petiscos, bolinhos de aipim, de bacalhau, empadas* au crabe ou à la *carne seca,* dé-li-cieux ! Également des plats de viande, pâtes, pizzas... La foule s'y presse tous les soirs et déborde sur la rue, une choppe de bière à la main. Ambiance conviviale et joyeusement bruyante. Un vrai coup de cœur dans le quartier.

🍽 ***Grégora Arte... Café*** *(plan II, G4,* ***111****) : rua Cândido Mendes, 98 (Glória). ☎ 2224-2020. Lun-sam 11h30-23h.* Un autre *botequim* de quartier, avec une petite salle chaleureuse ouverte sur la rue et un bout de terrasse où les anciens tapent le carton en journée. Le soir, on apprécie l'ambiance animée, les assiettes de tapas ou *mezze* et les bons plats copieux, accompagnés d'un large choix de bières artisanales. Musique bossa/jazz et petit concert un dimanche par mois, quelques photos ou expos d'artistes locaux sur les murs. Une adresse authentique, d'un bon rapport qualité-prix.

🍽 ***Garota do Flamengo*** *(plan II, G5,* ***110****) : rua Senador Vergueiro, 41. ☎ 2265-6297. Près de l'hôtel* Paysandú. *Tlj 11h30-2h. Compter 15-20 Rls pour le plat du jour (plus cher le soir).* Une brasserie populaire fréquentée par les employés du quartier. Dans une salle largement ouverte sur l'angle de la rue, de bonnes viandes à prix raisonnables et toutes sortes de spécialités brésiliennes. Plats hyper copieux et joyeuse ambiance en fin de semaine. Personnel attentif et serviable. Un bon rapport qualité-prix.

🍽 ***Berbigão*** *(plan II, G4,* ***60****) : rua do Catete, 150. ☎ 2205-7245. Tlj 12h-1h. Plat du jour bon marché.* Dans une salle haute de plafond (on respire), ou à l'étage (un peu moins), service nappé, du style et de l'efficacité. Spécialités de *mariscos.* Laissez-vous tenter par une *moqueca* de poulpe ou un risotto de crevettes. C'est bon, c'est copieux, et par-dessus le marché, la bière est servie dans des verres réfrigérés !

🍽 ***Café Lamas*** *(plan II, G5,* ***112****) : rua Marquês de Abrantes, 18 (Flamengo). ☎ 2556-0799. Tlj 9h30-2h30 (3h30 ven-sam).* Fondé en 1874, *Lamas* est un classique du quartier. À l'entrée, comptoir de *lanches* et pâtisseries. Au fond, grande salle baignée d'odeurs de friture. Serveurs en veste blanche, cuisine genre steak-frites, mais grand choix de viandes et d'un assez bon rapport qualité-prix.

Plus chic (plus de 100 Rls / env 25 €)

🍽 ***Churrascaria Porcão Rio*** *(plan II, G5,* ***114****) : av. Infante Dom Henrique, Aterro do Flamengo (presque sur la plage). ☎ 3521-2900 ou 2895 (résas). Tlj 12h-23h30 (22h dim et j. fériés). Formule rodizio env 130 Rls, ½ tarif enfants moins de 10 ans.* Une des meilleures adresses de Rio pour les amateurs de viande. Chic mais pas du tout luxueux, ni triste ni compassé, ce resto est très apprécié des Cariocas qui y viennent seuls, en couple, en famille ou groupe d'amis. On y parle fort, on y chante parfois... Excellent *rodizio* de viandes, soit une dizaine de morceaux différents, et fabuleux buffet : crudités, légumes, sushis, huîtres, fruits de mer, jambons, fromages... Belle carte des vins. Demandez une table près de la fenêtre, pour profiter de la superbe vue sur le Pain de Sucre.

À BOTAFOGO ET URCA (plan II)

Botafogo

Ce vieux quartier aux accents populaires abrite de nombreux restos où les plats sont copieux et les prix doux. On trouve quelques adresses autour de la station de métro Botafogo, ainsi qu'au carrefour de Visconde Caravelas avec Capitão Salomão.

De bon marché à prix moyens (moins de 40-60 Rls / env 10-15 €)

|●| ***Refeitório Orgânico*** *(plan II, F6,* ***79****) : rua 19 de Feveirero, 120. ☎ 2537-0750. Lun-sam 11h-16h. Plats 15-20 Rls ; buffet complet le midi (jusqu'à 15h) env 29 Rls/pers, 39 Rls sam et j. fériés.* Un bon et beau resto végétarien qui a la cote dans le quartier. On traverse un couloir anonyme pour accéder à une jolie salle à la déco soignée, vieux carrelage, murs en brique, poutres et tables en bois. Plats à la carte au rez-de-chaussée et buffet dans la salle à l'étage, climatisée, tout aussi agréable. Cuisine végétarienne donc, qui offre l'occasion de goûter toute la variété de légumes et plats mijotés brésiliens (chou vert, purée de manioc ou patate douce, divers riz et salades). Également quelques sushis et plats asiatiques, et plein de jus de fruits frais. Le tout dans un esprit très relax.

|●| ***Botequim Informal*** *(plan II, F6,* ***119****) : rua Visconde de Caravelas, 123. ☎ 3596-7769. Tlj 12h-1h (2h jeu-sam).* Bonne cuisine lusitano-brésilienne servie dans un décor de brasserie portugaise. On aime bien la salle ouverte sur la rue avec ses murs de brique et ses vieilles affiches. Beaucoup de salades et viandes, *feijoada completa* et *carne do sol* ; tout est particulièrement copieux. Service efficace. D'autres adresses à Rio, notamment à Copacabana et à Leblon.

Chic (60-100 Rls / env 15-25 €)

|●| ***Oui Oui*** *(plan II, F6,* ***82****) : rua Conde de Irajá, 85. ☎ 2527-3539. Lun-ven 12h-15h, 19h30-minuit ; sam 20h-1h. Plats env 26-50 Rls ; menu le midi 34,90 Rls.* Jolie adresse qui offre l'occasion d'un repas raffiné dans un *mansion* colonial du XIXe s, entièrement rénové. Esprit Art déco dans la pièce principale et seventies près du bar. Au menu, une nouvelle cuisine brésilienne déclinée en une vingtaine de plats, très joliment présentés. Certains mélanges sont plus audacieux que d'autres, ne pas hésiter à se faire conseiller (personnel anglophone). Les portions sont petites, donc il faut opter pour plusieurs plats façon tapas. Du coup, l'addition grimpe vite, mais la qualité est bien là et le charme des lieux opère. Belle carte des vins et cocktails.

Urca

Prix moyens (40-60 Rls / env 10-15 €)

|●| ***Garota da Urca*** *(plan II, H6,* ***115****) : av. João Luís Alves, 56. ☎ 2541-5040. Tlj 12h-1h.* La *Garota* fait partie du même groupe que celle d'Ipanema. Restaurant surplombant la petite plage d'Urca et offrant une vue sur la baie de Botafogo et le Corcovado. Clientèle de classe moyenne, menu un peu plus cher, assez touristique. Bons poissons et viandes servis sur des plaques, à déguster à deux car c'est copieux. Goûter aussi au *strogonoff de camarões* et au *bacalhau gomès de sá.* L'occasion d'une balade très agréable au pied du Pain de Sucre.

|●| ***Restaurante Terra Brasilis*** *(plan II, H6,* ***116****) : praça General Tibúrcio ; praia Vermelha. ☎ 2275-4651. Au bord de*

la plage, à gauche de l'entrée du téléphérique. Buffet lun-ven 11h30-15h30, sam 12h-16h ; resto tlj 11h30-1h. Le midi, buffet *ao kilo.* Dès 13h (20h samedi), musique *ao vivo.* C'est la cantine des officiers de marine. On y va plus pour la vue unique sur la plage et les *morros* que pour la cuisine. Parmi les spécialités : *pizza no forno* (au feu de bois) et *picanha gaúcha* pour deux.

LES PLAGES : COPACABANA, LEME, IPANEMA ET LEBLON (plan III)

Copacabana et Leme

Les adresses de ce quartier sont dans l'ensemble très basiques. Il s'agit souvent de petits restos où les employés du coin viennent se restaurer à moindres frais le midi.

Sur le pouce

Boulangerie Guerin (plan III, K8, **127**) : *av. N. S. de Copacabana, 920 ; loja A. ☎ 2523-4140. Tlj 8h-20h.* Depuis son ouverture en 2012, *Guerin* ne désemplit pas ! À certaines heures, la queue se prolonge sur le trottoir... D'un côté, le magasin décoré à l'ancienne, de l'autre, l'atelier de fabrication ; entre les deux, une baie vitrée. Croissants, brioches, pains, tartes, viennoiseries, éclairs, petits fours, macarons : tout est exquis et fait selon les règles de l'art par l'équipe du chef Dominique Guérin.

Big Nectar (plan III, K8, **75**) : *av. N. S. da Copacabana, 985. ☎ 2523-2662. À l'angle de Xavier de Silveira.* Faites donc comme les Cariocas : à n'importe quelle heure du jour et de la nuit, on les retrouve accoudés aux comptoirs de ces *lanchonetes,* débits de boissons et de petits plats préparés à la minute (*pasteis,* sandwichs...). Un franchisé qui s'arrache les « corners » avec *Big Bi,* adresse du même acabit et qui propose, elle aussi, des cocktails de jus de fruits frais savoureux et détonants !

Apetite Café (plan III, K8, **128**) : *av. Rainha Elizabeth, 122. ☎ 2247-3319. Lun-sam 8h-20h, dim jusqu'à 14h.* Tout le monde a bon appétit au *Apetite Café* ! Voici à deux pas de la plage un lieu bien choisi pour prendre le petit déjeuner avec de bons croissants, de la baguette croustillante, un jus de fruits (naturel évidemment) et un bon café expresso (brésilien). Également des snacks et pâtisseries pour une pause sucrée.

Papo de Anjo (plan III, K7, **76**) : *rua Barata Ribeiro, 349. ☎ 2236-7803. Tlj 11h-23h.* Dans une petite salle climatisée à la déco gentiment datée, excellente cuisine brésilienne *ao kilo* (nombreuses salades variées), un peu moins chère en semaine. Un petit havre de paix dans cette rue agitée.

Colombo do Forte (plan III, K8, **77**) : *praça Coronel Eugênio Franco, 1. ☎ 3201-4049. Mar-ven 12h-16h, sam-dim 10h-20h.* Tout au bout de la plage de Copacabana, après la communauté des pêcheurs, vous trouverez le *Forte* sur une presqu'île rocheuse. À quelques pas de la guérite de l'armée, la terrasse du *Colombo,* au-dessus de la mer, sous les platanes et loin des voitures, offre une vue panoramique sur Copacabana. Une adresse connue pour ses délicieux gâteaux et ses brunchs copieux. On peut aussi se contenter d'y prendre un verre.

Prix moyens (40-60 Rls / env 10-15 €)

Cervantes (plan III, L7, **80**) : *av. Prado Júnior, 335 (à l'angle de Barata Ribeiro). ☎ 2542-9287. Tlj sf lun 12h-4h.* Une institution carioca, souvent citée par la presse locale comme l'un des meilleurs *botequins* de la ville. Ambiance sixties, personnel en livrée évoluant dans une salle un brin tristounette. Toujours plein de monde, surtout la nuit. Allez-y pour goûter les sandwichs à l'ananas et au cuissot de porc.

Manoel & Juaquim (plan III, K-L7, **81**) : *rua Siqueira Campos, 12. ☎ 2549-3550. Tlj 12h-1h. Plat du jour bon marché (12h-16h) et feijoada sam.*

Taverne portugaise typique, appréciée pour ses plats de qualité à partager dans une ambiance décontractée. Goûtez à leurs spaghettis aux fruits de mer, c'est excellent et bien servi ! Un super rapport qualité-prix. L'enseigne connaît un tel succès que de nombreuses filiales ont vu le jour un peu partout à Rio.

|●| ***Sindicato do Chopp*** *(plan III, L7,* ***83****) : av. Atlântica, 514 A (Leme). ☎ 2541-3133. Tlj 11h-2h.* Grande terrasse face à la mer, carte variée allant des pâtes au poisson, en passant par les salades. Mais on peut aussi y siroter une bière, c'est même la vocation première de l'établissement ! Une filiale à Ipanema *(rua Farme de Amoedo, 85)* et une autre à l'autre bout de la plage de Copa, dans le coin du *Sofitel.*

Chic (60-100 Rls / env 15-25 €)

|●| ***Boteco Belmonte*** *(plan III, K8,* ***125****) : rua Domingos Ferreira, 242 ; à l'angle de Bolívar. ☎ 2255-9696. Tlj jusque tard. Viandes à partir de 25 Rls, poissons 20-30 Rls.* De loin la meilleure adresse à ce niveau-ci de Copa. Grande salle animée style brasserie, ouverte sur la rue avec une petite terrasse d'angle. Cuisine brésilienne savoureuse à prix sages. Service rapide et aimable. Le steak vedette du chef s'appelle *filé a Oswaldo Aranha,* servi avec moult accompagnements. La viande est si tendre que le serveur la coupe avec une cuillère ! Il y 6 autres *Boteco Belmonte* dans Rio, notamment à Ipanema *(rua Texeira de Melo, 53).*

|●| ***Brasileirinho*** *(plan III, K8,* ***124****) : av. Atlântica, 3564. ☎ 2267-3148. Tlj sf lun 12h-1h.* C'est le restaurant de l'hôtel *Debret,* le grand immeuble à l'arrière. Les grandes baies vitrées de la salle donnent sur l'avenue, la plage est de l'autre côté. Emplacement idéal donc. Déco moderne et colorée dans le style ethno-chic. On y sert une cuisine brésilienne traditionnelle, bien mijotée et soignée. Goûter notamment aux viandes grillées ou à la *moqueca capixaba.*

Plus chic (plus de 100 Rls / env 25 €)

|●| ***Marius Degustare Carnes e Crustáceos*** *(hors plan III par L7,* ***84****) : av. Atlântica, 290 B (Leme). ☎ 2275-0652. Tlj 12h-minuit. Résa fortement conseillée. Formule « viande » à volonté env 150 Rls ; formule « crustacés » env 170 Rls.* Vigiles à l'entrée, montrez patte blanche. Très touristique, mais c'est une adresse incontournable pour les amateurs de fruits de mer, dans un délirant décor d'objets hétéroclites, un antre de pirates version Disney. On y sert aussi des viandes *ao rodizio* de très bonne qualité, provenant de filières bio brésiliennes. Possibilité de mixer *rodizio* de viande et fruits de mer. N'hésitez pas à manger à votre rythme pour profiter de la profusion et du choix des viandes. Toujours la foule... Se faire préciser le prix et le fonctionnement en arrivant, car rien n'est indiqué (vins à prix prohibitifs). Dernière chose : ne ratez pas les toilettes, les plus insolites de Rio !

Ipanema

Ipanema est un quartier tendance, et qu'y a-t-il de plus tendance qu'un « pôle gastronomique » ? Vous en trouverez un dans la rua Jangadeiros *(plan III, K8),* côté est de la praça General Osório (où se tient la *Feira hippie* chaque dimanche). Pour le reste, peu de petites adresses dans le quartier, surtout des restos chic et branchés.

Sur le pouce

☕ ***Cafeína*** *(plan III, J8,* ***85****) : rua Farme de Amoedo, 43. ☎ 2521-2194. Tlj 8h-23h.* Dans un genre de fournil avec murs de brique, céramiques et boiseries à gogo. Jolies salades, sandwichs dont vous pouvez choisir le pain, et bien sûr une foule de gâteaux du jour... Au fond, boulangerie-épicerie fine. Brunchs à déguster en terrasse. Une valeur sûre qui ravira les gourmand(e)s. Autre adresse à Copacabana *(rua R.C. Ramos).*

|●| ☕ ***Restaurante New Natural*** *(plan III, J8,* ***86****) : rua Barão da Torre, 167.*

☎ 2287-0301. Tlj 7h-23h. Formules ao kilo 45 Rls en sem, 50 Rls w-e. Bon restaurant bio en libre-service installé dans une jolie taverne, avec lanternes, tables épaisses en bois, mezzanine aérée. À côté de la salle principale, une petite boutique de produits naturels, ainsi qu'une pâtisserie servant de délicieuses tartes ou des chaussons aux fruits de mer, aux épinards, au poulet...

Prix moyens (40-60 Rls / env 10-15 €)

|●| ***Gula-Gula*** *(plan III, J8, **89**) : rua Barão da Torre, 446. ☎ 3322-2150. Tlj 12h-minuit. Plats env 30-45 Rls.* Élégante maison agrémentée d'une terrasse. Un cadre reposant pour une chaîne à succès qui compte une quinzaine de restos à Rio. Leur credo : la qualité des produits et du service, tout en gardant des prix serrés. Pour manger frais et léger, goûter aux quiches, copieuses salades et tartes salées. Également des plats de pâtes et viandes grillées, de bons desserts et des menus enfants. Bref, il y en a pour tous les goûts.

Chic (60-100 Rls / env 15-25 €)

|●| ***Casa da Feijoada*** *(plan III, K8, **90**) : rua Prudente de Morais, 10 B. ☎ 2247-2776. Tlj midi et soir. Compter env 70 Rls la* feijoada. Pour qui veut goûter au plat typique de Rio, ce mélange savoureux de haricots noirs, riz, chou, manioc et porc (queue, langue, oreilles, pied, petit salé). Pas de panique, vous pouvez choisir vos morceaux de viande (ouf !...). C'est bon, lourd et demande un après-midi entier (pour la commander, la manger, la digérer), mais c'est le programme du samedi par excellence et LE restaurant de référence en matière de *feijoada.* Enfin, le décor colle à l'assiette : ici, on est plus près des ambiances chantées par Dario Moreno que des restos-concept abreuvés de musique techno !

|●| ***Alessandro & Frederico*** *(plan III, J8, **91**) : rua Garcia d'Avila, 134. ☎ 2522-5414. Tlj 12h-1h (2h w-e). Menu du jour abordable, servi 12h-17h.* Adresse branchée et design servant une cuisine d'inspiration italienne. On peut déguster en terrasse de bonnes salades et grillades ou encore bruncher le week-end. Bonne carte des vins.

|●| ***Churrascaria Carretão*** *(plan III, K8, **92**) : rua Visconde de Pirajá, 112. ☎ 2267-3965. Tlj 12h-23h. Rodizios env 50-55 Rls.* Un barbecue chicos mais pas trop m'as-tu-vu, qui propose d'excellents *rodizios* de viandes. En témoigne la file d'attente le week-end, dès la fin de l'après-midi. Allez vous y régaler avant ou après le marché de la *Feira hippie,* le dimanche (lire « Marchés et foires »).

Plus chic (plus de 100 Rls / env 25 €)

|●| ***Bazzar*** *(plan III, J8, **88**) : rua Barão da Torre, 538. ☎ 3202-2884. Lun-jeu 12h-17h, 19h-minuit ; ven-sam 12h-1h ; dim 12h-19h. Repas à partir de 90 Rls (hors boisson et desserts).* LE resto ultra-tendance d'Ipanema ! Hauts plafonds, murs en verre, bois clair et lumière feutrée pour un cadre chic et contemporain. Ici, on fait la part belle à la gastronomie brésilienne, dans un esprit nouvelle cuisine d'une belle inventivité. Le chef, qui a fait ses classes à l'ambassade du Brésil à Paris pendant 10 ans, met à l'honneur les meilleurs produits locaux dans des recettes aux délicieuses saveurs exotiques. On se damne pour le ceviche de *namorado* au piment *biquinho,* le carpaccio de canard au chèvre et herbes fraîches, les risottos exquis... Les desserts sont à l'avenant et la carte des vins sublime, avec quelques bons crus du Rio Grande do Sul. Service élégant en diable et addition... d'enfer ! Acclamé par les critiques, *Bazzar* a l'art de séduire.

|●| ***Porcão*** *(plan III, J8, **94**) : rua Barão da Torre, 218. ☎ 3521-2880. Tlj midi et soir jusqu'à minuit (23h dim). Rodizios 85-90 Rls, boissons en sus.* La plus célèbre *churrascaria* de tout Rio : chère, mais incontournable pour les amateurs. Des serveurs empressés tournoient autour des tables en proposant toutes sortes de viandes,

laissant bien sûr les meilleures pièces pour la fin, puisque, ici, on mange à volonté. Il faut donc refuser saucisses et poulet pour se concentrer sur le filet mignon, la *picanha* et enfin, summum, la *picanha nobre,* noisette fondante, ou la *fraldinha.* Bref, un resto pour carnivores !

Zaza Bistro Tropical *(plan III, J8,* ***95****) : rua Joana Angélica, 40. ☎ 2247-9101. À deux pas du Teatro Ipanema. Ouv le midi tlj sf lun-mar, plus le soir tlj sf jeu.* C'est d'abord la jolie petite maison bleu pétard qui retient l'attention, avec sa déco bigarrée. En soirée, la petite terrasse aux loupiottes colorées attire une foule éclectique et sympathique. À l'étage, changement d'atmosphère, dans un salon japonais où l'on pénètre déchaussé. C'est que la cuisine de *Zaza* mélange les délices du Brésil avec les saveurs de l'Orient. Vous pourrez ainsi découvrir la *saké caïpirinha* ou le délicieux thon aux fruits de la passion... Les plats sont copieux, ne pas hésiter à partager un plat à deux ! Également un menu végétarien.

Bar Lagoa *(plan III, J8,* ***96****) : av. Epitácio Pessoa, 1674. ☎ 2523-1135. Vers le lac Rodrigo de Freitas. Lun-ven 18h-2h, w-e 12h-2h. Compter env 70 Rls (hors boissons).* Des promoteurs ont voulu le détruire... mais les riverains se sont mobilisés pour le sauver ! Pour cause, le *Lagoa* est une institution depuis 1934, connu notamment pour la mauvaise humeur de ses serveurs (qui n'est parfois qu'une légende). Une sorte de vieux bistrot rénové où l'on peut prendre une bonne viande à deux, dans la salle ou en terrasse.

Leblon

Sur le pouce

Talho Capixaba Delicatessen *(plan III, I8,* ***123****) : av. Ataulfo de Paiva, 1022. ☎ 2512-8760. Tlj 7h-22h.* Une vaste et alléchante épicerie fine, toujours bondée, débordant de gourmandises (pains, fromages, gâteaux, charcuterie...), que l'on peut aussi grignoter sur place, accompagnées d'un café ou d'un jus de fruits. Salle à l'arrière, ou rangée de tables sur la rue.

Prix moyens (40-60 Rls / env 10-15 €)

Cantinha do Leblon *(plan III, I8,* ***97****) : rua Dias Ferreira, 482. ☎ 2294-0946. Tlj 12h-23h. Plat env 30 Rls, moins pour les salades ; feijoada sam (env 60 Rls pour 2).* Cela fait plus de 30 ans que les Cariocas fréquentent ce resto typique. Ambiance populaire, plats copieux (souvent pour deux) et savoureux (grillades, poisson, etc.), qui font oublier la simplicité du décor.

Fellini *(plan III, I8,* ***98****) : rua General Urquiza, 104 (angle Arthur Ramos). ☎ 2540-6486. Tlj 11h30-16h (17h30 w-e), 19h30-minuit.* Cafét' toujours animée et très appréciée des gens du quartier. L'une des meilleures dans la catégorie *ao kilo,* en termes de qualité et de diversité des produits. Déco toute simple mais atmosphère conviviale et cuisine de qualité... La recette du succès !

Vegetariano Social Clube *(plan III, I8,* ***99****) : rua Conde de Bernardote, 26. ☎ 2294-5200. À côté de l'Academia da Cachaça. Buffet lun-sam 12h-17h30 ; dîner à la carte 18h-23h45.* Menus et plats servis dans une étroite salle hygiéniste à la déco d'une nullité presque parfaite ! Mais pour varier du régime brésilien – assez viandard, il faut le reconnaître –, le *Veg'Club* propose une cuisine légère et inventive, qui lorgne du côté de l'Asie et des associations sucrées-salées. Sandwichs, pizzas, risottos, salades... Bon et varié, mais pas donné.

Chic (60-100 Rls / env 15-25 €)

Jobi *(plan III, I8,* ***100****) : av. Ataulfo de Paiva, 1166. ☎ 2274-0547. Tlj jusqu'à 5h du mat. Repas 45-55 Rls.* Bistrot à l'ancienne, sympa et populaire, très fréquenté par les habitants de la Zona sul. Quelques tables sur le trottoir, une salle ouverte sur la rue, des nappes à carreaux et des serveurs en gilet noir. Les *bolinhos* et sandwichs sont délicieux. Goûtez la *picanha* (bœuf) au beurre fondu : fondante ! Propose aussi la fameuse *feijoada* du samedi... tous les jours ! Réputé également pour sa bière pression, servie glacée. Souvent plein, on y fait la queue le week-end et pour l'apéro d'après boulot. C'est aussi un des bars du quartier fréquentés jusque très tard dans la nuit, et ce quel que soit le jour de la semaine.

À JARDIM BOTÂNICO *(plan III)*

Prix moyens (40-60 Rls / env 10-15 €)

Stands de Lagoa *(plan III, I8, **103**) : av. Borges de Medeiros, du 1400 au 2000, dans le parque dos Patins (ou parque Brigadeiro Faria Lima).* Sur une esplanade, une quinzaine de kiosques (bahianais, japonais, oriental, italien, et tout et tout...) proposent une cuisine honnête dans un cadre vraiment agréable, dehors, au bord de la lagune. À partir du jeudi, musique dans plusieurs kiosques, dont du *chorinho* qui chante l'âme de Rio, salsa, jazz, *MPB*, il y en a pour tous les goûts. En cas de pluie, les kiosques restent ouverts, mais pas de musique...

Où boire un verre ? Où sortir ?

À chaque quartier son identité, de jour comme de nuit. De la Zona sul, qui aligne les bars chic mais aussi des dizaines de kiosques le long de la plage et quelques *botequins* traditionnels, au quartier populaire de Lapa, où la foule se rassemble le week-end dans une ambiance surchauffée, en passant par les quartiers « bohèmes » de Santa Teresa et Botafogo, vous aurez de quoi satisfaire toutes vos envies. Le soir en particulier, s'il convient de rester vigilant, Rio est une expérience unique !

DANS LE CENTRO ET À LAPA *(plan I)*

Dans le Centro, en journée, arrêtez-vous pour prendre un verre sur la ***praça Floriano*** (ou *Cinelândia*). Mais dès 17h30, filez dans le quartier de la Bourse, c'est là que tout se passe ! Vous verrez la ***rua do Ouvidor*** se remplir à vue d'œil, et c'est parti pour une bonne partie de la nuit ! Située entre la rua 1ero de Março et la rua do Mercado, c'est l'épine dorsale du quartier, une espèce de « rue de la soif » à la carioca, qui attire tous les soirs les fondus de caïpirinha et les inconditionnels de la mousse, et dont l'animation s'immisce jusqu'à la praça 15 de Novembro ! Et si Lapa ne brille pas par son animation diurne, en revanche, dès la nuit tombée, la ***rua Mem de Sá*** ne désemplit pas (voir aussi plus loin « Où écouter de la musique ? Où danser ? »).

Plutôt dans la journée

Confeitaria Colombo *(plan I, C1, **67**) : rua Gonçalves Dias, 32. ☎ 2505-1500. Voir aussi « Où manger ? ». Dans une petite rue piétonne du centre. Ferme à 20h (17h sam).* Un des plus beaux cafés-salons de thé de Rio, dans le style Vienne 1900.

Casa Cavé *(plan I, C2, **130**) : rua 7 de Setembro, 137. ☎ 2224-2520.* Plus petit, plus discret que la *Confeitaria Colombo* mais tout aussi ancien (azulejos sur un mur), ce charmant salon de thé sert aussi du café et, bien sûr, de savoureuses pâtisseries. Leurs caramels « maison » sont un délice !

Bistrô do Paço *(plan I, C1, **61**) : praça 15 de Novembro, 48. ☎ 2262-3613. Tlj 11h30-19h30. Voir aussi « Où manger ? ».* Le patio de ce centre culturel se prête bien à une pause rafraîchissante dans l'après-midi.

Brasserie Rosário *(plan I, C1, **68**) : rua do Rosário, 34. ☎ 2518-3033. Tlj sf dim 11h-21h (18h sam).* Mentionnée plus haut dans la rubrique « Où manger ? », cette brasserie peut constituer une halte agréable pour un jus de fruits ou une bière bien fraîche.

Plutôt en soirée

🍷 ***Antigamente*** *(plan I, C1,* ***131****) : rua do Ouvidor, 43. ☎ 2507-5040. Tlj sf dim 11h30-minuit (1h ou 2h en fin de sem).* Une terrasse prise d'assaut par les chemises blanches dès la sortie du boulot. Faut dire que cette brasserie, spécialisée dans les *pasteis,* ces petits chaussons fourrés à tout ce qu'on veut, sert une des bières les plus glacées de la rue. Autrement, c'est samba un samedi sur deux. Le tout, c'est d'y trouver de la place !

🍷 ***Via 15 Botequim*** *(plan I, C1,* ***132****) : travessa do Comércio, 15. ☎ 2222-4016. Tlj sf dim de 11h30 jusqu'au dernier client.* Oh là là ! Dans une grande maison toute verte, ça boit, ça rit, ça mange... et tout ça sur 2 étages. Cuisine genre snack, pas chère et juste faite pour éponger, et surtout une carte des bières à faire pâlir un régiment de scouts ! Le samedi soir, c'est musique *ao vivo.* On en redemande !

🍷 ***Adega do Timão*** *(plan I, C1,* ***70****) : rua Visconde de Itaborai, 10. ☎ 2516-1065. Tlj sf lun 12h-minuit.* Dans un genre plus rugueux, cette taverne à matelots patinée par le temps et les bourrasques fera le bonheur des poètes urbains. Dallage grossier, souvenirs marins et comptoir fréquenté par les habitués composent une scène de genre digne des photos sépia. « Authentique » n'est pas un vain mot !

🍷 ***Ernesto*** *(plan I, C3,* ***133****) : largo de Lapa, 41. ☎ 2509-6455. • barernesto.com.br • Tlj sf dim 11h-2h.* Immense café avec mezzanine, où les spectateurs du théâtre à côté ont leurs habitudes. On vient y boire une bière bien fraîche ou grignoter un *Paris* (un gros steak en sandwich), l'un des nombreux petits plats simples et servis généreusement ou quelques spécialités allemandes. Les mercredi et vendredi, concerts live et DJ moyennant un *cover charge* (programmation sur leur site internet).

🍷 Voir aussi **Os Ximenes** *(plan I, C3,* ***65****)*, cité plus haut dans « Où manger ? ».

LES PLAGES : COPACABANA, LEME, IPANEMA ET LEBLON (plan III)

En fin de journée, les kiosques répartis le long des plages restent un lieu privilégié pour s'offrir une bière fraîche ou une caïpirinha en profitant de la vue. Dans les rues adjacentes, les terrasses des brasseries et *botequins* sont aussi prises d'assaut à l'heure de l'apéro, en particulier pendant les mois d'été, de décembre à février, où l'animation bat son plein.

Plutôt dans la journée

🍷 ***Sindicato do Chopp*** *(plan III, L7,* ***83****) : av. Atlântica, 514 A (Leme). ☎ 2541-3133. Voir plus haut « Où manger ? ».* Une institution carioca pour tous les amateurs de mousse. Et quoi de plus approprié que ce « syndicat de la bière » pour s'offrir une blonde bien fraîche dans la journée ? Autre adresse à Ipanema *(rua Farme de Amoedo, 83, à l'angle de Barão da Torre ; plan III, J8).*

🍷 ***Bracarense*** *(plan III, I8,* ***134****) : rua José Linhares, 85 B, presque à l'angle d'Ataulfo de Paiva (Leblon). ☎ 2294-3549. Tlj 7h-minuit (22h dim).* Autre bar historique de Rio, quoique d'apparence assez banale. Les tables et chaises de bois qui ont poussé sur le trottoir, sous l'auvent moderne, ont remplacé les chaises de plage que l'on avait coutume de traîner jusque-là. Mais les sujets de conversation n'ont, en revanche, pas changé : les femmes et le foot ! Quelques en-cas à grignoter.

Plutôt en soirée

🍷 ***Garota de Ipanema*** *(plan III, J8,* ***136****) : rua Vinícius de Moraes, 49 (angle Prudente de Morais). ☎ 2522-0340. Tlj jusqu'à 2h.* Bar archi-touristique, devenu un lieu de pèlerinage pour tous les fans de Vinícius de Moraes et Tom Jobim. C'est ici qu'ils écrivirent la célèbre chanson du même nom, monument incontournable de la bossa-nova (voir les photos affichées sur les murs !).

La cuisine est goûteuse (excellente *picanha* servie sur plaque chauffante) mais pas donnée.

Empório *(plan III, J8,* ***138****) : rua Maria Quitéria, 37 (Ipanema). ☎ 3813-2526. Tlj de 19h à 3-4h.* Vieille taverne très fréquentée le soir en fin de semaine. Jeunesses carioca et internationale fusionnent sur fond de rock indépendant et de caïpirinha. Toujours la foule agglutinée dehors, un verre à la main. Juste en face, le chic et décontract' **Barthodomeu,** avec musique live le vendredi soir.

Devassa *(plan III, J8,* ***137****) : rua Visconde de Pirajá, 539. ☎ 2540-8380. Tlj jusqu'à minuit env.* Un *afterwork* aux boiseries lustrées, où siroter la gamme des bières *Devassa,* pas vraiment données. Pour accompagner, *bolinhos,* carpaccios et autres petits plats. Très couru les soirs de semaine à la sortie du bureau, la queue s'allonge alors sur le trottoir. Nombreuses annexes ailleurs dans la ville.

Pour un apéro populo accompagné de quelques *bolinhos,* détour possible par **Jobi** et son excellente bière pression à Leblon *(av. A. de Paiva, 1166 ; plan III, I8,* ***100****).* Voir plus haut « Où manger ? ».

À SANTA TERESA (zoom)

Ce quartier populaire à flanc de colline abrite une forte communauté d'artistes, et la bohème de Rio aime à s'y retrouver. Le soir, public jeune dans les bars, et dehors, la canette de bière à la main ! La plupart de ces adresses sont également ouvertes le midi.

Plutôt dans la journée

Bar do Gomez *(zoom,* ***139****) : rua Áurea, 26. ☎ 2232-0822. Lun-sam 11h-1h, dim 12h-22h.* Un des derniers véritables *botequins,* qui date de 1919. Il est moins connu sous le nom d'*Armazen São Thiago.* Beau décor de bois tropical, avec une superbe armoire à bouteilles au fond de la salle. Comptoir de marbre pour déguster la bonne bière maison. Clientèle de quartier et touristes harmonieusement mélangés. Possibilité de grignoter les bons petits *petiscos* (snacks) confectionnés par la patronne (*pasteis* et autres), de copieux sandwichs et un choix de *lombinhos suínos* et *lingüiças* (saucisses). On peut faire son choix parmi les 60 meilleures cachaças du Brésil. Une authentique tranche de vie térésienne !

Largo das Letras *(zoom,* ***140****) : rua Almirante Alexandrino, 501. ☎ 2221-8992. Tlj sf lun 14h-22h (20h dim).* En surplomb de la route, un petit café littéraire à l'ombre des grands arbres. C'est frais, agréable pour une halte à la mi-journée. Sur les étagères, belle sélection d'auteurs dont on sent la fibre révolutionnaire, voire libertaire...

Bar do Arnaudo *(zoom,* ***105****) : rua Almirante Alexandrino, 316 (loja B). ☎ 2252-7246. Tlj 12h-22h (18h lun, 20h w-e et j. fériés). Voir plus haut « Où manger ? ».*

Plutôt en soirée

Bar do Mineiro *(zoom,* ***141****) : rua Paschoal Carlos Magno, 99. ☎ 2221-9227. Tlj jusqu'à 2h (minuit dim).* Bar de quartier où l'on sert des *petiscos* de qualité et toute la cuisine du Minas Gerais. En prime, délicieuse *feijoada* servie tous les jours *(env 45 Rls pour 2).* Les murs carrelés de blanc portent les photos des grands noms de la *MPB.* Clientèle d'artistes et d'étudiants, notamment. Beaucoup de monde en fin de semaine (groupes live). Une valeur sûre depuis longtemps à Santa Teresa.

Simplesmente *(zoom,* ***142****) : rua Paschoal Carlos Magno, 115. ☎ 2208-6007. Tlj 18h-3h30 (2h dim).* Déco basique pour ce lieu très prisé de la gent estudiantine. Musique alternative, tendance rock, mais aussi brésilienne. On y sirote de délicieuses caïpirinhas à toutes sortes de fruits, en grignotant un émincé de viande séchée. Quand l'ambiance s'échauffe, on pousse les tables et tout le monde danse. Le dimanche soir, la samba attire les foules, tout *simplesmente.*

Mike's Haus (plan II, F4, **143**) : rua Almirante Alexandrino, 1458. ☎ 2509-5248. Mar-dim 12h-minuit. Un peu à l'écart des autres, ce petit coin de Bavière propose une excellente cuisine teutonne et de savoureuses bières d'importation. Des groupes s'y produisent en fin de semaine.

À URCA, BOTAFOGO ET FLAMENGO (plan II)

Plutôt en soirée

Bar Urca (plan II, H5, **135**) : rua Cândido Gaffrée, 205. ☎ 2295-8744. Tlj jusqu'à 23h env. Un muretin de pierre qui surplombe la baie de Guanabara. Tout le long de celui-ci des groupes de jeunes se rassemblent pour boire une bière (ou autre chose) en fin d'après-midi. La buvette n'a ni chaises ni tables. Le muretin fait office de bar ! Quant au « resto » bien connu, il est au 1er étage d'un petit bâtiment juste en face. C'est ici qu'il faut venir au coucher de soleil. Le lieu, le décor, la vue, l'ambiance informelle : c'est LE rendez-vous d'Urca !

O Plebeu (plan II, F6, **144**) : rua Capitão Salomão, 50, face au resto Aurora. ☎ 2286-0699. Ts les soirs jusqu'à 2h (19h dim). Belle façade colorée avec le Corcovado en arrière-plan. Plutôt tranquille en journée, ça se remplit le soir avec une clientèle jeune et animée. Ici, on écluse les bières et peu importe le décor. Salle au 1er étage plus intime. Ambiance au rez-de-chaussée. Cuisine sans prétention mais convenable.

Voir aussi le ***Boteco Belmonte*** *(plan II, G5, **101**)*, face à la plage de Flamengo, décrit plus haut dans « Où manger ? ».

À JARDIM BOTÂNICO (plan III)

Plutôt en soirée

Da Graça (plan III, I7, **146**) : rua Pacheco Leão, 780 (à l'arrière du Jardin botanique). ☎ 2249-5484. Tlj sf lun 12h-2h. Vieille et charmante maison coloniale, un des populaires rendez-vous branchés du quartier. Petite salle ouverte, tout se passe dans la rue. Bonne cuisine servie généreusement. Beaucoup de monde la nuit.

Où écouter de la musique ? Où danser ?

DANS LE CENTRO (plan I)

Rio Scenarium (plan I, B2, **150**) : rua do Lavradio, 20. ☎ 3147-9000. • rioscenarium.com.br • Mar-sam 18h30 (19h ven-sam)-1h30. Entrée : 35 Rls. Un immeuble ancien occupé sur 3 étages par un magasin d'antiquités, avec à chaque niveau des collections d'objets hétéroclites. Des balustrades en bois bordent un patio intérieur (piste de danse). Musique live avec de bons groupes. Plus on monte, plus on s'entend facilement parler. Une excellente adresse.

Rival (plan I, C2, **151**) : rua Álvaro Alvim, 33-37. ☎ 2240-4469. • rivalpetrobras.com.br • Billetterie ouv lun-ven 15h-21h, sam à partir de 16h. Dans une petite rue calme en plein centre, au sous-sol d'un immeuble moderne. Concerts d'artistes brésiliens, du *forró* au *pagode*, en passant par le rock et la pop sucrée... Fonctionne comme un cabaret, avec bar-resto. Également du théâtre. Le samedi après-midi, une fois par mois, *feijoada da tia Surica*, avec *roda de samba* des écoles prestigieuses de Rio. Ambiance garantie.

À LAPA (plan I)

Lapa est fidèle à sa réputation. De la rua Joaquim Silva, plutôt rock et destroy, où l'alcool se vend à la sauvette, aux établissements branchés gardés par des vigiles, chacun trouvera samba à son pied.

♩ ♫ **Comuna do Semente** (plan I, C3, **152**) : *rua Joaquim Silva, 138, à l'angle avec la rua Evaristo da Vega. ☎ 2509-3591. Ts les soirs sf ven-sam. Entrée : 12-15 Rls.* Petit immeuble à l'enseigne de la « Commune de Semente », à deux pas de l'aqueduc. Une bonne adresse qui a lancé bien des talents de la samba et du *choro*.

♩ ♫ **Barzinho** (plan I, B3, **120**) : *rua do Lavradio, 170. ☎ 2221-4709. Mar-sam 18h-2h (4h ven-sam).* Déco ultra-colorée mêlant néons, lustres et objets kitsch. Grande mezzanine pour observer la foule sur la piste. Le DJ officie au-dessus du bar, qui distille de bons cocktails. Carte de *petiscos* pour maintenir le cap. Programmation éclectique (performances, one-man-shows...) toujours suivie d'un set endiablé. Le 1er samedi du mois (jour de la *feira do Rio Antigo*), soirée *feijoada* et samba live.

♩ ♫ **Carioca da Gema** (plan I, B3, **153**) : *av. Mem de Sá, 79. ☎ 2221-0043. • barcariocadagema.com.br • Lun-ven dès 19h, sam dès 21h. Entrée (sans conso) : env 30 Rls.* Une référence pour les amateurs de musique *ao vivo*. Dans un joli décor fait de brique et... de bois (pas de broc ici). Concerts d'excellente qualité et ambiance folle certains soirs. Si vous y allez dans l'optique d'écouter de la musique, évitez le week-end... on danse pratiquement sur la scène ! Possibilité de se restaurer, cuisine copieuse.

♩ ♫ **Sacrilegio** (plan I, B3, **153**) : *av. Mem de Sá, 81. ☎ 3970-1461. • sacrilegio.com.br • Mar-ven à partir de 19h, sam dès 20h. Programmation et tarifs sur leur site (compter 25-35 Rls l'entrée).* Un *café cultural* aux couleurs du Brésil qui ne désemplit pas. Ici, on danse sur le granit... le plancher chauffait trop ! Pas moins de 3 shows le samedi, le dernier programmé à 3h.

🍷 ♩ **Boteko do Juca** (plan I, B3, **154**) : *av. Mem de Sá, 95. ☎ 2242-5372. Tlj à partir de 11h.* Un des derniers temps forts de l'avenue. Chaude ambiance débordant allègrement sur le trottoir pour cette brasserie typiquement brésilienne. Vaste salle rustique agrémentée d'une mezzanine. Spécialités de *churrasco (picanha, carne do sol, feijoada),* poissons et fruits de mer, mais aussi un large choix de *petiscos,* salades, pâtes, sandwichs, etc. Ambiance très conviviale. Le week-end, quand la musique et la pression montent, ça se frotte sévère entre les tables !

♩ ♫ **Estrela da Lapa** (plan I, B3, **156**) : *av. Mem de Sá, 69. ☎ 2507-6686. Mer-sam de 21h jusque fort tard.* Dans un immeuble fin XIXe s, une grande salle assez froide de prime abord, avec son carrelage noir et blanc, mais qui se réchauffe vite. Tables en coursive avec vue plongeante sur la scène. Des pointures locales s'y produisent sous les néons bleus.

♩ **Circo Voador** (plan I, B3, **164**) : *rua dos Arcos (Lapa). ☎ 2533-0354. • circovoador.com.br • Au pied des arches, à droite de l'av. Mem de Sá quand on tourne le dos à la mer.* Un genre de centre culturel proposant de nombreuses animations thématiques, poésie, musique, théâtre, cinéma et diverses performances. Superbe programmation ! Des pointures de la scène musicale brésilienne et quelques stars internationales.

À SANTA TERESA (zoom)

Tout se passe essentiellement dans la rue Paschoal Carlos Magno, entre le *Bar do Mineiro* et le *largo dos Guimarães.* Les bars que nous citons plus haut dans la rubrique « Où boire un verre ? » sont tous propices à quelques soirées endiablées. Mais à moins de loger dans le quartier, taxi obligatoire pour le retour en fin de soirée (nuit ?).

À BOTAFOGO (plan II)

Le coin de Rio qui monte... On trouve ici quelques adresses alternatives qui attirent la jeunesse « bobo » carioca. Il faut dire que ce quartier abrite de vieilles demeures de style Belle Époque, patinées par le temps. Une aubaine pour les patrons de restos ou bars branchés, qui investissent peu à peu les lieux.

Bar Bukowski *(plan II, G6, **121**) : rua Álvaro Ramos, 270. ☎ 2244-7300. Ⓜ Botafogo. Ven-sam et veilles de j. fériés à partir de 21h. Entrée : 44 Rls.* Dans une petite rue résidentielle, un superbe *mansion* qui abrite désormais le temple du rock'n'roll ! S'attendre à faire la queue ou venir tôt. Une fois à l'intérieur, on sirote une bière bien fraîche en profitant aussi de l'immense cour extérieure. Dans la salle, le DJ résident assure une programmation variée mais toujours rock, qui ne manquera pas de vous faire bouger la tête ou entamer un pogo endiablé sur la piste.

Casa da Matriz *(plan II, F6, **122**) : rua Henrique de Novaes, 107. ☎ 2226-9691. Ⓜ Botafogo. Mar 21h-minuit, mer 20h-5h, jeu-sam 23h-6h. Entrée : env 15-30 Rls.* Là encore, un bar-club établi dans une vieille maison coloniale. Le patron a conservé les meubles et objets de ses grands-parents, créant une ambiance de « fête entre amis » très conviviale. Programmation éclectique tendance rock, avec beaucoup de monde pour les soirées « Rock Away » ou les live sessions. Un incontournable de la nuit alternative carioca.

À GAMBOA (plan d'ensemble)

Trapiche Gamboa *(plan d'ensemble) : rua Sacadura Cabral, 155 ; praça Mauá (Centro). ☎ 2516-0868. • trapichegamboa.com • Ⓜ Uruguiana. Préférer le taxi. Mar-ven 18h30-2h, sam 20h30-4h.* Un des lieux les plus authentiques à Rio pour assister à des *rodas de samba.* On est loin des shows touristiques ou des clubs branchés cariocas. Très beau cadre rustique et chaleureux, avec ses hauts plafonds, lustres et carrelage ancien. Surtout, on y retrouve les meilleurs musiciens cariocas, une bière bien fraîche et des caïpis dignes de ce nom, à accompagner d'une excellente carte de *tira gosto* (snacks et tapas). Ambiance incroyable le soir en fin de semaine, ça danse partout entre les tables et la foule déborde sur la rue. D'ailleurs, la *Pedra do Sal* est toute proche...

Pedra do Sal *(plan d'ensemble) : largo João da Baiana, rua Argemiro Bulcão. Taxi conseillé. Slt lun et ven soir.* C'est en fait une simple rue en pente traversée par un escalier, qui évoque une grande pierre de sel. On est au cœur d'un quartier historique de la ville, connu comme la « Petite Afrique », ancien marché des esclaves et, dit-on, point d'origine de la samba. Aujourd'hui, la tradition renaît 2 soirs par semaine, avec le rassemblement de musiciens experts en la matière, pour des *sambas de roda* endiablées. Quelques bars autour du largo et une foule de vendeurs de rue pour s'offrir une caïpi ou une bière bon marché. Un rendez-vous incontournable pour tous les amoureux de musique brésilienne !

LES PLAGES : COPACABANA, ARPOADOR ET IPANEMA (plan III)

Le soir, les quartiers chic de la zone sud se révèlent bien sages, à moins de fréquenter les bars ou clubs branchés, chers et sélects. Restent quelques institutions hautement fréquentables !

Bip-Bip *(plan III, K8, **158**) : rua Almirante Gonçalves, 50 (Copacabana). ☎ 2267-9696. Tlj 19h-1h.* Petit bar ordinaire avec comptoir en inox... mais samba le dimanche et *chorinho* le mardi. Une véritable institution à Rio, un rendez-vous quasi obligé pour les artistes de passage qui y improvisent des bœufs. En général, on reste debout sur le trottoir car l'intérieur, minuscule, est pris d'assaut par les musiciens et les habitués. On danse, on chante, excellente ambiance populaire ! Hip bip-bip... hourra !

Fosfobox *(plan III, K7,* ***126****) : rua Siqueira Campos, 143 (Copacabana). ☎ 2548-7498. • fosfobox.com.br • Ⓜ Siqueira Campos. Mer-sam (parfois aussi dim-mar) à partir de 23h. Entrée : 20-50 Rls.* Un club alternatif en plein quartier chicos, c'est possible et ça dure depuis 10 ans ! Ici, rien de branché ni de tape-à-l'œil, le cadre industriel brut de décoffrage se prête à tous les styles de musique : techno, house, hip hop, pop-rock, funk, dubstep... Certains soirs, le club accueille des pointures de la scène électro, sinon programmation éclectique qui ne manque pas de faire danser la foule. Littéralement bondé en fin de semaine. Reste le bar à l'étage pour s'isoler un peu... Mais c'est en bas que ça se passe !

Vinícius *(plan III, J8,* ***159****) : rua Vinícius de Moraes, 39 (Ipanema). ☎ 2287-1497. Tlj à partir de 21h.* Situé à côté du bar *Garota de Ipanema,* ce petit club très cosy niché à l'étage propose une excellente sélection de musique live, *MPB* et bossa-nova.

Non loin de là, dans la même rue, ne pas rater non plus les excellents concerts organisés par la fameuse boutique ***Toca do Vinícius*** d'Ipanema *(plan III, J8 ; voir plus loin « Achats »).* Chaque dimanche soir en saison (un dimanche par mois le reste de l'année), des artistes de renom honorent les grands maîtres en faisant partager leur passion gratuitement.

Où danser la *gafieira...* et autres danses brésiliennes ?

DANS LE CENTRO ET À LAPA (plan I)

Une *gafieira* est une sorte de boîte de nuit brésilienne, conviviale, sans spots ni coins sombres. Très populaire et à la mode dans les classes moyennes. On y danse la *gafieira,* qui se rapproche de la samba et se danse à deux. Quand on connaît la difficulté de bien danser la samba (le buste, le bassin et les jambes doivent être désolidarisés tout en conservant une harmonie d'ensemble), on imagine la dextérité et le sens du rythme qu'il faut pour la danser à deux. Les *gafieiras* sont donc fréquentées par de vrais amoureux de la danse de tous âges, mais sont ouvertes à tous. On y fait de nombreuses rencontres, et nul doute qu'on vous prendra par la main pour vous initier.

– *Un conseil :* allez-y les vendredi et samedi soir, les plus animés.

Estudantina Musical *(plan I, B2,* ***160****) : praça Tiradentes, 79 (Centro). ☎ 2232-1149. Salle au 1er étage. Prix modique.* Il s'agit d'une école de danse, dans une vaste pièce toute simple. Le programme varie selon les jours de la semaine (téléphonez avant) : *forró,* samba, salsa, *dança de salão.* Généralement, il faut y être entre 18h30 et 20h30 pour les cours, mais la danse ouverte au public continue tard dans la soirée. Beaucoup d'habitués et atmosphère conviviale.

Casa da Mãe Joana *(plan I, B2,* ***161****) : av. Gomes Freire, 547 (Lapa). ☎ 2224-4071. 📱 99798-2434. Lun-ven à partir de 18h, sam 21h. Prix moyens.* Vaste bâtisse où des monstres sacrés de la samba – moyenne d'âge 60 ans – se produisent et sont l'attraction de soirées typiquement cariocas. Sur la piste, les danseurs s'agitent frénétiquement avec le sourire halluciné qu'une heure de samba allume sur tous les visages. Les autres conversent autour d'une bière en grignotant du manioc frit ou de la viande séchée au soleil. Très bonne adresse.

Achats

Attention : à part les grands centres commerciaux *(shopping centers)* ouverts tous les jours, la plupart des boutiques ferment à 14h le samedi.

Livres, CD

À Copacabana et Ipanema

Toca do Vinícius *(plan III, J8)* **:** *rua Vinícius de Moraes, 129 C (Ipanema). ☎ 2247-5227. • tocadovinicius.com.br • Tlj 9h-22h (10h-18h dim).* Plus qu'une boutique, un centre culturel hors normes. Ouvert dans les années 1980 à l'initiative d'un admirateur du talentueux Vinícius de Moraes, cet antre musical recèle des trésors de musique brésilienne : bossa-nova, *choro,* samba et *MPB.* Mais c'est le petit musée niché à l'étage et les nombreux concerts gratuits organisés devant la boutique qui lui donnent toute son âme. Adresse incontournable ! Autre boutique : ***Beco das Garrafas,*** *rua Duvivier, 37 A, à Copacabana.*

Livraria da Travessa *(plan III, J8)* **:** *rua Visconde de Pirajá, 572 A, à Ipanema (voir « Librairies, journaux français » dans « Adresses utiles »). Tlj 9h (11h dim)-minuit.* Vous dénicherez sans peine CD et superbes bouquins sur le Brésil.

Maillots de bain, paréos, vêtements, accessoires de mode...

Dans le Centro

MGA Souveniers *(plan I, B1)* **:** *rua da Conceição, 57. Tlj sf dim 9h-19h.* LE bon plan pour se fournir en tongs *Havaianas* ! Un choix inouï pour toute la famille (même les bébés), à prix imbattable. On y trouve des modèles vraiment originaux. Une autre boutique, ***RV 2007,*** lui fait concurrence dans la même rue (au n° 31). Tout aussi fournie, mais avec des modèles plus basiques (quoique un poil moins cher). Et dans le même quartier, nombreuses boutiques de vêtements bon marché. Très populaire.

À Ipanema et Copa, bien sûr !

Gilson Martins *(plan III, J8 et K7)* **:** *rua Visconde de Pirajá, 462 (Ipanema) et rua Figueiredo Magalhaes, 304 A (Copacabana). ☎ 2227-6178 ou 3816-0552.* Des sacs, porte-monnaie et accessoires plus originaux les uns que les autres (en forme de Pain de Sucre ou arborant fièrement les couleurs brésiliennes, etc.), créés par le talentueux designer carioca Gilson Martins. Ça vaut la peine d'y jeter un œil, et si vous achetez, on vous offre une caïpirinha !

Osklen *(plan III, J8)* **:** *rua Maria Quitéria, 77, en face de la praça N. S. da Paz (Ipanema). ☎ 2227-2911.* Marque brésilienne de sportwear assez branchée.

Santa Clara *(plan III, K7)* **:** *rua Santa Clara, 33 (Copacabana). Tlj sf sam ap-m et dim.* Le temple des bonnes affaires : 12 étages de petites boutiques proposant maillots de bain, sous-vêtements, tee-shirts, paréos, la plupart à prix d'usine.

Galeria River *(plan III, K8-9)* **:** *rua Francisco Otaviano, 67, Arpoador (Ipanema). • galeriariver.com.br • Tt près de l'Atlantis Copacabana Hotel.* Petit ensemble de *surfshops* et de magasins de fringues de plage.

Artisanat

Un réseau de commerce équitable est en place depuis quelques années dans l'État de Rio sous l'appellation ***Rede Asta.*** Il soutient une trentaine de communautés et rassemble aujourd'hui plus de 600 artisans qui travaillent exclusivement des matériaux et fibres naturels ou recyclés (plastique, papier, métal, tissus, etc.). Infos et vente en ligne sur le site *• redeasta.com.br •*

À Santa Teresa

La Vereda *(zoom)* **:** *rua Almirante Alexandrino, 428. ☎ 2507-0317. Tlj.* Une jolie petite boutique nichée au cœur de ce quartier bohème, proposant de l'artisanat brésilien : peintures, poteries, tissus et plein d'objets de déco aux couleurs chaudes du pays.

Grand et beau choix à tous les prix ; de quoi faire le plein de petits cadeaux.

Getúlio Damado *(zoom)* **:** *installé dans une réplique du Bonde, à l'intersection avec rua Francisco de Castro.* L'artiste fabrique depuis plus de 20 ans toutes sortes d'objets et d'œuvres d'art avec des matériaux de récup'.

Trilhos Urbanos *(zoom)* **:** *rua Almirante Alexandrino, 402 A. ☎ 2242-3632. À côté de La Vereda.* Artisanat brésilien, quelques objets plus « touristiques » également.

À Laranjeiras

Pé de Boi *(plan II, G5)* **:** *rua Ipiranga, 55 (Laranjeiras). ☎ 2285-4395. Lun-sam 9h-19h (13h sam).* Dans une jolie petite rue aux maisons colorées, *Pé de Boi* vous propose de l'art brésilien de qualité, provenant de tout le pays... mais c'est pas donné !

Bijoux, pierres précieuses

Joailliers H. Stern et Amsterdam Sauer *(plan III, J8)* **:** *rua Garcia d'Avila, 113 et 105 (Ipanema). ☎ 3204-1334 ou 3539-0165. • hstern.net • amsterdamsauer.com • Visite gratuite des ateliers lun-sam 9h-19h (16h sam).* Taille des pierres et confection des bijoux n'auront plus de secret pour vous. Entre ascenseurs silencieux, hôtesses polyglottes et vigiles souriants, le parcours a des petits airs de vieux James Bond. L'idée est bien sûr très commerciale, mais d'un coup ces bijoux précieux deviennent tout proches... Les filles peuvent essayer bagues de luxe et colliers de princesses sans aucune gêne. Les vendeurs ont tout leur temps et insistent pour assouvir votre curiosité, sans vous obliger à acheter. Hans Stern est le 1er groupe joaillier d'Amérique et domine 70 % du marché des aigues-marines, émeraudes, améthystes, tourmalines et topazes. Invitations distribuées dans les chambres de certains hôtels : taxis aller-retour payés par la société et visite gratuite du siège de l'entreprise à Ipanema.

Divers

Shopping Rio Sul *(plan II, G6)* **:** *rua Laura Müller, 116 (Botafogo). • riosul.com.br • Lun-sam 10h-22h, dim et j. fériés 12h-21h.* Un des plus grands centres commerciaux de la Zona sul. Des boutiques à foison (fringues, maillots, etc.) et une profusion de restos-snacks Pour les allergiques aux petites boutiques !

Botafogo Praia Shopping *(plan II, G6)* **:** *praia de Botafogo, 400 (Botafogo). • riosul.com.br • Lun-sam 10h-22h, dim et j. fériés 14h-21h.* Un autre centre commercial avec un large choix de boutiques de vêtements, un cinéma, nombreux snacks, etc. Le vrai plus, c'est la petite terrasse panoramique (accès gratuit ; prendre l'ascenseur jusqu'au dernier étage) qui offre une vue imprenable sur le Pain de Sucre !

Armazém do Café *(plan III, J8 et I8)* **:** *à Ipanema, rua Visconde de Pirajá, 595 et rua Maria Quitéria, 77 (loja G) ; à Leblon, rua Rita Ludolf, 87 (loja B) et rua Ataulfo de Paiva, 375 (loja C). • armazemdocafe.com.br • Une autre boutique dans le Centro et à Barra da Tijuca.* A obtenu le prix décerné par la presse brésilienne du « meilleur café de Rio ». On peut déguster sur place, dans un cadre fort agréable, et en rapporter quelques paquets dans sa valise. Pas donné cependant.

À voir

LE CENTRO ET LAPA (plan I)

Centro

Un quartier à découvrir à pied. Comme disait l'écrivain Stefan Zweig : « Mon vieux penchant de flâneur est devenu un vice à Rio. » La marche est la meilleure option

pour découvrir les petites rues commerçantes animées, les vieilles demeures des XVIIIe et XIXe s et les églises coloniales.
Évitez cependant de traîner dans le quartier une fois la nuit tombée.

Mosteiro de São Bento (hors plan I par C1) : *rua Dom Gerardo, 68. ☎ 2206-8100. • osb.org.br • Ⓜ Uruguaiana. Près de la praça Mauá, à la pointe nord du Centro. Accès à pied ou en ascenseur (dans le hall au n° 40 de la rue Dom Gerardo – 5e étage). Église ouv tlj 7h-18h.* ***Attention :*** *fermé en 2016 pour travaux de rénovation ; se renseigner sur la réouverture.* On parvient sur un parvis où se dresse la petite église, une des plus belles de la ville, de ce couvent fondé en 1641 par les moines bénédictins. La simplicité de la façade tranche avec l'exubérance et la richesse des boiseries à l'intérieur. La nef, tout en rouge et or, est remarquable.

➢ Tout près de São Bento, de l'autre côté de la place Mauá, dans le quartier de Saúde, le ***morro da Conceição*** rappelle l'histoire des premiers colons qui surveillaient la baie depuis la butte. Quelques édifices historiques ont subsisté, dont le ***palácio da Conceição*** (petit musée à visiter, mais c'est plutôt pour la balade dans le quartier). C'est dans la favela da Conceição, à l'arrière de ce quartier et en haut de la colline, que fut tourné le film *Orfeu Negro* de Marcel Camus.

Igreja Nossa Senhora da Candelária *(plan I, C1)* : *praça Pio X. ☎ 2233-2324. Ⓜ Uruguaiana. Lun-ven 7h30-16h, sam 8h-12h, dim 9h-13h.* Une des églises les plus luxueuses de Rio. L'édifice actuel date de 1775 et a été achevé bien plus tard. Il présente des éléments baroques et Renaissance. Intérieur couvert de marbre polychrome, contrairement à la tradition portugaise où les ornements principaux sont souvent en bois. Belle sacristie, sculptures en jacaranda (bois recherché).

Centro cultural Banco do Brasil *(CCBB ; plan I, C1)* : *rua 1ero de Março, 66. ☎ 3808-2020. Ⓜ Uruguaiana. Tlj sf mar 9h-21h. GRATUIT.* En continuant l'avenida Presidente Vargas vers le littoral, on parvient à cet imposant édifice, siège de la *Banco do Brasil* jusqu'en 1986. Le hall, formé de gigantesques colonnes de marbre et d'une coupole de verre, est superbe. Bonne librairie, concerts gratuits, cinéma, théâtre, expos temporaires de qualité, salon de thé-resto. Cela vaut la peine d'y passer.

Presque en face, la **Casa França-Brasil** *(plan I, C1)* : *rua Visconde de Itaboral, 78. ☎ 2332-5120. • casafrancabrasil.rj.gov.br • Tlj sf lun 10h-20h. GRATUIT.* Elle date de 1820 et hébergea la première mission artistique française au Brésil. De style néoclassique, cette belle bâtisse, qui servit par la suite de douane, abrite régulièrement des expositions temporaires souvent très intéressantes (photos, artisanat local...).

➢ Entre la *Banco do Brasil* et la praça 15 de Novembro, on entre là dans un carré de rues pavées, les plus anciennes de la ville, avec leurs lampadaires qui font le grand écart entre les maisonnettes rescapées du XIXe s. Très animé en fin de semaine. Au bout de la travessa do Comércio, on aperçoit l'*arco do Telles,* ancien passage qui mène à la ***praça 15 de Novembro,*** appelée plus communément *praça 15 (praça kinns')*. Le week-end, sympathique brocante *(9h-19h)*.

Centro cultural Paço imperial *(palais impérial ; plan I, C-D1)* : *praça 15 de Novembro, 48. ☎ 2515-2622. • pacoimperial.com.br • Ⓜ Carioca. Tlj sf lun 12h-19h. GRATUIT.* C'est l'ancien palais du vice-roi du Brésil. En réalité, cet édifice colonial fut édifié en 1743 pour être la résidence du gouverneur. Lorsque le roi du Portugal, João VI (et sa cour) se réfugia au Brésil le 8 mars 1808, après l'invasion du Portugal par les troupes de Napoléon, il en fit sa demeure. C'est aussi ici que la princesse Isabel signa en 1888 l'abolition de l'esclavage au Brésil. Après l'instauration de la république en 1889, le palais servit aux postes. Aujourd'hui, il abrite un cinéma alternatif, une bibliothèque, un café très agréable et des expositions au 2e étage.

Palácio Tiradentes *(plan I, C-D1)* **:** *rua 1ero de Março.* ☎ *2588-1251.* Ⓜ *Carioca. Lun-sam 10h-17h, dim 12h-17h. GRATUIT.* Derrière le *Paço,* voici la chambre des députés de l'État de Rio, construite en 1992. On peut visiter les lieux aux heures d'ouverture, excepté pendant les sessions parlementaires (les mardi, mercredi et jeudi à partir de 14h). Juste en face, une statue du martyr Tiradentes (une ville porte son nom dans le Minas Gerais). Celui-ci prit la tête du mouvement révolutionnaire *Inconfidência* en rébellion contre le pouvoir colonial.

Museu histórico nacional *(plan I, D1-2)* **:** *praça Marechal Ancora.* ☎ *3299-0324.* • *museuhistoriconacional.com.br* • *Mar-ven 10h-17h30, w-e 14h-18h. Entrée : 8 Rls ; gratuit dim.* Dans le quartier du Castelo. Situé dans un splendide édifice, construit sur l'emplacement d'un vieux fort (1603) dont les souterrains étaient utilisés comme prison militaire. Différentes constructions ajoutées aux XVIIe et XVIIIe s, lorsqu'il servit tour à tour d'arsenal militaire puis de fabrique d'armes. Panorama de l'histoire et des traditions du Brésil, notamment armes, peintures, vaisselle de toutes les époques, mobilier et un superbe carrosse de Dom Pedro II.

LE SUD-EST

Retour praça 15 de Novembro : au 12, rua 7 de Setembro, on trouve l'ancienne cathédrale ***N. S. do Carmo da Antiga Sé*** *(plan I, C1 ; lun-ven 7h-16h, w-e 9h-12h).* C'est là, le 12 octobre 1822, que Dom Pedro I fut couronné empereur du Brésil. Construite en 1761, elle servit de chapelle royale pendant tout le XIXe s, puis de cathédrale jusqu'à une date très récente. Bel exemple de baroque portugais transplanté au Brésil.

➢ ***Ruas do Ouvidor, Rosário et alentour*** *(plan I, C1)* **:** voici le cœur de Rio. C'est dans ce lacis de rues piétonnes (désert le dimanche), aux petits commerces colorés, que vous prendrez le pouls de la vie carioca. Les rues do Ouvidor et Rosário sont piétonnes et symbolisent le Rio élégant du XIXe s. Au bout de la rua do Ouvidor (au no 35), la très belle ***igreja N. S. da Lapa dos Mercadores*** *(en général, ouv 8h-14h),* dotée de 12 cloches. Alentour, quelques vieux salons de thé ou boutiques rappellent l'ancienne identité bourgeoise de ce quartier, comme en témoigne l'étonnante décoration de la ***Confeitaria Colombo,*** rua Gonçalves Dias, 32, fondée en 1894 (voir aussi « Où manger ? » et « Où boire un verre ? Où sortir ? »). Vous êtes aussi au cœur du ***quartier des libraires et bouquinistes,*** l'occasion de flâner dans de superbes librairies anciennes, certaines avec une sélection de livres en français. Pour les amateurs, la ville édite un petit plan-itinéraire très bien fait, *Roteiro das livrarias do Centro histórico,* qui recense une cinquantaine de librairies anciennes et les principaux monuments du centre historique.

AU PIED DE LA LETTRE...

Au XIXe s, la rua do Ouvidor dénombrait près d'une centaine de magasins appartenant à des Français et qui avaient des noms évocateurs : la tour Eiffel, le Palais-Royal, l'Opéra. À cette époque, les deux plus grandes librairies de Rio étaient françaises... Mais ce n'est pas tant pour ses belles-lettres que la France fit parler d'elle qu'en raison du grand nombre de prostituées en provenance de l'Hexagone. Les envoyer à Rio se disait « Faire le Brésil » chez les marlous de l'époque...

Saara *(plan I, A-B1)* **:** *entre les ruas Alfândega (au nord) et Buenos Aires (au sud), dos Andradas (à l'est) et praça da República (à l'ouest). Commerces ouv lun-ven 9h-18h, sam jusqu'à 14h.* Un micro-quartier qui concentre une foule de petits commerces. Saara signifie en réalité « Société des amis et voisins de la rua Alfândega ». Fondée en 1962, elle rassemble près de 600 commerçants ! Un véritable royaume du bric-à-brac : vêtements et chaussures bon marché (un bon plan d'ailleurs pour se fournir en tongs *Havaianas* !), alimentation, disques, etc. Sympa de prendre, au coin des rues animées, un verre de *chá maté* ou un jus de fruits au comptoir d'une *lanchonete.*

🎬🎬 ***Real Gabinete Português de Leitura*** *(plan I, B1)* **:** *rua Luis de Camões, 30.* ☎ *2221-3138.* • *realgabinete.com.br* • *Lun-ven 9h-18h. GRATUIT.* Superbe bibliothèque datant du XIXe s, construite dans le style « manuelino ». Façade ornementale avec les statues de Luis de Cabral, de Camões, dom Henrique et Vasco de Gama. Inaugurée en 1887 par la princesse Isabel, elle abrite 35 000 livres anciens, dont quelques rares manuscrits portugais du XVIe s, et des centaines de cartes géographiques, ainsi qu'une importante collection numismatique. À l'intérieur, éléments ornementaux, bois sculpté, fer forgé et vitraux. Peintures de Rodolfo Bernardelli, Texeira Lopes, etc. C'est dans cette salle monumentale qu'eurent lieu les premières sessions de l'Académie des lettres au Brésil.

➢ ***Largo da Carioca*** *(plan I, C2)* **:** *vaste place située entre la rua da Carioca et l'av. Almirante Barroso.* Ⓜ *Carioca.* L'après-midi, vendeurs et artistes de rue s'y donnent rendez-vous. Le quartier est composé d'une série de grands buildings, dont ceux de la *Banco do Brasil,* de *Pétrobras* et de la *banque de Développement du Sud-Est.* Ces trois établissements sont surnommés « le Triangle des Bermudes » : c'est là que disparaît une bonne partie de l'argent du pays...

🎬 ***Igreja e convento de Santo Antônio*** *(plan I, C2)* **:** *largo da Carioca.* ☎ *2262-0129.* Ⓜ *Carioca. Lun-sam 8h-18h (11h sam). L'église est fermée pour travaux de rénovation mais la chapelle principale reste ouv au public.* C'est une des plus anciennes églises de Rio, construite entre 1608 et 1620. Chœur très ouvragé recouvert à la feuille d'or. Une salle du couvent attenant accueille les sépultures de la famille impériale du Brésil. Dans la sacristie, sol en marbre de Carrare, remarquable meuble à tiroirs en jacaranda, murs couverts d'azulejos et beau plafond avec tableaux enchâssés dans des caissons dorés.

🎬🎬🎬 ***Igreja de São Francisco da Penitência*** *(plan I, C2)* **:** *largo da Carioca, 5. Difficile à trouver car l'église est en hauteur. Le plus simple est de se poster sur le largo da Carioca et de lever la tête !* ☎ *2262-0197. Mar-ven 9h-16h. Accès payant : 2 Rls.* Un des joyaux du baroque brésilien, d'une richesse époustouflante. Couverte d'or de pied en cap, l'église fut construite entre 1622 et 1657, et l'intérieur terminé entre 1726 et 1739. Sur le plafond du chœur et de la nef centrale, premières peintures en perspective du Brésil. Belles chaires latérales couvertes d'or. La taille modeste de l'église accentue la lourdeur de l'ensemble. Jetez également un œil à la sacristie. Petit *musée d'Art religieux.*

➢ ***Rua da Carioca*** *(plan I, B-C2)* **:** *commence au largo da Carioca et se termine praça Tiradentes.* Rue très commerçante, possédant de vieilles maisons aux façades décorées de moulures, petits balcons... Plusieurs boutiques d'instruments et de partitions de musique brésiliens (*bérimbau, cavaquinho,* percussions en tout genre). C'est ici que, tous les ans en novembre, le *rei Momo* (roi du carnaval) est choisi. C'est là également que l'on trouve le *Bar Luiz* (no 39), la plus ancienne brasserie de Rio, ouverte en 1887 (voir « Où manger ? »).

➢ ***Praça Floriano*** *(plan I, C2)* **:** plus communément appelée *praça Cinelândia,* cette grande place au cœur du quartier des théâtres et des cinémas est ornée de statues d'hommes illustres, dont celle du maréchal Floriano Peixoto, le deuxième président de la République. Super animation en fin d'après-midi. Terrasses de cafés bondées.

🎬 Sur la place, on remarque le ***Theatro municipal*** *(plan I, C2),* construit en 1909 dans le style de l'Opéra de Paris. Au début du XXe s, il constituait l'un des édifices les plus extravagants de la ville. L'escalier qui mène à l'étage est richement décoré par de grands noms de la peinture brésilienne de la fin du XIXe et du début du XXe s, notamment Henrique Bernardelli et Eliseu Visconti. *Visites guidées* *mar-ven à 12h, 14h, 15h et 16h ; sam à 11h, 12h et 13h. Tarif : 20 Rls, réduc. Tickets à retirer 30 mn avt à la billetterie située av. 13 de Mayo.*

Biblioteca nacional *(plan I, C2)* **:** *av. Rio Branco, 219. ☎ 2220-3040. • bn.br • Ⓜ Cinelândia. Lun-sam 10h-17h (14h sam). Visites guidées ttes les heures. GRATUIT (passeport exigé).* Bâtiment de 1910 aux lignes néoclassiques. On y trouve près de 10 millions de documents et livres rares comme une édition originale des *Lusiades (Os Lusíadas, 1572)* de Luís de Camões ou le compte-rendu du procès de Tiradentes.

Museu nacional de Belas Artes *(plan I, C2)* **:** *av. Rio Branco, 199. ☎ 3299-0600. • mnba.gov.br • Ⓜ Carioca. Mar-ven 10h-17h, w-e 13h-17h. Entrée : 8 Rls ; réduc ; gratuit dim.* L'un des meilleurs musées de Rio, créé en 1937. Construit au début du XXe s dans le style Renaissance français, il abrite aussi l'Académie des beaux-arts. Superbes collections d'œuvres brésiliennes et internationales du XVIIe au XXe s. Intéressante section sur l'art africain. Petite collection de gravures de Van Dyck, Goya, Turner, Chagall, Picasso et Miró. Section de sculptures avec un bronze de Rodin *(La Méditation).* La galerie du XIXe s a été entièrement rénovée et présente plus de 230 œuvres majeures, peintures, sculptures, dessins, etc., en particulier du peintre brésilien Portinari.

LE SUD-EST

➢ Plus au sud, vous rencontrerez le ***Passeio Público,*** le plus ancien jardin public de Rio (1783), qui fait la jonction avec le quartier de Lapa et mène au parque do Flamengo.

Museu de Arte moderna *(MAM ; plan I, D3)* **:** *av. Infante Dom Henrique, 85. ☎ 2240-4944. • mamrio.org.br • Ⓜ Cinelândia. Mar-ven 12h-18h, w-e 12h-19h. Entrée : 14 Rls ; réduc.* Abrite des collections d'artistes brésiliens contemporains (essentiellement des peintres, tel Gilberto Chateaubriand, mais aussi le sculpteur australien Ron Mueck) et des expos temporaires.

Lapa

Ce vieux quartier est composé de ruelles pavées et de petits escaliers pleins de charme, encadrés de vieilles baraques patinées par les ans où vit une population assez pauvre. C'est l'un des plus authentiques quartiers de Rio et un lieu important de la vie nocturne. Son aspect se transforme d'année en année, mais Lapa garde son caractère populaire et sa mauvaise réputation de quartier de beuverie et de prostitution (beaucoup de travestis, en fait).

➢ La ***rua da Lapa*** (qui commence au largo da Lapa et finit rua da Glória) est bordée de belles maisons des XVIIIe et XIXe s avec portes à arcade, façades ouvragées dans les tons bleus, verts, orange et balcons en fer forgé.

Arcos da Lapa *(aqueduc de Carioca ; plan I, B3)* **:** cet aqueduc fut construit en 1770. Avec ses élégantes arcades à deux niveaux, il rappelle un ouvrage romain. Avant 1896 et le passage du *Bonde* (tramway), il servait à canaliser les eaux du rio da Carioca. Aujourd'hui, il semble isolé au milieu des tours. Mais c'est le soir en fin de semaine (le vendredi surtout) que le coin reprend vie. En été, à l'approche du carnaval, on a pu voir jusqu'à 500 000 personnes se rassembler au pied des arches pour faire la fête ! Une scène est aussi montée pour de grands concerts en plein air, qui attirent des centaines de milliers de Cariocas. Spectacle impressionnant que cette marée humaine agglutinée au pied des arches et dans les rues adjacentes ! On trouve aussi de nombreux bars musicaux dans l'avenida Mem de Sá.

Ne pas rater l'***escadaria Selarón,*** escalier entièrement couvert de céramiques, qui part de la rua Manuel Carneiro, perpendiculaire à Joaquim Silva *(plan I, C3).* Il fait la jonction entre les quartiers bouillonnants de Lapa, au cœur de la vie nocturne, et le quartier bohème de Santa Teresa. Œuvre d'un artiste un peu fou d'origine chilienne, Selarón, décédé brutalement le 10 janvier 2013. Cet artiste peintre et céramiste a œuvré ici pendant près de 20 ans, décorant minutieusement cet escalier de 215 marches devant lequel il habitait. Il a utilisé des milliers de céramiques et azulejos venant de tous les pays, dont certains très anciens, envoyés par les visiteurs et passants du monde entier. Il n'était pas rare de croiser Selarón en train de dessiner assis sur les marches ou de coller un ou deux carreaux de faïence... Son décès a choqué la population carioca qui en avait fait une figure locale, voire nationale depuis le classement de l'*escadaria Selarón* aux Monuments historiques, en 2005. Le résultat reste spectaculaire et superbement coloré. Il ne faut pas manquer d'y rendre encore hommage.

🎙 ***Catedral Metropolitana*** *(plan I, B2)* **:** *av. República do Chile, 245. ☎ 2240-2669. Ⓜ Carioca. Tlj 7h-17h. Messe dim à 10h.* Construit entre 1964 et 1976, cet immense édifice en béton évoque une pyramide maya futuriste (ou un tipi indien) : il aurait peut-être été plus à sa place à Brasília. Mais il faut voir l'intérieur pour ses immenses vitraux. Les quatre beaux vitraux tout en hauteur en particulier, qui symbolisent respectivement l'Église unique (vert), sainte (rouge), catholique (bleu) et apostolique (jaune). La cathédrale est haute de 86 m et peut contenir 20 000 personnes. Au sous-sol, petit *musée d'Art sacré.*

🎙 ***Bonde*** *(tramway ; plan I, C2)* **:** appelé aussi *Bondinho,* c'est l'antique tramway en bois qui passe par l'*aqueduto da Carioca* pour grimper vers le quartier de Santa Teresa. En réalité, ce bon vieux Bonde était devenu vétuste et dangereux pour ses passagers, et un grave accident en août 2011 a entraîné sa fermeture pour de longs travaux. Il a rouvert partiellement en juillet 2015, et fonctionne du lundi au samedi de 11h à 16h.

URCA, BOTAFOGO, LARANJEIRAS ET LE PARQUE NACIONAL DA TIJUCA (plan II)

Pão de Açúcar *(Pain de Sucre ; plan II, H6)*

🎙🎙🎙 👪 *Av. Pasteur, 520, praça General Tiburcio, praia Vermelha. Infos : ☎ 2546-8433. • bondinho.com.br • Ⓜ Botafogo, puis prendre l'extension aérienne* (Integração Bus) *jusqu'à Urca. En bus, depuis le Centro (rua Senador Dantas), Flamengo (praia de Flamengo) et Botafogo (praia de Botafogo), prendre le nº 107 ; de Copacabana (av. N. S. da Copacabana), d'Ipanema (rua Visconde de Pirajá) et de Leblon (av. Ataulfo de Paiva), le nº 512. Tlj 8h-21h (19h50 pour la billetterie). Tarif : 76 Rls A/R ; réduc ; gratuit moins de 6 ans. Départs des téléphériques ttes les 20 mn ou lorsqu'ils sont pleins.*

L'une des visites incontournables, même si c'est la foule. Meilleur moment : tôt le matin ou 1h avant le coucher du soleil. Éviter bien sûr les jours trop nuageux.

➢ On y accède par deux téléphériques successifs. Il est toutefois possible d'accéder à pied au 1er niveau, mais ça grimpe sec ! Pour ceux qui veulent tenter l'ascension, le chemin se prend à l'entrée du site militaire lui-même, situé à gauche de la plage la plus proche de l'entrée du téléphérique. ***Attention :*** procurez-vous impérativement le billet pour le 2e téléphérique avant d'entreprendre l'ascension à pied, car une fois arrivé en haut, il est impossible de l'acheter ! Et sachez qu'il vous en coûtera le même prix, que vous empruntiez le téléphérique sur le 1er niveau... ou pas !

On marche quelques centaines de mètres sur un chemin bitumé (forêt à gauche, mer à droite) – et surtout pas jusqu'au bout du parcours fléché de 1 500 m qui s'arrête sur une falaise à pic (!) –, jusqu'à trouver une pancarte qui indique un

chemin raide dans la forêt. Tout est matérialisé par des rondins de bois, la montée (parfois abrupte) prend 30 à 45 mn.
- Le premier téléphérique vous mène, en 3 mn, au *morro da Urca* (217 m) où l'on peut voir les vestiges de son aïeul en bois (en service de 1912 à 1972) et le siège du plus luxueux bal du carnaval.
- Depuis le *morro da Urca,* un second téléphérique mène au Pain de Sucre proprement dit (396 m). Le parcours total est de 1 400 m et s'effectue en 6 mn.
S'il est communément admis que le nom de cette montagne provient de sa ressemblance avec un pain de sucre, une autre théorie veut que *pão de açúcar* soit une déformation du nom indien *Pau-nh-Acuqua* qui signifierait « montagne haute, pointue et isolée ». Les marins normands qui s'installèrent dans la baie de Guanabara en 1555 surnommèrent ce morne exceptionnel le « pot de beurre ».
D'en haut, la vue est grandiose et très différente de celle dont on jouit depuis le Corcovado. Au sud, le regard porte très loin et permet de voir notamment l'harmonieuse *baie de Copacabana,* comme une lame de faux posée sur la mer, la *plage d'Ipanema,* la *plage de Flamengo* et son parc (tout ce qui est vert a été gagné sur la mer en 1965). On voit très bien également l'*aéroport Santos-Dumont* (les avions volent plus bas que le Pain de Sucre), le *Centro* hérissé de tours et de gratte-ciel, la *nouvelle cathédrale,* etc., et, bien sûr, plein ouest, le *Christ du Corcovado.* Par beau temps, possibilité de voir *Niterói,* de l'autre côté de la baie, et le pont de 14,5 km de long. Derrière les boutiques, joli jardin pour pique-niquer et beaux points de vue, mais gare aux singes chapardeurs !

« RIVIÈRE DE JANVIER »

Sur la pointe de terre la plus proche, à l'entrée de la baie de Guanabara, on note une forteresse construite par les Portugais. C'est là que les vaillants navigateurs se sont fièrement engagés le 1er janvier 1502 et, pensant avoir affaire à un fleuve, baptisèrent le site Rio de Janeiro.

Urca *(plan II, H5-6)*

Au pied du Pain de Sucre, le quartier d'Urca est un agréable lieu de promenade. Le quartier est calme, sûr... et riche. Il rassemble quelques superbes demeures et immeubles de style Art déco. Il y a même quelques toutes petites plages, la mer est belle, mais on vous déconseille d'y faire trempette.

Botafogo *(plan II, F-G6)*

Pas grand-chose à visiter, mais une atmosphère populaire et tranquille, quelques vieux immeubles Belle Époque et des villas cossues, avec toujours le Christ qui apparaît au coin des ruelles arborées. C'est aussi depuis la plage de Botafogo que l'on a une vue imprenable sur le Pain de Sucre.

Museu do Índio *(plan II, F6)* **:** rua das Palmeiras, 55. ☎ 3214-8700. • museudoindio.gov.br • Mar-ven 9h-17h30, w-e 13h-17h. GRATUIT. Dans un immeuble de 1880, représentatif de l'architecture de Botafogo à cette époque, ce musée administré par la Funai (Fundação nacional do Índio – Fondation nationale des Indiens) abrite de riches collections relatives à la vie des Indiens de l'Amazonie, du Pará, du Maranhão : instruments de musique, céramiques, armes, photographies. Sympa à visiter avec les enfants. Belle boutique d'artisanat indien.

Cristo Redentor do Corcovado
(Christ rédempteur du Corcovado ; plan II, E6)

Autre visite indispensable pour comprendre la topographie de la ville (à effectuer par beau temps). La grande statue du Christ rédempteur du Corcovado domine Rio du haut de ses 704 m. Elle ouvre d'autres points de vue que le Pain de Sucre et en perd quelques-uns. L'avantage, c'est que du Christ on voit le Pain, et vice versa. « Corcovado » est le nom donné à la montagne. C'est une déformation du mot « bossu » en portugais *(corcova)*.
À savoir : il y a foule toute l'année pour accéder au sommet du Corcovado, donc pas mal d'attente à prévoir si vous comptez emprunter le funiculaire... Jusqu'à 3h en haute saison ! Il est donc très conseillé d'acheter ses billets à l'avance et d'éviter la visite le week-end.

Achat des billets
– Achat sur Internet par carte de paiement ou dans les points de vente en ville : kiosques *Riotur* à Copacabana, av. Atlântica, en face de la rua Hilário de Gouveia *(plan III, L7)* et rua da Candelária, 6, en face du Maracaña *(plan d'ensemble)* ; ainsi qu'au 1er étage du *Shopping Rio Sul* (accès rua Lauro Muller, *plan II, G6*). Petite majoration de 5 Rls (2,50 Rls pour les enfants), mais qui permet d'avoir un billet coupe-file à date et heure fixes. Possibilité également d'acheter ses billets dans certains bureaux de poste *(correios)*, notamment aux aéroports, à Copacabana (voir « Adresses et infos utiles ») et au Largo do Machado.
Tarifs : 56-68 Rls A/R (sem ou w-e) ; ½ tarif 6-11 ans ; gratuit moins de 5 ans ; réduc seniors et étudiants. Infos : ☎ 2558-1329. • corcovado.com.br •

Comment y aller ?
Le site et la billetterie de Cosme Velho sont ouverts de 8h à 19h.
➢ Il faut d'abord se rendre à ***Cosme Velho,*** d'où montent le funiculaire depuis l'*Estrada de Ferro Corcovado (plan II, F5)* et des minibus jusqu'au Christ. Prendre le bus ou le métro jusqu'à la station *Largo do Machado* et remonter la longue rua das Laranjeiras (belles maisons coloniales) jusqu'au départ du funiculaire, ou prendre les bus nos 422 ou 498 jusqu'à l'arrêt en face de l'église São Judas Tadeu, le plus proche du départ du funiculaire.
Possibilité aussi de prendre un bus direct jusqu'à *Cosme Velho* depuis le Centro (nos 180 et 422) ou tout autre quartier à Rio (bus nos 569, 570, 583 ou 584).
➢ Ensuite, deux possibilités pour se rendre au Christ :
– **Le funiculaire** *(trem do Corcovado)* **:** *fonctionne tlj 8h-19h. Départs ttes les 30 mn. Trajet : env 20 mn.* La solution la plus sympa, la moins chère et la plus rapide (en principe !). Inauguré par Dom Pedro II en 1884, le funiculaire permet de faire une délicieuse balade à travers la forêt de Tijuca, jusqu'au sommet du Corcovado.
– ***Le minibus :*** départ sur la place qui jouxte l'arrêt du funiculaire. Ils montent au sommet du Corcovado. L'avantage, c'est qu'ils partent en continu, dès qu'ils sont pleins. Le trajet se fait en 2 temps, sans changement. Le premier trajet *(20 Rls)* vous monte jusqu'à ***Paneiras,*** avec arrêt photos en route au *Mirante Dona Marta.* C'est aussi de là que décollent les hélicoptères partant faire le tour du Christ. On peut atteindre ce point de vue puis Paneiras avec son propre véhicule, en taxi ou à pied (au moins 1h de marche). À partir de Paneiras, minibus jusqu'au Christ *(22 Rls A/R ; 10 Rls de plus le w-e).*

Visite du site
La construction du Christ rédempteur fut projetée par l'ingénieur brésilien Heitor Silva Costa, et la statue dessinée par Carlos Oswald puis exécutée grâce au ciseau du sculpteur français Paul Landowski. La statue fut façonnée dans le studio de l'artiste à Boulogne-Billancourt, puis transportée en pièces détachées. En fait, le sculpteur ne mit jamais les pieds au Brésil ! Le Christ mesure 30 m de haut,

repose sur un piédestal de 8 m et pèse 700 t ! Chacune des mains mesure 3,20 m et pèse 8 t. La vue est inoubliable (si ce n'est plus !), et vous ne serez pas seul à en profiter. Une boutade populaire assure que si le Christ a les bras ouverts, c'est qu'il attend que les Cariocas se mettent à travailler pour applaudir. Escaliers roulants et ascenseurs facilitent l'accès au pied de la statue. Cafés et, bien sûr, une chapelle.

CE N'EST PAS UNE LUMIÈRE !

Commencé en 1922 et après quelques déboires lors de sa construction, le Corcovado fut finalement inauguré le 12 octobre 1931. À cette occasion, les officiels décidèrent de faire illuminer le Christ à distance, par le célèbre Marconi, inventeur de la TSF. Ainsi, depuis sa résidence italienne (!) et par un astucieux système de relais passant par l'Angleterre, le physicien tenta-t-il de faire la lumière sur Jésus. Oui, mais voilà, l'opération à distance ne fit pas d'étincelle, et l'on dut éclairer le Christ... directement sur place.

Museu internacional de Arte naïf *(MIAN ; plan II, E5)* **:** *rua Cosme Velho, 561. ☎ 2205-8612. • museunaif.com • À la descente du funiculaire du Corcovado, prendre à gauche, c'est à 200 m. Tlj sf lun 10h-18h (17h w-e). Entrée : 12 Rls ; réduc, notamment avec le billet pour le funiculaire.* Dans une propriété coloniale appartenant à un collectionneur privé, ce musée rassemble plus de 8 000 œuvres de 1 500 artistes, ce qui en fait la plus grande collection d'art naïf du monde (mais on ne peut en voir qu'une centaine). Si la production brésilienne est bien sûr la plus importante, pas moins de 150 nations sont ici représentées. À l'entrée, une toile gigantesque de Rio version naïve. Jolie muséographie assez ludique, qui permet notamment de composer sa propre toile sur une tablette digitale et de se l'adresser par e-mail, à partir des éléments de l'œuvre de Lia Mittarakis, *Rio de Janeiro Gosto de você, gosto dessa gente feliz.*

Parque nacional da Tijuca *(plan II, E5-6)*

Le parc national de Tijuca, à la végétation luxuriante, est situé sur les hauteurs de Rio, à une trentaine de kilomètres dans les terres (depuis le Centro). Au centre du parc se trouve la forêt de Tijuca *(floresta da Tijuca)*, considérée comme la plus grande forêt urbaine du monde. Le Christ du Corcovado se situant sur une de ses routes d'accès, il est judicieux d'en profiter pour y monter. Cela dit, en fonction de votre point d'attache, il n'y a pas moins de sept façons de pénétrer cette jungle. En outre, la route qui part du centre-ville et qui rejoint Tijuca par Maracanã est à éviter, car on traverse des banlieues qui peuvent être dangereuses.

- ***Accès :*** *tlj 8h-17h (18h en été). GRATUIT.*
- ***Conseils :*** ce parc est plus facile à découvrir en voiture. Pour des raisons de sécurité, effectuez ces visites de préférence le week-end (vous serez moins isolé). Une bonne option (mais pas la plus économique) consiste à passer par une des agences qui organisent des tours (voir plus haut la rubrique « Adresses utiles. Agences de voyages »).

Voici deux circuits intéressants :

➢ *Par Cosme Velho :* si vous séjournez à Copacabana, Flamengo ou Botafogo, c'est la route que vous emprunterez. En chemin, vous traverserez le quartier de *Laranjeiras,* très plaisant, plein de verdure, où les « barons du café » firent bâtir de somptueuses demeures. En grimpant, on passe à proximité du Christ du Corcovado, puis on traverse une luxuriante forêt pour atteindre l'Alto da Boa Vista, qui est indiqué, et l'entrée de la forêt de Tijuca (voir plus bas la suite du parcours). La route est fermée à la circulation le week-end et devient alors le rendez-vous de nombreux promeneurs. Pour redescendre, prendre la route du *Jardim Botânico* en passant par le Mesa do Imperador et la Vista Chinesa qui offrent de superbes panoramas.

➢ *Par le Jardim Botânico :* ceux qui résident à Ipanema ou Leblon emprunteront la route du *Jardim Botânico* à l'aller. Prendre l'entrada dos Macacos avant de rejoindre l'Alto da Boa Vista. Redescendre par la route qui mène au Christ du Corcovado. On regagne la ville par les quartiers de Cosme Velho et Laranjeiras.

Alto da Boa Vista *(plan d'ensemble)* **:** *quartier situé à l'entrée de la floresta da Tijuca. Bus praça 15 de Novembro. De l'Alto da Boa Vista, marcher jusqu'à la forêt. Ouv 8h-17h. Renseignez-vous cependant sur les conditions de sécurité.* Un peu plus haut que la place Afonso Viseu, on parvient à la *cascatinha Taunay,* une gentille petite cascade. Sur place, petit resto et toutes les indications pour se balader.
➢ Le départ des sentiers se trouve un peu plus haut sur la route. Le plus accessible est le *caminho do pico da Tijuca,* qui mène – ô surprise ! – au ***pico da Tijuca*** (1 082 m). Compter 1h30, ça grimpe sec mais la vue est superbe.

GLÓRIA, CATETE ET FLAMENGO *(plan II)*

Encore un quartier à découvrir à pied. Entre mer et montagne, Glória, Catete et Flamengo étalent leurs enchevêtrements d'immeubles anciens et modernes (années 1950 en général), Art déco pour certains.

Parque Aterro do Flamengo *(plan II, G4-5)* **:** *au sud de Glória et au nord de Botafogo, le long de la mer jusqu'au port de plaisance de Glória. • parquedoflamengo.com.br •* Ce parc situé entre les immeubles et l'océan est une succession de jardins qui communiquent par diverses passerelles. Dessiné par le paysagiste Burle Marx, il abrite jardins suspendus, terrains de sport, « village des enfants », théâtre de marionnettes et piste cyclable. On y trouve le *musée d'Art moderne* et divers monuments. Un endroit très prisé des Cariocas en fin d'après-midi et le week-end. À éviter toutefois le soir, en particulier lorsqu'on se rapproche du port...

Igreja N. S. da Glória do Outeiro *(plan II, G4)* **:** *praça da Glória. ☎ 2557-4600. Ⓜ Glória. Mar-ven 9h-12h, 13h-17h ; w-e 9h-12h.* Un des symboles coloniaux de Rio. On entre par la charmante sacristie décorée d'azulejos, sur le côté gauche derrière l'église, après avoir gravi quelques marches. Les flancs de l'église sont également ornés d'azulejos. Intérieur assez dépouillé, typique de l'époque coloniale. Belle vue panoramique sur la baie.

➢ Poursuivre ensuite la ***ladeira de Nossa Senhora,*** jusqu'à trouver des escaliers sur la droite. Ils permettent de rejoindre la rua do Catete en passant par des rues calmes, bordées de belles demeures.

Museu da República – Palácio do Catete *(plan II, G4)* **:** *rua do Catete, 153. ☎ 2127-0324. • museudarepublica.museus.gov.br • Ⓜ Catete. Mar-ven 10h-17h, w-e 11h-18h. Entrée : 6 Rls ; réduc ; gratuit mer et dim.* Ancien siège du gouvernement fédéral, construit en 1867, il servit de 1897 à 1960 de résidence présidentielle. À présent, il abrite le *musée de la République* : meubles, objets, portraits, documents, etc. Vous verrez notamment la chambre où le président Getúlio Vargas mit fin à ses jours en 1954 (son revolver et son pyjama y sont exposés !).

LES PLAGES : COPACABANA ET LEME, ARPOADOR, IPANEMA ET LEBLON *(plan III)*

Copacabana

Un quartier balnéaire au nom légendaire ! Longue de près de 4,5 km, la plage de Copacabana s'étire entre une pointe de terre qui porte le Pain de Sucre au nord et la pointe d'Arpoador au sud.

À l'origine, il y avait la *Mata Atlântica* et les natifs. Plus tard, les Portugais y construisirent un petit village de pêcheurs (Sacopenapa) où les Cariocas venaient en pèlerinage rendre hommage à Notre-Dame de Copa Caguana. Le nom se déforma ensuite en Copacabana, mais ce n'est qu'au début du XXe s qu'il entra dans la légende avec la construction du *Copacabana Palace,* un des premiers hôtels de luxe en Amérique du Sud. En 1924, un raz-de-marée emporta la chaussée devant l'hôtel. Une broutille !

Au fil des ans, ce paisible quartier résidentiel prit de l'ampleur. On y construisit une série d'immeubles s'ordonnant autour de deux axes : l'avenida Atlântica, gagnée sur la mer, et l'avenida Nossa Senhora de Copacabana, très animée, mais polluée et bruyante aux heures de pointe. Les habitants de Copacabana appartiennent à la classe moyenne (professions libérales, enseignants, etc.), et de plus en plus à la classe populaire. Ajoutez les marchands ambulants venus des favelas voisines, quelques poignées de mendiants, et vous obtenez le cocktail le plus singulier de toute la zone sud. Aujourd'hui, Copacabana a un peu perdu de son glamour, mais reste un lieu incontournable.

Tous les matins, jusqu'à midi, à l'extrémité de la plage en face du *Sofitel,* les pêcheurs de Copa vendent la pêche de la nuit. On y croise des mamies qui négocient ferme ou les coureurs du matin qui y font leur pause. Puis, toute la journée, une foule mélangée de promeneurs branchés comme décontractés, de joggeurs bodybuildés comme grassouillets arpentent le bord de mer, disputent des parties de beach-volley ou sirotent un verre dans l'un des nombreux kiosques alignés au bord de l'eau.

– *Bon à savoir :* pour éviter les embouteillages, jusqu'à 10h l'avenida Atlântica n'est ouverte à la circulation que dans le sens Copacabana-centre de Rio, pour permettre aux employés du Centro d'arriver plus vite au bureau.

– En « hiver » (juin-août), la vie nocturne se cantonne autour des restos et des boîtes.

– *Attention :* la partie la moins sûre de Copacabana se situe entre le *posto 2* et le *posto 3* (secteur autour de la discothèque *Help* et des bars à strip-tease) et à l'approche des hôtels de luxe.

Forte de Copacabana *(plan III, K8)* **:** *praça Cel. Eugênio Franco, 1 ; posto 6. ☎ 2522-4460. • fortedecopacabana.com • Tlj sf lun 10h-20h. Entrée : 6 Rls ; réduc.* Ce fort militaire de 1914, construit pour la défense de Rio, occupe un promontoire rocheux qui marque la limite entre Copacabana et Ipanema. Très belle balade le matin ou en soirée, avec une vue superbe sur Copacabana et la longue plage.

Museu da Imagem e do Som *(MIS ; plan III, K8)* **:** *av. Atlântica, 3432. • mis.rj.gov.br • Tlj 10h-19h.* ***À noter :*** *les travaux de ce musée qui devait voir le jour en 2016 ont été arrêtés fin 2015. À suivre...* Ce bâtiment de cinq étages a été conçu par les architectes Diller Scofidio et Renfro. Extérieurement, le MIS ressemble à un empilement métallique d'étagères de bureau compressées. Une partie du bâtiment avait pour vocation de présenter sous forme digitalisée les collections du *Museu Carmen Miranda.* Mais bien plus qu'un musée, le MIS doit devenir – si les travaux sont repris – un centre culturel et de recherche ouvert au grand public, une sorte de super-médiathèque au cœur de Rio.

Edificio Ypiranga *(plan III, K8)* **:** *av. Atlântica, 3940. Entre Julio de Castilhos et Francisco Sá. Ne se visite pas.* Difficile de ne pas le remarquer avec sa façade composée de deux hautes avancées vitrées arrondies. Conçu par Niemeyer et construit en 1930 dans le style Art déco, l'*edificio Ypiranga* fut surnommé « Building Mae West », en raison de ses formes et courbes sensuelles, qui évoquait la pulpeuse star de Hollywood. C'est dans cet immeuble que le pionnier mondial de l'architecture moderniste avait ses bureaux (au 10e étage).

Les plages (*plan III*)

Peu de grandes métropoles sont capables d'aligner de telles plages de sable fin au cœur de la ville *(plan d'ensemble et plan III).* Cependant, certaines sont très polluées, et la baignade y est exclue. Ainsi, le sable de Flamengo est seulement dévolu aux sports en tout genre revisités en version *beach,* du volley au football américain ! À Botafogo et Urca, on se contentera de regarder l'évolution des voiliers. Ne pas se baigner non plus sur les plages de l'île de Paquetá et de Niterói, de l'autre côté de la baie.

- ***Quelques rappels :*** à la plage, n'emportez que le minimum d'argent, pas de bijou précieux, ni appareil photo ni passeport, bien sûr. Copacabana – en particulier – est tristement célèbre pour ses pickpockets et ses *malendros* (« filous »), mais inutile de céder à la paranoïa. La règle d'or reste le bon sens : ne pas faire confiance à n'importe qui et ne pas laisser ses affaires sans surveillance.
- ***Un bon plan :*** avis aux cyclistes amateurs, une interminable piste cyclable longe toutes les plages de la zone sud de Rio. En prime, ***le dimanche,*** toute la moitié de la chaussée est fermée à la circulation automobile, de Flamengo à Leblon. C'est le jour idéal pour arpenter le coin à pied, à vélo, en skate, roller, etc. Pour les locations de vélo, lire plus haut « Transports » en introduction de la ville.

Leme et Copacabana : Leme est une plage tranquille, fermée par le *morro do Leme (plan II, G-H6).* On peut y grimper *(accès 4 Rls)* et profiter du sommet d'une belle vue sur les plages. Copacabana continue à faire rêver des millions de gens dans le monde. C'est la plus longue : près de 4,5 km. La mer peut parfois être dangereuse si le drapeau rouge est hissé (lames de fond). Les lendemains de pluie, le sable y est sale. Si le week-end on vient à la plage plutôt en famille, devant les grands hôtels certaines filles guettent toujours le gringo. Sur la promenade ou les pieds dans le sable, la balade reste très agréable, égayée par les joueurs de volley, de foot, ou par les prouesses des sculpteurs sur sable.

Arpoador : le coin favori des surfeurs, situé à l'extrémité nord-est d'Ipanema. Depuis les rochers, belle vue sur la baie, notamment au coucher de soleil. Parfois de grosses vagues, mais on peut quand même s'y baigner.

Ipanema est nettement plus chic que Copacabana, et les gens y sont plus attentifs à leur look. Si, pour les femmes, les surfaces de tissu se calculent en décimètres carrés, tant pour le haut que pour le bas, ne vous avisez pas, mesdemoiselles, de mettre bas le haut... ou le bas. Vous risquez de provoquer une émeute. Vous pouvez porter les strings les plus étroits de la terre, mais gardez le haut !
Ipanema est la plage la plus snob, mais aussi la plus propre, avec son beau sable blond. Au niveau du *posto 9,* on trouve les Cariocas les plus branchés et les forcenés du foot-volley. De fin février à avril, la mer est plus calme et souvent propice à la baignade.

Leblon est clairement plus familiale. Le week-end, championnat de beach-volley ou de foot-volley. Eau polluée. Douche conseillée après la baignade. Au bout de la plage, remonter le début de l'avenida Niemeyer jusqu'au *Mirante do Leblon (hors plan III par I9),* joli point de vue, un petit peu en hauteur.

São Conrado : toujours plus au sud-ouest d'Ipanema, plutôt une plage pour surfeurs.

Barra da Tijuca : *de Copacabana, bus n°s 308 et 523 ; depuis le Centro, n° 316 ; de São Conrado, n°s 308, 309 et 523 ou bus climatisés de la compagnie Real.* Plage d'une vingtaine de kilomètres, de plus en plus fréquentée malgré une mer parfois dangereuse. Nombreuses boîtes, restos, bars et motels à ***Recreio dos Bandeirantes.*** Un endroit surtout fréquenté par les Cariocas, donc très différent des plages de la Zona sul. Eau saine à partir de Recreio. En longeant la plage depuis le *posto 8,* on peut s'offrir 2h de balade dans un bel environnement, entre mer et montagne.

Viennent ensuite les plus belles plages, situées dans une réserve ; le sable borde les collines à la végétation luxuriante : ***Prainha, Grumari.*** Accessibles en voiture.

LAGOA ET JARDIM BOTÂNICO (plan III)

Jardim Botânico

C'est le quartier très résidentiel et tranquille compris entre la lagoa Rodrigo de Freitas et les *morros.*

Jardim Botânico *(plan III, I7) : rua Jardim Botânico, 920 (pour les piétons), 1008 (piétons et véhicules). ☎ 3874-1808. • jbrj.gov.br • Ⓜ Botafogo + extension en bus. Utiliser les bus marqués « Gávea » ou « Leblon via Joquei ». Ne pas descendre au terminus Jardim Botânico-Horto, l'entrée principale est bien avt. Tlj 8h (12h lun)-17h. Entrée : 10 Rls ; réduc ; gratuit moins de 5 ans. Parking ; 7 Rls.* Un grand parc de 140 ha où poussent des milliers d'arbres et de plantes tropicales (plus de 8 000 espèces). Merci à João VI, qui, en 1808, lorsque la couronne du Portugal arriva au Brésil, eut la bonne idée de créer un parc d'acclimatation abritant des plantes des quatre coins de la planète. On pénètre dans le jardin par une allée bordée de splendides palmiers impériaux de plus de 30 m de haut, au centre de laquelle trône une jolie fontaine. Visite à ne pas manquer, en particulier entre septembre et décembre, quand tout est en fleurs. Superbes orchidées. Cette visite peut être couplée avec celle de la forêt de Tijuca, c'est le même chemin.

Parque Lage *(plan III, I-J7) : rua Jardim Botânico, 414. Tlj 8h-17h. GRATUIT.* Située à quelques kilomètres du *Jardim Botânico,* la vieille demeure de la famille Lage abrite aujourd'hui l'École des Beaux-arts (*Escola de Artes Visuais* ou *Instituto nacional de Belas Artes*). Nombreuses expos, soirées, et parfois, pièces de théâtre. N'hésitez pas à entrer dans cette belle bâtisse : au fond de la cour à gauche, un très mignon petit salon de thé.

SANTA TERESA (zoom)

Pour s'y rendre, prendre le tramway *(bonde)* ou les bus nos 214 et 206 depuis la praça Floriano dans le Centro (*plan II, E5* ; ticket combiné avec le métro). On vous conseille, entre autres, la ***rua Aprazível*** *(zoom).* Le parcours jusqu'au ***museu da Chácara do Céu*** (voir ci-après) est aussi très agréable, avec un beau point de vue sur la baie de Copacabana. Enfin, le petit ***largo das Neves*** *(zoom)* rassemble quelques bars qui ouvrent de manière fantaisiste. Pour rejoindre à pied Glória ou Catete, descente agréable le long des pavés par la rua Almirante (fléché). En revanche, on déconseille la montée, à moins de vouloir faire bosser son fessier avant d'aller se trémousser à Ipanema !

Museu da Chácara do Céu *(zoom) : rua Murtinho Nobre, 93. ☎ 3970-1093. • museuscastromaya.com.br • Depuis la station du Bonde largo do Curvelo, prendre la rampe sur la gauche, c'est au bout de la rue. Tlj sf mar et j. fériés 12h-17h. Entrée : 2 Rls.* Au sommet d'une colline, entouré d'un agréable jardin d'où l'on a une vue unique sur Rio, voilà un endroit à ne pas manquer. Collections exposées dans une très belle maison ayant appartenu à l'industriel et mécène Raymundo Ottoni de Castro Maya, un Brésilien qui avait passé son enfance en France. Y sont exposés de grands peintres brésiliens : Visconti, et surtout Portinari. Également des tableaux de De Vlaminck, Courbet, Van Dongen, Monet. Dans la grande bibliothèque, notez les œuvres complètes de Gide et les nombreux ouvrages en français. Dans l'escalier, deux superbes toiles de Portinari. Intéressant mobilier des XVIIe et XIXe s et petite collection d'art asiatique.

AILLEURS À RIO

Dans la Zona norte (plan d'ensemble)

Les quartiers nord de Rio ont retrouvé un intérêt touristique avec l'aménagement dans le quartier portuaire de la Cidade do Samba, grand espace culturel et musical.

Cidade do Samba (plan d'ensemble) : *rua Rivadavia Correa, 60. ☎ 2213-2503. • cidadedosambarj.globo.com • Quartier de Gamboa et de la zone portuaire.* Un espace de 10 ha dans le quartier du port, au nord de la ville, aménagé par la municipalité de Rio. La Cité de la samba a subi un coup dur quelques semaines seulement avant l'édition du carnaval 2011, avec un terrible incendie qui a ravagé le musée et trois ateliers d'écoles de samba. La *Cidade do Samba* est peu à peu rénovée et reste dédiée à cette célèbre musique et danse brésilienne.

Museu nacional *(plan d'ensemble) : dans le parc de Quinta da Boa Vista, av. Dom Pedro II. ☎ 2562-6901. • museunacional.ufrj.br • Ⓜ São Cristóvão. Tlj sf lun 10h-16h. Entrée : 6 Rls ; réduc.* Superbes jardins dans lesquels se trouve le *palácio São Cristóvão,* où a été installé le Musée national. La famille impériale y séjourna pendant huit décennies, jusqu'à la proclamation de la république en 1889. C'est le plus grand musée d'Histoire naturelle du Brésil, réunissant d'impressionnantes collections zoologiques, archéologiques, ethnologiques, botaniques. Très riches collections avec, entre autres, la plus grande météorite tombée en Amérique du Sud, le *Bendego,* d'un poids supérieur à 5 t. Dommage que la muséographie soit si modeste.

PIERRE QUI ROULE...

En 1784, Joaquim da Motta Botelho découvrit une pierre extraordinaire qui contiendrait de l'or et de l'argent. En réalité, il s'agit d'une des plus grosses météorites trouvées à ce jour. Il ne fallut pas moins d'une douzaine de paires de bœufs pour ébranler le cortège, qui s'emballa illico dans la pente et déversa sa charge, à 200 m à peine de son point de départ... Ce n'est qu'un siècle plus tard qu'on trouva le moyen technique de la rapatrier à Rio.

Stade du Maracanã – Estádio Mário Filho (plan d'ensemble) : *rua Professor Enrico Rabelo et av. Maracanã. Infos (visites) : ☎ 8871-3950. • suderj.rj.gov.br • Ⓜ Maracanã. Le meilleur moyen d'accès reste le métro. En bus, prendre le nº 464. Visites en anglais ttes les heures impaires. Tarif : 40 Rls.* Même si vous n'êtes pas un fana de foot, essayez quand même d'assister à un match dans ce stade mythique, l'un des plus grands du monde. Un vrai moment d'émotion populaire, un happening inoubliable ! Même si le stade est entièrement rénové depuis la Coupe du monde de football 2014, ce qui a entraîné la suppression des tribunes « debout » et donc une forme d'exclusion pour les aficionados les moins fortunés. Petits conseils : si vous avez la chance d'assister à un derby Flamingo-Fluminense au stade de Maracanã, évitez le rouge et le noir, ainsi que le noir et le blanc : vous pourriez être assimilé à un supporter et vous attirer des ennuis si vous n'êtes pas au bon emplacement !

En principe, les matchs ont lieu le dimanche à 17h ou le mercredi soir. S'y rendre la veille de préférence au plus tard 1h à l'avance. Compter 20-50 Rls. Certains hôtels et agences touristiques proposent des forfaits aller-retour pour Maracanã. C'est plus cher et on se coupe un peu de la masse vibrante des spectateurs, mais c'est plus confortable. Enfin, pour les grands matchs, si vous voulez éviter la cohue, sortez 5 mn avant la fin. On peut aussi visiter le stade en dehors des matchs *(tlj 9h-18h ; 40 Rls/pers).*
– Également la possibilité de visiter le ***museu de Esportes Mané Garrincha*** *(même adresse, portão 18).*

À faire

– ***Survol de Rio en hélicoptère :*** *au Pain de Sucre, au 1er niveau du téléphérique, un petit stand Helisight et un héliport vous attendent ; ou alors directement à l'héliport de la Lagoa (av. Borges de Medeiros), et encore Mirante Dona Marta, près du Corcovado. Résas : ☎ 2511-2141 ; 2542-7895 w-e et j. fériés. • helisight.com.br • De 370 Rls/pers pour 7 mn de vol à 1 860 Rls pour 1h ! Attention, vols à partir de 3 pers min.* Cher, bien sûr, mais inoubliable.
– ***Survol de Rio en parapente et en deltaplane :*** *env 480-580 Rls. Vols de 10 à 30 mn selon le vent.* Cher également, mais sans doute inoubliable. Les vols se font en tandem, mais il faut ne pas dépasser un poids de 100 kg par personne ! Les envols se font d'un pain de sucre *(morro)* appelé Pedra Bonita (altitude 520 m) en bordure de la forêt de Tijuca, et l'atterrissage a lieu sur la plage de São Conrado.

■ ***Delta Flight :*** *📱 99693-8800. • deltaflight.com.br • Départ vers 7h, retour vers 14h-15h.* Demandez le dynamique et sympathique Ricardo Hamond, qui parle l'anglais (et un peu le français). Instructeur breveté et expérimenté en deltaplane et parapente, qui compte plus de 9 000 vols à son actif.
■ ***Just Fly Hang Gliding :*** *☎ 2268-0565. 📱 99985-7540. • justfly.com.br • Vols de 10 à 30 mn.* Paulo dispose d'une longue expérience en matière de vol libre.
■ ***Rio Adventures :*** *☎ 2705-5747. • rioadventures.com •* Propose des vols en deltaplane, parapente... et tout un tas d'autres activités sportives et culturelles.
■ ***São Conrado Eco-Aventuras :*** *☎ 2522-5586. 📱 99966-7010. • saoconradoecoaventuras.com.br •* Trekking, deltaplane, parapente, jeep...

➢ ***Balade en voilier dans la baie de Guanabara :*** *avec* ***Saveiros Tour,*** *av. Infante Dom Henrique s/n, lojas 13-14, dans la marina de Glória. ☎ 2225-6064. • saveiros.com.br • Départ tlj à 9h30. Achat des billets 15 mn avt. Env 60 Rls/pers.* Balade de 2h, autour des plages d'Urca, de Copacabana, d'Arpoador, de Niterói, de l'île de Villegaignon, pour découvrir la ville sous un autre angle... Organise aussi des excursions en voilier à Ilha Grande, Parati ou Búzios.

– ***Surf :*** les meilleurs spots sont *Arpoador* et *Praia do Diabo* (Ipanema), la *plage de Barra da Tijuca* (Quebra-Mar, Postinho, Pepê), *Barra Meio* (en face de l'avenida Lucio Costa), où se déroulent les championnats de surf, *Macumba Ponta,* après Recreio, pas loin du camping, mais c'est plus gros. *Prainha,* superbe crique, et enfin *Grumari,* un peu plus au sud.
– Pour ***louer le matériel,*** rendez-vous rua Francisco Otaviano, 67, à Arpoador (voir plus haut la rubrique « Achats. Maillots de bain... »).

Plongée : à Rio, les meilleurs spots de plongée se situent dans l'archipel des Cagarras (en face d'Ipanema) et dans les îles Tijucas (Barra da Tijuca). Diverses possibilités, avec notamment *Dive Point (av. Ataulfo de Paiva, 1174/ss4, à Leblon ; 📱 96429-0895),* agence sérieuse qui propose aussi des vols en deltaplane, des excursions en bateau jusqu'à Parati, etc.

– ***Randonnées, escalade, alpinisme :*** infos et excursions auprès de diverses agences spécialisées dans les activités sportives à Rio, ou encore avec le *Centro Excursionista Brasileiro* *(av. Alm. Barroso, 2 ; ☎ 2252-9844 ; • ceb.org.br •).*

Marchés et foires

– ***Feira hippie*** *(plan III, K8)* **:** *dim jusqu'à 19h env, praça General Osório, au début de la plage d'Ipanema. Infos : • feirahippieipanema.com • Ⓜ Ipanema/General Osório.* Bijoux, vêtements, instruments de musique, objets en bois. Ambiance sympa, très touristique.
– ***Feira do Rio Antigo*** *(plan I, B2-3)* **:** *1er sam du mois 10h-18h, rua do Lavradio (Lapa).* On y vend meubles, antiquités, livres, disques et bibelots, dans une ambiance relax.
– ***Feira Nordestina :*** *dans le pavillon de São Cristovão (plan d'ensemble). Bus nº 474 de Copacabana ou nº 311 depuis la praça Floriano. Mar-jeu 10h-18h, et non-stop à partir de 10h ven jusqu'à 21h dim ! Concerts ven-dim à partir de 20h. Infos : • feiradesaocristovao.org.br • Entrée payante w-e : 3 Rls.* C'est un genre d'immense foire populaire où les « immigrés » du Nordeste se retrouvent et vendent les spécialités de leur région : artisanat, hamacs (les moins chers de Rio), plats cuisinés, viandes fumées, etc. On y voit également des camelots et jeux de hasard. Très nombreux bars et gargotes où l'on peut grignoter et boire un verre en plein air, au son du *forró.* Près de 700 stands en tout et plus de 60 ans d'existence ! Et même si depuis quelques années le marché a gagné en propreté car tout est bétonné, cela n'enlève rien à l'authenticité du lieu ! Une bonne idée du folklore nordestin.

Fêtes et manifestations

– ***Hommage à Iemanjá :*** *la nuit du 31 déc.* Le soir du réveillon, vêtus de blanc, les Cariocas se rendent par milliers sur la plage de Copacabana pour assister aux feux d'artifice, mais aussi pour jeter des fleurs dans l'eau, en hommage à cette déesse de la Mer. Si elles franchissent la barre des sept vagues, elles seront reçues par la déesse, et les vœux seront exaucés. L'ambiance est familiale, apaisée, mais loin d'être recueillie. À minuit, le sable est déjà jonché de fleurs mouillées revenues sur la grève lorsque les bouchons de mousseux sautent et que les concerts commencent. Le gros de la foule s'évapore dans des fêtes privées, et le reste danse sur la plage. C'est la fête la plus importante de Rio avec le carnaval.
– ***Fête des Rois mages :*** *6 janv.* Correspond à la *fête du Reisado* dans le Nordeste.
– ***Rio Folle Journée :*** *pdt 5 j. en juin.* Même principe que les « Folles Journées » de Nantes. Des dizaines de concerts de musique classique autour d'un compositeur, dans plusieurs salles de Rio. Avec de nombreux artistes internationaux et l'orchestre philharmonique national. Infos auprès de l'office de tourisme.
– ***Festas Juninas :*** ce sont notamment les fameuses fêtes de ***Saint-Antoine*** (13 juin), de la ***Saint-Jean*** (24 juin) et de ***Saint-Pierre*** (29 juin). Danses folkloriques, défilés, etc. Un événement très populaire dans toute la ville, en particulier au pavillon de São Cristovão (voir « Marchés et foires ; Feira Nordestina »). Les fêtes se poursuivent aussi pendant tout le mois de juillet.
– ***Marathon de Rio :*** *fin juin. Ttes les infos sur le site • maratonadorio.com.br •* Avis aux amateurs, inscription en ligne pour le marathon officiel, le « semi-marathon » (21 km) ou la course familiale, de 6 km.
– ***Festival do Rio :*** *fin sept-début oct. Infos : • festivaldorio.com.br •* Festival de cinéma international, très réputé en Amérique latine.

DANS LES ENVIRONS DE RIO DE JANEIRO

🚶 ***Palácio da ilha Fiscal :*** *sur une île, face à l'espace culturel de la Marine (av. Alfredo Agache ; plan d'ensemble), d'où vous prendrez le bateau (slt jeu-dim à*

12h30, 14h et 15h30 ; embarquement 15 mn avt). ☎ 2233-9165. Visites guidées. Ce petit palais vert amande à l'allure gothique abrita le premier et dernier bal de l'empire, en novembre 1889, puisque quelques jours plus tard fut proclamée la république. Notez les superbes vitraux représentant Dom Pedro II et la princesse Isabel. Agréable visite et très belle perspective sur les gratte-ciel de Rio.

Ilha de Paquetá : *prendre le bateau régulier (tlj 5h15-23h env, départs ttes les 2h env ; une bonne heure de trajet) ou l'aéroglisseur (en sem, ttes les 2h 10h-14h ; w-e, ttes les heures 8h-17h ; 20 mn), beaucoup plus cher. Départ sur les quais derrière la praça 15 de Novembro (plan I, D1). Infos sur • ilhadepaqueta.com.br •* Une petite île en plein cœur de la baie de Guanabara, au nord-est de Rio et au large de l'ilha do Governador. L'une des promenades favorites des Cariocas. Île sans voitures ni motos. Parc agréable. Location de vélos. Plages et quelques restos. Laissez-vous tenter par une petite balade en calèche pour faire le tour de l'île, les guides qui le proposent ont souvent de bonnes anecdotes à raconter.

Niterói : ville d'environ 474 000 habitants, à une vingtaine de kilomètres de Rio, de l'autre côté de la baie de Guanabara. La ville en soi n'a pas d'intérêt. C'est la balade pour s'y rendre qui est très chouette, soit en empruntant le pont de 14,5 km (péage : 5,25 Rls) qui court sur la mer – économisant un détour de 150 km –, soit le bateau (ferry ou catamaran : environ 5 Rls l'aller) en fin d'après-midi. Navette de la praça 15 de Novembro *(ttes les 15 mn 6h-23h en sem et ttes les heures w-e et j. fériés).* Le retour en bateau offre une arrivée splendide sur Rio.
À voir absolument, si vous y allez :
– ***Museu de Arte contemporânea*** *(MAC) : mirante da Boa Viagem. ☎ (021) 2620-2400. • macniteroi.com.br • Du débarcadère, prendre le bus 47B. Tlj sf lun 10h-18h. Entrée : 10 Rls ; réduc ; gratuit mer.* Sorte de soucoupe volante géante construite sur des plans de Niemeyer, il abrite une collection d'œuvres d'artistes brésiliens contemporains réputés. Toutefois, on y va essentiellement pour la vue sur la baie de Rio et pour son étonnante architecture. Agréable resto avec vue superbe à l'intérieur du musée.
– ***Fortaleza de Santa Cruz :*** *estrada Gal Eurico Gaspar Dutra. ☎ (021) 2710-2354. Visites guidées mar-dim 9h-17h (10 Rls).* Un des premiers forts érigés sur la baie de Guanabara (1555), avec une superbe vue sur la baie.

Les plages d'Itaipu et Itacoatiara, après la *lagoa de Itaipu.* Les plus belles et les plus propres de Niterói. Itacoatiara enchantera les amoureux de la nature et du surf, tandis qu'Itaipu séduira les amateurs de fruits de mer et de couchers de soleil romantiques. À faire si vous avez une voiture, car elles sont un peu loin (45 mn environ du centre de Rio).

QUITTER RIO DE JANEIRO

En bus

Rodoviária Novo Rio *(plan d'ensemble) : av. Francisco Bicalho, 1 (entre Santo Cristo et São Cristovão). ☎ 3213-1800.* Pour s'y rendre, depuis l'un ou l'autre des aéroports : bus de la compagnie *Real.* Depuis le Centro : bus nos 127, 128 ou 171 ; depuis Flamengo, Catete, Botafogo : bus nos 172 ou 178 ; depuis Copacabana : bus nos 126, 127, 128 ou le *frescão* (av. N. S. da Copacabana) ; depuis Ipanema : bus nos 128, 474, 486 ou le *frescão* (av. Ataulfo de Paiva) ; depuis Leblon : bus nos 128, 172 et 173. Grande gare routière aménagée dans le style d'un aéroport. Tous services, location de voitures, consigne, etc. Tarifs, horaires et coordonnées des compagnies sur le site *• novorio.com.br •*
– À noter qu'il est préférable d'acheter ses billets dans une agence de voyages spécialisée, afin d'éviter un A/R fastidieux et de longues queues. Quelques adresses : ***Guanatur*** *(rua Dias da Rocha, 16A, à Copacabana ; plan III, K7-8 ; ☎ 2548-3275) ;* ***Paxtur***

(rua Visconde de Pirajá, 303, sala 114, à Ipanema ; plan III, J8 ; ☎ 2523-1000) ; **Dantur** *(largo do Machado, 29, loja 47, à Catete ; plan II, G4-5 ; ☎ 2557-7144).*

➢ Bus ***vers São Paulo*** ttes les 15 mn (6h de trajet) et vers ttes les villes importantes et touristiques. ***Angra dos Reis :*** 3h *(Costa Verde, ☎ 2516-2437)* ; ***Búzios :*** 3h30, 1 dizaine de bus/j. *(Cie 1001, ☎ 4004-5001)* ; ***Parati :*** 4h *(Costa Verde)* ; ***Ouro Preto :*** 7h *(Útil)* ; ***Foz de Iguaçu :*** 22h *(Expresso Kaiowa)* ; ***Curitiba :*** 11h ; ***Salvador :*** 28h *(Águia Branca, Itapemirim)* ; ***Recife :*** 38h *(Itapemirim)* ; ***Vitória :*** 8h *(Águia Branca)* ; ***Brasília :*** 17h *(Itapemirim)* ; ***Petrópolis*** *(Única Fácil)* et ***Teresópolis.***

➢ ***Vers l'Argentine et le Chili :*** 2 compagnies. Pour Buenos Aires, Santiago, Asunción, Ciudad del Este : *Pluma Internacional (box 62 ; ☎ 2263-9235 ; tlj 7h-22h).* Pour Puerto Iguazu et Buenos Aires : *Crucero del Norte (box 50 ; ☎ 3186-5466 ; lun-ven 9h-21h, w-e 9h-18h).*

En avion

Pour rejoindre l'aéroport international Tom Jobim depuis le Centro, prendre les bus nos 324 ou 326. Depuis la zone sud (Copacabana, Ipanema, Leblon, São Conrado et Barra da Tijuca), les bus *Premium* de la compagnie *Real* font le tour des plages et passent toutes les 30-40 mn sur tout le littoral. Ils n'ont pas de numéro, mais à l'avant est marqué « Aeroporto ». Horaires peu précis. En principe, ils passent par l'aéroport Santos-Dumont. Pour ce dernier, on peut prendre sinon les bus nos 126, 132 et 497 depuis le Centro ; les nos 128, 132 et 145 depuis Copacabana, Ipanema et Leblon ; les nos 126, 132 et 497 depuis Flamengo et Catete.

➢ Liaisons aériennes avec tout le pays ou presque... Certains vols intérieurs partent non pas de l'aéroport Santos-Dumont, mais de l'aéroport international Tom Jobim. Bien vérifier son billet.

AUTOUR DE RIO

• Carte *p. 151*

Il existe, dans un rayon de 200 km autour de Rio, de magnifiques excursions à réaliser : des villes coloniales superbement conservées, des plages de rêve au sable blanc et fin, des îles et îlots pour jouer au Robinson, des forêts, des cascades... Possibilité de s'y rendre en bus depuis la *rodoviária Novo Rio,* bien sûr, ou en transfert privé depuis l'aéroport ou votre hôtel, mais avec une voiture de location vous disposerez d'autonomie, notamment pour accéder aux plages isolées et pour les balades en montagne.

À L'EST

On y trouve, dit-on, les plus belles plages de la région. Du turquoise limpide à l'indigo profond, le dégradé de bleu de la mer est en effet saisissant. Quant au sable, il est si fin, si blanc, qu'on dirait de la poudre de riz ! Si bien que l'endroit a connu un fort développement touristique, à l'image de Búzios, station balnéaire que l'on peut rallier en 3h30 de bus. Le village – certes développé – s'étend dans un cadre naturel assez bien préservé. De quoi passer 1 ou 2 jours de farniente, à la découverte de ses nombreuses plages, propices à la baignade ou au surf.

LA RÉGION DE RIO DE JANEIRO

BÚZIOS (ARMAÇÃO DOS BÚZIOS)

env 29 800 hab. IND. TÉL. : 22

• Plan *p. 154-155*

C'est une des destinations phares du littoral brésilien, prisée des touristes argentins et uruguayens qui viennent s'y offrir un séjour en maillot de bain. Ses ruelles pavées, ses jolies boutiques, ses quelque 200 *pousadas* et hôtels et sa cinquantaine de restos donnent à cette station balnéaire un petit côté Saint-Tropez qui peut séduire les uns, excéder les autres... Du temps où Brigitte Bardot la fréquentait, ce n'était qu'un petit port méconnu. Aujourd'hui, si quelques barques de pêcheurs y dodelinent encore, la station ne cesse de s'étendre. La population quadruple en été (entre Noël et mi-mars environ), les jours fériés et pendant les week-ends ensoleillés. Mieux vaut donc éviter cette période, à moins d'aimer la foule et les nuits occupées à danser, boire et draguer jusqu'au petit matin. Mais si Búzios est chère et bondée l'été, on peut s'y baigner presque toute l'année, et elle est donc loin d'être désagréable en basse saison, même si ce n'est pas la même ambiance. Certains la trouveront presque trop calme...

ET BB CRÉA BÚZIOS...

Búzios a été « lancée » par Brigitte Bardot dans les années 1960. Une des rues principales de la ville porte d'ailleurs son nom, et une statue lui rend hommage, sise face à cette mer turquoise qu'elle appelait « champagne bleu »... Depuis son passage, ce tranquille village de pêcheurs a connu une véritable ruée vers l'or touristique, tendance chic et branchée.

Surtout, Búzios est située dans une péninsule très découpée, composée de 26 plages, toutes plus différentes et plus jolies les unes que les autres. On choisit sa plage de résidence selon son budget, ses envies et ses besoins : familles ou surfeurs, amoureux ou noceurs. Ici, pas de constructions hideuses et désordonnées (les hauts immeubles sont interdits), les *pousadas* aux toits de tuiles rivalisent de charme et d'hospitalité, et ce n'est pas pour rien qu'on y trouve des Européens installés à l'année...

Arriver – Quitter

En avion

➢ Outre la proximité de ***Rio*** (env 180 km) les compagnies *Azul* et *Trip* assurent des vols en fin de semaine avec São Paulo et Belo Horizonte depuis l'aéroport de Cabo Frio, situé à 25 km de Búzios.

En bus

Rodoviária *(gare routière ; plan C2 et zoom)* ***:*** *estrada da Usina. ☎ 2623-2050. Juste avt le centre.* On achète les billets en face, de l'autre côté de l'avenue, à l'agence *Auto Viação 1001* *(● autoviacao1001.com.br ●).*

➢ ***Rio :*** une dizaine de liaisons/j. dans les 2 sens (bus avec AC, notamment avec *Viação 1001*), 7h-19h (à Rio, départs depuis la *rodoviária Novo Rio* ; voir « Quitter Rio »). Durée : 3h. Billet : env 50 Rls.

En voiture

➢ Depuis Rio, prendre le pont de Niteról puis la BR 101, direction Campos (péages) ; au niveau de Rio Bonito, bifurquer sur la RJ 124 (via Lagos) vers Cabo Frío, puis suivre Búzios (RJ 102). Bien indiqué. Compter 3h de route. Attention aux embouteillages lors des week-ends ensoleillés et des jours fériés.

Comment circuler ?

Búzios est étalée sur une péninsule aux multiples baies. Chaque quartier s'est développé en bordure d'une plage (Geribá, Tartaruga, Ferradura...) parfois assez éloignée du centre, qui se situe, lui, dans la partie nord de la péninsule, au bord de la praia do Canto. Si vous arrivez en bus, vous pouvez demander qu'on vous dépose en chemin dans l'un ou l'autre de ces quartiers, selon l'endroit où vous logez.

Traversant Búzios dans toute sa longueur, l'avenida José Bento Ribeiro Dantas fait office de colonne vertébrale de la ville, distribuant les différentes plages. En arrivant au centre, elle se divise en deux : un axe emprunte le bord de mer (rua das Pedras puis Orla Bardot) ; l'autre axe (estrada da Usina) longe le centre par l'intérieur des terres. Les deux se rejoignent à la praça dos Ossos.

➢ ***En bus :*** les bus se cantonnent à l'avenue principale. De là, il faut marcher pour rejoindre les différentes plages. Ils vont jusqu'à Cabo Frio. Billet : env 4 Rls. Également des minibus, sortes de taxis collectifs de 6-10 places qui, eux aussi, ne circulent que sur l'avenue principale. Compter 2-3 Rls selon la distance et la saison.

➢ ***En taxi aquatique :*** des sortes d'embarcations à pédales motorisés qui vous emmènent d'une plage à l'autre pour à peine plus cher que le bus. Agréable et pratique. Compter 5-15 Rls selon la distance.

➢ ***En buggy :*** bien pratique pour rejoindre les plages les plus éloignées, même si ce n'est pas franchement écolo. On trouve des loueurs un peu partout en ville. Compter 150 Rls les 24h.

➢ ***En taxi :*** *☎ 2623-2160 ou 6618.* Stations à la gare routière *(plan C2 et* *zoom)* et praça Santos-Dumont *(plan zoom).*

➢ ***En voiture :*** on peut rejoindre presque toutes les plages en voiture, mais dans le centre, mieux vaut évoluer à pied. Stationnement payant à chaque plage, à régler au préposé en uniforme. Compter 10 Rls le ticket. Il est valable de 6h à 18h ou de 18h à 6h, et ce pour toutes les plages (pas besoin de repayer si l'on se déplace).

Adresses utiles

Centro de Informacões turísticas *(plan zoom)* **:** *travessa dos Pescadores. ☎ 2633-6200. • visitbuzios.com • Tlj 8h-22h.* Documentation, plan de la ville et de la presqu'île (plages).

✉ ***Poste*** *(plan zoom)* **:** *estrada da Usina, presque en face de la gare routière. Lun-sam 9h-17h (13h sam).*

@ ***Internet :*** quasiment tous les hôtels disposent d'accès à Internet, et vous trouverez des cybercafés dans le centre.

■ ***Change :*** dans les agences de voyages, comme ***Malizia Tours*** *(en face du ponton ; plan zoom,* ***1*** *; ☎ 2623-2022 ; tlj 9h-12h).* Plusieurs bureaux de change au niveau de praia da Armação également *(plan C1).*

■ ***Banco do Brasil*** *(plan zoom,* ***2****)* **:** *rua Manoel de Carvalho.* Accepte la carte *Visa.* Guichets automatiques 6h-22h. Également un distributeur automatique face à l'office de tourisme.

■ ***Bradesco*** *(plan zoom,* ***3****)* **:** *av. José Bento Ribeiro Dantas, 254.* Nombreux guichets automatiques accessibles de 6h à 22h. D'autres banques dans la même avenue, notamment *Itaú.*

■ ***Centro Médico Búzios*** *(plan zoom,* ***4****)* **:** *rua César Augusto São Luis, 100. ☎ 2633-0200. Tlj 8h30-21h.*

Supermarché Empório Econômico *(plan zoom,* ***5****)* **:** *av. J. B. R. Dantas. Tlj 8h-22h (sam minuit, dim 20h).* Pratique et pas cher, pour faire ses courses pour le pique-nique.

Où dormir ?

Pas facile de se loger bon marché à Búzios, surtout en haute saison (résa impérative). Nous avons classé les adresses dans l'ordre géographique, en commençant par la première que l'on rencontre en arrivant en ville. Les secteurs les moins chers sont Geribá et Tartaruga, tous deux assez excentrés. On choisit en fait son quartier en fonction de sa plage (lire plus loin le descriptif de chacune).

■ **Adresses utiles**

- Centro de Informacões turisticas *(zoom)*
- **1** Malizia Tours *(zoom)*
- **2** Banco do Brasil *(zoom)*
- **3** Bradesco *(zoom)*
- **4** Centro Médico Búzios *(zoom)*
- **5** Supermarché Empório Econômico *(zoom)*

Où dormir ?

- **10** Búzios Hostel
- **11** Chez Marine
- **12** Camping Búzios
- **13** El Misti Yellow
- **14** Le Palmier
- **15** Che Lagarto Hostel *(zoom)*
- **17** Chez Nice *(zoom)*
- **18** Cesar Apartamentos
- **19** Casa Búzios

Où manger ?

- **30** Salsa Tempero e Arte *(zoom)*
- **31** Cantinho da Batata *(zoom)*
- **32** Bananaland *(zoom)*
- **33** Estância Don Juan *(zoom)*
- **34** Parvati *(zoom)*
- **35** Satyricon
- **36** Rocka Beach Lounge & Restaurante

Où boire un verre ? Où sortir ?

- **36** Rocka Beach Lounge & Restaurante
- **40** Anexo Praia *(zoom)*
- **41** Chez Michou *(zoom)*
- **42** Pátio Havana *(zoom)*
- **43** Privilège

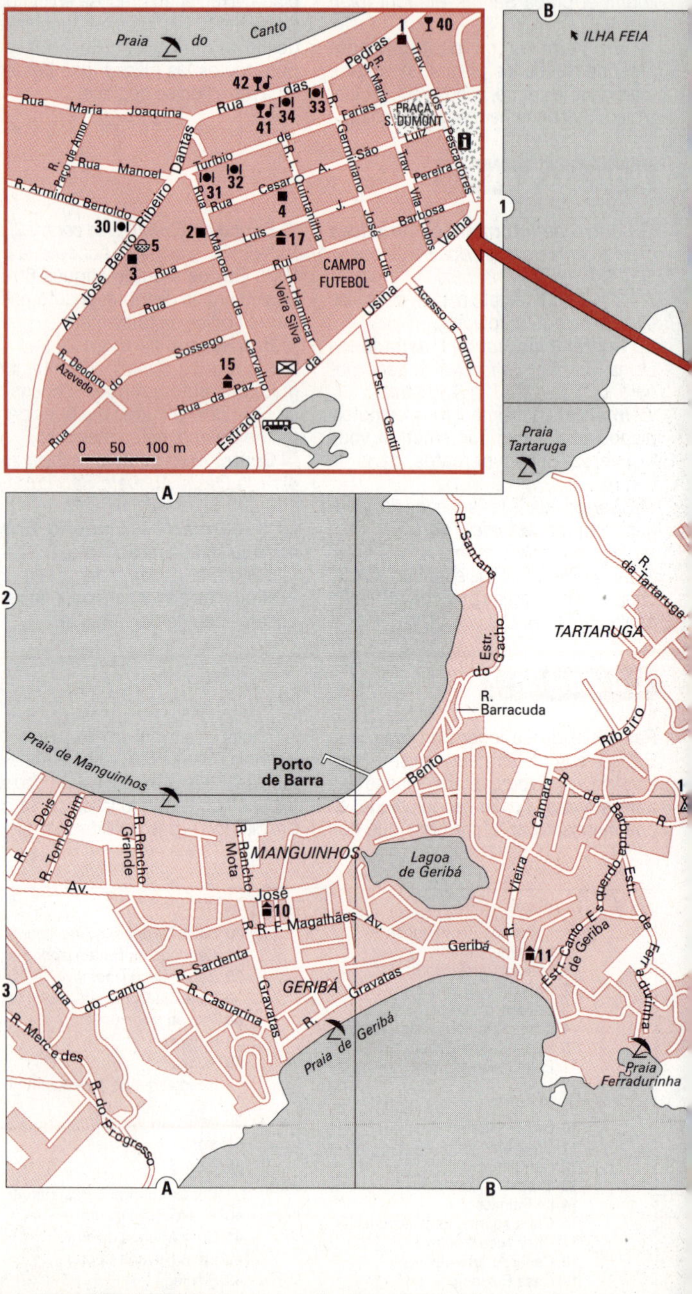
Praia do Canto
Rua Maria Joaquina
Rua das Pedras
R. S. Maria
Trav. dos Pescadores
PRAÇA S. DUMONT
R. Germiniano
Farias
Luiz
São
Trav. Pereira
Vila Lobos
Barbosa
Velha
J.
A.
Turíbio
de
R. L. Quintanilha
Cesar
José
Luis
R. Paço de Amor
Rua Manoel
R. Armindo Bertoldo
Dantas
Ribeiro
Av. José Bento
Rua Manoel de Carvalho
Rua Luis
Rui
R. Hamilcar Veira Silva
CAMPO FUTEBOL
Usina
Acesso a Forno
Rua
Rua
Sossego
R. Deodoro do Azevedo
Rua da Paz
Estrada da
R. Pst. Gentil
Rua
0 50 100 m
ILHA FEIA
Praia Tartaruga
R. Santana
R. da Tartaruga
TARTARUGA
Estr. do Gacho
R. Barracuda
Ribeiro
Bento
Praia de Manguinhos
Porto de Barra
R. Câmara
R. de Barbuda
R. Dois
R. Tom Jobim
R. Rancho Grande
R. Rancho Mota
MANGUINHOS
Lagoa de Geribá
Av.
José
R. F. Magalhães
Av.
Geribá
R. Vieira
Estr. Canto Esquerdo de Geribá
Estr. de Ferradurinha
Rua do Canto
R. Sardenta
R. Casuarina
Gravatas
GERIBÁ
Gravatas
R.
Praia de Geribá
Praia Ferradurinha
R. Merc e des
R. do Progresso

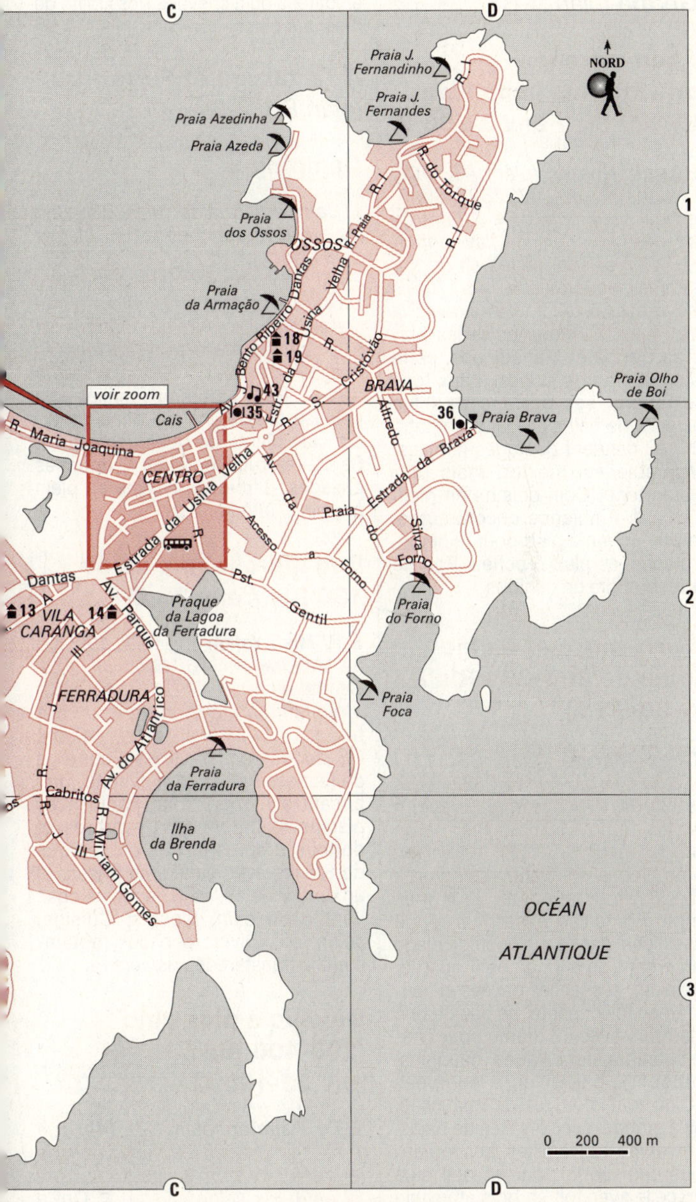
NORD
Praia J. Fernandinho
Praia J. Fernandes
Praia Azedinha
Praia Azeda
Praia dos Ossos
OSSOS
Praia da Armação
R. do Torque
R. Praia
Dantas
Av. J. Bento Ribeiro
Estr. da Usina Velha
R. Cristóvão
BRAVA
Praia Olho de Boi
36
Praia Brava
Estrada da Brava
Alfredo
Silva
voir zoom
Cais
R. Maria Joaquina
CENTRO
Estrada da Usina Velha
Av. da Praia
Acesso a Forno
Estrada do Forno
Praia do Forno
Pst. Gentil
Dantas
13
VILA CARANGA
14
Av. Parque
Praque da Lagoa da Ferradura
Praia Foca
FERRADURA
Av. do Atlantico
Praia da Ferradura
Cabritos
R. Miriam Gomes
Ilha da Brenda
OCÉAN ATLANTIQUE
0 200 400 m
18
19
43
35
C
D
1
2
3

BÚZIOS

LE SUD-EST

À Geribá (plan A-B3)

De bon marché à prix moyens (moins de 130-200 Rls / env 33-50 €)

Búzios Hostel (plan A3, **10**) : *rua Marisol, 35. ☎ 2623-6024. • buzioshostel.com.br • À l'entrée de la ville, à l'angle de l'av. principale. Selon saison, nuitée en dortoir 60-80 Rls ; doubles env 140-170 Rls (avec ventilo ou AC). Réduc avec la carte HI.* Située entre les plages de Geribá et Manguinhos, cette petite auberge de jeunesse aux tons ocre répartit ses dortoirs de 8 lits avec salle de bains autour d'un patio fleuri, où pendent quelques hamacs. L'ensemble est vieillot, mais plutôt bien tenu. Coin cuisine en plein air, billard. Ambiance décontractée. Compter 15 mn à pied pour rejoindre les plages les plus proches. Pour le centre, prendre un minibus.

De prix moyens à chic (moins de 200-300 Rls / env 50-75 €)

Chez Marine (plan B3, **11**) : *aldeia de Geribá, 18. ☎ 2623-6299. 99995-0416. • chezmarine.com • Doubles env 210-230 Rls selon confort ; env 295-335 Rls en saison (de fin déc à mi-mars). Quadruple 385-550 Rls.* À deux pas de la mer. Marine, Française expatriée, reçoit sans chichis dans sa maison de plage perdue dans un mignon petit quartier entrelaçant ses ruelles pavées et fleuries. Déco foisonnante, un peu de bric et de broc, avec un thème pour chaque chambre (coquillages, dauphins, bambou...), par ailleurs équipées d'AC ou ventilo. Au rez-de-chaussée, la plus grande, avec 2 salles de bains, est réservée aux familles. Les romantiques choisiront, pour un poil plus cher, celle avec toit en bois amovible au-dessus du lit : ils dormiront ainsi sous les étoiles... Piscine, et des romans en français, pour buller. En bonus, prêt de vélos, kayaks, sorties en bateau ou à cheval... Possibilité de dîner sur place.

À Tartaruga et Ferradura (plan B-C2-3)

Camping

Camping Búzios (plan B3, **12**) : *rua do Contorno, entre les plages de Ferradura et Geribá. ☎ 2623-2500. • campingbuzios.com.br • De la rua Ferradura, prendre à droite juste après* Le Palmier, *continuer tt droit puis prendre à droite dans le virage. Compter 50 Rls/pers en hte saison.* Petit camping familial à la pelouse grasse, installé dans un jardin clos planté de quelques arbres. Sanitaires rudimentaires (2 douches chaudes, 2 froides), cuisine en plein air, minicafétéria.

Bon marché (moins de 130 Rls / env 33 €)

El Misti Yellow (plan C2, **13**) : *rua da Mandragora, 13. ☎ 2623-3174. Central de résa : ☎ (21) 2547-2661. • elmistihostelbuzios.com • Nuitée env 55-75 Rls en hte saison. CB acceptées.* Grosse auberge de jeunesse en bord d'avenue, disposant à l'arrière d'un jardin avec piscine et barbecue. Chambres et dortoirs propres mixtes ou séparés de 8-9 lits avec sanitaires privés, et un dortoir de 19 lits (!), le moins cher. Ventilo ou clim, *lockers*. Cuisine, salon, etc. Divers services, notamment le transfert depuis/vers Rio.

De chic à plus chic (200-400 Rls / env 50-100 €)

Le Palmier (plan C2, **14**) : *rua J. VI, 14. ☎ 2623-2032. • pousadalepalmier.com.br • Doubles env 225-400 Rls selon saison.* Cette *pousada,* lovée dans un vaste jardin tropical, n'offre pas de vue sur la mer mais profite d'une situation tranquille, sans être pour autant trop éloignée du centre. Bungalows décorés sur divers thèmes (indien, égyptien, etc.), avec des objets rapportés de voyages. Chambres pour 2 à 4 personnes. Salons et agréable véranda pour le petit déj, sauna, grande piscine.

Dans le Centro (plan C2 et zoom)

De bon marché à prix moyens (moins de 130-200 Rls / env 33-50 €)

Che Lagarto Hostel (plan zoom, **15**) **:** *rua da Paz, 7. ☎ 2623-1173. • chelagarto.com • Nuitée en dortoir à partir de 45 Rls ; double avec sdb privée env 180 Rls.* Une adresse de la chaîne d'AJ *Che Lagarto*. Beaucoup d'Argentins donc, c'est l'occasion de pratiquer votre espagnol ! Dans un bâtiment clair et spacieux, à la déco pop et contemporaine, des dortoirs et chambres privatives avec sanitaires nickel. Souvent pas mal d'ambiance en saison, donc les couche-tôt iront dormir... ailleurs ! Pour le reste, pas mal de services sur place, notamment la résa d'excursions en bateau, petite terrasse avec micro-piscine, bar, etc.

Plus chic (plus de 300 Rls / env 75 €)

Chez Nice (plan zoom, **17**) **:** *rua Luiz Joaquim Pereira, 94. ☎ 2623-4035. Doubles env 280-450 Rls selon confort et saison. Parking.* Un petit havre de paix à deux pas de la rua das Pedras. Une *guesthouse* typique dans une maison basse, au cœur d'un jardin très fleuri et plein de charme. Chambres basiques ou plus confortables, selon vos moyens : TV et AC, frigo dans les plus grandes. Toutes avec vue sur le jardin et douche électrique. Petite piscine, sauna, prêt de livres, jeux, petites tables disposées dehors... Eunicie, la propriétaire, parle un peu le français.

Autour de la plage d'Armação (plan C1)

De prix moyens à chic (moins de 200-300 Rls / env 50-75 €)

Cesar Apartamentos (plan C1, **18**) **:** *av. J. B. R. Dantas, 974 (Orla Bardot). ☎ 2623-1349. • cesarbuzios.com • Sur la promenade qui longe la mer. Double env 180 Rls ; appart (jusqu'à 4 pers) env 300 Rls/j.* À deux pas du joli port d'Armação. Marcela et Cesar gèrent 4 appartements bien aménagés dans cette agréable petite résidence, à 10 mn à pied du centre. Ils ont tous vue sur la mer, certains avec petite terrasse. Les 3 chambres donnent sur la cour dans l'entrée. Il s'agit de doubles pièces avec cuisine, TV et AC. Un peu sombres et plus modestes, mais d'un bon rapport qualité-prix. À vous de faire votre petit déj, bien sûr.

De plus chic à très chic (300-500 Rls et plus / env 75-125 €)

Casa Búzios (plan C1, **19**) **:** *rua Morro de Humaitá, casa 1. ☎ 2623-4885. • pousadacasabuzios.com • Doubles env 360-560 Rls selon confort et saison.* Gros coup de cœur pour cette adresse de charme en surplomb du port de pêche, où vous accueille chaleureusement Frédéric. Une maison basse au toit de tuiles et patio, pleine de cachet. 6 chambres personnalisées, certaines vraiment vastes et pouvant accueillir un couple avec 2 enfants, d'autres avec un petit salon privatif ou même une jolie terrasse à l'arrière. L'ensemble est très lumineux, décoré avec goût de meubles patinés, gros carreaux de grès et plafonds lambrissés de blanc. Et on bénéficie de tout le confort moderne (AC et brasseur d'air, frigo-bar...). En prime, vue sur la mer depuis le jardin soigné à l'avant, avec une petite piscine et quelques transats. Et l'accueil de Fred qui dispense tous les bons conseils pour profiter de votre séjour à Búzios.

Où manger ?

Dans le Centro (plan C2 et zoom)

Bon marché (moins de 40 Rls / env 10 €)

|●| ***Salsa Tempero e Arte*** *(plan zoom,* ***30****) : av. J. B. R. Dantas, 94. ☎ 2623-9985. Env 25-30 Rls/pers.* Un petit coup de cœur pour ce resto *ao kilo* au cadre très agréable et lumineux. Grandes fenêtres donnant sur la rue, tables et chaises bistrot. La proprio, branchée bio et produits naturels, propose notamment les légumes cultivés dans le potager à l'arrière. C'est simple, frais, goûteux et varié, de quoi faire un bon déjeuner sain !

|●| ***Cantinho da Batata*** *(plan zoom,* ***31****) : rua Manoel Turíbio de Farias, 2. ☎ 2623-0016. Tlj.* Petite adresse où s'enfiler une grosse galette de pommes de terre, farcie de multiples ingrédients au choix : viande, légumes, fromage... assaisonnée à toutes les sauces ! Copieux et pas cher, à arroser d'une bière fraîche. Le tout servi efficacement dans une salle chaleureuse (murs de brique et nappes colorées) ou en terrasse.

|●| ***Bananaland*** *(plan zoom,* ***32****) : rua Manoel Turíbio de Farias, 50. ☎ 2623-2666. Tlj 11h30-22h30.* Dans une petite maison blanche flanquée de 4 tables sur le trottoir, voilà un *ao kilo* assez convivial, dans une rue qui en aligne un tous les 50 m. Plats variés et goûteux. Accueil très aimable.

Prix moyens (40-60 Rls / env 10-15 €)

|●| ***Estância Don Juan*** *(plan zoom,* ***33****) : rua das Pedras, 178. ☎ 2623-2169. Tlj jusqu'à 2h.* Ouverte sur la rue, une très belle *churrascaria* tout en bois, sur plusieurs niveaux, proposant différentes pièces de viande argentine, à tomber par terre. Carte des vins à l'avenant. Une fois par semaine, spectacle de tango *ao vivo*.

|●| ***Parvati*** *(plan zoom,* ***34****) : rua das Pedras, 144. ☎ 2623-1375. Tlj 12h-minuit.* Brasserie italienne spacieuse et animée, déroulant une carte riche et variée de spécialités transalpines, dont de généreuses pizzas à la pâte fine et moelleuse qui portent les noms des plages de Búzios. On enfourne le tout sous les portraits de Brigitte Bardot, Gandhi ou Pelé, et les publicités rétro sur plaques émaillées. Quelques tables sur le trottoir.

Plus chic (plus de 100 Rls / env 25 €)

|●| ***Satyricon*** *(plan C2,* ***35****) : av. J. B. R. Dantas, 500 (Orla Bardot). ☎ 2623-2691. Tlj 18h-minuit (2h ven-sam).* Avec sa baie vitrée surplombant le front de mer, ce resto de poisson et fruits de mer remporte la palme du chic et cher. C'est là que personnalités et autres stars du show-business viennent déguster une cuisine raffinée, notamment les coquilles Saint-Jacques, huîtres et oursins exhibés dans un immense aquarium. Les spécialités : le poisson entier en croûte de sel ou la « fantaisie de la mer » : crevettes, langouste, poulpe et filets de poisson, un régal servi très copieusement, mais hors de prix !

À Praia Brava (plan D2)

Chic (60-100 Rls / env 15-25 €)

|●| ***Rocka Beach Lounge & Restaurante*** *(plan D2,* ***36****) : praia Brava, 13. ☎ 2623-6159. Janv-fév, tlj 9h30-minuit ; le reste de l'année, tlj sf mar 9h30-17h30. CB acceptées.* Jolie terrasse en bois surplombant la belle plage de Brava. Tout autour, des banquettes pour siroter un verre en plein air, dans un cadre idyllique. L'adresse est aussi fameuse pour sa carte, assez raffinée et d'une grande fraîcheur. Quelques délicieuses tapas, de belles salades à base de produits locaux, le poisson du jour pêché presque

sous vos yeux, servi en ceviche, par exemple, ou encore la langouste grillée et gratinée, une merveille... En prime, le service est agréable et la sélection musicale de qualité. Bref, « *The place to be* » à Búzios !

Où boire un verre ? Où sortir ?

Une flopée de bars pour festoyer à Búzios, en particulier pendant l'été brésilien, en janvier et février. Une constante, la rua das Pedras, animée le soir en toute saison. Selon l'ambiance, l'heure et l'humeur de la nuit, quelques points de repère :

🍸 ***Anexo Praia*** *(plan zoom,* ***40****)* ***:*** *Orla Bardot, 392. ☎ 2623-7302. Tlj 17h (13h w-e)-minuit.* Il ne faut pas arriver trop tard (le mieux, c'est au coucher du soleil) pour s'installer sur l'un des confortables canapés blancs en terrasse, quasiment les pieds dans l'eau... Idéal pour siroter une petite caïpirinha et regarder passer les *gatos* et *gatinhas* (jolis gars et jolies filles) de Búzios. Un des rendez-vous branchés du Búzios by night.

🍸 ♩ ***Chez Michou*** *(plan zoom,* ***41****)* ***:*** *rua das Pedras, 90. ☎ 2623-2169. Tlj 12h-2h (6h janv-fév).* Une véritable institution le soir, souvent bondée, toujours animée. On peut y boire un verre dans une grande cour intérieure protégée de voiles blanches, bouger la tête en musique (DJ) et goûter aux copieuses crêpes brésiliennes (une cinquantaine au menu), préparées en plein air, derrière un long comptoir. Un bon spot pour entamer la nuit.

🍸 ♩ ***Pátio Havana*** *(plan zoom,* ***42****)* ***:*** *rua das Pedras, 101. ☎ 2623-2169. Juste à côté de Chez Michou.* Belle grille en fer forgé, haut plafond, ventilos... Du bois partout, de la musique cuivrée, une vue sur la mer... Un cadre propice à une soirée à deux, mais pas seulement, puisqu'on y donne régulièrement des concerts de jazz, *MPB* et salsa. L'adresse fait aussi resto, mais c'est hors de prix. Se contenter d'y prendre un verre.

♫ ***Privilège*** *(plan C1,* ***43****)* ***:*** *Orla Bardot, 50. ☎ 2620-8585. • privilegebrasil.com/casa/buzios • Ven-dim. Entrée : 150 Rls pour les hommes, 100 Rls pour les femmes.* Chérot ! Un des clubs les plus courus de Búzios, avec le *Pacha* (rua das Pedras). Si vous arrivez avant minuit, la moitié de votre billet d'entrée peut être convertie en consos ; autrement, boissons en sus. Sur les 2 grandes pistes de LA boîte de Búzios s'agite une jeunesse branchée, amatrice de musique électronique. L'ambiance ne décolle pas avant 1h30 du matin.

🍸 Voir aussi dans « Où manger ? » le ***Rocka Beach Lounge & Restaurante*** *(plan D2,* ***36****)*.

Les plages

On en compte 24, dont une quinzaine facilement accessibles, réparties dans les baies et les criques rocheuses de la presqu'île. Si toutes sont très différentes, elles sont pour la plupart investies par les bars et les transats. Nous les avons classées par ordre géographique, en commençant par la première que l'on rencontre en arrivant en ville.

⛱ ***Praia de Manguinhos*** *(plan A2-3)* ***:*** *à l'entrée de la ville.* Longue plage assez ventée, et donc prisée des kitesurfeurs et véliplanchistes. Un sentier agréable (3,5 km) permet de rallier à pied la *praia Baía Formosa.*

⛱ ***Praia Tartaruga*** *(plan B2)* ***:*** *accès par une piste. Les tours en bateau s'y arrêtent souvent.* Très jolie plage mais étroite, donc pas beaucoup de place pour poser sa serviette en saison. C'est l'une des plus prisées par les familles, car l'eau est calme et considérée comme la plus chaude.

Praia de Geribá *(plan A-B3)* **:** grande plage que l'on rejoint par des ruelles étroites. Le matin, au bout de la plage côté Ferradurinha, quelques pêcheurs vendent et vident leurs poissons à même la barque. L'eau est un peu frisquette, mais convient aux surfeurs (possibilité de louer des planches). Nombreux kiosques sur le sable, dont le *kiosque do Mineiro,* qui concocte de savoureux *pasteis* et *bolinhos de aïpim.* En saison, c'est le rendez-vous des surfeurs et de toute la jeunesse festive. Un chemin mène à la plage de ***Ferradurinha,*** toute proche : crique adorable et petite plage entre les rochers. Location de kayaks et masques et tubas.

Praia da Ferradura *(plan C2)* **:** elle tirerait son nom du passé esclavagiste de la région, on y enlevait les fers des esclaves. À moins que ça ne soit dû à sa forme en fer à cheval ? Aujourd'hui, c'est une grande plage assez familiale. Mer calme propice au kayak ou à la pratique du stand-up paddle.

Praia da Armação *(plan C1)* **:** *proche du centre, bordée par la Orla Bardot.* C'est en fait un charmant petit port de pêche, Porto Velheiro, qui offre une belle vue sur la baie. On ne s'y baigne pas.

Praia dos Ossos *(plan C1)* **:** soit, littéralement, la « plage des os »... On en a retrouvé beaucoup ici ! Búzios était en effet une plaque tournante de la piraterie et du commerce des esclaves. Elle est bordée de mignonnes maisons basses. On ne s'y baigne pas, c'est le petit port des bateaux de pêche et taxis maritimes.

Praia Azeda et praia Azedinha *(plan C1)* **:** *à 5 mn à pied de la praia dos Ossos.* Quasiment des criques, entourées par la végétation, adorables avec leur sable aux dégradés de rose, mais très prisées et vite bondées ! Vu la température idéale de l'eau, on comprend vite pourquoi. Amusant de voir tout ce petit monde repoussé en haut de la plage quand la marée monte. Azedinha est plus souvent à l'ombre, mais ses eaux sont cristallines et l'environnement est encore assez sauvage, bordé de forêt atlantique. Location de masques et palmes. Pas de bar, mais des barques tirées sur le sable font office de gargote.

Praia João Fernandes et praia João Fernandinho *(plan D1)* **:** aussi fréquentées l'une que l'autre. Eau très bonne, presque tiède. La première est assez étendue. Les touristes argentins en ont fait leur plage de prédilection. La seconde était la préférée de Brigitte Bardot, au point qu'elle porte aussi son nom. Sans doute l'une des plus belles plages de Búzios.

Praia Brava *(plan D2)* **:** plage sauvage, sans constructions, excepté l'excellent *Rocka Bar* (voir plus « Où manger ? »). Vraiment très belle et peu fréquentée, même en saison. Parfois pas mal de vagues, donc prisée des surfeurs, elle reste praticable pour tous.

Non loin, la ***praia Olho de Boi*** *(plan D2),* réservée aux nudistes, n'est accessible que par un sentier.

À faire

Se baigner, se montrer et faire la fête essentiellement ! Le jour, pour se remettre des excès de la nuit, on peut s'embarquer pour une ***balade en lancha (bateau à moteur), en escuna (goélette) ou en catamaran,*** de crique en crique. Tous les hôtels et les *pousadas* vous y inviteront. Les tours durent 3h environ, avec plusieurs arrêts baignade. Toutes les agences font le même circuit : baignade à Ferradura, au sud, puis arrêt près de l'*ilha Feia,* une réserve naturelle, puis à Tartaruga et à João Fernandes (avec pause déjeuner, à votre charge, sur l'une des deux). Départs quotidiens du ponton *(cais)* du centre-ville *(plan C2).* Compter environ 40-60 Rls par personne (boissons et masque de *snorkelling* inclus).
Infos à l'office de tourisme et dans les différentes agences disséminées en ville.

AU NORD : LA SERRA DOS ÓRGÃOS

Perchées en altitude dans le massif montagneux de la Serra dos Órgãos, au nord de la baie de Guanabara, Petropólis et Teresópolis peuvent constituer des étapes agréables, pour qui dispose du temps suffisant pour les découvrir. La première s'enorgueillit de ses richesses architecturales héritées de son passé de ville impériale. La seconde marque le point de départ de belles randonnées dans le parc national de la Serra. Toutes deux sont reliées par une superbe route tortueuse traversant les montagnes.

TERESÓPOLIS

169 850 hab. IND. TÉL. : 21

Nichée dans un cirque de montagnes verdoyantes à 92 km de Rio, Teresópolis culmine à 910 m d'altitude. Son emblème, le pic rocheux *Dedo de Deus* (le doigt de Dieu), se dresse droit vers le ciel à 1 692 m d'altitude. La ville est le point d'entrée du *parque nacional da Serra dos Órgãos,* qui s'étend sur 118 km² jusqu'à Petrópolis. Il offre de nombreuses possibilités de randonnées. Les grimpeurs et les cavaliers y trouveront également leur bonheur.

Arriver – Quitter

En bus

***Rodoviária** (gare routière) : dans le centre, rua 1ero de Maio. ☎ 2742-2676.* Consignes.

➢ ***Rio :*** bus ttes les 30 mn depuis la *rodoviária Novo Rio.* Dans l'autre sens, bus ttes les 30 mn 4h-8h, puis ttes les heures jusqu'à 22h. Trajet : 1h15.

➢ ***Petrópolis :*** 7 bus/j., 6h-19h, avec *Viação Teresópolis (☎ 2742-0606).* Compter 1h30 de trajet.

En voiture

➢ ***De Rio,*** prendre l'av. Brasil puis la BR 40. Bifurquer ensuite sur la route nº 493, puis sur la 116 (fléché).

Adresses utiles

***Centre d'infos touristiques :** à l'entrée de la ville en venant de Rio. ☎ 2644-4095 ou 2644-4182. • teresopolis.rj.gov.br • Tlj 9h-18h (17h sam).* Pas grand-chose à glaner, mais superbe point de vue sur le *Dedo de Deus* depuis le parking.

***Kiosque d'infos :** dans le centre-ville, praça Olímpica Luiz de Camões, au bord de l'av. principale. Mêmes horaires.*

Où dormir ? Où manger ?

***Albergue Recanto do Lord :** rua Luisa Pereira Soares, 109. ☎ 2742-5586. • teresopolishostel.com.br • À env 20 mn à pied du centre. Nuitée en dortoir env 40 Rls ; double env 100 Rls. Réduc avec la carte* HI. Une grosse AJ rustique, perchée à flanc de colline – de quoi se mettre en jambes avant de partir à l'assaut du parc. Beau panorama sur les montagnes, *Dedo de Deus* inclus. Dortoirs de 8 lits ou chambres privées. Cuisine, *lockers,* salon TV panoramique avec billard et baby-foot. Simple et modeste, mais accueillant.

***Taberna Alpina :** rua Duque de Caxias, 131 (centre-ville).*

☎ *2742-0123. Repas env 30-60 Rls. Mar-jeu et dim 8h-22h30, ven-sam 8h-minuit.* De tradition allemande, ce petit resto propose une carte bien montagnarde à prix raisonnables. La salle *escondidinho* (« cachette ») porte bien son nom, avec ses airs de refuge en rondins de bois. Profitez également de votre passage pour découvrir les fromages de chèvre locaux.

À faire

➢ ***Randonnées dans le parque nacional da Serra dos Órgãos :*** *accès au parc 6h-22h, billetterie ouv 8h-17h. Tarifs : 12,50 Rls/pers, 5 Rls/véhicule.* Même si 70 % de ce parc se trouve sur le territoire de Petrópolis, l'entrée est située à 5 km du centre de Teresópolis, au bord de l'avenue principale en direction de Rio. Nombreuses possibilités d'excursions et de randonnées. En prime, on ne souffre pas de la chaleur comme à Rio, car l'altitude oscille entre 850 et 1 000 m. La traversée Teresópolis-Petrópolis est une superbe randonnée de 3 jours, à effectuer avec un guide du parc, qui offre (par temps clair) de très beaux points de vue sur la baie de Guanabara et Rio.
Toutes les infos sur les activités et les possibilités d'hébergement en refuge ou camping dans le parc auprès du *Bureau du parc national de la Serra dos Órgãos (☎ 2152-1100 ; ouv 8h-17h).* Infos également (en portugais) et liste des guides officiels sur le site • *icmbio.gov.br/parnaserradosorgaos* •

PETRÓPOLIS

297 900 hab. IND. TÉL. : 24

Posée au creux des montagnes, à 68 km au nord-est de Rio, Petrópolis est une ville d'altitude (entre 900 et 1 000 m) appréciée pour son climat vivifiant l'été. C'est donc tout naturellement que, fuyant la chaleur de la côte, l'empereur Dom Pedro II, septième enfant de Pedro Ier, en fit sa résidence estivale au XIXe s. Dans son sillage, les puissants de l'époque qui couvrirent alors la ville de palais et manoirs cossus, aux vérandas en fer forgé.
Aujourd'hui, tout ce joli monde est reparti et, minée par quelques vilains immeubles de béton, la « ville de Pedro » a un peu perdu de son lustre. Il n'empêche, places ombragées, monuments, villas bourgeoises aux façades colorées et jolis ponts rouges enjambant les rivières confèrent toujours à Petrópolis un charme désuet.

NOM DE NOM !

Le premier empereur du Brésil indépendant se nommait en toute simplicité Pedro de Alcântara Francisco António João Carlos Xavier de Paula Miguel Rafael Joaquim José Gonzaga Pascoal Cipriano Serafim de Bragança e Bourbon ! Allez savoir pourquoi, à l'usage on se contentait de l'appeler Dom Pedro...

Arriver – Quitter

En bus

🚌 ***Rodoviária :*** *rua Henrique Perdigão, 58, Bingen, excentrée dans le quartier de Capela.* Pour rejoindre le centre-ville bus nº 100 (terminus à la gare routière des bus urbains, en plein centre). Taxis également. Cybercafé, consignes.
➢ ***Rio*** *(rodoviária Novo Rio)* ***:*** bus ttes les 30 mn 5h30-minuit avec *Única Fácil*

(☎ 0800-886-1000). Env 1h30 de trajet et 25 Rls.

➢ **São Paulo :** 1 bus/j., à 23h, avec *Salutaris* (☎ 2242-7890). Env 90 Rls.

➢ **Belo Horizonte :** env 8 bus/j., 9h-minuit, avec *Útil* (☎ 0800-886-1000). Compter env 70-90 Rls selon confort.

➢ **Teresópolis :** 8 bus/j., 5h45-19h, avec *Viação Teresópolis* (☎ 2742-0606). Compter env 20 Rls et 1h30 de trajet.

En voiture

➢ **De Rio :** prendre l'av. Brasil puis la sinueuse BR 40 (péage).

➢ **De Teresópolis :** belle route tortueuse (la 495) traversant le parc national de la Serra dos Órgãos.

Adresses et info utiles

Informações Turísticas – Centro de Cultura Raul de Leoni : *praça Visconde de Maua, 305. ☎ 0800-024-1516 (nº gratuit). • petropolis.rj.gov.br • Lun-sam 9h-18h.* Accueil aimable et parfois francophone. Expos, bibliothèque. Autre centre d'info à l'entrée de la ville en venant de Rio.

✉ **Poste centrale :** *rua do Imperador, 350. Dans une belle bâtisse néoclassique jaune pastel. Ouv 9h-17h.*

■ **Banco do Brasil :** *rua Paulo Barbosa, 89 (la rue face à la poste). ☎ 3371-1293.* Guichets automatiques (cartes *Visa* et *MasterCard*) accessibles 6h-22h.

@ **Cybercafé :** *à l'angle des rua do Imperador et da Imperatriz, à côté du resto* D'Angelo *(à l'étage).*

– **Orientation :** la rua do Imperador est l'axe principal du centre-ville. Au milieu de cette artère démarre, à angle droit, la rua da Imperatriz.

Où dormir ?

Chic (200-300 Rls / env 50-75 €)

Pousada 14 Bis : *rua Buenos Aires, 192. ☎ 2231-0946. • pousada14bis.com.br • À env 300 m de la gare des bus urbains. Prendre l'av. parallèle à la rua do Imperador qui passe derrière le terminal, direction le square ; le dépasser, puis prendre à droite. Doubles env 220-280 Rls. Parking.* Dans un quartier calme et verdoyant, une vaste maison divisée en plusieurs bâtiments et pavillons décorés sur le thème de l'aviation, avec des photos, maquettes et tableaux retraçant la vie de l'aviateur Santos-Dumont. Chambres de caractère, très agréables et bien tenues (douche/w-c, frigo-bar, clim ou ventilo) donnant sur les jardins ou sur un patio intérieur. Piscine. Accueil chaleureux.

Hotel Casablanca Palace : *rua 16 de Março, 123. ☎ 2242-0162. • casablancahotel.com.br • En plein centre, à 200 m du palais impérial. Doubles env 215-255 Rls selon taille. CB acceptées.* Un hôtel moderne de 7 étages. Chambres spacieuses, confortables et propres, avec salle de bains, TV et minibar. Personnel très aimable.

Où manger ? Où boire un verre ?

De bon marché à prix moyens (moins de 40-60 Rls / env 10-15 €)

Tradição Mineira : *rua do Imperador, 148. ☎ 2242-5592. Tlj 11h-16h.* Restaurant très central, qui sert une bonne et copieuse cuisine locale à prix sages. Formule *ao kilo* très avantageuse. *Autre adresse dans le centre : rua 16 de Março, 155.*

Petit Palais : *rua da Imperatriz, 220. ☎ 2244-7912. À gauche en entrant dans le parc du palais impérial. Tlj sf lun 12h-19h (20h jeu, minuit ven-sam).*

Petit bistrot joliment décoré, donnant sur une courette. On y sert une cuisine assez élaborée. Bien aussi pour une pause sucrée après la visite. Original et charmant.

🍽 🍸 ***Casa D'Angelo :*** *rua do Imperador, 700. ☎ 2242-0888. À l'angle de la rua da Imperatriz. Tlj 9h-minuit (11h-23h dim-lun).* Un bar-brasserie établi ici depuis 1914. On siffle une chope perché sur un tabouret avant d'aller s'envoyer un steak à l'arrière, sur une nappe en papier, servi par un garçon à nœud pap' !

🍽 ***Bordeaux :*** *rua Ipiranga, 716. ☎ 2242-5711. À 15 mn à pied du centre. Lun-sam 12h-minuit, dim 12h-19h. Env 30 Rls/pers.* Une adresse de charme joliment installée dans la dépendance de la *Casa da Ipiranga,* au creux de son parc luxuriant. Salle élégante aux murs de brique devant lesquels s'empilent les bouteilles de vin – la maison ne s'appelle pas Bordeaux pour rien –, plus une série de tables dispersées sur les graviers, au bord de la fontaine. Carte fleuve d'une cuisine classique, mais sérieuse, de la fondue au *bacalhau* en passant par les carpaccios et côtes de porc. Tout un choix de snacks et sandwichs également. *2 annexes à Petrópolis, notamment dans le centre : rua 16 de Março, 221.*

À voir

À savoir : la plupart des sites sont fermés le lundi.

Catedral de São Pedro de Alcântara : *rua S. P. de Alcântara, 60. ☎ 2242-4300. Ouv 8h-18h. GRATUIT.* Construite entre 1884 et 1925 dans un style néogothique assez sobre. Entourée de flamboyants et d'arbres exotiques, elle abrite les tombeaux de Dom Pedro II et de la famille impériale, dont la princesse Isabel et son époux français le comte d'Eu. Impressionnante flèche de 62 m de haut. Juste en face, statue de l'architecte de Petrópolis, Julio Koeller.

Museu imperial : *dans le palais impérial, rua da Imperatriz, 220. ☎ 2233-0300. • museuimperial.gov.br • Tlj sf lun 11h-17h30. Entrée : 8 Rls ; réduc. Accès gratuit au parc 8h-18h. Spectacle son et lumière jeu-sam à 20h (20 Rls ; réduc).* L'ancienne résidence d'été de la famille impériale, construite à partir de 1845, abrite depuis 1940 un musée rempli des trésors du règne impérial (1822-1889) : tableaux, porcelaines, tapisseries, meubles, bijoux... On doit troquer ses chaussures pour des chaussons spéciaux, afin de préserver le magnifique parquet. Le palais est entouré d'un splendide jardin aux arbres centenaires, bien agréable pour faire une pause à l'ombre et au calme.
En face, le ***palácio Amarelo*** (« palais jaune »), ancienne résidence d'un conseiller de l'empereur, abrite aujourd'hui le conseil municipal. Accès gratuit au hall principal et aux salles de sessions législatives *(lun-ven 9h-17h, w-e 10h-16h).*

Casa de Santos-Dumont : *rua do Encanto, 22 (centre-ville). ☎ 2247-5222. Visites guidées (en portugais, anglais et espagnol) ou libres, tlj sf lun 9h-17h. Entrée : 5 Rls.* Le célèbre pionnier de l'aviation, Alberto Santos-Dumont, y vécut pendant la Première Guerre mondiale. C'est au Brésil qu'il étonna le monde en inventant en 1906 un des premiers avions, la *Demoiselle.* Il construisit aussi des dirigeables et réalisa le premier record du monde de vitesse. Une expo de photos et de gravures anciennes retrace ses principaux exploits. Quelques objets insolites comme le « bureau-lit », la douche avant-gardiste (la première douche avec eau chaude du Brésil), l'observatoire aménagé sur le toit...

HEURES DE VOL

Alberto Santos-Dumont n'était pas qu'un pionnier de l'aviation. C'est pour lui permettre de lire l'heure en vol tout en gardant les mains sur les commandes que son ami Louis Cartier créa en 1904 le prototype d'une des toutes premières montres-bracelets, à la place de la montre gousset.

Tout proche du musée, réplique d'un de ses fameux avions, le *14-Bis*, sur la place du même nom. Reproduit à 75 % de son échelle, ce coucou mérite le coup d'œil !

Palácio do Cristal : *rua Alfredo Pachá, s/n (centre-ville). ☎ 2247-3721. Tlj sf lun 9h-18h. GRATUIT.* Le comte d'Eu, gendre français de l'empereur Pedro II, le fit construire en France. La structure métallique, conçue en 1884, fut ensuite importée par cargo jusqu'au Brésil. Le terme « palais » est assez pompeux, il s'agit en réalité d'une modeste serre qui abrita des expos botaniques et accueille désormais un centre culturel (expos, spectacles, concerts, etc.). Noter que les fenêtres ne s'ouvrent que de l'extérieur car, à la grande époque, les employés chargés de cette tâche ne devaient se tenir qu'à l'extérieur de la serre...

Casa Stefan Zweig : *rua Gonçalvez Diaz, 34 (quartier Valparaíso). ☎ 2245-4316. • casastefanzweig.org • Accès en bus n°s 206 ou 454 ; arrêt Duas Pontes. Slt ven-dim 11h-17h.* Adossée à une petite colline, au bout d'un chemin en pente, la maison est identifiable à une plaque indiquant « *Ele está de volta a Petrópolis* » (Il est de retour à Petrópolis). C'est ici que l'écrivain autrichien Stefan Zweig passa les dernières années de son exil. On aperçoit une stèle dans le jardin et la grande véranda où Zweig écrivit notamment son dernier livre, *Le Joueur d'échecs*. Bouleversé par la conquête de l'Europe par Hitler, l'auteur de *Brésil, terre d'avenir* se suicida avec sa femme en 1942. Ils reposent au cimetière de Petrópolis. Désormais, la maison se visite. Elle a été transformée en petit musée consacré à l'écrivain.

LA COSTA VERDE

Après avoir contourné Rio par le nord, la BR 101, appelée Rio-Santos, longe la Costa Verde formant l'ourlet maritime du Sud de Rio. C'est d'abord l'immense *bahia de Sepetiba,* suivie de la *bahia de Angra dos Reis,* que vient fermer Paraty, bijou colonial et balnéaire.
En tout, plus de 200 km d'une côte bordée par plus de 360 îlots montagneux, couverte de cocoteraies et semée de quelque 2 000 plages. Dominant le littoral, le décor somptueux de la luxuriante *serra da Bocaïna* descend vers l'océan depuis des sommets de 1 500 à 1 700 m d'altitude.
On peut facilement rallier la Costa Verde en bus, depuis Rio ou São Paulo, mais la voiture reste le moyen le plus agréable pour explorer le coin en 2-3 jours (ou plus). Escale incontournable de cette Costa Verde, Ilha Grande reste la meilleure option pour poser son sac quelques jours entre mer et nature. Mais on peut aussi se rendre sur l'une des nombreuses autres petites îles et y séjourner en camping sauvage, notamment sur la très belle Ilha da Gipóia, ou encore faire étape à Paraty, petite ville coloniale intacte, dont la baie abrite de nombreux îlots que l'on peut joindre en bateau. Un joli programme de vacances en somme !

ILHA GRANDE

3 500 hab. IND. TÉL. : 24

• Plan *p. 167*

« Oh Dieu, s'il y a un paradis sur terre, il n'est pas loin d'ici ! » se serait écrié Amerigo Vespucci en contemplant la baie d'Ilha Grande. Montagneuse, entièrement recouverte d'une forêt luxuriante découpée çà et là de plages de sable blond, cette splendide île tropicale de 193 km² est aujourd'hui un

site protégé. Pas de voitures, et quand bien même le tourisme s'est considérablement développé depuis la fermeture du pénitencier en 1994, les structures hôtelières sont limitées en nombre et en taille et se concentrent sur le seul village-port de Vila do Abraão. Seule ombre au tableau depuis quelques années, l'arrivée d'immenses paquebots qui viennent mouiller ici et déversent leurs flots de touristes sur l'île, deux fois par semaine de janvier à mars. Mais ils ne restent que quelques heures et se concentrent à Vila do Abraão... où la bétonisation à outrance ne passera pas ! C'est ainsi l'un des rares endroits où vous pourrez faire seul de belles balades à pied en forêt, découvrir des plages presque désertes et des cascades rafraîchissantes... On vous recommande donc vivement de passer 2 ou 3 nuits sur place.

À L'EST D'ÉDEN

Aussi paradisiaque soit-elle, Ilha Grande est pourtant un symbole des années de plomb du Brésil. Dans les années 1970, nombre d'opposants au régime furent envoyés sur le pénitencier de l'île et, pour la grande majorité d'entre eux, n'en sont jamais revenus. Si l'on doit aujourd'hui à cette ancienne « Alcatraz » d'être aussi peu construite et si sauvage, c'est parce que, jusqu'à la cessation d'activité du pénitencier, en 1994, personne n'était autorisé à y mettre les pieds.

GÉOGRAPHIE ET POPULATION

Ilha Grande s'étendant sur près de 30 km de long, il faudrait 2 jours pour la traverser à pied. La majorité de ses quelques milliers d'habitants sont regroupés sur Vila do Abraão (également appelée tout simplement Abraão), port principal reliant Ilha Grande au continent. *Pousadas* et restos s'y succèdent à touche-touche. On y mange, on y dort, avant de partir découvrir le reste de l'île, sauvage. Quelques anciens employés du pénitencier vivent toujours à Dois Rios, sur la façade atlantique de l'île, reliée à Abraão par une piste qu'emprunte un minibus réservé aux seuls habitants (inutile de faire du stop, donc). Les autres baies abritent de petites communautés de pêcheurs. On trouve même, esseulé sur la pointe de Dos Marcos qui ne s'atteint qu'en bateau, un Européen s'essayant à l'élevage de coquillages. Provetá, le deuxième village le plus peuplé de l'île, est situé à l'opposé d'Abraão. Et, en effet, tout oppose les deux bourgs. Siège d'une communauté religieuse, Provetá entend maintenir les touristes à l'écart. Il y a quelques années encore, seul le pasteur du village détenait un groupe électrogène, et il n'accordait la lumière qu'à ses fidèles... Tout un symbole ! Depuis, Provetá a été électrifié.

Arriver – Quitter

En bus

Depuis/vers Mangaratiba

C'est le point d'embarquement pour Ilha Grande le plus proche de Rio (116 km).

➢ ***Rio :*** 4 liaisons/j. depuis la *rodoviária Novo Rio* de Rio, avec *Costa Verde,* à 5h, 10h45, 15h et 19h (env 2h30 de trajet). Retour du quai des ferries de Mangaratiba à 5h45, 9h, 14h et 19h40. *Infos : ☎ (021) 3622-3123 ; lun-ven 8h-18h (17h ven). Résas par tél : ☎ 3907-3900 (depuis Rio) ou 4020-0800 (partout ailleurs) ; lun-sam 9h-21h (17h sam). • costaverdetransportes.com.br •*

Depuis/vers Angra dos Reis

Situé à 170 km de Rio, Angra est le port principal d'embarquement pour Ilha Grande.

Rodoviária Nilton Barbosa : *☎ 3365-2041. À env 3 km de l'embarcadère, en dehors de la ville, près de praia*

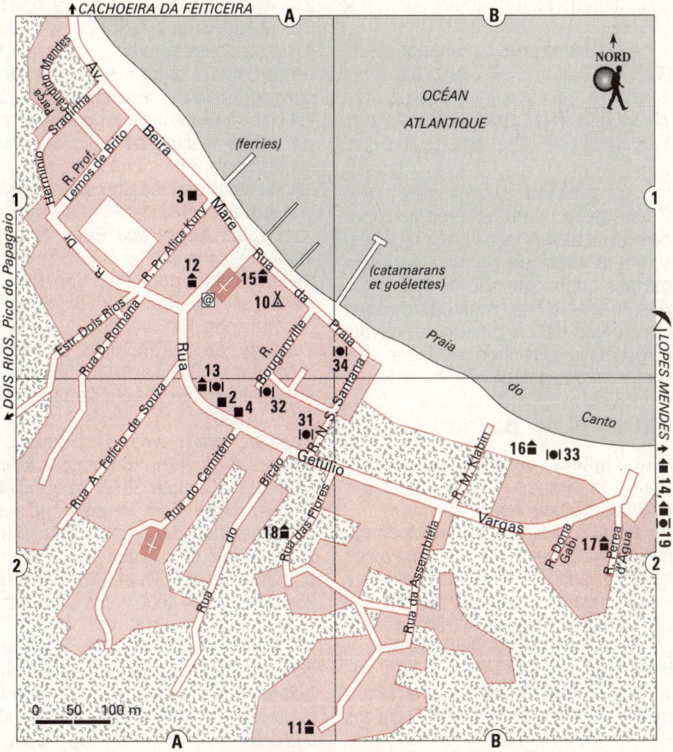

ILHA GRANDE – VILA DO ABRAÃO

Adresses utiles

- **2** Poste de santé
- **3** Poste de police
- **4** Laverie

Où dormir ?

- **10** Camping Sombra dos Coqueirais
- **11** Holandês Hostel
- **12** El Misti Hostel Ilha Grande
- **13** Biergarten Hostel
- **14** Che Lagarto Hostel
- **15** Pousada Tropicana
- **16** Pousada Manaca et Pousada Mara e Claude
- **17** Pousada Naturalia
- **18** Pousada Mata Nativa
- **19** Sagú Mini Resort

Où manger ?

- **13** Biergarten
- **31** Pizzeria Fornilho
- **32** Dom Mario
- **33** Restaurante Lua e Mar et Café do Mar
- **34** O Pescador

da Chácara. Bus urbain pour l'embarcadère. Consigne à bagages, petite *lanchonete* avec vue sur la marina.

➢ ***Rio :*** avec *Costa Verde* (☎ 3622-3123). De Rio *(rodoviária Novo Rio)* vers Angra, bus ttes les heures environ, 4h-20h30 ; pour Rio, 4h-23h. Liaisons moins fréquentes le dim. Trajet : 3h.

➢ ***São Paulo :*** avec *Reunidas Paulista* (☎ 0800-709-90-20). Env 3-4 liaisons/j., 8h-22h, dans les 2 sens. Trajet : env 7h.

➢ ***Paraty :*** avec *Colitur* (☎ 3371-1238). Bus ttes les 30 mn 5h-22h30, dans les 2 sens. Le billet s'achète directement au chauffeur. Compter 10 Rls.

➢ ***Belo Horizonte :*** compagnie *Útil* *(☎ 3365-0565).* 1-2 bus/j. dans les 2 sens, le mat (vers 9h d'Angra et vers 7h de Belo Horizonte) et le soir vers 20h. Trajet : 10-11h.

En voiture

Ceux qui arrivent en voiture pour prendre le bateau vers Ilha Grande laisseront leur véhicule dans les ***parkings gardés*** contre env 20 Rls/j. À Angra dos Reis, notamment sur *cais da Lapa* (en face du départ du ferry) et devant la *rodoviária* (plus cher) ; à Magaratiba, sur les hauteurs de la ville (fléché).

Liaisons en bateau

On compte 3 ports d'embarquement pour Ilha Grande, chacun avec ses avantages et ses inconvénients.

➢ ***Depuis Mangaratiba :*** kiosque d'infos touristiques face au quai. Peu de liaisons. Départ en ferry tlj à 8h et retour vers Mangaratiba à 17h30 ; le ven soir, départ supplémentaire à 22h de Mangaratiba. Trajet : 1h30-1h45 ; 14 Rls par trajet.

➢ ***Depuis Conceição de Jacarei :*** situé à mi-chemin entre Mangaratiba et Angra dos Reis, c'est le point le plus proche de Vila do Abraão, la traversée est donc plus courte (1h de trajet) et les départs plus fréquents. 11 départs/j. en goélette, 9h-18h (plus 21h ven) ; retour 7h30-17h (plus 20h ven). Compter 20 Rls en sem, 30 Rls le w-e. Bien à l'aller, surtout si vous craignez de rater le dernier bateau à Angra, mais pas très pratique pour le retour en revanche. Conceição est un petit village qui n'est qu'une étape sur la ligne de bus Angra-Rio. Si le bus est déjà plein, il ne s'arrête pas, et on se retrouve donc bloqué à Conceição... Reste le bus local pour Mangaratiba ou Angra.

➢ ***Depuis Angra dos Reis :*** le port le plus éloigné de Rio (à 170 km). En revanche, bus pour Rio, São Paulo, Paraty et Belo Horizonte. 3 solutions pour rejoindre Ilha Grande :

– *en ferry :* avec *CCR Barcas,* au départ d'Angra à 15h30 en sem, 13h30 les w-e et j. fériés. Retour à 10h. Tarif : 14 Rls. Trajet : 1h20 ;

– *en catamaran :* avec *IGT.* 3 départs/j. d'Angra à 8h, 11h, 16h ; retour à 9h, 12h30, 17h. Compter 30 Rls/trajet (50 Rls si vous achetez l'A-R). Traversée : 40 mn ;

– *en goélette :* départs d'Angra à 9h et 13h30 (tlj) et 14h (lun-ven), retours à 7h30 (sf w-e), 11h et 16h. Compter 25-30 Rls et env 1h30. Infos sur le site : • *ilhagrande.com.br* •

➢ ***Pour le retour,*** des agences comme *Costa Verde* proposent des ***billets combinés goélette + minibus*** depuis Vila do Abraão jusqu'à Rio (arrêt à la destination de votre choix). Compter 80 Rls/pers. On peut aussi affréter un taxi ou organiser un transfert privé. À partir de 180 Rls le véhicule.

Se déplacer sur l'île

Toute l'activité touristique, les hébergements, restos et bars se concentrent à Vila do Abraão. Le quai du ferry et celui des goélettes et du catamaran sont distants d'à peine 300 m. À l'arrivée, des ***porteurs équipés de chariot à bagages*** proposent leurs services. Parfois utile pour rejoindre les adresses du bout de la plage, mais pas donné *(env 15 Rls).*

Certaines plages sont accessibles à pied par des sentiers faciles, mais les plus éloignées peuvent être ralliées en ***taxi-boat.*** Soit on se groupe avec d'autres personnes, soit on loue leurs services pour quelques heures ou la journée. Par exemple, compter 30 Rls l'A/R vers Lopes Mendes et 50 Rls jusqu'à la lagoa Azul. Dans le même registre, des agences ou *pousadas* locales organisent des excursions en ***lancha*** ou ***escuna*** autour de l'île. On les décrit plus loin dans « À faire ».

Adresses et infos utiles

– ***Important :*** il n'y a ***pas de distributeur de billets sur l'île,*** prévoir suffisamment d'espèces à l'avance. On trouve plusieurs banques, notamment

un distributeur (accessible 6h-22h), et une agence *Bradesco* à Angra dos Reis, en face du port.
– Pas d'office de tourisme à Ilha Grande mais nombreuses infos pratiques sur le site officiel, notamment les horaires des transports : • *ilhagrande.org* • Également le site • *ilhagrande.com.br* • et celui rattaché à l'office de tourisme d'Angra dos Reis : • *visiteangradosreis.com.br* •

Office de tourisme d'Angra dos Reis : *sur le port, à mi-chemin entre la rodoviária et l'embarcadère.* ☎ *3367-7826.* • *angra.rj.gov.br* • *Tlj 8h-20h.* Horaires des bus et des bateaux. Plan d'Ilha Grande avec schéma des sentiers de randonnée.

@ Quelques ***cybercafés*** à Abraão, notamment dans la rue qui longe l'église *(plan A1).* La plupart des *pousadas* ont aussi un accès wifi.

■ ***Poste de santé*** *(plan A2,* ***2****) : rua Getúlio Vargas (à côté du Biergarten). Gratuit.* Prévoir parfois beaucoup d'attente.

■ ***Poste de police*** *(plan A1,* ***3****) : face au débarcadère des ferries.* On y trouve aussi un petit bureau de poste.

■ ***Laverie*** *(plan A2,* ***4****) : rua Getúlio Vargas, au-dessus d'une petite boutique, à côté du poste de santé. Tlj 8h30-12h, 16h-20h30.*

Plusieurs ***supérettes*** dans le village, rua Getúlio Vargas.

Où dormir ?

Camping

Le camping sauvage est interdit sur l'île. On compte en revanche plusieurs petits campings privés à Abraão, tous du même acabit : de minuscules terrains où les tentes s'entassent sous une bâche... Suffocant et sans intimité ! En voici un encore acceptable :

Sombra dos Coqueirais *(plan A1,* ***10****) : presque en face du ponton de bois, le long du ruisseau, à deux pas de la plage.* ☎ *3361-5152.* • *campingsombradoscoqueirais.com.br* • *Compter 20 Rls/pers, plus 15 Rls pour la loc d'une tente 2 places avec un tapis de sol.* Au choix, la pelouse en plein cagnard ou le sable à l'ombre des arbres (« l'ombre des noix de coco », en portugais dans le texte !). Sanitaires corrects. Accueil sympathique.

De bon marché à prix moyens (moins de 130-200 Rls / env 33-50 €)

Holandês Hostel *(plan A2,* ***11****) : rua da Assembléia, s/n.* ☎ *3361-5034.* • *holandeshostel.com.br* • *De la rua Getúlio Vargas, prendre la rua da Assembléia et la suivre jusqu'au bout, en serrant à gauche. Lit en dortoir env 75 Rls/pers ; chalet pour 2 pers env 250 Rls en saison. Réduc avec la carte HI.* Cette auberge de jeunesse s'est déployée dans une jolie clairière, au bout d'une ruelle qui s'enfonce dans la forêt. Dortoirs avec salle de bains propre, casiers et draps fournis, ou chalets disséminés sous les arbres. Cuisine à disposition et hamacs un peu partout pour buller dans le jardin.

El Misti Hostel Ilha Grande *(plan A1,* ***12****) : rua Alice Kury da Silva, 8 ; à 100 m du débarcadère.* ☎ *3361-5835.* • *elmistihostelilhagrande.com* • *Compter 40-85 Rls/pers en dortoir selon capacité et saison ; doubles env 150-230 Rls.* Grosse AJ privée installée à l'étage d'une maison au centre du village. Dortoirs de 5 ou 9 lits, tous avec salle de bains, et quelques chambres privées. Cuisine, *lockers,* bar dans la coursive. L'ensemble n'est plus tout neuf, mais bien tenu et super accueillant. Copieux petit déj inclus, salé et sucré. Ambiance très animée en saison, avis aux couche-tôt...

Biergarten Hostel *(plan A2,* ***13****) : rua Getúlio Vargas, 161.* ☎ *3361-5583.* • *biergartenhostel.blogspot.fr* • *Selon saison, compter env 75-90 Rls/pers en dortoir ; double env 250 Rls.* Dortoir de 8 lits pimpant et climatisé, installé au-dessus du resto du même nom (lire plus bas « Où manger ? ») et dortoir de 3 lits. Également quelques chambres privatives avec sanitaires à partager, bien tenus. Nickel et central, quoiqu'un peu impersonnel.

🏠 ***Che Lagarto Hostel*** *(hors plan par B2,* ***14****) : rua Canto da Praia, s/n. ☎ 3361-9669. • chelagarto.com • Tt au bout de la praia do Canto. Lit en dortoir env 70 Rls/pers en saison ; double 200 Rls.* 💻 📶 Une adresse qui bénéficie surtout d'une situation idyllique, avec une grande terrasse les pieds dans l'eau et un ponton pour piquer une tête dès le réveil ! Architecture moderne, dortoirs (mixtes et séparés, 6-8 lits) et chambres (avec salle de bains privée) assez propres et bien tenus. Coin bar et soirées barbecue le samedi, ambiance très festive parfois, comme souvent dans les adresses de cette chaîne d'AJ argentine. C'est d'ailleurs là que le bât blesse, car en saison il peut être difficile d'y trouver le sommeil !

De chic à plus chic (200-300 Rls et plus / env 50-75 €)

🏠 ***Pousada Tropicana*** *(plan A1,* ***15****) : rua da Praia, 28. ☎ 3361-5047. • ilhagrandetropicana.fr • Proche du débarcadère. Doubles env 200-320 Rls selon confort et saison.* 📶 En plein cœur de l'animation, une belle petite *pousada* d'une quinzaine de chambres coquettes, fraîches et confortables (AC, TV, frigo, belles salles d'eau). 4 chambres à l'avant, avec petit balcon et hamac donnant sur la plage. Notre préférence se porte sur celles qui donnent sur le jardin, à l'arrière, vastes (jusqu'à 3-4 personnes) et plus tranquilles. La maison fait aussi crêperie. Elle est tenue par un Français. Accueil charmant.

🏠 ***Pousada Manaca*** *(plan B2,* ***16****) : praia do Abraão, 333. ☎ 3361-5404. 📱 9631-2374 (Gérard). • ilhagrande manaca.com.br • Presque au bout de la plage, à droite en regardant la mer. Doubles 260-320 Rls selon confort et vue.* 📶 Gérard vit depuis plus de 30 ans au Brésil et il est une vraie mémoire vivante de l'île, qu'il a connue bien avant son boom touristique ! Il propose une poignée de chambres pratiquement sur la plage, toutes de bois et brique. Literie confortable, AC et ventilo, téléphone et minibar. Certaines s'ouvrent sur un balcon et son hamac ondulant face à la mer... Pas de TV, afin de garantir la tranquillité des hôtes. Cour-jardin très agréable. Le petit déj enfin, excellent, se prend sous les arbres, avec le bruit du ressac... Une de nos meilleures adresses.

🏠 ***Pousada Naturalia*** *(plan B2,* ***17****) : praia do Abraão, 149. ☎ 3361-9583. • pousadanaturalia.net • Presque en bout de plage, en retrait (c'est fléché). Doubles env 230-290 Rls.* 📶 Adresse assez haut perchée et très agréable, tenue par un Français, Laurent. Une douzaine de chambres réparties dans 2 bâtiments adossés à la forêt. Toutes de bon confort (AC, ventilo, petit balcon orienté vers la mer avec hamac). Bon petit déj avec une variété de jus et fruits frais tropicaux, un délice. De plus, Laurent saura vous donner tous les conseils pour que vous profitiez au mieux des ressources de l'île. Bref, un lieu de résidence idéal pour un séjour vraiment au calme.

🏠 ***Pousada Mara e Claude*** *(plan B2,* ***16****) : rua da Praia, 333. ☎ 3361-5922. • ilhagrande.org/maraeclaude • Doubles env 270-290 Rls en saison.* Juste à côté de la *pousada Manaca.* Une bien jolie maison où l'on est accueilli par Claude, un papy français très chaleureux et sa femme brésilienne, Mara, qui cultive le petit jardin dans la cour intérieure. Au fond, des chambres pleines de charme, toutes blanches et décorées avec beaucoup de goût, certaines avec de grandes baies vitrées, d'autres en mezzanine (idéales pour les familles), les plus chères avec petite terrasse et hamac pour profiter de la vue sur la plage. Salles de bains nickel et confort irréprochable, clim, frigo, etc. Au petit déj, frais et copieux, Claude met un point d'honneur à servir un véritable espresso ! Bref, une maison où il fait bon vivre.

🏠 ***Pousada Mata Nativa*** *(plan A2,* ***18****) : rua das Flores, 44. ☎ 3361-5852. En saison, double env 300 Rls ; bungalows (2 pers) 330 Rls.* 💻 📶 En retrait du brouhaha, adossé à la forêt, une douzaine de chambres et autant de bungalows dispersés sous les arbres, dont certains aménagés pour les familles. Tout confort : clim, ventilo, TV, salle de bains nickel. Propreté irréprochable pour cet ensemble tout en bois dont la pelouse rappelle les gras alpages alpins. Belle salle pour le petit déj, barbecue à disposition sous un *faré.* Piscine, hamacs, sauna, aire de jeux pour les enfants.

Très chic (plus de 450 Rls / env 112 €)

Sagú Mini Resort *(hors plan par B2,* ***19****)* **:** *enseada do Abraão, s/n ; praia Brava. ☎ 3361-5823. • sagu-resort.com • Un peu à l'écart du village, à l'extrémité de la 2e plage après la praia do Canto (téléphonez en arrivant, ils viendront vous chercher en bateau). Double env 480 Rls.* Très belle architecture, pratiquement les pieds dans l'eau et à l'écart du monde. Une petite dizaine de chambres et 2 duplex. Bois sombre, déco soignée, salles de bains avec jacuzzi... Kayaks à disposition, deck avec transats et agréable terrasse ombragée. Bref, un cadre enchanteur, accueillant de surcroît un beau petit resto italien.

Où manger ?

De bon marché à prix moyens (moins de 40-60 Rls / env 10-15 €)

Biergarten *(plan A2,* ***13****)* **:** *rua Getúlio Vargas, 161. ☎ 3361-5583. Dans la rue principale. Tlj 12h-22h.* Des restos *ao kilo* à Ilha Grande, il n'y en a pas des tonnes. Ce self-service est tenu avec sérieux par Klaus et propose toujours un bon choix, notamment végétarien. Fait également bar, avec tapas et une cave à vins qui laisse présager de bonnes soirées dans cette courette conviviale...

Pizzeria Fornilho *(plan A2,* ***31****)* **:** *rua N. S. Santana. Ouv le soir slt. Compter env 40-55 Rls la grande pizza.* La plage, ça creuse. Voilà de quoi se requinquer avec une bonne pizza cuite au feu de bois, savourée en terrasse ou derrière les baies vitrées de la grande salle moderne. Carte de vins chiliens et argentins. Accueil agréable et service efficace.

Chic (60-100 Rls / env 15-25 €)

Dom Mario *(plan A1-2,* ***32****)* **:** *au bout de la travessa Bouganville (l'impasse face au ponton de bois). ☎ 3361-5349. Mar-sam 17h-22h.* Au creux d'une impasse, à l'écart de l'agitation, une poignée de tables dispersées entre terrasse couverte et frondaisons. Le chef mitonne une cuisine fine et inventive : poisson sauce coco, viandes bien cuites sauce poivre vert ou gorgonzola... Le menu est immuable mais d'excellente qualité. Clientèle fidèle. On ne change pas une recette qui gagne !

Restaurante Lua e Mar *(plan B2,* ***33****)* **:** *praia do Abraão. ☎ 3361-5113. Presque au bout de la plage. Tlj sf mer 13h-23h.* Jolie terrasse sur le sable, où goûter aux spécialités brésiliennes, en particulier les copieuses *moquecas.* Goûter aussi au risotto de fruits de mer, fameux. Une bonne cuisine et un cadre enchanteur, à l'ombre des amandiers le midi, ou à la lueur des bougies la nuit venue. Les soirs d'affluence en revanche, l'attente peut s'avérer très, très longue...

Café do Mar *(plan B2,* ***33****)* **:** toujours sur la plage, le voisin de *Lua e Mar* sort quant à lui son barbecue chaque lundi, mercredi et samedi soir en saison. On fait son choix parmi les poissons exposés sous nos yeux (selon la pêche du jour)... et y a plus qu'à attendre que ça grille ! On patiente en sirotant une caïpirinha bien préparée. De quoi passer une bonne soirée, les pieds dans le sable.

O Pescador *(plan B1,* ***34****)* **:** *rua da Praia, s/n, à côté du ponton de bois. ☎ 3361-5114. Tlj sf dim, le soir slt (ferme à 23h30).* Installé sur la plage, le « Pêcheur » passe à juste titre pour l'un des meilleurs restos de l'île. Outre la *moqueca,* fort bien faite, on y sert une cuisine méditerranéenne. Des plats joliment présentés, toutefois moins copieux que la moyenne. Service agréable. Le tout dans un joli cadre romantique.

À faire

La ***baie d'Abraão*** compte en tout cinq plages, plus propices à la baignade que celle du port. Prendre le sentier au bout de la praia do Canto (à droite en regardant la mer), puis suivre le littoral. Plus on s'éloigne, moins il y a de monde... Pas de vagues, on peut y faire du kayak de mer ou du *snorkelling*. Petit snack-bar sur la cinquième plage, sympa pour prendre un verre ou grignoter les pieds dans le sable.
– À Abraão, quelques ***clubs de plongée*** également.

LA FIN DES HARICOTS

Si aujourd'hui toutes les denrées consommées sur l'île arrivent du continent, Ilha Grande fut longtemps une terre de production agricole. L'abolition de l'esclavage – les machines ne peuvent remplacer les hommes sur ces pentes escarpées –, la fermeture du pénitencier et, enfin, le classement de l'île en zone protégée ont eu raison des cultures locales.

➢ ***Balades à pied :*** la forêt primitive qui recouvre Ilha Grande est parcourue de nombreux sentiers, certains au départ d'Abraão. Procurez-vous la carte détaillée avec temps de parcours et niveaux de difficulté, distribuée notamment dans certaines agences ou *pousadas.*
– Parmi les incontournables, citons, pour les sportifs, l'ascension du ***pico do Papagaio*** (*hors plan par A2* ; 982 m d'altitude ; compter 3h aller et 2h30 retour). Au sommet, superbe vue panoramique sur l'île. Partir tôt pour éviter les grosses chaleurs et, tant qu'à faire, un jour sans nuages. En chemin, papillons, oiseaux exotiques et singes hurleurs. Le fléchage a été amélioré, mais restez toutefois vigilant.
– Autre belle balade, plus courte, le sentier de la ***cachoeira** (cascade) **da Feiticeira*** : 1h30 de marche jusqu'à la cascade, puis direction la plage du même nom et retour en bateau à Abraão.
– Enfin, pour sortir des sentiers rebattus, excursion jusqu'à ***Dois Rios*** et sa plage enserrée dans un cirque de montagnes : c'est là que se situait l'ancien pénitencier, dont il ne reste que des ruines. Plage superbe cernée par deux rivières qui descendent de la montagne. Compter 5h aller-retour le long d'une piste assez facile.

Praia de Lopes Mendes *(hors plan par B2)* **:** le must de l'île, par ailleurs excellent spot de surf. Une longue bande d'un sable presque blanc, si fin qu'il crisse lorsque l'on marche dessus, bordée d'un côté par la forêt tropicale, et baignée de l'autre par des eaux chaudes et limpides. Pas mal de monde en saison, mais la plage est grande, on peut toujours s'isoler. En revanche, ne pas se baigner trop loin, les courants sont dangereux.
Plusieurs façons de s'y rendre, en bateau ou à pied.
➢ *En bateau :* départs d'Abraão toutes les heures 9h30-12h30 ; retour toutes les heures, en principe 14h30-17h30. Le dernier bateau du retour peut partir plus tôt ou plus tard selon l'affluence, se renseigner en arrivant à la plage. Compter 15 Rls le trajet aller. Le bateau vous dépose à la *praia de Pouso.* De là, compter 20 mn d'une marche facile jusqu'à Lopes Mendes. Liaisons également en *taxi-boat,* avec l'avantage de partir quand vous voulez.
➢ *À pied :* on vous conseille vivement cette option (compter environ 2h30 de marche). Prendre le sentier qui part au bout de la plage d'Abraão (à droite en regardant la mer), puis tourner à droite dès la plage suivante (fléché). Assez raide

les 40 premières minutes (ça grimpe), le sentier court à travers la forêt tropicale, ses mille et un sons, ses papillons, ses singes, offre quelques beaux points de vue sur l'île et passe par les plages de *Palmas, Mangues* et *Pouso,* autant de salutaires pauses baignade (bars de plage également). On pourra ensuite rentrer en bateau (infos à la *praia de Pouso*). Prévoir de l'eau, de la crème solaire (même si la majeure partie du sentier est à l'ombre) et enfiler des chaussures fermées.

– ***Snorkelling :*** on trouve des loueurs de matériel (masques, palmes, tubas) sur le front de mer, entre l'embarcadère du ferry et le ponton d'arrivée du catamaran. Les meilleurs spots sont la *lagoa Azul* et la *lagoa Verde.* On peut s'y rendre en goélette *(env 50 Rls/pers),* mais on vous le déconseille en pleine saison. Ces bateaux embarquent jusqu'à 40 passagers et arrivent tous en même temps sur les spots de *snorkelling.* Du coup, on mate davantage les palmes de ses voisins que les poissons... Prendre plutôt un bateau rapide *(env 100 Rls/pers),* qui effectue le demi-tour de l'île côté continent, avec arrêts sur les spots de *snorkelling.* On arrive alors avant la foule. Emporter son propre casse-croûte.

➢ ***Le tour de l'île en bateau rapide :*** cher *(env 120-200 Rls/pers la ½ journée ou journée entière)* mais beaucoup plus sympa qu'en goélette *(escuna)* car on embarque à 12 personnes maximum. Une belle expérience (six-sept arrêts en tout pour le tour complet). S'adresser à une agence ou renseignez-vous après de votre *pousada.*

LE SUD-EST

PARATY

39 500 hab. IND. TÉL. : 24

• Plan *p. 175*

Petite ville coloniale intacte, à 280 km au sud-ouest de Rio, Paraty (du nom d'un poisson, le mulet, abondant en ses eaux), est un des hauts lieux du tourisme historique brésilien. Au XVIIIe s, elle était la pierre d'achoppement entre le Portugal et le Minas Gerais. Par son port transitaient or, pierres précieuses, soies et épices. Mais l'abolition de l'esclavage et la construction de la voie ferrée entre Rio et São Paulo ont modifié la donne, sonnant le glas de sa magnificence, et la ville, intacte, s'est endormie dans l'histoire...

Superbes demeures coloniales blanches aux toits de tuiles et balcons de fer forgé, chaussées irrégulières pavées de pierres dites *pé de moleque* (« pieds de garnements ») – éviter les chaussures à talon ! –, mignonnes églises parsemant le vieux centre et un port exhibant ses canons d'époque confèrent à la ville un charme sans égal. À présent restaurée, on dirait un musée à ciel ouvert. Bâtie au niveau de la mer, bordée par une rivière qu'enjambent de petits ponts, Paraty est par ailleurs régulièrement inondée, prenant alors des allures de Venise coloniale. Désertes pendant la journée (les gens sont à la plage), ses rues se remplissent le soir d'une foule de badauds

POUR TOUT L'OR DU NOUVEAU MONDE...

Les pavés cyclopéens sur lesquels vous vous tordrez les chevilles quand vous arpenterez les ruelles de Paraty ne sont pas brésiliens mais... européens. Ils proviennent du ballast des navires portugais qui permettait de les lester lorsqu'ils faisaient route à vide vers le Nouveau Monde. Au retour, c'est l'or en provenance du Minas Gerais qui prenait leur place au fond des cales.

flânant entre les restos et boutiques de souvenirs où les *reais* n'en finissent pas de s'additionner. Hors saison et en semaine, c'est plutôt tristounet. L'occasion toutefois de goûter au charme colonial de ce petit village et de s'embarquer à la découverte des plages des environs, les plus belles de la Costa Verde.

Arriver – Quitter

En bus

Rodoviária *(hors plan par A2).* Consigne.

➢ ***Trindade*** *(plages)* **:** env 15 bus/j., 5h30-20h, avec *Colitur (☎ 3371-1224).* Billet à acheter directement dans le bus. Prévoir un peu de marge au retour car pas mal de monde en saison.

➢ ***Angra*** **:** tlj 5h-22h30, une trentaine de bus avec *Colitur.* Trajet : 2h. Connexion avec ***Belo Horizonte.***

➢ ***Rio*** **:** 10 bus/j., 5h15-21h, avec *Costa Verde (☎ 3622-3123).* Bus supplémentaire dim à 4h. Trajet : 4h ; env 75 Rls.

➢ ***São Paulo*** *(via São José dos Campos)* **:** 6 bus/j., 8h30-23h50, avec *Reunidas Paulista (☎ 0800-709-90-20).* Trajet : 6h ; env 60 Rls.

➢ ***Niterói*** **:** 4 bus/j., 5h20-17h20, avec *Costa Verde.*

Adresses utiles

Centro de informações turísticas *(plan A1-2)* **:** *rua Ten. Francisco Antônio. ☎ 3371-3064. • paraty.com.br • paraty.com • Tlj sf lun 9h-21h. Autre bureau à l'entrée de la ville, au niveau du rond-point.*

Poste *(plan A1)* **:** *rua Domingos G. de Abreu. Lun-sam 9h-17h (13h sam).*

Banco do Brasil (hors plan par A2, **1**) **:** *au début de l'av. Roberto Silveira, à côté de la station-service* Posto Paraty. *Distributeur accessible 6h-22h.*

@ ***Internet/téléphone :*** quelques cybercafés notamment dans l'avenida Roberto Silveira, dotés de cabines téléphoniques internationales.

Paraty Tours *(plan A2,* ***2****)* **:** *av. Roberto Silveira, 11. ☎ 3371-1327. • paratytours.com.br • Tlj 8h-22h.* Infos sur la plongée et les sorties en bateau dans les îles voisines (plus cher toutefois qu'en s'adressant directement aux bateaux sur le ponton). Organise de nombreuses excursions : en bateau, en kayak, à cheval, écologiques, visites des distilleries (*alambiques* en brésilien), route de l'or... Location de VTT.

Paraty Adventure *(plan A1,* ***3****)* **:** *rua Marechal Deodoro, 12. ☎ 3371-6135. • paratyadventure.com • Tlj 8h30-21h.* Une autre agence sérieuse qui propose des programmes originaux, axés sur l'écotourisme. Beaux treks sur un ou plusieurs jours, randos en kayak de mer, notamment vers le *saco do Mamanguá.* Rafting également. Départs assurés à partir de 2 personnes. Location de VTT.

Laverie Paraty Wash *(hors plan par A2,* ***4****)* **:** *Shopping Martins, loja 15 (à côté de la gare routière). ☎ 3371-6985. Lun-sam 8h-21h.*

Où dormir ?

Attention ! Comme partout dans les villes touristiques du Brésil, la plupart des adresses proposent des forfaits 3 ou 4 nuits *(pacote)* pendant les périodes festives : Noël et Jour de l'an, carnaval, Semaine sainte, etc. Et quand on sait que Paraty compte pas moins d'une trentaine d'événements par an... mieux vaut étudier le calendrier ! Dans un autre registre, prévoir un bon répulsif antimoustiques.

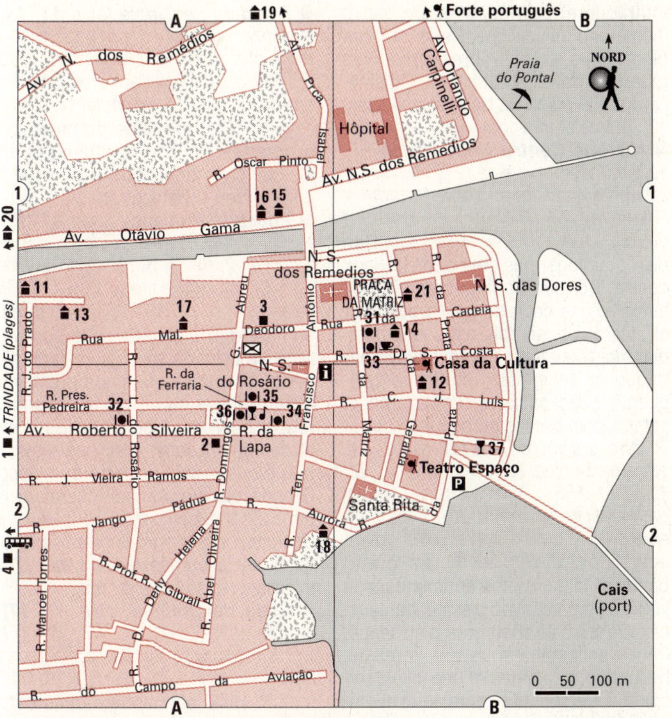

PARATY

■ **Adresses utiles**

- Centro de informações turísticas
- 1 Banco do Brasil
- 2 Paraty Tours
- 3 Paraty Adventure
- 4 Laverie Paraty Wash

Où dormir ?

- **11** Paraty Hostel – Casa do Rio
- **12** Historic Centre Hostel
- **13** Che Lagarto Hostel
- **14** Hotel Solar dos Gerânios
- **15** Pousada La Cigale
- **16** Pousada Provence
- **17** Casa da Colônia
- **18** Pousada do Cais
- **19** Pousada Morro do Forte
- **20** Bambu Bamboo
- **21** Pousada da Marquesa

Où manger ? Où boire un verre ?

- **31** Miracolo
- **32** Restaurante Sabor da Terra
- **33** Café Pingado
- **34** Galeria do Engenho
- **35** Restaurante Casa do Fogo
- **36** Margarida Café
- **37** Camoka Botequim Arte Café

De bon marché à prix moyens (moins de 130-200 Rls / env 33-50 €)

À noter, les chambres doubles de certaines auberges de jeunesse grimpent dans la catégorie « Prix moyens ».

Paraty Hostel – Casa do Rio *(plan A1,* ***11****) : rua Antonio de Oliveira Vidal, 120. ☎ 3371-2223. • casadoriohostel.com.br • Compter 50 Rls/pers en dortoir ; double env 150 Rls, réduc avec la carte des AJ.* Mignonne AJ officielle joliment située en bordure de rivière. Partie commune très bohème, foutraque et colorée, avec un bar et même une minipiscine. Petits dortoirs bien tenus et chambres privatives réparties dans 3 bâtiments. Cuisine. Diverses excursions, balades en kayak, etc. Animé et très convivial.

Historic Centre Hostel (plan B2, **12**) : *rua Dona Geralda, 211. ☎ 3371-2236. • historiccentrehostel.com • Nuitée env 45 Rls/pers en dortoir ; double avec sdb env 150 Rls.* Bon plan pour loger pas cher dans le vieux centre. Dortoirs et chambres répartis autour d'une courette pavée avec bar et billard. L'ensemble est assez basique mais bien tenu. Personnel sympathique et polyglotte, ambiance typiquement *backpackers*. Les vendredi et samedi soir, soirées barbecue.

Che Lagarto Hostel (plan A1, **13**) : *rua Benina Toledo do Prado, 22. ☎ 3371-1564. • chelagarto.com • Selon saison, compter 30-80 Rls/pers en dortoir ; doubles avec sdb privée env 130-250 Rls.* Un grand bâtiment blanc et une annexe dans le jardin à l'arrière, avec piscine, hamacs, etc. Dortoirs et chambres bien tenus. Petit bar installé sous une tonnelle, beaucoup de plantes et une jolie déco colorée. Personnel sympathique et disponible. Ambiance jeune et très festive en saison, avec des soirées cocktails, pizzas maison ou barbecue, organisées tous les jours !

De prix moyens à chic (moins de 200-300 Rls / env 50-75 €)

Hotel Solar dos Gerânios (plan B1, **14**) : *praça da Matriz. ☎ 3371-1550. • paraty.com.br/geranio • Doubles env 120-160 Rls selon saison.* Beaucoup de cachet pour cette vieille maison coloniale située dans le quartier qui bouge le soir. Imposant escalier central en bois et pierre, mobilier ancien, lourdes portes en bois, nombreuses plantes, plusieurs chats... Une dizaine de chambres au confort simple, mais toutes avec salle de bains et un petit balcon donnant sur la praça da Matriz, très agréable en fin de journée. Bon accueil de Margarida, qui parle un peu le français.

Pousada La Cigale (plan A1, **15**) : *av. Otávio Gama ; à deux pas du centre historique. ☎ 3371-1884/5092. • pousadalacigale.com.br • Doubles env 130-240 Rls selon saison. Parking.* Une quinzaine de chambres proprettes en rez-de-chaussée ou en coursive, donnant sur une petite piscine bien entretenue.

Pousada Provence (plan A1, **16**) : *av. Otávio Gama ; à côté de La Cigale. ☎ 3371-2769. • pousadaprovence.com.br • Doubles env 200-300 Rls selon saison. Parking.* Ce n'est pas un hasard si le nom de cette *pousada* rappelle celui de sa voisine, l'adresse est tenue par l'ex-femme du proprio, avec qui elle garde de très bonnes relations ! Même type d'établissement et de confort donc, avec peut-être un peu plus de soin apporté à la déco. Grande piscine. Accueil charmant et francophone, bon petit déj copieux, jus de fruits, café et en-cas proposés gratuitement la journée. Une adresse d'un excellent rapport qualité-prix.

Casa da Colônia (plan A1, **17**) : *rua Marechal Deodoro, 502. ☎ 3371-2343. • pousadacasadacolonia.com • Doubles env 250-300 Rls en saison.* Belle atmosphère dans cette *pousada* élégante et spacieuse. Une quinzaine de chambres, petites mais nickel, avec lit à baldaquin et déco personnalisée... Ventilo ou AC, frigo. Préférer les chambres en coursive à celles qui donnent sur le salon aux airs de salle de banquet, elles sont plus charmantes. Bon accueil.

Plus chic (300-500 Rls / env 75-125 €)

Pousada do Cais (plan A2, **18**) : *travessa Santa Rita, 20, à deux pas de l'église du même nom. ☎ 3371-1200. • pousadadocais.com.br • En saison, doubles env 340-370 Rls selon vue et standing.* Situation idéale pour cette très belle demeure coloniale. Splendide vue des chambres n°s 2, 3, 7, 8 et 9, où s'engouffre l'air marin. Elles sont toutes spacieuses, agréables et confortables. Préférer celles à l'étage, histoire de profiter de la vue sur le port. Possibilité de balade en voilier. Bon accueil d'Amelia et Patrice, sympathique couple franco-brésilien, et personnel tout aussi charmant.

Pousada Morro do Forte *(hors plan par A1, **19**)* **:** *rua Orlando Carpinelli, 21. ☎ 3371-1211. ● pousadamorrodoforte.com.br ● En dehors du centre historique, sur le chemin du fort portugais. En hte saison, doubles env 350-480 Rls selon confort.* Dans un style rustico-moderne plutôt coquet, avec jolie piscine et vue panoramique imprenable sur Paraty. Chambres vastes et fonctionnelles, avec quelques touches de déco pour égayer l'ensemble. Chacune dispose d'une petite terrasse avec hamac, très sympa à l'heure de la sieste. Super petit déj et accueil charmant. Une bonne adresse dont le plus gros défaut est d'être assez éloignée du centre.

Bambu Bamboo *(hors plan par A1, **20**)* **:** *rua Glauber Rocha, 9. ☎ 3371-8629. ● bambubamboo.com ● À env 20 mn à pied du centre historique, en remontant la rivière sur la rive opposée. Doubles env 300-330 Rls selon confort.* Son éloignement est bien le seul point faible de cet établissement gracieux, tenu par Ben et Neto. Ici, tout a été conçu pour le bonheur de prolonger son séjour : dans une architecture où le bois domine, de très belles chambres à la déco aussi subtile qu'élégante, notamment celles en duplex. Jardin très soigné, agréables espaces de détente (salon TV et bibliothèque), belle piscine, et un spa pour se faire du bien. Ajoutez à cela un petit déj délicieux et copieux, à prendre au bord de la rivière...

Très chic (plus de 450 Rls / env 112 €)

Pousada da Marquesa *(plan B1, **21**)* **:** *rua Dona Geralda, 99. ☎ 3371-1263. ● pousadamarquesa.com.br ● Fermé pdt 1 mois après le carnaval. Doubles env 450-600 Rls selon saison. Parking.* Dans un cadre splendide, une demeure coloniale marquée par les siècles, qui propose une vingtaine de vastes chambres décorées de meubles et d'objets d'époque. Piscine au cœur d'un jardin tropical. Petit déj-buffet servi dans une belle salle lumineuse. Salle TV, bar en soirée. Et pour ne rien gâcher, un accueil extra.

Où manger ? Où boire un verre ?

Pas mal de restos touristiques à Paraty, cher payés et souvent de qualité médiocre, sinon des tables chic qui font le bonheur des riches Paulistes ou Cariocas venus le week-end. On dégote tout de même quelques petites adresses où s'offrir un bon repas dans un cadre charmant. Pour manger bon marché, cap sur les *lanchonetes* et restos *ao kilo* de l'avenida Roberto Silveira, l'artère principale. Côté douceurs, ne pas hésiter à goûter les délicieux gâteaux et sucreries que proposent les vendeurs ambulants, presque à chaque coin de rue ! Enfin, le soir, tout – ou presque – se passe dans la série de bistrots qui bordent la praça Matriz.

Bon marché (moins de 40 Rls / env 10 €)

Miracolo *(plan B1, **31**)* **:** *praça da Matriz, 8. ☎ 3371-1045. Tlj à partir de 10h.* Ce bar-resto-glacier est tenu par une authentique famille italienne. On y sert *bruschette*, sandwichs, plats de pâtes, lasagnes, pizzas, etc., aussi savoureux, copieux et bon marché que dans une trattoria napolitaine ! Un vrai *Miracolo* ! À ponctuer par une glace donc, ou un délicieux *espresso*. Le tout servi avec une grande gentillesse, dans la petite salle toute simple ou en terrasse, sur la jolie placette.

Restaurante Sabor da Terra *(plan A2, **32**)* **:** *av. Roberto Silveira, 180. ☎ 3371-2384. Tlj 11h30-22h.* Élu meilleur self-service *ao kilo* de la ville depuis 1999 ! Formule économique de qualité avec un choix de 3 plats, une grande variété de légumes et de crudités, viandes ou poissons cuits sur le gril à votre goût à la commande, et la Thermos de café à disposition. Quelques tables sur la rue. Très prisé des habitants le midi.

LE SUD-EST

Café Pingado (plan B1, **33**) : *rua Samuel Costa, à l'angle de la rua da Matriz. ☎ 3371-8333. Tlj sf mar 10h-23h.* Un coquet petit café bien dans le ton de Paraty, où croquer sandwichs froids ou toastés, quiches, pâtisseries... arrosés de jus de fruits pressés servis en carafe. Également toute une gamme de bons cafés, du frappé au corrigé. Pour un en-cas léger ou une pause goûter.

De prix moyens à chic (40-100 Rls / env 10-25 €)

Galeria do Engenho (plan A2, **34**) : *rua da Lapa, 18. ☎ 3371-1680. Tlj.* 30 ans d'activité n'ont pas entamé la qualité de cette table fort appréciée des locaux. Déco minimaliste, service décontracté mais efficace, pour une cuisine de terre ou de mer. Notre préférence va au risotto de fruits de mer, succulent et bien servi. Pour la caïpirinha, en revanche, vous repasserez !

Restaurante Casa do Fogo (plan A2, **35**) : *rua Comendador José Luiz (ou da Ferraria), 390. ☎ 3371-3163. Ts les soirs jusqu'à 1h.* Une adresse originale, où se produisent presque chaque soir en saison des musiciens en live. Dans l'assiette, une cuisine délicieusement exotique où la plupart des plats sont flambés avec des cachaças artisanales. Les hautes flammes du *fogo* font écho à la lumière tremblante des bougies. De quoi passer une bonne soirée.

Margarida Café (plan A2, **36**) : *praça do Chafariz. ☎ 3371-2441. Tlj 12h-minuit.* Sous un plafond de bois brûlé, une grande salle stylée et tamisée, garnie de plantes. Au fond, une véranda, pour qui veut plus de lumière. En saison, des groupes allant du blues au latino se succèdent sur la petite scène. Côté cuisine, des plats régionaux de viande ou poisson, un peu trop salés... comme l'addition ! On peut d'ailleurs se contenter d'y prendre un verre en soirée.

Camoka Botequim Arte Café (plan B2, **37**) : *sur la praça da Bandeira, qui fait face au ponton* (cais). *☎ 3371-1063. Tlj sf lun 17h-1h. Ciné-club sam à 21h.* Une salle toute bête, un fond jazzy, et surtout, une poignée de tables éparpillées sur les pavés, au bord de l'eau et du ponton, loin de l'agitation. Un joli coin pour siroter une caïpirinha bien dosée, préparée avec du sucre brun, à accompagner de tapas brésiliennes façon *botequim.* Un peu cher quand même, on paie jusqu'aux cacahuètes !

À voir. À faire

Paraty dévoile ses charmes en fin de journée, quand la lumière se fait plus douce et que les vacanciers, de retour de la plage, envahissent les rues du centre historique. C'est alors l'occasion de musarder au fil des ruelles mal pavées, ourlées de demeures de maîtres ornées de symboles de la franc-maçonnerie, d'apprécier l'élégance de leur architecture. Aménagées en ateliers d'artiste ou en lieux d'exposition, elles sont propices à découvrir l'artisanat local, assez cher cependant. Mais Paraty, c'est aussi la plage, le *snorkelling* et les bains de mer... Sans oublier le grand nombre de possibilités d'excursions que recèle la *serra da Bocaina,* véritable sanctuaire de biodiversité.

> **ON IRA TOUS AU PARATY !**
>
> *On a beau être égaux devant Dieu, à Paraty, au temps du commerce florissant de l'or, chacun priait de son côté. Ainsi l'église Nossa Senhora das Dores, avec vue sur mer, était-elle réservée à l'aristocratie, l'igreja Matriz de N. S. dos Remédios dévolue aux bourgeois, et Santa Rita réservée aux mulâtres. Quant aux esclaves, ils priaient un saint noir dans la très discrète petite église N. S. do Rosário.*

Casa da Cultura (plan B1-2) : *rua Dona Geralda, 177. ☎ 3371-2325. • paratycultural.org.br • Tlj sf lun 10h-22h. GRATUIT.* Dans une demeure datant de 1754.

Au 1er étage, une expo retrace l'histoire locale. Foule d'infos accessibles sur ordinateur, ainsi que des documents originaux glissés dans des tiroirs. Aux murs, vaste trombinoscope audio et vidéo où des locaux évoquent leurs souvenirs et leur vie quotidienne.

Forte português *(fort portugais ; hors plan par B1)* **:** une bonne petite promenade digestive, en montée. Le fort abrite une modeste exposition d'objets locaux *(tlj sf lun 9h-12h, 13h-17h ; entrée : 2 Rls).* La vue panoramique est superbe.

Teatro Espaço *(plan B2)* **:** *rua Dona Geralda, 327. ☎ 3371-1575. • teatroespaco.com.br • Spectacles mer et sam à 21h.* Spectacle de marionnettes pour adultes, poétique et sans paroles – nul besoin de comprendre le portugais donc –, exécuté par la troupe *Grupo Contadores de Estórias*.

Plages* :** on compte près de 25 plages dans les proches environs de Paraty, sans compter les îles ! La ***praia do Pontal *(plan B1)* s'allonge juste de l'autre côté du centre historique, après la rivière. Mieux vaut cependant prendre le bus à la gare routière (somme dérisoire) pour rejoindre ***Trindade*** et ses quatre plages au goût de paradis (campings sur place). En voiture, prendre la BR 101 direction São Paulo, puis à gauche après environ 14 km (borne 588). Citons aussi, parmi tant d'autres, les ***praia do Sono, praia Vermelha...,*** autant de noms évocateurs invitant à la baignade ou au farniente, accessibles pour certaines en bateau (lire ci-après)...
– Ceux qui disposent d'un véhicule pourront pousser toujours plus loin au sud, et s'arrêter au gré de leurs envies en repérant les voitures garées en bord de route. Étape possible, le coloré village de pêcheurs de ***Picinguaba*** (à 30 km au sud de Paraty, dans l'État de São Paulo ; tourner à gauche peu après la borne 07). Posé en bord de forêt le long d'une jolie plage, il fait face à un chapelet d'îlots.

➢ ***Balades en bateau* :** très découpée, la côte est bordée d'un chapelet d'îles pour la plupart inhabitées, égrenant des plages toutes plus paradisiaques les unes que les autres. Elles sont accessibles en ***goélettes (escuna),*** qui embarquent une quarantaine de passagers et suivent toutes le même parcours. En général, les départs ont lieu le matin, entre 10h et 11h, du ponton *(cais)* situé au bout du village historique *(plan B2).* Se renseigner directement sur place lors du retour des plages, vers 17h (plus cher dans une agence en ville !). À partir de 60 Rls par personne pour une excursion de 5-6h avec quatre arrêts baignade (et/ou *snorkelling*) sur plusieurs îles. Possibilité aussi de prévoir le repas, à moins que vous ne preniez votre pique-nique. Boissons (en plus) servies à bord. Parfois, un musicien embarque sur le bateau (petite participation). Attention cependant aux entourloupes, pas mal de petites arnaques qui entraînent des frais supplémentaires...
On peut aussi affréter l'un des petits ***bateaux privés*** qui patientent sur le quai, juste avant le ponton, et convenir avec son propriétaire d'un itinéraire. Compter 80 Rls l'heure pour le bateau complet (se grouper).

– Enfin, les agences de Paraty (lire plus haut « Adresses utiles ») proposent de nombreuses activités : ***kayak, rafting, randos à vélo...***

L'ÉTAT DE SÃO PAULO

Après Paraty, on entre dans l'État de São Paulo en traversant le cap de Trindade. Le paysage est marqué par la montagne, encore plus présente, saupoudrée de petites villes balnéaires qui sont autant de lieux de villégiature pour les classes moyennes de la métropole.
Le littoral pauliste est tout à fait différent de la baie souriante d'Angra. Après *Ubatuba* et à partir de *Caraguatatuba* commence vraiment l'enfer des côtes à touristes, du commerce balnéaire et des complexes hôteliers. Une

urbanisation à outrance qui grève sérieusement le paysage à mesure que l'on s'approche de la mégapole.
Mieux vaut alors opter pour l'intérieur des terres et le charme bucolique des grands lacs ourlés de forêts d'eucalyptus. La région du *vale do Paraíba* est parsemée de petites villes montagnardes peuplées de Caïpiras, les paysans du coin, artisans du bois et petits propriétaires, cultivateurs de café ou de canne à sucre.

VERS SÃO PAULO PAR LE VALE DO PARAÍBA

À Caraguatatuba, prendre la direction de São José dos Campos par la SP 99. Ensuite commence l'ascension des montagnes du ***vale do Paraíba*** et de l'intérieur pauliste. Route excellente et paysages somptueux. On découvre une terre de café, de canne à sucre, d'élevage laitier, de bananes, de *fazendas* et d'alambics. Entre les villes de Três Rios et Volta Redonda, possibilité de visiter quelques *fazendas* datant du XIXe s, lorsque la culture du café était à son apogée. Un itinéraire touristique est peu à peu mis en place autour de ce patrimoine architectural, mêlant randonnées ou balades à cheval et découverte des produits artisanaux traditionnels *(infos sur • preservale.com.br •).*
Ménagez-vous une courte halte à ***Paraíbuna,*** bourgade de 6 000 habitants perchée au cœur de la montagne. Une atmosphère paisible et authentique : quelques placettes où il fait bon flâner, un vieux kiosque et l'*igreja Matriz de Santo Antônio,* avec une belle façade d'azulejos portugais représentant les *bandeirantes.* À l'intérieur, de grandes fresques turquoise de l'artiste Alvaro Pereira ornent les plafonds. Jeter aussi un œil aux *halles* de la fin XIXe s, sur la praça do Mercado.
La réserve d'eau voisine, qui régule la rivière Paraíba (en tupi, « eaux sombres ») et fournit l'électricité à la région, forme sur 206 km un magnifique lac de montagne (artificiel), aménagé pour la promenade, ce qui le rend populaire auprès des familles paulistas. Un bateau assure des excursions sur le lac. Activités nautiques, équestres et pédestres possibles.

SÃO PAULO

env 11,9 millions d'hab. IND. TÉL. : 11

• Ensemble (plan I) *p. 183* • Centre (plan II) *p. 188-189* • Plan III *p. 190-191*

Mirage ou miracle ? Ange ou démon ? Monstre ou déesse ? Divine ou diabolique ? Quel terme choisir pour cette ville ? Si vous êtes attiré par les mégapoles (Shanghai, Mexico, Tokyo...), alors vous aimerez São Paulo et ses forêts de gratte-ciel à perte de vue, la plus grande agglomération urbaine de l'hémisphère sud et la cinquième du monde. En 2015, la ville compte près de 12 millions d'habitants, mais ce sont plus de 19 millions de personnes qui vivent dans la région métropolitaine. Immense concentration humaine où plus de 10 % des Brésiliens cohabitent sur un territoire correspondant à moins d'un millième de la surface totale du pays !
São Paulo est la capitale économique du Brésil et son principal centre bancaire et financier. Elle est le moteur et le baromètre de la croissance urbaine et économique. Un tiers de l'activité industrielle du pays se concentre ici. La ville contribue pour près de 25 % du PIB national. Si l'on veut faire des affaires, c'est ici que ça se passe. Ce n'est pas pour rien que São Paulo abrite 60 % des familles les plus riches du Brésil. Les revenus moyens des familles y sont près de deux fois supérieurs à la moyenne nationale. Certains

la considèrent aussi comme la capitale des médias où sont concentrées les principales entreprises de communication du Brésil : *Globo, Abril, SBT,* le journal *O Estado de São Paulo*, *Record* et *Rede TV...* souvent établies dans le quartier de Pinheiros. L'université de São Paulo, la plus prestigieuse du pays, place aussi la ville au rang de capitale intellectuelle. Forte de son dynamisme économique, la ville est en outre la capitale du luxe, avec ses *fashion weeks* (semaines de la mode) et de la culture, avec notamment ses biennales d'art contemporain.

Les contrastes marquent aussi le paysage urbain de São Paulo. Comme dans toute ville d'Amérique latine, la plus éclatante opulence côtoie la plus triste indigence, même si, à la différence de Rio, on ne voit guère ici les favelas. Cette grande mégapole dévoreuse d'énergie emporte tout sur son passage, poussant les riches vers les quartiers résidentiels (Morumbi, par exemple), concentrant les pauvres dans des quartiers défavorisés... Par ironie du sort, la plus grande favela de la ville s'appelle Paraisópolis, « la ville du paradis », et elle jouxte Morumbi... Splendeur et misère, or et poussière, miracle d'un côté, débâcle de l'autre... D'anciens immeubles fastueux, témoins de l'opulence des années 1930, sont aujourd'hui dégradés et surpeuplés (on les appelle les *corticos*), et abritent de nombreuses familles pauvres qui « squattent » le vieux centre urbain, devenu un secteur d'insécurité, de drogue et de violence (surtout la nuit), notamment le quartier surnommé Cracolândia, connu pour son trafic de crack.

Des immeubles, parlons-en ! La ville annonce fièrement le chiffre de 2 578 gratte-ciel. Là encore, il y a de tout. Des merveilles d'architecture contemporaine, des édifices signés Oscar Niemeyer et des buildings sans style ni caractère. Mais c'est sans doute là que réside l'intérêt de la ville, dans cette sorte de pèlerinage architectural où l'on se promène les yeux en l'air ; où l'on passe presque sans s'en apercevoir de l'avenida Paulista, symbole de la puissance économique de la ville avec son alignement de banques, à l'ancien centre historique, délabré et craquelé de partout.

Vous l'avez compris, São Paulo représente la quintessence des conurbations d'Amérique latine, typiquement fière de tous ses excès. Ce n'est pas une ville touristique. C'est pour ça que c'est aussi la ville idéale pour découvrir le Brésil : au milieu de cette diversité, marcheur anonyme, on est sûr de ne pas être vu comme un touriste et on peut rencontrer plus facilement les Paulistanos (habitants de la ville). Sans compter la richesse de sa vie culturelle : superbes musées, théâtres, concerts, festivals, etc. Et puis, ne l'oublions pas, la proposition culinaire de la ville est sans comparaison. São Paulo revendique à juste titre le rang de capitale culturelle et gastronomique du pays.

UN PEU D'HISTOIRE

Aux origines...

À 750 m d'altitude, avec un temps plus doux et plus frais qu'à Rio, sur un plateau largement sillonné par des cours d'eau, les ***pères jésuites portugais*** trouvèrent ici l'endroit idéal pour construire, en 1554, leur mission Saint-Paul. Celle-ci donnera son nom à la ville. Le « noyau d'origine » de São Paulo existe toujours aujourd'hui. Au XVIIe s, la découverte de l'or du Minas Gerais provoqua un brutal développement de la ville. São Paulo devint le camp de base des orpailleurs, des ***bandeirantes*** et autres aventuriers avides de nouvelles richesses et de gloire. Ces explorateurs intrépides portèrent le progrès dans l'intérieur du pays. C'est de São Paulo que la ***conquête du Brésil intérieur*** a été initiée, très souvent par la force et la violence. Mais la ville n'a pas bénéficié des effets de l'exploitation de l'or. La route de l'or partait du Minas Gerais et aboutissait à Rio, d'où le précieux métal était convoyé par mer jusqu'au Portugal. C'est en fait la culture et le ***commerce du***

café, au XIXe s, qui fit entrer São Paulo dans le monde moderne et industriel, en bouleversant la vieille société coloniale. L'émancipation progressive des esclaves, qui s'acheva en 1888, entraîna l'arrivée en masse d'immigrants européens venus travailler dans les *cafezais.*

Un creuset de migrants

Au ***début du XXe s,*** São Paulo est déjà une métropole, une place boursière mondiale et un important centre industriel. Dès les premières ***grandes crises économiques européennes,*** Italiens, Allemands, Polonais, Russes, Espagnols, soit des millions d'Européens, ainsi que des sujets de l'ancien Empire ottoman émigrent vers les Amériques. En 1908, ce sont les Japonais qui arrivent. Plus que tout autre, le Paulistano est d'abord et avant tout un émigré.

Creuset humain et social fait de l'apport de différentes cultures, São Paulo se targue d'abriter la plus importante ***diaspora japonaise*** du monde. Les descendants actuels sont appelés les « Nissei », mélange de sang japonais et brésilien. Ne pas oublier l'importante communauté de ***migrants d'origine syro-libanaise,*** dont les représentants actuels s'illustrent dans tous les domaines. L'hôpital syro-libanais *(Hospital Sirio Libanès)* de São Paulo est par ailleurs considéré comme un des meilleurs d'Amérique latine. Enfin, la mégapole ne serait pas ce qu'elle est de nos jours sans la contribution des ***émigrants italiens,*** qui ont forgé le caractère latin et la culture méditerranéenne de São Paulo. Ils sont aujourd'hui près de 3 millions à revendiquer des origines italiennes, issus de la grande vague d'immigration de la fin du XIXe s. Vous comprendrez pourquoi on mange tant de délicieuses pizzas ici ! Ce n'est pas un hasard non plus si dans la majorité des restaurants de la ville, le client trouve une bouteille d'huile d'olive posée à côté du poivre et du sel : cela se fait couramment en Italie aussi ! Sur le plan architectural, c'est un Italien, ***Martinelli,*** qui, sous l'œil incrédule de ses concitoyens, a construit le premier gratte-ciel de la ville en 1928.

Une ville avant-gardiste

Après les grandes vagues d'immigration européenne, le « miracle brésilien » des années 1950 va entraîner une ***forte urbanisation.*** La population de la ville passe de 2,2 millions en 1950 à 8,5 millions en 1980, et São Paulo devient la plus grande ville du pays.

Mais surtout, c'est elle qui entraîne le pays dans ses transformations sociales, sa modernisation culturelle et l'évolution des mœurs politiques : c'est de là qu'est parti le ***renouveau du mouvement politique et syndical en 1980-1985,*** avec la création du Parti des travailleurs ; c'est encore la mobilisation de São Paulo qui a donné le signal du mouvement populaire qui allait destituer le président Collor de Mello en 1992 ; et lors des élections de 1994, deux « vrais » Paulistanos, Lula et F. H. Cardoso, se sont disputé la présidence du pays.

Arrivée à São Paulo

En avion

✈ ***Aéroport de Guarulhos*** *(hors plan I par B1)* **:** *à 25 km au nord du centre-ville.* ☎ *2445-2945.* Pour tous les vols internationaux, ainsi qu'une partie des vols intérieurs. Il y a 3 terminaux ; prévoir pas mal de temps en cas de connexion.

Comptoirs d'infos touristiques : *dans les terminaux T1 et T2. Tlj 6h-22h.*

■ ***Banques, change :*** si vous arrivez un week-end ou un jour férié, c'est le seul endroit où les bureaux de change sont ouverts. Leur commission est de 25 %. Dans le hall des arrivées, après le tapis à bagages, on trouve des guichets de *Banco Safra (ouv 24h/24)* et dans l'aérogare, ceux de *Cotação.* À côté, plusieurs ***distributeurs*** acceptant les cartes *Visa* et *MasterCard.*

✉ ***Poste :*** *au 2e étage du T1 et du T2. Tlj 7h30-22h30.*

SÃO PAULO – Plan d'ensemble (Plan I)

Pour rejoindre le centre-ville
2 options : le bus ou le taxi.
■ ***Airport bus Service :*** *à la sortie du terminal. ☎ 0800-770-22-87. • airportbusservice.com.br • Tarif : 50 Rls. CB acceptées.* Service de bus très pratique et 3 fois moins cher que le taxi.
➢ ***Praça da República*** *(plan II, C5)* **:** bus ttes les 30-40 mn 0h05-23h10. Trajet : 55 mn (ou plus si embouteillages !).
➢ ***Gare routière – Terminal Tietê*** *(plan I, B1)* **:** bus ttes les 50-70 mn 0h05-23h10. Trajet : env 40 mn.
➢ ***Avenida Paulista et rua Augusta*** *(plan III, H-I7)* **:** c'est le « circuit des hôtels ». 16 bus/j., 6h10-23h10. Trajet : env 1h15.
➢ ***Aéroport Congonhas*** *(plan I, A3)* **:** bus ttes les 30-40 mn 0h05-23h10. Trajet : env 1h10.
– Une autre solution économique consiste à emprunter la ligne ***Terminal Metrô Tatuapé*** (attention, choisir de passer par la station « Ayrton Senna », car par « Assis Ribeiro », c'est 2 fois plus long), utilisée par les employés de l'aéroport. Billet : env 6 Rls ; bus ttes les 15-30 mn. Le bus vous dépose au métro Tatuapé, d'où vous pouvez joindre praça da República. Bus à éviter si vous avez beaucoup de bagages, car il faut les garder avec soi (pas de soute à bagages).
■ ***Taxis :*** *comptoir d'achat des billets à la sortie de chaque terminal. CB acceptées. ☎ 2440-7070.* ***Guarucoop*** propose des taxis prépayés (prix fixes quel que soit le temps passé sur la route). Intéressant si vous êtes plusieurs. Compter 135 Rls pour praça da República, 150 Rls pour Paulista.

✈ ***L'aéroport de Congonhas*** *(plan I, A3)* est surtout utilisé pour les vols intérieurs. Il se trouve av. Washington Luiz, à 8 km au sud du centre de São Paulo. *• aeroportocongonhas.net •*

➢ ***Pour le centre-ville,*** prendre les bus **urbains** *(ônibus suburbano)* n°s 875 A « *aeroporto* ». Billet : env 3,80 Rls. Ces bus passent et s'arrêtent au niveau de l'aéroport, sur l'av. Washington Luís. Départs ttes les 20 mn env, 5h-minuit. Trajet : entre 30 mn et 1h selon les embouteillages. Ces bus marquent plusieurs arrêts sur l'av. Paulista et vont jusqu'au Centro (largo de Arouche, près de la praça da República).
– *Autre option :* prendre le bus n° 609 J « *aeroporto* » et descendre à la station de São Judas, et prendre ensuite le ***métro*** *(linha 1, Azul).* Aux heures de pointe, c'est la meilleure solution.
– ***En taxi :*** compter 50 Rls (ou plus selon circulation) pour gagner le centre.

En bus

🚌 ***Gare routière – terminal rodoviário Tietê*** *(plan I, B1,* ***1****)* **:** *av. Cruzeiro do Sul, 1800. ☎ 3866-1100 (24h/24). • socicam.com.br • Ⓜ Tietê. Au nord de la ville.* Nombreux distributeurs ATM à l'étage (le niveau du métro). Point d'infos touristiques et consigne. Bureau de change au 1er étage, au fond.
➢ Pour rejoindre le centre, prendre le ***métro*** direction Jabaquara et descendre à São Bento ou Sé.

🚌 Certains bus en provenance de Foz de Iguaçu ou de Campo Grande (Pantanal) arrivent au ***terminal rodoviário Barra Funda*** *(plan I, A1,* ***2*** *; av. Auro Soares de Moura Andrade, 664 ; ☎ 3866-1100 ; Ⓜ Barra Funda).* Sur place, distributeurs ATM, consignes, etc.
➢ Pour rejoindre le centre, prendre le ***métro*** direction Corinthians-Itaquera et descendre à República.

Les différents quartiers

La ville s'est érigée sur l'espace de collines et de vals situés dans le confluent du fleuve Tietê et de la rivière Pinheiros qui la délimitaient au nord et à l'ouest.
– ***Centro :*** c'est le point de départ, l'origine de l'histoire de la ville au XVIe s. La ville s'est établie de part et d'autre d'un petit affluent sud-nord du Tietê, qui formait le *vale do Anhangabaú* (prononcer « Aniangabaou », « vallée du Diable » en guarani). Aujourd'hui, bien que recouvert, le vieux rio est toujours enjambé par le ***viaduto du Chá,*** viaduc qui relie le quartier de la *praça da*

Sé (place de la Cathédrale), à l'est, à celui de la *praça da República,* à l'ouest de l'Anhangabaú. Le secteur piéton entre la place, le viaduc et São Bento concentre les plus hautes tours de la ville (Martinelli, Altino Arantes...).
– ***Santa Efigênia :*** petit quartier populaire et défraîchi situé entre la praça de la República et la estação da Luz. Animé et commerçant dans la journée, mais à éviter la nuit (dealers, travestis, prostituées...).
– ***Higienópolis :*** à l'ouest du centre ancien, c'est un quartier résidentiel et de commerces. Classes moyenne et supérieure.
– ***Bela Vista, Bixiga :*** situés entre Jardim Paulista et le Centro, quartiers historiques où se fixèrent de nombreuses familles de migrants italiens.
– ***Liberdade :*** au sud du Centro et à l'est de Bela Vista. C'est le « Japantown » de São Paulo. Nombreux commerces et boutiques tenus par des Brésiliens descendants de migrants japonais (les *Nissei*).
– ***Jardim Paulista, Cerqueira César, Consolação :*** le cœur et le moteur des affaires de la mégapole, avec comme axe majeur l'av. Paulista. Cette longue artère surplombe la ville sur une ligne de crête de 2,8 km, orientée sud-est/nord-ouest. C'est aussi un quartier résidentiel, alternance de tours modernes et de villas cossues. Pas d'hôtels bon marché, mais une kyrielle de restos et de magasins. En descendant vers le sud et l'ouest, jusqu'aux rives du rio Pinheiros, on traverse encore des quartiers aisés. Grande concentration de bars et de restos de qualité entre l'av. Rebouças, la rua das Estados Unidos, Alameda Min. Rocha Azevedo et Alameda Franca.
– ***Pinheiros, Vila Madalena :*** au nord de l'av. Rebouças commence le quartier de Pinheiros, un des plus fréquentés par la classe moyenne et la jeunesse pauliste. Au-delà du cimetière São Paulo, le quartier suit le mouvement des collines, les rues quadrillées alignent de nombreux restos bon marché. Un des grands spots de la vie nocturne le week-end. À Vila Madalena, les rues Aspicuelta, Fradique Countinho, Girassol, Fidalga et Morato Coelho marquent l'épicentre de cette fièvre nocturne.
– ***Vila Mariana :*** au sud-est de Jardim Paulista, un petit quartier résidentiel de la classe moyenne aisée. On y trouve de nombreuses auberges de jeunesse.
– ***Itaim Bibi :*** au sud de Jardim Paulista, à l'ouest du parque Ibirapuera. Autre quartier résidentiel, plus cossu encore. Beaucoup de restos chic et de bars, dans le triangle formé par l'av. Brigadeiro Faria Lima, l'av. 9 de Julho, Kubitschek et Bandeira Paulista.
– ***Moema, Vila Olímpia :*** d'autres quartiers résidentiels, traversés par l'axe de l'av. dos Bandeirantes qui débouche sur l'aéroport de Congonhas. Chic et résidentiel.
– ***Morumbi :*** sur la rive ouest du rio Pinheiros. C'est certainement le quartier le plus chic et le plus cher de São Paulo.
– Il faut noter que les quartiers « cossus » se sont déplacés au fil du temps : d'anciens endroits chic sont devenus commerciaux (tels que l'avenida Brasil), ou même des zones pauvres aux maisons délabrées (tel Campos Elíseos).

Comment se déplacer ?

En métro et en bus

– ***Le métro :*** fonctionne tous les jours, de l'aube à minuit. C'est le moyen de transport idéal pour les visiteurs, les touristes et les routards en général. Très simple d'utilisation, le métro de São Paulo est propre et bien organisé : le terminus de la ligne indique la direction à prendre. Tickets en vente à l'unité, billets combinés et cartes avec plusieurs trajets possibles. À savoir : tarif réduit accordé aux plus de 65 ans, même étrangers. Les principales stations des lignes de métro sont reliées par un réseau de trains urbains (gérés par la CPTM) détaillé sur le plan du réseau *(mapa do Transporte metropolitano).* Toutes les infos sur ● *metro.sp.gov.br* ● et ● *cptm.sp.gov.br* ●
– ***Le bus*** est aussi très pratique. Au contraire de ce qui se passe dans la

majorité des villes brésiliennes, ici, tout le monde le prend, et pas seulement les plus pauvres ou les étudiants. On monte et on descend par l'avant. Les plus de 65 ans ne paient pas (sur présentation d'une pièce d'identité). Cela ne vaut pas pour les petits bus (*microbus* ou *transporte alternativo*). • *sptrans.com.br* •

– ***Tarifs :*** le billet de métro à l'unité *(unitário)* vaut 3,80 Rls. En revanche, c'est gratuit pour les plus de 60 ans ! Il est valable pour un seul voyage. Par ailleurs, il existe un billet *integrado* combinant un trajet en métro et en bus : 5,90 Rls. Pour le bus, le *bilhete único* s'obtient en rechargeant une carte que l'on retire dans les *lotéricas* ou dans les kiosques *SPTrans* (dans toutes les stations de métro). Ce *bilhete único* permet de prendre jusqu'à 3 bus et 1 métro dans un délai de 3h, en ne payant qu'un trajet.

En taxi

À utiliser en priorité le soir et la nuit. Ils fonctionnent au compteur. La taxe de départ est de 4,50 Rls. Compter de 15 à 30 Rls pour les petites et moyennes courses. Bon à savoir : si la circulation est encombrée, on peut essayer de négocier un prix fixe.

En voiture

Autant le savoir, la circulation automobile est le véritable calvaire des Paulistas : 5 millions de voitures circulent quotidiennement ! En outre, le relief a imposé l'aménagement de nombreux échangeurs à différents niveaux et des tunnels urbains. Bien souvent les distances sont énormes, tout comme le temps passé en voiture, sauf pour les riches businessmen qui se déplacent à bord d'une flotte d'hélicoptères sillonnant le ciel de la ville. São Paulo compte plus de plates-formes pour hélicoptères que New York !

Dans le centre, la circulation est assez compliquée, surtout du fait que dans les rues à double sens, on ne peut pas tourner à gauche ; par ailleurs, il faut faire attention aux échangeurs d'avenues sur plusieurs niveaux. Le Paulistano n'est pas un conducteur agressif, mais la conduite n'est pas une partie de plaisir. En outre, ne pas oublier que chaque jour ouvrable, 20 % des voitures ne sont pas autorisées à circuler entre 7h et 10h ni entre 17h et 20h. Se renseigner sur le site • *cetsp.com.br* • Et garer sa voiture n'est pas toujours aisé ni bon marché. Mieux vaut prendre le métro, le bus ou... le taxi.

En hélicoptère (!)

La voilà, la solution pour échapper aux embouteillages ! Imaginez : 5 mn dans les airs contre 2h coincé dans un véhicule collé à l'asphalte. Pour les entrepreneurs et les cadres très, très sup, le choix est vite fait. On en a même vu un qui, en plein milieu d'un bouchon, a laissé sa voiture sur place et a pris un hélico pour arriver à temps à sa réunion ! Pour l'atterrissage, pas de problème : São Paulo compte 420 plates-formes pour être précis, perchées au sommet des toits des gratte-ciel et une flotte de 600 hélicoptères. Il paraît qu'il y a toujours au moins 5 hélicos qui tournent en même temps dans le ciel « smogué » de São Paulo, jusqu'à 12 aux heures de pointe. Alors, si le métro vous étouffe et si les embouteillages vous angoissent, vous pouvez toujours téléphoner à l'une des compagnies d'hélicotaxis ! La plus importante est *Helimarte,* qui propose également des vols panoramiques et courses de nuit : • *helimarte.com.br* •

Adresses et infos utiles

Infos touristiques

ℹ *Offices de tourisme* *(CIT – Centrais de Informação Turística)* **:** *infos complètes et actualisées sur le site officiel* • *cidadedesaopaulo.com* • Quelques bureaux et kiosques d'*informação turistíca* dispersés dans la ville. Cartes de la ville et dépliants touristiques. Voici quelques adresses :

– *À la gare routière – Terminal rodoviário Tietê (plan I, B1) : av. Cruzeiro do*

Sul, Santana. Au rdc (salle des embarquements), près du loueur Localiza. *Tlj 6h-22h.*
– Dans le centre (plan II, C5) : praça da República, s/n. Tlj 9h-18h. Autres bureaux av. Paulista (à l'entrée du parque Mário Covas ; plan III, I7) et dans la galerie commerciale Olido, *av. São João, 473 (plan II, D5). Mêmes horaires.*
– Mercado Municipal (plan II, E4) : rua da Cantareira, 306. Portao 4, rua E. Lun-sam 8h-17h, dim 7h-16h.

■ ***Associação paulista de albergues da juventude*** *(APAJ) : rua 7 de Abril, 404, 12e étage. ☎ 3258-0388. • alberguesp.com.br • (en portugais). Ⓜ República.* Catalogue gratuit de toutes les AJ du pays, avec photos et description précise des moyens de transport pour les atteindre. Carte *Hostelling International* à environ 44 Rls. Pas de critère d'âge.

■ ***ABPC – Associação brasileira de pousadas e campings :*** *rua Barão de Mauá, 630, Centro Guarulhos. ☎ 6468-8191. • acamp.com.br •* Très loin, mais pas besoin d'y aller, car leur site (en portugais) donne toutes les informations sur les campings de l'État de São Paulo.

Poste et télécommunications

✉ ***Poste centrale*** *(plan II, D5) : l'imposant immeuble du Correio se trouve av. Prestes Maia, à l'angle de l'av. São João (ou praça da Correio). ☎ 3226-8962. Lun-sam 9h-18h (13h sam).* Poste restante.

■ ***Vivo*** *(plan II, D5,* ***3****) : rua 7 de Abril, 309. Dans le centre ; accès par la praça da República. Lun-sam 9h-17h30 (13h sam). Cabines au rdc et au 1er étage.*

Argent, change

Attention, pas de change le week-end, car les banques sont fermées. Si vous n'avez pas de carte de paiement, il ne vous reste plus qu'à aller à... l'aéroport de Guarulhos !

■ ***Banco do Brasil*** *(plan III, I7,* ***4****) : av. Paulista, 2163 et 2421. ☎ 3066-9322. Ⓜ Consolação. À la sortie du métro. Change lun-ven 10h-16h.* Distributeurs de billets au rez-de-chaussée (24h/24), *Visa* et *MasterCard.*

■ ***Distributeurs :*** *dans le centre. Ce sont ceux de la* ***Banco do Brasil*** *(plan II, C5,* ***5****), rua 7 de Abril, 386. Lun-sam 6h-22h.* Pour cartes *Visa* et *MasterCard. Pratique aussi et bien située, la banque* ***HSBC*** *(plan II, D5,* ***6****), rua 7 de Abril, 101. Ouv 9h-17h.* Distributeurs à l'intérieur.

■ ***Banco 24 Horas :*** nombreux distributeurs automatiques, y compris dans des stations-service (24h/24 ou 6h-22h pour raisons de sécurité). Cartes *Visa* et *MasterCard.*

Représentations diplomatiques

■ ***Consulat de France*** *(plan III, I7,* ***7****) : av. Paulista, 1842, Torre Norte, 14e étage. ☎ 3371-5400. • saopaulo.ambafrance-br.org • Ⓜ Consolação. L'immeuble est à env 80 m en retrait de la rue. Lun-ven 8h30-12h30 (sur rdv) ; accueil téléphonique jusqu'à 18h. Permanence téléphonique tlj : répondeur donnant un numéro d'appel 24h/24.* En cas de perte du passeport, possibilité d'en obtenir un en urgence ou un laissez-passer (moins cher) pour permettre le retour en France. On peut également vous y recommander des médecins francophones.

■ ***Consulat de Belgique*** *(plan III, I7,* ***8****) : av. Paulista, 2073, immeuble Horsa I, 13e étage. ☎ 3145-7500. En cas d'urgence : 📱 99224-9866. • diplomatie.be/saopaulofr • Ⓜ Consolação. Lun-ven 8h30-13h30.*

■ ***Consulat de Suisse*** *(plan III, I7,* ***9****) : av. Paulista, 1754, immeuble Grande Avenida, 4e étage. ☎ 3372-8200. • eda.admin.ch/saopaulo • Ⓜ Trianon-MASP. Lun-ven 9h-11h30. Permanence téléphonique lun-jeu 9h-12h, 14h-16h ; ven 9h-12h.*

■ ***Consulat du Canada*** *(hors plan I par A3) : av. das Nações Unidas, 12901, 16e étage. ☎ 5509-4343. • canadainternational.gc.ca/brazil • Lun-jeu 8h-12h, 13h-17h ; ven 8h-13h30.*

Urgences

■ ***Ambulances :*** *☎ 192. 24h/24.*

LE SUD-EST

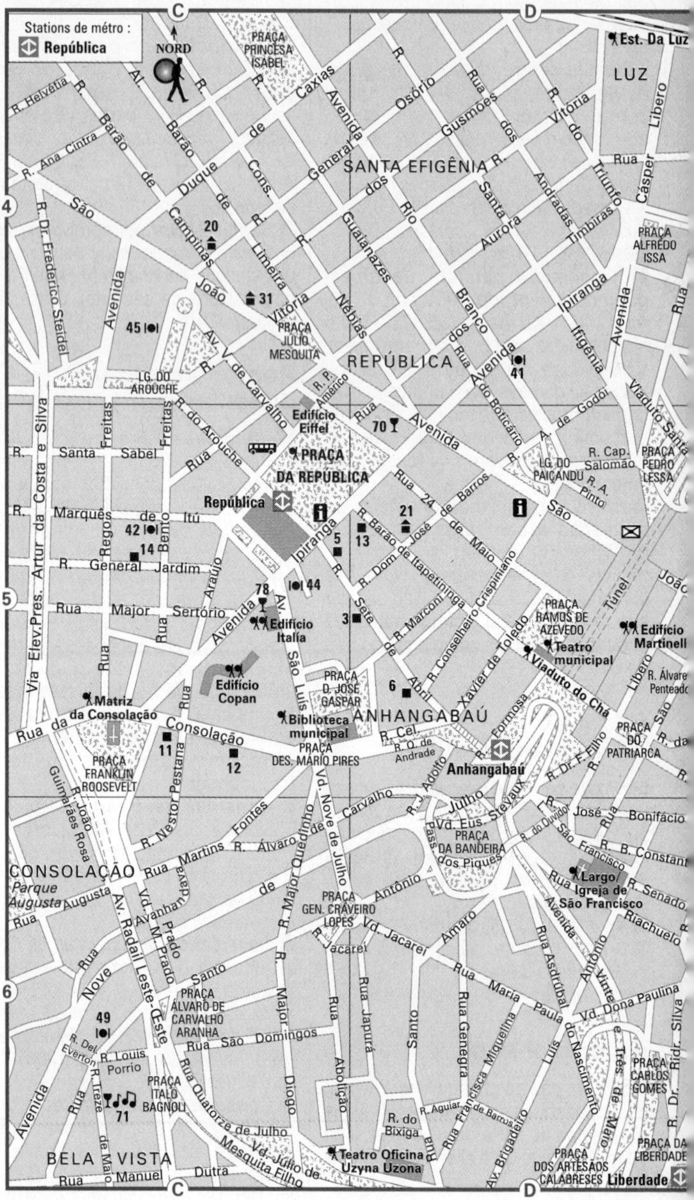
Stations de métro :
República
NORD
C
D
4
5
6
PRAÇA PRINCESA ISABEL
Est. Da Luz
LUZ
SANTA EFIGÊNIA
REPÚBLICA
PRAÇA ALFREDO ISSA
PRAÇA JÚLIO MESQUITA
LG. DO AROUCHE
Edifício Eiffel
PRAÇA DA REPÚBLICA
República
LG. DO PAIÇANDU
PRAÇA PEDRO LESSA
Edifício Itália
Edifício Copan
Matriz da Consolação
PRAÇA FRANKLIN ROOSEVELT
Biblioteca municipal
PRAÇA D. JOSÉ GASPAR
PRAÇA DES. MÁRIO PIRES
ANHANGABAÚ
Anhangabaú
PRAÇA RAMOS DE AZEVEDO
Teatro municipal
Viaduto do Chá
Edifício Martinell
PRAÇA DO PATRIARCA
PRAÇA DA BANDEIRA
Largo/Igreja de São Francisco
CONSOLAÇÃO
Parque Augusta
PRAÇA GEN. CRAVEIRO LOPES
PRAÇA ÁLVARO DE CARVALHO ARANHA
PRAÇA ITALO BAGNOLI
BELA VISTA
Teatro Oficina Uzyna Uzona
PRAÇA DOS ARTESÃOS CALABRESES
PRAÇA CARLOS GOMES
PRAÇA DA LIBERDADE
Liberdade
R. Helvétia
R. Ana Cintra
R. Barão de Campinas
Al. Barão de Limeira
R. Duque de Caxias
Avenida General Osório
Rua dos Gusmões
R. Vitória
Rua dos Andradas
R. do Triunfo
Rua Cásper Libero
Rua Santa Ifigênia
Avenida Rio Branco
Rua Aurora
R. dos Timbiras
Avenida Ipiranga
R. Guaianazes
R. Nébias
Av. São João
R. Dr. Frederico Steidel
Avenida Duque de Caxias
Av. Vieira de Carvalho
R. do Arouche
Via Elev. Pres. Artur da Costa e Silva
R. Santa Isabel
R. Marquês de Itú
R. General Jardim
Rua Major Sertório
Rua Rego Freitas
Rua Bento Freitas
Rua Araújo
Rua 24 de Maio
R. Barão de Itapetininga
R. Dom José de Barros
R. Sete de Abril
R. Marconi
R. Conselheiro Crispiniano
Xavier de Toledo
R. Cap. Salomão
R. A. Pinto
Viaduto Santa Ifigênia
Av. São Luís
Rua da Consolação
R. João Guimarães Rosa
R. Nestor Pestana
R. Álvaro de Carvalho
Rua Martins Fontes
Vd. Nove de Julho
R. Major Quedinho
R. Cel. Xavier de Andrade
R. O. de Andrade
R. Formosa
R. Dr. F. Filho
R. J. Adolfo
Vd. Eus. Stevaux
Pass. dos Piques
R. José Bonifácio
R. do Ouvidor
R. São Francisco
R. B. Constant
R. Senador
Riachuelo
Rua Augusta
Av. Radial Leste-Oeste
Vd. M. Prado
Rua Avanhandava
Rua Santo Antônio
Rua Amaro
Vd. Jacareí
R. Jacareí
Rua Japurá
Rua Genegra
Rua Maria Paula
Rua Asdrúbal do Nascimento
Avenida Brigadeiro Luís Antônio
Vd. Dona Paulina
Rua Vinte e Três de Maio
Rua Francisca Miquelina
R. Aguiar de Barros
R. do Bixiga
Rua Abolição
R. Major Diogo
Rua São Domingos
R. Del. Everton
R. Louis Porrio
R. Treze de Maio
Rua Quatorze de Julho
Vd. Júlio de Mesquita Filho
Rua Manuel Dutra
Avenida Nove de Julho
20
31
45
41
70
21
42
14
5
13
44
78
3
6
11
12
49
71

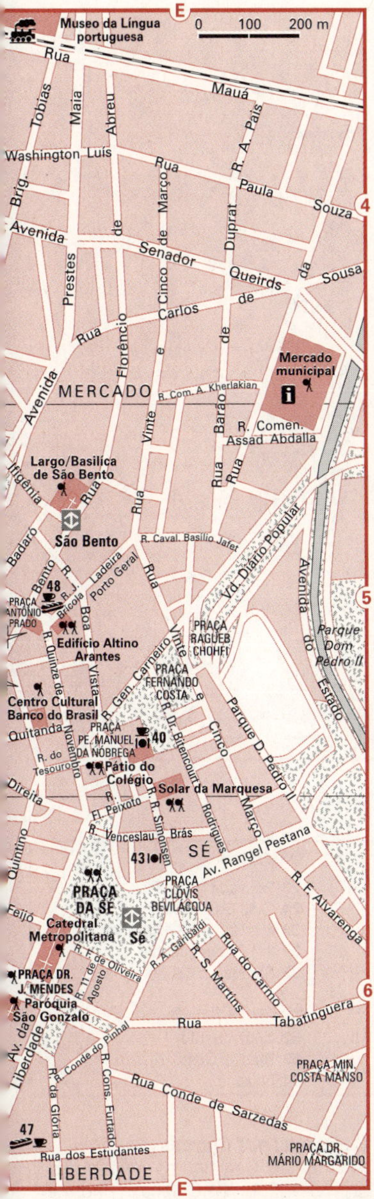

■ Adresses utiles

- ℹ CIT – Centres d'infos touristiques
- 3 Vivo
- 5 Distributeurs Banco do Brasil
- 6 Distributeurs HSBC
- 11 Localiza
- 12 Unidas
- 13 Livraria francesa
- 14 Alliance française

Où dormir ?

- 20 São Paulo Hostel Downtown
- 21 Hotel Joamar
- 31 Ibis Budget São João

Où manger ?

- 40 Café do Páteo
- 41 Sujinho
- 42 Churrascaria Boi na Brasa
- 43 Piero no Pátio do Colégio
- 44 Almanara
- 45 La Casserole
- 47 Bakery Itiriki
- 48 Casa Mathilde
- 49 Cantina Montechiaro

Où boire un verre ?
Où sortir ?

- 70 Bar Brahma
- 71 Café Piu-Piu
- 78 Bar de l'Edifício Itália

SÃO PAULO – Centre (Plan II)

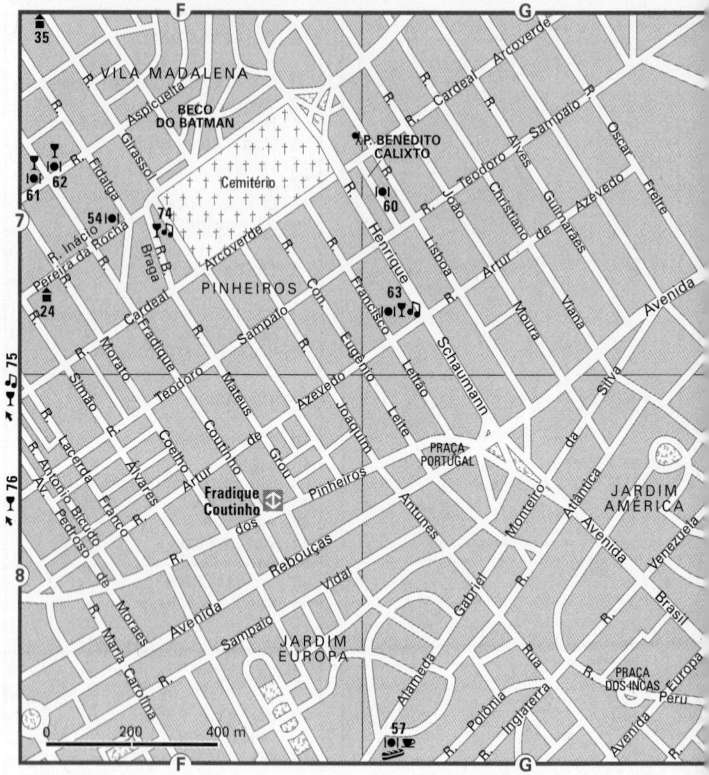

■ Adresses utiles	🏠 Où dormir ?
🛈 CIT – Centre d'infos touristiques	23 Pousada Dona Ziláh
✚ Hospital das Clínicas	24 Ô de Casa Hostel
✚ Hospital Sírio Libanês	30 Ibis Budget SP Paulista
4 Banco do Brasil	32 Ibis Budget Jardins
7 Consulat de France	35 Sampa Hostel
8 Consulat de Belgique	Où manger ?
9 Consulat de Suisse	52 Capim Santo
10 TAM	53 Brasil a Gosto
	54 Peixaria

■ ***Médecins francophones :*** *appeler le consulat, ☎ 3371-5400 (voir « Représentations diplomatiques »).*

✚ ***Hospital São Paulo*** *(plan I, B2) : rua Napoleão de Barros, 715. ☎ 5576-4036. Ⓜ Santa Cruz.* Hôpital de la faculté de médecine. Très bon service.

✚ ***Hospital das Clínicas*** *(plan III, H7) : av. Dr Enéas Carvalho de Aguiar, 255. ☎ 2661-0000. Ⓜ Clínicas.* Énorme centre hospitalier à proximité du centre.

✚ ***Hospital Sírio Libanês*** *(plan III, I7) : rua Dona Adma Jafet, 91.*

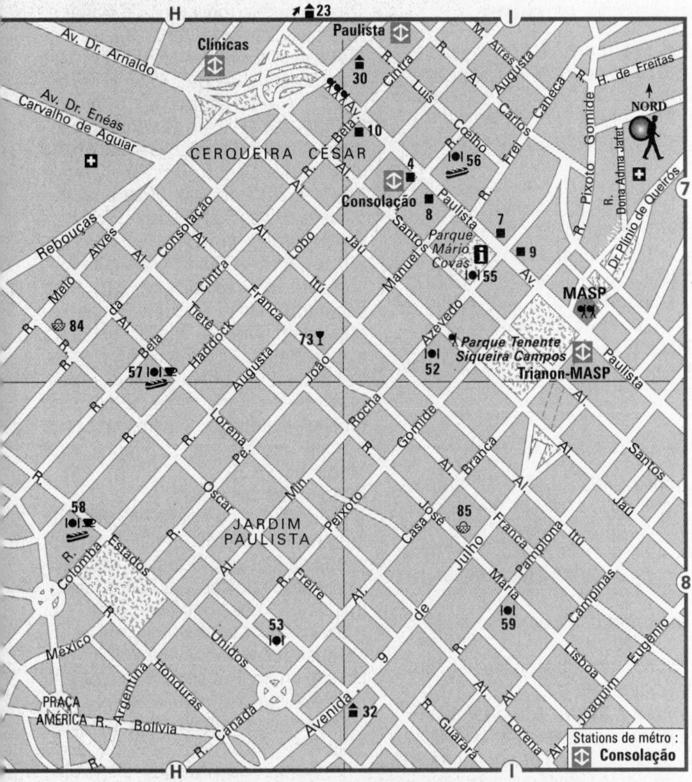

SÃO PAULO (Plan III)

55 A Griffe do Filé Mignon
56 Frevo
57 Z-Deli
58 Galeria dos Pães
59 Alfama dos Marinheiros
60 Consulado Mineiro
61 Bar São Cristóvão
62 Porto Madalena
63 Andrade

Où boire un verre ? Où sortir ?

61 Bar São Cristóvão
62 Porto Madalena
63 Andrade
73 Ritz Franca
74 Conexión Caribe
75 Carioca Club
76 Bar das Batidas

Achats

84 Havaianas
85 Ponto Solidario

☎ *3155-0200.* Établissement privé de très haut niveau, considéré comme un des meilleurs du Brésil et d'Amérique latine avec l'*Hospital Albert Einstein* (quartier de Morumbi). Ces 2 hôpitaux sont très chers : à n'utiliser que pour des urgences.

■ ***Police touristique Deatur*** *(plan II, E5) : rua da Cantareira, 390 (à côté du marché).* ☎ *3120-4417. Lun-ven 8h-20h, w-e 13h-18h. Autres bureaux aux aéroports.* On y parle l'anglais et l'espagnol.

Transports aériens

■ ***Air France/KLM*** *(hors plan III par G8) : av. Chedid Jafet, 222, bloco B, 2e étage. ☎ 3049-0900. • airfrance.com.br • Tlj 9h-18h. À l'aéroport de Guarulhos, terminal 1 : ☎ 4003-9955. Tlj 9h-19h.*

■ **TAM** (plan III, I7, **10**) *: rua Bela Cintra, 1149, presque à l'angle de l'av. Paulista. ☎ 4002-5700 (central de résa). • tam.com.br • Lun-sam 9h-18h (11h30 sam). À l'aéroport de Guarulhos : ☎ 2445-3565. À l'aéroport de Congonhas : ☎ 5090-9339.*

■ ***GOL*** *: à l'aéroport de Congonhas. Rens et résas : ☎ 0300-115-21-21. • voegol.com.br •*

Location de voitures

■ **Localiza** (plan II, C5, **11**) *: rua da Consolação, 419. ☎ 3231-3055. • localiza.com • Résas : ☎ 0800-979-20-00. Lun-sam 7h-20h, dim et j. fériés 8h-14h. Également* ***Hertz*** *à côté et* ***Avis*** *en face.*

– *À l'aéroport de Guarulhos : ☎ 2445-2133. Tlj 24h/24.*

– *À l'aéroport de Congonhas : ☎ 5533-3535. Tlj 5h-minuit.*

■ **Unidas / Alamo-National** (plan II, C5, **12**) *: rua da Consolação, 323, loja 1. ☎ 3237-2828. • unidas.com.br • Lun-sam 8h-19h45 (12h45 sam).*

– *À l'aéroport de Congonhas : ☎ 5536-3584. Résas : ☎ 0800-12-11-21. Tlj 6h-22h45.*

Journaux et culture

La presse française se trouve sans difficulté dans les grands kiosques de la praça da República (avenida Ipiranga) et aussi avenida Paulista. Compter 2 ou 3 jours de décalage. C'est aussi là que vous pourrez acheter les guides et les cartes routières. Dans les aéroports, journaux et magazines français dans les librairies *Laselva*.

■ ***Livraria francesa*** *(Librairie française ; plan II, D5,* ***13****) : entrée discrète par un long couloir, rua Barão de Itapetininga, 275. ☎ 3231-4555. Rue piétonne en face de la praça da República. Lun-ven 9h30-18h30, sam 10h-14h.* Très nombreux ouvrages en français, ainsi que des guides de voyage.

■ ***Alliance française*** *(plan II, C5,* ***14****) : rua General Jardim, 182. ☎ 3017-5699. • aliancafrancesa.com.br • Ⓜ República.* Café, expos, bibliothèque. *Nombreuses unités autour des quartiers de Centro : Jardins-Trianon à Paulista, Tatuapé, Vila Madalena, Vila Mariana, Butantã et Brooklyn.*

■ **Fnac** (plan III, I7-8) *: av. Paulista, 901. ☎ 2123-2000. Ⓜ Trianon-MASP. Lun-sam 10h-22h, dim 11h-20h.* Fnac sans frontières ! Le célèbre centre culturel commercial français est aussi à São Paulo. Journaux et revues. Cafétéria. Événements culturels presque tous les jours. Vente de billets de théâtre jusqu'à 20h. 3 autres magasins en ville, notamment à Pinheiros et Morumbi.

■ ***Agendas culturels :***

– *Time Out São Paulo :* le fameux magazine culturel (en anglais) est vendu en kiosque. Sélection des meilleures salles de concert, boîtes, discothèques, expositions culturelles, etc. *• timeout.com.br/sao-paulo •*

– Consulter *• insidesaopaulo.com •* Un site en anglais sur la ville, complet et mis à jour très régulièrement. Tous les événements culturels et une large sélection d'adresses.

– Le mensuel *Divirta-Se* : disponible gratuitement dans les offices de tourisme. Programmation détaillée de toute l'activité culturelle de la ville (spectacles, concerts, théâtre, danse, cinéma, expos et bonne sélection de restos et bars).

– Le journal *Folha de São Paulo* ou l'hebdo *Veja* ; le premier contient un supplément journalier *(Ilustrada)* et un supplément hebdomadaire (*Guia da Folha,* le vendredi), et *Veja* a un cahier (hebdo aussi, *Veja São Paulo*). Ils ont beaucoup d'infos sur l'actualité culturelle et gastronomique. Leurs sites internet : *• folha.uol.com.br •* et *• vejasp.abril.com.br •*

– *Guia Mapograf Brasil (ex-Quatro Rodas) :* en vente dans les plus gros kiosques de la ville. Énorme et assez cher (env 40 Rls). Un véritable annuaire des hébergements, lieux gastronomiques et culturels de toutes les villes du Brésil. Cartes avec report des adresses (pratique !). Sortie bisannuelle et donc pas toujours à jour (adresses fermées, horaires d'ouverture obsolètes...)

Où dormir ?

Pendant longtemps, les seuls hôtels vraiment bon marché étaient situés dans le quartier (miteux et dangereux la nuit) de Santa Efigênia, dans le vieux São Paulo, entre la praça da República et la estação da Luz. Toutefois, avec la nouvelle génération de jeunes Brésiliens voyageurs et la Coupe du monde de football 2014, le marché s'est enfin ouvert aux petits budgets. Une bonne évolution donc, qui permet aux routards de poser plus facilement leur sac à São Paulo. Aujourd'hui, les auberges de jeunesse sont situées dans le quartier de Vila Mariana *(plan I, A-B2-3)* et le secteur autour de Pinheiros et de Vila Madalena *(plan III, F-G7)*. Le quartier de Jardim Paulista n'offre aucune alternative bon marché sauf les hôtels de la chaîne *Ibis Budget* (on les mentionne plus bas).

De bon marché à prix moyens (moins de 130-200 Rls / env 33-50 €)

Dans le centre (plan II)

São Paulo Hostel Downtown *(plan II, C4,* ***20****)* **:** *rua Barão de Campinas, 94 ; à l'angle de General Osório.* ☎ *3337-3305.* • *hostelsp.com.br* • Ⓜ *República. En dortoir de 4 ou 7 lits, compter 54-59 Rls/pers ; doubles 140-150 Rls avec ou sans clim, chambres pour 3-4 pers env 190-225 Rls ; petit déj inclus. Réduc avec la carte HI.* AJ installée dans un immeuble des années 1950, restauré et remis au goût du jour. Demander une chambre dans les étages élevés (c'est plus lumineux, plus calme, et il y a un ascenseur). Dortoirs équipés de ventilo, certaines chambres privées avec clim. On y trouve tous les services dignes d'une AJ : cuisine, barbecue, laverie, terrasse sur le toit, bar, salon TV, billard, Internet... Sans mauvaise surprise. Même les matelas sont confortables. Bon accueil.

Hotel Joamar *(plan II, D5,* ***21****)* **:** *rua Dom José de Barros, 187.* ☎ *3221-3611.* • *hoteljoamar.com.br* • Ⓜ *República. Doubles env 120-160 Rls selon confort, avec petit déj.* Dans une rue piétonne et commerçante, donc le taxi s'arrêtera à l'entrée de la rue. Pensez-y si vous êtes chargé et/ou si vous rentrez tard le soir. Secteur très animé de jour, mais peu sûr la nuit. On le cite quand même car les chambres sont bien tenues, avec douche/w-c et ventilo.

À Bela Vista (plan I, A-B2)

Lime Time Hostel Paulista *(plan I, B2,* ***22****)* **:** *rua Treze de Maio, 1552.* ☎ *2935-5463.* • *limetimehostels.com* • Ⓜ *Brigadeiro. Lits en dortoir env 35-55 Rls selon le j. (plus cher w-e !) ; doubles env 100-140 Rls.* À deux blocs de l'avenida Paulista, un petit *hostel* aux murs entièrement recouverts de graffitis, tenu par des jeunes accueillants et dynamiques. Dortoirs mixtes (sauf un réservé aux filles) avec 4, 6 ou 8 lits, propres mais un peu à l'étroit. Sanitaires impeccables. Une seule chambre double. Cuisine à disposition et laverie. Bonne ambiance.

À Cerqueira César (plan III, H-I7)

Pousada Dona Ziláh *(hors plan III par H7,* ***23****)* **:** *rua Minas Gerais, 112.* ☎ *3062-1444.* • *zilah.com* • Ⓜ *Paulista. Rue calme et résidentielle au bout de l'av. Paulista, à droite avt la descente. Double 315 Rls ; triple 390 Rls ; petit déj inclus.* Une grande maison à la façade rouge, entourée de tours et d'immeubles, un îlot de calme à deux pas de la bouillonnante avenida Paulista. Réparties sur 2 étages, 6 chambres sobres (pour 2 ou 3 personnes), avec parquet et mobilier ancien, terrasse pour certaines et salle de bains spacieuse et lumineuse. Fait aussi restaurant dans l'agréable jardin pour les résidents. Accueil doux et souriant.

À Pinheiros et Vila Madalena (plan III, F-G7)

Sampa Hostel *(plan III, F7, **35**) : rua Girassol, 519. ☎ 3031-6779. • sampahostel.com.br • Ⓜ Vila Madalena ou Fradique Coutinho (puis 10-15 mn de marche). Lits en dortoir 50-55 Rls ; double avec sdb env 160 Rls ; petit déj compris.* En haut d'une rue pentue d'un quartier résidentiel à la mode, à deux pas des restos et de l'animation nocturne, une AJ vraiment sympa installée dans une villa entourée d'un jardin calme. En tout, 5 dortoirs impeccables de 4-8 lits et 3 chambres doubles dans un bâtiment indépendant. Cuisine commune et bar dans la cour, avec hamac et coin canapé pour se poser, plus un solarium sur l'arrière. Ambiance cool et personnel disponible.

Ô de Casa Hostel *(plan III, F7, **24**) : rua Inácio Pereira da Rocha, 385. ☎ 3063-5216 ou 2369-3926. • odecasahostel.com • Ⓜ Fradique Coutinho. Lits en dortoir 50-60 Rls ; doubles sans ou avec sdb env 130-150 Rls ; petit déj en sus.* Une modeste petite AJ, dans ce quartier très agréable. Derrière le mur peint et coloré de la façade se cache une petite maison, un jardin ensoleillé et des dépendances. Très bon accueil. Les dortoirs (4, 6 ou 8 lits) sont petits mais bien tenus et équipés d'armoires métalliques. Cuisine à disposition, café *da manha,* laverie possible.

À Vila Mariana (plan I, A-B2-3)

C'est ici le cœur battant et branché de la nouvelle génération d'auberges de jeunesse à São Paulo. À l'est du grand parc de Ibarapuera s'étend ce quartier résidentiel très agréable, paisible et sûr. Les rues sont bordées de maisons et de jardins, de commerces de quartier. Plusieurs belles maisons bourgeoises et demeures de caractère ont été transformées en hôtels économiques pour petits budgets *(hostels).* Voici une sélection d'un très bon rapport qualité-prix.

The Hostel – Vila Mariana *(plan I, B2, **29**) : rua Domingos de Morais, 775. ☎ 5082-2952. • thehostelvilamariana.com.br • Ⓜ Ana Rosa. Compter 40-60 Rls/pers en dortoir ; doubles sans ou avec sdb env 135-225 Rls.* Notre coup de cœur dans cette catégorie ! Située à proximité du métro, cette maison à la façade de style orientale beige et turquoise a du caractère. L'un des beaux dortoirs du rez-de-chaussée a des murs entièrement sculptés ! À l'étage, d'autres de 10-16 lits, quelques doubles agréables et un dortoir réservé aux filles. Le grand plus est le bar convivial sur le toit avec son mobilier en rotin et sa vue dégagée. Bien aussi, l'espace commun avec cuisine dans la courette pour le petit déj, le home-cinéma et l'espace Internet. Accueil jeune et disponible.

We Hostel Design *(plan I, A-B2, **25**) : rua Morgado de Mateus, 567. ☎ 2615-2262. • wehostel.com.br • Ⓜ Ana Rosa (puis 15 mn de marche). Compter 60-80 Rls/pers en dortoir ; double env 210 Rls.* Là encore, une AJ comme on les aime, dans un petit manoir des années 1920 très joliment réhabilité, bordé d'un jardin tranquille et vert. Les parties communes ont un charme fou : vieux planchers lustrés, murs lumineux, déco de très bon goût, mobilier aux formes rétro inspirées des grands designers. Dortoirs impeccables et clairs de 4 à 8 lits. Également 2 chambres doubles dont une avec balcon. Tout est réuni ici : l'accueil, les prix raisonnables, le calme, le confort et le style !

Telstar Hostel *(plan I, B2, **27**) : rua Capitão Cavalcanti, 177. ☎ 2389-6383. • telstarhostels.com.br • Ⓜ Vila Mariana. Lits env 50-60 Rls selon confort ; chambre privée 150 Rls.* À 300 m de la station Vila Mariana. Façade avec peinture murale futuriste qui annonce la personnalité originale de cette maison tenue par un artiste aimable et plein d'idées. 3 dortoirs mixtes de 6 à 8 lits et 1 autre réservé aux filles, tous impeccables et avec de l'espace pour mettre ses affaires. Il y a aussi une chambre double privée. À l'arrière, courette ensoleillée avec petite piscine et une grande peinture psychédélique. L'auberge organise, dans une grande salle avec un bar, des expos et des événements culturels, ainsi que des concerts live le samedi soir. La bière artisanale y coule à flots !

Uvaia Hostel *(plan I, B2,* ***28****) : rua Morgado de Mateus, 273. ☎ 2361-7456. • uvaiahostel.com.br • Ⓜ Ana Rosa (puis 10 mn de marche). Lits en dortoir (6 pers) 45-55 Rls ; chambre (2 pers) 130 Rls.* Encore une maison particulière transformée en *hostel* : grosses pierres, brique, murs couverts de photos d'artistes, belle cuisine commune... Excellent accueil. Dortoirs confortables et bien tenus, avec les sanitaires intérieurs ou extérieurs. Pour les sorties et les bars, il y a une rue animée à 5 mn à pied de l'auberge.

De prix moyens à chic (130-300 Rls / env 33-75 €)

Hotel Villa Rosa *(plan I, B2,* ***26****) : rua Manuel de Paiva, 122. ☎ 5084-7306. • villarosahotel.com.br • Ⓜ Ana Rosa. Doubles 190-240 Rls, petit déj inclus. Parking privé.* Très bien situé, à deux blocs de la station de métro Ana Rosa, un petit hôtel moderne et au calme, dans un quartier sûr. Une quarantaine de chambres irréprochables, très classiques mais confortables et climatisées. L'ensemble est à taille humaine dans un petit immeuble de 5 étages à la façade carrelée. Personnel anglophone et accueillant.

Ibis Budget *: infos et résas sur • ibis.com • Chambres pour 2-3 pers (1 lit simple parfois superposé et 1 lit double) env 130-255 Rls selon saison et hôtel.* Il n'est pas dans nos habitudes d'indiquer des hôtels de chaîne, mais à São Paulo, c'est différent : c'est un très bon plan. Le groupe (français) *Accor* contrôle un étonnant réseau d'hôtels *Ibis Budget* dans tout le Brésil. Le confort des chambres est très standardisé, le décor est fonctionnel, mais les chambres sont bien équipées (douche/w-c, AC)... Accès Internet et wifi partout. Le petit déj est servi sous forme de buffet mais n'est pas inclus *(compter 12-14 Rls)*. 4 adresses centrales :

– *Ibis Budget SP Paulista (Consolação ; plan III, I7,* ***30****) : rua da Consolação, 2303. ☎ 3123-7755. Ⓜ Consolação.* Le plus cher mais le mieux situé.

– *Ibis Budget São João (Centro ; plan II, C4,* ***31****) : av. São João, 1140. ☎ 2878-6400. Ⓜ República.* Dans un coin plutôt calme du centre-ville historique.

– *Ibis Budget Jardins (Jardim Paulista ; plan III, I8,* ***32****) : av. 9 de Julho, 3597. ☎ 3886-4600. Ⓜ Trianon-MASP.* Sur un axe très passant et un peu loin du métro.

– *Ibis Budget Paraíso (Paraíso ; plan I, B2,* ***33****) : rua Vergueiro, 1571. ☎ 5085-5699. Ⓜ Paraíso.* Face au métro mais aussi à un carrefour très bruyant dans un coin peu séduisant.

Brasília Small Town *(hors plan I par B1,* ***34****) : rua Dr Olavo Egídio, 420 (Santana). ☎ 2281-3355. • brasiliasmalltown.com.br • Ⓜ Santana. À 5 mn à pied du métro, proche de la gare routière Tietê. Prendre la rue Leite de Moraes, puis à gauche la rue Dr Zuquim ; ensuite, à 3 blocs sur la droite. Env 260-300 Rls pour 2.* Une tour moderne abritant près de 80 appartements de 55 m², tout confort : AC, frigo-bar, énorme baignoire, cuisine équipée et belle vue. Piscine, sauna, salle de gym, tennis et resto. Excellent rapport qualité-prix. Un bon plan pour des familles.

Où manger ?

À São Paulo, non seulement on mange une bonne cuisine régionale, où l'on sent un vrai fond paysan (la *feijoada paulista* aux haricots rouges n'a rien à envier à sa cousine de Rio), mais en plus presque toutes les cuisines du monde sont représentées. On a donc pris le parti de classer les restos et les bars par quartiers, et par styles de cuisine.

Dans le centre (*plan II*)

Dans les *ruas Líbero Badaró* et *São Bento (plan II, D-E5),* vous trouverez quantité de bars et de restos populaires où l'on mange bon marché, d'excellents plats du jour ainsi qu'une multitude de *salgados* (amuse-gueules) nourrissants et de délicieux jus de fruits. Même chose dans la *rua 7 de Abril* et aux alentours, entre la praça da República et le viaduto do Chá *(plan II, C-D5).* Enfin, les nombreux petits restos populaires, à l'étage du *Mercado municipal (plan II, E4-5)*, proposent les deux spécialités du marché : le sandwich de mortadelle et le *pastel de bacalhau*.

Snack-bar

☕ |●| ***Café do Páteo*** *(plan II, E5,* ***40****)* **:** *largo Patío do Colégio, 2. ☎ 3106-4303. Même entrée que pour le musée Anchieta, sur la place. Tlj sf lun 9h-16h45 (16h30 w-e). Bon marché.* Un havre de paix dans le bourdonnement incessant du centre. Il s'agit d'un café-snack en terrasse (ombragée), situé à l'arrière du *Pátio do Colégio.* Bien le midi pour boire un jus de fruits ou un café, manger un petit plat (tartes, quiches, pâtisseries) comme le fameux *pão do páteo,* friandise préférée des jésuites du XVIe s. Un endroit qu'on aime bien.

Cuisine brésilienne

|●| ***Sujinho*** *(plan II, D4,* ***41****)* **:** *av. Ipiranga, 1058 ; à l'angle de l'av. Rio Branco. ☎ 3229-9986. Ⓜ República. Tlj 12h-1h. Plats 35-50 Rls.* Un incontournable de la cuisine paulista. Les restos d'origine sont situés rua da Consolação. Les prix sont partout les mêmes. Ce *Sujinho*-ci est plus classe que les autres, en conservant son décor assez vieillot. Agréable terrasse, protégée par une bâche, avec vue sur l'animation de l'avenue. On y sert une bonne viande, mais on peut aussi partager du poisson grillé. Pour plus de détails, voir plus loin le texte sur leurs restos rua da Consolação.

|●| ***Churrascaria Boi na Brasa*** *(plan II, C5,* ***42****)* **:** *rua Marquês de Itú, 188 ; à l'angle de Bento Freitas. ☎ 3222-9479. Ⓜ República. Ouv jusqu'à 4h du mat (!). Plats 60-80 Rls.* Connu et fréquenté par les gens du quartier, ce restaurant pas vraiment chic mais pas non plus 100 % populaire, est une institution locale, établie depuis les années 1950. *Churrasco* respectable, de même que le poisson *(pintado).* La viande est grillée devant vous. La *feijoada* des mercredi et samedi midi vaut aussi le détour. Vin ordinaire servi au verre. Prix raisonnables pour la qualité. En revanche, le quartier, animé dans la journée, n'est pas folichon la nuit venue.

Cuisine italienne

|●| ***Piero no Pátio do Colégio*** *(plan II, E6,* ***43****)* **:** *rua Roberto Simonsen, 122. ☎ 3107-4205. Lun-sam 11h-15h30 slt. Plats 30-60 Rls.* À côté du *Pátio do Colégio.* Une sorte de grande cantine italienne, propre et toujours animée à midi par une clientèle régulière d'employés du quartier. Cuisine fraîche, carte très variée, pâtes maison, risotto, *bacalhau,* pain frais et portions très copieuses. Service rapide et aimable.

Cuisine libanaise

|●| ***Almanara*** *(plan II, C5,* ***44****)* **:** *rua Basílio da Gama, 70. ☎ 3257-7580. Ⓜ República. Une ruelle qui se prend sur la praça da República, presque à l'angle de l'av. São Luís. Tlj 11h30-23h30 (0h30 ven-sam). Plats 30-40 Rls.* Fondé dans les années 1950 par une famille d'origine libanaise. Grande salle avec miroirs, boiseries et un beau bar. Peu de lumière naturelle, donc à préférer pour le soir. 2 cartes, l'une « chic » et l'autre qui propose des formules copieuses à partager à 2.

Cuisine française

|●| ***La Casserole*** *(plan II, C4,* ***45****)* **:** *largo do Arouche, 346. ☎ 3221-2899. Ⓜ Santa Cecília ou República. Faire le tour de la place : c'est en face du marché aux fleurs. Mar-sam 12h-15h, 19h-minuit ; dim 12h30-16h30. Plats 50-90 Rls.* Ce resto du vieux quartier du centre est tenu par une

famille française depuis 1954. Salle patinée par le temps, casseroles en cuivre accrochées aux murs, lambris et nappes blanches. Clientèle d'habitués nostalgiques de la bonne cuisine française traditionnelle : gigot, confit de canard, coq au vin, rognons, tripes à la mode de Caen, bouillabaisse... Très belle carte des vins, mais qui plombe lourdement l'addition.

Pâtisserie, salon de thé

Casa Mathilde *(plan II, E5,* ***48****)* **:** *praça Antonio Prado, 76. ☎ 3106-9605. Ⓜ São Bento. Tlj sf dim 8h-19h30 (17h sam).* Face au fameux *Edifício Altino Arantes,* une grande pâtisserie-salon de thé un brin chic qui fera le bonheur des gourmands. Vaste choix de gâteaux portugais maison *(pastel de Nata, de Santa Clara...),* tous plus appétissants les uns que les autres. Excellent café également. On choisit au comptoir en présentant la carte magnétique donnée à l'entrée, qui servira au règlement final en sortant. Une pause douceur hautement recommandable !

À Liberdade *(plan I, B1-2)*

Cuisine japonaise

São Paulo abrite plus de 900 000 personnes d'origine japonaise. La praça da Liberdade est le cœur de ce quartier, sorte de « Japantown » brésilien, où les restos de cuisine japonaise se succèdent presque de porte en porte. Mais gare à vos économies. C'est souvent hors de prix si l'on entre dans un resto digne de ce nom.

|●| ***Sushi-Yassu*** *(plan I, B2,* ***46****)* **:** *rua Tomaz Gonzaga, 98. ☎ 3209-6622. Ⓜ Liberdade. Tlj sf lun, midi et soir jusqu'à 23h (22h dim). Résa vivement conseillée le w-e. De prix moyens à chic.* Excellent petit resto fréquenté par la diaspora nippone depuis 1972. L'adresse est aussi prise d'assaut le dimanche midi avant une balade sur le marché de Liberdade. Au menu, des sushis, des sashimis, mais aussi des soupes, des *noodles,* de délicieux *gyoza* et autres calamars sautés. Et les prix sont raisonnables.

Sandwicherie, salon de thé

Bakery Itiriki *(plan II, E6,* ***47****)* **:** *rua dos Estudantes, 24. ☎ 3277-4939. Ⓜ Liberdade. À côté de la praça Liberdade. Tlj 8h-19h.* On y déguste toutes sortes de pains (faits maison) des sandwichs, des pâtisseries et *delicatessen* japonais, brésiliens et même... allemands. Le client passe à la caisse avant de s'installer à l'étage, dans un décor de grand salon de thé qui n'a rien d'oriental. Charmant, bon marché, très propre, nourrissant et appétissant. Bref, une très bonne adresse, surtout pour les en-cas.

À Bela Vista *(plan I, A-B2 et plan II, C6)*

Cuisine italienne

Les restaurants italiens sont ici, bien sûr ! Nombreux et souvent d'excellente qualité.

|●| ***Cantina Montechiaro*** *(plan II, C6,* ***49****)* **:** *rua Santo Antônio, 844. ☎ 3259-2727. Tlj sf dim soir et lun 11h30-minuit. Menus 45-55 Rls.* Fondé en 1974, ce resto italien est fréquenté par les familles, les artistes et les hommes politiques. Déco sobre et sans ostentation. Goûteuses pâtes et sauces maison, servies copieusement. Délicieux raviolis farcis à la mozzarella et aux champignons... Bon choix de vins brésiliens, y compris celui « du patron », débités au verre et en carafe. Y venir le midi en semaine pour la formule déjeuner, avec *antipasti,* carpaccio, salade mixte et plat au choix.

|●| Nombreuses ***pizzerias*** de bonne qualité dans le haut de la rua 13 de Maio et la rua Barbosa *(plan II, C6).* L'accueil y est toujours chaleureux et, bien souvent, de petits groupes musicaux jouent le soir. On prend généralement une pizza pour 2.

Cuisine brésilienne

|●| ***Templo da Carne Marcos Bassi*** *(plan I, A-B1-2,* ***50****)* **:** *rua 13 de Maio,*

668. ☎ 3805-4284 ou 3288-7045. Ⓜ Brigadeiro. Tlj 12h-minuit (18h dim). Plats 100-230 Rls pour 2. Avis aux carnivores : voici une *churrascaria* digne de ce nom ! On entre par une boutique, sorte de boucherie branchée, attenante au restaurant. Les morceaux sont exposés en vitrine afin de faciliter votre choix à table, mais on peut aussi y faire ses achats. Le patron, le jovial artisan boucher Marcos Bassi, est devenu une star médiatique. Il est considéré comme le génie de la viande brésilienne. Il a ses secrets comme celui de « masser » la viande avant de la préparer... Bien sûr, les prix ne sont pas ce qu'il y a de plus économique, d'autant plus si on prend en plus des garnitures, un dessert et du vin. Certaines viandes sont toutefois plus abordables, surtout si l'on partage, vu qu'il est difficile d'avaler tout seul un pavé de 600 g...

À Consolação, Cerqueira César et Jardim Paulista

(plans I et III)

Les quartiers chic. Parfois chers, donc, mais ce serait dommage de ne pas passer au moins une soirée dans cet univers de restos et de bars rivalisant d'efforts dans la déco et la qualité de la cuisine.

Cuisine brésilienne

|●| ***Sujinho*** *(plan I, A1,* ***51****) : rua da Consolação, 2063, 2068 et 2078. ☎ 3231-5207. Ⓜ Consolação ou Clínicas. 3 restos, dont 2 dos à dos et un autre en face. Ouv jusque tard dans la nuit (5h pour l'un d'eux !). Plats 35-50 Rls. Attention, CB refusées.* Une adresse qui a connu ses heures de gloire durant plusieurs décennies et qui se maintient pour la qualité de sa viande. Le plus ancien, au coin de la rue Maceió, a l'air plutôt populaire, mais en fait les prix sont les mêmes partout. Les rôtisseurs font griller les morceaux, selon votre goût, derrière les comptoirs. Le morceau de roi est la *picanha* et le morceau de baron, la *bisteca.* On vous en sert 500 g dans l'assiette, accompagné de banane et ananas frits, brocoli, riz et frites (léger !). Les plats sont super copieux, pas très fins mais pas chers non plus. Une 4e adresse dans le centre (voir plus haut).

|●| ***Capim Santo*** *(plan III, I7,* ***52****) : Al. Ministro Rocha Azevedo, 471. ☎ 3089-9500. Ⓜ Trianon-MASP. Tlj sf dim soir et lun jusqu'à minuit. Buffet déj 58-88 Rls selon le j., plats le soir 60-100 Rls.* Originaire d'un village près de Porto Seguro, passée par la cuisine française, la chef Morena Leite élabore une excellente cuisine brésilienne, enracinée et inventive à la fois. Le décor extérieur, la grande terrasse, les bananiers, la salle aérée et plaisante, l'ensemble porte la marque d'une vraie personnalité. Y venir plutôt pour le buffet à volonté, très abordable à midi en semaine. Le soir, repas à la carte (plus cher).

|●| ***Brasil a Gosto*** *(plan III, H8,* ***53****) : rua Azevedo do Amaral, 70 (Jardim Paulista). ☎ 3086-3565. Ouv tlj midi et soir mais sur résa slt et si au moins 10 clients (!). Compter env 200 Rls/pers, hors boisson.* De loin le meilleur restaurant de São Paulo dans la catégorie « cuisine brésilienne inventive et raffinée ». La chef Ana Luiza Trajano, une grande artiste venue du Pernambuco, a rapporté des ingrédients et des recettes des différentes régions du Brésil. La carte, très riche, est d'une incroyable variété. *Bife fino do porco, pirarucu grelhado, tilapia rosa...* Décoration soignée, colorée et chaleureuse à l'image de la chef et de son art culinaire.

Lanchonetes, snacks

|●| ***Hamburgueria do Sujinho*** *(plan I, A1,* ***51****) : rua Maceió, 64. ☎ 3231-5207. Tlj 12h-minuit (2h ven-sam). Bon marché. CB refusées.* Une autre annexe du célèbre *Sujinho,* qui élabore ici le meilleur hamburger artisanal de São Paulo, à emporter ou à consommer sur place dans un cadre moderne et coloré très agréable. La viande vient du Mato Grosso. Le client choisit le poids et la garniture accompagnant le burger. Il y a aussi des sandwichs, des glaces, des milkshakes... Bref, une excellente petite adresse, à ne pas manquer.

A Griffe do Filé Mignon *(plan III, I7, **55**)* : *Al. Ministro Rocha Azevedo, 267. ☎ 3288-1563 ou 2398. Ⓜ Consolação. Lun-ven jusqu'à 23h30. Prix moyens.* En plein centre du quartier des tours de verre et des buildings d'acier, en bordure du parc Mário Covas. La salle animée ouvre sur la rue. Le midi, c'est la cantine des employés. Plats brésiliens classiques qui changent tous les jours. *Carne asada, pincanha, feijoada...* C'est simple et bon. Une bonne escale à l'ombre des gratte-ciel.

Frevo *(plan III, I7, **56**)* : *rua Augusta, 1563. ☎ 3284-7622. Tlj 11h30-0h30. Plat env 50 Rls.* Ce joli petit resto de quartier propose de la cuisine brésilienne influencée par l'Orient (Syrie-Liban). On y vient pour les célèbres *beirutes,* il y en a 11 sortes. C'est du pain arabe (pita) que l'on garnit de tout un tas de bonnes choses... Le cadre est agréable avec ses fresques modernes, les serveurs sont en nœud pap', et les prix sont doux. On trouve une clientèle d'employés aux manches relevées et cravate dénouée, mêlée aux habitants du secteur. 2 autres adresses en ville, notamment à Jardim Paulista : *rua Oscar Freire, 603 (plan III, I8).*

Z-Deli *(plan III, H7, **57**)* : *Al. Lorena, 1689. ☎ 3088-5644. Lun-ven 12h-19h, sam 9h-16h. De bon marché à prix moyens.* Il s'agit d'un *delicatessen* de spécialités juives d'Europe orientale. Self au décor assez simple, mais ambiance chaleureuse et un rien bohème. Très fréquenté à l'heure du déjeuner. Sandwichs de *pastrame* avec leur *coleslaw,* salades, quiches et superbes gâteaux. Prix raisonnables et accueil fort sympathique. Vin au verre. Si c'est complet, allez juste à côté, rua Haddock Lobo, 1386. L'endroit est encore plus petit, et on n'y sert que des burgers et sandwichs mais jusqu'à minuit. Sinon, il y en a un 3e, plus éloigné, rua Francisco Leitão, 16 *(plan III, G8, **57**).*

Galeria dos Pães *(plan III, H8, **58**)* : *rua Estados Unidos, 1645. ☎ 3064-5900. À l'angle de Haddock Lôbo. Ouv 24h/24. De bon marché à prix moyens.* « La galerie des pains » est une épicerie unique en son genre, qui fait boulangerie, pâtisserie, salon de thé, bar et resto-snack. On a bien aimé le buffet à volonté (12h-15h) et le buffet de soupes au petit matin. À emporter ou à déguster sur la mezzanine. Une adresse animée où il fait bon faire une pause au cours de la promenade dans le quartier.

Cuisine portugaise

Alfama dos Marinheiros *(plan III, I8, **59**)* : *rua Pamplona, 1285 (Jardim Paulista). ☎ 3884-9787. Ⓜ Trianon-MASP. Tlj midi et soir. Plats 100-200 Rls.* Une institution ouverte en 1969 par un migrant de Lisbonne. Ambiance luxueuse et paisible pour déguster une délicieuse cuisine en direct du Portugal. Excellent *bacalhau* (morue), LA spécialité maison servie d'une dizaine de manières différentes, mais addition très salée. Les autres plats sont plus abordables, surtout si l'on partage. Service attentif. En revanche, la carte des vins est trop chère et on ne débite pas au verre !

À Pinheiros et Vila Madalena (plan III, F-G7)

Pinheiros est le quartier du soir, avec ses petites rues qui communiquent par des cours intérieures, ses maisons basses, sa foire artisanale du samedi, sa population de classes moyennes estudiantines et son air vaguement californien. Le quartier a détrôné Bixiga comme lieu des nuits bohèmes de São Paulo. Les restos et bars ferment très tard, de nombreux groupes musicaux animent les bistrots et, bien souvent, l'écho de réjouissances retentit longtemps après la fermeture.

Cuisine brésilienne

Consulado Mineiro *(plan III, G7, **60**)* : *praça Benedito Calixto, 74. ☎ 3064-3882 ou 3088-6055. Tlj sf lun 12h-minuit (20h sam, 23h dim). Plats 85-105 Rls.* Le resto le plus recherché et le plus animé de cette place. Y aller le samedi pour déjeuner au milieu de la foire artisanale. Arriver avant l'heure pour avoir une table. Sinon, faire la queue comme tout le monde ! On y sert une cuisine savoureuse et copieuse du Minas Gerais : *feijão tropeiro, boi ralado, frango, tutu,* etc. Bien aussi pour boire un verre sur une table du trottoir. L'adresse est réputée pour sa sélection de cachaças, une centaine de crus différents. Autre adresse dans le quartier Cidade Jardim : *rua Prof. A. Ramos, 187.*

|●| ***Peixaria*** *(plan III, F7,* ***54****) : rua Inacio Pereira da Rocha, 112. ☎ 2589-3963. Tlj sf dim soir. De prix moyens à chic.* Un gros coup de cœur pour ce formidable resto de poissons et fruits de mer à la déco folle ! Des objets hétéroclites multicolores évoquant la pêche accrochés un peu partout, il faut voir ça ! Mais le top est en présentation dans les vitrines réfrigérées : *ceviche,* crabes, crevettes, impressionnant choix de poissons, comme du *tucunaré* pêché 2 jours avant en Amazonie et une foule de suggestions de plats cuisinés à la carte, comme une bonne feijoada de fruits de mer. Avec ça, l'addition reste raisonnable pour la qualité du repas et le service excellent. On y retournera !

|●| ***Bar São Cristóvão*** *(plan III, F7,* ***61****) : rua Aspicuelta, 533 (Vila Madalena). ☎ 3097-9904. Tlj sf dim 12h-2h du mat. Prix moyens.* Petite salle aux murs et piliers couverts de cadres, dessins, photos et fanions de clubs sportifs, dans un esprit bohème et convivial. Chaises et tables de bistrot. On peut y boire un verre, prendre un en-cas *(petiscos, bolinho de bacalhau)* ou déguster des petits plats locaux comme l'excellent *filé à Oswaldo Aranha,* le tout arrosé d'une bonne bière à la pression. Régulièrement de très bons groupes de musique brésilienne (ou de jazz).

|●| ***Porto Madalena*** *(plan III, F7,* ***62****) : rua Fradique Coutinho, 1100. ☎ 3816-4071. Tlj midi et soir jusqu'à 22h en sem, 1h le w-e. Prix moyens : plats env 25-60 Rls.* Impossible de rater ce carrefour noir de monde les soirs de week-end. C'est un des endroits les plus animés de Pinheiros, bordé de bars et de restos en terrasse. Le *Porto Madalena* est une bonne adresse pour boire une bière et manger un plat de cuisine brésilienne (classique) à la tombée de la nuit. Musique chaque soir. Vaut surtout pour son emplacement stratégique.

|●| ***Andrade*** *(plan III, G7,* ***63****) : rua Artur de Azevedo, 874. ☎ 3064-8644. Mar-sam 12h-15h (16h sam), le soir à partir de 19h ; dim 12h-17h. De prix moyens à chic.* Restaurant typique du Nordeste, où l'on joue de la musique *forró* le soir et le dimanche midi. Ambiance populaire, authentique et chaleureuse. Ici, on ignore les phénomènes de mode. Excellente cuisine régionale servie en portions incroyables : la moitié d'une peut suffire pour 2. Parmi les spécialités, savoureux *carne de sol, moqueca, bobó de camarão.* Oubliez le vin, trop cher. Prix pas donnés quand même.

Où boire un verre ? Où sortir ?

Dans le centre (plan II)

🍷 ***Bar Brahma*** *(plan II, D5,* ***70****) : av. São João, 677. ☎ 3224-1250. Tlj 11h30-2h (minuit dim).* À un carrefour stratégique du quartier, le *Brahma* est une succursale de la fameuse marque de bière brésilienne éponyme. Ambiance jeune, festive et fraîche. Idéal pour boire un verre en passant. En outre, c'est un grand rendez-vous des amateurs de samba. Un guichet de vente permet d'acheter des billets pour les concerts dans l'année et les défilés du carnaval.

🍷 ***Bar de l'Edifício Itália*** *(plan II, C5,* ***78****) : av. Ipiranga, 344. ☎ 2189-2929. Ⓜ República. Lun-jeu 15h-minuit, ven-sam 15h-1h, dim 12h-23h.* Au 42ᵉ étage de ce célèbre gratte-ciel, à 160 m d'altitude se trouve un piano-bar, endroit idéal pour prendre un verre face à la vue la plus spectaculaire de São Paulo, sur 270°. On domine la jungle étincelante et trépidante des gratte-ciel de São Paulo. Heureuse ou monstrueuse, affreuse ou délicieuse, la ville vue d'en haut reste un envoûtement ! Les boissons sont au même prix que dans n'importe quel bar de grand hôtel. Le restaurant à l'étage en dessous (41e étage) est très cher. Lire aussi plus loin la rubrique « À voir ».

Quartier de Bixiga (plan II)

Les jeunes s'y retrouvent nombreux les soirs de week-end, passant d'un bar à un autre. Une ambiance de village s'en dégage. Nombreux restos agréables et bars décontractés. Le week-end, nombre d'entre eux présentent un petit groupe. Beaucoup sont fermés le lundi.

🍸 ♩ ♫ **Café Piu-Piu** *(plan II, C6,* ***71****)* **:** *rua 13 de Maio, 134. ☎ 3258-8066. • cafepiupiu.com.br • Tlj sf lun. Entrée : env 30 Rls.* Piu-Piu est une institution pauliste incontournable. Façade extérieure à l'allure provinciale et modeste, déco conviviale à l'intérieure, étagères garnies de bouteilles jusqu'au plafond, murs de brique et néons colorés. Des groupes différents (dont certains confirmés) y jouent chaque soir à partir de 21h30. Programmation éclectique : rock, blues, *MPB, chorinho...* Bières, caïpirinhas et cocktails pas trop chers.

À Jardim Paulista (plan III)

🍸 **Ritz Franca** *(plan III, H7,* ***73****)* **:** *alameda Franca, 1088. ☎ 3062-5830 ou 3088-6808. Ⓜ Consolação. Tlj 12h-15h, 19h30-minuit (1h ven-sam).* En passant, on ne voit qu'une façade toute rouge dans le style « glamour soft », et 2 vitrines avec des objets parfois bizarres. Pas de panneau, mais c'est bien là. La décoration intérieure est signée du designer Wesley Duke Lee. C'est un charmant resto qui abrite aussi un bar branché (dans l'esprit bistrot parisien) tout en bois, aux murs laqués. Le soir, point de rendez-vous homosexuel. Boissons (et petite cuisine) un peu chères, mais l'endroit est agréable.

À Pinheiros (plans I et III)

Dans les ruas Pinheiros, Henrique Schaumann, Fradique Coutinho, Mourato Coelho et autres Arapiraca, vous trouverez de nombreux bars et terrasses où faire halte, de l'après-midi jusque tard dans la nuit.

🍸 Voir plus haut dans la rubrique « Où manger ? » le **Bar São Cristóvão** *(plan III, F7,* **61***)* et le **Porto Madalena** *(plan III, F7,* **62***).*

🍸 ♫ **Conexión Caribe** *(plan III, F7,* ***74****)* **:** *rua Belmiro Braga, 200. ☎ 3813-5229. • barconexioncaribe.com.br • Ven-sam 22h30-4h30. Entrée payante.* Dans une rue qui longe le cimetière de São Paulo côté ouest. La plupart des façades sont couvertes de peintures murales aux couleurs éclatantes et d'une exquise fantaisie. De quoi faire danser les défunts du cimetière ! Voici une maison peinturlurée reconvertie en bar et resto cubain, où l'on vient danser salsa et *merengue*. Clientèle de 25 à 40 ans. Plein de photos de Cuba et d'autres pays latino.

🍸 ♫ **Andrade** *(plan III, G7,* ***63****)* **:** *rua Artur de Azevedo, 874. ☎ 3064-8644. Tlj sf dim soir et lun.* Extérieurement, on dirait une cantine des faubourgs de Salvador. Poussez la porte et vous sentirez les bonnes ondes... Dans ce resto typique du Nordeste (voir « Où manger ? »), on danse sur des airs de *forró* du mardi au samedi soir et le dimanche midi, à condition de commander un plat et de payer le « couvert artistique ». Public d'âge mûr mais plein d'entrain.

🍸 ♫ **Carioca Club** *(hors plan III par F8,* ***75****)* **:** *rua Cardeal Arcoverde, 2899. ☎ 3813-8598 et 4524. • cariocaclub.com.br • Jeu-sam. Entrée payante.* Très grand salon populaire (pouvant accueillir 1 200 personnes) où l'on danse samba, *pagode, gafieira,* rock, salsa, *merengue,* etc. (selon les soirs). Groupes confirmés 3 fois par mois. Public de 18 à 80 ans.

🍸 **Bar das Batidas** *(hors plan III par F8,* ***76****)* **:** *derrière l'église de Pinheiros, rua Padre Carvalho, 799. ☎ 7758-1902. Mar-sam 12h-1h (3h ven-sam), dim 18h-23h.* Coin assez désert le soir, mais le bar est d'autant plus plein. Il ne paie pas de mine, avec 4 petites tables, un comptoir, une terrasse et une forêt de fromages et bouteilles de cachaça, noircis par la fumée, suspendus au plafond. Depuis 1954, Narciso Moreno, son vieux patron, est maître dans l'art de préparer des *batidas* sans cachaça, à base de vodka et vin blanc. Public universitaire jeune, surtout du jeudi au samedi. À l'opposé de l'ambiance des bars des beaux quartiers. Du reste, il doit à sa situation (derrière l'église) ce surnom très popu : *Cú do Padre...*

🍸 ***Skye Bar*** *(Hotel Unique ; plan I, A2,* ***77****) : av. Brigadeiro Luís Antonio, 4700 ; au sud-ouest de Jardim Paulista. ☎ 3055-4702. Y aller en taxi le soir car assez excentré. Tlj jusqu'à 0h30 (minuit dim). Prévoir 30 mn de queue le w-e. Compter 40 Rls le verre !* L'hôtel porte bien son nom : il est unique ! Son architecte Ruy Ohtake (Brésilien d'origine japonaise), compagnon d'Oscar Niemeyer, a conçu un luxueux hôtel futuriste comme dans les romans de SF. Sa silhouette évoque une immense demi-sphère en béton percée de gros hublots, le tout posé à l'envers comme un OVNI regardant le ciel. Le *Skye* est un des bars les plus glamour de la ville, *dress code* un brin chic de rigueur. DJs à partir de 21h. Fait aussi resto (prix justes et peu abusifs pour la qualité). Venir ici pour boire une bière ou un cocktail et admirer depuis la grande terrasse la mégapole illuminée de mille feux... Unique !

♫ ***The Clock Rock Bar*** *(plan I, A1,* ***79****) : rua Turiassu, 806 (Perdizes, au sud de Barra Funda). ☎ 3672-0845. • theclock.com.br • Ven-sam 21h-4h, dim 17h-22h.* Près du parque da Água Branca, une boîte rétro placée sous le signe du rock des années 1950-1960. Insolite au Brésil ! Amateurs de rockabilly (leçons possibles sur place), voici votre temple. Clientèle de 30-50 ans en tenue des fifties.

Achats

🧺 ***Havaianas*** *(plan III, H7,* ***84****) : rua Oscar Freire, 1116. ☎ 3079-3415. • havaianas.com • Lun-sam 10h-20h, dim 12h-18h.* Bien sûr, vous trouverez en vente ces célèbres tongs partout dans le pays, mais voici LE concept-store de la marque brésilienne, ultra-design et complet. Toutes les couleurs, toutes les formes, des accessoires, quelques modèles originaux ou à customiser.

🧺 ***Ponto Solidario*** *(plan III, I8,* ***85****) : rua José Maria Lisboa, 838. ☎ 5522-4440. • pontosolidario.org.br • Lun-sam 10h-19h (16h sam).* Dans un tout autre registre, voici un petit espace dédié à l'artisanat populaire et indien du Brésil. Des produits issus du commerce équitable, en bois, en céramique ou à base d'objets recyclés. Également des bijoux, tissus, sacs, vannerie et un espace culturel au fond de la cour. Pas bon marché, mais de quoi faire des cadeaux originaux.

À voir. À faire

Loin d'être une ville-musée, São Paulo est une ville grouillante de vie. On vous propose plusieurs promenades à pied. C'est ce qui vous permettra de humer l'ambiance, de saisir l'atmosphère de cette « metropolis ». Les amoureux d'architecture se promèneront les yeux au ciel. Et si vous passez peu de temps à São Paulo, vous aurez déjà une bonne idée de la ville en vous baladant dans le centre et le quartier de l'avenida Paulista.

À savoir : l'entrée est gratuite – et coupe-file – pour les plus de 60 ans dans la plupart des musées.

Le centre (plan II)

Tout autour de la *praça da Sé,* c'est le quartier des affaires et des banques, qui s'étend le long de la pente du vallon du Anhangabaú, dans des ruelles piétonnes encadrées de gratte-ciel immenses, datant pour la plupart des années 1920 et 1930. S'y presse une foule hétéroclite. Le centre pullule de vendeurs de camelote qui proposent leurs articles de contrefaçon aux employés de banque. Mais attention, le week-end, le centre-ville est désert et devient un lieu de promenade dangereux pour le simple quidam. Les classes moyennes sont rentrées dans leurs lointaines banlieues. Les gens aisés, de leur côté, ont sauté dans leur 4x4 ou dans un avion pour prendre un peu l'air à la plage ou à la campagne.

Pátio do Colégio *(plan II, E5)* **:** *largo Pátio do Colégio, 2. ☎ 3105-6899. Tlj sf lun 9h-16h30.*
Voici le lieu de naissance de la ville, le 25 janvier 1554. Au milieu de la place, une colonne surmontée d'une belle Victoire rend hommage aux premiers habitants de São Paulo : Indiens, Jésuites et quelques colons portugais. Quel contraste entre cet ancien collège de jésuites et son environnement hérissé de tours modernes ! Le bâtiment abrite une église, et un musée : le ***Museu Padre Jose de Anchieta*** *(tlj sf lun 9h-16h30 ; entrée : 8 Rls, réduc).* Y sont exposés des reliques du père fondateur de la ville (comme son manteau de mission et un tibia sous verre). Agréable ***Café do Páteo*** dans la cour intérieure (voir plus haut « Où manger ? »).

Solar da Marquesa de Santos *(plan II, E5-6)* **:** *rua Roberto Simonsen, 136. ☎ 3105-6118. Tlj sf lun 9h-17h. GRATUIT.* Ce petit palais (hôtel particulier) du XVIIIe s brille par son élégance. Entre 1834 et 1867, ce fut la résidence de Domitíla de Castro e Canto Melo, « Marquesa de Santos ». Cette marquise est entrée dans l'histoire comme l'amante de l'empereur Dom Pedro I. Son idylle provoqua un petit scandale à l'époque. La demeure, fort bien restaurée, abrite aujourd'hui des expositions temporaires, notamment de photographies relatives à l'histoire de São Paulo.

Catedral Metropolitana *(plan II, E6)* **:** *elle domine la praça da Sé. Tlj 8h-19h (17h sam, 18h dim).* Construite dans le style néo-gothique (terminée en 1954 et restaurée en 2002). Sa tour s'élève à 92 m. C'est aussi le kilomètre 0 de l'État de São Paulo. À l'intérieur, remarquer les orgues fabriquées à Milan et composés de 10 000 tuyaux. On peut les entendre théoriquement le soir à 18h.

Praça da Sé *(plan II, E6)* **:** bordée par de vieux immeubles, ombragée par de hauts palmiers, la place de la cathédrale est le lieu de rassemblement des vendeurs ambulants, vendeurs d'or, démarcheurs et danseurs tziganes, mendiants et SDF, camelots et marchands de quat'sous...

Largo et igreja de São Francisco *(plan II, D6)* **:** en descendant depuis la cathédrale, vers la gauche, vous vous engagerez dans d'étroites rues piétonnes, pour arriver au largo de São Francisco, siège de la faculté de droit. Belle architecture néoclassique. À droite de la faculté, jolie église *(igreja)* de 1644 qui conserve de belles peintures portugaises au plafond.

Le São Paulo financier des années 1930 (plan II)

C'est dans ce quartier que s'est édifié au début du XXe s, des années 1920 à 1940, le São Paulo financier et industriel moderne. Et c'est dans ses rues étroites qu'il continue de vibrer.

Centro cultural Banco do Brasil *(plan II, E5)* **:** *rua Alvares Penteado, 112. ☎ 3113-3651. Tlj sf mar 9h-21h. GRATUIT (sf pour certaines expos).* Superbe immeuble Art déco construit en 1901 pour la première agence de la *Banco do Brasil* à São Paulo. Magnifiquement restauré, il abrite un théâtre, un cinéma, des expos temporaires, et un café. Une halte agréable dans le trépidant centre-ville. Ne pas manquer également l'***Antigo Banco*** de 1938, à l'angle de la *rua Quinze de Novembro* et de la *praça Antonio Prado,* et son entrée majestueuse de style Art déco qui mêle marbre noir et bronze.

Edifício Altino Arantes *(edifício do Banespa ; plan II, E5)* : *au fond de la praça Antonio Prado, rua João Brícola, 24. Ne se visite plus.* Édifié en 1947, c'est le cousin germain de l'Empire State Building, version sud-américaine ! Il fut construit pour être le siège de la *Banespa (Banco do Estado de São Paulo).* Bien plus haut que le *Martinelli,* il mesure 161 m et possède 35 étages. On l'apprécie surtout de loin, depuis l'avenida São João (de l'autre côté de l'esplanade), juste dans l'axe. La *Banespa* a été rachetée en 2000 par la banque espagnole *Santander,* mais rien n'a été changé dans l'aspect extérieur de l'édifice. On pourra apprécier son hall d'entrée Art déco agrémenté d'imposantes colonnades en accédant aux distributeurs de billets. Au sommet de la tour flotte le drapeau de l'État de São Paulo.

Edifício Martinelli *(plan II, E5)* : *situé rua São Bento, 405, mais entrée au nº 35 de la rua São João. ☎ 3104-2477. • prediomartinelli.com.br • Visite possible de la belle terrasse du 26e étage (gratuit, ascenseur spécial) lun-ven 9h30-11h30, 14h-16h (accès ttes les 30 mn).* Avec 105 m de haut et 30 étages, voici le premier gratte-ciel de la ville, bâti en 1929 par l'ingénieur italien et comte Martinelli. L'architecture fut confiée au viennois William Fillinger, d'où le style Mitteleuropa qui s'en dégage. Pour faire taire les mauvaises langues qui disaient que l'immeuble allait s'écrouler, il s'y installa avec toute sa famille, occupant rien moins que 4 étages, du 26e au 29e. L'immeuble tient toujours debout, et c'est même un très bel édifice, de teinte marron rosé et bien proportionné, qui domine la praça Antonio Prado. Mais cela n'a pas empêché le comte d'aller à la banqueroute ! Après une période de dégradation extrême (les années 1950), la tour a été réhabilitée et abrite aujourd'hui des bureaux. Les visiteurs accèdent aux vertigineuses terrasses et jouissent d'une vue incroyable à 360° sur la jungle de béton et les « fourmis humaines » de la mégapole.

Basílica et largo de São Bento *(plan II, E5)* : *une place au bout de la rue du même nom. ☎ 3328-8799.* On y trouve une école et un monastère qui datent des années 1920. Le grand intérêt de ce lieu est de venir y écouter les chants grégoriens *(lun-ven à 7h, sam à 6h, dim à 10h).* Les façades des vieilles maisons bordant la place ont été restaurées. Partout, d'innombrables bistrots, bars, *lanchonetes.* L'escalier en courbe du métro São Bento mène à un bel espace avec des *lanchonetes,* une librairie et, surtout, le resto *Efigênia,* situé en dessous des arches métalliques du viaduc Santa Efigênia, au milieu d'une étonnante verdure. Incroyable havre de repos en plein centre !

Mercado municipal *(marché couvert municipal ; plan II, E4-5)* : *rua da Cantareira, 306. Tlj 6h-18h (16h dim). Fermé certains j. fériés.* Belle architecture néoclassique de 1932, avec pas moins de 72 verrières réalisées par l'artiste russe Conrad Sorgenicht. Le premier étage accueille de nombreux petits restos populaires alignés côte à côte, proposant les deux spécialités du marché : le sandwich de mortadelle *(mortadela)* au ***bar do Mané*** et le *pastel de bacalhau* au ***Hocca Bar.*** Délicieux, super copieux et pas cher. Voir également plus loin la rubrique « Marchés et foires ».

Viaduto do Chá *(plan II, D5)* : c'est sans doute le paysage urbain le plus saisissant de São Paulo, image de la fébrilité de la trépidante mégapole. Au commencement, c'était un pont sous lequel coulait jadis un ruisseau d'eau claire. Le monument fut dessiné en 1887 par l'architecte français Jules Martin. Les structures métalliques furent importées d'Allemagne. Aujourd'hui, sous le pont il n'y a plus d'eau, mais une sorte d'épaisse dalle verdoyante qui cache un tunnel souterrain où passe un flot de voitures ininterrompu (surtout ne pas s'y promener seul la nuit car l'insécurité y règne). Au-dessus du pont, une gigantesque esplanade a été aménagée, sorte d'agora où l'on vient se promener et prendre l'ombre. Cet espace public est entouré par d'immenses tours qui abritent les sièges sociaux des grandes banques du pays. Du *viaduto do Chá,* on aperçoit un autre pont, métallique, dit « de Santa Efigênia », transporté de Belgique en 1913.

Vers la praça da República (*plan II*)

Sur la rive opposée du *viaduto do Chá* commence l'autre centre, à peine plus ancien.

Theatro municipal (*plan II, D5*) **:** *praça Ramos de Azevedo. Visite guidée gratuite mar-ven à 11h, 15h et 17h, sam chaque heure de 11h à 15h. On conseille de s'inscrire sur la liste des visiteurs à 10h : ☎ 3397-0330.* Construit en 1911 dans le style du palais Garnier de Paris, entouré de palmiers impériaux, il a été rénové en 2011, retrouvant une part de sa splendeur passée. La visite guidée inclut la visite du *Museu do Theatro.* Les rues étroites qui s'engagent derrière étaient jadis celles des plus belles boutiques de São Paulo. Ce temps est bien fini...

Biblioteca municipal (*plan II, C-D5*) **:** *praça D. José Gaspar.* Paisible place. La bibliothèque conserve l'original du poème de Blaise Cendrars, *La Prose du Transsibérien,* illustré par Sonia Delaunay. Pour l'admirer, il convient de faire une demande spéciale. Non loin de là, la librairie française (voir « Adresses et infos utiles »).

Praça da República (*plan II, C-D5*) **:** une des belles places de São Paulo, autour de son parc tropical, malheureusement quelque peu défraîchie par la pollution et la paupérisation du quartier. Dans les années 1920-1930, c'était le rendez-vous chic de la bourgeoisie pauliste, dans les années 1960 des hippies, des fauchés et des philatélistes. Autre temps, autres mœurs...

– Aujourd'hui, dans les jardins, le dimanche de 9h à 16h, se tient la ***Feira de arte e artesanato,*** un marché de brocante et d'antiquités où l'amateur peut trouver son bonheur parmi les centaines d'éventaires et de stands. Sur un des côtés de la place, un édifice de 1946 abrite le ministère de l'Éducation nationale. D'un style pompeux gréco-romain-néoclassique ; vision assez surréaliste avec en arrière-plan les tours des années 1950.

– Toujours sur la place, l'***Edifício Eiffel,*** un immeuble d'habitation construit en 1956 et signé Oscar Niemeyer. C'est bien pour ça qu'on le cite. Car franchement, cet édifice gris de 23 étages, dit « L'Armoire », est plutôt laid ; et pas seulement parce qu'il a mal vieilli.

Edifício Itália (*plan II, C5*) **:** *à l'angle des av. São Luís et Ipiranga ; entrée par l'av. Ipiranga, 344. • edificioitalia.com.br • Accès gratuit lun-ven 15h-16h. En dehors de ces horaires, accès réservé aux clients du bar et du resto !* Il fut dessiné par Franz Heep, architecte brésilien d'origine allemande. C'est la deuxième plus haute tour de São Paulo avec 168 m et 46 étages. Vue absolument spectaculaire sur la ville, particulièrement le soir (voir aussi le bar panoramique mentionné dans « Où boire un verre ? Où sortir ? »).

Edifício Copan (*plan II, C5*) **:** *av. Ipiranga, 200. ☎ 3259-5917. • copansp.com.br • Accès gratuit possible lun-ven à 10h30.* L'un des chefs-d'œuvre du célèbre architecte brésilien Oscar Niemeyer. Sa forme est celle d'un grand S évoquant une vague ondulatoire. On reconnaît bien le style moderniste et la marque de Niemeyer qui disait à ce propos : « Aucune ligne droite, dure, inflexible ne m'attire, aucun angle droit ne retient mon attention... Je n'aime que les courbes libres et sensuelles... » L'*edifício Copan* est typique du style « organique » des années 1950. Son nom ne vient pas du célèbre site historique maya du Honduras (Copan). Il s'agit d'un acronyme du nom du promoteur immobilier : *Companhia Pan-Americana de Hotéis e Turismo.* Haut de 115 m, il abrite 1 160 appartements répartis sur 38 étages. Près de 2 000 personnes y vivent, et en raison du nombre d'habitants, l'immeuble possède son propre code postal ! On y trouve aussi près de 70 commerces, des restaurants, et plus de 100 employés sont chargés de son entretien. La façade extérieure a été rafraîchie récemment.

Au croisement des ***avenues São João et Ipiranga*** *(plan II, D5)* : « Quelque chose se passe dans mon cœur, quand l'Ipiranga rencontre l'avenue São João »... pour reprendre les célèbres vers de Caetano Veloso. L'avenida São João descend vers le vale do Anhangabaú, en une large voie piétonne agréable, offrant une vue spectaculaire de la colline da Sé, notamment des immeubles *Altino Arantes* et *Martinelli.* Ici, quelques vieilles façades sont peu à peu repeintes.

Vers le nord (plans I et II)

Estação da Luz *(plan II, D4)* **:** *praça da Luz.* Construite par des Anglais entre 1895 et 1901, avec des briques rouges et des charpentes métalliques, cette gare ferroviaire est inspirée de celle de Sydney (Australie). Elle joua un rôle crucial dans le commerce du café. On aperçoit toujours une tour horloge qui ressemble à Big Ben.

Estação Júlio Prestes et sala São Paulo *(plan I, B1)* **:** *praça Júlio Prestes.* Cette gare ferroviaire a été construite entre 1926 et 1938. C'est aujourd'hui l'une des meilleures salles de concert de São Paulo, l'antre du renommé Orchestre symphonique de l'État. L'acoustique est y excellente, un système hydraulique évite les vibrations et le plafond est composé de panneaux mobiles, dont la hauteur est réglée en fonction des représentations. Allez-y pour un concert (prix très abordables), mais de toute façon, le lieu mérite une visite.
– ***Visites guidées :*** *sur résa slt, lun-ven à 13h et 16h30 (5 Rls). Visites gratuites sam à 13h30 et dim à 13h. ☎ 3367-9500.* Le bâtiment en brique, à la sortie (à gauche) de la *sala São Paulo,* est celui de l'ancienne police politique, où de nombreux opposants furent torturés pendant le régime militaire. Il abrite le *memorial da Resistência (largo general Osório, 66 ; ☎ 3335-4990).* De grands panneaux illustrent les luttes contre la dictature et la torture. Expo de photos et arts plastiques sur le thème des Droits de l'homme et de la démocratie.

Pinacoteca do Estado *(plan I, B1)* **:** *praça da Luz, 2. ☎ 3324-1000. • pinacoteca.org.br • Ⓜ Tiradentes. Tlj sf mar 10h-18h. Entrée : 6 Rls ; gratuit sam.* Installée dans un immeuble de brique conçu entre 1887 et 1905 par l'architecte Ramos de Azevedo, un édifice qui n'avait pas vraiment été achevé fut modernisé dans les années 1990. Son architecture a un côté surréaliste. C'est le premier musée d'Art de la ville. La luminosité des salles à l'intérieur en fait un des musées les plus agréables de São Paulo. Collection permanente de peinture brésilienne, surtout du XIXe s. Parmi les trésors de la peinture, admirez *Tropical* de Anita Malfatti et *Mestiço* de Candido Portinari. On peut aussi y voir des œuvres d'artistes européens ayant visité le Brésil (Debret, Rugendas, Taunay et autres). Sculptures de Rodin, Bourdelle, Maillol. Expos temporaires très importantes. Belle cafétéria Art déco au sous-sol. Sculptures en plein air dans le parque da Luz, à côté.

Museu de Arte sacra *(plan I, B1)* **:** *av. Tiradentes, 676, quartier de Luz. ☎ 3326-3336. • museuartesacra.org.br • Ⓜ Tiradentes. Mer-ven 9h-17h, sam-dim 10h-18h. Entrée : 6 Rls ; gratuit sam.* Installé dans le *mosteiro da Imaculada Conceição da Luz,* un ancien monastère construit en 1774 où sont conservées les reliques du premier saint brésilien : le père Frei Galvão. Voici le plus important musée d'Art religieux du Brésil. Des pièces d'orfèvrerie somptueuses, des autels et retables baroques du XVIIe au XXe s, des icônes, des sculptures des plus grands maîtres brésiliens. Même les païens perdraient beaucoup à snober cette visite.

Memorial da América latina *(plan I, A1)* **:** *av. Auro Soares de Moura Andrade, 664. ☎ 3823-4600. • memorial.sp.gov.br • Ⓜ Barra Funda. Tlj sf lun 9h-18h.* Espace multiculturel avec salles d'exposition, bibliothèque et auditorium. L'architecture est signée Oscar Niemeyer, mais l'entretien laisse à désirer. Dommage. On se sent tout petit au milieu de ces grands espaces bétonnés, avec une énorme main sanglante (7 m de haut) au milieu. Nombreuses activités. Voir notamment le *pavillon de la Créativité* (artisanat et folklore latino) et le *salon Tiradentes,* avec un tableau monumental de Portinari et de très hauts panneaux de bas-reliefs de Caribé et Poty.

Memorial do Imigrante *(plan I, B1)* **:** *rua Visconde de Parnaíba, 1316 (Brá). ☎ 2692-1866. • memorialdoimigrante.org.br • Ⓜ Bresser-Mooca, d'où vous pouvez rejoindre le mémorial (500 m) par un tram touristique. Tlj sf lun 9h (10h dim)-17h. Entrée : 6 Rls ; gratuit sam.* C'est ici que sont arrivés la majorité des immigrants débarqués au port de Santos pour s'installer à São Paulo : Italiens, Allemands, Libanais, Suisses, Japonais, Français, Russes. Construit à la fin du XIXe s, le bâtiment actuel servit d'auberge de transit à ces nouveaux arrivants. L'ancienne gare de chemin de fer est préservée, ainsi qu'un petit train, à bord duquel on peut faire une courte promenade. À l'extérieur, une maison d'immigrants reconstituée (presque une case) ; à l'intérieur, des objets leur ayant appartenu, des témoignages et une étonnante pièce remplie de photos et papiers d'identité, qui donne une idée de la diversité de tous ces immigrants. Possibilité d'effectuer une recherche sur l'origine d'un nom, pourvu que l'immigrant ait débarqué au port de Santos.
Sur place, cinéma, bibliothèque, boutique de souvenirs et cafétéria.

Bela Vista et Bixiga *(plans I et II)*

C'est ici qu'est vraiment né le théâtre brésilien, introduit par les Italiens qui s'installèrent dans le quartier dès le début du XXe s. Le cœur de Bela Vista est le petit quartier *Bixiga* (qu'on écrit aussi *Bexiga* et qu'on prononce « Bechiga »). C'est un grand village de maisons basses de style européen et parfois de masures, qui s'étend sur les pentes d'une colline entre la rua Augusta (*plan II, C6* ; derrière la praça Roosevelt) et l'avenida Brigadeiro Luís Antônio. De jour comme de nuit, les petites rues et ruelles en pente débordent d'animation. Innombrables bars et cafés ; restaurants italiens où des tablées entières se remémorent le passé... Mais l'identité de Bixiga est aussi noire qu'italienne. Son école de samba, *Vai-Vai,* une des grandes de São Paulo, est très présente dans le quartier. Rua 13 de Maio et dans les rues adjacentes, vous trouverez des ***casas de samba et de pagode,*** où l'on fait également du rap aujourd'hui. Et un peu partout, des ***casas de umbanda*** vendant les produits nécessaires aux cérémonies. Plus d'infos sur : *• encontrabelavista.com.br •*

Matriz da Consolação *(plan II, C5)* **:** *praça Roosevelt, dans la partie basse de la rua Consolação. Tlj 8h-19h (18h sam, 20h dim). GRATUIT.* Construite au début du XXe s dans un style romano-byzantin, elle fut sous la dictature militaire le siège de bien des actes de solidarité contre l'arbitraire. À l'intérieur, riche décoration réalisée par Oscar Pereira da Silva, Benedito Calixto et Edmundo Cagni (peintures de la coupole centrale).

Teatro Oficina Uzyna Uzona *(plan II, D6)* **:** *rua Jaceguai, 520 (Bixiga). ☎ 3104-0678. • teatroficina.com.br •* Ce théâtre-atelier incarne depuis 1958 la scène avant-gardiste du Brésil, avec son directeur et fondateur le charismatique et génial José Celso Martínes Correia (né en 1937) ; un peu comme la Taganka avec Lioubimov à Moscou ou, en son temps, le TNP de Jean Vilar. Son répertoire est impressionnant et son architecture déconcertante : c'est la dernière œuvre de l'architecte Lina Bo Bardi. Les mises en scène d'Oficina et de Celso s'inscrivent dans les grandes créations reconnues au niveau international.

Liberdade *(plan II)*

Derrière le quartier de Bixiga, en traversant l'avenida Brigadeiro Luís Antônio puis le viaduc qui enjambe la 23 de Maio, autre quartier, autre ambiance. Vous entrez à

Liberdade, le quartier japonais, ou plus généralement asiatique. Sur presque 4 km^2 vivent environ 60 000 habitants, ce qui constitue la plus grande communauté japonaise hors du Japon. Le quartier n'offre pas de grandes curiosités architecturales, si ce n'est les arches rouges (on les appelle des *torii*), de style japonais, avec leurs lampadaires, qui enjambent les ruas Galvão Bueno et da Glória.

☛ Pour découvrir l'histoire de ces migrants qui débarquèrent pour la première fois à Santos en 1908, vous pouvez vous rendre au riche ***Museu da Imigração Japonesa*** *(plan I, B2 ; rua São Joaquim, 381 ; ☎ 3209-5465 ; • museubunkyo.org.br • ; tlj sf lun 13h30-17h ; entrée : 8 Rls).*

☛ Ne manquez pas de visiter les petits commerces et épiceries de produits asiatiques. Partout, bien sûr, restaurants japonais et *sushis-bars* où l'on peut manger une infinité de poissons crus, au comptoir ou dans de petites cabines particulières sur un tatami. Les Japonais ont ajouté aux classiques poissons de mer la riche variété des poissons de rivière brésiliens : *pintados, namorados, pirarucus,* etc. Bars de karaoké. Saké (servi tiède) pour embrumer l'esprit dans les ruelles obscures. Ici aussi, la nuit est animée et la rue étonnante.

☛ ***Praça João Mendes*** *(plan II, E6)* **:** *au bout de l'av. Liberdade.* Nous revoilà au centre, derrière la cathédrale *(Sé).* Si vous cherchez des plantes médicinales, des cigarettes roulées dans des feuilles de maïs *(fumo de rolo)* ou des bâtonnets de *guaraná,* la graine énergétique des Indiens, vous trouverez votre bonheur sur cette place. Voir aussi la ***paróquia São Gonçalo,*** avec sa belle façade datant de 1756.

Les quartiers chic (plan III)

Vers l'ouest de São Paulo s'étendent les quartiers bourgeois de la ville, où vivent les classes aisées.

☛☛☛ ***Avenida Paulista*** *(plan III, H-I7-8)* **:** conçue une fois pour toutes par un cerveau unique à la fin du XIXe s, elle est devenue dès son ouverture en 1891 l'avenue la plus renommée de São Paulo. Là furent édifiées les plus belles demeures de la ville, habitées par les barons du café. De cette époque, il ne reste hélas quasiment aucun témoin. Les somptueuses villas, les petits manoirs urbains, les castels européens, ont disparu, rasés, anéantis sous la poussée des immeubles et tours modernes. À noter quand même, quelques rares maisons anciennes, devenues des banques, bars ou centres culturels, comme la ***casa das Rosas,*** au n° 37.
Aujourd'hui, l'avenida Paulista continue d'être l'artère majeure de la ville (c'est ici que se font les manifestations !). On l'a qualifiée de « Champs-Élysées paulistes » ou d'une sorte de « 5th Avenue », mais elle n'imite rien car elle est inimitable et colossale ! Pourtant, à l'usage, le promeneur ne se sent pas écrasé par les tours comme à New York. Ce qui compte ici, c'est le style moderne. Sur près de 3 km de long, les plus grands maîtres des avant-gardes brésiliennes y ont laissé leur marque.

☛☛ ***Museu de Arte de São Paulo*** *(MASP ; plan III, I7)* **:** *av. Paulista, 1578 (Cerqueira César). ☎ 3251-5644. • masp.art.br • Ⓜ Trianon-MASP. Tlj sf lun 10h-18h (20h jeu). Entrée : 25 Rls ; réduc ; gratuit pour ts mar.*
Installé dans un immeuble plutôt laid, construit en 1968, sur un projet de Lina Bo Bardi. Ce musée regroupe une collection rassemblée dans les années d'après-guerre par Francisco de Assis Chateaubriand Bandeira de Melo (1892-1968), un avocat devenu un des grands magnats de la presse dans les années 1930. Grand amateur d'art, il fut un des hommes publics les plus influents du Brésil en son temps, mais aussi un des plus controversés.
Sa collection comprend plus de 8 000 œuvres et objets, mais seulement quelques 120 tableaux de grands artistes européens sont présentés au 2e étage. L'originalité de l'exposition en cours (débutée en 2015, pour une durée d'une dizaine

d'années) est la présentation des œuvres, accrochées sur une plaque en verre posée sur un cube en bois au sol, toutes orientées dans le même sens, dans une vaste et unique salle. L'effet de découverte est assez étonnant en entrant ! Autre originalité, l'identification des œuvres est à l'arrière des tableaux, ce qui implique d'en faire le tour pour connaître le nom de son auteur et le titre du tableau. Parmi les célébrités exposées, on reconnaîtra des œuvres de Mantegna, Bellini, Jérôme Bosch, Rembrandt, Botticelli, Modigliani, Titien, Raphaël, le Greco, Vélasquez, Goya, Gainsborough, Rubens, Velázquez, Van Dyck, Fragonard, Ingres et bien d'autres. L'école française est très bien représentée : Boucher, Delacroix, Corot, Renoir, Van Gogh, Gauguin, Monet, Manet, Degas (y compris ses danseuses), de nombreux Cézanne, Lautrec (dont son tout dernier tableau), Picasso, Matisse, Courbet, Max Ernst...

L'école brésilienne, en revanche, est assez peu représentée, avec seulement quelques œuvres de Portinari.

– Grandes expos temporaires aux étages inférieurs. Auditorium, cafétéria et librairie-boutique au sous-sol. Le dimanche, marché des antiquités à l'extérieur (voir « Marchés et foires » plus loin) et une foire artisanale en face.

Parque Trianon *(ou parque Tenente Siqueira Campos ; plan III, I7-8)* **:** *le long de l'av. Paulista, en face du MASP.* Une petite jungle dans la grande ville ! Au cœur du quartier des affaires, au pied des tours ultramodernes, ce petit parc offre un saisissant contraste. Tout en pente, dessiné par un paysagiste français (Paul Villon), ce jardin fut inauguré en 1892. Ce fut autrefois le lieu de promenade préféré des riches familles du quartier. En fait, il ressemble plus à une petite forêt urbaine, un morceau de jungle tropicale humide qu'à un jardin européen. Bosquets, sentiers, fontaines, squares et ravins forment un décor à la végétation sombre et touffue. Quand il fait chaud, l'ombre est accueillante... Avec un peu de chance, vous pourrez voir quelques animaux qui y vivent en liberté. Mais attention à éviter recoins sombres et isolés, au risque de faire de mauvaises rencontres !

Jardim Paulista *(plan III, H8)* **:** non ce n'est pas un jardin, mais le nom de ce vaste quartier, quadrillé par de longues rues ombragées et bordées de tours d'habitation (il y a aussi quelques belles maisons et villas), et de magasins. C'est ici l'équivalent du « faubourg Saint-Honoré » de la ville, avec ses restaurants et ses confiseries fines. La ***rua Oscar Freire*** est la plus chic de toutes, avec la présence des boutiques de grands couturiers et autres marques de luxe.

Jardim América et Jardim Europa *(plan III, F-G8)* **:** quartiers toujours plus chic à mesure qu'on descend vers le rio Pinheiros. Un monde de villas somptueuses entourées de jardins où, derrière les grilles dissuasives et les systèmes de sécurité, patrouillent des gardes privés armés jusqu'aux dents. Ici, ceux qui ont gagné la guerre économique ont perdu la paix et la liberté. Les gigantesques centres commerciaux *Eldorado* et *Iguatemi,* sur les avenues Eusebio Matoso et Faria Lima, et, plus au sud, le *shopping center Ibirapuera* sur l'avenue du même nom sont des temples de la consommation des « élites » et des classes moyennes paulistanas.

Parque do Ibirapuera *(plan I, A2)*

En descendant la colline vers le sud par l'avenida Brigadeiro Luís Antônio, on débouche dans ce très beau parc. Aménagé par Oscar Niemeyer pour le quatrième centenaire de São Paulo (1954). Réaménagé dans les années 1990, cet espace vert de 160 ha constitue l'un des plus agréables lieux de promenade de São Paulo.

– 10 portes d'accès au parc pour les piétons, chacune ayant des horaires distincts. La plupart ouvrent à 5h du mat et ferment à minuit. Accès notamment par l'av. Pedro Álvares Cabral, l'av. Quarto Centenário et l'av. República do Libano. Infos : • parquedoibirapuera.com •

Le parc abrite le *pavillon de la Biennale (Fundação Bienal)*, le *planétarium* *(ouv le w-e slt à 15h ; places gratuites à retirer à 12h ou sur résa au ☎ 5575-5425)*, la *OCA* (un gigantesque igloo, projet de Niemeyer, destiné à d'importantes expos temporaires), le *museu Afro Brasil*, le *Pavilhão das Culturas Brasileiras*, le *museu de Arte moderna (MAM)* et le *museu de Arte contemporânea (MAC)*. Œuvre de Niemeyer également, l'*auditorium* ressemble à une tranche de gâteau blanc *(tlj sf lun : mar-ven 11h-18h – 22h ven –, w-e 9h-22h – 20h dim)*. On y trouve également un jardin pour non-voyants avec les noms des plantes inscrits en braille, un grand lac et une maison typiquement japonaise (visite le week-end). C'est aussi le lieu de concerts géants et gratuits donnés le dimanche, *praça da Paz*.

En face du parc, un grand obélisque commémore les héros de la révolution de 1932. Tout près, le *palácio Nove-de-Julho*, siège de l'assemblée législative de l'État. À l'angle des avenidas Brasil et Brigadeiro Luís Antônio se dresse l'imposant monument aux *Bandeirantes*, de Brecheret ; statique mais plein de force, il est le symbole de la ville.

LE SUD-EST

🚶🚶 ***Museu Afro Brasil*** *(plan I, A2)* **:** *parque do Ibirapuera ; av. Pedro Álvares Cabral, pavilhão Manoel da Nóbrega, portão 10. ☎ 3320-8900. • museuafrobrasil.com.br • Tlj sf lun 10h-17h. Entrée : 6 Rls ; gratuit sam.* Inauguré en 2004, c'est un très bel espace moderne consacré à la culture afro-brésilienne. Créé à l'initiative d'Emanoel Araujo, artiste plasticien, il présente plus de 5 000 œuvres de choix, peintures, sculptures, photographies, artisanat, folklore, en relation avec la culture africaine au Brésil. Collection classique et contemporaine d'une grande richesse, belle muséographie par thèmes : l'Afrique des origines à l'esclavage, les religions (sacrées et profanes), mémoire et arts. Intéressant rappel historique de la vie et de l'action de Zumbi, chef de la révolte des esclaves du Quilombo dos Palmares. Également diverses expos temporaires au cours de l'année, une bibliothèque, un théâtre et des événements culturels.

🚶 ***Museu de Arte Moderna*** *(MAM ; plan I, A2)* **:** *av. Pedro Álvares Cabral, parque do Ibirapuera, portão 3. ☎ 5085-1300. • mam.org.br • Tlj sf lun 10h-18h. Entrée : 6 Rls ; gratuit dim.* Surtout des expos temporaires ; pour les passionnés de peinture brésilienne.

🚶 ***Museu de Arte contemporânea*** *(MAC/USP ; plan I, A2)* **:** *av. Pedro Álvarez Cabral, 1301 (de l'autre côté du bd périphérique, accès par la passerelle). ☎ 3091-3559. • mac.usp.br • Tlj sf lun 10h-18h. GRATUIT.* Expos temporaires uniquement, assez pointues, de tous types d'art contemporain, dans un grand bâtiment imposant de sept étages, aux immenses salles toutes blanches et quasi vides. Très belle vue de la terrasse sur le toit. Surtout pour les passionnés, là encore.

🚶 En descendant vers le sud-ouest par l'avenida Europa et Cidade Jardim, on franchit le rio Pinheiros ; derrière, le *Joquei Clube*. Là, au milieu de la colline du Morumbi, dans un fort joli parc, se dresse le ***palácio dos Bandeirantes***, palais du gouverneur *(av. Morumbi, 4500 ; hors plan I par A2 ; tlj sf lun 10h-17h ; visites guidées ttes les heures ; GRATUIT)*.

🚶 ***Cemitério de Morumbi*** *(hors plan I par A2)* **:** *bus nº 217 – Vila Gilda – depuis le métro Ana Rosa.* C'est là que repose le plus célèbre et le plus vénéré des Paulistanos, ***Ayrton Senna*** (1960-1994). Depuis sa mort accidentelle le 1er mai 1994 sur le circuit d'Imola, des fans viennent se recueillir devant la tombe du triple champion du monde de Formule 1. Une simple plaque d'acier est érigée sur un parterre de gazon au centre du cimetière.

🚶 👪 Toujours à Morumbi, en face du cimetière, on peut faire une jolie balade au vert dans le ***parque Burle Marx*** *(av. Dona Helena Pereira de Moraes, 200 ; tlj 7h-19h)*. Ensemble de jardins avec de belles perspectives, ponctués et marqués par les sculptures et plans d'eau conçus par le célèbre paysagiste Burle Marx (1909-1994).

Higienópolis et Consolação (plan I, A1)

La rua da Consolação, parallèle à l'étroite rua Augusta, forme l'axe principal vers l'ouest. On s'enfonce petit à petit vers un autre genre de quartiers résidentiels : ***Higienópolis, Consolação, Pacaembu.*** Quartiers paisibles et cossus, aux gratte-ciel confortables et aux rues ombragées d'eucalyptus, d'amandiers tropicaux ou de manguiers.
Higienópolis est aussi un quartier de bonne vie estudiantine, avec terrasses, cafés, *lanchonetes* où l'on mange au comptoir. Dans les petites rues, entre la Dona Veridiana et l'avenida Angelica, bars animés à la nuit tombée. Ne manquez pas la petite *praça Villaboim,* avec ses restos et bars, située tout près du musée d'art brésilien *FAAP.*

🎞🎞 ***Museu do Futebol*** *(plan I, A1) : estádio do Pacaembu, praça Charles Miller, dans le quartier Pacaembu. ☎ 3664-3848. • museudofutebol.org.br • À env 1 km du métro Clínicas. Tlj sf lun 9h-17h (18h w-e) ; ferme plus tôt en cas de match. Entrée : 9 Rls ; gratuit sam.* Le football, véritable religion au Brésil, a désormais son musée national. En 15 salles, il retrace les grands moments des clubs et de l'équipe nationale : images en 3D, commentaires de reporters, ovations des supporters... Le football est aussi inscrit dans son contexte social et historique. Et puis les stars du ballon rond ne sont pas oubliées : le « roi Pelé », Zico, Socrates et Ronaldo sont en bonne place. Sans oublier la dernière star du foot brésilien, Neymar !

UN PETIT PAS POUR L'HOMME...

... un grand pas pour le football ! Eh oui, c'est précisément à São Paulo qu'a eu lieu le premier match de foot de l'histoire du Brésil. C'était en 1894. La partie fut organisée par Charles Miller après un séjour en Angleterre, d'où il avait rapporté un petit livre contenant les règles du jeu. Aujourd'hui, le Brésil reste l'unique penta campion, avec cinq victoires à la Coupe du monde de football, ainsi que le seul pays à avoir participé à tous les mondiaux.

Quartier de Pinheiros (plan III)

Dans le triangle formé par les avenidas Dr Arnaldo et Rebouças s'étend le secteur de Pinheiros, avec ses quartiers aux jolis noms : *Jardim das Rosas, Pinheiros, Vila Beatriz, Vila Madalena, Jardim das Bandeiras...* Longtemps lieu de résidence des classes moyennes supérieures, avec ses ruelles bordées de petites maisons entourées de jardins, Pinheiros est peu à peu devenu le quartier d'habitation et de rencontre de la jeunesse universitaire, mi-dorée, mi-hippie (« bobo » quoi !). Le quartier n'a cependant rien perdu de son caractère un peu « californien ». Commencer ou finir votre périple par la praça Benedito Calixto, cœur battant de l'animation nocturne. Le second carrefour le plus animé se trouve plus au nord, dans le secteur de Vila Madalena, à l'intersection des rua Aspicuelta et Girassol *(plan III, F7).*
Juste à côté, voir absolument la rua Gonçalo Afonso et les ruelles adjacentes, dans le petit quartier surnommé ***Beco do Batman,*** une succession de fresques murales très colorées, du pur *street art* ! Ron Wood des *Rolling Stones* est passé par là lors de la tournée du groupe en 2016 et y a laissé une dédicace ; à vous de la trouver... Infos sur le site : *• becodobatman.com.br •*

🎞 ***Praça Benedito Calixto*** *(plan III, G7) :* c'est le cœur battant du quartier, du moins dans la partie basse située au sud du cimetière de São Paulo. Familles, groupes de jeunes, bandes de potes, artistes branchés, communauté gay et lesbienne, une grande variété sociale et humaine habite autour et fréquente cette belle place à la nuit tombée. C'est en particulier le samedi qu'il faut y venir. La

place est alors occupée par plus de 300 éventaires de brocanteurs et antiquaires. En soirée, les bars, restaurants et *lanchonetes* sont vite noirs de monde. Voir aussi plus loin la rubrique « Marchés et foires ».
De l'autre côté du rio Pinheiros, c'est l'immense campus de la *cité universitaire* et le magnifique *parque de l'instituto Butantan,* le long des avenidas Vital Brasil et Coriféu de Azevedo Marquês.

Instituto Butantan *(hors plan I par A2)* **:** *av. Dr Vital Brasil, 1500. ☎ 2627-9300. • butantan.gov.br • À l'ouest, dans le quartier de Butantã. Bus nº 778J (Jd. Arpoador) depuis le terminal Barra Funda. Tlj sf lun 9h-16h30. Entrée : 6 Rls ; réduc.* Fondé en 1901, c'est l'un des centres spécialisés dans l'étude des serpents les plus réputés du monde. L'objectif est plus de nature médical que zoologique. Il s'agit de préparer des sérums contre les morsures de serpent qui sont une calamité au Brésil (la sérothérapie).
Musée historique et intéressant musée biologique, l'institut présente de nombreuses espèces de reptiles et insectes (araignées géantes, scorpions, etc.). Rien que la famille des cobras présente 70 variétés... On ne voit pas d'anacondas (les plus longs reptiles du monde), mais un python de 6 m. Dans le magnifique et énorme jardin (idéal pour s'oxygéner), des serpents roupillent dans de grandes fosses...

Marchés et foires

– ***Feira de Artes, Cultura e Lazer da Praça Benedito Calixto*** *(plan III, G7)* **:** *praça Benedito Calixto. • pracabeneditocalixto.com.br • Sam 9h-19h.* Peu connu des touristes. Bibelots, disques, artisanat, antiquaires (vraies et fausses puces), quoi qu'il en soit, c'est toujours animé et bon enfant. Musique traditionnelle *(chorinho)* l'après-midi dans la partie derrière les grilles, où l'on peut casser la croûte ; goûtez aux douceurs d'*Obeny.* Le resto *Consulado Mineiro* est là (voir « Où manger ? À Pinheiros »).
– ***Feira de Artes e Antiguidades do Bixiga*** *(hors plan II par C6)* **:** *praça Dom Orione (Bela Vista). Dim 8h-16h.* Semblable au marché de Pinheiros, avec la nourriture et la musique en moins. De bonnes affaires de temps en temps.
– ***Feira de antiguidades do MASP*** *(plan III, I7)* **:** *Arte e Cultura do Trianon, av. Paulista, 1578, sous le MASP. Dim 8h-16h.* C'est le plus important marché d'antiquités, mais les bonnes affaires sont rares. En traversant l'avenida Paulista, foire d'artisanat.
– ***Feira da República*** *(plan II, C-D5)* **:** *praça da República. W-e 8h-16h.* Artisanat, minéraux, timbres et pièces de collection.
– ***Feira da Libertade*** *(plan II, D6)* **:** *praça da Liberdade (Ⓜ Liberdade). W-e 9h-16h.* Artisanat et produits orientaux, avec une majorité de produits japonais.
– ***Mercado municipal*** *(plan II, E4-5)* **:** *rua da Cantareira, 306 (Centro). Tlj 6h-18h (16h dim). Fermé certains j. fériés.* Au rez-de-chaussée, une ribambelle de stands et d'éventaires alimentaires : légumes, fruits, viandes, poissons... Le premier étage accueille de nombreux bons petits restos populaires. Les amateurs de *cachaça* trouveront en outre les meilleures bouteilles du Brésil à l'*Emporio Chiappetta,* dont les prix ne sont pas donnés !

Manifestations culturelles

São Paulo est certainement le plus important centre culturel d'Amérique du Sud. Biennales, grandes expositions se succèdent, ainsi qu'une foule d'événements concernant le cinéma, le théâtre, la poésie, la musique, les arts plastiques, la mode, etc. On le répète : le journal *Folha de São Paulo* a un supplément culturel quotidien *(Folha Ilustrada),* et l'hebdomadaire *Veja* un supplément *São Paulo* (voir plus haut « Adresses et infos utiles »).

■ ***SESC Pompeia*** *(plan I, A1)* : *rua Clélia, 93 (Pompeia). ☎ 3871-7700. Programmation sur • sescsp.org.br • Non loin du Memorial da America latina. Tlj sf lun 9h-22h (20h dim).* Grand centre culturel installé dans une usine rénovée du début du XXe s. Cafétéria sur place. En fait, l'ensemble des SESC, répartis un peu partout dans la ville, forment un réseau culturel unique. Ce sont des viviers de culture, d'animations, d'expositions. Certains sont installés dans d'anciennes usines en brique, d'autres sont flambant neufs et d'architecture contemporaine. Tous sont passionnants et très fréquentés.

■ ***Centro cultural São Paulo*** *(plan I, B2)* : *rua Vergueiro, 1000. ☎ 3397-4002 et 46 (résas). • centrocultural.sp.gov.br • Ⓜ Vergueiro. Tlj sf lun 10h-22h (21h sam, 20h dim et j. fériés).* Un des centres culturels les plus actifs et complets de la ville. Expositions, cinéma, théâtre, débats, événements.

Fêtes

- ***25 janvier :*** anniversaire de la fondation de São Paulo (en 1554). Voir le texte consacré au *Pátio do Colégio,* dans la rubrique « À voir ».
- ***Février-mars : le carnaval.*** Le défilé des écoles de samba a lieu au sambodrome d'Anhembi, sur l'avenida Olavo Fontoura *(plan I, A-B1).* On retrouve encore une fois la marque de l'architecte Oscar Niemeyer, créateur de ce monument, comme celui de Rio. Chaque école défile durant 55 mn environ. Ces écoles *(grupo especial)* se produisent les vendredi et samedi soir (sept par soirée ; il faut de l'endurance pour tenir le coup pendant 10h !). Les défilés, quoique moins délirants que ceux de Rio, restent très spectaculaires et obéissent exactement aux mêmes règles. Après le sambodrome, les défilés se poursuivent dans les rues de la ville, en particulier dans le quartier de Bixiga où se trouvent les meilleures écoles de samba de la mégapole.
- ***Juillet-août :*** en juillet se déroule chaque année le *Festival do Japão,* qui rassemble pendant 3 jours la communauté japonaise et de nombreux visiteurs. Infos sur le site : *• festivaldojapao.com •* Dans un autre registre, le 8 août commémore la fin de la Seconde Guerre mondiale et les bombardements d'Hiroshima et de Nagasaki.
- ***31 décembre :*** la *corrida* de la Saint-Sylvestre (rien à voir avec une corrida de taureaux) : traditionnelle course marathon à pied, prétexte à un rassemblement populaire.

QUITTER SÃO PAULO

En avion

➢ ***Aéroport de Congonhas*** *(vols intérieurs)* : *av. Washington Luíz, à 8 km au sud du centre.* Pour s'y rendre, prendre le métro *(linha 1, azul),* descendre à la station de São Judas, puis prendre le bus n° 609 J *« aeroporto »* (terminal João Dias) qui passe par l'aéroport. Aux heures de pointe, c'est la moins mauvaise solution...
Du centre de São Paulo, on peut aussi prendre les « *onibus suburbano* » comme le bus 875 A (« *aeroporto* ») depuis un arrêt situé au Largo do Arouche (près de la praça da Republica) ou bien au niveau du n° 282 av. Paulista (Jardim Paulista). Bus ttes les 20 mn env, 5h-minuit. Trajet : 30 mn ou plus en cas d'encombrement.

➢ ***Aéroport de Guarulhos*** *(30 km au nord de la ville) :*
- navette *Airport bus Service* sur la ***praça da República,*** presque à l'angle du largo de Arouche *(plan II, C5)* ou bien au niveau de l'hôtel *Ibis,* av. Paulista 2355, dans le quartier de Jardim Paulista *(plan III, I7).* Bus direct ttes les 30 mn, 5h40-23h40. Également 3 bus de nuit. Trajet : 1h... aux heures de pointe, compter 1h45-2h. *Env 46 Rls. Infos : • airportbusservice.com.br •* ;
- service *Aiport bus* également de la ***rodoviária Tietê*** *(plan I, B1, 1 ; Ⓜ Tietê).* Bus direct ttes les heures, 5h-23h15.

3 autres bus dans la nuit. Trajet : 40 mn (si tout va bien). Billet : 47,50 Rls ;
– autre option, bien moins chère, bus à côté du ***métro Tatuapé*** (env 30 mn ; attention, choisir « par Ayrton Senna » – « par Assis Ribeiro », c'est 2 fois plus long).

En bus

Terminal rodoviário Tietê *(plan I, B1, **1**)* **:** *av. Cruzeiro do Sul, 1800. Au nord de la ville. ☎ 3866-1100 (24h/24).* Ⓜ *Tietê.*

➢ ***Rio :*** à 430 km ; 6h de trajet. Env 50 bus/j., toutes compagnies confondues, avec un écart de 30 mn max entre chaque bus.

➢ ***Belo Horizonte*** *(correspondance pour **Ouro Preto**)* **:** à 590 km ; entre 8h et 9h de trajet. Une vingtaine de bus/j., 7h30-23h50. Les bus de jour sont moins chers que ceux de nuit (avec couchettes).

➢ ***Foz do Iguaçu*** *(les chutes)* **:** à 1 070 km. Avec *Pluma (☎ 0800-646-0300 ; ● pluma.com.br ●)*, départs à 14h30, 16h et 18h30. Trajet : 17h (de jour) et 15h (de nuit).

➢ ***Salvador :*** à 1 966 km ; env 32h de trajet. Avec *São Geraldo (☎ 0800-728-0044 ; ● saogeraldo.com.br ●)*, 1 bus/j., départ le soir à 20h45, plus 9h30 le dim.

➢ ***Brasília :*** à 1 100 km ; 14h de trajet (la nuit) et 16h (de jour). Avec *Real Expresso*, 6 bus/j. en moyenne entre 8h et 22h. *☎ 0800-883-88-30 ; ● realexpresso.com.br ●*

➢ ***Argentine, Paraguay et Chili :*** avec *Pluma*. Destinations Assunção (Paraguay), Buenos Aires (Argentine) et Santiago (Chili).

Terminal rodoviário Barra Funda *(plan I, A1, **2**)* **:** *av. Auro Soares de Moura Andrade, 664. ☎ 3866-1100 (24h/24).* Ⓜ *Barra Funda.*

➢ ***Campo Grande*** *(Mato Grosso do Sul)* **:** liaisons avec *Andorinha (☎ 0800-704-8780 ; ● andorinha.com ●)*. 2-5 bus/j., 11h15-23h25. Durée : 13-15h (plus rapide de nuit). À la gare routière de Campo Grande, connexion possible pour ***Bonito*** et ***Corumba*** (frontière Brésil-Bolivie).

➢ ***Cuiaba*** *(Mato Grosso)* **:** avec *Andorinha*. 2 bus/j., départs 14h50 et 16h. Durée : 26h !

LE MINAS GERAIS

● Carte *p. 215*

Vaste comme la France, talonnant l'État de Rio pour se hisser à la deuxième place économique du Brésil – derrière São Paulo –, les « Mines générales » ont fait la richesse du pays, autrefois avec l'or et les diamants, aujourd'hui avec le fer, la bauxite, les pierres précieuses et la topaze impériale. Voici une région montagneuse, encore grignotée par les coups de pelles et de pelleteuses, parcourue de routes sinueuses sujettes aux glissements de terrain qu'empruntent de lourds camions de mine. La rupture de deux barrages miniers en 2016 (« barrages de stériles », servant à stocker les eaux usées), dans la région de Diamantina, a d'ailleurs fait scandale, entraînant la pollution majeure d'un des plus importants fleuves du pays...
Pour le voyageur, c'est avant tout une région d'histoire, semée de quelques bijoux d'architecture coloniale, des villes aux charmes baroques – Ouro Preto, Tiradentes, plus loin Diamantina... – surgies du boom généré par le Cycle de l'or au XVIIᵉ s. Une région de préhistoire même, puisqu'on y a découvert dans plusieurs grottes de l'État une série de pétroglyphes parmi les plus vieux du continent. Une région rurale aussi, d'élevage – ses fromages sont réputés –, où l'on se déplace parfois encore à cheval dans des forêts d'altitude. Une région de labeur à l'image de sa solide cuisine rustique, à base de porc, de haricots rouges et de chou.

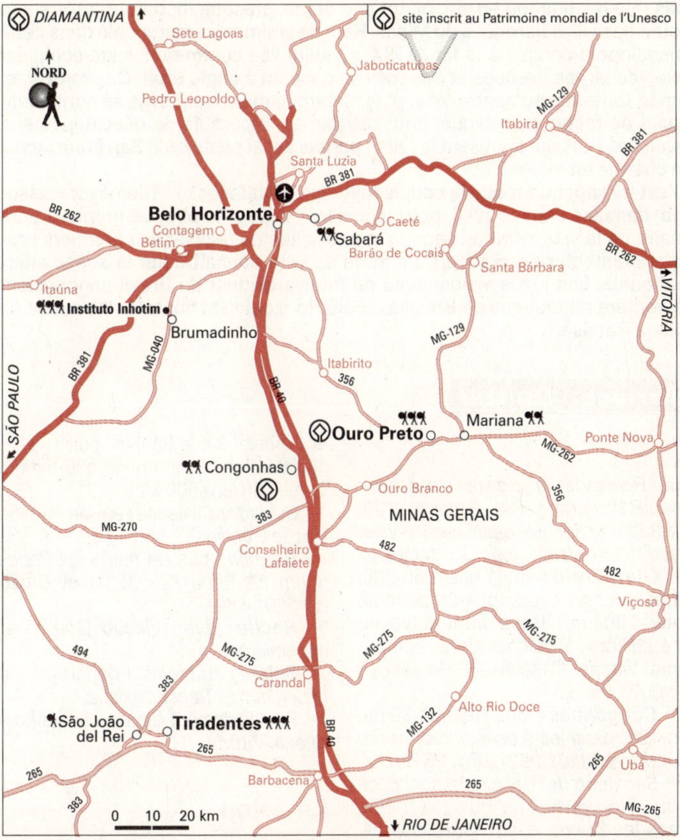

LE MINAS GERAIS

Mais le Minas Gerais, c'est aussi l'un des États les plus riches du pays, à l'économie dynamique, avec d'importantes universités donc une vie étudiante et culturelle d'une grande richesse. Une région du Brésil à découvrir, sans hésiter !

BELO HORIZONTE

2 479 200 hab. IND. TÉL. : 31

• Plan *p. 217*

Postée à 850 m d'altitude, à 450 km au nord de Rio de Janeiro, Belo Horizonte, plus communément appelée « BH » (prononcer « Bé-Haga »), n'est

pas une destination en soi, plutôt une étape, presque incontournable sur la route des villes baroques du Minas. Rien de vraiment remarquable dans cette mégalopole conçue à la fin du XIXe s, quadrillée comme un vaste échiquier avec de larges avenues et des rues se coupant à angle droit. Ce projet s'est limité toutefois au centre-ville, et les interminables faubourgs se sont construits de façon anarchique, poussés par les impératifs de développement, avec des rues qui épousent le relief, parfois aussi pentu qu'à San Francisco... le charme en moins !
C'est ici cependant que le couple mythique Kubitschek et Niemeyer s'associa, dans les années 1940, pour le meilleur et pour le pire. Le premier, alors maire de la ville, offrit au second la possibilité de réaliser ses premiers projets architecturaux d'envergure et de se faire connaître sur la scène internationale. Les idées visionnaires du futur président du Brésil annonçaient l'aventure fantastique de Brasília... Belo Horizonte est aussi la ville natale de Dilma Rousseff.

Arriver – Quitter

En bus

Rodoviária *(gare routière ; plan B1)* **:** *praça Rio Branco, 100. ☎ 3271-8933. En plein centre-ville, avec ts les hôtels autour.* Consignes.

➢ **Ouro Preto :** env 1 bus/h 6h-23h, dans les 2 sens. Compter 2h de route (env 100 km). Résa impérative en hte saison au guichet de la compagnie *Viação Passaro Verde (infos : ☎ 3073-7575).*

➢ **Congonhas :** bus ttes les 30 mn 6h-19h, dans les 2 sens. Avec *Viação Sandra (☎ 3201-2927).* Env 25 Rls.

➢ **São João del Rei** *(correspondance pour* **Tiradentes***)* **:** 7 bus/j., 6h-19h, dans les 2 sens, avec *Viação Sandra.* Env 50 Rls.

➢ **Diamantina :** 5-6 bus/j., 6h30-minuit, dans les 2 sens, avec *Viação Passaro Verde.*

➢ **Mariana :** avec *Viação Passaro Verde.* 5 bus/j., 6h-minuit depuis BH.

➢ **Santa Bárbara :** 1 bus/h 6h-20h30, avec *Viação Passaro Verde.*

➢ **Sabará :** bus urbains (n°s 4988 et 4992), ttes les 20 mn env, à prendre rua Caeté *(plan B1,* ***1****).*

➢ Bus également depuis et vers **Caeté** et **Brumadinho.**

Bus longues distances

➢ **Rio :** 6-8 bus/j., 8h30-minuit, avec *Viação Util (☎ 3907-9600), Viação Gontijo (☎ 2104-6300)* et *Cometa (☎ 4004-9600).*

➢ **São Paulo :** avec *Viação Gontijo* et *Cometa,* 3 bus 9h-14h, puis bus de nuit ttes les 30 mn env 20h30-minuit. Durée : 8h (env 600 km).

➢ **Salvador :** liaisons régulières avec *Viação Gontijo.*

➢ **Brasília :** bus de nuit avec *Itapemirim (☎ 0800-723-2121)* et *União (☎ 3201-5691).*

➢ **Recife :** avec *Viação Gontijo* et *Itapemirim.*

➢ **Belém :** au moins 1 départ/j. avec *Itapemirim* et *Transbrasiliana.*

➢ Bus également depuis et vers **Fortaleza, Vitória.**

En avion

Attention, la ville compte 2 aéroports.

✈ Le petit ***aeroporto da Pampulha*** *(☎ 3490-2001),* proche du centre, est peu utilisé.

✈ ***Aéroport international Tancredo Neves – Confins :*** *☎ 3689-2700.* Il est situé à 45 km du centre-ville ! On y trouve un office de tourisme *(☎ 3689-2557 ; tlj 8h-22h)* où l'on parle plus ou moins l'anglais. Également une agence *Banco do Brasil.* Distributeurs, bureau de change, téléphone, poste, agences de location de voitures, etc.

➢ Liaisons directes et quotidiennes avec les principales villes du pays : **Rio, Brasília, São Paulo, Vitória, Recife, Belém, Porto Alegre, Manaus, Fortaleza, Salvador...**

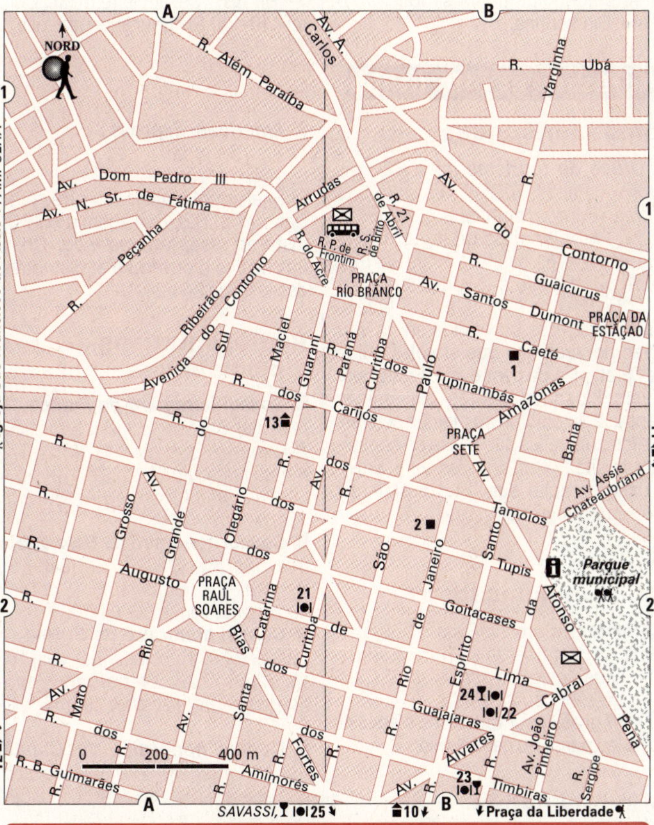

BELO HORIZONTE

■ Adresses utiles	Où manger ? Où boire un verre ?
1 Bus pour Sabará	21 Mercado central
2 Banco do Brasil	22 La Greppia
Où dormir ?	23 Café Cultura
10 Samba Rooms Hostel	24 Sindicato do Chopp
11 Lá em Casa Hostel	25 Baiana do Acaraje
12 Laranja Mecânica Hostel e Pousada	
13 Hotel São Bento	

Pour gagner le centre-ville

➢ ***En bus :*** liaisons ttes les 30 mn à 1h, 24h/24, avec les bus *executivo* qui partent et arrivent devant le terminal. Env 23,70 Rls. Moitié moins chers mais plus lents, les bus *convencional* partent et arrivent à 200 m du terminal (traverser le parking), ttes les 15-20 mn, 24h/24. Env 10,70 Rls. Ts les bus passent par Pampulha et, en ville, s'arrêtent à la gare routière. Ceux qui ne souhaitent pas s'arrêter à Belo Horizonte pourront donc embrayer directement sur un bus pour Ouro Preto, Diamantina...

➢ **En taxi :** devant le terminal. Compter 110-120 Rls pour le centre-ville.

Adresses et info utiles

Infos touristiques

Office de tourisme (plan B2) **:** *av. Afonso Pena, 1055, mercado das Flores (Parque municipal). ☎ 3689-2557. • belohorizonte.mg.gov.br • Lun-ven 9h-18h, w-e et j. fériés 8h-15h. Autre point d'info à la rodoviária (plan B1). Tlj 8h-18h (17h w-e et j. fériés).* Dans les 2, très bon guide sur la ville (avec horaires des bus et vols), guide de l'État, plan du centre, etc. Également divers kiosques d'infos disséminés dans la ville (comme au marché central).
– Infos culturelles sur la ville en consultant le site : *• guiabh.com.br •* Enfin, un site complet sur l'État du Minas : *• descubraminas.com.br •*

Poste, télécommunications

✉ **Poste :** *av. Afonso Pena, 1270 (plan B2). Lun-sam 8h-18h (12h sam). Autre bureau de poste à la gare routière (plan B1) ; lun-ven jusqu'à 19h.*
@ **Wifi gratuit** sur toutes les places et dans les parcs du centre-ville.

Argent, change

■ **Banco do Brasil** (plan B2, **2**) **:** *rua Rio de Janeiro, 750 (entre la rua dos Tamoios et la rua dos Tupis), 4ᵉ étage. ☎ 3217-3000. Lun-ven 10h-16h.* Distributeur accessible 6h-22h. Cartes *Visa* et *MasterCard*, dollars, euros et chèques de voyage acceptés. Pour le change, venir avant 15h. Nombreuses autres banques (avec distributeurs) dans le centre.

■ **American Express :** *rua Paraíba, 626 (Savassi). ☎ 3261-3102. Lun-ven 9h-15h.*
■ Également dans le centre, rua da Bahia *(plan B2)*, une agence **HSBC** et, juste en face, la **Bradesco.** Change aux heures d'ouverture et distributeurs accessibles 24h/24.

Représentations diplomatiques

■ **Consul honoraire de France** (hors plan par B2) **:** *av. do Contorno, 5417 (Cruzeiro), 2ᵉ étage. ☎ 4501-3649. • consulat.belohorizonte@yahoo.fr • Lun-ven 9h-11h ; rens par tél jusqu'à 17h.*
■ **Consul honoraire de Belgique :** *av. dos Andradas, 1093. ☎ 3048-6307. • maria.motta@arcelormittal.com.br • Lun, mer et ven 9h30-11h30.*
■ **Consul honoraire de Suisse :** *rua Paraíba, 476 (Funcionários), sala 1002. ☎ 3261-7732. • belohorizonte@honorarvertretung.ch • Slt mar et jeu 9h-12h.*
■ **Consul honoraire du Canada :** *rua da Paisagem, 220 (Vila da Serra), 3ᵉ étage. ☎ 3047-1225. • consul.belo@canada.org.br • Lun-jeu 13h-17h.*

Urgences

■ **Pharmacies ouvertes 24h/24 :** ***Araújo,*** *praça Rio Branco (plan B1 ; rua Curitiba, 327) ou rua da Bahia, 1070 (plan B2). Dans le centre.*
✚ **Hospital João XXIII :** *av. Alfredo Balena, 400 (Santa Efigênia). ☎ 3239-9200.*

Où dormir ?

De bon marché à prix moyens (moins de 130-200 Rls / env 33-50 €)

⌂ **Samba Rooms Hostel** (hors plan par B2, **10**) **:** *av. Bias Fortes, 368 ; Lourdes. ☎ 3267-0740. • sambaroomshostel.com.br • Nuitée env 40-45 Rls/pers (draps fournis) ; doubles env 120-150 Rls.* Wifi. À 300 m de la praça da Liberdade. Coup de cœur pour cette AJ colorée, spacieuse, nickel et hyper confortable !

Une demeure coloniale arborant une façade à colonnades jaune pétant, qui détonne dans ce quartier hérissé d'immeubles modernes. À l'intérieur, de grands dortoirs bien aérés, égayés de murs aux couleurs vives, 2 mixtes et un féminin. Sanitaires en commun impeccables (bonne douche) et en nombre suffisant. Également un dortoir et 2 chambres privatifs pour 2 à 4 personnes, agréables et bien tenus. Bon petit déj-buffet inclus dans le prix. Pas mal d'espaces communs aussi, notamment une jolie cour intérieure. Personnel à l'image des lieux, relax et très accueillant. Bref, de quoi passer un bon séjour.

Lá em Casa Hostel *(hors plan par B2,* ***11****) : rua Eurita, 30 ; Santa Teresa. ☎ 3655-9566. • laemcasahostel.com • Nuitée env 40-48 Rls/pers ; doubles 120-140 Rls. Réduc avec la carte HI. Parking gratuit.* Certes, un peu excentré, mais dans un quartier « bohème » agréable, à seulement 1 mn à pied à l'est du centre et de Savassi. Une auberge de jeunesse établie dans une grande maison moderne et lumineuse. Dortoirs de 7-8 lits mixtes corrects, avec ventilo, casiers et sanitaires communs. Quelques chambres doubles privatives à la déco épurée, propres et confortables. Salon commun agréable avec coin bibliothèque, espace TV, cuisine et machine à laver à dispo. En prime, une agréable cour intérieure, arborée, avec hamacs, tables et chaises pour buller ou faire connaissance. Accueil sympa et plein de bons conseils.

Laranja Mecânica Hostel e Pousada *(hors plan par A2,* ***12****) : rua Rodrigues Caldas, 703 ; Santo Agostinho. ☎ 3291-0192. • laranjamecanicahostelpousada.com • Nuitée env 40 Rls/pers ; doubles env 120-160 Rls selon confort. Draps et petit déj inclus.* Là encore, un peu à l'écart du centre mais dans un quartier tranquille. Maison à l'ambiance familiale avec 2 dortoirs séparés (8 lits), 2 autres (4-6 lits) avec salles de bains et 2 chambres privatives. Cuisine à dispo et petite salle commune. Déco inspirée du film *Orange mécanique* de Kubrick, vous l'aurez compris ! Plutôt sympa dans le genre, et ensemble bien tenu.

Prix moyens (moins de 200 Rls / env 50 €)

Hotel São Bento *(plan A2,* ***13****) : rua Guarani, 438. ☎ 3271-3399. • hotelsaobento.com.br • Doubles env 155-190 Rls selon confort.* La façade ne paie pas de mine mais cet hôtel est tenu avec sérieux. Différents types de chambres, toutes impeccables, couvrant une large palette de niveaux de confort : du ventilo à l'AC, avec ou sans TV et frigo-bar. Petit déj copieux, accueil jovial et chaleureux. Un bon rapport qualité-prix.

Où manger ? Où boire un verre ?

Les restaurants et bars ne manquent pas à Belo Horizonte, notamment dans le secteur à l'angle des ruas de Bahia et dos Guajajaras *(plan B2)*, ou encore dans la zone très animée autour de la ***praça da Savassi*** *(hors plan par A-B2 ; bus indiquant « Savassi » depuis l'av. Alfonso Pena ou la praça Sete)*. C'est là qu'étudiants, « bobos », fêtards comme employés à la sortie des bureaux se retrouvent autour d'un verre (voire plusieurs !). Nombreuses enseignes franchisées de *world food* – du sushi au hamburger –, bistrots déployant leurs terrasses sur les artères piétonnes et quelques bars de nuit.

De bon marché à prix moyens (moins de 40-60 Rls / env 10-15 €)

Mercado central *(plan A2,* ***21****) : av. Augusto de Lima, 744 ; accès notamment à l'angle de Curitiba. Tlj 7h-18h (13h dim).* Immense marché populaire. Ici, la spécialité, ce sont les viandes au poids cuisinées à feu vif. Immense marché qui mérite la visite pour découvrir toute la variété de produits régionaux. On trouve aux quatre coins des halles des gargotes plus ou moins modestes (certaines disposent de tables et de chaises), où les passants s'accoudent au comptoir le temps d'avaler une assiette de poulet ou de bœuf grillé... À faire glisser comme il se doit avec une bière locale.

La Greppia (plan B2, **22**) : *rua da Bahia, 1196.* ☎ *3273-2055. Tlj 11h-15h, 19h-6h du mat (!).* Malgré la vaste salle, il n'est pas rare de devoir patienter un peu avant de dénicher une table. La recette d'un tel succès : un buffet basique de pâtes à volonté, à enrichir – ou pas, selon son budget – d'une kyrielle de viandes facturées au poids. Idéal pour les fauchés, la formule a d'ailleurs les faveurs de la communauté étudiante...

Café Cultura (plan B2, **23**) : *rua da Bahia, 1416.* ☎ *3653-5992. Tlj 11h-14h, 18h-1h.* Niché dans une ancienne bâtisse historique qui ne manque pas de cachet, ce minuscule bar, plutôt rock, rassemble sur le trottoir dès 18h une clientèle aussi éclectique que décontractée. Fait aussi resto (jusqu'à 22h), avec tout un bon choix de plats roboratifs. Musique live en fin de semaine et ambiance très conviviale. Un bon plan dans le quartier.

Sindicato do Chopp (plan B2, **24**) : *rua da Bahia, 1166.* ☎ *3223-0567. Tlj 17h (12h w-e)-2h.* Ce syndicat-là fait le plein d'adhésions dans tout le Brésil ! Sa politique : de la bière, rien que de la bière, en chope comme en carafe, et des plats de snacks pour éponger. Ici, les tables en plastoc squattent le trottoir, mêlées à celles de la pizzeria voisine. De fait, même si la salle est un peu tristounette, l'ambiance y est souvent animée le soir.

Baiana do Acaraje (hors plan par A-B2, **25**) : *rua Antônio de Albuquerque, 440 (Savassi).* ☎ *3223-3635. À 50 m de la place. Lun-mar à partir de 18h, mer-dim 12h-0h30.* « Un peu de Bahia au cœur de Savassi », proclame l'enseigne, et cela prend la forme d'une immense terrasse posée à même la rue, où prolonger l'apéro jusque tard dans la nuit. Ambiance décontract', ne manque que le sable... Petite annexe dans cette même rue piétonne, où d'autres restos-bars alignent leurs terrasses, souvent très animées en fin de journée.

Achats

Feira da Afonso Pena (plan B2) : *av. Afonso Pena, 1500 ; entre la rua da Bahia et l'av. Carandaí (Centro). Dim 6h-15h.* Impressionnante foire regroupant plus de 2 000 artisans. Exposition et vente de produits artisanaux : cuir, céramique, bois, bijoux, textiles... Un des marchés artisanaux les plus prisés du pays, étalé sur plus de 1 km. Sympa aussi de déguster un *salgado* et de boire son *caldo de cana* dans un des nombreux kiosques.

On retrouve ces différents objets dans la boutique chic du **Centro de Artesanato mineiro** (hors plan par B2), installée dans le *paláclo das Artes* : *av. Afonso Pena, 1537.* ☎ *3272-9513. Lun-sam 9h-19h45 (13h45 sam), dim 8h-12h45.* Prix un peu plus élevés, mais bonne qualité.

À voir

Au détour des grandes avenues s'élèvent quelques beaux bâtiments datant du début du XXe s et des églises à la façade colorée. Pour échapper au tumulte de la ville, il suffit de se balader dans le parc municipal, en plein centre, ou de s'échapper autour du lac de Pampulha, immense parc de verdure dédié à l'œuvre de l'architecte Niemeyer.

Parque municipal (plan B2) : *av. Afonso Pena, 1377. À gauche de l'av. en venant de la rodoviária. Tlj sf lun 6h-18h.* Petit poumon vert aux arbres touffus, le parc est un lieu de promenade agréable, au cœur du centre-ville. Il est bordé par une énième œuvre de Niemeyer, le ***palácio das Artes*** *(lun-sam 10h-20h, dim*

14h-20h ; • palaciodasartes.com.br •), qui abrite un vaste centre culturel avec expos, salle de théâtre, concerts, etc.

Autre petit coin de verdure, la ***praça da Liberdade*** *(hors plan par B2),* agrémentée de fontaines. C'est le rendez-vous en fin de journée des joggeurs et adeptes de la marche sportive, tournant tous dans le même sens... un vrai manège ! Plusieurs bâtiments remarquables autour de la place, datant du XIXe s, notamment le ***Palácio da Liberdade,*** ancien siège des gouverneurs du Minas *(visites gratuites w-e 10h-16h).* Certains ont été reconvertis en importants centres culturels, gratuits.

Le ***Memorial Minas Garais - Vale,*** toujours praça da Liberdade, à l'angle de la rua Gonçalves Dias, est un projet conçu pour rendre hommage à six grands noms originaires du Minas, entre autres le musicien Milton Nascimento et le photographe Sebastião Salgado. Deux des trois salles sont consacrées aux artistes contemporains de la région. *Tlj sf lun 10h-17h30 (21h30 ven, 15h30 dim).* Également d'intéressantes expos temporaires et un théâtre dans le ***Centro Cultural Banco do Brasil*** *(tlj sf mar 9h-21h ; GRATUIT),* ainsi que le *palácio dos Despachos*, qui abrite aujourd'hui la ***Casa Fiat de Cultura*** *(mar-ven 10h-21h, w-e à partir de 14h ; • casafiat.com.br •).*

Igreja São Francisco de Assis *(hors plan par A1) : av. Otacílio Negrão de Lima, 3000. ☎ 3427-1644. Au bord du lac de* ***Pampulha,*** *à env 10 km du centre. Bus no 2004 depuis le Parque municipal. Mar-sam 9h-17h, dim 11h-14h. Accès : 2 Rls.* Conçue par Niemeyer dans les années 1940, cette petite église moderne qui semble couverte de carreaux de piscine fut controversée lors de son inauguration. Elle est aujourd'hui une référence dans le milieu de l'architecture, mais les néophytes risquent de la trouver bien modeste. Façade de verre, peintures murales de Portinari et clocher séparé de l'église.

DIEU AIME LE TRAVAIL MANUEL

Lorsqu'on la regarde en tournant le dos au lac de Pampulha, la façade de l'église São Francisco de Assis, conçue par Oscar Niemeyer, prend la forme d'une faucille et d'un marteau. C'est que l'architecte a toujours été militant communiste. On lui doit d'ailleurs le siège du Parti communiste français, place du Colonel-Fabien, à Paris.

- Dans le même secteur, autour du ***lac artificiel de Pampulha*** *(hors plan par A1),* d'autres constructions de Niemeyer. L'ancien casino inspiré du style de Le Corbusier (maintenant ***Museu de Arte da Pampulha*** – *MAP*) est dédié aux expositions temporaires d'art contemporain *(tlj sf lun 9h-18h ; bus nos 2215 A, B et C depuis la rua Paraná, entre Tamóios et Carijós ; plan A-B2).* La ***Casa do Baile,*** minuscule salle de bal ronde reconnaissable à sa galerie serpentine, accueille aussi des expos *(tlj sf lun 9h-18h ; bus no 5401 depuis la rua São Paulo, entre Amazonas et Carijós ; plan B2).*

DANS LES ENVIRONS DE BELO HORIZONTE

Instituto Inhotim : *à* ***Brumadinho,*** *à env 50 km à l'ouest de Belo Horizonte par la BR 381 ; sortie no 501 direction Mário Campos. ☎ 3571-9700. • inhotim.org.br • Liaisons en bus mar-dim 8h-17h avec la Cie Saritur (env 25 Rls). Tlj sf lun 9h30-16h30 (17h30 w-e). Entrée : 25 Rls mar et jeu, 40 Rls ven, w-e et j. fériés ; gratuit moins de 5 ans et mer pour ts (sf j. fériés).* Le plus grand centre d'art contemporain à ciel ouvert du monde ! Au cœur d'un magnifique jardin botanique de 100 ha conçu par le paysagiste Roberto Burle Marx, qui y a fait planter près de 1 400 variétés de palmiers et 1 000 espèces d'orchidées, et dessiné des collines, des lacs artificiels, etc. Des sentiers balisés permettent de sillonner le parc à la découverte des œuvres monumentales d'une centaine d'artistes de 30 nationalités différentes, notamment Kusama, Matthew Barney, Chris Burden, McCarthy ou Miguel Rio Branco. Elles sont présentées à l'extérieur, dans une nature exubérante, ou dans une des 22 galeries disséminées dans le parc. Les passionnés pourront passer facilement la journée à explorer le site. Possibilité de transport en voiture électrique (compter 20 Rls en supplément). Sur place, plusieurs snacks et restaurants, une boutique de souvenirs et une autre de plantes exotiques. En prime, sachez qu'une des œuvres en plein air n'est autre qu'une piscine (en forme de livre ouvert) accessible aux visiteurs... Pensez à prendre un maillot et une serviette ! Enfin, d'août à octobre, des animations gratuites (danse, musique, théâtre) ont lieu chaque dimanche.

Sabará : *à 27 km à l'est. Bus nos 4988 et 4992, env ttes les 20 mn, depuis la rua Caeté (plan B1, **1**). En voiture, quitter la ville par la BR 381 puis prendre à droite la MG 05 (fléché).* Petit *office de tourisme* à l'entrée de la ville, où l'on distribue un plan bien fait avec les différents monuments *(ouv généralement 8h-12h, 13h-17h ; prévoir env 2 Rls pour chaque église).*
Ville coloniale n'ayant jamais fait partie du circuit touristique classique du Minas Gerais, Sabará a conservé son âme et présente le visage paisible d'une bourgade rurale pittoresque, dotée de jolies ruelles pavées et placettes ourlées de troquets populaires. Trois églises étonnantes y méritent aussi le détour. ***N. S. do Carmo*** (1763) est connue pour ses magnifiques statues sculptées par l'Aleijadinho. ***N. S. da Conceição,*** bel exemple d'architecture baroque, fut achevée vers 1710 pour le compte des jésuites. Elle penche sous le poids des ans et de son exubérant décor de bois sculpté qui serait recouvert de 400 kg d'or ! Enfin, ***N. S. do Ó*** (1720), située de l'autre côté de la rivière, est une adorable chapelle entièrement tapissée de peintures sur bois, dont quelques curieux panneaux aux motifs asiatiques inspirés par l'ex-colonie portugaise de Macao.
À voir également, le petit mais riche ***museu do Ouro – Casa de Borba Gato*** *(rua da Intendência, derrière N. S. do Carmo ; mar-ven 10h-17h, w-e 12h-17h ; 1 Rl),* aménagé dans la belle demeure de l'ancien intendant des mines, bâtie en 1730. Soigneusement restaurées, ses nombreuses salles, ornées pour certaines de plafonds peints, sont meublées comme autrefois et abritent toutes sortes d'objets historiques (coffres blindés pour le transport de l'or, outils liés à l'activité minière, argenterie, art sacré...).

Basílica do Senhor Bom Jesus de Matosinhos : *à* **Congonhas.** *Infos : ☎ (031) 3731-3133. Mar-dim 7h-18h ; église fermée lun, mais site (parvis, etc.) accessible. GRATUIT.*
➢ Située à env 80 km de Belo Horizonte (1h-1h30 de trajet) et 70 km d'Ouro Preto, au bord de la BR 40, cela peut constituer une simple étape sur la route. En bus, pas de liaison directe avec Ouro Preto mais liaisons régulières avec BH (env 14 bus/j., 7h-21h30). Depuis la *rodiviária* de Congonhas, bus ttes les 30 mn (indiqués « Basílica »).
Postée au sommet d'une colline, elle fut érigée en 1758, et l'Aleijadinho acheva sa décoration extérieure de 1795 à 1805. Étroite, elle est ornée de splendides peintures (photos interdites), mais son intérêt véritable réside dans le travail du sculpteur, qui y investit ses dernières forces avec une passion dévorante.
Sur l'*adro,* le parvis de l'église dominant la vallée, l'Aleijadinho a exécuté 12 statues en pierre à savon, représentant les prophètes qui annoncent la venue du Christ. Le travail de l'artiste est prodigieux, notamment dans le modelé des chevelures et le détail des vêtements. Un peu plus bas se succèdent six chapelles symbolisant les six étapes, ou *passos,* de la passion du Christ. Elles abritent des sculptures en bois exécutées en partie par le maître Ataíde et l'Aleijadinho. Elles sont fermées mais l'intérieur est visible à travers les vastes portes à croisées *(tlj 7h-18h).*

Les souffrances endurées par l'Aleijadinho (lépreux et privé de ses doigts à la fin de sa vie) pour la réalisation des sculptures extérieures et intérieures sont perceptibles dans le rayonnement tragique des visages et des attitudes. Son style s'est ostensiblement éloigné du baroque pour tendre vers l'expressionnisme. On remarque notamment les traits disproportionnés, grotesques, des soldats sculptés des *passos,* chacune des postures est une critique sournoise des colonialistes.
Le « Petit Estropié » ne sculpta plus après ce dernier message. Il mourut 10 ans plus tard, aveugle et paralysé, après avoir donné à l'Amérique latine une de ses œuvres les plus grandioses.
Visiter enfin la *salle des miracles,* qui contient les centaines d'ex-voto déposés chaque année à l'occasion du pèlerinage, l'un des plus importants du Brésil (la 2e semaine de septembre). Il s'agit principalement de photos, désormais au format carte d'identité, faute de place...

OURO PRETO

73 350 hab. IND. TÉL. : 31

• Plan *p. 227*

Située à une centaine de kilomètres au sud-est de Belo Horizonte, cette ville délicieuse et très escarpée, nichée dans un paysage de montagnes et de vallons, est un véritable joyau baroque, classé tout entier Monument historique et Patrimoine culturel par l'Unesco dès 1980.
Hormis un hôtel moderne conçu par Niemeyer, on remonte dans le temps, 3 siècles en arrière : rues en pente aux pavés ronds et polis, qui grimpent et descendent au gré des collines, églises aux frontons sculptés, maisons coloniales aux façades blanches et encadrements de fenêtres colorés, portails de pierre, balcons de fer forgé et toits de tuiles rouges tombant en cascade... On vous conseille vraiment d'y passer au moins 2 nuits pour profiter de la beauté des lieux, aussi bien le jour que la nuit, lorsque les faibles lumières projettent des ombres mystérieuses, et que toute la ville apparaît fascinante, dévoilant son caractère et son charme colonial... Et loin d'être une ville-musée, Ouro Preto est une cité culturelle très vivante et étudiante (son université est reconnue dans la région).

UN PEU D'HISTOIRE

Une ville au cœur d'or

Ouro Preto fut fondée vers la fin du XVIIe s par les ***bandeirantes*** (les pionniers) qui découvrirent dans ses environs, en 1693, le premier filon d'or tant espéré par la puissance coloniale. Pour fêter l'événement, toutes les cloches du Portugal se mirent à sonner... Le précieux métal – 1 200 t ! – affleurait partout, dans les rivières ou sur les flancs des montagnes. Durant un siècle, Ouro Preto prospéra, compta jusqu'à 100 000 habitants, formant une enclave réservée aux riches colons portugais soumis à la loi royale – le roi délivrait les permis de séjour, sans lequel il

NOIR, C'EST NOIR...

La caractéristique de l'or découvert à Ouro Preto résidait dans la pellicule noire d'oxyde de fer qui entourait les pépites et qui lui donna son nom : ouro preto (« or noir »). Rien à voir avec le pétrole...

était impossible de vivre et de travailler dans le secteur. Des bâtisseurs et des artistes du Portugal s'y installèrent, assurant l'essor de la cité. Elle se couvrit alors d'églises à la décoration baroque et rococo, de riches demeures seigneuriales, de fontaines ornementales, etc. Un grand de l'histoire artistique du pays, Antônio Francisco Lisboa dit l'***Aleijadinho*** (1730-1814) y déploya tout son génie (voir la rubrique « Personnages » en fin de guide).
Sous le nom de ***Vila Rica*** (« ville riche »), Ouro Preto devint en 1720 la capitale de l'État de Minas. Les diamants de Diamantina y étaient momentanément entreposés, puis acheminés jusqu'aux ports de Rio et de Paraty, par le ***camino real*** (chemin royal), dans des convois gardés par des escortes de soldats. L'or et les diamants étaient transportés ensuite par la mer vers Lisbonne, l'« Eldorado » brésilien assurant la richesse du Portugal.
Cependant, cette ruée vers l'or ne dura qu'un temps. En à peine un siècle, les filons furent épuisés. Puis, dès la fin du XIXe s, le sacre de Belo Horizonte comme nouvelle capitale du Minas Gerais acheva de pousser Ouro Preto vers le déclin.

Berceau de l'indépendance du Brésil

Ouro Preto fut le théâtre de la première ***lutte pour l'indépendance du Brésil.*** Pour protester contre les impôts trop lourds et l'arrogance du pouvoir colonial portugais, le ***Movimento dos inconfidêntes*** (Mouvement des infidèles) se créa en 1788-1789. Surtout composé d'intellectuels et d'officiers, il organisa des réunions et débats clandestins qui connurent de plus en plus de succès. La révolte populaire grondait, mais la conjuration, la ***Inconfidência,*** fut découverte et démantelée avant que l'insurrection n'éclate. Son chef, ***Tiradentes,*** fut pendu le 10 mai 1789 à Rio, puis écartelé, et les fragments de son corps dispersés à Ouro Preto... Il reste pour les Brésiliens le symbole du premier cri pour la liberté et l'indépendance du pays.

Chico Rei

Plusieurs endroits portent son nom. Selon la légende, au début du XVIIIe s, le roi africain ***Chico Rei*** fut enlevé, avec toute sa famille, afin d'être vendu comme esclave au Brésil. Sa femme et certains de ses enfants périrent pendant la traversée. Chico Rei fut emmené avec son dernier fils dans les mines d'Ouro Preto, comme travailleur de force. Le maître de la mine devint son ami, et Chico Rei la reçut en héritage à la mort de son propriétaire. Il y trouva de l'or. Tant d'or qu'il racheta sa liberté, celle de son fils et de tout son clan... Depuis, Chico Rei est un mythe, à Ouro Preto et au-delà.

Arriver – Quitter

En bus

Rodoviária *(gare routière ; plan A1) : rua Padre Rolim, 661. ☎ 3559-3252. Minuscule, elle est située à 10 mn à pied du centre (à l'arrivée, ça descend).* Minibus pour la praça Tiradentes.
Liaisons avec :
➢ ***Mariana :*** attention, l'arrêt se trouve rua Barão de Camargos, proche de la praça Tiradentes *(plan B2,* ***2****).* Départs ttes les 30 mn 5h30-23h30. Trajet : 20-30 mn.
➢ ***Congonhas :*** pas de bus direct. De Ouro Preto, rejoindre Ouro Branco (3 bus/j., à 7h130 13h30 et 17h30) avec *Vale de Ouro (☎ 3551-2898).* De là, 7 bus/j., 6h-18h30, pour Congonhas avec *Comércio (☎ 3731-1386).* Connexion pour ***Tiradentes.***
➢ ***Belo Horizonte :*** avec *Pássaro Verde* ou *Itaperimim,* env 1 bus/h 6h-21h, dans les 2 sens (plus tard le dim, jusqu'à 23h depuis BH). Connexions également vers ***Brasília.***
➢ ***Rio :*** avec *Útil (☎ 0800-886-1000).* 1 bus tlj sf sam, à 10h, plus 1 bus de nuit tlj vers 22h. Trajet : env 7h.
➢ ***São Paulo :*** avec *Útil.* 2 bus/j., à 19h et 22h. Trajet : env 12h. Le bus passe par São João del Rei (liaison ttes les heures avec ***Tiradentes***).
➢ Avec *Útil (● util.com.br ●),* connexions via Rio pour ***Angra dos Reis*** (Ilha Grande) et ***Petrópolis.***

En train

➢ Liaisons avec **Mariana,** à bord du train touristique *Maria Fumaça*. Voir plus loin la rubrique « À faire ».

Adresses et infos utiles

Sachez qu'à Ouro Preto les rues ont parfois plusieurs noms.

Secretaria municipal de turismo *(plan B2)* **:** *praça Tiradentes, 41. ☎ 3551-3637. • ouropreto.org.br • Tlj 8h30-17h.* Petit comptoir où se procurer un plan de la ville. Au rez-de-chaussée, élégant café-centre culturel (expos temporaires gratuites), lire plus loin « Où manger ? ».

✉ **Poste** *(plan A2)* **:** *rua Conde de Bobadela (ou Direita), 180. Lun-ven 8h30-17h, sam 9h-12h.*

@ **Cybercafé Xerox** *(plan A2)* **:** *rua Parana, 100. Lun-sam 9h-minuit.*

■ **Argent, change :** *les banques sont ttes regroupées rua São José, notamment la* **Banco do Brasil** *(plan A2,* **3***), au nº 189 (mar-ven 10h-16h), mais aussi* **Itaú, Santander, HSBC.** Change aux heures d'ouverture et distributeurs automatiques accessibles 6h-22h, voire 24h/24.

■ **Bradesco** *(plan B2,* **4***)* **:** *praça Tiradentes, 32. ☎ 3551-2411.* Distributeur automatique (*Visa* et *MasterCard*).

■ **Farmacia Tiradentes** *(plan B2,* **5***)* **:** *rua Cláudio Manoel (ou Ouvidor), 51. Tlj.* D'autres pharmacies dans le centre, notamment rua São José.

✚ **Hospital Santa Casa de Misericórdia** *(hors plan par B3)* **:** *rua José Moringa (quartier Bauxita, proche de l'entrée du parc d'Itacolomi). ☎ 3551-1133.*

■ **Police civile :** *☎ 3551-3222 ou ☎ 190 (police militaire, 24h/24).*

■ **Lavanderia Nascente** *(plan A3,* **6***)* **:** *rua dos Inconfidêntes, 5. Presque face à la gare. Lun-sam 8h30-17h (12h sam).*

LE SUD-EST

Où dormir ?

Bon marché (moins de 130 Rls / env 33 €)

Freedom Hostel – Arte, Cama e Café *(plan B2,* **10***)* **:** *praça Antonio Dias, 14. ☎ 3552-3328. • freedomouropreto@gmail.com • Lits en dortoir env 40-45 Rls ; membre du réseau HI.* Pas mal de cachet pour cette petite AJ installée dans une maison du XVIIe s, presque en face de l'église N. S. da Conceção. Seulement des dortoirs, mixtes ou séparés, pas bien grands mais propres, certains avec une fenêtre donnant sur la ville. On profite d'ailleurs du panorama depuis la chouette terrasse avec barbecue, bien agréable à l'heure de l'apéro au coucher du soleil. De fait, les proprios sont extrêmement chaleureux ; on est accueilli ici comme à la maison !

Rock In Hostel *(plan B2,* **11***)* **:** *rua Brigadeiro Musqueira, 14. ☎ 3351-3165. • rockinhostelouropreto.com.br • Nuit en dortoir env 50 Rls/pers ; double env 140 Rls ; bon petit déj inclus.* À deux pas de la place Tiradentes, une petite auberge ouverte en 2014, installée dans un *casarão* du XIXe s. Seulement 3 dortoirs (4-6 lits) avec salle de bains commune ou privée et 2 chambres doubles avec sanitaires à partager. Déco personnalisée sur le thème du rock, avec toutes les grandes figures (Elvis, Hendrix, les Beatles, Mick Jagger, Jim Morrison...). Jolie vue sur la ville, ensemble lumineux et agréable. Cuisine commune, salon-TV *(Netflix)*, livres, jeux et vinyles à dispo. Une adresse très relax.

Bruma's Hostel *(plan B2,* **12***)* **:** *rua Antônio Pereira, 43. ☎ 3551-2944. • brumashostel.com.br • Lit en dortoir env 48 Rls ; double avec sdb privée 160 Rls ; réduc avec la carte HI ; petit déj inclus (servi 7h30-9h).* Stratégiquement situé, à deux pas de la place principale, juste derrière le *Museu da*

Inconfidência. Grande maison sur 2 niveaux avec dortoirs et chambres privatives. Pas le grand charme (aménagement rustique et ensemble assez sombre), mais les dortoirs peuvent faire l'affaire entre amis. On profite ainsi de sa situation centrale pour explorer la ville ou sortir le soir.

Prix moyens (130-200 Rls / env 33-50 €)

Pousada Nello Nuno *(plan B1-2,* ***13****) : rua Camilo de Brito, 59. ☎ 3551-3375. • pousadanellonuno.com.br • Doubles env 175-200 Rls selon saison. Parking.* Derrière la porte de bois, 2 courettes, puis une volée d'escaliers grimpant jusqu'à une terrasse au calme, surplombant la vieille ville. Du charme, renforcé par la coquetterie des chambres (certes, sans vue), équipées de vieux mobilier en bois, décorées de couvre-lits colorés et d'œuvres de la propriétaire. Ensemble confortable (douches électriques, frigo-bar), certaines chambres étant cependant assez étroites. Petit déj autour d'une grande table commune. Accueil charmant. Une bonne adresse.

Pouso dos Sinos de São Francisco *(plan B2,* ***14****) : rua Costa Senna, 30. ☎ 3551-1138. • pousodossinos.com.br • Doubles env 150-190 Rls selon confort et vue. Parking.* Pas vraiment un hôtel, plutôt un lieu d'atmosphère. Une vieille auberge avec vue directe sur l'église São Francisco de Assis, tenue avec soin par une propriétaire très accueillante. Confort suffisant, avec douches et toilettes sur le palier (sauf pour les 2 chambres les plus chères), chaque sanitaire étant affecté à une chambre. Un petit inconvénient compensé par l'emplacement et le caractère du lieu, avec parquet craquant et décoration style « grand-mère de province ». Notre chambre préférée, la n° 2, très grande, dispose de 4 fenêtres avec vue sur l'église ! La n° 1 jouit d'une très jolie vue également. Un bon rapport qualité-prix-authenticité.

Hospedaria Antiga *(plan B3,* ***15****) : rua Xavier da Veiga, 1. ☎ 3551-2203. • antiga.com.br • Double env 160 Rls. Parking.* Au calme, une grosse maison rustique posée au milieu d'un jardin, en contrebas du centre historique. Chambres à l'ancienne, simples, voire assez rudimentaires, mais assez charmantes avec leur parquet ciré, leurs volets à claies et leur mobilier patiné. Toutes bénéficient d'une petite vue sur la rue ou la vallée. Accueil gentil.

Chic (200-300 Rls / env 50-75 €)

Pouso do Chico Rei *(plan A2,* ***16****) : rua Brigadeiro Musqueira, 90. ☎ 3551-1274. • pousodochicorei.com.br • Selon chambre, doubles*

Adresses utiles

- **2** Bus pour Mariana
- **3** Banco do Brasil
- **4** Bradesco
- **5** Farmacia Tiradentes
- **6** Lavanderia Nascente

Où dormir ?

- **10** Freedom Hostel – Arte, Cama e Café
- **11** Rock In Hostel
- **12** Bruma's Hostel
- **13** Pousada Nello Nuno
- **14** Pouso dos Sinos de São Francisco
- **15** Hospedaria Antiga
- **16** Pouso do Chico Rei
- **17** Pousada Casa Grande
- **18** Grande Hotel de Ouro Preto
- **19** Hotel Solar das Lajes
- **20** Solar do Rosário

Où manger ?

- **30** Café & Cia
- **31** Café Cultural
- **32** Chafariz
- **33** Consola's Bar
- **34** Bené da Flauta
- **35** O Passo
- **36** Casa do Ouvidor
- **41** Chopp Real

Où faire une pause sucrée ?

- **31** Café Cultural
- **37** Chocolates Ouro Preto

Où boire un verre ? Où sortir ?

- **34** Bené da Flauta
- **40** Bar Barroco (Coxinhas) et Satelité
- **41** Chopp Real
- **42** Café Gerães et Escadabaixo
- **43** Degrau's

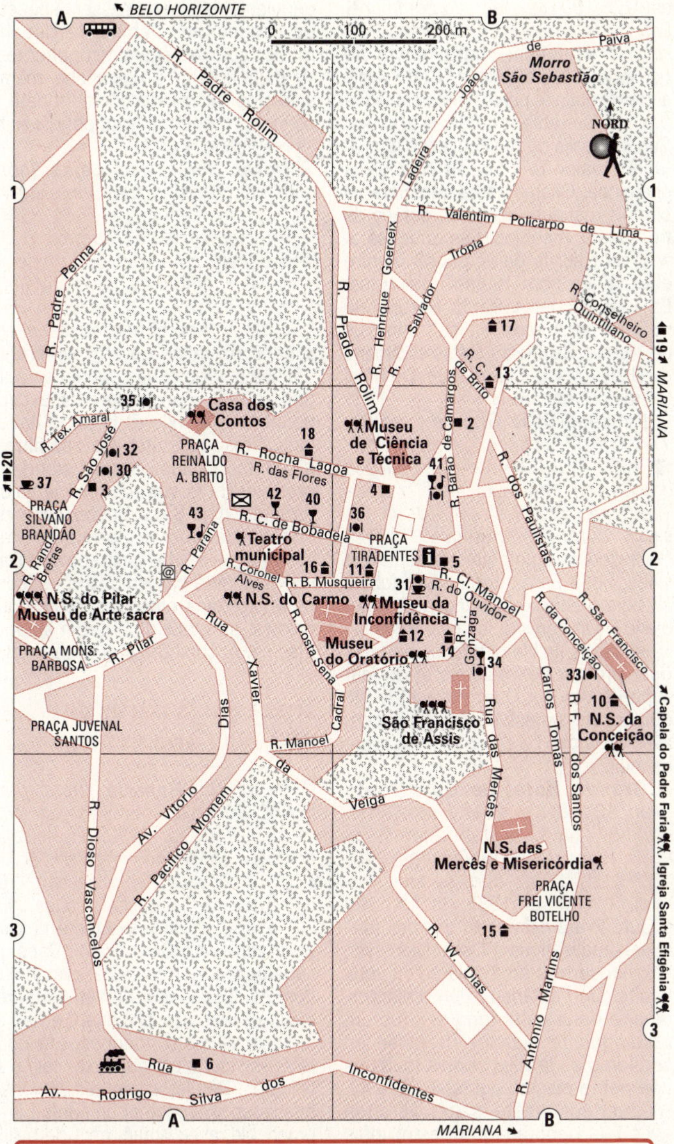
BELO HORIZONTE
0 100 200 m
NORD
Morro São Sebastião
R. Padre Rolim
Ladeira João de Paiva
R. Valentim Policarpo de Lima
R. Prade Rolim
R. Henrique Goerceix
R. Salvador Trópia
R. Conselheiro Quintiliano
R. C. de Brito
R. Barão de Camargos
R. dos Paulistas
R. Padre Penna
R. Tex. Amaral
R. São José
Casa dos Contos
PRAÇA REINALDO A. BRITO
R. Rocha Lagoa
R. das Flores
Museu de Ciência e Técnica
R. C. de Bobadela
PRAÇA TIRADENTES
Teatro municipal
PRAÇA SILVANO BRANDÃO
R. Randolfo Bretas
R. Paraná
R. Coronel Alves
R. B. Musqueira
R. Cl. Manoel
R. do Ouvidor
N.S. do Pilar
Museu de Arte sacra
N.S. do Carmo
Museu da Inconfidência
Museu do Oratório
R. Costa Sena
R. T. Gonzaga
R. da Conceição
R. São Francisco
PRAÇA MONS. BARBOSA
R. Pilar
Rua Xavier
Dias
Cadral
R. Manoel
São Francisco de Assis
Carlos Tomás
R. F. dos Santos
N.S. da Conceição
Capela do Padre Faria, Igreja Santa Efigênia
PRAÇA JUVENAL SANTOS
da Veiga
Rua das Mercês
N.S. das Mercês e Misericórdia
PRAÇA FREI VICENTE BOTELHO
R. Dioso Vasconcelos
Av. Vitorio
R. Pacifico Momem
R. W. Dias
R. Antonio Martins
Rua dos Inconfidentes
Av. Rodrigo Silva
MARIANA
1 2 3 4 5 6 10 11 12 13 14 15 16 17 18 19 20 30 31 32 33 34 35 36 37 40 41 42 43
A B

OURO PRETO

env 175-180 Rls avec sdb commune, 245-290 Rls avec sdb privée. Parking. Attention, chef-d'œuvre de *pousada* et lieu d'histoire ! Cette vieille auberge patinée par le temps est tenue par un aimable couple d'artistes. Superbe salle de petit déj et sa longue tablée, salon TV cosy au coin de la cheminée. Chambres de caractère au confort rustique, certaines dotées de très beaux meubles. Les douches et w-c sont sur le palier pour 3 d'entre elles. Elles sont toutes différentes. La nº 6 accueillit Pablo Neruda, la nº 5 Jorge Amado, la nº 1 Vinícius de Moraes. Jean-Paul Sartre et Simone de Beauvoir y ont aussi logé. Un hôtel littéraire en somme !

Pousada Casa Grande *(plan B1,* ***17****) : rua Conselheiro Quintiliano, 96. ☎ 3551-4314. • hotelpousadacasagrande.com.br • À 200 m de la praça Tiradentes. Doubles env 220-240 Rls selon confort. Parking.* Très belle demeure coloniale dominant la ville : vieux parquets cirés, meubles en bois précieux, jolie façade bleu et blanc... On choisira les chambres les plus chères (faible différence de prix), pour profiter des balcons et de leur superbe vue sur Ouro Preto et le pic d'Itacolomi. Agréable salle de petit déj avec de larges baies vitrées. Excellent accueil.

Grande Hotel de Ouro Preto *(plan A2,* ***18****) : rua das Flores, 164. ☎ 3551-1488. • grandehotelouropreto.com.br • Doubles env 240-320 Rls ; promos hors saison. Parking.* Bâti en 1938, le 1er hôtel d'Ouro Preto est aussi l'une des premières réalisations d'Oscar Niemeyer, et c'est surtout pour cela qu'on vous le cite. De l'extérieur, rien d'extraordinaire dans cette longue structure rectangulaire blanche, perchée en surplomb de la ville, hormis toutefois une petite piscine agréable, rare ici. À l'intérieur, vaste salon véranda avec vue panoramique (resto), puis 2 séries de chambres : les *standard,* très standard justement, qui donnent sur l'arrière, et les suites, plus étonnantes. S'ouvrant sur un balcon avec vue sur la ville, elles s'organisent sur 2 niveaux – salon en bas, chambre à l'étage – reliés par un escalier ondulant, histoire de casser la rigueur de l'ensemble. Cabine de douche tout en courbes également, pour rester dans le ton... En revanche, même si le mobilier fait franchement daté, il n'est pas d'époque, sauf pour la suite « présidentielle ».

Hotel Solar das Lajes *(hors plan par B1,* ***19****) : rua Conseilheiro Quintiliano, 604. ☎ 3551-3388. • hotelsolardaslajes.com.br • Un peu excentré, à env 500 m de la praça Tiradentes. Doubles env 300-380 Rls selon j. et période. Parking.* Accrochée en escaliers à flanc de colline, cette vénérable bâtisse aux boiseries patinées par le temps jouit d'un panorama exceptionnel sur la ville et le pic d'Itacolomi. Presque toutes les chambres, au confort optimal dès les *standard,* profitent de la vue, comme le salon du petit déj. Superbe terrasse de bois suspendue au-dessus du vide et bordée d'une cascadette. Pas mal d'intimité car les chambres sont réparties dans plusieurs petits bungalows, au cœur d'un jardin soigné. Piscine. Accueil pro et très serviable.

Très chic (à partir de 450 Rls / env 112 €)

Solar do Rosário *(hors plan par A2,* ***20****) : rua Getúlio Vargas, 270. ☎ 3551-4200 ou 5200. • hotelsolardorosario.com.br • En face de l'église N. S. do Rosário. Doubles env 450-650 Rls selon j. et saison ; suites 600-900 Rls.* Sans conteste la plus belle adresse d'Ouro Preto ! Dans un superbe *mansion* restauré, avec moult dorures, lustres, parquet en bois précieux et meubles anciens. Le hall et la salle de resto annoncent la couleur : ici, tout n'est que luxe, calme et volupté... Dès les chambres *standard,* beaucoup d'espace et un confort irréprochable, avec notamment de belles salles de bains. Les suites, vraiment très chic (certaines avec jacuzzi et tutti quanti !), raviront les routards en lune de miel. Standing à la hauteur des lieux et accueil au diapason. Une très belle adresse pour séjourner dans un décor chargé d'histoire.

Où manger ?

De bon marché à prix moyens (moins de 40-60 Rls / env 10-15 €)

|●| ***Café & Cia*** *(plan A2, **30**)* **:** *rua São José, 185. ☎ 3551-6706. Tlj sf dim 11h-16h.* Grande brasserie tout en longueur, ouverte sur une baie vitrée donnant sur la rivière. Bonne formule *ao kilo* avec un large choix d'entrées, de plats chauds et des viandes grillées ; desserts et boissons (jus de fruits pressés) en supplément. Un excellent rapport qualité-prix. D'ailleurs le lieu ne désemplit pas.

|●| ***Café Cultural*** *(plan B2, **31**)* **:** *rua Claudio Manoel, à l'angle de la praça Tiradentes. ☎ 3551-1361. Tlj 9h-19h.* Cadre rustique soigné dans ce café installé au rez-de-chaussée du centre culturel. Quelques canapés, tables et fauteuils bien espacés et une déco très cosy. On y vient le midi pour sa formule quiche-salade, pour manger une soupe (celle à l'ail est fameuse) ou un bon sandwich grillé, préparés avec des produits régionaux. On fait descendre le tout avec une bière artisanale, car c'est aussi la spécialité maison : plus d'une centaine au choix ! Pour les becs sucrés, large choix de pâtisseries et autres douceurs chocolatées. À accompagner d'un bon expresso ou d'un jus de fruits frais.

|●| ***Chafariz*** *(plan A2, **32**)* **:** *rua São José, 167. ☎ 3551-2828. Tlj sf lun 11h30-16h. Buffet complet env 50 Rls/pers.* Un « resto-musée » au cadre harmonieux et très soigné : murs colorés, photos d'époque, figures pieuses, bibelots... Décor idéal pour déguster de savoureuses spécialités du Minas, préparées par d'authentiques *mamas* expertes. Repas très copieux sous forme de buffets variés bien appétissants. La maison offre le café et la liqueur pour aider à faire passer le tout ! Service élégant.

|●| ***Consola's Bar*** *(plan B2, **33**)* **:** *rua da Conceição, 18 (Bairro Antônio Dias). ☎ 3551-4175. Ouv le soir tlj sf mar, plus le midi le w-e.* Un bistrot de quartier vieillot où l'on vient volontiers en famille ou en couple, pour profiter des énormes pizzas concoctées dans un vieux four à bois.

|●| On peut également manger pour pas trop cher au ***Chopp Real*** *(plan B2, **41**)*. Lire « Où boire un verre ? Où sortir ? ».

Chic (60-100 Rls / env 15-25 €)

|●| ***Bené da Flauta*** *(plan B2, **34**)* **:** *rua São Francisco de Assis, 32. ☎ 3551-1036. Tlj 12h-23h.* Avec ses 39 fenêtres s'ouvrant sur les rues, les maisons, les toits et les clochers du quartier de l'église São Francisco, cette maison au bord d'une rue en pente a 39 raisons de capter votre attention, surtout le soir quand tout s'illumine... Dans cette vieille demeure de charme tout en bois, on concocte une savoureuse cuisine régionale, servie au rez-de-chaussée ou à l'étage (quelle vue !). Bon accueil. Bien aussi pour y prendre un café ou un verre chic en soirée.

|●| ***O Passo*** *(plan A2, **35**)* **:** *rua São José, 56. ☎ 3352-5089. Juste après le pont. Tlj jusqu'à minuit. En saison, résa conseillée.* Un service chic et une jolie terrasse fermée d'une balustrade en pierre, jetée au-dessus de la rivière face à la *casa dos Contos*. Plusieurs salles, façon taverne ou dans un style plus contemporain. Au menu, des pizzas très honnêtes – une quarantaine au choix, rien que ça ! –, et des *bruschette* charnues pour se mettre en appétit. Bon, l'addition grimpe vite, mais l'ensemble est goûteux, et on y passe un moment agréable. Petits concerts sur la terrasse en fin de semaine.

|●| ***Casa do Ouvidor*** *(plan B2, **36**)* **:** *rua Conde de Bobadela, 42 (à l'étage). ☎ 3551-2141. Tlj 11h-15h, 19h-22h.* Plats traditionnels goûteux (une soixantaine au choix), servis dans un cadre classique et cossu, qui se prête bien à un repas en amoureux. Pour essayer la cuisine bourgeoise à la brésilienne.

Où faire une pause sucrée ?

Chocolates Ouro Preto *(plan A2, **37**) : rua Getúlio Vargas, 66. ☎ 3551-7330. Tlj 9h-19h (20h ven-sam). Petite annexe sur la praça Tiradentes (plan B2).* Une maison familiale connue de longue date pour son chocolat de qualité. Palets ou truffes ? Glacé ou bien chaud ? Chacun y trouvera son petit plaisir, à déguster dans le salon de thé attenant. Également toutes sortes de pâtisseries bien sucrées, et même des petits plats pour les becs salés. Pas donné tout de même.

Voir aussi le **Café Cultural** *(plan B2, **31**)*, décrit dans « Où manger ? ».

Où boire un verre ? Où sortir ?

Le soir, la jeunesse étudiante se retrouve essentiellement dans les bars de la *rua Direita* ou dans le prolongement, *rua Pilar Paraná.*

Bar Barroco *(Coxinhas ; plan A2, **40**) : rua Direita, 106. ☎ 3551-3032. Tlj sf dim jusqu'à minuit min.* Son humilité et sa pauvreté font sa grandeur et sa beauté ! Voici le plus vieux bar de la ville avec son allure bohème et marginale, ses murs fanés couverts d'inscriptions et de signatures, ses tables patinées, ses artistes et ses noctambules. Une fois la nuit tombée, c'est un rendez-vous sans chichis pour boire une bière dans la bonne humeur. La jeunesse occupe ainsi ses nuits à ondoyer entre le *Barroco* et son voisin d'en face, le **Satelité,** une *lanchonete* toute simple, pour grignoter d'honnêtes snacks ou pizzas.

Chopp Real *(plan B2, **41**) : rua Barão de Camargos, 8 ; à l'angle nord-est de la pl. Tiradentes. ☎ 3551-1584. Lun-jeu 14h-minuit, ven-dim 11h-1h.* On s'y pose à l'heure de l'apéro, pour boire un verre en terrasse, bercé de musique *ao vivo* (petits groupes locaux régulièrement). Bonne carte de *petiscos* et autres petits plats pour casser la croûte. Très bon café expresso aussi et bière servie en « girafe ».

Café Gerães *(plan A2, **42**) : rua Conde de Bobadela, 122. ☎ 3551-5097. Tlj jusqu'à minuit.* Petit bar *botequim* tamisé, à la déco assez étudiée. Tomettes, meubles et parquet en acajou, service élégant...

Au sous-sol, **Escadabaixo** *(plan A2, **42**) : rua Conde de Bobadela, 122. ☎ 3551-5097. Tlj 18h-minuit (1h jeu, 2h ven-sam).* Un pub convivial avec près de 70 bières différentes à la carte et des petits concerts de jazz ou pop rock très régulièrement.

Degrau's *(plan A2, **43**) : rua Pilar Paraná, 78. Mer-sam à partir de 20h, dim à partir de 19h30.* Petit local que l'on atteint en descendant quelques marches. Le lieu est fréquenté par la jeunesse étudiante pour son menu proposant plats de pâtes, pizzas et *pasteis* très copieux. Mais la carte des cocktails et autres boissons n'est pas en reste, avec toute une variété de bières et cachaças (goûter celle à la banane, un régal !). Souvent des petits concerts sur la terrasse en plein air, sinon bonne sélection musicale. Ambiance très relax et personnel super accueillant. Un bon spot pour prendre un verre en soirée.

Voir aussi le **Bené da Flauta** *(plan B2, **34**)*, décrit dans « Où manger ? ».

À voir

Ouro Preto peut s'enorgueillir d'un nombre impressionnant d'églises à visiter, toutes plus belles les unes que les autres et chargées d'histoire. Et ce n'est qu'un prélude ! Car ce patrimoine déjà unique en son genre est encore enrichi par de somptueuses demeures seigneuriales abritant quelques musées.
Attention : notez que toutes les églises sont fermées le lundi.

Autour de la praça Tiradentes

L'idéal est d'explorer la ville à pied à partir de la magnifique praça Tiradentes, qui en est le cœur palpitant. Au milieu de la place, un monument dédié à Tiradentes.

> **TRÉSORS CACHÉS**
>
> *Du temps de sa gloire, l'or d'Ouro Preto était exploité, fondu en lingots puis transporté jusqu'au littoral atlantique, à destination du Portugal. Seuls les lingots estampillés par les autorités royales avaient le droit de circuler. L'or en pépites devait rester sur place, aux mains des chercheurs qui souvent le cachaient dans des bouteilles enfouies dans les murs de pierre des maisons. Aujourd'hui encore, lors de chantiers de restauration, les habitants découvrent parfois des bouteilles de verre remplies d'or... certaines pouvant en contenir 25 kg !*

Sur cette place, l'ancien hôtel de ville, transformé en ***Museu da Inconfidência*** *(plan B2) : praça Tradentes, 139. ☎ 3551-1121. Tlj sf lun 10h-18h. Entrée : 10 Rls ; réduc.* Une visite à privilégier avant de partir explorer la ville. Installé dans l'ancien hôtel de ville, très imposant, ce musée présente, dans une quinzaine de salles sur deux étages, des souvenirs de la conjuration (dont un fragment du pilori sur lequel Tiradentes fut supplicié), ainsi que des objets et œuvres d'art en rapport avec l'histoire de la région (mobilier, art sacré...). Une salle présente des sculptures sur bois de l'Aleijadinho, une autre expose les œuvres du peintre Mestre Ataíde. Expos temporaires également.

Museu de Ciência e Técnica *(musée des Sciences et Techniques ; plan B2)* **:** *praça Tiradentes, 20. ☎ 3559-3118. Tlj sf lun 12h-17h. Entrée : 10 Rls ; réduc.* Cette vaste citadelle conçue par Manuel Francisco Lisboa en 1741, ancien palais des gouverneurs, abrite l'école des mines. Elle est aussi connue pour être l'un des plus grands musées de minéralogie au monde. Les amateurs s'enthousiasmeront pour les impressionnantes collections de minéraux et de pierres semi-précieuses présentées en vitrines ou dans une semi-pénombre pour les plus spectaculaires. Plus de 20 000 variétés y sont exposées, de l'or au topaze en passant par une météorite de 47 kg découverte dans la région ! Les néophytes apprécieront les salles consacrées à l'histoire naturelle (fossiles, crâne du premier homme découvert en Amérique du Sud...), la métallurgie, et bien sûr à la mine (belles maquettes, machines-outils...). Il y a même une section de galerie reconstituée ! Pour finir, petite salle interactive où expérimenter toutes sortes de phénomènes physiques : effets visuels, arc électrique, énergie cinétique... Ça donnerait presque envie de se replonger dans ses cours de science ! Bref, un musée éclectique et divertissant.

Igreja Nossa Senhora do Carmo *(plan A-B2)* **:** *rua Brig. Musqueira. Mar-sam 8h30-11h, 13h-16h45 ; dim 10h-15h. Entrée : 3 Rls.* Elle date de 1751, fut dessinée par le père de l'Aleijadinho, puis terminée et modifiée par le « Petit Estropié ». Une affaire de famille en somme... Beau portail en pierre à savon et remarquables sculptures sur bois de la chaire et des balustrades. L'église, de style rococo, se démarque aussi par ses azulejos portugais, rares dans la région, et sa belle sacristie richement décorée. Également d'inquiétantes statues de Jésus-Christ et d'intéressantes peintures au plafond. Datant de 1908, ces dernières ont été exécutées par le peintre italien Angelo Clerici et représentent la Vierge donnant le scapulaire aux carmélites.

Museu do Oratorio *(plan A-B2)* **:** *rua Brig. Musqueira. ☎ 3551-5369. Tlj 9h30-17h30. Entrée : 5 Rls.* Petit musée sur le flanc droit de l'église N. S. do Carmo. Sur trois niveaux d'une vieille demeure restaurée, 300 images pieuses et 163 oratoires, plus ou moins imposants et décorés en fonction du rang social du propriétaire. La plupart datent du Cycle de l'or mais certains modèles sont du XXe s. Quelques curiosités, comme ce modèle incrusté dans une balle de fusil ou cet autre logé dans un œuf d'autruche !

Teatro municipal *(plan A2) : au bout de la rua Brig. Musqueira. ☎ 3559-3224. Visites tlj 12h-17h30 (16h dim). Entrée : 2 Rls.* Érigé dans les années 1770, ce serait le plus vieux théâtre d'Amérique latine toujours en activité, avec ses trois étages de balcons et ses 350 sièges.

Igreja de São Francisco de Assis *(plan B2) : largo de Coimbra, en dessous de la praça Tiradentes. Tlj sf lun 8h30-11h50, 13h30-17h. Entrée : 10 Rls ; réduc. Photos interdites.* La plus belle église de la ville (construite entre 1766 et 1812), elle réunit les talents des deux principaux maîtres de l'époque, l'Aleijadinho et Ataíde. Classé en 2009 parmi les sept merveilles du monde d'origine portugaise, ce trésor de l'art rococo est considéré comme un chef-d'œuvre du « Petit Estropié ». Il en dessina les plans, en suivit la construction et réalisa presque toute la décoration (la façade complète, dont le fameux médaillon de saint François recevant les stigmates, le retable du maître-autel, les chaires, le lavabo de la sacristie). Passé le porche altier entièrement sculpté en pierre à savon, on est aussi frappé par le plafond de la nef, réalisé par le Mestre Ataíde (minutieusement restauré en 1992). Cette peinture baroque aux couleurs chatoyantes représente le triomphe de la Vierge. On découvre aussi un exemple étonnant de tableaux peints sur bois, autour du maître-autel, créant un bel effet de relief.

La placette face à l'église accueillait jadis le marché municipal. S'y concentrent désormais les ***stands d'artisanat en pierre à savon.*** Vaste choix : vaisselle, objets de déco, bijoux...

Au pied de la colline, dans la partie est du centre historique

Igreja Nossa Senhora das Mercês e Misericórdia *(plan B3) : rua das Mercês.* ***Attention :*** *fermé en 2016 pour restauration.* Le point de vue depuis le parvis est sublime : on est face au mystérieux *pico do Itacolomi,* sorte de menhir penché en équilibre au sommet de la montagne qui servait de point de repère pour les chercheurs d'or aux XVIIe et XVIIIe s. Vue aussi sur le quartier populaire Antônio Dias, l'église des esclaves *Santa Efigênia* et l'église *Matriz de Nossa Senhora da Conceição.*

Matriz de Nossa Senhora da Conceição *(plan B2) : praça Antônio Dias, tt en bas dans le prolongement de la rua Ouvidor. Tlj sf lun 8h30-11h50, 13h30-17h.* Encore une somptueuse église, réalisée cette fois par le père de l'Aleijadinho, Manuel Francisco Lisboa, entre 1727 et 1757. La décoration est un exemple parfait de l'art baroque rococo, dans un style ostentatoire, avec des colonnes et des arches surchargées d'anges, d'arabesques et de frises florales. C'est ici que se trouve le tombeau de l'Aleijadinho, inhumé sous son vrai nom Antônio Francisco Lisboa.

Capela do Padre Faria – Nossa Senhora do Rosário dos Brancos *(hors plan par B2) : rua Padre Fara, au pied de la colline de Santa Efigênia, sur le versant opposé au centre-ville. Tlj sf lun 8h30-16h30. Entrée : 5 Rls ; accès également à l'igreja Santa Efigênia.* Édifiée entre 1701 et 1704, elle mérite le détour. Plus vieil édifice religieux de la ville, elle détiendrait également l'autel le plus richement doté. Son chœur présente de belles boiseries. Là aussi, abondance de peintures baroques, dont une œuvre admirable figurant le couronnement de Notre-Dame du Rosaire.

Igreja Santa Efigênia *(hors plan par B2) : rua Santa Efigênia, alto da Cruz. Passer le pont, puis grimper la rue pentue en face. Tlj sf lun 8h30-16h30. Entrée :*

5 Rls ; billet donnant accès à la Capela do Padre Faria. Photos interdites. C'est un peu loin, mais l'effort est superbement récompensé par le point de vue sur les environs. À l'extérieur, la plus ancienne horloge de la ville (1762). À l'intérieur, magnifique plafond peint et remarquables sculptures sur bois. L'autel est signé par le maître de l'Aleijadinho, Francisco Xavier de Brito. On y reconnaît Santa Efigênia, reine de Nubie choisie à l'époque comme patronne de l'église par la communauté noire d'Ouro Preto.

Dans la partie ouest du centre historique

Casa dos Contos *(plan A2)* **:** *rua São José, 12. ☎ 3551-1444. Tlj 10h (14h lun)-17h (15h dim). GRATUIT.*
L'une des plus belles maisons baroques de la province, dotée d'un splendide portail de pierre et hérissée de balcons en fer forgé bien dans l'esprit de la fin du XVIIIe s. Son histoire n'est pas des plus reluisante. Le percepteur de l'époque, Macedo, en difficulté financière, loua sa maison aux troupes chargées de réprimer la révolte connue sous le nom de *Inconfidência Mineira.* C'était en... 1789. Du coup, la maison devint une prison pour les chefs de la « conjuration ». Toujours endetté, Macedo perdit ensuite pour de bon sa demeure, qui fut transformée en fonderie d'or et trésorerie royale (le *conto* est une ancienne monnaie).
Elle abrite dans ses beaux salons un petit musée de la Monnaie et une bibliothèque. Dans ses sous-sols – les anciens quartiers des esclaves –, collection d'outils et d'armes, mais aussi de fers et d'instruments de torture...

VIVENT LES RÉPUBLIQUES !

Utopia, Cruz Vermelha, Casi No... *Les fanions des* Republicas *fleurissent par dizaines aux fenêtres des maisons coloniales d'Ouro Preto. Mais n'y voyez pas un prolongement de la lutte pour l'indépendance. Ces républiques sont en réalité des foyers où logent les étudiants. Une autre forme d'indépendance, finalement !*

Igreja Matriz de Nossa Senhora do Pilar *(plan A2)* **:** *praça Mons. Castilho Barbosa. Tlj sf lun 9h-10h45, 12h-16h45. Ticket combiné avec le musée : 10 Rls ; réduc.* En se laissant guider par les charmantes ruelles pentues, on finit par déboucher sur cette superbe église inaugurée en 1733. Elle surprend dans un premier temps par sa forme curieusement décagonale. Mais elle est surtout célèbre pour ses riches décorations, parmi les plus fastueuses de tout le Brésil. Ses sculptures et ses autels croulant sous les matériaux précieux auraient nécessité plus de 430 kg d'or ! Pour faire bonne mesure, le ***museu de Arte sacra*** veille sur un autre trésor, dans la crypte : crosses, calices et ostensoirs rappellent la richesse de la ville à l'époque.

À faire

➢ **Train Maria Fumaça** *(plan A3)* **:** *il relie Ouro Preto à Mariana. Infos : ☎ 3551-7705.* Un parcours de 18 km à bord d'un vieux train tiré par une locomotive à vapeur. Très touristique, mais agréable. Départ d'Ouro Preto sur la praça Cesário Alvim *(plan A3)* : *ven-sam départs à 10h et 14h30, retours de Mariana à 13h et 16h. Dim, départs à 10h, 13h30 et 16h30 ; retours à 11h30 et 15h. Durée du voyage : 1h. Tarifs : selon confort, env 40-60 Rls aller, 56-80 Rls A/R ; réduc enfants et senior.* ***À noter :*** *passeport obligatoire.* Préférer le premier ou le dernier wagon pour avoir une meilleure vue d'ensemble sur le parcours. Les gares d'Ouro Preto et de Mariana abritent chacune un petit *musée* dédié au train (maquettes et panneaux).

Manifestations

Ouro Preto est une ville historique, mais aussi culturelle et étudiante, réputée pour son école des mines et son université de pharmacie. De nombreuses manifestations sont programmées tout au long de l'année (festivals de cinéma, de la gastronomie, concerts, théâtre, etc.). Le ***carnaval*** et la ***Semaine sainte*** (rues et maisons décorées, processions retraçant la passion du Christ, etc.) en sont les points forts, mais n'hésitez pas à vous renseigner auparavant pour connaître les festivités. Infos sur le site officiel de la ville : ● *ouropreto.org.br* ● et sur ● *carnavalouropreto.com* ●

– ***Festival de Inverno :*** *début juil.* C'est la plus grande fête d'Ouro Preto et certainement du Minas. Nombreux concerts sur la praça Tiradentes et dans toute la ville, avec quelques stars de la musique brésilienne. *Batucadas,* spectacles de rue, théâtre, démonstrations de capoeira... Point d'orgue le 8 juillet, date anniversaire d'Ouro Preto. En parallèle se tient le *fórum das Artes* : pendant un mois, toute la ville s'anime et devient un pôle artistique bouillonnant, très prisé des artistes et de la jeunesse étudiante mineira. Infos sur le site ● *festivaldeinverno.ufop.br* ●

DANS LES ENVIRONS D'OURO PRETO

MARIANA (57 640 hab. ; ind. tél. : 31)

Située à 14 km à l'est d'Ouro Preto (nombreux bus ou train touristique ; voir plus haut « Arriver – Quitter »), cette charmante bourgade coloniale recèle quelques belles demeures et plusieurs églises dignes d'intérêt. C'est dans ce secteur que fut découverte la première pépite d'or, ce qui conduisit tout naturellement les colons à choisir le site pour y fonder la toute première capitale de l'État. Elle est aujourd'hui un peu oubliée et très peu visitée. La petite ville s'anime seulement durant les grandes manifestations de l'année, en particulier la ***Semaine sainte*** (plus de 20 000 personnes se rassemblent à Mariana à cette occasion !) et le ***festival de Inverno*** (en juillet). Il fait pourtant bon flâner dans ses rues tranquilles et autour de la coquette place Gomes Freire. On peut y faire une étape, mais on séjourne rarement à Mariana, ce que démontre la faiblesse de l'offre hôtelière. De fait, Ouro Preto est si proche...

Adresse utile

Infos touristiques : *rua Direita, s/n. ☎ 3558-1062. ● mariana.org.br ● Lun-ven et sam mat.*

■ ***Distributeurs de billets :*** *dans la rua Padre Gonçales Lopes, qui descend de la pl. de la cathédrale.*

À voir

Catedral Basílica da Sé : *praça Cláudio Manoel. ☎ 3557-1216. Tlj sf lun 8h-12h, 13h30-17h. Entrée : 5 Rls ; billet couplé avec le museu Arquidiocesano.* La plus belle et la plus ancienne église de la ville mérite le détour. Érigée entre 1709 et 1760, elle combine les trois grandes périodes du baroque, du portugais au rococo. Riche ornementation avec profusion de dorures, sculptures, peintures, dont quelques œuvres de Francisco Xavier de Brito, le maître de l'Aleijadinho, et de Manuel da Costa Ataíde, natif de la ville. Lustres en cristal de Bohême. Chaque vendredi à 11h30 et le dimanche à 12h15, l'admirable orgue baroque de fabrication allemande revit pour des concerts ouverts à tous *(tarif : 28 Rls).*

Museu Arquidiocesano de Arte sacra : *rua Frei Durão, 49. ☎ 3557-2581. Mar-sam 8h30-12h, 13h30-17h ; dim 8h30-14h. Entrée : 5 Rls ; billet couplé avec la cathédrale.* Situé dans une belle bâtisse de 1770. C'est l'un des plus riches musées d'Art sacré du Minas Gerais : mobilier en or et argent, icônes en bois polychrome des XVIIIe et XIXe s, peintures (Ataíde), sculptures (Aleijadinho), etc.

Igreja São Francisco de Assis : *praça Minas Gerais.* Façade remarquable en pierre à savon, inspirée de l'Aleijadinho (1777). C'est ici que le grand maître Manuel da Costa Ataíde est enterré.
– Juste à côté, une deuxième église, **Nossa Senhora do Carmo** *(mar-dim 9h-12h, 14h-16h30 ; GRATUIT),* présente une façade presque identique ! Elle a été restaurée après un incendie en 1999. Remarquez, au centre de la place, le triste pilori (*pelourinho,* vestige des temps esclavagistes) ; il n'en reste plus que deux encore debout dans le pays.

Basílica de São Pedro dos Clérigos : *accès au bout de la rua Dom Silvério, au sommet de la colline du centre historique. Tlj 9h-12h, 13h-17h. Entrée : 2 Rls.* Bâtie en 1752 dans un style néo-roman, elle n'a rien d'exceptionnel en soi, si ce n'est son emplacement et la vue panoramique sur la ville, que l'on découvre en grimpant dans le clocher. Sinon, l'intérieur est assez dépouillé, voire étrange avec ses tableaux modernes, dont un représentant Jésus-Christ crucifié la tête en bas...

LA MINE D'OR DE PASSAGEM

À 4 km de Mariana, sur la route d'Ouro Preto (nombreux bus locaux entre les 2 localités). ☎ 3557-5000. • minasdapassagem.com.br • Tlj 9h-17h30 (17h lun). Entrée : 39 Rls (cher !). « Mine du passage », elle doit son nom à ses 35 km de galeries, dont une partie relie Ouro Preto à Mariana. Courte visite (30 mn environ) d'une toute petite portion de ces tunnels (à peine 200 m), avec arrêts devant un oratoire pour les mineurs et un « lac » souterrain. Il s'agit plutôt d'un bout de rivière en réalité, profonde d'à peine 1 m. On peut s'y baigner (mais ne vous avisez pas de boire la tasse, l'eau est chargée en fer et sulfate de cuivre !), voire, pour les spéléologues aguerris, l'explorer en équipement de plongée sur 2 km. La visite est agrémentée de commentaires détaillant les étapes du procédé d'extraction. Intéressant, à condition d'avoir quelques notions de portugais. Dans le cas contraire, c'est la descente insolite en funiculaire qui sauve les meubles. Difficile de résister à cette balade dans un wagonnet en bois bringuebalant, façon *Indiana Jones,* qui descend sur 315 m jusqu'à 120 m de profondeur !

DE L'OR À LA PELLE

Mine légendaire considérée comme la plus ancienne et la plus riche du Minas Gerais, la mine d'or de Passagem stoppa son activité en 1985. Officiellement, on estime que 35 t d'or en furent extraites depuis le début de son exploitation, au XVIIIe s. Mais si l'on tient compte des prélèvements officieux, il s'agirait peut-être du double !

TIRADENTES

7 450 hab. IND. TÉL. : 32

• Plan *p. 237*

Charmante cité coloniale du Minas Gerais, fondée en 1702 par les colons de São Paulo à la recherche de mines d'or. Tiradentes fut une étape importante

sur le *camino real,* le « chemin royal » par où transitaient les convois d'or et de pierres précieuses à destination du Portugal. Nichée dans un cirque de collines, entourée de monts aux formes douces, Tiradentes est une petite ville basse et blanche, qui a conservé intacte son architecture coloniale. Une cité touristique bien sûr, plutôt chic, mais pleine de cachet avec ses rues pavées patinées par le temps, ses petites églises et chapelles baroques, ses maisons colorées, sa rivière que traversent de petits ponts de pierre... Le week-end en saison, les Brésiliens y affluent pour profiter de ce décor de carte postale, à coup de balade en calèche et repas animés sur les terrasses autour de la place. Mais si vous y venez en semaine, vous serez surpris par la quiétude des lieux, qui inspire d'ailleurs beaucoup d'artisans et artistes installés ici.

UNE DENT CONTRE LA COURONNE

La ville de Tiradentes a hérité du surnom de Joaquim José da Silva Xavier, leader indépendantiste né ici en 1746. Ancien dentiste, il était plus connu sous son sobriquet, Tiradentes, *soit l'« arracheur de dents ».*

Arriver – Quitter

En bus

Tiradentes se trouve à environ 165 km d'Ouro Preto, 200 km de Belo Horizonte et 330 km de Rio.
– *Attention :* les grandes lignes ne passent par Tiradentes, mais par *São João del Rei,* 13 km plus loin. De São João à Tiradentes, liaisons dans les 2 sens avec *Viação Presidente,* départ ttes les heures env, à partir de 6h30 en sem, 7h30 le w-e. Env 25 mn et 5 Rls. À Tiradentes, les bus s'arrêtent à la petite *rodoviária* située en plein centre, rua São Francisco de Paula *(plan B1).*

Rodoviária do São João del Rei : départs et arrivées des grandes lignes. Connexion pour Tiradentes. Consignes, distributeur, etc.

➢ ***Belo Horizonte :*** avec *Viação Sandra (☎ (31) 3201-2927).* Env 7 bus/j. dans les 2 sens. Passe par ***Congonhas.*** Compter 3h30 et env 50 Rls.
➢ ***Rio :*** avec *Paraibuna (☎ (21) 2253-0894),* 3 bus/j. Départs à 7h, 14h et 20h30 ou 23h de Rio, à 8h, 14h et minuit de São João. Passe par *Petrópolis.* Durée : 5h30 ; env 80 Rls.
➢ ***São Paulo :*** avec *Viação Gardênia (☎ 0300-313-2020),* 4 bus/j. dans les 2 sens. Env 7h30 de trajet et 80 Rls.

En avion

➢ ***Aeroporto São João del Rei :*** env 3 liaisons/sem avec Rio (aéroport Santos-Dumont) et Belo Horizonte (aéroport de Pampulha), avec *Azul Linhas Aéreas (● voeazul.com.br ●).*

Adresses utiles

Office de tourisme (plan B2) **:** *rua Resende Costa, 71 (angle avec la pl. centrale). ☎ 3355-1212. ● tiradentes.mg.gov.br ● Tlj 8h-17h.*
✉ ***Poste*** (plan B1) **:** *rua São Francisco de Paula (face à la gare routière). Lun-ven 8h-17h, sam 9h-12h.*
■ **Bradesco** (plan B2, **1**) **:** *rua Ministro Gabriel Passos, presque à l'angle de la pl. centrale.* Distributeur (*Visa* et *MasterCard*) accessible jusqu'à 19h.

Où dormir ?

La ville compte des dizaines de *pousadas* et hôtels au charme colonial, mais pas d'adresses bon marché. Le week-end pendant les vacances scolaires et les festivals (nombreux ici), les prix sont revus partout à la hausse. En

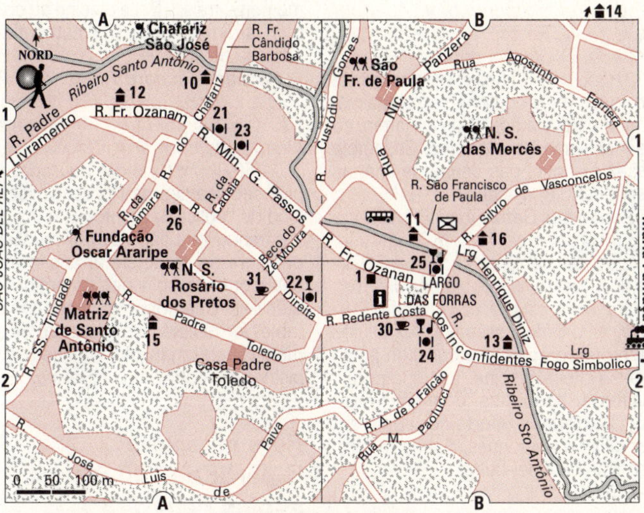

TIRADENTES

■ **Adresse utile**

1 Bradesco

Où dormir ?

10 Pousada Encanto do Chafariz
11 Pousada Tiradentes
12 Pousada da Bia
13 Pouso das Gerais
14 Pousada Arraial Velho
15 Pousada Richard Rothe
16 Solar da Ponte

Où manger ? Où boire un verre ? Où sortir ?

21 Divino Sabor
22 Luth Bistrô – Jardim do Coliseu
23 Estalagem do Sabor
24 Sabor com Arte
25 Templário
26 Tragaluz

Où faire une pause sucrée ?

30 Puro Cacau
31 Padaria Toledo

semaine et en période creuse, possibilité de négocier.

Prix moyens (130-220 Rls / env 33-55 €)

Pousada Encanto do Chafariz *(plan A1,* ***10****) : travessa do Chafariz, 73.* ☎ *3355-2446.* • *pousadaencantodochafariz.com.br* • *Au bout de la rua G. Passos, puis à droite. Doubles env 150-220 Rls en sem ou w-e.* Lovée au pied de la colline, cette petite maison familiale blanche au toit de tuiles abrite, derrière son portillon de bois, une poignée de chambres toutes simples, colorées et correctement tenues, avec salle de bains (douche électrique) et frigo. Et, comme l'annonce l'enseigne, on y entend chanter la fontaine *(chafariz)* et la rivière, juste à côté... Accueil très gentil.

Pousada Tiradentes *(plan B1,* ***11****) : rua São Francisco de Paula, 41.* ☎ *3355-1232.* • *pousadatiradentesmg.com.br* • *Juste à côté de la gare routière. Double env 150 Rls.* Grosse maison blanche typique du village. Chambres à l'étage ou donnant sur le micro-jardin, simples mais fraîches et assez confortables (bonne literie, ventilo, TV, douche électrique). Petite piscine.

Pousada da Bia *(plan A1,* ***12****) : rua Frederico Ozanan, 330.* ☎ *3355-1173.*

• *pousadadabia.com.br* • *Au bout de la rua G. Passos, après la pousada Chafariz. Doubles à partir de 150 Rls, 230 Rls le w-e.* Les chambres, plutôt basiques mais confortables et claires, sont réparties autour d'un joli jardin, où se niche une belle piscine. Ensemble assez rustique, pas dénué de charme cependant. Bon accueil.

Pouso das Gerais (plan B2, **13**) **:** *rua dos Inconfidêntes, 109.* ☎ *3355-1234.* • *pousodasgerais.com.br* • *À 200 m de la pl. centrale. Double env 350 Rls ; réduc hors saison et en sem. Parking.* Un établissement aux allures de motel, organisé autour d'un jardin creusé d'une piscine. Les chambres, claires et coquettes, donnent toutes sur l'extérieur. Certaines peuvent accueillir 4 personnes. Sauna, billard, etc. Bon petit déj-buffet.

De chic à plus chic (250-450 Rls / env 62-112 €)

Pousada Arraial Velho (hors plan par B1, **14**) **:** *rua Bárbara Heliodora, 10 ; parque das Abelhas.* ☎ *3355-1362.* • *arraialvelho.com.br* • *Doubles env 250-370 Rls selon confort et période. Parking.* Un peu excentrée, une superbe demeure coloniale située en hauteur de Tiradentes, avec vue imprenable. Beaucoup de cachet dans les espaces communs, meublés et décorés dans le style du XVIIIe s. Chambres *standard* – tout confort – et suites spacieuses (plus chères), réparties dans le bâtiment principal ou dans l'annexe. Une poignée de chambres « économiques » permettent de profiter des lieux à moindres frais... Belle piscine au cœur d'un jardin luxuriant. Une authentique adresse de charme.

Pousada Richard Rothe (plan A2, **15**) **:** *rua Padre Toledo, 124.* ☎ *3355-1333.* 📱 *99976-7414.* • *pousadarichardrothe.com.br* • *Doubles env 350-450 Rls.* Une des *pousadas* les plus séduisantes de la ville, posée au pied de l'église São Antonio, dans une rue tranquille à flanc de colline. Vieille demeure de caractère arrangée avec beaucoup de soin par un antiquaire brésilien. Chambres vraiment confortables et délicieuses, donnant sur la rue ou sur le jardin intérieur avec petite piscine. Une adresse de charme.

Hors catégorie (à partir de 700 Rls et plus / env 175 €)

Solar da Ponte (plan B1, **16**) **:** *praça das Mercês, juste après le petit pont.* ☎ *3355-1255.* • *solardaponte.com.br* • *Doubles env 710-1 050 Rls (!) selon confort et période, petit déj et collation le soir inclus.* La plus belle et la plus vieille *pousada* de Tiradentes. Une sorte de manoir tropical en pleine ville, avec une vingtaine de chambres cossues soigneusement décorées, donnant sur un des 5 jardins luxuriants. Meubles anciens, parquet ciré... Il n'y a pas 2 chambres semblables, toutes ont leur originalité et leur charme. Petite piscine, bibliothèque, salons, coins et recoins arrangés avec le meilleur goût. Bien sûr, cette qualité rare a un prix.

Où manger ? Où boire un verre ? Où sortir ?

Bon marché (moins de 40 Rls / env 10 €)

Divino Sabor (plan A1, **21**) **:** *rua Ministro Gabriel Passos, 300.* ☎ *3355-1800. Tlj 11h30-15h30.* Bonne cuisine du Minas et viandes grillées au feu de bois, servies *ao kilo*. Courette au calme, attenante à une gentille salle.

De prix moyens à chic (40-100 Rls / env 15-25 €)

Luth Bistrô – Jardim do Coliseu (plan A2, **22**) **:** *rua Direita, 224.* 📱 *99966-2819. Tlj 11h30-15h30.* Cadre idyllique pour ce resto agrémenté d'un vaste jardin avec pelouse, plan d'eau, grands arbres et terrasse ombragée.

Le lieu idéal pour s'offrir une pause déjeuner ou juste un verre, installé sur les quelques tables en plein air ou allongé dans l'herbe ! Au menu, restreint, quelques bons risottos, de la *linguiça* (saucisse) flambée à la cachaça et manioc frits, etc. Très bons cocktails et jus de fruits frais. Un petit coup de cœur.

|●| ***Estalagem do Sabor*** *(plan A1,* ***23****) : rua Ministro Gabriel Passos, 280. ☎ 3355-1144. Tlj 11h-22h (17h dim). Compter 30-60 Rls/pers.* Ouvert sur un jardin propret, voilà un bon petit restaurant local aux airs de cottage, une table idéale pour partir goûter la cuisine du Minas. Tenter, par exemple, le *mane de jaleca,* des tranches de jambon braisé servies avec du riz, des haricots, de la banane et du chou vert. Copieux, et plus fin qu'il n'y paraît.

|●| 🍷 ♩ ***Sabor com Arte*** *(plan B2,* ***24****) : rua Resende Costa, 66 ; sur le largo das Forras (pl. centrale). ☎ 3355-1886. Tlj sf lun 16h-23h (plus tard ven-sam).* Bar chaleureux aux murs pourpres et tables de bois brut, ouvert sur la place centrale. Musique *ao vivo* en fin de semaine, jusque tard dans la nuit. Également des petits plats (pizzas, hamburgers) pour maintenir le cap toute la soirée.

|●| 🍷 ♩ ***Templário*** *(plan B1-2,* ***25****) : largo das Forras, 60 ; à 30 m de la pl. centrale, juste avt le petit pont. ☎ 3355-1197. Tlj 16h (12h ven-dim)-minuit.* Pour une mousse en terrasse, sous une forêt de parasols. Quelques bons plats très copieux (pour 2-3 personnes), histoire de maintenir le cap. Bonne ambiance dans la salle conviviale et service efficace. Musique *ao vivo* tous les soirs *(MPB).*

Plus chic (plus de 90 Rls / env 28 €)

|●| ***Tragaluz*** *(plan A1,* ***26****) : rua Direita, 52. 📱 99968-4837. Tlj sf mar 19h-22h30 (0h30 ven-sam). Compter 100-150 Rls.* Grande salle chaleureuse (poutres, mezzanine en bois), dans une vieille maison coloniale aux murs blancs. Considéré comme un des meilleurs restos de Tiradentes. Cuisine du Minas soignée et savoureuse, mais aussi de délicieux risotto, salades, desserts...

Où faire une pause sucrée ?

☕ ***Puro Cacau*** *(plan B2,* ***30****) : largo das Forras (place centrale). ☎ 3355-1600. Tlj 9h-22h (minuit sam).* Délicieux magasin de chocolats qui propose aussi des cafés et des glaces. On a envie de tout goûter... Ça tombe bien, on peut déguster sur place dans le sympathique patio à l'arrière.

☕ ***Padaria Toledo*** *(plan A2,* ***31****) : rua Padre Toledo, 49. Tlj 7h-21h.* Petite boulangerie dans un local tout simple. Seulement une table près du comptoir, une autre sur la rue. Pain frais, biscuits et autres douceurs. À accompagner d'un jus de fruits frais ou d'un café, sans chichis.

À voir

★★★ ***Igreja Matriz de Santo Antônio*** *(plan A2) : sur la colline qui domine la ville à l'est. Tlj 9h-17h. Entrée : 5 Rls.* On y accède à pied en montant une rue pavée, bordée de charmantes maisons de style colonial portugais (quelques galeries et ateliers d'artisans). Belle vue sur les collines et la ville depuis l'esplanade. Construite en 1710, c'est un des plus beaux temples de style baroque de la région, et même du Brésil. Balcon avec buffet d'orgue et quatre autels couverts d'or et abondamment sculptés.

★★ La plupart des églises de Tiradentes ont été construites au XVIIIe s, dans le style baroque colonial (ou rococo). À découvrir, l'***igreja Nossa Senhora Rosário dos Pretos*** *(plan A1-2 ; mer-dim 10h-18h ; entrée : 3 Rls),* dans le prolongement de la rua Cadeia. Datant de 1708, c'est la plus ancienne église de la ville, construite pour les esclaves. À voir aussi, l'***igreja São Francisco de Paula*** *(plan B1),* au bout de l'alto de São Francisco. Elle est fermée à la visite mais offre une belle vue panoramique depuis le parvis, en particulier en fin de journée. Voir enfin l'***igreja N. S. das Mercês*** *(plan B1),* après le petit pont de pierre en direction de la gare routière. Très simple, elle date de 1760.

Chafariz de São José *(plan A1) : au bout de la rua Gabriel Passos, puis à droite.* Cette grande fontaine à trois bouches, érigée en 1749, servait jadis à alimenter la ville en eau potable, d'abreuvoir pour animaux et de lavoir. Statue de Joseph tenant Jésus dans ses bras. Elle est également appelée *Mae d'Água.*

Fundação Oscar Araripe *(plan A1) : rua da Camara (ladeira da Matriz), 98. ☎ 3355-1148. • oafundacao.org.br •* Salle d'expo et atelier d'Oscar Araripe, un des grands peintres vivants du Brésil, ancien journaliste, militant de l'Action populaire dans les années 1970 et ami de Niemeyer. On peut découvrir ici ses peintures aux couleurs vives (thèmes floraux, paysages) et éventuellement le rencontrer.

Si vous avez suffisamment de place dans votre sac pour y glisser une armoire (!), sachez que Tiradentes est réputée pour ses meubles en jacaranda. À voir, nombreux ***ateliers d'ébénistes, de ferronniers et boutiques d'antiquaires.***

À faire

➢ ***Randonnées :*** belles collines vertes à découvrir avec un guide local de préférence. Pas de difficultés majeures, balades faciles pour un débutant. Voir par exemple avec l'agence *Tiradentes Brasil.*

➢ ***Train Maria Fumaça*** *(hors plan par B2) : il relie Tirandentes à São Jão del Rei. Infos : ☎ 3371-8485. 2 A/R par j. ven-dim et j. fériés. Départs ven-sam à 13h et 17h, dim à 11h et 14h depuis Tiradentes, retour de São João à 10h et 15h (13h dim). Tarifs : 40 Rls aller simple, 60 Rls A/R ; réduc. Durée : env 40 mn (aller).* Une dizaine de wagons tirés sur 12 km par une locomotive à vapeur de 1908. Une balade sympa si l'on voyage avec des enfants. Si vous prenez le dernier train depuis Tiradentes (17h), il vous faudra rentrer en bus ou en taxi (environ 40 Rls). Et dans le sens Tiradentes – São João, préférez les sièges côté droit, pour une meilleure vue. À la gare de São João del Rei, petit *museu ferroviário (mar-dim 9h-11h ; GRATUIT).*

Manifestations

- ***Mostra de Cinema :*** *9 j. pdt la 2de quinzaine de janv. Infos : • mostratiradentes.com.br •* Présentation de films et documentaires en plein air sur le largo das Forras, pour les adultes et les enfants. Programmation gratuite et élection du meilleur film par un jury populaire.
- ***Carnaval :*** près de 6 jours de fête dans les rues de Tiradentes.
- ***Semana Santa :*** grande ferveur populaire. Procession religieuse, concerts, etc.
- ***Festival Cultura e Gastronomia :*** *10 j. en août. Infos : • culturaegastronomia.com.br •* Les grands chefs brésiliens et internationaux célèbrent la culture et les produits locaux. L'occasion de concerts, expos, spectacles, etc.

DANS LES ENVIRONS DE TIRADENTES

São João del Rei : *à 13 km de Tiradentes. On y va en bus de la gare routière de Tiradentes, en taxi (env 40 Rls) ou avec le train Maria Fumaça (lire « À faire »).*

Petite ville commerçante et active, qui abrite un centre historique colonial assez bien conservé. Agréable balade à pied entre l'église *São Francisco de Assis,* praça Frei Orlando, la cathédrale *N. S. do Polar,* rua Getúlio Vargas *(messe en musique mer-ven à 19h)* et l'église *N. S. do Carmo,* dont la façade présente toutes les différentes phases du baroque.
Enfin, on peut grimper jusqu'à l'église *N. S. das Mercês* pour profiter du point de vue sur le centre historique et admirer la très belle maison – *Solar dos Neves* – qui fut la demeure du président Tancredo de Almeida Neves. C'est aujourd'hui un mémorial ouvert à la visite *(mar 13h-17h30, mer-sam 9h-17h30, dim 9h-14h ; tarif : 2 Rls).*

DIAMANTINA

47 650 hab. IND. TÉL. : 38

Isolé à près de 300 km au nord de Belo Horizonte, Diamantina donne l'impression d'un village du bout du monde déposé comme par mégarde au milieu de sévères montagnes. Le hasard n'y est évidemment pas pour grand-chose... Au début du XVIIIe s, la découverte d'importantes mines de diamants a conduit les Portugais à s'implanter en force et à développer la région. Ce sera l'âge d'or de Diamantina. Aujourd'hui oubliée du grand public, malgré un formidable coup de projecteur lorsque l'enfant du pays, Juscelino Kubitschek, fut élu président de la République, cette séduisante cité n'a rien perdu de son charme colonial. Ses ruelles encaissées sont toujours dallées, bordées de maisons étroitement serrées qui ne cèdent la place qu'aux adorables églises. C'est ce qui lui a valu d'être inscrite au Patrimoine mondial de l'humanité, sans perdre au change la tranquillité et l'authenticité qui la caractérisent.
– Un événement à ne pas manquer, de mars à octobre, deux samedis par mois : la ***vesperata.*** Les musiciens de la ville se postent aux fenêtres des maisons de la rua da Quintada et jouent des morceaux populaires, dirigés par leur chef d'orchestre au pied des maisons. Immense foule et ambiance du tonnerre !

Arriver – Quitter

En bus

Rodoviária : *située à moins de 10 mn du centre, largo Dom João, 134. ☎ 3531-9176.*
➢ ***Belo Horizonte :*** env 2 bus/j. directs, 11h45 et 15h, avec *Viação Passaro Verde (☎ 3531-1471).* Trajet : 6h.
➢ ***Rio :*** la compagnie *Transnorte (• transnorte.com.br •)* propose 1 bus, via Curvelo, les mar, jeu, ven et dim. Départ en soirée. Trajet : 10h.
➢ ***Brasília :*** pas évident. Gagner d'abord Curvelo, pour y attraper une correspondance.
➢ ***São Paulo :*** 1 bus/j., en fin de journée, avec *Gontijo (☎ 3531-1430).* Trajet : env 13h.

Adresses utiles

Secretaria de Cultura e Turismo : *praça Antônio Eulálio, 53. ☎ 3531-8060. • diamantina.mg.gov.br • Dans une rue parallèle à la pl. du vieux marché couvert. Tlj 9h-18h (17h sam, 12h dim).* Plan de la ville et horaires des monuments.
✉ ***Poste :*** *rua do Bonfim, 59 A, en face de l'église du même nom.*
■ ***Distributeurs Banco do Brasil :*** *sur la pl. de la cathédrale, accessibles 24h/24.*

Où dormir ?

Bon marché (moins de 130 Rls / env 33 €)

Pousada Gameleira : *rua do Rosário, 209.* ☎ *3531-1900.* • *pousadadagameleira.com.br* • *Double env 120 Rls.* C'est d'abord la belle situation de cette vieille maison coloniale qui retient l'attention : à quelques enjambées à peine de la place principale, mais face à la charmante et paisible praça do Rosário. Le jardin de curé est agréable à l'heure de l'apéro, tandis que les chambres vieille école s'avèrent propres et bien tenues.

De chic à plus chic (200-500 Rls / env 50-125 €)

Pousada do Garimpo : *av. da Saudade, 265.* ☎ *3532-1040.* • *pousadadogarimpo.com.br* • *Doubles à partir de 230 Rls ; jusqu'à 320 Rls la suite avec vue panoramique.* Retirée à la lisière de la vieille ville, cette belle demeure a curieusement choisi l'option de la modernité à celle du charme de l'ancien. Si les chambres, confortables mais très neutres, peuvent décevoir, on se consolera avec la piscine, le sauna et la très jolie vue sur les montagnes. Bon standing et excellent accueil.

Pousada Relíquias do Tempo : *rua Macau de Baixo, 104.* ☎ *3531-1627.* • *pousadareliquiasdotempo.com.br* • *Doubles env 350-480 Rls.* Attention les yeux ! Plus qu'une simple *pousada,* cette superbe adresse ressuscite le charme des vieilles demeures coloniales et l'atmosphère de l'époque. Ici, chaque détail semble raconter une histoire, comme le gramophone et les vieilles valises dans l'entrée, les tables de jeu dans le salon cosy, ou la chapelle attenante à la salle à manger rustique... Et pour en savoir plus, direction le petit musée privé. Du coup, les chambres, pourtant agréables et tout confort, paraissent presque trop simples. Un comble ! Piscine avec hydromassage. Bon petit déj (produits cuits dans l'antique four). Une belle adresse, d'un excellent rapport qualité-prix.

Où manger ? Où boire un verre ?

De bon marché à prix moyens (moins de 40-60 Rls / env 10-15 €)

Grupiara : *rua Campos Carvalho, 12.* ☎ *3353-1388. Tlj sf lun soir.* Cette vieille enseigne a les faveurs des Mineiras depuis ses débuts. Ses plats régionaux, tout simples et très copieux, se dégustent sans plus de façon dans une petite salle de bistrot.

Les troquets à l'ancienne mode rencontrés au hasard de vos pérégrinations vous donneront certainement envie de faire une pause, mais c'est la placette piétonne à l'angle de la rua Carvalho et de la rua Quitanda (juste derrière la cathédrale) qui rassemble le plus d'animation.

Chic (60-100 Rls / env 15-25 €)

O Garimpeiro : *av. da Saudade, 265.* ☎ *3532-1040. Lun-ven 18h-22h, sam 11h-22h, dim 11h-16h.* La meilleure adresse de la ville si l'on a quelque chose à fêter. Les plats régionaux à base de produits locaux sont parfaitement maîtrisés et servis avec la manière, dans une vaste salle très classique.

À voir

Diamantina s'organise à partir de sa place principale, d'où rayonne un maillage étroit de ruelles pittoresques. La *catedral Metropolitana de Santo Antônio* occupe bien sûr la place d'honneur. Toutefois, si les lourdes tours hissées au-dessus des toits ne manquent pas de cachet, la visite du sanctuaire ne s'impose pas forcément.

Museu do Diamante : *rua Direita, 14, derrière la cathédrale. ☎ 3531-1382. Mar-sam 10h-17h, dim 9h-13h. GRATUIT.* Une ville née de la ruée vers le diamant sans musée sur le sujet, cela ferait désordre... Et pourtant, celui-ci se définit plutôt comme un musée d'Art et de Traditions populaires. Situé dans une jolie bâtisse de 1749, il égrène au gré de ses belles salles des collections d'art sacré, des armes, du mobilier ancien du Minas Gerais, des entraves pour rappeler l'esclavage et, l'honneur est sauf, quelques pierres dans un antique coffre-fort... Un peu fourre-tout mais plein de petits trésors.

Passadiço da casa da Glória : *rua da Glória, 298. Tlj 9h-17h. GRATUIT.* C'est la carte postale la plus vendue de la ville ! Difficile d'échapper à ces deux bâtiments blanc et bleu (le premier du XVIIe s, le second du XIXe s) réunis par un passage couvert en bois à l'italienne. Après avoir longtemps appartenu à l'évêché, cet ensemble original abrite désormais l'institut de géologie. On y verra quelques vitrines de minéraux et une petite collection de photographies anciennes.

Igreja Sr. do Bonfim dos Militares : *praça Mons. Neves. Mar-ven 14h-17h ; sam 8h-12h, 14h-17h. Entrée : 2 Rls.* Cette petite église, construite par les militaires d'Arrail do Tejuco vers 1771, est sans doute la plus attachante de Diamantina. De proportions harmonieuses, elle renferme un bel autel baroque richement décoré et d'admirables peintures polychromes sur bois. Mais ce qui rend la visite inoubliable, c'est la possibilité de grimper dans le vénérable clocher pour admirer la vue sur la ville. Gare aux marches de guingois et à la cloche suspendue à hauteur des têtes !

Igreja N. S. do Carmo : *rua do Carmo. Horaires variables. GRATUIT.* Les observateurs ont-ils remarqué ce qui cloche ? Eh bien, c'est justement l'emplacement de la cloche... repoussée curieusement à l'arrière de l'église. Le commanditaire aurait cédé aux caprices de la belle Chica da Silva, sans doute inquiète pour ses siestes ! Toutefois, cette belle église érigée en 1765 est également réputée pour être la plus riche de la ville, avec ses remarquables peintures et son orgue baroque.

Igreja N. S. do Rosário : *largo do Rosário. Mar-sam 9h-11h30, 13h30-17h. Entrée : 2 Rls.* Considérée comme le plus vieux sanctuaire de la ville, cette petite église inaugurée en 1728 a surtout l'avantage d'être située sur une place très pittoresque. Sa décoration intérieure se révèle d'une élégante simplicité. En sortant, jeter un œil à la fontaine *Chafariz do Rosário*, datant de 1787.
En revenant sur vos pas, petit détour par la ***capela imperial do Amparo,*** datant de 1776 *(rua do Amparo ; mar-sam 9h-11h30, 13h30-17h ; 2 Rls).* On y observe parfaitement l'influence du rococo sur le style baroque de la région.

Mercado municipal : *praça de Guaicuí.* Une balade à Diamantina serait incomplète sans une halte au marché, datant de 1835. Le vendredi soir, ambiance très animée au son de petits concerts dans les travées. Le samedi matin, on y vend toutes les douceurs, *salgados,* produits de l'artisanat et ingrédients culinaires du Minas.

Ceux qui ont encore un peu de temps et d'énergie iront jeter un coup d'œil à la ***casa de Chica da Silva*** *(praça Lobo Mesquita, 266 ; mar-sam 12h-17h30, dim 9h-12h ; GRATUIT),* une maison coloniale typique où vécurent, entre 1755 et 1770, un riche entrepreneur et son esclave affranchie, la célèbre Chica da Silva, qui lui donna 13 fils, presque un par an ! Les expos qu'elle abrite sont toutefois nettement moins fascinantes que la maison elle-même.

LE CENTRE-OUEST

Cette région est longtemps restée la plus lointaine limite du pays, son « bout du monde ». Son essor date seulement de la construction de Brasília (1960), qui draine des millions d'habitants et développe un vaste réseau de transports. Désormais reliées au reste du pays, ses villes croissent rapidement grâce à l'exploitation de ses ressources minières (surtout aurifères), mais aussi dopées par l'agriculture et l'élevage. Malgré ces grands bouleversements, sa faune et sa flore, d'une richesse inouïe, exhalent encore un extraordinaire parfum de terre sauvage. Si Brasília est une étape possible – voire recommandée – pour comprendre le Brésil moderne, le Mato Grosso et surtout le Pantanal sont sans aucun doute – avec l'Amazonie – la plus merveilleuse rencontre avec la nature que vous offrira le Brésil.

BRASÍLIA

2 914 800 hab. IND. TÉL. : 61

• Plan *p. 249*

La voilà donc, cette capitale brésilienne, cette aventure architecturale et économique, cette cité futuriste et utopique créée au milieu de nulle part... sur un plateau à 1 000 m d'altitude, et à plus de 1 100 km de Rio. Est-elle un chef-d'œuvre architectural ouvert sur le futur ou un monstre moral et financier, un témoin de la folle ambition des hommes ? À l'époque, toute cette organisation spatiale inspirée par Le Corbusier pouvait apparaître novatrice. Avec le temps, Brasília s'est un peu défraîchie certes, hormis le quartier gouvernemental dont les monuments publics (les plus beaux de la ville) sont sans cesse en cours de rénovation. Avec la Coupe du monde de foot en 2014, Brasília a fait une grande toilette. On a repeint, colmaté, reconstruit, rénové, amélioré les maisons, les immeubles, les routes et les infrastructures... La ville en avait besoin.

Peu adaptées aux piétons, certaines avenues sont d'une largeur inhumaine, néanmoins, en s'armant de patience on peut se transformer en « trekkeur urbain », du moins dans la partie centrale en forme de fuselage d'avion (Eixo

Monumental). L'essentiel de la vie sociale se concentre dans d'immenses *shopping centers* qui étalent leurs galeries marchandes et animées sur plusieurs étages. Au-delà de l'axe central et de la zone hôtelière, dans les ailes (*aslas,* quartiers d'habitation et des commerces) étirées sur des kilomètres, il vaut mieux prendre un bus ou un taxi. On ne marche pas dans Brasília, on roule... en voiture ou en bus ! Le réseau de bus est facile et il fonctionne bien. Cela dit, à Brasília, on parle d'un autre mode de vie, plus calme, plus proche de l'environnement, plus « écolo », oserait-on dire... Il est vrai que la végétation est omniprésente, conférant aux quartiers résidentiels l'allure de grands parcs. Alors, Brasília imposera-t-elle au routard d'infléchir sa route ? Les curieux, les amateurs d'architecture monumentale et d'urbanisme, les chasseurs d'images, répondront oui...

UN PEU D'HISTOIRE

« Trois générations après la mienne, sur les bords d'un lac, entre les 15e et 20e parallèles sud, naîtra une terre promise. » C'est le rêve que ***don Bosco*** fit la nuit du 29 août 1883. Il n'en fallut pas plus à Kubitschek pour démarrer bien plus tard le projet de Brasília... En réalité, dès 1761, le ***marquis de Pombal*** avait déjà envisagé l'idée d'une capitale intérieure pour dynamiser le pays. On lui doit aussi d'avoir initié le plan de restructuration de Lisbonne (Portugal), au lendemain du tremblement de terre de 1755, mettant en application les théories des Lumières : simplicité, cohérence et fonctionnalité !

L'idée de décongestionner la côte, surpeuplée et concentrant toute l'activité économique, fut de tout temps la préoccupation des empereurs et des présidents du Brésil. Mais ce fut ***Juscelino Kubitschek*** qui décida, en 1956, au lendemain du suicide de son populiste de prédécesseur ***Getúlio Vargas,*** d'exaucer la promesse électorale de ce dernier. Brasília verrait le jour. Le planalto central, région très pauvre et pratiquement déserte, fut choisi symboliquement pour démontrer la volonté du gouvernement de développer toutes les régions et d'intégrer les plus défavorisées à l'économie nationale.

La conception et la réalisation en furent confiées à l'urbaniste ***Lucio Costa,*** au paysagiste ***Roberto Burle-Marx,*** et au très médiatique et talentueux architecte ***Oscar Niemeyer*** (ni pire !), auteur de plusieurs bâtiments d'envergure. Niemeyer avait côtoyé de près l'architecte franco-suisse Le Corbusier quand celui-ci était passé à Rio dans les années 1930. Au début des travaux, les premiers bulldozers et sacs de ciment furent parachutés. On défricha des milliers de kilomètres carrés et un immense lac artificiel de 42 km de long fut créé. La ville se construisit en 3 ans et 6 mois, le président Kubitschek ayant souhaité la voir achevée avant la fin de son mandat. Une urgence, une course contre la montre...

BRASÍLIA MYSTIQUE ET ALLUMÉE !

À la fondation de la capitale futuriste, des mystiques exaltés y virent un « point névralgique de la planète », situé à la confluence exacte des trois grands fleuves sud-américains (l'Amazone, le Rio de la Plata, et le São Francisco). Certains voyaient en Kubitschek la réincarnation du pharaon Akhenaton... Des millénaristes se réfugièrent à Brasília afin d'être à l'abri de l'engloutissement redouté du littoral brésilien par la montée des eaux le jour de l'Apocalypse... Des amateurs d'OVNI créèrent même une piste d'atterrissage pour soucoupes volantes à Alto Paraiso, dans le nord de l'État de Goias...

Envoyé par le général de Gaulle à Brasília le 25 août 1959, ***André Malraux*** y lit un discours lyrique et visionnaire. Il célébra l'audace de la nation brésilienne capable de construire une capitale futuriste en 41 mois sur un plateau quasi désertique.

L'inauguration se déroula le 21 avril 1960, jour anniversaire de la mort de ***Tiradentes*** (héros de l'indépendance du Brésil).

L'URBANISME DE BRASÍLIA

Dans le ***projet initial,*** Brasília devait symboliser le mode de vie idéal du futur. Les axes routiers ont été tracés larges et sans croisements afin de garantir la fluidité du trafic. Chaque bloc résidentiel, prévu pour 3 000 personnes, fut construit à l'écart du flux des voitures avec un maximum d'espaces verts, son école, son église, son marché, sa poste, tous les commerces et artisans nécessaires à la vie du bloc. Bref, tout avait été conçu pour assurer le bien-être des résidents, quand bien même beaucoup de cinémas et d'équipements socioculturels ne furent pas réalisés.

Le ***plan de Brasília*** a commencé par une croix qui s'est transformée en une forme d'avion. Cela apparaît clairement quand on survole la capitale depuis le ciel. Les ailes de cet avion en seraient l'axe routier courbe nord-sud *(eixo rodoviário),* et le fuselage serait l'axe dit « des monuments publics », orienté est-ouest. Celui-ci, nommé « axe gouvernemental » croise l'axe résidentiel. Au croisement des deux se trouvent les commerces et la culture (aujourd'hui c'est plutôt la zone hôtelière). La tête et la queue de l'« avion » partent en s'effilant, tandis qu'à l'intersection des ailes et du fuselage on trouve la gare des transports urbains.

L'***axe gouvernemental*** se compose du palais de la Présidence de la République, de l'Assemblée nationale, du Sénat, de la Cour suprême, et d'une suite impressionnante de ministères. C'est la partie la plus belle de Brasília (surtout de nuit), celle où se tiennent les plus remarquables bâtiments dessinés par Oscar Niemeyer. En contrebas, au bord d'un lac, ont été construites les ambassades.

L'architecte Oscar Niemeyer, communiste convaincu, voulait abolir la propriété privée. Il créa à Brasília des « unités de voisinage » *(unidades de vinzinhacas)* où devaient loger en priorité les fonctionnaires et serviteurs de l'État. Des immeubles modernes en béton sont construits sur pilotis. Les maisons individuelles existent, mais plus loin du centre administratif, dans les « ailes » de la capitale-avion. De part et d'autre de l'axe routier (conçu pour de grandes vitesses avec voies pour autos, camions et autobus) s'alignent les ***superquadras*** ou « noyaux techniques de peuplement ». Si les habitations ne font guère plus de 3 étages de hauteur, les hôtels et les immeubles modernes du centre peuvent atteindre 10, 20 ou 30 étages.

Du haut de la tour de télévision, le panorama embrasse toute la ville, ce qui permet de se rendre compte des distances énormes qui séparent les différents pôles d'activité.

Les limites de l'utopie futuriste

À l'époque de la création de la ville, il fallut payer double les fonctionnaires pour qu'ils acceptent de quitter l'ancienne capitale, Rio ! Aujourd'hui encore, les fonctionnaires doivent assurer 4 ans de présence avant d'être en droit de quitter leur poste à Brasília. Les ambassades étrangères mirent aussi des années à s'y installer. Le gouvernement brésilien dut même menacer les plus récalcitrantes de rupture diplomatique !

De fait, la vie sociale de quartier ne s'est pas vraiment bien greffée sur ces conditions matérielles supposées « idéales ». Les gens vivent chez eux, dans l'anonymat de grands ensembles sans âme. Devant l'augmentation du coût de la vie, y compris des loyers, les plus défavorisés ont rejoint les banlieues lointaines. Elles sont aujourd'hui autant d'appendices s'agglutinant à la ville elle-même, et favorisent la paupérisation des plus démunis. Prévue pour 400 000 habitants, Brasília en compte aujourd'hui près de 3 millions avec ses villes satellites (29 au total).

Pour les uns, l'audace architecturale est sans doute stupéfiante, pour les autres, la ville n'est qu'une « utopie coupée du réel », une « ville mort-née », un enchevêtrement de blocs de béton, traversés par des artères sans fin. Il n'en demeure pas moins qu'à la différence de leurs parents, les gamins nés ici ont apprivoisé leur ville, n'ayant pas connu d'autre mode de vie. Aujourd'hui, les adolescents jugent la cité bien moins sévèrement qu'il y a 12 ans. Pour certains, impossible de vivre dans l'enfer de São Paulo. Les notions de silence, d'espace et d'absence de pollution sont devenues des éléments indispensables à leur cadre de vie. En outre, Brasília connaît très peu de problèmes d'insécurité contrairement aux autres grandes villes du pays.

L'architecte de Brasília : Oscar Niemeyer (1907-2012)

C'est cet architecte visionnaire qui assura véritablement l'originalité de la ville. Le principe fondamental qui guida Niemeyer se résume à ceci : « L'architecture n'est pas un simple problème technique d'ingénieur, mais une manifestation de l'esprit, de l'imagination, de la poésie. » En clair, un bâtiment ne doit pas être qu'utile et fonctionnel, il doit être beau et utiliser au maximum les possibilités de tous les matériaux, en exprimant une idée forte, noble, originale.

À HAUTEUR D'HOMME

Communiste n'ayant jamais renié ses idées, Oscar Niemeyer vivait certes dans l'aisance, mais n'a jamais fait fortune. Pendant la durée du chantier de Brasília, il logea dans un baraquement pour être sur le terrain tous les jours. Il refusa le système des juteuses commissions. Intègre et entêté, il préféra être salarié comme un fonctionnaire de l'État.

Hautement allégorique, l'axe de réflexion fut d'abord la matérialisation de symboles, par exemple « la garde géante de l'épée » devant le ministère de l'Armée de terre, la couronne d'épines-cathédrale, ou encore le thème du portique utilisé dans de nombreux édifices et qui évoque les colonnades grecques.
Vient également l'utilisation massive des ruptures de rythmes, de volumes et de niveaux. Résultat : Brasília est une ville de contrastes. Aux lignes droites et « fonctionnelles » conçues par Costa s'opposent les courbes surprenantes et souvent audacieuses des monuments de Niemeyer.

Arriver – Quitter

En avion

✈ ***Aeroporto internacional Presidente Juscelino Kubitschek*** *(hors plan par A1)* **:** *situé à env 10 km à l'ouest du centre-ville.* ☎ *3364-9000.* • *aeroportobrasilia.net* • Liaisons directes et quotidiennes avec toutes les grandes villes du pays.

■ S'y trouvent les principales agences de ***location de voitures*** *(Avis, Hertz, Localiza, Unidas...)* avec service de navettes jusqu'aux points de prise en charge des véhicules, différentes ***banques, distributeurs*** pour cartes internationales *(Banco do Brasil, HSBC...)* et tous les ***services*** habituels (poste, change...).

■ ***Infos touristiques*** *(CAT – Centro de Atendimento ao Turista)* **:** *à l'extérieur de l'aérogare, face au hall des arrivées, à droite. Tlj 8h-18h.* Personnel efficace et anglophone.

➢ ***Pour gagner le centre-ville :*** l'***Ônibus Aeroporto Executivo*** offre la solution la plus pratique. Navettes régulières entre l'aéroport et le centre, bus nº 113, ttes les 30 mn env, 6h30-0h30. ☎ *9131-1055.* Billet : 10 Rls. Arrêts fréquents devant les principaux hôtels. On peut aussi prendre le bus public nº 102 (ttes les 30 mn env, tlj 6h-23h) qui dessert la *rodoviária central*. Billet : env 4 Rls. En taxi, env 50 Rls pour le centre (30 mn de trajet).

En bus

🚌 ***Rodoviária interestadual*** *(gare routière ; hors plan par A1,* ***1****)* **:**

☎ 3234-2185. Ouv 24h/24. À 15 mn du centre en métro depuis la station Central (arrêt « Shopping »). Accès en bus avec les lignes nos 108.8 et 108.9 (env 30 mn). La gare routière est aussi moderne qu'un aéroport et dispose de tous les services. Cafétéria, bars, restos-snacks, consigne à bagages, distributeurs *(Visa, MasterCard).* Une quarantaine de compagnies desservent toutes les grandes villes du pays, mais les trajets sont très longs, mieux vaut prendre l'avion.

➢ ***Rio de Janeiro :*** env 1-2 bus/j., avec *Itapemirim-Kaissara* (☎ 0800-723-2121 ; ● itapemirim.com.br ●). Prévoir 17h de trajet. La compagnie assure aussi des liaisons avec ***Belo Horizonte*** (10h), ***Porto Alegre*** et ***Recife*** (35h et 37h !).

➢ ***São Paulo :*** env 5-6 bus/j., avec *Real Expresso* (☎ 0800-883-8830 ; ● realexpresso.com.br ●). Trajet : env 15h.

➢ ***Cuiabá :*** 1 bus/j., avec *Eucatur* (☎ 0800-690-800 ; ● eucatur.com.br ●). Trajet : env 21h.

➢ ***Corumbá*** *(Mato Grosso do Sul)* ***:*** se rendre d'abord à Cuiabá puis changer de bus à Campo Grande (prévoir 2 j. de trajet !).

Comment se déplacer ?

À Brasília, les rues n'ont pas de nom mais un numéro de quadra, de bloc et de lot. 2 axes principaux coupent la ville : l'Eixo Monumental ouest-est (autour duquel on trouve les principaux monuments) et l'Asa nord-sud (autour de laquelle s'organisent les quartiers d'habitation et leur îlot de commerces et restos). À l'ouest de l'Asa les quadras impairs, à l'est les quadras pairs. Dans chaque quadra, les blocs se succèdent de A à C, parfois jusqu'à H, à l'intérieur desquels on trouve souvent des lots, classés par numéro. Pas simple au début de s'y retrouver, mais on s'y fait une fois assimilé cette drôle d'organisation !

➢ ***En bus :*** le bus *Circular nº 131,* arrêt « Ponte Norte », permet de rejoindre la ***rodoviária central*** *(plan A1,* ***2*** *;* ☎ 3327-4631). On y trouve tous les bus urbains indiqués plus loin dans la rubrique « À voir ». *Billet : env 2-4 Rls selon bus.*

➢ ***En taxi :*** c'est le meilleur moyen pour voir le maximum de choses, sans perdre de temps. ***Brasília Rádio Táxi*** (☎ 3325-3030). Disponibles 24h/24. Ils fonctionnent au compteur. La taxe de départ est de 4,50 Rls. Compter 15-30 Rls pour les petites et moyennes courses.

➢ ***À vélo :*** avec ***Bike Brasília City-tour.*** Infos : ● bikebrasilia.com ● Même principe que le *Vélib',* achat d'un pass (10 Rls) sur le site avec une carte de paiement, puis utilisation d'un vélo gratuitement pour une durée de 1h (compter 5 Rls/h supplémentaire). Idéal pour parcourir l'Eixo Monumental, mais les bornes manquent de vélos !

➢ ***En tour organisé :*** avec ***Brasília Citytour*** *(plan A1,* ***4****).* 📱 9339-1114 ou 9298-9416. *Kiosque de vente de billets et départ devant l'entrée du* Brasília Shopping, *le centre commercial en face de l'hôtel* Mercure. *Tlj 10h-19h. Départs lun-ven à 10h30, 14h30 et 17h ; w-e à 10h30, 13h, 15h30 et 17h. Compter 90 Rls/pers ; réduc enfants.* Un bus à impériale ouvert qui s'arrête une dizaine de minutes au pied de 5 sites architecturaux de renom. Pas d'arrêt pour d'autres comme le Memorial JK, le Palace Itamaraty ou la Tour de TV.

➢ ***Avec un guide local :*** Roland Karkour, guide francophone, résident de Brasília depuis la naissance de la ville, très sympa, de grande culture, disponible et dévoué. *Contact :* ☎ (61) 8159-2729 ; ● rokarkour@gmail.com ●

Adresses utiles

Infos touristiques et poste

ℹ ***CAT*** *(Centro de Atendimento ao Turista ; plan B2,* ***3****) :* praça dos Três Poderes. ☎ 3214-2742. ● vemviverbrasilia.df.gov.br ● turismo.df.gov.br ● *Tlj 8h-18h.* Personnel disponible et anglophone. Également un kiosque à l'aéroport.

BRASÍLIA

■ **Adresses utiles**

- 1 Rodoviária interestadual
- 2 Rodoviária central
- 3 CAT
- **4** Brasília Citytour
- **5** Banco do Brasil
- **6** HSBC
- **7** Alliance française
- **8** Ambassade de France

Où dormir ?

- **10** Hostel Planalto
- **11** Hotel das Americas et Hotel Bristol
- **12** Hotel Diplomat et Bittar Inn Hotel
- **13** Naoum Hotel
- **14** Mercure Brasília Eixo
- **15** Windsor Plaza

Où faire une pause sucrée / salée ?

- **19** Café Daniel Brand

Où manger ? Où boire un verre ? Où sortir ?

- **20** Beirute
- **21** Green's
- **22** Xique Xique
- **23** Libanus
- **24** Villa Borghese
- **25** Bier Fass
- **26** Bar Brahma
- **27** Lanchonetes et pastelerias
- **28** Feitiço Mineiro
- **29** Churrascaria Espeto de Ouro
- **30** Coco Bambu

✉ ***Poste*** *(plan A1)* **:** *dans le secteur sud des hôtels. ☎ 3325-1782. Lun-ven 9h-18h.* Fait aussi poste restante.

Argent, change

■ ***Banco do Brasil*** *(plan A2,* ***5****)* **:** *dans le Pátio Brasil (setor comercial sul,* *quadra 07). ☎ 3224-8926. Change lun-ven 11h-16h.*

■ ***HSBC*** *(plan A2,* ***6****)* ***:*** *av. W-3 Sul à l'angle avec le bloc 202. Visible de loin. Tlj 6h-22h.* Distributeurs automatiques acceptant *Visa, MasterCard* et *American Express.*

■ Également des ***distributeurs*** dans les *shopping centers.*

Représentations diplomatiques

■ ***Ambassade de France*** *(plan B2,* ***8****)* ***:*** *SES, av. das Nações, lote 04, Qd 801. ☎ 3222-3999. • ambafrance-br.org • Lun-ven 8h-12h15 ; slt sur rdv le reste du temps.*

■ ***Ambassade de Belgique*** *(hors plan par A2)* ***:*** *SES, av. das Nações, lote 32, Qd 809. ☎ 3443-1133. Urgences : ☎ 8407-9756. • diplomatie.be/brasiliafr • Lun-jeu 8h30-12h30, 14h-17h ; ven 8h30-12h30.*

■ ***Ambassade de Suisse*** *(hors plan par A2)* ***:*** *SES, av. das Nações, lote 41, Qd 811. ☎ 3443-5500. • eda.admin.ch/brasilia • Lun-ven 9h-11h30.*

■ ***Ambassade du Canada*** *(plan A2)* ***:*** *SES, av. das Nações, lote 16, Qd 803. ☎ 3424-5400. • canada.org.br • Lun-jeu 8h30-13h, 14h-17h30 ; ven 8h30-14h.*

Urgences

✚ ***Hôpital de base do DF*** *(plan A2)* ***:*** *SMHS, Área Especial, Q 101. ☎ 3315-1374.*

■ ***Médecin francophone :*** ***Frédéric Steenhouver,*** *☎ 3223-8331.*

■ ***Ambulances :*** *☎ 192.*

■ ***Pharmacies ouvertes 24h/24 :*** ***Drogaria Rosário,*** *SCLN 116, bloco C, lojas 12, 16 et 20. ☎ 3212-1000. Également SCLN 312, bloco B, lojas 12 et 23.*

■ ***Police :*** *☎ 190 et 197.*

Transports aériens

■ ***TAM :*** *SHIS, quadra 7, s/n, bloco E, lago Sul. ☎ 3364-9744. À l'aéroport : ☎ 3364-9509. • tam.com.br •*

■ ***GOL :*** *SHIS, quadra 7, s/n, bloco E, lago Sul. ☎ 3364-9270. Bureau à l'aéroport : ☎ 3364-9373. • voegol.com.br •*

Divers

■ ***Alliance française*** *(hors plan par A2,* ***7****)* ***:*** *à Asa Sul, SEP-Sul E.Q. 708/907, lote A, près de l'école française François-Mitterrand. ☎ 3262-7600. Également dans le quartier sudoeste : CLSW 301, bloco A, loja 86. ☎ 3344-6880. • afbrasilia.org.br • Lun-jeu 8h-21h, ven 8h-19h, sam 8h-12h.* Institution culturelle dynamique, idéale pour rencontrer des Brésiliens francophones. Bonne sélection de livres et de journaux français, expos temporaires, projections de films et quelques concerts (gratuits). Cafétéria dans un agréable patio fleuri et petit jardin tropical.

Où dormir ?

Attention : Brasília n'a pas été conçue pour les touristes, mais pour les congressistes et les hommes d'affaires. Résultat : très peu d'adresses bon marché pour les routards. Cela dit, la plupart des établissements cassent les prix le week-end (de 40 à 50 % de remise !), lorsque les administrations sont fermées. Par ailleurs, on vous recommande de réserver votre hébergement sur le site internet de l'hôtel, vous bénéficierez de tarifs remisés de 30 à 50 % par rapport à ceux demandés à la réception (et mentionnés ici).

De bon marché à prix moyens (moins de 130-200 Rls / env 33-50 €)

⌂ ***Hostel Planalto*** *(hors plan par B1,* ***10****)* ***:*** *rua 3, casa 3, Vila Planalto. ☎ 3081-8184. 📱 8333-3800. • hostelplan@icloud.com • À env 6 km du centre par la via L4N, dans le secteur de Vila Planalto. Bus nº 104.1 depuis la* rodoviária central, *arrêt* Via L Quatro Norte ; *depuis l'aéroport, bus nº 102 jusqu'à la* rodoviária. *Compter* *env 70 Rls/pers en dortoir ; double env 200 Rls ; petit déj compris.* Un brin excentré mais au calme dans un quartier résidentiel verdoyant, une AJ impeccable dans une maison neuve avec des dortoirs colorés de 4-6 lits, tous avec salle de bains au carrelage immaculé. Également des doubles spacieuses, avec douche italienne, clim, frigo, TV écran plat... En prime, vaste terrasse et solarium sur le toit avec bar, hamacs, cuisine commune bien équipée, barbecue et jardin avec fruits exotiques à dispo. Israel, le jovial patron, est parfaitement francophone et se plie en quatre pour ses hôtes. Resto et bars à proximité, vers la résidence présidentielle. Vraiment bien !

Prix moyens (130-200 Rls / env 33-50 €)

Hotel das Americas *(plan A1, **11**) : SHS, quadra 04, bloco D.* ☎ *3034-3355.* • *hoteisbittar.com.br* • *Doubles env 150-230 Rls selon saison et j., quelques fois plus en mai.* Oublier la façade vieillotte et sa situation (comme ses concurrents) dans la zone hôtelière sans charme, cet hôtel recèle de belles chambres refaites dans un style moderne, de très bon rapport qualité-prix. Agréables et confortables, elles ont toutes un lit *queen*, la clim et un frigo-bar. Abrite aussi un restaurant.

Bittar Inn Hotel *(plan A1, **12**) : SHN quadra 2, bloco N.* ☎ *3704-3010.* • *hoteisbittar.com.br* • *Doubles env 135-220 Rls.* Situé dans un bloc d'hôtels vieillots et bons marchés, pas de quoi être émerveillé par la bâtisse, mais les prix sont très abordables pour la ville. Pas de clim mais ventilo dans les chambres, propres et fonctionnelles, décorées simplement. La marque *Bittar* reste une garantie de qualité hôtelière à Brasília.

Hotel Diplomat *(plan A1, **12**) : SHN quadra 2, bloco N.* ☎ *3704-3010.* • *diplomathotelbrasilia.com* • *Doubles env 130-220 Rls, mais promos importantes selon affluence.* Dans le même esprit que ses voisins, mais avec une façade un peu moins datée 70's. Des chambres sobres, sans déco particulière, mais propres avec clim et frigo. Celles au niveau inférieur sont très petites et avec un vasistas pour fenêtre, mais elles sont proposées à prix riquiqui. Bon accueil.

De chic à très chic (300-500 Rls / env 50-125 €)

Naoum Hotel *(plan A1, **13**) : SHS, quadra 03, bloco J.* ☎ *3212-4555.* • *naoumhoteis.com.br* • *Doubles env 200-440 Rls (w-e ou sem), petit déj inclus.* Incontestablement le meilleur hôtel dans cette gamme de prix. Un immeuble à taille humaine, de 4 étages, moderne et net, qui abrite des chambres très bien équipées et décorées sobrement, au goût du jour. Services de qualité et copieux petit déj-buffet.

Hotel Bristol *(plan A1, **11**) : SHS, quadra 4, bloco F.* ☎ *3204-6162.* • *bristolhotel.com.br* • *Doubles env 200-300 Rls (w-e ou sem), petit déj inclus.* Bon hôtel également, si on fait abstraction de sa façade franchement démodée. Des chambres de bonne taille, refaites dans un style très actuel, avec mobilier en pin clair, grand miroir, clim, coffre-fort... Un petit resto agréable et, cerise sur le gâteau, une piscine toute ronde qui coiffe le toit de l'immeuble.

Mercure Brasília Eixo *(plan A1, **14**) : SHN, quadra 5, bloco G.* ☎ *3424-2000.* • *mercure.com.br* • *Doubles 500-600 Rls en sem, moitié moins le w-e ; petit déj-buffet inclus. Voir les bonnes promos sur le site internet !* Bel hôtel de standard international (près de 330 chambres), particulièrement avantageux les vendredi et samedi soir. Confort et service à l'image du groupe *Accor,* très bien implanté au Brésil. Chambres cossues, clim silencieuse, lit *king size,* certaines avec kitchenette. Autrement, piscine, sauna, fitness et tout le tralala inclus dans le prix. Restaurant pour dîner en amoureux. Demandez une chambre aux derniers étages, la vue est imprenable !

Windsor Plaza *(plan A1, **15**) : SHS, quadra 5, bloco H.* ☎ *3322-4545.* • *windsorhoteis.com* • *Doubles env 280-600 Rls (w-e ou sem), petit déj* *inclus. Voir les promos importantes sur le site internet !* Dans le genre super chic, encore un établissement qui sait tirer parti de sa situation ! Chambres luxueuses, de grand confort, rehaussées de bois sombre, avec meubles cossus et petits balcons. Piscine, sauna et resto de cuisine internationale. Un bon plan pour le week-end. Excellent accueil, classieux.

Où faire une pause sucrée / salée ?

Café Daniel Briand *(hors plan par A-B1,* ***19****) : CLN 104, bloco A, loja 26. ☎ 3326-1135. Tlj sf lun 9h (8h w-e)-22h.* Dans ce café-bistrot à la française, on trouve toutes sortes de pâtisseries et viennoiseries, des macarons, des petits-fours, mais aussi des tartes salées, des galettes, du vin au verre (très bien choisi), du café (remarquable aussi)... Le maître des lieux, le jovial Daniel Briand (originaire d'Anjou), pâtissier-chocolatier de métier, s'est enraciné à Brasília (sa femme est une Brésilienne ex-prof de fac). Connu comme le loup blanc, il organise souvent des soirées à thème (causeries sur divers sujets), autour d'un buffet. Agréable salle intérieure dans le style bistrot parisien, terrasse extérieure verdoyante, toujours pleine à craquer ! Une adresse incontournable pour prendre le petit déj, faire une pause gourmande ou simplement boire un verre.

Où manger ? Où boire un verre ? Où sortir ?

Peu de restos finalement pour une capitale. La plupart sont réunis dans l'îlot commercial de quadras assez excentrés par rapport aux hôtels. Il faudra donc prendre un taxi pour aller dîner. Sinon, il reste les restos des galeries commerciales ; certains sont très corrects. Côté vie nocturne, soyons clairs, Brasília n'est pas Rio ! Passé minuit, alors que les Cariocas commencent à peine à s'échauffer, les Brasílienses regagnent leurs pénates. C'est dans l'aile sud et plus particulièrement dans les 201, 206 et 109 que ça se passe. Sinon filez dans les clubs du bord du lac, où se retrouve la classe aisée.

Bon marché (moins de 40 Rls / env 10 €)

Lanchonetes et pastelerias au pied de la tour de la télévision *(plan A1,* ***27****) : du côté nord de la tour de la télévision, en contrebas de celle-ci à env 150 m, impossible de ne pas les voir. Mar-dim 8h-18h.* Les locaux appellent cet endroit la *Feira da Torre*. Une bonne quarantaine d'éventaires de cuisine répartis dans deux ailes. Ces *lanchonetes* proposent les petits plats classiques de la cuisine brésilienne populaire. Les terrasses se suivent et se ressemblent, de même que les tarifs bon marché.

Green's *(plan A2,* ***21****) : CLS 202, Asa Sul, bloco C, s/n, loja 4, ☎ 3321-5039. Tlj sf sam 10h-22h. Autre adresse : asa Norte, 302, bloco B, s/n, loja 4. ☎ 3326-0272. Tlj sf dim 11h30-22h.* Dans une rue commerçante où se concentrent plusieurs bars et restos. Ce resto *ao kilo* propose de nombreuses formules 100 % bio et végétariennes. Buffet avec un grand choix de soupes à volonté, salades fraîches et naturelles, le tout à prix sages. Vin au verre pour écluser le tout. Très beaux desserts.

De prix moyens à chic (40-100 Rls / env 10-25 €)

Churrascaria Espeto de Ouro *(plan A1,* ***29****) : SHN QD 2, Térreo Bl-I. ☎ 3328-6192. Tlj 12h-16h, 19h-23h. Menu unique 84 Rls le midi, 70 Rls le soir.* Dans la zone hôtelière, une aubaine que cette *churrascaria* ! La viande, servie à volonté dans un ballet incessant de serveurs, est juteuse, goûteuse et tendre. Pas moins d'une quinzaine de morceaux différents, coupés en fines lamelles à partir de brochettes. Buffet à volonté pour accompagner. Après la grosse régalade, arrivé à saturation, il faudra bien crier « Stop » ! Ne pas manquer de goûter à la caïpirinha, faite devant vous, l'une des meilleures dégustées dans la région !

Beirute *(hors plan par A2,* ***20****) : SCLS 109, bloco A, lojas 2-4. ☎ 3244-1717. Tlj 11h-1h (2h jeu-sam).* Malgré les années, ce resto syro-libanais n'a pas pris une ride ! On y vient depuis des décennies pour ses *kibeirutes* et ses plats brésiliens. Son cadre aéré en fait d'ailleurs un lieu de rendez-vous idéal ! La déco est toute simple : d'un côté les popotes, de l'autre la salle avec des bancs et tables de bois, et dehors la terrasse (un arbre est même intégré à la toiture en tôle). Les serveurs sont efficaces et n'ont pas changé depuis la création de la maison.

Bar Brahma *(plan A2,* ***26****) : SCLS 201, bloco C, loja 33. ☎ 3224-9313. • barbrahmabrasilia.com.br • Lun-sam 12h-3h. Couvert musical.* Grand bar et grande terrasse où des groupes du Minas Geiras se produisent en live pratiquement tous les soirs dès 19h. Le samedi (midi et soir !), c'est le jour béni de la *feijoada,* et après avoir dégusté ledit « cassoulet » brésilien, tout le monde se met à guincher pour la digérer. Une institution à Brasília.

Xique Xique *(hors plan par A2,* ***22****) : CLS 107, bloco E, loja 2, Asa Sul. ☎ 3244-5797. Tlj 11h-minuit.* Un bon petit resto à prix raisonnables pour la qualité. Attention, un plat nourri facilement 2-3 personnes. Les amateurs de *carne do sol* (viande séchée au soleil) ne rateront pas l'occasion pour goûter à la fameuse *completa,* LA spécialité de la maison ! Mais le chef en propose également une version avec en plus du *queijo do sertão* (fromage cuit). Chic *Xique* alors !

Libanus *(plan A2,* ***23****) : SCLS 206, bloco C, loja 36. ☎ 3244-9795. Tlj 11h-1h (2h ven-sam).* Un endroit très populaire pour prendre un verre, avec sa grande véranda prolongée par une terrasse. Le vendredi soir, faut jouer fin pour obtenir une table compte tenu de l'affluence ! Bonne cuisine... libanaise (donc !). Pas mal de choix et qualité régulière.

Coco Bambu *(plan A1,* ***30****) : SCN Quadra 05, bloco A, Asa Norte – dans la galerie commerciale du* Brasília *Shopping Center. ☎ 3038-1818. Tlj 12h-minuit.* Recommander un resto dans une galerie marchande de centre commercial, on aura tout vu ! Soulignons tout de même que c'est l'un des seuls restos dans le quartier des hôtels (donc pas besoin de prendre un taxi pour aller dîner), que le cadre est plutôt agréable et que les tarifs sont très abordables. Bon choix à la carte, avec crevettes en sauce comme spécialités, servies copieusement (un plat suffit pour 2), mais la pizza se défend bien également, déclinée en une cinquantaine de variétés. Service efficace.

Plus chic (plus de 100 Rls / env 25 €)

Feitiço Mineiro *(hors plan par A-B1,* ***28****) : SCLN 306, bloc B, lojas 45-51. ☎ 3272-3032. Lun-sam jusqu'à minuit et plus, dim 12h-17h.* Un très bon restaurant traditionnel qui sert de la cuisine du Minas Gerais. Le décor est celui d'une petite auberge, chaleureuse et sans prétention. On y mijote des plats très goûteux (très copieux aussi) à des prix sages : *galinha ao molho pardo, pernil a mineira...* Musique *ao vivo,* groupes locaux de qualité, tous les soirs. Vraiment une bonne adresse authentique et conviviale.

Villa Borghese *(plan A2,* ***24****) : SCLS 201, bloco A, loja 33, Asa Sul. ☎ 3226-5650. Tlj 12h-15h, 19h-minuit. Résa conseillée.* Dans un décor de style toscan, une cuisine italienne transmise de mère en fille et exécutée par Ana Toscano. En fait, le fond est italien, mais le chef y ajoute une touche brésilienne, c'est-à-dire des épices et des condiments. Les vins chiliens sont les plus abordables.

Bier Fass *(hors plan par A2,* ***25****) : SHIS, lote 9, Pontão do Lago Sul. ☎ 3364-4041. Tlj 12h-1h (2h ven-dim).* Y aller à plusieurs entre amis en taxi de nuit de préférence. La traversée du lac Pontão (Lago Sul) sur le pont Costa e Silva avec au loin le pont JK illuminé (œuvre futuriste d'un architecte français) est un enchantement. Ce grand bar-resto musical se trouve dans un quartier résidentiel assez chic, au bord du parc qui longe la rive sud du lac. On y boit, on y mange et on peut écouter de la musique. C'est spacieux, animé, et un lieu de rendez-vous incontournable des copains, copines, collègues et familles.

À voir

Vous pouvez vous débrouiller seul et à pied pour visiter les monuments de l'axe principal de la ville *(Eixo Monumental)* ; pour les autres curiosités, prendre un bus ou un taxi. Si vous ne restez qu'un jour, prenez un tour organisé (voir plus haut « Comment se déplacer ? »). Enfin, sachez que tous les monuments et les musées de la ville sont gratuits, à l'exception du mémorial de Kubitschek.

Autour de l'esplanade des Ministères (Eixo Monumental)

Santuário Dom Bosco (plan A2) : *SEPS 702, bloco B. ☎ 3223-6542. Bus nos 107 et 105. Tlj 7h-20h. Messes lun-sam à 7h et 18h, dim à 8h, 11h, 18h et 19h30. Concert philarmonique mar à 20h. GRATUIT.*
L'architecte Carlos Alberto Naves a conçu la plus belle architecture intérieure du Brasília monumental. Pas nécessaire d'être baptisé pour l'apprécier. Les « murs » de l'église sont formés de haut en bas de vitraux composés de milliers de morceaux de verre bleu, mauve et rose. Il y a 12 tonalités différentes de bleu (la couleur dominante). L'effet de luminosité est fantastique. Au plafond, un lustre de 2,6 t et 7 500 boules de cristal de roche. Un sentiment de paix extraordinaire se dégage de l'ensemble. Ce fut la première œuvre et le coup de maître de ce jeune architecte.

LE POIDS DU MONDE...

Un lustre énorme (2,6 t) en verre de Murano servirait de contrepoids à la structure du sanctuaire Dom Bosco. S'il n'existait pas, le plafond éclaterait vers l'extérieur. C'est en tout cas ce que disent certains. D'autres affirment que le lustre ne fut installé que 3 ans après la construction de l'église... Essayez de le décrocher pour voir !

Torre de Televisão (plan A1) : *sur l'Eixo Monumental. ☎ 3321-7944. Bus nº 131. Accès en ascenseur pour la plateforme, tlj sf lun 9h-18h30. GRATUIT.*
Avec 230 m de hauteur (antenne incluse), son principal intérêt est le point de vue qu'elle livre de son 2e étage, à 75 m. Quel point de vue sur Brasília et son urbanisme futuriste ! Au sud de l'axe gouvernemental se dressent les deux *tours du Congrès* avec le Sénat (bol renversé) et la Chambre des députés (bol droit). Juste devant, au premier plan, au centre, la *gare centrale des bus,* et de chaque côté, deux centres commerciaux, les plus grands d'Amérique du Sud. Les immeubles identiques qui courent en parallèle sont les différents ministères. Devant eux, la cathédrale (en couronne) à droite et le *Teatro nacional* à gauche. De l'autre côté du lac, au loin, une forêt de maisons basses aux toits rouges forme le quartier résidentiel (sénateurs, députés, ministres...).
De chaque côté partent les « ailes de l'avion », les quartiers d'habitation. Plus on est pauvre, plus on est logé au bout des ailes. Beaucoup plus loin, on aperçoit quelques cités satellites, longues séries d'habitations construites à la hâte pour les immigrants venus du Nordeste.

Teatro nacional Cláudio Santoro (plan A-B1) : *Eixo Monumental, W-3 Norte ; entre la rodoviária et le ministère de la Culture et de l'Éducation. ☎ 3325-6239.*

***Attention** : fermé pour restauration, pour une durée indéterminée.* C'est le plus grand d'Amérique du Sud, construit en 1979. Sa forme est inspirée d'une pyramide aztèque. Les jardins sont de Burle Marx, la déco intérieure d'Athos Bulçao, et la sculpture représentant un contorsionniste est d'Alfredo Ceschiatti.

Museu nacional *(plan B1-2)* **:** *esplanada dos Ministérios, sur l'Eixo Monumental. ☎ 3325-5220. Bus nº 108. Tlj sf lun 9h-18h30. GRATUIT.* Est-ce une soucoupe volante ou un abri antiatomique ? La carapace d'un extravagant crustacé futuriste ? Entre la Bibliothèque nationale et la *Catedral Metropolitana,* sur une vaste esplanade, voilà une œuvre tardive de Niemeyer. Le vieil architecte avait 98 ans lorsqu'il a conçu ce monument ! Inauguré en 2007, l'ensemble mériterait un bon coup de peinture blanche ! On y accède par une longue rampe qui pénètre à l'intérieur sous une immense coupole de 50 m de diamètre. Ce musée ne présente que des expos temporaires, merveilleusement mises en valeur par ce volume impressionnant. Une salle plus petite, dont l'entrée est située sous la rampe, présente de plus modestes expos, temporaires également.

Catedral metropolitana *(plan B2)* **:** *esplanada dos Ministérios, av. L2 Sul, 601, sur l'Eixo Monumental. ☎ 3224-4073. Bus nº 108. Tlj 8h-17h (18h sam, 19h dim). 1 messe/j. en sem à 12h15, sam à 17h, dim à 8h30, 10h30 et 18h. GRATUIT.*
Avec son dôme en forme de couronne d'épines, c'est le plus bel exemple d'union libre heureuse entre le verre et le béton. Son architecte, le génial Oscar Niemeyer, était agnostique et communiste, mais il comprenait le christianisme mieux que quiconque (il en avait été saturé dans son enfance). Il a inventé pour Brasília une merveilleuse cathédrale moderne à taille humaine. Construite en 1956, elle ne fut inaugurée qu'en 1970 !
À l'extérieur, l'accueil est assuré par les évangélistes, quatre belles sculptures de 3 m de haut signées par le fameux Alfredo Ceschiatti. La galette posée un peu plus loin sur la gauche abrite (qui l'eût cru ?) les fonts baptismaux. Sur la droite, un clocher supportant quatre grosses cloches forgées à Saragosse. On accède dans l'édifice par une descente qui révèle progressivement le ciel à travers des vitraux où des anges suspendus à des filins semblent flotter dans l'espace. Noter la disproportion de leur taille, qui accentue la perspective et la notion d'espace. Au-dessus de l'autel, un œuf symbolise la vie.

Palácio Itamaraty *(plan B2)* **:** *esplanada dos Ministérios, sur l'Eixo Monumental. ☎ 3411-8051. Bus nºs 108 et 104. Visites guidées ttes les heures, tlj 9h-11h, 14h-17h (sf 10h et 16h w-e et j. fériés). GRATUIT.*
Après la succession des 15 ministères, parallélépipèdes identiques (pas de jalousie entre eux) et bien alignés, le ministère des Affaires étrangères, appelé encore *Itamaraty* (du nom de l'ancien ministère à Rio), apparaît comme une œuvre qui focalise les regards. C'est l'un des plus « élégants » édifices de Brasília et une des œuvres les plus célèbres de Niemeyer. Connu aussi sous le nom de *Palacio dos Arcos,* il fut inauguré en 1970. Des colonnes en arches fines et élancées surgissent de l'eau et paraissent se prolonger dans son reflet, donnant à l'ouvrage une harmonieuse légèreté. Dans le bassin, un météore, œuvre du sculpteur Bruno Giorgi, symbolise les cinq continents.
La visite commence par une vaste salle aménagée par le paysagiste Burle Marx (auteur aussi des parties externes qui forment le « miroir d'eau ») et décorée de peintures d'Athos Bulçao et d'Alfredo Volpi, prolongée d'un jardin d'hiver. Noter la forme de l'escalier (dessin de Niemeyer). Plus haut, on peut voir la table sur laquelle la Princesa Isabel do Brasil, régente de l'empire du Brésil, signa la *Lei Aurea,* la loi qui abolit l'esclavage en 1888. Au dernier étage, vaste salle de réception, agrémentée d'objets offerts par des pays amis, ouverte sur une terrasse-jardin avec des œuvres de Lasar Segall et de Victor Brecheret, père de la sculpture moderniste brésilienne.
– À côté du *palácio,* un long bâtiment de 1962 dont la façade se compose de centaines de carrés jaunes, orange et bruns. Il est l'œuvre de Sergio Bernades,

l'architecte favori du président Quadros, qui ne voulait pas que Niemeyer fût totalement le maître d'œuvre de Brasília.

Praça dos Três Poderes *(plan B2)* **:** *bus nos 108 et 104. À noter : shorts ou bermudas interdits dans la plupart des bâtiments officiels.*
La place des Trois Pouvoirs : le centre du quartier gouvernemental et administratif formé par le ***Congresso nacional*** (pouvoir législatif), le ***Palácio de Planalto*** (pouvoir exécutif) et le ***Supremo Tribunal Federal*** (pouvoir judiciaire). C'est un des lieux les plus lumineux et aérés de Brasília, la « tête du fuselage », la « cabine de pilotage » de la ville futuriste et du Brésil.
– Sur cette vaste esplanade se dressent plusieurs sculptures comme *A Justicia* d'Alfredo Ceschiatti ; plus loin *Os Candanguos* (ou *Os Guerreros*) de Bruno Giorgi qui célèbre la mémoire des pionniers, ces milliers d'ouvriers venus défricher le terrain et élever les premières tours de la ville. La sculpture *O Pombal* est signée Oscar Niemeyer.
– L'***Espaço Lúcio Costa*** (en sous-sol, accès par un escalier au centre de la place) abrite une grande maquette de Brasília *(☎ 3325-7597 ; tlj sf lun 9h-18h)* et rend hommage à cet urbaniste concepteur du plan d'ensemble (le *plano Piloto*).
– Le ***museu da Cidade*** *(☎ 3325-5254 ; tlj sf lun 9h-18h)* est ce long bâtiment rectangulaire en pierre de taille, reposant sur un socle unique, au bord de la place. Un tout petit musée... tout vide ! Aux murs, des extraits de textes de Juscelino Kubitschek, gravés dans le marbre, qui relatent la construction de Brasília et le transfert de la capitale. Pour en savoir plus, mieux vaut visiter son superbe *Memorial* (voir plus loin).
– ***Panteão da Pátria*** *(☎ 3325-6244 ; tlj sf lun 9h-18h).* En contrebas de l'esplanade, réalisé par Niemeyer et inauguré en 1986 en l'honneur de Tancredo Neves à qui les militaires donnèrent le pouvoir en 1984. Il mourut juste avant son investiture. Ce *monument de la Liberté* rappelle l'envol d'une colombe, ainsi que la forme du Brésil. À l'intérieur, belle fresque représentant le martyre de Tiradentes.
– À côté, impossible de manquer l'immense tour métallique au sommet de laquelle flotte le ***drapeau du Brésil*** (immense aussi).

Congresso nacional *(plan B2)* **:** *praça dos Três Poderes, Eixo Monumental Leste, zona civico administrativa. ☎ 3216-1771. Tlj 9h-17h30. Visite guidée gratuite ttes les 30 mn (guide francophone en principe à 12h45 ou sur résa). Tenue correcte de rigueur et passeport demandé.*
Le Congrès est un monument symbolique de la capitale. On ne peut pas le rater. Conçu par Oscar Niemeyer (encore et toujours lui !) et inauguré en 1960, il est formé de deux bâtiments, hauts et étroits, curieusement accolés l'un à l'autre, qui abritent la Chambre des députés et le Sénat. Au pied de ces deux tours, deux immenses « bols », l'un tourné vers le ciel, représentant la Chambre des députés, l'autre retourné, symbolisant le Sénat. La visite détaille le fonctionnement de ces chambres. On appréciera les vastes espaces vides aux lignes courbes et kitsch, rappelant certains décors de films de Jacques Tati.

SYM-BOL-IQUES !

Les deux bols qui flanquent les tours du pouvoir législatif brésilien sont hautement symboliques. Le bol du Parlement, dont la concavité est tournée vers le ciel, est ouvert, libre, de manière à récolter un maximum d'idées ; celui du Sénat, en revanche, possède une concavité tournée vers le bas, de manière à conserver ces idées. Mais les Brasílienses ont eu tôt fait d'interpréter l'architecture de Niemeyer à leur manière, en affirmant que le bol renversé évoque des sénateurs rassasiés tandis que l'autre symbolise les députés qui réclament de l'argent.

Supremo Tribunal Federal *(Cour suprême ; plan B2)* **:** *praça dos Três Poderes. ☎ 3217-4038. Bus nos 108 et 104. Visites guidées gratuites (30 mn) le w-e slt*

10h-15h30. Siège du pouvoir judiciaire fédéral. Une architecture élégante aux proportions parfaites avec des lignes courbes encadrant des lignes droites, on reconnaît le style de Niemeyer. Il ressemble aussi au *Palácio do Planalto,* situé en face de l'autre côté de la place. Exposition permanente de projets architecturaux de tout le pays. Devant, une statue de la Justice aux yeux bandés (œuvre d'Alfredo Ceschiatti).

Palácio do Planalto (plan B2) **:** *quand on regarde la place vers le sud, le palais se trouve à gauche. ☎ 3411-2317. Visite possible, slt dim 9h30-14h, départ ttes les 20 mn. GRATUIT. Relève de la garde tlj, ttes les 2h, 8h-18h.* C'est le palais présidentiel. Le drapeau national est hissé lorsqu'il (ou elle) est présent. Il est gardé par les *dragons de l'indépendance,* des soldats d'apparat en grand uniforme blanc. Au rez-de-chaussée, petite galerie des glaces. La visite, très bavarde, est recommandée à ceux qui comprennent bien le portugais, les autres se contenteront de voir de vastes pièces vides avec quelques cadeaux offerts par des présidents amis, la célèbre salle de presse que l'on voit régulièrement à la TV, la salle où se réunissent les ministres autour du président, et le bureau du président tout en baie vitrée ouverte sur l'esplanade de la *praça dos Três Poderes*.

Palácio da Justiça (plan B1-2) **:** *esplanada dos Ministérios, sur l'Eixo Monumental. ☎ 2025-3216. Ne se visite pas.* Inauguré en 1963, ce bâtiment public est une des plus belles œuvres de Niemeyer. Curieuse façade animée par de monumentales gargouilles placées à des hauteurs différentes et déversant de l'eau dans un bassin. L'art de faire du béton un matériau léger.

À l'ouest

Parque da Cidade – Sarah Kubitschek (plan A1-2) **:** *Eixo Monumental Sul. ☎ 3226-7038. Tlj à tte heure.* Très grand parc de 40 ha situé en pleine ville. Piscine à vagues, terrains de jeux, aires de pique-nique, piste d'hélicoptères, manèges et attractions le week-end, *lanchonetes,* etc.

Igrejinha N. S. de Fátima (hors plan par A2) **:** *entre les quadras 307 et 308 Sul. ☎ 3242-0149. Tlj sf dim ap-m 9h-20h.* Œuvre d'Oscar Niemeyer construite en 100 jours, en 1958, à la demande de la Première dame du pays. C'est le premier édifice religieux de Brasília. Jolie façade ornée d'azulejos aux motifs de la colombe et de l'étoile polaire. Notez son toit en forme de coiffe de religieuse.

– Dans le quadra suivant, le 308 Sul, les passionnés d'architecture pourront voir une ***cité Le Corbusier*** de 11 immeubles sur pilotis, en parfait état, tous de couleurs différentes. Amusant flash-back kitsch dans le siècle dernier.

Au nord

Memorial Juscelino Kubitschek (hors plan par A1) **:** *Eixo Monumental, Lado Oeste, praça do Cruzeiro. ☎ 3225-9451. • memorialjk.com.br • Bus nº 131. Tlj sf lun 9h-18h. Entrée : 10 Rls ; gratuit dernier dim du mois.*

Quelques années après la mort de Kubitschek en 1976, sa veuve Sarah demanda à Niemeyer de penser à un projet de mémorial pour rendre hommage à son mari. En une semaine, la maquette fut prête ! Le monument vit le jour en 1981.

Une sculpture de Juscelino Kubitschek salue le visiteur de la main du haut d'une faucille. On pense alors à l'anecdote du général qui présida à son inauguration, celui-là même qui... l'arrêta au début de la dictature.

À l'intérieur, expos sur l'histoire de Brasília, et, bien entendu, sur la vie de l'ancien président. Au rez-de-chaussée, exposition d'objets personnels et reconstitution fidèle de sa bibliothèque. Remarquez l'importante collection de livres de médecine en français et les neuf ouvrages de Shakespeare, datant de 1820, offerts par la reine d'Angleterre. Accroché au mur, l'ordre national de la Légion d'honneur française décerné à Kubitschek en 1956. À l'étage, le mémorial prend toute sa dimension : on a l'impression de pénétrer dans une véritable crypte. Notez le tombeau, au centre du mémorial, à la limite du kitsch. Certains millénaristes exaltés considéraient, rappelons-le, Kubitschek comme une réincarnation du pharaon Akhenaton... Le sentiment que Brasília est le résultat d'un rêve fou, une utopie futuriste teintée de mégalomanie, s'empare inexorablement des esprits.

Memorial dos Povos Indígenas *(mémorial des Peuples indigènes ; hors plan par A1)* **:** *Eixo Monumental Oeste, praça de Buriti. ☎ 3342-1156. Bus nos 108.4 et 108.5. Face au mémorial Kubitschek. Mar-ven 9h-17h, w-e et j. fériés 10h-17h. GRATUIT.* On fit appel à l'inusable Niemeyer pour concevoir l'architecture de ce bâtiment inauguré en 1987. Le dessin en spirale s'inspire des grandes maisons traditionnelles des Indiens Yanomami. Ce musée, très intéressant, présente les riches collections des anthropologues Darcy Ribeiro, Berta Riberio et Eduardo Galvao qui étudièrent pendant plusieurs années les peuples indiens du Brésil. Superbes masques, poteries, sculptures, parures aux plumes multicolores, etc. Monument hautement symbolique, il a accueilli la dépouille de l'indien Gaudino Pataxo assassiné par des jeunes le 20 avril 1997. Accueille aussi des objets provenant d'autres musées indigènes du monde entier. Le musée organise parfois des spectacles de danse traditionnelle dans le patio.

Sur le chemin de ces deux mémoriaux, on remarquera le célèbre ***stade national de Brasília Mané Garrincha,*** pouvant accueillir 72 000 personnes. À 2 km plus au nord, sur la droite, une route à six voies, servant aux défilés militaires, conduit au ***quartier général de l'armée,*** un vaste camp militaire avec son pentagone et un étonnant auditorium avec sa coque géante en forme de pommeau d'épée à l'effet d'écho saisissant. En face, le ***jardin des cristaux*** du paysagiste Roberto Burle Marx.

Au sud-est

Palácio da Alvorada *(hors plan par B2)* **:** *situé sur la peninsula do Alvorada, au bord du lac Paranoá (Setor de Hoteis e Turismo Norte). ☎ 3411-2317. Visite slt mer 15h-17h, départ ttes les 30 mn. GRATUIT.* C'est la résidence officielle du président du Brésil. Posée, un peu à l'instar de la Maison-Blanche, sur une esplanade exempte de grilles. Symbole de la République brésilienne, c'est l'une des premières constructions, édifiée en 1958, avant que le plan de Brasília ne fût définitivement établi, ce qui explique sa situation excentrée. Œuvre de Niemeyer, ce « palais de l'aube » est célèbre pour ses colonnades blanches en marbre qui s'ouvrent en demi-cercle, tels des hamacs. La visite des jardins se fait en bus au départ du parking du palais.

Quartier des ambassades *(plan B2)* **:** *sur l'av. das Nações.* Intéressant à visiter en taxi. Au total, une cinquantaine d'ambassades sur les 160 présentes à Brasília. Chacune, dans ce quartier, est installée sur un terrain de 2,5 ha et a été construite par un architecte différent, plus ou moins dans le style du pays. Ainsi, celle d'Espagne ressemble à un Alhambra de béton, celle de France à un bâtiment de Le Corbusier et celle de Suède se répartit en quelques chalets de forêt tout simples.

Plus au sud, vers le lago Paranoá

Le pont JK *(Juscelino Kubitschek ; hors plan par B2)* **:** *à env 4 km au sud de Brasília.* Ce grand pont qui enjambe le lac artificiel Paranoá est une merveille architecturale. De nuit, illuminé, il est encore plus surprenant. Inauguré en 2002, il assure la liaison entre le *Setor Habitacional Individual Sul do Brasília* et le *Setor do*

Clubes (secteur des bars, des clubs, etc.). Conçu dans l'esprit futuriste de feu Niemeyer, ce pont a été dessiné par Alexandre Chan (architecte brésilien né en 1942) et réalisé par l'ingénieur Mario Vila Verde. Son architecture consiste grosso modo en une large voie d'autoroute légèrement courbe et suspendue par des dizaines de câbles à trois immenses arches arrondies et entrecroisées. On dit qu'Alexandre Chan se serait inspiré du mouvement d'une pierre rebondissant trois fois à la surface de l'eau... Assurément poétique, cette vision artistique ne fut pas très facile à concrétiser. Véritable casse-tête chinois pour les ingénieurs et les ouvriers de l'entreprise de construction, le résultat est une prouesse technique et une œuvre d'art d'exception !

CCBB – _Centro Culturais do Banco do Brasil_ *(hors plan par B2)* **:** *à env 4 km au sud de Brasília, avt le pont JK. ☎ 3310-7087. Infos : • culturabancodo brasil.com.br/portal/distrito-federal • Bus gratuit au départ de la* rodoviária central. *Tlj sf mar 9h-21h. GRATUIT.* À proximité du lac Paranoá et de sa base de loisirs, ce centre culturel installé dans un long bâtiment sur pilotis, imaginé par Niemeyer, est un incontournable pour ses expositions temporaires d'art contemporain de très grande qualité, mais aussi ses représentations théâtrales, musicales ou cinématographiques (payantes celles-ci). Bon petit snack-resto sur place.

LE MATO GROSSO ET LE MATO GROSSO DO SUL

Ces deux États sont limités par la Bolivie et le Paraguay à l'ouest, le monde amazonien au nord, et butent contre les contreforts des plateaux du centre. En portugais, *Mato Grosso* signifie « grande broussaille ». On y trouve d'interminables plaines à la végétation de savane *(cerrado).* La forêt se développe autour des vallées et s'épaissit vers le nord, pour se fondre dans la forêt vierge. Partout ailleurs, le territoire est recouvert de grandes plaines cultivées (soja, maïs) parfois ponctuées de plateaux rocheux, les *chapadas.* La plus spectaculaire est la *chapada dos Guimarães,* au nord de Cuiabá, avec ses nombreuses chutes d'eau et des canyons envahis par la végétation tropicale.

UN PEU D'HISTOIRE

La découverte du rio Paraguay remonte au XVIe s. Il faudra cependant attendre 1748 pour que la région soit intégrée à la Couronne portugaise. Son accès reste difficile, l'unique moyen de transport étant la voie fluviale. Au début du XVIIIe s, les *bandeirantes* s'aventurent dans cette région inhospitalière, à la recherche d'or, et fondent quelques villes, dont Cuiabá. Puis c'est le boom du caoutchouc et l'afflux de *seringueiros,* qui se heurtent à la résistance des Indiens. Les premiers explorateurs arrivent au XIXe s, mais ce n'est qu'en 1950 qu'est créée la première ligne de chemin de fer.
Aujourd'hui, si la région connaît un essor croissant, elle compte seulement 4,5 millions d'habitants pour une surface de plus de 1 million de km^2 (deux fois la superficie de la France). La rareté des voies de communication, le climat continental et la végétation prédominante expliquent cette faible densité de population. La principale activité est l'élevage extensif. Dans les immenses *fazendas* (fermes), les troupeaux de bovins (qui ressemblent à des zébus) paissent librement toute l'année et sont regroupés et recensés par les *vaqueiros,* une fois par an. Grands propriétaires terriens et paysans pauvres du Sud ou du Nord-Est, installés sur de petits bouts de parcelles à défricher, continuent à se disputer la terre.

Claude Lévi-Strauss au Mato Grosso

Jeune agrégé de philosophie de la Sorbonne, Claude Lévi-Strauss arrive au Brésil en 1935. Il donne des cours de sociologie urbaine à l'université de São Paulo. Sans rien connaître à l'ethnologie, il se lance dans l'aventure. Il organise des expéditions dans l'État du Mato Grosso entre 1935 et 1939, à cheval, en pirogue, cheminant avec une caravane de bœufs. Pendant de longs mois, accompagné de sa femme Dina (ethnologue) et d'une équipe chargée de la logistique, il traverse le sud du Pantanal et rencontre les Indiens caduveos, qui vivent sur la rive gauche du rio Paraguay, entre Aquidauna et Corumbá. Lévi-Strauss rallie ensuite Cuiabá à la rencontre des Indiens bororos, nambikwaras et tupis-kawahibs du Mato Grosso central. Son objectif : suivre la ligne télégraphique qui traverse le Mato Grosso de Cuiabá au rio Madeira (Amazonie). Lévi-Strauss passe par des lieux où les indigènes n'ont jamais vu un Occidental. Les rencontres sont pour lui « un choc d'une violence extraordinaire ». « Il n'y a pas de perspective plus exaltante pour l'ethnographe que celle d'être le premier Blanc à pénétrer dans une communauté indigène », écrit-il. Début 1939, il quitte le Brésil. Avec les matériaux accumulés au Mato Grosso, Lévi-Strauss écrira *Tristes tropiques,* son œuvre maîtresse (1955).

LE PANTANAL

• Carte *p. 263*

C'est sans aucun doute la plus belle réserve naturelle d'animaux du Brésil. Quand on évoque la richesse de la nature brésilienne, on pense d'abord à l'Amazonie mythique et à sa pléiade de perroquets, singes, serpents... Mais la végétation ultra-dense de la forêt amazonienne offre autant de cachettes aux yeux du routard amateur de faune exotique. C'est bien ici, dans le Pantanal, que vous pourrez observer facilement toucans, aras, ibis, mais aussi *capybaras* (sorte de hamsters géants !), innombrables caïmans et autres anacondas... Un voyage dans le Pantanal est l'occasion rêvée d'une rencontre avec une nature sauvage et préservée, où la faune et la flore s'offrent avec exubérance au regard.

À cheval sur les États du Mato Grosso et du Mato Grosso do Sul, longeant à l'ouest la frontière bolivienne, c'est une grande plaine traversée par de nombreuses rivières (le rio Paraguay et ses affluents). Pendant la saison des pluies (novembre-avril), les hauts plateaux gonflent ces cours d'eau qui inondent plus de la moitié des terres (parfois jusqu'à 2 ou 3 m d'eau au-dessus du niveau du sol). Le Pantanal devient alors un immense territoire d'étangs et de marécages où les poissons viennent pondre à l'abri. C'est aussi la période où se regroupe, autour des îlots inondés, une grande variété d'oiseaux migrateurs et autres habitants des marais : oies sauvages, hérons, aigrettes... Le plus célèbre et le plus insolite est le *tuiuiu,* oiseau symbole du Pantanal, très grand échassier muni d'un large bec pour écumer le fond des marais.

LE *PEQUI*, UN CURIEUX FRUIT

Ce fruit pousse dans les arbustes du Mato Grosso. Sa coque dure jaune orangé est couverte d'une fine et douce chair. Seule cette partie se mange, car l'intérieur n'est pas comestible, il est rempli d'épines... Le pequi faisait partie de l'alimentation des Indiens du Pantanal.

Le reste de l'année, l'eau se retire, les marais s'assèchent. Seuls quelques points d'eau subsistent et la concentration d'oiseaux et de poissons y est singulièrement élevée. Une spectaculaire chaîne alimentaire se développe alors tout autour, et l'on peut y observer des centaines d'espèces d'oiseaux, de reptiles et de mammifères.
Les oiseaux sont ici dans leur royaume : *jabiru, tuiuiu, baguari* (héron), martins-pêcheurs... De superbes envols d'aras, d'ibis ou de toucans n'attirent même plus l'œil flegmatique des milliers de *jacarés* (caïmans). Les cerfs et les fourmiliers (plus rares) s'abreuvent dans les rivières à côté du *capybara* (le plus grand rongeur du monde). À l'opposé de l'Amazonie, où les animaux se cachent dans une végétation dense, les paysages dégagés de cette plaine laissent apparaître les secrets de la vie sauvage. C'est l'une des plus fascinantes découvertes du continent sud-américain !

Infos et conseils pratiques

– Le site officiel du Pantanal recense de nombreuses infos pratiques sur la région, la faune, les différentes villes, possibilités d'excursions, etc. : ● *portalpantanal.com.br* ●
– ***Important :*** prévoyez de vous faire ***vacciner contre la fièvre jaune.*** Le vaccin est obligatoire. En revanche, le traitement antipaludéen n'est pas préconisé ni obligatoire (mais renseignez-vous auprès de l'Institut Pasteur ou d'un autre institut spécialisé en médecine tropicale avant le voyage). Et si le paludisme ne sévit pas dans la région, les moustiques abondent et sont particulièrement voraces. Prenez vos précautions !
– ***Quand y aller ? La saison des pluies*** – abondantes – se situe entre novembre et avril. Pendant cette période (particulièrement en janvier-février), il est plus difficile de se déplacer en raison des inondations, mais plusieurs pistes restent accessibles en véhicule 4x4, surtout dans le Mato Grosso. Entre mai et septembre : c'est la ***saison sèche.*** Il fait très chaud (35-40 °C), le ciel est souvent bleu et sans nuages. C'est la meilleure période pour observer les animaux.
– ***Se déplacer :***
➢ Dans le ***Mato Grosso,*** une unique piste de terre (boueuse en saison des pluies) traverse la zone : la *Transpantaneira.* Elle prend naissance à Poconé (à 2h de Cuiabá) et s'enfonce tout droit au cœur du Pantanal, jusqu'à Porto Joffre. Les moins audacieux loueront un 4x4 avec chauffeur-guide local, les autres l'emprunteront par leurs propres moyens (à condition de louer un bon véhicule). Il faut passer de nombreux ponts en bois (planches) et parfois, quand le pont est cassé, les véhicules doivent passer dans le gué de la rivière.
➢ Dans l'État du ***Mato Grosso do Sul,*** une longue route nationale (bitumée, en bon état) rallie Campo Grande à Corumbá, à la frontière bolivienne, et longe le parc du Pantanal Sud, avec plusieurs pistes de terre pour atteindre les *fazendas.*
– ***À savoir :*** dès votre arrivée à l'aéroport de Cuiabá ou de Campo Grande, vous êtes assuré d'être abordé par une ou plusieurs ***agences d'écotourisme*** qui vous proposeront leurs services pour des excursions dans le Pantanal. Le type de prestations habituel est un forfait de 2 à 5 jours comprenant le transport, les nuitées en *pousadas* ou *fazendas* traditionnelles, l'ensemble des repas et les diverses excursions dans la nature. On s'offre ainsi des escapades en 4x4, à cheval, en bateau, canoë ou à pied, à la découverte de la faune et des paysages *pantaneiros.*
Faites marcher la concurrence et ***renseignez-vous bien avant de faire votre choix.*** Les prestations (hébergement et nourriture) varient aussi en fonction du prix (toujours assez élevé) : sous la tente, en cabanon, dans une *fazenda* rustique ou une *pousada* confortable. Tout dépend de vos aspirations d'aventurier et de votre budget ! À savoir, la majorité des adresses de la région propose d'intéressantes réductions si

vous arrivez par vos propres moyens. Les prix varient parfois du simple au double.
– N'oubliez pas, pour éviter des déceptions ou de mauvaises surprises, qu'***un séjour dans le Pantanal coûte cher*** : c'est le prix à payer pour découvrir la région.

LE PANTANAL NORD

Le Mato Grosso et le Pantanal Nord présentent une végétation assez variée, alternant des paysages de *cerrado,* de marais, de forêts de palmiers ou d'eucalyptus... Au départ de Cuiabá et de Poconé, l'idéal est de loger dans les *fazendas* ou *pousadas* établies le long de la Transpantaneira. Si vous comptez parcourir cette piste par vos propres moyens, la location d'un véhicule 4x4 est vivement recommandée, voire indispensable pendant la saison des pluies. Sinon, les différentes agences de voyages sont parfaitement équipées et habituées aux conditions de route.

CUIABÁ

569 800 hab. IND. TÉL. : 65

• Plan *p. 265*

La ville fut fondée au bord du rio Cuiabá au milieu du XVIIIe s, par les explorateurs paulistes appelés *bandeirantes,* à la recherche de l'or. À quelques kilomètres du site actuel de Cuiabá, ils fondèrent un petit poste et des colons s'y installèrent. Des Indiens caiapos furent enrôlés pour le défrichement. Avec la découverte de l'or vint l'essor de la ville, qui devint la première colonie portugaise de l'ouest du Brésil au XIXe s et la troisième ville du Brésil. Les « envahisseurs » luttèrent contre les Indiens bororos et les caiapos, et n'hésitèrent pas à les décimer (sauf le maréchal Candido Rondo, protecteur des Indiens), puis à réduire les survivants à l'esclavage.

DE L'OR DANS DU MIEL

Un colon du XVIIIe s, Miguel Sutil, envoya quelques indigènes de Cuiabá à la recherche du miel sauvage. Ils revinrent le soir même, les mains remplies de pépites d'or ramassées en surface. Sutil et un compagnon appelé Barbudo suivirent les indigènes au lieu de leur collecte : l'or était là. En un mois, ils ramassèrent cinq tonnes de pépites !

Aujourd'hui, capitale du Mato Grosso, grand État minier, agricole et sylvicole, Cuiabá est une grande ville tranquille qui s'est développée rapidement. Hormis quelques vieilles demeures dans le centre, ce ne sont que tours et immeubles plus ou moins modernes. Cuiabá est aussi une des villes qui a accueilli les matchs de la Coupe du monde de football 2014. On y a construit pour l'occasion un superbe stade, l'*Arena Pantanal,* pour la modique somme de 520 millions de *reais...*
Pour les voyageurs, ce n'est qu'un point de départ pour de nombreuses excursions dans le Pantanal Nord et la Chapada dos Guimarães. Il y fait très chaud toute l'année, en particulier pendant la saison sèche, et on y mange de délicieux poissons d'eau douce, notamment le *pacú* et le *pintado.*

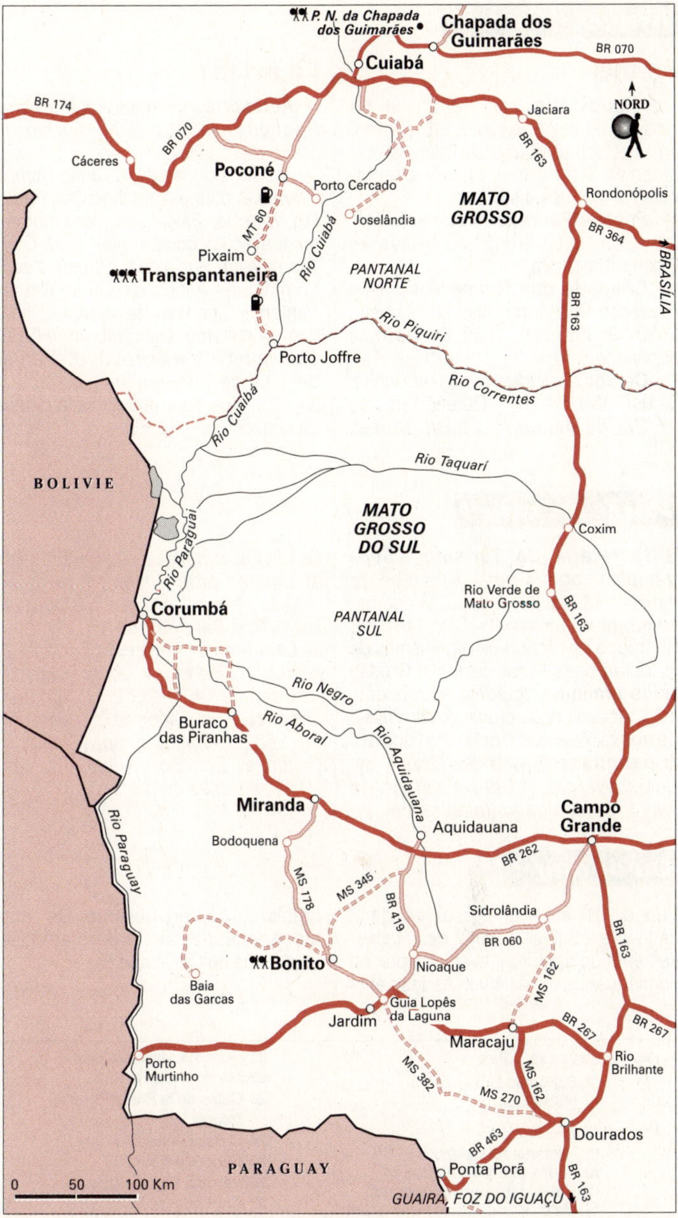
P. N. da Chapada dos Guimarães
Chapada dos Guimarães
BR 070
Cuiabá
BR 174
NORD
Jaciara
BR 070
Cáceres
BR 163
Poconé
Porto Cercado
MATO GROSSO
Rondonópolis
Joselândia
MT 60
Rio Cuiabá
BR 364
BRASÍLIA
Pixaim
Transpantaneira
PANTANAL NORTE
BR 163
Rio Piquiri
Porto Joffre
Rio Correntes
Rio Cuaibá
Rio Taquarí
BOLIVIE
MATO GROSSO DO SUL
Rio Paraguai
Coxim
Rio Verde de Mato Grosso
BR 163
Corumbá
PANTANAL SUL
Rio Negro
Buraco das Piranhas
Rio Aboral
Rio Aquidauana
Miranda
Campo Grande
Rio Paraguay
Aquidauana
Bodoquena
BR 262
MS 178
MS 345
BR 419
Sidrolândia
BR 163
BR 060
Bonito
Nioaque
MS 162
Baia das Garcas
Guia Lopês da Laguna
Jardim
BR 267
BR 267
Maracaju
Porto Murtinho
Rio Brilhante
MS 162
MS 382
MS 270
Dourados
BR 463
PARAGUAY
Ponta Porã
0 50 100 Km
BR 163
GUAIRA, FOZ DO IGUAÇU

LE PANTANAL

Arriver – Quitter

En bus

Rodoviária : *av. República do Libano ; au bout de l'av. Mato Grosso, en direction de Chapada dos Guimarães. ☎ 3621-3629.* Liaisons régionales et longues distances.

➢ ***Poconé/Pantanal Nord :*** avec *TUT (☎ 3621-1500),* env 5 bus/j. dans les 2 sens. Trajet : 3h.

➢ ***Chapada dos Guimarães :*** avec *Expresso Rubi,* une dizaine de bus/j., 6h30-19h30. Trajet : 1h30. Bonne route asphaltée.

➢ ***Campo Grande :*** avec *Andorinha,* 3 bus/j. 16h30-23h30. Durée : 12h.

➢ ***Rio de Janeiro :*** 1 bus/j. Durée : 34h.

En avion

✈ ***Aeroporto internacional Marechal Rondon :*** *☎ 3614-2500. À 8 km du centre de Cuiabá.*

➢ Liaisons quotidiennes avec *Campo Grande* et connexions avec *São Paulo, Rio, Brasília, Belém,* etc. Vols notamment avec les compagnies *TAM, GOL, Trip* et *Azul.* Sur place, bureau d'infos touristiques (plans de Cuiabá et du Pantanal), agences de voyages, location de voitures. Distributeurs *(HSBC, Santander, Bradesco...)* et bureau de change *(lun-ven 8h-19h30, w-e 9h-17h).* Bus pour et depuis le centre. En taxi, compter 45 Rls.

Adresses utiles

i *Secretária do Turismo – Sedtur* *(plan zoom)* **:** *rua Voluntarios da Patria, 365. ☎ 3613-9333. • cuiaba.mt.gov.br • Lun-ven 8h-12h, 14h-18h.* Regroupe de nombreux organismes de tourisme dans l'État du Mato Grosso (infos pratiques, guides, excursions, etc.). Accueil chaleureux, mais difficile de trouver quelqu'un qui parle l'anglais.

■ ***Banques :*** ***Banco do Brasil,*** *av. Getúlio Vargas, 1189 ; à l'angle de Barão de Melgaço (plan zoom,* ***2****). Guichet automatique ouv 6h-22h (Visa et MasterCard). Juste en face, av. Getúlio Vargas, banques* ***HSBC*** *(plan zoom,* ***3****) et* ***Banco Real.***

■ ***Location de voitures :*** *en face de l'aéroport,* ***Hertz,*** *av. João Ponce de Arruda. ☎ 3682-2652. Également* ***Localiza*** *: une agence à l'aéroport (☎ 3682-7900), une autre dans le Centro, av. Dom Bosco, 965. (☎ 3624-7979). • localiza.com •*

Où dormir ?

Peu de logements agréables dans cette ville urbanisée. Plutôt des établissements de standing, avec des prix en conséquence ou, à l'inverse, des petits hôtels au confort basique. De toute façon, aucune raison de s'éterniser plus d'une nuit à Cuiabá !

■ **Adresses utiles**

2 Banco do Brasil *(zoom)*
3 HSBC *(zoom)*

Où dormir ?

11 Pantanal Hostel *(zoom)*
12 Pousada Ecoverde *(zoom)*
13 Hotel Mato Grosso *(zoom)*
14 Mato Grosso Palace Hotel *(zoom)*

Où manger ? Où boire un verre ?

20 Panificadora Viena *(zoom)*
21 Guaraná Maués *(zoom)*
22 Mercado do Porto
23 Cafés de la Praça Popular *(zoom)*
24 O Regionalíssimo
25 Choppao *(zoom)*
26 Peixaria Popular *(zoom)*
27 Confrade *(zoom)*
28 Dom Agostinho

Achats

40 Casa do Artesão

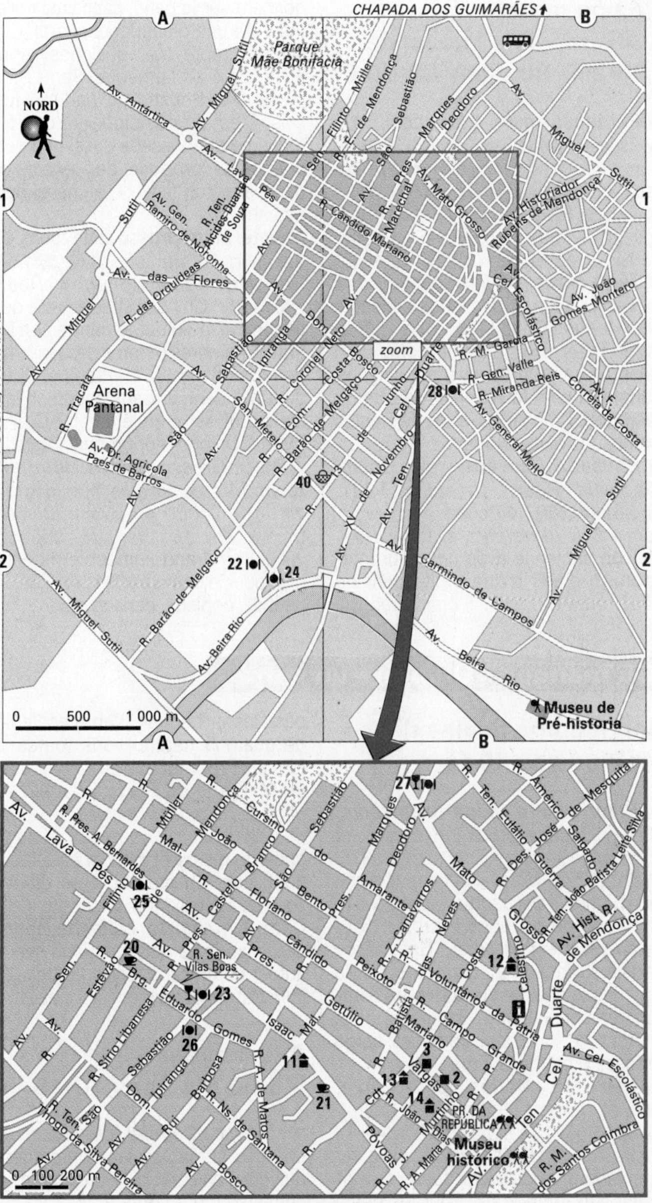
CHAPADA DOS GUIMARÃES
NORD
A
B
1
2
Parque Mãe Bonifácia
Av. Antártica
Av. Miguel Sutil
Av. Lava Pés
Av. Gen. Ramiro de Noronha
R. Ten. Alcides Duarte de Souza
Av. das Flores
R. das Orquídeas
R. Candido Mariano
Av. Mato Grosso
Av. Historiador Rubens de Mendonça
Av. Cel. Escolástico
Av. João Gomes Montero
R. M. Garcia
R. Gen. Valle
R. Miranda Reis
Av. F. Correia da Costa
Av. General Mello
Arena Pantanal
R. Tracajá
Av. Dr. Agricola Paes de Barros
Av. São Sebastião
Av. Sen. Metelo
R. Com. Costa
R. Barão de Melgaço
R. 13 de Junho
Av. XV de Novembro
Av. Ten. Cel. Duarte
Av. Carmindo de Campos
Av. Beira Rio
R. Barão de Melgaço
Av. Miguel Sutil
Museu de Pré-historia
POCONÉ, PANTANAL
0 500 1 000 m
zoom
28
40
22
24
27
25
20
23
26
11
21
13
3
2
14
12
R. Pres. A. Bernardes
Av. Lava Pés
R. Filinto Müller
R. Mal. Mendonça
R. Cursino do Amarante
R. Pres. Marques
Av. Mato Grosso
R. Ten. Eulálio
R. Des. Guerra
R. José de Mesquita
R. Américo Salgado
R. Ten. João Batista Leite Silva
Av. Hist. R. de Mendonça
R. Celestino
R. Voluntários da Pátria
R. Campo Grande
Av. Ten. Cel. Duarte
Av. Cel. Escolástico
R. M. dos Santos Coimbra
R. Sen. Vilas Boas
R. Brg. Eduardo Gomes
R. Isaac Póvoas
Av. Getúlio Vargas
R. Sírio Libanesa
R. Ns. de Santana
R. A. de Matos
R. Ten. Thogo da Silva Pereira
Av. Dom Bosco
PR. DA REPUBLICA
Museu histórico
0 100 200 m

CUIABÁ

De bon marché à prix moyens (moins de 130-200 Rls / env 33-50 €)

Pantanal Hostel (plan zoom, **11**) : *av. Isaac Póvoas, 655. ☎ 3624-8999. • portaldopantanal.com.br • Ouv tte l'année. Selon saison, dortoirs (4-8 lits) env 70-85 Rls/pers ; doubles privatives env 220-230 Rls ; petit déj compris. Réduc avec la carte* HI. Petite AJ affiliée à *Hostelling International*. Dortoirs avec clim et sanitaires collectifs bien tenus. Chambres avec coffre, frigo, TV et clim. Cuisine commune, salon. Possibilité de laver son linge et transferts vers le terminal de bus ou l'aéroport. Propose aussi les différentes excursions dans la région.

Pousada Ecoverde (plan zoom, **12**) : *rua Pedro Celestino, 391. ☎ 3624-1386. • pousadaecoverde.com • Env 70 Rls/pers, avec petit déj.* Maison ancienne avec une cour intérieure. Il s'agit d'une petite pension pour routards, avec 5 chambres qui donnent sur le patio, sanitaires collectifs (sauf une qui a douche/w-c). C'est simple, propre, avec quelques hamacs et un coin bibliothèque. Tenu par le jovial Joel Souza, qui parle le français. C'est un des pionniers de l'écotourisme qui possède aussi une petite agence et propose des excursions dans la région (en 4x4, à cheval ou en bateau).

Hotel Mato Grosso (plan zoom, **13**) : *rua Joaquim Murtinho, 170. ☎ 3614-7777. • hotelmt.com.br • Double 130 Rls.* Un hôtel situé entre le quartier animé la nuit et le centre administratif. Chambres propres desservies par des coursives en mezzanine, autour d'un hall central. Sans aucun charme, mais tout est carrelé, avec AC, frigo, TV, etc. Un bon rapport qualité-prix.

Mato Grosso Palace Hotel (plan zoom, **14**) : *rua Joaquim Murtinho, 170. ☎ 3614-7000. • hotelmt.com.br • Double env 160 Rls, petit déj-buffet inclus.* Grand immeuble moderne, bien pour le confort et les prix. Clim, TV, petit déj copieux, parking privé...

Où manger ? Où boire un verre ?

Bon marché (moins de 40 Rls / env 10 €)

Panificadora Viena (plan zoom, **20**) : *av. Brigadeiro Eduardo Gomes (et Estevão de Mendonça). ☎ 3321-5835. Tlj 6h-21h50.* « *Paes e doces* », il s'agit bien d'une « *panificadora* », c'est-à-dire une sorte de boutique hybride : cafétéria, épicerie, pâtisserie... Spécialisée dans les gâteaux et, surtout, dans de succulents snacks et sandwichs particulièrement élaborés. Également de la charcuterie et de bons fromages. Large terrasse protégée sur rue.

Guaraná Maués (plan zoom, **21**) : *av. Isaac Póvoas, 611 (Centro). ☎ 3321-6621. Juste à côté de l'AJ. Tlj sf dim 7h-19h.* Petit snack où savourer une variété de délicieux *sucos* et *vitaminas* aux fruits frais. Pour les petits creux, *salgados* à base de viande et légumes, et quelques gâteaux. Pour faire le plein d'énergie, la spécialité maison : le milk-shake au *guaraná*, céréales et banane. Vente également de *guaraná* naturel sous toutes ses formes. Prix imbattables.

Mercado do Porto (plan A2, **22**) : *dans les grandes halles de Cuiabá, quartier du port. Ouv midi slt.* Une poignée de restos et *lanchonetes* mélangent leurs chaises et leurs effluves. Tous se ravitaillent bien sûr aux halles. Chez *San Antonio,* buffet de légumes avec viande ou poisson qu'on déguste autour de grosses tables en bois. Prix imbattables et ambiance populaire.

Prix moyens (40-60 Rls / env 10-15 €)

Praça Popular (plan zoom, **23**) : une très agréable place ombragée et quelques cafés et bars autour, de quoi correspondre à votre humeur ou votre goût du moment... Citons le *Frans Café,* le *Bar do Azeitona,* le *Ditado Popular...*

O Regionalíssimo (plan A2, **24**) : *av. Beira Rio, s/n. ☎ 3623-6881. Installé* *dans l'ancien marché, dans le quartier du port. Mar-dim 11h-14h. Formule buffet env 40 Rls.* Ses baies vitrées ouvrent sur le vieux patio. On y sert de délicieuses spécialités régionales du Pantanal, sous forme de buffet. L'occasion de goûter aux fameux poissons de rivière (*pacú* et *pintado*), accompagnés de riz, *pirão, paçoca, farofa,* salades... En prime, quelques desserts, le café et la liqueur de fruits maison. Les employés et les cadres du quartier en ont fait leur cantine.

|●| ***Choppao*** *(plan zoom,* ***25****)* **:** *praça 8 de Abril, 44. ☎ 3623-9101. Tlj sf dim et mar 11h-2h (4h ven-sam).* L'un des restos les plus populaires de la ville depuis 1974. Sur 2 niveaux, avec une grande terrasse protégée et un cadre intérieur sur arcades ouvertes. Toujours plein et animé. Clientèle jeune et familiale tout à la fois. Carte longue comme le bras, au moins 30 variétés de pizzas, *bacalhau* (morue) à l'espagnole ou à la portugaise, belles viandes, etc. Service efficace. Une de nos cantines préférées !

|●| ***Peixaria Popular*** *(plan zoom,* ***26****)* **:** *av. São Sebastião, 2324 (Goia Beiras). ☎ 3322-5471. Lun-sam 11h-15h, 19h-minuit ; dim 11h-17h.* Un peu excentré, mais c'est l'un des restos les plus appréciés pour expérimenter le fameux *rodizio de peixe.* L'occasion de déguster de bons poissons régionaux, notamment le *mojica de pintado* ou du *jacaré* (caïman). Cadre plutôt banal, mais on vient surtout ici pour la cuisine parfumée. C'est goûteux, copieux et servi avec efficacité.

|●| 🍸 ***Confrade*** *(plan zoom,* ***27****)* **:** *av. Mato Grosso, 1000. ☎ 3027-2000. Tlj 11h-minuit (15h dim).* Ce fut une brasserie allemande à une époque. Aujourd'hui, c'est un grand bar-restaurant populaire où les jeunes et les familles viennent nombreux. Immense salle où l'on déguste pizzas et *pasta.* Et une très agréable terrasse pour boire une bière ou une caïpirinha à la tombée de la nuit.

Chic (60-100 Rls / env 15-25 €)

|●| ***Dom Agostinho*** *(plan B2,* ***28****)* **:** *av. Dom Aquino, 314. ☎ 3623-8450. Tlj sf dim 19h-23h30. Slt sur résa.* Dans une rue un peu marginale, une vieille maison de famille datant de 1889. Découvrez ici peut-être la meilleure cuisine italienne de la ville. Salle haute de plafond, vénérable carrelage, cadre un peu austère et patiné par le temps. Le chef Raphaël Maimoni vient lui-même conseiller aux clients ses petits plats minutieusement préparés : gnocchis et pâtes maison, délicieux risotto aux produits frais, parfumé à souhait sur son lit de parmesan, etc. Une adresse incontournable à Cuiabá.

Achats

Casa do Artesão *(plan A-B2,* ***40****)* **:** *rua 13 de Junho, 315 (Porto). ☎ 3611-0500. Lun-sam 8h30-17h15 (13h15 sam).* Une belle demeure coloniale entièrement rénovée, avec parquet en acajou et patio arboré. Plusieurs salles consacrées à la vente d'artisanat régional et indien : bijoux, céramiques, paniers, tissages, superbes hamacs... pour toutes les bourses. De bonnes liqueurs artisanales et quelques produits typiques. Et l'argent est reversé directement aux artisans locaux.

À voir

La ***praça da República*** *(plan zoom)* et ses alentours concentrent l'activité commerçante de la ville. Dominée par la ***cathédrale,*** reconstruite dans un style moderne dans les années 1930. Cette ancienne église coloniale ressemble aujourd'hui, avec son médiocre habillage de béton et ses immenses pendules, à une... gare ! Parcourir à côté les ***ruas Galdino Pimentel, Cândido Mariano*** et ***Eng. Ricardo Franco,*** à la frénétique animation commerciale. C'est aussi la partie la plus ancienne de la ville. Quartier piéton à l'architecture plutôt horizontale, vénérables demeures coloniales aux façades élaborées, se déclinant dans tous les tons pastel. Relayé par d'autres quartiers populaires, livrant de temps à autre de jolies petites églises baroques.

Museu histórico *(plan zoom)* **:** *praça da República, 131 (Centro). ☎ 3613-9234. Mar-sam 12h30 (13h sam)-18h. GRATUIT.* Petit musée d'Histoire installé dans un bel édifice colonial (1896). Retrace l'histoire de Cuiabá depuis l'époque des *bandeirantes* jusqu'à aujourd'hui. Objets sacrés, peintures, photos et documents historiques. Documents et gravures sur l'esclavage, le commerce, les industries de la canne à sucre, plus le bureau historique utilisé par les présidents et gouverneurs de l'État pendant 150 ans. Également d'intéressantes photos en noir et blanc, de nombreux objets et médailles de la première moitié du XXe s. Les autres salles présentent un mobilier colonial, notamment de beaux miroirs gravés.

Museu de Pré-historia – Casa Dom Aquino *(plan B2)* **:** *av. A. Beira Rio, 2000. ☎ 3613-9290. Tlj sf dim 7h30-11h30, 13h30-17h30.* Installé dans une superbe demeure coloniale datant de 1842. Intéressantes collections archéologiques et paléontologiques. Fossiles d'espèces disparues comme cette variété de tatu *(Pampatherium Humboldt)* ou ce squelette de dinosaure *(sauropoda)* protégé par une bâche à l'extérieur. Voir aussi les fossiles provenant de la Chapada dos Guimaraes, du temps où cette région était sous la mer.

POCONÉ – TRANSPANTANEIRA

30 000 hab. IND. TÉL. : 65

Petite ville paisible perdue en plein *cerrado,* à 114 km de Cuiabá, Poconé marque l'entrée de la Transpantaneira, unique route de terre (149 km de long), qui traverse les plaines et les marais du Pantanal et relie la ville de Porto Joffre avec pas moins de 120 ponts en bois ! C'est la dernière étape pour faire le plein du réservoir et emprunter cette fameuse piste à la découverte de la faune locale et de superbes paysages. Un zeste d'aventure avec les iguanes et les caïmans qui ne manqueront pas de croiser votre route, un soupçon de poésie en observant le vol gracieux des aigrettes, ibis et oies sauvages, et quelques visions insolites avec l'immense *tuiuiu* et les *capybaras* au cri aigu caractéristique.

Où manger ? Où faire une pause goûter ?

Vovo Giginha Café **:** *rua Campos Sales, 62. ☎ 3345-1264. Tlj 7h-20h.* Étonnant petit café-pâtisserie dans le style rustique-chic, tenu par une jeune Brésilienne charmante et dynamique. Très bons cafés (expresso, cappuccino...), *pastels,* croissants, *tortas* et *bombons de Magrellos,* tartes sucrées et salées. Bref, une excellente petite adresse.

Restaurante e pizzeria Tradição **:** *praça Bem Rondon, 140. ☎ 3345-1060. À 20 m de l'hôtel Skala. Ouv slt le soir. Plats env 20-50 Rls.* Grande salle propre, carrelée et claire. Cuisine brésilienne classique et pizzas. Goûtez à la viande du Mato Grosso *(file do carne),* ou au *pintado a tradiçao* (poisson du Pantanal), la spécialité de la maison.

Où dormir ? Où manger le long de la Transpantaneira ?

En sillonnant la Transpantaneira, vous pourrez vous arrêter dans des *pousadas* très agréables, offrant un accueil familial et de nombreuses possibilités d'excursions. C'est là, véritablement, l'intérêt de cette route... se poser quelque part et partir quelques jours dans la nature profonde. Si on se contente du paysage depuis la route (parfois un peu monotone !), malgré quelques vols élégants d'aigrettes ou d'ibis, la balade risque de se révéler un peu frustrante. Quelques adresses au fil de la route.

🏠 🍽 ***Pousada Piuval :*** *rodovia Transpantaneira, km 13. ☎ 3345-3479. • pousadapiuval.com.br • À 10 km de la route principale, par une bonne piste en terre. Compter 450 Rls/j. pour 2 en pens complète. Excursions et cheval non inclus dans le prix.* Bien insérée dans la ferme, l'une des *pousadas* les plus confortables de la région. Chambres bien aménagées avec véranda, AC, ventilo, salle de bains carrelée, frigo. Elles donnent directement sur le vaste jardin (petite piscine), les prés et les champs. Tout autour, un domaine de 7 000 ha, des paysages ouverts piqués de bosquets. Excellente cuisine régionale. En période de montée des eaux, balades en bateau et baignade dans la rivière (de décembre à avril). Observation des oiseaux et balades pédestres pour saisir la riche vie animale.

⛺ 🏠 🍽 ***Pousada Portal Paraíso :*** *rodovia Transpantaneira, km 17, à 200 m de la route. ☎ 3345-2271. 📱 99968-6300. • portalparaiso.com.br • Possibilité de transfert gratuit depuis Poconé. Compter 350-400 Rls/j. pour 2 en pens complète. Aire de camping bon marché et possibilité de déj pour les non-pensionnaires.* 💻 📶 Authentique *fazenda* entourée de 750 ha de vastes prairies et d'arbres centenaires, qui abritent les fameux aras jacinthes. 4 km de passerelles au-dessus des marais et deux tours permettent d'observer les animaux (tapirs, cerfs, capivaras, caïmans), au crépuscule ou à l'aube. Un pavillon en bois abrite des chambres à la déco basique, mais avec clim ou ventilo, eau chaude. Il y a aussi un autre cabanon isolé à 4 km (accès en voiture, à cheval ou en canoë selon saison). Très bon accueil de Guillerme et de Telma. Atmosphère familiale très agréable et activités de qualité (balade à cheval, safaris nocturnes, canoë, treks et balades à vélo). En prime, petite piscine nickel.

🏠 🍽 ***Pousada Araras Eco Lodge :*** *rodovia Transpantaneira, km 32 (assez facile d'accès). ☎ 3682-2800. 📱 99983-8633. • ararasIodge.com.br • Env 500 Rls/j. par pers en pens complète.* 📶 Une des plus agréables *pousadas* situées sur le trajet, mais aussi une des plus chères. Chambres de style traditionnel et de bon confort (AC, ventilo), avec hamac devant chaque chambre et tonnelle près de la piscine. Balades en canoë et à cheval, pêche, tour d'observation des oiseaux, safari de nuit. En période des hautes eaux, possibilité de balade (de 2 km) sur un chemin en passerelle. Excursions comprises dans le prix et encadrées par une équipe accueillante et expérimentée. On y parle l'anglais et le français.

🏠 🍽 ***Pouso Alegre Lodge :*** *rodovia Transpantaneira, km 33, puis 7 km de piste. • pousalegre.com.br • Compter 400 Rls/j. par pers en pens complète.* Voici la plus dépaysante de toutes les *fazendas*. Un immense domaine de 11 000 ha, petit royaume sauvage traversé par le rio Bento Gomes, dans un paysage de brousse, de champs, de lacs et de marécages (zones inondables). Chambres basiques mais propres et au confort correct (AC, moustiquaire, douche/w-c), dans un bâtiment donnant sur un patio ombragé. Repas sur place dans un réfectoire. Cuisine locale copieuse. Excursions à pied, en bateau, à cheval, pour observer les oiseaux (perroquets *araras*, toucans...), reptiles, mammifères (tapirs, coatis, tamanoirs...).

⛺ 🏠 🍽 ***Pousada Rio Clarinho :*** *rodovia Transpantaneira, km 40.*

99998-8888 ou 99977-8966. • pousadarioclarinho.com.br • Piste de 3 km assez défoncée pour atteindre cette belle et grande pousada. *Compter 210-250 Rls/j. par pers tt inclus. Camping env 20-25 Rls/pers.* Si vous aimez les *fazendas* isolées en pleine nature, dans un environnement superbe et sauvage, c'est ici qu'il faut faire étape. La ferme fait 900 ha. Le propriétaire, Afranio, y élève des bœufs. La maison d'habitation, aux murs blanc et bleu comme à l'époque coloniale, dispose de 12 chambres au confort suffisant (AC ou ventilo), toutes propres et spacieuses. Salle à manger-réception de caractère avec ses meubles anciens sculptés. On aime bien aussi l'antique fourneau à bois dans la cuisine. Paillote pour manger dehors, hamacs accrochés sous une autre. Savoureuse cuisine locale. Bonnes excursions à cheval ou en barque. Ne pas manquer la tour d'observation qui domine un beau morceau de forêt tropicale (on se croirait en Amazonie).

CHAPADA DOS GUIMARÃES

18 400 hab. IND. TÉL. : 65

Après la brousse et la savane à perte de vue, voici un Jura tropical, bordé de falaises, entouré de forêts, creusé de grottes, de cascades et de lagunes aux eaux rafraîchissantes. À environ 70 km au nord-est de Cuiabá, sur un plateau qui domine le parc naturel du même nom (Parque Nacional da Chapada dos Guimaraes), voici une agréable petite ville, verdoyante et bien propre. C'est le lieu préféré des Cuiabános pour passer le week-end. En raison de l'altitude (800 m), l'air y est vivifiant après la chaleur étouffante des plaines humides du Pantanal. Perchée sur les rebords de hautes falaises, la ville est quadrillée par des rues qui se coupent à angle droit. Elles convergent vers la place centrale, touffue et ombragée notamment par d'élégants palmiers royaux.

Arriver – Quitter

En bus

➢ ***Cuiabá :*** liaisons avec *Rapido Chapadense* ; une dizaine de bus/j., 5h45-19h. En venant de Cuiabá, bus 6h30-19h. Env 1h30 de trajet.

Adresses utiles

Centro de Apoio do Turismo : *praça Dom Wunibaldo, 57. ☎ 3301-2045. • chapadadosguimaraes.tur.br • Tlj sf dim 12h-17h.*

■ ***Eco Turismo Cultural :*** *rua Cipriano Curvo, 655. 99678-4606. • chapadadosguimaraes.com.br • Lun-sam 8h-12h, 14h-17h ; dim 8h-11h. Excursions à la journée (avec ou sans son propre véhicule).* Toutes les infos sur la ville. Excursions dans le parc : cascades, grottes... Accueil sympa.

■ Distributeur (*Visa* et *MasterCard*) à la ***Banco do Brasil.***

Où dormir ?

Camping

Camping Oasis : *rua Fernando Corrêa da Costa, 394. ☎ 3301-2444. • campingoasis.com.br • Env 20-25 Rls/pers.* Pour les routards en mal de simplicité, un petit camping chez l'habitant, dans un joli jardin ombragé entouré de palmiers et tapissé de pelouse. Confort assez rudimentaire, mais ambiance conviviale. Coin cuisine et laverie sur place. Boulangerie à 50 m et *mercado* à 100 m.

Prix moyens (moins de 200 Rls / env 50 €)

Pousada Bom Jardim : *praça Dom Wunibaldo, 461. ☎ 3301-2668. • pousadabomjardim.com.br • Doubles env 120-150 Rls selon confort, petit déj compris. Quelques triples et quadruples. Parking gratuit.* Idéalement situé, sur la belle place principale ombragée et animée le soir. Abrite des chambres vieillottes et sans grand charme, mais de confort suffisant. Réfectoire pour le petit déj à l'arrière. Atmosphère fraîche bien appréciable. Accueil sympa et disponible.

Plus chic (300-500 Rls / env 75-125 €)

Hotel Turismo : *rua Fernando Corrêa da Costa, 1065. ☎ 3301-1176. • hotelturismo.com.br • À deux pas de la gare routière. Double env 310 Rls.* Une adresse très agréable. Joli jardin devant la maison et petite piscine pour se rafraîchir après une journée de balade. Chambres impeccables, avec salle de bains et clim. Possibilité d'excursions dans la *chapada.*

Pousada Penhasco : *av. Penhasco. ☎ 3301-1555 ou 3624-1000 (centrale de résas). • penhasco.com.br • À moins de 2 km du centre. Doubles env 290-490 Rls selon période.* Grand complexe hôtelier situé en bord de falaise, avec panorama unique sur la vallée et le parc. Chambres de très bon confort, spacieuses, avec TV satellite, frigo, AC, terrasse. Belle piscine extérieure et piscine intérieure chauffée, sauna, salle de gym, tennis, terrain de jeux pour les enfants... Bar et resto panoramique, beau buffet. Chemin menant au *Mirante da Posada Penhasco* (privé), d'où la vue est remarquable. Idéal pour les séjours en famille.

Où manger ?

Prix moyens (40-60 Rls / env 10-15 €)

Felipe Restaurante : *rua Cipriano Curvo, 598 (Centro). ☎ 3301-1860. Tlj. Buffet ao kilo le midi, plats régionaux et quelques pizzas à la carte le soir.* Cuisine régionale de qualité, bons plats de viande (*filé* et *frango*) et poissons frais servis copieusement, comme le *pintado ao molho de camarão,* ou la *pacú assado.* Nappes en tissu, serveurs en nœuds pap', mais service cordial et efficace. Terrasse protégée donnant sur la place.

Pomodori : *rua Quinco Caldas, 60. ☎ 3301-3061. Lun-ven 16h-22h, sam 8h-minuit. Plats env 20-40 Rls.* Un bon petit resto où l'influence italienne se fait bien sentir sur la carte. Pas de pizzas, mais des *penne,* risottos, spaghettis et autres bons petits plats. Salle claire, propre et bien agréable. Service pro. Terrasse extérieure le soir, de l'autre côté de la rue.

Morros de Ventos : *estrada do Mirante, à env 3 km direction Campo Verde ; bien indiqué. ☎ 3301-1030. Tlj slt pour le déj. Compter 30-60 Rls/pers.* Situé dans un miniparc privé où il faut acquitter un droit d'entrée (10 Rls, remboursé si l'on mange au resto). La plus belle terrasse de la région située au bord de la falaise. Fort bonne cuisine à prix raisonnables. Spécialités de *mojica de pintado* et *feijoada amanhecida* (le dimanche).

À voir. À faire

– On peut se déplacer par ses propres moyens et s'offrir une belle randonnée de 3h à la découverte du ***Parque Nacional da Chapada dos Guimarães*** *(9h-16h30).* Se renseigner à l'entrée du parc, signalée sur la route entre Cuiabá et Chapada (« *Cataratas* »).

– En passant par une petite agence de tourisme comme celle de Helio Caldas ou par *Ecoturismo* (voir plus haut), vous pourrez découvrir avec un guide les sites de la région. Cela permet d'explorer des coins reculés comme le vale do ***Rio Claro*** (à 38 km de Chapada), la ***caverna Aroe Jari*** et la ***gruta do Lago Azul*** (à env 40 km de Chapada dont 25 km de piste).

Proche de la ville, la célèbre porte de l'Enfer, à-pic impressionnant, et le ***Veu de Noiva*** (« Voile de la Mariée »), cascade de 60 m.

Morro dos Ventos : *à env 3 km de la ville. Accès payant : 10 Rls.* Très beau panorama sur toute la plaine cuiabána, jusqu'au belvédère de Mirante, considéré comme le centre géodésique de l'Amérique du Sud.

LE PANTANAL SUD

Le Mato Grosso do Sul offre un paysage de grandes plaines à perte de vue, avec de nombreux fleuves, rivières et points d'eau permettant la pêche et la baignade dans des eaux cristallines.
Au départ d'Aquidauana et de Miranda, on rejoint les *fazendas* ou *pousadas* « écologiques ». Pour la plupart, elles font partie de l'APPAN, une association de protection du Pantanal, et adhèrent à une charte d'exploitation touristique respectueuse de l'environnement et de la culture locale.

CAMPO GRANDE 832 300 hab. IND. TÉL. : 67

À environ 700 km au sud de Cuiabá. Capitale du Mato Grosso do Sul, c'est une grande ville moderne qui a conservé une ambiance authentique. Entre les grands buildings et les avenues tracées au carré, on apprécie les larges places ombragées et le centre commerçant animé. Elle a été classée en 2011 comme la cinquième ville la plus agréable à vivre au Brésil. On y circule facilement, les avenues sont larges et verdoyantes. Les habitants sont des descendants des pionniers, mais aussi des migrants venus au fil du XXe s de Bolivie, du Paraguay et du Japon. Cependant, si vous louez une voiture à l'aéroport pour aller dans le Pantanal Sud ou à Bonito, il n'y a aucune raison de s'attarder à Campo Grande, qui n'est qu'une ville de passage.

Arriver – Quitter

En bus

Rodoviária : *av. Gury Marques, 1215, bairro universitário. ☎ 3026-6789. Infos et horaires : • transportal.com.br • À l'écart du centre, sur la route de São Paulo.* Pour les bus locaux comme pour les longues distances.

➢ ***Bonito :*** avec *Vanzella (☎ 3255-3005 ; • vanzellatransportes.com.br •).* 1 bus/j., vers 13h. Le bus passe par l'aéroport de Campo Grande. Durée : 6-7h.

➢ ***Aquidauana :*** env 5 bus/j. et 2h de trajet avec *Viação Andorinha (☎ 3382-3710).*

➢ ***Miranda :*** env 9 bus/j., 6h30-minuit, et 3h de trajet avec *Viação Andorinha.*

➢ ***Corumbá :*** env 9 bus/j. et 6h de route avec *Viação Andorinha.*

➢ ***Cuiabá :*** avec *Viação Andorinha,* 4 bus/j. Durée : 11-12h.

➢ Bus longues distances vers la ***Bolivie, Rio de Janeiro, São Paulo...***

En avion

✈ ***Aeroporto internacional :*** *av. Dq. de Caxias, km 7. ☎ 3368-6000. À env 12 km du centre-ville.* Vols quotidiens de/pour ***Cuiabá, São Paulo, Brasília, Rio...*** Bureau d'infos touristiques, agence *Banco do Brasil,* location de voitures, distributeurs *Visa* et *MasterCard...* Bus et taxis pour rallier le centre.

Adresses utiles

Centro de informações turísticas e culturais : *Morada dos Baís, av. Noroeste, 5140. ☎ 3314-3142. • campo grande.ms.gov.br • Mar-sam 8h-18h, dim 9h-12h.* Quelques brochures et plan de la ville. Bureaux également à l'aéroport et à la gare routière.

■ **Banco do Brasil :** *av. Afonso Pena, 2202 (à l'angle de la praça da República). ☎ 3321-8821. Guichet automatique 6h-22h (Visa et MasterCard). Change (chèques de voyage et euros) 10h-16h. Autre agence centrale rua Treze de Mayo, 2782.*

@ **Virtual Café :** *Galeria Millenium, rua 14 de Julho, 1647 (Centro). Tlj 8h (10h dim)-23h. Bon marché.*

■ **Alliance française :** *rua Antônio Maria Coelho, 1719 (Centro). ☎ 3321-0339. • aliancafrancesacg.com.br •*

Où dormir ?

De bon marché à prix moyens (moins de 130-200 Rls / env 33-50 €)

Pousada Dom Aquino : *rua Dom Aquino, 1806. ☎ 3384-3303. • pousadadomaquino.com.br • Doubles env 130 Rls.* Un bon petit hôtel à prix sages, très bien situé. Long couloir conduisant à la réception, patio au fond. Chambres fonctionnelles, modestes mais calmes et propres. Douche/w-c et AC. Bon accueil.

Pousada Mato Grosso : *av. Mato Grosso, 1451. ☎ 3325-4225. • pousadamatogrosso.com.br • En plein centre. Doubles à partir de 150 Rls, copieux petit déj compris.* Une belle maison toute jaune et des chambres confortables, distribuées autour d'un joli patio. L'ensemble a du charme et l'atmosphère fraîche est très appréciable après un séjour dans le Pantanal. Accueil jovial.

Chic (200-300 Rls / env 50-75 €)

Brumado Hotel : *av. Afonso Pena, 743. ☎ 3041-2200. • brumadohotel.com.br • À quelques blocs de la gare routière, sur la route vers l'aéroport.* Immeuble moderne et fonctionnel. Chambres de bon confort (AC, TV, frigo). Piscine.

Où manger ?

De bon marché à prix moyens (moins de 40-60 Rls / env 10-15 €)

Sabor EnQuilo : *rua Dom Aquino, 1790. ☎ 3325-5102. Lun-ven, midi slt. Repas env 25 Rls.* À deux blocs de la grande avenue Afonso Pena. Grand restaurant populaire et toujours plein le midi. On y sert de la cuisine classique brésilienne *ao kilo.* Prix sages et nombreux plats variés.

Fogo Caipira : *rua José Antônio, 145 (Centro). ☎ 3324-1641. Mar-sam 11h-14h (15h ven), 19h-23h (minuit ven-sam) ; dim 11h-16h.* Excellente cuisine traditionnelle du Pantanal. Salle climatisée ou terrasse couverte façon paillote donnant sur un agréable jardin. Clientèle *middle class.* Longue carte avec pour spécialités la *carne do sol na moranga* (viande séchée), le *rolê de frango com creme de pequi*.

Água Doce Cachaçaria : *rua José Antônio Pereira, 194 (Vl Rosa Pires). ☎ 3321-6978. Ts les soirs sf lun.* C'est une grande chaîne de restaurants, sans les défauts habituels des chaînes. Le lieu a du caractère, le service est aimable. Le plus grand choix de cachaças de la ville et une bonne sélection de plats brésiliens (*escondidinho* extra !). Musique live presque tous les soirs.

Café Mostarda : *av. Afonso Pena, 3952 (jardím dos Estados). ☎ 3301-9990. Central. Tlj 17h-1h (3h ven-sam).* Bar-restaurant et *choperia* ! Terrasse prise d'assaut par la jeunesse locale, bondée même en semaine. Copieuse cuisine pour toutes les faims et à prix raisonnables : sandwichs, *medalhao mostarda* (300 g de viande juteuse), hamburgers, pâtes, salades... Musique live en semaine à un degré sonore redoutable (salle plus calme au fond).

Chic (60-100 Rls / env 15-25 €)

Vermelho Grill : *av. Afonso Pena, 6078 (Chácara Cachoeira). ☎ 3326-7813. Mar-ven 11h30-14h30, 19h-23h ; w-e 11h30-23h30 (16h dim).* À l'est de la ville (à l'opposé de l'aéroport), en face du *parque das Nações Indígenas.* Taxi obligatoire pour y aller. On y vient pour déguster une des meilleures viandes de bœuf de la ville (entre autres, excellents steaks et *ribs*). Cadre très agréable et belle vue sur le parc.

LE CENTRE-OUEST

À voir

Museu das Culturas Dom Bosco : *av. Afonso Pena, 7000. ☎ 3326-9788. • mcdb.org.br • Dans le parque das Nações Indigenas, en face de la praça da República. Mar-ven 8h-17h, w-e 13h-17h. Entrée : 5 Rls.* Rien de religieux au sens strict, contrairement à son nom. Ce musée abrite une étonnante collection d'objets traditionnels indiens (les Caduveos, les Guatos, les Guaranis Kaiowas et les Ofaies), tous du Mato Grosso do Sul. D'autres ethnies sont représentées comme les Bororos, les Xavantes et les Karajas. Voir aussi les ribambelles d'animaux empaillés (près de 2 200 pièces !), oiseaux, reptiles et autres bestioles du Pantanal, ainsi qu'une salle consacrée aux papillons du monde entier.

Casa do Artesão : *av. Calógeras, 2050. ☎ 3383-2633. À l'angle de l'av. Afonso Pena. Lun-sam 8h-18h (12h sam).* Une grande maison de style colonial où acheter toutes sortes d'objets culinaires ou décoratifs, en bois, céramique... fabriqués par les artisans de la région. On peut même y acheter de la liqueur de *pequi,* ce petit fruit délicieux qui pousse dans la région.

À découvrir aussi, le **parque Florestal Antônio de Albuquerque,** dans le centre, ou encore le **parque das Nações Indígenas,** à l'est de la ville *(tlj 6h-20h30),* qui abrite des espèces du Pantanal (*capybaras,* aigrettes, serpents...). On y trouve également le *museu de Arte Contemporanea.*

BONITO

20 600 hab. IND. TÉL. : 67

• Plan *p. 277*

À environ 300 km au sud-ouest de Campo Grande, tranquille petite ville située en lisière sud du Pantanal, au pied de la serra da Bodoquena. Coquette, riche, propre, écolo, quadrillée par des rues à angle droit, Bonito a bien mérité son nom : c'est une jolie ville commerçante, dans une ambiance de station verte. Pas de centre ancien ici, mais plein de commerces, de boutiques bien fournies, de cafés, de glaciers et de restos. Pas de mer pourtant, pas de plages non plus, mais dans un rayon de 10 à 30 km autour de la ville, rien que de

superbes paysages aquatiques composés de cascades, de grottes spectaculaires, de lacs cristallins, de rios aux eaux bleues et transparentes…
La pureté des eaux régionales provient de la grande teneur en calcaire qui fait fonction de filtre naturel et fixe les impuretés au sol. On vient aussi ici pour les nombreuses activités sportives proposées comme le rafting, canyoning, kayak, la spéléo, etc. Bonito devient de plus en plus populaire comme destination écotouristique auprès des habitants des grandes métropoles urbaines…

Arriver – Quitter

Rodoviária *(plan A2)* **:** *rua Vicente Jacques. À quelques blocs du centre-ville.*
➢ ***Campo Grande :*** 5 bus/j. avec *Cruzeiro do Sul*. Durée : 5h. Arrêts dans le centre de Campo Grande et à l'aéroport. Env 60 Rls.
➢ ***Corumbá :*** 1 bus/j. avec *Cruzeiro do Sul*. Durée : 7h.

✈ ***Aéroport*** *(hors plan par B2)* **:** *à env 12 km de Bonito.* Slt 2 vols/sem depuis Campo Grande, assurés par *Azul*. Départs les mer et dim. *Infos et résas : • voeazul.com.br •* Pour rejoindre le centre en taxi, compter 60 Rls ; sinon, liaison en bus jusqu'à la gare routière.

Adresses et infos utiles

– Un site internet très complet avec toutes les infos pratiques : *• portalbonito.com.br •*
i ***CAT*** *(Centro de Atendimento ao Turista ; plan B2)* **:** *rodovia Bonito – Guia Lopes, km 1 ; à l'entrée de la ville. ☎ 3255-1850.*
✉ ***Poste*** *(plan B2)* **:** *rua Cel. Pilad Rebuá, 1759.* En plein centre.
■ ***Banco do Brasil*** *(plan B2,* ***1****)* **:** *rua Luiz da Costa Leite ; praça da Liberdade. ☎ 3255-1121.* Distributeur automatique (*Visa* et *MasterCard*).
■ ***Ygarapé Tour*** *(plan B2,* ***2****)* **:** *rua Cel. Pilad Rebuá, 1853. ☎ 3255-1733. • ygarape.com.br •* Bon programme d'excursions.
– ***Transports locaux :*** nombreux taxis. Intéressant à plusieurs pour les sites les plus proches de la ville. Pour les individuels, encore mieux, les motos-taxis. Négocier un forfait à la journée ou à la demi-journée.

Où dormir ?

De bon marché à prix moyens (moins de 130-200 Rls / env 33-50 €)

Bonito Hostel *(plan A1,* ***10****)* **:** *rua Dr Pires, 850. ☎ 3255-1022. • ajbonito.com.br • Compter 50 Rls/pers en dortoir ; double env 150 Rls ; petit déj inclus. Réduc avec la carte* HI. Une belle auberge de jeunesse, très bien tenue par une équipe dynamique et souriante. Dortoirs de 6 lits et chambres simples (avec ventilo ou AC), très propres, avec salle de bains. Cuisine commune bien équipée. Laverie, placard avec cadenas. Possibilité de camper sur un petit terrain herbeux. Belle piscine. Sandwicherie et petite restauration sur place. Surtout, propose un très intéressant programme d'excursions à prix raisonnables : balades à cheval et en bateau, pêche au piranha, observation des oiseaux, *snorkelling* dans les lacs de grottes, excursions nocturnes, etc. Une de nos AJ préférées dans la région.
Pousada Muito Bonito *(plan B2,* ***11****)* **:** *rua Cel. Pilad Rebuá, 1444. ☎ 3255-1645. • muitobonito.com.br • Dans la rue principale. Doubles à partir de 130 Rls.* De loin la meilleure adresse dans cette catégorie de prix. Très bien situé, agréable petit hôtel

familial donnant sur une cour intérieure verdoyante. Bon accueil. On aime bien la grande terrasse-salle commune où l'on prend le petit déj. Les chambres sont réparties le long d'une petite galerie, dans des pavillons en bois et en brique à l'arrière de la réception. Déco sobre, intérieur propre, douche/w-c, AC et ventilo.

De chic à plus chic (200-400 Rls / env 50-100 €)

Pousada Rancho Jarinu *(plan B1,* ***12****) : rua 24 de Fevereiro. 1895. ☎ 3255-2094. • pousadaranchojarinu.com.br • Double env 210 Rls.* Une bonne adresse à prix sages. Cette *pousada* est tenue par une dame charmante et aimable. Elle donne plein d'infos sur Bonito et propose des excursions aux environs. Les chambres, situées dans un pavillon à l'arrière, donnent sur le jardin (avec piscine). Déco simple et soignée, toilettes impeccables, nuits calmes assurées. Possibilité de se garer facilement dans la rue.

Hotel-Pousada Bonsai *(plan B1,* ***13****) : rua 15 de Novembro, 564. ☎ 3255-2000. • hotelbonsai.com.br • Doubles env 240-320 Rls selon saison.* Petit hôtel à taille humaine, aux murs blanc et cerise et aux toits de tuiles rouges, au milieu d'une végétation exubérante. Les lampions japonais, la fontaine et le petit pont oriental dans le jardin intérieur pourraient indiquer un patron asiatique, mais non, c'est juste une fantaisie du propriétaire ! Abrite des appartements confortables (TV, frigo, AC), devant lesquels on peut garer sa voiture (façon motel). Petite terrasse avec hamac. Piscine chauffée et pataugeoire pour les enfants. Resto.

Hotel Pirá Miúna *(plan A1,* ***14****) : rua Luis da Costa Leite, 1792. ☎ 3255-1058. • piramiunahotel.com.br • Doubles env 300-380 Rls selon saison.* À l'angle de 2 rues, dans le centre, un grand arbre du voyageur signale cet hôtel de style rustique-chic, non dénué de caractère. Bâtisse en brique vernissée, avec patio intérieur (piscine), autour duquel se répartissent les chambres, confortables et très bien tenues. Vue sur le patio ou sur les jardins et maisons du quartier.

Où manger ? Où boire un verre ?

De bon marché à prix moyens (moins de 40-60 Rls / env 10-15 €)

Vicio da Gula Café *(plan B2,* ***20****) : rua Cel. Pilad Rebuá, 1852. ☎ 3255-2041. Tlj à partir de 12h. Plats env 10-20 Rls.* Une adresse incontournable en plein centre. Idéal pour manger sur le pouce, salé ou sucré. On y sert des sandwichs, des burgers, des *filés* (viande, poulet...) et de succulentes pâtisseries exposées dans une grande vitrine. Bon café expresso, jus de fruits naturels. La petite salle, fraîche et agréable, ouvre sur la rue. Quelques tables sur le trottoir.

Cantinho de Peixe *(plan A1,* ***21****) : rua Cel. Pilad Rebuá, 1437. ☎ 3255-3381. Tlj sf mer et dim soir 11h-14h30, 18h-23h (tlj 11h-23h en hte saison). Plats env 30-50 Rls.* Probablement le meilleur resto de poisson de la ville. Central, bien tenu, avec une grande salle et une terrasse extérieure. Le chef accommode les poissons d'une douzaine de manières : *pintado, pacu* et autres *piraputanga* (aux champignons, à l'escabèche, etc.). En profiter, bien sûr, pour goûter au caïman ! Vin chilien servi au verre.

Taboa *(plan B2,* ***22****) : rua Cel. Pilad Rebuá, 1837. ☎ 3255-5598. Tlj 17h-3h.* La terrasse de café la plus animée de la ville, surtout le soir quand il y a un groupe de musiciens. Voici un lieu chaleureux où les murs sont couverts de signatures et graffitis des clients. Le bar vend sa propre production de cachaça. Quand la musique envahit la terrasse et celle du voisin, tous en profitent et certains dansent allègrement... Possibilité de grignoter snacks et petits plats rapides (prix raisonnables).

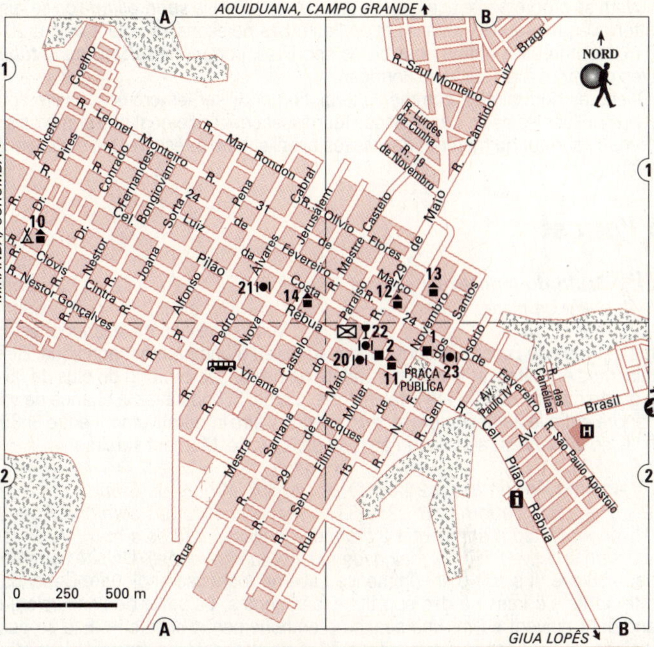

BONITO

Adresses utiles	
1 Banco do Brasil	
2 Ygarapé Tour	
Où dormir ?	
10 Bonito Hostel	
11 Pousada Muito Bonito	
12 Pousada Rancho Jarinu	
13 Hotel-Pousada Bonsai	
14 Hotel Pirá Miúna	
Où manger ? Où boire un verre ?	
20 Vicio da Gula Café	
21 Cantinho de Peixe	
22 Taboa	
23 Casa de João	

Casa de João (plan B2, **23**) : *rua Nelson Felico dos Santos, 664. ☎ 3255-1212. Tlj sf mar 11h-14h30, 18h-23h30 (tlj en hte saison). Plats à partir de 30 Rls.* À l'écart de l'agitation, à seulement 2 blocs de la rue principale, un grand restaurant considéré comme une des meilleures adresses de la ville. Vaste salle soutenue par des piliers et une charpente en bois, tables bien espacées, décor rustique, accueil aimable. On y sert de très bons poissons : *pirarucu, pacu aberto, pintado.* Si vous n'aimez pas les arêtes, demandez le *traíra sem espinha.*

Excursions dans les environs

Beaucoup de sites se trouvent sur des propriétés privées *(fazendas)* qui limitent le nombre d'entrées quotidiennes. La plupart ne peuvent donc se visiter qu'en passant par une agence locale ou par l'hôtel où vous séjournerez (qui possède très

souvent sa propre petite agence). Le grand must, c'est le ***snorkelling*** : on se laisse flotter avec masque et tuba au fil de l'eau. Les poissons se voient déjà à 20 ou 30 m. Nombreuses autres possibilités sportives, comme le ***rafting*** ou le ***tubing*** (avec chambre à air) sur le rio Formoso.
– Quelques contraintes, comme l'interdiction d'utiliser les crèmes solaires pour ne pas polluer les eaux. Les agences fournissent généralement une combinaison.
– Penser, surtout au moment des visites brésiliennes, à réserver les excursions à l'avance.

À l'ouest

***Gruta do lago Azul** : rodovia Três Morros, à 22 km à l'ouest de Bonito (dont 18 km de piste). Entrée : 60 Rls. Achat du billet et résa de l'excursion (en petit groupe) auprès d'une agence en ville.* Voici l'une des grottes inondées les plus grandes du Brésil. On la découvre au milieu d'une nature magnifique. Belles stalactites et -mites, et incroyable variété de bleus. Lac profond de plus de 85 m. La grotte n'a pas encore été totalement explorée. Si vous avez la chance de vous y rendre entre le 20 décembre et le 15 janvier, y être impérativement entre 8h30 et 9h : le soleil parvient alors jusqu'au fond de la grotte. Moment sublime.

***Abismo Anhumas** : à 24 km de Bonito sur la route de Campo dos Indios (19 km de piste de terre). ☎ 3255-3313. • abismoanhumas.com.br • Réserver à l'avance. Ne sont admis que 2 groupes de visiteurs (8 pers max)/j. Entrée et excursion sportive : 550 Rls (baignade et escalade en rappel).* Un site superbe et spectaculaire. Il s'agit d'une immense caverne rocheuse engloutie. Cependant, cette sortie s'adresse à des sportifs expérimentés. La veille de l'excursion, les candidats doivent suivre une séance d'entraînement obligatoire. Elle se passe au siège de l'agence, à Bonito. Il y a 72 m de descente en rappel le long d'une paroi avant d'atteindre le lac aux eaux cristallines (baignade, *snorkelling*). Dans la seconde quinzaine de novembre et la première semaine de février, les eaux sont encore plus claires.

***Estáncia Mimosa** : à 26 km de Bonito (dont 24 km de piste) sur la route de Boquodena. • estanciamimosa.com.br • Tlj 7h-14h30. Entrée : env 120 Rls, balade en bateau et repas inclus.* Très beau site naturel aquatique dans une vaste *fazenda*. Balades à cheval, observation des oiseaux et des jacarés (caïmans).

À l'est

Aquário Natural (Reserva Ecológica Baia Bonito) **:** *estrada para Jardim. • aquarionatural.com.br • Tlj 9h-17h. Résa obligatoire auprès d'une agence. Entrée : env 140 Rls (incluant transport, guide et loc du matériel de snorkelling). Repas 20 Rls.* À moins de 10 km de la ville (piste en terre sur la moitié du chemin), l'une des attractions majeures de Bonito. Une source naturelle, une plongée dans les eaux les plus cristallines qui soient. Le rêve, l'impression de nager dans un immense aquarium, avec près d'une trentaine de variétés de poissons (avec une dominante de *dourados*).

Au sud

***Bonito Aventura** : à env 6 km de Bonito. ☎ 3324-2409. • bonitoaventura.com.br • Entrée : 80 Rls ; 100 Rls avec le repas inclus. Achat des billets auprès des agences en ville.* Ce site naturel aquatique a l'avantage d'être proche de Bonito. Après 1,8 km de piste, on peut se baigner dans les belles eaux limpides du rio Formoso (profondeur 6 m). Le matériel complet est fourni. Quand il pleut, la baignade est annulée.

Parque Ecológico do Rio Formoso : *à env 8 km de Bonito, sur la route Bonito-Guia Lopes. ☎ 3255-2200. • parquerioformoso.com.br • Entrée : 80 Rls (100 Rls avec repas).* C'est sur le rio Formoso que s'effectuent nombre de balades en rafting ou tubing, mais la rivière sait aussi offrir moult occasions de *snorkelling* dans ses diverses anses et coudes. Plus loin, ***ilha do Padre,*** sur la rivière Formoso, est accessible par le Bote do rio Formoso en 1h30 de bateau (rafting). Pas mal d'agréables cascades, bien sûr. Attention, beaucoup de monde au moment des vacances brésiliennes.

Rio Sucuri : *à env 18 km de Bonito, dans la Fazenda São Geraldo. ☎ 3255-1030. • riosucuri.com.br • Entrée : 150 Rls, visite et repas inclus.* Compter une bonne demi-journée pour bien en profiter. Un des sites écologiques les plus remarquables de la région. Très belles eaux cristallines et transparentes dans des bassins naturels. C'est la particularité de ce site. On peut s'y promener en bateau, faire du vélo, et surtout nager dans ces incroyables eaux avec masque et tuba.

MIRANDA – PANTANAL SUD 23 000 hab. IND. TÉL. : 67

À 190 km à l'ouest de Campo Grande, Miranda est une petite ville assoupie et une halte sur la route vers Corumbá et la frontière bolivienne. Peu d'intérêt touristique, mais un certain charme avec un petit canal et quelques jolies maisons aux couleurs vives. C'est surtout le point de départ de plusieurs pistes vers le Pantanal Sud. Le voyage depuis Campo Grande s'effectue en 3h30 par une route asphaltée (BR 262), qui traverse en ligne droite les grandes plaines du Mato Grosso do Sul et les paysages de *cerrado.* Le territoire est d'ailleurs peuplé de toute la faune du Pantanal, et de nombreux panneaux nous rappellent la présence d'animaux sauvages susceptibles de croiser la route.

Adresses utiles

Rodoviária : *rotatoria de Miranda. ☎ 3242-1249. À côté du resto Zero Hora.* Bus pour Corumbá et Campo Grande.

■ **Águas do Pantanal Tour :** *av. Afonso Pena, 367 (Centro). ☎ 3242-1497. • aguasdopantanal.com.br •* Avec le temps, cette bonne agence reste toujours en tête du best of. Équipe compétente et accueillante, parlant l'anglais, le français et l'espagnol. Organise des excursions dans tout le Pantanal Sud. Infos sur les possibilités d'hébergement, les activités et les meilleures conditions pour observer la faune.

Où dormir ? Où manger ?

Pousada Águas do Pantanal : *av. Afonso Pena, 367 (Centro). ☎ 3242-1242. • aguasdopantanal.com.br • Doubles env 150-180 Rls selon confort et saison. Également des chambres familiales et un minidortoir de 5 pers (env 60 Rls/pers).* On est accueilli par la dynamique et adorable Fátima Cordella, qui s'occupe aussi du bureau de l'agence *Águas do Pantanal Tour.* Sa belle maison traditionnelle est décorée avec goût. Tout est cosy et tenu à la perfection. Agréable salon et petite piscine dans un patio intérieur.

Jolies chambres tout confort, certaines avec baignoire à remous... Une bonne adresse.

🏠 🍽 ***Pantanal Hotel e Restaurante :*** *Barão do Rio Branco, 609. ☎ 3242-1068. • pantanalhotel.com.br • À l'entrée de la ville, à 300 m du grand carrefour. Doubles env 160-180 Rls.* Hôtel fonctionnel et propre, chambres bien tenues (douche/w-c, AC). Elles donnent sur une cour intérieure ombragée (parking privé). 2 piscines pour se rafraîchir, billard et table de ping-pong sous la tonnelle. Resto adjacent avec un self bon marché le midi et de bonnes spécialités de poisson le soir.

🍽 ***Restaurante Zero Hora :*** *Barão do Rio Branco, s/n (BR 262, km 558). ☎ 3242-4200. Juste à l'entrée de la ville. Tlj 11h-16h, 18h-23h. Le midi, buffet à volonté et rodizio de viandes au feu de bois.* La 1re salle est plutôt une *lanchonete*, simple et économique. L'autre salle abrite un véritable resto. Bonnes formules le midi et *churrascaria* le soir, avec nombreux hors-d'œuvre et légumes.

LE CENTRE-OUEST

Où dormir ? Où manger dans le Pantanal Sud ?

On vous indique ici les domaines *(fazendas)* qui sont aussi des *pousadas* et que l'on peut rejoindre par la route et des pistes de terre praticables. Il existe cependant d'autres adresses, perdues en plein Pantanal, offrant des paysages et une faune particulièrement sauvages, mais accessibles uniquement par les airs ou en bateau. Vous obtiendrez toutes les infos auprès des agences de voyages.

– À savoir : certaines *pousadas* demandent un séjour minimum de 2 ou 3 nuits.

De plus chic à très chic

🏠 🍽 ***Fazenda Pousada Pequi :*** *en venant de Campo Grande, en direction de Miranda, sur la BR 262, 5 km après le village d'Anastácio, tourner à droite (panneau) et suivre une piste de 42 km. ☎ 3245-0949. Formule tt compris avec excursions, logement et repas à partir de 350 Rls/j. par pers.* Loin de l'agitation du monde moderne, voici une authentique *fazenda* isolée au milieu de grandes plaines, le long du rio Aquidauana. Atmosphère familiale, avec seulement 10 chambres fraîches et agréables (pour 2, 3, 4 ou 5 personnes). Repas servis dans une salle à manger à l'ambiance de *lodge* africain le soir... Piscine dans le jardin, activités autour de la ferme, balades à cheval, en bateau à moteur... Le propriétaire a une grande connaissance de la faune et de la flore du Pantanal, car il s'occupe de la réadaptation des animaux sylvestres...

🏠 🍽 ***Fazenda San Francisco :*** *en direction de Corumbá, 36 km après Miranda, accès par une piste de 6 km depuis la BR 262. ☎ 3242-1088. 📱 99964-3929. • fazendasanfrancisco.tur.br • Résa obligatoire. Selon période, forfait tt compris env 700-850 Rls/j. pour 2. Possibilité de visite à la journée.* Située dans une des régions les plus peuplées d'oiseaux du Pantanal. La famille Coelho a une histoire intéressante. Le patriarche avait 100 000 ha de terres. À sa mort, il a partagé son domaine entre ses 12 enfants. Helio Coelho a hérité de 15 000 ha ! L'environnement et les paysages sont remarquables. Chambres simples et impeccables (AC et ventilateur). Helio soutient aussi plusieurs actions scientifiques et écologiques pour la défense de la faune locale. Une de nos bonnes adresses pour découvrir le Pantanal.

🏠 🍽 ***Refúgio da Ilha :*** *en direction de Corumbá, 17 km après Miranda ; accès par une piste de 11 km depuis la BR 262. ☎ 3306-3415. • refugiodailha.com.br • Forfait tt inclus (repas, hébergement, sorties) env 400 Rls/j. par pers.* Un de nos coups de cœur dans le Pantanal Sud. Située sur un îlot formé par deux bras du rio Salobra, aux eaux cristallines, voici une belle *pousada* traditionnelle dans un site naturel remarquable. Tel un petit radeau d'humanité dans une immense plaine immergée par les eaux, c'est une des plus belles photos du célèbre livre *Vu du ciel* de Yann Arthus-Bertrand. La BBC l'a mise à l'honneur aussi pour son site et son engagement dans le domaine de l'écotourisme durable. Le lieu dispose d'une dizaine de chambres confortables et bien tenues. Espace détente très convivial, atmosphère chaleureuse. Encore de superbes paysages et de nombreuses activités autour du rio : observation des animaux, balades à cheval ou en canoë, sorties de pêche, baignade.

Refúgio Ecológico Caiman : *au niveau de Miranda, depuis la BR 262, il faut prendre une piste de terre (panneau) et la suivre sur 36 km.* *☎ 3242-1450. Résa au siège à São Paulo : ☎ (011) 3706-1800. • caiman.com.br • Compter pas moins de 2 125-2 540 Rls/pers sur la base de 3 j., tt compris bien sûr !* Pour les aventuriers plus riches, un vaste et luxueux complexe éco-touristico-chic situé au cœur d'une des plus vastes *fazendas* du Mato Grosso do Sul (53 000 ha). Environnement privilégié et cadre soigné, avec 3 options de logement : au « siège » de la *pousada,* à 1 km de là (avec accès par un superbe pont en bois), ou en pleine nature, au cœur des marais (à 22 km plus loin). On retrouve les activités habituelles : sorties à cheval, en canoë, safaris-photos...

CORUMBÁ

105 000 hab. IND. TÉL. : 67

À 410 km de Campo Grande, Corumbá, ville frontière avec la Bolivie, s'étend sur un promontoire dominant le rio Paraguai. Durant la première moitié du XIXe s, Corumba fut l'un des plus importants ports fluviaux d'Amérique du Sud. Les marchandises et les hommes remontaient le rio Paraná depuis l'Argentine, puis le rio Paraguay. On y comptait pas moins de 12 consulats et 25 banques internationales ! Puis l'avènement du chemin de fer (de 1937 à 1945) et l'ouverture de la ligne Campo Grande-Santa Cruz (Bolivie) tuèrent le commerce fluvial, et Corumbá périclita inéluctablement. La partie basse (le port fluvial), où l'histoire de la ville a commencé (quelques bâtisses de caractère), est reliée à la partie haute par trois rues étroites et très en pente. Ces rues gravissent péniblement la colline, et soudain elles tournent à angle droit et débouchent sur le centre-ville où se concentrent les commerces.

Corumbá doit avant tout sa richesse à l'exploitation du minerai de fer local (troisième mine de fer et manganèse du pays), au commerce, à la contrebande et malheureusement... au trafic de drogue avec la Bolivie. C'est vrai que la frontière se révèle une vraie passoire... La ville attire aussi les gros pêcheurs brésiliens, qui viennent investir les bateaux-hôtels pour taquiner le *pintado* et le *piraputanga.* Cela peut toutefois constituer une ville-étape pas désagréable sur la route de Santa Cruz (Bolivie), d'autant que l'on y mange fort bien...

Arriver – Quitter

En bus

Rodoviária : *rua Porto Carreiro, 750. ☎ 3231-2033.*

➢ ***Campo Grande :*** env 9 bus/j., 6h30-minuit, et 6h de trajet avec *Viação Andorinha,* la meilleure compagnie *(☎ 3382-3710).* Arrêts en route à *Miranda* et *Aquidauana.*

➢ ***Bonito :*** 1 bus tlj sf dim, à 7h du mat avec *Cruzeiro do Sul (☎ 3231-2383).* Compter env 5h de trajet (350 km).

➢ ***Bolivie :*** vérifier qu'on a bien son visa et son certificat pour la fièvre jaune. Bus pour la frontière sur la rua Dom Aquino (praça Independência). En principe, les bus pour Santa Cruz se prennent à la gare routière de Quijaro. Ils partent quand ils sont pleins.

Adresses utiles

Informations touristiques Setur : *rua 15 de Noviembro, 659, entre les rues Cuiabá et América. ☎ 3231-2886. Lun-ven 8h-18h.* Pas vraiment documenté ni efficace. Quelques infos pratiques sur la ville et la région en consultant le site (en portugais) : • *corumba.com.br* •

✉ **Poste :** *rua Delamare, 708. Lun-sam 8h-17h (12h30 sam).*

■ **Consulat de Bolivie :** *rua Porto Carreiro, 1651. ☎ 3231-5605. • consuladoboliviacorumba@gmail.com • Lun-ven 8h-12h30, 14h-17h30.*

■ **Location de voitures : Localiza,** *rua Edu Rocha, 692. ☎ 3231-6000.*

Où dormir ?

De prix moyens à chic (130-300 Rls / env 33-75 €)

Hotel El Dorado : *rua Porto Carreiro, 544 ; angle avec rua Tiradentes. ☎ 3231-6677. En face de la gare routière. Doubles à partir de 130 Rls. Parking.* Aspect extérieur banal, emplacement peu séduisant mais l'accueil est jovial. Abrite sur 2 étages des chambres plaisantes et bien tenues. Salle de bains carrelée, TV, frigo, AC...

Santa Mônica Hotel : *rua Antônio Maria Coelho, 345. ☎ 3234-3000. • hsantamonica.com.br • Double env 190 Rls. Parking intérieur.* Près des 2 grandes places animées de Corumba. Bâtisse de 5 étages, sans charme mais avec des chambres donnant la plupart sur un atrium. Pas très grandes mais propres et fonctionnelles. Petite terrasse et piscine.

Nacional Palace Hotel : *rua América, 936. ☎ 3234-6000. • hnacional.com.br • Double env 250 Rls. Parking.* Le petit hôtel de standing de la ville, à prix encore raisonnables. Une centaine de chambres de bon confort (TV câblée, AC, frigo, coffre). En demander une au 4e étage (plus clair, plus calme). Resto, piscine, sauna, hydromassage, etc.

Où dormir dans les environs ?

Pantanal Park Hotel : *au bord de la rivière Paraguay ; accès en bateau (env 25 mn au long de la rivière), depuis le pont de Porto Morrinho sur la route Campo Grande-Corumbá. ☎ 3275-1500. • pantanalpark.com.br • Résa obligatoire. Compter 420 Rls/pers en pens complète, ttes activités comprises.* Dans un environnement paisible et verdoyant au milieu d'une superbe nature, cet hôtel abrite des chambres confortables avec eau purifiée, TV, AC, etc. Piscine. Accueil très pro de Gustavo Ribeiro. Belle salle à manger et délicieuse cuisine. Spécialités régionales servies généreusement, produits frais venant de la ferme. Pour les enfants (et les « grands »), visite de la ferme et traite des bufflonnes. Également un riche programme de découverte du Pantanal : balades en bateau, à cheval, randonnées, observation nocturne des animaux, pêche aux piranhas... Repos et dépaysement garantis.

Où manger ?

Prix moyens (40-60 Rls / env 10-15 €)

Restaurante Laço de Ouro : *rua Frei Mariano, 556. ☎ 3231-7371. Tlj jusqu'à 23h-minuit.* Petite terrasse sur le trottoir et grande salle ventilée sans déco particulière. On y sert une aimable cuisine locale, fraîche et à prix sages : du poisson (le *pintado* du fleuve est la vedette), des steaks tendres (viande du Mato Grosso) et aussi des pizzas (petites ou grandes). Un bon petit resto sans prétention mais qui n'a jamais démérité, ni auprès des locaux ni auprès des touristes. En face, au n° 499 de la même rue, le ***resto Avalon*** est conseillé aussi (un peu moins dans le style cantine, bonne cuisine mijotée).

|●| ***Rodeio :*** *rua 13 de Junho, 760. ☎ 3231-6477. Tlj sf dim soir 11h-15h, 19h-23h.* Le midi, excellent buffet *ao kilo* et le soir, à la carte. Grande salle banale mais climatisée, joyeusement animée, clientèle populaire d'habitués. Les mercredi et samedi, *feijoada.*

|●| ***Peixaria do Lulu :*** *rua Dom Aquino Corrêa, 738. ☎ 3232-2142. Tlj midi et soir jusqu'à 23h.* Pas de déco particulière, mais quelques photos de clients réjouis sur les murs, preuve d'une certaine patine et d'une reconnaissance locale. Du poisson, rien que du poisson et du bon, du frais. Goûter donc au *filé de pintado* ou au *pacu ensopado...* Les prix restent toujours raisonnables. Accueil jovial.

De chic à plus chic (60-100 Rls et plus / env 15-25 €)

|●| ***Viva Bella :*** *rua Arthur Mangabeira, 1. ☎ 3232-9464. Tlj jusque tard le soir.* Resto perché sur le rebord de la falaise, dominant la vallée, le port et le rio. C'est à la fois un bar et un resto. On y vient pour les bons poissons et la succulente spécialité : le *picalo macho,* plat bolivien (patates, viande, saucisse, fromage).

|●| ***Ceara :*** *rua Albuquerque, 516. ☎ 3231-1930. Tlj sf lun, midi et soir jusqu'à 23h.* Le resto chicos de la ville. Intérieur cossu à souhait. Spécialités de poisson et *churrascos.* S'intitule « *O Rei da Peixada* »... c'est presque vrai !

LE CENTRE-OUEST

À voir. À faire

Porto Geral : situé dans la partie basse, le ***quartier du port*** consiste en une longue rue (rua Manoel Cavassa) bordée de plusieurs vieux immeubles de caractère, vestiges glorieux de l'époque où Corumba était le troisième port fluvial le plus actif d'Amérique latine. D'un côté les immeubles et maisons colorées, de l'autre, en bordure du rio Paraguay, une longue esplanade piétonne, ombragée par des palmiers et des arbres tropicaux. Aujourd'hui, les façades retrouvent lentement leurs couleurs. Voir par exemple au n° 275 (milieu de la rue) la ***casa Wanderley Bais,*** datant de 1976, à la façade rose saumon (arcades au rez-de-chaussée). Elle abrite le *museu de História do Pantanal (mar-sam 13h-17h30 ; GRATUIT).*

➢ ***Estrada-Parque do Pantanal :*** voilà un superbe périple pour ceux qui disposent d'un 4x4 et d'un peu de temps. À faire de préférence en dehors de la saison des pluies (de novembre à avril), et – bien sûr – s'abstenir de rouler de nuit. Meilleure période : de mai à octobre.

C'est un morceau de l'ancienne route pour Campo Grande, longue de 120 km et entièrement en terre, qui se prend à environ 12 km après Corumbá, au lieu-dit *Lampião Aceso.* Elle fut ouverte par le maréchal Rondon lui-même à la fin du XIXe s. La piste rejoint à nouveau la route de Campo (la BR 262) à *Buraco das Piranhas.* Outre les passages boueux, fondrières et traversées de caïmans et autres animaux débonnaires, on franchit quelque 71 ponts en bois plus ou moins en bon état !

À mi-parcours (km 68), traversée du *rio Paraguay* à *Porto da Manga* en *balsa* (bac, 6h-18h). Très riche vie animale tout du long, surtout le matin de bonne heure. Outre les *jacarés* (caïmans) et *capybaras,* on peut observer nombre d'oiseaux, *araras, tuiuius, cararas, sucuris...* Quelques hôtels-*fazendas* le long du parcours, se renseigner dans les agences de voyages.

– Rappel : pour ceux qui arrivent de Campo Grande, début de l'itinéraire à Buraco de Piranhas.

LE SUD

La région sud comprend trois États : le Paraná, avec un site touristique majeur, les chutes d'Iguaçu, le Santa Catarina, avec l'île de Florianópolis et la sublime Ilha do Mel, et le Rio Grande do Sul, dont la capitale Porto Alegre arbore déjà des airs de pampa argentine. C'est toute la partie du pays, notamment côtière, qui s'étend de l'État de São Paulo jusqu'aux frontières argentine et uruguayenne. Moins connue des touristes européens, la région sud recèle pourtant plusieurs sites remarquables : les grandioses *chutes d'Iguaçu* aux confins du Paraguay et que le Brésil partage avec l'Argentine, l'île de *Florianópolis,* à la fois touristique et relativement préservée, sans parler des *serras da Graciosa* et de *Morretes,* connues pour leurs sentiers de randonnée dans la forêt tropicale, ni même de *Paranaguá* et l'*ilha do Mel,* aux dizaines de plages paradisiaques. La côte du Paraná et du Santa Catarina est l'une des plus exubérantes du Brésil. La *serra do Mar,* cette chaîne montagneuse qui longe le littoral depuis l'Espírito Santo jusqu'au Santa Catarina, atteint ici des sommets de 2 000 m avec une végétation (la *Mata Atlântica,* ou forêt atlantique) qui mêle les espèces tropicales et subtropicales, pour se couvrir dans le Santa Catarina d'essences de type méditerranéen.

Le Sud est la région la plus riche et la plus développée du Brésil, grâce à une agriculture prospère et à une industrie de transformation très équilibrée. La misère y est donc moins flagrante que dans le reste du pays. Terre d'élection des immigrants d'Europe centrale au Paraná, d'Allemagne dans le Santa Catarina et d'Italie dans le Rio Grande do Sul, c'est un pays d'agriculture fruitière d'espèces tempérées (abricots, pommes, pêches, raisins), de légumes, de soja, de maïs, de tabac... C'est notamment au Paraná que vous trouverez ce tabac extraordinaire, le *fumo de rolo* ou *fumo de corda,* composé de feuilles de tabac tressées en cordes épaisses que l'on achète comme de la saucisse, au poids. Ici naquit aussi l'utilisation du *maté,* cette herbe empruntée par les jésuites aux Indiens guaranis pour en faire l'infusion nationale. Dans la région, on boit le très particulier *maté*

POUR MATER LE CHOLESTÉROL !

Une étude menée par l'université de l'Illinois observe le caractère cardioprotecteur naturel du maté. Son enzyme accroît le taux du bon cholestérol et lutte contre le mauvais ! Préparer cette boisson de manière traditionnelle, en versant de l'eau chaude à plusieurs reprises sur 50 à 70 g de feuilles de maté, permet de préserver les propriétés de cette enzyme. Si vous avez abusé de churrasco, *vous savez ce qu'il vous reste à faire !*

de chimarão (voir la rubrique « Boissons » du chapitre « Hommes, culture, environnement » en fin de guide). C'est aussi traditionnellement une région de *fazendas*, de grands élevages de bœufs et de chevaux. Les gauchos des plaines du Rio Grande do Sul ont d'ailleurs fait la réputation de la région, dignes des meilleurs cow-boys et maîtres du lasso. Dans les villages du sud du Brésil (Santa Catarina compris), il n'est pas rare d'assister à de grands rodéos ou fête de la Bière (la deuxième du monde en importance après celle de Munich). Une autre facette du Brésil ! Et dans ce pays d'éleveurs, la viande rôtie ou grillée à la broche, le fameux *churrasco*, est une véritable institution.
– ***À savoir :*** dans toute cette région sud, la haute saison, en ce qui concerne l'affluence et les prix des hébergements, court de décembre à avril soit, en gros, de Noël à Pâques.

LE PARANÁ

LES CHUTES D'IGUAÇU

• Carte *p. 287*

« **Poor Niagara !** »
Eleanor Roosevelt (devant les chutes d'Iguaçu).

Iguaçu, en langue guarani, signifie « grande eau ». Un bel euphémisme ! Plus de 200 chutes se pressent ici sur un front de 2,7 km, dévalant au cœur d'une végétation tropicale exubérante. Les cascades étagées se jettent les unes dans les autres, tantôt en de minces filets perçant au travers du manteau vert, tantôt en de larges et hautes cataractes déversant à la seconde des milliers de litres d'eau dans un grondement assourdissant. Aucun endroit au monde, pas même le Niagara ni les chutes du Zambèze, n'impressionne autant par sa puissance.

Jusqu'à son confluent avec le Paraná, 23 km en aval des chutes, le fleuve Iguaçu parcourt 1 320 km. Traversant principalement des terres basses, il se fait méandreux, s'épanchant sur 500, 1 000, puis 1 500 m de large lorsqu'il parvient dans les frontières du parc national. Et voilà qu'il forme une boucle plus serrée encore : un U ample, encombré d'îlots allongés et d'écueils. Les eaux s'y divisent en bras multiples avant de buter sur une abrupte faille géologique. Chacun se mue en cascade, dont l'ensemble forme l'immense arc de cercle des chutes d'Iguaçu. Le caractère spectaculaire du site et la sauvegarde de la forêt tropicale qui l'enserre (ailleurs menacée) lui ont valu d'être classé au Patrimoine mondial par l'Unesco.

PORTUGNOL

Dans cette zone de triple frontière (Brésil, Argentine et Paraguay), on parle un dialecte composé à la fois de portugais et d'espagnol, saupoudré d'un peu d'anglais et de guaraní, la langue indienne locale. Ce langage hybride évolue constamment. Aujourd'hui, le portugnol est même utilisé dans des chansons ou poésies.

L'automne, après les pluies, est la période où les chutes se font les plus spectaculaires, mais elles prennent alors une couleur marron-roux (due aux sols en latérite) et forment, en s'écrasant, des nuages de bruine pouvant dépasser 100 m de haut ! Autant dire que la douche est garantie et les photos souvent un peu voilées... Au printemps, le débit est moindre et les chutes se détachent mieux les unes des autres. Évitez de préférence les week-ends, pendant lesquels le site est vraiment surchargé.

Organiser sa visite

Situées dans la province de Misiones, enclave argentine entre le Paraguay et le Brésil, les chutes se forment sur le fleuve Iguazú – en un lieu où le cours d'eau marque la frontière entre l'Argentine et le Brésil. Politiquement parlant, les deux tiers des *cataratas* se trouvent en Argentine et le dernier tiers au Brésil. On a d'ailleurs coutume de dire que les Argentins ont les chutes, tandis que les Brésiliens ont la vue des chutes. À la lecture de la carte générale (voir ci-dessous), on se rend compte que peu après les chutes, le fleuve Iguazú se jette dans le grand Paraná. Ce confluent marque la frontière entre l'Argentine (au sud), le Brésil (au nord) et le Paraguay (à l'ouest). Les trois villes frontières, grandies en vis-à-vis les unes des autres, se nomment Puerto Iguazú (Argentine), Foz do Iguaçu (Brésil) et Ciudad del Este, curieux port franc paraguayen.

Naturellement, la question se pose : vaut-il mieux voir les chutes du côté argentin ou du côté brésilien ? Les deux, mon commandant ! Les chemins aménagés sont plus nombreux côté argentin et l'on y découvre globalement des points de vue plus variés à travers 3 circuits – vues du haut, du bas, dans la forêt, sur des passerelles au-dessus du fleuve qui s'approchent parfois très près (douche assurée)... C'est là, en particulier, que se trouve le belvédère de la gorge du Diable, où la cataracte la plus puissante s'effondre de 82 m de haut. Côté brésilien, on bénéficie d'une vision panoramique plus complète, en suivant un seul circuit balisé, d'où se dévoile l'ensemble des chutes argentines (les plus nombreuses). Compter au moins 2h de visite du côté brésilien et 5-6h en Argentine. Mais ne pensez pas faire les deux le même jour : vous courriez tout le temps au lieu de profiter de la splendeur du site. Tenir compte aussi du fait qu'il vaut mieux visiter les chutes brésiliennes le matin en raison de la luminosité (soleil dans le dos, circuit à l'ombre). Programme plus souple côté Argentine où l'on préconise de ralier la Gorge du Diable soit le matin dès l'ouverture, soit en fin de journée au départ du dernier train (16h), surtout pour éviter l'affluence.

Où séjourner ?

Les chutes se trouvant en amont du confluent de l'Iguaçu et du Paraná, il faut parcourir une vingtaine de kilomètres pour les rejoindre depuis Puerto Iguazú (Argentine) ou Foz do Iguaçu (Brésil). Quelle ville choisir pour s'établir ? Les avis sont assez partagés.

Foz est une métropole sans grand charme, dont les qualités sont essentiellement pratiques pour ceux qui arrivent à l'aéroport de Foz, donc côté brésilien. Puerto Iguazú est une petite ville sereine, plus en adéquation avec le cadre naturel des chutes. Dix fois moins peuplée, nettement plus verdoyante, elle serait presque charmante avec ses rues grossièrement pavées et celles qui, au large, se terminent par de la latérite. Toutes vos affaires prendront d'ailleurs vite cette couleur rouge ! Si vous ne rechignez pas à jouer à saute-mouton entre les frontières ni à remettre vos pendules à l'heure (1h de moins côté argentin), on vous conseille de séjourner côté argentin et de vous contenter d'aller passer une journée côté brésilien, voire paraguayen.

En bus, on peut rejoindre les chutes

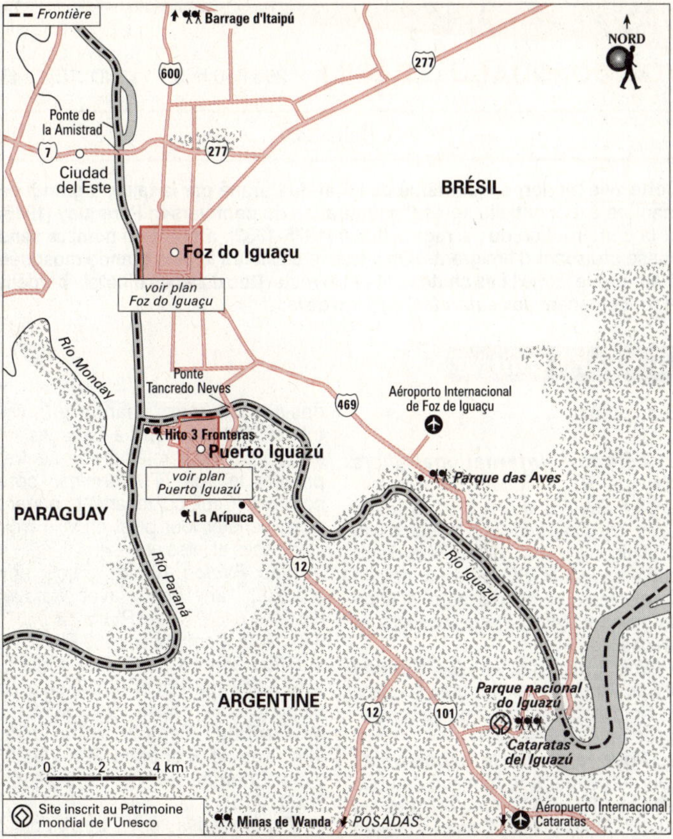

LE PARC NATIONAL D'IGUAÇU

brésiliennes sans forcément passer par Foz. À l'inverse, depuis Foz, au Brésil, on est obligé de passer par Puerto Iguazú pour se rendre aux chutes côté argentin.

D'un côté à l'autre

Ceux qui voyagent en voiture peuvent passer d'Argentine au Brésil (ou vice versa) sans aucun problème. Il faut simplement demander à l'agence de location une autorisation spéciale (gratuite) pour traverser la frontière. Attention, le passage peut prendre du temps, au poste-frontière, en fonction de l'affluence. N'oubliez pas votre passeport : il sera tamponné à l'aller comme au retour. Il est interdit, en revanche, d'aller au Paraguay avec une voiture de location.

Reste encore la possibilité de passer par une agence de voyages locale : plus cher, bien sûr, mais le gain de temps peut se révéler précieux.

Pour les informations pratiques, voir les rubriques « Arriver – Quitter » de chaque ville.

FOZ DO IGUAÇU (BRÉSIL) 263 650 hab. IND. TÉL. : 45

• Plan *p. 289*

Cette ville moderne, quatrième de l'État du Paraná par la taille, a grandi de manière exponentielle après l'inauguration du pont vers le Paraguay (1965) et la construction du barrage d'Itaipú (1975-1982), attirant un nombre sans cesse croissant d'émigrants. On y trouve d'ailleurs la plus grande mosquée d'Amérique latine ! Les chutes ont fait le reste. Des dizaines d'hôtels bordent la route menant aux *cataratas*, à 20 km de là.

Arriver – Quitter

En avion

✈ ***Aéroport international*** *(hors plan par B3)* **:** *rodovia das Cataratas, km 16,5.* ☎ *3521-4200. À 15 km du centre.* On y trouve un bureau d'info touristique *(tlj 8h-22h),* plusieurs distributeurs (dont *HSBC*) et les comptoirs de plusieurs compagnies de location de voitures (*Avis, Hertz, Localiza* et *Unidas*).

➢ Vols tlj depuis et vers ***Rio, Curitiba*** et ***São Paulo,*** et vers les grandes villes du Nord via São Paulo avec les compagnies *TAM, GOL* et *Azul.*

➢ ***Pour rejoindre le centre-ville :*** pour le centre et le terminal des bus urbains TTU, bus *Centro-TTU* ttes les 20 mn, 5h45-minuit. Compter 30 mn de trajet. Le même, dans l'autre sens, mène directement aux chutes (direction *Parque Nacional*). Pour la gare routière grandes distances, il faut changer au terminal *TTU* pour un bus *Rodoviária.* En taxi, compter env 60 Rls pour Foz, env 70 Rls pour Puerto Iguazú ; s'adresser au comptoir de prépaiement dans l'aéroport. Une solution, si vous avez réservé un hôtel : demandez-leur de vous envoyer un taxi, c'est en général moins cher.

En bus

🚌 ***Rodoviária*** *(hors plan par B1,* ***1****)* **:** *av. Costa e Silva, 1601 ; à env 3 km du centre, sur la route de Curitiba.* ☎ *3522-2590.* Petit bureau d'infos touristiques et, juste à côté, bureau des AJ. Internet, pharmacie, distributeur et consigne à bagages *(tlj 5h-22h30).* Pour rejoindre le centre, prendre le bus *TTU/Terminal,* côté consigne. Ceux qui repartent pourront aussi acheter leur billet en ville (voir « Adresses et infos utiles »).

➢ ***São Paulo :*** 16h de trajet ; env 9 bus/j., 12h-19h30, avec *Kaiowa (☎ 0800-646-2423)* et *Pluma (☎ 0800-646-0300).* Compter env 180 Rls.

➢ ***Rio :*** 23h de trajet. Env 4 bus/j., avec *Kaiowa* (à 12h et 13h30) ou avec *Pluma* (à 12h et 18h45). Env 250 Rls.

➢ ***Curitiba :*** départs à 7h, 9h15, 12h, 15h et 6 départs 20h-21h30, avec *Catarinense (☎ 3522-2996).* Trajet : 11h.

➢ ***Florianópolis :*** env 7 bus/j. dont 3 avec *Catarinense* 17h-20h, les autres avec *Pluma* (2/j., à 17h30 et 20h) et *Reunidas (☎ 3522-2808).* Compter 1 600 Rls et 14h de trajet.

➢ ***Buenos Aires (Argentine) :*** départ tlj à 12h30 avec *Crucero del Norte (☎ 3573-1032)* ; slt les mer, ven et dim, départ à 13h avec *Pluma.* Trajet : env 18h.

➢ ***Asunción (Paraguay) :*** avec *Crucero del Norte,* 1 bus à 13h tlj sf dim. Bus également avec *Nuestra Señora de la Asunción (☎ 4311-7666)* et *Rysa (☎ 3522-3080).* Trajet : env 5h.

🚌 ***Terminal de bus urbains*** *(TTU ; plan A1,* ***2****)* **:** *à l'angle de Juscelino Kubitscheck et República Argentina.* ☎ *3572-4662. Plusieurs arrêts sur l'av. J. Kubitscheck. Env 2,70 Rls pour ttes les dessertes locales.*

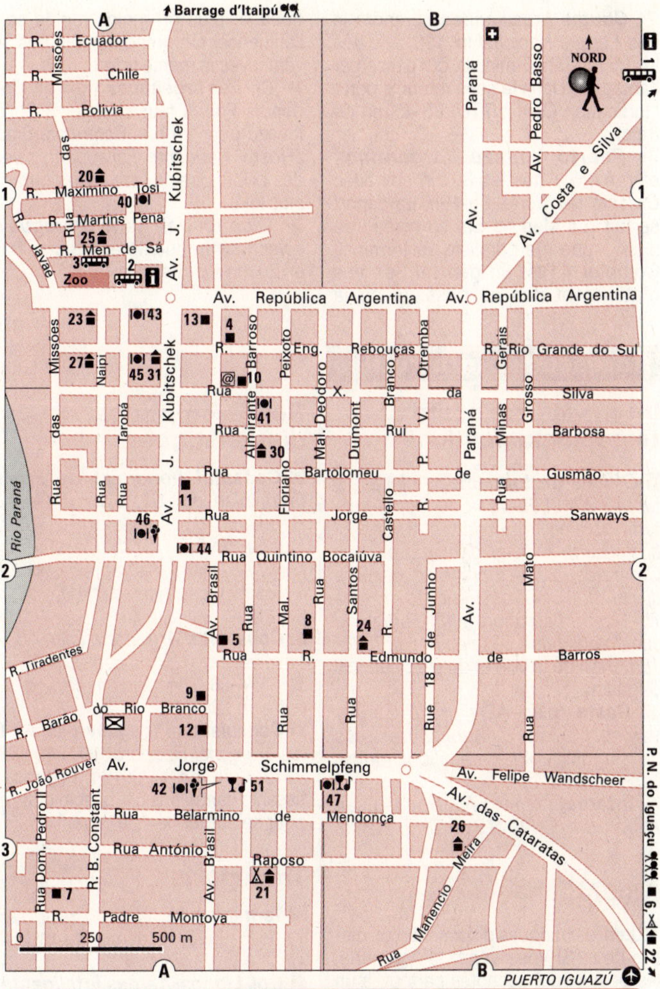

FOZ DO IGUAÇU

■ Adresses utiles

- 1 Rodoviária
- 2 Terminal de bus urbains (TTU)
- 3 Bus pour Puerto Iguazú
- 4 Casa de cambio Carol DTVM
- 5 HSBC
- 6 Consulat honoraire de France
- 7 Consulat d'Argentine
- 8 Consulat du Paraguay
- 9 TAM
- 10 Corimeira Passagens
- 11 Central de Passagens
- 12 Police touristique
- 13 Pharmacies 24h/24

Où dormir ?

- 20 Pousada Naturaleza Foz
- 21 Hostel Paudimar Falls Centro
- 22 Hostel Paudimar Campestre
- 23 Iguassu Guest House
- 24 Bambu Iguassu Falls Hostel
- 25 Pousada Sonho Meu
- 26 Charm Suites Pousada
- 27 Pousada El Shaddai
- 30 Hotel Pietro Angelo
- 31 Hotel Del Rey

Où manger ? Où s'offrir une bonne glace ?

- 40 Super Muffato
- 41 Panificadora Maran
- 42 Oficina do Sorvete
- 43 Gaúcho
- 44 Tropicana
- 45 Bufalo Branco
- 46 Confeitaria Jauense
- 47 Bier Garten

Où boire un verre ? Où sortir ?

- 47 Bier Garten
- 51 Capitão

➢ ***Chutes brésiliennes :*** prendre le bus *Parque Nacional* (n° 120, env ttes les 25 mn, 5h30-minuit), qui passe par l'aéroport. Dans le sens retour, il porte l'indication *Centro/TTU.* 35-45 mn de trajet.

➢ ***Puerto Iguazú (Argentine ;*** *plan A1,* ***3*****) :** ttes les 30 mn env avec *Crucero del Norte,* 8h-19h. Le départ se fait rua Men de Sá, au niveau du n° 94 – une rue parallèle au terminal. Compter 4 Rls. En général, les bus n'attendent pas au passage de la douane, plus ou moins rapide selon l'affluence. On prend alors le bus suivant (avec le même ticket).

➢ ***Chutes argentines :*** rien de direct depuis Foz, il faut changer à Puerto Iguazú pour un bus *Cataratas.* Sinon, l'*Hostel Paudimar Falls Centro* vend des billets directs (voir « Où dormir ? » plus loin).

➢ ***Ciudad del Este (Paraguay) :*** *colectivos* fréquents et directs. Trajet en 20 mn à peine.

Adresses et infos utiles

LE SUD

Informations, poste et télécommunications

ℹ ***Offices de tourisme :*** *• iguassu.tur.br • ☎ 0800-451-516 (appel gratuit ; accueil en anglais et espagnol tlj 7h-23h). Bureau principal av. das Cataratas, 2330 (hors plan par B1), tlj 7h-23h. D'autres à la rodoviária, tlj 7h-18h ; à l'aéroport, tlj 8h-22h ; à la station des bus TTU (plan A1), tlj 7h30-18h.* Plan de la ville et du parc national d'Iguaçu.

✉ **Poste** *(plan A2)* **:** *praça Getúlio Vargas, 72 ; av. J. Kubitschek, près de l'angle de la rua Rio Branco. Lun-ven 9h-17h.*

@ ***Internet : @net LAN House*** *(plan A1), av. Brasil, 109 et 315. Tlj 9h-22h30.*

Argent, change

Toutes les banques disposent d'un distributeur. Si vous venez d'Argentine, les pesos sont acceptés partout, à un bon taux. Pas de bureau de change à l'aéroport ni à la gare routière. En revanche, en traversant le poste frontalier, du côté argentin, l'agence *Libres Cambio* prend les euros.

■ ***Casa de cambio Carol DTVM*** *(plan A1,* ***4*****) :** *av. Brasil, 151. Lun-ven 9h-18h, sam 8h-12h.*

■ **HSBC** *(plan A2,* **5***)* **:** *av. Brasil, 1151.* Agence et distributeur (*Visa* et *Mastercard*) 24h/24. D'autres distributeurs dans Almirante Barroso, entre E. Rebougas et Rui Barbosa.

Représentations diplomatiques

■ ***Consulat honoraire de France*** *(hors plan par B3,* ***6*****) :** *rua Osvaldo Requiao, 1010, Apto 103-B, Jardin Iguaçu. ☎ 9957-0163. Consul honoraire : M. Carlos Piedrabuena. • consulat.fozdoiguacu@yahoo.fr • Ouv sur rdv 9h-11h.*

■ **Consulat d'Argentine** *(plan A3,* **7***)* **:** *travessa Vice-Cônsul E. R. Bianchi, 26. ☎ 3574-2877. • cfdig@mrecic.gov.ar • Lun-ven 10h-16h.*

■ **Consulat du Paraguay** *(plan A2,* **8***)* **:** *rua Marechal Deodoro, 901. ☎ 3523-9212. Lun-ven 8h30-17h.* Les ressortissants canadiens ont besoin d'un visa pour séjourner dans le pays.

Transports

■ ***Tam*** *(plan A2,* ***9*****) :** *av. Brasil, 1283. ☎ 3521-7500. À l'aéroport : ☎ 3521-4241. • tam.com.br •*

■ ***Gol Linhas Aereas Inteligentes :*** *à l'aéroport. ☎ 0300-115-2121. • voegol.com.br •*

■ ***Azul :*** *à l'aéroport. ☎ 3521-4263.*

■ 2 agences vendent les billets de bus longues distances au centre-ville, au même prix qu'à la gare routière et pour toutes les compagnies, ainsi que des billets d'avion : ***Corimeira Passagens*** *(plan A1,* ***10*** *; rua Almirante Barroso, 2047 ; ☎ 3523-3550 ; • corimeira.com.br •)* et ***Central de Passagens*** *(plan A2,* ***11*** *; av. J. Kubitscheck, 526 ; ☎ 3523-4700 ; • centraldepassagens.com •).*

Urgences

■ **Police touristique** (plan A2, **12**) : *av. Brasil, 1374.* ☎ *3523-3036. En face de la* Banco do Brasil. *Lun-ven 9h-12h, 14h-18h.*
■ **Police :** ☎ *190 (24h/24).*
■ **Pharmacies ouvertes 24h/24** (plan A1, **13**) : **Farmarede** et **Master Farma,** *au bout de l'av. Brasil (aux nos 46 et 65).* Les 2 sont face à face ; on en trouve d'autres sur la même avenue.
Hôpital CEM (plan B1) : *av. Paraná, 1525.* ☎ *3521-1800.* Premiers soins gratuits.

Où dormir ?

De bon marché à prix moyens (moins de 130-200 Rls / env 33-50 €)

Hostel Paudimar Campestre *(hors plan par B3,* **22***) : rodovia das Cataratas, km 12,5 (Remanso Grande).* ☎ *3529-6061. • paudimar.com.br • De l'aéroport, bus « TTU Centro » jusqu'à l'hôtel* San Juan *; de la rodoviaria, bus au terminal* TTU *direction aéroport jusqu'à San Juan. De l'arrêt San Juan, bus gratuit (Alimentador) jusqu'à l'hostel, ttes les 20 mn, 6h-19h20 ; sinon, marcher 15-20 mn. Camping à partir de 30 Rls/pers, nuitée en dortoir env 45 Rls ; double avec AC et sdb privée env 150 Rls, petit déj inclus. Réduc avec la carte* HI. Située dans la campagne, à l'écart de la route qui mène aux chutes, cette auberge à l'atmosphère chaleureuse s'étale sur un très grand terrain à la végétation luxuriante. Elle abrite 172 lits en tout – la plupart répartis dans des dortoirs de 6 avec ventilo –, simples et un poil datés, mais bien tenus. Également des chambres doubles et familiales dans des cabanes indépendantes (avec ou sans télé), ouvertes sur le jardin. Cuisine collective, service snack autour de la piscine non chlorée, casiers sécurisés, salle TV, salle de jeux, activités sportives... Petit déjeuner complet servi même aux campeurs. En prime, possibilité d'y réserver billets de bus et excursions. Une très bonne AJ.

Hostel Paudimar Falls Centro *(plan A3,* **21***) : rua Antóhio Raposo, 820.* ☎ *3028-5503. Réception 24h/24. Nuitée en dortoir 40 Rls/pers (45 Rls avec sdb) ; double 110 Rls ; camping 30 Rls/pers ; bon petit déj inclus. Réduc avec la carte* HI *(sf camping). CB refusées.* Une petite AJ dans le centre, un poil vieillotte, mais très bien tenue avec des dortoirs de 6 à 8 lits et des chambres climatisées pour 2 à 4 personnes. Billard, salle TV et jardin (où l'on peut camper) avec hamac et piscine pour faire trempette. Ambiance conviviale. Vend aussi des billets de bus pour aller directement aux chutes côté argentin ; intéressant puisque habituellement on change de bus à Puerto Iguazú.

Iguassu Guest House *(plan A1,* **23***) : rua Naipi, 1019.* ☎ *3029-0242. • iguassuguesthouse.com.br • Nuitée 45 Rls/pers en dortoir ; double 140 Rls, petit déj inclus.* Dans un quartier résidentiel, cette accueillante maison blanche a tous les avantages d'un établissement récent ne badinant ni avec le confort ni avec la propreté. Chambres et dortoirs (4 à 8 lits) climatisés de bonne taille, jardin avec balancelle, barbecue et petite piscine, billard, *lockers.* Calme. Accueil charmant.

Bambu Iguassu Falls Hostel *(plan B2,* **24***) : Edmundo de Barros, 621.* ☎ *3027-3661. Lit en dortoir 50 Rls, double 180 Rls, avec petit déj.* À l'ombre d'une tour haut perchée, un des points de ralliement des routards internationaux. Dortoirs jusqu'à 10 couchages, avec des lits superposés. Les chambres doubles, bien tenues, partagent leur salle de bains avec une autre chambre. À l'arrière, vaste patio avec micro-piscine, cuisine équipée et *parrilla.* Le proprio, Diogo, parle le français, ce qui peut aider. Parking, *lockers.*

Pousada Naturaleza Foz *(plan A1,* **20***) : rua Maximino Tosi, 253.* ☎ *3025-6996. • pousadanaturezafoz.com.br • Lit en dortoir 45 Rls, doubles avec sdb 100-110 Rls, copieux petit déj inclus.*

CB refusées. À peine excentré et proche du zoo, cet hôtel impeccable propose des chambres réparties dans plusieurs petits bâtiments avenants. Avec 4 lits dans chacune et des pelouses verdoyantes tout autour, les familles y trouveront aussi leur compte. Cuisine à disposition, d'autant plus pratique que le supermarché *Muffato* est à côté. Grande piscine sur la terrasse, hamacs au vert pour écouter le gazouillis des oiseaux.

Pousada El Shaddai *(plan A1,* ***27****) : rua Engenheiro Rebouças, 306. ☎ 3025-4490. • pousadaelshaddai.com.br • À 3 pâtés de maisons du terminal des bus urbains. Double env 120 Rls, copieux petit déj inclus. CB refusées.* Les chambres ne sont pas très grandes, mais elles ont leur propre salle de bains, la clim et sont bien tenues. Ajoutez à cela le caractère central de l'adresse, une cuisine commune donnant sur la piscine, un bon accueil et vous comprendrez que le rapport qualité-prix y est excellent...

Pousada Sonho Meu *(plan A1,* ***25****) : Men de Sá, 267. ☎ 3573-5764. • pousadasonhomeufoz.com.br • À un pâté de maisons du terminal des bus urbains, dans une rue calme. Doubles env 140-180 Rls.* « Mon Rêve » deviendra peut-être le vôtre... Cet hôtel familial charmant se distingue par une déco sympa et un bon confort général. Les chambres, petites mais bien équipées (AC, TV, sèche-cheveux), sont plus ou moins lumineuses ; on préfère celles qui donnent sur la piscine et leurs hamacs pour amoureux. Billard, salle de fitness et cuisine à disposition, mais le bonus, c'est le délicieux jardin. Excellent petit déj-buffet. Très bon accueil.

Charm Suites Pousada *(plan B3,* ***26****) : rua Irlan Kalichewski, 238 ; Vila Yolanda. ☎ 3027-5624 ou 3025-3538. • iguassucharmsuites.com.br • Lit en dortoir env 45 Rls ; double 200 Rls ; réduc en basse saison.* À l'écart du centre (mais sur la route des chutes) et d'un confort assez sommaire, l'intérêt de cette adresse tient à l'accueil de Marcio et de son équipe. Réceptif local, Marcio est en effet réputé pour ses prestations sérieuses, à la carte. De plus, il parle parfaitement le français. Un atout majeur.

Chic (200-300 Rls / env 50-75 €)

Hotel Pietro Angelo *(plan A2,* ***30****) : rua Almirante Barroso, 1864. ☎ 3521-8305. • pietroangelohotel.com.br • Doubles env 195-350 Rls. Réduc sur Internet.* Bonne surprise que cet hôtel moderne, au vaste hall design blanc et vert olive, entièrement rénové. Les chambres, toutes identiques, calmes et lumineuses, aux murs rehaussés d'élégants papiers peints, affichent un confort irréprochable : TV écran plat, douche à l'italienne. Accueil attentif et souriant. Une adresse confortable en tous points qui rassure la clientèle internationale.

Hotel Del Rey *(plan A1,* ***31****) : rua Tarobà, 1020. ☎ 2105-7500. • hoteldelreyfoz.com.br • Doubles env 200-290 Rls, petit déj compris.* 85 chambres assez petites, mais nickel, un emplacement central à deux pas du terminal des bus, un personnel charmant et un bon petit déj-buffet. Normal que l'hôtel tourne à plein régime. Simple et efficace.

Très chic, aux premières loges...

Hotel Belmond Cataratas *: rodovia das Cataratas, km 32. ☎ 2102-7000. En France : ☎ 0800-913-079. • hoteldascataratas.com.br • Doubles env 850-1 600 Rls selon confort et services...* Dans le *parque nacional do Iguaçu,* pile en face des chutes ! L'hôtel est une grande bâtisse rose bonbon de style néocolonial... C'est vrai qu'il est bien situé, ce palace : aux premières loges ! Les chambres sont magnifiques, avec plancher en palissandre et grand dressing pour certaines. Quitte à dépenser une fortune, prenez une « Deluxe cataratas » avec vue (partielle) sur les chutes. Tour d'observation panoramique. Piscine à débordement, tennis, resto, bar chic, spa... et accueil ultra-professionnel. Le luxe a du bon !

Où manger ? Où s'offrir une bonne glace ?

Vous trouverez essentiellement des restos proposant des buffets bon marché et reconstituants le midi et des *churrascarias* (plutôt chères). Entre les 2, peu de choix.

À savoir : les rues du centre-ville se vident à 19h, après la fermeture des bureaux et magasins. On recommande une certaine prudence. Et si vous sortez dîner dans un resto éloigné du centre, optez pour un taxi.

Bon marché (moins de 40 Rls / env 10 €)

|●| ***Super Muffato*** *(plan A1,* ***40****) : av. J. Kubitscheck, 1565. Tlj 8h-22h.* La cafétéria du supermarché est un plan économique dans le secteur. Buffet au kilo. Pratique pour un repas rapide à proximité du terminal.

|●| ***Panificadora Maran*** *(plan A2,* ***41****) : rua A. Barroso, 1968.* ☎ *3027-1212. Tlj 24h/24.* Il n'y a pas d'heure pour venir casser la croûte dans cette cafét' du centre : buffet midi et soir, sandwichs et soupes toute la nuit. Goûtez donc leurs délicieuses croquettes au fromage et à la viande. Beaux desserts.

|●| ***Confeitaria Jauense*** *(plan A2,* ***46****) : av. Juscelino Kubitscheck, 117.* ☎ *3028-1621. Tlj 8h-22h30.* Même principe que chez *Maran,* mais cadre moderne plus agréable. Sur place ou à emporter, tartes salées, croquettes de *bacalau,* sandwichs et, pour les becs sucrés, de fabuleux desserts (mousse de maracuja, baba au rhum...) à choisir dans les vitrines réfrigérées. Parfait pour un déj rapide. Bon choix de glaces et sorbets également.

|●| ***Oficina do Sorvete*** *(plan A3,* ***42****) : av. Jorge Schimmelpfeng, 244.* ☎ *3028-0918. Tlj 13h-minuit.* Plus d'une centaine de parfums de glaces (vendues au poids), classiques ou plus originaux à compléter d'un choix extra de *toppings* ; les Brésiliens ne s'en privent pas ! On peut aussi y grignoter des sandwichs toute la journée dans un cadre clair agréable ou en terrasse.

|●| ***Gaúcho*** *(plan A1,* ***43****) : rua Tarobá, 632 (à l'angle avec República Argentina).* ☎ *3029-1303. Tlj 11h30-23h.* Quand cette odeur de grillade vous tient et que le ballet de serveurs est ininterrompu, le repas s'annonce gourmand et... pantagruélique ! Le buffet dressé midi et soir est particulièrement riche, et si les carnivores se pâment devant la vingtaine de morceaux de viande, les végétariens sont aussi aux anges avec un large choix de légumes ! Une excellente *churrascarìa,* sans chichis.

|●| ***Bier Garten*** *(plan B3,* ***47****) : av. Jorge Schimmelpfeng, 550.* ☎ *3523-3700.* Bien connu des fêtards, le *Bier Garten* est aussi le royaume de la *feijoada,* l'une des meilleures en ville, et des viandes grillées à la pierre chaude. Les gros appétits apprécieront les rations de rugbymen, également proposées en demi-portions, amplement suffisantes. Les pizzas en revanche ne nous ont pas conquis. Service sympathique et tables en terrasse, pas désagréable.

|●| ***Tropicana*** *(plan A2,* ***44****) : av. J. Kubitscheck, 228.* ☎ *3574-1701. Tlj 11h-15h30, 18h30-23h0.* Une grande salle style cantoche, très populaire. Le buffet à volonté de viandes grillées, salades, légumes et dessert est une vraie bonne affaire au déj, et les Brésiliens ne s'y trompent pas. Le soir, on y sert aussi de bonnes pizzas.

Plus chic (jusqu'à 100 Rls / env 25 €)

|●| ***Bufalo Branco*** *(plan A1,* ***45****) : Engenheiro Rebouças, 530 (angle Tarobá).* ☎ *3523-9744. Tlj non stop 12h-23h.* Le buffet offre une bonne variété : légumes tropicaux, salades, *mezze* moyen-orientaux... C'est le principe du *rodizio* (tout à volonté). Les viandes, toutes rôties à la broche, sont excellentes ; les serveurs en nœud pap' n'ont de cesse de défiler et de vous proposer de remplir votre assiette... Même si vous n'avez plus faim, allez faire un tour au buffet des desserts... rien que pour la couleur. Le lieu est

toutefois très touristique. On dîne en musique (harpiste ou guitariste), dans un beau décor de brasserie, sur des nappes blanches, et bien sûr, tout cela se paie.

Où boire un verre ? Où sortir ?

Le soir, les abords de l'avenue Schimmelpfeng restent animés assez tard, surtout en fin de semaine. Bars et vastes *choperias* sont assiégés par une jeunesse festive qui afflue dès l'heure de l'apéritif, comme au **Capitão** *(plan A3, **51** ; à l'angle de la rua Almirante Barroso ; ☎ 3572-1512).* Les groupes d'amis se serrent sur la grande terrasse donnant sur l'avenue, autour de « tours » à bières dressées comme des obélisques sur les tables. *¡ Saúde !* Grands écrans pour les matchs et musique live certains soirs. D'autres bars semblables se répartissent aux environs, comme ***Rafain Chopp*** et, un peu plus loin sur l'avenue, le ***Bier Garten*** (voir « Où manger ? Où s'offrir une bonne glace ? »). Allez, *prosit* !

Où acheter des souvenirs ?

Artesanato & chocolate caseiro Tres Fonteiras : *rodovia das Cataratas, 6065. ☎ 3529-6565. Sur la route des chutes. Tlj 8h30-19h30. Paiement possible en euros et CB, bien sûr !* Ce gros complexe hyper touristique n'a d'intérêt en réalité que pour les voyageurs en transit, côté brésilien des chutes. À l'exception des denrées alimentaires et de la *cachaça* qu'on préconise d'acheter en centre-ville, 90 % des marchandises proposées ici sont authentiquement brésiliennes (les 10 % restants sont des objets africains) et à prix juste. Panorama complet de la richesse artisanale du pays. On y trouve aussi une large gamme de Havaianas et, pour ceux qui n'ont pas encore tout flambé, des bijoux et pierres semi-précieuses certifiées.

À voir

***Parque nacional do Iguaçu* (chutes brésiliennes** *; hors plan par B3 et carte Parc national d'Iguazú)* **:** *BR 469, Km 18. ☎ 3521-4400. • cataratasdoiguacu.com.br • Tlj 9h-17h (dernière entrée). Env 50 Rls l'entrée, transport compris ; 8 Rls 2-11 ans. On peut payer en pesos argentins, mais la monnaie est rendue en reais. Sinon, distributeur au centre d'accueil.*

➢ Liaisons directes en bus depuis l'aéroport de Foz vers les chutes, avec le bus « Parque Nacional » de l'aéroport (ttes les 25 mn env). Consignes sur place. Sinon en taxi, mais c'est plutôt cher (négocier). En voiture, parking à 19 Rls (9,50 Rls en dehors du parc, mais prévoir un peu de marche). Stationnement à l'entrée, puis on prend le bus comme tt le monde. Voir aussi plus haut la rubrique « Arriver – Quitter ».

Tous les visiteurs passent donc par l'entrée du parc pour se procurer un ticket. On y trouve une expo géologique audioguidée consacrée à la formation des chutes, et un guichet spécialisé pour ceux qui voudraient s'offrir une excursion sportive (voir plus loin « À faire dans le parc »). Ensuite, des navettes conduisent les visiteurs jusqu'aux abords du superbe *Hotel das Cataratas,* d'où part le sentier menant aux chutes. Au retour, le dernier bus part à 18h30.

Long de 1,2 km, le sentier (accessible aux fauteuils roulants) descend en quelques virages au premier point de vue : la majeure partie des *cataratas* argentines se déroule devant vous, en amphithéâtre !

La vue d'ensemble est saisissante et vertigineuse. Le débit moyen de la rivière est d'environ 1 400 m³/s mais varie entre 500 m³/s pendant les périodes d'étiage et jusqu'à 6 500 m³/s au moment des crues. Les eaux se teintent alors de roux intense. En fonction de leur volume, le nombre des chutes varie, de 150 à 270 au maximum. Les « grands sauts » *(saltos)* sont au nombre de 19, dont trois seulement se trouvent du côté brésilien (*Floriano, Deodoro* et *Benjamin Constant*). C'est donc naturellement de ce versant que le panorama d'ensemble est le meilleur, en particulier le matin (soleil dans le dos, tête à l'ombre vers le sentier) ; c'est aussi le matin que l'on voit le plus d'arc-en-ciel. Si on entend des oiseaux, on se contente de croiser les coatis au museau allongé. Ils sont à priori inoffensifs, mais comme ils ne crachent pas sur un grignotage, on vous demande de ne pas les nourrir afin de leur éviter d'éventuelles maladies.

Le chemin longe ensuite la colline pour atteindre une longue passerelle. Elle s'avance au-dessus de l'eau jusque sous le *salto Unión,* la plus haute (82 m), la plus puissante des chutes, en plein milieu de la *garganta del Diablo.* Un nuage permanent de vapeur d'eau vous enveloppe dans un grondement tonitruant. Prévoyez un vêtement de pluie ou laissez-vous mouiller et protégez vos appareils !

Passé ce temps fort, le parcours s'achève au pied de la tour d'observation de l'*Espaço Naipi,* qu'on remonte en ascenseur panoramique (ou à pied, plus rapide en cas d'affluence). C'est déjà fini, et on est bon pour reprendre le bus. La station s'appelle *Porto Canoas...* Côté brésilien, seul ce sentier est accessible au public. Le reste du parc ne peut être parcouru qu'en s'inscrivant auprès d'un des prestataires privés qui organisent activités et balades.

|●| Quelques ***kiosques à sandwichs*** et boissons se regroupent à l'*estação Porto Canoas.*

|●| **Porto Canoas :** *☎ 3521-4443. Tlj 12h-16h. Ce self-service propose un buffet à volonté le midi.* Varié et cher sans être génial, mais c'est le seul vrai resto du parc. Le mieux est de s'installer en terrasse.

À faire dans le parc

■ ***Macuco Safari :*** *guichet spécifique au centre d'accueil. ☎ 3574-4244.* • *macucosafari.com.br* • Cette agence organise toutes sortes de balades et d'activités dans les secteurs « privatisés » du parc... Le grand classique, le *Macuco Safari (tlj 9h-17h30 ; durée 1h45 ; départ ttes les 15 mn ; 198 Rls (!), réduc enfants jusqu'à 11 ans et senior, gratuit moins de 7 ans),* combine un tour en train électrique et une courte balade jusqu'à une petite chute, puis une excursion en Zodiac dans la gorge du Diable pour approcher les chutes. Cette dernière partie est vraiment impressionnante, même si l'attraction est très touristique. Douche et sensations fortes garanties ! Prévoir un change intégral. Également d'autres formules mêlant promenade, bateau, rafting, kayak, VTT... Mais les guides ne sont pas toujours au niveau.

■ ***Survol en hélicoptère :*** *avec* ***Helisul,*** *☎ 3529-7474.* • *helisul.com* • *Pas de résa à l'avance. S'adresser au bureau à l'entrée du parc, tlj 8h30-17h30.* Dans des hélicos dernier cri, un spectacle grandiose, mais cher et payable uniquement en cash. On choisit entre le survol de 9-10 mn juste au-dessus des chutes et celui de 30-35 mn, qui comprend aussi le barrage d'Itaipu. Côté argentin, on n'apprécie pas trop ces hélicos qui volent bien bas et font fuir les oiseaux. Une pétition circule toujours pour les faire interdire...

À faire hors du parc

👁👁 👨‍👧 **Parque das Aves** (carte Parc national d'Iguazú) **:** *sur la route des chutes, après l'aéroport. ☎ 3529-8282.* • *parquedasaves.com.br* • *Tlj 8h30-17h. Entrée : 30 Rls.* Ce parc ornithologique aménagé sur 5 ha, en pleine forêt tropicale, est peuplé de 600 espèces d'oiseaux répartis dans des volières. Les plus grandes sont ouvertes au public, et il est impressionnant d'approcher d'aussi près ces oiseaux multicolores, quasi impossibles à voir en liberté ! On croise des myriades de toucans inquisiteurs (toujours prêts à grignoter quelque chose), des aras aux couleurs flamboyantes, des nandous, des colibris, des vautours, des aigles, un casoar (sorte d'autruche), des ibis rouges, des flamants roses... Noter qu'ici les ornithologues ont dû tricher avec la nature en installant des miroirs : les flamands roses ne se reproduisent en effet qu'en « troupeaux ». Chaque volière présente un écosystème : le Pentanal, les forêts du Parc national, la savane africaine... Il y a aussi quelques reptiles, anacondas et caïmans. Une balade pleine de surprises dans un cadre presque naturel.

DANS LES ENVIRONS DE FOZ DO IGUAÇU

LE BARRAGE D'ITAIPÚ

➢ ***Comment y aller :*** *à 12 km au nord de Foz. Accès en bus n° 101 ou 102 (env 30 à 50 mn de trajet).*

Visite du barrage (carte Parc national d'Iguazú) : *infos et résas,* ☎ *0800-645-4645. • reservas@turismoitaipu.com.br • turismoitaipu.com.br • Tlj 8h-18h. Visites guidées « panoramiques » bilingues (anglais et espagnol) tlj à 8h, 9h, 10h, 12h, 14h, 15h et 16h (départs supplémentaires à 11h et 13h selon saison). Durée : 1h40. Entrée : 26 Rls ; réduc enfants ; gratuit moins de 6 ans. Billet donnant accès à l'écomusée. « Circuito especial » (visite de l'intérieur du barrage) : tlj, 8 visites 8h-16h ; durée : env 2h30 ; 74 Rls (résa conseillée ; min 14 ans ; ni shorts, ni jupes, ni tongs autorisés). On peut aussi opter pour une visite de nuit ven et sam à 20h (plus 21h en été) : 17 Rls. CB acceptées.*

L'immense muraille de béton du barrage d'Itaipú (« Rocher qui chante » en guaraní), commencé en 1975, à l'époque des folles années de l'industrialisation, vit s'élever contre lui de nombreux détracteurs, dénonçant l'impact de sa construction sur l'environnement. Dans les premières années, la déforestation atteignit d'importantes proportions (700 km² concernés), avant que les autorités brésiliennes et paraguayennes ne commencent à prendre en considération le facteur écologique. Des réserves tampons furent alors créées, où ont été installés les quelque 25 000 animaux sauvés de la noyade. Des zones entières ont été replantées et le barrage se veut aujourd'hui un des fers de lance du développement durable. À voir...

La visite commence par un film pas inintéressant même s'il fait un peu propagande en faveur d'un développement vert – ce qui peut surprendre après les polémiques liées à sa construction dans les années 1970. Les chiffres pleuvent : un réservoir long de 187 km, couvrant 1 350 km² et profond de 200 m, assez de béton pour construire 200 stades de foot et d'acier pour bâtir 380 tours Eiffel, des turbines de 3 300 t fournissant chacune assez d'électricité pour alimenter une ville de 2,5 millions d'habitants, 6,5 milliards de recettes cumulées et un demi-million de visiteurs par an... Eh oui, Itaipú est le plus grand barrage au monde. Amarré sur le Paraná, à cheval entre le Brésil et le Paraguay, il fournit à lui seul 20 % de l'énergie du premier pays et 90 % pour le second ! Inauguré en 1982, il n'a vu ses travaux s'achever qu'en 2007.

Après le film (30 mn), on grimpe sagement dans des bus pour la visite proprement dite. Au programme : deux arrêts pour voir le barrage de près, puis retour à la case départ en effectuant une boucle par le côté paraguayen. Pas de douane ni de coup de tampon ! En été, le niveau de l'eau est souvent trop bas pour permettre les spectaculaires lâchers d'eau et l'intérêt du spectacle en est largement réduit. À contrario, lorsque toutes les vannes sont ouvertes, le débit atteint quatre fois celui des chutes d'Iguaçu ! Reste que, hormis les proportions spectaculaires du barrage, on ne voit pas vraiment grand-chose d'inoubliable.

Ecomuseu d'Itaipú : *800 m avt le hall où l'on reçoit les visiteurs pour le barrage. Mar-dim 8h-16h30. Entrée : 12 Rls ; gratuit avec le billet d'accès au barrage.* Ce musée assez disparate se consacre, pêle-mêle, à l'historique de l'occupation de la région (dioramas), à la construction du barrage, à sa gestion environnementale, à l'éducation civique des jeunes Brésiliens, à la géologie et à la faune (empaillée)... Le plus intéressant serait peut-être le gros camion de chantier datant de la construction du barrage, garé à l'extérieur, mais les Canadiens rigolent – ils en ont des bien plus gros !

Refúgio biológico Bela Vista : *visites guidées tlj sf mar à 8h30, 10h, 14h30 et 15h30. Durée : env 2h30 (2 km de marche). Tarif : env 20 Rls.* Malgré son nom, c'est avant tout un zoo, où ont été installés les animaux menacés d'être noyés par l'inauguration du barrage. Dans le désordre : cabiais, perroquets, ocelots et jaguars, serpents et iguanes, caïmans, renards, singes, tapirs, etc.

PUERTO IGUAZÚ (ARGENTINE)

33 000 hab. IND. TÉL. : 3757

• Plan *p. 299*

Nous vous le disions en introduction : Puerto Iguazú est, à notre sens, l'endroit le plus agréable pour séjourner aux abords des chutes. Son atout principal, c'est cette atmosphère de grosse bourgade à demi plongée dans la forêt tropicale. Une embardée de l'autre côté de la frontière que nous vous invitons à prolonger donc, histoire de profiter pleinement du site côté argentin et de goûter un peu à l'ambiance de cette petite ville dépaysante !

Infos utiles :

- Le ***taux de change*** moyen appliqué pour cette édition est de 16 $Ar pour 1 €.
- L'***indicatif téléphonique*** du pays est le 54.
- Le ***décalage horaire*** est de 1h en moins en Argentine.

Arriver – Quitter

En avion

Aéroport *(hors plan par B3)* **:** *au-delà de la bifurcation menant aux chutes argentines, à env 20 km du centre.* ☎ *42-19-96.* On y trouve un *bureau d'information* sur les hôtels dans le hall de livraison des bagages, un distributeur et plusieurs représentants de compagnies de location de voiture (*Avis, Hertz* et *National/Alamo*). Si vous avez réservé auprès d'une autre agence, son représentant viendra vous attendre à la descente de l'avion.

➢ ***Puerto Iguazú – Buenos Aires :*** 1-5 vols/j. avec *Aerolineas Argentinas-Austral* et 2-4 vols/j. avec *LAN*. Durée : env 1h45.

➢ ***Pour gagner le centre-ville :*** à chaque vol, liaison en minibus (20 places slt) assurée par la compagnie *Four Tourist Travel.* Achat du ticket à la sortie de l'aéroport. Prévoir 90 $Ar/pers et env 45 mn de trajet. Pour le retour, réserver la veille *(☎ 42-06-81 ou 42-29-62).* En taxi, compter env 260 $Ar pour le centre de Puerto Iguazú et 560 $Ar pour Foz.

En bus

Terminal de bus *(plan A2)* **:** *à l'angle de Córdoba et Misiones.* *Lockers* et laverie express.

➢ ***Buenos Aires :*** env 12 bus/j. à destination du terminal El Retiro, avec *Tigre Iguazú (• tigreiguazu.com.ar •)*, le plus fréquent ; *Andesmar (• andesmar.com •)* ; *El Rápido Argentino (• rapido-argentino.com •)* ; *Crucero del Norte (• crucerodelnorte.com.ar •)* et *Río Uruguay (• riouruguaybus.com.ar •).* La route est atrocement longue (18-20h de trajet) ! Compter env 1 000 $Ar en *semi-cama* et 1 140 $Ar en *cama*.

➢ ***San Ignacio et Posadas :*** départ ttes les heures 7h-20h, avec les compagnies *El Cometa, Empresa Argentina* (• empresaargentina.com.ar •), *Horianski, Cruce* et *Rio Uruguay*. Trajet : 5h.

➢ ***Salta :*** départ à priori à 9h45 avec *Flecha Bus* (• flechabus.com.ar •) ou *Andesmar*. Aucun direct, il faut changer à Posadas, Corientes ou Tucuman selon la compagnie. Trajet total : 23h ! Compter 1 220-1 610 $Ar (repas compris). Attention, pas de résa possible en saison.

➢ ***Chutes argentines :*** ttes les 20 mn env, avec la compagnie *Rio Uruguay* (indication *Cataratas*). Départs 6h30-19h, retours 7h15-20h (les horaires varient légèrement selon les saisons). Comme les bus partent du *Hito de las Tres Fronteras* avant de passer au terminal, on peut donc aussi les prendre sur l'av. Tres Fronteras. Même bus pour se rendre à ***La Aripuca.***

➢ ***Chutes brésiliennes :*** *Rio Aruguay* assure la liaison directe (prendre la direction *Cataratas Brasilenas*) : départ ttes les heures 8h30-18h avec *Rio Uruguay ;* retours ttes les heures 11h-17h. Trajet 40 mn. Liaison directe également avec *Crucero del Norte* : 4 départs/j. (à 8h10, 10h, 12h20 et 14h). Retours à 11h, 12h50, 14h50 et 17h, à confirmer. Arrêt sur le parking des chutes.

➢ ***Foz do Iguaçu :*** ttes les heures avec *Crucero del Norte* (7h-18h) et *Rio Uruguay* (6h-18h30). Les *colectivos* n'attendant pas toujours au passage de la douane (pourtant assez rapide en général), il faut alors prendre le bus suivant (on ne paie qu'une fois).

➢ ***Ciudad del Este (Paraguay) :*** 7 allers directs 6h50-17h45 ; retours 7h35-18h30.

Adresses et infos utiles

– Une ***taxe*** « éco-touristique » de 20 $Ar est appliquée à tous les touristes entrant à Puerto Iguazú (barrage à l'entrée de la ville). Bien conserver le justificatif de paiement.

ℹ ***Bureau d'informations*** *(plan A2)* **:** *av. Victoria Aguirre, 311.* ☎ *42-27-63.* • *info@camaraturismoiguazu.org.ar* • *Tlj 8h-22h.* Demander le plan de la ville avec la liste des hébergements.

✉ ***Poste*** *(plan A1)* **:** *av. San Martín, 780. Lun-ven 8h-12h30, 16h-19h ; sam 9h-12h.*

■ ***Banco de la Nación Argentina*** *(plan A2,* ***1****)* **:** *av. Victoria Aguirre, 436.* 3 distributeurs.

■ ***Bureau de change Argecam*** *(plan B3,* ***2****)* **:** *av. Victoria Aguirre. Lun-ven 8h-13h, 15h-19h ; sam 8h-12h.* Taux à peine plus défavorable que dans le reste de l'Argentine. Éviter *Cambios Links*, aux taux nettement moins intéressants.

■ ***Téléphone*** *(plan A2,* ***3****)* **:** *Telecom, av. Victoria Aguirre, 311. Lun-sam 8h-21h.*

@ ***Ciber Centro*** *(plan A2)* **:** *dans la galerie commerciale reliant Eppenset à Aguirre ; autre adresse sur Perito Moreno, 285 (plan A2). Lun-sam 10h-minuit.* Fait aussi centre d'appels.

■ ***Pharmacie*** *(plan A2,* ***4****)* **:** ***Macrofarma,*** *angle Misiones et Córdoba.* ☎ *42-13-34. Tlj 8h30-12h30, 16h30-20h30.* En soirée, pharmacie de garde affichée sur la porte.

✚ ***Hôpital Samic*** *(plan A2)* **:** *av. Victoria Aguirre, entre Ushuaia et Dra. Marta Schwart.* ☎ *42-02-88.*

■ ***Vice-consulat du Brésil :*** *Córdoba, 264.* ☎ *42-13-48.* • *conbrasil@iguazu net.com* • *Lun-ven 9h-13h (autrement dit 8h-12h à l'heure argentine).*

■ ***Aerolineas Argentinas*** *(plan A2,* ***5****)* **:** *av. Victoria Aguirre, 295.* ☎ *42-00-36 ou 42-01-68. À l'aéroport :* ☎ *42-05-45 ou 42-09-97. Lun-ven 8h-12h, 16h-20h ; sam 8h-12h.*

Supermarché Dagu *(plan A2,* ***5****)* **:** *av. Misiones, 287. Lun-sam 7h-22h ; dim 8h-13h, 16h30-22h.* Hyper central et très bien fourni.

■ ***Laverie :*** *au terminal de bus. Tlj 8h-21h.*

■ ***Piscine du Cercle des Officiers*** *(plan B2,* ***22****)* **:** *tlj 7h-19h. Entrée :*

LE SUD

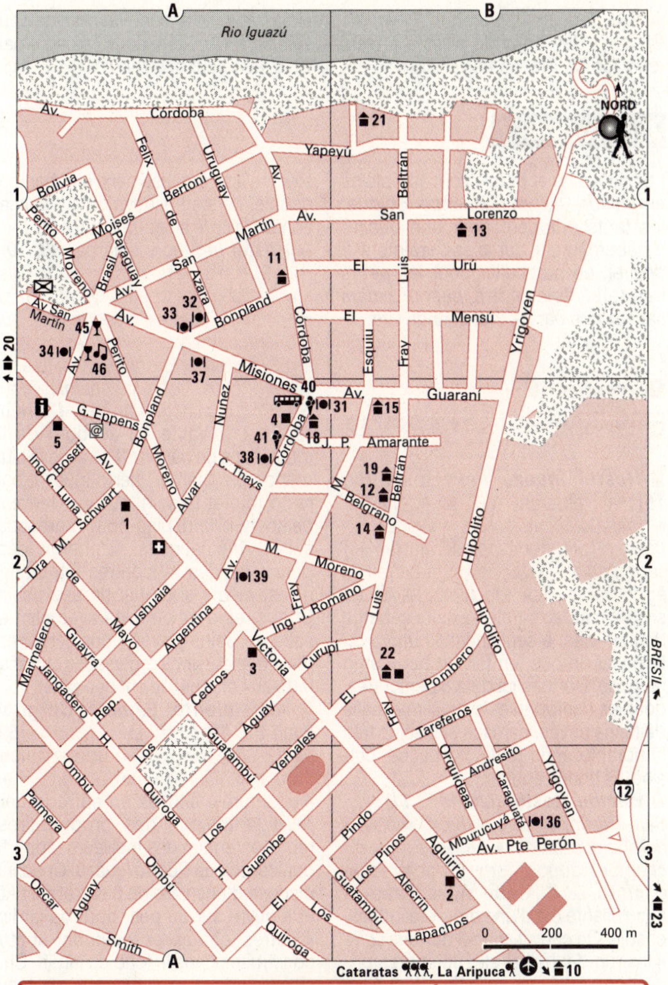

PUERTO IGUAZÚ

Adresses utiles

1 Banco de la Nación Argentina
2 Bureau de change Argecam
3 Téléphone
4 Pharmacie
5 Aerolineas Argentinas et supermarché Dagu
22 Piscine du Cercle des Officiers

Où dormir ?

10 Hostel Inn et Posada 21 Oranges
11 Bambu Hostel
12 Alojamiento Familia Gorgues
13 Jasy
14 Residencial Noelia
15 Hostel Iguazu Falls
18 Marco Polo Inn Hostel
19 Hotel Lilian
20 Boutique Hotel de la Fonte
21 Guest House Puerto Iguaçu
22 Cabañas du Cercle des Officiers
23 Loi Suites

Où manger ?

31 Confitería y Panaderia El Arbol Real
32 Lemongrass
33 La Mamma
34 Angelo Café
36 El Quincho del Tío Querido
37 Terra
38 Color, A Piacere et Aqva
39 La Rueda

Où manger une bonne glace ?

40 Cremolatti
41 Duomo

Où boire un verre ? Où sortir ?

45 Bambú
46 Casanova

40 $Ar/pers (serviettes non fournies). Chuuut ! Cette grande piscine privée, réservée en théorie aux militaires, est en fait ouverte à tous. Pas volé de pouvoir piquer une tête dans ce cadre paisible, au retour des chutes !

Où dormir ?

Les pensions et hôtels sont vite pleins en saison et, conséquence logique, les tarifs grimpent pour une qualité d'hébergement qui laisse vraiment à désirer, en particulier pour les petits budgets. Voici notre *best of,* mais sachez que par ici, tout change vite.

Bon marché (400-800 $Ar / env 25-50 €)

Hostel Iguazu Falls *(plan B2,* ***15****) : av. Guaraní, 70. ☎ 42-12-95. • hosteliguazufalls.com • Nuitée en dortoir (draps inclus, serviettes en supplément) ; réduc avec la carte* HI *; également des doubles.* La situation ultracentrale de cette auberge de jeunesse, à seulement 1 *cuadra* du terminal de bus, en fait un bon camp de base. Dortoirs jusqu'à 8 personnes, doubles confortables avec clim et salle de bains privée, hamacs et piscine très honorable. Ping-pong, barbecue, cuisine. Et bonne équipe.

Bambu Hostel *(plan A1,* ***11****) : av. San Martín, 4. ☎ 42-58-64. • hostelbambuiguazu.com • Lit en dortoir ou chambre double (prix variable selon confort).* Cette AJ colorée et accueillante est d'une propreté irréprochable. On choisit entre 3 dortoirs (2 de 4 lits, un de 10 lits) et 5 chambres privées (avec ou sans salle de bains). Clim partout. *Lockers,* cuisine commune et bar. L'ensemble est vraiment impeccable et l'accueil extra.

Marco Polo Inn Hostel *(plan A2,* ***18****) : Córdoba, 158. ☎ 42-55-59. • marcopoloinniguazu.com • Lit en dortoir et double. Réduc avec la carte* HI. Située en plein centre de Puerto Iguazú, face au terminal des bus, cette AJ est bien pratique et plutôt agréable avec sa petite piscine dans le jardin, où on rencontre des routards du monde entier. Dortoirs de 4 ou 6 personnes corrects, mais les prix s'emballent furieusement en chambre double. Le staff est sympa et l'animation de mise le soir autour du bar.

Hostel Inn *(hors plan par B3,* ***10****) : RN 12, Km 5. À l'extérieur de la ville, en direction des chutes. ☎ 42-18-23. • hostel-inn.com • Du centre-ville, bus Rio Uruguay en direction des chutes ; arrêt Hostelinn Orchideas. Nuitée en dortoir (draps inclus) ou chambre double. Réduc avec la carte* HI. *CB refusées.* Vaste AJ au bord de la route, dans un parc de 3 ha avec la plus grande piscine de Puerto Iguazú, bar, resto (buffet le soir), cuisine, terrains de sport, billard, ping-pong, barbecue, soirées thématiques... L'endroit idéal pour faire des rencontres internationales, même si ça fait un peu usine. Chambres de 4 ou 6 lits avec clim et salle de bains privée pour certaines. Plein d'excursions organisées et transferts aux chutes (de chaque côté).

Alojamiento Familia Gorgues *(plan B2,* ***12****) : Fray Luis Beltrán, 169. ☎ 42-06-41. • josegorgues@yahoo.com.ar • Pas de petit déj.* Les 4 chambres, situées en enfilade derrière la maison des propriétaires, représentent un des meilleurs rapports qualité-prix de Puerto Iguazú. Chacune dispose d'une salle de bains et de l'AC et s'ouvre sur un petit bout de jardin. 4 autres chambres viennent d'être construites dans le fond du jardin. Cuisine à disposition. Cerise sur le gâteau, le tandem mère-fils est super accueillant ! Peut-être vous feront-ils signer le livre d'or... rempli de petits mots de routards !

Residencial Noelia *(plan B2,* ***14****) : Fray Luis Beltrán, 119. ☎ 42-07-29. • hostelnoelia.com • Lit en dortoir et double avec AC, petit déj inclus.* Impossible de manquer la devanture pimpante de cette *residencial* située dans un quartier résidentiel donc, verdoyant et agréable. Quelques chambres sans éclat mais propres, avec salle de bains. Préférer celles

LE SUD

situées à l'étage, plus lumineuses et dont la vue est plus dégagée. Prévus pour 4 personnes seulement, les dortoirs sont un bon plan. Accueil souriant et chaleureux. Petit jardin ombragé avec *parrilla* et minipiscine. Possibilité de transfert vers les chutes.

De prix moyens à chic (800-1 800 $Ar / env 50-113 €)

Hotel Lilian (plan B2, **19**) **:** *Fray Luis Beltrán, 183. ☎ 42-09-68. • hotel lilian@yahoo.com.ar • Tarifs selon taille et confort. CB refusées.* Ce petit hôtel familial, clair et d'une grande propreté, est à la fois proche du centre et au calme. Mention spéciale pour la taille des chambres, en particulier les supérieures à l'étage, dotées d'un large balcon et de baignoire. Excellent accueil. Une de nos adresses au meilleur rapport qualité-prix.

Guest House Puerto Iguaçu (plan B1, **21**) **:** *Calle Lindtron, Villa 14. ☎ 42-33-46. • guesthousepuertoi guazu.com • Prix variables selon vue et confort. CB refusées.* Au nord de la ville, le long du Rio Grande, cette élégante demeure a tout du spot confidentiel. Pas de plaque à l'extérieur, calme olympien dans les allées à peine rompu par le chant des oiseaux, et une chaleureuse déco de style colonial (mobilier en bois, parquets...). Dans cet écrin enchanteur, plusieurs types de chambres, spacieuses et d'un confort parfait. Certaines se partagent une salle de bains, d'autres donnent de plain-pied sur le jardin, et les plus belles ouvertes sur une large terrasse privative, surplombent le fleuve. Le service, s'il est pro, se fait tellement discret qu'on s'imagine vite chez soi ! Ça tombe bien, la belle cuisine invite à s'y préparer la popote.

Posada 21 Oranges (hors plan par B3, **10**) **:** *Km 5, calle Montecarlo, Zona de Granja y Quinta. ☎ 49-40-14. • 21oranges.com • Panneau très discret sur la ruta 12 : accès par la 1re piste de terre à droite, après celle de La Aripuca (en venant de Puerto Iguazú). Chambres doubles et triples.* Mieux vaut être véhiculé pour venir jusque-là. L'hôtel, tenu par un Français, se trouve au calme, en pleine campagne, à l'écart de la route des chutes. Il abrite une dizaine de chambres simples, façon chalet, et réparties autour d'une jolie piscine. Le bon petit déj-buffet se prend dans le jardin. Une adresse plaisante, tout comme l'accueil, gentil et discret.

Cabañas du Cercle des Officiers (plan B2, **22**) **:** *03-75-715-46-74-24. Cabañas pour 6 pers. (réception).* Réservées en théorie aux familles de militaires en goguette, les cabanes s'avèrent un bon plan pour ceux qui voyagent en tribu. Dans un vaste parc arboré, bien entretenu, 12 *cabañas* colorées et bien espacées les unes des autres. Confort rudimentaire, mais terrasse privative, BBQ, grande cuisine communautaire et surtout belle piscine. Il suffirait de peu pour que cette résidence soit paradisiaque, mais clairement, l'objectif n'est pas touristique. Tant mieux pour les prix... et le calme.

Jasy (plan B1, **13**) **:** *San Lorenzo, 154. ☎ 42-43-37. • jasyhotel.com • CB refusées.* Presque en centre-ville et déjà en lisière de forêt, c'est précisément le cadre qui emballe ! Les 10 chambres, toutes en mezzanine (jusqu'à 6 personnes) et élégamment décorées, se fondent dans la nature environnante. Dotées de balcon, elles sont bien équipées : coin salon, micro-ondes, frigo, AC et TV. Belle piscine entourée d'une magnifique terrasse en bois. Restaurant et bar. Accueil à la fois pro et sympathique. Beaucoup de cachet !

Boutique Hotel de la Fonte (hors plan par A1, **20**) **:** *1ro de Mayo y Corrientes. ☎ 42-06-25. • bhfboutique hotel.com • Prix selon confort et saison.* Un établissement de grand charme, à mi-chemin entre la maison d'hôtes et l'hôtel, où le cadre raffiné et l'accueil – polyglotte – ultra-prévenant sont au diapason pour rendre le séjour des plus agréable : glougloutement de la fontaine dans le jardin, piscine et chaises longues, peintures contemporaines dans les chambres, jacuzzi dans les plus grandes. Une dizaine de chambres seulement, avec terrasse et hamac pour chacune, à 10 mn à peine du centre-ville. Bref, c'est vraiment l'adresse idéale en amoureux, surtout que côté cuisine, le chef italien joue dans la cour des grands.

Spécial coup de folie

Loi Suites *(hors plan par B3,* ***23****) : dans la Riserva de las 600 Hectarias sur la R12 (route des chutes). ☎ 49-83-00. • loisuites.com.ar • Entrée de la réserve sur la droite, quasiment en face de la station YPF et de la Aripuca.* Sur ce territoire de 600 ha, aux portes de la ville, cohabitent 3 communautés d'Indiens et 6 hôtels (le projet vise la vingtaine), qui se succèdent le long d'une route en boucle de 5 km. Dans cette forêt luxuriante, l'originalité vient du cahier des charges, imposant aux promoteurs une intégration parfaite dans l'environnement tropical. Le *Loi Suites,* le plus luxueux, remplit le contrat à merveille : peu de bâtiments visibles, l'accès aux chambres se fait par des ponts de corde suspendus et l'immense piscine, au cœur du complexe, est noyée dans la verdure. Chambres hyper classe, spacieuses et contemporaines. Service 5 étoiles qui va bien avec. Et spa. Alors, cherchons la petite bête : le moustique, inclus dans le package en saison humide ! Autre belle adresse et tarifs plus attractifs à ***La Cantera,*** un 4-étoiles de style rustique tout en rondins de bois. Service cool et prêt de bicyclettes.

LE SUD

Où manger ?

Bon marché (moins de 250 $Ar / env 16 €)

Confitería y Panaderia El Arbol Real *(plan A-B2,* ***31****) : Guaraní, 14 ; angle Córdoba, face au terminal des bus. ☎ 42-02-13. 24h/24. Autre adresse à l'angle de Bonpland et Aguirre.* On vous conseille de faire vos courses dans cette superette pour pique-niquer au bord des chutes : pain, fromage, charcuterie, etc. Très pratique. On y trouve aussi des sandwichs tout faits et des glaces.

Lemongrass *(plan A1,* ***32****) : Bonpland, 231. 15-41-73-69. Tlj.* Bonne ambiance dans ce café *healthy* où, dès le petit déj, locaux et gourmands de passage se régalent de concert autour de quiches, sandwichs, *kreps* (bien différentes des bretonnes !) savoureuses et petits plats bien vus. On peut s'installer dans la salle colorée ou sur l'une des tables qui débordent sur la rue et y savourer aussi un bon smoothie. Seul hic : le service est parfois longuet...

La Mamma *(plan A1,* ***33****) : Bonpland, 217. ☎ 42-45-94. Mar-sam 9h-13h30, 18h-22h30 ; dim 9h-14h.* Suivez les habitudes des aficionados qui emportent leur commande, et allez vous faire une fournée d'*empanadas* à votre hôtel ! Même si le cadre n'est pas des plus chaleureux, on peut aussi s'installer sur l'une des tables posées sur le trottoir pour savourer un bon plat de pâtes fraîches maison. C'est bon et très copieux.

Angelo Café *(plan A1,* ***34****) : av. Brasil, 7. ☎ 42-46-85. Tlj 8h-minuit.* La salle proprette, façon *trattoria,* est plutôt accueillante et rafraîchie par l'air conditionné. Les pizzas sont bonnes, mais la carte, très variée, propose aussi des viandes et des sandwichs. Service à la fois souriant et efficace.

De prix moyens à chic (250-450 $Ar / env 16-28 €)

El Quincho del Tío Querido *(plan B3,* ***36****) : ☎ 42-01-51. Déj mar-dim 12h-14h ; dîner tlj 18h30-23h30.* Lieu de sortie très prisé, le « grill du cher oncle » est envahi chaque soir par des hordes de locaux et Brésiliens qui misent sur une valeur sûre et le spectacle (danse et musique) ! L'ambiance est assourdissante en fin de semaine, mais la cuisine et les prix se tiennent. Quant au service, il tient la cadence. À part le saumon à la crème de citron qui fait office d'*outsider,* la *parrilla* y est reine et toujours copieuse ! Hyper touristique mais bien réputé aussi.

🍴 ***Terra*** *(plan A1,* ***37****) : av. Misiones, 125. ☎ 42-23-46. Tlj sf dim 14h (12h sam)-minuit.* Adieu la *parrilla,* bonjour le *wok* ! Au programme, plusieurs options, avec riz ou *sobas* (pâtes japonaises). Ouvertement tourné vers une clientèle jeune et étrangère, *Terra* s'enveloppe d'une drôle d'atmosphère naviguant entre bar, *lounge* et château hanté (lustres, bougeoirs et fauteuils club rouges à la clé)... La musique est un peu envahissante, mais ceux qui en ont leur claque du steak et de la *milanesa* apprécieront. En outre le service est efficace et souriant.

🍴 ***Color*** *(plan A2,* ***38****) : av. Córdoba, 135. ☎ 42-02-06. Tlj 12h-minuit.* La salle climatisée n'est pas désagréable avec son arbre qui grimpe en plein milieu, mais la grande terrasse en bois bordée de palmiers reçoit tous les suffrages le soir venu. Au menu, pizzas et *parrilla.* Assiettes généreuses. Musique folklorique le soir.

🍴 ***Aqva*** *(plan A2,* ***38****) : av. Córdoba, 135 (à l'angle avec C. Thays). ☎ 42-20-64. Tlj 12h-minuit. Le w-e après 21h, mieux vaut réserver.* Des restos alignés en brochettes sur l'avenue Córdoba, *Aqva* est incontestablement le meilleur. On y goûte sur des tables nappées une excellente cuisine bistrotière : brochettes de *surubi* (poisson), pâtes maison, plats de viandes élaborés... Que du bon, copieux et joliment présenté, pour ne rien gâcher. Service très pro. On adore !

🍴 ***A Piacere*** *(plan A2,* ***38****) : av. Córdoba, 125. ☎ 42-41-90. Tlj 12h-minuit. Résa conseillée.* Voisin du *Color* mais un cran au-dessus, le restaurant propose une bonne cuisine argentine classique dans une grande salle un peu chic. Le choix est vaste, avec toutes sortes de viandes, poissons de mer ou de rivière et pâtes maison bon marché, à accommoder avec la sauce de votre choix.

🍴 ***La Rueda*** *(plan A2,* ***39****) : av. Córdoba, 28. ☎ 42-25-31. Fermé lun et mar au déj. Résa conseillée.* Fondé en 1975, ce resto (probablement le 1er à Puerto Iguazú) est une institution ! Et le succès ne dément pas cette solide réputation, permettant rarement au routard de passage de trouver une table à l'improviste. Si le resto doit sa notoriété à sa viande, effectivement à la hauteur, le *bife de chorizo* côtoie des poissons de rivière, comme le *surubi,* délicieux fumé. Les pâtes *caseras* valent une incursion végétarienne tandis que la cave bien fournie contentera les épicuriens. Cadre agréable mais service un poil dépassé parfois.

Dans le parc

🍴 On trouve quelques ***fast-foods*** et ***kiosques à sandwichs*** et boissons, au départ des sentiers, au pied des passerelles, à la *Garganta del Diablo* ou aux stations de train – comme *Dos Hermanas* au début du *Circuito Inferior.* Rien de génial, mais les prix restent corrects. Une foule de coatis traîne toujours aux alentours dans l'espoir d'un en-cas chapardé ! Ils sont adorables, mais ne les nourrissez pas, c'est mauvais pour eux... et en plus, ils ont de sacrées dents !

🍴 Pour un déjeuner plus consistant mais plus cher, miser sur le buffet à volonté du resto-rotonde ***Fortin Cataratas*** *(tlj 11h30-16h30 ; buffet 250 $Ar/pers),* au croisement des circuits inférieur et supérieur. Buffet typique argentin où l'on déguste d'excellentes viandes à la *parrilla.* Au même endroit, quelques snacks proposent sandwichs, omelettes, salades, etc.

🍴 🍷 Pour être complet, il y a aussi le très chic et très laid ***hôtel Sheraton Iguazú.*** Cher, mais vous aurez accès à la belle piscine et bénéficierez d'une vue imprenable sur les chutes depuis la terrasse. Sinon, un lieu idéal pour boire un verre, en fin de journée.

– Dans tous les cas, si on veut faire des économies, mieux vaut prévoir un petit casse-croûte et de quoi boire avant les visites.

LE SUD

Où manger une bonne glace ?

🍦 ***Cremolatti*** *(plan A2,* ***40****) : av. Cordobà, angle Misiones. Lun-jeu 11h-minuit, ven-dim 12h-1h.* Cette chaîne bien connue des *Porteños* propose tant de parfums que le choix peut vite s'avérer cornélien. Bon point pour la sélection sans gluten (framboises, *dulce de leche*...). Sur place ou à emporter.

🍦 **Duomo** *(plan A2, **41**) : av. Cordobà. Tlj 9h-1h.* Moins cher que le précédent et bon choix de glaces bien crémeuses (yaourt, chocolat, maracuja) vendues en cornet, en pot ou au poids. À emporter uniquement.

Où boire un verre ? Où sortir ?

🍷 ***Bambú*** *(plan A1, **45**) : av. Brasil, angle Perito Moreno. ☎ 42-23-31. Tlj à partir de 17h.* Pour boire un verre sans faire de vieux os jusqu'au petit matin, la grande terrasse abritée du *Bambú* est un bon poste d'observation ! Également des grignotages pour accompagner l'apéro. *¡ Salud !*

🍷 D'une manière générale, grosse animation de l'apéro jusque tard le soir, autour du rond-point des ***Siete Bocas*** (le carrefour aux 7 routes) et le long de ***San Martin*** *(plan A1)* où s'étirent les terrasses des restos-bars branchés de Puerto Iguazú *(Living Room, Quita Penas...).*

🍷 ♫ ***Casanova*** *(plan A1, **46**) : P. Moreno, 269.* Vous n'êtes sans doute pas venu ici pour ça, mais si le démon de la danse vous démange, vous pourrez vous dégourdir ici – ou, à défaut, vous offrir une *Quilmes* fraîche au bar de la cour. Inutile de débarquer avant minuit, c'est le calme plat.

LE SUD

À voir

★★★ ***Cataratas del Iguazú*** (**chutes argentines** *; hors plan par B3 et carte Parc national d'Iguazú) : ☎ 49-14-69 ou 0800-266-44-82. • iguazuargentina.com • ♿ (sur 90 % du circuit). Tlj 8h-18h. Attention ! Décalage horaire possible avec le Brésil (1h de moins en hiver). Ne pas venir trop tard : le dernier train pour la* Garganta del Diablo *part à 16h. Tarifs : 330 $Ar ; 80 $Ar 6-12 ans ; gratuit moins de 6 ans ; 30 $Ar sur présentation d'un visa étudiant ; parking : 90 $Ar. Paiement exclusivement en pesos argentins ; CB refusées. Si vous voulez revenir le lendemain, le prix d'entrée sera réduit de 50 % (« 2nd day pass ») ; faire tamponner le billet du 1er jour avt la sortie du parc. Consignes à dispo.*

À l'entrée, demander le feuillet d'information avec plan des installations et principaux points du site.

Prévoir eau, chapeau et crème solaire, plus un antimoustiques les jours orageux.

Idéalement, il faut compter une journée entière pour découvrir tous les points de vue, faire toutes les balades et, si l'envie vous en prend, un tour en bateau. Aujourd'hui, l'infrastructure du parc est telle que (presque) rien n'est laissé au hasard. Entre le petit train, les sentiers bitumés entrecoupés d'escaliers et de passerelles, et la foule de touristes, on se croirait un peu dans un parc d'attractions... La végétation reste toutefois bien plus sauvage que du côté brésilien, et l'impression générale s'en ressent.

Chaque matin, au bureau d'infos du parc, des guides proposent leurs services pour faire découvrir la faune et la flore locales. Les balades, à la carte, se négocient directement avec eux. Certains parlent le français. Apprenez à reconnaître le chant du toucan, les plantes épiphytes, le *palo rosa* (un arbre de 40 m)... Plus de 2 000 espèces de plantes ont été répertoriées ! Le parc national, étendu bien au-delà des chutes, est l'un des derniers pans intacts de la *selva paranaensis,* seconde forêt tropicale d'Amérique du Sud après l'Amazonie. Malheureusement, elle est encore plus menacée : du million de km² sur lequel elle s'étendait jadis, seuls 54 000 km² ont été préservés. Sur les berges de la rivière Iguaçu et dans la profondeur de la forêt vivent, entre autres, varans, caïmans, loutres, cabiais, cerfs, tatous, tamanoirs (fourmiliers), singes, tapirs, ocelots, serpents, pumas et jaguars. Mais lors de vos balades aux chutes, vous aurez surtout l'occasion de croiser les adorables coatis à la queue annelée (gourmands invétérés aux grandes dents !), des papillons (énormes) – qui se regroupent là où ils trouvent du sel – et à condition d'avoir l'œil, des toucans.

La visite

À l'entrée, on a le choix entre prendre le petit train ou se rendre directement sur les différents circuits à pied.

➢ La plupart des visiteurs montent directement à bord du ***tren ecológico de la selva*** (il fonctionne au gaz), qui passe toutes les 20-30 mn. Il marque deux arrêts : un premier arrêt à la *Estación Cataratas,* que l'on peut alternativement rejoindre à pied en une dizaine de minutes par le *Sendero Verde.* Pratique s'il y a plein de monde qui attend le train... et surtout, l'occasion de croiser nombre de coatis très peu sauvages. De la gare de Cataratas partent deux circuits différents, le *circuito superior* et le *circuito inferior.* Si vous arrivez le matin, commencez par le circuit inférieur, beaucoup moins emprunté que dans l'après-midi.

- ***Le Circuito Superior*** (environ 40 mn, facile d'accès et tout plat ; accessible aux fauteuils roulants) est le premier que l'on rencontre en contrebas de la gare. Il court sur 650 m, de passerelle en passerelle, en longeant la brèche géologique le long de laquelle la majeure partie des chutes se jette dans le vide. Ces chutes (*saltos*), qui portent toutes des noms difficiles, sont donc visibles ici du haut. On commence par les *saltos Dos Hermanas, Chico, Ramírez* et *Bossetti,* oscillant entre 40 et 60 m de hauteur, avant d'aborder les chutes *Adán y Eva* et *Mbiguá.* Les belvédères se multiplient, léchés par une bruine constante, agréablement rafraîchissante. Le chemin se termine face au fantastique arc de cercle formé autour du rugissant *salto San Martín.* Il émerveille par la force avec laquelle les eaux se précipitent entre les pierres pour former une seconde chute à plus de 70 m en contrebas, dans des nuages vaporeux qui se nimbent souvent d'arcs-en-ciel, irisant le décor.

- Peu après le départ du *Circuito Superior* (passé le phare) se trouve celui du ***Circuito Inferior,*** que l'on rejoint par une série d'escaliers (boucle d'1h environ). Plus long (1,7 km), il rejoint d'abord les rives du *río* Iguaçu inférieur (en aval des chutes), avant de remonter, de point de vue en point de vue, vers le rideau des principales cataractes – celles-là mêmes que l'on découvre du haut depuis le *Circuito Superior.* Le parcours à travers la forêt tropicale est splendide. Parmi les temps forts de cet itinéraire figure le belvédère de la chute *Bossetti,* l'une des plus somptueuses, qui vous rafraîchira autant qu'une douche puisqu'on peut s'en approcher à presque la toucher ! Grondement impressionnant des eaux.

➢ Face au *Circuito Inferior,* se trouve la petite ***isla San Martín,*** au pied des chutes. Sur l'île, un réseau de chemins tracés dans la forêt permet d'embrasser d'autres superbes panoramas, notamment sur les *saltos Dos Mosqueteros* et *Tres Mosqueteros* avec, en toile de fond, l'extraordinaire rideau de la *Garganta del Diablo.* Balade sportive et spectacle fascinant de millions de mètres cubes d'eau se déversant dans un bouillonnement d'apocalypse.

➢ De la *Estación Cataratas,* le train poursuit son chemin jusqu'au 2e et dernier arrêt ; la *Estación* ***Garganta del Diablo*** (15 mn de trajet). *Accès possible à pied depuis l'entrée du parc (4,5 km ; env 40 mn), sinon on préconise de prendre le 1er train à l'ouverture du parc... ou le dernier à 16h. Moins d'affluence dans les 2 cas.* Une longue passerelle (accessible aux fauteuils roulants), étirée sur 2 080 m, mène par-dessus le cours apparemment tranquille du fleuve jusqu'à l'endroit où le fabuleux *salto Unión* s'abîme dans la gorge du Diable. Si quelques nuages de vapeur d'eau annoncent le site, on tombe sans crier gare sur l'échancrure infernale en plein milieu de la rivière, comme si le sol s'était brusquement dérobé sous la pression phénoménale des flots. Spectacle époustouflant, à ne pas manquer et à tenter de goûter pleinement en tout début ou en fin de journée, au moment où il n'y a pas trop de monde. Souvent, on peut observer les vols en piqué des *vencejos* (arbalétriers), des oiseaux de petite taille au plumage foncé, caractéristiques d'Iguaçu, qui ont été choisis comme symbole par l'administration du parc. On peut aussi contempler le résultat de la puissance des eaux en constatant les dégâts faits à une ancienne passerelle emportée par une crue en 1992.

➢ Pour les amateurs de marche et les courageux, un sentier ***(sendero Macuco)*** de 7 km A/R *(accessible jusqu'à 15h)* part de derrière la station centrale pour rejoindre le *salto Arrechea* et une piscine d'eau naturelle. La baignade est agréable, mais la balade l'est un peu moins, assez longue *(compter 3h A/R)* dans un environnement peu varié. Dans tous les cas, se renseigner avant car l'accès peut être bloqué selon le niveau d'eau.

À faire dans le parc

Cinq nuits par mois, au moment de la pleine lune, le parc organise une balade nocturne – l'occasion d'entendre bruisser la forêt, un moment magique ! Un maximum de 120 personnes pouvant y participer, il est préférable de réserver : *☎ 49-14-69. Compter 500 $Ar/pers ; réduc.* Renseignements détaillés sur le site internet du parc : *• iguazuargentina.com •*

– Les autorités du parc ont autorisé la compagnie *Iguazú Jungle* *(☎ 42-16-96)* à proposer plusieurs activités découvertes autour des chutes (accessibles aux enfants à partir de 12 ans) : safari nautique à la gorge du Diable, *Paseo Ecológico,* une balade en bateau pneumatique (à rames) entre les îlots du fleuve, *Gran Aventura* (trajet en 4x4 et rafting dans les rapides de la rivière Iguaçu jusqu'à la gorge du Diable). Reste que les prix sont assez élevés et les activités d'une durée bien courte...

À voir. À faire encore

La Aripuca *(hors plan Puerto Iguazú par B3 et carte Parc national d'Iguazú)* **:** *à 4,5 km de Puerto Iguazú, en direction des chutes (ruta 12, Km 41). ☎ 42-34-88. • aripuca.com.ar • Tlj 9h-18h. Entrée : 65 $Ar ; réduc.* C'est une gigantesque cabane en bois composée d'une trentaine de troncs d'arbres de 2 à 3 m de diamètre, tous issus d'arbres âgés de 300 à 500 ans, de la province de Misiones. Un escalier grimpe, redescend... on se croirait dans une maison de géants ou dans une cage ! Car c'est là le sens de cette *Aripucà* (« piège » en guaraní), gérée par une association de défense de la forêt, qui invite à prendre conscience des effets dévastateurs de leur destruction. En coupant du bois, l'homme construit son propre piège. CQFD.

Vente d'artisanat guaraní et restaurant sur place.

Hito 3 Fronteras *(carte Parc national d'Iguazú)* **:** *au bout de l'av. Tres Fronteras.* Le belvédère surplombe le confluent du *río* Iguaçu et du *río* Paraná, révélant d'un seul coup d'œil l'Argentine, le Brésil et le Paraguay. La frontière est matérialisée par une grande borne sur chaque rive. Nul n'échappera à la photo devant la borne argentine... en attendant patiemment que la place se libère !

➢ ***Los Guaguas del Yaguarete*** *(hors plan Puerto Iguazú par B3)* **:** *ruta 12. 1550-9940/41. Circuits de 2h pour 150 $Ar ; départs à 9h, 11h, 14h et 16h.* Repérer le panneau *Los Guaguas del Yaguarete* en face de l'hôtel *Cataratas,* à la sortie de la ville. Roberto et Carla proposent des promenades en *guagua* (tracteur) dans la forêt, à la découverte du mode de vie des Indiens Guaraní. Roberto, qui a longtemps travaillé comme guide dans le parc d'Iguaçu, connaît bien les animaux et les plantes du secteur.

CURITIBA

1 849 400 hab. IND. TÉL. : 41

Capitale moderne située dans l'intérieur des terres, à environ 900 m d'altitude, Curitiba (prononcez « *Curitchiba* ») est renommée pour son architecture transparente (y compris ses arrêts de bus !) et ses nombreux parcs. Outre la

superbe verrière du *Jardim Botânico* et « l'université écologique » (inaugurée par Cousteau en 1991), Curitiba a créé une série d'espaces verts qui évoquent les pays des principales vagues d'immigration de la région : *Bosque Alemão* (Allemagne), *Bosque Papa João Paulo II* (Pologne), etc. Le petit quartier historique autour du *largo da Ordem* et les différents sites peuvent être visités en prenant le bus touristique *Linha Turismo* depuis la praça Tiradentes. Mais on ne reste pas longtemps à Curitiba. La ville est avant tout une étape avant de belles excursions vers la côte paranaense. On rallie Morretes et Antonina avec la ligne ferroviaire *Serra Verde,* qui traverse la *serra da Graciosa,* aux paysages vertigineux. Des paysages que les routards amateurs de randonnées ne manqueront pas d'explorer en y faisant étape. Et puis on s'échappe sur l'ilha do Mel à la découverte de belles plages sauvages.

Arriver – Quitter

En avion

✈ ***Aeroporto Afonso Pena :*** *av. Rocha Pombo, km 17.* ☎ *3381-1450 ou 1515. À 18 km au sud-est de Curitiba.* Tous les services : distributeurs *Visa* et *MasterCard* au rez-de-chaussée, banque *HSBC* au 1er étage, change, infos touristiques *(tlj 7h-23h),* location de voitures...

■ ***TAM :*** ☎ *0800-570-57-00.* Vols pour Foz de Iguaçu, São Paulo, Florianópolis... et correspondances vers les autres villes du pays. Nombreuses liaisons également avec les compagnies *low-cost* ***GOL, Trip*** et ***Azul.***

■ ***Loueurs de véhicules :*** ***Hertz*** *(☎ 3382-8001) ;* ***Avis*** *(☎ 3381-1370).*

➢ ***Pour gagner le centre :*** bus *Executivo* (13 Rls) ttes les 15-20 mn 6h-0h30. Arrêts devant les gares routière et ferroviaire, puis dans le centre. Liaisons en bus commun *Ligeirinho* également (env 4 Rls). En taxi, compter 80 Rls et 30 mn.

En train

Rodoferroviária *(gares ferroviaire et routière)* ***:*** *av. Pres. Affonso Camargo, 330, à l'angle de 7 de Setembre.* ☎ *3888-3488. Départs de la ligne Serra Verde : ● serraverdeexpress.com.br ●*

Le mode de transport à privilégier pour découvrir la serra da Graciosa et Morretes. Vues extraordinaires sur les pics Paraná (1 952 m) et Marumbi (1 576 m). 1er arrêt à Marumbi, puis terminus à Morretes, après 3h de trajet.

➢ Départs de Curitiba tlj à 8h15 ; de Morretes tlj à 15h. Trajet : 3h. Aller simple : selon confort env 85-158 Rls ; réduc enfants. Trajet moins cher dans le sens du retour : env 60-112 Rls ; en bus *Graciosa,* env 20 Rls. Départ également du *Litorina* (train de luxe) les sam et dim à 9h15 de Curitiba, arrivée à Morretes à 12h15. Retour à 14h30 de Morretes. Compter tout de même 258-328 Rls selon le train par trajet ! Le trajet inclut les transferts, le repas et la visite guidée de Morretes et Antonina.

En bus

Rodoferroviária : *juste à côté de la gare ferroviaire.* ☎ *3320-3000.* Consigne à bagages 24h/24, distributeur de billets, point d'infos.

– Avec *Graciosa (☎ 3223-0873 ; ● viacaograciosa.com.br ●)* :

➢ ***Morretes et Antonina :*** env 7-10 bus/j., 7h-23h. Trajet : 1h30-1h50.

➢ ***Paranaguá :*** env 15 départs/j., 5h15-23h15. Trajet : 1h30-2h.

– Avec *Catarinense (☎ 4002-4700 ; ● catarinense.net ●)* :

➢ ***Florianópolis :*** liaisons ttes les 45 mn env dans les 2 sens. Trajet : 4h-5h. Également des liaisons avec *Expresso do Sul.*

➢ ***Foz do Iguaçu :*** env 10 bus/j. Trajet : env 10h.

➢ ***São Paulo :*** env 15 départs/j. avec les compagnies *Cometa (☎ 4004-9600 ; ● viacaocometa.com.br ●)* et *Itapemirim (☎ 0800-723-2121 ; ● itapemirim.com.br ●).* Trajet : 6h.

➢ ***Rio de Janeiro :*** avec *Itapemirim* et *Penha (☎ 0800-646-2122 ; ● nspenha.com.br ●).* 3-4 départs/j. Trajet : 13h.

Adresses utiles

Infos touristiques : à la gare ferroviaire, av. Pres. Affonso Camargo, 330. ☎ 3350-7728. • turismo.curitiba.pr.gov.br • Tlj 9h-18h. Également un kiosque à l'aéroport.

Banco do Brasil : *praça Tiradentes, 410.* Distributeurs *Visa* et *MasterCard* accessibles 6h-22h. Change *(10h-16h).*

Où dormir ?

De bon marché à prix moyens (moins de 130-200 Rls / env 33-50 €)

Albergue Roma Hostel : *rua Barão do Rio Branco, 805. ☎ 3224-2117. • hostelroma.com.br • De l'aéroport, bus Executivo, arrêt Rodoferroviária à 300 m de l'hostel. Nuitée env 50 Rls/pers, petit déj compris ; double 135 Rls. Réduc avec la carte HI. Parking payant.* Autour d'une cour, une centaine de lits répartis dans des dortoirs pour 4-6 personnes (filles et garçons séparés) ou chambres individuelles spacieuses, avec salles de bains et ventilo. Quelques *singles* et familiales. Salle TV, cuisine, laverie et plein d'infos touristiques sur la région. L'auberge est bien tenue et la situation centrale. Un bon rapport qualité-prix.

Chic (200-300 Rls / env 50-75 €)

San Juan Executive : *av. 7 de Setembro, 2516. ☎ 3302-0505. • sanjuanhoteis.com.br • Doubles env 200-240 Rls, petit déj inclus.* Moins cher que le *Johnscher,* du même groupe. Une centaine de chambres impeccables, modernes, confortables et climatisées dans une tour proche de la *rodoferroviária.*

Johnscher : *rua Barão do Rio Branco, 354. ☎ 3302-9600. • sanjuanhoteis.com.br • Doubles env 250-280 Rls, petit déj inclus. Parking.* Cet hôtel central n'est pas simplement chic, il a un cachet contemporain qui le sort du lot. Le hall d'entrée design, avec superbe cheminée appréciée en hiver, jouxte une très belle salle de petit déj. 24 chambres spacieuses, confortables et hautes de plafond. Accueil pro et anglophone. Très bon resto à côté, le *Zea Maïs* (voir plus loin).

Où manger ? Où boire un verre ?

De prix moyens à chic (40-100 Rls / env 10-25 €)

Bar do Alemão : *rua Dr Claudino dos Santos, 63. ☎ 3223-2585. Tlj en continu 11h-2h. Plats 40-80 Rls pour 2.* Une taverne bavaroise au Brésil, surprenant ! Issue de la forte immigration allemande, ce lieu est une institution dans ce quartier festif de la vieille ville. La bière coule à flots, consommée en terrasse ou dans une vaste salle à la déco typique d'outre-Rhin. Les plus courageux tenteront d'y manger, mais attention, rien de très fin ici, il faut aimer les saucisses bien grasses !

Farnel : *rua Dr Claudino dos Santos, 90. ☎ 3324-9755. Tlj sf lun, le midi slt, 12h-15h. Plats env 40-50 Rls.* On en pince pour cette charmante maison bleue, dans une rue piétonne du quartier historique. Cuisine convaincante d'inspiration gastro qui puise ses racines dans les plats régionaux du Paraná. Ne pas manquer de goûter à la spécialité, le *barreado* de poulet, *muito bom* ! Mais le *picadinho de carne* n'est pas à négliger. Bon dessert également. Agréable patio et bon accueil.

Zea Maïs : *rua Barão do Rio Branco, 354. ☎ 3332-3988. Tlj sf dim, le soir slt. Menu 100 Rls ; plats env 65-80 Rls.* On a adoré ce resto gastro qui propose une fine cuisine brésilienne revisitée par une chef talentueuse et créative. Le rapport qualité-prix est excellent, particulièrement pour le menu du jour. Cadre élégant, bien qu'un peu sombre et service en français.

LE SUD

À voir

Museu Oscar Niemeyer (MON) : *rua Marechal Hermes, 999. ☎ 3350-4400. • museuoscarniemeyer.org.br • Tlj sf lun 10h-18h (dernier billet à 17h30). Entrée : 12 Rls ; réduc ; gratuit moins de 12 ans.* Disciple de Le Corbusier, Niemeyer a dessiné la monumentale ville de Brasília et, entre autres réalisations, ce musée à l'architecture de verre, tel un œil bleu géant posé sur un socle. Avec une collection de plus de 2 000 œuvres, c'est l'un des plus grands d'Amérique latine. Expos temporaires d'artistes contemporains brésiliens. Une programmation de concerts, et cinéma également, de qualité. Boutique sympa et cafétéria agréable, dans un cadre lumineux.

Jardim Botânico : *rua Ostoja Roguski, s/n. Visites guidées (gratuites) : ☎ 3264-6994. • jardimbotanicocuritiba.com.br • Tlj 6h-20h (21h l'été). GRATUIT.* Immense et superbe, il abrite notamment de magnifiques serres du XIXe s. Plus de 400 000 variétés de plantes y sont répertoriées. On peut également parcourir le *Jardim das Sensações,* composé de superbes tunnels végétaux et admirer les œuvres de l'artiste polonais Franz Krajcberg, pas moins de 110 sculptures en bois réparties dans le parc.

MORRETES

16 400 hab. IND. TÉL. : 41

Une petite ville au pied des montagnes, en pleine nature, traversée par le rio Nhundiaquara, belle rivière autrefois aurifère qui descend tout droit des sommets environnants.
Cette charmante cité historique du XVIIIe s a conservé sa vie et son cachet : constructions coloniales en bordure de rivière, entourées de flamboyants et de palmiers géants et, disséminées çà et là, des distilleries de cachaça. Entourée de vergers tropicaux, Morretes n'est qu'à 15 km de la mer. Au programme, randonnée, baignades dans les rivières ou descente en rafting sur le rio Cachoeira, dans des eaux claires et revigorantes. Un petit paradis en pleine serra da Graciosa ! Côté gastronomie, c'est ici qu'il faut goûter au *barreado,* plat typique à base de viande mijotée dans une cocotte en argile.

Arriver – Quitter

En train

Ferroviária : *praça Rocha Pombo. Arrêt de la ligne Serra Verde (• serraverdeexpress.com.br •). ☎ 3888-3488.* Voir plus haut « Arriver – Quitter. En train » à Curitiba.

En bus

Rodoviária : *rua Ricardo de Lemos, s/n. ☎ 3462-1115.*

➢ ***Curitiba*** : 7 bus/j. avec *Viação Graciosa (• viacaograciosa.com.br •).*

➢ ***Paranaguá*** : 1 bus/j. slt.

➢ ***Antonina*** : 8 bus/j. 8h20-minuit.

➢ ***Florianópolis*** : se rendre à Curitiba, puis changer de bus.

Adresses utiles

Infos touristiques : *casa Rocha Pombo, largo Dr José Pereira (dans la maison coloniale à côté du* restaurante Casarão*). ☎ 3462-1266 (poste 256).*

• morretes.pr.gov.br • Lun-ven 8h-12h, 15h-17h. Donne de bonnes informations, en portugais uniquement.

■ ***Banco do Brasil :*** *rua 15 de Novembro, 198.* Distributeurs (*Visa* et *MasterCard*) 7h-21h. En revanche, attention, pas de change à Morretes, il faudra aller à Curitiba.

■ ***Calango Expedições :*** *rua General Carneiro, 6. ☎ 3462-2600. • calangoexpedicoes.com.br • Tlj 9h-18h.* Petite agence de voyages sérieuse qui propose toutes sortes d'activités dans la région (randonnées, rafting, VTT, canoë, sortie en 4x4, etc.). *Compter 90-200 Rls/pers la ½ journée.* Loue aussi des vélos.

Où dormir ?

Camping

Camping Shiro : *estrada da Prainhas, à* ***Porto de Cima*** *(dans le complexe touristique, en pleine nature). ☎ 9839-3725. Arrêt de bus à 500 m. Compter 15 Rls/pers ; douche 5 Rls.* Shiro et Francisca, d'origine japonaise, tiennent ce camping simple et très « nature » dans leur calme jardin bien ombragé et bordé par une rivière. Bloc sanitaire correct. Bon départ pour de belles randonnées.

LE SUD

De prix moyens à chic (130-300 Rls / env 33-75 €)

Pousada Cabanas do Curupirá : *estrada da Graciosa, km 29,50. 9998-9255. • cabanasdocurupira.com • À 7 km de Morretes sur la route d'Antonina, prendre l'estrada da Graciosa à gauche, puis le chemin à droite (fléché). Les bus Paranaguá-Antonina s'arrêtent à 500 m, station Figuera do Brazo. Nicolas, le proprio, peut venir vous chercher à la gare ferroviaire ou routière. Résa obligatoire. Doubles env 100-120 Rls, petit déj inclus.* En pleine nature, 3 cabanes avec ventilo, frigo et cuisine commune à disposition. Sur la petite terrasse, laissez-vous bercer par les sons de la forêt environnante, lové dans un hamac. Sérénité garantie dans ce luxuriant jardin qui ne fait pas moins de 18 ha... de quoi se régaler ! Accueil très sympa de Marie et Nicolas, qui parlent le français. Nicolas accompagne les visiteurs pour des treks dans la jungle et n'est pas avare en bons conseils sur la région. Location de vélos. Une super adresse.

Porto Real Palace : *rua Visconde do Rio Branco, 85. ☎ 3462-1344. • hotelportorealmorretes.com.br • Dans le centre historique. Doubles et suites env 130-180 Rls selon confort et saison.* La façade n'a rien d'un palace, mais une fois entré, la surprise n'en est que plus grande ! La déco est soignée dans le hall comme dans les chambres, auxquelles on accède par un bel escalier en fer forgé. Elles sont impeccablement tenues, équipées de clim et frigo. Pour quelques réais de plus, ne pas hésiter à prendre une suite, un brin kitsch mais bien plus spacieuse !

Pousada Graciosa : *estrada da Graciosa, km 8. ☎ 3462-1807. • pousadagraciosa.com • Les bus de la ligne São João-Morretes (ou ceux qui vont à Curitiba via la estrada da Graciosa) s'arrêtent à 20 m de la pousada. Double env 350 Rls (réduc dès la 2e nuit), petit dej inclus, servi sur la terrasse de son chalet.* 6 chalets en bois dans un parc tropical, tous bien conçus et d'un romantisme fou. Calme garanti. Vraiment très plaisant de se réveiller en pleine nature, puis de prolonger le farniente dans le hamac avant de piquer une tête dans la piscine. Accueil très chaleureux de Mirian. Son mari, Curt, prépare des pizzas si vous ne souhaitez pas retourner en ville et brasse sa propre bière.

Où manger ?

De prix moyens à chic (40-100 Rls / env 10-25 €)

|●| ***Villa Morretes :*** *rua Almirante Frederico de Oliveira, 155. ☎ 3462-2140. Tlj sf mar, le midi slt. Plats env 65-75 Rls.* Dans la vaste salle en pierres apparentes d'une belle villa ou sur une romantique et calme terrasse au bord de l'eau, on se régale d'une cuisine locale généreuse et goûteuse. Un peu plus cher que ses concurrents, mais la différence est justifiée tant pour le contenu de l'assiette que pour le cadre.

|●| ***Terra Nossa :*** *rua 15 de Novembro, 109. ☎ 3462-2174. Tlj sf mar, midi et soir. Plats env 40-70 Rls.* 2 salles trop grandes pour être intimes et terrasse pas désagréable. Quasiment incontournable pour dîner, puisque c'est une des rares adresses de la ville ouverte le soir. En plus de l'incontournable spécialité *(barreado de linguado)* et d'un choix de pâtes, on peut opter pour de savoureuses pizzas (servies le soir uniquement).

|●| ***Restaurante Casarão :*** *largo Dr José Pereira, 25. ☎ 3462-1314. Tlj sf mar, le midi slt. Plats 40-50 Rls.* Outre la cuisine de qualité, on profite de l'agréable terrasse surplombant le rio Nhundiaquara. Le *barreado* est bien préparé et copieux : en plus de la viande (qu'on mélange à la farine de manioc), il peut être servi avec du poisson frit et moult accompagnements. Une bonne adresse mais assez touristique et le show du maître d'hôtel peut en agacer certains...

|●| ***Armazém Romanus :*** *rua Visconde do Rio Branco, 141. ☎ 3462-1500. Dans la même rue que le* Porto Real Palace, *mais à droite. Tlj sf lun, le midi slt. Plats 35-50 Rls.* Certainement le restaurant le plus raffiné de Morretes. Propose une gastronomie brésilienne légère et de qualité. On trouvera aussi le traditionnel *barreado.* Il est mijoté ici pendant 12h et accompagné d'un délicieux *pirão,* d'oranges et de bananes frits. Service dans une salle un brin rustique ou en terrasse sur l'arrière.

DANS LES ENVIRONS DE MORRETES

👣👣 ***Parque estadual do Marumbi :*** *accès à env 10 km de Morretes ; suivre la piste indiquée « Engenheiro Lange » depuis le centre.* Sentiers de randonnée et alpinisme sur les *monte Olimpo* (1 539 m), *Abrolhos* (1 200 m) et *Ponta do Tigre* (1 400 m). Départ des sentiers au *Centro de Visitantes* (*☎ 3462-3598 ; sam-dim 8h-18h).* Il est malheureusement quasi impossible de trouver des cartes. Possibilité de faire l'excursion avec l'agence *Calango Expedições* (voir plus haut « Adresses utiles »). *Compter 200 Rls/pers (min 2 pers).*

➢ La randonnée la plus accessible mène en 2h (aller) aux cascades ***saltos de Macaros*** et ***Redondo.*** Sentier agréable qui passe notamment par des piscines naturelles.

👣👣 ***Parque nacional Serra da Graciosa :*** *depuis Morretes, suivre la direction de Porto de Cima (à 6 km) puis São João da Graciosa (à env 9 km). De là, BR 116 (embranchement de la route nationale, en haut de la montagne), 20 km de grimpée ou 16 km par le sentier de forêt.*

Après São João da Graciosa, on emprunte l'*estrada da Graciosa,* une route pavée, construite en 1873, qui gravit la montagne à travers la forêt sur 20 km et environ 900 m de dénivelée. C'est possible à vélo ! Sinon, un sentier de randonnée part de São João et permet de faire l'ascension à pied à travers la forêt (16 km quand même, et ça grimpe !).

Le parc national Serra da Graciosa réunit la plus complète variété de fleurs et essences végétales originelles de la *Mata Atlântica,* forêt atlantique à la végétation exubérante qui recouvre la serra do Mar. Une partie est d'ailleurs classée au Patrimoine mondial de l'Unesco, comme « Forêt Atlantique – Réserves du Sud-Est ».

Antonina : *à 18 km de Morretes (liaison en bus).* Jolie petite ville coloniale en bord de mer. C'est aussi le point de départ des descentes en rafting sur le rio Cachoieira. Si vous êtes dans les parages en juillet, ne manquez pas le *Festival de Inverno,* qui propose une excellente programmation de spectacles, expos, concerts...

➢ ***Rafting :*** depuis Morretes, l'agence *Calango* prend en charge le transport en bus (voir « Adresses utiles ») ; sinon, en allant directement à Bairro Alto (environ 1h de trajet, 3 bus/j.), c'est *Icatu Rafting* (☎ *3432-1178*) qui assure la descente en raft. *Compter 80 Rls/pers avec* Calango, *60 Rls/pers avec* Icatu.

ILHA DO MEL

IND. TÉL. : 41

• Carte *p. 313*

Petite île paradisiaque de forme insolite, classée au Patrimoine mondial de l'Unesco comme partie de la « Forêt Atlantique – Réserves du Sud-Est ». L'érosion de la mer sépare peu à peu l'île en deux parties, aujourd'hui uniquement reliées par un banc de sable, la *praia do Farol das Conchas.* Au nord, une réserve écologique couverte de végétation et abritant d'immenses plages de sable fin quasi désertes, face à l'océan. Au sud, la plus petite partie de l'île concentre l'activité touristique et la majorité des insulaires autour des villages de *Brasília* et *Encantadas.*
En saison, la jeunesse paranaense et les surfeurs affluent à Brasília pour profiter des belles vagues et festoyer dans les bars. Encantadas est plus familial et surtout fréquenté le week-end. Afin de préserver ce paysage enchanteur et encore miraculeusement intact, le nombre de visiteurs sur l'île est limité à 5 000 personnes. Au pic de la saison (décembre-février), on embarque parfois au compte-gouttes, au fur et à mesure que des passagers débarquent. En semaine, il y a moins de monde.

Arriver – Quitter

➢ ***En bateau :*** depuis l'embarcadère de Paranaguá, dans le vieux port, des bateaux assurent la liaison avec l'Ilha do Mel. 2 départs/j., à 9h30 et 15h30 ; 2h de traversée. Liaison supplémentaire à 13h en haute saison (de déc à mi-mars). Compter 53 Rls/pers pour l'A/R. 2 arrêts sur l'île : d'abord au village de Brasília puis à celui d'Encantadas. À l'arrivée, possibilité de faire porter ses bagages dans la *pousada* de son choix ; certaines étant assez éloignées, c'est un service (payant) plutôt pratique. Retour à 7h30 (10h le w-e) et 16h30 d'Encantadas, 30 mn plus tard de Brasília.

➢ ***En bus + bateau :*** depuis la *rodoviária,* bus pour Pontal do Sul (env 1h de trajet) puis courte traversée (20-30 mn) jusqu'à Ilha do Mel. Cette option, au coût équivalent, est un peu plus rapide, mais offre surtout des liaisons plus fréquentes (départ du bateau de Pontal do Sul ttes les 30 mn-1h, tlj 8h-18h ; 35 Rls/pers pour l'A/R). Pour ceux qui sont véhiculés, nombreux parking à Pontal do Sul (compter 20 Rls pour 12h).

➢ ***En bateau-navette :*** plusieurs liaisons/j. entre Brasília et Encantadas de 9h à 18h. Compter 10 Rls et 25 mn de traversée.

➢ Pour rallier les plages isolées ou Fortaleza, on loue les services de ***petits bateaux à moteur*** qui transportent jusqu'à 4 pers, pour env 30 Rls/pers.

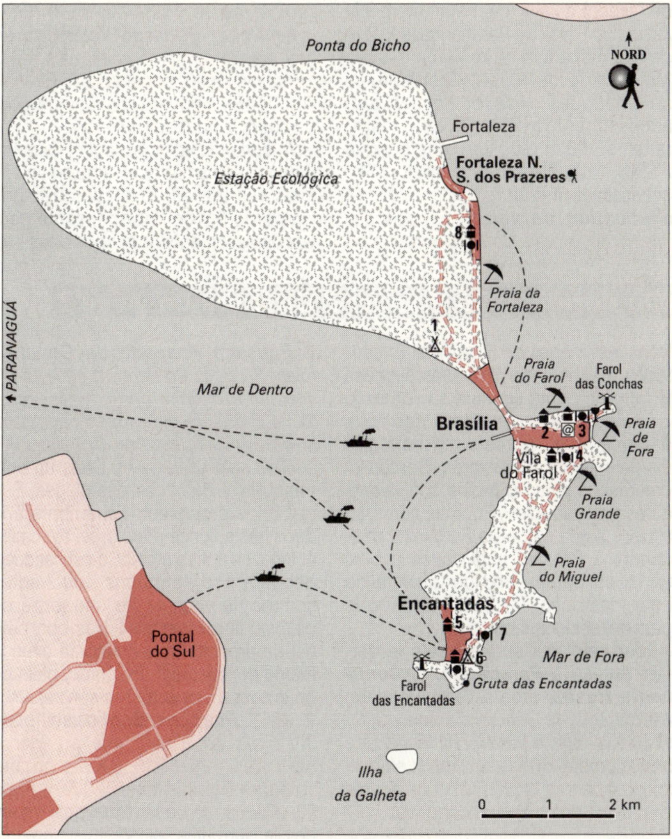

ILHA DO MEL

Où dormir ? Où manger ? Où boire un verre ?

1 Camping Recanto Nativo
2 Hostel Marimar Nova Brasília
3 Pousada Beehouse, Pousada Enseada da Conchas, Mar e Sol et Ilha do Mel Café
4 Grajagan Surf Resort
5 Pousada Marimar Encantadas
6 Recanto do Frances, Pousada e Restaurante Orquídeas et Hostel Encantadas Ecologic
7 Praça da Alimentação
8 Pousada Dona Quinota

Adresses et infos utiles

Points d'informations : *à l'arrivée des bateaux à Brasília et Encantadas. Tlj 9h-19h.*
– Horaires des bateaux et infos sur les possibilités d'excursions dans la baie de Paranaguá sur le site : ● *abaline.com.br* ●

– Attention, ***ni banque, ni pharmacie, ni change,*** hormis en dépannage dans certaines *pousadas* à un taux prohibitif. En revanche, la plupart des hébergements et restos acceptent les cartes de paiement. Sinon, pensez à retirer de l'argent à l'avance, notamment à la *Banco do Brasil* de Paranaguá (à 200 m de l'embarcadère en remontant la rua Mal Alberto de Abreu). Distributeurs automatiques (*Visa* et *MasterCard*) accessibles 7h-21h. Autres distributeurs 100 m plus loin, à la banque *HSBC*, rua Faraia Sobrinho, 371 ; accessibles 6h-22h.

■ ***Location de vélos :*** ***Pura Vida,*** *chez Tony, à praia do Farol (proche de l'embarcadère). ☎ 3426-8138. Également chez **Eduardo Valentim,** un peu plus loin, moins cher mais vélos moins bien entretenus. Loc 15 Rls/h et 40-60 Rls/j. selon loueur.* Sympa pour parcourir le nord de l'île.

– ***Un conseil :*** voyagez léger ! Toujours pratique de ne pas avoir à traverser l'île avec ses malles. Et embarquez une lampe de poche, indispensable pour vos déplacements nocturnes dans l'île.

Où dormir ? Où manger ? Où boire un verre ?

Dans les villages de Brasília et Encantadas, pléthore de *pousadas* alignées le long de petits sentiers sablonneux. Certaines plus engageantes que d'autres, avec terrasse en bois, jardin fleuri et façade colorée. Confort et prestations plus ou moins équivalents à des prix variables. Pour les adresses situées sur la plage de Fortaleza, descendre à Brasília puis accès à pied en 1h ou bateau-taxi de la praia do Farol (das Conchas). Sauf exception, le petit déj est inclus partout.

– Pour ceux qui auraient raté le dernier bateau à ***Paranaguá,*** le ***Continente Hostel,*** face à l'embarcadère, est correct *(rua General Carneiro, 300 ; ☎ 3423-3224 ; ● hostelcontinente.com.br ● ; compter 50 Rls pour un lit en dortoir de 4 pers et 140 Rls pour une double avec clim ; réduc avec la carte* HI*).*

À Brasília et autour

⛺ ***Campings :*** plusieurs adresses au confort sommaire à Brasília et Encantadas, qui ont souvent quelques chambres bon marché. À 15 mn de marche au nord de Brasília, on recommande le ***camping Recanto Nativo*** *(plan, **1** ; ☎ 3462-8103),* simple mais bien tenu et à côté de la plage.

🏠 ***Hostel Marimar Nova Brasília*** *(AJ ; plan, **2**) : praia do Farol. ☎ 3426-8032. ● pousadamarimar.com.br ● Lits en chambre de 4 pers env 100-120 Rls ; doubles 150-280 Rls selon confort et saison.* Wifi. Agréable auberge de jeunesse, simple et sans chichis, proche du débarcadère. En tout, 12 chambres de 4 lits, toutes avec salle de bains privée, ventilo ou clim.

🏠 ***Pousada Enseada da Conchas*** *(plan, **3**) : praia do Farol, tt au bout du chemin, à gauche après Treze Luas. ☎ 3426-8040. ● pousadaenseada.com.br ● Résa indispensable. Doubles 280-365 Rls selon saison.* Wifi. Dans un coin tranquille, à deux pas des plages, Sue et Carlos proposent 4 chambres à la déco très soignée et colorée, avec clim et frigo. Le maître mot ici, c'est l'accueil, débordant d'attentions touchantes comme de vous écrire une lettre de bienvenue en français ! Très bon petit déj de produits frais concocté avec le même dévouement. En prime, plein de bons conseils pour réussir son séjour.

🏠 🍽 🍷 ***Pousada Beehouse*** *(plan, **3**) : praia do Farol, face au Mar e Sol. ☎ 3426-8029. ● beehouse.com.br ● Double env 320 Rls. Plats 50-100 Rls.* Wifi. Le resto le plus vivant de l'île, surtout le soir. Vaste et agréable terrasse, bonne musique, copieuses formules avec poisson, crevettes ou poulet et un bon burger. Bien aussi pour un verre ou une part de gâteau maison à toute heure. Sur l'arrière, 5 chambres à la déco soignée, avec terrasse privative. Enfin, pour les familles, un chalet climatisé bien aménagé dans le jardin.

🏠 🍽 ***Grajagan Surf Resort*** *(plan, **4**) : praia Grande. ☎ 3426-8043. ● grajagan.com.br ● Doubles 450-920 Rls selon confort et saison. Plats 50-100 Rls.* Wifi. Surplombant la magnifique plage de praia Grande, une vingtaine de chambres sont disséminées dans d'élégants bungalows perdus dans une végétation luxuriante. On emprunte des allées en cordage pour passer de l'un à l'autre, avant d'accéder à la terrasse qui émerge de la végétation et offre un beau point de vue pour observer les vagues ! Si les chambres ont une terrasse, il faut taper dans la catégorie supérieure (à l'étage) pour donner sur la mer. Toutes sont néanmoins spacieuses, et le charme du lieu tient autant à la déco exotique qu'à la situation privilégiée, sans aucune autre construction à des dizaines de mètres à la ronde ! Cher, mais le grand luxe, dans une atmosphère décontractée. Resto sur place.

Mar e Sol (plan, **3**) : *praia do Farol, à un carrefour stratégique. ☎ 3426-8021. Tlj 11h-22h. Repas env 40 Rls.* De grandes tablées conviviales, un brouhaha sympathique, une salle ouverte sur la nature, le décor est planté. Les plats, à base de poissons, crevettes et moules en salade vinaigrées sont d'une fraîcheur irréprochable... C'est bien simple : tout est bon. Pour goûter aux différents poissons et fruits de mer, un bon compromis : partagez une *moqueca com tudo dentro.* Service très prévenant.

Ilha do Mel Café (plan, **3**) : *praia do Farol, dans le chemin à gauche après Mar e Sol. ☎ 3426-8065. Double 330 Rls. Plat env 30 Rls.* Une charmante adresse dans une maison en bois bleu entourée d'un jardin. Hamacs, tables avec jeux d'échecs, échange de livres. Un lieu relaxant pour boire un verre et relever ses mails. Quelques plats simples et pas chers également. À l'étage, 2 chambres coquettes et climatisées.

À Encantadas

Pousada Marimar Encantadas (AJ ; plan, **5**) : *praia das Encantadas. ☎ 3426-9052. • pousadamarimar.com.br • Directement sur la plage. Lit en dortoir env 70-80 Rls ; doubles env 200-280 Rls.* Les pieds dans le sable blanc, on ne peut rêver emplacement plus idyllique pour une AJ. Dortoirs de 4 à 6 lits nickel et chambres familiales. Prendre ses repas sous un parasol, les orteils en éventail, est un vrai bonheur ! Jeux pour enfants, baby-foot, billard, salle de TV, coffres individuels, cuisine commune à dispo et tout et tout. Une vraie ambiance de vacances. Musique le soir.

Hostel Encantadas Ecologic (AJ ; plan, **6**) : *sur le chemin de la praia de Fora. 9678-6428. • hostelencantadasecologic@hotmail.com • Lit en dortoir 35-40 Rls, doubles 100-120 Rls selon confort ; petit déj 10 Rls.* Face à une étendue herbeuse, une AJ un peu *roots* mais vraiment pas chère, bien pour les budgets réduits. Une poignée de dortoirs propres et mixtes de 4-6 lits et 2 chambres doubles dont une avec salle de bains privative. Cuisine commune et terrasse agréable. Possibilité de planter sa tente. Accueil sympa, en espagnol.

Recanto do Frances (plan, **6**) : *sur le chemin de la praia de Fora. ☎ 3426-9105. 9673-7856. • recantofrances.com.br • Doubles env 160-200 Rls.* Tout près de la plage sauvage Mar de Fora, 4 chambres rustiques décorées de photos de Paris (l'ancien proprio était français). Pour les familles, une grande chambre de 6 lits. Bon accueil.

Pousada e Restaurante Orquídeas (plan, **6**) : *dans une impasse à gauche, sur le chemin de la praia de Fora. ☎ 3426-9014. 9975-8344. • pousadaorquideas.com • Resto tlj, midi et soir. Doubles env 200-300 Rls selon confort et saison. Plats 60-90 Rls.* L'un des restos les plus sympas d'Encantadas, particulièrement appréciable pour sa fameuse et copieuse *moqueca* de la mer. Propose aussi de belles chambres et des chalets confortables dispersés dans un agréable jardin.

Praça da Alimentação (plan, **7**) : *praia de Mar de Fora. En hte saison, tlj jusqu'à 17h. Plats 30-40 Rls.* Sous cette grande paillote se côtoient plusieurs restos où l'on vient volontiers prendre le frais et grappiller un peu d'ombre. On n'y sert pas une cuisine élaborée, certes, mais le *prato comercial* pour 2 (crevettes, poissons, frites et riz) fera l'affaire. Les amateurs de crabe le dégusteront ici en *casquinha « metido a besta »* avec salade, ou encore en risotto. Service agréable et superbe vue sur l'océan.

🍽 🍷 Plusieurs **bars** et **lanchonetes** fréquentés par la jeunesse brésilienne et les surfeurs amateurs de *cerveja.*

À Fortaleza

🏠 🍽 ***Pousada Dona Quinota*** *(plan, 8)* **:** *praia da Fortaleza.* ☎ *3426-8171.* • *donaquinota.com.br* • *Transfert en bateau à moteur depuis la praia do Farol (30 Rls/pers). Doubles 300-350 Rls selon confort et vue, avec petit déj et dîner. Plats 40-60 Rls.* Jolis bungalows de style case créole, en bois bleu et blanc et parquet d'acajou. Certains donnent sur la forêt, d'autres sur l'océan... Confort simple, mais un charme authentique. Salle commune où déguster une cuisine locale parfumée, préparée avec de bons produits frais. Quelques tables sur le sable et des hamacs pour se prélasser. Atmosphère conviviale et détente garanties !

À voir. À faire

Les **plages,** pardi ! On rejoint les plus éloignées en bateau-taxi, à pied, ou encore à vélo : *Ponta do Bicho* et *Fortaleza* pour la partie nord de l'île, *praia do Farol das Conchas* au centre, idéale pour la baignade et la superbe vue du pied du phare qui domine la belle *praia de Fora* bien connue des surfeurs, puis *praias Grande, do Miguel* et *Mar de Fora* à l'est de l'île, jusqu'à la *gruta das Encantadas,* dont l'accès sans guide est dangereux en cas de montée des eaux.

Fortaleza : à 1h de marche de Brasília par un sentier également praticable à vélo. Penser à prendre de l'eau, un chapeau et un bon antimoustiques. Le fort, construit par les Portugais en 1767 pour protéger la baie des attaques espagnoles, se découpe joliment sur l'horizon. Au sommet, superbe vue. Possibilité de faire le retour en bateau.

LE SANTA CATARINA

FLORIANÓPOLIS 469 700 hab. IND. TÉL. : 48

• Centre (plan I) *p. 319* • Plan d'ensemble (plan II) *p. 321*

Capitale de l'État de Santa Catarina, la ville de Florianópolis – « Floripa » pour les intimes – s'étend sur toute l'*île de Santa Catarina* et certains de ses quartiers débordent même sur le continent *(Grande Florianópolis).* La région offre un paysage de douces montagnes aux forêts subtropicales, de ravissants villages de pêcheurs, avec une magnifique lagune où l'on pêche des crevettes grandes comme la main et des moules tout aussi géantes et, évidemment, des plages, des plages, des plages.

DESSINE-MOI UN AÉRODROME

L'île de Santa Catarina fut choisie comme tête de pont de l'Aéropostale au Brésil. Pour acheter les terrains afin de construire l'aérodrome, il fallait trouver les propriétaires mais les pauvres pêcheurs n'avaient pas de papier. On rédigea donc des actes de propriété pour formaliser les ventes et construire les pistes. Ce fut le début de l'aventure aéropostale entre la France et le Brésil. Un pêcheur de l'île créa d'ailleurs des liens d'amitié avec un certain « Zeperri », prononciation locale du nom de... Saint-Exupéry !

On en compte 42 rien que sur l'île ! Partout, des constructions colorées, des forts, des églises...
Sur cette île de 56 km de long et 18 km de large, surnommée *ilha da Magia,* le centre *(Centro),* qui lui n'a rien de féerique, n'occupe qu'un tout petit espace de 4 km, à la pointe la plus proche du continent. Fondé en 1726, à la grande époque de la pêche à la baleine pratiquée par des immigrants venus des Açores, il est devenu prospère et moderne. Heureusement, les gratte-ciel et le paysage urbain se limitent à ce périmètre, avec toutefois des zones bétonnées également dans le nord de l'île. Aujourd'hui, Florianópolis vit essentiellement du tourisme, de la filière ostréicole (premier producteur d'huîtres du pays) et de l'industrie (c'est un pôle important de technologies).
Si certaines plages subissent malheureusement les affres du « bétonnage », il reste une culture populaire bien vivante, avec notamment plusieurs *blocos de samba* qui défilent chaque année pour l'un des carnavals les plus célèbres du Sud.

Arriver – Quitter

En avion

✈ ***Aeroporto Hercílio Luz*** *(hors plan I par B2 et plan II)* **:** *av. Deomício Freitas, km 12 (Carianas).* ☎ *3337-5040.* Petit bureau touristique *Santur (lun-ven 9h-18h)* ; on y parle l'anglais. Également un bureau de change, un distributeur de billets *Banco do Brasil* (plus *HSBC* à l'extérieur) et la plupart des loueurs de voitures : *Hertz (☎ 3236-9955), Localiza (☎ 3236-1244), Unidas (☎ 3234-5968)* et *Movida (à l'extérieur de l'aéroport ; ☎ 3236-1595).* Enfin, guichet des compagnies low-cost intérieures : *GOL (☎ 3331-4127 ou 0800-704-0465)* et *TAM (☎ 3331-4072 ou 0800-123-200).*

➢ ***Pour rejoindre le centre de Floripa*** *(Centro)* **:** bus *Corredor Sudoeste* n°s 183 et 186, de couleur blanc et bleu, à droite en sortant, ttes les 20 mn (env 4 Rls et 20-30 mn de trajet). Depuis le centre vers l'aéroport, les bus se prennent au ***Terminal Urbano*** *(plan I, B2,* ***2****).* Également des taxis : compter env 45 Rls pour le *Centro* (tarif fixe).

En bus

🚌 ***Rodoviária Rita Maria*** *(gare routière ; plan I, A2,* ***1****)* **:** *av. Paulo Fontes.* ☎ *3212-3100.* Bus longues distances seulement. Billetteries de toutes les compagnies, bureau d'infos touristiques *Setur,* consigne à bagages 24h/24, distributeur de billets et pharmacie. Également une agence de voyages, *Atlantico Sul Turismo (☎ 3222-0048 ; tlj sf dim),* qui vend des billets d'avion pour les compagnies nationales et internationales, dont *Air France.*

➢ ***São Paulo :*** 10 bus/j. avec *Catarinense (☎ 3222-4002 ; ● catarinense.net ●)* et *Expresso do Sul (☎ 4004-9600 ; ● expressodosul.com.br ●).* Trajet : 12h.

➢ ***Rio de Janeiro :*** 1 bus/j. avec *Itapemirim-Kaissara (☎ 3223-3044 ; ● itapemirim.com.br ●).* Compter 18h de trajet.

➢ ***Paranaguá :*** 1 bus/j. à 6h (14h30 de Paranaguá) avec *Penha (☎ 0800-646-21-22 ; ● nspenha.com.br ●).* Env 6h-7h de trajet.

➢ ***Curitiba :*** liaisons ttes les 45 mn avec *Catarinense.* Trajet : 5h. *Expresso do Sul* dessert aussi Curitiba avec 2 bus/j.

➢ ***Foz do Iguaçu :*** 2-4 bus/j. avec *Catarinense* et *Nordeste.* Compter 15h de trajet.

➢ ***Brasília :*** 3 bus/sem avec *Itapemirim-Kaissara.* Trajet : 29h.

➢ ***Buenos Aires*** *(Argentine)* **:** 1 bus/j. avec *JBL Int* et *Flecha Bus (● flechabus.com.ar ●).* 24h de trajet.

➢ ***Santiago do Chile*** *(Chili)* **:** 1 bus/sem (en principe mar) avec *JBL Int.* Compter 46h de trajet en *semi-cama.*

Adresses et infos utiles

Infos touristiques, poste et télécommunications

Santur (*infos touristiques de l'État de Santa Catarina ; plan I, B2,* **3**) **:** *rua Felipe Schmidt, 249, 8e étage. ☎ 3212-6300. • turismo.sc.gov.br • Lun-ven 8h-19h.* Privilégier le bureau à l'aéroport si vous arrivez en avion. Ils sont plus efficaces.

Setur (*infos touristiques de la ville de Florianópolis*) **:** *à la rodoviária Rita Maria (plan I, A2,* **1**). *☎ 3952-7004. • guiaflo ripa.com.br • Tlj 8h-18h.*

@ **Cyber Café** (*plan I, B2*) **:** *rua Jeronimo Coelho, dans la rue piétonne au-dessus du marché, à l'étage. Tlj sf dim 8h-19h (17h sam).*

✉ **Poste** (*plan I, B2*) **:** *praça 15 de Novembro (la pl. principale). Lun-sam 9h-17h (12h sam).*

Banques, change, urgences

Banco do Brasil (*plan I, B2,* **4**) **:** *praça 15 de Novembro, 321.* Change *(lun-sam 10h-16h)*. Distributeurs *Visa* et *MasterCard* 6h-22h.

HSBC (*plan I, B1,* **5**) **:** *av. Prefeito Osmar Cunha, 416.* Distributeurs *Visa* et *MasterCard.*

Pharmacie 24h/24 (*plan I, B2,* **6**) **:** **Catarinense,** *sur la praça 15 de Novembro, à l'angle de Conseilheiro Mafra.*

Médecin francophone : Dr Alonso Del Rio, *☎ 3235-1357.*

Urgences médicales : Hospital Florianópolis, *rua Santa Rita de Cassiá, 279, Estreito (sur le continent). ☎ 3271-1500.*

Transports

Bus pour l'île (*plan I, B2,* **2**) **:** *dans le centre de Florianópolis, au Terminal Urbano, à 5 mn à pied de la rodoviária Rita Maria.* Plates-formes avec destinations bien indiquées. De très nombreux bus desservent les villages de l'île. En revanche, pour accéder aux plages, il vous faudra souvent changer de monture ! Plus rapides et confortables (clim), les bus *executivos* s'arrêtent là où vous le souhaitez sur leur ligne et vont directement aux plages depuis le *Centro*.

Où dormir ?

2 adresses dans le *Centro* pour dépanner.

De prix moyens à chic (130-300 Rls / env 33-75 €)

Floripa Hostel (*AJ ; plan I, A1,* **22**) **:** *rua Duarte Schutel, 227. ☎ 3225-3781. • flo ripahostel.com.br • Assez excentré. Nuitée env 60-65 Rls/pers ; double 130 Rls ; réduc avec la carte* HI. 60 lits répartis dans des dortoirs non mixtes de 4 à 8 personnes sans confort superflu et suffocants en été. Les doubles, avec ventilo et salle de bains privée dans certaines, sont plus avenantes et spacieuses. Cuisine à disposition à l'étage. Autre AJ à Barra de Lagoa, au centre de l'île, très calme aussi.

Hotel Valerim Plaza (*plan I, A1-2,* **23**) **:** *rua Felipe Schmidt, 705. ☎ 2106-0200. • hotelvalerim.com.br • Doubles env 200-350 Rls selon confort et période. Parking.* Quitte à dormir dans le centre, autant ne pas manquer de confort. La centaine de chambres que compte cet hôtel moderne répond sans conteste à cette exigence. En semaine, il accueille surtout une clientèle d'affaires. Accueil très pro, en français parfois.

Où manger ? Où boire un verre ?

Bon marché (moins de 40 Rls / env 10 €)

O Padeiro de Sevilha (*plan I, B1,* **31**) **:** *rua Esteves Junior, 214. ☎ 3025-3402. Lun-ven 6h50-20h30, sam 7h-14h.* C'est sur la longue tablée en bois de cette délicieuse boulangerie qu'on s'offre un fameux petit déj ou un grignotage sur le pouce. Des pains spéciaux d'une qualité rarement égalée

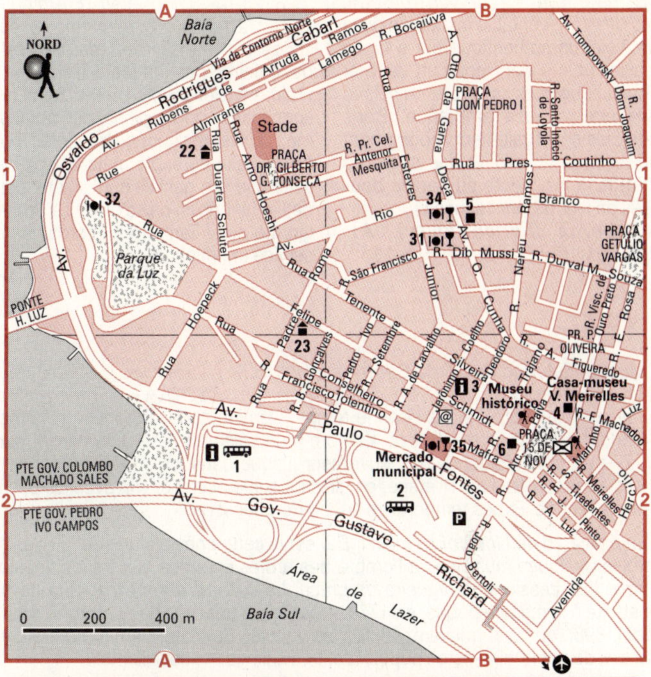

FLORIANÓPOLIS – Centre (Plan I)

Adresses utiles

1 Rodoviária Rita Maria et Setur
2 Terminal Urbano
3 Santur
4 Banco do Brasil
5 HSBC
6 Pharmacie 24h/24

Où dormir ?

22 Floripa Hostel
23 Hotel Valerim Plaza

Où manger ? Où boire un verre ?

31 O Padeiro de Sevilha
32 Taberna Iberica
34 Botequim Floripa
35 Box 32

sous ces latitudes, cakes, fougasses, yaourts et fruits frais... Plein de gourmandises en prévision d'un pique-nique sur la plage.

Botequim Floripa (plan I, B1, **34**) : *av. Rio Branco, 632.* ☎ *3333-1234. Lun-sam 12h-14h30, 17h30-1h.* La salle a du cachet avec sa vieille caisse enregistreuse posée sur le comptoir et son carrelage ancien. On s'y sent aussi bien qu'en terrasse, et ça débite toute la soirée. On cause, on commande une bière en grignotant des *bolinhos da carne* ou des mini-*pasteis*... Des groupes le soir de temps à autre. Une des rares adresses qui bouge en ville.

De prix moyens à chic (40-100 Rls / env 10-25 €)

Box 32 (plan I, B2, **35**) : *dans le mercado municipal, près du largo da Alfândega.* ☎ *3224-5588. Au rdc, dans* *la partie couverte. Lun-ven 10h-20h, sam 10h-15h.* Véritable institution de la ville, voici un authentique bar à tapas brésilien ! On y vient boire un verre et déguster quelques *camarões* ou huîtres dans une joyeuse ambiance. Bons plats cuisinés également, notamment une *feijoada do mar* et des coquilles Saint-Jacques. Vente au bar de bouteilles de leur propre cachaça !

Taberna Iberica *(plan I, A1,* **32***) : rua Felipe Schmidt, 1333. ☎ 3225-0913. Lun-ven 18h-minuit ; sam 12h-15h, 18h-minuit. Résa conseillée. Plats 40-80 Rls.* Un resto de cuisine portugaise « terre-mer » vraiment délicieux. Une dizaine de suggestions de *bacalhau,* des fruits de mer, du filet mignon, du canard... *Tudo bom !* Salle agréable mais vite pleine, avec une vue géniale sur le vieux pont de Florianópolis, on se croirait à Brooklyn, de nuit ! Tarifs très abordables et service attentionné.

À voir

Museu histórico de Santa Catarina *(plan I, B2) : palácio Cruz e Souza, praça 15 de Novembro, 227. ☎ 3028-8091. Tlj sf lun 10h-18h (16h w-e). Entrée : 5 Rls ; gratuit dim.* Une jolie balade dans le temps. Derrière sa façade meringuée rose et blanc, ce palais Cruz e Souza, du nom d'un célèbre poète catarinense, date de 1770 et fut la résidence du gouverneur jusque dans les années 1950. Visite de ses appartements au 1er étage, en glissant sur le plancher ciré avec les patins prêtés à l'entrée. Expos temporaires au rez-de-chaussée.

La **praça 15 de Novembro** *(plan I, B2)* est le centre névralgique de la ville. On y croise quelques musiciens à l'ombre des arbres énormes aux troncs noueux, comme l'impressionnant *figueira da praça.* La **cathédrale métropolitaine** fut construite à la même époque, en 1773. À quelques pas, très beau **marché municipal** (1898), où vous trouverez toutes les variétés de maté, de *fumo de rolo* et, bien sûr, de nombreux restos populaires, très animés et accueillants.

Casa-museu Victor Meirelles *(plan I, B2) : rua Victor Meirelles, 59. ☎ 3222-0692. Mar-sam 10h-18h (14h sam). GRATUIT.* Pour ceux qui veulent en savoir plus sur le peintre catarinense (1832-1903). Le petit musée (trois salles) est installé dans sa maison natale, une des rares maisons du XVIIIe s encore préservées.

LE CENTRE DE L'ÎLE DE FLORIANÓPOLIS

Lagoa da Conceição *(plan II) :* une grande lagune occupe le centre de l'île. D'un côté le village de *Lagoa,* de l'autre celui de *Barra da Lagoa.* L'église Nossa Senhora da Conceição (1750) surplombe le site d'un petit promontoire pour y faire entendre le timbre cristallin de sa cloche en argent massif. Splendide point de vue au-dessus de la *Lagoa du Morro das 7 Voltas.*

Où dormir ?

- **50** Natur Campeche
- **51** The Magic Monkey Hostel
- **52** Share House Backpackers
- **53** Hostel do Pirata
- **54** Pousada do Museu
- **55** Pousada Sítio dos Tucanos
- **57** Pousada Estrelas no Mar
- **58** Pousada Alemdomar

Où manger ? Où boire un verre ? Où sortir ?

- **60** Casa do Chico
- **61** Sabor Perú
- **62** Ponta das Caranhas
- **63** Restaurante Rancho de Canoa
- **64** Porto do Contrato
- **65** Beira d'Água
- **66** Freguesia Bar
- **67** Bar do Arante et Restaurante do Vadinho
- **68** Casa de Noca
- **69** Nutri Lanches
- **70** Rancho da Ostra

FLORIANÓPOLIS – Plan d'ensemble (Plan II)

Où dormir ?

De bon marché à prix moyens (moins de 130-200 Rls / env 33-50 €)

The Magic Monkey Hostel (AJ ; plan II, **51**) : *rua José Enrique Veras, 469, à* ***Lagoa da Conceição.*** *☎ 3065-0075. • magicmonkeyhostel.com • À proximité du terminal de bus (bus nos 320 et 330 de la rodoviária de Florianópolis). Nuitée 45-70 Rls selon saison et type de dortoir ; doubles avec sdb 180-220 Rls.* Située dans une impasse paisible, une AJ qu'on repère à sa fresque colorée de singe. Une adresse jeune et centrale en ville, aux dortoirs de 4 à 10 lits bien entretenus et climatisés. Grande cuisine à disposition, billard, ping-pong, jacuzzi, espace TV. Si les prix sont serrés, l'espace, lui, est aéré, ce qui rend l'adresse très agréable. Jardin avec BBQ et terrasse sur le toit avec hamacs. Propose aussi des excursions. Transfert possible de l'aéroport.

Share House Backpackers (AJ ; plan II, **52**) : *rua Servidão de Praihna, 29, à* ***Barra da Lagoa*** *(section nord). ☎ 3232-7606. • backpackersfloripa.com • Bus nos 320 et 330 de la rodoviária de Florianópolis. Petits dortoirs ou chambres doubles (sdb séparées) env 35-80 Rls/pers selon saison (2 nuits min en été) ; doubles 100-200 Rls.* De l'autre côté du pont suspendu, dans une maison orangée adossée à la colline, où l'on vient à pied. L'ambiance est ici très relax. Pas de maniaquerie non plus sur le ménage et le rangement, ce qui n'a pas l'air de contrarier la jeune clientèle. Ce qu'on apprécie, c'est la vue splendide sur l'océan, encore meilleure depuis les chambres en hauteur. Dortoirs mixes de 4-8 lits avec ventilo. Rapport qualité-prix intéressant d'autant que de nombreux services sont inclus dans le séjour : petit déj et une caïpirinha à l'apéro, surf et *bodyboard,* sortie et soirée chaque jour...

Où manger ? Où boire un verre ? Où sortir ?

Le soir, c'est à Lagoa qu'il faut sortir. Ici, la cuisine se la joue internationale et les nombreux bars, branchés.

Restaurante Rancho de Canoa (plan II, **63**) : *José Laurindo de Souza, 188, à* ***Barra da Lagoa.*** *☎ 3232-3639. En venant de Lagoa da Conceição, prendre à droite avt le pont. Tlj 12h-23h30. Plats 60-90 Rls pour 2.* Sur un ponton en bordure d'un canal de la lagune, d'où les enfants plongent avec joie, un bon resto de fruits de mer, particulièrement recommandable pour sa spécialité : les *camarões na moranga,* délicieux plat de crevettes cuites et servies dans une citrouille. Bons *petiscos* pour un déjeuner plus léger sous les parasols.

Sabor Perú (plan II, **61**) : *av. Afonso Delambert Neto, 659, à* ***Lagoa da Conceição.*** *☎ 3065-5884. Dans la rue principale. Tlj sf mar 18h-minuit, plus 12h-15h w-e. Plats 40-50 Rls. Ceviche, picante de marisco, tacu tacu, pescado a lo macho...* les classiques de la cuisine péruvienne à accompagner d'un bon *pisco sour.* Ça change un peu ! Dressage finement pensé (rare pour être souligné) et cadre forcément coloré. Service décontracté, mais rapide et sans fausse note. Un bon plan !

Casa do Chico (plan II, **60**) : *av. Rendeiras, 1620, à* ***Lagoa da Conceição.*** *☎ 3232-5132. Face au lac. Tlj sf lun 11h-23h.* Une institution depuis des lustres pour se remplir la panse d'une *sequência de camarões.* C'est l'une des spécialités de Floripa ! Une succession de 5 plats différents de crevettes, frites, grillées à l'ail, bouillies, en sauce... Pour les gros appétits, vous voilà prévenu ! *Moqueca* et huîtres en gratin également. Cadre à la déco marine et personnel en nœud pap'. Une valeur sûre.

Ponta das Caranhas (plan II, **62**) : *rodovia Jornalista Manoel de Menezes, 2377, à* ***Barra da Lagoa.*** *☎ 3232-3076. Juste avt l'entrée du village, en venant du sud. Tlj 11h-minuit.* Pour un apéro romantique sur une grande pelouse, au bord du lac face au coucher du soleil, l'endroit est bien choisi ! En revanche, le resto, assez cher, ne nous a pas laissé un souvenir impérissable.

Casa de Noca (plan II, **68**) : *av. Rendeiras, 1176, à* ***Lagoa da Conceição.*** *☎ 3238-5310. • casadenoca.art.br • Tlj sf lun, à partir de 21h ; hors saison, slt jeu-dim.* Une scène aux allures d'auberge espagnole, jeune et ouverte à tous les vents. Programmation variée, laissant la part belle aux musiques sud-américaines et africaines avec de nombreux concerts.

À faire

➢ ***Promenades en bateau :*** le plus économique, c'est incontestablement la navette qui mène en 45 mn à *Costa la Lagoa,* un petit paradis sauvage accessible uniquement à pied ou en bateau *(un départ ttes les 30 mn de Lagoa da Conceição, au niveau du pont ; compter 10 Rls A/R).* Également des trajets en 30 mn pour *Barra da Lagoa.* Populaire et sympa. Très nombreuses possibilités depuis Barra da Lagoa et Lagoa ; mieux vaut se renseigner sur place, aux débarcadères, et comparer les prix. À Lagoa, *Ondança (av. das Rendeiras, au niveau du nº 2150 ; ☎ 3232-1965 ; • ondanca.com •)* propose des balades en bateau de 2h ou 5h *(compter 40-70 Rls),* avec un arrêt à Costa da Lagoa pour l'excursion la plus longue, et halte dans un resto (non inclus dans le prix).

Sur la côte est, on ne se lasse pas de regarder les vagues déferler sur l'océan. Par conséquent, la baignade est souvent dangereuse, et on compte davantage de surfeurs que de baigneurs ! *Praia Mole,* au sable très fin et aux eaux révoltées, est connue pour ses *beach parties* car fréquentée par un public gay. Également très prisée des surfeurs ; c'est d'ailleurs la dernière étape du championnat brésilien de bodyboarding ! Elle se prolonge par la *praia Joaquina,* avec de superbes dunes et une eau turquoise, puis la *praia do Campeche,* vers le sud, longue de 17 km et plus sauvage (peu de constructions). Au nord de *Mole,* la *praia de Galheta* est nudiste.

➢ ***Randonnées :*** une trentaine de sentiers sillonnent l'île. Pour découvrir la richesse de la *Mata Atlântica,* cette forêt originelle, traverser dunes et lagunes, vous faire une idée de la variété des paysages, on vous recommande de parcourir l'île à pied (au moins en partie). Presque la moitié de l'île de Santa Catarina est zone protégée. Une carte, disponible gratuitement au bureau touristique de l'aéroport ou à la *rodoviária* Rita Maria *(Centro),* indique certains sentiers avec les temps de parcours (de 30 mn à 3h30) et le niveau de difficulté de chacun. Plusieurs agences organisent des excursions *(• braziltrails.com • adrenailha.com.br •).*

– ***Surf :*** un vrai phénomène, ici ! Avant de se jeter à l'eau, voir le site de l'association des écoles de surf de Santa Catarina qui recense la liste des écoles : *• escolasdesurf.org.br •* Autre variante, sur le sable cette fois, le ***sandboard,*** largement inspiré du snowboard. On le pratique dans les dunes des plages de Joaquina et Ingleses, sur une planche avec des fixations. Location sur place.

– ***Kitesurf :*** Lagoa da Conceição est un spot très réputé pour le *kite.* Plusieurs écoles louent le matériel et assurent les leçons, tels *Openwinds (9962-3778 ; • openwinds.com.br •)* et *Windcenter (☎ 3232-2278 ; • windcenter.com.br •).*

LE SUD DE L'ÎLE

Ribeirão da Ilha (plan II) : c'est un petit village de pêcheurs typique des populations açoriennes qui ont émigré à Santa Catarina. On y a introduit il y a quelques années l'élevage des huîtres qui, associé à la pêche aux crevettes, assure une vie paisible aux habitants du village. Superbes eaux turquoise, mais pas de réelle plage. Du coup, le tourisme gastronomique s'est développé et on ne compte pas les restos qui bordent l'unique rue qui traverse ce village tout en longueur, à l'atmosphère calme et authentique. Un des plus jolis villages de l'île, avec ses maisons colorées et son atmosphère hors du temps.

Où dormir ?

De bon marché à chic (moins de 130-300 Rls / env 33-75 €)

Hostel do Pirata *(plan II,* ***53****) : estrada Rosália P. Ferreira, 4973, Costa de Dentro,* ***Pântano do Sul.*** *☎ 3364-0654. • hosteldopirata.com • Juste après Pântano do Sul. Bus nº 563 de la rodoviária de Florianópolis. Compter 25 Rls/pers en camping, 40-55 Rls en dortoir avec sdb commune.* Un peu loin de la plage (20 mn à pied), mais les bus fréquents et l'ambiance franchement décontractée font de cette auberge de jeunesse indépendante un point de chute convivial. Les 4 dortoirs de 6-8 lits (dont 2 mixtes) sont assez basiques, mais on passe plus de temps à la plage ou en terrasse que dans son plumard. Cuisine pour faire sa popote. Terrain voisin semi-ombragé pour planter sa tente, avec sanitaires un peu *roots*. Accueil très sympa d'Ernesto, en espagnol.

Pousada do Museu *(plan II,* ***54****) : rua Baldicero Filomeno, 10100,* ***Ribeirão da Ilha.*** *☎ 3237-8148. • pousadadomuseu.com.br • Arrêt du bus nº 561 juste devant. Doubles env 195-225 Rls selon confort ; suites familiales également.* Cette grande bâtisse coloniale recèle une quinzaine de chambres monacales, avec clim et balcon dominant une plage privée. Une adresse simple, idéale pour ceux qui recherchent le calme et la simplicité. Fait resto en haute saison (décembre-janvier). Sur place, petit écomusée ouvert à tous, dédié aux émigrants des Açores (collection d'objets de la vie courante du XVIIe s à nos jours).

Pousada Estrelas no Mar *(plan II,* ***57****) : praia do* ***Pântano do Sul,*** *240. ☎ 3879-4788. 9124-2772. • pousadaestrelasnomar.com.br • Doubles env 200-280 Rls ; familiales 250-360 Rls pour 4.* En bordure de la plage, une maison toute rouge, Olga et son fils louent 9 chambres charmantes pour 2-4 personnes avec baie vitrée ouverte sur le large, mobilier ancien et clim (en sus). Salle commune agréable, cuisine et petit jardin. Une bonne adresse.

Pousada Alemdomar *(plan II,* ***58****) : rua Túlio de Oliveira, 403, à* ***praia Armação.*** *☎ 3237-5600. • alemdomar.com.br • En venant du nord, prendre le chemin à droite juste après le Nutri Lanches. Doubles env 200-300 Rls.* Blottie dans une végétation luxuriante, une superbe *pousada*, bien à l'écart de la route. Ambiance bucolique propice à un farniente prolongé dans un hamac, le regard perdu dans le magnifique jardin. Les chambres confortables, mélangeant brique et béton ciré, sont prolongées d'un balcon pour certaines. Sauna et jacuzzi. Paulo accueille en français.

Plus chic (300-500 Rls / env 75-125 €)

Pousada Sítio dos Tucanos *(plan II,* ***55****) : estrada Rosália P. Ferreira, 2776. ☎ 3237-5084. • pousadasitiodostucanos.com • À 5 km du village de* ***Pântano do Sul.*** *Téléphonez pour qu'on vienne vous chercher. Selon saison et confort, doubles env 200-340 Rls, également des chalets 290-390 Rls. (à la réception).* Petit paradis en pleine nature, avec plusieurs hectares de maquis et de bosquets à flanc de montagne. Gerta, la maîtresse des lieux, parle l'allemand et l'anglais et vous accueille dans 2 bâtiments en brique et pierre bien intégrés dans le paysage, avec vue sur le village et la mer au loin. Les chambres sont meublées et décorées simplement mais avec goût. D'autres sont installées dans une bâtisse en contrebas, toutes avec un balcon en bois qui surplombe une rivière. Petit déj copieux, préparé avec de bons produits frais et servi dans l'adorable salle commune. Repas bio de bonne qualité sur résa, sinon cuisine à disposition. Beaucoup de charme et de tranquillité.

Natur Campeche (plan II, **50**) : *servidão Familia Nunes, 59,* ***praia do Campeche.*** *☎ 3237-4011. • naturcampeche.com.br • À 6 km au sud de Lagoa, prendre à gauche après la station-service puis continuer sur 5 km, l'hôtel est dans une ruelle à droite avt l'axe perpendiculaire qui conduit à la plage. Doubles env 330-440 Rls ; également des suites avec jacuzzi.* À 300 m de la belle plage de Campeche, dans un jardin à la végétation tropicale luxuriante, avec piscine, des chambres très confortables à la déco thématique (Bali, Mexique...) avec balcon ou terrasse privative. Une belle adresse de charme et un point de chute idéal pour rayonner dans le sud de l'île. Bon petit déj de produits frais et services impeccables.

Où manger ?

De prix moyens à plus chic (40-100 Rls / env 10-25 €)

Nutri Lanches (plan II, **69**) : *rodovia Francisco Thomaz dos Santos, 4615,* ***praia Armação.*** *☎ 3237-5182. Tlj sf lun 8h-20h ; buffet 11h-15h.* Une cantine saine installée en bord de route. Pour déjeuner, profitez du buffet équilibré, qui promet une « overdose de santé ». Sinon, à toute heure, *empanadas* et autres snacks, ainsi qu'un coin épicerie avec une foule de bons produits locaux.

Bar do Arante (plan II, **67**) : *sur la plage de* ***Pântano do Sul.*** *☎ 3237-7022. Tlj 11h-23h30 (22h dim).* Cette cabane de pêcheurs posée sur la plage est devenue mythique : outre la fraîcheur de ses poissons et crevettes, le plus ancien resto de Pântano do Sul voit s'accumuler au plafond et sur ses murs mots et dessins suspendus par les clients de passage ! Joyeuse ambiance du matin jusqu'au soir.

Restaurante do Vadinho (plan II, **67**) : *rua Manoel Vidal, 305, sur la plage de* ***Pântano do Sul.*** *☎ 3237-7305. Quand on regarde la mer, dernier resto à gauche. En saison, tlj midi et soir ; hors saison, slt w-e.* Depuis la salle, les fenêtres s'ouvrent sur la baie entourée de *morros*. Superbe ! Vadinho est pêcheur et propose des produits frais tous les jours, servis en toute simplicité sur des tables en formica. Il est aussi artiste et a peint les fresques de la salle. Service souriant.

Rancho da Ostra (plan II, **70**) : *rua Baldicero Filomeno, 6520,* ***Ribeirão da Ilha.*** *☎ 3336-5790. Tlj midi et soir. Plats 90-150 Rls pour 2.* Parmi toutes les bonnes adresses gastros de ce village de pêcheurs, on aime bien ce petit resto familial pour ses bons petits plats à prix serrés, servis sur un ponton, les pieds dans l'eau. *Sequência de camarões*, risotto, huîtres et *petiscos* divers sont concoctés à la commande par Simone (prévoir donc un peu d'attente, voir beaucoup s'il y a du monde !).

Porto do Contrato (plan II, **64**) : *rua Baldicero Filomeno, 5544,* ***Ribeirão da Ilha.*** *☎ 3337-1026. Tlj sf lun 12h-23h (17h dim). Plats 100-200 Rls.* Un p'tit bout d'paradis surplombant l'océan. Une belle maison en brique et bois avec 2 salles élégantes et une belle terrasse. Cuisine de la mer, plus élaborée qu'ailleurs, ponctuée de touches açoriennes. Service impeccable. Idéal pour une soirée en amoureux. Chic et assez cher, donc.

LE SUD

À faire

La ***praia Armação,*** face à l'océan, est appréciée pour ses grosses vagues, mais les familles préfèrent aller se baigner dans les eaux calmes du ***lagoa do Peri*** (bel espace aménagé avec jeux pour enfants et resto). Pour le *snorkelling,* aller en bateau à l'***ilha do Campeche*** aux eaux translucides *(départ du petit port au sud de la plage Armação ; compter 75 Rls/pers).* On pourra y voir également des inscriptions rupestres vieilles de près de 5 000 ans !

Une autre plage magnifique, et celle-ci presque déserte, la ***praia Saquinho,*** accessible à pied depuis la ***praia de Solidão.*** À l'extrême pointe sud de l'île, la ***praia dos Naufragados*** a vu s'échouer plus d'un bateau. Elle est très belle mais difficile d'accès et ses eaux sont tumultueuses. Une superbe balade le long d'un sentier envahi par la végétation permet de s'y rendre en 3h depuis ***Pântano do Sul.*** Enfin, la ***praia Lagoinha do Leste*** et la ***praia Matadeiro*** (ambiance hippie) valent aussi le détour.

LE NORD DE L'ÎLE

À partir de Barra da Lagoa, sur la partie océane de l'île (à l'est), la ***praia Moçambique*** remonte sur 28 km de sable vers le nord, battue par les déferlantes atlantiques, en bordure du parc de Rio Vermelho. Idéale pour le surf et les balades en amoureux, mais non surveillée. Sur la bordure occidentale de l'île, les plages de la Baia Norte, face au continent, égrènent de petits villages de pêcheurs, à la traditionnelle architecture açorienne. Maisons peintes, criques bordées d'embarcations. Culture d'huîtres et de coquillages, eaux calmes et claires, superbes couchers de soleil.

LE SUD

C'est volontairement qu'on passe sous silence *Canasvieiras* et son littoral bien abîmé par d'assez laides constructions. Néanmoins, on recommande aux familles la ***praia de Jurerê*** : la mer y est particulièrement calme.

Santo Antônio de Lisboa : *pour s'y rendre en voiture, depuis la route principale en venant du Centro, prendre à droite au panneau et passer sous le pont. En bus, gare routière à env 1 km de l'église.* Village construit par les immigrants açoriens au XVIIIe s, avec la *igreja Nossa Senhora das Necessidades* (Notre-Dame-des-Nécessités) de style colonial avec dominantes de bleu ciel dans l'autel et les chapelles annexes. Maisons rose et bleu très bien préservées, restos de pêcheurs installés sur des pontons et terrasses, sympas pour prendre un apéro avec une douzaine d'huîtres !

Où manger ? Où boire un verre ?

Beira d'Água *(plan II,* ***65****) : sur la plage de Sambaqui, après* ***Santo Antônio de Lisboa*** *; le dernier resto en continuant la route. ☎ 3335-0194. Terminus des bus à 300 m. Tlj 12h-22h.* C'est dans une authentique gargote de pêcheurs bleu pastel qu'on s'installe face aux eaux paisibles de la baie. Antônio élève depuis 35 ans les huîtres et les moules qu'il sert pour un prix ultra-raisonnable !

Freguesia Bar *(plan II,* ***66****) : praça XV de Novembro, 179, à* ***Santo Antônio de Lisboa,*** *devant la baie. ☎ 3235-1098. Tlj 10h-minuit. Douzaine d'huîtres env 18-22 Rls.* Difficile de résister à un cadre aussi charmant, en terrasse, devant la mer ! Cet ostréiculteur s'y connaît aussi en *caïpi* et en *pasteis.* On échange quelques *reais* contre un moment magique...

SÃO FRANCISCO DO SUL

48 600 hab. IND. TÉL. : 47

Le littoral catarinense offre de nombreuses haltes balnéaires possibles. Tout au nord de l'État, à environ 200 km de Florianópolis, la ville historique de São

Francisco do Sul, sur l'*île de São Francisco,* constitue une jolie escale sur la route de Curitiba (et d'Ilha do Mel). L'île elle-même fut découverte en 1504 par le Français Binot Paulmier de Gonneville, mais il fallut attendre un siècle avant que les Portugais n'y fondent le village.
C'est aujourd'hui une réserve naturelle avec une côte propice à la pêche, à la détente et au surf. En avril, la *festilha* sort la ville de sa torpeur le temps d'une fête traditionnelle qui commémore sa fondation.

Arriver – Quitter

Rodoviária : *rua Barão do Rio Branco, 320. ☎ 3444-2221.*
➢ Bus pour **Curitiba** (2 bus/j., 7h10 et 18h50, 3h de trajet) avec *Catarinense (☎ 0300-1470-470 ; • catarinense.net •)* ; arrêt à ***Joinville*** à mi-chemin d'où l'on peut rejoindre São Paulo par bus (8h !) ou par avion.
➢ Pour ***Florianópolis*** avec *Catarinense,* changer à Joinville (de là, bus fréquent). Compter 4h30 de trajet.

Adresses et info utiles

CAT – Informations touristiques : *rua Hercilio Luz, s/n (à l'angle de rue parallèle au front de mer). ☎ 3444-6682. Tlj 8h30-17h30.* Infos en portugais uniquement. De l'office de tourisme, accès gratuit au parc écologique qui domine le port. Également un ***autre bureau*** à l'entrée de la ville *(☎ 3444-6802 ; tlj 8h-18h).*
– Infos également sur le site *• saofranciscodosul.sc.gov.br •*
Banque : *agence **Banco do Brasil,** rua Hercilio Luz, presque en face de l'église. Distributeur accessible 7h-22h.*

Où dormir ? Où manger ?

Pousada Solar da Beira : *rua Comandante Cabo, 95 (à l'entrée du centre historique, sur le front de mer). ☎ 3444-5835. • pousadasolardabeira.com.br • Doubles 260-300 Rls en sem selon saison, 180 Rls slt w-e !* Reconstruit sur les ruines d'une maison coloniale du XVIIIe s, l'hôtel ne manque pas de charme. Selon leur catégorie, les chambres sont plus ou moins spacieuses, mais toujours lumineuses et coquettes. Confort irréprochable et, pour ne rien gâcher, certaines ont une terrasse qui embrasse la baie. Bar-resto sur place. Tarifs très intéressants le week-end. Excellent accueil.
Zibamba Hotel : *rua Fernandes Dias, 27 (dans le centre entre le port et l'office de tourisme). ☎ 3444-2020. • hotelzibamba.com.br • Doubles env 240-260 Rls. Plats 30-45 Rls.* Grand hôtel des années 1950, à la façade toute bleue de style colonial. Les chambres, sobres, carrelées, climatisées avec frigo et mini-balcon pour certaines, sont un brin vieillottes mais ont le charme de l'ancien. Personnel souriant.
Restaurante Portela : *rua Babitonga, 84. ☎ 3444-1579. Sur le port. Tlj midi et soir. Plats 70-150 Rls.* Ce grand resto de fruits de mer propose sur son vaste ponton pas moins de 30 façons d'accommoder la crevette. Prix variables selon la taille du décapode. Une adresse de référence dans ce domaine. Également pâtes et pizzas pour les petits budgets.

À voir. À faire

Igreja Matriz Nossa Senhora da Graça : *praça Getúlio Vargas.* Construite en 1699 avec un mortier composé de sable, de coquillages et d'huile de baleine, elle est l'emblème de la ville.

Museu nacional do Mar : *rua Manoel Lourenço de Andrade, 133. ☎ 3444-1868. Tlj sf lun 9h (10h w-e)-18h. Entrée : 5 Rls ; réduc.* Il retrace, entre autres, l'histoire des baleiniers açoriens et présente une riche collection d'embarcations de tout le Brésil, répartie sur plusieurs bâtiments coloniaux. On replonge dans l'atmosphère du XIXe s et dans les légendes des marins.

Museu histórico : *rua Col. Carvalho. ☎ 3444-5443. Tlj sf lun 10h (9h sam)-17h30. Entrée : 3 Rls.* Installé dans l'ancienne assemblée municipale et l'ancienne prison (XVIIIe s), retrace l'histoire de la ville.

➢ ***Balades en bateau autour de l'île,*** avec baignades. Avec *Escuna Maraike (● escunamaraike.com.br ● ; env 30 Rls/pers ; durée : 2-3h).* Départs vers 11h30 et 15h30 depuis le ponton, dans le centre historique. Balade en goélette dans la baie de Babitonga.

➢ Sur le continent, ***Vila da Glória*** est accessible en 30 mn de bateau. *6 départs/j. depuis le marché municipal.* Sur place, jolies cascades *(rota das Cachoeiras)* où l'on peut se baigner.

Belles ***plages*** aux alentours de la ville : la plus proche est ***praia do Mota,*** au sud du port, mais les plus belles sont à 15 km environ, vers l'est, notamment ***Ubatuba*** et ***Enseada,*** à l'ambiance familiale et ***Prainha,*** prisée des surfeurs. Bus au départ de la praça Matriz.

LE NORD, L'AMAZONIE

Depuis sa découverte par les Espagnols au XVIe s, et malgré les avancées de la civilisation, l'Amazonie reste l'un des derniers espaces sauvages de notre planète, « la face cachée de notre monde », selon la belle expression de l'écrivain Michel Braudeau, « l'ultime relique de Mère Nature, le dernier vestige de ce que fut le monde avant l'arrivée des Occidentaux. »

L'AMAZONIE EN QUELQUES CHIFFRES

Couvrant environ 7 millions de km² (13 fois la superficie de la France), le bassin amazonien occupe à lui seul près de 40 % du continent sud-américain ! Il s'étend sur neuf pays : Brésil, Pérou, Équateur, Colombie, Venezuela, Surinam, Guyana (ex-colonie anglaise), Guyane française et Bolivie. À peu près 80 % de cette surface (environ 5 500 000 km²) sont couverts de forêt tropicale, dont 60 % (un peu moins de 3 500 000 km²) se trouvent au Brésil. Côté démographie, quelque 25 millions de personnes (les estimations varient) vivraient en Amazonie brésilienne, la plupart dans des villes et des villages reliés au reste du pays par voies aériennes et fluviales, et par des routes de plus en plus nombreuses.

LE FLEUVE AMAZONE

Qu'il soit le premier ou le deuxième plus long fleuve du monde (en concurrence avec le Nil), l'Amazone est, de loin, celui qui charrie le plus d'eau : jusqu'à 300 000 m³ à la seconde à la saison des pluies, au niveau de l'embouchure – pour une moyenne annuelle d'environ 209 000 m³/s. Cela représente un cinquième du total de l'eau douce déversée dans les mers et les océans du monde ! Le premier pont sur le fleuve n'a été inauguré qu'en 2011, en amont de

CE N'EST PAS LA LONGUEUR QUI COMPTE...

Avec ses 6 700 km de long, le Nil a longtemps été unanimement considéré comme le plus long fleuve du monde. Mais voilà, en 2001 une équipe de scientifiques (brésiliens) a identifié une nouvelle source à l'Amazone : le Nevado Mismi, dans le sud du Pérou, à 6 800 km de l'embouchure. L'Amazone, détrônant le Nil, détiendrait ainsi tous les records de grandeur... Ah ! tous ces débats sur la taille !

Manaus. Il faut dire que si sa largeur ne dépasse pas, ici, 3,5 km, il peut atteindre 45 km à d'autres endroits, lorsqu'il quitte son lit durant la saison des pluies et envahit la forêt... L'Amazone possède... 1 100 affluents, dont 17 sont plus longs que le Rhin. Le fleuve est emprunté par de nombreux navires et cargos jusqu'à Manaus, voire Iquitos, au Pérou.

Un peu d'histoire

L'Amazone doit son nom aux hommes de la Renaissance, en particulier au conquistador Francisco de Orellana, qui en réalisa, en 1542, la première descente intégrale. Parti du Pérou l'année précédente en compagnie de Gonzalo Pizarro, Orellana le quitta pour poursuivre en éclaireur sur des terres inconnues, escorté de seulement 57 hommes. Son but : trouver le royaume légendaire de l'Eldorado et celui de la cannelle – qui valait alors plus cher que l'or. La désillusion fut à la hauteur des espoirs : les canneliers se révélèrent inexploitables et l'or absent.
Après quatre mois de progression, le détachement, en piètre état, dut affronter des Indiens commandés par de « redoutables femmes » : étaient-ce les Amazones évoquées par les Grecs de l'Antiquité ? Le moine Gaspar de Carvajal, membre de l'expédition, relata l'événement en ces termes : « Nous les vîmes qui se battaient en tête de tous les Indiens, comme des capitaines. Et elles se battaient avec tant de courage que les Indiens n'osaient tourner le dos. Et ceux qui fuyaient devant nous, elles les tuaient à coups de bâton. »
Deux mois plus tard, l'expédition atteignait l'embouchure du fleuve ; d'abord baptisé rio de Orellana, il prit bientôt celui d'Amazone. Orellana repartit en 1544 pour coloniser cette « Nouvelle-Andalousie » dont il venait d'être nommé gouverneur. Las, mauvaise organisation, malchance, naufrages, famine et attaques indiennes sonnèrent le glas de ses espoirs. Le conquistador disparut en novembre 1546.

LA FORÊT AMAZONIENNE

Ce n'est pas un scoop, les forêts tropicales du monde entier sont en danger. Sans avoir connu, à ce jour, une destruction de même ampleur que les forêts d'Afrique équatoriale et d'Asie du Sud-Est, l'Amazonie a perdu plus de 750 000 km^2 (la superficie de la France métropolitaine, de la Grèce et du Portugal réunis) depuis le début des années 1970 ! Certes, le rythme de cette déforestation s'est beaucoup atténué à la fin des années 2000, mais ce qui est certain, c'est qu'elle se poursuit, malgré les mesures prises par le gouvernement et les efforts des protecteurs de la nature et des militants favorables au développement durable.
Les causes du déboisement sont multiples : l'extension de l'élevage bovin en est la première, mais il y a aussi la simple colonisation de la zone par les petits paysans, qui défrichent pour mener une agriculture de subsistance. Quelques cultures à plus grande échelle, comme celle du soja, dont la demande mondiale a beaucoup augmenté ces dernières années pour nourrir le bétail, empiète aussi de plus en plus sur l'espace forestier (notamment dans le Mato Grosso). Viennent ensuite l'urbanisation, la construction de routes, la coupe d'arbres (légale ou non) à des fins commerciales, les activités minières, la prospection pétrolière et les incendies (surtout pendant la saison sèche). On estime, par exemple, que l'inauguration de la route Belém-Brasília, en 1958-1960 (goudronnée en 1974), a favorisé l'installation de plus de deux millions de personnes sur ses franges en 20 ans !
Si l'Ibama, l'organisme brésilien chargé de l'environnement et des ressources naturelles renouvelables, manque d'effectifs et de moyens, le gouvernement s'est doté dans les années 2000 d'un système de surveillance de haute technologie, utilisant les satellites, des radars et une flottille de petits avions à même de détecter le moindre mouvement dans la forêt : un feu, un camion clandestin, une entreprise qui tronçonne illégalement un morceau de jungle, etc.

Ce sont en réalité les réformes de fond qui ont permis d'améliorer vraiment les choses. Le dispositif réglementaire mis en place par le gouvernement Lula, le développement d'un système de valorisation de la terre ne reposant plus sur le déboisement et la création de réserves et de parcs nationaux à la périphérie sud et est du bassin amazonien (proche des foyers économiques ou de migration) ont vu le déboisement chuter grandement depuis une décennie. L'objectif fixé par le gouvernement de réduire la surface déboisée annuellement de 30 000 à 5 000 km^2 a même été atteint avec trois années d'avance. Mais rien n'est gagné... Car on déboise encore, plus ou moins selon les années et les tendances de l'économie globalisée...

LES INDIENS D'AMAZONIE

Lors du recensement de 2010, quelque ***900 000 personnes*** se sont identifiées comme « Indiens », soit environ 0,45 % de la population du Brésil. La plupart d'entre eux vivent en Amazonie, dans 594 « zones indigènes », sur un territoire cumulé d'environ 1 million de km^2. On répertorie en tout 305 ethnies, parlant 274 langues. Certaines n'ont quasiment rien changé à leur mode d'existence et vivent encore surtout de la chasse, de la pêche et de la cueillette ; d'autres, en revanche, ont adopté certains attributs du monde moderne, en portant, par exemple, des tee-shirts, en utilisant des casseroles en fer pour la cuisine et en parlant un peu (voire bien) le portugais, en plus de leur langue d'origine (seuls 17,5 % des Indiens ne parlent pas du tout le portugais). Bien rares sont ceux qui n'ont jamais eu de contact avec le monde extérieur (et tous ont vraisemblablement au moins vu un avion passer dans le ciel !), et ce même si l'on compte officiellement une soixantaine de groupes « isolés ».

Dès le début de la colonisation, les Indiens furent pourchassés et réduits en esclavage. Outre les massacres, les maladies nouvelles (grippe, tuberculose, maladies vénériennes), impitoyables pour des organismes qui n'y étaient pas préparés, firent des ravages. Débarquèrent ensuite les missionnaires, avec leur religion et leur morale venues d'un autre monde... Au final, la majeure partie de la population de l'Amazonie contemporaine est issue du métissage qui s'effectua au cours des siècles entre les colonisateurs et les Indiens sur les rives des fleuves. On estime à 5 millions le nombre de ces Brésiliens appelés ***caboclos,*** qui vivent pour la plupart au bord des *igarapés,* ces cours d'eau qui relient entre eux les affluents de l'Amazone.

Les Indiens sont « protégés » par la ***Funai*** *(Fundação Nacional do Indio),* qui dépend du ministère de l'Intérieur. L'organisme doit théoriquement leur porter assistance, leur prodiguer les soins médicaux adéquats, leur permettre d'accéder à une scolarité, dans le but annoncé de les intégrer petit à petit à la société, tout en essayant – but ô combien contradictoire – de préserver leur mode de vie et leurs traditions et de les prémunir contre les méfaits de cette même société.

Longtemps, les fonctionnaires corrompus du SPI (Service de protection de l'Indien), l'ancêtre de la Funai, firent exactement le contraire de ce qu'ils étaient censés faire : accaparer les terres, chasser et laisser massacrer les Indiens par les sbires des ranchers et des exploitants de bois. Une grande enquête réalisée en 1967 par le gouvernement brésilien révéla une incroyable liste d'***exactions.*** Peu après, le *Sunday Times* britannique publiait un article choc intitulé « *Genocide* » – à l'origine de la création de l'ONG *Survival International.* La Funai prit le relais, sans réussir pour autant à régler immédiatement le problème. La découverte de gisements très riches sur certains territoires Indiens a ainsi vu des compagnies minières mettre en place, jusque dans les années 1990, une politique d'expulsion, voire d'extermination, en propageant des maladies mortelles parmi certaines tribus... L'ouverture, dans les années 1970, de la route *Transamazonienne* et de la *BR-163* (qui relie Cuiabá à Santarém), puis l'implantation de pôles agricoles et d'élevages gigantesques, ont aussi apporté leur lot de misère et de changement. Les choses ont heureusement évolué. En 1988, une nouvelle Constitution voit le jour, qui supprime les notions de tutelle et d'assistanat et promeut la reconnaissance des identités. But du moment : délimiter, à l'horizon de 5 ans, tous les territoires indiens (on y est encore aujourd'hui...). Sur le terrain, la Funai, si l'on ose dire, change son fusil d'épaule... Plutôt que de tenter, comme jadis, de contacter à tout prix les groupes encore isolés, elle essaie plutôt de garantir leur droit à ne pas l'être. La Funai ne délivre un permis pour accéder aux réserves que très, très difficilement. En dehors des villages « touristiques » proches des villes, il faut donc être *au moins* ethnologue ou journaliste accrédité pour espérer pouvoir aller à leur rencontre.

Un exemple intéressant est celui des ***Yanomamis.*** Vivant de part et d'autre de la frontière entre le Brésil et le Venezuela, ils ont vu, dans les années 1980, leur territoire pris d'assaut par les chercheurs d'or. Ceux-ci, à l'instar des conquistadors, ont véhiculé des maladies fatales, sans parler de la contamination des rivières au mercure, de la violence générée par les armes à feu et de la régression de la faune due au survol des avions. Des mouvements d'opposition se sont constitués un peu partout pour assurer la survie des Yanomamis : des associations de défense locales et des organisations mondiales comme *Survival International,* soutenues par l'opinion publique, essaient encore aujourd'hui d'intervenir pour que les gouvernements brésilien et vénézuélien prennent enfin les dispositions qui s'imposent et fassent respecter la sanctuarisation de leur territoire. Grand comme deux fois la Suisse, il abrite une population estimée à 32 000 personnes.

LA FLORE ET LA FAUNE AMAZONIENNES

En Amazonie, on distingue essentiellement trois types de milieux. D'abord, la *forêt vierge* proprement dite, ou ***forêt primaire,*** avec des arbres de 30 à 50 m de haut, forêt tropicale et humide, très dense et touffue – bref, impénétrable. Puis la ***forêt secondaire,*** qui remplace les zones déboisées de la forêt primaire (c'est là, par exemple, qu'on plante le fameux *Hevea brasiliensis,* l'arbre à caoutchouc). Enfin, il y a les ***várzeas,*** des plaines et forêts inondées à la saison des pluies.

LE PIRANHA POUR LES NULS

Les serrasalminae, comme les appellent les scientifiques, hantent en nombre les cours d'eau sud-américains. Beaucoup d'entre eux sont herbivores ou frugivores. Les espèces carnassières, elles, ne s'attaquent a priori aux êtres vivants qu'en présence de sang. Elles n'apprécient pas tellement la chair humaine, sauf si elles ont vraiment faim : à la fin de la saison sèche, dans les trous d'eau subsistants, il ne fait pas bon laisser traîner un doigt...

Qu'elle soit enchantée ou énigmatique, un « paradis » ou un « enfer vert », cette forêt amazonienne est un lieu absolument unique au monde pour la diversité de sa flore et de sa faune. Elle abriterait un tiers, voire la moitié de toutes les espèces vivantes sur Terre ! Une étude publiée dans la revue *Nature* en 2013 révèle, plus précisément, que la forêt amazonienne est composée de 390 milliards d'arbres, appartenant à pas moins de... 16 000 espèces différentes – dont 227 largement dominantes, à l'exemple des palmiers, muscadiers et noyers du Brésil. Les spécialistes avancent parallèlement qu'un hectare peut contenir de 500 à 700 espèces d'arbres et le double de variétés de plantes ! Côté faune, on dénombre au moins 300 espèces de mammifères, 1 300 d'oiseaux, 3 000 de poissons, des centaines d'amphibiens et de reptiles et... plusieurs millions de variétés d'insectes. Et tout cela risque encore de changer puisque des dizaines d'espèces (plantes, poissons, reptiles, oiseaux...) sont encore découvertes chaque année.

Voici les noms brésiliens et une petite description des animaux les plus répandus.

– *Anta :* tapir. Ce mammifère herbivore muni d'une courte trompe, jadis commun, est aujourd'hui de plus en plus rare en raison d'une chasse intensive. De la taille d'une petite vache (ou d'un gros veau), c'est le plus gros animal de la forêt.

– *Arara :* ara, bien sûr. Ces superbes grands perroquets égaient les arbres en bordure des cours d'eau, où ils se regroupent par moments sur les berges argileuses. On en dénombre cinq espèces principales au Brésil : *arara piranga (macao),* rouge, bleu et jaune ; *arara canindé (ararauna),* bleu et jaune ; *vermelha (chloroptera),* rouge-vert-bleu ; le rare et superbe *arara azul (hyacinthinus),* bleu-violet à bande jaune sous le bec ; et *arara de fronte castanha (severa),* plus petit et tout vert.

– *Arraiá :* raie. Fréquente dans les cours d'eau. Pour la plupart, elles sont venimeuses. Attention où vous mettez les pieds !

– *Barbeiro :* punaise noir et rouge (d'environ 4 cm) qui transmet la maladie de Chagas.

– *Boto :* le dauphin rose de l'Amazone. Pouvant atteindre 2,80 m de long et peser 150 kg, il diffère surtout de son homologue marin par son corps biscornu et son museau tout allongé, qui s'apparente presque à un bec. Il est à l'origine d'histoires d'enchantements et de légendes partagées par les Indiens et les *caboclos.* On le rencontre communément, jusque le long des quais. Découvert en 2014, le *boto* a officiellement un cousin : *inia araguaiaensis,* qui possède une plus grosse tête et moins de dents (il vit dans le bassin Araguaia-Tocantins).

GARE AU *BOTO* !

Un peu partout en Amazonie, on raconte que le boto, ce dauphin rose dont la taille du cerveau dépasse de 40 % celui de l'homme, se change comme il veut en beau garçon vêtu d'habits blancs et d'un chapeau. Ainsi métamorphosé, il se rend dans les bals de la région et y séduit les plus belles filles, avant de les entraîner vers les berges... pour les féconder. Ainsi, lorsqu'une fille tombe enceinte d'un inconnu... le coupable est tout trouvé !

– *Candiru :* tout petit poisson couvert d'épines, dont la légende affirme qu'il s'infiltre par les orifices du corps de certains grands mammifères...

– *Capivara* (ou *cabiai*) *:* le plus gros rongeur du Brésil ; un hamster géant, en quelque sorte ! Très présent sur l'île de Marajó, ainsi que dans le Pantanal.

– *Cobra :* ce terme désigne les serpents en général et non le cobra indien.

– *Jacaré :* caïman.

– *Jiboia :* boa constrictor.

– *Macacos :* singes en général (et non le macaque).

– *Macaco aranha :* atèle, ou singe-araignée, à la longue queue préhensile.

– *Onça pintada :* jaguar (tacheté). Le terme *jaguar* désigne plus généralement les panthères.

– *Peixe-boi :* lamantin d'Amazonie (un mammifère). Plus petit des siréniens, il mesure néanmoins jusqu'à 3 m et peut peser 450 kg ! Il hante lacs et eaux calmes.

– *Pica-pau :* pic (à tête rouge).

– *Pirarucu (arapaima) :* c'est le plus grand poisson de l'Amazone. Il peut dépasser 2 m de long et peser plus de 250 kg ! Sa langue est tellement dure qu'on l'utilise pour râper les baies de *guaraná,* et ses écailles – qui le protègent des piranhas – servaient de lime à ongles aux Indiens ! Dans les années 1970, on en trouvait dans les environs de Manaus. Aujourd'hui, il faut s'en éloigner de 200 km pour en apercevoir tant sa pêche est intensive.

– *Poraquê :* anguille électrique, dont les décharges, potentiellement mortelles, atteignent 700 volts ! Elle vit en basse Amazonie, dans les Guyanes et dans le bassin de l'Orénoque. Longue de 1 m et plus, elle est noire à museau plat, avec des petites nageoires, comme des oreilles. Si vous la croisez, fuyez !

– *Preguiça :* paresseux. On en trouve un peu partout, mais ils ne sont pas très faciles à apercevoir : ils se confondent souvent avec les troncs noueux. Un paresseux dort, paraît-il, 20h par jour !
– *Sapo :* crapaud.
– *Sucuri :* anaconda.
– *Suçuarana :* puma.
– *Tucuxi :* la deuxième espèce de dauphins de l'Amazone, grise et non rose. Plus léger que le *boto,* il fait parfois de jolis sauts.
– *Urubu :* vautour (noir), très commun.

L'AMAZONIE AUJOURD'HUI

Au début des années 1970, le gouvernement brésilien décide, pour des raisons à la fois économiques, démographiques et militaires, de favoriser le développement de l'Amazonie en construisant la Transamazonienne – qui court d'est en ouest – et une route entre Cuiabá et Santarém (la BR 163), sur un axe sud-nord. L'idée ? Installer le long de ces axes des paysans pauvres du Sud et du Nordeste, en leur offrant des terres à cultiver, rendues accessibles. L'expérience est un échec : le sol peu fertile de la forêt ne s'y prête guère et les promesses en termes d'investissements et de soutien aux paysans restent lettre morte. En 1975, changement de stratégie : au lieu de tenter d'occuper « démographiquement » le terrain, la priorité est donnée à l'économie, avec des pôles de développement où les multinationales, attirées par moult avantages fiscaux, jouent un rôle prépondérant... Des milliers d'hectares sont distribués aux grands propriétaires pour une bouchée de pain.

Les premiers ***pôles, agropastoraux,*** voient se mettre en place l'élevage extensif de bovins spécialement acclimatés (zébus ou autres) sur prairie artificielle. Suivent les ***pôles agrominiers,*** surgis pour exploiter, entre autres, les gisements de fer, de bauxite et de manganèse. En parallèle, la région connaît une succession de ***ruées vers l'or.*** Aujourd'hui encore, les orpailleurs seraient environ 50 000 à travailler sur des placers illégaux, entraînant une pollution au mercure majeure...
Du ***gaz*** et du ***pétrole*** ont été découverts au début des années 2000, notamment dans la région de Coari, une ville située à plus de 400 km à l'ouest de Manaus, sur le rio Solimões (l'Amazone). La compagnie d'État *Petrobras* a commencé l'exploitation en 2005 et a fait construire, en 2009, un pipeline de 661 km reliant le site de production à Manaus.
Plus récemment, les grandes ***plantations de soja,*** concentrées surtout à l'origine dans l'État du Mato Grosso, s'étendent à l'Amazonie – les prix de la denrée sur le marché mondial n'ayant cessé d'augmenter ces dernières années. Du soja, surtout utilisé pour nourrir les animaux d'élevage...
L'Amazonie, c'est aussi, bien sûr, la force des eaux... L'ouverture en mai 2016 du ***méga-barrage de Belo Monte,*** sur le rio Xingu (Pará), a des conséquences majeures en termes d'environnement et d'impact sur la population locale. Destiné à devenir le troisième plus important au monde et à produire 10 % de l'électricité du pays, ce barrage a noyé près de 500 km^2 de forêt et obligé 25 000 personnes à abandonner leurs terres – parmi elles, une majorité d'Indiens, qui se sont massivement opposés au projet, sans obtenir gain de cause.
Impossible, enfin, de ne pas aborder le sujet de la ***bio-industrie*** et de la ***recherche pharmaceutique.*** Il est fréquent d'entendre que l'Amazonie est le plus grand laboratoire du monde... Grandes entreprises pharmaceutiques et « biopirates » peu scrupuleux y cherchent activement extraits naturels et plantes médicinales. Le venin du *serpent jaracara* sert ainsi à fabriquer le *Captopril,* l'antihypertenseur le plus utilisé au monde. Quant au *venin de mygale,* il se vend extrêmement cher sur le marché noir, car ses vertus analgésiques sont, paraît-il, extraordinaires ! Le *curare,* utilisé par les Indiens pour enduire leurs flèches, est aussi un extrait naturel utilisé dans des

myorelaxants. De fait, les possibilités sont énormes. Pour éviter que ce « nouvel or vert » ne lui échappe, le Brésil a donc mis en place des structures pour lutter contre la biopiraterie, tout en commercialisant à son avantage ces trésors de la nature auprès des grands labos du monde. Le *Centro de Biotecnologia da Amazonia (CBA)*, à Manaus, a été fondé pour produire des extraits naturels dans ce cadre.
Et demain ? Demain laisse supposer une exploitation sans cesse accrue de l'Amazonie. Déjà, en amont de Manaus, le grand ***ponte Rio Negro*** (2011) permet de franchir le fleuve. Une balafre de plus...

INFOS PRATIQUES

– ***Le niveau d'eau*** de l'Amazone et de ses affluents n'est pas le même toute l'année, loin s'en faut. La saison sèche débute en juillet, mais c'est à la fin novembre que la ligne des eaux atteint son niveau le plus bas. Entre décembre et juin, c'est la saison des pluies, le niveau des eaux remonte progressivement pour atteindre son maximum vers fin juin. L'amplitude entre les basses et les hautes eaux peut aller de 10 à 25 m à Manaus, raison pour laquelle les quais sont flottants.
La meilleure période pour faire une excursion en forêt ? En fait, chaque époque a ses avantages et ses inconvénients : pendant la saison sèche, il ne pleut pas ou peu (et c'est bien appréciable !), mais le bas niveau d'eau peut empêcher de circuler dans les *igarapés* (les bras d'eau bordés de végétation). Pendant la saison des pluies, c'est l'inverse : pas de problèmes pour naviguer, mais les trombes d'eau qui se déversent régulièrement peuvent rendre l'excursion pénible (les mois de mars et avril sont les pires). En définitive, les meilleurs mois sont sans doute juillet et août, car il pleut beaucoup moins mais le niveau d'eau est encore élevé.
– ***Conseils vestimentaires :*** prévoyez une cape de pluie et des sacs en plastique pour vos affaires – surtout, évidemment, si vous partez pendant la saison des pluies. Il est possible de se baigner dans certains cours d'eau exempts d'anguilles électriques : n'oubliez pas votre maillot de bain et une serviette. Attention aussi au soleil pendant les promenades en pirogue : chapeau, lunettes et crème solaire sont recommandés.
– ***À noter :*** pensez à préserver vos appareils électroniques de l'humidité. Prévoir des sacs en plastique étanches, voire des petits sachets de silicate. Pour les appareils numériques, prévoir des batteries bien chargées (ou deux batteries) lors des séjours en forêt.
– ***Le traitement antipaludéen :*** comme le vaccin contre la fièvre jaune, est indispensable pour ceux qui projettent des balades dans la forêt. Cela dit, sur le rio Negro (réputé pour l'acidité de ses eaux) et ses affluents (en clair, là où les cours d'eau ont une couleur sombre), il n'y a pas (ou très, très peu) de moustiques. En revanche, dans les zones irriguées par les eaux brunes, chargées de sédiments, couvrez-vous les bras et les jambes, utilisez un bon répulsif, en particulier dès que la nuit tombe, et dormez sous une moustiquaire imprégnée de répulsif. À Manaus, Santarém et Belém, bref, dans les grandes villes, il n'y a pas vraiment de risque de paludisme. On vous conseille toutefois de lire attentivement la rubrique « Santé » dans « Brésil utile ».

MANAUS

env 1 982 000 hab. IND. TÉL. : 92

• Plan *p. 339*

Manaus : voilà un nom qui véhicule encore bien des fantasmes. Attaché aux Indiens Manáos, premiers habitants de la région, il appelle irrémédiablement des images d'exotisme, d'un fleuve Amazone corpulent et sauvage, de forêt

profonde d'où émergent des airs d'opéra... Riche et vénérée du temps de « l'or mou » – le latex –, Manaus connut la fortune et la gloire au début du XXe s, avant de retomber dans l'oubli lorsque le monopole brésilien du caoutchouc se trouva brisé par les Anglais. Dans les années 1930, il fallait encore une dizaine de jours pour atteindre la ville par bateau, en remontant l'Amazone. Aujourd'hui, l'avion la met à la portée du premier routard venu. On espère une cité un peu magique, exubérante de végétation et, dans la moiteur équatoriale, on tombe sur une grande ville moderne et active... Zone franche depuis 1967, Manaus s'est muée en pôle industriel (c'est désormais le premier centre de production d'appareils électroménagers et électroniques du Brésil).

RIFIFI EN AMAZONIE

Manaus, seule ville amazonienne hôte de la Coupe du monde 2014, a fait construire pour l'occasion un stade splendide de 44 000 places. Son coût ? 205 millions d'euros ! Pour quatre matchs à peine... Car l'équipe de Manaus gravite en division D (4e) et n'attire guère plus de 2 000 spectateurs à ses matchs. Alors, que faire de ce méga-stade une fois la compétition achevée ? Une arène pour les grands prêches évangéliques ? Un centre de congrès ? Voire un lieu de détention de prévenus en attente de jugement ? La gabegie est flagrante...

La déception première fait vite place au charme nostalgique de la praça de São Sebastião, pavée de galets portugais et veillée par le fastueux opéra à nouveau pimpant. La municipalité, soucieuse de redonner à la ville un peu de son lustre de la Belle Époque, a restauré certains des plus beaux édifices hérités de l'époque du boom du caoutchouc pour les convertir en centres culturels et musées. Une heureuse initiative, même si tout n'est pas intéressant. Le long du fleuve, le marché fascine par son animation, ses étals de poisson, ses régimes de bananes à foison. Et puis Manaus est aussi une excellente base, d'où l'on part découvrir la forêt alentour et la vie du fleuve.

UN PEU D'HISTOIRE

Le grand boom du caoutchouc

L'histoire de Manaus est intimement liée à la saignée d'un grand arbre de la forêt, *Hevea brasiliensis...* La petite gomme blanche et élastique était connue depuis longtemps des Indiens lorsque l'explorateur et scientifique Charles Marie de La Condamine la présenta à l'Académie royale des sciences française en 1736, à son retour d'Équateur et d'Amazonie. Un siècle plus tard (1839), M. Goodyear découvrait la vulcanisation : le *seringueira* – comme l'appellent les Brésiliens –, se mit à attirer les convoitises. À partir de 1857, des milliers de paysans du Nordeste vinrent travailler à la récolte du latex. L'invention du pneu par Dunlop, en 1887, décupla la demande. Des fortunes colossales s'édifièrent à Manaus et à Belém, pendant que ceux qui travaillaient dans la forêt (les *seringueiros*) tombaient comme des mouches, victimes de la malaria, des parasitoses et des éprouvantes conditions climatiques. On raconte qu'à l'époque les grandes familles du caoutchouc envoyaient faire blanchir leur linge à Paris, l'eau du rio Negro étant trop noire... Eu égard au temps de voyage, mieux valait avoir une garde-robe bien fournie ! Manaus se développa alors prodigieusement, se dota de villas fastueuses, de tramways, d'une vie culturelle brillante dont témoigne encore le théâtre *(Teatro Amazonas).* On parle du *Rubber Boom.*
Un tel monopole attisa naturellement les convoitises des grandes puissances, dont l'impériale Grande-Bretagne, qui possédait son lot de colonies aux conditions climatiques favorables à la culture de l'hévéa. En 1875, l'aventurier anglais

Henry Wickham réussit à se procurer plusieurs dizaines de milliers de graines à Santarém et à les emporter – clandestinement affirme la légende – aux *Royal Botanic Gardens* londoniens. À peine plus de 2 000 donnèrent des plants, mais ils suffirent à constituer les premiers rangs d'hévéas à Ceylan (Sri Lanka) et en Malaisie. Bientôt, des plantations entières, rationnellement organisées, se répandirent, autrement plus faciles à exploiter que les hévéas disséminés dans la forêt amazonienne. Lorsque le niveau de production de la Malaisie atteignit celui du Brésil, en 1910, les cours mondiaux chutèrent et Manaus amorça un déclin rapide. L'écrivain américain John Dos Passos, qui y séjourna en 1962, évoque, dans *Le Brésil en marche,* une ville comme habitée par d'étranges fantômes : « À Manaus, les récits d'échecs devant la forêt tropicale hantent tous les coins de rue. L'histoire de la ville elle-même est faite de plans superbes ayant tourné court. » Aujourd'hui, l'Amazonie ne produit plus guère de caoutchouc, contrairement à l'Asie du Sud-Est, qui en reste le premier producteur mondial (94 %).

Arriver – Quitter

En avion

✈ ***Aeroporto internacional Eduardo Gomes*** *(hors plan par A1)* **:** *à 14 km au nord de Manaus.* ☎ *3652-1210.* Vous trouverez un comptoir d'infos touristiques *Amazonastur* au milieu du hall d'arrivée, pas très utile, bien qu'on y parle un peu l'anglais. Le bureau de change *Confidence (ouv 24h/24)* propose un bon taux pour l'argent liquide et prend même les chèques de voyage (mais à un mauvais taux). Et aussi : agences de location de voitures, pharmacie et distributeurs de billets. Sachez enfin que de nombreux vols atterrissent ou décollent au milieu de la nuit... Pas de souci pratique, cependant, tout fonctionne, même les cafés et les agences de location de voitures.
- Attention, si vous rencontrez des « rabatteurs » d'agences à l'aéroport, on vous déconseille vivement de les suivre.

■ ***TAM* :** *à l'aéroport.* ☎ *3652-1142 ou 4002-5700 (nº national).* • *tam.com.br* • *Également* ***Tam Viagens,*** *av. Mário Ypiranga, 1300, quartier d'Adrianópolis ;* ☎ *3236-3970. Lun-sam 8h-18h (12h sam).* Vols directs (avec ou sans escale) vers *Santarém, Belém, Boa Vista, São Luis, Fortaleza, Salvador, Brasília, Rio, São Paulo,* etc.

■ ***GOL* :** *à l'aéroport.* ☎ *3652-1601 ou 0300-115-2121 (nº national).* • *voegol.com.br* • *Aussi av. Max Teixeira, 1208, Flores. Lun-sam 8h-12h.* Vols vers *Santarém, Belém, Boa Vista, Porto Velho, Fortaleza, Brasília, Rio* et *São Paulo.*

■ ***Azul-Trip* :** *à l'aéroport.* ☎ *3652-1831 ou 0800-887-1118 (nº national).* • *voeazul.com.br* • *Tlj 11h30-15h, 22h30-2h30.* Vols vers *Belém, Brasília, Belo Horizonte, Rio* et *São Paulo,* mais aussi vers les plus petites villes amazoniennes comme *Parintins, Boa Vista, Tefé, Tabatinga* et *Porto Velho.*

■ ***Copa* :** *à l'aéroport.* ☎ *0800-771-2672 (nº national).* • *copaair.com* • Tous les vols de Copa transitent par Panama pour rejoindre les pays voisins.

Liaisons aéroport – centre-ville

➢ ***Les bus nºs 306 et 813*** rejoignent le centre-ville (arrêt à droite en sortant du terminal). Le 1er est moins cher (env 3 Rls) mais moins confortable, le second plus cher (env 5 Rls) mais climatisé. Dans le centre de Manaus, ils partent de la *praça da Matriz (plan A2)* et passent par l'av. Floriano Peixoto puis l'av. Getúlio Vargas (arrêt à la hauteur de l'hôtel *Taj Mahal*). Départ ttes les 30 mn env 4h30-23h. Trajet env 30 mn (en fonction du trafic).

➢ Le tarif officiel des ***taxis*** est autour de 65 Rls et seuls ceux qui l'appliquent ont le droit de circuler dans l'enceinte de l'aéroport.

En bateau

⛴ ***Estação hidroviária do Amazonas*** *(port de Manaus ; plan A3)* **:** *face à la praça da Matriz.* ☎ *2123-4350 (infos générales) ou 3088-5764 (horaires).* Le bâtiment de la gare maritime est en pleine restructuration et restera fermé jusqu'à nouvel ordre. En attendant, on accède au quai flottant d'où partent les bateaux par un passage situé à gauche du bâtiment, puis par une rampe. Seuls les passagers munis de billets peuvent s'y rendre. Les billets s'achètent auprès de l'*Agência de Passagens (tlj 6h-18h)* située près de l'accès à la rampe, face à la praça da Matriz, ou auprès des représentants des compagnies (stands) postés à proximité, ainsi que le long du fleuve, derrière le *mercado Lisboa (plan A3)*. Sachez cependant que les billets achetés auprès de ces agents mobiles ne permettent pas d'embarquer depuis le bâtiment du port, il faut accéder au bateau en barque (5 Rls/pers) depuis le marché ! Et si jamais il y a surbooking, vous serez le premier à passer par-dessus bord (non, on plaisante !). Pour se simplifier la vie, on peut acheter son billet auprès d'une agence, comme *Passagens Etica Turismo (rua Lauro Cavalcante, 70 ; 📱 99334-1763)*. Les fréquences suivantes sont données à titre indicatif, les bateaux changeant régulièrement et les pannes n'étant pas rares. Voir aussi « Descente et remontée de l'Amazone (et de ses affluents) » à la fin de ce chapitre.

➢ ***Santarém*** *(2 j.)* ***et Belém*** *(3 j. ½ à 4 j.)* **:** notamment avec *AR Transporte (☎ 3233-1865 ; • artransporte.com.br •)*, départs le mer midi (sur l'*Amazon Star*, 850 passagers, ou le *Rondônia*), et le ven (sur le *Cisne Branco* ou le *Clivia*, plus petits et moins confortables), à la même heure. Compter 150-175 Rls pour Santarém en hamac (avec ou sans clim), 750-950 Rls en cabine et suite (avec ou sans douche) ; pour Belém, prévoir respectivement 330-400 Rls en hamac et 1 000-1 500 Rls en cabine ou suite. Autre option avec le *Nelio Corrêa*, le mer, 1 sem/2. Billet un peu moins cher : env 280 Rls en hamac et 1 000 Rls en cabine avec AC et sanitaires pour Belém. D'autres bateaux desservent Santarém tlj sf dim, avec un départ en général vers 12h-13h. On vous conseille par exemple l'*Ana Beatriz* (le jeu), et le *Golfinho do Mar III* (ven) de la Cie *Sousa*.

➢ ***Tefé et Tabatinga*** *(frontière avec le Pérou et la Colombie)* **:** compter 2 j. de voyage en bateau normal pour Tefé, jusqu'à 6 j. pour Tabatinga. Le *Crystal I*

Adresses utiles

- 1 Amazonastur (centre)
- 2 Amazonastur (marché)
- 3 Distributeurs HSBC
- 4 Distributeurs Bradesco
- 5 Amazônia Cambio e Turismo
- 6 Distributeurs Santander
- 7 Alliance française
- 8 Drogaria Farma Bem
- 9 Lavanderia Central
- 10 Amazon Eco Adventures et Amazon Gero Tours
- 20 Amazon Antonio Jungle Tours

Où dormir ?

- 20 Hostel Manaus
- 21 Hotel Rio Branco
- 22 Pensão Sulista
- 23 Hostel for Us
- 24 Ocara Hostel
- 25 Big Hostel
- 26 Hotel Colonial
- 27 Central Hotel Manaus
- 28 Boutique Hotel Casa Teatro
- 29 Chez les Rois
- 30 Go Inn Manaus
- 31 Park Suites Manaus
- 32 Hotel Saint Paul

Où manger ?

- 40 Tacacá de Gisela
- 41 Delicias Caseiras
- 42 Galo Carijó
- 43 Kilo Mania
- 44 Scarola
- 45 Churrascaria Búfalo
- 46 Casa do Pensador
- 47 O Chefão
- 48 Canto da Peixada
- 49 Banzeiro
- 50 Choupana

Où boire un bon jus de fruits ? Où s'offrir une glace ?

- 46 Mundo dos Sucos
- 51 Ponto dos Sucos
- 52 Glacial
- 58 Skina dos Sucos

Où boire un verre ? Où sortir ?

- 47 O Chefão
- 53 Bar do Armando
- 54 Crocodilo's Club
- 55 Cabaret
- 56 Forró do Bagaça
- 57 Porão do Alemão

Achats

- 60 Galeria Amazônica
- 61 Amazônas Ecoshop

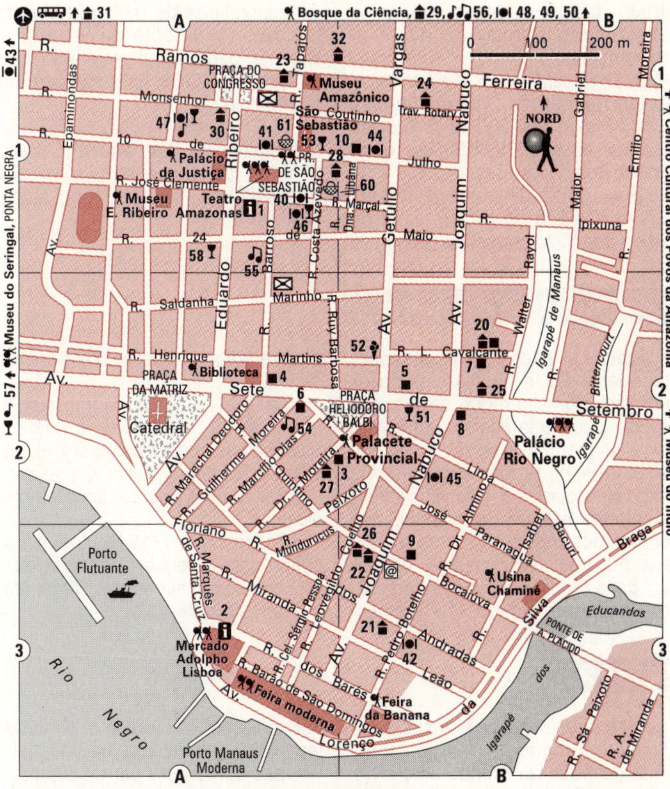

MANAUS

(mer à 7h) et le *Glória de Deus III* (ven à 6h) de *Cris Transporte Navigação* (☎ 3622-6047 ; • terminalajato.com.br •) sont les plus rapides : ils font le voyage jusqu'à Tabatinga en 40h env, mais sont chers (520 Rls, repas inclus). Pour Tefé, compter 13h de trajet et env 220 Rls. Autres départs pour Tabatinga les mer, ven et sam mat à vitesse escargot. Pour Tefé, les options sont plus nombreuses et les tarifs tournent autour de 100 Rls/pers (hamac) à 350 Rls pour 2 en cabine (avec AC et douche). Les bateaux partent du Porto Manaus Moderna, derrière le *mercado Lisboa (plan A3)*.

➢ ***São Gabriel de Cachoeira*** *(en amont du rio Negro ; 1 j. ½ à 3 j.)* **:** bateaux rapides les mar et ven vers 15h (avec *Tanaka*) et bateau lent le ven vers 18h *(Gênesis)*. Départ du Porto São Raimundo, à 1,5 km au nord-ouest, en direction du pont sur le fleuve.

➢ ***Porto Velho*** *(4 j.)* **:** départs théoriquement les mar et ven vers 18h (bien vérifier). Compter 200 Rls en hamac et env 600-700 Rls en cabine, repas compris.

En bus

Rodoviária *(gare routière ; hors plan par A1)* **:** *tt au bout de la rua Recife, à env 8 km au nord du centre, sur la route de l'aéroport. Pour s'y rendre, bus nos 222, 227, 315, 317, 560 ou 640 depuis l'av. Getúlio*

Vargas. Guichets des compagnies à l'extérieur. Bureau de poste et distributeurs.

➢ La Cie *Eucatur* (*● eucatur.com.br ●*) dessert ***Itacoatiara*** (7 bus/j., 9h-23h, env 41 Rls), à env 250 km à l'est de Manaus, en aval de l'Amazone, et surtout ***Boa Vista*** (5 bus/j., 10h-23h, 128 Rls, 10-12h de trajet), à 780 km au nord. Les mar, jeu et sam, le bus de 19h de Boa Vista permet de prendre la correspondance de 7h30 pour ***Puerto la Cruz,*** sur la côte du Venezuela. Compter 32h de route et env 270 Rls en tout. Vaccination antiamarile exigée à la frontière.

➢ La Cie *Aruaña* (*☎ 3642-5757*) dessert également ***Itacoatiara*** (7 fois/j., 6h-19h), au même tarif, ainsi que ***Silves*** (2 bus, à 8h et 18h), située au-delà.

Comment se déplacer ?

➢ ***À pied :*** Manaus est une ville assez étendue, mais le centre historique, qui s'étend grosso modo de la praça de São Sebastião (siège de l'opéra) jusqu'au marché bordant le fleuve, s'explore sans problème à pied. Ça tombe bien, c'est là que se concentrent les endroits où loger. En revanche, bon nombre des meilleurs restos et des lieux de sortie sont excentrés – la plupart dans le quartier chic d'Adrianópolis, situé vers le nord. Pas vraiment d'autre solution que le taxi pour s'y rendre.

➢ ***En bus :*** ils sont nombreux et bon marché, mais comme souvent quand on ne connaît pas une ville, pas vraiment faciles à utiliser. On vous en indique certains pour les lieux les plus éloignés.

➢ ***En taxi :*** env 15 Rls pour une course dans le centre. Certains utilisent un compteur, d'autres non. ***Taxis Millenium :*** *☎ 3232-7219.*

Sécurité

Ces dernières années, Manaus s'est imposée comme une plaque tournante du trafic de drogue en provenance du Pérou et de la Colombie voisins (via Tabatinga). Si la violence qui lui est liée reste pour l'essentiel confinée aux personnes impliquées, une hausse globale de la criminalité est néanmoins notable. Laissez les bijoux à la maison, ne vous laissez pas convaincre par un prétendu « guide » à l'aéroport ou dans la rue, et ne vous promenez surtout pas avec de grosses sommes d'argent – particulièrement de nuit et aux alentours du port.

Adresses utiles

Infos touristiques

ℹ ***Amazonastur*** (*plan A1,* ***1***) **:** *av. Eduardo Ribeiro, 666 (à l'angle avec la rua José Clemente). ☎ 3182-6250. ● visitamazonas.am.gov.br ● À deux pas du Teatro Amazonas. Tlj 8h-17h (12h w-e).* C'est l'office de tourisme de l'État d'Amazonas, mais vous n'en obtiendrez pas grand-chose... hormis un plan schématique de la ville et quelques sourires navrés. Ah... il y a aussi des toilettes. *Antennes à l'aéroport et au mercado Adolpho Lisboa (plan A3,* ***2****), cette dernière théoriquement ouv tlj 8h-17h (13h dim).*

Poste et télécommunications

✉ ***Poste*** (*plan A1*) **:** *praça do Congresso. Lun-sam 8h-16h (12h sam). Également rua Saldanha Marinho, 226 (plan A2), à l'angle de Barroso (mêmes horaires).*

@ ***Internet :*** ***Cyber Juliana*** *(plan B3), à l'angle de Joaquim Nabuco et Bocaiúva. Tlj 8h-23h.* Les cybercafés

LE NORD, L'AMAZONIE

tendent à se faire rares, mais le wifi est gratuit sur la praça São Sebastião !

Argent, change

■ ***Distributeurs Bradesco*** *(plan A2, **4**) : av. 7 de Setembro, 895, à l'angle de Barroso. Accessibles 6h-22h.*
■ ***Distributeurs HSBC :*** *rua Dr Moreira, à côté du Central Hotel Manaus (plan A-B2, **3**). Accessibles 6h-22h.*
■ ***Distributeurs Santander*** *(plan A2, **6**) : rua J. Paranaguá, angle G. Moreira. Accessibles 6h-22h.*
■ ***Amazônia Cambio e Turismo*** *(plan B2, **5**) : av. 7 de Setembro, 1251. ☎ 3622-7206. Lun-sam 9h-17h (12h sam).* Bonne adresse pour changer les devises. Accepte aussi les chèques de voyage en dollars.

Représentations diplomatiques

■ ***Consulat honoraire de France :*** *av. João Valério, 209, S/H Vieiralves. ☎ 3877-0754. • consulado.manaus@gmail.com • Lun et mer 8h30-11h30, mar et jeu-ven 15h-18h.*
■ ***Alliance française*** *(plan B2, **7**) : rua Lauro Cavalcante, 250. ☎ 3232-1373. • aliancafrancesamanaus.com • Tlj sf dim 8h-20h (21h mar et jeu, 18h sam).* Agréable petite bibliothèque, TV et magazines en français. Propose aussi des activités culturelles épisodiques.
■ ***Consulat honoraire de Belgique :*** *Bosque Residencial Murici, quadra D, casa 13, Parque 10 de Novembro. ☎ 3236-1452. • hd01@uol.com.br • Lun-ven 9h-13h.*

Urgences

■ ***Police :*** *☎ 190.*
■ ***Pronto Secorro*** *(urgences) : ☎ 192.*
✚ ***Hospital 28 de Agosto :*** *rua Recife, 1581, Adrianópolis. ☎ 3643-4800.*
■ ***Pharmacies :*** nombreuses dans le centre. Une bonne adresse : ***Drogaria Farma Bem*** *(plan B2, **8**), à l'angle de l'av. 7 de Setembro et de Joaquim Nabuco. Lun-sam 7h-21h, dim 8h-13h.* 2 autres juste en face.

Divers

■ ***Lavanderia Central*** *(plan B3, **9**) : rua Quintino Bocaiúva, 607. Lun-sam 7h30-18h30 (13h sam).* Laverie à la pièce mais assez bon marché. D'autres adresses dans le coin mais plus chères.

Où dormir ?

Hormis quelques adresses, la plupart des établissements du centre de Manaus n'ont rien de très réjouissant : fonctionnels et sans charme, tout ça pour des tarifs tout de même assez élevés. Beaucoup de petits hôtels du côté du marché louent leurs chambres à l'heure (ou pour 2h), ce qui les apparente un peu à des hôtels de passe (ce que certains sont d'ailleurs !)...

De bon marché à prix moyens (moins de 130 Rls / env 33 €)

⌂ ***Hostel Manaus*** *(plan B2, **20**) : rua Lauro Cavalcante, 231. ☎ 3233-4545. • hihostelmanaus.com • En face de l'Alliance française. Dortoirs env 35-40 Rls (sans ou avec AC), doubles 90-130 Rls, petit déj compris. Moins cher avec la carte HI.* 💻 📶 Voici l'AJ la plus populaire de Manaus. Membre de *Hostelling International,* elle occupe une grande maison agréable avec une cour intérieure et 2 terrasses, dont une couverte sur le toit. Les chambres et dortoirs (mixtes ou non), avec ou sans AC, casiers et sanitaires partagés, sont bien tenus. Salon TV au rez-de-chaussée, où lézardent toujours quelques *backpackers,* cuisine, laverie. Parfait pour rencontrer des routards de tous les continents, d'autant que le proprio est australien.
⌂ ***Hostel for Us*** *(plan A1, **23**) : rua Ramos Ferreira, 922. ☎ 3622-5424. • hostelforus@gmail.com • En dortoir 35-50 Rls, double env 90 Rls, petit déj inclus.* 📶 Ceux qui cherchent le calme plus que les rencontres

apprécieront cette petite auberge aérée et claire, installée dans une gentille maison particulière proche de la praça São Sebastião. On y trouve 3 chambres (2-3 personnes) avec salle de bains privée, d'un bon rapport qualité-prix, et autant de dortoirs (6-8 lits ; celui des filles est plus agréable). Le tout est fort bien tenu. En bonus : une grande cuisine, une machine à laver et un grand salon bien agréable. La gérante propose diverses excursions à la journée à travers *Arquipelagos Tours*.

Ocara Hostel *(plan B1, **24**) : trav. Rotary, 72. ☎ 3302-3975. • ocara hostel.com.br • En dortoir, env 35-50 Rls ; double 90 Rls, petit déj compris.* Situé dans une ruelle résidentielle calme, à deux pas de la praça São Sebastião, cette petite AJ familiale propose des dortoirs de 6 lits (mixtes ou non) et 2 chambres privées, le tout très bien tenu – pour ne pas dire impeccable. Les sanitaires sont partagés. Les lits des dortoirs sont confortables (les autres moins) et l'accueil invariablement sympa.

Big Hostel *(plan B2, **25**) : av. Sete de Setembro, 1653. ☎ 30-86-30-83. • bighostel.com.br • En dortoir env 35-40 Rls ; doubles avec ou sans sdb 90-120 Rls.* Située juste en face du superbe Palácio Rio Negro, cette AJ excentrée pâtit de son emplacement sur une avenue très passante, dans un quartier un peu glauque. Pour le reste, elle propose de bonnes prestations : des dortoirs spacieux (6-14 lits) avec *fan* ou AC, et des chambres (2-4 personnes) avec salle de bains privée et AC (attention, il ne fonctionne que de 18h à 8h). Bon accueil familial.

Pensão Sulista *(plan B3, **22**) : av. Joaquim Nabuco, 347. ☎ 32-34-58-14. • pensao.sulista@yahoo.com.br • En dortoir env 35-40 Rls, double env 120 Rls, petit déj inclus.* Située non loin du marché, dans une demeure ancienne aux hauts plafonds et vieux parquets, cette pension plutôt bien tenue propose une trentaine de petites chambres donnant sur des couloirs, avec salle de bains, TV, frigo et même la clim. On peut aussi opter pour un lit en chambre partagée avec juste un ventilo à un prix plancher. Atmosphère familiale. En revanche, on vous déconseille l'hôtel du même nom, situé un peu plus loin sur la rua Quintino Bocaiúva.

Hotel Rio Branco *(plan B3, **21**) : rua dos Andradas, 484. ☎ 32-33-40-19 ou 3321-0678. • hotelriobranco manaus@yahoo.com.br • Doubles avec AC ou ventilo env 80-100 Rls, petit déj inclus.* Non loin du marché et du port, dans un quartier pas très réjouissant, cet hôtel familial dispose de chambres bien patinées, mais propres et bon marché, réparties sur 4 niveaux ; la plupart sont assez (voire très) sombres. Certaines sont grandes comme une boîte de sardines, d'autres peuvent accueillir 4 personnes. En demander une au dernier étage, sur la terrasse, qui offre une belle vue sur le rio Negro (nos 405, 406 ou 407). Coffres et vente de boissons. Raimundo, le patron, parle un peu l'anglais.

Hotel Colonial *(plan B3, **26**) : rua Q. Bocaiúva, 462. ☎ 3233-3216. • hotelcolonialreservasmanaus@gmail.com • Doubles env 90-120 Rls, petit déj léger inclus.* Sa belle façade coloniale restaurée donne un air pimpant à ce petit hôtel familial. Les parties communes sont bien léchées – pour ne pas dire jolies – et l'accueil (en anglais) est charmant. Les chambres, une dizaine, sont bien équipées (TV, AC, frigo), mais plus inégales : évitez celles du rez-de-jardin, sombres, humides et étouffantes, et préférez les nos 103 et 104, au-dessus, bien ventilées.

De prix moyens à chic (130-200 Rls / env 33-50 €)

Central Hotel Manaus *(plan A2, **27**) : rua Dr Moreira, 202. ☎ 3622-2600. • hotelcentralmanaus.com.br • Double env 140 Rls, petit déj inclus.* Installé dans une rue calme du centre, cet hôtel sans charme apparent propose des chambres pas forcément très grandes, mais inhabituellement claires, nettes et bien équipées (AC, TV câblée, frigo-bar). Certaines seraient presque jolies avec leur mobilier en bois, à l'instar de la nº 108 (toute blanche). On y parle un peu l'anglais.

🏠 **Boutique Hotel Casa Teatro** (plan A-B1, **28**) : *rua 10 de Julho, 632. ☎ 3633-8381. • casateatro.com.br • Doubles sans ou avec sdb env 130-220 Rls selon saison, bon petit déj inclus.* Difficile de faire plus central : l'opéra est à un jet de pierre ! La *Casa Teatro* a indéniablement du charme. Ses espaces communs sont très joliment décorés, dans un style tropical chic, et l'accueil y est souriant. Les chambres, impeccables, se partagent en 2 catégories. Les premières, avec salle de bains (vitrée) sont petites, mais élégantes ; les secondes, avec lit superposé et sanitaires communs, sont minuscules, au point de ne pas avoir la place d'y entreposer une valise... Là, on se croirait presque dans un hôtel capsule japonais ! Bref, les prix sont élevés pour l'espace, mais le style est unique en ville. En fin de semaine, les musiciens du *Bar do Armando* s'entendent bien...

🏠 **Go Inn Manaus** (plan A1, **30**) : *rua Monsenhor Coutinho, 560. ☎ 3306-2600. • atlanticahotels.com.br • Doubles env 150-210 Rls selon saison, petit déj inclus.* Pour le cachet brésilien, on repassera, mais les chambres de cet hôtel récent, situé au cœur de la ville, sont modernes, bien finies et vraiment confortables (quoique pas très grandes) : TV câblée à écran plat, lecteur de DVD, connexion Internet, sèche-cheveux, coffre, etc. Petit déj à l'occidentale dans un espace clair. Salle de sport, espace jeux pour les enfants, sandwichs et boissons en vente à la réception. Accueil très pro, en anglais.

🏠 **Chez les Rois** (hors plan par B1, **29**) : *trav. Dos Cristais, 1, Conj. Manauense, Bairro Nossa Senhora das Graças. ☎ 3584-3549 ou 5130. • chezlesrois.com.br • Double env 180 Rls, petit déj inclus.* Excentré, à environ 2 km au nord du centre-ville, aux marges d'un quartier plutôt chic en plein essor. Pourquoi venir jusque-là ? Pour la jolie maison aérée entourée d'un jardin, façon *B & B*. Pour la petite piscine. Pour les chambres spacieuses, confortables et bien équipées (AC, TV, frigo, coffre) – quoique sans chichis. Les plus agréables ont un parquet en bois. Mais le gros plus reste l'accueil, invariablement sympathique.

De chic à plus chic (200-450 Rls / env 50-112 €)

🏠 **Hotel Saint Paul** (plan A-B1, **32**) : *rua Ramos Ferreira, 1115. ☎ 2101-3800 ou 3303-9955 (résas). • hotelsaintpaul.tur.br • Doubles env 230-360 Rls selon saison, bon petit déj inclus.* La soixantaine de chambres, impeccables et bien confortables (AC, TV à écran plat, frigo), occupent un bâtiment tout en hauteur ; celles des étages supérieurs ont une vue dominante sur la ville. On les trouve toutefois un peu chères en haute saison. Fitness.

🏠 **Park Suites Manaus** (hors plan par A1, **31**) : *av. Coronel Teixeira, 1320 A, à* ***Ponta Negra*** *(à 15 km au nord-ouest du centre). ☎ 3306-4500 ou 0800-55-5855 (nº national). • atlanticahotels.com.br • Doubles env 230-450 Rls selon catégorie et saison. (au rdc).* Pour ceux qui en auraient les moyens, une tour de 15 étages tout au bout des plages de Ponta Negra, en bordure du rio Negro. Superbe vue depuis les chambres, évidemment impeccables et de grand confort (table, canapé...). Très belle piscine à débordement, atrium avec resto et boutiques de luxe. La totale, quoi !

Où manger ?

Le centre de Manaus est assez désert le soir ; du coup, on n'y trouve pas énormément de restaurants ouverts après 20h. Les meilleurs établissements sont excentrés, accessibles uniquement en taxi. Bref, on vous indique ce qu'il y a de mieux dans le centre, ainsi que quelques adresses phares à Adrianópolis, le quartier chic qui s'étend plus au nord (à environ 2 km).

Bon marché (moins de 40 Rls / env 10 €)

Le soir (jusqu'à 22h) sur la place du *Teatro Amazonas,* le kiosque ***Tacacá da Gisela*** *(plan A1, **40**)* sert, pour 15 Rls, une bonne... *tacacá,* cette soupe typique de l'Amazonie à base de *tucupi* (jus de manioc), feuilles de *jambú* (une sorte de cresson) et crevettes séchées – relevée d'une bonne louche de tapioca. On commande un bol et on va le déguster sur un banc face au théâtre. Pas mauvais du tout, mais très salé.

Delicias Caseiras *(plan A1, **41**) : rua 10 de Julho, 499. ☎ 3232-9202. Tlj 12h-15h30, 18h-20h30. Buffet ao kilo.* Sur la place du *Teatro,* cette petite cantine propose, à midi, un buffet varié, bon et pas cher du tout ! La salle, bercée par le souffle des ventilos sur les toiles cirées, n'est pas bien grande, et il n'est pas rare qu'il y ait un peu d'attente. Le soir, repas à la carte, mais les plats restent bon marché : on s'y nourrit facilement à deux d'un gros poisson frit.

Galo Carijó *(plan B3, **42**) : rua dos Andradas, 536, angle P. Botelho. ☎ 3233-0044. À 50 m de l'hôtel Rio Branco. Lun-sam 11h-16h.* Presque centenaire, la salle ouverte sur la rue est fréquentée par les amateurs de poisson : *jaraqui* (le must), *matrinxã, tucunaré, tambaqui...* selon l'arrivage du jour. Les plats les plus chers sont pour 2. Un bon rapport qualité-prix.

Prix moyens (20-50 Rls / env 8-16 €)

Kilo Mania *(hors plan par A1, **43**) : rua Ramos Ferreira, 390. ☎ 3633-2236. À 3 cuadras ½ à l'ouest de la praça do Congresso. Lun-sam 11h-15h. Buffet ao kilo.* Parmi les différents buffets de Manaus, celui-ci offre à nos yeux le meilleur rapport qualité-prix. La cuisine est très bonne, le buffet de salades bien garni, les poissons nombreux (excellentes boulettes de *pirarucu* et morue), et il y a même un petit barbecue pour les viandards. Salle moderne, propre, toujours bondée.

Scarola *(plan B1, **44**) : rua 10 de Julho, 737 (angle av. Getúlio Vargas). ☎ 3234-8542. Tlj 11h-1h. Buffet ao kilo.* Dans la course aux buffets, celui-ci s'impose pour sa situation ultra-centrale et ses horaires particulièrement étendus. La cuisine y est très correcte et le choix raisonnable, avec 2-3 viandes et autant de poissons. Le soir, c'est à la carte, avec une prédilection pour les pizzas, simples et pas mauvaises. La salle, climatisée et vitrée, se dédouble d'une terrasse côté rue.

Churrascaria Búfalo *(plan B2, **45**) : av. Joaquim Nabuco, 628 A. ☎ 3633-3773. Tlj sf dim soir 11h30-15h (16h ven-dim) et à partir de 19h.* L'une des meilleures *churrascarias* de la ville. Sorte de cantine version un peu chic avec des tables couvertes de nappes en tissu. On a le choix entre une bonne vingtaine de découpes de viandes (identifiées par des numéros !), la plupart succulentes et grillées à point, qu'on accompagne de toutes sortes de féculents, légumes et crudités (pas moins de 50 options). De quoi bien se remplir la panse sans trop dépenser ! *Autre adresse rua Pará, 490, dans le quartier de Vieiralves.*

Casa do Pensador *(plan A1, **46**) : praça de São Sebastião, 632. Tlj 16h-23h. Plats env 25-50 Rls.* La large terrasse étalée face à l'opéra, sur la place piétonne aux vieux pavés noirs et blancs, est idéale pour boire un verre au passage. Une petite faim ? Ajoutez-y un sandwlch, des *bolinhos de peixe* (boulettes de poisson), une pizza ou un petit plat – végétarien ou non. Pas de génie, mais c'est copieux et le cadre est joli.

Chic (60-100 Rls / env 15-25 €)

O Chefão *(plan A1, **47**) : rua Ferreira Pena, 50. 99332-7144. Tlj sf dim 20h-1h (ou plus). Couvert env 15 Rls.* Non loin du *Teatro Amazonas,* la vieille maison rouge sang abrite une sorte de gastro pub sur 2 étages, prolongé d'une cour intérieure aux murs couverts de lierre. On y mange bien et copieusement, dans une ambiance chaleureuse et conviviale, des plats du genre viande en sauce (goûtez le *filé Tonny Montana* !) ou crevettes flambées à la vodka. Les vendredi et samedi soir, des groupes rock brésilien ou international débarquent (entre 20h et 23h) pour mettre le feu.

Canto da Peixada *(hors plan par B1,* ***48****) : rua Emilio Moreira, 1677, à l'angle de la rua Ayrao. ☎ 3234-3021. À env 20 mn à pied au nord du centre. Tlj sf dim soir 11h-15h30, 18h-22h30. Plats (1 pers) 27-55 Rls.* « Vivez plus en mangeant du poisson ! », telle est la devise de la maison. Au menu : les grands classiques du fleuve, pas donnés mais bien cuisinés, servis en portions copieuses – et en tablier, s'il vous plaît. Terrasse populaire, un peu bruyante, débordant sur le trottoir, face à un garage et aux marges d'un quartier résidentiel en expansion.

Banzeiro *(hors plan par B1,* ***49****) : rua Libertador, 102, dans le prolongement ouest de la rua Terezina, passé la rua Maceió, à Adrianópolis. ☎ 3234-1621. Y aller en taxi. Tlj 11h30-15h30 (16h jeu-dim), 19h-23h30.* Les habitants de Manaus ne jurent que par ce bistrot chic tendance *cozinha amazônica,* où œuvre un chef formé en Europe. Il accommode avec élégance *pirarucu* (fumé ou non), *matrinxã* et autre *tambaqui,* sur des notes à la fois classiques et joyeusement exotiques – ici du lait de coco, là des bananes et des noix du Brésil... Une vraie réussite pour des plats copieux et goûteux. Allez-y en taxi.

Choupana *(hors plan par B1,* ***50****) : av. Mario Ypiranga, 790, à Adrianópolis. ☎ 3635-3878. Excentré, prendre un taxi pour s'y rendre. Fermé dim soir. Plats 2 pers env 60-95 Rls.* Une excellente adresse pour goûter à toutes les subtilités de la cuisine locale, dans un cadre à la fois simple et soigné, inspiré de l'habitat indien. Le week-end, toute la bonne société locale y débarque en famille autour de grandes tablées ! Essayez le poisson sauce crevette, le *pato no tucupi* (canard à la sauce de manioc) ou le risotto de fruits de mer aux bananes plantains. Ambiance animée, service irréprochable et musique dès 20h le week-end (petit *couvert*). On a aimé.

Où boire un bon jus de fruits ? Où s'offrir une glace ?

Skina dos Sucos *(plan A1,* ***58****) : av. Eduardo Ribeiro, 629. ☎ 3233-1970. Tlj sf dim 7h-20h.* L'une des meilleures adresses de la ville. Plus d'une trentaine de combinaisons possibles (certaines inconnues aux palais européens). Également des milk-shakes, cafés et sandwichs. Blindé le midi.

Mundo dos Sucos *(plan A1,* ***46****) : praça de São Sebastião.* Un snack-bar installé dans une maison historique, qui donne sur la place du théâtre. Jus de fruits frais et sandwichs.

Ponto dos Sucos *(plan B2,* ***51****) : av. 7 de Setembro, 1188. ☎ 3233-6578. Lun-ven 8h-18h.* Bar en U qui propose, là encore, d'excellents jus de fruits pas chers (une vingtaine au choix), des sandwichs et divers *salgados* (en-cas salés).

Glacial *(plan B2,* ***52****) : av. Getúlio Vargas, 161A. ☎ 3233-7940. Tlj 10h (15h dim et j. fériés)-23h30.* Fondé par les enfants d'un émigré portugais, ce glacier s'est imposé comme la référence en ville. Il ne possède pas moins de 10 autres boutiques, où l'on déguste toutes sortes de bâtons glacés, coupes glacées et *sorvetes* au kilo (on se sert et on fait peser). Privilégiez les parfums aux fruits locaux – *taperebá* (prunier mombin), tapioca, etc.

Où boire un verre ? Où sortir ?

Comme pour les restos, le centre-ville ne regorge pas de lieux de sortie. On vous indique les plus sympas, sachant qu'il en existe beaucoup d'autres loin du centre, souvent difficiles à trouver et pour lesquels il faut prendre un taxi.

Avec un peu de chance, vous verrez danser le *forró*, ce rythme populaire typique du Nord, aux pas rapides et aux corps rapprochés...

Dans le centre

Bar do Armando (*plan A1*, **53**) **:** *rua 10 de Julho, sur la pl. du Teatro Amazonas. ☎ 3233-1195. Tlj sf dim 15h-2h.* Brésiliens et touristes du monde entier se retrouvent côte à côte dans ce bar chaleureux du centre-ville (l'opéra est juste à côté) pour prendre une bonne bière fraîche avec un sandwich au porc ou autour d'une assiette d'amuse-gueules. Armando n'est plus, mais un grand drapeau de son Portugal natal demeure, entre maillots de foot et personnages en carton pâte du carnaval. Musique live la plupart des soirs, en particulier du jeudi au samedi.

O Chefão (*plan A1*, **47**) **:** *rua Ferreira Pena, 50. 99332-7144. Tlj sf dim 20h-1h (ou plus tard).* Voir plus haut « Où manger ? ».

Crocodilo's Club (*plan A2*, **54**) **:** *rua Marcílio Dias, 265. ☎ 3232-1883. Ven-sam dès 18h, dim à partir de 20h et soirées spéciales. Entrée : 10-20 Rls ; souvent gratuit pour les femmes en début de soirée.* C'est la plus ancienne boîte de Manaus, située en plein centre. Les DJs y débitent funk électro ou latino, à moins de verser dans le rétro années 1990 ou 2000. Les *domingueiras* (le dimanche donc) sont les plus renommées.

Cabaret (*plan A1-2*, **55**) **:** *rua Barroso, 293. ☎ 3622-9125. • cabaretnightclub.net • Ven-sam à partir de 23h. Entrée : env 20-30 Rls.* Ambiance house, tribal et techno dans une belle maison rouge à 2 étages. C'est bondé le samedi, lorsque débarquent les *gogo dancers* ! Attention, la clientèle est assez chicos, évitez de vous pointer en baskets...

Plus loin

À 12-15 km au nord-ouest du centre-ville, la plage de **Ponta Negra** (voir plus loin « Où se baigner ? ») est bordée de petits *bars-restos* qui s'animent le soir, en particulier le week-end. On vient y flâner ou siroter une *cerveja* entre potes ou en amoureux, tandis que d'autres jouent au volley, au foot, ou tentent de savoir ce que l'avenir leur réserve... Un doux mélange des genres. La musique, souvent bien rythmée, imprègne l'atmosphère et fait chalouper bien des corps. Quelques groupes locaux.

Forró do Bagaça (*hors plan par B1*, **56**) **:** *av. Via Láctea (env 4 km au nord-est du centre). ☎ 3671-1933. Ven-sam à partir de 22h. Entrée : 10-20 Rls.* Un vaste espace ouvert avec une scène et plusieurs bars, comme savent en créer les Brésiliens, où l'on peut écouter et danser le *forró*. C'est toujours noir de monde ! D'autres lieux du même type, très populaires, le long de la même avenue. C'est le coin à fréquenter le week-end si vous êtes amateur de ce genre de fête !

Porão do Alemão (*hors plan par A2*, **57**) **:** *estrada da Ponta Negra, 1986, à São Jorge. ☎ 3239-2976. • poraodoalemao.com.br • Entre Manaus et la plage de Ponta Negra. Mer-sam à partir de 21h. Entrée : 20 Rls (souvent gratuit pour les femmes jusqu'à 23h).* Véritable institution, cette grande taverne (un *bierkelder*, comme il se nomme lui-même) en contrebas de la route, à l'atmosphère un peu trash, organise son propre festival ! Concerts de rock à partir de minuit.

Achats

Galeria Amazônica (*plan A1*, **60**) **:** *rua Costa Azevedo, 272. ☎ 3302-3633. Sur la place du théâtre. Lun-sam 10h-20h, j. fériés 8h-12h slt.* Cette très belle boutique-galerie appartient aux Indiens Waimiri Atroari (Kinja). On y trouve des objets confectionnés par une quinzaine d'ethnies, dont beaucoup de vannerie (nattes, panières), mais aussi des masques *ticuna*, des sarbacanes, colliers, flèches et carquois, etc. Les prix sont plutôt raisonnables pour la qualité, et les bénéfices vont droit aux communautés.

Amazônas Ecoshop *(plan A1,* ***61****)* **:** *rua 10 de Julho, 509, angle Tapajós.* ☎ *3234-8870.* • *ecoshop.com.br* • *Lun-ven 9h-18h, sam 9h30-15h.* On trouve d'autres boutiques d'artisanat autour du *Teatro Amazonas,* notamment ce magasin représentant une quinzaine d'ONG et 250 artisans. Au choix : colliers, bracelets, bijoux, sacs, belle vannerie yanomami, etc. C'est aussi un agréable salon de thé où l'on peut prendre une glace.

Sinon, il y a les petites échoppes du ***mercado Lisboa,*** nettement moins chères mais proposant pas mal de camelote.

À voir

Le port *(plan A3)*

C'est le coin le plus animé et le plus coloré de la ville. Les docks principaux ***(Porto Flutuante)*** se cachent derrière le bâtiment de l'*estação hidroviária* – qui donne sur la praça da Matriz, encombrée de stands, de petits vendeurs et de bus vrombissants. Ils ont été aménagés en 1906 par des ingénieurs anglais, de même que le curieux bâtiment néo-Renaissance de l'*Alfândega,* apporté pierre par pierre de Grande-Bretagne. Les quais, flottants, accompagnent les crues du fleuve, dont le niveau peut varier de 10 à 15 m au cours de l'année. Un grand panneau indique d'ailleurs le niveau maximal atteint chaque année (vers juin en général) à l'orée de la rampe qui y mène – accessible uniquement à ceux qui ont un billet ou partent en excursion. Le record ? 29,97 m en 2012.
Un peu plus à l'est, adossé au mercado Lisboa (voir ci-dessous), le ***Porto Manaus Moderna*** est plus accessible : en contrebas de l'avenue du même nom, une flopée de bateaux en bois et en fer s'agglutinent autour d'une série de pontons. Au programme ? Des destinations qui sentent encore bon l'aventure, à 1, 2, 3, 6 jours de navigation vers l'aval ou l'amont. Des dockers qui chargent et déchargent, les épaules alourdies de poids insensés. Papa, maman et les enfants qui installent leur hamac sur le pont... D'ici, on découvre enfin l'Amazone dans toute son amplitude. De juillet à décembre, en période de basses eaux, une étendue de sable (et de déchets !) se découvre, où de nombreuses familles improvisent des petits restos-bars-gargotes. Les poissons cuisent dans de grandes marmites posées à même le feu, dans une activité des plus fébrile, sous le regard patient des urubus (vautours) attendant leur heure pour nettoyer le site.

Mercado municipal Adolpho Lisboa *(plan A3)* **:** *tlj 6h-17h (12h dim).* Situé contre le Porto Manaus Moderna, le marché, superbement restauré au terme de sept années de travaux, occupe une élégante structure métallique Art nouveau, inspirée, dit-on, des vieilles Halles de Paris. Inauguré en 1883, le bâtiment principal, où l'on vend surtout aujourd'hui des souvenirs, se vit adjoindre en 1908 plusieurs pavillons de même style – où l'on retrouve désormais vendeurs de viande, de poisson et de jus de fruits. Face à l'entrée nord, vous verrez également une jolie maison restaurée couverte d'azulejos.

Au-delà du marché Adolpho Lisboa, en longeant le quai vers l'aval, on découvre l'immense ***Feira Moderna*** *(plan A3),* qui occupe plusieurs pâtés de maisons. Le matin, il faut voir la halle aux poissons (la première), bourdonnante et agitée, où les vendeurs en blouse blanche – vite maculée – donnent de la voix en aiguisant leurs coutelas ou en assenant de puissants coups de hachoir... À ne pas rater ! La halle suivante est occupée par d'innombrables stands de fruits, légumes et crevettes séchées. Enfin, tout au bout, au croisement de la rua Barão de São Domingos et de la rua Pedro Botelho, on atteint la halle ouverte de la ***Feira da Banana*** *(plan B3),* où s'empilent des régimes à ne plus savoir qu'en faire.

Le centre historique

« Une ville habitée par la nostalgie », disait John Dos Passos, qui y passa dans les années 1960... Si les immeubles sans grâce des époques plus récentes ont largement envahi le centre, la municipalité restaure peu à peu ce qui peut encore l'être. Plusieurs vieilles demeures de l'époque du boom du caoutchouc (autour du théâtre notamment) ont ainsi été rénovées et transformées en musées ou centres culturels. Sur certaines, couvertes d'azulejos, les initiales des orgueilleux propriétaires évoquent la splendeur d'une époque opulente mais révolue.

Praça de São Sebastião *(plan A1)* **:** c'est ici, au pied de l'opéra, que bat le pouls de la ville. Enchâssée de vieux pavés portugais blancs et noirs dessinant des vagues, l'esplanade, piétonne, est encadrée d'arbres et de bancs où il fait bon prendre le frais. Le soir, des musiciens y débarquent tandis que Gisela monte son stand de *tacacá* (voir « Où manger ? »). Au centre, quatre proues de navire représentent les quatre continents. Sur le côté nord, l'***igreja de São Sebastião*** (1888) ne paie pas de mine mais possède vitraux et plafond peint. Jetez-y un œil.

Teatro Amazonas *(plan A1)* **:** *praça de São Sebastião. ☎ 3232-1768. Tlj sf dim 9h-17h. Entrée : 15 Rls ; 20 Rls avec la visite guidée ttes les 30-40 mn, en portugais et/ou anglais.*
Symbole de l'opulence passée de la ville, l'opéra de Manaus a été inauguré en 1896, à une époque où le caoutchouc faisait encore recette. Le film *Fitzcarraldo,* de Werner Herzog, rappelle cet événement. Tous les matériaux de construction vinrent d'Europe par bateau : marbre de Carrare, marqueterie de France, tuiles alsaciennes de la coupole (aux couleurs du drapeau brésilien), miroirs de Venise, chandeliers italiens (près de 200 !), colonnes et murs en acier anglais, etc. Même le superbe rideau de scène, représentant la déesse du Fleuve Lara et la rencontre des eaux, a été peint à Paris – par un Brésilien, il est vrai ! Il ne se déroule pas, mais monte droit jusqu'à la coupole pour ne pas être abîmé. Lui aussi réalisé en France, l'étonnant plafond, dont les quatre sections sont séparées par les pieds de la tour Eiffel comme si on la regardait du dessous, évoquent la danse, la musique, la tragédie et l'opéra. Sur les colonnes, on remarque les noms des grands dramaturges et compositeurs : Molière, Goethe, Racine, Mozart, Beethoven, Verdi...
À l'étage, une salle des pas perdus au somptueux parquet de bois précieux et aux murs peints de scènes amazoniennes prenait vie durant les entractes. Les musiciens continuaient à y jouer, perchés au balcon ! Du grand balcon, on embrasse du regard le centre-ville. Dans les petites salles attenantes, beau mobilier en jacaranda, un bois noir dur comme du métal.
La légende voudrait que le premier à avoir fait résonner sa voix dans l'opéra de Manaus ne soit autre qu'Enrico Caruso. Rien n'est moins sûr... Si Sarah Bernhardt, également pressentie pour y jouer, n'y vint pas davantage, de grandes troupes européennes s'y produisirent, snobant parfois même Rio, la capitale. Pas pour très longtemps cependant, car l'opéra de Manaus ferma en 1925 avec la chute économique et fut laissé à l'abandon... Rénové entre 1987 et 1990, il a retrouvé son faste et sa magnificence d'antan. Aujourd'hui, son orchestre philharmonique, principalement composé de musiciens venus d'Europe de l'Est, est considéré comme l'un des meilleurs du Brésil. Des concerts y ont lieu une ou deux

À PAS FEUTRÉS...

Comble du raffinement, les pavés extérieurs du théâtre sont faits d'un amalgame de pierre et de caoutchouc, spécialement conçu à l'époque pour étouffer le bruit des calèches des retardataires, afin de ne pas perturber le spectacle.

fois par semaine (ils commencent entre 17h et 20h). Assez souvent, c'est gratuit dans les balcons – mais payant au parterre (environ 20 Rls). À bon entendeur...

Centro cultural Palácio da Justiça *(plan A1)* **:** *av. Eduardo Ribeiro, 833, juste derrière le* Teatro Amazonas. *☎ 3248-1844. Mar-ven 13h-17h, dim 17h-21h. Fermé sam et lun. GRATUIT.* Cette imposante bâtisse néoclassique, inaugurée en 1900, possède un magnifique hall, de belles colonnades et un impressionnant escalier en fer forgé. Elle accueille des expos d'art temporaires au rez-de-chaussée. Au fond, à droite, le vénérable café *Leão de Ouro,* repaire des intellectuels dans les années 1950, a été reconstitué à l'identique. Dans la *rua José Clemente,* voisine du théâtre, trois belles façades de maisons au n° 290.

Museu-casa Eduardo Ribeiro *(plan A1)* **:** *rua José Clemente, 322. Mar-sam 9h-17h, dim 16h-20h. Visite guidée (possible en anglais) obligatoire. GRATUIT.* Ce fut l'une des résidences d'Eduardo Ribeiro, plus important gouverneur de l'État d'Amazonas à la fin du XIXe s – à l'origine de la construction de l'opéra. Officiellement connue sous le nom de *Palacete Bretislau de Castro,* cette demeure néoclassique aux beaux sols en bois a été entièrement restaurée et dotée de mobilier d'époque. On découvre le petit salon où il recevait les barons du caoutchouc, son bureau, la salle à manger, la superbe salle de bal à la porte-fenêtre arrondie très Art nouveau, ainsi que sa chambre à coucher, où sont exposés ses uniformes et une... camisole, car Ribeiro, vers la fin de sa vie, fut considéré comme schizophrène et placé en institution. À l'extérieur, sommeille son fiacre, gravé de ses initiales, qu'il utilisait pour se rendre, entre autres, à l'opéra... Regardez les roues : elles sont couvertes de caoutchouc.

Museu Amazônico *(plan A1)* **:** *rua Ramos Ferreira, 1036. ☎ 3305-5200. • museuamazonico.ufam.edu.br • Lun-ven 8h30-11h30, 13h30-16h30. GRATUIT.* Cette maison du centre-ville appartenant à l'université locale abrite une modeste collection d'objets indiens : masques ticuna, impressionnants arcs et flèches yanomami, sarbacanes avec fléchettes enduites de curare, hamacs et tissus décoratifs. Fait un peu double emploi avec le *museu do Índio* (voir plus bas), mais la muséographie ici est plus moderne ! Expos d'art temporaires au rez-de-chaussée.

De la praça de São Sebastião, la *rua Barroso* mène, au n° 57, à la ***biblioteca pública*** *(plan A2 ; lun-ven 8h-20h, sam 8h-14h),* située au croisement de l'av. Sete de Setembro. Jetez un coup d'œil à son bel escalier de fer en demi-spirale.

➢ Juste à l'est, la ***praça Heliodoro Balbi*** (alias *praça da Polícia*) est le rendez-vous des amoureux : jets d'eau, kiosque à musique du début du XXe s, petits bancs... ambiance relax en fin de journée. Le *Café do Pina* invite à une pause.

Palacete Provincial *(plan B2)* **:** *praça Heliodoro Balbi. ☎ 3622-8387. Mar-mer 9h-17h, jeu-sam 9h-19h, dim 16h-19h. GRATUIT. Possibilité de visites guidées (gratuites) en portugais ou en anglais.* Le bâtiment, construit en 1861, servit de résidence au gouverneur de la province avant de devenir Q.G. de la police militaire en 1895. Restauré, il accueille plusieurs minimusées. Au rez-de-chaussée, la *pinacothèque* regroupe des œuvres de peintres locaux des XIXe et XXe s, et le *museu da Imagem e do Som,* de vieux appareils photo et quelques vestiges du ciné *Guarany,* qui accueillit le premier film parlant de la ville. À l'étage, la *section archéologique* vaut surtout le détour pour sa petite statuette anthropo-zoomorphe précolombienne de Tapajós, réalisée en stéatite – dont on ne connaît qu'une douzaine d'exemplaires similaires. Suivent le *museu Tiradentes,* consacré à la police militaire (médailles et armes en pagaille, dont deux armures françaises du XVIe s achetées par l'ancien maire !), puis le *museu de Numismática Bernardo Ramos,* où sont rassemblées quelque 12 000 pièces de monnaie du monde entier et de toutes les époques. Pour finir, le *Café do Pina* (annexe dans le parc voisin) offre l'occasion d'une pause agréable.

Centro cultural Palácio Rio Negro (plan B2) : *av. 7 de Setembro, 1546. ☎ 3232-4450. Mar-ven 10h-16h, dim 17h-20h. GRATUIT.* Le Palácio Rio Negro est une extraordinaire demeure à dominante néoclassique bâtie en 1903 pour Waldemar Scholz, l'un des riches barons du caoutchouc. Ruiné par la Première Guerre mondiale (qui coupa les lignes transatlantiques), puis par la chute des cours du latex, il retourna dans son Allemagne natale, laissant les gouverneurs de l'État d'Amazonas en faire leur résidence. Précédé d'une imposante façade greffée d'une véranda à colonnade, l'édifice révèle des intérieurs fastueux, parfaitement restaurés, où est exposé du mobilier d'époque. Au milieu du hall d'entrée s'élance un splendide escalier en forme de ciseaux, au pied duquel trônent deux statues françaises – l'une figurant la musique, l'autre la poésie. À l'arrière, à l'étage, une agréable véranda donne sur le jardin. Le lieu accueille des expos temporaires et même des récitals et pièces de théâtre. Jolis jardins aménagés en contrebas.

Usina Chaminé (plan B3) : *av. Lourenço da Silva Braga. ☎ 3633-3026. Mar-ven 9h-14h, dim 16h-20h. Visite guidée en portugais (et un peu d'anglais). GRATUIT.* Occupant une ancienne usine de traitement des eaux bien restaurée, dans un quartier un peu glauque s'étendant au-delà du marché, cette exposition montre différents aspects de l'Amazonie à travers les cinq sens : on peut humer des essences, toucher les objets exposés (vannerie, hamacs, coiffes en plumes, sculptures sur bois, etc.), visionner des petits films et écouter les sons des instruments de musique traditionnels... Un parcours intéressant et plutôt inattendu. Le rez-de-chaussée accueille des expos temporaires à thème culturel.

Museu do Índio (hors plan par B2) : *av. Duque de Caxias, 356. ☎ 3635-1922. Lun-ven 8h30-11h30, 13h-16h30 ; et sam mat. Entrée : 5 Rls.* Géré par une institution religieuse, ce musée plutôt vieillot (il date de 1952) mais pas inintéressant présente des objets de la vie quotidienne des Indiens tucano, aruak, maku et yanomami. Dans la première salle, on remarquera le *trocano* qui, creusé dans un seul tronc, servait de moyen de communication. Dans la salle III, différentes armes pour la pêche et la chasse ; salle IV, des parures de chef avec plumes colorées, hamacs et objets divers ; et salle V, des costumes funéraires, pirogues et instruments de musique.

En dehors du centre

Centro cultural dos Povos da Amazônia (hors plan par B1) : *pr. Francisco Pereira da Silva. ☎ 2123-5300. • povosdamazonia.am.gov.br • À env 4 km à l'est du centre-ville (Bolas da Suframa). Depuis le centre, bus nos 625, 705 ou 711. Lun-ven 9h-17h. GRATUIT.* Ce vaste centre culturel, installé à l'orée du quartier industriel de la ville, regroupe un stade où est organisé un festival de Danses amazoniennes (en juillet), un centre vidéo, une *maloca* (maison commune) indienne et l'intéressant *museu do Homem do Norte,* dédié à tous ceux qui habitent le nord du Brésil et à leur histoire – des origines à nos jours, à travers des sections dédiées à l'archéologie, aux peuples de la forêt, à leurs rituels et leur art plumier, puis aux *caboclos* et aux festivités locales.

Bosque da Ciência (hors plan par B1) : *rua Otávio Cabral, s/n. ☎ 3643-3192. • bosque.inpa.gov.br • À env 6 km au nord-est du centre, dans le quartier de Pétropolis. Bus no 519 depuis la praça da Matriz ou micro-ônibus no 810. Mar-ven 9h-12h, 14h-17h ; w-e 9h-16h ; dernière entrée 30 mn avt. Entrée : 5 Rls.* Noyé dans la végétation, ce parc botanique de 13 ha abrite des enclos et bassins où s'ébattent lamantins, tortues, crocodiles, loutres et autres *pirarucus* (les plus grands poissons de l'Amazone).

Museu do Seringal – Vila Paraíso (hors plan par A2) : *accès par bateau-taxi depuis la Marina do David, à Ponta Negra. ☎ 3631-3632. Tlj sf lun 8h-16h. Entrée :*

5 Rls. Voici une occasion, assez unique, de remonter le temps jusqu'à l'époque glorieuse du caoutchouc. Installé à l'embouchure de l'igarapé São João, sur la rive gauche du rio Negro, le domaine comprend une maison de planteur meublée comme à l'époque, une chapelle, un magasin et une fabrique de farine de manioc. Un parcours forestier permet d'observer la collecte du latex et de rejoindre un atelier où il est séché et une modeste maison de *seringuero.*

Où se baigner ?

Ponta Negra : *à 12-15 km au nord-ouest du centre. Prendre le bus nº 120 sur la praça da Matriz (plan A2).* C'est une belle langue de sable blanc où il est agréable de passer la soirée (voir aussi « Où boire un verre ? Où sortir ? »). Quelques kilomètres en amont du fleuve, la ***praia da Lua*** est belle et propre.

Fêtes et manifestations

– ***Festival d'opéra :*** *en avr-mai, pdt 3 sem.* Représentation environ 1 jour sur 2, assurée par l'orchestre philharmonique du théâtre *Amazonas.* Un superbe festival !
– ***Boi-Bumbá ou Bumba-meu-boi :*** *dernier w-e de juin, pdt 3 j. ; dans la ville de Parintins (110 000 hab.), entre Manaus et Santarém.* C'est la très populaire « fête du Bœuf », « Boi-Bumbá » signifiant : « Frappe, bœuf ! » Ce festival est célébré à l'origine dans le Pernambuco, mais s'est répandu tout le long du littoral, du Maranhão au Santa Catarina, dans le sud du Brésil. Ici, deux équipes s'affrontent dans le « *bumbódromo* », le stade en forme de tête de bœuf... celle du bœuf capricieux et celle du bœuf « garanti ». Débauche de couleurs, de paillettes et de costumes somptueux, délire de chants et de danses évoquant légendes et rituels, c'est un événement unique qui réunit chaque année 100 000 spectateurs venus de tout le Brésil !
– ***Festival Folclórico do Amazonas :*** *en juil-août, au Centro cultural dos Povos da Amazônia.* L'occasion de revoir le Boi-Bumbá, si vous n'êtes pas allé jusqu'à Parintins, et bien d'autres groupes folkloriques du nord du pays.
– ***Festival de Jazz (Amazonas) :*** *en juil, pdt 2 sem.* Un festival regroupant des formations brésiliennes et internationales de qualité. Tous les concerts sont gratuits.
– ***Anniversaire de la ville :*** *le 24 oct.* Grande fête populaire à Ponta Negra.
– ***Amazonas Film Festival :*** *en nov, pdt 1 sem.* • *amazonasfilmfestival.com.br* • Créé sur une idée du cinéaste Jean-Pierre Duthilleux, en association avec le gouvernement d'Amazonas, le festival ouvre grand ses portes à des longs et courts métrages venus de tous les horizons.
– ***Fête de la sainte patronne de l'Amazonas :*** *le 8 déc.* Procession religieuse dans le centre de Manaus.

DANS LES ENVIRONS DE MANAUS

Il y a, en gros, trois types d'activités à faire au départ de Manaus : les excursions d'une journée, les séjours et randonnées en forêt de plusieurs jours, et la descente ou la remontée en bateau de l'Amazone (vers Belém ou le Pérou). Il est très souvent nécessaire de faire appel aux services d'une agence. Si vous partez plusieurs jours, laissez vos bagages à Manaus – au risque de tout retrouver mouillé – et prenez juste un petit sac.

Excursions d'une journée

➢ La balade la plus populaire consiste à se rendre en bateau jusqu'à la ***rencontre des eaux*** *(o encontro das águas).* Petit rappel : Manaus ne se trouve pas sur l'Amazone proprement dit, mais sur le rio Negro, un fleuve de 2 300 km qui prend sa source

en Colombie et se jette dans le Solimões 8 km en aval de la ville. Les deux réunis forment l'Amazone proprement dit. Le spectacle est unique : le rio Negro, aux eaux noires, et le Solimões, brun-jaune et limoneux, refusent de fusionner et continuent à couler côte à côte sur environ 15 km en s'ignorant superbement ! Ce phénomène s'explique par la différence de flux, de température et de densité des deux rivières. L'Amazone, aux eaux à 22 °C, coule à 4-6 km/h et le rio Negro (28 °C) à 2 km/h.
– Pour faire l'excursion, on conseille de passer par une ***agence.*** Elles possèdent pour la plupart un bateau à deux ponts, qui offre un meilleur point de vue. Le principe est largement touristique : on se retrouve en groupe, dans une ambiance bon enfant. Départ vers 9h, retour vers 15h30. Prix : environ 150-200 Rls, déjeuner compris ou non, selon l'agence, le programme et... votre faculté à négocier ! En général, la balade inclut la rencontre des eaux, un coup d'œil à l'un ou l'autre village flottant, un tour en pirogue dans les *igarapés* et une balade sur un ponton en bois au parc écologique *Janauary,* à la découverte des nénuphars géants et de la faune (souvent domestiquée pour le touriste...). Après le déjeuner, on part à la rencontre des dauphins d'eau douce (certains se baignent avec eux) et parfois on visite un village indien – avec petit spectacle de danse et vente d'artisanat. Au passage, on découvre stations-service, bateaux de ramassage scolaire (jaunes) et autres bateaux-ambulances – sans oublier le nouveau pont sur le fleuve, situé en amont de la ville ! À bord, installez-vous de préférence à gauche pour mieux voir.
– L'***Associação dos Canoeiros*** propose des sorties similaires sur *lancha* (moins la balade dans les *igarapés*), globalement moins chères (environ 150 Rls), mais comme les embarcations sont basses, on est plus proche de la surface de l'eau, ce qui ne permet pas d'apprécier aussi bien le spectacle. Ils proposent aussi des balades plus courtes de 2h. Ses représentants sont postés dès le matin derrière le marché Adolpho Lisboa *(plan A3)* ou à l'entrée du port, face à la praça da Matriz *(plan A2).* Certains des guides parlent assez bien l'anglais ou le français.
– Les pressés peuvent se contenter de négocier dans l'un ou l'autre port un court aller-retour jusqu'à la rencontre des eaux. Compter 50-100 Rls le bateau pour 1h à 2h de balade. De nombreuses options intermédiaires sont aussi possibles (avec ou sans dauphins/tour en barque/déjeuner, etc.).
– Dernière possibilité, pour les fauchés : prendre un ***bus*** affichant « Villa Buriti », « Vila da Felicidade » ou « Ceasa » sur la praça da Matriz, et descendre à *porto da Ceasa.* Là, des ***bateaux*** peuvent vous emmener à la rencontre des eaux. Balade d'environ 1h, pour environ 25 Rls par personne. Et si vraiment vous voulez dépenser le moins d'argent possible, vous pouvez encore, toujours depuis *porto da Ceasa,* prendre un des bateaux qui traversent le fleuve jusqu'à la bourgade de Careiro (d'où part la BR 319). Ces bateaux passent par la rencontre des eaux (sans s'y arrêter, bien sûr), et il ne vous en coûtera que 5 Rls par personne !
– Ceux qui prennent le bateau pour Santarém ou Belém ou vont rejoindre un *lodge* de la région (en aval) pourront se passer de l'excursion : le trajet passe par la rencontre des eaux.

➢ Une autre excursion d'une journée à faire dans les environs de Manaus est celle qui consiste à ***grimper au sommet d'un arbre*** de la forêt, que certaines agences proposent. Il n'est pas nécessaire d'avoir de l'expérience, il suffit d'être en bonne forme physique et de ne pas avoir le vertige... On grimpe à l'aide de cordes, de mousquetons et de harnais, et l'on descend en rappel. Assez cher cela dit, mais c'est une chouette expérience et une excellente manière d'avoir un aperçu de la canopée !

Agences

■ ***Amazon Eco Adventures*** *(plan B1, 10)* **:** *rua 10 de Julho, 695.* ☎ *98831-1011.* • *amazonecoadventures.com* • Cet opérateur sérieux organise des excursions à la journée classiques, mais au rythme moins intense que les classiques « tout-en-un ». Plutôt que de tout cumuler, on choisit entre lac Janauary, nage avec les dauphins roses, découverte de l'archipel des

Anavilhas (sur le rio Negro), des cascades ou de l'intéressant musée Seringal. Propose aussi des croisières, des expéditions en forêt, des cours de survie, des sorties de rafting et... des survols en bateau volant !

■ ***Amazon Explorers :*** *☎ 3652-1128.* • *amazonexplorers.tur.br* • *Lun-ven 8h-18h, sam 8h-12h.* De la classique excursion à la rencontre des eaux sur un bateau de 2 étages *(165 Rls)* jusqu'au séjour complet dans la réserve de Mamirauá au lodge Uakari, en passant par une sortie aux chutes de Presidente Figueiredo *(210 Rls),* une croisière sur l'Amazone et une nuit dans les arbres, l'agence propose tous les classiques régionaux. Autre option : un intéressant combiné visites du museu Seringal Vila Paraíso, d'un village indien et nage avec les dauphins (cher quand même, à 300 Rls).

■ ***Amazon Tree Climbing :*** *98195-8585.* • *amazontreeclimbing.com* • L'agence, fondée par un grimpeur brésilien, s'est spécialisée dans les ascensions d'arbres géants. Tout est sécurisé et possible même avec des enfants. Certaines sorties (maximum 6 personnes) sont combinées avec une visite de village indien, les chutes de Presidente Figueiredo et/ou une baignade dans le rio Negro ou avec les dauphins.

Excursions et séjours en forêt

Si l'on vient jusqu'à Manaus, c'est avant tout pour découvrir l'Amazonie. La forêt tropicale humide est certes un milieu qui grouille de vie, mais ceux qui s'attendent à y voir des mammifères en grand nombre risquent d'être déçus... Certes, il y en a, mais ils sont pour la plupart discrets et craintifs – certains singes exceptés. De plus, la visibilité en forêt est mauvaise, en raison de la densité de la végétation. Bref, l'Amazonie, c'est avant tout une ambiance, une atmosphère, des bruits, plus qu'un lieu de safari...

UNE RICHESSE INÉPUISABLE

Une étude du Fonds mondial pour la nature a révélé l'existence de 441 nouvelles espèces : 258 nouvelles plantes, 82 poissons – dont un piranha végétarien –, 58 amphibiens, 22 reptiles, 18 oiseaux et un mammifère, le singe caqueta titi, qui a la particularité de ronronner comme un chat ! Et ce n'est pas fini puisqu'une nouvelle espèce de singe a été découverte début 2015, le titi de Milton ou titi à queue de feu. En outre, le recensement n'inclut pas les insectes et invertébrés... innombrables ! Un véritable réservoir de biodiversité.

Les excursions les plus courantes durent entre 3 et 5 jours, mais on peut partir moins ou plus longtemps, bien sûr – tout dépend de ses aspirations d'aventurier et des moyens financiers dont on dispose. Étant donné les temps de trajet (2-3h pour les *lodges* les plus proches), il est préférable de tabler sur au moins 3 jours, pour avoir une journée entière sur place. Plus vous partirez longtemps, plus vous pourrez vous enfoncer dans la forêt et la découvrir avec tout ce qu'elle a à offrir comme sensations...

La plupart des agences possèdent un ***lodge*** ou un ***bateau,*** qui servent de base opérationnelle, à partir de laquelle on part en excursion. On peut aussi opter pour une ***marche itinérante*** en forêt. On dort alors chaque nuit à un endroit différent, en général dans des hamacs sous des abris de feuilles et de bâches plastifiées. Si vous voulez vraiment « ressentir » le milieu amazonien et n'êtes pas trop à cheval sur le confort, c'est le type d'excursions qu'on vous conseille (en plus, c'est le moins cher !). Souvent, on peut combiner nuits en *lodge* et nuits dans la forêt, ce qui en réalité est un bon compromis ! Côté tarifs, attendez-vous à payer 150-300 Rls par personne et par jour, tout compris (transport, repas, guides, etc.), selon la durée et le confort, voire beaucoup plus s'il s'agit d'un séjour dans un beau *lodge* ou sur un joli bateau (environ 350-600 Rls)... Côté activités, vous

pouvez vous attendre à peu près à la même chose quelle que soit la formule : marche en forêt à la découverte de la flore et de la faune, visite de familles *caboclas,* exploration des *igarapés* en pirogue (pas mal d'oiseaux), pêche au piranha, observation nocturne des caïmans, etc. Bien sûr, à la saison des pluies, les possibilités de randonnée sont largement limitées par le niveau des eaux.
On vous recommande plusieurs ***agences*** et ***lodges*** parmi les plus réputés ; bien sûr, il y en a d'autres. Pour les premières, tâchez de voir si elles possèdent le certificat d'enregistrement *(cadastramento)* délivré par *Embratur* (le ministère du Tourisme). Certes, ce n'est pas un gage de professionnalisme, mais cela montre un minimum de sérieux. En tout cas, on vous déconseille vivement de partir avec les guides qui peuvent vous aborder à l'aéroport ou dans la rue : ils proposent souvent des prix cassés, mais les prestations sont rarement à la hauteur... Beaucoup se contentent de faire trois petits tours dans des coins éculés des environs de Manaus où vous n'apercevrez que quelques aigrettes, et encore, avec de la chance !

Agences et *lodges*

■ ***Amazon Antonio Jungle Tours :*** *installé à l'*Hostel Manaus *(plan B2,* ***20****), rua Lauro Cavalcante, 231, avec une antenne à l'*Hotel Ideal *(rua dos Andradas, 491). ☎ 3234-1294. 📱 99961-8314. • antonio-jungletours.com • Compter 200-300 Rls/j. par pers tt compris selon type d'hébergement.* Antonio Gomes organise d'excellents séjours et excursions le long de la rivière Urubu, à environ 200 km au nord-est de Manaus. La région est superbe, sauvage et, en prime, exempte de moustiques. Il faut compter environ 2h30 de route et 1h de bateau pour rejoindre le joli *lodge* donnant sur la forêt, surmonté d'une tour d'observation et agrémenté d'un ponton pour prendre le soleil. Divers types d'hébergements : hamac, dortoir, chambre double ou bungalow avec salle de bains. Au programme : balades en forêt, en pirogue au coucher du soleil, la nuit pour aller voir les caïmans, visite d'une communauté indienne, pêche au piranha, etc. Les plus aventureux peuvent passer la 2e ou la 3e nuit en forêt, une bonne manière de sentir le pouls de la *selva,* à condition d'être prêt à affronter des conditions rudimentaires (surtout s'il pleut !). Il est possible de séjourner, après l'excursion, un ou plusieurs jours supplémentaires à prix réduit dans le *lodge* principal. Une belle expérience, d'autant que les guides, tous indiens (et parlant l'anglais ou l'espagnol), sont vraiment sympathiques et compétents.

■ ***Amazon Gero Tours*** *(plan B1,* ***10****) : rua 10 de Julho, 679. 📱 99983-6273. • amazongerotours.com • Compter 170-300 Rls/j. par pers selon confort et jusqu'à 600 Rls pour les forfaits en bateau.* Gero possède lui aussi son propre *lodge (Ararinha Jungle Hotel),* situé à 100 km au sud de Manaus, dans le coin du Paraná do Mamori. Pas de luxe inutile ici (ventilo, électricité 18h-21h), mais l'option de dormir en hamac, en dortoir, en chambre privée avec douche, ou dans une famille locale. Les séjours, de bonne tenue et à prix parmi les plus abordables, incluent deux excursions par jour. Guides multilingues, pros et sympas.

■ ***Malocas Jungle Lodge :*** *☎ 3648-0119. 📱 99128-4741/42. • malocas.com • Compter 200 Rls/j.* Ce *lodge* écologique (l'un des plus anciens de la région) géré par un couple franco-brésilien vraiment cool, se trouve à environ 120 km à l'est de Manaus, sur le rio Preto – affluent de l'Amazone –, dans un environnement préservé comptant plusieurs jolies cascades. Sans électricité ni eau chaude, il comprend 3 *malocas* (maisons indiennes circulaires) abritant 12 chambres avec sanitaires, un coin hamacs et un bar-resto, le tout distribué autour d'un espace sablonneux. Programmes de 2 jours à une semaine, incluant pour les plus longs la descente du rio Preto et une ou plusieurs nuits dans la forêt, en plus des activités classiques. En prime, une cuisine faisant la part belle aux poissons amazoniens. Une très bonne adresse.

■ ***Anaconda Amazon Island :*** *📱 99146-4620. • anacondaamazonisland.com • Selon confort, compter 200-450 Rls/pers la journée, tt compris.*

CB refusées. À 2h30 de Manaus par route et bateau, l'hôtel est installé sur sa propre île flottant sur le rio Negro (sans moustiques, donc). On loge dans des petits bungalows en dur, en chambre partagée ou privée, avec ou sans sanitaires, avec ou sans ventilo ou AC. Forfaits de 2 à 5 jours, avec option de nuit dans la forêt (apportez votre moustiquaire). Le lieu s'adresse en priorité aux jeunes voyageurs, mais on trouve quand même les prix un peu élevés. Petite piscine. Transferts quotidiens à 8h30 et 14h et électricité de 19h à 6h.

■ ***Tauari Inn :*** *99133-5577 ou 99627-9276. • tauari-inn.com.br • Double env 350 Rls, repas et excursions inclus.* À 3h de Manaus par bateau régulier (lundi-samedi à 10h15 du Porto Moderna), ce petit hôtel flottant s'amarre sur le lac de Janauacá, formé par un élargissement du fleuve. Tenu par les très accueillants Gastão Reis et son épouse Aldi, qui parlent un peu l'anglais et l'espagnol, il compte 4 chambres simples mais confortables (douche, AC). Ajoutez des hamacs sur les coursives – pardon, sous la véranda... Au programme : balades en barque à la découverte du fleuve et de la forêt, pêche, visite de communautés riveraines, etc. On peut aussi s'y rendre par la route (en van) ; dans ce cas, l'hôtel enverra quelqu'un pour vous accompagner.

■ ***Juma Amazon Lodge :*** ☎ *3232-2707. • jumalodge.com • Compter 500-700 Rls/j. par pers.* Bien intégré à la forêt, au bord du lac Juma (à 3h de bateau de Manaus), ce *lodge* confortable compte 20 bungalows en bois perchés sur de hauts pilotis, reliés par des passerelles en bois ; certains donnent sur le plan d'eau, d'autres se nichent dans les arbres. Chacun dispose d'une grande chambre, d'une salle de bains et d'un hamac sur la véranda – mais malheureusement pas de moustiquaire.

■ ***Anavilhas Jungle Lodge :*** ☎ *3365-1042* (lodge) *ou 3622-8996 (résas). • anavilhaslodge.com • Forfaits 3-6 j., env 680 Rls/pers la journée (base double) et 890-950 Rls en bungalow* deluxe. 2e plus grand archipel en eaux douces du monde, situé sur le rio Negro, à 180 km en amont de Manaus (3h30 de bateau), les îles Anavilhas se composent de bandes de terres émergées entrelacées d'une multitude de bras d'eau. On en compte plus de 400 en saison sèche – beaucoup moins lorsque les pluies font monter le niveau. C'est dans ce cadre que s'est établi le très luxueux *Anavilhas Jungle Lodge,* dont les cottages se fondent parfaitement dans le vert de la forêt. Confort plus que garanti : électricité 24h/24, eau chaude, AC et même minibar et sèche-cheveux, en pleine jungle ! Le nec plus ultra, ce sont les 4 bungalows privatifs entièrement vitrés, avec balcon et hamac, aussi cosy que romantiques. Également une très belle piscine avec deck en bois noyée dans la végétation. Et quitte à ne pas compter, pourquoi ne pas s'y rendre en hydravion ?

■ ***Uakari Lodge :*** ☎ *(97) 3343-4160 ou 9750. • uakarilodge.com.br • Compter 430-500 Rls/j. par pers selon saison (sur une base double), tt inclus, y compris le transfert depuis Tefé. Enfants de moins de 12 ans non admis.* Située à 580 km en amont de Manaus, à 1h20 de bateau de la petite ville de Tefé, la réserve de Mamirauá, classée Ramsar (zone humide d'importance), s'étend sur 11 240 km² de forêt largement inondée *(várzea)* et de marécages. Elle fait partie du principal corridor écologique de l'Amazonie brésilienne. On y trouve plus de 400 espèces d'oiseaux, dont 15 sortes de perroquets, deux singes endémiques, des dauphins roses *(botos)* et gris *(tucuxis),* une station de recherches et un unique *lodge* flottant – 5 bungalows en bois abritant 10 chambres simples mais confortables, avec resto et petite piscine –, le *Uakari.* Créé en partenariat entre les autorités du parc et les communautés indiennes et *caboclos* locales, il se fait le fer de lance d'un écotourisme de qualité, dont les bénéfices sont entièrement réinvestis localement. Des programmes de 3 à 7 jours sont proposés. Pour rejoindre Téfé, compter 1h sur un vol d'*Azul,* 13h de *lancha rapida* ou environ 2 jours de bateau normal.

Descente ou remontée de l'Amazone (et de ses affluents)

De nombreux voyageurs arrivent à Manaus en bateau depuis Belém ou Santarém, voire depuis le Pérou. Mais on peut aussi rejoindre Manaus en avion, voire par la route du Venezuela, et continuer son voyage en descendant ou remontant l'Amazone. C'est un voyage à part entière, une autre manière d'appréhender le bassin amazonien. On navigue le plus souvent sur des bateaux en fer à trois niveaux. On dort dans un hamac sur l'un des ponts couverts (avec ou sans clim), ou dans une cabine pour deux personnes, avec AC et salle de bains partagée ou privée. Si vous optez pour le hamac, préférer le pont intermédiaire, moins bruyant (moteur au niveau inférieur et bar sur le pont supérieur). Les repas à bord (assez monotones, souvent du riz et des haricots avec quelques morceaux de viande) sont inclus dans le prix du billet pour les bateaux rapides *(lanchas)*, mais en extra pour les trajets classiques *(3,50-5 Rls/pers pour le petit déj et 10 Rls pour le déjeuner et autant pour le dîner)*. Si les heures de départ sont à peu près respectées, il en va autrement pour les heures d'arrivée, en raison notamment du nombre et de la durée des escales, et des éventuelles difficultés de navigation... Bref, cela fait partie de l'expédition, il faut l'accepter ou... prendre l'avion !

AMAZONIE ?

Quand les Espagnols descendirent le fleuve, au XVIe s, ils furent attaqués par des femmes très combatives. Il n'en fallut pas plus pour leur faire penser aux Amazones de la mythologie grecque... Le nom est resté pour dénommer le fleuve et la région qu'il traverse.

- ***Quelques conseils pour le voyage :*** emportez de l'eau, des biscuits, du pain, du fromage et autres vivres faciles à conserver, un vêtement chaud pour les soirées fraîches, des bouquins (pas grand-chose à faire à bord) et, pour les non-lusophones désireux de tailler un brin de conversation avec les autres passagers, pourquoi pas un petit dico franco-portugais ? Gardez vos papiers et affaires de valeur sur vous, et ne laissez pas votre sac sans surveillance (pour cela, la cabine privée, quoique plus chère, présente un gros avantage). Une technique possible : enfourner l'essentiel de ce qu'on n'utilisera pas dans un gros sac de riz ou de maïs de récup' et faire un gros nœud !

➢ ***Manaus-Santarém-Belém :*** voir « Arriver – Quitter » en début de chapitre pour les détails.

➢ ***Manaus-Tefé-Tabatinga (frontière avec le Pérou et la Colombie) :*** voir « Arriver – Quitter » pour les détails. Ne pas oublier de faire tamponner son passeport par la police fédérale en arrivant à Tabatinga (sortie du Brésil).

- ***Pour Iquitos, au Pérou :*** *Transporte Golfinho* (☎ (97) 3412-3186 ; • transportegolfinho.com •) assure 3 rotations/sem entre Tabatinga et Iquitos. Départs avant l'aube les mar, jeu et sam de Tabatinga, les mer, ven et dim d'Iquitos. Compter 9-10h de trajet env et env 170 Rls, repas inclus. N'oubliez pas de faire tamponner votre passeport la veille.
- ***Pour la Colombie :*** Tabatinga et Leticia (en Colombie) ne forment quasiment qu'une seule et même ville. N'oubliez pas, là encore, de faire tamponner votre passeport, il n'y a pas de poste de douane ! Côté brésilien, ça se passe av. da Amizade, 650 ; côté colombien, à l'aéroport. De Leticia, le seul moyen de transport vers Bogotá est l'avion.

➢ ***Remontée du Madeira :*** c'est l'affluent le plus long de l'Amazone (4 200 km) et le sixième cours d'eau au monde par le débit ! Bateau les mardi et vendredi soir pour Porto Velho, capitale de l'État du Rondônia, à 4 jours de voyage (voir « Arriver – Quitter »). On descend l'Amazone pendant quelques heures avant de remonter le rio Madeira. De Porto Velho, bus pour les villes du Sud : Cuiabá, Brasília, São Paulo... On peut aussi gagner la Bolivie par Guajará-Mirim, puis Rurrenabaque, mais là, la route non asphaltée n'est bonne que de juin-juillet à décembre. Pendant les pluies, le bus peut mettre 3-4 jours !

➢ ***Remontée du rio Negro :*** départs du porto São Raimundo, à l'ouest de la ville (voir « Arriver – Quitter »). Destination principale : Barcelos, d'où l'on rejoint le parc de Serra do Aracá et sa chute gigantesque (la plus haute du Brésil à 353 m). On peut continuer sur São Gabriel da Cachoeira (sur l'équateur), aux portes du territoire yanomami. Vous êtes dans la région du Pico da Neblina (3 015 m), la montagne la plus haute du Brésil, située sur la frontière vénézuélienne. Pour organiser votre séjour, adressez-vous à la *Pousada Pico da Neblina,* gérée par le proprio australien de l'*Hostel Manaus*. Une autre bonne option : l'*Hotel Roraima 3,* très propre, avec AC et wifi.

➢ ***Remontée du rio Branco :*** pour Caracaraí, à 140 km au sud de Boa Vista (sur la route du Venezuela). Paysages changeants à cause de l'altitude. Forêt plus ouverte. On traverse quelques réserves indiennes. Plus facile en bus.

SANTARÉM

env 290 000 hab. IND. TÉL. : 93

• Plan *p. 359*

Isolée au cœur de l'Amazonie, sur la rive droite de l'Amazone (au confluent du grand Tapajós), Santarém se trouve à 766 km à l'est de Manaus par voie fluviale et 836 km à l'ouest de Belém. C'est une ville assez étendue qui, si elle n'exsude pas un charme évident, se révèle plutôt attachante avec ses kilomètres de quais encombrés de bateaux, longés par une belle promenade. La vie du fleuve s'y livre à tous les regards, entre cargos de passage, chargements et déchargements, va-et-vient des *popopopo* (petites embarcations à moteur), animation vespérale et dauphins roses en quête de poisson... Au-delà, on vient à Santarém pour découvrir sa région : les kilomètres de plages de sable blanc (si, si !) de la gentille bourgade d'Alter do Chão (en été surtout), son réseau dense d'*igarapés* (affluents), la forêt primaire de Tapajós, les belles cascades d'Alenquer et les très anciennes peintures rupestres de Monte Alegre.

Arriver – Quitter

En bateau

Docas do Pará *(port)* ***:*** *à env 3 km à l'ouest du centre. ☎ 3523-4693. Comptoirs de vente des billets ouv lun-sam env 6h-18h ; dim 6h-12h, 15h-19h. Préférer l'agência D. Ferreira (📱 99152-2222 ; • dferreiraturismo@hotmail.com •). Accès aux quais possible slt avec un billet, 6h-7h, 10h-10h30, 12h-12h15 et 13h-14h.* Les horaires des bateaux (plus ou moins à jour) sont affichés sur un grand panneau au centre d'informations touristiques.

➢ ***Manaus :*** 1-2 bateaux/j., tlj sf dim, en général à 12h. La principale compagnie, *AR Transporte (• artransporte.com.br •),* est un peu plus chère mais propose les meilleurs bateaux – en l'occurrence l'*Amazon Star* et le *Rondônia* (sam), de gros navires de 850 passagers. Il y a bien sûr d'autres départs, par exemple le lun avec l'*Ana Beatriz III,* le mar avec le *Golfinho do Mar (Cie Sousa, ☎ 3522-6061),* le mer avec le *São Bartolomeu II,* etc. – vous vous en doutez, tout cela change très régulièrement... Compter grosso modo 45-55h de trajet. Prix : env 140-250 Rls en hamac et 600-800 Rls pour 2 pers en cabine avec sdb et AC (un peu plus avec *AR Transporte*) ; repas non compris.

➢ **Belém :** départs vers midi également, le ven à bord du *Rondônia* ou de l'*Amazon Star (AR Transporte),* le sam avec *Rodrigués Alves,* le dim sur le *Cisne Branco* ou le *11 de Maio.* Env 48h de trajet et 150 Rls en hamac ou 600 Rls en cabine.

➢ **Macapá :** départs tlj vers 18h en bateau de bois *(madeira)* ou de fer *(feo),* depuis la Praça Tiradentes – des quais s'étirant à l'ouest du centre-ville, en direction des Docas. Les bateaux de fer, plus confortables, circulent les lun *(Breno)* et jeu *(Luan).* Durée : env 33h. Prix : env 150 Rls en hamac et 600 Rls pour 2 pers en cabine privée.

➢ **Itaituba :** tlj à 12h et 16h depuis la pr. Tiradentes.

En avion

✈ **Aeroporto :** *à env 13 km à l'ouest de la ville.* ☎ *3522-4328.* Pour rejoindre le centre, bus (à droite en sortant du terminal) ttes les 60-90 mn, 5h50-18h. Au retour, il se prend *rua Rui Barbosa.* Prévoir 2 Rls. En taxi, compter 65 Rls.

■ **TAM :** *à l'aéroport.* ☎ *3523-9744.* • *tam.com.br* •

■ **GOL :** *à l'aéroport.* ☎ *0300-115-2121 (nº national).* • *voegol.com.br* •

■ **Azul :** *à l'aéroport.* ☎ *0800-887-1118 (nº national).* • *voeazul.com.br* •

➢ **Belém :** 4-5 vols/j. avec *TAM, GOL* et *Azul.* Env 1h de trajet. Certains vols continuent ensuite vers São Luis, Recife, Salvador, Rio, etc.

➢ **Manaus :** 4-5 vols/j. avec *TAM, GOL* et *Azul.* Env 1h de vol.

➢ **Itaituba et Porto Trombetas :** avec *Azul.*

En bus

🚌 **Rodoviária** (hors plan par A2) **:** *à 2-3 km au sud du port, sur la BR-163.*

➢ Bus pour les villes alentour, mais aussi pour **Rurópolis,** située à 280 km, à la jonction de la BR 163 et de la transamazonienne (5-6 départs/j., env 4h de trajet). Au-delà, on peut rejoindre **Itaituba** (à 7h30 et 18h45 avec *Tapajós*) et **Marabá** (à 8h avec *Transbrasiliana*), à 1 200 km à l'est, où l'on retrouve le goudron et des bus pour São Luis. Également une liaison tlj sf sam, vers 19h, pour **Cuiabá,** ville du Mato Grosso à 48h de route.

Orientation

Santarém est assez étendue, mais le centre-ville est petit : limité au nord par le fleuve, que longe l'avenida Tapajós, il s'étend grosso modo sur 5 blocs du nord au sud et sur 7 blocs d'ouest en est. Toutes nos adresses s'y concentrent, vous n'aurez donc pas de mal à les rallier à pied. Pour rejoindre les Docas et prendre votre bateau, empruntez une moto-taxi (5 Rls).

Adresses utiles

ℹ **Centre d'infos touristiques** (plan B1) **:** *face à la praça do Pescador, dans le bâtiment en bois s'avançant sur le fleuve. Tlj 9h-19h (en principe...).* Pas grand-chose à en tirer ; en fait, on y vend surtout des excursions en bateau de 1h sur l'Amazone *(15 Rls/pers, min 60 Rls pour le bateau).* Mais vous pouvez consulter le site officiel de la ville (en portugais), assez complet et mis à jour : • *santarem.pa.gov.br* •

✉ **Poste** (plan A1) **:** *rua Siqueira Campos, angle Otaviano de Matos, à 100 m de l'église. Lun-ven 9h-17h.*

@ **Internet : Amazon's Star Cyber** *(plan A1), à l'angle de l'av. Tapajós et de la trav. dos Mártires. Tlj 8h (10h w-e)-20h.*

■ **Change : Ourominas** *(plan A1,* **1***), trav. dos Mártires, 198. Lun-sam 8h30-17h30 (13h sam).* L'unique bureau de change de la ville (cash seulement).

■ **Distributeurs HSBC** (plan B2, **2**) **:** *av. Rui Barbosa, à l'angle de la trav. F. Correa. Accès tlj 6h-22h. Juste à côté, distributeurs Santander (tlj 7h-22h).*

■ **Distributeurs Bradesco** (plan A2, **3**) **:** *av. Rui Barbosa, 756.*

LE NORD, L'AMAZONIE

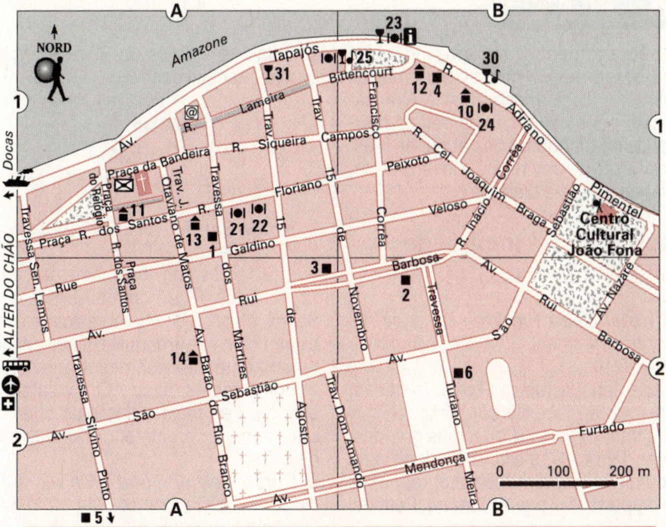

SANTARÉM

■ Adresses utiles	**14** Barão Center Hotel
1 Ourominas (change)	**Où manger ?**
2 Distributeurs HSBC	**21** Piracaia
3 Distributeurs Bradesco	**22** Sabor Caseiro
4 Santarém Tur	**23** Massabor Orla
5 Santarém Viagens e Turismo	**24** Trapiche
6 Laverie Estoril	**25** O Mascote
Où dormir ?	**Où boire un verre ?**
10 Hotel Beira Rio	**23** Massabor Orla
11 Rios Hotel	**25** O Mascote
12 Brisa Hotel	**30** Mascotinho
13 Hotel Sandis	**31** Bonzão Lanches

Hospital Sagrada Família *(hors plan par A2)* **:** *av. P. Vargas, 1606. ☎ 3522-5051.*

■ **Santarém Viagens e Turismo** *(hors plan par A2,* ***5****)* **:** *trav. Silvino Pinto, 860B, Bairro Santa Clara. ☎ 3523-2037. • pepastm@hotmail.com •* Une agence de voyages fiable, tenue par Pépa, une Brésilienne qui se débrouille bien en français. Elle travaille avec Yves et Jean-Pierre, deux Suisses installés dans la région depuis des lustres. Organise tous types d'excursions (fluviales notamment) dans les environs de Santarém : sur les *igarapés,* dans la forêt de Tapajós, à Monte Alegre, à Alenquer, etc.

■ **Santarém Tur** *(plan B1,* ***4****)* **:** *rua Adriano Pimentel, 44. ☎ 3522-4847 ou 3523-1836. • santaremtur.com.br • En face du fleuve, près de la jetée en bois.* Propose des excursions à la journée, à la demande, mais il faut parfois se grouper pour que le prix par personne soit abordable. On peut aussi y acheter des billets d'avion. On y parle un peu (très peu) l'anglais.

■ **Laverie** *(plan B2,* ***6****)* **:** ***Lavanderia Estoril,*** *Turiano Meira, 167. Lun-sam 8h-18h.* C'est la seule dans le centre. Assez chère.

Où dormir ?

L'hébergement n'est pas folichon à Santarém. En fait, la plupart des visiteurs filent directement à Alter do Chão, où les charmantes petites *pousadas* ne manquent pas et où, en plus, vous serez environné de superbes plages de sable blanc.

Bon marché (moins de 130 Rls / env 33 €)

Hotel Beira Rio (plan B1, **10**) **:** *rua Adriano Pimentel, 90 A. ☎ 3522-2519. Double env 80 Rls, petit déj inclus.* Situé dans la rue qui longe le fleuve, presque en face du bar *Mascontinho.* Les chambres, plus ou moins grandes, avec TV et AC, s'alignent le long d'un couloir ; elles sont bien propres, mais la plupart n'ont pas de fenêtre. Petit déj servi à une table commune.

Rios Hotel (plan A1, **11**) **:** *rua Floriano Peixoto, 720. ☎ 3522-5701. • rios_hotel@hotmail.com • Double env 95 Rls, petit déj inclus.* La façade est plus pimpante que les chambres, pour la plupart sans fenêtre, mais elles sont propres et disposent toutes de douche, AC, TV et frigo.

Brisa Hotel (plan B1, **12**) **:** *rua Senador Lameira Bittencourt, 5. ☎ 3522-1018. • brisahotel@hotmail.com • Double env 100 Rls, petit déj inclus.* Cet hôtel familial occupe une grande maison haute de plafond, bien tenue. Les chambres, avec petite salle de bains et AC mais sans fenêtre – et donc un peu étouffantes – sont très semblables à celles du *Beira Rio* tout proche. Accueil gentil.

De prix moyens à chic (130-300 Rls / env 33-75 €)

Hotel Sandis (plan A1, **13**) **:** *rua Floriano Peixoto, 609. ☎ 2101-2700. • hotelsandis.com.br • Doubles env 150-220 Rls.* Un cran au-dessus, le *Sandis* dispose de chambres carrelées, claires côté rue (tranquille la nuit), sans fenêtre côté intérieur, plutôt agréables et confortables, avec AC, TV satellite et frigo. Les *master* (les plus chères) ont même un ordinateur et un lecteur de DVD.

Barão Center Hotel (plan A2, **14**) **:** *av. Barão do Rio Branco, 344. ☎ 3064-9950. • baraocenterhotel.com • Au sud de l'av. Rui Barbosa, en marge du centre. Doubles env 120-300 Rls selon confort, saison et promos.* C'est un peu l'hôtel de luxe de Santarém. Il propose 3 catégories de chambres, toutes nickel, avec équipement récent (TV câblée à écran plat, AC, sèche-cheveux, frigo) et sanitaires étincelants : *standard, luxo* et *suites.* Ces dernières, très spacieuses, blanches du sol au plafond et dotées d'un bureau en verre, sont les seules à avoir systématiquement une fenêtre (pour les autres, demandez). On prend le petit déj au resto du dernier étage, dans une salle avec vue (distante) sur le rio Tapajós et l'Amazone.

Où manger ?

Bon marché (moins de 40 Rls / env 10 €)

Piracaia (plan A1, **21**) **:** *rua Floriano Peixoto, 557. Tlj sf dim 11h-15h. Buffet ao kilo.* Voici, à notre sens, le meilleur rapport qualité-prix des différents buffets de la ville : les plats (pas mal de viandes, peu de poissons) sont goûteux et variés, le service sympa et le cadre attrayant – avec une salle climatisée et une autre, extérieure, délimitée par un grand mur végétalisé où l'eau s'écoule des bambous.

Sabor Caseiro (plan A1, **22**) **:** *rua Floriano Peixoto, 521. ☎ 3522-5111. Tlj 11h-15h. Buffet ao kilo.* Bon second choix, le *Sabor Caseiro,* tout proche du *Piracaia,* propose le même type de buffet dans une salle climatisée. Une trentaine de plats en tout, sans compter un choix restreint de légumes et crudités. En prime : des viandes grillées à la broche.

Massabor Orla *(plan B1, **23**) : sur le fleuve, face à la praça do Pescador. ☎ 3523-4444. Tlj à partir de 18h.* Sa terrasse sur le ponton en bois qui s'avance au-dessus du fleuve est bien agréable pour prendre un verre. Certains jouent les prolongations devant une pizza, un gros sandwich bon marché (surtout à la viande) ou des *bolinhos de peixe.* Les spécialités de l'Amazonie brésilienne n'ont, elles, rien de mémorable. Attention à la note, parfois un peu gonflée...

Prix moyens (40-60 Rls / env 10-15 €)

Trapiche *(plan B1, **24**) : rua Adriano Pimentel, 114. ☎ 3827-6919. Tlj 19h-minuit (22h dim). Plats d'env 25-45 Rls (1 pers) à 45-80 Rls (2 pers).* Installé face à la promenade littorale, le *Trapiche* se distingue nettement des autres adresses de Santarém avec sa salle climatisée pimpante et colorée, sa cuisine ouverte au fond, sa musique jazzy et ses serveurs sur leur 31 (nœud pap' de rigueur), attentionnés et sympathiques. Les meilleurs poissons du fleuve, *pirarucú* et *tucunaré,* y sont à l'honneur, déclinés selon diverses recettes – au coco, aux crevettes et *jambu* (cresson) par exemple. Autres options : viandes, poulet et même une paella ! Quelques choix de desserts et de vins. Seul point négatif : la salle résonne.

O Mascote *(plan A-B1, **25**) : praça do Pescador, 10. ☎ 3523-2844. Lun-ven 11h-14h30, 17h30-minuit (1h jeu-ven) ; w-e 11h-minuit en continu. Plats à ts les prix : du sandwich à 5 Rls au plat de fruits de mer 65 Rls ; le midi, buffet ao kilo.* Face à la promenade du fleuve, le *Mascote* affirme deux identités assez différentes : d'un côté la salle climatisée lumineuse où est servi le buffet du midi (bonne qualité, mais choix limité) ; de l'autre la terrasse aux chaises en plastique où, les soirs de fin de semaine, débarquent les musicos. Essayez le copieux *peixe grelhado* (poisson grillé) ou le *filé a Mascote.*

Où boire un verre ?

Dans le centre de Santarém, c'est surtout le long du fleuve que les habitants se rassemblent en soirée. En fin de semaine, l'*avenida Tapajós* est même prise d'assaut par les jeunes qui viennent avec leur auto-sono, leur canne à pêche et quelques bouteilles... qui ne contiennent pas que du lait !

Pour s'asseoir et boire un verre, on conseille le bar-resto ***Massabor Orla*** *(plan B1, **23**),* installé sur le ponton en bois au-dessus du fleuve et, à 50 m de là, le ***Mascotinho*** *(plan B1, **30** ; av. Tapajós, au niveau du 114, face à l'hôtel Beira Rio ; ☎ 3523-2399 ; ouv à partir de 17h).* La vaste terrasse de ce dernier, semée de chaises en plastique, domine le confluent du rio Tapajós et de l'Amazone, où croisent constamment cargos et petits bateaux. Au coucher du soleil, les pêcheurs débarquent, souvent suivis par des bandes de dauphins en quête de poisson... Musique du vendredi au dimanche à partir de 20h ou 21h.

Tout près, ***O Mascote*** *(plan A-B1,* ***25*** ; voir « Où manger ? ») accueille des musiciens *en vivo* sur sa terrasse certains soirs.

Bonzão Lanches *(plan A1, **31**) : av. Tapajós, 115, angle trav. 15 de Agosto.* Une trentaine de jus de fruits, du classique *açaí* au *guaraná* en passant par *cupuaçu,* cajou, carambole et *muruci* (sorte de petite prune jaune très parfumée).

À voir

➢ La promenade longeant l'***avenida Tapajós*** *(plan A-B1),* qui suit le fleuve sur plusieurs kilomètres, offre l'occasion d'une balade sympa en fin de journée (quand

il fait moins chaud !). Les habitants s'y regroupent pour pêcher, discuter en buvant une bière ou un *coco frio,* voire... faire du jogging – dernière mode en date.
Au large, on devine assez bien la différence de couleurs entre les eaux du rio Tapajós et celles du rio Amazonas, qui s'ignorent superbement sur plusieurs kilomètres. C'est un peu moins spectaculaire qu'à Manaus, mais ça vaut le coup d'œil. L'office de tourisme propose des balades d'une heure pour voir de plus près cet ***encontro das aguas*** (voir « Adresses utiles »).
À environ 2 km vers l'ouest, on atteint le ***pontão do Peixe,*** un petit marché sur pilotis, avec ses étals de poissons et légumes. Certains s'amusent à jeter des petits poissons dans le fleuve pour attirer les *botos* (dauphins d'Amazonie). Presque en face, allez jeter un coup d'œil au ***mercadão Ano 2000*** : à l'intérieur, c'est une succession de compartiments carrelés où est stocké le poisson fraîchement pêché avant d'être découpé en tranches dans un joyeux brouhaha. Juste derrière, vaste section de fruits et légumes, ainsi qu'un petit marché où l'on vend des vêtements. Un peu moins d'animation le dimanche.

Centro cultural João Fona *(plan B1)* **:** *pr. Barão de Santarém, à trois pâtés de maisons à l'est de l'office de tourisme par la rua do Imperador, face au fleuve. Tlj sf dim 8h-17h. GRATUIT.* João Fona était un peintre local dont on peut voir les peintures murales – assez naïves – dans l'ancienne salle de justice du bâtiment (1867). Pour le reste, le musée se résume surtout à une accumulation de vieilleries locales sans grand intérêt – mis à part de beaux vases *tapajós* et un squelette de baleine de Minke (petit rorqual) venue finir ses jours ici, en 2007, à plus de 800 km de l'océan ! Comme quoi, il n'y a pas que les explorateurs qui se perdaient dans ce *rio-mar* amazonien...

Fête

– ***Círio da Nossa Senhora da Conceição :*** *fin nov.* Grande fête populaire sur la praça José Gregório. Les portes de l'église restent ouvertes et la sainte patronne de la ville, sous les feux des projecteurs, veille ainsi sur ses fidèles, qui ne manquent pas de lui rendre une petite visite entre deux danses.

DANS LES ENVIRONS DE SANTARÉM

ALTER DO CHÃO *(ind. tél. : 93)*

Tous les habitants de Santarém y déferlent les week-ends d'été. Et ça se comprend ! Alter do Chão est un gros village aux rues en partie goudronnées, en partie terreuses, posé au bord d'un renfoncement creusé par le rio Tapajós, à 35 km à l'ouest de Santarém. Tout autour, de superbes plages de sable blanc bordent le bien nommé *Lago Verde,* dont les eaux prennent, à la saison sèche (de juillet à décembre), des teintes turquoise. Durant les hautes eaux, les plages sont en grande partie immergées. Restent un cadre agréable et une ambiance de bout de la route qui ne sont pas pour nous déplaire. On croise ici des voyageurs venus d'un peu partout, dont certains ont posé leur sac à dos pour quelques semaines, quelques mois ou quelques années... Cerise sur le gâteau, le choix d'hébergement est excellent.
➢ Des **bus** *(Cie Borges, ☎ 3524-1569)* relient Santarem à Alter do Chão ttes les 40-60 mn (30 mn le dim), 5h30-19h, puis assurent une dernière rotation à 20h30. On les prend sur Rui Barbosa, dans le centre. Retours d'Alter do Chão tlj, 5h30-20h. Compter 45 mn à 1h de trajet, et 2,50 Rls le billet.

Où dormir ?

De bon marché à prix moyens (moins de 130-200 Rls / env 41-63 €)

Destination fréquentée par des routards du monde entier, Alter do Chão ne manque pas d'hébergements pour très petits budgets. Ceux qui voyagent en hamac pourront par exemple s'installer au ***Savana*** *(trav. Frei Cristovão, à côté de la praça do Saire ; 99184-5312).* Là, il n'en coûte que 15 Rls/j. en hamac, et la maîtresse de maison vous dorlotera de son mieux. On peut aussi y loger à la semaine ou au moins dans les *cabañas* en bois ou en dur entourant la courette. Ce n'est pas le grand luxe, loin s'en faut. Les sanitaires communs basiques, mais certains ont douche et frigo privés. Les tarifs oscillent ici entre 100 Rls et 400 Rls... le mois !

Pousada do Tapajós : *rua Lauro Sodré, 100. 99210-2166. • hosteltapajos.com.br • Compter 30-35 Rls en dortoir selon saison avec la carte* HI, *35-45 Rls pour les autres ; doubles env 90-120 Rls ; petit déj inclus.* Originaires du sud du Brésil, Moacir et son épouse ont longuement bourlingué en Amérique du Sud à vélo avant de poser leur barda ici et de monter cette auberge de jeunesse rutilante. On choisit entre les 3 dortoirs de 6 lits (hommes, femmes ou mixte) avec AC et les chambres : 2 doubles et 3 familiales (avec grand lit et *bunk*) carrelées, avec AC, TV à écran plat, frigo et grande douche vitrée. Le top ! Grand salon TV et cuisine. Dans le jardin, hamacs sous un toit de palmes, barbecue et chant des oiseaux... Gros plus : les jeunes proprios sont polyglottes !

Albergue da Floresta : *trav. Antonio de Sousa Pedroso. 99211-6566 ou 99209-5656. • alberguedafloresta-alterdochao.blogspot.fr • Un peu à l'écart du village ; prendre la rue à droite (en regardant la plage) sur la pl. de l'église, puis, après 400 m, un chemin sur la gauche (indiqué). Hamacs 25-35 Rls ; dortoir 40 Rls ; double avec sdb 160 Rls ; chalets en duplex 190-250 Rls (2-4 pers).* On aime bien cet ensemble relax de maisonnettes enfoui dans une végétation exubérante, avec son coin hamacs, son mini-dortoir, sa chambre double (douche, frigo) et ses 2 chalets en duplex très agréables. L'endroit semble idéal pour s'oublier un moment. Seul hic : les prix ont augmenté démesurément et nous semblent désormais (bien) trop élevés. D'autant que le petit déj n'est pas compris et que le proprio, très *cool attitude,* a la fâcheuse habitude d'être souvent absent... Si c'est le cas, installez-vous, vous paierez plus tard !

Pousada Tupaiulândia : *rua Pedro Teixeira, 300. 99125-6258. • pousada-tupaiulandia.blogspot.com • À 5 mn à pied de l'église ; prendre la rue qui monte ; 200 m plus loin, tourner à droite (indiqué). Doubles env 80-120 Rls selon saison, petit déj inclus.* Au calme, dans un espace verdoyant, 2 gros bungalows ronds en brique se divisent chacun en 4 chambres carrelées pouvant accueillir jusqu'à 4 personnes chacune. Rien à redire : même si ça manque un peu de charme, c'est bien tenu et plutôt confortable (frigo, TV, vieil AC). L'accueil de la proprio, Heloísa, est adorable.

Pousada Sombra do Cajuero : *rua Pedro Teixeira, 200. 99165-0345. • pousadasombradocajueiro@hotmail.com • Doubles env 120-150 Rls, petit déj inclus.* Les 6 chambres, petites mais joliment arrangées, se serrent au pied d'un grand anacardier – ce bel arbre qui donne les noix de cajou. Récentes et hyper propres, elles sont carrelées, claires, avec frigo, TV, AC (un peu bruyant) et quelques jolies touches de déco (une rareté !). Les 2 *master,* plus grandes, sont les plus chères. Réservation plus que conseillée si vous venez le week-end ou en été.

Chic (200-300 Rls / env 50-75 €)

Hotel Beloalter : *rua Pedro Teixeira s/n. ☎ 3527-1230. 99131-7677. • beloalter.com.br • À env*

10 mn de marche du village, au sud-est du « centre ». Doubles env 130-230 Rls selon saison, petit déj inclus. Le *Beloalter* est le plus chic des hôtels d'Alter do Chão. Installé sur un vaste domaine verdoyant s'ouvrant sur le Lago Verde, avec jolie piscine, resto et petit étang, il compte une vingtaine de chambres confortables réparties dans des bâtiments bas. Assez simples, elles sont néanmoins spacieuses, bien équipées (TV, AC, frigo) et, au final, agréables – surtout si l'on ouvre la porte coulissante... opaque. Raphaël, le jeune P.-D.G. francophone d'*Ynca Turismo,* y propose tout un panel d'excursions (voir « À faire »).

Chalé das Praias : *rua Febrônio Costa, 45. ☎ 3527-1232. 99160-5558. • chaledaspraias.com.br • À env 800 m du port, passé le terminal de bus. Double 160 Rls, petit déj inclus.* L'hôtel, récent, se compose de petits bâtiments attenants aux noms de plages, disposés autour d'un patio central couvert. Les chambres, carrelées et assez lumineuses, sont impeccables, avec grand lit, petite TV à écran plat, AC et frigo. Comme c'est plus loin du centre (et plus cher), il y a souvent de la place.

Où manger ? Où boire un verre ?

De bon marché à prix moyens (moins de 40-60 Rls / env 10-15 €)

Siriá : *rua Turiano Meira (à 200 m à l'est de la place). 99124-0224. Lun-sam 12h-20h (ou plus tard...). Plats du jour env 15-20 Rls.* Tenu par Matias, un jeune Chilien très accueillant, voyageur et volontiers philosophe, ce mini-resto végétarien ne cherche pas à faire du chiffre, mais à se faire des amis. On y commande l'un des 2 ou 3 plats du jour pleins de verdure (légers, enfin !), avant de s'affaler sur le vieux canapé ou le fauteuil en bois alanguis sous leur véranda en palmes. Un moment cool, bercé par quelques mélodies douces.

Farol da Ilha : *Orla (sur le quai), s/n. Jeu-dim 11h-15h, 18h-22h.* Installé dans une belle maison en bois moderne posée sur la promenade littorale, juste en contrebas de la place, le *Farol* offre un point de vue parfait sur les *lanchas* depuis sa terrasse en étage. Il y a pourtant mieux que le panorama : la cuisine, poissons et spécialités régionales en tête. Les curieux goûteront les *cubinhos de tapioca,* si amazoniens. Une bonne adresse, mais ne soyez pas pressé...

Restaurante Tribal : *rua Agostinho A. Lobato, s/n. ☎ 3527-1226. Entre les pousadas* Tupaiulândia *et* Tia Marilda. *Facilement reconnaissable à l'énorme tête d'Indien qui orne la façade. Tlj 11h-15h, 18h30-23h30.* Dans une grande paillote de 2 étages ouverte aux quatre vents, on déguste de bons plats vraiment copieux : *tucunaré, pirarucú* sauce crevette ou lait de coco, *caldeirada,* viande, etc. N'hésitez pas !

Le soir, on se retrouve sur la praça 7 de Setembro, en terrasse de l'***Arco Iris*** ou de l'agence ***Mae Natureza,*** pour boire un verre en profitant de la fraîcheur et de l'ambiance animée. Certains soirs, musiciens locaux ou de passage empoignent la guitare en échange de quelques pourboires.

Achats

Araribá : *rua A. Agostinho Lobato (la rue qui monte depuis l'église), à l'angle de la rua D. Macedo Costa. ☎ 3527-1251. • araribah.com.br • Tlj 9h-20h30 (ou 21h) ; fermé 12h-15h mars-juin. CB acceptées.* On aurait pu classer cette adresse dans « À voir »... Amoureux des peuples de la forêt et de leurs cultures, Marcelo n'a de cesse de parcourir l'Amazonie en quête de beaux objets – il encourage même certaines tribus à se réapproprier leurs traditions artisanales. Résultat ? Une vraie caverne d'Ali Baba, qui recèle des objets authentiques, vraiment très divers et à tous les prix (de 1 à 2 000 Rls) : vannerie, masques *xingu, wayana* et *ticuna,* instruments de musique, parures, sarbacanes, objets en ivoire végétal, hamacs, bijoux en graines, céramique de Marajó... et même des tongs en vrai latex brésilien ! Également des CD de musique indienne et des DVD. Marcello possède en outre 2 autres boutiques dans la même rue, dont l'***Araribá Tropical,*** qui propose un vaste choix de vêtements de plage et de souvenirs colorés.

À faire

On vient ici avant tout pour se détendre et profiter des plages. La principale, formant une longue langue de sable blanc entourée d'eau, a été élue « plus belle plage du Brésil » par le très british *Guardian* en 2009 ! C'est sans doute un peu exagéré, mais il faut avouer que le site est superbe. En période de basses eaux (août-décembre), il est possible de s'éloigner à pied vers d'autres plages moins fréquentées – et même de grimper (de préférence avec un guide) sur la Serra Peraca, la colline qui domine Alter do Chão, pour une vue somptueuse sur la région. En hiver, période de hautes eaux, le sable se réduit à peau de chagrin.
On peut louer un kayak (10 Rls/h) ou un canoë pour aller explorer la lagune et ses affluents, qui forment de véritables *igarapés* par endroits, bordés d'une dense végétation. Pour une barque à moteur, c'est plus cher : environ 60 Rls de l'heure avec le batelier. Essayez, par exemple, de remonter la crique Caranazal jusqu'au resto du même nom, posé les pieds dans l'eau (bons jus frais et spécialités de poissons pêchés par le fils du patron). Au-delà, explorer la forêt inondée qui borde la Laguna Verde est trop risqué en solo : seul un habitué peut déchiffrer ce labyrinthe (voir ci-dessous *Ynca Amazon Tours*).

■ ***Ynca Amazon Tours :*** *à l'hôtel* Beloalter, *rua Pedro Teixeira.* ☎ *3527-1247.* 📱 *99186-3071.* • *yncaamazon toursbrazil.fr.gd* • Ce tour-opérateur local est géré par le très sympathique Raphaël Rocha, fils d'un orpailleur brésilien qui a grandi en Guyane (il parle parfaitement le français). Né dans un hameau isolé à 13h de pirogue de Santarém, il a crapahuté au Surinam, goûté l'*ayahuasca* des Indiens du haut Amazone, est devenu pâtissier, chauffeur de bus à Manaus, puis guide... Un concentré d'Amazonie à lui seul ! Il vous emmènera dans la « forêt enchantée » (inondée) de la Laguna Verde *(env 80 Rls/pers)* – en bateau à moteur puis en pirogue –, observer les dauphins roses à la Ponta de Cururú, découvrir la réserve du Tapajós *(330 Rls/pers)* ou Fordlândia *(400 Rls),* se balader pendant 2 jours entre rio Tapajós et Amazone, avec une nuit dans une maison sur pilotis *cabocla* *(env 450 Rls/pers),* voire plus loin encore... Tarifs dégressifs au-delà de 2 personnes.

FLORESTA NACIONAL DO TAPAJÓS

À environ 60 km au sud de Santarém (3h de bateau d'Alter do Chão), cette belle forêt primaire protégée, entourée de plantations d'hévéas et de villages riverains, s'étend sur 5 270 km². La plupart des visiteurs et des tour-opérateurs se rendent à Maguarí ou Jamaraquá, où ont été aménagés des sentiers pénétrant dans le couvert végétal – l'occasion de voir quelques superbes fromagers (kapokiers) géants. Au-delà, la région regorge de plages en été (160 km) et de forêts inondées en hiver. Les excursions comprennent en général une visite d'igarapé à Jamaraquá et des ateliers de latex des *seringueiros.*

➢ On peut visiter la forêt en passant par une agence de Santarém ou d'Alter do Chão, comme *Ynca Amazon Tours* (voir ci-dessus) ou *Mãe Natureza* *(sur la praça 7 de Setembro ;* ☎ *3527-1264 ;* • *maenaturezaecoturismo.com.br* •*),* mais cela revient assez cher. On peut aussi s'adresser à Angelo de l'*Albergue da Floresta*

(voir « Où dormir ? » à Alter do Chão), qui propose une balade de 2 jours et 2 nuits pour environ 300 Rls par personne tout compris (transport en bateau couvert, logement en hamac chez l'habitant, repas...). Meilleur marché encore (mais seulement pour les motivés !) : y aller par ses propres moyens. Si cela vous tente, prendre le bus de Santarém jusqu'à Maguarí. Départ à 11h *(tlj sf dim, sur l'av. São Sebastião),* arrivée vers 14 ou 15h. Compter 10 Rls pour le bus, 13 Rls pour l'entrée au parc et 10 Rls pour la taxe communautaire. À Maguarí, possibilité de loger en hamac et de prendre ses repas chez l'habitant (compter environ 50 Rls/personne), ainsi que de trouver un guide (lusophone uniquement) pour les promenades en forêt (environ 50 Rls par balade, pour 2 personnes maximum). Attention, pour le retour, il n'y a qu'un bus par jour, qui quitte Maguarí à... 3h du mat' !
• *icmbio.gov.br/flonatapajos/* •

FORDLÂNDIA

Voici l'histoire d'une folle aventure. En 1923, Henry Ford, dont les usines sont en plein essor, décide de créer sa propre plantation d'hévéas en Amazonie pour fournir le caoutchouc des pneus de ses automobiles – et éviter de dépendre du monopole britannique. Aux grands besoins les grands remèdes : il obtient du gouvernement brésilien une concession de 1 million d'hectares sur les bords du rio Tapajós. Tracteurs et bulldozers débarquent de deux grands cargos. On installe un chemin de fer, une usine, une scierie. On déboise, on replante : la monoculture s'impose. Plus de 3 millions d'arbres sont mis en terre, près de 5 millions de dollars investis en tout. Et, dans la foulée, une petite ville américaine s'installe, avec son quai, son château d'eau, ses maisons en bois vert et blanc bien alignées, précédées d'un porche, ses trottoirs et ses allées rectilignes, son hôpital gratuit (où l'on pratique même la chirurgie plastique), son école Henry-Ford, son terrain de base-ball... 5 000 employés venus de tous les horizons la font vivre. Mais le projet piétine : les hévéas, plantés trop près les uns des autres, poussent mal ; les maladies se répandent. Une deuxième tentative voit le jour sur un second site, à Belterra. Des progrès techniques sont réalisés, mais le site reste un échec économique. Les ouvriers se plaignent : les conditions de travail sont difficiles, l'alcool et le tabac interdits. En 1945, le coup de grâce intervient avec l'invention du caoutchouc synthétique. Du jour au lendemain, le site est abandonné.
Soixante-dix ans plus tard, Fordlândia s'est figée. Les herbes folles ont repris leurs droits. L'usine s'est tue, vitres cassées, machines endormies sous une couche de poussière. Les chauves-souris ont envahi les salles de l'hôpital. Les maisons, croulantes, ont été réoccupées par les descendants des *seringueiros* et le village s'est tourné vers la pêche et la production de farine de manioc. Un bus scolaire jaune, quelques voitures rouillées, témoignent du passé. Fordlândia, une ville fantôme version latina...
Certains tour-opérateurs de Santarém et d'Alter do Chão proposent l'excursion, comme *Ynca Amazon Tours,* qui organise une sortie de 2 jours avec nuit sur place (400 Rls). On rejoint le site par une mauvaise piste ou en bateau rapide (en 4h environ).

ALENQUER

Cette petite ville de 50 000 habitants s'amarre juste au nord de Santarém, sur l'autre rive du réseau complexe de voies d'eau de l'Amazone. Les bateaux rapides de l'*Expresso hidroviário Tapajós (☎ (93) 4020-2022 ; • viacaotapajos.com.br •)* y mènent en 2h30 *(départs lun-sam à 10h et 16h, dim à 16h)* depuis la praça Tiradentes, à environ 800 m l'ouest du centre de Santarém. Il existe aussi un bateau de nuit quotidien (6-7h de voyage). Retours tous les jours à 6h30 d'Alenquer et lundi-samedi à 16h.

L'attrait principal d'Alenquer, ce sont les belles cascades situées dans les environs, notamment celles du *Vale do Paraíso* (à 58 km) ou, à 6h de marche de celles-ci, les *Chuvas de Prata,* d'impressionnantes chutes d'eau de 84 m de haut ! On peut y aller par ses propres moyens, du moins jusqu'au *Vale do Paraíso,* accessible en bus ou en taxi depuis Alenquer. Pour les *Chuvas de Prata,* c'est plus compliqué, il faut trouver un guide et partir avec du matériel de camping. Sinon, on peut confier toute la logistique à une agence, mais ça revient évidemment plus cher.

MONTE ALEGRE

Également située sur la rive nord du fleuve Amazone, à environ 120 km en aval de Santarém, Monte Alegre est réputée pour ses peintures rupestres parmi les plus vieilles du continent (11 000 ans) et ses magnifiques points de vue sur la forêt. On s'y rend en bateau normal *(tlj sf dim vers 14h ; compter 6h)* ou en bateau rapide avec l'*Expresso hidroviário Tapajós (☎ (93) 4020-2022 ; • viacaotapajos.com.br • ; départ tlj vers 16h, retour tlj à 5h45, sf dim à 10h ; trajet en 2h45).* Les départs se font de la praça Tiradentes, env 500 m à l'ouest de la poste. Arrivé à Monte Alegre, on doit louer un véhicule 4x4 (mieux vaut être plusieurs) pour se rendre au site, en s'adressant par exemple à *Nelsi Sadeck (📱 99122-8580).* Par une agence, à moins d'être un petit groupe, c'est très cher.

BELÉM

env 1 400 000 hab. IND. TÉL. : 91

• Plan *p. 370-371*

Une erreur classique consiste à croire que Belém est située au bord de l'Amazone. En réalité, la ville s'étale au bord d'un immense bras d'eau issu de la rencontre du Pará et du large Tocantins – bras d'eau qui délimite l'énorme île de Marajó par le sud (l'Amazone passant au nord). Belém a grandi sur un cap plat qui s'avance en rondeur dans la baie de Guajará, à l'embouchure du petit rio Guamá.

Incarnation du destin amazonien, la ville a connu une prospérité fulgurante au début du XXe s grâce au commerce du caoutchouc, avant de retomber dans l'oubli lorsque le filon s'est tari. Certains monuments du vieux centre témoignent encore de cette période faste. Formant aujourd'hui une métropole de plus de 2 millions d'habitants, hérissée de tours et de gratte-ciel, la capitale du Pará est une ville brouillonne et trépidante. La municipalité a certes entrepris de revaloriser son patrimoine. Les anciens entrepôts au bord du fleuve ont été reconvertis en un vaste espace de loisirs regorgeant de cafés, boutiques et restos branchés. Plusieurs nobles édifices du micro-centre colonial et leurs musées ont eux aussi été restaurés. Mais en retrait, les vieilles demeures nobles sont encore pour la plupart croulantes, leur façade mangée par la végétation...

Le pouls de la ville bat sur son front de mer, autour du port des bateaux de pêche et du marché attenant – le célèbre Ver-o-Peso, installé sous une halle métallique 1900. Ici règne une nonchalante douceur de vivre. Au-delà, les ruelles animées aux magasins en pagaille cèdent le pas à de larges avenues et boulevards encore partiellement bordés de manguiers géants – *Cidade das Mangueiras,* dit-on. La vie nocturne est animée et Belém est aussi une

excellente base pour rayonner dans la grande embouchure de l'Amazone : l'île de Marajó et l'île d'Algodoal.

UN PEU D'HISTOIRE

Le 12 janvier 1616, peu après l'expulsion des Français du Brésil, le capitaine Francisco Caldeira Castelo Branco fonde Belém autour du fort du Presépio. Il s'agit, pour le Portugal, d'ancrer ses revendications sur la zone de l'embouchure de l'Amazone.

Du XVIe au XVIIIe s, on parle successivement de *Feliz Lusitânia*, de *Santa Maria do Grão Pará*, puis de *Santa Maria de Belém de Grão Pará* – bientôt abrégé en Belém. Avant-poste de l'activité des jésuites en Amazonie, le port devient le poumon économique de la région, commerçant en direct avec Lisbonne et l'Europe, sans passer par Rio ou Salvador. Belém met d'ailleurs presque un an pour reconnaître l'indépendance du Brésil, en 1823 !

CABANAGEM : UNE RÉVOLUTION MANQUÉE

En 1835, la plus grande insurrection de l'histoire du Brésil jeta le trouble dans la région du Grão-Pará. Les « Cabanos », Indiens, métis et Noirs qui vivaient dans les taudis bordant les rivières, se soulevèrent. Ils massacrèrent une partie des dirigeants blancs de Belém, pillèrent la ville et décrétèrent l'indépendance de la région. Le mouvement fut réprimé dans le sang par le pouvoir impérial. Plus de 30 000 personnes, soit près d'un quart de la population du Pará, périrent dans la répression.

Passé l'épisode de la révolte de *Cabanagem* (voir encadré), le boom du caoutchouc fait la fortune de la ville et la place sur la carte des grandes routes maritimes. C'est la Belle Époque, aux deux sens du terme. Grands planteurs et banquiers font de Belém un véritable « petit Paris des tropiques ». On s'y promène dans les rues vêtu au dernier chic parisien, grand chapeau emplumé pour les dames, gilet et haut-de-forme pour les messieurs. Elles ne jurent alors que par la poudre de riz Veloutine pour se maquiller et l'eau de Médicis pour se parfumer, tandis qu'eux s'encanaillent aux *Chat Noir* et *Moulin Rouge* locaux... On se retrouve au *Sport Clube* de la rua do Nazaré, au *Club Universal* ou, pour les premières, dans le saisissant opéra de Belém.

Le temps passe. La fortune se détourne, mais Belém garde son aura. Les aviateurs Mermoz et Saint-Exupéry y font escale entre l'Europe et la cordillère des Andes. L'écrivain Stefan Zweig s'enthousiasme pour la ville et son jardin zoologique – au contraire d'Henri Michaux, jeune poète aventurier qui y séjourne en 1928. Belém n'est alors plus qu'une gloire fanée.

En janvier 2009, la ville accueille le 9e Forum social mondial, rassemblement d'ONG, d'associations de solidarité internationale et autres acteurs de la société civile, écologistes, étudiants, utopistes... Plus de 130 000 personnes et 6 000 organisations y participent, débattant de la défense de l'environnement et des droits des populations indiennes d'Amazonie.

GASTRONOMIE BELENENSE

Au confluent des traditions indiennes de la forêt et de l'apport portugais, de la terre et de la mer, la cuisine de Belém est réputée dans tout le Brésil pour la variété de ses produits et l'originalité de ses goûts. Un produit essentiel s'impose : le manioc *(mandioca)*. On en extrait le *tucupi*, ou jus de manioc, base de nombreux mets régionaux – on peut le voir préparer sur le marché. Très présent aussi : le *jambú*, aussi appelé « *brèdes mafanes* » ou « cresson du Pará », une plante aux propriétés légèrement anesthésiantes. *Tucupi* et *jambú* se retrouvent dans la recette du *pato*

no tucupi (canard au *tucupi*), l'un des plats les plus connus de la région, ainsi que dans l'incontournable *tacacá*. Sorte de soupe épaisse, celle-ci se compose d'une base de *tucupi* dans laquelle on jette une boule de tapioca d'aspect très gélatineux, des crevettes séchées, des feuilles de *jambú* cuites et un peu de *pimento do cheiro*. Le tout est servi bouillant dans une calebasse noire. On dit ici qu'un bon *tacacá* doit faire « trembler la langue » ! Vous en trouverez un peu partout, dans l'après-midi.
Au marché Ver-o-Peso et dans les restaurants spécialisés, vous pourrez goûter l'*açaí*. Tiré du fruit d'une espèce de palmier, gros comme une cerise, il donne un jus épais de couleur violet-noir, réputé pour ses vertus aphrodisiaques – il semble en fait autrement plus intéressant comme antioxydant ! Ni fermenté ni alcoolisé, l'*açaí* est essentiellement consommé avec le poisson frit, voire avec la viande. La plupart des habitués y mêlent de la *farina de agua* (farine de manioc), du tapioca pour l'épaissir, et y ajoutent du sucre pour atténuer son amertume.
Autre classique, le *maniçoba* est un mélange de viandes de bœuf et de cochon salées et fumées, cuites en ragoût avec la *maniva* (feuille de manioc) et servies avec de la *farofa*. Pas mauvais, mais pas léger, léger ! Moins intéressante, la *vatapá* est une sorte de crème de pain et lait de coco à la crevette.
Enfin, ne manquez pas les « *tok-tok* », des petits crabes *(carangueijos)* entiers, cuits au court-bouillon, qu'on casse sur une planchette avec un pilon. Certains restos, appelés aussi *tok-tok*, s'en sont fait une spécialité.

Arriver – Quitter

En avion

✈ ***Aeroporto internacional*** *(hors plan par B1)* **:** *à env 12 km au nord de Belém, soit 20-40 mn en taxi (selon le trafic) et 30-60 mn en bus.* ☎ *3210-6000.* On y trouve un petit bureau d'info de *Belémtur* (mais parfois fermé), une poste *(lun-ven 9h-17h)*, des agences de location de voitures *(Hertz, Localiza, Movida, Unidas/Alamo)*, des distributeurs de billets *(Bradesco, HSBC)*, une consigne (au fond, côté départs) et un bureau de change *(tlj 8h-minuit)*. Les employés du comptoir d'infos de l'aéroport situé dans le hall des départs parlent assez bien l'anglais.

■ ***TAM* :** *à l'aéroport.* ☎ *3210-6400.* • *tam.com.br* •
■ ***GOL* :** *à l'aéroport.* ☎ *3210-6327 ou 0300-115-2221 (nº national).* • *voegol.com.br* •
■ ***Azul* :** *à l'aéroport.* ☎ *0800-887-1118 (nº national).* • *voeazul.com.br* •
■ ***Surinam Airways*** *(plan B2,* ***2****)* **:** *av. Jose Malcher, 168.* ☎ *3222-4831 ou 3210-6284 (aéroport).* • *flyslm.com* •

➢ ***Cayenne (et Paramaribo) :*** 2 vols/sem avec *Surinam Airways* (mar et ven depuis Cayenne, mer et sam depuis Belém). Assez cher (un bon 200 €/trajet pour Cayenne) et souvent difficile d'avoir de la place, mieux vaut s'y prendre bien à l'avance.
➢ Enfin, liaisons directes tlj avec ***Santarém, Manaus, Brasília, Rio, São Luis, Fortaleza,*** etc. avec *TAM, GOL* et *Azul*.

Liaisons aéroport – centre-ville

➢ ***En bus :*** sortir de l'aéroport et marcher 200 m vers la gauche, jusqu'à un abribus bleu. Là, prendre le bus (orange et blanc) affichant « Pratinha P. Vargas » ou celui, vert et blanc, indiquant « Marex/Arsenal/Ver-o-Peso » (env ttes les 15 mn 6h-22h). Billet : 2,20 Rls. Au retour, prendre les bus « Marex » (le quartier de l'aéroport) ou tout simplement « Aeroporto », sur l'av. P. Vargas, praça da República *(plan B2)*. Il y a aussi le bus VIP nº 600, qui part de l'aéroport même (au bout du terminal, passé la porte E), mais il ne passe que ttes les heures env (7h-17h30).
➢ ***En taxi :*** en prépayant votre course au comptoir de la *cooperativa* (dans le hall d'arrivée), vous paierez 45 Rls pour le centre-ville *(Coopertáxi :* ☎ *3257-1720 ou 1041, 24h/24)*. Les économes sortiront de l'aéroport et en attraperont

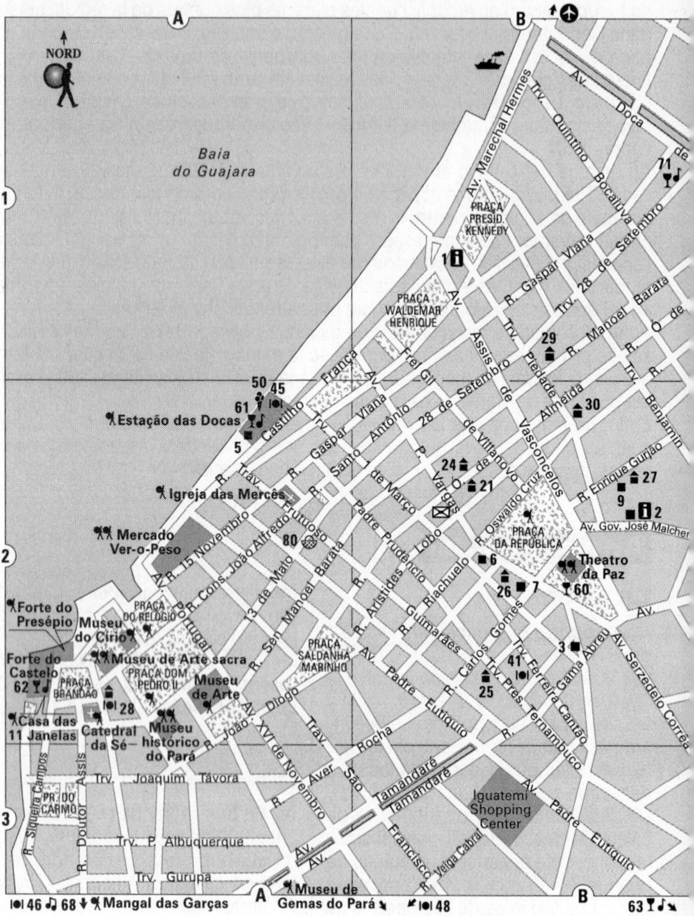

un au vol (env 30 Rls en marchandant un peu !).

En bus

Terminal rodoviário *(hors plan par C2)* **:** *av. Almirante Barroso. ☎ 3266-2625. À 3 km à l'est du centre.* Pour rejoindre le centre-ville, prendre, de l'autre côté du carrefour situé à droite du terminal en sortant, n'importe quel bus affichant « P. Vargas » ou « Ver-o-Peso ». Depuis le centre, prendre le bus affichant « São Brás » (le quartier de la gare routière) sur l'av. P. Vargas *(plan B2)*. Dans le terminal, bureau d'infos, sanitaires (avec douches), distributeur de billets et consigne à bagages *(Guarda Volumes ; 24h/24)*. Les compagnies se valent en qualité et en prix. Pour les très longues distances, comparez bien avec l'avion, parfois pas plus cher – et certainement moins éreintant...

➢ ***Maraba :*** 9 bus/j. avec

Adresses utiles

1 Paratur
2 Belémtur et Surinam Airways
3 Distributeurs Bradesco
4 Alliance française
5 Police touristique, Fitta (change), Valverde Turismo
6 Turvica et distributeurs HSBC
7 Banco da Amazônia
8 Consulat honoraire de France
9 Amazon Star

Où dormir ?

21 Hostel Amazônia
22 Amazônia Hostel
23 Hotel Real
24 Hotel Unidos
25 Pousada Miriti
26 Hotel Grão Pará
27 Hotel Massilia
28 Hotel Portas da Amazônia
29 Senador Pousada Hotel
30 Residence Karimbo Amazônia
31 Belém Soft Hotel

Où manger ?

28 La Pizzeria n'Amazônia
40 Tacacá da Dona Maria
41 Cozinha de Bistrô
42 Spazzio Verde
43 Hamburgueria 66
44 Xicara da Silva
45 Lá Em Casa
46 Manjar das Garças
47 Remanso do Peixe
48 Point do Açaí
49 Remanso do Parque

Où s'offrir une bonne glace, une pâtisserie ?

50 Cairú
51 Abelhuda

Où boire un verre ? Où sortir ?

60 Bar do Parque
61 Microbrasserie Amazon Beer
62 Boteco das Onze
63 Casa do Gilsom
64 The Old School Rock
65 Pub Cosa Nostra
66 Fiteiro
67 Dom Bar et Chopp Devasa
68 Mormaço
69 Roxy
70 Modesto
71 Templários

Achats

80 Orion

BELÉM

Transbrasiliana, 6h30-23h30. De Maraba, d'autres bus permettent de rejoindre Santarém.

➢ ***São Luís :*** 3 bus/j. (2 le mat, 1 le soir) avec *Boa Esperança (☎ 3228-3107 ; • viajeboaesperanca.com.br •),* et 1 bus/j. vers 20h avec *Transbrasiliana (☎ 3226-1942 ou 1243 ; • transbrasiliana.com.br •).* Trajet : 13h30-14h. Compter 128-290 Rls selon le confort (*convencional* ou *leito*).

➢ ***Fortaleza :*** 2 bus/j. (vers 8h15 et 13h) avec *Guanabara (☎ 3266-2400 ; • expressoguanabara.com.br •),* et 1 bus (vers midi) avec *Itapemirim (☎ 3226-3382 ou 0800-723-2121 ; • itapemirim.com.br •).* Trajet : env 24-28h. Compter env 220-250 Rls selon la compagnie.

➢ ***Natal :*** 1 bus/j., à 8h15, avec *Guanabara.* Tarif : env 350 Rls. Le trajet dure env 36h.

➢ ***Recife :*** 1 bus/j., à 10h, avec *Guanabara.* Compter env 38h de route et 350 Rls.

➢ **Salvador :** 3 bus/sem (lun, mer, ven), vers 15h, avec *Itapemirim*. Compter env 340 Rls et 33h de trajet.
➢ **Brasília :** 1 bus/j. (à 20h) avec *Transbrasiliana*. Env 36h de trajet (2 100 km). Tarif : env 300-350 Rls.
➢ **Rio :** 1 bus/j. (à 15h) avec *Transbrasiliana*, et 3 bus/sem (lun, mer, ven) vers 11h30 avec *Itapemirim*. Trajet en 52h... (compter 450-550 Rls).
➢ **São Paulo :** tlj avec *Transbrasiliana* à 10h ; également tlj sf lun et mer, à la même heure, avec *Itapemirim*. Tarif : env 420-490 Rls. Trajet : 51h.

En bateau

Terminal hidroviário *(plan B1)* **:** *av. Marechal Hermes, quai nº 10.* ☎ *3242-1570.* La gare maritime de Belém est en travaux depuis plusieurs années mais fonctionne. Les compagnies desservant Marajó et Macapá y ont un kiosque. Les horaires changeant très régulièrement (ceux-ci sont donnés à titre purement indicatif), pour l'achat des billets, le plus simple est de passer par une agence (voir « Agences de voyages »), ou de s'adresser à Gilda à l'hôtel *Fortaleza* ou à l'*Hostel Amazônia* (voir « Où dormir ? »).
➢ **Marajó :** les compagnies *Arapari (☎ 3241-4977)* et *Banav (☎ 3269-4494 ; • banav.com.br •)* proposent 2 départs/j. dans les 2 sens, en alternance : lun-sam à 6h30 et 14h30 depuis Belém, à 6h30 et 15h de Marajó ; dim à 10h slt (15h de Marajó). Le bateau arrive à Camará, à 32 km au sud de Soure (voir le chapitre sur Marajó). Prix : 20 Rls en économique, 35 Rls en VIP (pont supérieur, AC). Les billets s'achètent au terminal (résa conseillée en juillet). Compter 2h30-3h30 de traversée. Ceux qui voudraient passer par un véhicule de location rejoindront Icoaraci, d'où *Henvil (infos : ☎ 3249-3400, résas : ☎ 3222-2222 ; • henvil.com.br •)* assure 1 ou 2 traversées/j. (dont 6h30 tlj depuis le continent et 16h tlj depuis Camará). Compter 91-122 Rls pour la voiture et 17-24 Rls/pers.
➢ **Macapá :** avec le *São Francisco de Paula (☎ 3242-2070)*, départs de Belém mer à 11h et sam à 13h ; retours de Macapá (port de Santana) les lun et ven à 10h. Avec le *Clivia* ou l'*Ana Karolina* : mar et ven à 10h (retours mer à 15h30 et dim à 10h). D'autres bateaux circulent les mer soir *(Bom Jesus do Paralho)* et les lun et ven mat *(Almirante Do Mar)* – ce dernier n'a toutefois pas bonne réputation. Trajet : 24-28h. Tarif : 130-150 Rls en hamac (avec ou sans AC) et 440-500 Rls en cabine.
➢ **Santarém et Manaus :** la plus importante compagnie, *AR Transporte (☎ 3224-1225 ou 6885 ; • artransporte.com.br •)*, assure des départs les mer vers 19h et ven à 18h ; arrivées à Santarém les sam et lun dans la nuit, puis à Manaus les lun et mer en fin d'ap-m (soit presque 5 j. de voyage !). Les bateaux du ven (*Rondônia* ou *Amazon Star*) sont plus gros et confortables. Pour Manaus, compter 370-400 Rls/pers en hamac et 1 000-1 500 Rls pour 2 en cabine (avec sdb et AC). Pour Santarém : env 230-270 Rls en hamac et 800-1200 Rls en cabine selon le confort. Autre option à bord du *Nelio Corrêa (Cie Magalhães Navegação)*, qui effectue la liaison un mar sur deux. Ses tarifs sont moins élevés : 290 Rls en hamac et 1 000 Rls en cabine pour Manaus. Les repas (disponibles à bord, mais pas terribles) ne sont pas inclus. Allez, sur ce, bon vent !

Adresses et infos utiles

Infos touristiques

Paratur *(plan B1,* **1***)* **:** *praça P. Kennedy. ☎ 3212-0669. • paraturismo.pa.gov.br • Lun-ven 8h-17h.* Très peu d'infos et personnel ne parlant que le portugais (pas super accueillant...) ; cela étant, vous pouvez toujours consulter le site internet...

Belémtur *(plan B2,* **2***)* **:** *av. Governador José Malcher, 158. ☎ 3230-3926. • belem.pa.gov.br • Lun-ven 8h-18h.*
– Les journaux locaux *O Liberal* et

Diario do Para contiennent l'agenda culturel de la ville pour la journée.

Poste et télécommunications

✉ ***Poste centrale*** *(plan B2)* **:** *av. P. Vargas, 498. Lun-ven 9h-17h.*
@ *Internet* : l'***Alliance française*** *(plan C3,* ***4****)* met à disposition quelques postes gratuitement (à la médiathèque). Sinon, on trouve des petits cybercafés dans le centre, notamment à côté de la parfumerie Orion *(plan A2,* ***80****).*

Argent, change

■ ***Fitta*** *(plan A2,* ***5****)* **:** *à l'entrée du bât. 1 de l'Estação das Docas (côté marché Ver-o-Peso). Lun-sam 10h-19h (18h sam), dim 9h-13h.* Change les espèces seulement.
■ ***Turvica*** *(plan B2,* ***6****)* **:** *av. P. Vargas, 640. Lun-sam 8h-18h30 (16h sam).* Un autre bureau de change, à côté de l'agence du même nom, au fond du couloir. Change les chèques de voyage en dollars et les euros en liquide.
■ ***Distributeurs Bradesco*** *(plan B2,* ***3****)* **:** *av. P. Vargas, 988. Près de l'opéra, derrière le grand magasin* Lojas Americanas. *Accessibles 6h-22h.*
■ ***Distributeurs HSBC*** *(plan B2,* ***6****)* **:** *av. P. Vargas, 676. Accessibles 6h-22h.* On en trouve aussi dans l'Estação das Docas, parmi de nombreux autres.
■ ***Banco da Amazônia*** *(plan B2,* ***7****)* **:** *av. P. Vargas, praça da República, à l'angle de Carlos Gomes. Lun-ven 10h-18h.* Si vous avez des chèques de voyage en dollars, c'est ici qu'il faut venir : ils ne prennent qu'une toute petite com' ! En revanche, ne change pas les euros en espèces.

Représentation diplomatique

■ ***Consulat honoraire de France*** *(plan C2,* ***8****)* **:** *trav. Rui Barbosa, 1242, edificio José Miguel Bitar (bureau 501).* ☎ *3224-6818.* • *consulat.belem@yahoo.fr* • *Lun-ven 9h-12h.*

Urgences

■ ***Police touristique* :** *dans l'Estação das Docas (à l'entrée du bât. 1 ; plan A2,* ***5****), ouv 10h-minuit (3h jeu-sam). Également trav. Castelo Branco, 239.* ☎ *3212-0883 (heures de bureau).*
✚ ***Hospital Beneficiente Portuguesa*** *(plan C1)* **:** *av. Generalíssimo Deodoro, 868, à l'angle de la rua Boaventura de Silva.* ☎ *3215-4414.* Hôpital privé, mieux vaut donc avoir une assurance.
■ ***Médecins conseillés par le consulat de France* :** *Dra Sonia Cordovil,* ☎ *3212-6076 ou 3241-5275 ; ou Dr Mauricio Massulo,* ☎ *4005-9877 ou 3249-5422.* Parlent le français.

Agences de voyages

■ ***Amazon Star*** *(plan B2,* ***9****)* **:** *rua Henrique Gurjão, 210.* ☎ *3241-8624.* • *amazonstar.com.br* • *Tlj sf dim 8h-18h (12h sam).* Dirigée par Patrick Barbier, un Français installé à Belém depuis un bail, l'agence travaille, entre autres, avec *Voyageurs du Monde.* Elle organise des excursions à Marajó (séjours en *fazenda,* balades à dos de buffle, etc.) et dans les environs de Belém : découverte des *igarapés* à bord de l'*Amazon Queen* (le bateau de l'agence), comprenant courte rando et sortie en canot à moteur ; plages, île aux Perroquets, etc. On peut aussi y acheter ses billets de bateau (au même prix qu'auprès des compagnies) et d'avion et se renseigner pour des forfaits à la carte.
■ ***Valeverde Turismo*** *(plan A2,* ***5****)* **:** *Estação das Docas, à l'entrée du bât. 1.* ☎ *3212-3388.* • *valeverdeturismo.com.br* • *Tlj sf lun 10h-22h.* Cette autre agence sérieuse (où l'on parle l'anglais) propose des excursions dans les environs de Belém, notamment la visite des *igarapés,* de l'île aux Perroquets, de l'île de Mosqueiro, et une très touristique balade en bateau à l'aube ou au crépuscule dans la baie de Guajará – cette dernière avec animations à bord...
■ ***Macamazon*** *(plan A2)* **:** *av. Castilho França, 716.* ☎ *3222-5604 ou 30-31-58-99.* • *macamazon.com.br* • *Autre agence au terminal de bus.* Résas de billets de bateaux.

Culture

■ ***Alliance française*** *(plan C3, **4**) : trav. Rui Barbosa, 1851. ☎ 3224-3998. • af.belem.com • Lun-ven 9h-13h, 14h-20h ; sam 9h-17h30.* Installée dans des locaux refaits à neuf, l'Alliance française abrite une médiathèque, où l'on peut consulter les livres (échange possible), la presse et surfer gratuitement sur le Net. Organise des concerts épisodiques.

Où dormir ?

Bon marché (moins de 130 Rls / env 33 €)

Hostel Amazônia *(plan B2, **21**) : rua Ó. de Almeida, 548. ☎ 3222-8456. Env 25-35 Rls/pers en dortoir (sans ou avec sdb) ; double env 70 Rls. Pas de petit déj.* Occupant une maison datant de 1880 qui a conservé ses azulejos en façade, cette AJ possède un certain caractère, mais ses installations sont nettement vieillissantes. Les chambres, la plupart avec douche et AC, sont un peu étouffantes (les simples font l'effet de cellules), mais particulièrement bon marché. Également 2 dortoirs de 3-4 lits avec ventilo. Coin lecture et TV (pas très avenant), cuisine en sous-sol, laverie, vente de boissons. Propose des balades à vélo en ville *(30 Rls)* et vend les billets de bateaux.

Amazônia Hostel *(plan C2, **22**) : av. Governador José Malcher, 592. ☎ 3278-4355. • amazoniahostel.com.br • Dortoir 50 Rls/pers ; doubles env 90-110 Rls ; réduc avec la carte HI.* Cette auberge occupe une maison ancienne haute de plafond, avec façade couverte d'azulejos, courette plantée d'un palmier et vieux planchers de bois clair et sombre. On y trouve surtout des dortoirs (non mixtes) de 6 lits avec AC ou ventilo, sans fenêtre, ainsi que 3 chambres privées, avec ou sans douche et w-c. Les sanitaires communs sont un peu exigus mais propres, et l'ensemble est très correct malgré des prix un peu élevés. Salon TV, salle à manger pour le petit déj, cuisine, laverie.

Senador Pousada Hotel *(plan B1, **29**) : rua Senador Manoel Barata, 1241. ☎ 3241-2286 ou 3242-5193. • cisa@amazon.com.br • Doubles env 90-95 Rls, petit déj inclus.* Ce petit hôtel familial, aussi accueillant que son proprio, n'est pas situé dans le quartier le plus avenant et un peu excentré), mais il propose une grosse quinzaine de chambres d'un bon rapport qualité-prix. Pas très grandes, elles sont néanmoins de bon confort (douche, AC, TV, frigo) et très bien tenues.

Hotel Real *(hors plan par C2, **23**) : trav. Nina Ribeiro, 91. ☎ 3228-0170. • hotelrealbelem@hotmail.com • Doubles env 75 Rls avec ventilo (sans fenêtre), 95 Rls avec AC (et soupirail), petit déj inclus.* Ce ne sera pas votre meilleur souvenir de voyage, mais si vous arrivez tard ou devez partir tôt par le bus, ce petit hôtel situé à 2 rues à l'est du *Terminal rodoviário (en sortant à droite par l'av. Ceará, puis 2e à droite)* fera parfaitement l'affaire. Chambres bien propres avec douche et TV, AC ou ventilo.

Hotel Unidos *(plan B2, **24**) : rua Ó de Almeida, 545. ☎ 3252-1411. • hotelunidos.com.br • Double env 120 Rls, bon petit déj-buffet inclus. Réduc en payant cash.* Alternative au *Grão Pará,* l'hôtel *Unidos* propose une quarantaine de chambres sans charme, mais bien tenues et confortables (ça sent bon le propre !), avec salle de bains, AC, frigo et TV. Demandez-en une avec fenêtre. Accueil parfois en français.

Prix moyens (130-200 Rls / env 33-50 €)

Residence Karimbo Amazônia *(plan B2, **30**) : trav. Piedade, 391, entre Ó de Almeida et Aristide Lobo. ☎ 3298-1373. • rkamazonia.sitew.com • Double env 140 Rls, bon petit déj inclus ; gratuit jusqu'à 8 ans.* Tenue par Patrick et Naiara, un couple franco-brésilien très accueillant, cette charmante maison d'hôtes nous a vraiment séduits. Ne vous fiez surtout pas à la façade au panneau délavé qui donne l'impression que le lieu est fermé... Sonnez ! Passé la porte, vous découvrirez 5 chambres très joliment aménagées et confortables – 3 au rez-de-chaussée, donnant sur une terrasse en bois dans laquelle s'encastre une minipiscine, 2 à l'étage encore plus spacieuses. Un excellent rapport qualité-prix !

Pousada Miriti *(plan B2,* ***25****) : rua Padre Prudêncio, 656. ☎ 3252-2218. • miritipousada.com.br • Double env 140 Rls.* Derrière un mur végétalisé, à l'ombre de 2 tours un tantinet décaties, cette *pousada* aux airs de villa moderne se démarque des hôtels impersonnels par son côté familial et coquet. Les chambres, claires et bien nettes (AC, TV à écran plat, frigo, sanitaires nickel), donnent sur un jardinet tranquille tenu au cordeau.

Hotel Grão Pará *(plan B2,* ***26****) : av. P. Vargas, 718. ☎ 3321-2121. • hotelgraopara.com.br • Double env 130 Rls.* Haut de 15 étages, le *Grão Pará* occupe un emplacement stratégique sur la praça da República. Il abrite 150 chambres à la déco standardisée, mais tout confort et de belle taille, avec grande douche vitrée, belle TV à écran plat, frigo et AC. Bon rapport qualité-prix là encore. Évitez juste celles côté place, surtout aux étages inférieurs, à cause du bruit. Accueil souriant.

Hotel Portas da Amazônia *(plan A2,* ***28****) : rua Dr Malcher, 15. ☎ 3222-9952. • portasdaamazoniabelempara.com.br • Doubles env 140-170 Rls selon taille et vue, petit déj compris.* Bien situé sur la place du *forte do Presépio,* à côté de la cathédrale, cet hôtel à la jolie façade couverte d'azulejos promet un intérieur de caractère – et ne déçoit pas. Ses chambres aux hauts (parfois très hauts !) plafonds, alignent joli lavabo, douche vitrée, AC, frigo, TV et de drôles de lampes faites dans une machine à presser le jus d'*açaí* ! Ajoutons des lits dotés d'excellents matelas. 2 donnent sur la place (dont une très spacieuse) et 4 autres (nos 6 à 9) sur une très agréable terrasse en bois couverte noyée de plantes, à l'arrière – avec canapés blancs. Seul hic : les cloches sonnent dès 6h du mat' ! L'endroit appartient à un Italien, qui tient aussi un bon resto au rez-de-chaussée (voir plus loin « Où manger ? »).

Hotel Massilia *(plan B2,* ***27****) : rua Henrique Gurjão, 236. ☎ 3222-2834. • massilia.com.br • Double env 170 Rls (réduc en payant cash), petit déj inclus.* Cet hôtel très central, niché dans une rue calme, est tenu par Frank, un Marseillais jovial à l'accent bien marqué, ex-tenancier de boîte et exportateur de cœurs de palmiers ! Une vingtaine de chambres aux murs en brique vernie entourent une cour-jardin intérieur avec piscine. Elles ne sont plus de première jeunesse, mais de bon confort (AC, TV, coffre, frigo, câble pour Internet rapide). Certaines ont une mezzanine et peuvent accueillir 4 personnes. Fait aussi resto de spécialités françaises *(45-65 Rls).*

Belém Soft Hotel *(plan C2,* ***31****) : av. Brás de Aguiar, 612. ☎ 3323-3400. • belemsofthotel.com.br • Doubles env 160-170 Rls, petit déj inclus.* Ce 2-étoiles a hérité du 4-étoiles qui l'a précédé des chambres spacieuses, carrelées, toutes blanches, vraiment impeccables, avec des salles de bains à l'avenant (douche vitrée). En prime : une grande fenêtre dominant la ville. Pas de charme, mais un vraiment bon rapport qualité-prix.

Où manger ?

Bon marché (moins de 40 Rls / env 10 €)

Mercado Ver-o-Peso *(plan A2) : entre le port de pêche et l'Estação das Docas. Ouv 24h/24. Compter 5-10 Rls.* Des dizaines de comptoirs en pierre aux hauts tabourets, abrités sous de grosses bâches blanches, proposent des *salgados* et des plats de viande ou de poisson servis avec du riz, des haricots et de la *farofa.* C'est bien préparé et vraiment pas cher. Un peu plus près du marché, côté fleuve, vous trouverez le coin des jus.

Tacacá da Dona Maria *(plan C2, **40**) : av. Nazare, à la hauteur du Colegio Marista (vers le nº 766-902 en général). Tlj 15h-20h env. Compter max 15 Rls.* S'il n'y avait qu'un stand à *tacacá* à signaler, ce serait celui-ci. Dona María en prépare tous les jours, mais propose aussi le *tucupi* au litre, du gâteau de manioc frais au coco *(bolos de macaxeira)* et, chaque week-end, la *vatapá*. Attention, s'il pleut trop, elle remballe !

Cozinha de Bistrô *(plan B2, **41**) : rua Ferreira Cantão, 278. ☎ 3242-6628. Tlj sf dim 11h-16h. Plat du jour env 25 Rls.* Si ça a l'air fermé, il suffit de sonner pour entrer. Voilà un petit resto qu'on aime bien... et on n'est pas les seuls ! Au menu : petite salle joliment décorée, musique jazzy ou *MPB*, photos rétro à l'avenant sur les murs et, dans l'assiette, une excellente cuisine familiale mijotée et servie avec le sourire. N'hésitez pas à prendre l'un des plats du jour, très avantageux. Quelques notes françaises aussi, comme le coq au vin, et des desserts façon crème brûlée au fruit de la passion. Bref, une bonne adresse, mais ne soyez pas trop pressé !

Spazzio Verdi *(plan C2, **42**) : av. Brás de Aguiar, 824. ☎ 3366-1152. Tlj 11h-0h30.* Le meilleur resto *ao kilo* de Belém ! Le buffet impressionne par la variété et la qualité des mets : *feijão tropeiro, lingua, canard au tucupi, moqueca de merluza, risotto de crevettes*, etc. On se sert, on paie au poids et on va s'asseoir dans la grande salle climatisée aux airs de hall de gare – bercée par la sono ou, certains soirs, par un musicien ou un orchestre (*couvert* 4 Rls). Fait aussi des pizzas.

Hamburgueria 66 *(plan C1, **43**) : trav. Almirante Wandenkolk, 362. ☎ 3223-0401. Tlj 18h-1h.* Plus qu'un bon repas, on vous propose ici une visite sociologique... Sous vos yeux, la nouvelle classe moyenne brésilienne s'entiche de burgers corpulents et plutôt grassouillets dans un décor 100 % Americana vintage – serveurs en calot et nœud pap' rouge très 50's, TV sur tous les murs, copie de costume d'Elvis et plats aux noms de stars yankees. Évitez juste le *Rocky Balboa*... un vrai *nocaute*, comme dit le menu ! Au cœur de l'animation nocturne.

Prix moyens (40-60 Rls / env 10-15 €)

Xicara da Silva *(plan C1, **44**) : av. Visconde de Souza Franco, 978 A. ☎ 3230-4323. Tlj 18h-minuit (1h ven-sam).* L'arche de verdure à l'entrée et la terrasse ombragée à l'avant en font une vraie petite oasis dans le brouhaha urbain. On vient ici avant tout pour les pizzas à pâte fine, servies pour 2 personnes... ou une, si on a un appétit d'ogre ! Celle aux crevettes et *jambú* (cresson amazonien) vaut le coup. D'autres spécialités du coin à la carte, comme le bon *peixe Maria de Belém*. La viande, en revanche, nous a moins convaincus. Service prévenant, malgré l'affluence.

La Pizzeria n'Amazônia *(plan A2, **28**) : rua Dr Malcher, 15. ☎ 3222-9952. Mar-dim à partir de 18h. Plats env 20-45 Rls.* Installé au rez-de-chaussée de l'hôtel *Portas da Amazônia* (voir plus haut « Où dormir ? »), le resto propose une bonne cuisine italienne dans une salle aux jolis sols anciens – plats de pâtes très copieux (suffisants pour 2 personnes) et pizzas de belle taille incorporant pour certaines des ingrédients locaux, comme le *jambú* ou le fromage de Marajó. Ambiance animée et bon service. Vin au verre.

Lá Em Casa *(plan A2, **45**) : Estação das Docas, dans le bât. 2. ☎ 3212-5588. Tlj 12h-minuit (2h ven-sam). Buffet le midi env 50 Rls ; menu dégustation 60 Rls (95 Rls pour 2).* Parmi les restos branchés de l'Estacão das Docas, celui-ci est spécialisé dans les mets typiques du Pará. On a bien aimé le *corridinho de peixe*, un succulent assortiment de poissons d'Amazonie, accompagné, entre autres, de riz au *jambú* et de *farofa*. Parmi les autres options : haddock du Pará, canard au *tucupi*, filet de buffle de Marajó, etc. On s'installe au choix à l'intérieur, dans l'immense bâtiment des Docas, ou sur la terrasse encadrée par les grues jaunes de l'ancien port.

Point do Açaí *(hors plan par B3, **48**) : rua Veiga Cabral, 450.*

☎ 3225-4647. Tlj 10h30-15h30, plus mar-sam 18h-22h30. Plats env 35-50 Rls. Une fontaine en forme de baie d'où sourdent des eaux violet-noir, devant le resto, donne le ton : ici, c'est *açaí* à tous les étages ! La maison possède sa propre fabrique et un menu aux plats traditionnels de la région servis, selon leur taille, avec ½ litre ou 1 litre d'*açaí* en carafe. Voici l'occasion de se familiariser avec cet incontournable breuvage amazonien qui a conquis le reste du Brésil. Versez dans un bol, ajoutez selon les goûts sucre, tapioca et/ou farine de manioc, et dégustez avec du poisson frit. Le lieu, plutôt chic, est apprécié des familles le week-end.

De chic à plus chic (60-100 Rls et plus / env 15-25 €)

Manjar das Garças (hors plan par A3, **46**) **:** *dans le parc Mangal das Garças (rubrique « À voir »), au sud du vieux centre. Tlj sf lun 12h-0h30 (3h jeu-sam, 18h dim). Buffet le midi env 60 Rls ; le soir, plats env 55-95 Rls.* Le cadre est séduisant, dans un vaste bâtiment en bois surélevé au toit de palmes, dominant le *Mangal* et sa végétation profuse, en léger retrait du fleuve. Installez-vous au choix dans la salle climatisée, où se tient un petit orchestre le soir, ou sur le balcon en bois tout autour. On vous recommande en particulier le lieu pour son splendide buffet à volonté le midi, composé de viandes fondantes et de poissons goûteux et délicats. Le soir, on mange à la carte, c'est plus cher, mais on profite du cadre romantique. En prime, plats ultra-copieux, bien suffisants pour 2. Très belle carte des vins.

Remanso do Peixe (hors plan par C2, **47**) **:** *trav. Barão do Triunfo, 2590, casa 64. ☎ 3226-8967. À 5-6 km à l'est du centre, près du bosque Rodrigues Alves. Prendre un taxi. Mar-sam 11h-15h, 19h-22h ; dim 11h-15h30. Plat (1 pers) env 50 Rls.* Une adresse presque confidentielle, nichée au fond d'une allée, à l'étage de la dernière maison sur la droite (pas d'enseigne). Et pourtant, c'est l'un des très bons restos de Belém, qui accumule les prix et récompenses depuis plusieurs années. Assez chic, certes, mais encore abordable, surtout si l'on prend en considération la qualité de la cuisine. Au menu, spécialités de poisson et de fruits de mer, superbement préparés avec des produits essentiellement locaux. Essayez la *moqueca paraense,* un pot-au-feu de la mer avec, sur le côté, un épais bouillon de poisson, ou encore la *caldeirada de peixe,* vous ne regretterez pas d'avoir fait le chemin ! Service impeccable et cadre soigné, sans excès. L'une de nos meilleures expériences culinaires au Brésil, rien que ça !

Remanso do Parque (hors plan par C2, **49**) **:** *av. Rômulo Maiorana, 2350. ☎ 3347-2829. À 6-7 km au nord-est du centre, juste en face du bosque (parc) Rodrigues Alves. Mar-sam 11h30-15h, 19h-23h ; dim, midi slt. Plats 1 pers env 25-80 Rls, 2 pers 80-140 Rls ; menu dégustation (10 plats) 150 Rls.* Après le *Remanso do Peixe,* voici le *Remanso do Bosque...* Les frères Castanho font coup double et 2 fois bingo avec cette excellente adresse où ils mettent en valeur le meilleur des produits frais amazoniens. Un doute en regardant le menu (en anglais) ? Regardez les belles images des produits et leurs noms défiler sur le grand écran pour vous faire une idée... Au côté du fromage de Marajó, très présent, s'invitent *pirarucú* fumé, morue, canard du Pará, crevettes, lait de coco, bananes plantains, noix du Brésil... sans oublier de bons gros steaks qui raviront les viandards. Au dessert, surprise : la mousse au chocolat à l'apparence terreuse est servie avec sa confiture de *cupuaçu* dans... un petit pot de fleur, avec une mini-bêche comme cuillère ! Décidemment, les Castanhos ne font rien comme les autres. Service impeccable.

Où s'offrir une bonne glace ou une pâtisserie ?

Cairú (plan A2, **50**) **:** *dans l'Estação das Docas, bât. 2. Tlj 10h-1h. Nombreuses autres adresses en ville.* De Belém à Manaus, les Brésiliens ne jurent que par ce glacier local, qui a su faire aimer les fruits de la forêt amazonienne aux citadins. *Cupuaçu, tapereba, açaí, uxi, bacuri, bacaba* et même tapioca (au goût de lait) cohabitent ainsi, dans les bacs, avec des parfums plus traditionnels. Certains sont excellents (comme le fruit de la Passion), d'autres décevants, trop sucrés, mais il serait en tout état de cause dommage de ne pas tenter l'expérience.

Abelhuda *(hors plan par C2,* ***51****) : av. Gentil Bittencourt, 2113. ☎ 3249-6670. Assez excentré, mais non loin du parc Emílio Goeldi. Lun-sam 8h-20h, dim 9h-19h.* Pâtisserie de référence de Belém, toujours bourrée à craquer en fin de semaine, *Abelhuda* se double d'un salon de thé où l'on peut déguster tartes et tartelettes aux fruits (fraise, *maracuja, cupuaçu*...), *docinhos* (douceurs) et autres *salgados* (salés). On vous servira dans de la porcelaine... mais avec un emballage plastique !

Où boire un verre ? Où sortir ?

Belém connaît une vie nocturne très intense, avec un tas de concerts programmés en fin de semaine (souvent vers 22-23h), mais ne vous attendez pas à des miracles : vous avez peu de chances de tomber sur le nouveau Mick Jagger !

Bar do Parque *(plan B2,* ***60****) : praça da República, contre l'opéra, côté Hilton. Toujours ouvert !* Petit pavillon jaune néoclassique flanqué d'une terrasse surélevée et ombragée par de vieux manguiers. La nuit venue, on y côtoie, au grand air, la faune composite de Belém, jeunes, étudiants, marginaux et *piranhas* (« femmes légères », en argot brésilien). Il a une excellente mauvaise réputation !

Microbrasserie Amazon Beer *(plan A2,* ***61****) : dans l'Estação das Docas, bât. 1 ; le plus à gauche quand on regarde les anciens docks depuis la rue. ☎ 3212-5401. Tlj 17h-minuit (plus tard w-e).* Toujours du monde sur cette immense terrasse dont une moitié est à l'intérieur et l'autre sur les quais, face au fleuve. On y sert la délicieuse bière *Amazon*, légère et subtilement mousseuse, déclinée en 7 variétés – dont une à l'*açaí*. Dès 20h, il y a un petit *couvert* pour les musiciens qui jouent sur la plate-forme mobile au-dessus des tables.

Boteco das Onze *(plan A2,* ***62****) : Casa das Onze Janelas, praça Frei Brandão. ☎ 3224-8599. À côté du forte do Presépio. Tlj à partir de 12h (mer-sam jusqu'à 2h-2h30).* Ce bar-resto assez chic, intégré au palais restauré des Onze Fenêtres, donne, depuis la terrasse arrière, sur le fleuve. Bien reposant en journée, le lieu change de peau le soir, à partir de 21h, lorsque des groupes locaux viennent se produire sur la petite scène *(couvert 6-10 Rls).* On peut y manger, mais c'est assez cher. Attention, les mineurs sont interdits après 17h !

Pub Cosa Nostra *(plan C2,* ***65****) : trav. Benjamin Constant, 1499. ☎ 3241-1068. Tlj 12h-4h.* Un quart de siècle déjà que ce pub existe. *Happy hours* avec pianiste de 18h à 20h et concerts dès minuit. Musique différente tous les soirs, mais c'est le mardi, jour du rock, qu'il y a le plus de monde. On danse alors où on trouve de la place, en haut comme en bas.

The Old School Rock *(plan C1,* ***64****) : rua Antônio Barreto, 200. ☎ 3212-8171. Tlj sf dim-lun 18h-minuit (3h ven-sam). Couvert après 30 mn passées sur place : 5-10 Rls.* Dans le quartier très animé le soir de la travessa Almirante Wandenkolk, ce pub-resto tourne à plein régime, surtout en fin de semaine. Sa devise : *Rock is good for you !* Tubes classiques live dès 22h30 ou 23h (1h le week-end), qui font guincher, malgré le peu d'espace, une clientèle bien échauffée par la bière. Très bonne ambiance. On peut aussi y manger des petits plats.

Tout près de l'*Old School Rock*, le **Dom Bar** *(trav. Almirante Wandenkolk, 1003 ; plan C1,* ***67****)* est un peu le royaume de la *Skol* : la terrasse sur la rue est blindée en fin de semaine. Autre option pour écluser une (bonne ou moins bonne) bière, ***Chopp Devasa*** : *juste à côté, à l'angle d'Antônio Borreto.* Happy hours *jeu-sam 19h-22h.*

Plus haut sur la travessa, au carrefour de l'avenida Senador Lemos, on butte sur deux incontournables de la nuit belenense. Côté pile, le très cool ***Modesto*** *(plan C1, **70**)* affiche une belle terrasse et une déco tendance baroque. Concerts en fin de semaine. Côté face, l'incontournable ***Roxy*** *(plan C1, **69**)*, un bar-resto veillé par une Mona Lisa obèse et un écran géant, où les jeunes friqués de la ville aiment à se montrer sur leur 31. Tenue pimpante de rigueur pour attendrir le videur.

Fiteiro *(plan C1, **66**) : av. Visconde de Souza Franca, 555. ☎ 3224-0075.* Émanation d'un resto-bar de Recife, le *Fiteiro* arbore un même look soigné, avec ses fils noués à l'entrée, ses messages-tableaux à la Ben et sa myriade de TV aux murs. Musique live vers 19h le dimanche, 22h ou 23h les vendredi et samedi (*couvert* musical environ 7 Rls). C'est alors que le lieu s'anime vraiment, quand les familles ont plié bagages.

Templários *(plan B1, **71**) : 28 de Setembro, 1155. ☎ 3224-4070. Jeu-sam 20h-4h.* Couvert *10-30 Rls.* La déco de maison de grand-mère, au mobilier dépareillé, sert d'écrin à des groupes locaux oscillant entre *MPB*, rock, *cúmbia* et autres sons latinos. Concerts à partir de 22h (23h en fait) pour une foule tendance trentenaires célibataires *overdressed.*

Casa do Gilsom *(hors plan par B3, **63**) : rua Padre Eutíquio, 3172. ☎ 3272-7306. Excentré, prendre un taxi. Ven 19h30-2h, w-e 14h-3h (1h dim).* La façade plutôt discrète cache un hangar à l'ambiance chaleureuse – peut-être le plus typique et le plus populaire des bars musicaux de Belém. À l'honneur : samba et *choro (MPB)* portés par des groupes venus de tous les horizons. Tous les grands y sont passés. Venez de préférence le dimanche (musique à partir de 15h).

Mormaço *(hors plan par A3, **68**) : pass Carneiro da Rocha, 1, par la rua do Arsenal. Jeu-dim 18h-4h (1h dim). Entrée : 5-15 Rls.* À côté du *Mangal das Garças*, par une allée qui part sur la droite. On longe alors un canal avec de vieux bateaux... avant d'arriver dans cet immense espace en bois, sur pilotis. Alternance de musique live et DJ (pop rock, reggae, *electronica*, samba, *carimbó* et autres musiques régionales), le tout dans une ambiance de folie !

Achats

Quelques endroits à Belém proposent un peu d'artisanat d'Amazonie. Celui des Indiens de la forêt bien sûr, mais surtout la céramique dans le style des Indiens marajóaras. Elle est travaillée en bas-relief ou peinte en rouge et noir ou en brun et beige. Pour le reste, faites plutôt vos achats à Santarém et Manaus.

Au ***mercado Ver-o-Peso*** *(plan A2)*, une section propose un choix d'objets artisanaux à prix raisonnables. Sinon, il y a le centre artisanal du ***museu de Gemas do Pará*** (lire la rubrique « À voir »), plus cher mais proposant des objets de meilleure qualité (copies de poteries précolombiennes, boîtes, animaux en bois, céramique, bijoux, sacs...). Le dimanche matin, sur la ***praça da República*** *(plan B2)*, un marché artisanal rassemble plein de petits stands dans une excellente ambiance.

Orion *(plan A2, **80**) : trav. Frutuoso Guimarães, 270, juste à côté de l'hôtel* Fortaleza. *Lun-ven 8h-12h, 14h-18h ; sam 8h-12h.* Boutique où l'on fabrique et vend des parfums artisanaux (bois de rose, jasmin, patchouli...), des essences et des savons parfumés que l'on retrouve dans tous les marchés de la ville.

À voir

Praça da República *(plan B2) :* au cœur de la ville, l'esplanade est occupée par un grand parc et veillée par le vénérable *theatro da Paz* (voir ci-dessous), petite folie datant de la période du boom du caoutchouc. On y trouve aussi un joli kiosque à musique rétro, les pavillons néoclassiques rose et brun du théâtre expérimental et de la bibliothèque, et une grandiloquente statue de la Liberté offerte par la France.

Theatro da Paz (plan B2) **:** *pr. da República. ☎ 4009-8750. • theatrodapaz.com.br • Visite (en portugais et anglais) ttes les heures, mar-ven 9h-12h, 14h-16h ; sam 9h-12h. Durée env 40 mn. Entrée : 5 Rls ; gratuit mer.*
Inauguré en 1878, le théâtre ramène à l'ère fastueuse du caoutchouc. Folie des grandeurs... Il pouvait accueillir 1 100 spectateurs, alors même que la ville comptait à cette époque moins de 50 000 habitants ! D'abord baptisé *theatro Nossa Senhora da Paz,* en commémoration de la fin de la guerre avec le Paraguay, il se vit confisquer le « Notre-Dame », l'évêque estimant que l'édifice, qui n'abritait jamais aucune manifestation religieuse, ne le méritait pas !
Comme à Manaus, tout a été importé d'Europe : lustres, chandeliers et miroirs français, marbres italiens, mosaïques portugaises, fer forgé britannique... Seuls les papiers peints n'ont pas résisté : ils se décollaient en raison de l'humidité et les murs ont donc été peints pour donner l'impression d'en être couverts ! Le grand lustre, lui, est américain ; il prend la forme du *Victoria amazonica,* ce nénuphar géant de l'Amazonie dont les feuilles atteignent 2,50 m de diamètre. De nombreux autres ornements évoquent le milieu naturel local. C'est en particulier le cas du superbe plafond peint (par un Italien), où Artémis figure, fièrement, en train de chasser dans la forêt amazonienne !
Au parterre, les vénérables chaises canées ont été conservées, chacune aérée par une bouche de ventilation. Des marches, spécialement plaquées de bronze, mènent à la loge de l'Empereur, au 1er étage – qu'importe s'il ne vint jamais... Plus de bronze pour grimper au-delà ni de décor floral sur les plafonds : ces détails étaient réservés aux plus aisés. La visite mène ensuite à la salle des pas perdus, puis sur le grand balcon dominant la place. La façade n'est pas d'origine : elle a été modifiée en 1904 pour mieux répondre aux canons néoclassiques !
Concerts de jazz, orchestre philharmonique, danse... le théâtre accueille des spectacles plusieurs fois par mois (janvier excepté). Ils sont fréquemment gratuits, profitez-en ! *Les billets se retirent le j. même au guichet, à partir de 9h (mar-ven 9h-18h, sam 9h-12h, dim 9h-11h).* Attention à la clim, très froide.

LE NORD, L'AMAZONIE

Estação das Docas (plan A2) **:** *av. Castilho França. ☎ 3212-5525. • estacaodasdocas.com.br • Tlj 10h (9h dim)-minuit (1h mer, 3h jeu-sam).* Il s'agit d'anciens docks du début du XXe s, rénovés dans un esprit très contemporain plutôt réussi, avec vitres fumées et structure métallique rouge. Même les anciennes grues jaunes ont été conservées. Tout en longueur, ce vaste complexe se compose de trois bâtiments : le no 1, le plus proche du marché Ver-o-Peso (voir ci-dessous), abritant des bars, dont la micro-brasserie citée dans la rubrique « Où boire un verre ? » ; le no 2, qui comprend plusieurs restos un peu chic (notamment le *Lá Em Casa,* voir « Où manger ? ») et un glacier réputé (voir « Où s'offrir une bonne glace ou une pâtisserie ? ») ; et enfin le no 3, parfois fermé car consacré aux expositions et aux foires. C'est aujourd'hui le rendez-vous préféré de la classe moyenne belenense, et un bel exemple de revalorisation du patrimoine architectural de la ville.

À deux pas, travessa Frutuoso, l'***igreja das Mercês*** *(plan A2)* a été fondée dans les premières années de la colonisation et rebâtie au milieu du XVIIIe s. Siège d'un violent combat entre révoltes *cabanos* et forces loyalistes en 1835 (600 morts !), elle a subi de nombreux outrages. On verra surtout, dans la chapelle à droite de l'entrée, les étonnants ex-voto en forme de tête en cire ! Dehors, les pavés de la petite place proviennent du Portugal. Ils servaient à lester les bateaux qui revenaient à vide.

Mercado Ver-o-Peso (plan A2) **:** *av. Castilho França, entre l'Estação das Docas et le port de pêche.* Son appellation, « voir le poids », remonte à la période coloniale, lorsque les contrôleurs du roi venaient vérifier le poids des

marchandises pour prélever les taxes. Le Ver-o-Peso incarne l'esprit de la ville : mélange de constructions baroques et Art nouveau, coiffé de 4 tourelles d'angle, il exhale tous les parfums et couleurs de l'Amazone dans la lumière dorée du matin. Les lève-tôt seront récompensés : le moment le plus animé se situe vers 7h, lorsque les bateaux multicolores déchargent le poisson sur les quais voisins. À 10h, le marché a déjà changé de visage ; des métiers, des corporations ont disparu pour laisser la place à d'autres, et à la foule des acheteurs. On y trouve bien sûr une grande variété de fruits et légumes exotiques, mais aussi, tout autour de la halle principale, des stands de jus et de petits plats chauds, des vendeurs de crevettes séchées, de farine, de plantes médicinales et de... philtres d'amour. *Atrativo do amor, talismá de felicidade, viagra natural...* tous les cas sont prévus. Essayez donc les os d'épervier contre la malchance ou les yeux du *boto* (pauvre bête !) pour retrouver un amour perdu...
– En face, le grand bâtiment beige de style néo-Empire abrite le ***marché à la viande.*** L'intérieur, avec ses structures métalliques de style Art nouveau et son petit escalier en fer forgé s'élançant harmonieusement vers le ciel, a été joliment restauré.

Praça do Relógio *(plan A2)* **:** *entre le marché Ver-o-Peso et la praça Dom Pedro II.* Cette place encadrée de vieux bâtiments colorés est baignée, côté nord, par les eaux du port de pêche. Au centre se dresse une horloge lumineuse de 12 m de haut surmontée d'une girouette (la Big Ben locale), construite en 1931. À l'époque, on installa aussi des lampadaires publics, les premiers du Brésil à fonctionner à l'électricité.

Praça Dom Pedro II *(plan A2)* **:** cette vaste esplanade signale l'entrée dans la vieille ville, où se juxtaposent petites maisons portugaises couvertes d'azulejos, hôtels particuliers de la Belle Époque, églises et bâtiments coloniaux – le tout parfois extrêmement décrépit. La place, où se retrouvent les amoureux le soir sur les bancs publics, est dominée au sud par le *palais du Gouverneur* (1762), premier édifice néoclassique du Brésil, qui abrite le *museu do Estado* (voir plus loin). Peu après se dresse le *palais de la Préfecture,* bâtiment bleu clair de style « Empire brésilien », où s'est installé le *museu de Arte* (voir aussi plus loin). Au nº 62, le bel édifice de l'ancien *Instituto Histórico e Geografico do Pará* est entièrement recouvert d'azulejos. De l'autre côté, à l'angle de 13 de Maio et Portugal, un hangar abrite un tram restauré – il est parfois de sortie le week-end.

Museu de Arte de Belém *(plan A2)* **:** *praça Dom Pedro II, dans le palais de la Préfecture (palácio Antônio Lemos). ☎ 3114-1028. Mar-ven 10h-18h, w-e 9h-13h. GRATUIT.* Siège de l'hôtel de ville, le palais Antônio Lemos (ou palais Azul), bâti au XIXᵉ s, abrite aussi un musée d'art pas inintéressant. À l'étage, dans les anciennes salles d'appart bien restaurées, on découvre une collection de peinture et de mobilier illustrant l'apogée belenense de la Belle Époque – quelques jolies pièces Art nouveau y côtoient des objets néoclassiques et « impériaux ». Petites expos temporaires au rez-de-chaussée.

Museu histórico do Estado do Pará *(plan A2)* **:** *praça Dom Pedro II, dans le palais du Gouverneur (palácio Lauro Sodré). ☎ 4009-9831. Mar-ven 10h-18h, w-e et j. fériés 10h-16h. Entrée : 2 Rls ; gratuit mar.* Le palais, bâti entre 1762 et 1772 par les Portugais, abrita la résidence du gouverneur jusqu'au début du XXᵉ s et son bureau jusqu'en 1994. Il a été largement rebâti en 1903-1906 à la demande du gouverneur A. Montenegro et redécoré alors par le Français Joseph Cassé dans un style orientaliste, avec moult mosaïques italiennes d'inspiration néobyzantine. Le résultat est résolument éclectique – ce que reflètent pêle-mêle le bien nommé *Salão Ecléctico,* le *Salão Império,* de style Empire français, et le *Salão Renascença,* au plafond en acier moulé, égrenant les dates les plus importantes du Brésil et du Pará ! Les différentes pièces servent d'écrin à des collections de mobilier, de lustres en cristal et de souvenirs de l'époque du caoutchouc. On voit aussi une petite *chapelle,* où débutait jadis le *Círio de Nazaré* (voir plus loin « Fête »), et l'immense tableau de Parreiras (1907) intitulé *Conquista do Amazonas* (Conquête de l'Amazonie).

Museu do Círio (plan A2) : *praça do Relógio. ☎ 4009-8842. Tlj sf lun 10h-18h (14h w-e). Entrée : 2 Rls ; gratuit mar.* Ce musée détaille l'histoire de la *fête du Círio,* qui rend hommage à Notre-Dame de Nazaré (voir « Fête », plus loin). Amusant : les objets réalisés par les dévots pour le « char à miracles », par exemple un frigo pour pouvoir se nourrir, une maison pour pouvoir se loger, un pénis pour... on vous laisse deviner !

Museu de Arte sacra (plan A2) : *praça Frei Caetano Brandão, s/n. ☎ 4009-8802. Tlj sf lun 10h-18h (14h w-e). Entrée : 4 Rls ; gratuit mar.*
La visite commence par l'église Saint-Alexandre et se poursuit par l'ancien palais épiscopal attenant, rénové, qui met en valeur une belle collection d'art religieux.
– *Igreja de Santo Alexandre :* bâti au XVIIIe s par les Jésuites dans un beau style baroque, le sanctuaire a été fermé pendant un demi-siècle, perdant l'essentiel de ses peintures et dorures. Résultat ? Des intérieurs d'une rare sobriété, faisant ressortir le travail du bois – chaires très ouvragées en cèdre rouge, beaux retables, etc. Notez les petites loges réservées autrefois aux nobles pendant les offices, tandis que les Indiens restaient en bas et que les Noirs n'avaient tout simplement pas le droit d'entrer... La sacristie a conservé son plafond peint.
– *Le palais épiscopal* regroupe, à l'étage, la collection d'art religieux dans une succession de salles savamment éclairées. Au gré de la visite, vous remarquerez une étonnante *Nossa Senhora do Leite,* qui allaite Jésus avec un sein ostensible – l'une des deux seules représentations du genre existant au Brésil. La salle du fond met en valeur, dans une forte pénombre, le travail de l'argent ; bougeoirs, calices, couronnes et autres ciboires. À l'extérieur, des lanternes de procession.
La visite se termine au rez-de-chaussée, par une salle d'expositions temporaires et une section présentant un fort bel ensemble d'amulettes précolombiennes (nombreuses grenouilles).

Catedral da Sé (plan A2) : *praça Frei Caetano Brandão. Lun 14h-19h ; mar-ven 7h30-18h ; sam 7h30-10h, 16h-18h ; dim 6h30-12h, 16h-19h.* Érigée de 1748 à 1782 dans un style baroque, elle évoque un peu un théâtre avec ses loges en hauteur sur toute la longueur de la nef, prolongées par des lampadaires... La façade et les tours doivent beaucoup à Antônio Landi, un architecte italien qui œuvra une quarantaine d'années dans la région – et y mourut à l'âge respectable de 77 ans. L'orgue, français, était le plus gros orgue d'Amérique latine lorsqu'il fut installé en 1882. Sur la place, quelques belles maisons aux balcons en fer forgé ramènent à des temps révolus. Un poète de passage a pu dire : « Tu seras la cause de nostalgies nouvelles... je ne pourrai plus t'oublier, Largo da Sé ! »

Forte do Presépio (plan A2) : *praça Frei Caetano Brandão, en face de la cathédrale. Tlj sf lun 10h-18h (14h w-e). Entrée : 2 Rls ; gratuit mar.* C'est ici que naquit la ville en 1616. Le fortin en bois d'origine fut remplacé en 1721 par la construction actuelle : une simple ceinture de briques enserrant une cour. De vieux canons sont toujours tournés vers le large, sur la terrasse offrant un panorama sur la baie de Guajará. Plus intéressant, l'enceinte abrite le petit ***museu do Encontro,*** bien fait, consacré aux premiers habitants de la région – Indiens puis colons blancs. On y voit même de belles poteries marajóaras et de superbes amulettes grenouilles en jadéite.

Casa das Onze Janelas (plan A2) : *praça Frei Caetano Brandão, à côté du forte do Presépio. Tlj sf lun 10h-18h (14h w-e). Entrée : 2 Rls ; gratuit mar.* Cette « maison des Onze Fenêtres » fut le palais du gouverneur vers 1720, avant d'être transformée en hôpital, puis en *musée d'Art moderne et contemporain* – d'un intérêt très limité. On y trouve un bar-resto avec une agréable terrasse (voir « Où boire un verre ? »). Au pied du palais, amarré à un quai, la ***Corveta Museu Solimões,*** bateau de la marine nationale brésilienne.

LE NORD, L'AMAZONIE

Mangal das Garças (hors plan par A3) **:** *passagem Carneiro da Rocha (à côté de l'arsenal de la marine). ☎ 3242-5052. À env 1 km au sud de la vieille ville, par la rua Dr Assis. Tlj sf lun 9h-18h (dernière entrée 17h45). Entrée : 4 Rls/ attraction ; pass 12 Rls.* Établi sur le littoral ouest, ce vaste parc se dédie à la faune et à la flore de la mangrove du Pará. Outre des aigrettes *(garças)* et des iguanes en liberté, on y trouve une volière avec de jolis oiseaux colorés (dont les fameux ibis rouges), une serre à papillons, une tour d'observation (vue sur les tours de Belém d'un côté et le fleuve de l'autre) et le ***museu Amazônico da Navegação.*** Bénéficiant d'explications en anglais, ce dernier expose pirogue indienne, embarcations *caboclas,* maquettes et objets de marine. Au-dessus se trouve le resto *Manjar das Garças,* qu'on vous recommande vivement pour son superbe buffet à midi (voir « Où manger ? »). Il n'est pas forcément utile de payer le prix de chaque attraction : on voit par exemple aussi bien les oiseaux de l'extérieur que de l'intérieur de la volière...

Museu de Gemas do Pará (musée des Pierres précieuses du Pará ; hors plan par B3) **:** *praça Amazonas. ☎ 33-44-35-26. Tlj sf lun 9h (10h dim)-19h. Entrée : 4 Rls ; gratuit mar.* Cet ancien couvent (1749) restauré hébergea tour à tour un arsenal, une caserne, un hôpital, puis une prison, de 1843 à 2000. On y trouve désormais un musée, qui abrite une très belle expo de pierres brutes ou polies : émeraudes, topazes, opales, améthystes, tourmalines, diamants et autres gemmes provenant des États du Pará, d'Amazonie et du Tocantins. Certaines sont étonnantes, comme le bloc de quartz de 2,5 t de l'entrée ou ce tronc d'arbre fossilisé vieux de 260 millions d'années, scintillant de cristaux. Au début, une petite section archéologique présente aussi des objets des régions de Marajó et du Tapajós – dont de très belles amulettes grenouilles. Le reste du bâtiment abrite de nombreux ateliers et boutiques de joailliers, ainsi qu'une petite cafétéria et un espace de vente d'artisanat (voir « Achats »).

Basílica Nossa Senhora de Nazaré (plan C2) **:** *praça Justo Chermont. Bus Pedreira Condor, av. Nazaré, près de la praça da República. Lun-ven 7h-19h ; w-e 7h-12h, 15h-21h.* En 1774, sur les lieux où un certain Placido trouva une image de la Vierge de Nazareth, on établit une petite chapelle, remplacée en 1908 par la basilique actuelle. On la dit inspirée de Saint-Pierre de Rome. L'intérieur se couvre de mosaïques, le marbre de Carrare resplendit et le balcon en bois sculpté est superbe. En octobre, le sanctuaire est littéralement envahi par des centaines de milliers de personnes à l'occasion de la procession du *Círio* de Nossa Senhora de Nazaré, une des plus grandes manifestations du monde catholique (voir la rubrique « Fête »).

Bosque Rodrigues Alves (hors plan par C2) **:** *av. Almirante Barroso, 2453 ; à 5-6 km au nord-est du centre. Tlj sf lun 8h-17h. Entrée : 2 Rls.* Ce grand parc créé en 1883 serait inspiré du bois de Boulogne... en version sacrément plus tropicale quand même ! Assez semblable au parc Goeldi, il forme un superbe carré de forêt en pleine ville, au sein de laquelle différents enclos et volières présentent tortues, lamantins, alligators et oiseaux. On y croise aussi des agoutis, des paresseux, des iguanes et des bandes de singes saïmiris en liberté. Le dimanche, certains canotent sur le petit étang central.

Fête

– **Círio de Nazaré :** *pdt 15 j. à partir du 2e dim d'oct.* C'est l'une des plus grandes fêtes catholiques du monde, rien que ça ! Rassemblant jusqu'à 2 millions de personnes, elle a été classée en 2013 Patrimoine culturel de l'humanité. Le premier jour est le plus important. La Vierge, aux traits indigènes, est transférée en grande procession (4,5 km) de la cathédrale *(da Sé)* à la basilique Nossa Senhora de Nazaré. Puis, chaque jour, pendant une quinzaine, les Belémois et les habitants de la région (voire du pays tout entier) viennent honorer la Vierge et, le soir, se recueillir à l'occasion de grandes messes. Sur le parvis et les places alentour, bals et fêtes foraines battent leur plein. On y mange alors les meilleurs *maniçoba, tacacá* et *pato no tucupi* de la ville.

EXCURSIONS DANS LES ENVIRONS DE BELÉM

➢ ***Ilha das Papagais :*** *en face de Belém, sur une île de l'embouchure du Guamá.* Cette belle excursion d'une demi-journée est proposée par les agences, notamment par *Amazon Star* (voir « Adresses et info utiles »). On vient vous chercher à votre hôtel avant l'aube (vers 4h30), on traverse le fleuve, puis on attend le lever du soleil... Apparaît alors une petite île recouverte d'arbres et, dans le ciel, des nuées... de perroquets ! Leurs cris sont assourdissants et le spectacle de ces centaines d'oiseaux sur fond de fleuve et de lever de soleil ne vous fait pas, en général, regretter de vous être levé si tôt. Retour vers 8h. Compter 150 Rls. Attention, de septembre à décembre, ces délicats volatiles couvent, l'ambiance est beaucoup plus calme. À cette période, *Amazon Star* ne propose l'excursion que sur demande.

➢ ***Balade sur le Guamá :*** c'est le fleuve qui borde Belém par le sud et se jette face à la ville dans la baie de Guajará. L'excursion proposée par l'agence *Amazon Star* inclut la visite d'un village *caboclo* sur l'***ilha da Boavista*** et une remontée du rio Acará. On y voit le mode de vie des *ribeirinhos* et un peu de faune locale (perroquets, mygales – c'est l'occasion ou jamais d'en prendre une en main !). Durée : une demi-journée, 1 jour, ou 24h avec nuit en bateau (hamac ou cabine) et île aux Perroquets au réveil.

SURFER SUR LA VAGUE

Le pororoca (« grand grondement » en langue tupi), c'est le mascaret, qui se forme lorsque les grandes marées remontent l'Amazone et ses affluents en période de basses eaux. L'une des plus belles vagues, atteignant 3-4 m, se déploie en février-mars sur la Guamá, en amont de Belém. Un festival annuel de Surf est d'ailleurs organisé à São Domingos do Capim... Au programme : une vague de rêve, qui se déroule sur des kilomètres. Oui, mais une vague dangereuse, qui arrache tout sur son passage et charrie son lot de branches et de troncs d'arbres !

Icoaraci : *à 23 km au nord de Belém. Bus « Icoaraci » ttes les 30 mn env, sur la praça da República.* Dans la grande banlieue nord de Belém, Icoaraci regroupe à la fois un vaste parc industriel et un front de mer (Orla) très populaire, au bord du fleuve, avec plage, bars et petits restos servant *tok-tok* (crabes) et poissons grillés. Ambiance sympa, mais on ne viendra pas pour se baigner ! Le quartier de Livramento est, lui, réputé pour ses artisans, spécialisés dans les copies (très réussies) de poteries marajóaras et tapajônicas (de l'ethnie tapajós).
Juste en face d'Icoaraci, l'île fluviale de **Cotijuba** (25 mn de traversée) regarde le temps passer nonchalamment, entre plages de sable, tracteurs-bus et charrettes tirées par des chevaux. Le plus beau ruban de sable est celui de la praia Vai-Quem-Quer.

Ilha de Outeiro : *à 30 km au nord de Belém, passé Icoaraci. Bus devant le theatro da Paz (pr. da República) jusqu'à Icoaraci, puis autre bus pour Outeiro, ou bus direct pour Outeiro de la rodoviária, ttes les 30 mn env.* Une autre destination balnéaire populaire, facilement accessible puisqu'un pont dessert l'île. Au programme : restos de fruits de mer et farniente dans une ambiance bon enfant. Très fréquenté les week-ends.

ILHA DE MARAJÓ

env 250 000 hab. IND. TÉL. : 91

« Le bouclier de l'océan » : tel est son nom en langue marajóara. Voilà une île aussi grande que... la Suisse et qui compte tout juste 250 000 habitants, au cœur même de l'embouchure de l'Amazone. C'est simple, c'est la plus grande île fluviale du monde. Si sa partie occidentale est tapissée de forêts largement impénétrables, l'est se couvre de vastes terres humides et de plages bordées de mangrove, formant des écosystèmes très riches, où vivent cabiais, anacondas et oiseaux à foison – dont l'emblématique *guará,* l'ibis rouge.
Les vastes étendues de cette île sont terres d'élevage pour un énorme cheptel de buffles, en partie regroupés dans d'immenses *fazendas* pouvant atteindre plusieurs dizaines de milliers d'hectares. À la saison des pluies (janvier-juin), l'eau monte, recouvre des territoires considérables. De fin juillet à janvier, c'est la saison sèche, meilleur moment pour découvrir l'île.

UN PEU D'HISTOIRE

Que sait-on des populations précolombiennes de Marajó ? Fort peu de choses, si ce n'est qu'elles ont laissé d'intrigants vestiges, remontant pour les plus anciens à l'an 1000 av. J.-C. Vers le milieu du premier millénaire (la date fait débat), une culture forte émerge sur l'île : la civilisation marajóara. On a notamment retrouvé les fondations de villages en terrasses et des tertres funéraires – qui avaient sans doute aussi vocation à accueillir des constructions à l'abri des eaux de crue. Les maisons collectives, probablement semblables aux *malocas* des tribus de la forêt actuelles, pouvaient semble-t-il héberger jusqu'à 20 familles ; certains murs de greniers avaient 1 m d'épaisseur. Plusieurs archéologues émettent l'hypothèse de la présence de canaux, d'étangs et de terres de culture drainées, mais le limon déposé par les crues en a depuis longtemps gommé la trace. Une chose est sûre : les Marajóaras étaient de grands potiers, comme en témoignent les nombreuses et belles urnes funéraires mises au jour, ornées de dessins géométriques et anthropomorphiques. La culture marajóara s'évanouit vers l'an 1300.
En 1499, 7 ans après la découverte de l'Amérique, le Florentin Amerigo Vespucci longe la côte et découvre l'embouchure d'un grand fleuve qui n'est pas encore nommé l'Amazone. Il évoque une grande île sur l'équateur. Le 26 février 1500, le marin espagnol Vicente Yanez Pinzón atteint à son tour l'embouchure. On pense qu'il a débarqué sur Marajó et qu'il repartit en Espagne avec des Indiens captifs. Progressivement, entre le XVIe et le XIXe s, les Indiens disparaissent. Un des derniers Aruás en vie est signalé à Chaves (sur la côte nord de l'île), en 1877.

PETIT TOPO DE L'ÎLE

L'île est longue d'environ 250 km et large de 150 km en moyenne, mais seul un petit bout, dans la partie est, est véritablement habité. C'est là que se trouvent les quatre agglomérations principales. Du sud vers le nord : Camará (où arrive le bateau de Belém), Joanes, Salvaterra et, juste en face, de l'autre côté d'un gros bras de rivière (qu'on traverse en pirogue ou en bac), Soure, la plus importante des quatre (à 32 km de Camará). Lieu de résidence de la bonne société belenense dans les années 1950, Soure conserve quelques fières demeures de l'époque, semées au long de rues goudronnées ou terreuses ombragées par des manguiers géants lourds de fruits. Difficile de s'écarter de l'axe littoral, car seules quelques pistes, largement impraticables à la saison des pluies, osent s'élancer à l'assaut des terres humides du cœur de l'île. Là, le bateau devient incontournable pour explorer cette immense « Camargue équatoriale » et rallier les *fazendas* (voir ci-après) éparpillées de loin en loin. Les deux tiers ouest de l'île sont, eux, en grande partie inhabités, couverts d'une épaisse végétation et globalement inaccessibles.

LES *FAZENDAS*

Une des particularités de Marajó, ce sont ces fermes immenses, généralement consacrées à l'élevage, dont certaines peuvent couvrir plusieurs dizaines de milliers d'hectares. C'est là que l'on rencontre la plupart des quelque 600 000 buffles de l'île – appartenant à pas moins de cinq races différentes. On peut loger dans une poignée de *fazendas* pour découvrir ce mode de vie bien particulier et profiter alors des activités qu'elles proposent : balades à cheval ou à dos de buffle (si !), en canoë ou en pirogue (le long d'*igarapés*), pêche, observation de la faune et de la flore, etc. Si vous en avez les moyens (en général ce n'est pas donné), on vous conseille d'y passer au moins une nuit.

Arriver – Quitter

En bateau

➢ ***Belém :*** 2 liaisons/j. avec les compagnies *Banav* et *Arapari*, en alternance. Départs de Belém *(terminal hidroviário)* à 6h30 et 14h30 (dim slt 1 départ, à 10h). Arrivée 2h30 à 3h30 plus tard (selon la marée) au petit port de Camará. Billet : 20 Rls en économique, 31 Rls en VIP (salle climatisée). Dans l'autre sens, départs à 6h30 et 15h (dim slt 1 départ, à 15h). Ceux qui sont véhiculés peuvent passer leur voiture sur le bac de la compagnie *Henvil* (voir à Belém « Arriver – Quitter. En bateau »).

➢ ***Pour rejoindre Joanes, Salvaterra et Soure depuis Camará,*** des bus municipaux (7 Rls) et minibus avec AC (12 Rls), comme ceux de la compagnie *Edgar,* attendent les passagers à chaque arrivée de bateau. Les seconds sont plus rapides et plus pratiques car ils empruntent le bac qui relie Salvaterra à Soure et vous déposeront directement devant votre hôtel. Les bus municipaux, eux, s'arrêtent au quai, où il vous faudra attendre le bac gratuit (ttes les 1h à 2h, 5h20-19h20 en sem, 7h20-18h20 le w-e) ou prendre un *popopopo* (pirogue) à 2 Rls (départs quasi constants). De Camará à Soure, compter env 1h de trajet, bac inclus). Taxis et motos-taxis sont présents de part et d'autre de la rivière, à Salvaterra comme à Soure.

Adresses et infos utiles

– *Remarque :* à Marajó, pour contacter par téléphone un correspondant qui se trouve dans une autre agglomération de l'île (par exemple de Soure à Salvaterra), il faut composer l'indicatif 091.

À Soure

Il n'est pas difficile de s'orienter à Soure : les rues, numérotées, sont parallèles au fleuve (la première étant celle qui le borde), et coupées à angle droit par les *travessas,* également numérotées. Attention, en revanche, il n'y a de panneaux qu'au centre même ; passé la 4ª rua et les travessas 13 et 17, il vous faudra bien compter pour vous y retrouver !

ℹ ***Centre d'informations :*** *au niveau de la 1re rue et de la travessa 14 (au bord du rio Paracauri). Lun-sam 8h-16h.*

✉ ***Poste :*** *2e rue et trav. 13. Lun-ven 9h-12h, 14h-17h.*

@ ***Gig@byte :*** *2e rue et trav. 15. Lun-sam 8h30-12h, 15h30-20h.* 2 autres adresses à Soure.

■ ***Banco do Brasil :*** *3e rue, face au marché municipal, entre les trav. 17 et 18.* Pas de change (impossible sur l'île), mais un distributeur pour *Visa* et *MasterCard* (pas toujours très fiable), accessible de 6h à 22h.

■ ***Bradesco :*** *2e rue, 541 (et trav. 16).* Son distributeur est le plus fiable (à condition de prendre celui de gauche !).

■ ***Motos-taxis :*** *face à la Banco do Brasil et à l'arrivée du bac et des bateaux, mais il suffit de leur faire signe dans la rue. ☎ 3741-1177.* Compter 4 Rls pour une course dans le village, 5 Rls si vous en appelez un, plus pour aller aux plages.

■ ***Location de vélos :*** ***Chez Bimba,*** *4e rue, entre les trav. 18 et 19 (à côté du magasin Gonçalves). Ouv 7h-20h env. Compter 10 Rls/j.* Autre option auprès de la *pousada O Canto do Francês* : plus cher *(10 Rls ½ j., 20 Rls/j.)* mais vélos en meilleur état. Une bonne solution pour se rendre aux plages.

À Salvaterra

@ ***Marajoara :*** *av. Victor Engelhard, 495. Lun-sam 8h-22h ; dim 8h-12h, 18h-22h.*

■ ***Location de vélos :*** *à la pousada Bosque dos Aruãs (voir « Où dormir ? Où manger ? »). Compter 20 Rls/j.*

Où dormir ? Où manger ?

À Soure

Casa Alemã : *8e rue, 1975, entre les trav. 16 et 17. ☎ 3741-1234. • bufalobernardo@gmail.com • Doubles sans ou avec AC 80-100 Rls, copieux petit déj inclus.* La maison, plantée dans un grand jardin foisonnant d'arbres fruitiers, abrite tout juste 4 chambres – 2 avec salle de bains et air conditionné, 2 autres avec ventilo et sanitaires partagés. Sans être de grand luxe, elles sont d'un assez bon rapport qualité-prix.

Hotel Inajá : *7e rue, entre les trav. 22 et 23. ☎ 3741-1746. • pousadainaja2008@gmail.com • Double 100 Rls, petit déj inclus.* Certes, l'hôtel est un peu loin du centre et la palissade peinte de l'entrée fait un peu cheap, mais pour le reste, tout est parfait : l'accueil adorable de Fatima, les 11 chambres toutes blanches, claires et impeccablement tenues (avec TV écran plat, AC et frigo) et le minijardin gazonné où s'alanguissent une petite piscine et quelques chaises pour prendre le frais. Bref, un excellent rapport qualité-prix pour ceux qui n'ont pas peur de marcher jusque-là (10 mn environ).

O Canto do Francês : *6e rue et trav. 8. ☎ 3741-1298. 98163-3546. • ocantodofrances.blogspot.com • Double env 160 Rls (réduc en payant cash).* Une belle adresse tenue par Thierry, un photographe ayant bossé dans la pub. Dans une grande maison joliment décorée, il a aménagé une dizaine de chambres agréables et climatisées, avec TV, frigo et sanitaires impeccables, la plupart donnant sur le jardin. On regrette juste le manque de moustiquaires... Possibilité de prendre vos repas sur place (dimanche excepté), à prix raisonnables. Service de laverie et vélos en location. Enfin, pas mal de balades et excursions dans l'île, en collaboration avec un jeune guide francophone compétent (voir plus loin la rubrique « À voir. À faire ») – à pied, en bateau, à cheval ou même à dos de buffle.

Pousada Maruanases (Fazenda Araruna) : *14e rue et trav. 17. ☎ 3741-1474. • pousadamaruanases.com.br • À env 2 km du centre. Double env 150 Rls, petit déj inclus.* C'est une petite *fazenda* en bordure de Soure. Certes, on n'est pas dans le même environnement sauvage qu'aux 2 *fazendas* citées plus loin, mais pour ceux qui veulent expérimenter ce type d'hébergement sans trop s'éloigner, c'est une solution honorable. On y trouve 8 chambres bien tenues, dont 5 dans un petit bâtiment bas tout neuf (avec AC et belle douche vitrée) donnant sur les pâturages, où paissent généralement des buffles. Possibilité d'activités diverses en supplément. Accueil sympathique.

Paracauary Eco Pousada : *av. Prado, 6, Bairro Novo. ☎ 3225-5915. À env 10 mn de moto-taxi au nord du centre. Double 110 Rls, petit déj inclus.* Les herbes folles envahissent le grand terrain épousant la rive du rio Paracauri, jusqu'aux abords immédiats des 8 chambres, installées dans un bâtiment bas ouvrant sur une piscine – plus ou moins propre. Elles sont un peu décrépies, mais encore correctes, avec salle de bains (toute petite), AC et frigo (pas de TV). De toute façon, on ne vient pas ici pour le confort, mais pour le cadre retiré et le charme du ponton en bois dressé sur la rivière, on l'on prend le petit déj et mange de bons poissons.

🏠 |●| ***Casarão da Amazônia :*** *4e rue, 626, angle trav. 9. ☎ 3225-5915. • hotelcasaraoamazonia.blogspot.fr • Resto tlj 11h-14h, 18h-21h. Doubles 160-250 Rls selon saison, petit déj (très moyen) inclus.* Installée dans une demeure bourgeoise bleu outremer de 1948 aux faux airs coloniaux, l'auberge abrite 10 chambres aux noms de fruits – 5 dans la maison principale, confortables et spacieuses mais manquant un peu de charme à notre goût pour le prix, et 5 dans des bâtiments annexes modernes, avec terrasse et salle de bains plus grande (nos préférées). Très jolie piscine et restaurant (spécialité de pizzas les vendredi et samedi).

|●| ***Café de Soure :*** *3e rue, entre les trav. 15 et 16. 📱 98199-6442. Tlj sf dim à partir de 17h-18h. Plats 10-28 Rls.* Le seul endroit de Marajó où l'on peut manger une salade (copieuse) ou une crêpe, concoctée par François, l'autre Français de Soure – qui est également artisan bijoutier. Cuisine simple et naturelle, servie dans une salle soignée ornée de toiles colorées et de jolies lampes pendantes. Bien sûr, il y a aussi le steak de buffle, au beurre aillé, au poivre ou au gorgonzola. Un bon plan.

|●| ***Delícias da Nalva :*** *4e rue, 1051, entre les trav. 20 et 21. 📱 98301-0110. Plats (2 pers) 30-60 Rls.* On a apprécié ce petit resto bien mis, établi à l'orée du salon familial, et sa *fritada de camarão marajóara* ultra-copieuse. Poisson, poulet, viande de buffle et omelettes sont aussi au menu, sans oublier le banquet marajóara pour les affamés ! Le gros pichet de jus frais est excellent et la gentillesse de Dona Nalva fait chaud au cœur. Elle vous demandera sûrement de signer son livre d'or et vous offrira peut-être même un petit cadeau-souvenir...

|●| ***Paraíso Verde :*** *trav. 17, entre les 9e et 10e rues. ☎ 3741-1581. Un peu excentré. Tlj sf lun 12h-19h. Plats (2 pers) 30-50 Rls.* On s'installe sous une grande paillote, ou sur l'une des tables en plastique semées à l'ombre d'un grand arbre, au cœur d'un jardin touffu (d'où le nom). Quelques minutes plus tard, Dette arrive sourire timide aux lèvres, met gentiment nappe et couvert, puis vous mitonne un bon poisson frit ou un filet de buffle tendre. Les aventuriers peuvent aussi goûter au bouillon de *turú*, ce mollusque en forme de ver qui vit dans la mangrove. Ici aussi, excellents pichets de jus de fruits frais, 100 % purs.

|●| ***Solar do Bola :*** *8e rue, 872, et trav. 9. ☎ 3741-2196. Tlj 11h-14h, 19h-23h30. Plats env 20-30 Rls.* Sandwichs *bem baratos*, pizzas, spécialité de *caldo* (bouillon) de *turú* (voir ci-dessus), steak de buffle, crevettes, crabes, poisson et même *chaudière* (une *caldeirada*, dixit le menu traduit en français !), le choix est vaste, et les prix se tiennent. Cadre tout simple et bon accueil.

À Salvaterra

🏠 |●| ***Bosque dos Aruãs :*** *2e rue, un peu à l'écart du centre. ☎ 3765-1115. Resto tlj 12h-15h, 18h-21h30. Doubles env 90-190 Rls.* Au bord de la baie de Marajó, dans un cadre serein, ce petit hôtel est constitué de bungalows en bois de 2 sortes : d'un côté les classiques, bien équipés mais sans fenêtres (lucarne opaque seulement), de l'autre les suites, spacieuses, avec une véranda tournée face au large. Tous disposent de l'AC et de sanitaires privés. Location de vélos. Bon resto.

🏠 |●| ***Pousada dos Guarás :*** *praia Grande da Salvaterra. ☎ 37-65-11-49. 📱 99902-9723. • pousadadosguaras.com.br • À 1,5 km de piste de la route principale, à l'entrée sud de Salvaterra. Double env 200 Rls (250 Rls pour 4 pers), petit déj inclus.* Située à l'extrémité sud de la praia Grande, dans un coin tranquille, face à la baie de Marajó, la *Pousada dos Guarás* est l'hôtel le plus chic de l'île. Les chambres, confortables et spacieuses, sont installées dans des bungalows au toit de tuiles rouges semés sur un terrain gazonné aux beaux arbres – qui pourrait, cela dit, être un peu mieux tenu. Hamacs pour se prélasser, bar-resto et piscine. Organise des visites d'une journée dans l'île. Seul hic : une fois qu'on est ici, on est coincé : taxi ou moto-taxi nécessaires pour se déplacer.

Où dormir ? Où manger ailleurs sur l'île ?

Pousada Ventania do Rio-Mar : *4e rue, 3, dans le village de* **Joanes,** *à 21 km de Camará et autant de Salvaterra. ☎ 3646-2067. 99992-5716. • ventaniapousada@hotmail.com • Double env 120 Rls.* La *pousada,* propriété d'une Belge (rarement présente), surplombe superbement la praia Grande de Joanes et la baie de Marajó depuis son promontoire bien ventilé par la brise. Les chambres colorées et à la déco soignée, avec ventilo et moustiquaire, occupent deux bâtiments bas – l'un en bois (notre préféré), l'autre en dur. Le matin, on prend le petit déj dans un espace ouvert, avec le bruit des vagues en fond sonore. Restauration possible. Sinon, il y a des petits restos sur l'agréable plage en contrebas (préférez le *Sales*). Des bus relient Joanes à Camará et à Salvaterra le matin et le soir seulement.

Fazenda Nossa Senhora do Carmo : *☎ 3241-1019. 99112-6875. • carmocamara.com.br • Sur résa, transfert possible en barque à moteur depuis Beiradão. Pour s'y rendre de Camará, prendre le bus de* Nhonho *ou de* Transarari *(départ à chaque arrivée du bateau de Belém, env 10 Rls). Sinon, transfert possible de Camará à Beiradão en voiture (60 Rls pour le véhicule jusqu'à 4 pers). Compter 350-390 Rls/j. par pers en pens complète (base 2 pers).* Au cœur d'un domaine de 6 600 ha, comptant 2 700 zébus, 250 buffles et 150 chevaux, la *fazenda* de la famille Dias mérite un séjour d'au moins 2 nuits. Claudio et Circe, très accueillants, parlent un peu le français. On loge soit dans la maison principale datant de 1906, restée en l'état avec son mobilier d'origine et ses bibelots (4 chambres y partagent 2 salles de bains), soit dans une annexe plus moderne (toutes les chambres y ont une douche). Le confort reste modeste, mais qu'importe, on vient avant tout ici pour se ressourcer au contact d'une nature sauvage, à l'écart de toute civilisation. De plus, on y mange très bien ; tout, ou presque, est fait maison ou provient de la *fazenda.* Promenades à cheval ou à dos de buffle dans le domaine, balades en forêt à la découverte de la faune locale (toucans, hoatzins, *capivaras,* jacarés...), des plantes médicinales, et même de vestiges archéologiques. Tours en pirogue aussi. Certes, ce n'est pas donné, mais tous les repas et activités sont compris.

Fazenda Sanjo : *☎ 3228-1385. 99116-3291. • sanjo.tur.br • À env 35 km au nord de Soure par le rio Paracauary (50 mn en canot à moteur). Compter 800 Rls/pers pour un pacote de 3 j. (en fait 2 j. ½) et 2 nuits, transfert depuis Soure, repas et activités inclus (base 2 pers). CB refusées.* Une autre *fazenda* à l'écart de tout, au milieu d'une vaste plaine typiquement marajóara. Dès l'arrivée en barque, on vous conduit à cheval jusqu'à la maison principale, qui abrite une poignée de chambres simples mais convenables, avec salle de bains, ventilo et quelques touches de déco. Ici encore, nombreuses activités en pleine nature : outre les traditionnelles balades à pied, à cheval, à dos de buffle ou en barque (dans les champs inondés et les *igarapés*), on peut participer au rassemblement des buffles en fin de journée ou assister à une démonstration de dressage. Au programme aussi : pêche aux piranhas et, dans un autre registre, séances de relaxation. Carlos, le proprio, est un vrai cordon-bleu et se fera un plaisir de vous régaler durant votre séjour !

Achats

Curtume Art' Couro Marajó : *dans la 1re rue du nouveau quartier, proche du centre (demander, les habitants connaissent). Tlj sf dim 8h-12h, 14h30-19h (18h lun et mer).* Une boutique d'articles qui sentent bien bon le cuir de buffle, tenue par la même famille depuis 4 générations : sacs (en cuir de testicules...), portefeuilles, selles (pour nos lecteurs cavaliers...) et beau choix de sandales et tongs inusables. Prix très abordables. Possibilité de visiter l'atelier. Le cuir prend sa teinte caramel après un bain dans une décoction de racines de palétuviers (les arbres de la mangrove).

Arte Mangue Marajó : *trav. 23, entre les 12e et 13e rues. Un peu excentré, prendre une moto-taxi. Tlj sf dim 8h-12h, 13h30-19h.* On peut y voir travailler la céramique à la manière des anciens Marajóaras, réalisée à partir d'argile local et de pigments naturels d'oxyde de fer. Pas très cher. Également quelques objets en bois, un peu plus onéreux. On s'attendra à ce que vous achetiez quelque chose.

Plus au centre, à côté du marché, dans la 3e rue, entre les travessas 18 et 19, la coopérative **Soma** *(Pretinho da Bacabeira)* propose un petit choix d'artisanat varié : objets en cuir de buffle, jouets en bois, poupées en patchouli, bijoux en graines et écailles, céramiques, sans oublier les crânes de *gorijubas* (un poisson) en forme de crucifix, très prisés des Brésiliens !

À voir. À faire

Salvaterra : cette petite ville de plus de 20 000 habitants, située à 28 km au nord de Camará (45 mn de bus) s'enorgueillit d'une belle plage animée le week-end, avec une kyrielle de bars et de restos en bordure de la baie de Marajó.

Soure : *à 4 km au nord de Salvaterra, sur la rive nord du rio Paracauary.* C'est la ville principale de l'île (près de 25 000 habitants), mais elle conserve l'aspect d'un gros village, avec des rues et *travessas* goudronnées ombragées par des manguiers géants. On y croise buffles et chevaux sans licou... À l'angle de la 1re rue et des travessas 16 et 17, belle vue sur le large bras d'eau avec, au premier plan, les bateaux de pêche. C'est à Soure que la route s'arrête. Au-delà, seule une piste continue vers le nord, jusqu'aux plages sauvages bordées par endroits de mangrove.

BUFFLE À TOUT FAIRE

L'île de Marajó serait peuplée de près de 600 000 buffles, dont les premiers, dit la légende, seraient arrivés à la suite du naufrage d'un cargo voguant vers la Guyane. À chaque buffle son usage. Certains fournissent la viande, d'autres le lait, d'autres, comme les grands carabaos originaires des Philippines, la force motrice. En périphérie de Soure, il n'est pas rare de croiser le buffle-poubelle tirant sa charrette... En revanche, la police montée à dos de buffle ne sort plus que pour les grandes occasions. Le reste du temps, le 4x4 se révèle quand même bien plus pratique !

Les plages : elles sont nombreuses à border la baie de Marajó, sur la côte orientale de l'île. La marée basse découvre de longues étendues de sable fin, qui disparaissent presque entièrement à marée haute. De Soure, on rejoint aisément à vélo la **praia Barra Velha** (à 3 km) en suivant le prolongement de la travessa 14. Au niveau de la guérite demandant un droit d'accès aux photographes (10 Rls), on peut souvent voir de gros groupes d'ibis rouges et d'aigrettes au côté des buffles. L'accès à la plage, très sympa, se fait par une longue passerelle en bois

suspendue au-dessus de la mangrove (attention aux tarentules !). La plage en elle-même n'a rien d'extraordinaire, avec ses multiples paillotes offrant un coup à boire. À 1 km au nord, la piste atteint la ***praia do Araruna,*** avec d'autres restos de bord de mer.
À environ 13 km au nord de Soure, la ***praia do Pesqueiro*** est atteinte par la route partant dans le prolongement de la travessa 34 (tout au nord de la 3e rue). C'est l'une des plus fréquentées le week-end, avec bars et paillotes. Négocier avec une moto-taxi pour y aller, ou louer un vélo. Au-delà, à 1h30 de marche, on atteint la communauté de pêcheurs de Ceú et sa plage sauvage.
À Salvaterra, il y a la ***praia Grande da Salvaterra,*** plus petite que les autres malgré son nom et surtout plus urbanisée, qui attire pas mal de jeunes Brésiliens le week-end. On lui préfère, plus au sud, la belle et large ***praia Grande de Joanes*** – plus sauvage, mais aussi avec son enfilade de petits restos de plage.

➢ L'île offre de bien belles ***balades*** au cœur d'une nature sauvage, riche en faune et surtout en oiseaux, dont le plus emblématique est l'ibis rouge (leur envol groupé est un spectacle franchement magique et inoubliable !) : balades en barque sur des petits bras de rivière à travers la mangrove et, mieux encore, dans les *fazendas,* comme celle de **Bom Jesus** (7 000 ha), pas très éloignée (15 mn). C'est un véritable sanctuaire d'oiseaux, de buffles, de chevaux, singes et autres cabiais, évoluant dans un paysage plat gorgé d'eau. Sachez toutefois que la chasse se pratiquant largement à Marajó, la plupart des animaux ont tendance à décamper à l'approche des hommes...
Si vous cherchez un guide francophone ou un moyen de transport, contactez Thierry de la *pousada O Canto do Francês,* il organise tout cela sérieusement. Pourquoi pas, sinon, contacter vous-même la proprio de la *fazenda* : Dona Eva (Abufaiad), qui parle bien français, trouvera un de ses *fazendeiros* pour vous accompagner. ☎ *3741-1243.* 📱 *99616-6999.*

ILHA DE ALGODOAL

env 2 000 hab. IND. TÉL. : 91

Amoureux de simplicité et de nature vierge, voici un endroit pour vous ! À 170 km au nord-est de Belém, cette petite île semble voguer dans un autre monde, où le temps n'est guère compté. Ici, pas de voitures, les déplacements se font à pied ou en charrettes tirées par un cheval... Certes, la fée Électricité est arrivée depuis quelques années, mais tout reste paisible à souhait – sauf durant les fêtes, lorsque l'île est prise d'assaut par les habitants de Belém.
Algodoal a grosso modo la forme d'un triangle de 12 à 15 km de côté. Elle n'est séparée du continent que par un chenal, au sud, mais on y accède en bateau par l'ouest, depuis la petite ville de Marudá, au terme d'une traversée de 40 mn à peine. Outre son côté bout du monde, l'attrait de l'île réside surtout dans ses immenses plages de sable blanc, bordées par endroits de dunes recouvertes d'anacardiers et d'*agiru.* L'intérieur de l'île, lui, abrite une brousse maritime peuplée d'une faune variée : perroquets, ibis rouges, iguanes (appelés *camaleon* en portugais), singes...
– ***Meilleure période :*** la saison sèche (moins d'insectes... et de pluie), entre juin et décembre. Février et mars sont les mois les plus arrosés, pas idéaux évidemment pour se dorer la pilule, sans parler des moustiques qui abondent.
● *algodoal.com* ●

Arriver – Quitter

En bus et en bateau

➢ ***De Belém :*** prendre un bus pour Marudá depuis le *Terminal rodoviário,* avec *Rápido Excelsior* (☎ 3249-6365). 4-5 départs/j., à 6h, 9h, 12h30, 14h30 et 16h30. Dans le sens Marudá-Belém, départs à 7h, 12h, 15h et 17h. Trajet : 3-4h. Billet : env 23 Rls. Il existe aussi des minibus privés (*vans,* 25 Rls), plus rapides (2h30) et confortables, mais aux horaires assez aléatoires (certains ne partent que quand ils sont pleins) ; se rendre à la gare routière le matin pour en trouver.

– Une fois à la gare routière de Marudá, il faut prendre un taxi (7 Rls) ou marcher (env 1,5 km) jusqu'à l'embarcadère, situé à 1 km au sud du front de mer. Bateaux Marudá-Algodoal, lun-jeu à 9h, 11h, 13h30, 15h et 17h30, ven-dim à 9h, 10h30, 12h30, 15h, 17h30 et 20h30 (sf dim pour ce dernier). Dans l'autre sens, lun-jeu à 6h, 8h, 10h30, 13h30 et 15h (plus 17h ven-dim). Les j. fériés et pdt les vac de juil, traversées quasiment en continu. Prix du billet : env 8 Rls. Traversée en 40 mn, sur une mer souvent un peu agitée (regardez s'il y a des dauphins !).

– À Algodoal, des carrioles à cheval attendent les passagers sur la plage, située à 10 mn du village. Vous n'irez en réalité pas moins vite à pied, mais si vous êtes chargé, c'est pratique (compter 10 Rls/charrette).

Où dormir ? Où manger ? Où boire un verre ?

Nous vous indiquons les prix ayant cours en général, c'est-à-dire hors périodes de grande affluence sur l'île : Nouvel An, carnaval, Semaine sainte, 2de quinzaine de juillet et 7 septembre (Fête nationale). Durant ces périodes, non seulement les tarifs sont plus élevés, mais il faut aussi généralement prendre un *pacote,* c'est-à-dire un séjour de minimum 2 ou 3 nuits.

De bon marché à prix moyens

Il y a quelques aires pour le ***camping*** sur l'île, mais elles ne sont ouvertes qu'en période touristique. On peut en revanche planter sa tente dans le jardin de bon nombre de *pousadas* (contre un maigre forfait) et en utiliser les sanitaires.

Pousada Paraiso do Norte : *face à la mer, à env 1 km du débarcadère. Tourner à gauche dans la rua Bertoldo Costa au niveau de la* Pousada ABC *(pas de panneau). ☎ 3854-1155. Doubles sans ou avec sdb env 40-60 Rls.* On aime bien cette *pousada* rivée face à la mer, à côté d'un bar sur pilotis très sympa pour boire une bière en regardant le soleil se coucher. Les 11 chambres sont toutes simples mais bien propres, avec juste une moustiquaire, un ventilo et des sanitaires communs bien tenus. On peut aussi accrocher son hamac sur le grand balcon. Attention, en fin de semaine, le bar peut être bruyant.

Bar de la Marine : *rua Bertoldo Costa, 10. 📱 98311-3963. Tlj 11h-13h30 et à partir de 17h. Hamac 10 Rls ; camping 25 Rls ; chambres 40-70 Rls. Plats 16-40 Rls.* Jean-Mi est un drôle de gars. Casquette de marin vissée sur la tête, ce natif de l'île d'Yeu, où il fit autrefois la pêche, se réinventa tenancier de bar et de boîte aux Antilles, puis en Guyane, avant de se laisser dériver vers Algodoal – une île, encore. Les mauvaises langues affirment qu'il ne parle pas un mot de portugais... Qu'importe ! Il concocte sa terrine du chef, sa bouillabaisse, des spaghettis aux *sarnambis* (sortes de coques) et autre poulet-coco. En prime, du *Ricard* et, à 100 m de là, une maison à louer, en entier ou en pièces détachées, avec un balcon pour pendre son hamac, un carré de gazon pour planter la tente (avec douche extérieure) et 2 piaules – celle de l'étage, pour 2 personnes, tout en bois, avec ventilo et plusieurs fenêtres donnant sur le large, est de loin la mieux. Accès éventuel à une cuisine un peu datée.

Pousada Ponta do Boiador : *rua Bertoldo Costa, après le* Bar de la Marine. *☎ 3279-0060. • boiador.*

com • Doubles 130-150 Rls, petit déj inclus. Voici, croyez-le ou non, le seul hôtel d'Algodoal implanté sur le rivage. Cette agréable structure en bois abrite, sur 2 niveaux, des chambres pas très grandes mais très convenables, avec TV, frigo, clim, salle de bains et, surtout, un balcon face à la mer. Resto en saison, bercé par le ressac – du moins à marée haute.

Pousada Marhesias : *rua Bertoldo Costa, 47. ☎ 3854-1129. • pousadamarhesias.com • Resto tlj 12h-14h, 19h30-22h30. Compter 130-180 Rls pour 2, bon petit déj inclus. Plats 19-35 Rls, pizzas (2 tailles) 35-51 Rls.* Bergo, le jeune patron, ex-rocker et peintre de talent, parle bien l'espagnol et son épouse l'anglais. Las de la ville, le couple a aménagé ici 4 bungalows en dur bien équipés (petite véranda avec hamac), à l'arrière du restaurant, et 2 chambres plus chères mais très spacieuses, vraiment tout confort (TV satellite, belles salles de bains). N'hésitez pas à manger au resto, même si vous ne logez pas à la *pousada* : la cuisine est soignée et copieuse ; spécialité de pâtes et de pizzas à pâte fine.

Pousada Chalés do Atlântico : *rua Bertoldo Costa, 33. ☎ 3854-1130. Compter 120 Rls pour 2 et 170 Rls pour 4.* En face de la *pousada Ponta do Boiador,* ce petit complexe précédé d'un restaurant aligne une série de bungalows colorés autour d'un minijardin. L'ensemble est plutôt bien arrangé et lumineux, avec tout le confort, mais on trouve tout de même les lieux un peu trop bétonnés.

Restaurant Ilza : *rua Bertoldo Costa. 98268-9855. Entre le* Bar de la Marine *et les* Chalés do Atlântico. *Plats (1-2 pers) env 35-60 Rls.* Ce petit resto tout en bois est tenu par une gentille famille. La cuisine est copieuse et bien préparée : *bife, peixe,* poulet, crevettes ou encore *sarnambis* (coques). Les plats sont servis avec haricots, riz et purée.

Où dormir à Marudá ?

Au cas où vous prendriez le dernier bus de Belém et seriez obligé de loger à Marudá, voici une adresse :

Pousada Santa Barbara : *av. Euvaldo da Gama Alves, 3. ☎ 3466-1401. Dans la rue principale, à 100 m de la gare routière, en direction du front de mer. Double env 80 Rls, petit déj inclus.* Entourée d'un jardin, la maison, en brique brute, abrite 12 chambres carrelées bien propres avec AC, TV, frigo et salle de bains. Petite piscine. Le proprio tient une autre *pousada* à deux pas, de qualité équivalente, *Tao Tao (☎ 3466-1576).*

À voir. À faire

➢ Juste au nord du village s'écoule un petit *igarapé.* Franchissez-le en barque (ou à pied presque sec à marée basse) et continuez 10-15 mn jusqu'à la Ponta do Boiador en longeant la côte. Là, au pied de grosses dunes, débute la ***praia da Princesa,*** étendue sur environ 15 km. Quelques cabanes de guingois et restos, généralement fermés hors saison, se plantent dans le sable.

➢ En remontant l'*igarapé* qui sépare le village de la *praia da Princesa,* on peut rejoindre le ***lago da Princesa.*** On raconte qu'une sirène y attire les hommes. Gare à vous ! Vous aurez davantage de chances de voir des ibis rouges...

➢ D'autres activités sont possibles : ***excursions ornithologiques*** dans le sud de l'île, au cours desquelles, avec de la chance, vous verrez aussi singes ou tatous, et ***excursions en bateau*** vers les villages de Camboinha et Fortalezinha, situés sur la côte orientale. Adressez-vous à la *pousada Marhesias,* qui peut organiser tout ça pour pas trop cher, ou demandez à Jean-Mi, qui vous mettra en contact avec un guide francophone.

LE NORDESTE

• Cartes *p. 398-399 et 477*

Le Nordeste est formé de neuf États alignés sur 3 500 km de côtes. D'ouest en est se suivent les États du Maranhão, Piauí, Ceará, Rio Grande do Norte, Paraíba, Pernambuco, Alagoas, Sergipe et Bahia. C'est une immense région aux multiples facettes, offrant une grande variété de paysages : dunes de sable du parc dos Lençóis Maranhenses, canyons et plateaux tabulaires de la Chapada Diamantina, plages innombrables bordées de cocotiers le long du littoral, paysages de mangrove en arrière-plan ou le long du delta des Amériques, mais aussi vastes terres arides du Sertão. C'est aussi dans le Nordeste que vous sentirez le cœur du Brésil caraïbe et *caboclo* battre au travers de nombreuses fêtes populaires et manifestations culturelles et religieuses.

Sur tout le littoral, on trouve une zone fertile de 100 km de large, abondamment arrosée, où poussent canne à sucre, coton et cacao. Puis, avant d'aborder le Sertão, s'étendent des régions d'élevage et de cultures moins nobles : manioc, tabac, haricots.

Vaste dépression aride, le Sertão s'étend donc au sud et à l'ouest des États côtiers et au nord du Goiás. Les rivières et fleuves sont à sec la moitié de l'année. La végétation se réduit à des épineux rabougris (la *caatinga*), quelques cactus et aux *juazeiros,* petits arbres qui donnent la seule tonalité verdoyante dans cet environnement désolé, gris et brûlé.

Cette région se caractérise aussi par de grosses poches de pauvreté aggravée par les sécheresses périodiques. Les cultures sont en grande partie liées aux caprices du temps. Pire que la sécheresse cependant, ici sévit le système latifundiaire. Le contrôle de la terre et de l'eau par une minorité de propriétaires terriens et de grands industriels est la cause principale de la pauvreté nordestine. Ce n'est pourtant pas la surface qui fait défaut, mais 70 % de la terre appartient à 4 % de gros propriétaires. Dans la région coexistent côte à côte des structures traditionnelles et des industries et agro-industries modernes. La concentration des revenus aggrave le cadre d'isolement et de pauvreté de la majorité de la population.

La croissance incontrôlée des villes, dès le début de la dictature militaire en 1964, est une conséquence directe de la déstructuration agraire et de l'aggravation de la concentration des richesses. Malgré les changements survenus dans le Nordeste au cours des cinquante dernières années, la situation sociale de la région est encore mauvaise. Selon l'Indice de développement humain (IDH) de l'ONU, les neuf États nordestins présentent des résultats inférieurs à la moyenne brésilienne. Parmi les dix plus petits IDH du Brésil, huit se situent dans le Nordeste.

UN PEU D'HISTOIRE

Le cycle du sucre

Historiquement et économiquement, le Brésil est né au Nordeste. La culture de la canne à sucre, exploitée de façon extensive dans les États du Pernambuco et de Bahia pendant près de deux siècles, a généré une forme d'organisation économique et sociale particulière : l'*engenho,* ou « moulin à sucre », dont il subsiste aujourd'hui encore de nombreuses caractéristiques dans les *latifundias,* et qui a marqué les rapports sociaux de façon définitive. La main-d'œuvre principale était formée d'esclaves noirs, les Indiens ne présentant pas suffisamment de résistance. Ils vivaient dans des conditions très dures et misérables. Les tâches plus techniques, moins pénibles, étaient confiées aux métis, les *mulatos,* mieux traités. On disait à l'époque : « Le Brésil est l'enfer des Noirs, le purgatoire des Blancs et le paradis des *mulatos.* »

Au XIXe s, le Sud du Brésil se mit à la canne à sucre, les cours chutèrent et beaucoup d'*engenhos* furent ruinés, faute d'alternative à la monoculture de la canne. Cela ne fit qu'accélérer la concentration de la propriété et le pouvoir de quelques familles de latifundistes et propriétaires d'usines de raffinage. Les *coroneis* devinrent industriels, et leur puissance sur les institutions s'accrut jusqu'à aujourd'hui.

Les *quilombos*

Mal nourris, épuisés, les esclaves noirs des *engenhos* devaient aussi subir des châtiments corporels inhumains comme la *novena,* punition infligée pour le vol d'un quignon de pain, qui consistait à être fouetté pendant 9 nuits d'affilée. Aussi les évasions étaient-elles nombreuses. Les esclaves se réfugiaient à l'intérieur des terres et formaient des *quilombos,* communautés indépendantes capables de se défendre et d'organiser l'évasion d'autres esclaves. L'État d'Alagoas possédait la plus grosse concentration de *quilombos.* L'un d'entre eux comptait jusqu'à 10 000 maisons. La résistance de leurs habitants fut longue et héroïque. Les colons portugais durent lever de véritables armées, composées principalement de *bandeirantes* déjà rompus aux dures conditions du Sertão, pour éliminer les *quilombos.* Les derniers chefs se suicidèrent plutôt que de se rendre. Les exploits de ces communautés donnèrent lieu à toute une culture populaire, dont la *littérature de Cordel,* des chansons, des pièces de théâtre, etc.

Le *coronel*

Héritier du « seigneur de l'*engenho* », le *coronel* régna – de la moitié du XIXe s jusqu'aux années 1930 environ – sur les terres arides de l'intérieur. L'esclave noir fut ici remplacé par le *caboclo* (métis de Blanc et d'Indien), mieux accoutumé aux dures conditions d'existence du Sertão. À la tête d'une immense exploitation régie par un système patriarcal très hiérarchisé, le *coronel* est un chef de bande lorsqu'il s'agit de piller un voisin plus faible ou de s'emparer de terres convoitées, mais aussi... juge et parfois chef spirituel ou religieux de la région. L'activité principale de ces grandes fermes était l'élevage. En cas de sécheresse catastrophique, le petit éleveur voyait mourir ses bêtes, et son endettement et sa dépendance vis-à-vis du *coronel* augmentaient au point de le rendre à son tour esclave à vie ou d'être obligé de fuir avec sa famille vers d'autres régions pour survivre.

Le *cangaceiro*

Dans ce contexte de misère et de lutte contre la faim est apparu son corollaire inévitable : le bandit de grand chemin, le *cangaceiro,* un Robin des Bois du Sertão, en quelque sorte. En l'absence de justice légale, n'importe qui pouvait être amené à se défendre contre un *coronel* tyrannique et ainsi devenir hors-la-loi.

Une mystique religieuse ou une foi fiévreuse animait souvent les *cangaceiros,* donnant là encore des héros insolites dont la littérature de Cordel raconte les exploits. Un des plus célèbres fut *Lampião,* qui aurait pris ce nom car « le feu de son âme ne s'éteignait jamais », figure légendaire du Pernambuco et du Nordeste. Il serait devenu *cangaceiro* pour se venger du meurtre de son père par la police, à la suite d'une querelle entre voisins.
La question de la réforme agraire est plus que jamais au cœur de tous les enjeux brésiliens et reste un des enjeux majeurs du nouveau gouvernement.

BONNIE & CLYDE BRÉSILIENS

Escorté de sa fidèle compagne Maria Bonita et d'une troupe de 49 hommes armés, Lampião tint tête aux forces de l'« ordre » entre 1922 et 1938 et terrorisa les gros propriétaires. Adoré du peuple et considéré comme un justicier pillant les riches au profit des pauvres. C'était le bandit le plus recherché du Brésil dans les années 1930. Trahi par l'un de ses proches, il fut abattu avec sa femme par la police le 28 juin 1938. Toute la bande de Lampião finit décapitée, et les têtes furent exposées publiquement à Salvador. Son histoire et celle de Maria Bonita ont donné naissance à une véritable épopée dans le Nordeste.

LE NORDESTE

LE LITTORAL DU MARANHÃO AU RIO GRANDE DO NORTE

• Carte *p. 398-399*

LE MARANHÃO

SÃO LUÍS DO MARANHÃO 1 054 000 hab. IND. TÉL. : 98

• Plan *p. 400-401*

À 806 km de Belém et 1 055 km de Fortaleza : du fait de son isolement géographique, cette vieille ville coloniale vécut longtemps de façon discrète, solitaire et besogneuse, loin du tapage du monde. Capitale du Maranhão, São Luís est une étape quasi obligatoire en venant du littoral sud du Nordeste (de Fortaleza) ou en allant vers Belém et l'Amazonie. Concrètement, c'est d'abord une île, car un bras de mer étroit sépare la ville de la terre ferme. Le progrès et les ponts l'ont fait devenir presqu'île. Son faible développement industriel et son isolement ont épargné le centre historique (Cidade Velha), au patrimoine intact mais mal conservé. Partout au fil des rues alternent des images de délabrement et de réhabilitation. Ce centre historique est vraiment intéressant à

découvrir à pied dans la journée : rues pavées et pentues, échappées lointaines sur le fleuve, succession ondulante de toits de tuiles patinées, rongées par l'air salin et le climat humide, façades à azulejos des *sobradões* (maisons bourgeoises de style portugais) ou *casarãoes* (grandes maisons coloniales). Sans oublier la visite d'Alcântara, ville fantôme de l'époque coloniale, que l'on atteint en bateau (1h30). Dans tous les cas, on sent qu'il s'est passé quelque chose d'important et de brillant dans l'histoire de cette ville, mais la roue de la fortune a tourné dans un autre sens, entraînant la cité vers le déclin et la pauvreté. Splendeur déchue ! « Cérémonieuse et paralysée, elle s'occupe du temps qui ne passe pas... », écrit Gilles Lapouge dans un de ses livres.
Pour sauver le patrimoine unique de la ville, le *Projeto Reviver,* un grand programme de rénovation du centre colonial, fut lancé dans les années 1980. Il continue aujourd'hui et a valu à São Luís d'être classée au Patrimoine mondial de l'humanité par l'Unesco. À présent, les travaux de restauration peinent à se mettre en place et sont, du moins, peu visibles...

UN PEU D'HISTOIRE

En 1612, trois navires, toutes voiles dehors, quittent le port de Cancale en Bretagne. Destination : le Brésil. Objectif : créer une nouvelle France équinoxiale. Chef de l'expédition : ***Daniel de La Touche,*** seigneur de La Ravardière. C'est lui qui, la même année, fonde la ville en l'honneur du roi Louis XIII : « Saint-Louis », autrement dit São Luís. C'est la seule ville du Brésil dont le nom soit d'origine française. Les Français ne vont pas rester bien longtemps, à peine 3 ans. Les mousquetaires français affrontent les soldats portugais et finissent par déguerpir. Le rêve de ***France équinoxiale*** s'achève. La France éphémère laisse néanmoins le souvenir d'une colonisation sans esclavage. Les habitants de São Luís se souviennent de cette présence française. Ils vous signalent fièrement que le sieur de La Ravardière possède sa statue devant la mairie. Regardez l'annuaire téléphonique, vous serez surpris par le nombre de « França ».
Par la suite, les ***Néerlandais*** occupèrent la ville de 1641 à 1644, occupation éphémère encore. Pour stabiliser la région, le Portugal crée l'État du Maranhao et du Grand Parà, indépendant du reste du pays. Aux XVIe et XVIIe s, São Luís était plus proche de Lisbonne que de Rio de Janeiro. Le Brésil était formé alors par deux colonies reliées directement à la cour de Lisbonne... De cette époque de splendeur, de cet âge d'or, la ville conserve quelques vestiges glorieux comme le palais du gouverneur, près de la cathédrale.
Longtemps une des villes les plus importantes (au XIXe s, troisième ville du pays, bien avant São Paulo), São Luís connut une vie artistique et littéraire riche et vivante. On la surnommait l'« ***Athènes brésilienne*** ». Elle a produit de grands noms de la littérature et de la poésie : *Gonçalves Dias, Aluiso Azevedo,* et l'un des leaders du courant moderniste dans les années 1920 : *Graça Aranha.* La ***décadence économique*** a commencé pour la ville à la fin du XIXe s, quand les prospères manufactures de São Luís ont été concurrencées par celles de Manchester et des États-Unis, après la guerre de Sécession. « Des décadences brésiliennes, je crois que celle de São Luís est la plus réussie », a également écrit avec humour Gilles Lapouge dans un de ses récits.

SPLENDEUR, DÉCLIN ET RENOUVEAU DIFFICILE

En 2012, São Luís, capitale du Maranhão, a fêté l'anniversaire de ses ***400 ans d'existence,*** mais malgré quelques chantiers de restauration, il reste encore de nombreuses demeures délabrées et vides, aux murs ruinés, aux façades décrépites. Corruption, détournement d'argent, inertie, négligence, incurie, délinquance et insécurité à certaines heures, présence d'un quartier misérable au sud... Pour ces raisons, l'Unesco songeait même à retirer à la ville son prestigieux label...

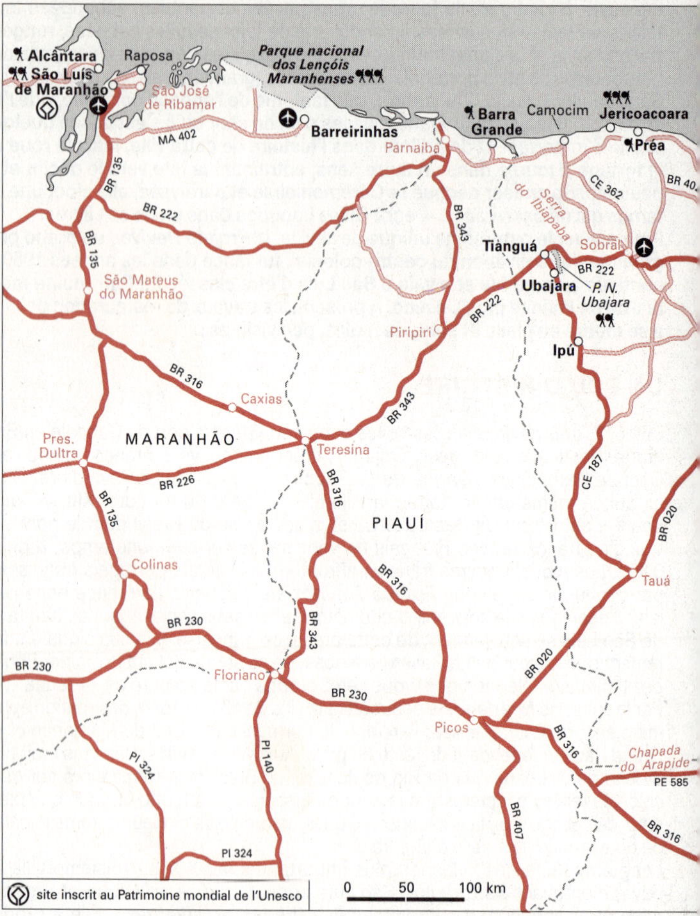

Ce déclin est-il inéluctable ? La principale raison est d'ordre social. Les riches ont déserté depuis longtemps le vieux São Luís pour d'autres quartiers plus confortables. Les familles aisées et la classe moyenne, l'animation et l'activité économique de la ville se sont déplacées vers la partie moderne, à la périphérie et au nord, de l'autre côté du fleuve Anil... En fait, il y a deux villes : l'ancienne et la moderne, deux visages si différents.

Arriver – Quitter

En avion

✈ ***Aeroporto Marechal Cunha Machado*** *(hors plan par C2)* : *av. Santos Dumont ; à 15 km du centre, au sud-est de la ville.* ☎ *3217-6105.* • *infraero.gov.br* • Kiosque d'infos touristiques, bureau de change,

LE LITTORAL DE SÃO LUÍS À RECIFE

distributeurs de billets *Bradesco, HSBC* et *Banco do Brasil* (*Visa* et *MasterCard*), poste et plusieurs agences de location de voitures à l'aéroport, notamment *Hertz* (☎ 3217-6190), *Avis* (☎ 3245-5957), *Localiza* (☎ 3245-1655).

■ **TAM :** *à l'aéroport,* ☎ *3217-6174.* • *tam.com.br* •

■ **GOL :** *à l'aéroport,* ☎ *3217-6214.* • *voegol.com.br* •

➢ Liaisons régulières notamment avec les compagnies *TAM* et *GOL*. Vols pour ***Belém, Santarém, Manaus, Natal, Fortaleza, Salvador, Rio, Brasília, São Paulo*** et ***Recife.***

Pour gagner le centre

➢ ***En taxi :*** au compteur ; compter env 40 Rls pour rejoindre le centre historique. Plusieurs compagnies fiables, fonctionnant 24h/24, notamment *Rodotáxi* (☎ 3243-4242), *Coopertáxi* (☎ 3245-4404) ou *Ligue Táxi* (☎ 3222-2222).

➢ ***En bus :*** pour le centre-ville, prendre le bus *São Cristovão* (sur la gauche

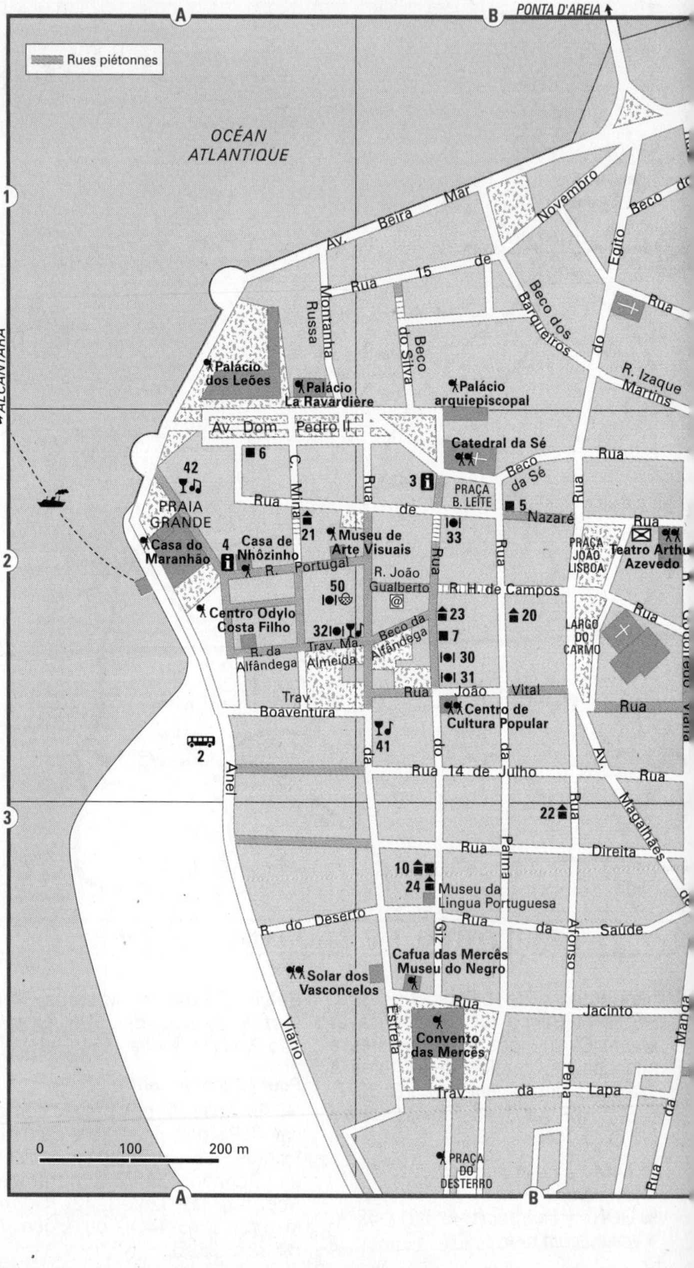
PONTA D'AREIA
Rues piétonnes
OCÉAN
ATLANTIQUE
ALCÂNTARA
Av. Beira Mar
Rua 15 de Novembro
Beco do
Egito
Montanha Russa
Beco do Silva
Beco dos Barqueiros
Rua do Egito
R. Izaque Martins
Palácio dos Leões
Palácio La Ravardière
Palácio arquiepiscopal
Av. Dom Pedro II
Catedral da Sé
Beco da Sé
6
42
PRAIA GRANDE
C. Mina
Rua da
3
PRAÇA B. LEITE
5
Rua de Nazaré
Rua
Casa do Maranhão
4
Casa de Nhôzinho
21
Museu de Arte Visuais
33
PRAÇA JOÃO LISBOA
Teatro Arthur Azevedo
R. Portugal
R. João Gualberto
R. H. de Campos
50
Centro Odylo Costa Filho
32
Beco da Alfândega
23
20
7
LARGO DO CARMO
R. da Alfândega
Trav. Ma. Almeida
30
31
Rua João Vital
Trav. Boaventura
Centro de Cultura Popular
2
41
Rua da Palma
Rua do Giz
Rua 14 de Julho
Av. Magalhães de
22
Rua Direita
10
24
Museu da Lingua Portuguesa
R. do Deserto
Rua da Saúde
Anel Viário
Solar dos Vasconcelos
Cafua das Mercês
Museu do Negro
Rua Jacinto
Rua Afonso Pena
Estrela
Convento das Mercês
Trav. da Lapa
Manga
PRAÇA DO DESTERRO
0
100
200 m
A
B
1
2
3

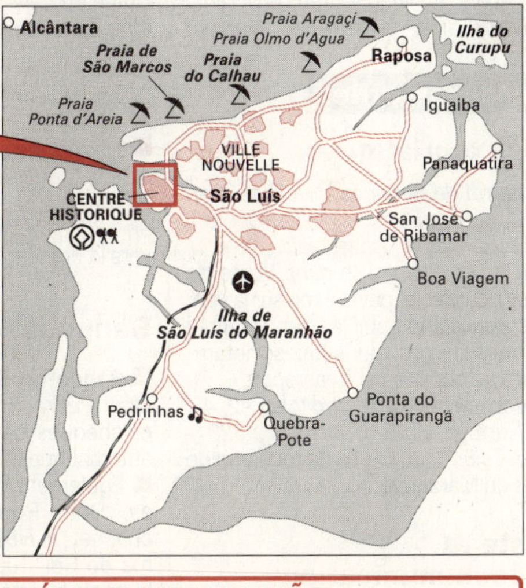

Adresses utiles

- 1 Rodoviária
- 2 Terminal da integração
- 3 Central de Serviços turísticos
- 4 Secretaria de Turismo
- 5 Téléphone international
- 6 Banco do Brasil
- 7 Consulat honoraire de France et Casa França-Maranhão
- 8 Hospital Aliança do Maranhão
- 10 Terra Nordeste

Où dormir ?

- 10 Casa Lavinia
- 20 Solar das Pedras
- 21 Pousada do Porto
- 22 Pousada Colonial
- 23 Pousada Portas da Amazônia
- 24 Casa Frankie
- 25 Pousada dos Leoes
- 26 Pousada Italiana

Où manger ?

- 30 Dom Francisco
- 31 Cantinho da Estrela
- 32 D'Antiga Mente
- 33 Senac
- 34 L'Apéro
- 50 Comedoria de Mercado

Où boire un verre ? Où sortir ?

- 32 D'Antiga Mente
- 34 L'Apéro
- 41 Novo Armazém
- 42 Bar do Porto

Achats. Marchés

- 50 Antigo Casa das Tulhas
- 51 Mercado Central

SÃO LUÍS DO MARANHÃO

en sortant de l'aéroport). Circule tlj, ttes les 30 mn env 6h-21h. Terminus à la praça Deodoro *(plan D2)*. Il vous restera 10 à 15 mn à pied jusqu'à votre hôtel.

En bus

Rodoviária *(gare routière ; hors plan par C2,* ***1****)* **:** *av. dos Franceses, Santo Antônio (à env 10 km du centre historique). Infos : ☎ 3015-4015.* Sur place, petit kiosque d'infos touristiques *(en principe, tlj 8h-19h)*. Pour vous y rendre, prendre le bus *Rodoviária* au **terminal da integração** *(plan A2,* ***2****)* ou sur la *praça Deodoro.* En taxi, env 15-20 Rls. On peut réserver son billet dans certaines agences de voyages du centre. Infos et horaires sur : • *buscaonibus.com.br* •

➢ **Barreirinhas :** avec *Cisne Branco* *(• cisnebrancoturismo.com.br •)*. 4 bus/j., 6h-19h30. Bus modernes et route bitumée. Trajet : env 4h30.

➢ **Belém** *(Pará)* **:** avec Boa Esperança *(• viajeboaesperanca.com.br •)*. 3 bus/j., 2 tôt le mat et 1 vers 19h. Durée : 13h30.

➢ **Fortaleza** *(Ceará)* **:** Avec la Cie *Guanabara*. 2 bus/j., à 8h30 et 17h30. Durée : env 20h.

➢ **Tianguá** *(Ceará)* **:** 1 bus/j. avec *Guanabara*, à 17h30. Durée : env 12h.

➢ **Natal** *(Rio Grande do Norte)* **:** 1 bus/j. avec *Progresso*. Départ vers midi, arrivée le lendemain vers 18h. Durée : env 30h pour 1 588 km.

➢ **Recife** *(Pernambuco)* **:** 2 bus/j. avec *Progresso*. Durée : env 24h pour 1 581 km.

➢ **Salvador** *(Bahia)* **:** 1 bus/j. sf les sam et lun, avec la Cie *Itapemirim* *(• itapemirim.com.br •)*, mais changement à Feira de Santana.

➢ **Rio :** 1 bus les mar, jeu et ven, avec *Itapemirim*. Durée : env 48h... Si vous partez de São Luís un mar à 8h30 du mat, le bus arrive à Rio le jeu à 6h30 du mat. L'avion est préférable.

Terminal da integração *(terminal des bus urbains ; plan A2,* ***2****)* **:** *av. Senador Vitorinvo Freire, à Praia Grande, à 10 mn du centre historique. ☎ 3212-6231.* Pour les bus (bon marché) qui desservent la ville moderne et les environs, notamment la praia do Calhau.

En bateau

Terminal hidroviário *(plan A2)* **:** *av. Beira Mar. Infos : ☎ 3232-0692.*

➢ Bateaux quotidiens pour **Alcântara.** On peut prendre soit le bateau à moteur, soit le catamaran (plus sportif). Durée du trajet aller : env 1h30. Voir au chapitre qui lui est consacré.

Adresses utiles

Infos touristiques

Central de Serviços turísticos *(plan B2,* ***3****)* **:** *praça Benedito Leite (Centro). ☎ 3212-6210. • visitesaoluis.com • Tlj 8h-19h (13h sam, 12h dim).* Vente de cartes postales et petite expo sur la ville, mais peu d'infos sur la ville. D'autres kiosques d'infos touristiques, notamment à la *rodoviária* et à l'aéroport.

Secretaria de Turismo *(plan A2,* ***4****)* **:** *rua Portugal, 165 (Centro). ☎ 3231-4696. Tlj 8h-20h.* Office de tourisme de l'État du Maranhão.

Poste et télécommunications

✉ **Poste centrale** *(plan B2)* **:** *praça João Lisboa, 292. Lun-ven 8h-17h (12h sam).*

■ **Téléphone international** *(plan B2,* ***5****)* **:** Banco do Service, *rua da Nazaré, 227 (Centro). Lun-ven 8h-19h, sam 9h-18h, dim 9h-15h.* Tarifs avantageux vers la France.

Banques, change

■ **Banco do Brasil** *(plan A2,* ***6****)* **:** *av. Dom Pedro II.* Change euros, dollars et chèques de voyage. Distributeurs automatiques.

■ Également une agence **Bradesco** av. Dom Pedro II (distributeur et change) ; la **HSBC** pour la *MasterCard*, rua do Sol, 105 *(plan B2)*, en face de la poste centrale ; et **Banco Itaú,** rua Grande, de l'autre côté de la praça João Lisboa *(plan B2)*, pour la carte *Visa*.

Représentation diplomatique

■ ***Consulat honoraire de France*** *(plan B2,* ***7****) : rua do Giz, 139 (Centro). ☎ 3217-2120. 📱 98882-5002.* Au sein de la *Casa França* où se trouve également l'Alliance française.

Urgences

✚ ***Hôpital :*** 2 établissements privés de qualité, dans le centre et à l'écart :
– ***Hospital Aliança do Maranhão*** *(hors plan par C1,* ***8****) : rua Remedios, 156 (Centro). ☎ 2106-2255.*
– ***UDI Hospital :*** *av. Professor Carlos Cunha, 2000 (Jaracati). ☎ 3216-7979.*
■ ***Pharmacies Redemed :*** *tlj 24h/24.* Il y en a plusieurs en ville, notamment dans rua Grande *(plan B-C2)*, rue piétonne commerçante. Autre adresse : rua da Saúde, 122.
■ ***Police touristique*** *(plan A-B2) : petit kiosque situé rua da Estrela, à côté du restaurant* D'Antigamente, *sur la place.*

Agence de voyages

■ ***Terra Nordeste*** *(plan B3,* ***10****) : rua do Giz, 380. ☎ 3221-1188. 📱 98125-7408. • terra-nordeste.com •* Une agence tenue par Julien, un Français, et son équipe polyglotte. Circuits itinérants à la carte dans le Nordeste, de 3 à 8 jours, axés sur l'écotourisme. Organise notamment un trek de 3 à 5 jours pour traverser le fabuleux parc national dos Lençóis (voir le chapitre qui lui est consacré plus loin).

Divers

■ ***Casa França-Maranhão*** *(Alliance française ; plan B2,* ***7****) : rua do Giz, 139 (Centro). ☎ 3231-6116. • afsaoluis.com.br • Lun-ven 8h-12h, 14h-20h ; et sam mat.* Diverses activités culturelles.

LE NORDESTE

Où dormir ?

Toutes nos adresses sont donc localisées dans le centre historique. Il y a aussi des hôtels dans la ville nouvelle, non loin de la plage, mais on n'en mentionne pas ici.

De bon marché à prix moyens (moins de 130-200 Rls / env 33-50 €)

🏠 ***Solar das Pedras*** *(plan B2,* ***20****) : rua da Palma, 127. ☎ 3232-6694. • ajsolardaspedras.com.br • Compter 35 Rls/pers en dortoir ; double env 80 Rls ; petit déj compris. Réduc avec la carte des AJ. CB refusées.* 📶 Dans un ancien *solar* du XIXe s. Abrite des dortoirs basiques, de 4 ou 6 lits. Les chambres (pour 2, 3 ou 4 personnes) disposent d'une salle de bains. Ventilo et parfois moustiquaire. Éviter celles situées à côté du salon, où la TV peut veiller jusqu'à des heures tardives. Laverie, cuisine en commun.

🏠 ***Pousada Colonial*** *(plan B3,* ***22****) : rua Afonso Pena, 112. ☎ 3232-2834. Doubles env 130-150 Rls, petit déj compris. Réduc hors saison.* 💻 📶 Belle maison coloniale bien rénovée, avec une façade couverte d'azulejos jaune et bleu. Agréable patio autour duquel se répartissent les chambres confortables (salle de bains, téléphone, TV, AC et frigo-bar). Elles sont très classiques et certaines un peu petites. Les voir avant. Celles du côté rue peuvent être bruyantes, les autres sont calmes la nuit. En demander une côté patio intérieur et au 1er étage. Une bonne adresse dans tous les cas.

🏠 ***Pousada dos Leoes*** *(plan C2,* ***25****) : rua 7 de Setembro, 287. ☎ 3312-2540. • pousadadosleoes.com.br • Doubles env 120-150 Rls, petit déj compris.* À l'écart du centre ancien (10 mn à pied), loin de l'agitation nocturne, cette maison récente n'a pas de charme mais elle offre un bon rapport qualité-prix. Suffisamment confortables (douche et w-c, AC), sans déco, les chambres donnent sur la cour à l'arrière, avec plus ou moins de vue et de clarté. Peu importe, c'est propre et calme.

Accueil jovial. Petit déj correct. Une bonne alternative.

Pousada do Porto *(plan A2, **21**)* **:** *rua de Nazaré, 82. ☎ 3221-0793. Double env 120 Rls, petit déj compris.* Bien situé, dans une ruelle un peu à l'écart de l'animation, en plein centre historique. Céramiques couleur beige en façade et intérieur composé d'une dizaine de chambres donnant sur la cour intérieure, au rez-de-chaussée. Pas de charme particulier, mais c'est très propre et bien tenu. Chambres doubles ou triples sommaires mais confortables, toutes avec salle de bains, TV et clim. Petit déj servi sur une micro-terrasse. Cela reste une bonne affaire à ce prix-là. Attention au bruit, la maison est sonore, tout comme la rue.

Pousada Portas da Amazônia *(plan B2, **23**)* **:** *rua do Giz, 129. ☎ 3222-9937. • portasdaamazonia.com.br • Doubles à partir de 190 Rls.* Une demeure du XIXe s très bien restaurée (mais finitions à revoir, comme les douches électriques...). Elle propose une trentaine de chambres joliment décorées. Hauts plafonds, beaux parquets cirés, murs en pierre, déco sobre qui allie avec succès la patine de l'ancien et quelques touches modernes. Petit déj (très médiocre !) servi dans une courette verdoyante. Une adresse de charme au cœur de l'animation. Vendredi soir et samedi soir, éviter absolument les chambres sur rue et celles qui donnent sur la cour à l'arrière, très bruyantes jusqu'à 1h du mat'.

Pousada Italiana *(plan C2, **26**)* **:** *rua 7 de Setembro, 366. ☎ 3254-1140. • pousadaitaliana.blogspot.fr • Doubles env 160-180 Rls selon saison.* Étant donné ses prix, à classer dans les adresses exceptionnelles de la ville. De l'extérieur, la façade en céramique n'indique rien de spécial, l'intérieur est tout autre. Surprise ! On découvre une vaste demeure noble, composée de nombreuses pièces, vieux planchers patinés par le temps, peintures et mobilier anciens, et deux petits jardins intérieurs qui font tout le charme de cette maison. Le propriétaire est italien, le personnel brésilien, on est reçu aimablement. Les chambres sont impeccables et confortables (douche/w-c, AC), et donnent pour la plupart sur le patio-jardin fleuri et verdoyant.

Casa Frankie *(plan B3, **24**)* **:** *rua do Giz, 394. ☎ 3222-8198. • casafrankie.com • Double env 90 Rls ; suite 150 Rls.* Pas de panneau à l'extérieur, les locations à la nuit ou pour plusieurs jours se font par Internet. Encore une autre immense demeure coloniale de charme, ancien bordel de la Belle Époque transformé en maison d'hôtes. Frank, le propriétaire du Danemark, n'est pas toujours là, mais on est reçu par une gentille dame du nom de Julsimara. Chambres impeccables et confortables donnant sur le patio et la petite piscine. Petit déj à la demande. Cuisine à disposition, laverie. Bien pour un couple ou pour une famille. Il arrive qu'un hôte puisse se retrouver seul dans cette grande maison, il aura alors l'impression d'avoir la demeure pour lui seul...

Chic (200-300 Rls / env 50-75 €)

Casa Lavinia *(plan B3, **10**)* **:** *rua rua do Giz, 380. ☎ 3221-1188. 📱 98125-7408. • casalavinia.com • Doubles à partir de 220 Rls.* Superbe maison coloniale (*casarão* du XIXe s) soigneusement restaurée et aménagée avec beaucoup de style et de goût. Seulement 4 chambres à l'étage, avec hauts plafonds, parquets anciens, murs en pierre et meubles de caractère (lits à baldaquin). 2 chambres se partagent une immense et luxueuse salle de bains à l'italienne. Propice à un séjour en famille, tout en gardant son intimité. Les 2 autres sont tout aussi agréables, avec sanitaires privés. On profite librement des beaux espaces communs, notamment la jolie salle de petit déj ouverte sur le patio rempli de plantes. Une atmosphère à la fois classe et conviviale, et beaucoup de personnalité. Bref, certainement la plus belle adresse de charme du centre historique.

LE NORDESTE

Où manger ?

Dans le centro histórico

Bon marché (moins de 40 Rls / env 10 €)

Comedoria de Mercado (plan A2, **50**) : *à l'intérieur de l'Antigo Casa das Tulhas, entre la rua da Estrela et le beco Catarina Mina ; plus connu sous le nom de « Feira da Praia Grande ». Attention, tt ferme à 20h.* Pour une pause déjeuner dans le marché couvert, entre les étals de marchandises, choisir un boui-boui dans la douzaine de cantines populaires : *Do Mauricio, Encontro dos Amigos, Esquina do Reggae, Proteção do São José...* On y mange bien pour moins de 10 Rls. C'est d'ailleurs très fréquenté par les Brésiliens. Voir aussi la rubrique « Achats ».

Dom Francisco (plan B2, **30**) : *rua do Giz, 155. Tlj sf dim, midi et soir.* Vieux murs en pierre et tables recouvertes de nappes blanches, ce resto bien tenu est conseillé le midi pour sa formule *ao kilo.* Le soir, il propose un *prato executivo* à env 10 Rls et 6-7 soupes au choix. À la carte également, des plats de viande et poisson, un peu plus chers mais très bons. Accueil agréable.

Cantinho da Estrela (plan B2, **31**) : *rua do Giz, 175. ☎ 3266-4035. Compter 10-15 Rls/pers.* Juste à côté de *Dom Francisco* et selon le même principe, formule de buffet *ao kilo* le midi et plats à la carte au dîner. Peut-être un peu plus fin et léger que son voisin, en tout cas frais et goûteux. À déguster dans une grande salle aérée, ouverte sur la rue. Dans le même style culinaire, en face, de l'autre côté de la rue, le resto **Crioulas,** lui aussi ouvert sur la rue (prix identiques).

De prix moyens à chic (35-90 Rls / env 11-28 €)

D'Antiga Mente (plan A-B2, **32**) : *rua da Estrela, 220 (Praia Grande). ☎ 3231-3734. Lun-sam 10h-2h.* Dans la journée, c'est calme et provincial, le soir, on est au cœur de l'animation du centre historique ! Les tables envahissent l'agréable petite place pavée. C'est alors un joyeux brouhaha où les meilleurs musiciens se produisent presque tous les soirs *(couvert artístico).* Cette fièvre musicale atteint son sommet les vendredi et samedi soir. On peut débuter par une caïpirinha ou un bon cocktail de fruits. Puis on a le choix : soupes, salades, pâtes, pizzas, viandes, poissons grillés ou plus cuisinés, ou encore *feijoada* (le samedi midi seulement). C'est bon et copieux.

Senac (plan B2, **33**) : *rua da Nazaré, 242. ☎ 3198-1100. Ouv le midi lun-sam, plus le soir jeu-ven. Le midi, formules buffet env 25-30 Rls ; le soir, carte env 50 Rls.* C'est le resto de l'école hôtelière du Maranhão, dans une très belle maison du XVIIIe s restaurée de fond en comble en 2013, avec une nouvelle décoration. Les élèves préparent une savoureuse cuisine à prix sages.

Sur l'avenida Litorânea

L'Apéro (hors plan par C1, **34**) : *av. Litorânea, praia São Marcos. ☎ 3227-8121. En taxi depuis le centre ancien, compter 20 Rls la course. Mer-jeu 10h-1h, ven-sam 10h-2h, dim 9h-22h. Env 30-40 Rls/pers.* Sur une avenue fréquentée par la jeunesse de São Luís, dans l'alignement de bars-restos en bordure de l'immense plage (plus de 7 km), *L'Apéro* se démarque par la qualité et la fraîcheur des produits. Voilà un excellent but de sortie nocturne ! Propriétaire français, serveurs brésiliens aimables et rapides, savoureuse cuisine à déguster sur la terrasse surplombant la plage, dans les fauteuils cosy, propices à une soirée romantique. Poissons et fruits de mer soigneusement cuisinés, filet mignon, poulet sauce au vin rouge, délicieux *petiscos* (amuse-gueules) maison, comme le *caranguejo recheado* (crabe farci) ou les *bolinhos de bacalhau.* Belle sélection de cocktails (4-15 Rls). Musique avec DJ enjoué.

Où boire un verre ? Où sortir ?

Dans le centro histórico

Rua da Estrela *(plan B2-3)* **:** dans le bas de cette rue piétonne, plusieurs **bars-restos** font terrasse commune avec musique *ao vivo.* Avec les 2 ou 3 rues adjacentes, c'est là essentiellement que les noctambules se retrouvent. On peut s'installer notamment à la terrasse du bar-resto ***D'Antiga Mente*** *(plan A-B2, **32** ;* voir plus haut « Où manger ? »), qui est au cœur de l'animation. Un bon point de chute pour une soirée. À ne pas manquer.

Novo Armazém *(plan B2, **41**)* **:** *rua da Estrela, 401. ☎ 3254-1274. Mar-sam de 16h jusqu'aux derniers clients.* Bar musical installé dans une ancienne demeure aux murs de pierre. La salle de concert est à l'étage. Au rez-de-chaussée, 2 bars, dont le *Frida Kalho,* à la gloire de la célèbre peintre mexicaine. Très bonne programmation musicale qui attire beaucoup de monde. Pas mal d'ambiance. Bien pour le début de soirée ou après le dîner.

Bar do Porto *(plan A2, **42**)* **:** *rua do Portugal, 61 (ou rua Trapiche). Ouv env 18h-1h.* Proche de la Rampa, point de départ des bateaux pour Alcântara, voici le bar reggae le plus connu et le plus ancien de la ville. Fait bar en fin d'après-midi et boîte reggae après 21h. Meilleurs *pasteis* (sorte de beignets fourrés) du centre historique. Ambiance très conviviale, mais quartier mal fréquenté la nuit, prudence.

L'Apéro *(hors plan par C1, **34**)* **:** voir « Où manger ? » plus haut.

Achats. Marchés

***Artisanat* :** nombreuses boutiques dans la *rua do Portugal* et le *beco Catarina Mina.* Pas mal de babioles, de pièces de dentelle, de corsages brodés, mais aussi de beaux hamacs, couvertures et objets en vannerie.

Antigo Casa das Tulhas (Feira da Praia Grande *; plan A2,* ***50*****)** **:** *entre la rua da Estrela et le beco Catarina Mina, dans le centre historique.* Un marché alimentaire populaire, on y trouve quantité de produits locaux exotiques : miel d'abeille, huile de *cocobabaçu,* bouteilles d'alcool avec des morceaux de crabe à l'intérieur, manteiga da Garaffa, leite de Janaúba (fortifiant naturel), huile de Pequi (un fruit)... et, bien sûr, une collection de cachaças. Les gosiers entraînés peuvent essayer la *cachaça de mandioca* ou *tiquira* (alcool de manioc), mais c'est costaud ! Petits cigares informes mais délicieux et bon marché. On peut aussi y déjeuner (voir plus haut « Où manger ? »).

Mercado central *(plan C3, **51**)* **:** *à la fin de l'av. Magalhães de Almeida, des bâtiments de béton abritent le marché principal, à 15 mn à pied du centre ancien.* Y aller le matin, beaucoup de couleurs et d'odeurs. Sur le pourtour, échoppes de vannerie, de cuir, de matériel de cuisine et, à l'intérieur, poissonniers, bouchers et maraîchers se partageant les étals. Quelques tables et comptoirs où l'on peut grignoter des plats très bon marché ou se faire presser un excellent jus de fruits.

À voir

***Centro histórico* :** inscrit au Patrimoine mondial en 1997, le centre historique fait l'objet d'une opération de rénovation. L'Unesco a classé près de 5 000 édifices, mais vous verrez qu'une majorité est en ruine ou en très mauvais état. La vieille ville peine à retrouver son éclat d'antan et, vidée de sa population, offre un visage encore bien délabré. Le climat tropical humide n'arrange pas les choses, et la « mauvaise » fréquentation du quartier le soir ajoute à l'impression d'abandon de cette partie de la ville. Dommage, car le vieux centre recèle quelques petits bijoux d'architecture coloniale, à la façade couverte d'azulejos.

Si en semaine le centre historique est très animé, en revanche, le dimanche et les jours fériés, il redevient désert. Et la nuit, à l'exception des périodes de fêtes populaires, il ne reste guère plus que quelques passants isolés. En été, sur quelques places retentissent les rires et les bruissements des terrasses où l'on boit et joue de la musique. Dans les rues *Marcelino d'Almeida* ou *João Vital,* aux alentours du *beco da Sé,* des réverbères dévoilent l'entrée de maisons aux murs patinés par les vents marins... Bref, de quoi flâner agréablement le temps d'une ou de deux journées et d'une nuit, avant de partir explorer Alcântara, le littoral sud ou l'Amazonie.

COMMENT JOINDRE L'UTILE À L'AGRÉABLE...

À São Luís, de nombreuses maisons ont leur façade couverte d'azulejos. Autrefois, on les utilisait dans les cuisines. Puis on a trouvé judicieux de les coller sur les façades afin de protéger les maisons des pluies tropicales. Pratique et esthétique. À admirer notamment rua do Portugal, où se succèdent de beaux édifices couverts d'azulejos.

Au nord de la vieille ville

Catedral da Sé (plan B2) **:** *mar-ven 8h-19h ; sam 8h-12h, 15h-22h ; dim 8h-12h, 16h-21h.* Bâtie à partir de 1690 par les jésuites portugais, en l'honneur de Notre-Dame de la Victoire, sainte patronne de São Luís. À l'intérieur, elle présente un retable doré et richement sculpté, considéré comme une pièce essentielle de la sculpture coloniale brésilienne de style baroque. Remarquez, dans la chapelle de gauche, un œil ouvert dans un triangle, symbole de l'architecte de l'univers, que l'on retrouve dans la franc-maçonnerie.

Juste à côté de la cathédrale, le ***Palácio arquiepiscopal*** *(plan B1-2 ; lun-ven 8h-12h ; GRATUIT).* C'était le collège des jésuites jusqu'à leur expulsion du Brésil en 1759. On peut y voir de faux azulejos, peints en trompe l'œil.

➢ ***Avenida Dom Pedro II*** *(plan A1-2)* **:** belle esplanade qui part de la cathédrale pour s'ouvrir sur la mer. C'est ici que la ville a commencé au XVIIe s. Le choix du sommet de la colline est justifié par des raisons stratégiques et militaires. Les Français s'y installèrent.

Un premier fort fut construit en 1624 à cet emplacement puis démoli pour être remplacé en 1766 par l'actuel ***palácio dos Leões*** (palais des Lions ; *plan A1*). Ce vaste palais de style européen aurait été inspiré par le Trianon de Versailles. Il abrite aujourd'hui le gouvernement de l'État du Maranhao dont São Luís est la capitale. *(Visite slt lun, mer et ven 14h-17h30, w-e 15h-17h30. GRATUIT.)*

À droite de ce grand palais, le ***palácio La Ravardière*** *(plan A1-2)* : il date de 1689 et abrite aujourd'hui la mairie (Prefeitura municipal, ne se visite pas). Devant l'entrée trône le buste en bronze de Daniel de La Touche, sieur de La Ravardière, fondateur de la ville. Lire plus haut « Un peu d'histoire ».

Casa de Nhôzinho *(plan A2)* **:** *rua Portugal, 185. ☎ 3218-9953. • casadenhozinho.blogspot.fr/ • Tlj sf lun 9h-17h30 (12h30 dim). GRATUIT.* Un modeste musée qui évoque les arts et traditions populaires de la région (pêche, travail des champs, artisanat). Ne pas manquer les personnages de théâtre réalisés par Beto Bittencourt et utilisés pour le carnaval. Petite section sur l'artisanat indien. Expos temporaires.

Museu de Artes visuais (plan A2) : *rua Portugal, 273.* ☎ *3218-9938. Tlj sf lun 9h-17h (16h sam, 14h dim). Billet commun avec le* Museu histórico e artístico do Maranhão : *5 Rls.* Dans une superbe maison à la façade couverte d'azulejos. Collection d'azulejos, de dessins et gravures.

Casa do Maranhão (plan A2) : *rua do Trapiche, s/n.* ☎ *3218-9955. Tlj sf lun 9h-17h (13h dim). GRATUIT.* Un musée folklorique entièrement rénové en 2014. Parcours multimédia (en musique) pour découvrir l'histoire, les traditions et le patrimoine artistique du Maranhão. Costumes et instruments de musique, fête du *Bumba-meu-Boi*, tambours de Criola ou de Mina...

Centro de Criatividade Odylo Costa Filho (plan A2) : *rua da Alfândega, à 50 m de l'Antigo Mercado das Tulhas.* ☎ *3231-4058.* Centre culturel abritant un théâtre (nombreux spectacles), un cinéma, une salle de danse et quelques ateliers d'artistes (peinture, sculpture).

FIANÇAILLES BOITEUSES

Au XVIIIe s, les jeunes filles de la bonne société de São Luís annonçaient leurs fiançailles en boitant. Elles claudiquaient d'une manière gracieuse dit-on, marchant dans des bottines aux talons dissemblables, faites chez un cordonnier de la rua da Estrela. C'était l'usage encore à la moitié du XIXe s. Après leur mariage et les noces, ce cordonnier mettait une feuille d'or dans le talon le plus bas pour compenser la différence de niveau. Mariées, elles ne boitaient plus...

Centro de Cultura popular (plan B2) : *rua do Giz, 221.* ☎ *3218-9924. Tlj sf lun 9h-18h (17h w-e). Entrée : 2 Rls.* Dans une ancienne demeure bourgeoise, un joli musée aménagé sur deux étages, consacré à la culture populaire du Maranhao. Au rez-de-chaussée, intéressante collection de costumes et de personnages servant au *Bumba-meu-Boi*, fête typique de la région. Au 1er étage, clin d'œil à la fête religieuse d'Alcântara et expo d'objets indigènes. Au 2e étage, costumes du carnaval de São Luís, expo de marionnettes réalisées par Beto Bittencourt.
Au passage, admirer la vue sur la baie depuis le minuscule balcon. Fin de la visite sous le toit, avec un hommage à *Andor do São Raimundo*, un saint que la ville célèbre le 31 août, mais qui n'est pas homologué par le Vatican. Nombreux ex-voto. Une autre salle rassemble les saints patrons de la ville.

LE NORDESTE

À l'ouest de la vieille ville

Teatro Arthur Azevedo (plan B2) : *rua do Sol, 180.* ☎ *3218-9900. Visites guidées mar-ven 14h-17h. Entrée : 2 Rls.* Théâtre construit par de riches commerçants portugais et inauguré en 1817, il est considéré comme le deuxième plus ancien théâtre du Brésil après celui d'Ouro Preto (Minas Gerais). Il présente une belle façade de style néoclassique. L'intérieur renferme une merveilleuse et élégante salle d'une capacité de 800 places. On pourrait se croire à Venise, à Milan ou à Vienne ! Au cours de la visite, on peut voir le hall de réception, les couloirs, la grande salle et les loges.

Fonte do Ribeirão (plan B-C2) : *largo do Ribeirão.* Jolie fontaine dans les tons bleu et blanc, sculptée et entourée de hauts murs. Construite en 1796 pour approvisionner la ville. Remarquez les barreaux de fer aux fenêtres. Il paraît que c'est l'un des accès aux galeries souterraines du centre historique, découvertes dans les années 1990.

Museu histórico e artístico do Maranhão (plan C2) : *rua do Sol, 302.* ☎ *3218-9922. Mar-ven 9h-17h, w-e 9h-16h. Entrée : 5 Rls. Billet couplé avec le* museu de Artes visuais. *Gratuit 1er dim du mois.* Installé dans une splendide

demeure coloniale de 1836, avec patio et balustrades extérieures. Le musée est divisé en deux parties.
– *Casa Maranhense :* maison typique de l'époque coloniale où sont reconstitués les intérieurs des maisons maranhenses du XIXe et du début du XXe s. Intéressantes collections de mobilier. Dans une vitrine, vous verrez que le propriétaire de l'époque avait reçu la Légion d'honneur française.
– *Museu de Arte sacra :* collection d'art sacré des XVIIIe et XIXe s, provenant principalement de la cathédrale. Remarquez la statue en bois de saint Jean-Baptiste avec le haut du corps creux et amovible, destiné à cacher des pierres précieuses de contrebande...

L'ARBRE QUI CACHE LA FORÊT...

Au XVIIIe s, beaucoup de statues de saints étaient élaborées avec des troncs creux dans lesquels la bourgeoisie cachait des objets précieux pour échapper aux lourdes taxes. Les Brésiliens ont depuis gardé l'expression « saint de bois vide » pour désigner quelqu'un qui fraude.

Au sud de la vieille ville

Solar dos Vasconcelos *(plan B3) :* *rua da Estrela, 562. Lun-ven 9h-18h.* Dans la partie la plus délabrée de la ville (quartier à éviter la nuit). Le palais est très mal entouré, sur sa gauche subsiste un bâtiment en ruine devenu un misérable squat. Par lui-même, le Solar est un beau bâtiment colonial qui abrite aujourd'hui le mémorial du vieux São Luís (expo de belles maquettes du centre historique et de bateaux).

Cafua das Mercês e museu do Negro *(plan B3) :* *rua Jacinto Maia, 34. ☎ 3218-9922. Face au convento das Mercês. Lun-ven 9h-17h. Entrée : 2 Rls.* La façade blanche et nette de cette petite demeure de style colonial contraste avec l'aspect délabré et pauvre de ce quartier. C'était ici que se tenait avant le XIXe s le marché aux esclaves. Au rez-de-chaussée, expo de pièces utilisées dans les rituels afro-brésiliens (les tambours de Mina). Dans le patio, réplique du *pelourinho* (pilori) qui se dressait à l'origine devant l'*igreja do Carmo*. À l'étage, collection d'objets africains : tribus bambara, dogon, senufo...

Convento das Mercês *(plan B3) :* *rua da Palma, 502. ☎ 3231-0641. Mar-ven 13h-18h, et sam mat. GRATUIT.* Grand couvent construit en 1654. Aujourd'hui, c'est l'État du Maranhão qui en est propriétaire. L'immense bâtiment abrite la *fundação da Memória republicana,* qui s'efforce de monter des projets avec des jeunes en difficulté autour de la musique. Il est agréable de déambuler dans les galeries lorsque les notes de musique s'échappent des fenêtres. Quelques expos temporaires et concerts.

Praça do Desterro *(plan B3) :* c'est sur cette place à 200 m plus au sud du convento das Mercês que se trouve la plus ancienne église de São Luís, l'***igreja do Desterro*** *(tlj 9h-17h ; GRATUIT).* Sa construction, débutée en 1641, fut achevée en 1863 grâce à un mécène. En fait, elle fut profanée par les envahisseurs néerlandais en 1641 et reconstruite par les habitants du quartier.

Les plages de São Luís

São Luís a la particularité de connaître le marnage le plus important du Brésil (7 m d'amplitude entre la marée haute et la marée basse). Du coup, à marée basse, elle dispose d'immenses étendues de sable, mais à marée haute, vu le rétrécissement de la plage, c'est l'invasion des sonos poussées à saturation, sans compter les pétarades de tous les engins à moteur. La mer est loin d'être bleue : sans doute les alluvions charriées par les embouchures du rio Pará et de l'Amazone plus au nord sont-elles pour quelque chose dans sa coloration ocre laiteux... mais il semblerait que les égouts de la ville n'y soient pas étrangers non plus !

Praia de São Marcos et praia do Calhau : *le long de l'av. Litorânea ; à env 10 km du centre historique. En bus, direction « Calhau-Litorânea » au terminal da integração (terminal des bus urbains ; plan A2,* ***2****) ; bonnes fréquences. En taxi, compter env 20 Rls pour une course (aller seul) au départ du centre-ville.* Près de 9 km de plage de sable blanc ! Quasi déserte en semaine, mais bondée le week-end. Si vous souhaitez passer une soirée en bord de mer, c'est là qu'il faut aller ; tous les soirs, grosse animation tout au long de la Litorânea : paillotes, bars et restos. Voir notamment *L'Apéro,* plus haut dans « Où manger ? » et « Où boire un verre ? Où sortir ? ».

Fêtes et manifestations

– ***Tambours de Mina :*** rites afro-brésiliens propres à l'État de Maranhão. Ils suivent chaque année un calendrier précis, et les dates sont annoncées dans les journaux et dans une brochure de l'office de tourisme. Les principales fêtes tombent le 20 janvier (en l'honneur de saint Sébastien), le 13 juin (saint Antoine), le 24 juin (saint Jean), les 29 et 30 juin (saint Pierre et saint Marçal), le 19 août (saint Georges-Ogum) et le 26 juillet (Sant'Ana).
– ***Festa do Divino Espírito Santo :*** *de l'Ascension à la Pentecôte.* Événement mi-religieux mi-profane, marqué comme beaucoup de fêtes du Nordeste par les apports africain et portugais (ce qui s'appelle le « syncrétisme religieux », mélange des cultures). Cette fête célèbre la prodigalité de la nature et la bonté de Dieu pour avoir favorisé de bonnes moissons. Elle s'accompagne de messes, de processions et de grands repas. Les thèmes principaux, qui s'interpénètrent, sont la célébration du Saint-Esprit et de l'Enfant Jésus et le couronnement d'un « empereur » parmi les notables de la région. Une des cérémonies les plus colorées réside dans la transmission de la couronne entre l'empereur de l'année précédente et celui nouvellement désigné par tirage au sort.
– ***Tambor de Crioula :*** danses d'origine africaine qui accompagnent toutes les fêtes populaires. Il s'agit d'un dialogue entre les percussions et les chants des hommes et les danseuses aux jupes colorées, les *coreiras.* Contrairement aux autres danses, celle-ci est pratiquée toute l'année, de manière informelle. Elle témoigne de la force de la culture noire africaine dans le Maranhão.
– ***Bumba-meu-Boi :*** *de la 2de quinzaine de mai à fin juin.* Certainement la plus belle fête du Maranhão et la plus appréciée de ses habitants ! Toute la semaine, dans les villages et les quartiers (infos auprès de l'office de tourisme pour les lieux et dates). Les jours les plus animés sont les 24, 29 et 30 juin, qui rappellent le carnaval par leur folie festive. Atmosphère colorée, familiale et bon enfant. Le nom de la fête, Bumba-meu-Boi, signifie « Blesse mon bœuf ». L'histoire, d'origine paysanne, tourne toujours autour du même sujet : une femme enceinte qui manifeste brutalement une envie folle de manger la langue du plus beau bœuf *(boi)* du troupeau. Son mari va donc tuer ce bœuf, mais ne fait que le blesser. Le mari passe en jugement. Il se repent, et le pardon lui est accordé tandis que le bœuf guérit. La représentation dure toute la nuit, et le bœuf en est le héros principal. Fait d'une armature légère en bois recouverte de toile noire richement brodée et de fanfreluches multicolores, le bœuf est animé par un des participants, le *miolo.* La résurrection ou la guérison de l'animal est, bien entendu, prétexte à de grandes réjouissances. Chants et danses s'expriment à l'aide d'instruments de musique typiques du Maranhão : le *sanfona,* le membraphone, les tambours, etc.
– ***Festival de Folklore :*** vers mi-août, à São Luís, en particulier au *Centro de Cultura popular* (le 22 août étant le jour clé).

LE NORDESTE

– ***28 juillet :*** commémoration de l'adhésion de l'État du Maranhão à celui du Brésil en 1823.
– ***8 septembre :*** anniversaire de São Luís. Diverses manifestations culturelles.

DANS LES ENVIRONS DE SÃO LUÍS DO MARANHÃO

RAPOSA

➢ *Bus au* terminal da integração *(plan A2,* **2***). En principe, départs env ttes les heures, à partir de 7h. Trajet : env 1h15.*
Ce village de pêcheurs se trouve à 28 km au nord-est de São Luís, tout à fait à l'extrémité de la presqu'île, le long de la mer. Les habitants, poussés par la famine, émigrèrent du Ceará à la fin du XIXe s et possèdent la particularité de ne s'être jamais intégrés à la population du Maranhão. Le village est plutôt délabré, mais conserve néanmoins son caractère qui présente une unité architecturale insolite. La plupart des maisons reposent sur des pilotis, elles sont en bois ou en boue séchée, avec une toiture de palme. À Raposa, les hommes pratiquent la pêche tandis que les femmes fabriquent des *rendas* (dentelles) d'une grande finesse, à l'aide d'un procédé ancien. Les doigts de la dentellière font passer à une vitesse incroyable les navettes de fil entre des clous plantés dans une espèce de pouf en toile.
On peut se baigner au pied des dunes en face du village, que l'on atteint en bateau. Également quelques restos sur la jetée ou avenida Principal, pour déguster les meilleurs poissons du coin.

ALCÂNTARA 5 700 hab. IND. TÉL. : 98

On se croirait sur une île oubliée du monde et de la modernité. Il n'en est rien. Alcântara est bien sur la terre ferme, même si on y accède en bateau depuis São Luís. Alcântara connut son âge d'or aux XVIIe s et XVIIIe s, avant de tomber en décadence dans la seconde moitié du XIXe s. C'est aujourd'hui une ville fantôme, romanesque, perchée sur un promontoire au-dessus de la mer. Elle conserve les traces de sa richesse évanouie. Le silence des rues y a quelque chose d'étrange. Le temps semble s'y être figé.
La balade d'une journée vaut vraiment le déplacement, afin de goûter l'atmosphère de la ville en déambulant sur la place principale et alentour.
Quelques *pousadas* permettent de loger sur place si vous avez envie de prolonger l'expérience ou si avez raté le dernier bateau pour São Luís !

UN PEU D'HISTOIRE

Fondée en 1634, la ville s'est enrichie grâce à la canne à sucre et au coton pour devenir la capitale de l'aristocratie terrienne de la région. Elle était au XVIIIe s plus importante que São Luís et servait de résidence aux grands propriétaires portugais. La suppression de l'esclavage (1888), la crise du sucre et le développement de São Luís provoquèrent le départ des habitants d'Alcântara, qui abandonnèrent leurs somptueuses demeures.
À la fin du XIXe s, la ville déclina et sombra dans le marasme. Peu à peu, la végétation tropicale reprit le dessus, maisons et églises se dégradèrent et aujourd'hui ne

sont plus que vestiges et ruines, même si quelques belles façades ont su résister aux outrages du temps ou ont été restaurées.

Arriver – Quitter

➢ ***Depuis l'embarcadère de Praia Grande – Cais da Praia Grande*** *(plan de São Luís A2)* **:** *achat des billets au terminal hidroviário, av. Beira Mar.* ☎ *3232-0692.*

– ***En bateau public*** (en bois avec moteur) **:** 2 bateaux assurent la liaison quotidienne São Luís-Alcântara, le *Iate Imperador* et le *Luzitana*. *Billet A/R : env 25 Rls.* Horaires variables. Ils peuvent partir à 8h30, à 11h ou parfois à midi selon les marées. Se renseigner la veille pour connaître le lieu et l'heure de départ. La traversée dure 1h30. Retour d'Alcântara à 14h. Il y a aussi les bateaux *Diamantina* et le *Bahia Star* (plus confortables, avec AC), qui partent tlj à 7h et 9h30 du cais da Praia Grande. Retour d'Alcântara à 8h30 et 16h, et débarquement, selon les marées, au port ou bien sur la plage de Ponta d'Areia.

– ***En catamaran :*** 2 catamarans à voile, le *Lua Nova* et *Carcara,* effectuent la navette entre le port de São Luís et Alcântara. *Billet A/R : env 30 Rls.* Durée : 1h30. Départ de l'embarcadère de Praia Grande *(plan São Luís do Maranhão, A2),* traversée parfois agitée mais jamais dangereuse. Les passagers sont assis dans la cabine, à l'arrière ou bien à l'avant du bateau sur l'habitacle en plastique. C'est à l'avant que l'on reçoit le plus d'embruns et de vagues. Retour d'Alcântara à 14h. Débarquement au nord de la ville, sur une plage du quartier moderne (hérissé de tours) de Ponta d'Areia. Pas très pratique, car il n'y a pas de navettes organisées par la compagnie pour rejoindre le centre-ville. Il faut alors prendre un bus ou un taxi.

Adresse utile

■ ***Banco do Brasil :*** *rua Grande.* ☎ *3337-1275. Lun-ven 9h-12h.* Distributeur accessible 24h/24 (en principe) pour cartes *Visa* et *MasterCard.* Agence **Bradesco** dans la même rue, avec distributeur.

Où dormir ?

De bon marché à prix moyens (moins de 130-200 Rls / env 33-50 €)

■ ***Pousada do Mordomo Régio :*** *rua Grande, 134.* ☎ *3337-1513. Dans la rue qui part à gauche au bout de la praça da Matriz. Doubles env 90-110 Rls selon confort, petit déj compris.* Dans le centre du village, bien située donc et facile d'accès. C'est une vieille maison avec de beaux parquets patinés par le temps et une galerie à l'arrière donnant sur le jardin. Chambres très rudimentaires avec salle de bains intérieure ou sur le palier, avec ventilo ou AC selon le prix. Depuis la véranda, belle vue sur la mer. Rapport qualité-prix très moyen.

■ ***Pousada dos Guarás :*** *praia da Baronesa, à 1,5 km du village.* ☎ *3337-1339.* • *pousadadosguaras@terra.com.br* • *Doubles env 100-150 Rls, petit déj compris.* Éloignée du village (1 200 m), parfaitement isolée, donnant sur une plage, cette *pousada* mérite une escale. Sous les palmiers et les manguiers, au cœur d'un joli jardin tropical, la plupart des bungalows sont loués aux employés de la base aérospatiale, mais le gérant conserve un chalet (pour 3 personnes) et 2 petits bungalows (pour un couple) à disposition des touristes. Chacun avec terrasse privée et hamac. Réservez à l'avance ou tentez votre chance sur place. Possibilité de repas à base de poisson et de fruits de mer. Délicieux jus de fruits avec les produits du jardin comme l'*acerola* ou le *caju.* Jolie plage à proximité (il faut d'abord passer la mangrove avec une barque). Attention toutefois : beaucoup de moustiques en été...

Chic (200-300 Rls / env 50-75 €)

La Maison du Baron : *rua do Sossego, 10. ☎ 3337-1091. 99142-1636. • lamaisondubaron.com • bernard@lamaisondubaron.com • Doubles env 180-210 Rls.* Derrière l'église do N. S. do Carmo, dans la partie haute du village. Un petit hôtel de charme tenu par un Français proposant des bungalows fort bien arrangés, situés dans un jardin tranquille et en pente. Toutes les chambres sont bien équipées, confortables (douche/w-c, AC) et décorées avec soin, certaines ont des lits à baldaquin. Les chambres de luxe (quadruples) portent chacune le nom d'un baron de l'Empire du Brésil. Possibilité de pension complète.

Où manger ? Où boire un verre ?

Restaurante Cantaria : *largo do Desterro, à côté de l'église do Desterro. Tlj 10h-16h. En montant la rue principale depuis le port, c'est sur la droite à 150 m après la petite chapelle das Merces. Plats (pour 2-3 pers) env 45-65 Rls.* Petit resto familial bien situé. Au choix : terrasse couverte donnant sur une jolie chapelle ou petites tables en plastique à l'ombre d'une paillote, avec vue sur le large. La carte, limitée, propose surtout du poisson et des préparations à base de crevettes. Les plats sont pour 2, mais si on est seul, on ne paie que la moitié. Accueil charmant.

Restaurant Alcântara Grill : *rua do Sossego, 10. ☎ 3337-1430. Derrière l'église Nossa Senhora do Carmo, à gauche de la pousada* La Maison du Baron. *Buffet* ao kilo *le midi (env 30 Rls/pers) et le soir à la carte (40-50 Rls le plat pour 2).* Cuisine locale à prix sages, mais peu de choix à la carte. Cette cantine populaire est bien aussi pour boire un verre en terrasse.

À voir

On découvre Alcântara à pied. Pas plus de 20 mn de marche entre les endroits les plus éloignés. Sinon, possibilité de prendre une moto-taxi (trois fois moins cher que le taxi normal). Accrochez-vous bien en roulant sur les pavés !

Praça da Matriz : c'est la place principale, vaste et imposante, l'endroit le plus aéré du village. De l'*église São Matias* en ruine ne subsiste que la façade. À côté se tient le *pelourinho,* pilori où l'on fouettait les esclaves. Sur le côté de la place, l'ancienne prison, qui abrite aujourd'hui les bureaux de la municipalité. Tout autour, les plus remarquables demeures de la ville *(sobradões),* construites par des esclaves originaires d'Angola et de Guinée. On s'installe avec plaisir sur l'un des bancs pour prendre le temps d'observer l'animation (toute relative !) autour de la place.

Casa histórica de Alcântara : *praça da Matriz, à l'angle de la rua das Mercês. Tlj 9h30-16h30 (14h30 w-e). Billet : 2 Rls. Visite guidée (en portugais).*
Belle demeure du XVIIIe s, très bien restaurée et réhabilitée. La façade comporte 13 fenêtres et ouvertures, preuve qu'il s'agissait alors d'une maison bourgeoise habitée par une famille aisée de commerçants portugais. Abandonnée par ses propriétaires au fil des ans, elle fut rachetée et restaurée en 2004 par le Département des musées du gouvernement fédéral du Brésil. C'est un beau témoignage de la vie d'antan au village. L'architecture était adaptée au climat, les fenêtres nombreuses favorisant la ventilation et l'aération naturelles de la demeure. Le commerce se faisait au rez-de-chaussée, tandis que la famille habitait à l'étage. On peut voir une petite pharmacie privée, des meubles de style (dont un beau Psiche, une coiffeuse à glace), deux grands salons de réception et une chambre à coucher reconstituée à l'ancienne. Au dernier étage, des lits

pour malades dans une salle aérée. Photos, documents et objets de l'époque évoquant l'histoire des familles São Bento, Guimaraes et Viveiros ayant vécu ici.

Museu histórico : *praça da Matriz, à 50 m de la Casa histórica. Tlj sf dim 9h-14h. Entrée : 2 Rls.* Musée aménagé dans l'ancienne maison du baron de São Bento. Belle façade ornée d'azulejos. Exposition de photos qui évoquent le vieux Alcântara et qui rappellent également que, non loin de là, se trouve une base aérospatiale qui procède à la mise en orbite de satellites. À l'étage, mobilier d'époque avec, notamment, un fauteuil de Dom Pedro II, placé sous un portrait de Marie de Médicis. Petite expo d'art sacré. On remarquera un christ de 1703 et un remarquable candélabre du XVIIe s taillé dans du jacaranda.

Casa do Imperador : *rua Grande.* Ces ruines de pierre sombre racontent une drôle d'histoire : l'empereur Pedro II du Brésil ayant exprimé le désir de venir à Alcântara, deux seigneurs de la ville décidèrent de construire une maison digne de lui. Mais comme ils se disputaient le droit de recevoir en priorité l'empereur, celui-ci mit tout le monde d'accord en renonçant au voyage, et la maison ne fut jamais achevée. Il en reste des vestiges de chapiteaux en pierre sculptée qui gisent tristement au sol.

Igreja de Nossa Senhora do Carmo : *rua Grande. Tlj 8h-12h, 13h-17h.* Belle église flanquée de deux tours blanches. Sur le côté, le couvent en ruine, érigé en 1665 (certains contestent la date). Admirer l'autel de style baroque.

Fonte da Miritiua : *au bout de la rua Miritiua (15 mn à pied).* Une jolie fontaine de 1747. Voir aussi le cimetière envahi par les herbes.

BARREIRINHAS

env 51 000 hab. IND. TÉL. : 98

Barreirinhas est une petite ville au bord du rio Preguiças qui décrit quelques courbes avant de se jeter dans la mer (à 20 km de la ville au nord). Cette grosse bourgade active est la principale porte d'entrée du somptueux parc national dos Lençóis Maranhenses. Voilà l'étape incontournable où il faut dormir (au moins 2 nuits) et profiter de la journée pour découvrir cet incroyable désert maritime fait de majestueuses dunes de sable ondulantes à l'infini. Prévoir un peu plus de temps si vous souhaitez prolonger votre expérience « dunaire » ou si vous voulez descendre le fleuve en bateau jusqu'à son embouchure et oublier le monde dans les hameaux de Caburé et Atins, perdus sur la lagune.

Arriver – Quitter

En voiture ou en 4x4

➢ ***De São Luís :*** 260 km de route. Prendre la BR 135 en direction de Fortaleza, puis suivre Terezina. Après env 60 km, au village de Bacabeira, prendre sur la gauche la MA 402 (indiquée). Bonne route bitumée. Trajet : 3h30-4h. En taxi : compter min 200 Rls (aller) quel que soit le nombre de passagers.

➢ ***Pour Barra Grande et Jericoacoara :*** compter une bonne journée pour Jericoacoara, et 5h de route pour Barra Grande. 1re option au départ de Barreirinhas : la route asphaltée (env 70 km) entre Barreirinhas et Tutóia. Le 4x4 est recommandé (avec guide/chauffeur). Seconde option : de Barreirinhas, descendre le rio Preguiças en vedette rapide jusqu'à ***Caburé*** à l'embouchure de cette rivière, et de ce village rejoindre en 4x4 ou en buggy la petite ville de ***Paulino Neves*** en passant par les plages. On passe donc dans tous les cas par Paulino Neves (35 km à l'est de Barreirinhas), où il faut prendre un bac qui traverse le rio Novo. Après ***Tutóia,*** route asphaltée jusqu'à ***Parnaíba,*** grosse ville de l'arrière-pays où se trouvent la gare routière et des agences pour louer des véhicules 4x4. De Parnaíba à ***Barra Grande,*** bonne route asphaltée (60 km, env 1h). De Barra Grande à ***Jericoacoara,*** route asphaltée (127 km) jusqu'à ***Camocim,*** où on prend un bac à moteur sur le rio Correau. De Camocim à Jericoacoara (55 km par la côte), cela vaut le coup de louer un buggy à plusieurs et de passer par les plages. Avant d'arriver à Jericoacoara, on passe encore un bac (manuel, tiré par des cordes) sur le ***rio Guriu.*** Il existe aussi une route (env 95 km, bitume et piste) dans l'arrière-pays qui passe par Granja et Jijoca de Jericoacoara.

En bus

➢ ***São Luís :*** avec la Cie *Cisne Branco,* 4 bus/j., 6h-19h30 pour aller de São Luís à Barreirinhas. Trajet : env 4h30. Tarif : 45 Rls. • *cisnebrancoturismo.com.br* •

➢ ***Jericoacoara :*** une belle aventure ! Prendre le 4x4 dit « Toyota » jusqu'à Tutóia. Puis bus jusqu'à Parnaíba, grosse ville de l'arrière-pays qui est un nœud routier. À la gare routière de Parnaíba, prendre un bus de la Cie *Guanabara* pour ***Camocim*** (durée du trajet : 2h30). Possibilité aussi de prendre un bus régulier qui passe par São Luís, long voyage de nuit jusqu'à Parnaíba ou Camocim (départ à 20h et arrivée à 6h à Parnaíba) – ce n'est pas la meilleure formule. À Camocim, prendre sur la place du marché un minibus Toyota pour Jericoacoara (traversée du rio Correau). Attention, pas de transports publics le dim ; il faut donc louer un buggy avec chauffeur. Au total, toute cette expédition revient presque aussi cher que de louer à plusieurs un 4x4 avec chauffeur : env 1 000 Rls le trajet si vous êtes 4 passagers (pas inintéressant, donc).

➢ ***Fortaleza :*** pas de bus direct. Passer par São Luís. Env 2 bus/j. (l'ap-m) avec *Guanabara* ; 16h de trajet en tout.

Adresses utiles

■ ***Banco do Brasil :*** *dans la rue principale. Bureaux ouv 9h-14h en hte saison.* Distributeur acceptant les cartes *Visa* et *Mastercard.* Ne change pas les euros.

@ ***Net Point Lan House :*** *au nº 693 de la rue principale, presque en face de la* pousada Girasol. *Lun-ven 8h-22h ; sam 8h-13h, 15h-22h ; dim 9h-12h, 18h-22h.*

■ ***Excursions aux dunes de Lençóis :*** *avec l'agence* ***Guará,*** *installée au* Porto Preguiças Resort *(voir « Où dormir ? »).* 📱 *99154-5400 ou 99621-8089.* • *guaraecoturismo.com.br* • L'une des premières agences de Barreirinhas, fondée par Aluisio, le patron, qui propose des services de qualité à prix sages. Avec un peu de chance, vous tomberez sur l'un des rares guides du village parlant le français. Pour réserver, pas besoin d'aller à l'agence ; vous pouvez passer par votre hôtel et le 4x4 viendra vous chercher à l'heure dite. *Également* ***Ecodunas :*** *rua Inácio Lins, 164.* ☎ *4654-1200.* • *ecodunas.tur.br* • Agence sérieuse. Mêmes types de prestations.

■ ***Taxis-motos en ville :*** ***Taxi-Moto Coomteb,*** *sur la praça Trabalhadores, au centre.* ☎ *3349-0687 ou 3349-0069.*

Où dormir ?

De bon marché à prix moyens (moins de 130-200 Rls / env 33-50 €)

🏠 ***Pousada do Porto :*** *475, rua Anacleto de Carvalho (rue qui longe l'église sur la droite).* ☎ *3349-0654. Double env 140 Rls avec AC ou ventilo et petit déj complet.* On est accueilli par 2 gentilles dames, très attachées à la propreté de leur petit hôtel. Celui-ci est bien situé, au calme à 200 m de la place de l'église, et juste au bord de la rivière. Chambres rénovées, carrelées, et équipées comme il faut (douche/w-c, AC). 4 d'entre elles (à l'étage) ont vue sur la rivière.

Pousada Lins : *av. Joaquim Soeiro de Carvalho, 550. ☎ 3349-1494. • pousadalins@hotmail.com • Dans la rue principale, juste en face de la place. Double env 180 Rls en saison.* L'un des premiers hôtels du village, situé en plein centre-ville. Les chambres, propres et confortables (AC et TV), donnent à l'arrière sur une courette abritant une petite piscine. Petites salles de bains sombres, mais ensemble bien tenu. Le petit déj est servi dans une pièce bien aérée, avec pas mal de végétation.

Chic (200-300 Rls / env 50-75 €)

Pousada Murici : *rua Domingos Carvalho, 590. ☎ 3349-1192. • pousadamurici.com.br • À env 800 m de la pl. principale. Doubles env 230-280 Rls selon saison ; réduc en basse saison en payant cash.* Une *pousada* très coquette avec un grand jardin verdoyant et fleuri, soigneusement entretenu. Si les parties communes sont décorées et colorées comme dans une maison d'artiste, l'intérieur des chambres est d'une grande banalité, dommage, car elles sont bien équipées. Piscine, trampoline, table de ping-pong, terrasse au bord du fleuve avec possibilité de baignade et balades en bateau. Fait aussi resto *(tlj 11h-21h)*, on prend les repas sous une grande paillote au bord de la rivière.

Pousada Sossego do Cantinho : *rua Principal, nº 2. ☎ 3349-0753. • sossegodocantinho.com.br • Doubles env 240-285 Rls.* À l'écart de la ville : on y accède en prenant un petit bac gratuit et motorisé (il s'appelle *Balsa Cruzeiro*) depuis la rive du rio Preguiças, puis à pied sur une piste de sable (10 mn). On peut aussi venir vous chercher en vedette à Barreirinhas, si vous avez réservé à l'avance. Il n'y a que 4 bungalows dans cette charmante *pousada* tenue par le jovial Mikaël, un Suisse allemand de Zurich, et sa femme brésilienne. Ils sont tous bien aménagés (douche/w-c, AC) et donnent sur le jardin en bordure de rivière. Les repas sont servis sur place, à la demande. Savoureuse cuisine familiale et bien mijotée. Une excellente adresse !

Très chic (plus de 500 Rls / env 125 €)

Porto Preguiças Resort : *estrada do Carnaubal, à env 2,5 km du centre. ☎ 3349-6050 ou 1001. • portopreguicas.com.br • À partir de 490 Rls pour 2.* Au bord du rio Prequiças, une quarantaine de jolis bungalows en brique, dans la végétation tropicale, le tout ressemble à un petit village de vacances organisé autour de sa chapelle. Jolie piscine avec un fond de sable, petite plage privée au bord du rio, paillotes pour se relaxer, sauna, kayak de mer, bateau, resto flottant... Il y a même un terrain de pétanque. Au resto, savoureuse cuisine locale. Du poisson frais et des fruits de mer bien sûr, mais aussi de délicieuses pizzas cuites au feu de bois. Très belle cave à vins.

Où manger ?

De bon marché à prix moyens (moins de 40-60 Rls / env 10-15 €)

Bela Vista : *rua Anacleto de Carvalho, 617. ☎ 3349-1746. À 50 m de l'église, c'est indiqué. Tlj midi et soir.* Petit couloir conduisant à une salle prolongée par une terrasse surplombant la rivière. Endroit idéal donc pour déguster une goûteuse cuisine régionale à base de poisson et fruits de mer, à des prix très raisonnables. On a bien aimé le *peixe frito escabeche a modo da casa* (pour 2). On y sert aussi des pâtes. Service sympathique et efficace. Notre resto préféré à Barreirinhas.

A Canoa : *av. Beira Rio, 300. ☎ 3349-1724. • restaurantecanoa@hotmail.com • Tlj 11h30-15h, 18h-minuit.* Sorte de grande paillote modernisée sur pilotis de bois, avec une grande salle aérée à l'étage. Prendre une table avec vue sur la rivière. La maison est tenue par un Français et son équipe brésilienne. Les suggestions du jour figurent à l'ardoise. On y sert notamment de bonnes pizzas cuites au four à bois, des salades et des pâtes *(massas),* et les plats classiques du pays : *carne do sol,* filet mignon, *camarão*... Une bonne adresse.

Restaurante Barlavento : *av. Beira Rio, 175. ☎ 3349-0627. Tlj midi et soir.* Resto populaire doté d'une terrasse face à la place et la rivière. On y sert une cuisine locale à prix doux, du poisson surtout, à toutes les sauces exotiques (ananas, mangue, fruit de la passion), mais aussi des tapas, plats de crevettes, *carne do sol,* pizzas, etc. Un peu de tout en somme.

À faire

➢ ***Excursions dans le parque nacional dos Lençóis :*** voir ci-après.

➢ ***Balade sur le rio Preguiças :*** *organisée par plusieurs agences en ville (voir « Adresses utiles »). Compter 60 Rls/pers l'excursion en lancha de 12 pers, repas inclus.* On descend la rivière jusqu'à son estuaire en admirant un paysage de mangroves et de dunes (le Petit Lençóis). Cette belle excursion prévoit un arrêt à Vassouras (belle vue du haut de sa dune), un autre à Mandacaru (village de pêcheurs avec un phare toujours en activité). Du haut du phare, superbe vue panoramique sur le parc et l'embouchure du fleuve. Peu après, on atteint le village reculé de ***Caburé,*** situé sur une langue de sable où l'on peut se baigner. On peut y passer la nuit dans la *pousada do Paulo (☎ 3349-9010)* ou bien à la *pousada do Paturi (📱 99608-3032 ou 99618-8363).* On vous recommande de poursuivre la balade jusqu'à ***Atins,*** pour mieux voir l'océan et s'y baigner. Ce petit village très tranquille abrite aussi quelques pensions pour y passer une ou plusieurs nuits. Un bon plan pour les routards amateurs de nature. D'Atins, il n'y a que 30 à 45 mn de marche à pied pour atteindre les dunes du parc dos Lençóis.

➢ ***Survol du parc en avion :*** plusieurs compagnies au départ de Barreirinhas ou de São Luís, notamment *Operatur (☎ 3083-2824 ; • operatur@terra.com.br •), Cururupu (☎ 3244-1511 ; • cururupu@cururupu.tur.br •)* ou *Fenix.*

➢ Possibilité d'excursions également vers le ***delta de Parnaíba.*** Cela permet de rejoindre notamment Barra Grande et le littoral sans passer par les terres. La balade en bateau sur le delta est aussi très agréable et permet d'observer (avec un peu de chance) de superbes ibis rouges, singes, iguanes et autres spécimens du coin...

LE PARQUE NACIONAL DOS LENÇÓIS MARANHENSES

Quand le vent du ciel, le sable de la côte et l'eau de la mer se retrouvent ensemble sous l'équateur, ce n'est pas pour dire des banalités, mais pour donner naissance à des merveilles ! Lençóis est effectivement une des sept merveilles du Brésil ! Victor Hugo avait raison : « Tout ce qui est dans la nature est dans l'art. » Ici, la nature forme une œuvre d'art ! C'est l'un de ces lieux privilégiés où notre planète Terre a généré un paysage exceptionnel.

Sur une superficie de 155 000 ha s'étend un paysage d'une beauté envoûtante et fantastique : d'immenses dunes d'un sable blanc aveuglant, à perte de vue, certaines atteignent 20 à 25 m de haut. Mer de sable blanc attenante à la mer aux eaux bleues ! Ces dunes ondulent comme des draps (d'où le mot *lençóis* en portugais, qui signifie « draps »), sur des dizaines de kilomètres, entrecoupées de centaines de petits bassins d'eau douce et limpide, tantôt bleue, tantôt verte. C'est sans doute l'un des plus beaux endroits du Brésil, en tout cas l'un des plus étonnants. Hormis quelques buissons et taillis tropicaux aux abords des lagunes, peu de vie dans ce désert de sable, si ce n'est au sommet d'une crête ventée, la silhouette immobile d'un zébu ou d'un âne, comme une photo de Colbert. Et puis il y a le silence de cet espace infini, qui, loin d'être angoissant, invite au calme intérieur.

L'océan est assez loin, à plus de 10 km à vol d'oiseau dans les zones les plus reculées. Les plages sont désertes, refuges d'espèces de tortues marines en voie de disparition et d'oiseaux migrateurs. Effleurant les dunes, le rio Preguiças serpente paisiblement au sein de la mangrove avant de rejoindre l'océan.

MER DE SABLE

Sous l'effet du vent, les fameux alizés, les dunes du parc dos Lençóis progressent d'environ 60 m par an. Elles engloutissent tout sur leur passage, y compris les maisons de pêcheurs...

Longtemps oublié et presque confidentiel, ce coin de paradis attire aujourd'hui de plus en plus de monde. Même si l'on regrette parfois la concentration de touristes à certains endroits du parc, la balade à pied dans les dunes avec baignade – en saison – dans un des bassins d'eau douce reste une expérience inoubliable. Il est toujours possible d'explorer certains coins très sauvages dans le parc.

Infos pratiques

– Mieux vaut s'y rendre lorsque les lagunes sont remplies d'eau, de fin mars à début septembre, la meilleure période étant le mois de juillet. Il pleut de janvier à juin.

– Il existe 2 portes d'entrée du parc : Barreirinhas (le plus pratique), mais aussi le village de Santo Amaro do Maranhão.

– N'oubliez pas d'emporter suffisamment d'eau, une crème solaire, un chapeau et votre maillot de bain.

Comment visiter le parc ?

– ***L'excursion classique*** est une balade d'une demi-journée au départ de Barreirinhas. Les agences viennent chercher à leur hôtel les clients ayant réservé. De Barreirinhas à la lisière du parc, le transport se fait à bord d'un camion tout terrain (plus gros qu'un 4x4) contenant une douzaine de passagers assis à l'arrière. Le trajet dure env 30 mn, sur un chemin de sable qui passe à travers une sorte de savane envahie par les buissons et les petits arbres. Les véhicules se garent tous au même endroit, et on continue à pied, avec un guide brésilien (parlant parfois l'anglais, très rarement le français). Les groupes vont jusqu'à la *lagoa Azul* et la *lagoa Peixe,* parfois la *lagoa Bonita.* Baignade prévue, bien sûr, dans les lagunes.

– Il y a ***2 horaires*** distincts pour les excursions : l'une qui part à 9h, l'autre à 14h. Préférez celle de l'après-midi, car la lumière est plus belle, et à certaines périodes de l'année, vous pourrez assister au coucher du soleil. Au total, compter 5 à 6h d'excursion. Même tarif pour toutes les agences : env 60 Rls/pers. Il y a de ***nombreuses agences*** à Barreirinhas qui organisent cette excursion, toutes sur le même modèle. Ça fait donc pas mal de monde à se retrouver pour marcher dans les dunes et faire trempette !

– On peut choisir une ***excursion privée*** en louant un 4x4 avec guide/chauffeur. Compter 350 Rls la demi-journée. Choisissez une agence professionnelle, avec un guide expérimenté et respectueux de l'écosystème. À ce sujet, il faut quand même rappeler que la circulation dans le parc des engins à moteur est formellement interdite, et que tous les 4x4 doivent s'arrêter au pied des dunes.

– On peut aussi faire l'***excursion depuis São Luís,*** en 2 ou 3 jours, avec une agence (voir « Adresses utiles » à São Luís).

– Si vous êtes en bonne condition physique, possibilité de faire un ***trek*** de 3 jours dans le parc ! Journées de 3h à 7h de marche, avec des pauses baignade. Nuit chez l'habitant dans un hamac au sein de petites oasis. Une expérience inoubliable, hors des sentiers battus ! S'adresser à *Terra Nordeste,* une agence tenue par un Français et l'une des rares à proposer ce trek (voir les « Adresses utiles » à São Luís).

PETITE INCURSION DANS LE PIAUÍ

BARRA GRANDE

2 200 hab. IND. TÉL. : 86

Entre Jericoacoara et Barreirinhas, voici de nouveau une immense et magnifique plage sauvage du Piauí bercée par le vent d'est. On vient ici pour goûter quelques jours de farniente, dans un environnement encore préservé. Le village consiste en quelques chemins de sable conduisant à la plage, avec ici et là quelques pensions et des hôtels jouissant de l'espace immense du site. Fêtards s'abstenir, car il n'y a rien à faire le soir. Barra Grande est un spot très réputé pour les amateurs de kitesurf, qui affluent ici en saison. En fait, le vent souffle plus fort à Jeri, mais il y a ici un très grand coefficient de marée (jusqu'à 2 km), qui forme un superbe lagon d'eau plate.

Attention, pas de banque dans le village, ni d'accès Internet.

– Infos pratiques sur le site : • *barragrandepiaui.com* •

Arriver – Quitter

Terminal rodoviário de Parnaíba : *av. Pinheiro Machado, au centre de la ville de Parnaíba, à 66 km de Barra Grande.* Plusieurs compagnies de bus y ont leur comptoir, la plus réputée étant *Guanabara.* Sur place, plusieurs distributeurs acceptant *Visa* et *MasterCard.*

■ L'agence ***Rastro,*** située dans la gare routière, propose des transferts en 4x4 pour Barra Grande, Camocim et Jericoacoara. ☎ *3321-2193.* *99528-2892.* • *rastronordestino.com* •

➢ ***Barreirinhas :*** si vous venez de Barreirinhas, reportez-vous à la rubrique « Arriver – Quitter » de ce chapitre (voir plus haut). Microbus *Damasceno* (☎ *3322-1683)* de Parnaíba à Barra Grande (3 bus/j., 10h30-16h, sam slt 1 bus vers 14h). Ils ne partent pas de la gare routière de Parnaíba mais de l'agence *Fontenele.* Bonne route de 66 km asphaltée. Pour ce trajet, on peut aussi louer un 4x4 (env 160 Rls pour 4 pers) ou une Land Rover (200 Rls pour 7 pers) auprès de l'agence *Rastro.*

➢ ***Jericoacoara :*** de Barra Grande, route bitumée (127 km) jusqu'à Camocim, passage d'un rio puis superbe trajet par les plages et les dunes jusqu'à Jericoacoara (passage du rio Guriú en bac). Si vous êtes plusieurs, trajet possible en louant un 4x4 (plus cher, env 160-200 Rls). Autre option, bus Parnaíba-Camocim (durée 2h30) avec *Guanabara*, puis route et piste jusqu'à Jericoacoara en passant par Granja, Parazinho et Jijoca de Jericoacoara.

➢ ***Fortaleza :*** la Cie *Guanabara* dessert régulièrement Fortaleza au départ de la gare routière de Parnaíba. • *expressoguanabara.com.br* • Ce sont des bus-couchettes confortables. Trajet : 6-7h.

➢ ***São Luís :*** bus jusqu'à Parnaíba (à env 70 km de Barra Grande) avec *Guanabara* ou *Transbrasiliana.*

Où dormir ? Où manger ? Où boire un verre ?

Pousada Ventos Nativos : *dans la rue principale, côté plage. 99942-6354. • ventosnativos.com • Si vous voyagez en bus, possibilité de transfert depuis Parnaíba. Doubles env 260-300 Rls selon saison ; palafitos env 370-430 Rls.* Un bien bel emplacement à l'ombre des cocotiers, en bord de mer. Ce grand espace couvert de palmiers débouche sur la plage et l'océan. Mathieu Crégut, le propriétaire, est un jeune Franco-Brésilien, fan de kitesurf (il donne des cours). On y trouve 2 chambres installées dans un bungalow au toit de palmes, avec AC en bas, et aération naturelle pour celle du 1er étage. Elles sont très joliment décorées et confortables (hamac, frigo-bar...). Spacieuses, elles peuvent loger jusqu'à 4 personnes. Également 3 *palafitos,* huttes sur pilotis pleines de charme, avec salle de bains, TV, coin salon et hamac...

BGK – Barra Grande Kitecamp : *dans la rue principale, côté plage. ☎ 3369-8019. • barragrandekitecamp.com.br • Possibilité de transfert depuis Parnaíba. Doubles env 230-480 Rls selon confort et saison.* La première *pousada* de Barra Grande, tenue par un vieux passionné de kitesurf, surnommé *Doctor* ! Un cran au-dessus du *Ventos Nativos,* avec quelques *palafitos* (cabanes sur pilotis) luxueux, face à l'océan, des petits bungalows au toit de palme, confortables et joliment décorés, conçus avec des matériaux traditionnels. Le petit plus ici, c'est la charmante douche en plein air. Près de la réception, dans le même grand jardin verdoyant, les chalets en dur sont plus simples mais tout aussi accueillants. Fait aussi resto et bar, avec terrasse pour observer les prouesses des surfeurs ou le coucher de soleil. Bon petit déj-buffet. Accueil très serviable. Autant d'atouts qui en font une adresse incontournable.

La Cozinha : *rua Pedro Castro de Medeiros, 548. ☎ 3369-8171. CB acceptées.* Ce n'est pas une cahute de palmes, mais une vraie belle maison sur un grand terrain. Les propriétaires, Hervé Witmeur et sa femme, s'y sont installés après avoir découvert le site en pratiquant le kitesurf. Autrefois chef dans de grands restos à Bruxelles, il mijote la meilleure cuisine franco-brésilienne de Barra Grande, réalisée avec soin et créativité. Tout est bon et d'une grande fraîcheur.

Bandoleiros : *rua Pontal da Barra, 326 ; proche de la* Pousada Ventos Nativos. *☎ 3369-8123.* Sorte de grande paillote de palmes et de branchages, les pieds dans le sable au bord du chemin. Pas un choix inouï, mais quelques plats de poisson et viande, notamment une bonne *picanha* grillée sauce *chimichurri,* et quelques crêpes originales, salées (à la *carne do sol* !) et sucrées (banane, chocolat, noix de cajou ou banane flambée et sirop de *maracuja*). Cuisine très correcte qui a le mérite d'être copieuse, fraîche et naturelle. La caïpirinha est fameuse, l'endroit se prête donc aussi à un verre en soirée. D'autant que la musique est bonne, l'accueil très sympa et le cadre agréable.

Manga Rosa : *à 150 m à droite après l'hôtel* BGK, *presque en face de la* Pousada Ventos Nativos. *☎ 3258-6013.* Pour une soirée romantique avec lumières douces, bougies et musique *MPB* en fond sonore, voici la bonne adresse facile à dénicher car au cœur du village. Carte de cocktails et jus de fruits à prix honnêtes. Accueil charmant. On y sert une cuisine régionale assez élaborée (*bobo de camarão, moqueca,* etc.).

LE CEARÁ

JERICOACOARA

8 200 hab. IND. TÉL. : 88

Cocotiers, sable blanc et vent d'est permanent : tels sont les éléments naturels de ce gros village balnéaire, longtemps isolé du monde, aujourd'hui en plein essor. Un aéroport devrait en effet voir le jour fin 2016 (officiellement), ce qui provoquera un afflux de touristes dans cette bourgade hors normes, sans feux rouges, sans banques, où les rues sont encore constituées de sable, ce qui en fait son charme et sa personnalité. Jeri vendrait-elle son âme au diable du progrès ? À suivre... L'endroit reste encore préservé, et tant mieux, car il offre des paysages uniques au Brésil : immenses dunes de sable blanc, rochers sculptés par l'érosion, lagons d'eau salée et d'eau douce, pierre percée, etc. En prime, coucher de soleil sublime sur la plage face à l'océan.

LE BUGGY, LE KITESURF ET LE *FORRÓ*

Aujourd'hui, « Jeri », comme on dit (c'est quand même plus simple !), est devenu une petite station balnéaire « branchée » de cette partie de la côte du Ceará. Le must si vous aimez marcher pieds nus dans les ruelles en sable, faire la fête, des virées en buggy dans les dunes et, bien sûr, si vous pratiquez le kitesurf ou la planche à voile. Les amateurs affluent d'août à décembre environ, pour profiter du site et du vent qui y souffle... fort ! Le village reste tout de même de taille modeste, et l'été, on y danse le *forró* jusqu'au petit matin ; tandis que des écoles de capoeira animent la plage tous les soirs. Bref, on y passe avec bonheur quelques jours de détente. D'ailleurs, Jericoacoara signifie « le lieu où les crocos dorment au soleil ». Alors, imitons-les sans complexe !

UN TOMBEAU DE SABLE...

La Grande Dune de Jericoacoara, à Tatajuba, est la seule à faire du surplace. Les pêcheurs du coin racontent que c'est parce qu'elle renferme un bateau qui s'est échoué et qu'elle le maintient prisonnier. En réalité, ce « sortilège » est dû à un phénomène éolien. À cet endroit précis, le vent souffle en tourbillons ; du coup, la dune ne fait que tourner sur elle-même ! N'empêche, les nuits de pleine lune, on dit que l'on peut entendre tinter la chaîne d'ancre...

Arriver – Quitter

➢ ***Fortaleza :*** avec *Fretcar* (☎ *3402-2244* ; • *fretcar.com.br* •). Très bonne compagnie (bus climatisés et confortables). 3 bus/j. au départ de la gare routière de Fortaleza de 7h50 à 18h30. Durée : env 6h30 pour 305 km. Trajet simple env 45-60 Rls. Les derniers 20 km du parcours (de Jijoca à Jericoacoara, piste de sable et de terre) sont assurés par la même compagnie à bord de 4x4 aménagés pour le public. À Jericoacoara, les billets sont vendus par l'agence *Global Conection* (rua Forró) près de la *pousada Hippopotamus.* De Jeri à Fortaleza, même durée qu'à l'aller. Le bus de l'après-midi s'arrête sur l'avenue Beria Mar, à la gare routière et à l'aéroport de Fortaleza. Celui de nuit ne s'arrête qu'à la gare routière de Fortaleza.

– On peut aussi y aller en ***buggy*** par les plages, mais il faut prévoir une nuit en route. Tarifs élevés, il est donc conseillé de louer le buggy avec chauffeur à plusieurs.

– ***De Camocim à Jijoca :*** 4 bus/j. avec *Fretcar,* 7h-23h. Dans l'autre sens, 4 bus/j. 12h30-23h.

➢ ***Barreirinhas*** *(parque dos Lençóis)* **:** une vague piste qui longe le littoral et une vague route dans l'arrière-pays. Des dunes, des plages immenses, des bras de mer à traverser en bac... Il faut prendre en compte la marée ! Pour les détails de cet itinéraire, se reporter plus haut à la rubrique « Arriver – Quitter » du chapitre Barreirinhas. Compter une bonne journée de piste et de route : trajet par les plages et par les routes bitumées de l'arrière-pays via Parnaíba (gare routière importante).

Adresses et infos utiles

– Pas mal d'infos (en anglais) sur le site • *jericoacoara.com* •

– ***Orientation :*** très facile ! Vous avez la plage et, perpendiculaires à celle-ci, la rua do Forró, la rua Principal au centre, la rua São Francisco et la rua das Dunas qui, comme son nom l'indique, fait face à la dune Pôr do Sol.

– ***Argent : ni distributeur ni banque !*** En dépannage, sachez que certains hôtels changent des euros (taux peu intéressant), par exemple l'hôtel *My Blue.* Pour retirer de l'argent liquide, il faut aller au village de Jijoca où la *Banco do Brasil* dispose d'un distributeur acceptant les cartes *Visa* et *MasterCard Maestro* uniquement (lorsqu'il n'est pas en panne !).

✉ ***Poste :*** *rua do Forró. Lun-ven 8h-12h, 13h30-16h.*

■ ***Laverie :*** *rua Sao Francisco, 34. Face au Chale dos Ventos, au bord du chemin menant à la plage.*

■ ***Farmacia Nova Vida :*** *rua Principal. ☎ 3669-2273. En face de la Padaria Central et du mercadinho Jacare. Ouv 7h-23h.*

Où dormir ?

Pas moins de 150 *pousadas* dans ce petit village ! Sachez qu'en haute saison (grosso modo juillet-août et décembre-janvier) les prix des hôtels grimpent sacrément (plus du double parfois). Pour éviter les mauvaises surprises, on vous indique les tarifs en haute saison.

Camping

⛺ ***Camping do Natureza :*** *rua da Matriz. 📱 99626-8704. • campingnatu rezajericoacoara.webnode.com • Env 30 Rls la nuit pour 2.* À l'écart de l'agitation, au bord d'une piste à la sortie nord du village. Modeste camping familial avec un terrain en sable sous les arbres d'un jardin privé. On y est accueilli par le jovial Cecil, qui fait de son mieux pour contenter ses hôtes. Le confort est sommaire (douche/w-c). On peut louer une tente sur place.

Bon marché (moins de 130 Rls / env 33 €)

🏠 ***Jeri Athome Guesthouse :*** *rua Principal. ☎ 3669-2078. 📱 99-43-10-94. • jeriathome.com • Doubles env 120-140 Rls, avec ventilo ou AC.* 📶 Presque en face de la *pousada Masai Mara,* à 500 m de la plage, plus en retrait donc. L'authentique adresse routard, un p'tit coup de cœur à Jeri. Accueil adorable d'Ingrid, Brésilienne d'origine allemande qui parle bien l'anglais (mais elle n'est pas toujours sur place, lui téléphoner avant). Propose 4 chambres assez petites mais agréables, certaines avec un bout de terrasse privée. Cour ombragée à l'avant, hamacs et bancs en bois pour se détendre. Cuisine à disposition pour préparer le petit déj ou le pique-nique. On se sent vraiment en famille, dans une ambiance très relax.

Pousada do Farol : *rua São Francisco, 332. 99909-0544. • pousadadofaroljeri@gmail.com • Doubles env 120-130 Rls.* À l'entrée du village, à l'écart de l'animation mais à seulement 10 mn de la plage. On aime bien cette adresse pour l'atmosphère familiale très relax qui y règne. Accueil chaleureux du propriétaire d'origine italienne et de sa femme brésilienne. La maison abrite 3 chambres réparties autour d'un joli jardin. Simples, fraîches et colorées, elles disposent de tout le confort (TV, frigo, ventilo, douche chaude). Le bon petit déj est servi sur les petites tables devant chaque chambre. Hamacs. Pas de piscine ni de vue particulière, mais on s'y sent bien. Et les prix restent très raisonnables, même en haute saison.

Jericoacoara Hostel-Pousada Tirol : *rua São Francisco, à 200 m de la plage. ☎ 3669-2006. 99619-8088. • jericoacoarahostel.com.br • Lits en dortoir env 40-50 Rls selon confort ; double env 120 Rls.* La meilleure adresse pour les routards à petits budgets. Accueil excellent. Dortoirs de 4 à 8 lits (avec casiers et sanitaires) donnant sur une cour intérieure sableuse et couverte. Il y a aussi des chambres privatives simples et propres. Petit déj sur la terrasse. Cuisine à dispo, laverie, infos sur les transports et les bus. Organise aussi des excursions en buggy.

Prix moyens (moins de 200 Rls / env 50 €)

Pousada Baobá : *dans une ruelle entre la rua São Francisco et la rua Principal. 99604-4187. • baobajeri.com • Double env 160 Rls.* Pas de baobab africain ici mais emplacement idéal (plage à 150 m), patio intérieur avec tables et hamacs. Chambres propres et sobres donnant sur cette courette au calme. Elles ont toutes des fenêtres, douche/w-c, ventilo et AC. On préfère celles situées au 1er étage. Une excellente adresse à prix doux.

Pousada Isabel : *rua do Forro, à 20 m de la plage. ☎ 3669-2069. • pousadaisabel.com • Doubles env 160-170 Rls.* C'est une petite maison bleue au bord du chemin de sable, avec une cour à l'arrière pour ranger les planches à voile et le matériel de kite. On est accueilli par une très gentille dame qui tient ses 7 chambres avec grand soin. Simples et propres, elles ont douche/w-c et clim, un confort suffisant à prix sages. L'emplacement, l'accueil et les prix en font une très bonne adresse dans cette catégorie.

Pousada CasAlice : *rua Principal, 56. 98816-1609. • casalice.com • Doubles avec ventilo ou AC env 160-180 Rls.* En plein centre, un peu en retrait de la rue principale, cette jolie petite *pousada* est une maison en bois dans le style tropical. Accueil jovial (le patron est italien). Donnant sur un jardin fleuri et vert (petite piscine), les chambres au rez-de-chaussée ont la clim, celles à l'étage bénéficient de la ventilation naturelle et de la vue sur les dunes. Confort suffisant, propreté, calme, jolie déco colorée et balcons privés avec hamacs pour la sieste.

Pousada Pôr do Sol : *rua das Dunas. ☎ 3669-2099. • pousadapordosoljeri.com.br • Doubles avec ventilo ou AC env 160-180 Rls.* Dans la partie sud du village et à deux enjambées des dunes. Une *pousada* au calme et en première ligne pour assister, depuis la terrasse, aux remarquables couchers de soleil ! Hamacs pour une petite sieste. Ambiance familiale. Chambres rénovées, et bien tenues, d'un rapport qualité-prix indiscutable.

De chic à plus chic (200-350 Rls / env 50-87 €)

Vila Bela Vista : *rua dos Coqueros, 100 ; à env 600 m du village. 9962-9810. • vilabelavista.com • Doubles env 230-290 Rls avec AC ; deluxe 280-370 Rls selon saison.* La plus éloignée du village, mais aussi la plus proche des dunes. Une adresse de charme et un véritable havre de paix aménagé par Jodi (mais ici, tout le monde l'appelle Patricia !), une Américaine très chaleureuse, ancienne routarde mariée à un Brésilien. Autour d'un jardin tropical, pavillons en brique abritant des chambres confortables et sobrement décorées ; les *deluxe* bénéficient d'une baie vitrée avec vue sur la mer et la dune ! Petite piscine qui fait face au bar. Également 2 petits chalets avec cuisine. Petite carriole tirée par un cheval à disposition des hôtes pour rejoindre le centre du village. Les enfants y seront heureux : trampoline derrière la maison et cabane dans un arbre. Un très bon rapport qualité-prix.

Azul Pousada : *rua das Dunas. ☎ 3669-2182. • azulpousada.com • Selon confort et vue, doubles env 180-350 Rls (à partir de 150 Rls en basse saison).* À 100 m de la plage, un joli petit hôtel tenu par Gregory et Gaëtan, 2 amis originaires de Belgique. Ils sont polyglottes et très accueillants. Chambres confortables et coquettes, avec AC, d'autres avec ventilo. La n° 13 dispose d'une terrasse privée sur le toit d'où l'on admire paisiblement le superbe coucher de soleil sur les dunes. La n° 10 est aussi très agréable (pour « lune-de-mielleurs »). Quelques duplex également, parfaits pour les familles ou petits groupes d'amis. Petite piscine. Pas de jardin, mais une atmosphère agréable, propice à la détente. Également de bons conseils de balades dans le coin.

Très chic (plus de 400 Rls / env 100 €)

Hotel Villa Terra Viva : *rua do Forró. ☎ 4062-9365. • hotelterraviva.com.br • Doubles env 450-650 Rls.* Hôtel de charme à 20 m de la plage, dans un bâtiment récent de style néocolonial, abritant des chambres impeccables et bien décorées. Toutes bien équipées, elles donnent sur le jardin et la piscine. Certaines ont une vue sur la mer proche, comme la n° 12 qui fait l'angle. La n° 405 possède un jacuzzi, qui plaira aux amoureux. L'hôtel utilise en partie l'énergie solaire pour son électricité.

La Villa : *rua Nova Jeri, 17. ☎ 3669-2214. • lavilla-jeri.com • Pas facile à dénicher, vers la dune en bord de plage. Doubles env 400-600 Rls selon confort et saison.* Au sud du village, à l'écart de l'agitation. Un hôtel de charme à la déco très recherchée, fruit de l'imagination de Delphine et Franck, un couple de Français installés ici depuis un moment. Jolie piscine encastrée dans un ponton en teck, jardin tropical très agréable. Réparties dans des bungalows individuels, les 10 chambres sont confortables, chaleureuses et chacune a son style. Celles du haut, avec vue, sont les plus chères. Pas de clim, mais la brise marine suffit. Terrasse avec hamac. Également 2 apparts tout confort. Nombreux services : balades à cheval, salle de yoga et de massages, kitesurf, windsurf...

Vila Kalango : *rua das Dunas, 30. ☎ 3669-2289/90. • vilakalango.com.br • Sur la plage, presque face à la dune. En saison, doubles à partir de 500 Rls, jusqu'à 690 Rls le palafito avec vue sur l'océan.* Dans le registre ultrachic, voici une adresse remarquable ! Sur la plage, tout proche de la dune de Jeri. Chambres situées à l'arrière dans le bâtiment principal ou dans des pavillons individuels. Les plus beaux sont les *palafitos,* sortes de cabanes de Robinson montées sur pilotis, luxueusement aménagées, renfermant des chambres vastes, décorées de matériaux traditionnels et de beaux tissus colorés. Quelques-uns avec vue imprenable sur la plage et l'océan. Dans le jardin donnant sur la plage, plein de recoins avec banquettes et hamacs, kiosque à massages, etc. Cuisine fine et variée au restaurant, à la hauteur des lieux. En saison, les prix atteignent des sommets, mais sont justifiés au regard de la beauté des lieux et de la qualité du service. Routards en fonds ou en lune de miel, cette adresse est pour vous !

Où manger ?

De bon marché à prix moyens (moins de 40-60 Rls / env 10-15 €)

Café Brasil : *beco do Guaxélo, 65 A. ☎ 3669-2272. Dans une petite rue entre la rua Principal et la rua São Francisco. Tlj sf lun 9h30-23h. Congés : mai.* Une halte très sympa avec quelques petites tables couvertes de nappes style Vichy. Bon marché si l'on se contente des gros sandwichs à moins de 10 Rls, des *empanadas* aux épinards, délicieux jus de fruits tropicaux *(sucos)*, café *espresso*... Un peu plus cher si on prend un plat classique brésilien *(filé mignon, picanha...)*. Une bonne petite adresse.

Iol **Club Ventos :** *rua da Praia, s/n.* ☎ *3669-2288. Dans le club de surf et kitesurf de Jeri, au bout de la plage. Tlj 10h-18h.* Grande terrasse couverte au bord de la plage, avec transats et vue imprenable sur la mer. Un super plan le midi pour s'offrir un copieux sandwich, comme le *boomerang* (crème de thon, herbes et oignons frais). Sert aussi des hamburgers et des frites croustillantes. Bien aussi pour prendre un verre dans la journée : cafés spéciaux (vrai *espresso*), *sucos, vitaminas* et pas mal de cocktails au choix, à prix très raisonnables. Service efficace.

Iol **Restaurante do Sapão :** *rua São Francisco.* 📱 *99946-0159. Tlj midi et soir.* Musica ao vivo *le soir en saison.* Petit resto simple installé sous un toit de palme, en plein centre, à 20 m de la plage. On y vient surtout le midi pour se sustenter d'un plat complet. Le soir, c'est à la carte, donc plus cher. Plats de poisson, pizzas cuites au feu de bois, pâtes, etc. Un chanteur accompagne le dîner à la guitare.

De chic à plus chic (60-100 Rls et plus / env 15-25 €)

Iol **Chocolate :** *beco do Chocolate, au niveau du nº 214, rua do Forró.* 📱 *99698-5415. De la poste prendre la direction de l'église par une ruelle. Ouv slt le soir, 15h-minuit.* De loin le meilleur restaurant de la ville ! À l'écart de l'agitation du centre, la façade terre de Sienne, la petite salle agréable au-dessus de la ruelle, le calme et l'accueil attentionné font déjà bonne impression. Surtout, la cuisine italo-brésilienne y est exquise et raffinée, faite avec des produits frais et locaux. *Pastas* aux crevettes dans du lait de coco, filet de *robalo* sauce aux épices d'Amazonie... Tout est savoureux, et assez créatif. Vins au verre. Desserts excellents, notamment la mousse au chocolat (c'est le nom du resto !).

Iol **Bistrôgonoff :** *beco do Guaxélo, 60.* ☎ *3669-2220. Entre la rua Principal et la rua São Francisco. Tlj 12h-23h.* Dans une ruelle commerçante et animée le soir, en face du *Café Brasil* (voir plus haut). Le patron est de São Paulo et connaît son affaire, les serveurs sont brésiliens et très aimables. Cuisine excellente et variée, à prix raisonnables pour le coin : bons plats de viande et poisson grillé, pâtes au basilic frais (savoureuses) et raviolis maison. En saison, les gourmands réserveront une petite place pour ne pas rater la divine tarte aux fraises et au chocolat...

Iol **Pimenta Verde :** *rua São Francisco, à l'angle de beco do Guaxélo.* ☎ *3669-2202.* Seulement quelques tables sous un kiosque ouvert sur la rue. C'est Sonia qui règne sur cette bonne maison. Ici, le cadre importe peu, on se concentre sur l'assiette. Carte assez restreinte, pour satisfaire les palais les plus exigeants. Plats de poisson et viande traditionnels, mais aussi des pâtes fraîches remarquables. Le plat vedette ? Des crevettes aux mangues flambées au rhum... un régal !

Où boire un verre ? Où sortir ?

Fête locale *(forró)* les mercredi et samedi, et presque tous les soirs en saison. La vie nocturne se concentre sur la plage, mais il y a souvent des concerts organisés en différents endroits. Se renseigner sur place.

🍷 ♪ **Dona Amélia** *(restaurante e Forró)* **:** *rua da Forró, 150 m après la poste en remontant la rue.* Maison basse au toit de palmes, quelques tables blanches dehors, salle de resto traditionnel à l'intérieur et une grande cour pour les groupes musicaux. En saison, les concerts ont lieu certains soirs, parfois le lundi, souvent le mercredi et le samedi normalement, la maison est bercée par les rythmes brésiliens et la musique *forró*.

🍷 Presque tous les soirs, des ***petits kiosques,*** buvettes, et éventaires s'alignent au bout de la rua Principal et le long de la plage. Ils proposent notamment toutes sortes de caïpirinhas ou caïpiroskas, concoctées sous vos yeux. On opte pour un des fruits au choix et on sirote le tout les pieds dans le sable. En prime, on profite des petits concerts qui se tiennent dans les bars à ciel ouvert. Pas mal d'animation en saison. Il n'est pas rare que la fête se poursuive tard dans la nuit, sur la plage...

À voir. À faire

*Pedra furada :** balade à pied ; compter 45 mn. Il s'agit d'une roche percée un peu comme « l'aiguille creuse » d'Étretat (en Normandie), en plus modeste cependant. Deux possibilités : on y accède par la plage, à marée basse (mais il faut escalader quelques rochers), ou, au bout de la rua do Forró (avant le cimetière), par le chemin qui grimpe à gauche sur la colline. Impossible de se perdre (vous ne devriez pas être tout seul sur le chemin !).

Lagoa Azul et lagoa de Jijoca *(lagoa de Paradiso)* **:** *entrée du site 10 Rls. Pour y aller, louer un buggy ou un 4x4 (respectivement 30 et 45 mn). Balade de 4h, 4 pers max (env 50 Rls/pers le tour, prix négociable hors saison). Ttes les agences proposent ces excursions.* Plages naturelles au bord des lagons avec plusieurs *barracas* pour manger un poisson frais grillé que l'on négocie sur place ; également des snacks, boissons et jus de fruits frais. Celle de Jijoca est mieux aménagée et plus animée (kayak, embarcations à pédales). D'août à octobre, lorsque le niveau de l'eau est élevé, les deux lagunes n'en forment plus qu'une.

➢ Sur le trajet menant à Jijoca, possibilité de faire un petit ***passeio ecológico,*** balade en barque de 15 mn sur un *igarapé* pour observer la mangrove et surtout les fameux *cavalos marinhos,* hippocampes, qui abondent dans le coin ! Pas donné toutefois : compter 10 Rls par personne.

Lagoa da Tatajuba : *à env 36 km à l'ouest de Jericoacoara. Y aller en buggy, loc à plusieurs (env 250 Rls, durée 5h).* Une belle promenade qui passe par le rio Camboa, Mangue Seco et Guriú. Tatajuba est une plage avec des lagons, des lacs, de grandes dunes et quelques maisons de pêcheurs perdues. Superbe coucher de soleil puisque, depuis la dune, l'astre disparaît sur la mer à l'ouest. Non loin de là, on peut apercevoir les ruines de l'ancien village de Tatajuba, englouti dans les dunes.

– ***École de windsurf :*** ***Club Ventos,*** *sur la plage, du côté droit en regardant la mer. ☎ 3669-2288. • clubventos.com •* Kitesurf, planche à voile, kayak, etc. Très pro. Matériel et cours pour tous niveaux. Compter 400 Rls pour une initiation en 3 cours.

– ***Kitesurf :*** *un cours d'initiation (3 j.) coûte env 900 Rls. Se renseigner au Club Ventos (voir ci-dessus).* Les meilleures époques pour le vent sont les mois de juin à décembre.

PRÉA

IND. TÉL. : 88

À une dizaine de kilomètres à l'est de Jericoacoara par la côte (transfert en buggy), voici un village de pêcheurs qui fait face à une longue plage sauvage et venteuse fréquentée par les adeptes de kitesurf. Préa marque l'entrée sud du parc national de Jericoacoara. Accueil beaucoup plus rudimentaire que Jeri. Plusieurs *barracas* le long de la plage qui proposent toutes de bons plats de poisson ou fruits de mer grillés, à déguster sous les paillotes à même le sable.

LE NORDESTE

Où dormir ? Où manger ?

De bon marché à prix moyens

▲ ***Pousada Horizonte Azul :*** *av. Central, 271, praia do Preá-Cruz.* ☎ *3660-3165.* ● *pousadahorizonteazul.com.br* ● Petite pension accueillante et peu onéreuse, avec des chambres à la déco sommaire, mais propres, calmes et suffisamment équipées (douche/w-c, eau chaude, AC). Petit déj, piscine dans le jardin. Organise des excursions en buggy.

|●| ***Pôr do Sol :*** *dans le village, sur la plage.* L'endroit est tenu par l'aimable Ivone. On y sert les plats typiques de la région à prix sages. Savoureux fruits de mer pleins de fraîcheur.

|●| D'autres ***restos de poisson et fruits de mer*** proposant le même type de menus, avec terrasse tout le long de la plage.

Très chic

▲ |●| ***Rancho do Peixe :*** *rua da Praia.* ☎ *3660-3118.* ● *ranchodopeixe.com.br* ● *Bien indiqué depuis la rue principale. En saison, bungalows pour 2 env 480-580 Rls selon confort et vue.* Même propriétaire que la *Villa Kalango* à Jeri. Un vaste complexe hôtelier de charme avec seulement une vingtaine de bungalows et une douzaine face à l'océan, le long d'une immense plage de sable fin. Déco très soignée et beaux matériaux traditionnels, en harmonie avec le site. Toits de palmes, planchers en bois, etc., et plein de tissus colorés. Superbes chambres avec jolie salle de bains et grande terrasse ouverte sur le large. Hamacs, banquettes, transats dans le grand jardin et une immense piscine (25 m !). Les kitesurfeurs débutants ou confirmés trouveront aussi leur bonheur, car il y a une école sur place. Bonne cuisine au resto, assez raffinée, et savoureux petit déj, copieux et varié. Accueil charmant, à l'image de ce havre de paix. Et si l'envie vous prend d'aller profiter de l'animation à Jeri, le transfert en buggy le long de la plage est compris !

ICARAÍ DE AMONTADA

IND. TÉL. : 88

À environ 200 km à l'ouest de Fortaleza, un village de pêcheurs cerné de cocotiers et bordé de jolies plages tranquilles. Appelé aussi « Icaraizinho », il est désormais accessible directement par la route, et les eaux calmes du lagon se prêtent bien à la baignade en famille, ce qui en fait un site en plein essor touristique (toutes proportions gardées). Les kitesurfeurs ou windsurfeurs apprécient beaucoup ce site venteux en permanence mais sécurisant, car le vent souffle parallèlement à la terre. Le vent produit aussi de l'électricité pour le village grâce à un champ d'éoliennes plantées sur le bord de mer.

– ***Attention :*** pas de banque à Icaraí. Très peu de commerces acceptent le paiement par carte de crédit. Prévoir des espèces.

Arriver – Quitter

En bus

➢ ***Fortaleza*** *(rodoviária)* **:** 1 bus/j. avec la Cie *Fretcar* (● *fretcar.com.br* ●). Départ à 14h30 de Fortaleza. Trajet : 4h20. Retour d'Icaraí, 1 bus/j., départ à 5h50 du mat.

En buggy, par les plages

➢ ***Fortaleza :*** c'est probablement le plus beau tronçon du littoral. S'il y en a un à découvrir en buggy, c'est celui-là ! Louer un buggy avec chauffeur (impérativement) avant d'arriver à Fortaleza. Pour cela, passer par une agence. On peut embarquer à 2 personnes, 3 max, car il ne faut pas oublier les bagages qui se mettent sur le toit. Le prix est assez élevé, mais le voyage en vaut la peine ! De Fortaleza, on passe par Cumbuco, Pecem (grand port minéralier) et Paracuru. On prend ensuite un bac manuel (tiré par une corde) sur le rio Guajiru, puis on suit la plage immense jusqu'à Mundaú. Après ce village, on doit encore passer une rivière à bord d'un bac artisanal sur le rio Mundau. Compter au total env 5-6h de trajet entre Fortaleza et Icaraí.

En voiture, par l'arrière-pays

➢ ***Fortaleza :*** accès par la route BR 222 jusqu'à Umirim (112 km au sud-ouest de Fortaleza). Puis suivre la BR 402 jusqu'à Amontada (à 72 km d'Umirim). D'Amontada, route en terre (43 km) jusqu'à Icaraí de Amontada.

Où dormir ? Où manger ?

Prix moyens

🏠 ***País Tropical :*** *le long de la piste bordant la plage.* ☎ *3636-3123.* • *pais-tropical.com* • *Doubles env 170-200 Rls.* Wi-fi Une belle *pousada* tenue par Alain et Laetitia, Français très accueillants. Éparpillés dans un grand espace verdoyant et fleuri, les bungalows couverts de palmes sont tous indépendants et possèdent une terrasse privative donnant sur le jardin ou sur la mer (avec hamacs). La plage n'est qu'au bout du jardin ! Grandes chambres à la déco simple et agréable, bonne literie et salle de bains avec eau chaude. Un bungalow doté d'une mezzanine, idéal pour les familles, et une suite pour les amoureux, avec petit déj servi sur la terrasse privative. L'endroit est recherché par les kitesurfeurs, qui affluent en saison (de mi-juin à mi-janvier environ). D'ailleurs, si vous voulez vous initier à ce sport, les propriétaires s'occupent aussi de l'école sur la plage, assurant l'encadrement (très pro) et la location de matériel.

🏠 ***Pousada Rio Verde :*** *au bord d'un chemin menant à la plage. Demandez, tt le monde connaît.* ☎ *3636-3038.* • *pousadarioverde.com/site/fr* • *Double env 180 Rls ; bungalow 250 Rls.* Wi-fi À 100 m de la plage. Créée à l'origine par un couple de Français passionnés de mer et de voile, la maison a été reprise par des Brésiliens avenants. Ce petit hôtel familial et coquet abrite 8 chambres confortables et joliment décorées dont 6 avec ventilo et 2 avec AC. Le jardin avec la piscine, la terrasse pour l'apéritif, l'espace salon avec hamacs, le coin bibliothèque, les bons petits déj, tout est fait pour retenir l'hôte en ce lieu.

Chic

🏠 🍽 ***Pousada-restaurante Hibisco :*** *rua Joaquim Alves Parente.* ☎ *3636-3076.* • *pousadahibisco.com* • *Double env 220 Rls. Resto ouv midi et soir (ferme à 22h).* Un peu en retrait de la plage (200 m), une jolie maison dans la luxuriance tropicale. Le patron est brésilien, sa femme suisse. Chambres dans de petits pavillons en bois, confortables mais sans prétention, avec une déco sobre et nette. Vue sur la belle cocoteraie voisine. Le resto est réputé dans la région comme servant une des meilleures cuisines locales. Mieux vaut réserver à l'avance, surtout le soir. Salades, spaghettis, poulet, crevettes *(camarão)*, poissons *(peixes)*... Plats soignés et de qualité à base de produits frais locaux. Bons snacks et jus de fruits.

Très chic

🏠 ***Villa Mango :*** *accès par un chemin parallèle à la plage d'Icaraí.* ☎ *(88) 3636-3089.* • *villamango.com.br* • *Doubles env 450-630 Rls selon confort et saison.* Wi-fi Une *pousada* de style chic et rustique avec plusieurs bungalows sur pilotis, très bien intégrés dans le paysage et répartis dans un vaste jardin au bord de la plage. Difficile de rêver plus bel emplacement que celui-ci. Très bien tenu, accueillant, cet hôtel à taille humaine et soucieux d'écologie est une excellente étape sur la côte. Pas de télévision dans les chambres, mais on s'en passe bien ! Confortables, bien équipées, elles sont aménagées avec personnalité et dans l'esprit de la région. Fait aussi restaurant, très bonne cuisine, servie dans une salle couverte aérée. Un de nos coups de cœur dans la région, à prix justifiés.

MUNDAÚ

IND. TÉL. : 85

À environ 135 km au nord-ouest de Fortaleza. Quel site étonnant ! Tout y est réuni pour en faire un endroit idéal ou presque : un village traditionnel niché dans les cocotiers, une immense plage sauvage, des éoliennes plantées sur les hautes dunes de sable blanc, les pêcheurs et les kitesurfeurs au coude à coude, et une rivière (le rio Mundaú) qui se jette dans la mer en formant un charmant et modeste delta. Tout est calme, paisible, et le tourisme reste encore bien discret. Quelques excursions à faire dans le coin. Un endroit idéal pour admirer la nature et se ressourcer.

Arriver – Quitter

➢ ***Fortaleza*** *(rodoviária)* **:** 3 bus/j. avec *Fretcar,* 6h30-17h30. Trajet : env 3h45. Pour Fortaleza, 3 bus/j. 5h30-17h.

Où dormir ? Où manger ?

🏠 🍽 ***Pousada Cabôco Sonhadô :*** *av. Beira Mar, face à la plage.* ☎ *3351-9047.* 📱 *99975-6720.* • *caboco.com.br* • *Doubles env 120-140 Rls selon saison, avec ventilo ou AC.* 📶 Une petite pension d'une dizaine de chambres agréables et propres. Elles ont toutes une fenêtre, une douche, un ventilo (au 1er étage) ou l'AC. Décoration sobre et simple. On préfère celles du 1er étage qui ont accès à la terrasse. Les pêcheurs, sur la plage en face de l'hôtel, sortent en mer le matin. Accueil agréable. Un endroit qui respire le calme ; on a envie d'y rester !

🍽 Plusieurs ***restos*** au village.

À faire

➢ ***Balade en bateau (catamaran) sur le fleuve Mundaú :*** *s'adresser à la* Pousada Cabôco Sonhadô. *Compter env 1h30 et 20 Rls/pers (sur la base de 4 pers). Départs à 10h30 et 16h.* Paysages de mangroves entourées de dunes, observation d'oiseaux. La balade s'achève en général par la contemplation du coucher de soleil sur l'une des plus hautes dunes du coin. Superbe !

PARACURU

36 000 hab.

IND. TÉL. : 85

À 80 km au nord-ouest de Fortaleza, voici une petite ville très tranquille qui attire surtout les adeptes de kitesurf. Paracuru s'est d'ailleurs imposé comme l'un des meilleurs spots mondiaux ! L'activité se pratique

principalement d'août à décembre. Les habitants de Fortaleza y viennent aussi le week-end pour profiter de la plage. Le soir, aucun endroit pour faire la fête, sauf le samedi où l'ambiance monte un peu.

Adresse et infos utiles

Rodoviária : liaisons avec Fortaleza. 1 bus ttes les heures avec *Fretcar,* 7h-19h. Trajet : 2h.

■ ***Banco do Brasil :*** seulement un distributeur pour cartes *Visa* et *MasterCard.*

■ ***Paracuru Kitesurf Strapless Center :*** *infos auprès de la pousada Wind Paracuru, av. Beira Lago, 100. 98594-0122. • windparacuru.com •* École de kitesurf, centre d'entraînement et de perfectionnement pour amateurs et pros. Formules tout compris, avec ou sans hébergement.

Où dormir ? Où manger ?

Pousada dos Anjos : *rua José Lopes Mereiles, 425 (à 100 m de la plage et 200 m de la pl. principale). 98615-6639. • pousadadosanjosparacuru.com • Lit en dortoir env 50 Rls, double env 110 Rls, petit déj inclus. Parking.* Dans une agréable maison rénovée avec jardin, petite piscine, terrasse ombragée et hamacs pour buller. Seulement 3 chambres avec salles de bains privées (eau chaude), clim, minibar et petit balcon. Également un dortoir nickel avec 8 lits. L'ensemble est assez moderne et colorée, accueillant et fort bien tenu.

Pousada Villa Verde : *rua Maria Luiza Sabóia, 205 (à 200 m de l'église). ☎ 3344-1181. • pousadavillaverde.webnode.com • Doubles env 110-120 Rls selon confort (ventilo ou AC, douche froide ou chaude).* Dans un bâtiment en U de style motel, de petites chambres simples mais suffisamment équipées (douche/w-c, ventilo), avec terrasse et hamac. Toutes n'ont pas l'eau chaude (seulement les plus chères), mais toutes donnent sur un grand jardin ombragé par des ficus (l'arbre du Bouddha en Asie) et des *caju.* Calme absolu, à peine perturbé par le gazouillis des oiseaux. Une bonne adresse. La patronne, fort aimable, pourra vous recommander des restos sur la place du village.

Formula 1 : *face à la mer. ☎ 3344-2048. • formula1paracuru.com.br • Tlj midi et soir. Prix moyens.* Tenu par Michel, un Français installé au Brésil depuis longtemps. Poissons et fruits de mer dans un mariage réussi des cuisines brésilienne et française. Fondue bourguignonne, et même des escargots tout chauds avec du pain aillé ! Michel loue aussi des chambres confortables dans une maison avec piscine et jardin fleuri.

FORTALEZA

env 2 550 000 hab. IND. TÉL. : 85

• Plan *p. 432-433*

Fortaleza, sixième ville du pays et capitale du Ceará, est une cité moderne à l'américaine, tracée en damier. On y trouve à l'ouest un centre populaire animé d'un trafic cacophonique dans la journée et un immense front de mer (plusieurs kilomètres) bordé de belles plages et hérissé de hauts immeubles. La ville n'a gardé pratiquement aucun vestige de son passé. On retiendra seulement que cette « forteresse » fut fondée par les Néerlandais (ils y bâtirent le fort Schoonenborch au XVIIe s) et qu'elle fut prise et reprise aux

Indiens par les Portugais. Sa fierté la plus récente est d'avoir donné naissance aux plus grands humanistes brésiliens comme Chico da Matilde, figure de proue du combat anti-esclavagiste et dont le surnom, *Dragão do Mar,* est désormais le nom du centre culturel de la ville.

Honnêtement, les avis sont partagés sur Fortaleza. Certains ne l'aiment pas à cause du manque d'histoire et de monuments. D'autres y déplorent un climat de violence assez présent et certains quartiers voués à la prostitution, malgré la police touristique, le tout rappelant l'atmosphère un peu glauque de la chanson *Fortaleza,* signée Bernard Lavilliers. À vrai dire, ce sont surtout les noctambules qui y trouveront leur bonheur, car les nuits sont réputées y être « chaudes ». On y danse le *forró,* cette musique très particulière, assez syncopée et très différente de la samba. Si vous n'avez pas l'âme d'un fêtard, inutile d'y prévoir un long séjour... Servez-vous de Fortaleza comme d'une porte d'entrée pour visiter l'intérieur de l'État du Ceará ou son littoral, qui bénéficie d'un taux d'ensoleillement exceptionnel.

MUSIC « FOR ALL »

Le nom de forró (musique du Nordeste) daterait des années 1940, lorsque les Américains, durant la Seconde Guerre mondiale, avaient installé une base aérienne à Fortaleza. Sur le bâtiment qui leur servait de club-house, ils avaient déployé une banderole avec l'inscription « Music for all », *devenue* Music forró *!*

Arriver – Quitter

En avion

✈ ***Aeroporto Internacional Pinto Martins*** *(hors plan par A3)* **:** *à 10 km au sud du centre.* ☎ *3392-1030.* On y trouve un comptoir d'infos touristiques *Setur (☎ 3392-1667 ; tlj 6h-minuit),* près des agences de location de voitures. Carte de la ville et des plages et quelques infos de base. Agence *Banco do Brasil* à l'étage *(ouv 10h-16h)* : change de dollars, euros et chèques de voyage ; distributeurs. Plusieurs loueurs de voitures *(Localiza, Hertz, Avis, Unidas, Movida...).*

➢ L'aéroport dessert pratiquement toutes les destinations nationales.

➢ ***São Luís do Maranhão :*** plusieurs vols/j. avec *TAM* et *GOL.* Durée : 1h10.

➢ ***Belém :*** vol le plus court (sans escale) avec *GOL.*

➢ ***Rio :*** vols directs (env 3h) tlj avec *TAM* et *GOL.*

Pour rejoindre le centre de Fortaleza

➢ Un ***bus*** « Aeroporto-Benfica », nº 404, fait le trajet aéroport-rua de General Sampaio (près de la praça José de Alencar ; *plan A2*) dans les 2 sens. Notez qu'il passe par la gare routière *(rodoviária).* Départs ttes les 30-40 mn (1h le w-e), 5h-22h ; env 3 Rls.

➢ Sinon, 2 types de ***taxis,*** 24h/24 : avec *Táxi comum-Coopertáxi (☎ 3477-5549),* situé à droite du loueur *Movida* dans le hall des arrivées, les prix sont affichés au compteur. Compter 40-45 Rls (selon la circulation) pour rejoindre praia de Iracema. On peut choisir aussi les Cies *Táxi credenciado (Coopaero)* ou *especial (☎ 3392-1502),* avec des prix fixes (bureau situé dans le hall des arrivées, près du comptoir d'infos touristiques).

En bus

🚌 ***Rodoviária Engenheiro João Tomé*** *(gare routière ; hors plan par A3)* **:** *av. Oswaldo Studart, 1630 (Alto da Balança), à l'angle de l'av. Borges de Melo.* ☎ *3230-1111 ou 3256-2200.* • *socicam.com.br* • *À 5 km au sud du centre-ville, dans le quartier de Fátima.* Comptoir d'infos touristiques *(tlj 7h-21h),* distributeurs de billets *(Bradesco, HSBC, Banco do Brasil...),* restaurants et consigne à bagages

■ Adresses utiles

- 1 Office de tourisme – Setur
- 2 Office de tourisme – Setfor
- @ 3 Ligue Com, Lavandaria São Luís et Lav & Lev
- 4 Bradesco
- 5 HSBC
- 6 Alliance française

Où dormir ?

- 11 Pousada Atalaia
- 12 Pousada do Turista
- 14 Pousada Beleza Tropical
- 15 At Home Hostel & Pub
- 16 Hotel-pousada Mundo Latino
- 17 Fortaleza Hostel
- 18 Hotel La Maison
- 19 Hotel Casa de Praia
- 20 Hotel Villa Mayor
- 21 Pousada do Suiço
- 22 Hotel Pousada Jardim

Où manger ?

- 29 Leão do Sul
- 30 L'Escale
- 31 L'Escale Florence
- 32 Self-service Bomd+

FORTALEZA

33 Picanha Iracema
34 Churrascaria Sal e Brasa
35 Coco Bambu – Meireles
37 Chez Patrick
38 Santa Clara Café et Dragão do Mar
39 Tia Nair
40 Colher de Pau
41 Coco Bambu – Beira Mar

Où s'offrir une bonne glace ? Où boire un bon jus de fruits ?

50 50 Sabores
51 Frutas e da Fruta

Où boire un verre ? Où sortir ?

38 Bars du centre culturel Dragão do Mar
60 O Pirata
61 Orbita, Armazem et Donna Santa
62 Café Pagliuca

Achats

51 Mercado central
70 Centro do turismo
80 Mercado de praia do Meireles

(guarda volumes). Nombreux taxis pour le centre-ville.

– Pour accéder à la gare routière, liaisons en bus 404 : lun-ven 5h40-22h55, w-e moins de fréquences. La nuit, prendre un taxi, c'est plus sûr.

➢ ***Jericoacoara :*** avec *Fretcar* (☎ 3402-2222 ; ● fretcar.com.br ●). Bus climatisés et confortables. 3 bus/j. au départ de la gare routière, 7h50-18h30. Durée : env 6h30 pour 305 km. Trajet simple : env 75 Rls. Les derniers 20 km du parcours (de Jijoca à Jericoacoara, piste de sable et de terre) sont assurés par la même compagnie à bord de 4x4 aménagés pour le public. Pour le retour de Jericoacoara, les billets sont vendus par l'agence *Global.*

➢ ***Canoa Quebrada :*** env 4 bus/j. avec *São Benedito* (☎ 3444-9999), 6h-17h30. Trajet : 2h30-3h. Bonne route bitumée qui passe par Cascavel et Beberibe.

➢ ***Morro Branco :*** *São Benedito* assure 3 liaisons/j., 8h-15h30. Trajet : 1h30-2h.

➢ ***Natal :*** avec *Nordeste* (☎ 3205-6161), env 6 bus/j. Trajet : 8h.

➢ ***Teresina :*** avec *Guanabara,* env 6 bus/j., 1 départ vers 9h, puis entre 19h30 et 22h. Trajet : env 9-10h selon bus. Les meilleurs bus sont les bus *Leito,* avec sièges-couchettes, mais plus chers : compter 220 Rls contre 100 Rls pour les bus *Convencional* (places assises).

➢ ***Recife*** *(à 822 km à l'est de Fortaleza)* **:** avec *Guanabara,* 4-5 bus/j. 7h30-20h. Trajet : 12-13h.

➢ ***São Luís do Maranhão :*** avec *Guanabara* (☎ 4005-1992), 2-3 bus/j., 12h30-21h30. Trajet : min 18h. Un bus part à 12h30 de Fortaleza et arrive à São Luís le lendemain matin à 7h.

➢ ***Salvador da Bahia :*** avec *Itapemirim,* 1 bus/j., avec départ régulier vers 19h. Trajet : 20-21h.

➢ ***Belém :*** avec *Guanabara,* 3 bus/j. 12h30-17h50. Et aussi avec *Itapemirim* (☎ 3256-4511 ; ● itapemirim.com.br ●), 1 bus/j., vers midi. Durée : 26h.

Adresses utiles

Infos touristiques

ℹ ***Office de tourisme – Posto de Informação do Centro do Turismo – Setur*** *(plan A2,* ***1****)* **:** *rua Senador Pompeu, 350 (Centro).* ☎ *3101-5508.* ● *fortaleza.ce.gov.br* ● *Tlj 8h-18h (16h sam, 12h dim).* Situé dans l'enceinte du *Centro do turismo.* Voir aussi la rubrique « Achats ». Plan de la ville et infos sur le Ceará.

ℹ ***Office de tourisme – Casa do Turista – Setfor*** *(plan C2,* ***2****)* **:** *kiosque au nº 3721 de l'av. Beira Mar (praia do Meireles).* ☎ *3105-2670. Tlj 9h-21h (20h dim).* Plan-guide pas mal fait. Infos sur la ville.

– *Autres kiosques d'informations touristiques :* le bureau *Setfor* au Mercado central, rua Alberto Nepomuceno, 199, et la Praça do Ferreira.

Poste et télécommunications

✉ ***Poste principale*** *(Correios ; plan A2)* **:** *38, rua Senador Alencar, à l'angle de Floriano Peixoto (Centro). Lun-sam 8h-17h (12h sam). Autres bureaux dans le centre culturel* Dragão do Mar *(plan A2) et dans le quartier de Meireles, av. Beira Mar, 3960 (plan C2 ; près de la plage).*

■ @ ***Ligue Com*** *(plan C2,* ***3****)* **:** *rua Osvaldo Cruz, 1 (presque à l'angle avec l'av. Beira Mar), au rdc de l'immeuble* Beiramar Trade Center. ☎ *3242-4671. Tlj 8h (9h dim)-22h.* Appels internationaux et accès Internet. Central, près de la plage.

Argent, change

■ ***Banco do Brasil :*** nombreuses agences en ville. Change et distributeurs acceptant les cartes *Visa* et *MasterCard.*

■ ***Bradesco*** *(plan A2,* ***4****)* **:** *à l'angle de la rua Senador Alencar et de la rua Major Facundo (Centro).* Distributeurs (*Visa* et *MasterCard*) accessibles 24h/24. *Dans le quartier de Meireles, agences* Bradesco *av. Santos Dumont, aux nºs 2004, 2834 et 3431.*

■ **HSBC** (plan A2, **5**) **:** *rua Major Facundo, 302 (Centro). Tlj 6h-22h.* Distributeurs (*American Express, Visa* et *MasterCard*). *Autre agence dans le quartier de Meireles, av. Santos Dumont, 3581.*

Représentations diplomatiques

■ ***Alliance française*** (plan B3, **6**) **:** *rua Catão Mamede, 900 (Aldéota).* ☎ *3244-7887.* • *aliancafrancesa-fortaleza.com.br* • *Lun-jeu 8h-19h30, ven 8h-12h, sam 8h-17h.* Lieu destiné à l'apprentissage du français, mais on peut y venir pour rencontrer des Brésiliens francophones. Une médiathèque, des journaux français et organisation de manifestations culturelles. Également un petit café avec accès Internet.

■ ***Consulat honoraire de France* :** *rua João Cordeiro, 831 (praia de Iracema).* ☎ *3226-3470.* 📱 *99997-9901.* • *consulat.fortaleza@yahoo.fr* • *Lun-jeu 14h-16h30.*

■ ***Agence consulaire de Suisse* :** *rua Ricardo Castro Macedo, 930.* ☎ *3278-5041.* • *fortaleza@honrep.ch* • *Lun 14h-17h, mer 9h-13h, ven 15h-18h.*

■ ***Consulat honoraire de Belgique* :** *rua Eduardo Garcia, 909* ☎ *3263-4373.* • *consulbelce@ig.com.br* • *Slt sur rdv.*

Urgences

✚ ***Hospital General de Fortaleza*** (HGF ; plan D3) **:** *av. Ávila Goulart, 900.* ☎ *3101-3209.* Hôpital public de qualité.

✚ ***Instituto Dr José Frota*** (IJF ; plan A3) **:** *rua Barão do Rio Branco, 1816 (Centro).* ☎ *3255-5000.* Autre hôpital public de qualité.

■ ***Pharmacies* :** plusieurs en ville. *Notamment,* ***Farmácia Pague Menos Drugstore,*** *av. Sargento Hermínio, 1178 (☎ 3433-6480). Possibilité de se faire livrer les médicaments en appelant le ☎ 3133-1400. Également dans le quartier d'Aldeota, av. Sen. Virgílio Távora, 1200. ☎ 3433-8340. Ouv 24h/24.*

■ ***Police touristique*** (Delegacia de proteção ao turista, plan B2) **:** *av. Almirante Barroso, 805 (praia de Iracema).* ☎ *3101-2488.*

Transports

Location de voitures et buggys, taxis

***À savoir* :** la location d'un buggy, très à la mode dans la région puisqu'il permet de parcourir le littoral en longeant les plages, implique forcément les services d'un chauffeur avec permis spécial. Le trajet est le plus souvent déterminé à l'avance et toujours en fonction des marées. En outre, un buggy revient cher (compter près du double d'une voiture de location standard), ces engins ne sont pas assurés en cas de dommage sur les personnes et il n'y a pas de toit, donc douche assurée en cas de pluie ! Pour aller de Fortaleza à Jericoacoara en buggy, 2 jours de trajet sont nécessaires ; prévoir une nuit en route, par exemple à Icaraí de Amontada.

– Compter 250-300 Rls/j. la loc d'un buggy 4 places avec chauffeur. Loc d'une voiture standard (catégorie B avec clim) à partir de 95 Rls/j.

■ ***Avis* :** *à l'aéroport slt.* ☎ *3392-1369.* • *avis.com.br* •

■ ***Localiza* :** *av. Abolição, 2236 (Meireles).* ☎ *3248-2900. À l'aéroport (24h/24) :* ☎ *3308-8350/51.*

■ ***Hertz* :** *av. Abolição, 3882 (Mucuripe).* ☎ *3242-5425. À l'aéroport :* ☎ *3392-1464.*

■ ***Movida* :** *à l'aéroport international.* ☎ *3392-1373.* • *movida.com.br* • *Ouv 24h/24.* Une agence brésilienne qui propose des véhicules en bon état à des prix sages.

🚗 ***Taxis* :** *service 24h/24 avec* ***Rádio Taxi*** *(☎ 3254-5744 ou 3089-5744) et* ***Disque Taxi*** *(☎ 3287-7222).*

Compagnies aériennes

■ ***TAM* :** *av. Santos Dumont, 2626, edifício Plaza Tower (Aldéota).* ☎ *3133-9222. À l'aéroport :* ☎ *3392-1987.*

■ ***GOL* :** *à l'aéroport slt.* ☎ *0300-115-2121 (nº gratuit) ou 3392-1937.* • *voegol.com.br* •

Agences de voyages

Les agences de voyages organisent toutes des excursions à la journée (ou sur plusieurs jours) dans les environs de Fortaleza et sur le littoral, notamment à Jericoacoara.

■ ***A & A Tour*** *(Aventura & Acompanhamento) : rua Perboyre e Silva, 111, Ed. Alvorada, sala 404. ☎ 3253-4403. • aeatour.com •* Agence francophone dirigée par le jovial Éric Ravineau, guide national installé à Fortaleza depuis plus de 10 ans. Il ne cherche pas à « casser » systématiquement les prix, car c'est avant tout la qualité, la sécurité du voyage et de l'hébergement qui comptent. Propose l'excursion en buggy par les plages (avec chauffeur), de Fortaleza à Jericoacoara (le plus beau morceau du littoral du Ceará). Réserver à l'avance.

■ ***In Out Intercâmbio e Turismo :*** *av. Abolição, 2687 (Meireles), à l'angle de l'av. Desembargador Moreira. ☎ 3242-4347. • inouttur@terra.com.br •* Agence généraliste dynamique, dirigée par Jonas Demetrios, qui parle un peu le français et l'anglais. Il propose des forfaits intéressants pour Jericoacoara (avec transferts et 2 nuits inclus), Canoe Quebrada (à la journée) et Fernando de Noronha (via Recife).

Divers

■ ***Lavandaria São Luís*** *(plan C2, **3**) : av. Abolição, 2679. Tlj sf dim 9h-18h30 (12h sam).* Ici, on donne son linge à laver, la formule classique et pratique.

■ ***Lav & Lev*** *(plan C2, **3**) : av. Abolição, 2685.* Lavage en self-service (moins cher). Classique aussi et encore pratique !

Où dormir ?

Les hôtels du *Centro* sont moins chers mais souvent bruyants. De plus, la nuit, mieux vaut éviter ce quartier. On vous conseille donc de séjourner dans le quartier de *praia de Iracema* (si vous souhaitez être proche de l'animation nocturne) ou *Aldéota* (pour ceux qui préfèrent le calme). Quant au quartier *Meireles,* c'est un coin un peu plus résidentiel.

De bon marché à prix moyens (moins de 130-200 Rls / env 33-50 €)

■ ***Fortaleza Hostel*** *(plan A-B2, **17**) : rua Dona Leopoldina, 323. ☎ 3253-3284. • fortalezahostel.com.br • À l'angle de la rue Costa Barros. Lits en dortoir 45-70 Rls ; doubles env 150-160 Rls selon confort.* Grande maison bourgeoise claire et propre dans un quartier sûr. Entourée de grilles blanches avec une cour intérieure où sont suspendus des hamacs, elle a été transformée en *hostel.* Accueil en portugais et quelques mots d'anglais. Cette AJ en plein centre abrite des dortoirs (4 lits) bien tenus, dans des pièces avec fenêtres et casiers. Ils ne sont pas mixtes. À l'étage, les chambres privatives, confortables (AC, frigo-bar, TV) et plus intimes, offrent un bon rapport qualité-prix. Laverie et cuisine en terrasse, à disposition.

■ ***At Home Hostel & Pub*** *(plan C2, **15**) : rua Canuto de Aguiar, 1424 (Varjota). ☎ 3393-7443. Env 40 Rls/pers en dortoir ; doubles à partir de 90 Rls.* Pour les jeunes routards-fêtards, une petite AJ privée dans le quartier de Varjota, plutôt animé le soir. Tenue par le sympathique Marcos. À l'étage, 4 dortoirs de 4, 6 ou 7 lits superposés, avec AC (ou ventilateur) et sanitaires privés. Le tout est assez récent et bien propre. Casiers, salon TV, cuisine à disposition, frigo, service de laverie. Bar-pub distillant une bonne petite atmosphère, de la bonne musique (concerts en fin de sem, 22h-3h) et une petite cuisine sur le pouce.

■ ***Pousada do Turista*** *(plan B2, **12**) : rua Dom Joaquim, 351. ☎ 3253-7542. • pousadadoturista.com • Doubles env 110-130 Rls selon confort et saison.* Lucia, la propriétaire franco-brésilienne, a vécu à Chalon-sur-Saône. Elle n'est pas toujours là : après 18h, c'est le réceptionniste, mais il est francophone. Autour d'un petit patio lumineux, une quinzaine de chambres propres, claires et bien décorées. Toutes avec AC, TV et frigo. Demandez les plus grandes comme la nº 13 au 2e étage avec ses 2 fenêtres. Petit déj copieux.

Hotel Casa de Praia (plan B2, **19**) : *rua Joaquim Alves, 169 (praia de Iracema). ☎ 3219-1022. • hotelcasadepraia.com.br • Doubles env 130-180 Rls. Parking.* À quelques enjambées du front de mer, un hôtel de très bon rapport qualité-prix. Le meilleur de tous pour l'accueil souriant et cordial. Avec sa quarantaine de chambres lumineuses, l'hôtel reste à taille humaine. Chambres confortables et bien arrangées (AC, TV, coffre, lecteur CD), certaines avec balcon et vue sur la mer derrière la barrière d'immeubles. Salon-réception entouré d'une végétation qui rend l'atmosphère apaisante. Solarium avec piscine de poche sur la terrasse du 5e étage, où l'on peut aussi se poser tranquillement pour bouquiner.

Pousada do Suiço (plan B2, **21**) : *rua Antônio Augusto, 133. ☎ 3219-3873. • pousadadosuico.com.br • Doubles env 140-150 Rls ; familiales 170-190 Rls.* À 100 m de la plage et du front de mer, dans une rue calme bordée de maisons et d'immeubles modernes, il ne faut pas confondre cet hôtel avec son voisin (*Albergaria,* sur la gauche, le nº 111). Difficile de critiquer ce petit hôtel économique car tout y est bien : l'accueil et les chambres. Celles-ci donnent sur un patio intérieur. Confortables, calmes, bien équipées (douche/w-c, AC) demandez-en une au 2e étage, et aussi les nos 303 et 305 (2 pièces avec kitchenette). Bar-terrasse au 3e étage. Emplacement idéal, propreté suisse, accueil chaleureux brésilien, voilà un beau mélange réussi !

Pousada Beleza Tropical (plan B2, **14**) : *rua Dom Joaquim, 132. ☎ 4006-0350. • pousadabelezatropical.com.br • Doubles env 90-130 Rls.* Située dans une petite rue bien tranquille, à deux pas des commerces et à 10 mn de la mer, cette petite *pousada* est sérieusement tenue. Patron suisse, accueil brésilien. Toutes les chambres ont l'AC, frigo-bar et TV. Demandez l'une des 6 chambres avec grandes fenêtres qui se trouvent à l'arrière du bâtiment, au 1er ou au 2e, et donnant côté piscine. Au rez-de-chaussée, elles n'ont bien souvent qu'une lucarne en guise de fenêtre. Agréable terrasse pour le petit déj.

Pousada Atalaia (plan B2, **11**) : *av. Beira Mar, 814 (praia de Iracema). ☎ 3219-0755. • atalaiafortaleza.blogspot.fr • Doubles env 90-150 Rls.* Emplacement excellent, sur le front de mer, voici une petite *pousada* bien entretenue et très agréable. Petit patio à l'entrée avec fauteuils d'osier. Une vingtaine de chambres sagement décorées et confortables (AC, eau chaude et TV). Les plus chères, à l'étage, ont la vue sur la mer. Cuisine à disposition. Accueil jovial.

Hotel La Maison (plan C2, **18**) : *av. Desembargador Moreira, 201 (Aldéota). ☎ 3048-4200. • hotellamaison.com.br • Doubles 140-160 Rls selon saison.* Grande bâtisse rouge, entourée de tours modernes, à 201 m de la plage (d'où le numéro de l'adresse !). Chambres confortables (TV, frigo, AC, téléphone), de différentes tailles, donnant sur la rue, le côté ou sur le jardin à l'arrière. Les plus récentes, à l'étage, ont une déco soignée. Julien, le propriétaire originaire de Blois, donne infos et bons conseils à ses clients. Il offre aussi le taxi pour venir de l'aéroport ou de la *rodoviária* pour un séjour de 3 nuits minimum hors saison. Organise transferts et séjours à Jericoacoara, plus des randonnées en buggy sur la côte.

Hotel-pousada Mundo Latino (plan C2, **16**) : *rua Ana Bilhar, 507 (Meireles). ☎ 3088-3339. • mundolatino.com.br • Doubles env 120-180 Rls. Parking.* Une maison orange, bien située, dans le quartier de Meireles hérissé de tours modernes. On aime surtout les chambres autour de la cour plantée d'un grand manguier, pour leur taille, leur calme et leur ombrage. En revanche, éviter celles derrière la réception, vraiment trop petites pour le prix ! Toutes avec AC, frigo-bar et TV. Quelques familiales pour 4-5 personnes.

De chic à plus chic (200-400 Rls / env 50-100 €)

Hotel Pousada Jardim (plan B2, **22**) : *rua Idelfonso Albano, 950.*

☎ 3226-9711. • hoteljardim.jimdo.com • Double env 220 Rls. Quelle surprise de découvrir cette oasis de calme et de verdure en plein centre-ville ! Les chambres donnent sur un vaste et beau jardin, entretenu avec soin. Confortables, bien équipées, elles sont simples mais nickel. Une bonne adresse dans cette catégorie de prix.

Hotel Villa Mayor (plan C2, **20**) : *rua Visconde de Mauá, 151 (Meireles). ☎ 3466-1900. • villamayor.com.br • À 100 m de la plage. Doubles standard env 200-400 Rls selon confort et saison.* Étonnante adresse si proche de la mer ! Cet hôtel ressemble à une vieille maison du Fortaleza des années 1930. Il s'agit d'une reconstitution de charme, isolée au pied des tours. Les chambres sont réparties sur 3 étages autour d'un patio, occupé par une jolie piscine et quelques palmiers. De taille moyenne, elles ont tout le confort, avec salle de bains, AC, les plus chères avec balcon sur le patio. Copieux petit déj-buffet.

Où manger ?

Sur le pouce

Santa Clara Café (plan A2, **38**) : *perché au milieu de la passerelle du centre culturel* Dragão do Mar. *☎ 3219-6900. Tlj sf lun 15h-22h.* Loin de l'agitation du centre et de la torpeur de la plage, ce café climatisé au cadre épuré et design propose une excellente carte de cafés bio et de *shakes* à base de café : essayez par exemple le *frappucino,* un cappuccino glacé, ou encore l'*affogato,* un café chaud servi à même la glace... Rafraîchissant ! Également de bonnes pâtisseries au tapioca et des plats salés (tartes, crêpes...). Accueil adorable.

Leão do Sul (plan A2, **29**) : *rua Pedro Borges, 193, près de la praça do Ferreira. ☎ 3231-0306. Tlj sf dim 9h-18h30 (13h30 sam).* Dans le centre populaire et animé de Fortaleza, au rez-de-chaussée d'un joli bâtiment Art déco de 1926, une petite salle en longueur décorée de photos anciennes de la ville. Y venir en journée pour siroter debout ou assis (en jouant du coude à coude sur l'unique banc !), un jus de canne *(caldo de cana)* pressé sous vos yeux, à savourer avec un *pastel* (chausson fourré à la viande). Excellents petits en-cas.

Bon marché (moins de 40 Rls / env 10 €)

L'Escale (plan A2, **30**) : *rua Guilherme Rocha, 48 (Centro), angle avec la rue Floriano Peixoto. ☎ 3254-2323. Sur un côté de la praça do Ferreira. Lun-sam 11h-15h30 slt.* Une institution du centre-ville. C'est un self-service *ao kilo.* Attention, ne pas confondre avec le petit *Café L'Escale* situé 40 m plus loin, sur la praça do Ferreira. Au 1er étage d'une magnifique demeure coloniale à la façade bleu et blanc, intérieur soigneusement restauré. Hauts plafonds, vieux parquets, fenêtres grandes ouvertes sur la rue et ventilos brassant l'air chaud. La cuisine est fraîche, excellente, copieuse, et le choix important : nombreuses salades composées, viande et poisson.

Self-service Bomd+ (plan C2, **32**) : *à l'angle de la rua Des. Moreira et de la rua Canuto de Aguiar (Meireles). ☎ 3086-9194. Lun-sam 11h-15h.* Self-service *ao kilo* avec une petite terrasse aérée donnant sur le croisement. Son nom est un jeu de mots qui signifie « vachement bon ». Ce n'est pas faux : c'est bon et économique. D'ailleurs, le *Bomd+* est souvent bondé, ce n'est pas un hasard... Bonnes grillades, des salades, des sandwichs, des jus de fruits et de bons desserts maison.

Picanha Iracema (plan B2, **33**) : *rua Joaquim Alves, 89. ☎ 3219-4593. Tlj 11h-23h.* En retrait de l'agitation d'Iracema, un petit resto populaire et accueillant (aire de jeux pour les enfants) avec une terrasse couverte et ombragée. Cuisine brésilienne savoureuse pour 2 ou 3 personnes et aussi des pizzas. Pas de la haute gastronomie, mais les prix sont très raisonnables ! Et gros avantage : on peut y manger à toute heure.

Prix moyens (40-60 Rls / env 10-15 €)

|●| Plusieurs ***bars-restos*** alignent leurs tables en terrasse au pied du ***centre culturel Dragão do Mar*** *(plan A2, 38 ; ts les soirs sf lun).* C'est un endroit en vogue et très animé en fin de semaine. Chacun rivalise de ses spécialités : plats brésiliens, cuisine italienne... Le week-end, divers concerts. Ne manquez pas de monter sur la passerelle qui surplombe les terrasses... De belles tranches de vie.

|●| ***Dragão do Mar*** *(plan A2,* ***38****) : rua José Avelino, 303, proche de la plage de Iracema. ☎ 3219-2954. Tlj 11h30-0h30.* Au pied de la grande passerelle métallique rouge qui traverse le *Centro Dragão do Mar,* ce resto donne sur une petite place tranquille. Hautes fenêtres grillées et volets verts ouvrant sur la place, salle de style grande cantine locale fréquentée par les gens du quartier. On y sert la cuisine *ao kilo* à prix très doux : poulet, viande, crudités... Bon, frais et copieux.

|●| ***Coco Bambu – Meireles*** *(plan C2,* ***35****) : rua Canuto de Aguiar, 1317 (quartier Varjota). ☎ 3242-7557. Tlj 11h-minuit. Parking (payant) juste en face.* Grand resto au décor résolument « tropical » avec des tables et des bancs en bois, sous de grandes paillotes en palmes (mais il y a aussi une salle climatisée). Cuisine *ao kilo* le midi. Le soir, les grands fours à bois donnent à plein, et la carte des pizzas est impressionnante. Coup de cœur pour le *Bobó de Camarão* (crevettes dans une purée de manioc au lait de coco). Crêpes de tapioca salées ou sucrées... et desserts raffinés. Plats très copieux, mieux vaut en commander un pour 2 personnes. Également une bonne carte de bières et de cocktails. Excellente caïpirinha. Une autre adresse av. Beira Mar, face à la plage, plus chic, plus cher, mais aussi bon.

|●| ***L'Escale Florence*** *(plan B2,* ***31****) : av. Barão de Studart, 855 (Aldéota) ; à l'angle de la rua Costa Barros. ☎ 3224-8575. Tlj midi et soir.* À 300 m de la plage. Adresse fondée par François, un charmant papy qui créa, en France, le resto *L'Escale* à Châteauroux du temps de la base américaine... C'est son fils qui tient le resto *L'Escale* situé dans le centre (voir plus haut). Ici, décor de grande brasserie (plus une terrasse sur la rue) abritant l'un des meilleurs buffets *ao kilo* de la ville, très fréquenté le midi. Grand choix de salades, viandes et poissons en tout genre. On y trouve souvent de la terrine, des poireaux vinaigrette et d'excellentes merguez ! Le soir, formule pas chère de *rodizio de massas* (pâtes à volonté) ou carte.

Chic (60-100 Rls / env 15-25 €)

|●| ***Colher de Pau*** *(plan C2,* ***40****) : rua Ana Bilhar, 1178, angle avec rua Frederico Borges (Varjota). ☎ 3267-6680. Tlj 11h-minuit.* Encore une excellente adresse de cuisine traditionnelle ! Grandes terrasses en vis-à-vis de chaque côté de la rue, souvent bondées le soir. Pas mal de spécialités du Ceará : *carne do sol* (viande de bœuf), *casquinha de camarão* (crevettes), *caldo de feijão* (haricots)... Également du poisson et d'excellentes langoustes. Ambiance festive.

|●| ***Tia Nair*** *(plan B2,* ***39****) : rua Ildefonso Albano, 68 (à l'angle de l'av. Beira Mar). ☎ 3219-1461. Tlj midi et soir.* Au début de la plage d'Iracema, immense terrasse couverte avec vue sur la mer. Plus agréable pour le déjeuner, car le soir, le resto est éclairé par des lumières blafardes, ce n'est pas du tout romantique ! Cuisine de la mer avec des plats de poisson, si copieux qu'ils conviennent à 2 bouches. Et aussi : brochettes de langoustes, *camarão* tropical.

Plus chic (plus de 100 Rls / env 25 €)

|●| ***Churrascaria Sal e Brasa*** *(plan C2,* ***34****) : av. Abolição, 3500. ☎ 3261-8888. Tlj 11h30-23h30.* Voici le temple de la viande grillée, le refuge de tous les carnivores ! Indiscutablement, une des meilleures *churrascarias* de Fortaleza. La déco est standard, mais la viande est excellente. Grande salle ultra-climatisée, nappes blanches,

service impeccable selon la méthode du *rodizio,* les serveurs vont de table en table avec une sorte d'épée piquée de diverses viandes grillées ou rôties... Mais que les voyageurs bretons, japonais ou végétariens se rassurent, on y trouve également un buffet de salades, poissons, fruits de mer, et même des sushis...

|●| *Coco Bambu – Beira Mar* *(plan C2,* ***41****) : av. Beira Mar, 3698, angle rua Manuel Jacaré (Mucuripe). ☎ 3198-6000.* Ce resto apparaît telle une grosse hutte à l'architecture « rustique chic » nichée au pied des tours de verre et d'acier, formant une barrière face au front de mer. C'est la très bonne adresse de la ville pour les fruits de mer, mais aussi pour les plats brésiliens de base. Un lieu animé et aéré, avec une grande terrasse surplombant l'avenue Beira Mar, un service diligent, des plats soignés et copieux, et une addition plus ou moins élevée en fonction de ce que l'on mange. Ne pas rater l'exquise caïpirinha de *Coco Bambu* !

|●| *Chez Patrick* *(plan B2,* ***37****) : rua Tomás Lopes, 104. ☎ 3219-2746. En sem, tlj 19h-1h ; dim déj slt, 12h-17h. Résa conseillée. CB refusées.* Originaire de Martinique, Patrick Gerinette est un aventurier formaté « Grand siècle caraïbe ». Son style « marquis » des îles, son humour, son élégance et sa jovialité en font une personnalité proche, originale et attachante. Retraité actif, passionné de cuisine, il fut longtemps pâtissier et cuisinier en Île-de-France, avant de se fixer à Fortaleza. On vient *Chez Patrick* pour Patrick (on ne le voit pas beaucoup, car il cuisine), mais surtout pour sa délicieuse gastronomie brésilienne souvent métissée de saveurs françaises (savoureuse sauce béarnaise). Ici, le menu est estampillé « slow food » car tout est préparé avec un soin artisanal, et servi avec sourire par sa belle-sœur, dans la charmante courette intérieure de *Patrick's Home.*

LE NORDESTE

Où s'offrir une bonne glace ?
Où boire un bon jus de fruits ?

50 Sabores *(plan C2,* ***50****) : av. Beira Mar, 2892 (Meireles), entre le* Praiano Hotel *et le* Seara Praia Hotel. *☎ 3032-0050. Tlj 10h-minuit.* Cette bonne maison possède 6 magasins à Fortaleza. On y élabore d'excellentes glaces. Dans ce magasin situé sur le front de mer, une cinquantaine de parfums différents sont proposés aux clients. À déguster sur place ou à emporter. Pas donné, mais généreusement servi... Autre adresse au nº 3958 de la même avenue.

Frutas e da Fruta *(plan A2,* ***51****) : av. Alberto Nepomuceno, 199, au sous-sol du* Mercado central. Petite échoppe colorée débordant de fruits frais que l'on presse sous vos yeux en combinaisons variées. Complétées d'eau minérale ou de lait. Cure de vitamine C garantie. N'hésitez pas à goûter aux fruits que vous ne connaissez pas : *acerola, caju, maracuja* ou *graviola.*

Où boire un verre ? Où sortir ?

Bien entendu, ne pas manquer de se promener sur la digue le long du ***front de mer,*** depuis la praia Iracema jusqu'à la praia de Mucuripe. Une belle randonnée pédestre si vous parcourez toute la promenade ! Mais heureusement des buvettes, à distance régulière, ponctuent la balade. Et il y a plein de vendeurs ambulants pour se sustenter. Toujours du monde, le jour comme le soir.
La nuit, le quartier le plus animé est celui de ***Dragão do Mar*** (pas mal de concerts de musique populaire brésilienne, surtout en fin de semaine), du ***ponte dos Ingleses*** et surtout d'***Iracema,*** mais ce dernier connaît des problèmes liés à la prostitution de rue (qui est toutefois en diminution par rapport aux années 2000). Le jeudi soir, l'animation se concentre généralement à ***praia do Futuro*** (taxi obligatoire).

Ne manquez pas d'aller faire un tour au ***centre culturel Dragão***

do Mar *(plan A2, 38 ; voir « Où manger ? »).* Plusieurs bars avec concerts en fin de semaine. Parfois, ça se passe même sur la place ou autour... Se repérer au son !

♫ Les vendredi et samedi, les habitants dansent le *forró* dans les nombreuses (et gigantesques) **casas do forró** *(entrée env 10-15 Rls selon groupe).* Problème : la plupart d'entre elles sont très éloignées de Fortaleza (entre 15 et 30 km !). Taxi obligatoire. La plus proche : ***Kukukaya*** *(av. Ponte Viera, 55 – São João do Tauape, à env 15 mn au sud de praia de Iracema ; ☎ 3227-5661 ; • kukukaya.com.br •),* ouverte seulement les vendredi et samedi soirs. Beaucoup de monde, chaude ambiance, possibilité d'y manger. Sinon, dans le même esprit, mais éloigné du centre-ville, le ***Vila Forró*** *(à env 15 km ; ☎ 3292-2100 ; sam)* et le ***Forró No Sítio*** *(à Eusebio, à env 15 km).* Un conseil : toujours se renseigner avant d'y aller pour savoir si c'est ouvert (bonjour la note de taxi si c'est fermé !).

🍷 ♩ ♫ **O Pirata** (plan B1, **60**) **:** *rua dos Tabajaras, 325 (Iracema). ☎ 4011-6161. • pirata.com.br • À côté du ponte dos Ingleses, repérable à ses mâts de bateau et à la foule... Attention, Pirata est* ***ouv slt lun*** *(soirée à thème) à partir de 20h. Entrée : env 50 Rls.* Cet endroit exceptionnel mérite le prix d'entrée assez élevé. En haute saison, à ne pas rater. *O Pirata* s'est autoproclamé « la plus grande fête du monde » : on ne rentrera pas dans ce genre de classement un peu artificiel, mais de mémoire de routards, on n'a pas souvent connu des ambiances aussi festives. Arriver dès 20h, la soirée démarre par un quadrille en costumes à 22h. Sur une gigantesque piste de danse à ciel ouvert, rapidement « surchauffée », nuit *axé,* mais surtout *forró* et lambada. Un monde fou dans une ambiance populaire bon enfant, mais néanmoins délirante. Bière et cachaça coulent à flots, ça danse sans discontinuer dans tous les coins, y compris aux terrasses, et ça dure jusqu'à l'aube. Soupe gratuite à 3-4h pour reprendre des forces.

🍷 Dans la même rue qu'*O Pirata* se trouvent plusieurs **bars,** tous très animés en fin de semaine. La nuit, le quartier n'est pas toujours bien fréquenté et demande de la vigilance.

🍷 ♫ **Orbita** (plan A-B2, **61**) **:** *rua Dragão do Mar, 207, à l'angle de la rua Alm. Jaceguai à proximité du centre culturel. ☎ 3453-1421. • orbitabar.com.br • Jeu-dim à partir de 21h. Petit droit d'entrée.* Un bar aménagé dans d'anciens entrepôts portuaires aux murs peints en vert. Le lieu se transforme, au fur et à mesure que l'heure avance, en boîte de nuit plutôt branchée. Ambiance souvent house, mais pas mal de pop-rock le week-end. « *In Rock we trust* », telle est d'ailleurs le slogan de la boîte... De toute façon, la musique diffuse généreusement à l'extérieur. Pratique pour tâter l'ambiance... Quelques billards.

♫ Juste à côté d'*Órbita,* ***Armazem*** (plan A-B2, **61**) **:** *mer et ven-dim 22h-6h du mat. Droit d'entrée.* Grand bâtiment rose du XIXe s avec une vingtaine de portes ouvrant sur la rue (c'était autrefois un entrepôt pour le coton). Le mercredi, c'est soirée *forró* endiablée. Le week-end, l'endroit se transforme en bar-boîte, avec une salle à dominante électro, une autre aux sonorités plus éclectiques (*pagode, forró,* pop-rock, etc.). *2746. Non loin du Dragão do Mar.* C'est la plus grande boîte du

♫ ***Mucuripe Club* :** *trav. Maranguape, 108 (Centro). ☎ 3219-2746. Non loin du Dragão de Mar.* C'est la plus grande boîte du centre-ville. Pour vous donner une petite idée, c'est ici que se produit David Guetta quand il passe dans la région... C'est aussi l'endroit où va la majorité des touristes noctambules.

♫ Pour une ambiance gay friendly, cap sur le ***Donna Santa*** (plan A-B2, **61**) **:** *rua Dragão do Mar, 308. ☎ 3219-1164. • boatedonnasanta.com.br • Ven-sam slt, à partir de 23h. Entrée : env 25 Rls.* Boîte réputée, animée par les meilleurs DJs du moment. Musique électro et salle *forró.*

🍷 ♩ ***Café Pagliuca*** (plan C2, **62**) **:** *rua Barbosa de Freitas, 1035 (Aldéota). ☎ 3224-1903. Mar-ven 17h30-1h, sam 12h-4h. Couvert artístico 21h30-minuit. CB acceptées.* Ce café-restaurant été primé en tant que « lieu romantique »... En fait, c'est un espace contemporain et branché, bien pour passer une soirée autour d'un verre, en écoutant les petites formations de jazz, bossa nova, tango, boléro, etc. On peut aussi y dîner (carte variée) ou venir y goûter la *feijoada* du samedi midi.

Achats

Centro do turismo *(plan A2,* ***70****)* **:** *rua Senador Pompeu, 350 (Centro). ☎ 3101-5507. Ouv 8h-18h (16h sam, 12h dim).* Ce grand centre d'artisanat est installé dans l'ancienne prison de 1866. On y trouve notamment les tissus et vêtements brodés de dentelle. Le travail sur les blouses est admirable. Les vendeuses sont tellement fières de la qualité de leurs produits qu'on ne va jamais très loin dans le marchandage. On peut aussi y acheter des bons produits naturels comme des noix de cajou grillées. Pour ceux qui veulent acheter un hamac, préférer le *Mercado central.*

Mercado central *(plan A2,* ***51****)* **:** *av. Alberto Nepomuceno, 199. • mercadocentraldefortaleza.com.br • Ouv 8h-18h (17h sam, 13h dim).* Le plus facile consiste à prendre l'ascenseur jusqu'au 3e étage, puis de redescendre à pied. Le marché a des allures de caverne d'Ali Baba, follement animée, et renferme près de 500 éventaires différents. Alimentation, herbes médicinales, articles en cuir, alcools, et des centaines de stands de vêtements. La qualité des dentelles est plus ordinaire qu'au *Centro do turismo* ; en revanche, grande variété de hamacs et prix intéressants. Pour acheter des noix de cajou, la meilleure boutique est *Cazuza.* Pour ceux qui veulent casser la croûte, resto *ao kilo* au 1er étage.

Mercado de praia do Meireles *(plan C2,* ***80****)* **:** sur le front de mer, entre la rua Osvaldo Cruz et l'avenida Desembargador Moreira, plusieurs centaines d'exposants se rassemblent tous les soirs (17h30-22h30). La nuit venue, les éventaires sont refermés, couverts de bâches isolantes et sécurisées, jusqu'au lendemain.

À voir

Museu de Arte e Cultura popular – Centro do turismo *(plan A2)* **:** *rua Senador Pompeu, 350, au 1er étage du Centro. ☎ 3101-5507. Tlj 8h-18h (16h sam, 12h dim). GRATUIT.* Il abrite une expo de céramiques, d'objets domestiques, d'ex-voto, une *jangada* (petite embarcation à voile traditionnelle et utilisée encore aujourd'hui), avec des explications sur le mode de vie des pêcheurs du Ceará.

Museu do Ceará *(plan A2)* **:** *rua São Paulo, à l'angle de la rua Floriano Peixoto (Centro). ☎ 3101-2609. Mar-sam 9h-17h. GRATUIT.*
Musée sur l'histoire de la ville et de la région, installé dans un monument historique de 1871. À l'étage, une réplique de la *jangada* dans laquelle trois courageux pêcheurs rejoignirent Rio en 1941 pour revendiquer de meilleurs droits du travail auprès du président Getúlio Vargas. Collections de céramiques anciennes, mobilier, monnaie, etc. Armes et souvenirs des hommes qui marquèrent la vie politique du Ceará, notamment les abolitionnistes de l'esclavage. C'est d'ailleurs dans cette même salle que se tint, le 24 mai 1883, l'assemblée proclamant l'émancipation des esclaves à Fortaleza ; une peinture le rappelle. Petit hommage aux femmes qui ont marqué l'histoire et la culture du Ceará.
Femme de lettres, journaliste, dramaturge, ***Rachel de Queiroz*** (1919-2003) fut la première Brésilienne à être reçue à l'Académie brésilienne des lettres. Née dans le Ceará, ***Jovita Alves Feitosa*** (1848-1867) se fit passer pour un homme et parvint à s'engager dans l'armée brésilienne à l'âge de 17 ans comme sergent. Elle participa à la guerre contre le Paraguay,

mais n'étant pas reconnue pour sa bravoure, elle se suicida... à l'âge de 19 ans. Le musée évoque aussi la personnalité du ***Padre Cicero*** (1844-1934), figure de la culture populaire locale. En 2001, il a été classé par la TV *Globo* comme le « Cearanais du siècle ». Prêtre catholique, réputé pour son charisme, aimé des foules, il fit des miracles, dit-on. Ce qui est plus sûr, c'est qu'il fut aussi un prêtre politique et social. En 1926, il rencontra à Juazeiro do Norte (sud du Ceará) le fameux bandit d'honneur Lampião, chef du mouvement des Cangaceiros qui terrorisa le Sertao (Pernambouc) entre 1922 et 1938. Padre Cicero protégea Lampião et eut une grande influence sur lui, lui demandant de cesser la violence (voir introduction au chapitre « L'intérieur du Ceará »).

À quelques mètres de là, la ***praça do Ferreira*** *(plan A2)*, la place la plus vivante de cette partie de la ville, bordée par des immeubles rescapés de la période Art déco. À l'angle de la rua Guilhermo Rocha, deux très beaux édifices éclectiques restaurés et peints de bleu et vert. Voir aussi la jolie façade de la *Drogaria e farmacia Oswaldo Cruz.*

Teatro José de Alencar *(plan A2)* **:** *praça José de Alencar (Centro). ☎ 3101-2583. Visites guidées ttes les heures : mar-ven 9h-12h, 14h-18h ; w-e et j. fériés 14h-17h. Entrée : 5 Rls ; réduc ; gratuit 1er mar et dernier dim du mois.* Inauguré en 1919 dans un style français Belle Époque, il se distingue par sa très belle et très originale architecture métallique Art nouveau. Riche programmation, avec parfois des concerts et des spectacles de danse. Le théâtre porte le nom de José de Alencar, écrivain brésilien né en 1829 à Fortaleza et mort à Rio en 1877. Il est l'auteur de plusieurs livres dont *Iracema, légende du Ceará.* Il fut aussi député de l'État du Ceará et ministre de la Justice de 1868 à 1870.

Fortaleza da Nossa Senhora da Assunção *(plan A2)* **:** *av. Alberto Nepomuceno (Centro). ☎ 3255-1600. En face du Mercado central. Tlj 10h-17h. GRATUIT.* L'ancien fort Schoonenborch, construit en 1816 par les Néerlandais, à l'emplacement même du premier fort construit en 1654 par Matias Beck. Il est à l'origine de la fondation de la ville et de son nom actuel. C'est dans cette forteresse que fut enfermée en 1817 Bárbara de Alencar (1760-1832), poétesse révolutionnaire, considérée comme la première prisonnière politique de l'histoire du Brésil. Elle fait partie désormais des « héroïnes nationales ». Depuis 1948, le fort a été réhabilité pour accueillir le quartier général du commandement militaire de la région.

Centro cultural Dragão do Mar *(plan A2)* **:** *rua Dragão do Mar, 81 (praia de Iracema). ☎ 3488-8600. • dragaodomar.org.br • Mar-ven 8h-22h, w-e 14h-21h. GRATUIT.*

Ce centre culturel moderne porte le nom d'un pêcheur célèbre (originaire de Canoa Quebrada) qui lutta en faveur de l'abolition de l'esclavage. Des passerelles relient les différents lieux : théâtre, planétarium, cinéma, gigantesque mosaïque murale d'Aldemir Martins évoquant les paysages du Ceará, et deux musées.

– *Mémorial de la culture du Ceará :* si une expo temporaire ne vient pas bousculer l'ordonnancement des espaces, vous devriez trouver plusieurs vitrines sur la culture populaire, la littérature de Cordel (relative aux faits et méfaits du bandit d'honneur Lampião), les fêtes campagnardes, l'artisanat, l'art religieux, ou encore le folklore du Cariri (une région au sud de Ceará où les traditions sont encore bien vivantes). Le second espace est consacré aux *vaqueiros,* ces « cow-boys » brésiliens qui ont joué un rôle important dans l'occupation des terres à l'intérieur du pays.

– *Musée d'Art contemporain :* abrite des expos temporaires.

À vrai dire, l'animation bat surtout son plein dans les cafés autour, ou autour de la place elle-même, et ce, particulièrement le week-end... Ne pas oublier de boire un verre à l'agréable *Santa Clara Café* (voir « Où manger ? Sur le pouce »).

Ponte dos Ingleses *(plan B1)* **:** *praia de Iracema.* Appelé aussi « Ponte Metálica ». Une jetée construite par une entreprise anglaise en 1921, d'où son nom. La tradition est d'y aller pour admirer le coucher du soleil. Le matin, on peut parfois apercevoir des dauphins. La promenade des Anglais de Fortaleza, en quelque sorte...

« LA VIERGE AUX LÈVRES DE MIEL »

Indienne appartenant à la tribu des Tabajaras (habitants de l'arrière-pays, alliés des Français), Iracema tombe amoureuse de Martin, un colon portugais allié à la tribu rivale des Potiguaras. Le roman de José de Alencar raconte cet amour impossible. Esseulée, désespérée, elle donnera naissance à Moacir, symbole du métissage culturel du Brésil. Iracema est aujourd'hui la figure tutélaire de Fortaleza. Une statue à son image se dresse au bord de la plage qui porte son nom.

À faire

Les plages qui bordent le front de mer de Fortaleza sont belles (sable blanc très fin, cocotiers), mais pas vraiment recommandées pour la baignade (eaux polluées). Pour se baigner, il faut aller jusqu'à *praia do Futuro* (voir « Dans les environs de Fortaleza »). Pour les amateurs, on trouve aussi quelques sites de plongée sous-marine.

Meireles *(plan C2)* **:** à l'est de la ville, la plage de Meireles est bordée d'une barre d'immeubles résidentiels, où l'on trouve de nombreux restaurants et cafés. Elle est très fréquentée. Son intérêt principal réside dans son marché artisanal (voir « Achats ») implanté sur la digue en bord de mer.

Mucuripe *(plan D2)* **:** cette plage se situe plus à l'est, après Meireles. Le retour des *jangadas* est un spectacle à ne pas manquer. Mais difficile de préciser une heure : tout dépend de la marée. Littéralement « radeaux », ces bateaux traditionnels des pêcheurs de Fortaleza, mais aussi de toute la côte jusqu'au Pernambuco, sont composés d'une demi-douzaine de troncs courbes assemblés par des chevilles de bois, d'un mât et d'une grande voile. Leur équipement se limite au strict nécessaire : un filet lesté de pierres, une réserve d'eau et de nourriture, le panier pour rapporter les poissons. En dehors du folklore, la vie des pêcheurs est probablement l'une des plus rudes du Nordeste. Un certain nombre d'entre eux ne sont même pas assez riches pour être propriétaires de leur bateau et doivent laisser une grosse partie de leur pêche contre l'utilisation de leur *jangada.*

VOILIER OU RADEAU ?

La jangada, cette embarcation séculaire, est d'une efficacité remarquable. Elle servit notamment à assurer le transport des esclaves en fuite vers le Ceará, premier État à abolir l'esclavage. Trois jangadeiros réussirent même à parcourir 3 000 km, en 1941, de Fortaleza à Rio ! On est loin de La Jangada *de Jules Verne qui, dans son roman, en fait un immense radeau surmonté d'habitations, et même d'une église, le tout remontant tranquillement le cours de l'Amazone...*

Un des plus beaux sites de plongée de la côte se situe à 30 km environ, au large de ***praia de Pecem*** (65 km au nord de Fortaleza), par 30 m de fond. Il s'agit d'un navire coulé en 1943, pendant la Seconde Guerre mondiale. Le ***canal de Arabaianas,*** à 30 km de Fortaleza, garde lui aussi quelques belles épaves.

LE NORDESTE

Fêtes et manifestations

– ***Maracatu :*** *fin fév-début mars.* Carnaval folklorique et culturel de Fortaleza. Moins spectaculaire que le *Fortal.*
– ***19 mars :*** fête de São José (Saint-Joseph), patron du Ceará. C'est un jour férié. Elle commence quelques jours avant le 19 mars. Nombreuses processions dans tout l'État pour demander la pluie, un élément rare sur la côte, surtout dans l'intérieur de l'État, aride et sec. S'il pleut ce jour-là, c'est gagné : la saison sera bonne !
– ***13 avril :*** anniversaire de Fortaleza. Un grand gâteau (dont la taille dépend des récoltes) est réalisé sur la praça do Ferreira et généreusement offert. En soirée.
– ***13 mai :*** fête de Nossa Senhora de Fatima. On s'habille en blanc pour parcourir les 10 km de procession qui chemine dans la ville.
– ***13, 24 et 29 juin :*** aux fêtes de São Antônio, de São João et de São Pedro, on danse le quadrille. Festival, concerts gratuits...
– ***Juillet :*** pendant la dernière semaine se déroule le *Fortal,* l'un des carnavals « hors saison » les plus animés du pays. Près du quartier de Dunas, dans la « cidade Fortal », des milliers de gens sont pris de folie au son des *trios elétricos* de renommée nationale.
– ***15 août :*** fête de *Iemanjá,* la reine de la Mer. Manifestation de *candomblé* sur la plage.

DANS LES ENVIRONS DE FORTALEZA

LE NORDESTE

Praia do Futuro (hors plan par D2) **:** *à env 10 km à l'est du centre. Depuis la gare routière, omnibus « Conjunto-Ceará-Papicu (Via Montese) » ou « Parangaba-Papicu (Via Montese) » jusqu'à la station Papicu ; là, avec le même billet, prendre le bus « 31 de Março », « Caça e Pesca » ou « Grande Circular 1 » jusqu'à praia do Futuro. Sinon, depuis l'av. Beira Mar, prendre le « Top bus » (bus nº 49) qui longe les plages d'Iracema, Meireles et Mucuripe. Le soir, taxi obligatoire.* Superbe plage longue de 8 km avec un océan agité et magnifique, bercé par le vent d'est qui souffle en permanence. L'eau y est enfin propre et le sable fin. Quasi déserte en semaine et bondée le week-end. De nombreux bars-restos bordent la plage. Vous pourrez y déguster des huîtres fraîches (environ 10-15 Rls), des gambas et des langoustes grillées. En journée, point commun entre tous : une sono bien puissante qui fait chalouper de nombreux plagistes. Le jeudi, soirées *caranguejo* (crabe) dans de nombreux établissements. Bonne ambiance assurée ce soir-là. Sauf programmation spéciale, pas la peine d'y aller les autres soirs, c'est mort (et pas très sûr).

Barraca Terra do Sol : *av. Zézé Diogo, 5295 (praia do Futuro). ☎ 3265-4223. • terradosol.net • Ouv le midi tlj, plus jeu soir pour la soirée canranguejo (crabe).* Un bar-resto comme il en existe beaucoup d'autres, en bordure de plage. Les orteils en éventail sur le sable, on mange sous de petites paillotes des fruits de mer et principalement les traditionnels *tok-tok.* Certains plats, comme le *pargo grande,* sont pour 4. On peut aussi tout simplement y prendre un verre.

Barraca Croco Beach : *av. Zézé Diogo, sur la plage. ☎ 3521-9600.* Un des plus connus, des plus fréquentés et des plus agréables (en couple ou en famille). Un énorme centre touristique, comme un village balnéaire, avec restos sur la plage, cybercafé, massages, boutiques... et bars avec musique *ao vivo*. Beaucoup d'ambiance. Le jeudi soir en été, ça commence à s'échauffer vers 20h30 et ça se poursuit jusqu'à 3-4h du mat'.

Chico do Caranguejo : *av. Zézé Diogo, 4930. ☎ 3262-0108.* Moins imposant que le *Croco Beach,* mais très couru pour ses soirées événements : le jeudi, soirée *caranguejo* ; le week-end, *feijoada* et musique live. Entrée payante. Arriver un peu avant 21h. Ambiance délurée sur la plage, beaucoup plus sage sous l'auvent en feuilles de palme.

Museu da Cachaça *(Y-Park) : à 30 km au sud-est de Fortaleza. ☎ 3341-0407. • ipark.tur.br/museu • Sur l'av. Imperador, au niveau de la praça da Lagoinha, prendre le bus pour le village de Maranguapé, puis continuer en taxi. Tlj sf lun 9h-17h. Entrée : env 32 Rls ; réduc.* Le musée fait partie d'un complexe de loisirs avec plan d'eau (kayak), tyrolienne, mur de varappe, balade en calèche et petit parc de jeux pour enfants, etc. D'où le tarif d'entrée... Le parc d'attractions plaira aux enfants, tandis que le musée retiendra les parents. Il retrace avec force machines, équipements et ustensiles, documents et photos, l'histoire de l'exploitation de la canne à sucre et évoque l'importance de son économie pour la région. On y apprend que tout a commencé avec l'arrivée dans la région en 1843 de Dario Telles de Menezes, descendant d'une très vieille famille noble du Portugal (son ancêtre fut gouverneur des Indes). Il s'établit à Maranguapé et y fonda la distillerie *Ypióca* pour fabriquer de la cachaça à base de canne à sucre (laquelle canne à sucre sert aussi à fabriquer l'éthanol, qui ne se boit pas mais fait tourner les moteurs de voiture). En 1968, ce fut la première entreprise brésilienne à exporter son alcool de canne à sucre en Allemagne. À la fin de la visite, petite dégustation !

Cumbuco *: à 30 km au nord-ouest de Fortaleza. Prendre le bus « Cumbuco » (ttes les heures) sur l'av. Beira Mar (devant le* Praiana Palace Hotel*). En taxi depuis Fortaleza, compter 100 Rls (quel que soit le nombre de pers). Infos sur : • cumbuco.com • cumbuco-brazil.com •* Très fréquenté le week-end par les habitants de Fortaleza. En dehors du kitesurf et des sorties en buggy dans les dunes, le sport local, c'est l'*eskibunda,* la « luge de sable », une planche de bois graissée sur laquelle vous posez vos fesses pour glisser du haut d'une dune à pente bien raide. La première fois, la chute est assurée, on se retrouve ensablé. Avec un peu d'expérience, on parvient à diriger cette infernale savonnette jusqu'à la lagune qui se trouve en contrebas, et à y prendre goût ! Le plus dur est de remonter à chaque fois la pente... Dans le village, distributeurs de billets, bureau d'infos touristiques, nombreux restaurants et cafés le long de la plage.

L'INTÉRIEUR DU CEARÁ

L'intérieur du Ceará offre des paysages d'une beauté saisissante où, dans une chaleur d'enfer, l'eau jaillit de partout, dans d'immenses plaines recouvertes d'une végétation arbustive, mêlée de quelques cactus filiformes. C'est le domaine des *fazendas.* Et subitement, de manière presque inattendue, se dresse la *serra da Ibiapaba.* À 900 m d'altitude, c'est alors un paysage tantôt aride, tantôt de luxuriantes forêts de palmiers.
Au cœur du massif rocheux, le *parque nacional de Ubajara* est l'un de ces endroits extraordinaires. On peut y faire une excursion de 2 jours en dormant à Ubajara ou à Tianguá. On y découvrira aussi les gens du Ceará, *caboclos* et *sertanejos* au caractère fier et libre.

Arriver – Quitter

➢ ***En bus :*** *Guanabara* assure la liaison entre la *rodoviária* de Fortaleza et Tianguá ; 7 bus/j. dans les 2 sens. Env 5h de trajet pour Tianguá, 6h pour Ubajara. En outre, la plupart des bus au départ de Fortaleza en direction de Teresina, São Luís ou Belém s'arrêtent à Tiangá. Également une liaison de nuit Tianguá-São Luís. À la gare routière de Tianguá, liaisons fréquentes avec Ubajara (30 mn de trajet ; env 7 liaisons/j.). Également des minibus à prendre en centre-ville qui assurent la navette entre Tianguá et Ubajara.

➢ ***En voiture :*** les routes sont excellentes et très belles. C'est la meilleure solution, si votre porte-monnaie vous le permet. Sortir de Fortaleza par la BR 222 en direction de Sobra ; continuer après Sobra jusqu'à Tianguá, à l'entrée du *parque nacional* (280 km).

TIANGUÁ *(ind. tél. : 88)*

« Là où l'eau apparaît toujours », en langue indienne. Ancienne ville indienne, donc. C'est à 20 km de Tianguá que débute l'ascension de la *serra da Ibiapaba*. Très beaux paysages.

UBAJARA *(ind. tél. : 88)*

À 850 m d'altitude et 18 km au sud de Tianguá. Le nom signifie « Seigneur des pirogues » en langue indienne. À l'origine, la région était habitée par les Indiens tabajaras. Le premier conquistador portugais arrivé en 1604 tenta de coloniser les terres fertiles de la serra da Ibiapaba, s'opposant parfois violemment aux tribus autochtones. C'est à la fin du XIXe s que la région fut peuplée par des vagues d'immigrants portugais.

Où dormir ? Où manger ?

Pousada Sítio do Alemão : *à env 4,5 km du village et à 1,5 km de la grotte. 99961-4645. • sitio-do-alemao.20fr.com • Pour s'y rendre, possibilité de transfert sur résa. Doubles env 80-100 Rls selon confort.* Au cœur d'une plantation de caféiers et d'une végétation luxuriante de bananiers, manguiers, etc., Herbert Klein, le patron, est un sympathique Allemand qui parle le français. Il propose 5 petits chalets pour 2 à 6 personnes, dont 2 avec salle de bains commune. Super petites balades à faire au sein d'une forêt dense. Un véritable coin de charme. Bon petit déj avec confitures maison. Herbert propose aussi des excursions pour admirer de jolies cascades. Une très bonne adresse.

Nevoar : *av. Monsenhor Gonçalo Eufrásio, 167. ☎ 3634-1312. Dans le centre d'Ubajara. Tlj midi et soir.* Considéré comme le meilleur resto de la ville... Pourtant, il nous a paru juste correct. Pour dépanner.

À voir. À faire

Parque nacional e gruta de Ubajara : *à 3 km d'Ubajara, au cœur du parc forestier de 563 ha. ☎ 3634-1388. • portalubajara.com.br • Parc ouv 8h-17h. Accès à la grotte : 5 Rls. Accès à la grotte par téléphérique (mar-dim 9h-14h30 ; 10 Rls A/R). Si vous avez le vertige (la descente se fait à pic et parfois le vent souffle !), possibilité d'emprunter un sentier de 6 km (guide obligatoire).* La grotte s'étend sur un peu plus de 1 km, mais on n'en visite que 420 m. La première salle servit longtemps de lieu de culte ; on pouvait même s'y marier ! On ne s'étonnera pas alors de la présence de Notre-Dame de Lourdes... Quelques beaux jeux de lumière mettent en valeur d'étonnantes formes. Dans la salle des portraits se dissimulent un cheval, un caïman, un cobra... et, dans la dernière, un véritable essaim de chauves-souris (bien vivantes, celles-là !). La grotte est également connue pour son lac souterrain, mais il ne se visite pas.

IPÚ

À 75 km au sud d'Ubajara, sur la CE 075, la ***bica do Ipú*** (chute d'eau de 120 m). La cascade est impressionnante de janvier à avril ; le reste de l'année, le filet d'eau s'évapore en milliers de gouttelettes emportées par le vent. Quelques restos à proximité. Sympa pour une petite halte, avec possibilité de baignade dans les eaux pures. Au retour, à 7 km après Ipú, prendre sur la gauche la CE 157 en direction de Canindé, puis, à Santa Quiteria (65 km), continuer par la CE 032 jusqu'à Canindé (encore 111 km). Très beau voyage à l'intérieur du Ceará entre eaux et aridité extrême.

CANINDÉ

À 105 km de Fortaleza par la route BR 020. Haut lieu de pèlerinages populaires dédiés à saint François, guérisseur des maux du corps et de l'âme. Plongée impressionnante dans la foi fervente du peuple du Nordeste. Rues envahies d'images pieuses, de chapelets, etc. Grande *fête de São Francisco de Assis* au début du mois d'octobre, pendant 9 jours.

MORRO BRANCO

IND. TÉL. : 85

À 90 km environ au sud-est de Fortaleza, le site et la plage de Morro Branco (commune de Beberibe) constituent un paysage étonnant et rare, car un phénomène naturel local attribue 12 couleurs différentes aux superbes falaises en sable ! Des sources d'eau fraîche jaillissent de la roche, le vent d'est souffle en permanence, adoucissant la chaleur équatoriale, les kitesurfeurs glissent et s'envolent sur la crête écumeuse des vagues... L'endroit est très populaire au Brésil (surtout le week-end) depuis qu'une émission TV très célèbre a utilisé ses fantastiques paysages en générique. Le soir, en revanche, c'est bien calme... contrairement à l'ambiance joyeuse de Canoa Quebrada. Stationnement payant à l'arrivée, tout en bas de la route, et tours en buggy.

– Infos : ● *portalmorrobranco.com* ●

Arriver – Quitter

➢ ***Depuis Canoa Quebrada :*** prendre un bus de la Cie *São Benedito* jusqu'à Beberibe. 6 départs/j. 7h30-19h30. Trajet : env 2h. De Beberibe, prendre un taxi jusqu'à Morro Branco (4,5 km).

Où dormir ? Où manger ?

Pousada Ibitu : *av. Luis Gama, 438.* ☎ *3338-6080.* ● *ibitu.com.br* ● *À 400 m de la plage, sur les hauteurs du village. Resto lun-sam 18h30-22h (dernier service à 20h45). Selon confort et saison, doubles env 100-130 Rls, chalé 160-190 Rls.* Une charmante *pousada* en brique et en bois dans un environnement verdoyant et calme, avec une piscine (plus une pataugeoire pour les enfants) et la vue sur la mer (toilettes du jardin avec vue panoramique !). Les chambres du rez-de-chaussée disposent d'un ventilo, celles à l'étage ont la vue en plus. Aussi des duplex (avec mezzanine, TV et frigo) qui peuvent accueillir 4 personnes. Un seul *chalé* avec la clim et la vue. Possibilité d'excursions en buggy. Stefan W. Berther, le patron, est un Suisse féru de culture brésilienne. Fait aussi resto le soir. Une adresse coup de cœur.

🏠 🍽 ***Pousada Recanto Praiano :*** *av. Beira Mar, 145.* ☎ *3338-7233. Avt d'arriver à la plage sur la droite. Double env 110 Rls tte l'année.* Un immeuble banal, un peu défraîchi, avec une vingtaine de chambres sommaires mais propres, dotées de ventilo, douche/w-c (eau froide) et TV. Celles à l'étage sont plus aérées. Quelques chambres pour 4-6 personnes. Petite piscine en plein cagnard.

🍽 Sur la plage, plusieurs ***barracas*** où l'on peut manger poisson et fruits de mer, les pieds dans le sable.

À faire

– ***Balade en buggy :*** le tour classique dure 2h et coûte environ 100-140 Rls selon la saison, pour 4 personnes maximum. On va jusqu'à la plage de Uruau avec son immense dune de sable blanc et son lac d'eau douce. On passe aussi par les petites sources naturelles qui jaillissent de la falaise le long de la praia das Fontes (beaucoup plus d'eau en période des pluies).

PRAINHA DO CANTO VERDE

IND. TÉL. : 85

À 110 km environ au sud-est de Fortaleza. Un petit village de pêcheurs enfoui sous les cocotiers et encore authentique car épargné par l'agitation touristique. Les maisons sont posées sur un sable à la blancheur éclatante qui, grâce à la complicité du vent, semble constamment regagner du terrain... Là encore, de superbes plages. Rien à faire, si ce n'est contempler le spectacle saisissant des *jangadas* chahutées par les vagues, écouter les alizés effleurant les palmes des cocotiers, saisir en fin d'après-midi l'atmosphère gorgée d'embruns à la blancheur laiteuse et prendre le temps, tout simplement, de faire connaissance avec les habitants. Car Prainha do Canto Verde fait partie de ces petits villages d'irréductibles, avec une zone protégée et une communauté gérée par un « conseil de la Terre », qui favorise l'écotourisme et permet de préserver cet environnement idyllique. La mer, du sable et du vent et puis c'est tout... Ça, c'est le Brésil ! Un vrai coup de cœur.

– Toutes les informations (avec un traducteur en français) sur le tourisme communautaire à Prainha : ● *prainhadocantoverde.org* ● Hébergement, restos, activités, etc.

Arriver – Quitter

➢ ***Fortaleza*** *(rodoviária)* **:** pas de bus direct. Prendre un bus de la compagnie *São Benedito* en direction d'Aracati (7-8 départs/j.) et descendre au village de Lagoa Poeira (3h30 de route de Fortaleza ; à env 7 km de Canto Verde). De là, transport gratuit si vous avez pris soin de réserver un hébergement et d'organiser le transfert ; sinon, prendre un taxi.

➢ ***Canoa Quebrada :*** même principe. À Aracati, bus en direction de Fortaleza ; descendre à Lagoa Poeira. Sinon taxi depuis/vers Aracati et Prainha (env 20-25 Rls et 30 mn de trajet).

Où dormir ? Où manger ?

🏠 🍽 ***Pousada Recanto da Mãezinha :*** *dans le village.* ☎ *3274-0141.* 📱 *99983-6914.* ● *pousadarecantodamaezinha.com* ● *Doubles env 110-160 Rls selon saison. Plats 2 pers env 35-65 Rls.* Dans un « jardin de sable » ombragé par quelques cocotiers, une dizaine de chambres colorées (dont 2 familiales), dans quelques bungalows en brique avec terrasse et hamac. Toutes avec AC, douche/w-c, ventilo et frigo. Également une villa avec piscine, à l'arrière, avec 6 chambres dotées de ventilo ou de la clim. Au réveil, la plage en ligne de mire... Calme parfait. Excellent accueil d'Alberto. On peut aussi y manger midi et soir de copieux plats de poisson et fruits de mer... et même de la langouste, à prix très raisonnable ! On adore.

CANOA QUEBRADA

IND. TÉL. : 88

Avec Jericoacoara au nord-ouest, Canoa Quebrada est devenue l'autre petite station balnéaire prisée du Ceará, mais cette fois au sud de Fortaleza (à 170 km).

Ancien rendez-vous des hippies dans les années 1970 devenu aujourd'hui un haut lieu du kitesurf et des balades en buggy, le village est perché sur une ligne de falaises de roches rouges, surplombant une immense plage de sable où sont plantées des baraques *(barracas)* sur pilotis. Le vent d'est souffle en permanence, ce qui donne un côté très tonique au site. Impression assez cocasse à l'arrivée, lorsqu'on découvre successivement un paysage d'éoliennes et la ribambelle de parapentistes rasant les toits des *barracas,* elles-mêmes léchées par les vagues, le tout face à une mer devenue terrain de jeu pour les adeptes du kitesurf ! Quoique très touristique, le village reste agréable avec ses petites ruelles en pente, son animation nocturne et sa grande passerelle qui surplombe l'immense plage.

DRAGON DE MER

Le héros historique de Canoa Quebrada, c'est Francisco José do Nascimiento alias « Dragão do Mar ». Il émigra à Fortaleza au milieu du XIXe s où il travaillait comme « jangadeiro », *marin-pêcheur sur une* jaganda, *ces bateaux à voiles traditionnels. Révolté par l'esclavage et la traite négrière, il s'embarqua en 1882 sur son rafiot et se rendit à Rio par la mer, où il rencontra la princesse Isabelle, régente de l'Empire, pour plaider sa cause abolitionniste. Résultat : l'esclavage fut aboli au Ceará en 1884, soit 4 ans avant le reste du Brésil.*

UN PEU D'HISTOIRE

Comme Jericoacoara, Canoa Quebrada fut découvert par les « hippies » dans les années 1970. Décidément, ils avaient du flair ! À l'origine, ce n'était qu'un hameau de pauvres pêcheurs, vivant dans des masures sur la falaise, s'éclairant à la bougie et se nourrissant de poissons. Deux caisses en bois empilées devenaient une buvette et on sifflait de la bière à gogo... En 1968, le film *Le Grabuge* d'Édouard Luntz (Français né à La Baule), tourné en partie dans le village, est diffusé par la télé brésilienne *O Globo.* Le village perdu est désormais

L'ÉTOILE ET LE CROISSANT

Non, Canoa n'est pas une ville convertie à l'Islam ! En fait, un routard d'origine pakistanaise vint ici à l'époque « Peace and Love ». Il aima le lieu et se mit à dessiner des T-shirts et des objets avec ces deux symboles musulmans. Avec le temps, ils sont devenus les « armoiries » de cette ancienne station hippie.

connu des foules ! Les hippies brésiliens s'y installent, puis arrivent des babas cool des Pays-Bas et d'Angleterre qui adorent l'endroit. La dictature brésilienne alors au pouvoir tolère quand même cet îlot marginal où la drogue est assez peu présente.
En 1994, la construction de la route bitumée a tout changé. Elle a ouvert le village au reste du pays, mettant fin à l'époque « Peace and Love ». Canoa s'est vite transformée en une petite station balnéaire cosmopolite et branchée. Au fil des ans, le village s'est doté d'infrastructures et a pavé ses rues, en commençant par la rue principale, très touristique et rebaptisée pour l'occasion Broadway Street (!).

Arriver – Quitter

En bus

➢ ***Fortaleza :*** 4-5 bus directs/j. selon saison, 6h-17h30, dans les 2 sens avec *São Benedito.* Trajet : env 3h30.

En voiture

➢ ***Fortaleza :*** la route la plus facile est la CE 040 qui passe par Aquiraz, Cascavel, Beberibe puis Fortim et Aracati. Route bitumée en très bon état. Compter env 3h pour env 170 km. La seule difficulté est de trouver le bon embranchement pour sortir de Fortaleza. Le GPS peut être utile.

Adresses utiles

– Infos touristiques très complètes sur le site • *portalcanoaquebrada.com.br* •
■ ***Police touristique :*** *au début de la rue principale (Broadway). Ouv 24h/24.*
■ 1 ou 2 ***distributeurs*** dans la rue principale (Broadway), à côté du bureau de poste *(correios)* et de la *pousada Latitude,* acceptant les cartes *Visa* et *MasterCard.* Attention, ils sont parfois vides en fin de semaine... Mieux vaut arriver avec une réserve en liquide.

Où dormir ?

Les prix augmentent en haute saison (de mi-décembre à fin février et en juillet-août). Réservez durant cette période. Beaucoup de monde aussi le week-end.

De bon marché à prix moyens (moins de 130-200 Rls / env 33-50 €)

🏠 ***Pousada Alternativa :*** *rua Francisco Caraço, 55.* ☎ *3421-7278.* 📱 *99932-7242.* • *pousada-alternativa.com.br* • *Résa conseillée. Doubles env 120-140 Rls selon saison.* 📶 Bien située, en retrait de la rue principale (Broadway), proche de la plage, cette jolie *pousada* est tenue par l'Italien Ettore et son épouse brésilienne. Il n'y a que 8 chambres. Certaines n'ont pas de fenêtre, mais elles sont toutes bien décorées et équipées avec clim, eau chaude, TV et frigo-bar. Terrasse sympa pour le petit déj et apéro à prendre sur le solarium situé sur le toit. Un super rapport qualité-prix pour Canoa.

🏠 ***Pousada-hostel Ibiza :*** *rua Broadway.* ☎ *3421-7262.* • *hostelpousadaibiza.com* • *Selon saison et confort, compter 50-60 Rls en dortoir ; doubles env 120-160 Rls.* 💻 📶 En plein « Broadway », au cœur de l'animation et à 200 m de la plage. Une bonne pension (au-dessus d'une pizzeria) qui abrite 3 petits dortoirs très propres pour 4 à 6 personnes et 2 chambres coquettes (dont une avec balcon) dotées de ventilo, clim et salle de bains privée (eau chaude). Jolie déco colorée à laquelle on peut participer en laissant (ou en envoyant) une carte de son pays natal ! Cuisine commune. Bon petit déj à base de produits frais, à déguster en terrasse, bien agréable pour observer l'animation de la rue. Une petite adresse fort bien tenue par un sympathique couple argentino-brésilien, Marcia et Manuel (qui parle l'anglais).

Tropicalia Hotel : *av. Dragão do Mar. ☎ 3421-7292. • canoaquebrada.tur.br • Double env 110 Rls, 140 Rls w-e.* À 200 m avant le porche d'entrée de la rue Broadway, sur une place pavée, cet hôtel à prix sages se remarque à sa grande véranda en bois de style latino ouverte sur la place. Il renferme un patio intérieur où une galerie dessert les chambres à l'étage, toutes avec fenêtres. Décoration simple, propreté des lieux, confort suffisant (douche/w-c, AC). Chambres en duplex pour les familles.

Pousada Californiá : *rua Nascer do Sol, 136. ☎ 3421-7039. • californiacanoa.com • Dans la rue parallèle à la rue principale, côté mer. Doubles env 150-250 Rls selon confort et saison.* Un petit hôtel tenu avec beaucoup de professionnalisme par un Britannique. Accueil jovial et personnel brésilien. Les chambres propres et bien arrangées s'ordonnent autour de la piscine avec son petit bar, des hamacs et de relaxantes banquettes-lits. La chambre n° 32, tout en brique apparente, est la plus originale. Certaines ont une petite vue de la mer au loin. Resto réservé aux clients (carte courte). Magazines internationaux pour bouquiner. Bon accueil.

Pousada Lua Estrela : *rua Nascer do Sol, 106. ☎ 3421-7040. • pousadaluaestrela.com • Dans la rue parallèle à la rue principale, côté mer. Doubles env 150-180 Rls selon vue et saison.* Un hôtel très recommandable pour son emplacement, sa qualité et ses prix. La déco soignée inclut beaucoup de bois, des murs en brique, avec coquillages. Les chambres les plus chères ont la vue sur la mer, les autres se situent en contrebas de la piscine. Elles donnent pour la plupart sur un agréable jardin fleuri et verdoyant. Toutes avec salle de bains, AC, coffre, frigo-bar, TV satellite (écran plat) et hamac.

Pousada Azul Marinho : *rua Leandro Bezerra. ☎ 3421-7003. • azulmarinho3@gmail.com • azul-marinho.com • De la place pavée à l'entrée du village, prendre à gauche la rua Nascer do Sol, continuer env 400 m jusqu'au bout de la rue, et tourner à gauche. Double env 210 Rls.* À l'écart de l'agitation de Broadway, dans une ruelle de sable, voici un bon petit hôtel : emplacement idéal, cadre charmant et accueil jovial. Peu de chambres, mais elles sont très bien équipées (douche/w-c, ventilo, AC), très grandes (40 m²) et toutes décorées avec caractère, plancher en bois et mobilier bien choisi. Elles donnent sur une galerie de bois à l'arrière, au-dessus de la petite piscine, avec vue sur la mer. C'est notre coup de cœur, mais pensez à réserver à l'avance.

Chic (200-300 Rls / env 50-75 €)

Pousada Dona Flor : *rua dos Mergulhadores. ☎ 3421-7013. 99820-5508. • pousadadonaflor.com • Après Broadway à droite, en retrait de la falaise ; accès par une ruelle donnant sur la rua Toquinho. Doubles env 230-280 Rls selon confort et saison. Repas à partir de 30 Rls.* À l'écart de l'agitation, une très belle construction moderne sur 2 niveaux surplombant un élégant jardin et une piscine de belle taille. On est accueilli par une femme très aimable et souriante. Les chambres du rez-de-chaussée sont immenses (notez la longueur du lit d'appoint !), avec des salles de bains impeccables, clim et ventilo, plus TV à écran plat. Celles à l'étage ne sont pas plus confortables, quoique plus chères, mais elles disposent d'une terrasse et de la vue sur les toits du village et les dunes. Fait aussi resto. Cuisine du marché préparée avec soin par le patron qui est aussi un bon cuisinier (cuisine locale, spaghettis, couscous...).

LE NORDESTE

Où manger ?

À midi, côté plage...

Pour prendre toute la mesure de l'expression « avoir les pieds dans l'eau », allez donc déjeuner dans l'une des *barracas* sur la plage... Ce sont des restos de plage installés dans des maisons en bois sur pilotis, plantées dans le sable. Il y en une bonne quinzaine. Évitez le côté gauche (en regardant la mer), car c'est le point de passage des buggys et les restos y reçoivent les excursionnistes venus en car depuis Fortaleza. Nos meilleures adresses se trouvent du côté droit, un peu plus en retrait de l'agitation.

– ***Attention :*** les *barracas* ne sont ouvertes que dans la journée et ferment vers 18h. Elles ouvrent parfois leurs portes comme bar musical à partir de 23h et seulement à certaines époques de l'année (voir plus loin rubrique « Où sortir ? »).

Bon marché (moins de 40 Rls / env 10 €)

|●| ***Barraca Lazy Days :*** *sur la plage, l'une des dernières sur la droite (en faisant face à la mer).* La plus branchée des baraques de la plage. La terrasse en bois qui la surplombe se donne des airs de *lounge* ibizien avec ses moelleux édredons, ses transats et ses fauteuils en osier, le tout sur fond de musique d'ambiance... On y passe facilement toute la journée au rythme de la marée qui vient lécher généreusement l'escalier d'accès à la plage. Plats de bonne facture dans tous les sens du terme. On peut aussi se contenter d'y boire un bon jus de fruits. Billard.

|●| ***Barraca Chega Mais :*** *sur la plage, grande paillote pile en contrebas du parking (au bout de la rue principale).* ☎ *3421-7101.* Connu pour ses langoustines grillées. On les déguste au milieu de la foule entre les tables en plastique et les vagues qui viennent lécher les pieds de tout le monde... Service virevoltant.

Le soir, au village...

Bon marché (moins de 40 Rls / env 10 €)

|●| ***Lanchonetes :*** *dans la ruelle Francisco Caraco, parallèle à Broadway. Tlj 18h30-minuit.* Une dizaine de petits kiosques alignés côte à côte, qui proposent des plats très simples à consommer sur place ou à emporter. C'est souvent frais, naturel, simple et pas cher du tout.

|●| ***Pizzeria O Gostosinho :*** *sur la gauche de la grande place en arrivant dans le village, 200 m avt l'entrée de la rue Dragão do Mar (Broadway). Tlj jusqu'à minuit. Pizzas env 15-25 Rls (3 tailles différentes).* Petit bâtiment en brique ressemblant à un entrepôt, dont une partie est occupée par une boutique de peintures. Au rez-de-chaussée, petite salle, soupes et pizzas servies par une gentille dame.

|●| Tout aussi bon marché, ***Panela Cearence*** *(en face du resto* O Mana*, au bout de la rue Dragão do Mar).* Une petite cantine basique proposant un buffet honorable.

Prix moyens (40-60 Rls / env 10-15 €)

Pour le dîner, ça se passe « en ville » : plusieurs restos et bars se suivent le long de la rue principale... Sinon, une valeur sûre :

|●| ***Baobab :*** *rua Dragão do Mar, 1998. 📱 99948-4715. Tlj.* Ce baobab-là n'est pas africain mais catalan, car le chef Antonio, dit « Tony », est de Barcelone. Il s'est installé ici, et son resto est devenu le meilleur de la ville. Accueil excellent, cuisine savoureuse et bien faite, surtout des plats de poisson. *Robalo ao mousse do chefe, spaghettis frutos do mar* (pour 2 personnes), *filet mignon molho mostarda* et aussi sandwichs *(paes),* et... Également des délicieux jus d'*açaí* (à la banane, au miel). Chaque samedi soir, après 21h30, musique *ao vivo* avec les artistes vedettes de Canoa.

Où sortir ?

Canoa vit aussi la nuit. Nombreux ***bars*** dans Broadway, mais aussi sur la plage. En saison (de mi-décembre à février, les mercredi, vendredi et samedi), les ***barracas*** sur la plage rouvrent leurs portes à partir de 23h. Et c'est parti pour une nuit de folie... jusqu'à l'aube. Les soirs de pleine lune sont aussi l'occasion de fêtes endiablées.

Fête

– ***Festa da Fantasia*** *(Viva Os Reis)* **:** la fête la plus connue et la plus célèbre de Canoa Quebrada. L'entrée est gratuite. Depuis 1982, elle se déroule chaque année en janvier (normalement le 6) dans la maison de son créateur, Paulo Rogério, un incroyable et exubérant DJ. Ce roi de la nuit brésilienne est un personnage de style fellinien. Il se déguise en empereur romain (Néron), tandis que les convives enjoués adoptent le costume de leur choix, du plus loufoque ou plus fantasque, du plus insolite au plus étrange.
La fête dansante dure 8h au minimum. Elle commence le soir, continue la nuit et se poursuit le matin du jour suivant. Il s'agit d'un grand bal masqué populaire et chaleureux. Dans les années 1980, c'était un bal réputé comme malfamé. Des filles y arrivaient nues le corps peinturluré comme des Indiennes New Age... C'est toujours aussi électrique (mais un peu plus sage), on y danse dans une ambiance fiévreuse et chaude. Les locaux comme les touristes y participent. La musique est afro-brésilienne (*MPB* notamment). C'est sans conteste aujourd'hui une des fêtes les plus folles et les plus colorées du Ceará.

À faire

➢ ***Excursions en buggy :*** le tour classique dans les dunes dure 1h30. *Compter env 160 Rls, 4 pers max.* Sinon, plusieurs balades possibles dont l'***embouchure du rio Jaguaribe,*** à 10 km au nord-ouest, un spot des adeptes du kitesurf. Pour s'y rendre, il existe aussi une sorte de « petit train touristique », en réalité un gros tracteur avec remorque *(Jardinera)*...
L'excursion la plus exaltante est sans doute celle qui mène à ***Panta Grossa,*** à 30 km au sud-est, en traversant plusieurs villages. Une petite demi-journée d'excursion au cœur d'un magnifique paysage contrasté, entre le rouge des falaises, le blanc lumineux du sable et le bleu de la mer. On arrive jusqu'à un hameau de pêcheurs où l'on déguste de divines langoustes *(env 300 Rls le buggy pour 4 pers).*

DANS LES ENVIRONS DE CANOA QUEBRADA

Praia de Redonda : *à 50 km au sud de Canoa (25 km par les plages en buggy), sur la commune d'****Icapuí.*** *De Canoa, prendre à gauche la BR 304 vers Mossoro, tourner à gauche à mi-chemin sur la CE 261 vers Icapuí puis, à 8 km, encore à gauche vers la praia de Redonda.* Un gros village très peu touristique. Il s'étend au sommet d'une falaise avec, en contrebas, une grande plage blottie au sein d'une anse. Trois couleurs dominent : l'ocre rouge des falaises, le bleu de la mer et le blanc du sable. Du haut de la falaise, vue spectaculaire sur les dizaines de *jangadas,* aux voiles repliées qui évoquent des plumes posées dans leurs encriers. Un paysage encore naturel où rien ou presque n'a changé depuis des décennies... Ici, on vit surtout de la pêche et de la langouste. Une halte agréable, mais seulement pour ceux qui sont véhiculés.

Pousada Beija Flor : *sur la route qui longe le sommet de la falaise.* *99256-2714.* • *beijaflor-redonda.com.br* • *Double env 120 Rls ; réduc à partir de 2 nuits.* Accueil en français de Carlo, le sympathique propriétaire belge. Au sommet d'une falaise, sa petite maison de briques et de tuiles est plantée dans un charmant jardin verdoyant, avec piscine. Jolies chambres ou bungalows avec terrasse privée, mais sans vue sur mer. Pas besoin de climatisation car la brise naturelle fait office d'air conditionné... Restauration possible le soir. Cuisine à disposition.

LE RIO GRANDE DO NORTE

• Carte *p. 398-399*

GALINHOS ET GALOS

2 150 et 350 hab. IND. TÉL. : 84

Galinhos et Galos font partie de ces petits villages peu touristiques vraiment charmants sur cette côte du Nordeste. D'abord, on y accède en bateau, ce qui vous met tout de suite dans une ambiance particulière. Ces villages de pêcheurs sont en effet séparés du continent par une lagune de 30 km de long. Restent le charme des carrioles à cheval, la simplicité des ruelles en damier, et puis cette belle plage qui aboutit d'un côté à un petit phare, et de l'autre à de superbes dunes parcourues par quelques buggys, les seuls véhicules à moteur autorisés. Ici, pas de boutiques, pas d'enfilades de restos... Bref, beaucoup de charme et de farniente au programme.

UN ESCLAVE, UN POULET

Les villages de Galinhos et Galos doivent leur nom au trafic d'esclaves qui régnait encore dans la région malgré son interdiction à la fin du XIXe s. Jusqu'à l'abolition définitive, les trafiquants cachaient en effet leurs cargaisons d'esclaves avec des cages à poulets, tout en annonçant un arrivage de volaille...

– ***Attention,*** pas de banque (encore moins de distributeur de billets) et pas de station-service dans le secteur. Faire le plein de *reais* et d'essence avant d'arriver...

Arriver – Quitter

➢ ***En bus :*** attention, il n'y a qu'un seul bus/sem depuis Natal ! Il part avec *Expresso Cabral* (• *expressocabral.com.br* •), en principe assez tôt le dim, vers 6h (mais vérifiez à la gare routière de Natal), env 3-4h de trajet. Retour en fin d'ap-m vers 17h. Également des taxis et voitures privées pour repartir de Galinhos, renseignez-vous sur place...

➢ ***En voiture : de Canoa Quebrada,*** prendre la BR 304 via Mossoro jusqu'à Assu, puis tourner à gauche vers Ipanguaçu et Alto do Rodrigues (mieux vaut demander sa route à Assu !) avant de rejoindre la BR 406. Au croisement, faire le plein pour éviter de se retrouver en panne sèche et partir à droite. L'embranchement pour Galinhos sera sur la gauche, mais il reste encore 25 km ! Compter 3h-3h30 de route.

De Natal, c'est plus simple et plus rapide (env 2h-2h30) : prendre la route pour Ceará Mirim, rester sur la grande ligne droite de la BR 406, faire le plein à Jandaira puis tourner à droite pour l'embarcadère de Patragi. Là, parking (pourboire demandé au retour) et bateaux réguliers qui font la traversée pour Galinhos presque 24h/24 (ttes les 30 mn env). Compter 10 mn de traversée pour env 2 Rls. À l'arrivée, nombreuses carrioles à cheval. Mais on peut facilement se rendre dans une *pousada* à pied. Nettement moins de bateaux pour Galos, mais on peut s'y rendre depuis Galinhos, à pied, en carriole à cheval ou en buggy.

Où dormir ? Où manger ?

À Galinhos

De bon marché à prix moyens

Pousada Galinhos : *rua Prefeito Walfran Ribeiro, 207. ☎ 3552-0047. • pousadagalinhos.com.br • En débarquant à Galinhos, aller tt droit jusqu'à la poste et tourner à gauche. Double env 90 Rls.* Une petite pension toute verte avec 6 chambres sur le côté, toutes avec ventilo, sauf une avec AC. Simple mais propre. Sommiers en ciment, douche/w-c avec eau froide (mais pas si froide que ça). À ce prix, le petit déj est inclus. Bon accueil d'Antonia.

Pour les petits budgets, 2 ***boulangeries*** (dont une fait aussi pizzeria) à côté de la *Pousada Galinhos.*

Pousada Iaciara : *rua Prefeito Walfran Ribeiro, 176. ☎ 3552-0071. 99153-5339. • pousada.iaciara@hotmail.com • Un peu après l'adresse précédente, sur la gauche. Doubles env 120-140 Rls selon saison.* En retrait de la plage, une jolie pension récemment reprise par Yára et Igor, un routard parlant l'espagnol, l'anglais, et même le grec. Ils ont repeint la petite dizaine de chambres (2 *single* et 6 triples) dans les tons bleu et blanc. Toutes avec AC, douche chaude, w-c, un petit bout de terrasse et d'élégants fauteuils fabriqués avec des bobines de câbles électriques. Petit déj inclus à prendre sur la terrasse à l'étage.

De chic à plus chic

Pousada Brésil Aventure : *à l'arrière du village, sur la plage. ☎ 3552-0085. • bresil.galinhos@hotmail.com • Double env 200 Rls ; ajouter 45 Rls/pers supplémentaire ; gratuit moins de 7 ans. Plats env 30-55 Rls/pers. CB et euros acceptés.* Notre adresse coup de cœur ! Une *pousada* avec une superbe terrasse, une piscine et une quinzaine de chambres spacieuses, dont 8 ont la vue sur la plage et ses couchers de soleil incendiaires. Toutes avec une charmante déco, la clim, des lits *king size,* douche chaude et frigo-bar. En fait, le lieu est à l'image de Selma, sa charmante propriétaire, dont le mari français a lancé la mode des randonnées en buggy sur la côte. Comme les attaches familiales sont aussi lyonnaises, leur fils, Evandro, a fait l'institut Paul-Bocuse (on le voit en photo avec Bernard Pivot et le roi des marmites). D'où cet agréable restaurant (ouvert à tous) avec, à l'honneur, poissons, crevettes et langouste *a la plancha,* plus des cocktails de fruits frais pour se rafraîchir. Excellent accueil.

Pousada Amagali : *av. Beira-Rio, 17 (Centro), sur la droite, à l'arrivée des bateaux (repérable de loin). ☎ 3552-0083. • amagali.com • Doubles env 190-250 Rls selon saison ; chalé 250-280 Rls.* Dans une grande structure en dur couleur ocre qui donne sur la lagune, une vingtaine de chambres confortables avec AC, TV, frigo et hamac. Également 2 bungalows doubles, un peu plus isolés. Piscine et resto-bar. Tenu par François, originaire de Belgique, et sa femme Suzana.

Chalé Oásis : *à l'arrivée des bateaux sur la droite, côté lagune. ☎ 3552-0024. Doubles env 250-290 Rls selon confort et saison.* Une poignée d'adorables « chalets » en bois peints de toutes les couleurs, répartis dans un joli jardin avec hamacs et coin détente. Déco colorée très sympa. Un lieu assez branché avec spa et piscine face à la plage.

À Galos

On peut s'y rendre à pied ou en carriole à cheval... Galos est un village sympathique, mais on a trouvé l'unique *pousada* trop chère pour le cadre et le confort. Nos 2 restos se trouvent juste à côté.

Rio Paisagem *(chez Nalva)* **:** *rua da Candelaria, 49. 99429-7485. Tlj 9h-17h, 19h-21h. Buffet déj env 25 Rls/pers ; le soir, plats 15-20 Rls.* On y vient d'abord pour sa terrasse avec vue sur « le fleuve », mais aussi pour son buffet du midi, fort honorable. Le soir, soupes, poissons et crevettes. Bien aussi pour boire un verre.

Irene : *rua da Candelaria. ☎ 3552-2016. Tlj 8h30-20h30. Buffet déj env 25 Rls/pers ; le soir, plats 15-30 Rls.* Située face au ponton, juste à côté de l'unique *pousada* du village, la vieille et malicieuse Irene nourrit les groupes de touristes qui s'aventurent jusqu'ici dans la journée. Grande salle banale, sans vue réelle, avec tous les classiques au buffet. Correct sans plus.

Lojinha Variedades : *entre les restos Rio Paisagem et Irene. Tlj 16h-20h.* Un petit glacier très bon marché, bien agréable pour une pause fraîcheur dans l'après-midi.

À faire

➢ Évidemment, un tour à pied dans le village et côté lagune s'impose. Mais le must, c'est la ***balade sur la plage,*** côté Atlantique, surtout au coucher du soleil, souvent magnifique... On peut notamment aller jusqu'au petit phare (sur la gauche en regardant l'océan depuis la *pousada Brésil Aventure*).

➢ ***Balade en carriole à cheval :*** *au débarcadère ou auprès de votre* pousada. *Compter 20 Rls pour un A/R au phare et env 50 Rls pour une balade de 2h.*

➢ ***Tour en buggy :*** *s'adresser à votre* pousada. Pour faire un tour d'environ 1h dans les dunes à l'est du village, compter 120 Rls pour 4 personnes. Vaut vraiment le coup, surtout au coucher du soleil ! Encore mieux, un tour complet de la péninsule en 3h30.

➢ ***Balade en bateau :*** *compter 120-180 Rls le bateau à la journée selon nombre de pers.* Possibilité de pêcher et de griller le poisson à bord.

– ***Kitesurf :*** *s'adresser à la* pousada Brésil Aventure *(voir plus haut) ou à votre* pousada. La plage de Galinhos se prête très bien à la pratique du kitesurf, car le vent y est fort et régulier.

LE NORDESTE

SÃO MIGUEL DO GOSTOSO 9 200 hab. IND. TÉL. : 84

Petite ville du littoral fondée en 1884, à 110 km au nord de Natal et 160 km à l'est de Galinhos (mais seulement 80 km par la plage !). C'est avant tout une immense et belle plage qui fait le bonheur des véliplanchistes et des kitesurfeurs (vent régulier et eaux calmes). Mais ce qui fait aussi le charme de cet endroit, c'est son atmosphère authentique de village de bord de mer, où le tourisme naissant ne fait pas de vagues, s'accommodant d'une atmosphère calme et familiale. Ici, la vie nocturne est réduite à son strict minimum, autrement dit au *forró* local du samedi soir. Petit inconvénient quand même : le village est extrêmement étendu, et sans voiture, c'est un peu galère pour se déplacer.

Arriver – Quitter

➢ ***En bus :*** liaisons régulières Natal-Touros, Touros-São Miguel, avec *Expresso Cabral* *(☎ 3213-4041)* ; min 4 bus/j. Trajet : env 3-4h.
➢ ***En voiture :*** env 1h30 de trajet en longeant le littoral. Depuis Natal, suivre d'abord la route du littoral nord (BR 101) puis, env 3 km après le pont de Natal, prendre à droite la direction Extremoz/Barra de Maxaranguape, et ensuite à gauche, suivre les indications jusqu'à Touros (env 80 km), puis encore 30 km jusqu'à São Miguel.

Adresses et infos utiles

– Infos touristiques sur les sites : *• saomigueldogostoso.com • saomigueldogostosobrasil.com •*
✉ ***Poste :*** *en plein centre, à l'angle de l'av. dos Arrecifes et de la rua Praia da Xêpa. Lun-ven 8h-12h, 14h-16h30.*
■ Pas de banque à São Miguel mais 2 distributeurs de billets ***Banco do Brasil*** et ***Bradesco*** pour cartes *Visa* et *MasterCard.*
■ Petit poste de santé et ***pharmacie*** sur place.

Où dormir ? Où manger ?

De bon marché à prix moyens

🏠 ***Albergue da Jangada :*** *sur la plage, juste avt l'Escola Gostoso (même direction). ☎ 3263-4071. 📱 99102-7686. • alberguedajangada.com • Selon saison, env 50-60 Rls/pers en dortoir (petit déj inclus) ; doubles 180-240 Rls.* Joli bâtiment avec beaucoup de bois enserrant un petit jardin à deux pas de la plage. On peut loger dans les dortoirs de 3 à 5 lits au rez-de-chaussée ou dans l'une des 6 chambres privées à l'étage (avec ou sans vue selon le prix). Déco sobre et élégante. Cuisine commune à disposition. Également un bar. Bon accueil.
🏠 ***Pousada Vila Bacana :*** *av. dos Arrecifes, 498. ☎ 3263-4042. • pousadavilabacana.com • Doubles env 185-210 Rls selon confort et saison.* Une douzaine de bungalows répartis dans un beau jardin avec une jolie piscine (pas d'accès direct à la plage). Chambres *standard* ou en duplex selon le prix, chacune avec terrasse en bois et hamac, AC, eau chaude, frigo, etc. Jolie déco. Tenu par une Brésilienne et son compagnon italien, passionné de kitesurf. Pas vraiment bon marché mais charmant. Tous les conseils pour s'initier au kite et possibilité d'excursions à cheval ou en buggy.
🍽 🍷 ***Quintal :*** *rua Praia da Xêpa, 100. ☎ 3263-4297.* Grande paillote les pieds dans le sable avec lumière tamisée le soir. On y vient prendre un verre ou manger une bonne pizza cuite au feu de bois. Un endroit un peu animé et tenu par un Brésilien qui a fui l'enfer de São Paolo pour le paradis de São Miguel.

À voir. À faire

Il y a quatre ***plages*** qui bordent le village : ***Maceió, Xêpa, Cardeiro*** et ***Ponta do Santo Cristo*** pour le kitesurf et la planche. Au moins 10 km de sable blanc pratiquement vierge ! Et les buggys y sont en principe interdits.
Si le cœur vous en dit, vous pouvez aller encore plus loin pour atteindre ***Tourinhos,*** un village de pêcheurs authentique et une très belle plage (à 7 km au nord, accessible aussi en voiture par une piste praticable). Pour ceux qui en veulent toujours plus, la piste mène ensuite à la ***praia do Marco*** (environ 23 km plus loin, par la piste).

– ***Kitesurf :*** *sur la plage de Ponta do Santo Cristo.* Le spot est de plus en plus connu, avec un vent entre 20 et 25 nœuds, donc moins fort que sur la côte au nord de Fortaleza. Si vous êtes débutant, c'est le moment ou jamais de faire vos premières galipettes aéro-aquatiques. Voici une bonne adresse :

■ ***Escola Gostoso :*** *sur la plage ou s'adresser à l'*Albergue da Jangada. *☎ 3263-4071. 📱 99406-4383. • escolagostoso.com • Ouv tte l'année.* Une école de kite tenue par des Brésiliens et un jeune Français, tous très sympas. Demander, par exemple, Naldinho ou Rémi. Compter 100-120 Rls l'heure, équipement et casque-radio fourni. Bon à savoir : ils tiennent aussi l'*Albergue Jangada,* juste à côté (voir « Où dormir ? Où manger ? »).

– ***Planche à voile :*** la plage de Ponta do Santo Cristo est aussi un excellent spot pour les véliplanchistes, surtout d'août à février. D'ailleurs, Kauli Seadi, le triple champion du monde, y a ouvert une école... Infos sur place ou sur *• clubekauliseadi.com •*

Farol de Calcanhar : *plus connu sous le nom de Farol de Touros. Visite slt dim 14h-17h.* Un joli but de promenade sur la route de Natal, à environ 6 km du centre de Touros. Haut de 62 m, c'est le plus grand phare du Brésil. Il marque aussi le point zéro de la BR 101, le tout début de la fameuse route nationale qui longe toute la côte brésilienne jusqu'à la frontière avec l'Uruguay sur 4 542 km de long !

NATAL

env 860 000 hab. IND. TÉL. : 84

• Plan *p. 462-463*

Natal, « Noël » en portugais. C'est bien ce jour-là, en l'an de grâce 1599, que fut fondée la ville. Comme quoi, les colons avaient beaucoup d'imagination ! Après l'exploitation du sel au XIXᵉ s, Natal s'est illustrée en prenant part à l'épopée de l'Aéropostale puis devint une base alliée vers l'Afrique du Nord pendant la Seconde Guerre mondiale. C'est aussi une destination bien connue des voileux, car c'est ici que depuis quelques siècles les navires accostent après leur longue traversée de l'Atlantique. Logique, c'est le point le plus proche des côtes africaines, et la route bénéficie des alizés qui poussent tout droit les voiliers vers la terre brésilienne. C'est aussi ce célèbre vent qui est à l'origine des étonnants et magnifiques paysages de dunes de la région. D'ailleurs, une immense dune sépare Natal en deux.

Très étendue, la ville est cependant beaucoup plus petite que Fortaleza et quand même plus agréable, grâce notamment à ses plages qui viennent lécher les hauts buildings du littoral. On compare ces deux agglomérations parce que toutes deux sont des portes d'entrée vers les plages de la côte du

LE PAYS DES « MANGEURS DE CREVETTES »

Bienvenue au pays potiguar, *nom désignant les anciennes peuplades tupis qui vivaient sur le territoire des actuels États du Rio Grande do Norte et du Paraíba. En tupi, le mot signifie « mangeur de crevettes ». D'ailleurs, certains descendants de ces tribus indiennes, ayant été baptisés selon le rite chrétien, se sont vu attribuer le nom de « Crevette », en portugais bien sûr, tel le célèbre combattant Filipe Camarão !*

Nordeste. Or celles-ci sont splendides, immenses, vierges et bien souvent bordées de dunes colossales. En plus, comme on est tout proche de l'équateur, le soleil brille ici plus de 300 jours par an.

Topographie

Natal n'échappe pas au modèle d'urbanisation nord-américain conçu pour des gens véhiculés. Il y a même une plage qui s'appelle *praia Miami.* L'idéal, pour embrasser la ville d'un seul tenant, est d'arriver par le « nouveau » pont *(ponte Newton)* qui relie la ville aux plages du littoral nord. Vue spectaculaire ! Bien que plus petite que Fortaleza, c'est une ville brésilienne... donc très étendue. Les distances sont énormes, et le centre-ville est grouillant en semaine, désert le dimanche. Hérissé d'immeubles qui ont poussé de façon anarchique, le *Centro* a connu une augmentation de l'insécurité due aux bandes organisées qui gravitent autour du trafic de drogue. La plupart des voyageurs séjournent donc à l'écart, dans le quartier agréable de *Ponta Negra,* à taille humaine et en bord de mer. La plupart de nos adresses s'y concentrent. Que cela ne vous empêche quand même pas d'aller faire un tour dans le centre en journée (en bus ou taxi). C'est là que se trouvent, comme toujours, les monuments à voir.

Arriver – Quitter

LE NORDESTE

En avion

✈ ***Aeroporto Aluisio Alves*** *(hors plan par A3)* **:** ***São Gonçalo do Amarante*** *à 25 km env de Natal, de la ville.* ☎ *3343-6060.* ● *natal.aero/br* ● Sur place, petit comptoir d'infos touristiques, bureaux de change *(tlj 8h-16h)* et distributeurs, pharmacie, agences de voyages et loueurs de voitures (*Hertz, Avis, Budget, Movida, Localiza* et *Unidas*).

Pour rejoindre le centre

– Le **bus** *Trampolim R* (bien vérifier l'affichage « Natal ») rejoint le centre-ville pour env 3 Rls. Départ à droite en sortant de l'aéroport tlj, ttes les 30 mn en sem, ttes les heures le w-e. Compter 1h de trajet. Attention, pour rejoindre la *rodoviaría* et Ponta Negra (où se trouvent nos adresses), changement du bus à Mid Mall.

– Plusieurs ***agences*** *(24 horas, Natal Transfert...)* proposent un service de transport vers les hôtels de Natal et Pipa. Prix fixe par personne.

– Sinon, il existe une association de ***taxis*** accrédités. Compter 100 Rls jusqu'à 4 pers et env 45 mn pour rejoindre Ponta Negra.

En bus

🚌 ***Nova rodoviária*** *(hors plan par A2)* **:** *av. Capitão Mor. Gouveia, 1237.* ☎ *3205-2931. Très excentrée ; pour s'y rendre, bus nº 39.* Sur place, bureau d'infos touristiques, plusieurs distributeurs, point presse, poste et cafét'. Station de taxis.

Liaisons avec :

➢ ***Belém :*** 1 bus/j., en début de matinée. Trajet : env 36h. Infos : Expresso Guanabara, ☎ *3205-9001.* Le même bus dessert ***Fortaleza*** et ***Teresina.***

➢ ***São Luís :*** 1 bus/j., à 12h. Trajet : 35h. Infos : *Progresso,* ☎ *3205-6881.*

➢ ***Recife :*** env 9 bus/j., 6h30-minuit (éviter quand même le dernier bus de nuit). Trajet : env 5h. Infos : ☎ *3205-6881.*

➢ ***Fortaleza :*** 12 à 15 bus/j. Trajet : 8h. Plusieurs types de confort selon le jour et le prix. Infos : *Empresa Nordeste, Progresso, Catedral et Viação Nordeste* (☎ *3205-6161).*

➢ ***Salvador :*** 2 bus/j. à 9h30 et 17h. Celui de l'ap-m est plus confortable (avec AC) mais plus cher. Trajet : 20h. Infos : *Gontijo,* ☎ *3205-4735.*

➢ ***Rio et São Paulo :*** 1 bus/j., à la mi-journée. Trajet : respectivement env 48 et 51h. Infos : *Gontijo,* ☎ *3205-4735.*

➢ ***Aracaju :*** 3 bus/j. Trajet : 14h. Infos : ☎ *3205-4735.*

➢ ***Maceió :*** 2 bus/j., un le mat (8h) et un en fin de journée (18h45). Trajet : env 10h. Infos : ☎ *3205-4735.*

➢ ***João Pessoa :*** env 13 bus/j. Trajet : 3h. Infos : *Empresa Nordeste, Viação Nordeste (☎ 3205-6161)* et *Catedral.*

➢ ***Pipa :*** 8 à 10 bus/j. lun-sam (6h-18h10), 3 slt dim (6h50-15h). Infos : *Ouano.*

Adresses utiles

Infos touristiques

🅘 ***Office de tourisme :*** pas d'office en ville ; juste des petits bureaux d'infos touristiques à l'aéroport et à la *rodoviária*. Sinon, site très complet : ● *turismo.natal.rn.gov.br* ●, en portugais uniquement.

Argent, change

■ ***Distributeurs de billets :*** *nombreux distributeurs dans le centre commercial Praia Shopping, av. Eng. Roberto Freire, 8790 (plan zoom). Lun-sam 10h-22h, dim et j. fériés 15h-21h.* Acceptent slt les cartes *Amex* et *MasterCard.* Pour retrait avec carte visa, **Banco do Brasil** *(plan A1,* ***1****), av. Rio Branco, 510 ; à côté de la poste et presque en face de la Bradesco.*

■ ***Bureau de change :*** ***Confidence Câmbio,*** *dans le centre commercial* Praia Shopping *(plan zoom). Lun-sam 9h-21h30, dim 14h30-20h30.* Change les chèques de voyage et les devises.

Poste et télécommunications

✉ ***Poste principale*** (plan A1) **:** *av. Rio Branco, 538.*

■ @ ***Internet et téléphone international*** (plan zoom) **:** ***Phone.com,*** *dans le centre commercial* Praia Shopping, *av. Eng. Roberto Freire. ☎ 3202-0025. Tlj 10h-22h.* Internet, *Skype,* appels internationaux, impressions, etc.

Urgences

■ ***Pharmacies ouvertes 24h/24 :*** *à Ponta Negra (plan zoom),* ***Drogaria Globo,*** *av. Eng. Roberto Freire, 2960 (☎ 3215-1658), ouv 24h/24, et au* ***Praia Shopping*** *(☎ 3215-1700), lun-sam 10h-22h, dim et j. fériés 15h-22h.*

■ ***Police*** (assistance aux touristes) **:** ***Central do Cidadão,*** *dans le* Praia Shopping *(plan zoom). ☎ 3232-7402 (24h/24). Lun-ven 8h-22h, 10h-22h sam, 11h-21h dim.*

Transports

🚗 ***Taxis :*** ***Cooptax,*** *☎ 3605-1327.* ***Rádio-Taxi,*** *3222-5666.*

■ ***TAM Viagens*** (plan A-B1-2, **2**) **:** *av. Alfonso Pena, 84. ☎ 3198-1505 ou 1503 ou 1515. ● tamviagens.com.br ●*

■ ***Location de voitures :*** attention, aucun bureau en ville, tous les loueurs sont basés dans le nouvel aéroport.

– ***Avis :*** *☎ 9128-6013.*

– ***Hertz :*** *☎ 3278-3024 ou 0800-701-7300 (central de résas).*

Divers

■ ***Alliance française*** (plan A1, **3**) **:** *rua Potengi, 459. ☎ 3222-1558. ● afrnatal.com ● Lun-ven 8h30-20h30 (18h ven), sam 8h-12h30.* Journaux français. Expos temporaires et quelques soirées concerts ou littéraires... Petit bar pour se désaltérer ou grignoter.

LE NORDESTE

Où dormir ?

Inutile de traîner le soir dans le centre, il n'y a rien à faire et le secteur n'est pas des plus sûr. Tous nos établissements se trouvent donc dans le quartier de Ponta Negra. Attention, comme partout sur la côte, les prix augmentent en haute saison, de mi-décembre au carnaval, et en période de fêtes.

Bon marché (moins de 130 Rls / env 33 €)

🏠 ***Republika Hostel*** (plan zoom, **10**) **:** *rua Porto das Oficinas, 8944, Ponta Negra. ☎ 3236-2782. ● republikahostel.com.br ● Nuitée en dortoir 40 Rls ;*

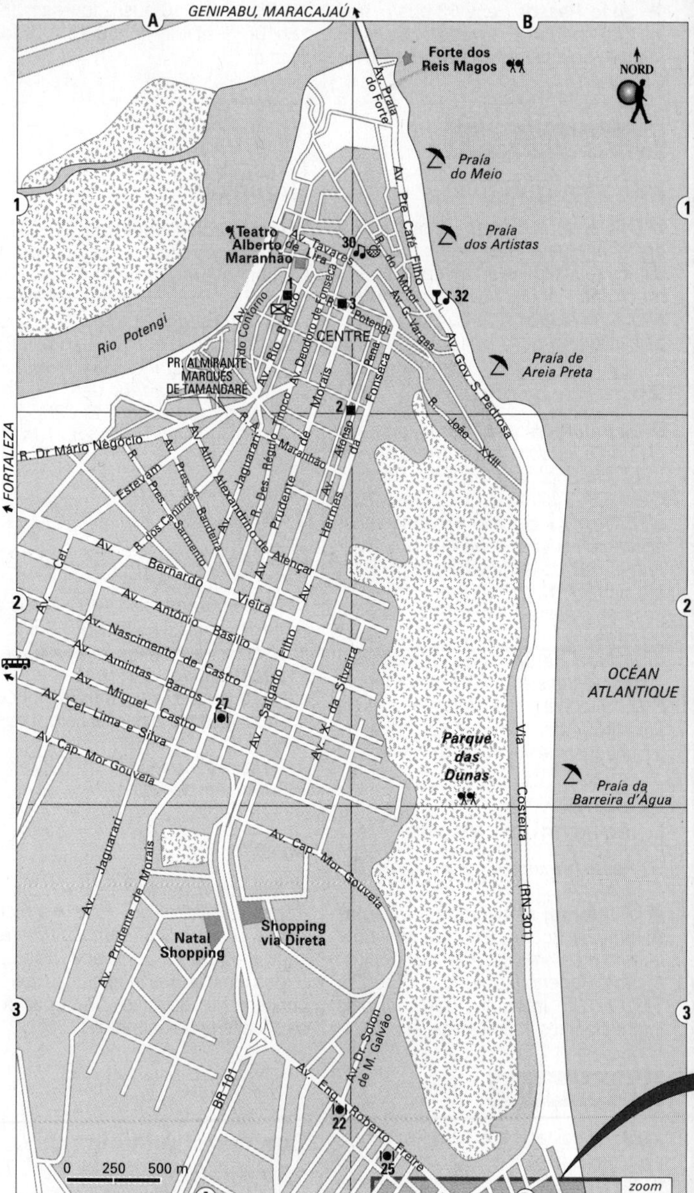
GENIPABU, MARACAJAÚ
Forte dos Reis Magos
NORD
Av. Praia do Forte
Praia do Meio
Av. Pte Café Filho
Praia dos Artistas
30
R. do Motor
Av. Tavares de Lira
Teatro Alberto Maranhão
1
3
R. Potengi
32
Av. G. Vargas
Av. do Contorno
Av. Rio Branco
Av. Deodoro da Fonseca
CENTRE
Rio Potengi
Pena
Fonseca
Praia de Areia Preta
Av. Gov. S. Pedrosa
PR. ALMIRANTE MARQUES DE TAMANDARÉ
2
R. João XXIII
FORTALEZA
R. Dr Mário Negócio
R. Estevam
Av. Pres. Bandeira
Av. Almi. Alexandrino de Alençar
R. A. Maranhão
R. Jaguarari
R. Des. Régulo Tinoco
Prudente de Morais
Av. Afonso da
Av. Hermes
R. Pres. Sarmento
R. dos Canindés
Av. Bernardo Vieira
Av. Cel.
Av. Antônio Basílio
Av. Nascimento de Castro
Av. Amintas Barros
Av. Salgado Filho
Av. X. da Silveira
Av. Miguel Castro
27
Av. Cel. Lima e Silva
Av. Cap. Mor Gouveia
OCÉAN ATLANTIQUE
Parque das Dunas
Via Costeira (RN-301)
Praia da Barreira d'Água
Av. Cap. Mor Gouveia
Av. Jaguarari
Av. Prudente de Morais
Natal Shopping
Shopping via Direta
Av. Dr. Solon de M. Galvão
BR 101
Av. Eng. Roberto Freire
22
25
0 250 500 m
zoom
A
B
1
2
3

■ Adresses utiles

1 Distributeur Banco do Brasil
2 Tam Viagens
3 Alliance française

Où dormir ?

10 Republika Hostel *(zoom)*
11 Pousada Coco Verde *(zoom)*
12 Pousada Olho de Tigre *(zoom)*
13 Hotel Areia de Ouro *(zoom)*
14 Pousada La Luna *(zoom)*
15 Manary Praia Hotel *(zoom)*

Où manger ?

20 Casa de Taipa *(zoom)*
21 Cipó Brasil *(zoom)*
22 Sol e Brasa
23 Farofa d'Agua *(zoom)*
25 Tábua de Carne
26 Abade *(zoom)*
27 Mangai

Où boire un verre ? Où sortir ?

30 Forró com Turista
32 Chaplin Hall
33 Rastapé *(zoom)*
34 La Taberna *(zoom)*

Achats

30 Centro de turismo
40 Alma Brasileira *(zoom)*

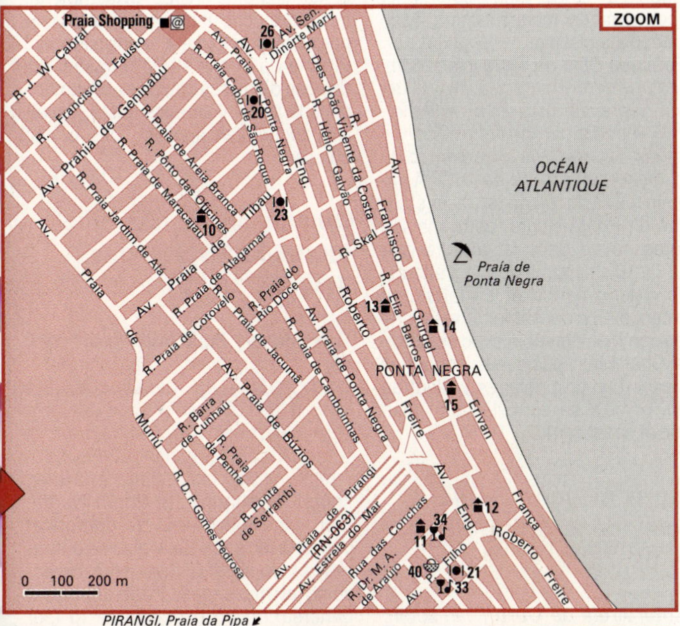

PIRANGI, Praía da Pipa

NATAL

double 80 Rls. CB refusées. Il fait bon vivre, dormir et paresser dans cette petite AJ aux murs blancs immaculés et volets bleus. Si bon qu'il faut si prendre de bonne heure en saison pour avoir une chance d'y loger. Ambiance calme et sereine au cœur d'un quartier résidentiel, musique et cachaça servie au bar, hamacs, TV et agréable salle commune. Chambres et dortoirs impecs, avec ventilo et *lockers*. Également une laverie.

Pousada Coco Verde (plan zoom, ***11***) *: rua Cavalo Marinho, 55. ☎ 8753-2121. • pousadacocoverde.com.br • En face de l'étonnant et kitschissime château médiéval qui abrite le bar Taberna. Double 89 Rls.* Ce n'est pas le charme que l'on viendra chercher dans ces 20 chambres toutes identiques et fonctionnelles, quoique l'ensemble (murs de brique et teintes colorées), l'entretien irréprochable, le calme environnant et la petite piscine en fassent un excellent point de chute. Préférer les chambres à l'étage, plus claires. Petit déj non compris, mais cuisine à dispo au bord de la piscine.

Pousada Olho de Tigre (plan zoom, ***12***) *: rua Pedro Fonseca Filho, 2030, Ponta Negra. ☎ 3219-2655. 98824-3927. • pousadaolhodetigre.com • Compter 120-140 Rls avec ventilo ou clim. Réduc en payant cash.* À mi-chemin entre la plage et le secteur animé de Ponta Negra, cette maison d'hôtes noyée dans la verdure dispose de 10 chambres donnant sur une large galerie fleurie et parfaitement entretenue. Elle constitue du reste une extension bien agréable avec ses transats. Chambres spacieuses, coquettes et nickel. Les propriétaires veillent au grain, et cela se sent. Un bon plan calme et sécurisant.

De prix moyens à chic (moins de 200-300 Rls / env 50-75 €)

Hotel Areia de Ouro (plan zoom, ***13***) *: rua Elia Barros, 250, Ponta Negra. ☎ 3219-3745. • areiadeouro.com.br • Doubles 250-350 Rls.* Une p'tite pépite que cet hôtel de plage idéalement situé. Chambres aux teintes chaudes, réparties dans des bâtiments colorés, autour de la piscine. Différents niveaux de confort liés à la taille et à l'orientation. Les plus chères sont plus grandes et dotées d'une petite terrasse côté piscine ; les moins chères n'ont pas ces atouts, mais nous ont paru plus pimpantes et colorées. C'est affaire de goût, mais question budget on s'y retrouve. Tenue parfaite et accueil adorable. Une excellente adresse à deux volées de tongs de la plage.

Pousada La Luna (plan zoom, ***14***) *: rua Francisco Gurgel, 9045. ☎ 3642-1349. • pousadalaluna.com.br • Double 290 Rls (260 Rls en cash). Séjour de 2 nuits min.* Face à la mer, un hôtel impeccablement tenu et charmant. Chambres standard très mignonnes, avec du parquet et un ameublement rétro de bon goût. Et tout le confort (TV, AC, frigo). Attention, il n'y a que 3 chambres avec balcon donnant sur la mer (les plus chères, évidemment). Les autres ont une vue latérale, voire pas de vue, nettement moins glamour ! Piscine de poche sur la terrasse, qui dispose d'un accès à la mer, et hamacs dans le jardin. Fait aussi resto. Excellent accueil (en anglais). Une bonne adresse.

De plus chic à très chic (300-500 Rls et plus / env 75-125 €)

Manary Praia Hotel (plan zoom, ***15***) *: rua Francisco Gurgel, 9067. ☎ 3204-2900. • manary.com.br • Dans la rue qui longe la plage de Ponta Negra. Plusieurs tarifs selon confort, vue et saison : env 400-700 Rls. Promos sur Internet.* Face à la mer, l'hôtel de charme de Ponta Negra, d'un excellent niveau de confort et décoré avec goût. Belle piscine entourée de cocotiers. Spa avec divers soins et massages. Petit déj-buffet généreux et un excellent resto (sur résa) de spécialités franco-brésiliennes. Pour ceux qui peuvent s'offrir une petite tranche de luxe, par exemple pour une lune de miel...

LE NORDESTE

Où manger ?

De bon marché à prix moyens (moins de 40-60 Rls / env 10-15 €)

|●| 🍷 La plage de ***Ponta Negra*** *(plan zoom)* est bordée de ***gargotes.*** On s'installe à une table, les pieds dans le sable, on consomme une boisson et on attend que passe un vendeur ambulant pour manger des brochettes de viande, des frites bien grasses, des crevettes grillées ou un morceau de fromage grillé sur un bâtonnet.

|●| ***Casa de Taipa*** *(plan zoom,* ***20****) : av. Praia de Ponta Negra, 8668. ☎ 3219-5798. Tlj 19h-minuit.* Que ce soit dans la jolie salle (un peu sombre) ou sur la grande terrasse au toit et mobilier en bois, la déco a conservé l'esprit ethnique coloré de la petite *tapiocaria* de plein air des débuts. On vient de loin pour déguster les fameuses crêpes de tapioca (vraiment onctueuses ici) qui ont fait le succès de la maison. Généreusement garnies de viande ou de poisson cuisinés, et accompagnées de sauces, elles constituent un repas à part entière. Tout aussi renversantes et régressives en version sucrée. Succès oblige, on y fait souvent la queue, mais le roulement est bon. Accueil adorable.

|●| ***Cipó Brasil*** *(plan zoom,* ***21****) : rua Aristides P. Filho, 3111. ☎ 3219-5227. Tlj à partir de 18h.* Une super déco à la Robinson, avec une roue à aubes, un bassin, des lianes, des sculptures en bois, le tout sous une grande paillote. Pizzas et crêpes principalement, mais quelles crêpes ! Rien à voir avec celles de Bretagne. Grand choix de jus de fruits, caïpirinhas, *caïpifrutas,* et même une carte de vins sud-américains. Beaucoup de monde. Il faudra peut-être vous inscrire sur une liste et attendre qu'une table se libère... Clientèle joyeuse et familiale (il y a même des chaises hautes).

|●| ***Sol e Brasa*** *(plan A3,* ***22****) : av. Eng. Roberto Freire, 1426. ☎ 3217-5919. Tlj. Musique ts les soirs sf dim.* L'emplacement et le style font redouter la grosse artillerie touristique. Erreur l'ami ! *Sol e Brasa* compte parmi les meilleurs restos de barbaque de Natal. On retrouve du reste l'enseigne dans toutes les grandes villes du Nordeste. Cette *churrascaria* est réputée pour la qualité de ses viandes, servies à volonté à table et accompagnées entre autres d'un délicieux gratin de bananes. Un buffet de hors-d'œuvre, riche et varié, complète la formule. Mention spéciale au chariot de desserts à ne bouder sous aucun prétexte.

De chic à plus chic (60-100 Rls et plus / env 15-25 €)

|●| ***Tábua de Carne*** *(plan B3,* ***25****) : av. Eng. Roberto Freire, 3241. ☎ 3642-1236. Tlj 11h30-15h30, 18h30-23h.* Nombreuses tables sous une immense paillote dans un cadre à la fois chic et décontracté en bordure de la grande avenue. Le must, ici, c'est le superbe *rodizio* avec buffet de salades et viandes à volonté. Un festival de sabres embrochant les viandes les plus diverses et les plus savoureuses. Le plus difficile, finalement, c'est de refuser la tranche de trop ! Ravissant jardinet verdoyant avec jeux pour enfants. Ambiance familiale. Également une *Tabua de Carne* sur la via Costeira (route du centre) qui bénéficie d'une très belle vue, mais pas de *rodizio.*

|●| ***Farofa d'Agua*** *(plan zoom,* ***23****) : av. Praia de Ponta Negra, 8952. ☎ 3219-0851. Tlj 11h30-23h.* En terrasse (bien ventilée) ou en salle, on est accueilli à bras ouverts par une armada de serveurs affairés. Et le resto désemplit rarement ! Grands classiques locaux tels que la *carne do sol* cuisinée de différentes manières, des poissons et fruits de mer bien frais, des *grelhados* servis sur réchaud et autres bons plats régionaux (gratins, risottos de *camarões,* etc.). La carte est longue comme le bras, les portions effarantes, le service rapide. Les touristes adorent ! Nous aussi...

|●| ***Mangai*** *(plan A2,* ***27****) : av. Amintas Barros, 3300 (Lagoa Nova). ☎ 3206-3344. Tlj 11h-22h.* Un vaste resto

branché et coloré avec des lustres façon « cocotiers » et des régimes de bananes qui pendent aux murs. Intéressante formule de buffet *ao kilo* avec une très bonne cuisine régionale : *carne do sol, cuscus, buchada,* tapioca et desserts à base de banane et de noix de coco. N'oubliez pas la petite cloche sous la table pour appeler les serveurs...

Abade (plan zoom, **26**) : *via Costeira. ☎ 3219-4469. Mar-sam 12h-15h, 19h-23h (minuit jeu 1h ven-sam) ; dim 12h-17h.* Cadre élégant et ambiance compassée, belles tables avec argenterie, cuivres aux murs... Largement réputé pour ses produits de la mer et notamment la morue : *bacalhau Vasco da Gama, bacalhau a Gomes de Sá...* Sublimes desserts portugais. Présentation raffinée. Carte des vins du monde entier. La classe !

Où boire un verre ? Où sortir ?

Le soir, la majorité de l'animation se concentre à Ponta Negra, le long de la plage (éviter toutefois la partie sud, près du Morro do Careca) et autour du bar *La Taberna*.

Spectacles

Forró com Turista (plan B1, **30**) : *Centro de turismo de Natal, rua Aderbal Figueiredo, 980, Petrópolis. ☎ 3211-6218. • forrocomturista.com.br • Jeu slt, à partir de 22h ; plus, en principe, mar en été.* Pour s'initier au *forró,* si ce n'est pas déjà fait ! Le centre n'est pas un bureau d'informations, comme on pourrait le croire, mais un centre culturel (concerts, expos, spectacles, etc.) aménagé dans une ancienne prison de style néoclassique. Très touristique.

Bars

Chaplin Hall (plan B1, **32**) : *av. Presidente Café Filho. 9171-8202. Jeu-sam à partir de 23h.* Grand bar très couru le week-end. Bonne programmation musicale internationale et ambiance souvent survoltée. Rendez-vous de la jeunesse dorée de Natal. À l'écart de Ponta Negra ; prévoir un taxi pour rentrer.

Rastapé (plan zoom, **33**) : *rua Aristides Porpino, 2198. ☎ 3219-0181. • rastapenatal.com.br • Tt près de l'AJ Lua Cheia. Mer et ven-sam 22h-4h. Entrée : env 20 Rls.* C'est la maison de *forró* du quartier, avec une déco kitschounette très sympa, inspirée du Sertão. Bons groupes et bonne ambiance (très fréquenté par les jeunes). Ah ! les envolées accordéonesques ! La bonne petite adresse pour danser traditionnel.

La Taberna (plan zoom, **34**) : *rua Dr Manoel Augusto Bezerra de Araújo, 500. ☎ 3236-3696. • tavernapub.com.br • Tlj sf dim 22h-3h. Entrée : 30 Rls avt minuit ; env 45 Rls après minuit.* Le bar de l'ancienne AJ est au diapason avec l'étonnante architecture pseudo-médiévale de la bâtisse : armures, blasons, écus et collection de canettes de bière. Concerts de musique brésilienne, de blues, de reggae ou de rock. La programmation est aussi éclectique qu'inégale. En tout cas, ça démarre tard... mais il vaut mieux arriver juste avant minuit, vu le tarif d'entrée !

Achats

Centro de turismo (plan B1, **30**) : *rua Aderbal Figueiredo, 980 (Petrópolis). ☎ 3211-6149. Tlj 8h-19h (18h dim).* Installé dans les jolis murs de l'ancien pénitencier. Nombreuses petites boutiques d'artisanat (hamacs, nappes...) dans les galeries autour du patio central, et pseudo galerie d'art à l'étage. Également un distributeur de billets, un bar et un resto (le *Bolinhos de Macaxeira*) d'où l'on a une très belle vue sur la mer.

Alma Brasileira (plan zoom, **40**) : *av. Praia de Ponta Negra, 8668. ☎ 3219-3174. Dans l'enceinte du resto Casa de Taipa. Tlj sf dim 17h-23h.* Une superbe boutique d'artisanat, très colorée, avec des statuettes, des tableaux en relief (scènes du quotidien finement représentées), des objets en papier mâché ou en bois peint. Pas vraiment bon marché mais très beau.

Signalons également le centre d'artisanat **Potiguar,** juste à droite du *Praia Shopping (plan zoom).* Artisanat régional.

À voir. À faire

Forte dos Reis Magos (plan B1) **:** *av. Praia do Forte. ☎ 3202-9006. Tlj 8h-16h30. Entrée : 3 Rls. Vente des billets au petit kiosque avt la jetée qui mène à la forteresse.* Située à la rencontre de l'océan et du rio Potengi, la jolie silhouette blanche de la première construction de la ville (démarrée le 6 janvier 1598, jour des Rois mages, d'où le nom) a été bâtie en forme d'étoile à cinq branches. Elle servit d'abord de défense contre les assauts français et indiens, puis de prison. On y voit la première pierre gravée par les Portugais au Brésil (1501). Une originalité : la poudrière dissimulée au-dessus de la chapelle ! Remarquer aussi l'entrée du fort, qui, une fois n'est pas coutume, est située sur le côté.

Teatro Alberto Maranhão (plan A1) **:** *praça Augusto Severo. ☎ 3222-3669. • teatroalbertomaranhao.rn.gov.br •* Il fut inauguré en 1904 et agrandi par la suite avec la réalisation d'une cour intérieure. Il accueille aujourd'hui une école de danse. Programmation variée de théâtre, danse, musique, etc.

Parque das Dunas (plan B2-3) **:** *av. Alexandrino de Alencar (Tirol). ☎ 3201-3985. • parquedasdunas.rn.gov.br • Tlj sf lun 8h-17h30. Entrée (avec visite guidée) : env 2 Rls. Visites en principe à 8h, 8h45, 14h et 14h45 (min 5 pers, résa impérative). Pas de sortie en cas de pluie.* Cet espace naturel est une « Réserve de la biosphère » de l'Unesco. Sur près de 1 150 ha s'étendent des dunes et quelques zones boisées correspondant aux « reliques » de l'ancienne forêt atlantique. Petit centre d'exposition sur les milieux naturels, mais l'intérêt du parc réside dans les visites guidées par des étudiants naturalistes le long de sentiers.

Ponta Negra *(plan zoom)* **:** belle plage directement dans la ville. On s'imagine bien, à la sortie du bureau, aller faire un petit plongeon avant de rentrer chez soi. Tout au bout (au sud), grande dune qui dévale vers la mer, le *Morro do Careca,* mais il est interdit d'y grimper. Il est déconseillé également d'y traîner le soir. Si vous vous levez tôt, vous pourrez donner un coup de main aux pêcheurs qui remontent leurs filets. À noter : les plages proches du centre, depuis le fort dos Reis Magos jusqu'au phare, sont à éviter, même en journée, pour des raisons de sécurité.

Fêtes et manifestations

- ***6 janvier :*** jour des Rois mages.
- ***Juin :*** les *Festas juninas* durent tout le mois, avec des danses et des groupes de musique dans différents lieux de la ville, mais les 12, 24 et 29 juin, la fête est plus belle !
- ***21 novembre :*** fête de Nossa Senhora da Apresentação, la sainte patronne de Natal. Grande procession autour de la cathédrale.
- ***Début décembre :*** pendant 4 jours, c'est le *Carnatal,* le célèbre carnaval hors saison de la ville. À ne pas manquer si vous êtes dans la région. • *carnatal.com.br* •
- ***25 décembre :*** c'est Noël, certes ! Mais c'est aussi l'anniversaire de Natal...

DANS LES ENVIRONS DE NATAL

Genipabu : *à 20 km au nord de Natal. En voiture, prendre la route littorale nord pour traverser le ponte Newton au-dessus du rio Potengi. Vue imprenable sur*

Natal ! Sinon, bus ttes les 45 mn de la Nova rodoviária (hors plan par B1). Plage en cul-de-sac pas désagréable, même si ce n'est pas notre préférée. Le week-end et pendant les vacances brésiliennes, l'ambiance est franchement bruyante (sono à fond !). On vient ici avant tout pour faire un tour en buggy dans les dunes et le week-end, là encore, ça se bouscule.

PIPA – TIBAU DO SUL

env 5 000 hab. IND. TÉL. : 84

• Plan *p. 470-471*

Pipa – appelée aussi praia da Pipa –, extension balnéaire du petit village de pêcheurs de Tibau do Sul, lui même perché sur des falaises ocres, compte parmi les plus belles plages de sable blanc de la région. Et d'ailleurs, ce n'est pas une, mais sept plages qui jalonnent ce bout de côte nordestine bordée d'autre part par l'imposante végétation de la *mata atlântica* (forêt primaire). Pipa concentre l'essentiel de l'activité touristique, et aujourd'hui, il y a foule dans ce village fréquenté par la jeunesse branchée, les surfeurs (le spot est réputé) et les routards de tous poils. Les fins de semaine et durant toute la saison touristique, la vie nocturne bat son plein, on marche à touche-touche dans la rue principale au rythme des concerts, improvisés ou pas, dans les bars et restos ouverts sur la rue. En journée, c'est une autre image qui se dévoile, celle d'une station balnéaire réputée, entre autres, pour ses belles boutiques. Bref, en quelques années, Pipa est devenue LA station balnéaire la plus cotée du Rio Grande do Norte. Ce n'est pas pour rien que les Brésiliens l'appellent « *O Paraiso* » ! Pipa est très fréquentée, mais l'offre est tellement pléthorique et variée à Pipa qu'on peut tout aussi bien opter pour une formule « robinsonnade » loin de l'agitation et du bruit. Il n'y a pas long à parcourir pour se retrouver sur une plage paradisiaque et déserte. Bref, une très agréable station balnéaire où il fait bon séjourner quelques jours, ou plus, si affinités. Viva Pipa !

LE NORDESTE

Arriver – Quitter

Pipa se trouve à 85 km au sud de Natal.

En voiture

– Par la BR 101 jusqu'à Goianiha, puis vers Tibau do Sul-Pipa. Ceux qui sont équipés d'un 4x4 peuvent longer la côte après Tabatinga (dunes), puis emprunter le bac pour Tibau do Sul : traversées régulières, 8h-18h. Joli parcours, dépaysant.

En bus

➢ ***Depuis Natal :*** avec *Oceano* (☎ *3205-3656 ; • expresso-oceano.com.br •).* Lun-sam 10 bus/j. (un peu moins sam), 6h-18h10 ; dim et j. fériés env 3 bus/j., 6h50-15h. Trajet : env 1h30.

➢ ***Vers Natal :*** avec *Oceano.* Lun-sam, 10 bus/j. (un peu moins sam), 5h-18h20 ; dim et j. fériés, 3 bus, 7h20-15h20.

– Il existe également un minibus : avec *Alternativo Micro-Bus* (☎ *9973-0353).* 3 départs/j. à 5h50, 10h-14h30 dans le sens Natal-Pipa ; 7h50, 12h20, 16h30 Pipa-Natal.

➢ ***Depuis le sud (Recife ou João Pessoa) :*** avec *Progresso (• progressoonline.com.br •).* Arrêt à Goianinha. De là, prendre la navette (voir ci-dessous, *Vans Alternativo,* dans « Adresses et infos utiles »).

Adresses et infos utiles

– Pour en savoir plus, 2 sites d'informations : • *pipa.com.br* • (documenté et très à jour) et • *praiadapipa.com* •

■ ***Bureaux de change :*** l'un en face de la place du village, l'autre Sol Corretora (un poil plus intéressant), dans la rue principale face au restaurant *O Golfinho*. Également 4 ***distributeurs*** acceptant les cartes *Visa* et *MasterCard* dans la rue principale : 2 près de la petite place principale (souvent en panne !), 1 en face de la *pousada Tartaruga* et 1 autre un peu plus haut.

@ Plusieurs ***centres Internet*** dans la rue principale.

Taxi : ☎ *3246-2481. Bon à savoir : tarif fixe pour ts les trajets dans Pipa et les plages à proximité immédiate : 25 Rls.*

– Les *Vans Alternativo* effectuent la navette Pipa-Tibau do Sul-Goianinha dans les 2 sens tlj 5h-22h. Dessert notamment la plage de Madeiro.

Où dormir ?

Si vous lisez ces lignes avant de partir et que vous avez un budget de jeune surfeur, emportez donc une tente, le *camping do Amor* surplombe la plage de la Praia do Amor. Pas hyper ombragé, il bénéficie toutefois d'un beau panorama. Dans ce secteur légèrement excentré, le routard fauché trouvera également de quoi loger à moindre prix. Ce ne sont pas les petites *pousadas* qui manquent (*Praia do Amor* et *Zicatela* ont bonne réputation).

Dans Pipa même, l'offre est aussi pléthorique qu'éclectique, de la simple AJ au *resort* le plus luxueux. Et chaque année il en pousse de nouveaux, à tel point que l'offre s'étend désormais en direction du vieux village de Tibau do Sul. Si ça continue, dans 10 ans, Tibau et Pipa, pourtant distantes de 7 km, ne feront plus qu'une ! Dans notre sélection, ci-dessous, nous nous sommes concentrés sur le cœur de Pipa (à l'exception d'une adresse), où règne l'essentiel de l'animation, et surtout où tout se fait à pinces.

Bon marché (moins de 130 Rls / env 33 €)

Albergue da Rose *(ex-Sugar Cane Hostel ; plan B2,* ***1****) : rua da Mata, 233.* ☎ *3246-2538.* • *sugarcanehostel.com.br* • *Compter 45 Rls/pers en dortoir ; double 150 Rls.* À mi-chemin entre l'AJ et la maison d'hôtes, dans une petite maison aux murs ocre. Dortoirs filles, garçons ou mixte, vraiment petits, mais cosy, avec douche/w-c et ventilo. Les petites chambres privées sont assez mignonnes. Bonne propreté. Terrasse avec bar et hamacs pour buller. Accueil charmant de Rose. Un p'tite adresse sans histoire qui plaît bien aux jeunes routards.

Pipa Hostel *(plan B2,* ***2****) : rua Arara, 105.* ☎ *3246-2151.* • *pipahostel.com.br* • *En dortoir, env 35-50 Rls/pers avec ou sans AC, selon saison et carte HI (en vente sur place) ; doubles env 90-130 Rls selon confort (clim ou ventilo) et saison. Pas de petit déj. Parking.* Auberge de jeunesse de 60 lits installée dans une grosse maison protégée par une large grille. En tout, 5 dortoirs pour 6-8 personnes, filles ou garçons, et 5 chambres doubles. Attention, il y a 2 dortoirs pour filles sans clim et à peine moins chers… Gros coffres sous les lits pour garder ses affaires. Grand jardin avec piscine. Cuisine collective, salle TV, jeux et billard, etc., et accueil cool. Bon, pas tout près de la plage, mais pour les furieuses envies de baignade, il y a un petit bassin dans le jardin.

De prix moyens à chic (130-300 Rls / env 33-75 €)

Pousada Barbara *(plan C1,* ***4****) : largo São Sebastião, 2.* ☎ *3246-2351.* • *pousadabarbara.com* • *Sur la*

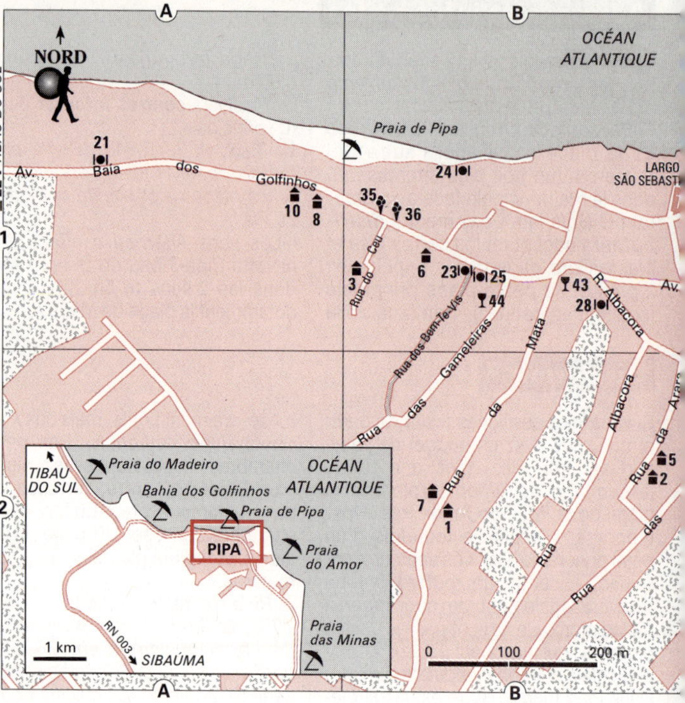

praia do centro, derrière l'église São Sebastião. Doubles 199-299 Rls selon saison, petit déj inclus ; familiales 299-399 Rls. Parking. 10 % de réduc sur présentation de ce guide. Tout invite au farniente dans cette charmante *pousada* tenue par un couple franco-espagnol, et littéralement les pieds dans le sable. La seule, du reste, à Pipa. Une quinzaine de chambres colorées et mignonnes, réparties dans des bungalows, impeccables et tout confort (clim, TV, coffre, frigo). Elles sont prolongées d'une terrasse avec hamac et donnent sur le petit jardin tropical et la piscine. Également des chambres familiales et une maison indépendante, sur la plage. Plein de bons plans à glaner auprès des proprios on ne peut plus dévoués ! Notre coup de cœur à Pipa.

Pousada Aconchego (plan B1, **3**) : *rua do Céu, 100. ☎ 3246-2439. • pousada-aconchego.com • Au centre du village, au fond d'une impasse. Congés : mai-juin. Doubles 140-230 Rls selon saison. Parking.* Un emplacement en or pour cette *pousada* récemment reprise par François, un Français qui a bien roulé sa bosse en Amérique du Sud. Le voyage, ça le connaît. Les attentes des voyageurs aussi. Du confort, mais pas de chichis, du clean et bien entretenu, une bonne ambiance, des conseils, une présence sympathique... voilà tout ce qu'il offre à ses hôtes. 13 chambres, dont 2 avec vue mer, et une maison de 2 étages avec 2 chambres et cuisine, idéale pour les familles. Excellent confort général (AC, ventilo, TV, terrasse privative, hamac) et bon goût. Atmosphère

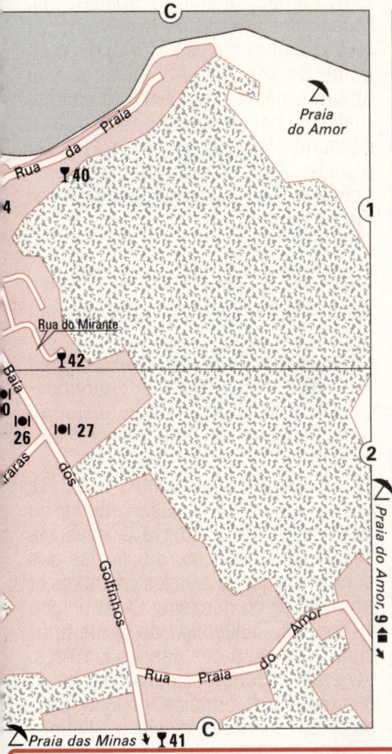

Où dormir ?

1 Albergue da Rose (ex-Sugar Cane Hostel)
2 Pipa Hostel
3 Pousada Aconchego
4 Pousada Barbara
5 Pousada Riva's
6 Pousada Oasis
7 Pousada Pomar da Pipa
8 Pousada Tartaruga
9 Pousada Terra dos Goitis
10 Pousada Toca da Coruja

Où manger ?

20 Pastelaria da Pipa
21 Dona Branca
22 Natural Brasil
23 Tapas
24 Garagem Barco Bar
25 Pizzaria Dall'Italiano
26 O Tal do Escondinho
27 Rola Peixe
28 El Farolito

Où s'offrir une bonne glace ?

35 Gelateria Preciosa
36 Sorveteria Real de 14

Où boire un verre ? Où sortir ?

40 Pipa Beach Club
41 Baraca de Yahoo
42 Mirante Sunset Bar
43 Agora
44 Maya Art & Cafe

PIPA

tranquille dans le jardin, autour de la piscine. On adore !

Pousada Riva's (plan B2, **5**) : *rua da Arara, 89. ☎ 3246-2111. • pousadarivas.com.br • Double autour de 220 Rls ; remise si on paie cash.* Une agréable *pousada* à l'écart de la rue principale, donc très au calme. Pas de déco folichonne mais entretien nickel et bon confort (AC, coffre, balcon, hamac, frigo-bar). Quelques chambres pour 4-5 personnes particulièrement spacieuses. Copieux petit déj servi au bord du joli jardin verdoyant et de la piscine. Une affaire familiale très accueillante.

Pousada Oasis (plan B1, **6**) : *av. Baía dos Golfinhos, 672 ; accès par une galerie marchande. ☎ 3246-2330. • pousadaoasispipa.com.br • Double env 270 Rls.* Son principal atout réside dans sa localisation, on ne peut plus centrale. Et en même temps, il règne un calme paisible dans cette petite *pousada* dotée d'une dizaine de chalets répartis autour d'un grand jardin central. Chambres spacieuses, à la déco pas spécialement fantaisiste, mais soignée. Le tout impeccablement tenu. Salle de petit déj ouverte sur le jardin. Accueil gentil comme tout.

Pousada Pomar da Pipa (plan B2, **7**) : *rua da Mata, 222 ; assez haut dans la rue, sur la droite (entrée discrète). ☎ 3246-2256. • pomardapipa.com • Transfert aéroport possible (payant). Double env 180 Rls. Pas de paiement CB.* Une adresse discrète qui offre un très bon rapport qualité-prix. Seulement 7 chambres dissimulées dans un jardin luxuriant, certaines pouvant accueillir 4 personnes. La plus chère possède une petite vue sur la mer.

Calme parfait (pas de TV !). Barbecue à disposition.

De chic à plus chic (200-500 Rls et plus / env 50-125 €)

Pousada Tartaruga *(plan A1, **8**) : av. Baía dos Golfinhos, 508. ☎ 3246-2385. • pousadatartaruga.com.br • Juste au début de la rue principale, à côté de la* Pousada Toca da Coruja. *Double 370 Rls.* Une charmante petite *pousada*, située à l'orée de l'animation et cependant assez au calme. Les chambres (8 seulement) entourent un minuscule jardin principalement occupé par la piscine centrale. À l'apparente simplicité des bungalows, les chambres opposent une déco soignée, cossue (murs de couleurs franches, boutis, tableaux) et un confort optimal. Excellent petit déj-buffet. Atmosphère presque confidentielle de maison d'hôtes. Bon accueil. Une bonne adresse dans cette gamme de prix.

Pousada Terra dos Goitis *(hors plan par C2, **9**) : rua das Acacias ; praia do Amor. ☎ 3246-2261. • terradosgoitis.com • Doubles 350-425 Rls selon saison.* À 100 m de la plage, cette *pousada* de charme est un hymne au raffinement. Il faut donc accepter de s'excentrer pour loger dans ces « chalets » individuels colorés, répartis dans un jardin luxuriant. Persiennes en bois, matériaux naturels, larges terrasses avec hamac, chambres spacieuses, baldaquins de draps vaporeux. Et tout le confort bien sûr : TV écran plat, coffre de sécurité, AC. Ainsi qu'une cuisine américaine où est livré chaque matin le petit déjeuner tout frais à savourer tranquillou chez soi ! Belle piscine. Accueil adorable des propriétaires. Une adresse romantique en diable.

Spécial lune de miel (plus de 500 Rls / env 125 €)

Pousada Toca da Coruja *(plan A1, **10**) : av. Baía dos Golfinhos. ☎ 3246-2226. • tocadacoruja.com.br • À l'entrée de Pipa, sur la droite en venant de Natal. Resto sur résa slt. Double 770 Rls ; jusqu'à 1 270 Rls pour la « luxe ».* Un Éden tropical au cœur de la ville. On croit rêver devant la beauté de l'architecture balinaise des bungalows qui abritent les chambres et l'immensité du domaine. C'est unique à Pipa. Là, l'animation de la rue principale semble à des années lumières. Végétation dense et maîtrisée, glougloutement de fontaine, grillons, passerelles, sculptures, piscines... l'atmosphère est irréelle et véritablement propice au repos. Chambres de grand confort et décorées dans un style *lodge* tropical qui sent le magasine de déco à plein nez. Charme inouï et sens du détail, même pour les *standard.* Le service est stylé. Le restaurant, réputé. Bref, tout est raccord. Les prix aussi !

Où manger ?

À Pipa, un pas-de-porte sur deux est un resto. Il y en a pour tous les goûts, tous les budgets. Et il en pousse tous les jours (ou presque !). Voici notre sélection du moment.

Bon marché (moins de 40 Rls / env 10 €)

Pastelaria da Pipa *(plan C2, **20**) : av. Baía dos Golfinhos, 1032. Tlj 11h-5h. Env 7-12 Rls pour une petite grignote.* Dans cette petite gargote ouverte sur la rue, on commande pour une poignée de réals des *pasteis salgados* (tourtes individuelles fourrées) ou des *mistos,* ces petites pâtes garnies de différentes manières, puis frites, dont les locaux raffolent en guise de casse-croûte. Délicieuse, la *frango com queijo.* Les mêmes existent en version sucrée. Là, c'est une autre affaire...

Dona Branca *(plan A1, **21**) : av. Baía dos Golfinhos, 964. Tlj 9h-21h. Compter 15-17 Rls/pers, hors boisson.* Un petit boui-boui familial et populaire qui propose, pour une somme presque

LE NORDESTE

indécente tant elle est bon marché, une formule self-service avec, au choix, un poisson ou une viande, accompagnés de salades, fruits et desserts à volonté. C'est frais et nickel. Rien à redire pour le prix.

Natural Brasil *(hors plan par A1,* ***22****) : rua Dr Hélio Galvão, 441 ; dans Tibau do Sul, face à la station-service. ☎ 3246-4250. Tlj sf mer 12h-22h.* Si vous traînez vos guêtres dans le secteur, voici un petit café-boutique d'artisanat sympa et coloré. Joli cadre coloré, plein de verdure et bonne musique. Sandwichs, salades, pâtes et jus de fruits frais, notamment de l'*açaí,* une baie locale bourrée d'antioxydants. Bon et pas (trop) cher.

Prix moyens (40-60 Rls / env 10-15 €)

Tapas *(plan B1,* ***23****) : rua dos Bem-te-Vis ; à l'angle de la rue principale. 9414-4675. Le soir slt, tlj sf dim-lun.* Le resto de Pipa qui ne désem... Pipa ! Il faut dire qu'il bouscule les habitudes culinaires avec une cuisine aussi créative que raffinée, mélangeant saveurs brésiliennes et asiatiques. L'une des spécialités : le steak de thon juste saisi en croûte de sésame, le pavé de bœuf sauce gorgonzola ou encore le riz au jasmin, excellents ! Fraîcheur des produits indiscutable. Décor chaleureux. Accueil à la hauteur des lieux, prix très raisonnables, bref une adresse exceptionnelle.

Garagem Barco Bar *(plan B1,* ***24****) : sur la plage, en contrebas du resto* Lua Cheia. *☎ 3246-2154. Tlj sf lun 10h-22h. Sandwichs et salades env 15 Rls ; plats env 25-35 Rls/pers, plus 10 % de service.* La terrasse en forme de coque de bateau étant souvent bondée, on peut se réfugier à celle de l'étage (et même y brancher son ordi), plus calme et avec vue. Bons plats de poisson grillé ou crevettes en sauce et viandes bien juteuses. Également des plats plus légers *(petiscos)* et des sandwichs. Ambiance très animée en saison et concerts live en fin de semaine.

Pizzaria Dall'Italiano *(plan B1,* ***25****) : av. Baía dos Golfinhos, 731. 9152-8651. Tlj 18h-23h30.* Ce ne sont pas les restos italiens qui manquent à Pipa. Celui-ci a un truc en plus : la qualité des pizzas, *home made* par des patrons italiens. Énormes et généreusement garnies, elles remportent un franc succès auprès d'une clientèle familiale pas contrariée d'y laisser un budget un peu plus élevé que chez les concurrents... Définitivement, la qualité a un prix !

O Tal do Escondinho *(plan C2,* ***26****) : av. Baía dos Golfinhos, 1130. 9425-0496. • betao@hotmail.es • Tlj 18h-22h30, plus sam-dim au déj.* Une référence locale en matière de cuisine régionale : *carne do sol, camarãos,* tapiocas, frites de *macaxeira,* ainsi que le fameux *escondidinho* (sorte de hachis Parmentier) gratiné. C'est le moment de revoir (ou d'apprendre) ses classiques nordestins. Copieux et plutôt bien tourné dans l'ensemble ; on savoure ces spécialités en terrasse dans une chaude ambiance musicale.

De chic à plus chic (60-100 Rls / env 15-25 €)

Rola Peixe *(plan C2,* ***27****) : av. Baía dos Golfinhos, 1133. 9157-7354. Résa indispensable.* Petiscos *(tapas) 22-24 Rls ; plats 45-89 Rls.* Le poisson est une spécialité locale, c'est connu. Mais s'il est un endroit où il faut l'apprécier, c'est bien ici, dans ce cadre informel de baraque de pêcheur, tenu par un Espagnol relax et chaleureux. L'ardoise se renouvelle chaque jour au rythme de la pêche, gage de la plus grande fraîcheur. D'ailleurs, ici, les crevettes sont sauvages ! Parmi les valeurs sûres, goûtez le *cioba robalo* (bar) ou le *polvo a gallega* (poulpe). Côté tapas, jetez-vous à l'eau, tout est extra : *mexilhoes* (moules), *zeviche, salpicão de camarão e polvo...* Très fréquenté par les locaux, c'est toujours bon signe.

El Farolito *(plan B1,* ***28****) : rua Albacora, 1. ☎ 3246-2643. Tlj 18h-23h30.* Bienvenue en terre... argentine. Dans un cadre qui n'est pas sans rappeler les *steackhouses* du Nordeste argentin, on savoure d'excellentes spécialités de viandes cuites au feu de bois, accompagnées d'incomparables *patatas fritas*. Mention spéciale au *bife de chorizo*. On apprécie ici les portions de *gaucho*... et l'accueil personnalisé du patron, argentin.

Où s'offrir une bonne glace ?

Gelateria Preciosa (plan B1, **35**) **:** *av. Baía dos Golfinhos, 530.* Des glaces à l'italienne hyper réputées. Une palette de 16 parfums qui changent au fil des jours et des saisons, et à base de produits locaux : *carambola, graviola, caju...* À emporter ou sur place, en terrasse.

Sorveteria Real de 14 (plan B1, **36**) **:** *av. Baía dos Golfinhos, 617. ☎ 3246-2083. • sorveteriarealde14.com • Face à la rua do Ceù. Tlj 10h-minuit.* Une chaîne locale qui propose de délicieuses glaces artisanales *ao kilo.* Grand choix, avec plein de sortes de glaces au chocolat, par exemple !

Où boire un verre ? Où sortir ?

Pipa Beach Club (plan C1, **40**) **:** sur la plage du centre. L'endroit idéal pour boire un verre en journée, les pieds dans le sable.

Baraca de Yahoo (hors plan par C2, **41**) **:** *sur la praia das Minas. Tlj 10h-17h. Plats 70-80 Rls ; snacks 15-35 Rls.* Quoi de mieux que de lézarder sur la plage des tortues ? Pour ce faire, le très chic hôtel *Toca de Coruja* reçoit dans cette petite paillote très simple, mais de rêve par sa situation. Quelques tables et fauteuils ombragés de canisses, du gazon pour ne pas se brûler les pieds, une douce brise marine. Devant le sable blanc, les eaux turquoise à perte de vue. Excellents plats locaux et jus frais naturels. Une parenthèse... astrale !

Mirante Sunset Bar (plan C1, **42**) **:** *rua do Mirante, 1. ☎ 3246-2251. Mar-sam 16h-19h.* Le bar de la *pousada do Mirante* est ouvert aux non résidents en semaine à l'heure de l'apéro ! Un moment privilégié pour assister au coucher de soleil en direct. Fabuleux. Cocktails et *petiscos* pour accompagner.

Agora (plan B1, **43**) **:** *av. Baía dos Golfinhos, 795. Tlj 19h-1h.* Forro *jeu et dim ; les autres j., salsa, samba, reggae,* MPB. Un long couloir coloré, qui débouche sur un bar extérieur éclairé de guirlandes lumineuses et une terrasse qui surplombe l'océan. Cadre extra. Un *lounge bar* branché à la fois touristique et très prisé aussi des locaux les soirs de *forró*. Certains soirs, on peine à avancer !

Maya Art & Cafe (plan B1, **44**) **:** *av. Baía dos Golfinhos, 748 ; au fond de la galerie marchande* Vila Mangueira. *Mer-lun 17h-minuit.* Appartient à la *pousada Tartaruga.* Style mexicano et carte de tapas pour accompagner les cocktails maison. Vaut surtout pour ceux qui veulent savourer un apéro au calme.

Dans la rue principale *(Baía dos Golfinhos),* ça bouge pas mal également du côté de **Mikro Ponto, Tribus bar,** toujours blindé de jeunes et musique live les vendredis, **Oz** juste en face ou **Bacana,** toujours animé.

À faire

Praia de Pipa *(plan A-B-C1)* **:** autrement appelée plage du centre, elle est magnifique, légèrement en arrondi. Eaux turquoise, sable blanc, et en ligne de mire, des falaises et des dunes. Le palmier penché, immortalisé sur les cartes postales, a contribué à sa réputation. Pas mal de monde durant les vacances et week-ends.

– ***Les plages au sud :*** derrière la pointe sud se cache une jolie falaise rose qui descend sur une plage adorable (mais vite à l'ombre en fin d'après-midi). Les locaux l'appellent ***praia do Amor*** *(plan C1)* pour sa forme de cœur à marée basse. Ce joli nom romantique ne doit pas faire oublier son vrai nom, *praia dos afogados* (des naufragés) en raison de sa dangerosité. Les surfeurs en ont pourtant fait leur spot de prédilection. Plus au sud, la ***praia das Minas*** *(hors plan par C2)* est bien plus sauvage car plus difficile d'accès : on peut y faire des kilomètres sans croiser âme qui vive. Absolument sublime. Quant aux tortues, à moins de veiller discrètement toute la nuit, il faut être bien chanceux pour en croiser une (entre novembre et mai)... Entre les deux plages, ne pas manquer le promontoire rocheux des ***chapadão*** (prononcer « chapadaan »), qui offre notamment un point de vue unique sur la *praia do Amor*. Belles photos en perspective (surtout à marée haute).

– ***Les plages au nord :*** s'il n'est pas très courant de croiser des tortues du côté de *praia das Minas,* la chance est plus probable du côté de ***bahia dos Golfinhos.*** Accessible uniquement par la plage à marée basse ou en bateau. Plus au nord, la très belle ***praia do Madeiro*** est accessible depuis la plage du centre à pied (40 mn de marche à débuter lorsque la marée commence à descendre) ou depuis la route (descente par un grand escalier). Bordée de cocotiers, protégée, avec peu de vagues, elle est très appréciée des familles. Pas mal de bars pour se restaurer, avec parasols.

Tibau do Sul : *à 8 km au nord de praia da Pipa. Le village vaut vraiment une balade avec ses maisons colorées à l'architecture homogène et ses rues pavées. Paisible et résidentiel, il concentre une population huppée qui contribue y à faire grimper les prix de l'immobilier.* Au bout d'une pointe, superbe plage de sable blanc. D'un côté, l'océan ; de l'autre, un lagon (la *lagoa Guaraíras*) aux eaux calmes et turquoise, où la baignade est un délice. Très peu de monde (sauf le week-end, où c'est très populaire), paysages merveilleux. On y accède par le littoral, en buggy ou en 4x4, depuis Pipa ou même depuis Natal (voir plus haut « Arriver – Quitter »). Également des excursions en bateau sur la *lagoa Guaraíras,* pour voir les dauphins.

➢ ***Balades : à pied*** *dans le Santuário ecólogico (☎ 3211-6070 ; tlj 8h-17h ; env 10 Rls),* une quinzaine de sentiers différents, mais trois principaux à faire avec un plan fourni à l'entrée ; ***à cheval,*** sur la plage ; ***en bateau,*** avec plusieurs excursions possibles, par exemple jusqu'à la *lagoa Guaraíras* pour voir les dauphins (durée 1h30). Et dans un registre moins écolo, virées ***en buggy*** jusqu'à Pirangi (voir plus haut « Dans les environs de Natal ») ou vers le sud, jusqu'au village de pêcheurs de Bahia Formosa, en passant par le magnifique petit village de Barra de Cunhaú.

➢ ***Wake'n'fun :*** *barra do Cunhaú. ☎ 3241-4398.* Thierry Hummel dispense des cours de *wakeboard* et de kitesurf (en saison). Il propose aussi tout un tas d'activités nautiques avec un équipement de pointe. Et à des prix qui se tiennent. Au programme : *jetovator, overboard, waterwolf, flyboard* ou, plus sage, stand-up paddle. Et même un bar resto sur place, en terrasse, pour se remettre de ses émotions.

LE LITTORAL DU PERNAMBUCO AU SERGIPE

• Carte *p. 477*

LE PERNAMBUCO

Fondé le 12 mars 1537, l'État du Pernambuco est l'un des premiers États fondateurs du Brésil. Il a participé activement à l'histoire du pays par la défense d'idéaux politiques humanistes (tolérance, liberté, justice sociale). Sa cuisine, riche, trouve ses origines dans les racines populaires maritimes et rurales. Ainsi, l'un des plats typiques est la *galinha de cabidela* (importée par les Portugais), une poule fraîche cuite dans son sang et servie avec une purée ou du riz. On la sert encore dans les *lanchonetes* populaires pour quelques *reais.* La *carne do sol* est le deuxième plat de base de la population, préparée avec les parties les plus tendres du bœuf (contre-filet...), recouvertes de sel, puis séchées au soleil plusieurs jours.

RECIFE

env 1 610 000 hab. IND. TÉL. : 81

• Plan d'ensemble *p. 479* • Centre (plan I) *p. 481* • Boa Viagem (plan II) *p. 483*

Capitale du Pernambuco, premier port de commerce du Nordeste, Recife connaît depuis les années 1970 un développement accéléré, pour le meilleur et pour le pire. Avec une interminable barrière d'immeubles modernes, c'est apparemment le modèle urbain de l'Amérique du Nord (la Floride) qui prévaut désormais à Recife. On y trouve une immense plage sur près de 7 km de long avec des « piscines naturelles » et, à environ 100 m du bord, une barrière de corail, le fameux « récif » qui a donné son nom à la ville. Mais comme vous le signalent les nombreux panneaux en bordure de plage, les requins vous attendent au-delà de cette barrière naturelle. Surtout, ne jamais la franchir et se baigner dans les piscines naturelles à marée basse !

Cela étant dit, entre les deux rivières et les multiples canaux qui la traversent et l'ont fait surnommer « la Venise brésilienne », on découvre une vénérable vieille ville dans le sens noble du terme, le *Recife Antigo.* Engagé dans un processus de réhabilitation, ce quartier – naguère splendide avec ses palais, ses commerces et ses riches habitations – commence peu à peu à retrouver sa splendeur et sa beauté passées. Et indéniablement, le charme opère.

On aime aussi les quartiers de *São José* et *Santo Antônio,* en face du vieux Recife, ses rues commerçantes et ses marchés colorés et vivants. Et puis il ne faut pas manquer les deux musées majeurs de la ville, tous deux situés à l'extérieur. Enfin, Recife, c'est aussi le carnaval, qui a conservé une spontanéité populaire à nulle autre pareille.

UN PEU D'HISTOIRE

Fondée en 1537 par les Portugais, Recife ne fut au commencement qu'un tout petit port à l'ombre d'Olinda, la capitale. Son nom lui vient tout naturellement du nom de la barre de récifs qui borde la côte de la ville. En 1630, les Néerlandais attaquent le Pernambuco et s'emparent d'Olinda, siège du pouvoir portugais de la région. Ils la nomment Mauritsstaad en hommage à Maurice de Nassau qui voulait en faire une nouvelle Amsterdam, organisée autour de canaux. Les Néerlandais restent les maîtres du Pernambuco de 1630 à 1654, avant de se faire expulser par les Portugais.

LE LITTORAL DE RECIFE À SALVADOR

L'âge d'or du sucre, aux XVIIe et XVIIIe s, contribua ensuite à la richesse d'Olinda et à l'extension de Recife, qui devint rapidement la véritable capitale économique. Le transfert de souveraineté se fit officiellement en 1825. Recife se distingua aussi par une activité intellectuelle et culturelle intense. Divers mouvements pour l'indépendance du pays, puis contre l'empereur y virent le jour, notamment la révolte républicaine de 1817.

Vous trouverez aussi les rites afro-brésiliens les plus purs et les plus naturels. C'est à Recife que les cérémonies sont les plus intéressantes par leur richesse et leur spontanéité. Dans les *terreiros* (paroisses) se pratique le ***xangô,*** équivalent du *candomblé* de Salvador da Bahia. Il existe plusieurs centaines de *terreiros,* plus toutes les nuances de rites, comme les *tendas de umbanda.* Nombreuses manifestations en avril, août et septembre. Si vous êtes là mi-juillet, réservez une soirée à Oxum, déesse de l'Eau douce (associée à N. S. do Carmo).

FÊTES ET TRADITIONS

– ***Le maracatu :*** cette procession profane, aux profondes réminiscences africaines, met en scène le couronnement du roi du Congo et de sa femme, la *rainha da Maracatu,* accompagnés de leur suite (les vassaux, les courtisanes – *damas-do-poco* –, etc.). Magnifiques costumes des participants, qui dansent sur une musique à base de cuivres. Le *museu do Homem do Nordeste* à Recife en présente les plus beaux atours.
– ***Le frevo :*** la musique typique de Recife, un genre de polka très rythmée, beaucoup plus populaire que la samba. Se joue avec des cuivres : saxo, trombone, trompette, tuba et clarinette. Les danseurs exécutent certaines figures traditionnelles : *dobradiça, parafuso* et *saca-rolha,* mais une grande liberté d'initiative caractérise les *passistas* (danseurs de *frevo*). Un centre culturel lui est dédié en ville.
– ***Les caboclinhos :*** les enfants des *caboclos* (métis d'Indiens) forment un des plus anciens groupes de danse dont rites et costumes se réclament de la tradition culturelle indienne. Plumes d'oiseau multicolores, pagnes, arcs et flèches servent aussi à rythmer la musique, le plus souvent improvisée. Les figures dansées reprennent des thèmes de la vie quotidienne de l'Indien : chasse, pêche, cueillette, les batailles et les victoires.
– ***Les blocos :*** clubs de quartier qui, au moment du carnaval, jouent dans la rue leurs propres compositions.
– ***Le Bumba-meu-Boi :*** cette tradition issue de la culture du Maranhão (voir au chapitre « São Luís do Maranhão ») est également perpétuée à Recife au moment des fêtes religieuses.
– ***Le fandango :*** spectacle populaire très animé qui met en scène danseurs, musiciens, conteurs...
– ***Le mamulengo :*** nom donné aux petits théâtres fantoches introduits au Pernambuco dès le XVIe s, inspirés du catholicisme du Moyen Âge. L'*urso de Carnaval* (l'ours du Carnaval) est l'une des figures traditionnelles de la fête.

Arriver – Quitter

En avion

✈ ***Aeroporto dos Guararapes*** *(plan d'ensemble)* **:** *à 11 km à l'ouest de Boa Viagem.* ☎ *3322-4188.* • *aeroportorecife.net* • Une aérogare ultramoderne, qui accueille de nombreux vols domestiques et internationaux, ainsi que des charters venus directement d'Europe. Tous les services habituels y sont présents.
ℹ ***Informations touristiques :*** *bureau dans le hall d'arrivée. Tlj 7h-23h.* Personnel dynamique et efficace. On y parle l'anglais, parfois le français. Plan de la ville intéressant. Réservation d'hébergements.
■ ***Bureaux de change :*** *24h/24, dans le hall des arrivées.* Change chèques de voyage et devises étrangères.
■ ***Distributeurs automatiques :*** *dans le hall d'arrivée, près des escaliers, distributeurs* ***Banco do Brasil, Bradesco, HSBC*** *et* ***Banco 24 Horas.***
✉ ***Poste :*** *dans le hall d'arrivée. Tlj 9h-20h (17h sam, 13h dim).*
■ ***Agences de location de voitures*** *(Budget, Unidas, Alamo, Localiza...)* **:** *au niveau du hall d'arrivée.*
■ ***Police touristique :*** *voir plus loin la rubrique « Adresses utiles ».*

Comment rejoindre le centre ?

➢ ***En bus :*** fréquents vers le centre-ville. Le bus « Aeroporto » (nº 042) se prend en face de l'aéroport en sortant ; un poil plus cher que les autres, il a le mérite de desservir les zones touristiques : Boa Vista, São José, dans le centre et Boa Viagem. Départs ttes les 15-20 mn, lun-ven 6h-19h30, sam env 6h15-18h30 ; sinon ttes les heures. Pas de service le dim. Également les bus nos 152 (Jordão Baixo) et 153 (Jordão Alto) pour le centre (mais pas d'arrêt à Boa Viagem). Il stationne à l'extérieur de l'aéroport, devant la praça Ministro Salgado Filho, et fonctionne tlj.

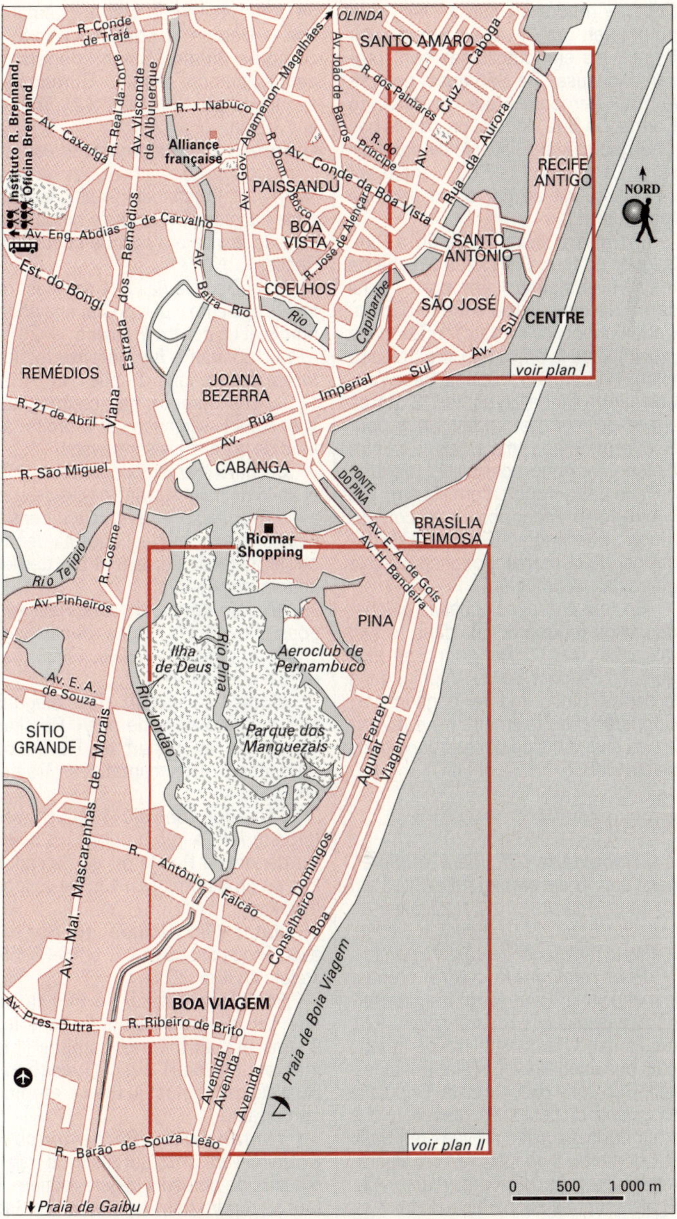

RECIFE – Plan d'ensemble

LE NORDESTE

Pour se rendre en bus à l'aéroport, comme en taxi, il vaut mieux prévoir large... les embouteillages sont présents ici aussi. De São José, prendre le bus « Aeroporto » sur l'av. N. S. do Carmo. De Boa Viagem, prendre le bus « Aeroporto » sur l'av. Domingos Ferreira. Le quartier de Boa Viagem est situé à 10 mn de l'aéroport (lorsque tout va bien...).

➢ ***En métro :*** circule de 5h à 23h, 3 lignes en tout. Prendre la 3e ligne de métro à la station « Aeroporto », qui se trouve dans la rue entre la banque *Caixa Econômica* et la station *Texaco,* à proximité de la praça Ministro Salgado Filho. À la station « Joana Bezerra », correspondance avec les 2 autres lignes de métro et certains bus pour Recife et Olinda (mais pas le centre historique). Autre possibilité : prendre, en face de l'aéroport, l'omnibus nº 115 « Aeroporto Afogados », de couleur rouge ; descendre au terminal d'Afogados, de là correspondance avec le métro (billet combiné).

➢ ***En taxi prépayé :*** achat au guichet des taxis (coopérative), dans le hall d'arrivée : env 25 Rls pour Boa Viagem, 30 Rls pour Santo Antônio, dans le centre. Sinon, monter dans un taxi *Coopstar* avec taximètre peut revenir moins cher dans de bonnes conditions de circulation.

LE NORDESTE

En bus

Rodoviária TIP *(gare routière ; hors plan d'ensemble)* ***:*** *à env 15 km du centre, sur la route BR 232, lieu-dit Curado. ☎ 3452-1704 ou 3207-1088. À env 45 mn du centre en transports.*

➢ ***Pour rejoindre le centre,*** prendre le métro linha Recife jusqu'à la gare ferroviaire *(estação ferroviária ; plan I, A3),* rua Floriano Peixoto (30 mn de trajet) ; puis bus circulaire « Circular Principe » vers São José ou Boa Vista. Depuis la *rodoviária,* on peut aussi prendre le bus situé au niveau des arrivées (en bas), sur la droite. Il va jusqu'à l'av. Guararapes, près de la poste *(plan I, A2).* Également une coopérative de taxis au 1er etage (24h/24).

➢ ***Pour rejoindre la* rodoviária** depuis le centre, métro depuis la gare ferroviaire (derrière la *Casa da cultura*), 5h-23h ; prendre le métro « Camarajibe ». Depuis la station « Recife », compter 25 mn. Sinon, depuis le centre, prendre le bus « Curado IV » devant la poste *(plan I, A2).* Trajet : env 30 mn.

Bureau d'infos touristiques : *au niveau du hall des arrivées (tt en bas). Tlj 7h-19h.* Personnel très efficace, qui parle l'anglais. On peut s'y procurer le plan de la ville et l'agenda culturel de Recife.

@ Dans le hall des arrivées, on trouve également une ***poste,*** une ***pharmacie*** et un ***centre Internet.***

– Pour connaître ***les horaires et les tarifs*** des liaisons de bus : *☎ 3452-1211.* Les bureaux des compagnies sont répartis à gauche et à droite, au fond de la gare. Liaisons avec :

➢ ***Caruaru*** *(Pernambuco)* ***:*** entre 1h30 et 2h45 de trajet suivant le type de bus, avec *Progresso* et avec *Caruarense.* Les horaires sont identiques au départ de Recife ou de Caruaru : 1 bus ttes les heures, env 6h-22h.

➢ ***Aracaju*** *(Sergipe)* ***:*** avec *Real Alagoas*, 1 bus/j. De Recife, départ vers 9h30 ; au départ d'Aracaju, 19h30. Trajet : 7h pour les 500 km.

➢ ***Maceió*** *(Alagoas)* ***:*** *Real Alagoas* assure une dizaine de bus/j. Horaires identiques au départ de Recife ou de Maceió. Bus climatisés. Trajet : 4h30-5h.

➢ ***Salvador*** *(Bahia)* ***:*** 1 bus/j. avec *Itapemirim (● itapemirim.com.br ●).* Au départ de Recife ou de Salvador, bus en fin d'ap-m. Min 13h de voyage (850 km).

➢ ***Natal*** *(Rio Grande do Norte)* ***:*** avec *Progresso*, 9 bus/j., 6h45-23h55. Trajet : 4h30-5h30.

➢ ***Fortaleza*** *(Ceará)* ***:*** à 800 km et env 13h de trajet. 3 bus/j. dans les 2 sens et aux mêmes horaires (1 le mat et 2 le soir) avec *Guanabara*. Bus de nuit plus luxueux et plus confortable.

➢ ***Tamandaré*** *(Pernambuco)* ***:*** *Cruzeiro-Vera Cruz,* qui assure le trajet, n'a plus de bureau à la gare routière. Il faut se rendre dans le quartier de São José, sur l'av. Dantas Barreto, d'où partent aussi les bus pour Porto de Galinhas. En principe, 2 bus/j. (1 seul le dim). Trajet : 2h-2h30.

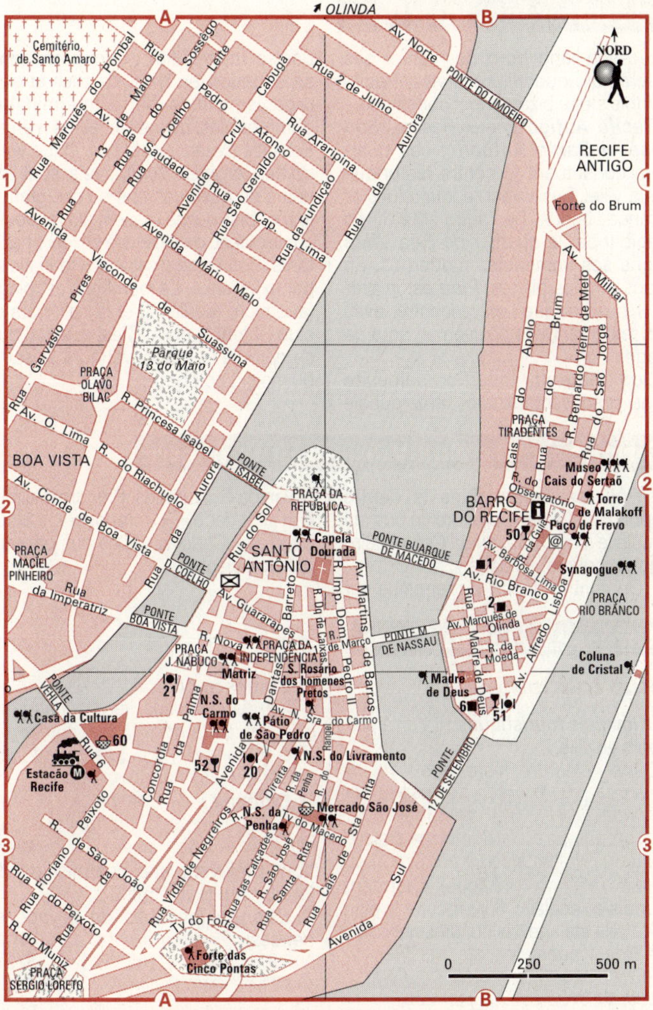

RECIFE – Centre (Plan I)

Adresses utiles
- **1** Banco do Brasil
- **2** Bradesco
- **6** Livraria Cultura

Où manger ?
- **20** O Buraquinho
- **21** Leite

Où boire un verre ? Où sortir ?
- **50** As Galerias
- **51** Bistrô & Boteco
- **52** Casa do Suco Tropical

Achats
- **60** Casa da Cultura

Les différents quartiers

Avec son long bord de mer et ses rivières qui quadrillent la ville, Recife semble s'être bizarrement constituée.

– ***Recife Antigo*** *(Vieux Récife),* ***São José et Santo Antônio :*** ces quartiers constituent le centre historique de la ville. Très vivant le jour, blues et errances la nuit. De l'autre côté du rio Capibaribe, le *quartier de* ***Boa Vista*** aligne ses immeubles modernes. En allant vers les plages, ***Pina*** est le premier quartier que l'on rencontre, avec ses restaurants de poisson en bord de plage.

– ***Boa Viagem :*** quartier balnéaire riche et souvent luxueux, remarquable par sa taille (7 km de long environ), sa situation en front de mer et son urbanisme (une barre interminable d'immeubles de béton et de verre). *Edificios Cezanne, Antibes, Place Vendôme, Virginia Woolf...* tels sont les noms de quelques-uns de ces grands immeubles qui ne laissent aucun doute sur le niveau de vie élevé de leurs habitants. Boa Viagem est le lieu touristique par excellence. La journée, c'est plage (attention, requins !), et le soir, bars et clubs y font le plein. C'est ici aussi que se déroule le « carnaval hors saison » du mois d'octobre.

Circuler entre Boa Viagem et le centre

➢ Pour se rendre dans le centre depuis Boa Viagem, prendre un bus qui circule le long de l'avenida Conselheiro Aguiar, indiqué « Cidade ».

➢ Du centre, départ du terminus sur l'avenida Guararapes. Prendre la direction « Piedade », « Aeroporto », « Setubal » ou « Cadeias ». Ces bus passent par Boa Viagem.

LE NORDESTE

Adresses et info utiles

Infos touristiques

Kiosques touristiques : il y en a plusieurs en ville.

– *Dans le centre historique : on en trouve un sur la praça do Arsenal da Marinha (plan I, B2).* ☎ *3355-3402.* • *acontecenorecife.com.br* • *Et sur l'État du Pernambuco :* • *pernambuco.com* • *Tlj 8h-20h.* Accueil charmant (parfois en anglais). S'y procurer le plan de la ville et l'agenda culturel mensuel.

– *À Boa Viagem : praça Boa Viagem (plan II, zoom), au pied de l'église bleue.* ☎ *3182-8297. Tlj 8h-20h.*

– Également le site • *turismonorecife.com.br* •

Argent, change

■ ***Banco do Brasil*** *(plan I, B2,* ***1****) : av Rio Branco, 240.* ☎ *3425-7100. Lun-ven 10h-15h.* Évitez d'y changer vos chèques de voyage, car la commission est très forte. Sinon, plusieurs distributeurs au rutilant *RioMar Shopping (plan d'ensemble ; av. República do Libano, 251, Pina ; tlj 9h-22h).*

■ ***Bradesco :*** *plusieurs distributeurs à Boa Viagem, dans Recife Antigo (av. Marqués de Olinda, 126) et au centre-ville (plan I, B2,* ***2****). Également une antenne au* RioMar Shopping.

■ ***Citibank :*** *av. Conselheiro Aguiar, 2034 (Boa Viagem), face au consulat général de France (plan II, B2,* ***3****).* Attention, prélèvent une commission de 24 Rls pour tout retrait !

■ ***Change*** *(chèques de voyage et devises)* ***: Mônaco Câmbio e Turismo,*** *praça J. Nabuco, 159.* ☎ *3424-3727. À côté du resto Leite (plan I, A2-3,* ***21****), dans la vieille ville. Lun-ven 9h-16h30.* Taux intéressants. Plusieurs bureaux de change au *Shopping Center* de Boa Viagem.

Poste et télécommunications

✉ ***Poste centrale*** *(plan I, A2) : av. Guararapes, 250. Dans le centre de Recife. Lun-ven 9h-18h.*

✉ ***Bureaux de poste :*** *un sur l'av. Conselheiro Aguiar, 217 (plan II, zoom),*

■ Adresses utiles

- 3 Consulat général de France et Citybank
- 4 Pharmacie 24h/24
- 5 TAM

Où dormir ?

- 10 Cult Hostel Design
- 11 Boa Viagem Hostel
- 12 Pousada da Praia
- 13 Hotel Coqueiral *(zoom)*
- 14 Bianca Praia Hotel

Où manger ?

- 30 Pra Vocês
- 31 Entre Amigos
- 32 Paraxaxa
- 34 Chica Pitanga *(zoom)*
- 35 Biruta
- 36 Ilha do Guaiamum

Où boire un verre ? Où sortir ?

- 35 Biruta Bar
- 53 Boteco Bar
- 54 Socal Dinho *(zoom)*

RECIFE – Boa Viagem (Plan II)

face au supermarché Bompreço. Lun-sam 9h-17h. Aux Shopping Centers Recife (plan II, A2-3) et RioMar (plan d'ensemble).

■ @ **Internet et téléphone :** dans le centre historique, chez **Multimid** (plan I, B2), rua Domingos José Martins, 75 (à deux pas du kiosque touristique). ☎ 3224-1246. Lun-ven 8h-18h. Seulement 2 ordis, mais récents et équipés de *Skype*.

Représentations diplomatiques

■ **Consulat général de France** (plan II, B2, **3**) **:** av. Conselheiro Aguiar, 2333, au 2e étage de l'edifício João Roma (Boa Viagem). ☎ 3117-3290. En cas d'urgence : (081) 99893-0068. • ambafrance-br.org • Lun-ven 9h-12h sur rdv slt. Permanence ap-m et w-e pour les urgences.

■ **Consulat honoraire de Belgique :** rua Rosa Amélia da Paz, 388, à Piedade, Jaboatão dos Guararapes (au sud de Boa Viagem). ☎ 3223-1001. Lun-ven 8h-17h.

Urgences

■ **Police touristique** (delegácia de turistas) **:** à l'étage, au niveau du hall des arrivées de l'aéroport de Recife. ☎ 3322-4867. Ouv 24h/24. En cas d'incident, c'est ici qu'il faut venir. Sérieux et efficace.

■ **Pharmacie ouverte 24h/24 : Farmácia Pague Menos** (plan II, A3, **4**), av. Conselheiro Aguiar, 4635 (Boa Viagem). ☎ 3301-4220.

✚ **Real Hospital Português** (hopital privé) **:** av. Conselheiro Aguiar, 2502. Boa Viagem. ☎ 3416-1800. L'unité principale se situe au nord de la ville : av. Gov. Agamenon Magalhães, 4760. ☎ 3416-1122 ou 1001 (24h/24).

– Bon à savoir, le consulat de France présente sur son site une liste de médecins parlant le français (rubrique « Services aux Français »).

Transports

■ **TAM** (plan II, B1-2, **5**) **:** av. Conselheiro de Aguiar, 1360 (Boa Viagem). ☎ 3327-8313. Résas : ☎ 0800-570-5700 (no général). Lun-sam 9h-18h (13h sam).

Divers

■ **Alliance française** (plan d'ensemble) **:** rua Amaro Bezerra, 466. ☎ 3202-6262. • af.rec.br • Près de la praça do Derby. Lun-ven 7h-12h30, 14h-19h ; sam 8h-12h30, 13h30-17h. Soirée culturelle quasiment tous les vendredis soir à partir de 19h : ciné-club ou théâtre. Entrée gratuite ou à prix très raisonnables. Sur place un resto à vocation gastronomique, *Bistrot La Comédie* (lun-sam midi et soir). Quelques journaux français. On peut leur téléphoner pour être mis en contact avec un guide francophone, mais l'Alliance n'est pas une agence de tourisme !

■ **Livraria Cultura** (plan I, B3, **6**) **:** rua Madre de Deus. ☎ 2102-4033. Lun-sam 10h-22h, dim 12h-21h. La grande librairie du centre-ville, avec un rayon disques et un kiosque à journaux avec parfois *Le Monde diplomatique*.

LE NORDESTE

Où dormir ?

Si le quartier de *Recife Antigo*, avec ses docks réhabilités, mérite vraiment une halte, on n'y trouve encore rien pour dormir. En attendant, on préconise de se loger sur *Boa Viagem*, front de mer urbanisé, mais dont les hôtels sans charme ont le mérite d'être à proximité de la plage. L'autre solution, parfaitement jouable et plus charmante, consiste à loger à Olinda et à passer la journée à Recife.

À Boa Viagem

De bon marché à prix moyens (moins de 130-200 Rls / env 33-50 €)

Cult Hostel Design (plan II, B1, **10**) **:** av. Conselheiro Aguiar, 755. ☎ 2123-2777. • culthotel.com.br •

Nuit en dortoir 55 Rls ; double 165 Rls. Parking devant. D'un côté (sur l'avant), le *Cult Hôtel* existe depuis 30 ans et propose des chambres d'un moderne convenu, juste égayées de tableaux colorés. De l'autre, le récent *Cult Hostel Design,* qui partage les mêmes parties communes que l'hôtel, propose 14 lits en dortoirs, mixtes ou pas, avec blocs sanitaires séparés, dans un bâtiment enserrant une petite piscine bordée d'une terrasse. Le lieu est assez inattendu, et surtout, sa déco au design épuré, de bon goût. Confort optimal : grand écran plat dans le salon, Ipads à dispo, laverie. Et des œuvres (sculptures et tableaux) de la collection du propriétaire, partout. Une belle surprise, divinement située.

Boa Viagem Hostel *(plan II, A2,* ***11****) : rua Aviador Severiano Lins, 455. ☎ 3326-9572. • hostelboaviagem.com.br • Dortoir env 50 Rls/pers (réduc avec la carte HI), avec petit déj ; double env 140 Rls.* Une AJ officielle dans un petit îlot de tranquillité, au milieu des immeubles d'un quartier résidentiel. Dortoirs de 10 lits, agréables et climatisés la nuit. Cuisine, petite piscine sympa, terrain de basket et de volley (pas toujours disponible pour cause de terrasse improvisée, cela dit !). Et même une guitare à disposition pour agrémenter l'atmosphère conviviale. Jardin plaisant. Ce n'est pas Woodstock, mais presque !

Hotel Coqueiral *(plan II, zoom,* ***13****) : rua Petrolina, 43. ☎ 3326-5881. • hotelcoqueiral.com.br • Doubles avec sdb et AC 160-180 Rls.* Petit hôtel bien situé, pour ceux qui aiment ce quartier animé le soir. Et clean. Les chambres donnent sur la petite rue résidentielle ou sur le côté de l'édifice. Toutes avec grande salle de bains, AC, frigo-bar et TV câblée. Petit parking juste devant. Rien à redire, si ce n'est cette couleur vert hôpital qui recouvre tous les murs. Un bon rapport qualité-prix. Et accueil adorable.

Pousada da Praia *(plan II, B1,* ***12****) : rua Alcides Carneiro Leal, 66 (Pina). ☎ 3326-7085. • hpraia.com • Double env 120 Rls.* Petit immeuble situé à 66 m ! (comme le dit la brochure) de la mer. Chambres assez petites, avec AC et TV, certaines bien sombres avec une fenêtre donnant sur le couloir. Confort sommaire, mais propreté correcte. Petit déj en terrasse sur le toit. Son principal atout reste évidemment son prix.

Chic (200-300 Rls / env 50-75 €)

Bianca Praia Hotel *(plan II, A2,* ***14****) : rua Mamanguape, 142. ☎ 3327-0958. • biancapraiahotel.com.br • À 5 mn à pied de la plage. Doubles 170-270 Rls.* Petit hôtel d'un blanc immaculé, bien tenu, à la déco contemporaine. Chambres tout aussi modernes et de bon goût que le *lobby* (ouf, on n'a pas été trompé par la réception). Attention toutefois, certaines, au rez-de-chaussée, donnent sur un... mur ! AC, TV et frigo. Propreté impeccable. Un peu bruyant quand même, car situé entre 2 avenues. Bon accueil.

Où manger ?

Dans le quartier Antigo, nombreux restos pour tous les goûts (rua Bom Jesus, rua Madre Deus, rua da Moeda).

Dans le centre historique

De bon marché à prix moyens (moins de 40-60 Rls / env 10-15 €)

O Buraquinho *(plan I, A3,* ***20****) : patio de São Pedro, 28. ☎ 3224-6431. Tlj sf dim 11h-22h.* Le petit bistrot à l'ancienne comme on l'aime ! Situé sur la stratégique et émouvante praça São Pedro, ce charmant estaminet sert un plat différent chaque jour. En principe, c'est *cabrito* le lundi, *rabada* le mardi, *guisado de porco* le mercredi, *dobradinha* le jeudi et *cozido* le vendredi. Et le samedi ? Non, ce n'est pas raviolis : c'est à la carte ! Un plat suffit pour 2, c'est vous dire si c'est bon marché. En plus, c'est mitonné comme à la maison et le *caldinho* (minisoupe) est servi gracieusement, avec le sourire, par une mamie si maternelle qu'on finirait par l'embrasser avant de partir.

Chic (60-100 Rls / env 15-25 €)

|●| ***Leite*** *(plan I, A2-3,* ***21****) : praça Joaquim Nabuco, 147 (à l'angle de la rua de la Concórdia). ☎ 3224-7977. Ouv slt le midi, tlj sf sam.* Ce serait le plus vieux resto du Brésil. On n'a pas vérifié, mais il est vrai qu'il a été fondé en 1882... Respect, donc, mais si vous venez de l'adresse précédente, vous risquez d'être surpris par le changement de cadre et surtout de tarif. Un conseil : ne venez pas en short et sortez la chemise que vous avez fourrée au fond de votre sac sous peine de vous sentir marginalisé par une clientèle d'affaires plutôt bien sapée. Côté cuisine – un peu à la manière des césars –, les délicieuses spécialités de la maison sont : la morue en meilleure actrice, l'agneau au four en meilleur acteur, la *carne de sol* pour la meilleure lumière, la langue de bœuf sauce madère en meilleur film étranger et, en dessert, la *cartola* pour le meilleur court-métrage... Allez, bon film !

À l'écart du centre historique

Prix moyens (40-60 Rls / env 10-15 €)

|●| ***Altar, Cozinha Ancestral*** *(hors plan d'ensemble) : rua Francisco Jacinto, 368. ☎ 3097-3548. Dans le quartier de Santo Amoro. Excentré et difficile à trouver : mieux vaut y aller en taxi. Mer-dim 12h-16h (21h ven-sam). Résa indispensable.* Chez Dona Carmem, on vit autant une expérience culturelle que gastronomique. Cette mamma afro-brésilienne, exubérante et joviale, reçoit telle une prêtresse dans sa maison *terreiro* (lieu de culte afro-brésilien) aux murs colorés. Sa cuisine inspirée des rites du *candomblé* en respecte les principes : des ingrédients originaires d'Afrique, et nobles car destinés aux divinités ! Ici les divinités, c'est nous, et l'on se régale de plats bahianais iconiques : *xinxim de galiha, sarapatel de porco, feijoada de frutos do mar* et de délicieuses *moquecas,* entre autres. Une adresse exceptionnelle dans tous les sens du terme.

À Boa Viagem

Les petits budgets trouveront dans les petites rues autour de la praça da Boa Viagem des vendeurs de poulet grillé très bon marché. Sans oublier les traditionnels vendeurs de brochettes le long de la plage.

De prix moyens à chic (40-100 Rls et plus / env 10-25 €)

|●| ***Pra Vocês*** *(plan II, B1,* ***30****) : av. Herculano Bandeira, 115 (Pina). ☎ 3325-3168. Tlj 11h-minuit (2h ven-sam).* Resto de fruits de mer et de poisson, très populaire, dans une rue agréable. Une petite institution fondée en 1934. Terrasse ombragée en bord de rue avec chaises et tables en plastique ou grande salle carrée un peu trop éclairée par de longs néons blancs. Murs décorés de plaques de rues. Spécialités : *casquinha de caranguejo* (entrée au crabe) et, en plat, *peixada pernambucana* (bouillabaisse locale) et langouste à la portugaise, si votre portefeuille vous y autorise...

|●| ***Entre Amigos*** *(plan II, A3,* ***31****) : rua Marquês de Valença, 50. ☎ 3312-1000. Tlj 11h30-2h.* Grande salle ouverte sur la rue avec des écrans remplis de matchs de foot, et salle plus chic à l'étage, pour une clientèle essentiellement de copains, comme son nom l'indique. La star, ici, c'est le mouton *(bode),* tendre et préparé de différentes manières. Le reste de la carte est beaucoup plus classique et pas forcément meilleur qu'ailleurs. Les amateurs de poissons et fruits de mer préféreront la très chic annexe du front de mer, ***Entre Amigos Praia*** *(av. Boa Viagem, 760).* Clientèle plus *bling bling* et ticket moyen plus élevé, mais cuisine fraîche et terrasse vue mer bien agréable.

Paraxaxa *(plan II, A3, **32**)* : *av. Fernando Simões Barbosa, 1200. ☎ 3463-7874. Tlj 11h30-23h. Formule buffet ao kilo.* Des lampions au plafond, des serveurs en costume qui attribuent des cartes et numéros de table aux arrivants qui se pressent en masse aux heures de pointe, une grande salle bruyante façon cantoche, de la musique tout autant folklorique. L'adresse a de quoi faire frémir les amateurs d'atmosphères intimes. Pourtant, à part quelques touristes sincèrement ravis devant leurs assiettes débordantes de spécialités régionales de très bon aloi, la clientèle se veut majoritairement locale et populaire (familles, gens des bureaux). Plats tradis très frais et variés. Beaucoup de choix. Et les desserts ne sont pas en reste.

Chica Pitanga *(plan II, zoom, **34**)* : *rua Petrolina, 19. ☎ 3465-2224. À deux pas de la praça da Boa Viagem. Tlj 11h30-15h30 (16h w-e), 18h-22h. Formules buffet midi et soir.* Une des bonnes adresses de Boa Viagem. Déco chaleureuse style brasserie avec un faux arbre au centre et des serveurs en costume traditionnel. Buffet *ao kilo* proposant de bonnes salades et de bons plats, mais préférer les plats brésiliens meilleurs que ceux à la mode européenne. Le soir, le buffet prend des teintes plus régionales, ce qui n'est pas plus mal. Accueil avenant et pro. Arriver assez tôt pour éviter l'interminable file d'attente !

Biruta *(plan II, B1, **35**)* : *rua Bem-te-vi, 15. ☎ 3326-5151. Tlj sf lun mat hors saison, de 11h au dernier client. Plats 2 pers env 50-75 Rls.* On s'assoit avec ravissement sur cette belle terrasse en bois donnant directement sur la plage. Le lieu est franchement génial et hyper populaire. On y mange plutôt pas mal (savoureux *caldinhos* : minisoupes de *feijão, camarão, mariscos...*). Et certains soirs, l'ambiance tourne à la fête !

Socaldinho Guaiamum *(plan II, A2, **36**)* : *rua Maria Carolina, 68. ☎ 3462-9500. Tlj 11h30-1h. Musique live ven-dim à partir de 19h. Buffet midi ou soir ; et carte.* Côté décor, la maison fait dans la simplicité : une grande salle sans charme, ouverte sur une large terrasse. À la carte, poissons, crevettes et sushis. Mais ce sont surtout les fameux *guaiamum,* petits crabes bleutés de mangrove, qui donnent une résonance toute particulière à l'endroit, puisque tout le monde tape allègrement dessus à l'aide de petits marteaux. Saveur... spéciale. On peut préférer l'opulent buffet du soir (assez cher) composé entre autres de langoustes, fromages et desserts divins. Le tout est d'une belle fraîcheur et l'accueil attentionné.

Où boire un verre ? Où sortir ?

Dans le centre historique

– Beaucoup de restos et bars dans le ***quartier Antigo.*** Une des rues les plus animées est la rua da Moeda *(plan I, B2).* En fin de semaine, des groupes de percussions du Maracatu viennent répéter à partir de 16h et le soir dès 20h, certains bars accueillent des concerts ou passent simplement de la musique. La rua Madre de Deus *(plan I, B2-3)* est aussi un endroit intéressant. Sur la *praça Artur Oscar* (arsenal da Marinha), de nombreuses manifestations culturelles sont organisées certains soirs à partir de 20h30. Mais c'est de toute façon sympa de prendre place sur une des nombreuses terrasses du coin pour siroter *uma cerveja,* ou un simple *suco.*

– En soirée, tout autour de la place du **patio de São Pedro** *(plan I, A3),* les terrasses sont pleines de monde. Chaque soir, un groupe de musique différent se produit, depuis les vieux artistes à la voix déchirante de nostalgie pour le *seresta* jusqu'à l'hallucinante *ciranda cabocla.* Le mardi soir, ne manquez pas la *terça negra,* à partir de 19h, quand la communauté noire met le feu à la place à coup de percussions...

As Galerias *(plan I, B2, **50**)* : *rua da Guia, 183, en face du kiosque touristique.*

☎ *8890-5219. Tlj 8h-22h30.* Une petite institution qu'on adore. L'enseigne a ouvert son premier bar en 1928. Voir les vieilles photos aux murs. Il est réputé pour son *leite maltado,* mélange de lait, de glace, de vanille et de malt (servi frais) : une délicieuse spécialité cubaine. D'accord, à 6 Rls quand même... Mais le lieu est bourré de nostalgie. D'ailleurs, c'est le bar préféré de Lenine. Non, pas le révolutionnaire, mais le musicien, originaire de Recife (voir sa photo face au comptoir).

🍷 🍽 ***Bistrô & Boteco*** *(plan I, B3,* ***51****)* **:** *av. Alfredo Lisboa, s/n (Armazen 11).* ☎ *3224-4992. Sur les docks, peu après le* Marco Zero. Grande brasserie moderne, à la carte classique et pas spécialement bon marché mais un lieu idéal pour boire un verre en croquant une délicieuse *coxinha* (petit chausson fourré, celui au crabe est excellent). Également de délicieuses *cartolas,* dessert traditionnel à base de banane et de cannelle. De la salle à l'étage, le long des baies vitrées, vue plaisante sur la mer, et au loin la *Coluna de Cristal.*

🍷 ***Casa do Suco Tropical*** *(plan I, A3,* ***52****)* **:** *av. Dantas Barreto, 768 et 900, à Santo Antônio.* ☎ *3224-8396. Tlj sf dim 8h-19h (16h sam).* 2 adresses proches l'une de l'autre. Fabuleux jus de fruits frais pressés sous vos yeux avec un choix d'une cinquantaine de compositions différentes. Un régal ! Si vous voulez tenter des saveurs nouvelles, essayez donc l'*açaí* et le *cupuaçu* en priorité puis, à l'aveugle, le *mangaba,* le *cajá,* ou encore le *pitanga...* À demander avec peu de sucre, sinon il y en aura plein !

À Boa Viagem

– ***Le quartier au nord de Boa Viagem,*** entre les avenidas Herculano Bandeira et Engenheiro Antônio Gois, est très animé, avec souvent des groupes de musique dans les bars et aux terrasses. Pas mal d'ambiance également dans les bars et restos au début de l'av. Conselheiro Aguiar ou le long de la rua Capitão Ribelinho, entre Conselheiro Aguiar et Boa Viagem.

– ***La plage de Boa Viagem*** *(plan II, A3)* et le quartier environnant sont le lieu de rencontre de la jeunesse et, en période de vacances, tout le quartier est traversé de bandes joyeuses jusque tard dans la nuit. Attention toutefois, une fois la nuit tombée, à ne pas vous retrouver isolé. L'insécurité y est galopante.

🍷 ***Boteco Bar*** *(plan II, B2,* ***53****)* **:** *av. Boa Viagem, 1660, 2e jardin.* ☎ *3325-1428. Lun-jeu à partir de 17h, ven-dim dès 12h, jusqu'au dernier client.* Un bar genre bistrot. Au choix : la terrasse avec vue sur la mer ou la salle ambiance rétro. Bons cocktails, bière fraîche et jus de fruits. On peut y manger ou grignoter de copieux *petiscos.*

🍷 ***Biruta Bar*** *(plan II, B1,* ***35****)* **:** *rua Bem-te-vi, 15.* ☎ *3326-5151. Tlj sf lun hors saison, de 11h (17h lun) au dernier client.* Sur la plage, un bar tout en bois. L'endroit rêvé pour un apéritif sur la terrasse face à l'Atlantique. Goûtez à la *caïpifruta pernambuca,* un cocktail léger. On peut aussi y manger fruits de mer et poisson (voir « Où manger ? »).

🍷 ***Socal Dinho*** *(plan II, zoom,* ***54****)* **:** *av. Visconde de Jequitinhonha, 106.* ☎ *3462-9500. Tlj 12h-minuit (2h ven-sam). Musique live ven-dim à partir de 19h.* Bar couru pour ses cachaças. Terrasse couverte et bien aérée avec quelques écrans. On peut aussi y manger des petits plats copieux et vraiment pas chers le midi seulement, en semaine. Bonne ambiance.

À Boa Vista

– Changement de décor et de clientèle dans le ***quartier du Parlement*** *(plan I, A2)*. Là, peu de touristes, mais employés de bureaux et jeunesse dorée se retrouvent en fin de journée pour un apéro agrémenté de *petiscos,* jusque tard les fins de semaine. Pas mal de bars autour de la rua Mamede Simões entre autres, et son bien nommé *Bar Central*. Gros succès aussi du *Lisbelo e a Prisoneiro,* dernier lieu branché qui vibre plus tard en soirée au rythme de la bossa-nova.

– Ça bouge bien aussi autour du ***patio Santa Cruz*** et du *mercado da Boa Vista (plan d'ensemble).*

LE NORDESTE

Achats

L'artisanat du Pernambuco est l'un des plus riches et des plus variés du Brésil. C'est l'occasion de faire son shopping.

Centro de Artesanato de Pernambuco *(plan I, B2)* **:** *av. Alfredo Lisboa. ☎ 3181-3450. Lun-sam 8h-18h, dim 9h-17h.* Installé tout près du *Marco Zero,* dans les bâtiments réhabilités des anciens docks, ce centre propose une sélection des richesses artisanales du Pernambuco. Sculptures et objets en bois peint ou naturel, jeux, céramiques, textiles brodés, objets décoratifs en papier mâché et fibre de coco, paniers... Beaucoup de choix. Prix corrects.

Mercado São José *(plan I, A-B3)* **:** *voir plus bas le texte dans « À voir. À faire. Dans le centre historique ».* On peut y acheter notamment un hamac en prévision d'un voyage en Amazonie car, là encore, ils sont bien moins chers et de bonne qualité.

Mercado artesanal *(plan I, A2)* **:** *rua Bom Jesus. Dim 14h-20h.* Joli marché artisanal avec groupes musicaux. Livres, vêtements, artisanat, vendus dans une ambiance colorée.

Casa da Cultura *(plan I, A3,* ***60****)* **:** *rua Floriano Peixoto. ☎ 3224-0557. Tlj 9h-19h (18h sam, 14h dim).* Les anciennes cellules de cette prison ont été reconverties en boutiques. Pour le moins original !

À voir. À faire

– *Attention,* plusieurs édifices et musées importants (notamment la synagogue, le museu do Nordeste et l'instituto Ricardo Brennand) sont fermés le lundi. D'autre part, méfiez-vous des horaires, ils ne sont pas toujours respectés...
Le centre historique de São José et Santo Antônio se parcourt aisément à pied. Importante concentration d'églises, de couvents, d'édifices coloniaux, il est aussi le centre d'une capitale qui connut un grand essor au XIXe s et jusque dans les années 1950. Les chapelles et les palais voisinent avec un univers urbain moderne ponctué de gratte-ciel et immeubles d'affaires. Parfois les immeubles des années 1930 paraissent plus éreintés par l'âge que les façades du XVIIe s qui commencent à bénéficier d'un plan de ravalement. La rivière qui entoure l'île, avec ses ponts Belle Époque et ses quais, accentue le charme qu'exerce l'ensemble de ce quartier historique.

Dans le centre historique

Praça da Independência *(plan I, A2)* **:** ici s'élève le célèbre édifice du *Diario de Pernambuco,* le plus ancien journal d'Amérique latine, fondé en 1825, ainsi que la *Matriz Santo Antônio.* Le soir, quelques femmes préparent des beignets sur la place.

Matriz de Santo Antônio *(plan I, A2)* **:** *praça da Independência. ☎ 3224-9494. Lun-ven 7h-12h, 14h-18h ; sam 16h-18h30 ; dim 7h-12h, 16h-18h. GRATUIT.* Imposante façade de style baroque et étonnant cloître dont les 12 colonnes sont taillées dans du récif.

Capela dourada *(chapelle dorée ; plan I, A-B2)* **:** *rua do Imperador. ☎ 3224-0530. Lun-ven 8h-11h30, 14h-17h ; sam 8h-11h30. Entrée : 5 Rls.* Cet ensemble imposant se trouve presque en face des jardins du palais du Gouverneur, à la pointe nord de l'île de Santo Antônio. C'est l'une des plus riches églises du Brésil, datant de 1697. Structures et plafonds en bois de jacaranda et de cèdre, recouverts à la feuille d'or. Le Christ est affublé de vrais cheveux. À gauche de l'autel, portrait de Saint Louis. Beau jardin alentour.

★ ***Praça da República*** *(plan I, A-B2)* **:** ici se dresse le *palais du Gouverneur (Palácio de campo das Princesas),* datant de 1841 *(visites gratuites possibles, jeu-ven 9h-11h, 14h-16h, dim 10h-12h, 14h-16h ; sur résa : ☎ 3181-2281 ; shorts et tongs interdits !).* En face, le *palais de justice* (1930), de style néoclassique monumental (style introduit par les Français), et le *théâtre Santa Isabel,* construit en 1850 par Louis Léger-Vauthier. Remarquez également le baobab, qui fait partie de la vingtaine de spécimens recensés au Brésil.

★ ***Igreja Senhora Rosário dos homenes Pretos*** *(plan I, A3)* **:** *rua Estreita do Rosário. Lun-ven 9h-16h30.* Édifiée de 1725 à 1777 par des esclaves noirs (d'où son nom « dos Pretos »). Remarquable maître-autel et plafond peint. Et dans la salle du consistoire, une remarquable statue de saint Benoît (São Benito), du milieu du XVIIIe s.

★★ ***Convento e basilica Nossa Senhora do Carmo*** *(plan I, A3)* **:** *av. Dantas Barreto, 646, et praça do Carmo. Lun-sam 6h30-19h (17h lun, 12h sam) ; messes le w-e.* Vaste esplanade agrémentée de quelques bars populaires. Le couvent (ne se visite pas) s'est installé en 1687 dans l'ancien palais du gouverneur néerlandais Maurice de Nassau, que celui-ci avait donné à l'ordre des Carmélites. En retrait sur la gauche, la basilique, dotée d'une riche façade, l'une des plus travaillées du Brésil, représente une synthèse parfaite des techniques du baroque du XVIIIe s. La façade de l'église semble avoir une de ses tours curieusement amputée. L'intérieur a été restauré récemment. Notez l'ossuaire à gauche en entrant. Sachez qu'elle est dédiée à Notre-Dame du Carmel, la patronne de cœur de la ville, en attendant la reconnaissance du Vatican, qui tarde...

★★ ***Pátio de São Pedro*** *(plan I, A3)* **:** cette place entourée de petites maisons coloniales colorées est un de nos coins préférés à Recife, même s'il est évident qu'elle meriterait un p'tit coup de ravalement géneral. Le mardi soir à partir de 19h, la place accueille la superbe *terça negra,* des concerts de musique afro-brésilienne. Les vendredi et samedi soir, les musiciens jouent plutôt des airs de samba, de *MPB* et de *frevo.*

– Au fond de la place, la **catedral São Pedro dos Clérigos** *(lun-ven 8h-12h, 14h-17h)* prend toute sa valeur dans son cadre charmant. L'une des plus riches de Recife. Intérieur superbement décoré. Commencée en 1798, elle fut rénovée au milieu du XIXe s. Elle tire son originalité de sa nef de forme dodécagonale et de son harmonieux plafond peint en trompe l'œil. De la restauration du XIXe s, l'église a conservé quelques belles boiseries anciennes.

– On peut aussi voir la *Casa do carnaval (☎ 3232-2835 ; mar-ven 9h-16h ; GRATUIT),* en face de l'église. Expos temporaires.

★★ ***Mercado São José*** *(plan I, A-B3)* **:** *praça Dom Vital. À quelques pas du patio São Pedro. Tlj 6h-17h30 (12h dim).* Le marché le plus populaire et le plus animé de la ville, abrité dans des structures métalliques type Baltard. Vaut vraiment le détour. Sous ses grandes halles, on trouve les gros poissons de l'océan et les étals de viande. Activité fébrile dès le petit matin. Une partie est réservée à la vannerie et aux étoffes. On y trouve de tout : hamacs, dentelles, figurines religieuses, plantes médicinales, encens, bougies, petits personnages de terre cuite, amulettes et petits cercueils ; le matériel indispensable pour jeter un mauvais sort ! À côté de la grande halle, un chapelet de petites *lanchonetes* populaires.

★ Non loin du marché, à côté du pátio de São Pedro, une placette très commerçante toujours animée, on trouve l'***igreja Nossa Senhora do Livramento*** *(plan I, A3 ; lun-ven 8h30-17h, messe dim 11h-14h).* Assez sobre, elle possède quelques jolies boiseries dorées. Bel exemple d'architecture coloniale classique. Elle fut construite de 1694 à 1772.

★ ***Basilica Nossa Senhora da Penha*** *(plan I, A3)* **:** *praça Dom Vital. Mar-ven 7h-11h, 15h-17h ; sam 15h-17h.* Restaurée, la façade rose et blanc de cette église de 1656, ornée de chapiteaux corinthiens, se démarque nettement des autres édifices religieux. Structure classique, empreinte d'humilité. Au fond, à gauche de l'église, le petit *museu Dom Vital,* du nom d'un évêque célèbre au Brésil pour avoir combattu la franc-maçonnerie.

Casa da Cultura *(Maison de la culture et de l'artisanat ; plan I, A3)* **:** *rua Floriano Peixoto. ☎ 3224-0557. Tlj 9h-19h (18h sam, 14h dim).* Installée, comme celle de Fortaleza, dans l'ancienne prison *(casa de detenção)* composée de trois ailes en étoile, elle fut construite en 1855 puis fermée en 1973. La structure a été conservée, et les cellules, du rez-de-chaussée au 2e étage, ont été converties en... boutiques. Beaux escaliers (particulièrement raides !) et balcons de fer forgé.

Forte das Cinco Pontas *(plan I, A3)* **:** *praça das Cinco Pontas (São José). ☎ 3355-3107. Mar-sam 9h-17h. GRATUIT.* Ce fort, récemment restauré, fut édifié par les Néerlandais en 1630, et reconstruit par les Portugais en 1677. Il abrite le ***museu da Cidade,*** qui présente notamment quelques gravures de l'époque hollandaise, azulejos et *pinhas* portugais, ainsi que des photos assez impressionnantes de l'avenida Boa Viagem dans les années 1950.

- **Croisière sur le rio Capibaribe** *(plan I, A3)* **:** *cais das Cinco Pontas (São José). ☎ 3424-2845. Derrière le forte das Cinco Pontas. En principe, départs tlj à 11h, 14h30, 16h, 17h30 et 20h. Compter 45 Rls/pers pour 1h10 de traversée.* Une petite croisière à bord d'un catamaran, histoire de voir Recife depuis le fleuve. Commentaires en portugais et en anglais. Sympa.

Dans le vieux Recife (Recife Antigo) : Barro do Recife

Museu Cais do Sertão *(plan I, B2)* **:** *av. Alfredo Lisboa. ☎ 3089-2974. Tlj sf lun 11h-17h. Entrée : 10 Rls ; réduc ; gratuit jeu.*
Le Sertão est une vaste région semi-aride (*sertão* étant une contraction de *desertão*) englobant le Pernambuco et sept autres États du Nordeste. D'abord peuplé de tribus indiennes. Puis des Européens descendant de colons vinrent y élever du bétail ou cultiver la canne à sucre, devenant ainsi de riches propriétaires terriens appelés colonels (encore appelés ainsi aujourd'hui). Parallèlement, des communautés constituées de descendants d'esclaves *(quilombos)* et de Juifs convertis de force investirent les régions plus reculées. Avec le déplacement de la capitale de Salvador de Bahia vers Rio, les riches migrent vers le sud *(retirantes),* laissant derrière eux une population asservie à la solde de quelques colonels et des bandes organisées de mercenaires *(cangaceiros),* sans oublier d'autres personnages hauts en couleur. Lampiao est un de ces héros légendaires, sorte de Robin des bois dévoué à la cause des pauvres. La région tombe dans l'oubli, mais ses traditions, aussi riches que vivaces, perdurent et alimentent la création artistique : littérature, artisanat, cinéma (Sebastião Salgado) et musique.
Luis Gonzaga (1912-1989), auteur-chanteur populaire originaire du Pernambuco, a chanté la culture du Sertão au rythme du Baião, sorte de musique country propre à cette région. Les univers qu'il a décrits dans son répertoire et les personnages qui ont marqué son histoire sont un prétexte au parcours thématique : le territoire, le peuple, les traditions vestimentaires, le travail, l'habitat, les croyances, la violence, la religion. Le parcours, décloisonné et innovant, plongé dans la pénombre, est organisé dans le très vaste espace du hangar de l'ancien dock. L'immense cactus métallique qui trône au milieu de l'exposition rappelle l'arbre emblématique de la région. Belles vitrines de costumes de *vaqueiros* entre autres, reconstitution d'un intérieur, bornes interactives, installations multimédia, projections d'images ou de film illustrant un propos pas simple à suivre car uniquement en brésilien ! Ne pas manquer toutefois le film de

Marcelo Gomes, *Um dia no Sertão* (2013) qui tourne en boucle (16 mn). On pourra également écouter les grands tubes de Luis Gonzaga, véritable star locale.
– En mezzanine, des écrans de télé diffusent des témoignages d'habitants du Sertão (en v.o. seulement !), tandis que dans les petites salles, on peut s'essayer au karaoké en reprenant les airs sartéjans ou expérimenter les instruments traditionnels. Voir absolument le mur des gravures reprenant sous forme de B.D., et suivant un design traditionnel, les grands thèmes du Sertão dont la fameuse migration des *retirantes*. Enfin, la grande fresque murale, Sol et Mar, en noir et blanc, est l'œuvre de Derlon Almeida (2013), artiste graffeur renommé.

Synagogue Kahal Zur Israel *(plan I, B2)* **:** *rua do Bom Jesus (ancienne rue aux Juifs), 197. ☎ 3224-8351. • arquivojudaicope.org.br • Mar-ven 9h-16h30, dim 14h-17h30. Entrée : 10 Rls.*
Construite en 1636 par les juifs néerlandais, c'est la première synagogue du continent américain. L'édifice a été superbement restauré et rouvert en 2001, après des recherches archéologiques ayant mis au jour ses fondations. Elle est la preuve historique de la tolérance religieuse instaurée par Maurice de Nassau dans le Pernambuco pendant l'occupation néerlandaise. Après l'expulsion des Néerlandais en 1654, de nombreuses familles juives émigrèrent à New York ou à Curaçao, par crainte des Portugais (le Portugal les avait déjà chassées du temps de l'Inquisition). Les juifs brésiliens, rattrapés par l'histoire, devaient à nouveau fuir. Mais certains sont restés à Recife et y ont fait souche.
Au rez-de-chaussée, vestiges d'un puits, du *mikvê* (servant à la purification), des murs qui canalisaient l'ancien lit de la rivière. À l'étage, reconstitution fidèle de la salle de prière. On identifie parfaitement les parties anciennes et récentes ; c'est un choix délibéré et très réussi !
La rue Bom Jesus est bordée de maisons du XVIIe s aux jolies façades colorées qui ont été modifiées tout en conservant leur structure d'origine.

Torre de Malakoff *(plan I, B2)* **:** *praça do Arsenal. Mar-ven 10h-18h, sam 15h-18h, dim 15h-19h. GRATUIT.* Restauré, cet observatoire fut construit en 1855 pour rendre hommage à la défense de Sébastopol par les Russes lors de la guerre de Crimée (1853-1855). Retranchés dans la tour de Malakoff, les soldats russes résistèrent héroïquement à Mac Mahon. Cet événement a ému la société brésilienne de l'époque au point que la municipalité décida de construire une vague réplique de la tour originale. Aujourd'hui, elle abrite un centre d'expositions temporaires. Sur la terrasse, on peut toujours observer les étoiles !

Paço do Frevo *(plan I, B2)* **:** *praça do Arsenal da Marinha. Mar-ven 9h-17h, sam-dim 14h-18h. Entrée : 8 Rls ; réduc étudiant ; gratuit mar. Déj musical jeu avec démonstration de frevo.* Dans un bel immeuble colonial blanc aux volets verts, un lieu vivant dédié à la culture du *frevo,* inscrit au Patrimoine mondial de l'Unesco au titre d'héritage culturel. À la fois centre de documentation, de formation et musée ; on y découvre l'histoire du *frevo* à travers un espace d'exposition illustré essentiellement de photos. Le 2e étage étant réservé aux écoles de musique et de danse, on monte directement au 3e étage, d'où l'on a une jolie vue sur la place. Photos de carnavals et accessoires. Si vous tombez bien, vous pourrez assister à des démonstrations folkloriques.

Igreja Madre de Deus *(plan I, B2-3)* **:** *rua Madre de Deus.* Une belle église baroque du XVIIIe s, dotée d'un autel peint à la feuille d'or. Bel effet entre clarté et obscurité. Nombreux mariages de la bourgeoisie locale le week-end.

Coluna de Cristal *(plan I, B2-3)* **:** *en face de la praça Rio Branco.* Sur la jetée qui sépare encore sur quelques mètres le fleuve de la mer, cette colonne réalisée par Francisco Brennand en l'an 2000 célèbre le 500e anniversaire du Brésil. À sa base, cinq sirènes symbolisent les cinq siècles écoulés. La sixième n'est donc pas achevée...

Dans le quartier de Boa Viagem

Praça Boa Viagem *(plan II, zoom)* **:** possède une très jolie *église* qui abrite un christ couché. Tous les soirs, marché nocturne qui vaut le détour. On y fait de très bonnes affaires.

Praia de Boa Viagem *(plan II)* **:** elle étale sa langue de sable sur environ 7 km bordés d'immeubles luxueux qui témoignent du désir de la bourgeoisie locale de posséder son Copacabana (on la comprend). Agréable. Au nord, la fréquentation se veut populaire et animée, mais on recommande de ne pas y traîner le soir. La partie de plage qui s'étend entre les 1er et 3e jardins est animée et sécurisée. Mais le meilleur endroit, pour vous baigner avec des enfants ou si vous n'aimez pas les vagues, ce sont les piscines naturelles créées par la barrière de corail (récif) et bordant la plage ; elles sont concentrées dans la partie sud. Des petites embarcations déposent les nageurs dans les piscines, moyennant quelques reals.
– **ATTENTION :** il y a des ***requins*** au-delà du récif. Donc interdiction formelle de le franchir, et même de se baigner à marée haute ! Conformez-vous aux règles de prudence locales.

À l'extérieur de la ville

Deux lieux d'art et d'histoire à ne pas manquer. Mais attention, l'un est fermé le week-end tandis que l'autre est fermé le lundi, pensez-y si vous voulez combiner les deux ! Ricardo Brennand, le grand collectionneur d'art, et Francisco Brennand, le créateur de la *Coluna de Cristal* et d'autres merveilles, sont cousins. Ils sont d'ailleurs tous deux nés en 1927 et issus d'une riche famille ayant prospéré dans la canne à sucre et la production de matériaux (porcelaine, verre, acier, ciment, tuiles...).

Instituto Ricardo Brennand *(hors plan d'ensemble)* **:** *alameda Antônio Brennand, s/n, Várzea. ☎ 2121-0352. • institutoricardobrennand.org.br • Près du campus de l'UPFE. En bus de Boa Viagem, ligne CDU-Caxanga-Boa Viagem jusqu'à la fac (CDU), puis accessible à pied. Tlj sf lun 13h-17h (dernier accès 16h30). Entrée : 20 Rls ; réduc.* Ce complexe culturel installé dans une sorte de castel médiéval à l'architecture gothique, tout de briques et vitraux, est un lieu insolite dans le paysage tropical du Brésil. Parfois même un rien kitsch... Cela dit, il abrite d'époustouflantes collections autour du thème de la présence néerlandaise au Brésil, rassemblées pendant 50 ans par son fondateur, Ricardo Brennand, et gérées aujourd'hui par son neveu. On y trouvera aussi bien des peintures de maîtres néerlandais du XVIIe s (Franz Post, Albert Eckout), soit les représentations les plus anciennes de Recife et d'Olinda connues à ce jour, que des objets d'art décoratif ou des œuvres historicistes et pompiers (Bouguereau) du XIXe s. Également de nombreuses armes et armures (européennes, mais aussi indiennes et japonaises) reconstituant des scènes historiques, des tapisseries des Gobelins et d'Aubusson, du mobilier de toutes les époques et des sculptures, essentiellement d'origine italienne. Expos temporaires de qualité, et bibliothèque de 20 000 volumes consacrée à la période néerlandaise de la colonisation. Très agréable parc avec pièces d'eau et sculptures.

À CHACUN SON HOBBY

À 12 ans, le jeune Ricardo se vit offrir un canif par son oncle et démarra une formidable collection d'armes, aujourd'hui unique en son genre. Son cousin Francisco, lui, choisit celle de la séduction... Il se vantait en effet d'avoir conquis un millier de femmes dans sa vie, tout en reconnaissant, un peu envieux, que ce n'était « rien, à côté de Simenon et ses 10 000 femmes » !

*** ***Oficina de cerâmica Brennand*** *(hors plan d'ensemble)* **:** *propriedade Santo Cosme e Damião, Engenho São João, Várzea ; à 16 km au nord-ouest de Recife. ☎ 3271-2466. • brennand.com.br • En taxi, la course atteint facilement 100 Rls. Lun-ven 9h-17h (16h ven), w-e 10h-16h. Entrée : 10 Rls ; réduc.*
Dans une ancienne briqueterie située en pleine *Mata Atlântica,* entre monuments et jardins, sont exposées 2 000 œuvres en céramique de Francisco de Paula Coimbra de Almeida Brennand. Plus connu sous le nom Francisco Brennand (né à Recife en 1927), il est l'une des signatures les plus importantes de la sculpture contemporaine du Brésil. Ses statues et ses compositions, alliant mondes animal et végétal dans un univers évoquant Jérôme Bosch, troublent, heurtent et attirent en même temps, comme des appels à la lascivité et à un écorchement voluptueux. Il a installé son propre musée dans sa propriété, à côté de ses ateliers, en pleine nature donc, dans une portion de la forêt tropicale atlantique d'origine. Faire le détour, ce lieu est peut-être l'un des plus étranges du nord-est du Brésil.
Sur place, un café et un resto où l'on mange dans de la vaisselle fabriquée par les ateliers du maître. Également des céramiques à vendre (pas donné, naturellement).

Praia de Gaibu *(hors plan d'ensemble)* **:** au sud de Recife. Bus pour Cabo jusqu'au terminus puis bus pour Gaibu ; sinon, bus « Cabo/Aeroporto » depuis l'aéroport, direction « Gaibu Centro », d'où l'on trouve de nombreux départs vers Gaibu, une plage superbe. De là, en grimpant la petite colline sur la droite, on enchaîne avec la ***praia de Calhetas*** et son petit village de pêcheurs. Eaux superbes.

Fêtes et manifestations

- ***Festa dos Reis :*** *le 6 janv.* Représentation de *pastoril* et de *Bumba-meu-Boi.*
- ***Carnaval :*** *env 10 j. avt le Mercredi des Cendres.* L'un des plus authentiques et des plus populaires du Brésil. Voici un véritable carnaval de rue qui s'étend sur au moins 10 jours ! Nulle part ailleurs le carnaval n'offre une aussi riche combinaison de traditions et rites africains, européens et indiens. Le ***frevo*** éclate à tous les coins de rue du Recife Antigo, dans le tourbillon des ombrelles des danseurs, les écoles de *maracatu* et de *frevo* occupant la place des écoles de samba à Rio. Ne pas manquer le fameux ***galo da madrugada*** qui a lieu le premier samedi matin du carnaval ! Le mardi soir, patio de São Pedro, c'est la ***terça negra :*** on se déhanche à partir de 19h au son des percussions afro-brésiliennes, et ce, parfois jusqu'au petit matin... À ne pas manquer.
- ***Fêtes de Santo Antônio, São João*** et ***São Pedro :*** *en juin.* Le 24 juin, la plupart des commerces ferment leurs portes.
- ***Processions de N. S. do Carmo :*** *11-16 juil.* C'est la sainte patronne officielle de Recife.
- ***Fête de N. S. da Conceição :*** *le 8 déc.* Ce jour-là, on célèbre la patronne de la ville choisie par la population. Férié.

LE NORDESTE

OLINDA

env 391 000 hab. IND. TÉL. : 81

• Plan *p. 497*

À 6 km au nord du centre historique de Recife, ancienne capitale du Pernambuco, Olinda est avec Ouro Preto un des bijoux du Brésil, classée par l'Unesco qui l'a déclarée « héritage de la nature et de la culture de

l'humanité ». Son nom viendrait du cri que poussa le capitaine Duarte Coelho quand il la découvrit au début du XVIe s : « *O linda !* » (« Oh ! la belle ! »).
La vieille ville, à l'architecture essentiellement du XVIIIe s avec quelques édifices religieux du XVIe s, est d'une homogénéité exceptionnelle. Elle a conservé son lacis de ruelles pavées escarpées et pentues, bordées de maisons coloniales aux façades colorées, l'exubérance des églises baroques aux richesses infinies, le charme des fontaines mauresques et une végétation luxuriante qui épouse le relief de ses sept collines.
Loin d'être une ville musée, la vieille Olinda est authentique, langoureuse et chaleureuse comme un air de bossa-nova. Elle revendique aussi une atmosphère « marginalo-bohème », où les ateliers d'artistes fleurissent un peu partout. Tandis que la « vraie » ville moderne d'Olinda, avec ses immeubles, grandit et commerce à côté.
Alors certes, on se laisse vite happer par ses charmes, et l'empreinte du temps sur ses murs patinés y contribue. En revanche, difficile de faire abstraction de ces façades détériorées par des taggueurs plus avides de dégrader un patrimoine unique que d'afficher un art qu'on nomme « Street ». Les chantiers de rénovation sont nombreux en ville, mais à peine une maison a-t-elle retrouvé ses fastes que les murs extérieurs sont déjà tagués... À quoi sert l'IPHAN, cet organisme étatique sensé protéger le patrimoine historique et artistique ?

LE CARNAVAL

Visiteur au long cours, Olinda est un peu comme la déesse Iémanja : si elle vous prend, elle ne vous lâchera pas. Si vous craignez la frénésie débridée du carnaval de Rio ou les excès des défilés de Salvador, venez à Olinda, où se déroule une belle fête populaire, plus simple, plus rustique... et entièrement gratuite. N'oubliez pas cependant que le thermomètre peut dépasser les 40 °C et qu'il y a plusieurs centaines de milliers de personnes dans les rues, ce qui peut occasionner quelques mouvements de foule. Les hôtels sont évidemment très chers à cette période. Mieux vaut alors loger à Recife. Si vous ne pouvez pas venir pendant le carnaval, essayez de venir un peu avant, pendant les *previas* du début de l'année. Ce sont les préparatifs, un peu les répétitions du carnaval, et c'est extrêmement sympa aussi, avec un peu de cohue en moins !

LES PARAPLUIES D'OLINDA

Le frevo, cette danse subversive originaire du Pernambuco, est inscrite désormais au Patrimoine de l'humanité par l'Unesco. Son rythme endiablé mené par un orchestre de cuivres s'inspire notamment de la polka et du quadrille. Les danseurs effectuent des figures acrobatiques, aidés d'un parapluie multicolore qui leur permet de garder l'équilibre. Celui-ci était naguère utilisé comme une arme contre les bandes rivales.

Arriver – Quitter

➢ ***Depuis le centre historique de Recife :*** le bus « Jardim Atlântico » (n° 1974) qui part de la rua do Sol, près de la poste, à Recife, dessert les quartiers récents d'Olinda. Descendre alors à *praça do Carmo,* devant la poste, pour rejoindre le quartier historique à pied. On peut prendre aussi le bus « Casa Caiada / Bultrins » (n° 1973) sur l'av. Dantas Barreto (descendre également devant la poste). D'Olinda à Recife, c'est presque pareil : le bus part de la rua do Sol, près de la poste *(plan B1)* ! En gros, 20-30 mn de trajet. En taxi, env 10 mn pour env 50 Rls.

➢ ***Depuis Boa Viagem :*** attraper le bus « Rio Doce » (n° 1910) en provenance de Piedade. Il passe sur l'av.

Conseilheiro Aguiar, à Boa Viagem. Descendre praça do Carmo, devant la poste d'Olinda. Dans l'autre sens, descendre sur l'av. Domingos Ferreira, à Boa Viagem.

Adresses utiles

Tourist Information Center (plan B1, **1**) : praça do Carmo. ☎ 3429-0244. • olinda.pe.gov.br • Tlj 8h-18h. Office de tourisme de l'État, mais donne aussi de bonnes infos et un plan sur la ville. Personnel parlant l'anglais.

Central Turismo da Gente (plan A1, **3**) : ladeira da Misericórdia, 58. ☎ 3493-9990. Créée en 2006, cette ONG fait office de bureau de tourisme « communautaire » en promouvant entre autres le logement chez l'habitant. Elle dispose ainsi d'une liste d'hébergements dans des maisons traditionnelles du centre-ville, par des familles locales, et peut s'occuper de la réservation. Les familles exercent toutes un métier, mais par ce biais augmentent leurs revenus et partagent un peu de leur culture. Elle organise aussi, sur demande, des balades commentées (départs à 8h et 14h ; durée : 4h ; env 50 Rls/pers ; résa 3j. à l'avance si possible car l'équipe est peu nombreuse, et avec acompte). Une façon unique de s'approprier la culture et le patrimoine locaux. Définitivement une autre façon de voyager.

Casa do Turistas (plan A1, **2**) : rua Prudente Morais, 472, angle avec Ladeira da Misericordia. ☎ 3305-1060. • olinda.pe.gov.br • Tlj 8h-18h. Office de tourisme municipal. Infos en portugais, documentation avec quelques circuits à faire en ville.

Police touristique : ☎ 3181-1718 ou 3181-3703.

Poste principale (plan B1) : praça do Carmo. Lun-ven 9h-17h.

@ **Olind@net** (plan B1) : rua do Sol, 116. Tlj mat et soir. Outre l'accès à Internet, on peut communiquer par *Skype* et graver ses photos sur CD.

Argent, change : mieux vaut arriver avec du liquide, car les distributeurs ont tous été supprimés dans la vieille ville. Le plus proche sera celui de la station-service BR, au début de l'av. Olinda (plan A2), en direction de Recife. Ouv 24h/24.

Location de véhicules (avec ou sans chauffeur) : **Viagens Sob O Sol** (plan A1, **4**), rua Prudente de Morais, 424, Quatro Cantos. ☎ 3327-2175. • megon.com.br/viagem • Agence sérieuse, prix intéressants et patron sympa (Mauro Araújo). Éventuellement, possibilité de transferts et balades dans la région.

Où dormir ?

Dans le centre historique, les prix sont relativement élevés ! Les petits budgets iront plutôt voir le bord de mer. Évidemment, pendant le carnaval, c'est *pacote* obligatoire partout.

Dans le centre historique

Bon marché (moins de 130 Rls / env 33 €)

Albergue Canto dos Artitas (plan A1, **10**) : rua Prudente de Moraes, 351. ☎ 3493-2169. • cantodosartitas@hotmail.com • Nuit en dortoir 50 Rls ; doubles 120-130 Rls. Juste en face du restaurant *Don Francesco.* Dans cette maison colorée tenue par Angela Chaves, on trouve une sélection de vêtements, objets, peintures réalisés par des artistes locaux à la vente, et puis 4 chambres avec ou sans w-c et 2 dortoirs (un de 4 lits pour garçons, avec ventilo, et un de 6 lits pour filles avec AC). Confort simplissime, mais de cette maison faite de recoins et couloirs se dégage quelque chose de chaleureux... sans doute l'accueil, tout en gentillesse, d'Angela. Lave-linge à dispo moyennant une petite obole forfaitaire.

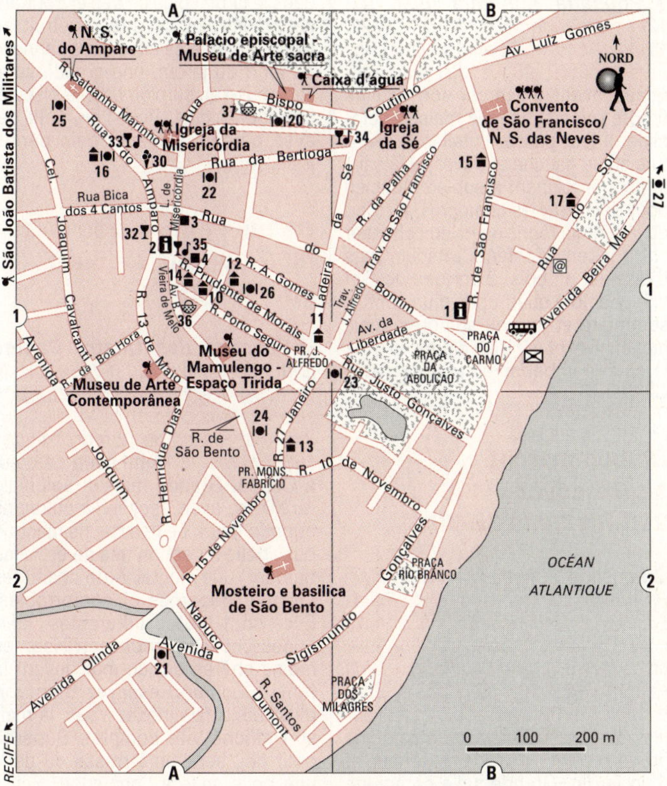

OLINDA

Adresses utiles

- 1 Tourist Information Center
- 2 Casa do Turistas
- 3 Central Turismo da Gente
- 4 Viagens Sob O Sol

Où dormir ?

- **10** Albergue Canto dos Artitas
- **11** Pousada d'Olinda
- **12** Pousada Alquimia
- **13** Pousada de São Pedro
- **14** Pousada dos Quatro Cantos
- **15** Hotel 7 Colinas
- **16** Pousada do Amparo
- **17** Olinda Hostel

Où manger ?

- **20** Barracas de Tapiocarias
- **21** Meo Cariri Comedoria
- **22** Casa de Noca
- **23** Mourisco
- **24** Sabores Ibericos
- **25** Oficina do Sabor
- **26** Don Francesco
- **27** Estrella do Mar

Où s'offrir une glace ?

- **30** Saborearte

Où boire un verre ? Où sortir ?

- **32** Café Aloma
- **33** Bodega do Véio
- **34** Olinda Art & Grill
- **35** Estação Café Quatro Cantos

Achats

- **36** Mercado da Ribeira
- **37** Mercado do Alto da Sé

Pousada Alquimia *(plan A1, **12**) : rua Prudente de Moraes, 292. ☎ 3429-1457. Nuit en dortoir 50 Rls/pers ; double 120 Rls.* Jair était antiquaire avant d'exercer son activité d'hôte dans cette jolie maison coloniale. Il faut passer l'atelier de peinture sur la gauche et traverser la salle à manger joliment meublée d'ancien pour découvrir les chambres, au fond du jardin, où règne un joyeux chantier entre jouets d'enfants et sculptures d'oiseaux en bois. 2 dortoirs de 4 et une chambre quadruple, d'un confort sommaire et un peu sombres, mais nickel. De plus, très calme et prix là encore imbattables pour la vieille ville.

De bon marché à prix moyens (130-200 Rls / env 33-50 €)

Pousada d'Olinda *(plan A1, **11**) : rua Prundente de Morais, 178. ☎ 3494-2559. • pousadadolinda.com.br • Au cœur de la vieille ville, sur une jolie place face à l'église São Pedro. Selon saison, dortoir env 60 Rls/pers, double env 175 Rls avec sdb, AC ou ventilo. Parking.* *Pousada* dotée d'une petite piscine, d'un bar extérieur et d'un jardin. Grande salle commune au décor rustique. On y trouve un grand dortoir de 10 lits sur l'avant (fenêtre sur rue), puis 2 de 4 lits au fond du jardin. Les chambres sont un peu aléatoires, certaines claires, spacieuses et correctes, d'autres plus sombres et rudimentaires, limite vétustes. Avec ventilo ou AC selon le prix. Demander à voir. Accueil charmant.

Pousada de São Pedro *(plan A2, **13**) : rua 27 de Janeiro, 95. ☎ 3439-9546. • pousadapedro.com • Doubles 190-220 Rls selon saison et durée du séjour ; suite env 300 Rls.* Vieille maison avec un bel escalier en fer forgé, tenue avec cœur par Arantès. Décoration raffinée. On y vient surtout pour l'adorable jardin, très soigné, et sa piscine. Différents types de chambres, soit dans la maison (claires et avec vue sur jardin), soit dans le jardin (plus chères et pourtant nettement plus sombres et étroites). Notre préférée se situe dans l'annexe au fond du jardin, une grande suite lumineuse en surplomb de la piscine. Entretien nickel. Pour finir, petit déj avec gâteaux maison, pain perdu, fruits, etc.

De plus chic à très chic (300-500 Rls et plus / env 75-125 €)

Pousada dos Quatro Cantos *(plan A1, **14**) : rua Prudente de Morais, 441. ☎ 3429-0220. • pousada4cantos.com.br • Doubles env 340-460 Rls selon confort ; suites 580-700 Rls.* Notre coup de cœur à Olinda. Grande maison coloniale du XIXe s, avec escalier à colonnes et patio fleuri. Le charme ne manque pas : belle réception très aérée, beau parquet, une vingtaine de chambres joliment décorées et confortables. Elles sont toutes différentes : certaines ont leur propre terrasse, les moins chères ont un mur devant la fenêtre... Alors, essayez d'en voir plusieurs, mais méfiez-vous, la maison affiche vite complet. Superbe petit déj, servi en terrasse ou dans une belle salle à l'ancienne. Petite piscine. Calme total. Bon accueil en anglais.

Hotel 7 Colinas *(plan B1, **15**) : ladeira de São Francisco, 307 (Carmo). ☎ 3493-7766. • hotel7colinas.com.br • À deux pas du centre historique. Doubles env 320-510 Rls selon saison, taxes et petit déj compris ; également des suites.* Bâtiment d'un étage, au pied du couvent São Francisco, dans un superbe parc à flanc de colline, planté de cocotiers et de plantes exotiques et décoré de sculptures. Une quarantaine de chambres avec AC, frigo, TV et terrasse, mais standardisées. Grande piscine, sauna, bar et resto. Très calme et situation vraiment agréable. Accueil charmant.

Pousada do Amparo *(plan A1, **16**) : rua do Amparo, 199.*

☎ 3439-1749. • pousadadoamparo.com.br • Doubles 265-460 Rls selon confort ; également des suites familiales avec balnéo en face. Plats assez chers. 💻 📶 Dans une des plus jolies rues de la ville, une maison de charme du XVIIIe s patinée par le temps. Puits de lumière autour duquel sont distribuées les chambres, toutes différentes. Déco rustico-chic que l'on aurait aimée un poil plus chic, comme le laisse supposer leur référencement dans les *Roteiros de Charme,* même si le mobilier ancien n'en manque pas, et que le confort général reste bon (AC, TV, frigo). Éviter les chambres côté rue. De la petite terrasse baignée dans la verdure, avec la petite piscine en contrebas, la vue sur Recife est remarquable. Excellent petit déj-buffet. Au resto *Flor do Coco,* cuisine locale et d'inspiration française, mais à des prix qui s'envolent...

Dans la partie basse

Bon marché (moins de 130 Rls / env 33€)

🏠 ***Olinda Hostel*** *(plan B1,* ***17****) : rua do Sol, 233. ☎ 3429-1592. • albergue deolinda.com.br • Selon saison, env 50 Rls/pers en dortoir avec la carte HI (55 Rls sans la carte) ; double 140 Rls.* 💻 📶 Petite *pousada* affiliée aux AJ. Basique et parfois un peu bruyante (en bordure d'une artère hyper passante), mais colorée et atmosphère sympa. Chambres doubles (sans AC) avec salle de bains. Dortoirs de 4, 6 ou 8 lits, bien tenus, avec ventilo, douches uniquement dans les dortoirs filles. Jolie terrasse avec cuisine, hamacs et musique en bordure d'un jardin. Piscine.

Où manger ?

Dans la vieille ville

Le centre historique offre curieusement peu de restos. Attention : le lundi, beaucoup de restos sont fermés. Voir également la rubrique « Où boire un verre ? », car les bars proposent la plupart du temps des plats à la carte.

De bon marché à prix moyens (moins de 35-60 Rls / env 10-15 €)

🍽 ***Barracas de Tapiocarias*** *(plan A1,* ***20****) : devant la Caixa d'Agua, sur la praça da Se. Tlj 14h-22h.* S'il est un endroit où il faut goûter la tapioca traditionnelle, c'est bien ici. Excellente en version salée *(camaron, pollo)* comme sucrée, préparée sous vos yeux. Mention spéciale quand même à la *cartola* fourrée de fromage *(queijo),* banane et cannelle. Aussi bonne et fondante que calorique. Très bonne hygiène, mais privilégier les stands des femmes qui portent des gants (et charlotte, obligatoires) et équipées d'une glacière. Le must enfin pour les locaux consiste à savourer une tapioca au sommet de l'Alto de Se, au coucher de soleil.

🍽 ***Meo Cariri Comedoria*** *(plan A2,* ***21****) : sur l'av. Sigismundo Gonçalves, juste à côté du distributeur de la station-service* BR. *En principe ouv ts les midis, mais aléatoire.* Un p'tit boui-boui sans prétention, ouvert sur la rue, avec la télé en fond sonore et une poignée de tables prises d'assaut par des employés en pause déjeuner. Le patron a quitté les cuisines d'un grand resto pour mitonner une savoureuse cuisine régionale et recevoir comme à la maison : *camarao ao mollo de coco, arrumadinho de carne do sol* et une spécialité maison, le *arroz de polvo.* Prévoir juste un peu de temps car les plats sont cuisinés à la commande... Un vrai gage de fraîcheur ! Accueil adorable.

🍽 ***Casa de Noca*** *(plan A1,* ***22****) : rua Bertioga, 243. ☎ 3439-1040. Tlj 11h-23h.* Entrée très discrète : un peu de peinture orange, un couloir très étroit, et on débouche sur une cour sans fioritures, avec du mobilier publicitaire en plastique. Ici, un seul plat, la *carne do sol,* servie avec « la meilleure *macaxeira* du monde », vous savez, cette grosse purée de manioc... En effet, elle est bonne et (très) copieusement servie, compensant un peu le côté salé et un peu sec de la viande grillée. En tout cas, ça nourrit son homme et c'est vraiment bon marché.

🍽 ***Mourisco*** *(plan A-B1,* ***23****) : praça Conselheiro João Alfredo, 7. ☎ 3429-1390. Tlj 12h-15h (parfois fermé dim). Buffet ao kilo et carte.* Entrée par une petite porte. On débouche sur une terrasse couverte de tentures fleuries, prolongée par un jardin verdoyant. Ce petit resto populaire accueille les familles venues se régaler d'une cuisine locale bon marché, présentée en buffet.

De prix moyens à chic (40-100 Rls et plus / env 10-25 €)

🍽 ***Sabores Ibericos*** *(plan A2,* ***24****) : rua de São Bento, 210. ☎ 3439-1577. Lun-ven 10h-16h, w-e et j. fériés 11h-23h.* Agréable décor de taverne pour ce resto tenu par Jaime, un chef d'origine espagnole et portugaise ayant vécu à Levallois et parlant le français. Fort sympathique, il pratique une cuisine globalement hispanisante, avec quelques plats français, italiens et portugais. Sa spécialité est la *paella da casa,* mais les plats à base de morue sont aussi délicieux (beignets formidables), de même que la salade de poulpe. Les plats, copieux, sont servis pour deux. En dessert, *cocada de forno ao vinho do porto* (gâteau à la noix de coco et au porto), tarte Tatin, mousse maison ou *pudim.* Bref, on passe un bon moment chez Jaime et on est au top, installé sur la petite terrasse ventée, au fond du resto !

🍽 ***Oficina do Sabor*** *(plan A1,* ***25****) : rua do Amparo, 335. ☎ 3429-3331. Mar-jeu 11h30-16h, 18h-minuit ; ven-sam en continu jusqu'à 1h ; dim 11h30-17h. Résa impérative.* C'est un petit restaurant chic, à la déco branchée, et aménagé sur une terrasse avec vue sur la ville nouvelle. On vient ici pour manger la fameuse *jerimum,* une citrouille délicieuse que l'on fourre à peu près à tout. Quelques plats également de cuisine régionale. Très réputé, un monde fou !

🍽 ***Don Francesco*** *(plan A1,* ***26****) : rua Prudente de Morais, 358. ☎ 3429-3852. Mar-ven 12h-15h, 19h-23h ; sam 19h-minuit ; dim 12h-16h30. Compter 80 Rls/pers pour un repas complet.* En ville, on ne présente plus Francesco, un Italien volubile devenu figure locale. Qu'on se le dise : ici, la *pasta* est faite *a mano* et les légumes viennent du jardin. *Spaghetti al ragù, al pomodoro, tagliatelle al pesto ou baccaro* (sauce tomate maison et ricotta)... et, pour les irréductibles carnivores, 2 plats de viande *(filé mignon).* Ce n'est pas donné pour des pâtes, mais tout est hyper frais, mijoté maison et vraiment délicieux. Voilà pourquoi il faut réserver, surtout le soir. Et tant qu'à faire, demander une table en terrasse.

En bord de mer

Pas mal de restos sur l'avenue du bord de mer (avenida Ministro Marcos Freire), certains avec une terrasse, mais la route est très passante et bruyante ; d'autres, comme *Marisqueira* disposent quelques tables et chaises sur la promenade bétonnée qui surplombe la mer.

🍽 ***Estrella do Mar*** *(hors plan par B1,* ***27****) : av. Ministro Marcos Freire, 1691. ☎ 3439-3040. À env 4 km au nord de la praça do Carmo par la route littorale. Tlj 11h-1h.* Ce grand resto de bord de mer propose une cuisine locale très fraîche, à base de fruits de mer.

Où s'offrir une glace ?

🍦 ***Saborearte*** *(plan A1,* ***30****) : rua do Amparo, en face de la* Pousada do Amparo. *Tlj 13h-20h (17h jeu-sam).* Large choix de glaces et sorbets artisanaux vendus au poids. Le fruit domine si bien qu'on a l'impression de croquer dans l'acérola, le tamarin, la goyave, la *magaba* et autres fruits typiquement locaux. Tout est naturel et faiblement dosé en sucre. Fameux.

Où boire un verre ? Où sortir ?

Bodega do Véio *(plan A1, **33**) : rua do Amparo, 212. ☎ 3429-0185. Lun-sam 9h-23h.* Endroit très populaire qui dépasse largement du cadre de la petite épicerie-bar, certes densément approvisionnée. Les gens du coin s'y donnent rendez-vous pour picorer des assiettes de saucisson et de fromage (hollandais) en avalant une bière sur le trottoir. Et surtout, ne pas manquer les renversantes *pasteis de nata* maison. Une fois qu'on s'est frayé un chemin jusqu'au comptoir, on socialise dans la rue qui s'anime au fur et à mesure que la soirée avance. Concert de *chorinho* souvent le jeudi soir. Incontournable !

Café Aloma *(plan A1, **32**) : rua do Amparo, 3. ☎ 3439-0576. Tlj sf lun 19h-1h.* Un endroit stratégique et assez bohème à Olinda. Décor de brique un rien hétéroclite, avec tables et bancs dépareillés et tableaux suspendus. Ambiance vraiment très cool et pas mal de monde qui déborde dans la rue. Quelques plats proposés pour tenir le cap.

Olinda Art & Grill *(plan B1, **34**) : rua Bispo Coutinho, 35. ☎ 3429-9406. Face à la igreja da Sé, au milieu de la place, descendre une volée de marches sur la droite. Tlj sf mar 12h-minuit.* Une sorte de taverne rustique bien cachée pour boire un verre en terrasse devant une splendide vue panoramique sur une partie de la ville et sur Recife. On peut aussi y manger un morceau. Musiciens ts les soirs (sf mer), prévoir un « couvert artistique ».

Estação Café Quatro Cantos *(plan A1, **35**) : rua Prudente de Morais, 440. ☎ 3429-7575. En face de la pousada du même nom. Tlj sf lun 14h-21h (22h sam).* Petite galerie d'artisanat doublée d'un café à l'arrière. À l'étage, expo de poupées de carnaval (accès payant). En principe, concert de *chorinho* le samedi soir.

Le soir en fin de semaine, le quartier du **Bairro Novo,** le long de l'avenida Beira Mar et de l'avenida Marcos Freire, concentre pas mal de bars avec de la musique *ao vivo.* La **praça do Carmo** *(plan B1)* est aussi animée, notamment sur la terrasse de l'*Estação Maxambomba,* l'ancienne gare du tramway, avec musique *ao vivo.* De l'autre côté de la place, vers la gauche, *Amantes de Glória* passe souvent de bons concerts. Entrée payante, prix selon la notoriété du groupe. Enfin, le **bar do Peneiro,** un bar à bière à la façade bleu électrique, au croisement animé des *rua do Amparo* et *Prudente de Moraes (plan A1),* semble être un QG de la jeunesse locale. Les anciens, eux, trônent sur des chaises installées dans la rue...

Achats

Mercado da Ribeira *(plan A1, **36**) : rua Bernardo Vieira de Melo.* L'ancien marché de la ville de la fin du XVIIe s (où furent vendus des esclaves) abrite une modeste foire artisanale permanente : ouvrages de dentelle, masques du carnaval... Au fond de la cour, salle d'expositions temporaires et groupes de musique (certains samedis après-midi).

Mercado do Alto da Sé *(plan A1, **37**) :* plusieurs éventaires occupent la place après le *Palacio episcopal,* face au château d'eau. On trouve aussi de petites sculptures dans l'écorce de *caja,* représentant les maisons colorées d'Olinda. Excellente sélection de CD (musiques régionales, *forró,* etc.) et instruments de musiques traditionnels à la **Oficina da Música** (1re échoppe en entrant sur le marché, à gauche).

Galeries d'art et **ateliers d'artisanat** partout dans la ville. Fermés le matin en général. Et assez cher dans l'ensemble.

– **Atelier de Luciano Pinheiro :** *rua Bispo Cutinho, 828. ☎ 8884-0946. Pas loin de la Caixa d'água. Pas d'horaire,*

LE NORDESTE

sonner. Luciano Pinheiro, peintre de l'avant-garde d'Olinda des années 1960, présente ses œuvres : des peintures abstraites, fruit d'une quête d'essentiel... Il est surtout intarissable sur ce mouvement, très actif à l'époque de la dictature, dont il ne reste à ce jour que quatre représentants. Dans les petites salles sur l'avant, il met à l'honneur les œuvres d'artistes locaux (peintres, photographes). Enfin, il vous montrera sûrement, du balcon de sa maison, la vue sur l'*horto del Rey,* un jardin botanique inaccessible qui abrite une faune et une flore endémiques.

À voir

Nous n'allons pas énumérer ni décrire la totalité des églises (il y en a plus de 20 !). De plus, elles sont souvent fermées ou en restauration. Voici cependant les plus remarquables. Savoir que les horaires des musées ne sont pas toujours respectés. Notez enfin qu'en période de carnaval toutes les façades sont protégées par du placo et les entrées des églises et musées, condamnées. Entre carnaval et culture, il faut choisir...

VESTIGE DE LA RÉPUBLIQUE

Le pan de mur en face du Mercado da Ribeira est un vestige de l'ancienne Chambre des conseillers de la ville créée en 1548 (la première au Brésil). Une modeste plaque en forme d'étoile indique que ce fut aussi le siège du Sénat, où, en 1710, Bernardo Vieira de Melo prononça le premier discours pour la proclamation de la république au Brésil.

Igreja da Misericórdia (plan A1) **:** *au bout de la rua Bispo Coutinho. Ouv slt pdt les offices : lun-sam 6h15 et 17h45, dim 7h30.* Une des plus anciennes églises du Brésil (1540). Bâtie sur une colline qui offre un point de vue superbe sur la ville, la mer et, au loin, Recife. À l'intérieur, des bénédictines missionnaires vous accueillent avec le sourire. Maître-autel de bois doré très chargé, plafond peint et jolis azulejos. Chaire de 1740.

Palacio episcopal e museu do Arte sacra (plan A1) **:** *rua Bispo Coutinho, 726. À 50 m de l'igreja da Sé. Tlj sf lun 10h-17h. Entrée : env 2 Rls.* Petit musée présentant de nombreuses sculptures religieuses en bois polychrome ou en pierre, typiques d'Amérique latine (Christ auréolé d'un soleil). Également des gravures de l'époque néerlandaise et des œuvres contemporaines. C'est le seul bâtiment à porter la plaque d'inscription d'Olinda au Patrimoine mondial de l'Unesco.

Caixa d'água – Alto da Sé (plan A1) **:** *juste à droite du palais épiscopal. Tlj 8h-20h. Accès payant : 7 Rls.* C'est un château d'eau moderne doté d'un ascenseur, qui est devenu le point de vue le plus élevé d'Olinda pour admirer le panorama, superbe au coucher du soleil. Il en est devenu, du coup, une attraction. Bon, il peut y avoir la queue mais ça tourne vite car on ne peut rester plus de 15 mn en haut ! Construite en 1934, la tour fut immédiatement recouverte d'une enveloppe de béton supposée ne pas (trop) dénaturer l'harmonie architecturale d'Olinda. Les petits trous dans la façade *(combogos)* avaient une double vocation : ventiler et faire pénétrer la lumière. Niemeyer, puis Le Corbusier, se sont par la suite inspirés de ce procédé.
– La maison vert et rose, en contrebas de la praça Alto da Sé, est la plus vieille école de samba d'Olinda. Le bonhomme au chapeau noir sculpté sur sa façade en est le créateur. Elle organise des défilés les mardi et samedi, les 2 semaines précédant le carnaval.

Igreja Nossa Senhora do Amparo (plan A1) **:** *largo do Amparo. Pas de visites en sem, slt sam à l'heure de la messe (10h).* Édifiée à l'époque des Néerlandais. On distingue l'inscription « 1644 » sur la façade massive et peu ouvragée. En face, la petite *igreja de São João,* toute simple.

Mosteiro e basilica de São Bento (plan A2) **:** *au bout de la rua São Bento, dans un cul-de-sac. En principe, église ouv 8h-12h, 14h-18h30. Silence demandé et photos interdites pdt les vêpres à 18h. Concert de chants grégoriens dim 10h.* Datent de 1582, mais incendiés par les Bataves et reconstruits à la fin du XVIIIe s. Beaux pupitres de bois sculpté et remarquable autel baroque. C'est ici que se sont tenus les premiers cours de droit. Le monastère est même considéré comme la première faculté de droit du Brésil.

São João Batista dos Militares (hors plan par A1) **:** *à l'entrée de la ville, côté Amparo.* C'est ici que débute le carnaval.

Igreja da Sé (plan B1) **:** *sur l'Alto da Sé, d'où l'on embrasse l'un des plus beaux panoramas de la ville (bis repetita). Mar-dim 9h-15h.* C'est l'actuelle cathédrale. Encore un des plus anciens édifices religieux du Brésil puisqu'il date de 1537. Plus grand-chose à l'intérieur. Voir les vestiges d'azulejos au fond à droite, juste avant la sacristie. Il y a souvent un gardien muni d'une grosse clé qui peut vous montrer la belle sacristie avec son mobilier en jacaranda (sinon, l'observer par les fenêtres ouvertes à l'arrière). Tout au fond, dans la dernière salle, la tombe de dom Helder Câmara, évêque de Recife controversé au Vatican, qui a voué son existence aux plus démunis. Voir l'introduction de Recife, le paragraphe consacré au « Creuset d'idées nouvelles », ainsi que la rubrique « Personnages » en début de guide.

Convento de São Francisco e igreja Nossa Senhora das Neves (plan B1) **:** *rua São Francisco, 280. Tlj 9h-12h, 14h-17h30. Entrée : env 3 Rls. Photos autorisées sans flash.* Un de nos édifices favoris. Ce fut le premier couvent franciscain du pays, en 1577. L'église date de 1588. Splendide autel de bois doré. Dans la chapelle tertiaire, noter les fresques du plafond, finement réalisées et de style très épuré. Dans la sacristie, considérée comme l'une des plus belles du Brésil, voir les panneaux d'azulejos, qui recouvrent également en nombre les murs du cloître. Les chapelles et les salles attenantes méritent aussi un coup d'œil. Superbe, à ne pas rater ! En vis à vis, dans le jardin, la croix de Saint-François.

Museu do Mamulengo – Espaço Tirida (plan A1) **:** *rua de São Bento, 344. En principe, mar-sam 9h-17h, mais aucune garantie... Entrée : env 2 Rls.* Un petit musée étonnant, mélange de *commedia dell'arte* et de rites aborigènes ! Il abrite une belle collection de poupées et de figurines (dont certaines pouvaient être utilisées comme marionnettes) provenant de diverses régions du Brésil. Naguère elles étaient exposées dans les églises par les religieux portugais, afin d'attirer l'attention des fidèles. Chaque personnage porte un nom et possède une histoire propre. Des scènes historiques ou burlesques ont été reconstituées : une femme avec ses amants, Lampião et sa bande attaquant une ferme... Pour les fans de ce Robin des Bois brésilien, tout le dernier étage lui est consacré.

Museu de Arte contemporânea (plan A1) **:** *rua 13 de Maio, 157. ☎ 3184-3153. Tlj 9h (14h w-e)-17h. Entrée : env 5 Rls.* Édifiée au début du XVIIIe s, la bâtisse servit de prison au temps de l'Inquisition brésilienne. D'ailleurs, les pères et les fidèles enfermés ici pouvaient « sauver leur âme », en priant à travers les barreaux qui donnaient sur la chapelle de l'autre côté de la rue, construite pour la circonstance (et toujours debout). Le musée abrite aujourd'hui une collection permanente d'art contemporain, ainsi que des expositions temporaires au rez-de-chaussée. Vaut le détour, même si les œuvres mériteraient d'être mieux mises en valeur. Mais, s'il est là, Elanio pourra vous guider (en portugais) avec grande gentillesse.

À faire

Les deux premières **plages,** *Carmo* et *Milagres,* trop proches de Recife et des égouts de la ville, sont à éviter. Montez jusqu'à la hauteur du *Quatro Rodas* (l'hôtel de luxe du coin) ; c'est là, à l'ombre de ce luxe surréaliste, que vont se baigner les gens du coin.

Fêtes et manifestations

– ***Seresta*** *(Sérénade)* **:** *ven à partir de 22h, depuis la praça João Alfredo (plan A1), devant l'église São Pedro.* Les groupes, composés d'élèves de la fac d'Olinda, jouent dans les rues de la ville.
– ***Carnaval :*** *pdt 4 j. en fév.* Il commence officiellement le dimanche qui précède la semaine des festivités. En fin de matinée, un défilé d'hommes de la ville déguisés en femmes ouvre la parade. Et tout l'après-midi, rua do Sol, les *trios eléctricos* sont rois. Cette journée d'ouverture du carnaval est haute en couleur et en extravagances ! Des habitants compréhensifs arrosent d'ailleurs la population à la demande. Le carnaval de rue, fait de *blocos,* démarre 2 jours plus tard dans le centre historique. Là, pas de *trios eléctricos,* mais on peut les retrouver à Recife, tout comme les défilés de Maracatu. Ces deux villes voisines offrent des carnavals très différents. Si vous ne pouvez pas venir pendant le carnaval, essayez de venir pendant les *previas,* dans la période qui le précède : dès septembre, des festivités ont lieu en fin de semaine, puis c'est quasiment chaque soir à partir de janvier et vraiment tous les soirs 2 semaines avant le carnaval.
– ***12 mars :*** anniversaire de la ville.
– ***6 août :*** fête de Senhor Salvador do Mundo, saint patron d'Olinda.
– ***10 novembre :*** jour de commémoration de la première proclamation d'une république au Brésil (10 novembre 1710).

CARUARU

env 290 000 hab. IND. TÉL. : 81

Principal centre artisanal du Pernambuco, à 140 km à l'ouest de Recife (2h de bus ou 4h de train). C'est aussi là que naquit et vécut Mestre Vitalino, père de la sculpture en terre cuite et des miniatures peintes, reflets typiques de la vie sociale et du folklore du Nordeste.

À voir. À faire

– ***Visite des ateliers de sculpture en terre cuite :*** *dans le quartier Alto do Moura (où se tient le museu Vitalino, et, dans le même bâtiment, le museu do Forró), situé à 7 km du centre, et dans le quartier do Cedro. Pour s'y rendre, prendre le bus « Alto do Moura ». En principe, lun-ven 8h-17h, le w-e slt le mat.* C'est la principale activité artistique de cette ville. Ce sont ces petites figurines en terre cuite représentant des personnages de la vie quotidienne, les petits métiers ou les différents rites religieux *(maracatu, Bumba-meu-Boi).* Elles sont réalisées de façon réaliste ou en accentuant les aspects les plus saisissants. Certains ensembles aux couleurs vernissées sont magnifiques, mais la production en terre cuite toute simple ne manque pas de charme. Les statuettes ou figurines signées de Vitalino, le maître du genre, ou de l'un de ses disciples, sont évidemment plus belles et plus chères. Il existe bien sûr d'autres tendances artistiques en terre cuite, résolument modernes ou abstraites.

TAMANDARÉ

env 22 000 hab. IND. TÉL. : 81

À 92 km au sud de Recife, on accède à Tamandaré par une jolie route de la canne à sucre. Son nom, d'origine indienne, signifie « le refondateur », « le repeupleur » (légende indienne similaire à l'arche de Noé).
C'est un gros village pas désagréable qui s'étire le long de la mer, tandis qu'une petite route conduit à 5 km au nord à la fabuleuse praia dos Carneiros. À une dizaine de kilomètres au nord, le *rio Formoso* (*formoso* veut dire « très beau ») se glisse entre des cocotiers et une péninsule ourlée de plages de sable blanc, avant de se jeter dans l'océan. Cet estuaire où se mêlent paysages tropical et marin dévoile une nature intacte et magnifique.
– Pour plus d'informations : *• guiatamandare.com.br •*

Arriver – Quitter

➢ ***Recife :*** avec *Cruzeiro* (ligne Recife-San José). Trajet : 2h-2h30. 4 bus/j. lun-ven, en principe 2 sam et 1 slt dim. Départ et arrivée au centre de Tamandaré, sur la place en face de l'office de tourisme. Depuis Recife, le départ se fait sur l'av. Dantas Barreto, d'où partent aussi les bus pour Porto de Galinhas.

Adresse utile

ℹ ***Office de tourisme :*** *sur la place principale, à l'entrée du village. Tlj 9h-20h.* Un bâtiment moderne bien documenté (plan de la ville) et animé par une équipe motivée. Abrite également une petite expo permanente sur le projet de conservation du récif corallien de la bien nommée «Costa dos Corais ». Courte projection.

Où dormir ? Où manger ?

De bon marché à prix moyens

🏠 ***Pousada Cambara :*** *rua Hermes Samico, 420. ☎ 3676-1151. • pousadacambara.com.br • Compter 100 Rls pour 2, sans petit déj.* Une petite *pousada* sans chichis, simple comme tout mais au confort suffisant et bien tenue. Mobilier blanc, draps blancs, murs blancs... juste égayés de quelques tableaux ou fresques colorés. Parfait pour le prix et la localisation, centrale.

🏠 ***Pousada Recanto dos Corais :*** *rua Hermes Samico, 317. ☎ 3676-2115. • pousadarecantodoscorais.com.br • Double env 150 Rls.* Wi-Fi. Une autre petite *pousada* toute colorée qui propose 7 chambres, certes petites et sans beaucoup de lumière du jour, mais proprettes. Toutes avec salle de bains et AC.

De prix moyens à chic

🏠 ***Hotel Coral Beach :*** *rua São José, 450. ☎ 3676-2274 ou 75. • hotelcoralbeach.com.br • L'hôtel donne sur la plage, juste à côté du resto* Tapera de Sabor, *mais l'entrée se fait par la rue arrière.* Un *resort* à l'architecture moderne, mais de taille humaine et à l'atmosphère confidentielle, très prisé des tour-opérateurs. Il faut dire que l'emplacement est top ! Chambres de bon confort réparties dans des maisonnettes de 2 étages (balcon ou terrasse de plain-pied) autour de la piscine et face à la mer. Le tout dans un jardin au gazon impec et planté de palmiers. Vue mer donc de toutes les chambres, mais nos préférées sont celles en étage, juste devant la plage. Du coup, on plébiscite aussi, mais, en saison, s'y prendre à l'avance pour les résas. Pour dîner, une table chez *Tapera de Sabor* (voir ci-dessous) s'impose. Accueil pro.

Tapera de Sabor : *sur la plage, face à la mer, accessible en voiture par un petit chemin de sable qui longe la plage. ☎ 3676-1509. Tlj 12h-21h (22h ven-dim). Plats env 40-50 Rls.* Une jolie surprise que cette petite paillote les pieds dans le sable, avec ses rideaux de coquillages et son mobilier en rotin. Succulente cuisine, fraîche et copieuse, à base de poisson et fruits de mer, par exemple le *polvo da Tapera,* du poulpe au lait de coco, avec riz et *pirão* mousseux. Délicieux et parfumé ! Bons desserts maison et belle carte de boissons, vins compris. Un peu d'attente, mais qu'importe, le cadre aéré est plaisant et le service adorable. Sur place, *Manguezal Ecoturismo* propose des tours en catamaran pour la *praia dos Carneiros* et l'*ilha do Coqueiro Solitário.*

Restaurante O Pescador : *rua Raul de Pompeia, Loteam. Brigit. ☎ 3676-1345. Tlj 11h-22h.* Bon petit resto qui se cache entre la rue principale et la plage. On y sert une cuisine locale bien préparée à des prix abordables. Accueil jovial.

Spécial lune de miel

Bangalôs do Gameleiro : *à* **Praia dos Carneiros.** *☎ 3676-1421. 9244-9231. • praiadoscarneiros.com.br • Bien indiqué. Doubles 380-470 Rls ; familiales 560-650 Rls ; suites 280-305 Rls.* Praia dos Carneiros est un lieu tout désigné pour roucouler, et cet hôtel en bordure de plage, noyé dans la cocoteraie, s'y prête particulièrement. Les parties communes de l'établissement s'ouvrent sur le jardin, la plage et les transats, tandis que les bungalows (10 dont 3 familiaux), dotés d'une terrasse avec hamac, sont disséminées dans la cocoteraie à l'arrière. Attention, la vue mer n'est donc pas systématique. Également quelques suites dans un plus grand bâtiment. Déco épurée et élégante rehaussée de touches de couleurs, confort parfait. Accueil naturel et serviable.

LE NORDESTE

À voir

Forte Santo Inácio : *à la hauteur de la praia Pontal do Lira, à gauche de la route en terre (rua Leopoldo Lins) venant du centre-ville, après l'hôpital et la police.* Il fut construit au XVIIe s par les Portugais pour surveiller la côte du Pernambuco et la défendre des incursions néerlandaises.

Praia dos Carneiros : *à 5 km au nord de la ville, par l'av. José Bezerra Sobrinho. Y aller en voiture ou en moto-taxi.* La route asphaltée devient une piste qui s'enfonce dans la cocoteraie sur 1 km et conduit à cette plage, longue de 5 km au moins, considérée – à juste titre – comme la plus belle de Tamandaré. Il faut dire que le paysage, une longue bande de sable blond, bordée d'un côté de cocotiers, d'une mer aux eaux translucides de l'autre, a quelque chose d'enchanteur. Possibilité de faire des balades à cheval ou en bateau. On recommande aussi la balade à pied jusqu'à la petite chapelle coloniale **São Benedito** dont le blanc immaculé se détache sur le sable. Aussi photogénique que romantique. D'ailleurs on y célèbre des mariages...

L'ÉTAT D'ALAGOAS

Le drapeau de cet État porte trois couleurs (rouge, blanc, bleu, le drapeau français à l'envers), avec un emblème central rappelant, entre autres,

les activités agraires de la région. L'Alagoas produit de la canne à sucre (deuxième producteur national), du pétrole, du gaz naturel. Mais vous y viendrez surtout pour ses très beaux paysages côtiers, parmi les plus sauvages et les mieux sauvegardés du littoral du Nordeste. Pour la culture, il convient de s'arrêter à Penedo, pour la vie urbaine à Maceió, et à Japaratinga et à Maragogi pour leurs grandes plages sauvages bordées de cocotiers.

MARAGOGI

31 300 hab. IND. TÉL. : 82

Sur le littoral nord de l'État d'Alagoas, à 134 km au sud de Recife. Bienvenue au pays des cocotiers et du farniente ! Cette petite ville (plus développée que Japaratinga) compte 23 km de plages bordées de cocoteraies et, au large, de beaux récifs coralliens (les *galés*). Au centre de Maragogi, la place principale et les rues adjacentes sont urbanisées, avec des maisons basses et sans constructions offensantes.

Comment y aller ?

En bus

➢ ***Depuis Recife :*** avec *Real Alagoas* (*● realalagoas.com.br ●*). Nombreux départs/j., 4h15-23h55. Trajet : 2h45. Trajet le long du littoral jusqu'à Maceió.

➢ ***Depuis Maceió :*** avec *Real Alagoas.* Trajet : 2h30. Même route que ci-dessus, dans le sens inverse. Mêmes horaires et tarif.

Adresse et infos utiles

– Plan de la ville et infos assez complètes sur le site : *● maragogionline.com.br ●*

■ ***Banco do Brasil :*** *praça Batista Aciolij, 74. ☎ 3296-1211.* Dans le centre, avec distributeur automatique.

Où dormir ? Où manger ?

Au nord de Maragogi

De bon marché à plus chic

⛺ |●| ***Camping, bar et restaurante Da Zeza :*** *praia de Peroba, au nord de Maragogi, par la route côtière. ☎ 3296-8134. Réception 9h-16h. Env 40 Rls/tente 2-3 pers.* Sous les cocotiers, une vaste cour sablonneuse face à la plage. Sanitaires et bac à linge. Au resto, populaire, cuisine simple et bon marché.

|●| ***Restaurante Calamares :*** *à 20 km au nord de Maragogi, à São José da Coroa Grande, côté Pernambuco. ☎ (081) 3688-1288. Tlj.* Certes, c'est excentré et réservé aux routards véhiculés. Mais voici une belle paillote chic au bord de l'eau, avec des serveurs en tenue qui vous régaleront de délicieux poissons et fruits de mer, ainsi que de juteuses *picanhas.*

Dans le village

De bon marché à plus chic (moins de 130-500 Rls / env 33-125 €)

🏠 ***Pousada Solar da Praia :*** *av. Senador Rui Palmeira, 781. ☎ 3296-2025. ● maragogionline.com.br/solar ● Face au pavillon de la Polícia militar (vous voilà bien gardé !). Doubles env 125-165 Rls selon vue et étage, avec AC,* *frigo et petit déj.* Hôtel modeste, sans caractère, mais propre et fonctionnel, avec des petites chambres qui ont une vue sur la mer (la plupart) ou sur la rue. Avantages : son emplacement et ses prix. Pour dépanner.

Pousada Olho d'Agua : *av Senador Rui Palmeira, 94. ☎ 3296-1263. • pousadaolhodagua.com • Doubles env 350-370 Rls selon vue.* Une jolie petite maison, hyper bien située en front de mer, avec son jardin devant. Chambres modernes vraiment impeccables et disposant d'un balcon, avec vue sur la petite piscine, la cocoteraie et la mer. Toutes avec AC, douche/w-c, et même un sèche-cheveux, la grande fierté de la maison !

Au sud de Maragogi

Très chic (plus de 500 Rls / env 125 €)

Pousada Praiagogi – Restaurante Tuyn : *route 101, km 124, à la sortie sud du village (env 4 km du centre). ☎ 3296-1206. • praiagogi.com • Compter env 700 Rls pour 2 en ½ pens. Resto ouv aux non-résidents, mais slt sur résa, 13h-21h30.* Seulement 6 chambres, d'un blanc immaculé, avec fleurs fraîches et touches de couleur contemporaines, balcon, hamac, AC, belle douche, TV et minibar. Seul bémol : l'adresse est interdite aux enfants de moins de 16 ans ! Au programme donc, repos maximal, avec baignades, transats, lecture et massages (payants). Petit jardin-*lounge* face à la mer. Mais surtout, la grande fierté de Sandrijn, le patron néerlandais, et de Fernanda, sa femme brésilienne, c'est leur menu mâtiné d'influences asiatiques, européennes et bien sûr brésiliennes, qui fait la part belle aux produits locaux. Résultat : une cuisine pas donnée, certes, mais d'une grande fraîcheur et d'une belle inventivité.

LE NORDESTE

À faire

➢ ***Les « galés » :*** situés à 6 km de la côte, étendus sur une surface maritime d'un demi-hectare, ce sont des récifs coralliens qui possèdent une faune et une flore très riches. La marée basse dévoile des piscines naturelles aux eaux émeraude. Pour y accéder, emprunter un petit bateau depuis *Ponto do Embarque,* embarcadère situé à l'entrée de Maragogi. Excursions d'environ 2h ; le départ dépend des marées, compter 70 Rls/personne (possibilité de louer masque et tuba).

Maragogi compte 23 km de ***plages*** de sable (parfois désertes), toutes aussi belles et bordées de cocotiers, vers le nord et le sud. Vers le nord et le rio Persinunga, accessibles par la route : *Burgalhau, Barra Grande, Antunes, Xaréu, Ponta de Mangue, Dourado, Peroba.* Vers le sud : *Camacho, São Bento* et, plus loin, *Japaratinga.*

LA ROUTE DE MARAGOGI À MACEIÓ

Japaratinga : un petit village de pêcheurs à taille humaine dans un site ombragé par des rangées de palmiers et de cocotiers, le long d'une grande plage de sable fin. Située sur la côte des Coraux *(costa de Corais),* qui porte son nom en raison de la longue barrière de corail qui se termine plus au nord, à Tamandaré. À marée basse, on peut se rendre jusqu'aux piscines naturelles de la barrière de corail. Japaratinga est aussi le point de départ d'une superbe petite route côtière en direction de Maceió.

➢ Après Japaratinga, la route longe le littoral et ses paysages idylliques de carte postale : océan Atlantique aux eaux émeraude, plages de sable fin, arrière-pays couvert de cocotiers. Après avoir pris un bac à ***Porto de Pedras*** (seulement 4 voitures par traversée, rotations rapides et continues ; compter 13 Rls par voiture ;

motos-taxis pour s'y rendre ou en partir), on poursuit la route de bord de mer en longeant des villages, comme ***Porto da Rua,*** qui semblent encore préservés, un peu hors du temps. En quittant ***São Miguel dos Milagres,*** la route traverse cette fois un environnement vallonné, monte sur des collines couvertes de plantations de canne à sucre et de fermes agricoles. Le charme s'estompe en arrivant sur Maceió...

Où dormir ? Où manger sur la route ?

Plus chic (300-500 Rls / env 75-125 €)

🏠 |●| ***Estalagem Caiuia :*** *estrada de Japaratinga, km 2, praia de Bitingui ; à 12 km au sud de Maragogi et 2 km du centre de Japaratinga. ☎ 3297-1381. • estalagemcaiuia.com.br • Env 490 Rls pour 2 en ½ pens (langouste incluse !) ; séjour de 2 nuits min. Pour les non-résidents, possibilité de manger sur place.* Les pieds dans l'eau, une charmante auberge rustique-chic tenue par la non moins charmante Fernanda. Seulement 6 chambres les unes à côté des autres, au bord de l'eau, toutes décorées différemment. Tout confort (AC, salle de bains, frigo-bar). Atmosphère confidentielle, mais simple, façon maison d'hôtes. Vraiment sympa. Au programme, langouste, calme et volupté. Belle mezzanine face à la mer.

🏠 |●| ***Pousada Doze Cabanas :*** *rua da Praia, s/n, à* ***Barreiras do Boqueirão*** *; à 5 km au sud de Japaratinga. ☎ 3297-1338. • dozecabanas.com.br • Double env 300 Rls ; réduc à partir de la 2e nuit et ½ pens recommandée compte tenu de l'isolement. CB refusées. (wifi) (à la réception slt).* Tenu par Freddy, un surfeur patenté. Comme son nom l'indique, une douzaine de bungalows aux toits de palme et matériaux recyclés, juste au bord de la plage. Une sorte de petit village avec des chambres simples mais de bon confort (AC, douche/w-c et frigo). Isolé, sans TV ni musique : une option tranquille pour qui cherche le repos. Et tout le matos pour s'éclater sur l'eau : planches de surf, *paddle...*

Très chic... et charme (plus de 500 Rls / env 125 €)

🏠 ***Pousada de Amendoeira :*** *praia do Toque, à* ***São Miguel dos Milagres.*** *☎ 3295-1213. 📱 9902-8803. • amendoeira.com.br • Compter 500-1 090 Rls pour 2, selon taille, confort et emplacement, en ½ pens. Resto ouv aux non-résidents : plats env 60-75 Rls.* Sans doute l'une des plus charmantes étapes de cette paradisiaque route écologique. 9 bungalows, au confort optimal et à la déco soignée, avec terrasse privative et hamac dans un jardin taillé au cordeau qui s'étire jusqu'au lagon. Ici, rien d'ostentatoire. Le luxe, vu dans les moindres détails, se vit en toute simplicité ! La quiétude des lieux imprégnés du bruissement de la brise marine dans la végétation, les espaces de repos aux épais coussins et tentures de mousseline dans le jardin, la qualité de la table (cuisine de la mer créative et raffinée, herbes fraîches, produits locaux et bio), le service à la fois naturel et pro, le sable blond d'une plage quasi déserte, le scintillement des eaux mirifiques... et quelques activités qui peuvent être organisées par la réception (location de bateau, prêt de vélos, balades à cheval). Le rêve se confond avec la réalité. Bien sûr, cela a un prix... qui le vaut bien.

MACEIÓ

1 211 500 hab. IND. TÉL. : 82

À mi-chemin entre Recife (285 km au nord) et Aracaju (295 km au sud), Maceió, capitale de l'État d'Alagoas, est une grande ville moderne située sur

une étroite bande côtière entre l'Atlantique et la lagune Mundau. Elle a les pieds dans l'eau, peut-on dire, et ses habitants apprécient cette qualité de vie, ce d'autant qu'elle ne connaît pas encore les maux des grandes métropoles. Pour nous, ce n'est qu'une étape sur la route littorale du Nordeste que traversent tous les réseaux de bus.

Arriver – Quitter

Terminal rodoviário João-Paulo II *(gare routière)* **:** *av. Gov. Afranio Lages, quartier de Feitosa, à env 3 km au nord du centre. ☎ 2123-1700.* Guichet d'infos touristiques.

➢ ***Salvador :*** avec la compagnie *Bomfim* (la meilleure), 4 bus/j. de Salvador à Maceió, 6h-20h. Le bus passe par Arapiraca. Dans le sens Maceió-Salvador, 3-5 bus/j., mêmes horaires. Trajet : 10-11h. La compagnie *Empresa Brasil* assure également la liaison.

➢ ***Recife*** *(Pernambuco)* **:** une douzaine de départs/j. avec les bus climatisés de *Real Alagoas (• realalagoas.com.br •).* Ils passent par la BR 101 ou par la route côtière (plus sympa et pas plus long). Les horaires sont identiques, au départ de Recife ou de Maceió. Trajet : 4h-5h30.

Adresses et infos utiles

Infos touristiques : *sur le front de mer, au bout de la praia de Pajuçara à gauche. En général, tlj 8h-17h (19h sam-dim).* Cela dit, ils se contentent de donner une sorte de carte-guide de la ville très sommaire ! Autre bureau à la gare routière.

■ ***Agences de voyages :*** elles peuvent vous donner des infos plus utiles que les kiosques touristiques, mais sont aussi là pour vous vendre des transferts et des excursions (pas si onéreuses que cela, d'ailleurs). Nos 2 adresses se trouvent à Pajuçara : ***Jaraguá Turismo,*** *rua Dr Messeias de Gusmão, 188. ☎ 3337-2780. • jaraguaturismo.com.br •* Également ***Maceió Turismo,*** *rua Firmino de Vasconcelos, 685. ☎ 3327-7711. • maceioturismo.com.br •* Vous trouverez leur brochure avec tarifs dans tous les hôtels de la ville.

– Voir aussi le site *• turismomaceio.com.br •*

■ ***Banques, change :*** sur le front de mer de Jatiúca, autour du *McDo* et de la station-service *Texaco* (immanquables). À la station-service elle-même, on trouve un ***distributeur Banco do Brasil*** (leur agence se trouve plus haut sur le front de mer, vers Pajuçara). À droite de la station, à côté de *Localiza,* repérez le petit centre commercial et le panneau vert « ***Cambio Exchange*** » *(av. Alvaro Otacilio, 4493).* Sinon, se rendre au *Maceió Atlantic Suites,* non loin de là, un hôtel qui abrite ***Turiscan*** *(av. Alvaro Otacilio, 4065 ; ☎ 4009-6300). Pour les 2 bureaux de change, ouv lun-sam 9h-18h (12h sam).* Changent seulement les euros et les dollars, à taux corrects.

Où dormir ? Où manger ?

Bon marché (moins de 40 Rls / env 10 €)

Plein de ***kiosques,*** de ***bars*** et de ***restos*** sur l'immense front de mer, dans la partie qui s'étend entre Jatiúca et Pajuçara en passant par Ponta Verde.

Prix moyens (130-200 Rls / env 33-50 €)

Hotel-pousada des Basques : *av. Julio Marques Luiz, 694- Jatiúca. ☎ 3325-8000. • hoteldesbasques.com.br • Doubles à partir de 145 Rls.* À 500 m de la plage de

Jatiúca, un petit hôtel de charme installé dans une maison blanche entièrement rénovée, avec pierres et toit de tuiles. Bon accueil d'un couple de Français d'origine... basque (bah oui !) Chambres très confortables (avec AC, TV câblée et grand écran plat, salles de bains modernes) donnant sur un patio intérieur agrémenté d'une petite piscine. Excellent rapport qualité-prix.

Pousada Gogó da Ema : *rua Francisco Laranjeiras, 97, Ponta Verde. ☎ 3327-0329. • hotelgogodaema.com.br • Double env 140 Rls.* Bien plus modeste que le précédent, mais mieux situé pour profiter de l'animation du bord de mer. Une cinquantaine de chambres pas bien grandes mais nickel et un poil personnalisées. Impec pour le prix.

Casa de Mainha : *rua Engenheiro Democrito Sarmento Barroca, 80, Pajuçara. ☎ 8885-9170. Tlj 6h-21h.* Dans un cadre champêtre étudié assez coquet (tables nappées, plafond en bambou, lumière douce), une petite salle augmentée d'un brin de terrasse côté rue où une clientèle d'habitués vient profiter au déjeuner de l'excellente formule *ao kilo*. Très beau buffet de plats régionaux, cuisine fraîche et bon accueil.

Carne de Sol do Picui : *av. da Paz, 1140, Jaraguá. ☎ 3223-8080. Sur la grosse avenue du bord de mer, près du mémorial de la République. Plats 40-50 Rls.* L'un des restos les plus réputés de Maceió, qui s'enorgueillit d'avoir la meilleure *carne do sol* de la région. Sans compter d'autres distinctions comme celle de la révélation du meilleur chef... 2012. Rien que ça ! Cela dit, à côté de l'onctueuse *carne do sol*, servie pour 1 ou 2 personnes, la carte décline également un bon choix de viandes et grillades, ainsi que des poissons et fruits de mer. La terrasse et l'enfilade de jolies salles au décor bistrotier, la belle carte des vins et la gentillesse de l'accueil ajoutent au plaisir. On comprend pourquoi l'adresse fait l'unanimité.

Divina Gula : *rua Engenheiro Paulo B. Nogueira, 85, Jatiúca. ☎ 3235-1016. Situé dans le quartier derrière McDo et Texaco. Tlj sf lun 11h30-1h.* Grande terrasse couverte en fer forgé et belle salle, le tout dans un style à la fois rustique et touristique. Eh oui, ici, on vous attend de pied ferme, mais toujours avec le sourire. Spécialités du Minas Gerais, comme la *costelinha zé pipi* (travers de porc, petits piments et haricots). Cela dit, on vous conseille plutôt une simple mais juteuse *picanha*.

LE NORDESTE

À voir

Jaragua : c'est le petit quartier historique, cœur animé (vie nocturne) de la ville, son centre historique ancien aux rues bordées de demeures coloniales en grande partie restaurées. Au XVIe s, les marins et les marchands y déchargeaient leurs marchandises venues d'Europe et embarquaient du sucre, du tabac, des noix de coco, du bois brésil *(pau brazil)* et du cuir.

Museu Brandão : *av. da Paz, 1490. ☎ 3214-1713. C'est un peu au sud de Pajuçara. Mar-ven 9h-17h, sam 14h-17h. Entrée : 4 Rls.* Dans un beau bâtiment colonial restauré, quelques petites salles modernes présentent une collection d'art populaire. Grandes photos en noir et blanc, statuettes, figurines et poteries. À l'étage, costumes et coiffes de carnaval (notez celles surmontées d'une église miniature !). Jolie boutique qui donne envie d'acheter les belles reproductions de statuettes en bois et en terre cuite.

Piscine naturelle : au large de la baie principale, en bordure de la barrière de corail. On y accède en *jangada* (le petit bateau à voile traditionnel de la côte nordestine).

LA ROUTE DE MACEIÓ À PENEDO

Praia do Francês : *à 24 km au sud de Maceió, par une jolie cocoteraie.* Ce qui n'était qu'un hameau de pêcheurs dans les années 1970 est devenu une station balnéaire assaillie par la foule. À l'origine, un précurseur français y a ouvert un resto, et les paillotes ont poussé les unes après les autres, d'où le nom de « plage du Français ». Le week-end, des hordes de Brésiliens assoiffés de soleil viennent se faire dorer la pilule en écoutant la musique à fond. Pas notre tasse de thé, mais il existe une vingtaine de *pousadas* et d'hôtels sur place, pour qui voudrait prolonger l'étape.

➢ La route qui suit se déroule en une longue bande bitumée qui longe la mer, comme sur un grand toboggan (attention aux rebonds !) au milieu du Grand Vert, entre les forêts de cocotiers et les plantations de canne à sucre. Des paysages superbes (on pense à l'émerveillement d'Amerigo Vespucci), un trajet hors des sentiers battus, dans des régions ignorées du grand tourisme. Compter env 2h en roulant normalement pour rejoindre Penedo. Avant, on peut faire une halte à ***praia do Gunga,*** une belle langue de plage bondée le week-end et constellée de *barracas* avec chacune sa spécialité culinaire. Avant d'y descendre, on peut admirer le point de vue sur l'embouchure du rio São Miguel et sur l'immense cocoteraie alentour en grimpant le mirador du bar-resto *Mirante do Gunga* (ça coûte 2 Rls, mais bon...). Un peu plus loin, on conseille une halte dans le petit village de pêcheurs ***Pontal de Coruripe,*** charmant et hors du temps. Le resto-bar *Rainha do Mar* (au pied du phare) est une étape bien agréable pour grignoter ou boire un verre en journée, avec sa petite terrasse stratégiquement située face au port de pêche.

PENEDO

63 000 hab. IND. TÉL. : 82

Grand fleuve bleu clair (le deuxième plus long fleuve brésilien après l'Amazone), le rio São Francisco dessine à Penedo un ultime et somptueux méandre au pied d'une falaise rocheuse. C'est dans ce recoin abrité des vents du littoral que des Portugais aventureux décidèrent naguère de jeter l'ancre et fondèrent un poste de pionniers. Le nom de la petite ville – Penedo – vient d'ailleurs de ce « rocher » contre lequel elle a été bâtie.
Au bout d'un long couloir à travers des faubourgs modernes, on a l'impression d'alunir dans un sanctuaire architectural où l'horloge du temps s'est arrêtée au XVIIIe s. Églises baroques, maisons simples mais de caractère, demeures bourgeoises : voilà un cadre intact, fier et patiné par le temps, tellement vrai, tellement humain. Les tourments du monde et les diables du modernisme semblent avoir oublié Penedo, à mi-chemin entre Aracaju et Maceió (168 km au sud). Voilà, ami routard, une belle raison de faire un détour.

Arriver – Quitter

En voiture

➢ ***Aracaju et Salvador*** *(rive sud du rio São Francisco)* **:** bac *(balsa)* pour les piétons et les voitures (env 20 Rls/voiture). Départ depuis la place principale du Penedo historique, près de la station-service et du resto *Oratorio,* 6h-21h30. Traversée du rio São Francisco : 5 mn. À l'arrivée à Neopolis, partir à gauche puis tourner à droite vers Aracaju ; rejoindre la BR 101 (attention, très fréquentée) à 40 km de là, reste encore 80 km pour Aracaju.

En bus

➢ ***Maceio (via Pontal de Coruripe et Praia do Francês) :*** plusieurs bus tlj à 5h30 par la route littorale avec *Real Alagoas* (3h-3h30 de trajet) ou à 12h par le BR (plus long, 4h-4h30 env). Également des départs à 8h et 16h en minibus : départ quand le bus est plein.

Se renseigner à la *rodaviaria* derrière le marché.

➢ ***Aracaju et Salvador :*** 1 bus direct tlj pour Salvador, via Aracaju avec la compagnie *Aguia Branca*. Départ le mat (6h en principe) dans les 2 sens, arrivée en fin d'ap-m, en passant par Entre-Rios. Trajet respectivement en 3h30-4h et 9h. Les bus s'arrêtent sur la place centrale de Penedo, près de la station-service et de l'embarcadère pour les bateaux en direction de Neopolis. Il peut d'ailleurs être plus intéressant de traverser en bac pour trouver d'autres bus (les minibus) de l'autre côté. Se renseigner avant de traverser.

Adresses utiles

ℹ ***Office de tourisme :*** *dans la Casa de Aposentadoria, praça Barão de Penedo. ☎ 3551-3907. Tlj 8h-17h.* Un peu de doc et quelques infos en portugais.

■ ***Banco do Brasil :*** *en retrait de la pl. principale du centre historique. Tlj 8h-20h.* Distributeur seulement. Attention, pas de change.

Où dormir ? Où manger ? Où boire un verre ?

De bon marché à prix moyens (moins de 130-200 Rls / env 33-50 €)

🏠 🍽 ***Pousada Colonial :*** *praça 12 de Abril, 21. ☎ 3551-2355. • pousada-colonial@hotmail.com • Resto tlj sf lun, midi et soir. Double 120 Rls. CB refusées.* Dans le centre historique, sur la place centrale près du rio São Francisco, une belle maison d'époque coloniale (1734), située à droite de l'église N. S. da Corrente. Son emplacement idéal, ses prix et son côté désuet en font une adresse de charme, à défaut d'être d'un grand confort. Chambres propres, vastes, équipées d'AC, TV et frigo, mais anciennes (vieux planchers, peintures défraîchies). Les n°s 11 et 21 bénéficient de 3 fenêtres sur le fleuve ou sur le flanc de l'église voisine. Le resto, avec sa belle salle en pierre décorée de jolis dessins au fusain, semble un peu endormi. Petit marché artisanal à côté.

🏠 ***Encantos de Penedo :*** *Rodovia AL 110, nº 195, Santa Luzia. ☎ 3551-3111. Double 160 Rls.* 📶 À l'entrée de la ville, et en face d'une station-service, ce petit hôtel moderne et propre est une alternative avantageuse à la *Pousada Colonial,* à condition d'être véhiculé. La déco au design très épuré, presque standardisé, fait même penser à un hôtel pour VRP ! Entretien nickel, chambres avec TV écran plat, literies parfaites, accueil adorable et petit déj très correct.

🍽 🍷 ***Oratorio :*** *av. Beira Rio, 301. ☎ 3551-2985. Sur la pl. centrale, à côté de l'embarcadère des bateaux pour Neopolis. Tlj 10h-minuit (plus tard ven-dim).* Pour l'oratoire ancien, vous repasserez, mais sa terrasse couverte donne sur le rio São Francisco et ses jolis bateaux. Le cadre, du reste, vaut mieux que la cuisine, locale certes et pas trop chère, mais sans fard. Le soir, pensez à prendre un antimoustiques.

🍽 🍷 ***Restaurante Forte da Rocheira :*** *rua da Rocheira, 2. ☎ 3551-3273. Tlj midi et soir, mais quartier difficilement accessible en voiture, plein de ruelles déconseillées le soir.* Le quartier n'étant pas sûr le soir, venir le midi ou en journée, ce qui vous permettra de profiter de la vue depuis ce vieux fort prolongé par une terrasse surplombant le fleuve. Carte assez touristique, avec des spécialités comme le tilapia (poisson de rivière), le *sururu* (petite moule locale) et le *jacaré.* Bien aussi pour boire un verre.

LE NORDESTE

À voir. À faire

➢ Le ***rio São Francisco*** prend sa source à 1 428 m d'altitude dans les monts du Minas Gerais, puis il voyage pendant 3 100 km avant de se jeter dans l'océan

Atlantique. Des bateaux au départ de Piaçabuçu, à 30 km de Penedo, descendent les 13 derniers kilomètres jusqu'à l'embouchure (env 2h aller-retour).

COURS D'EAU ET D'HISTOIRE

Le rio São Francisco fut découvert par l'explorateur florentin Amerigo Vespucci, le 4 octobre 1501, jour de la Saint-François d'Assise : il n'est pas allé chercher son nom bien loin... À l'époque de la conquête du Brésil, ce fleuve était emprunté par les expéditions portugaises à la recherche d'or... qu'ils trouvèrent donc au Minas Gerais !

Memorial Raimundo Marinho – Museu do Paço imperial : *sur la pl. centrale, au bord du rio, face à l'igreja N. S. da Corrente. Mar-sam 11h-17h, dim 8h-12h. Entrée : 5 Rls.* Cette belle demeure où séjourna le dernier empereur du Brésil, dom Pedro II, porte aujourd'hui le nom d'un ancien maire de Penedo (qui le fut trois fois de suite, de 1961 à 1980). On y trouve un petit musée avec photos et documents sur l'histoire de la ville. À l'étage : beau mobilier impérial, porcelaine de Limoges, et une sculpture du Minas Gerais représentant des têtes d'anges attribuée à l'Aleijadinho...

Igreja Nossa Senhora da Corrente : *dans la partie basse de la ville, juste à côté du museu do Paço imperial. Lun-ven 8h-17h, w-e 9h (10h dim)-14h.* Datant du XVIIIe s, elle est considérée comme l'une des plus belles églises baroques du Brésil. Remarquer la façade extérieure percée de fenêtres, plutôt rare. À l'intérieur, autel baroque, retable doré à la feuille d'or, sol en mosaïque anglaise et portugaise, superbes azulejos du Portugal. Enfin, notez à gauche de la statue de Nossa Senhora das Dores (à gauche, sous le Christ) la petite porte qui, dit-on, servait à cacher des esclaves...

Convento Franciscano et igreja de Nossa Senhora dos Anjos : *rua 7 de Setembro, à flanc de colline, à env 400 m du fleuve. Mar-ven 8h-12h, 14h-17h ; sam 8h-12h. Entrée : 2 Rls.* Le couvent fut fondé en 1660 et l'église achevée seulement en 1786. On peut visiter le cloître et l'église au bel intérieur baroque avec des touches rococo et plafond peint. Notez, à l'entrée, la Virgem da Conceição qui ne regarde pas au ciel, pour une fois, mais, dit-on, vers un passage secret... resté secret. À l'étage, où se trouve la sacristie (dans laquelle on peut voir sur demande, de très jolies sculptures en bois du XVIe s), projet d'hôtel en cours... À suivre car promet d'être unique !

Casa do Penedo : *rua João Pessoa, 126. ☎ 3551-5443. • casadopenedo.com.br • Un peu excentré, dans une rue qui part au-dessus du quartier de l'hôtel São Francisco. Tlj sf lun 8h-12h, 14h-18h. Entrée : 3 Rls.* C'est le musée d'Histoire locale, qui se visite avec un guide. Nombreux panneaux narratifs en portugais. En vrac et dans le désordre, reproduction d'une lettre de 1859 d'Auguste Comte au Barão de Penedo, chaînes d'esclavage et objets de sévices, arme de *cangaceiro*, récit de la visite de dom Pedro II en 1859, reproduction du journal *O Luctador* (qui avait un bureau à Paris au 24, rue du Mont-Thabor), photos noir et blanc du rio São Francisco et quelques souvenirs du premier festival du pays qui eut lieu ici en 1975. Sachez que la bibliothèque contiendrait 60 000 ouvrages sur Penedo et l'Alagoas.

Praia de Pirambu : les tortues de mer viennent y pondre. Le site est protégé et surveillé par le projet *Tamar*, comme à Praia do Forte.

L'ÉTAT DU SERGIPE

Le plus petit État du Brésil, peu étendu et sous-peuplé. Grande qualité de vie, vastes espaces vierges, une impression étrange et agréable : c'est la côte

brésilienne telle qu'on l'imaginait il y a 70 ans ! Le tourisme n'y étant pas très développé, les prix y sont plus abordables qu'ailleurs. Une bonne raison pour passer un peu de temps sur ce littoral encore préservé.

ARACAJU

614 000 hab. IND. TÉL. : 79

Une chanson de Caetano Veloso vante les charmes d'Aracaju. Moderne mais de taille humaine, sans vrais problèmes de sécurité, Aracaju, capitale du Sergipe, est une agglomération étendue en bord de mer, avec quelques maisons anciennes dans un urbanisme moderne et fonctionnel entouré de plages. Il y fait bon vivre, au dire de ses habitants, qui apprécient son rythme facile et son climat délicieux. Cela reste toutefois une très courte étape pour le routard en quête de petits villages autrement plus enchanteurs, le long du littoral... On ne vous conseille donc pas d'y séjourner, mais juste d'y faire escale sur la route.

– Infos diverses sur le site ● *visitearacaju.com.br* ●

Arriver – Quitter

Terminal rodoviário Gov. José Rollemberg *(gare routière)* **:** *à l'extérieur de la ville, sur la route de São Cristovão. ☎ 3259-2950. Y aller en taxi.* Très nombreux bus pour les villages coloniaux proches d'Aracaju comme São Cristovão ou Laranjeiras.

➢ ***Maceió :*** avec *Real Alagoas* *(☎ 3259-2832 ; ● realalagoas.com.br ●).* Env 3-4 départs/j. dans les 2 sens. Trajet : 4h (5h ven et dim). En bus *expresso,* via São Miguel dos Campos.

➢ ***Recife :*** 1 bus/j. avec *Real Alagoas.* Au départ de Recife départ vers 12h, au départ d'Aracaju vers 19h30. Trajet : 8-9h (500 km), via Palmares.

➢ ***Salvador :*** avec *Aguia Branca,* 3-5 départs/j. Trajet : 5h par la *linha verde* (7h par la BR). Avec *Rota,* 5 départs également dont 2 de nuit (env 23h30 et 1h). Trajet : 5h-5h30.

Où manger ? Où sortir ?

De prix moyens à chic (40-100 Rls / env 10-25 €)

|●| ♩ ***Restaurante e casa de forró Cariri :*** *av. Santos Dumont, 243, passarela do Caranguejo. ☎ 3243-1379. ● cariri-se.com.br ● Sur le front de mer, bien après le resto* Pitú com Pirão da Eliane, *sur la droite.* Vaste terrasse aux accents colorés et festifs. Tous les classiques avec pas mal de plats composés de crevettes du Sergipe, comme les *camarão à Sergipana* ou la *peixada à brasileira com camarão.* Pas donné, mais c'est bon et copieux. De plus, on mange tous les soirs en musique (et le midi le week-end), avec des concerts *ao vivo* (couvert artistique à prévoir). Mais le vrai spectacle se passe dans la *casa de forró* à l'arrière, à partir de 22h, du jeudi au samedi *(entrée : 25 Rls ; table env 80 Rls).* Joli décor avec des poupées suspendues au plafond et des selles de cheval en guise de tabourets pour les piliers de bar solitaires. Bonne ambiance.

|●| ***Pitú com Pirão da Eliane :*** *av. Santos Dumont, 957. ☎ 3243-4747. Dans le quartier de la plage d'Atalaia, en face du Mundo Maravilhoso (parc de jeux pour enfants). Tlj 11h-23h.* Un petit resto chic avec serveurs en chemise blanche et cravate, nappes orangées et murs en brique, tenu par l'adorable Eliane. Cuisine populaire mijotée. Spécialités de poisson et fruits de mer, bien

sûr, mais surtout, comme son nom l'indique, de *pitú* (crevette de rivière).

Restaurante O Miguel : *av. Antonio Alves, 340, Atalaia Velha. ☎ 3243-1444. Dans le centre, à un gros carrefour. Tlj sf lun soir. Parking juste devant.* Marre de la crevette et du poisson grillé ? Faites donc un stop chez *Miguel,* qui propose, en plus de la traditionnelle cuisine de la mer – excellente aussi –, une carte variée de viandes cuites à la braise. Cuissons maîtrisées, produits de qualité et délicieux légumes d'accompagnements. Ajoutez un service rapide dans une grande salle aux murs colorés, un service empressé et vous obtenez une bonne halte culinaire.

À voir. À faire à Aracaju et dans les environs

Praça Fausto Cardoso : centre historique de la ville, avec l'ancien palais du gouvernement du Sergipe. De là, on peut explorer les rues piétonnes : calçadão da rua João Pessoa et calçadão da rua de Laranjeiras.

Laranjeiras : *à 19 km au nord-ouest d'Aracaju, soit 1h de bus.* Dans les terres, une petite ville coloniale fondée en 1569, considérée comme le berceau de la culture noire du Sergipe. Dominée par une colline d'où l'on a une belle vue.

São Cristovão : *à 23 km au sud-ouest d'Aracaju.* Ancienne capitale du Sergipe fondée en 1590, cette ville mérite le détour pour la place São Francisco, inscrite sur la liste du Patrimoine mondial de l'Unesco. Ce grand quadrilatère compose un ensemble particulièrement homogène avec plusieurs églises, un couvent franciscain, un palais provincial et des maisons de style portugais d'époque coloniale. L'architecture est représentative de la période pendant laquelle les couronnes portugaise et espagnole étaient unies. Pas d'hébergement sur place. Navette de bus de/pour Aracaju.

LE NORDESTE

L'ÉTAT DE BAHIA

LE LITTORAL NORD DE BAHIA

• Carte *p. 477*

LA *LINHA VERDE*

Il s'agit d'un vaste secteur boisé et préservé qui borde la côte bahianaise sur environ 144 km du nord au sud, entre Cachoeira do Itanhim et Salvador. Fruit d'un programme ambitieux de l'État de Bahia, la *linha verde* (« ligne verte ») forme une barrière naturelle destinée (théoriquement) à éviter les excès du développement et de l'urbanisation (déboisement, commercialisation, exploitation immobilière et touristique du littoral). Autrement appelée « route des Cocotiers », la *linha verde* livre de belles échappées au voyageur, qu'il soit en bus ou en voiture. Du côté de l'océan Atlantique, le littoral est couvert de grandes cocoteraies (arbres naturels ou replantés sur des dunes). Dans l'arrière-pays s'étend une autre forêt : la *Mata Atlântica,* lambeaux de la forêt atlantique primitive, celle qui émerveilla en 1500 le premier découvreur de ces rivages, Amerigo Vespucci.

MANGUE SECO

900 hab.

« ... la plage de Mangue Seco, la plus belle du monde - pour une fois je suis péremptoire. »
Jorge Amado, Navigation de cabotage.

Mangue Seco ressemble à une île : c'est une presqu'île en fait, très longue, bordée à l'est par l'océan Atlantique et à l'ouest par le rio Real (on dirait une petite mer). Voilà un site naturel exceptionnel, préservé grâce à la volonté de certains de ses habitants, adeptes du développement durable. Ils ont dit non à la construction d'une grande route destinée à désenclaver la pointe de leur péninsule. Afin de protéger l'environnement (dunes et plages), un secteur sauvegardé a été instauré, qui empêche que le paysage soit défiguré par des industries ou des complexes immobiliers.

QUAND LA RÉALITÉ COPIE LA FICTION

En 1940, pourchassé par la dictature militaire, l'écrivain communiste Jorge Amado se réfugia à Mangue Seco. Inspiré par les lieux, il y écrit son roman Tieta do Agreste, *un véritable best-seller devenu un film. Le succès fut tel que le maire de Jandaira changea le nom du village de Coqueiros, où fut tourné le film, en Santana do Agreste, comme dans l'histoire... Mais le pouvoir du livre s'arrête là : personne n'utilisa jamais ce nom !*

Mangue Seco signifie « mangrove sèche », ou « bois sec », et non « mangue sèche », comme on pourrait l'imaginer sans bien maîtriser le portugais.

Voilà une immense plage de sable déserte, longue de 45 km, surtout fréquentée par les tortues pondeuses (sous l'œil protecteur du projet *Tamar*), un paysage de cocotiers plantés par bouquets ou par forêts entières, de hautes dunes de sable blanc éblouissant qui se déplacent sous l'effet du vent du nord-est, un climat tropical adouci par la brise atlantique, des arbres à *caju,* des rues de sable, des chemins de terre, des maisons modestes léchées par les eaux du rio, pas de feux de signalisation, des infrastructures minimales (le commissariat de police le plus proche est sur la terre ferme), bref, un monde à part et un mode de vie auquel les habitants de la « mangrove sèche » restent très attachés.

– ***Important :*** on accède à Mangue Secco depuis le petit village de ***Pontal*** (voir ci-dessous « Arriver – Quitter »). Pensez également à emporter suffisamment de liquide (essence et argent) et un bon répulsif antimoustiques !

Arriver – Quitter

➢ ***Salvador :*** avec *Linha Verde* (☎ *(71) 3450-0321),* 2 bus/j., vers 7h et 11h ; descendre à Indiaroba et prendre un bus ou un taxi pour Pontal. Trajet : 5h (235 km). Avec *Bomfim* (☎ *0800-079-1988 ; • bomfim.com.br •),* une dizaine de bus/j. Trajet : 3h30 à 5h. En gros, les bus qui passent par la route *Linha Verde* sont plus rapides mais plus chers que ceux qui passent par la BR 101. Le bus *Bomfim* passe par la ville d'Estância, où il faut descendre et prendre un autre bus pour Pontal. Bus Estância-Pontal tlj vers 15h. *Combi* d'Estância à Pontal. Problème : il y a 3 km entre la gare routière et le départ du bus pour Pontal, au centre-ville. De plus, il ne part que s'il y a assez de clients. Si vous êtes plusieurs, partagez plutôt un taxi pour Pontal depuis la gare routière.

➢ ***Aracaju :*** plusieurs compagnies, dont *Coopertalse* (☎ (79) 3252-3547 ; • coopertalse.com.br •) qui propose des bus ttes les 30 mn pour Indiaroba (durée : 2h). Prendre ensuite un taxi pour Pontal. Également 1 bus direct vers 10h40 pour Porto do Mato avec *Coopertalse* (durée : 2h). Ce bus repart à Aracaju vers 14h. Prendre ensuite un bateau à l'embarcadère des *lanchas* (en gros, mêmes prix, même durée qu'à Pontal).

➢ ***De Pontal à Mangue Seco :*** en venant de Salvador ou d'Aracaju, suivre la direction de Pontal-Mangue Seco. 2 km avant d'arriver à Pontal, un panneau sur la droite vous proposera un service de parking et de bateau pour Mangue Seco. Un poil plus cher cependant qu'à Pontal. À Pontal même, il y a des parkings payants gardés (env 15 Rls la nuit) et des bateaux réguliers (*lancha comun,* on paie par personne) ou des *lanchas* rapides (sortes de petits hors-bord). La traversée du rio Real jusqu'au village de Mangue Seco dure env 10 mn.

Où dormir ? Où manger ?

De bon marché à prix moyens

🏠 ***Mangue Seco Hostel :*** *rua do Meio, 65.* 📱 *(79) 99943-2935.* • *manguesecohostel.com* • *Lit en dortoir env 50 Rls ; double env 150 Rls. Réduc avec la carte HI.* 💻 📶 Toute petite et récente auberge de jeunesse, la seule de Mangue Seco en fait, ouverte début 2015 ! Dortoir mixte de 10 lits avec sanitaires en commun à l'extérieur, dortoir de 6 lits avec salles de bains et une seule chambre double privative. C'est simple, voire basique, mais moderne, propre, avec casiers, clim et ventilo. Salle commune avec billard et coin snack-bar où prendre les repas (de qualité) dans une ambiance routarde. Petits concerts en soirée. Également une chouette terrasse et un bout de jardin avec hamacs. Kayak et planche de surf à dispo.

🏠 ***Pouso das Garças :*** *à 100 m à gauche du débarcadère, surplombant la mer.* ☎ *(75) 3445-9022.* 📱 *(79) 9937-8213. Selon saison, doubles env 120-150 Rls avec ventilo. Compter 60 Rls/pers en chambre de 4.* 💻 📶 On dort dans un bâtiment vert en dur situé dans un jardin tropical, et le petit déj se prend sous la véranda près de la maison principale en bois, toujours face à la mer (côté ouest). Petites chambres avec douche/w-c, ventilo, fenêtre avec vue sur la mer, moustiquaire, carrelage, et bien sûr un hamac à l'extérieur pour la sieste. Simple mais bien tenu et bon accueil.

🍽 ***Restaurante Frutos do Mar :*** *face au débarcadère.* ☎ *(075) 3445-9049. Tlj 6h-21h. Plat 2-3 pers env 70 Rls.* Sa terrasse couverte donne sur le fleuve. Cuisine familiale, simple et saine, à base de produits... de la mer, évidemment. Plats cuisinés et servis exclusivement par des femmes. Sympa. Possèdent une petite paillote avec tables et chaises longues abritées, sur la plage. Extra en journée.

🏠 🍽 ***Pousada Asa Branca :*** *rua da Frente, 4.* ☎ *(75) 3445-9053/54.* 📱 *(79) 9985-0247. À 250 m à droite après le débarcadère, face à la mer ; bien indiqué. Doubles env 180-220 Rls. Plats 2 pers env 40-90 Rls.* 📶 Petit hôtel convenable. Chambres avec douche/w-c, clim et TV à écran plat, réparties autour d'un patio ouvert sur le rio Real, avec piscine. Demandez les n°s 10 ou 16, car elles ont 3 fenêtres et une belle vue. Resto de poisson et fruits de mer de bonne réputation. Bon petit déj inclus.

Plus chic

Eco-pousada O Forte : *sur la praia da Costa (à gauche du débarcadère) ; demander à se faire déposer devant, sinon c'est à 10 mn à pied du village. (79) 9952-0813. • pousadaoforte.com • Possibilité de transfert depuis Aracaju et Salvador. Doubles env 290-390 Rls ; gratuit moins de 14 ans (dans la chambre des parents).* Coup de cœur pour cette *pousada* au bord de l'eau tenue par un couple franco-bahianais. Yves est un navigateur breton qui a découvert Mangue Seco lors d'une traversée La Rochelle-Salvador... 12 chambres pour 1 à 4 personnes, réparties dans des bungalows en dur avec moustiquaire, clim ou ventilo, frigo, TV-DVD, terrasse, hamac et tables à disposition. Petit déj délicieux et copieux. Piscine avec hydromassage. Diverses activités sont proposées gratuitement : kayak, stand-up paddle, surf, tir à l'arc, raquettes dispo... Bons repas servis face à l'océan. Si les prix vous paraissent un peu élevés, c'est qu'Yves et Neide s'efforcent de respecter des règles à la fois éthiques et écologiques. Ils sont les seuls à avoir reçu une licence « *ambiantal* ». Accueil chaleureux et calme assuré car situé un peu à l'écart du village.

Où manger une friandise ? Où boire un verre ?

Recanto Dona Sula : *sur la pl. principale du village, à côté de l'église. ☎ (75) 3445-9008. Tlj 9h-20h (parfois plus tard).* Une adorable bonbonnière regorgeant de pâtisseries, *cocadas* (*maracuja* ou banane), *doce de leite* ou de *carambola,* etc. On peut aussi boire un café ou une *licor* et lécher une glace maison. Pas donné, mais la pause est agréable, notamment en terrasse. Quelques babioles artisanales.

À faire

Plage : celle côté Atlantique est située à 2 km à l'est. Immense et sauvage, derrière un gros cordon dunaire qui la sépare de Mangue Seco. Y aller à pied par les chemins et les dunes de sable, superbe promenade (prévoir impérativement chapeau, lunettes et eau). Sur place, quelques paillotes et hamacs.

– La ***dune,*** longue d'environ 8 km, partage la presqu'île en deux. La balade, à faire surtout au coucher du soleil, réserve d'ailleurs de magnifiques points de vue entre océan et fleuve, en particulier au pied du phare. Attention, il y fait excessivement chaud en journée : prévoir chapeau, crème et eau.

– ***Tour en buggy :*** c'est l'activité principale à Mangue Seco. On sillonne les dunes en buggy quatre places façon *Mad Max...* Marrant mais pas franchement écolo... *Compter 80 Rls le tour de 30-40 mn.*

PRAIA DO FORTE

IND. TÉL. : 71

Situé à environ 70 km au nord de Salvador (53 km seulement de l'aéroport), cet ancien village de pêcheurs s'est métamorphosé en une station balnéaire archi-touristique, très prisée des Bahianais. Une route unique, perpendiculaire à la BR 99 *(Linha Verde)* marque l'entrée dans la station. Curieuse impression du reste que cette station de vacances, huppée et coupée du monde, dont beaucoup d'enseignes portent l'estampille *Visa Card* !

Le centre-ville étant en grande partie piétonnier, il est recommandé de laisser son véhicule dans les parkings périphériques ou dans votre hôtel (s'il possède un parking). Car ici, tout est à une volée de tongs. Le long de la rue principale, les anciennes maisons de pêcheurs abritent des flopées de *pousadas,* restos, bars et boutiques. Le soir, shopping et vie nocturne vous tendent les bras !

LES TORTUES POUR LES NULS

Sachez que les tortues reviennent toujours pondre là où elles sont nées ! La ponte a lieu de septembre à mars, en général le soir et la nuit. Les œufs éclosent environ 45 jours après. La tortue les enterre à une profondeur variable. Plus l'œuf est enfoncé, plus sa température est basse. C'est cette différence de chaleur qui détermine le sexe des petits (et non les chromosomes !).

Praia do Forte abrite le très chouette *Projeto Tamar,* temple de la tortue marine et symbole de la région, et la réserve naturelle de Sapiranga, vaste forêt de cocotiers bordée par de longues plages de sable, servant d'écrin de verdure à la commune. Pour la baignade, cherchez calme et sérénité à l'écart du village ou carrément vers les plages du nord, à Imbassaí et surtout Diogo (voir plus loin), bien plus sauvage.

LE NORDESTE

Arriver – Quitter

➢ ***Salvador :*** liaisons fréquentes avec *Expresso Linha Verde (☎ 3460-3636).* De Salvador, départ ttes les 30 mn, 5h-19h ; départ à l'arrêt *Shopping Iguatemi.* De Praia do Forte (à l'entrée du village, en face de l'Office de tourisme) pour Salvador, avec la même compagnie, 24 bus/j., 5h40-18h50. Trajet : 2h. En minibus : avec *Linha Branca,* trajets ttes les 30 mn env 5h-19h. Arrêt au *Shopping Iguatemi* à Salvador. En voiture : l'autoroute entre Salvador et Praia do Forte est payante.

➢ ***Imbassaí et Diogo :*** départs ttes les 30 mn sur la place en face de l'office de tourisme, à l'entrée de Praia do Forte. Le même bus dessert d'abord Imbassai, puis Diogo. Arrêt à 2 km d'Imbassai : prévoir de continuer ensuite à pied jusqu'à son hébergement ou la plage. Également des taxis à prendre au même endroit.

Adresses et infos utiles

– ***Site officiel de l'office de tourisme :*** • *praiadoforte.org.br* • Liste des hôtels et des *pousadas.* Sur place, l'office de tourisme *(Delegacia de turismo)* se trouve sur le rond-point à l'entrée de la rue piétonne. Pas très utile si ce n'est qu'il distribue un plan de la ville.

■ ***Change : Gradual Turismo Câmbio,*** *dans la rue piétonne, face au supermercado O Caçador. ☎ 3676-1183. Tlj sf dim et j. fériés 12h-19h.* Change les euros, pas les chèques de voyage.

■ ***Distributeurs automatiques :*** *à l'entrée du village, sur la droite.*

🅿 ***Parking gratuit :*** *au fond de la rue principale, sur la gauche.* Sachez que si vous vous garez n'importe où, vous risquez une sérieuse amende, voire une mise en fourrière ! Ami routard, posez une fois pour toutes votre carrosse, on peut tout faire à pied en ville.

Où dormir ?

Ce ne sont pas les options qui manquent dans les rubriques chic et plus. Moins vrai en revanche pour les petits budgets à qui l'on conseille de s'y prendre à l'avance, les week-ends et en haute saison.

Camping

Camping Reserva da Sapiranga : *99976-9450. • campingreservadasapirangacom.pagebr.com • En voiture, passer le portique d'entrée de Praia do Forte, prendre la 1re route à droite vers le Castelo et tourner encore à droite dans le chemin sablonneux. Le bus de Salvador peut s'arrêter sur le petit pont avt l'entrée de Praia do Forte (arrêt Tapera) ; il reste 15 mn de marche vers la mer par une piste en forêt. Prévoir env 25-30 Rls/pers selon saison.* En pleine nature, emplacements assez ombragés, une douzaine de douches (intérieures et extérieures), cuisine collective, laverie et électricité. Petit resto sur place et kiosque. Bon accueil.

Prix moyens (130-200 Rls / env 33-50 €)

Albergue Praia do Forte *(AJ) : rua da Aurora, 3. ☎ 3676-1094. • albergue.com.br • Selon saison et confort, avec ou sans la carte* HI, *nuitée en dortoir 65-70 Rls/pers, doubles env 220-245 Rls. Petit déj et visites du* Projeto Tamar *et de l'*Instituto Baleïa Jubarte *inclus, ainsi que 50 % de réduc pour le Castelo da Torre.* Une des adresses les moins chères de Praia do Forte. Environ 20 chambres et dortoirs (2 à 6 personnes) avec douche, eau chaude et w-c. Elles donnent sur un patio, où est servi le petit déj. Valable surtout pour les dortoirs, car les chambres privées sont d'un rapport qualité-prix moins évident en haute saison. À disposition : casiers, cuisine, location de vélos. Bruyant les vendredi et samedi soir, autant le savoir (bar animé jusqu'à 3h du mat', juste à côté !).

Pousada Amanhecer : *rua Aurora, s/n. ☎ 3676-1817. Doubles env 140-160 Rls selon confort et saison. CB refusées.* Un côté pension de famille pour cette modeste *pousada* de 11 chambres dans l'une des rues les plus calmes du village. Pots de fleurs et napperons au crochet en guise de déco. Certaines chambres sont assez petites, d'autres sont plus rénovées, demandez à en voir plusieurs avant de vous décider (si vous avez le choix !). Quelques triples également. Très bon entretien général. Correct pour les petits budgets.

De chic à plus chic (200-500 Rls / env 50-125 €)

Pousada dos Artistas : *praça dos Artistas, une ruelle à gauche de l'av. principale qui mène à la pl. de l'église. ☎ 3676-1147. • pousadadosartistas.tur.br • Doubles env 275-400 Rls selon étage, sem ou w-e. Parking.* Accueil particulièrement courtois derrière la superbe pièce de bois qui vous attend à la réception de ce charmant petit hôtel. Le propriétaire chilien a décoré sa maison dans un style assez... mexicain : meubles en acajou, agréable pelouse et belle salle de petit déj sous une véranda aérée. Chambres claires et coquettes, toutes impeccables, certaines un peu moins grandes, d'autres avec petit balcon et hamac. Tout confort : clim et ventilo, TV, minibar, coffre... Sur la place devant, joli parc public avec aire de jeux pour les enfants.

Pousada Rosa dos Ventos : *aldeia dos Pescadores. ☎ 3676-1271. • pousadarosadosventos.com • Double 270 Rls ; majoration de 10 % pour un séjour de moins de 3 nuits ; dégressif (-10 %) à partir de la 4e nuit.* Au cœur du village, ce charmant boutique-hôtel dispose de 6 chambres dans la maison principale et 12 autres dans une annexe voisine. Déco personnalisée, murs aux teintes douces et boutis élégants ; les chambres, pas très grandes toutefois, ne manquent pas de charme. Certaines, dans la maison principale, donnent sur un mur ; demander à voir si possible, car le prix diffère peu. Celles de l'annexe ont une vue bien dégagée, en particulier dans les étages. Excellent confort. Parties communes avec tables fleuries, jolis carrelages, vaisselles dépareillées. Et une micro piscine dans le micro jardin. Atmosphère confidentielle. Accueil doux. Tous les atouts du boutique-hôtel, en somme.

Hotel-pousada Tatuapara : *praça dos Artistas, 149. ☎ 3676-1015. • tatuapara.com.br • ♿ À côté de la* Pousada dos Artistas. *Double env 380 Rls, avec sdb, ventilo et AC ; également des chambres en mezzanine* *pour 3-4 pers.* 💻 📶 La trentaine de chambres enserre le jardin et la petite piscine dans un environnement agréable. Chambres sobres, bien tenues, avec AC, écran plat et coffre individuel. Salle de jeux avec ordinateurs, salon de lecture, jacuzzi, et même massages proposés. Location de matériel pour le *snorkelling* et prêt de parasols et fauteuils pliants pour la plage.

Très chic (plus de 500 Rls / env 125 €)

Pousada Porto da Lua : *☎ 3676-1155. Double env 540 Rls.* Le genre d'hôtel balnéaire qui fait la une des magazines de voyages. Il combine tous les clichés : grande bâtisse de style tropical en bord de mer noyée dans la cocoteraie, des rangées de transats posés sur une pelouse impeccable, puis le sable blanc, l'eau translucide, et les piscines naturelles à marée basse. Un rêve... D'ailleurs, c'est le seul de Praia do Forte à bénéficier d'une telle situation stratégique et à ce titre-là, il ne vole pas ses prix. Chambres vastes et modernes, toutes avec large balcon vue mer et hamac. L'hôtel est relativement grand, mais l'accueil personnalisé et charmant marque la différence.

Où manger ?

De bon marché à prix moyens (moins de 40-60 Rls / env 10-15 €)

Casa da Nati : *av. ACM, s/n ; au milieu de la rue piétonne. ☎ 3676-1239. Tlj 8h-22h. Musique ao vivo ven et sam soir.* Nati est une personnalité connue à Praia, adorable et toute douce. Elle prépare une cuisine goûteuse, qui décline les spécialités locales. Pas un choix immense, mais tout est frais, et le débit est assuré. Souvent du crabe et des *sururu* (moules locales). Et parfois du *bife de cavalo* pour les adeptes de la viande de canasson. Joli cadre dans les tons jaune orangé. Un excellent rapport qualité-prix.

Manah do Forte : *alameda da Felicidade, s/n. 📱 99936-9013. Près du petit marché artisanal. Tlj 12h-16h.* Ouvert sur la rue, ce petit caboulot sans prétention ravit les budgets serrés. Spécialités locales tout à fait convenables, et surtout préparations fraîches renouvelées chaque jour.

Restaurant de Tamar : *dans l'enceinte du* Projeto Tamar *; accès sans droit d'entrée. ☎ 3676-1386. Tlj 9h-18h.* Au cœur du *Projeto Tamar,* petit resto bien agréable par sa situation sous les cocotiers, au bord de l'eau, pieds dans le sable. Et heureuse surprise, la cuisine est soignée : *moqueca, filé mignon, peixe* ou *frango grelhado.* On recommande surtout le large choix de *petiscos,* bien adapté à une déjeunette au soleil.

Où boire un verre ?

Souza Bar : *à l'entrée de la rue piétonne principale, sur la gauche.* Musique ao vivo *à partir de 21h, ts les soirs. À partir de 22h, couvert artistique (tarif variable selon programmation).* Vaste terrasse couverte par un anacardier (arbre du cajou) où la fête bat son plein dès 23h-minuit, quand les autres bars du village sont fermés. On y danse le *forró,* l'*axé,* la samba et le *pagode* dans une ambiance « bal de village » bon enfant. Videurs baraqués à l'entrée, pas moyen de resquiller. Les fauchés dansent parfois devant, dans la rue piétonne !

Barracas : *sur la plage, face à l'église et au* Projeto Tamar, *au bout de la rue piétonne. Tlj jusqu'à 18h env.* À l'ombre des cocotiers, face à la jolie petite église blanc et bleu, plusieurs néo-*barracas* dans un style balnéo-chic. La *barraca Sapiranga* a le plus de succès car elle est côté plage... Possibilité de manger un morceau.

À voir. À faire

Pour faire trempette, on vous conseille de vous éloigner de la concentration balnéaire autour de la petite église du bourg, côté *Projeto Tamar.* De plus, pas mal d'algues et de rochers qui affleurent... Marchez donc jusqu'au *Tivoli Resort,* ou encore plus loin vers le sud-ouest. Sinon, partez sur les plages du Nord, à Imbassaí et Diogo (voir plus loin).

Projeto Tamar : *av. Farol Garcia d'Avila, au fond de la rue piétonne principale, derrière l'église. ☎ 3676-1045 ou 0321. • tamar.org.br • Tlj 9h-17h30 (8h30-18h30 en été). Entrée : 20 Rls ; réduc ; gratuit moins de 5 ans ; « famille » 47 Rls. Visites guidées 9h30-17h. Animaux nourris tlj 14h30-17h (requins à 16h45).*
Une visite incontournable, pour les petits comme pour les grands. Fondé en 1980, le *Projeto Tamar* (abréviation de *Tartaruga marinha*) est une importante association brésilienne qui lutte pour la protection des tortues marines venant se reproduire sur le littoral brésilien. Elles quittent les côtes africaines (golfe de Guinée), où elles se sont suffisamment « engraissées », et traversent l'Atlantique au péril de leur vie pour pondre sur les plages des côtes brésiliennes, de septembre à mars. Pourquoi cet interminable voyage ? Pour pondre là où elles sont nées ! Leurs œufs sont alors recueillis par les bénévoles du Projeto Tamar et enterrés dans le sable jusqu'à éclosion. Plus tard, on les remet à l'eau. Les tortues repartent vers l'Afrique jusqu'à la prochaine migration !
Après plus de 30 ans d'exercice, le Projeto Tamar s'enorgueillit d'avoir sauvegardé plus de 4 millions de tortues. Beau palmarès quand on sait que sur 1 000 naissances, seulement une tortue arrive à la mer après avoir échappé à ses prédateurs et à la déshydratation. Le territoire protégé est évalué à 1 100 km de côtes, avec environ 22 centres *Tamar* répartis sur le littoral (notamment à Mangue Seco ; lire plus haut et voir l'encadré). Celui de Praia do Forte est l'un des premiers et des plus intéressants à visiter, un véritable parc d'attractions (dans le bon sens du terme) à mission de sensibilisation (quand même !), avec de grands bassins où l'on peut observer cinq espèces de tortues, de la tortue Oliva qui ne pèse pas plus de 65 kg à la tortue de Couro qui peut aller jusqu'à 700 kg. Ces « dinosaures marins » sont vraiment fascinants ! Sachez que la tortue la plus commune, au Brésil, est la tortue Cabeçuda, repérable à sa grosse tête, sa carapace marron de 1 m d'envergure une fois adulte et son poids moyen de 150 kg, pouvant aller jusqu'à 250 kg. À voir également, un bassin de bébés tortues, des raies et poissons exotiques, des squelettes de tortues et deux petits films instructifs.

Instituto Baleïa Jubarte : *av. do Farol, après le rond-point de la Delegacia de turismo, sur la gauche. ☎ 3676-1463. • baleiajubarte.org.br • Mar-sam 12h-18h. Entrée : env 10 Rls.* Ce centre d'études et d'observation des baleines dispose d'un petit musée en plein air sur ces fameux cétacés. Grand squelette à l'entrée pour se mettre dans l'ambiance. Petit amphi avec projection d'un film instructif sur le sujet. Jardin avec panneaux explicatifs et reproductions à l'échelle des parties essentielles d'une baleine, comme la nageoire caudale. Programme de sorties pour aller observer les baleines en mer en saison (assez cher).

Projeto Floresta Sustentável, reserva de Sapiranga : *de Praia do Forte, tourner à gauche vers Salvador et faire 2 km, c'est sur la droite, au km 52 ; entrée peu visible au niveau d'un petit pont et d'un chemin de terre. ☎ 3676-1133. Tlj 8h-17h. Entrée : env 15 Rls ; réduc. Guide obligatoire (payant) quel que soit le circuit.* Une réserve forestière de plus de 500 ha qui abrite des spécimens typiques de la faune et de la flore de la *Mata Atlântica.* Elle est traversée par deux sentiers. Le plus court se boucle en 20-30 mn. Le plus long mène jusqu'aux berges et aux rapides du rio Pojuca et permet d'avoir un meilleur aperçu de la richesse naturelle de la réserve en 2h.

Castelo da Torre de Garcia d'Avila : *en venant du centre du village, tourner à gauche avt le portique d'entrée et continuer le chemin sur 3 km ; à pied, demander son chemin pour couper au plus court. ☎ 3676-1133. • casadatorre.org.br • Tlj 9h-17h (16h30 en été). Entrée : 10 Rls ; réduc.*
Oubliez le bâtiment moderne à l'entrée, sauf si vous voulez vous pencher sur les fouilles et la restauration des lieux. La visite commence vraiment lorsque vous apercevez le magnifique ficus centenaire qui se dresse en haut d'une petite butte herbeuse, laissant apparaître peu à peu les ruines d'un vieux château fortifié construit à l'époque coloniale sur une terre appartenant à Garcia d'Avila (1528-1609).
Appelé communément « casa da Torre », la tour date de 1551 et le reste des bâtiments de 1624. Sa situation stratégique visait à prévenir toute attaque de la côte et de Salvador. Il a d'ailleurs joué son rôle en 1624 lors de l'invasion néerlandaise de Bahia par le Nord. Le terrain a ensuite été utilisé comme pâturages et cocoteraie. Le château, aujourd'hui monument historique, est resté pendant plus de trois siècles la demeure de la plus puissante famille de conquistadors portugais au Brésil. Dix générations de Torre d'Avila s'y sont succédé jusqu'à l'abolition des seigneuries *(morgados)* et du régime féodal en 1835. Le château fut alors abandonné. Au milieu du XIXe s, il était déjà en ruine. Ne pas manquer la chapelle adjacente, très sobre, dont la coupole en forme de coquillage, les statues polychromes et les fresques murales apportent un peu de sérénité par contraste avec l'animation du village. Du château, grimper la passerelle pour profiter de la vue sur la mer.

OH, LA VACHE !

Garcia d'Avila arriva au Nouveau Monde en 1549, au service du premier gouverneur du Brésil. Avec une simple paire de vaches, ce pionnier portugais fonda, sur les terres du Nordeste, rien moins que le plus grand empire foncier de l'histoire du pays. Et même une dynastie, la maison de La Torre, le seul château féodal des Amériques. Selon certains, les seigneurs de La Torre auraient possédé 129 immenses fazendas, soit un territoire grand comme le dixième du Brésil (800 000 km²)...

DANS LES ENVIRONS DE PRAIA DO FORTE

IMBASSAÍ (ind. tél. : 71)

À environ 10 km au nord de Praia do Forte. Ce petit village touristique en plein développement doit son nom au rio Imbassaí (« eaux vives » en tupi) qui longe les dunes de sable blanc avant de se jeter dans l'océan, formant une lagune naturelle. C'est un spot réputé des surfeurs. Les autres se « contenteront » de profiter de l'immense plage en sirotant un jus de fruits sous les paillotes et des possibilités de belles balades sur le littoral. Pas de bitume dans le village, juste des rues pavées et des pistes de sable, bordées de palmiers.

Où dormir ? Où manger ?

Lujimba Eco-hostel : *rua Lujimba. ☎ 3677-1056. • imbassaihostel.com.br • À l'écart du centre et env 10 mn à pied de la plage. En dortoir, env 45 Rls/pers selon saison, avec ou sans la carte HI ; doubles env 140-175 Rls. Draps et petit déj inclus.* Dans un bout de forêt peuplée d'oiseaux et de singes, où poussent quantité d'arbres fruitiers, voici une auberge tendance écolo, où se retrouvent les routards de tous horizons. Les dortoirs (jusqu'à 6 lits) et les chambres disposent d'une salle de bains privée (eau chaude), d'un ventilateur et de casiers. Hamacs pour la sieste. Salle de yoga, coin méditation à l'étage, salon TV, bibliothèque, cuisine à disposition, laverie, etc. Bon accueil de Roberto.

🏠 |●| ***Pousada Capitù :*** *rua Beira do Rio. ☎ 3199-0545. • capituimbassai.com • Doubles 350-500 Rls selon confort et vue.* Gérée par une famille française (2 jeunes cousines, Amélia et Oriana, et Adrien, le mari de l'une d'elles), cette charmante *pousada* dispose de 14 chalets aux murs brique ou framboise, qui tranchent dans le verdoyant jardin tropical. Seulement 3 d'entre eux (les plus grands et les plus chers) ont une vue mer. Et seulement 2 ont l'AC, mais l'air circule la nuit ! Déco stylée et élégante. Piscine nichée dans un coin du jardin, spa et resto donnant sur un bout de plage déserte où sont installés transats et parasols. C'est du reste un des rares hôtels d'Imbassaí à bénéficier d'un accès direct à la plage. Une réussite.

|●| ***Jerimum :*** *alameda das Amendoeiras. ☎ 3677-1019. Lun-jeu 17h-23h, ven 17h-minuit, w-e et j. fériés 13h-minuit. Fermé mer hors saison.* Le resto branché d'Imbassaí ! Attendez-vous à... attendre (il faut s'inscrire sur une liste en arrivant). D'ailleurs, c'est un resto à tendance *slow food,* avec un max de produits bio, donc il n'y a pas toujours tout à la carte, ça dépend des arrivages. Entrées du style soupes, *crostini,* salades et raviolis. En plat, pâtes et *nhoques* maison, risotto, *filé mignon* et autres viandes bien tendres. Également des pizzas et *calzoni.* Longue carte de desserts et de cafés. Service et ambiance virevoltants. Impatients, s'abstenir !

|●| ***Micasa :*** *dans la rue principale, près du petit kiosque d'infos touristiques. 📱 9974-4144. Ouv le soir slt à partir de 18h.* Pas mal de restos dans le petit centre-ville, mais celui-ci sort du lot pour la bonne ambiance et la qualité des pizzas, préparées par un Italien et cuites au feu de bois. Quelques classiques italiens tels que lasagnes, aubergines à la *parmiggiana...* Ingrédients de qualité, garnitures généreuses, bon accueil. Tiercé gagnant !

DIOGO – VILA DE SANTO ANTÔNIO *(ind. tél. : 71)*

À environ 15 km au nord de Praia do Forte. Touristiquement moins développé qu'Imbassaí et donc plus authentique, Diogo est un village étendu entre les plantations de cocotiers. Il est situé à 20 mn de marche d'une belle plage sauvage interdite aux buggys. Pour se rendre à cette plage, on prend un chemin traversant des dunes d'une blancheur aveuglante, tempérée par le vert de la végétation qui s'y accroche. Attention : on emprunte à un moment un pont fait de bric et de broc... Plus proche de la plage, le bourg de Santo Antônio est formé par quelques maisonnettes colorées.

Où dormir ? Où manger ?

⛺ ***Camping Canto da Terra, Canto do Mar :*** *après Too Cool, sur la gauche. 📱 8108-0826 ou 9133-8965. • campingdiogo.com • Env 20-25 Rls/pers selon saison.* Dans un beau jardin, quelques emplacements plus ou moins ombragés. Bloc sanitaires impeccable. Loue également des tentes pour dépanner. Accueil un peu spécial, mais c'est un bon plan pour les campeurs et les routards sac au dos.

🏠 |●| ***Pousada Too Cool :*** *Linha Verde, km 69. 📱 99952-2190. • toocoolnabahia.com.br • En voiture, quitter la route principale par la 1re entrée pour Diogo (panneau). Le bus s'arrête slt à la 2e entrée, d'où il faut marcher 20 mn ou trouver une moto-taxi ; la propriétaire peut également passer vous prendre. Selon saison, doubles 185-325 Rls avec ventilo ou AC, petit déj compris. Resto accessible aux non-résidents.* 📶 Havre de paix dans un environnement exceptionnel, où l'on est accueilli par Sophie, d'origine belge. Une dizaine de chalets tout confort (3 sans AC), au sommet d'une colline dont la pente descend vers une petite rivière. Chaque chambre est inspirée d'un pays différent (Inde, Kenya, Belgique, Brésil, Zanzibar...). Également 2 maisons, parfaites pour une famille ou des amis, louées à la nuitée (2 nuits minimum) avec service hôtelier. Une tente arabe et un sauna invitent aussi à la méditation et à la détente. La plage, à environ 20 mn à pied, permet en outre de nombreuses activités sportives (surf, kayak, etc.). Possibilité de séjours à thème (peinture, massages et reiki...) et d'excursions alentour. Par ailleurs, un minibus qui dessert Praia do Forte passe tous les jours devant la *pousada* à 9h, et revient en milieu d'après-midi. Bref, une adresse vraiment *Too Cool,* qu'on aime beaucoup.

|●| *Caminho do Rio :* *après Too Cool, au croisement ; entrée discrète à l'abri des feuillages. ☎ 3667-3829. Tlj 11h-20h.* Une mignonne petite terrasse dans un jardin tropical, avec une déco très sympa (notez les coquilles d'œufs sur les pointes des plantes vertes !). Le petit resto de village comme on l'aime, avec un service nonchalant mais souriant et de bons petits plats maison, pas ruineux du tout. Spécialité de crabe *(carangueijo, siri mole), sururu* (petite moule locale) et poisson. Petit dessert offert.

|●| *Sombra da Mangueira :* *rua do Diogo. 9943-2745. Tlj 11h-16h30. Attention, CB refusées.* Une institution locale, très prisée des nouveaux riches brésiliens si l'on en juge par la flopée de 4x4 garée devant. On mange sur de longues tables en bois installées en terrasse, à l'ombre d'un magnifique manguier, d'où son nom. Notez le filet tendu au-dessus de votre tête pour que vous ne soyez pas assommé par la chute d'une mangue pendant que vous dégustez votre *mariscada,* une délicieuse *moqueca* de fruits de mer. Attention, service un peu blasé et ambiance très animée.

SALVADOR DA BAHIA ET LA BAIE DE TODOS OS SANTOS

SALVADOR DA BAHIA

env 2,8 millions d'hab. IND. TÉL. : 71

• Plan d'ensemble *p. 533* • Centre (plan I) *p. 535* • Pelourinho (zoom I) *p. 537* • Carmo et Santo Antônio (zoom II) *p. 539* • Barra (plan II) *p. 541*

Salvador da Bahia de Todos os Santos ! Un nom mythique, légendaire ! D'abord ce site étonnant : une vaste baie lovée dans les terres sur des dizaines de kilomètres, comme une immense rade maritime aux côtes ponctuées d'îles et de criques sableuses ou rocheuses. Protégé des vents et des tempêtes, quel magnifique abri naturel pour les marins et les hommes usés par la périlleuse traversée de l'Atlantique ! On se prend à imaginer les caravelles d'antan laissant leurs lourdes ancres s'accrocher pour des siècles aux côtes du Brésil. On songe aux sombres cales des navires négriers chargées des esclaves, qui débarquaient enchaînés en terre inconnue, peuple du silence arraché aux dieux de l'Afrique.

C'est à Salvador que l'histoire du Brésil a commencé au XVIe s, et tout son déroulement plonge ses racines dans les rivages de cette vaste baie. Il n'est donc pas farfelu de commencer un voyage au Brésil par Salvador et le Nordeste. Troisième ville du pays par sa population, elle est de fait la première par son cœur. Car si Rio fait rêver pour son site naturel et sa baie splendide, Salvador, ville la plus africaine du continent, fascine le voyageur par son caractère tropical et afro-brésilien. On l'a d'ailleurs surnommée « la Rome noire » du Brésil... Rome pour le nombre impressionnant d'églises que compte la ville (365, une pour chaque jour de l'année, dit-on). Et noire, parce que Salvador est aujourd'hui une métropole peuplée à 80 % de descendants des anciens esclaves africains.

AU NOM DE TOUS LES SAINTS

Le site de Salvador fut découvert en 1501 par le Florentin Amerigo Vespucci. À l'époque, on nommait chaque point d'implantation d'après un nom de saint. La Bahia de Todos os Santos – baie de Tous les Saints – doit son nom au fait que le site fut découvert le 1er novembre, jour de la Toussaint.

UN PEU D'HISTOIRE

En 1509, 8 ans après le passage d'Amerigo Vespucci, ***Diogo Álvares,*** un marin portugais, fait naufrage sur le rivage de Rio Vermelho. Il survit à cette épreuve et fonde un embryon de colonie portugaise dans la baie de Bahia. Coup du destin, il tombe amoureux d'une princesse indigène, ***Catarina Paraguaçu,*** fille d'un puissant cacique tupinambá. Le marin rescapé et sa dulcinée partent alors en Europe. Le 30 juillet 1528, elle est baptisée en l'église catholique de Saint-Malo sous le nom de Catherine du Brésil, après un séjour de 4 ans en France (l'acte de baptême est toujours conservé aux archives de cette ville).

En 1530, Diogo Álvares et sa compagne Catherine (ils ne sont pas encore mariés !) sont de retour à Bahia. Très religieuse, elle fait construire l'ermitage ***Nossa Senhora da Graça*** (dans le quartier de Graça), où le couple se marie finalement en 1549, initiant ainsi le premier métissage (officiel) de l'histoire du Brésil. Par leur descendance (six enfants), Diogo et Catarina sont les ancêtres fondateurs de la plus vieille lignée du Brésil colonial, les ***Torre d'Avila.***

Le 29 mars 1549, Diogo Álvares et Catarina accueillent ***Tomé de Souza,*** le premier gouverneur du Brésil, et la ville devient la première capitale du pays : *São Salvador da Bahia de Todos os Santos.* Pendant deux siècles, Salvador va s'enrichir grâce à la canne à sucre et se couvrir de splendides *sobradões* et d'églises. Un intense trafic d'esclaves fournit la main-d'œuvre aux champs de canne.

Avec la découverte de l'or au Minas Gerais, le centre d'activités se déplace de Salvador vers Rio. Cette dernière est nommée capitale en 1763 par la Couronne portugaise. Salvador plonge alors dans une longue léthargie, accentuée au XIXe s par l'abolition de l'esclavage et la crise de la canne à sucre. C'est probablement ce qui a sauvé son patrimoine architectural.

Depuis les années 1980 cependant, avec la création d'une zone industrielle à Aratu, au nord de la ville, Salvador a retrouvé un vrai souffle économique. Une forêt de hauts immeubles, issue de ce renouveau, a vu le jour, mais à côté de la vieille ville, qui, elle, conserve de superbes vestiges.

LA VILLE DU *CANDOMBLÉ*

La « Rome noire du Brésil » doit son caractère et sa personnalité au mélange de la culture africaine et des traditions portugaises. Contraints d'adopter la religion des colons portugais, les Noirs n'ont pas moins continué à pratiquer leur foi en donnant à leurs divinités les noms issus de la religion catholique, réalisant là une véritable fusion entre animisme africain et catholicisme romain. C'est ainsi que naquit le *candomblé,* qui imprègne toute la vie spirituelle et culturelle de Salvador. Longtemps interdit, voire persécuté (il était considéré comme de la sorcellerie) ; l'Église catholique a finalement été contrainte de l'admettre, et aujourd'hui le *candomblé* est pratiqué par quelque 3 millions de Brésiliens. Il existerait environ 2 000 *terreiros de candomblé* à Salvador. Voir aussi la rubrique « Religions et croyances » dans « Hommes, culture, environnement » en fin de guide, ainsi que le *Museu Afro-brasileiro* à Salvador (rubrique « À voir »).

CAMOUFLAGE

Sur la route à la sortie de l'aéroport international, on passe sous une incroyable voûte végétale composée de majestueux bambous. Aucun objectif esthétique ici. Ces bambous furent plantés lors de la Seconde Guerre mondiale par les Américains, afin de masquer l'accès à la base militaire qu'ils avaient implantée ici.

– ***Assister à une cérémonie de candomblé :*** longtemps fermées, les cérémonies de *candomblé* s'ouvrent progressivement aux touristes, étant partie intégrante de la vie sociale de Salvador. Elles sont gratuites, mais comme elles se déroulent souvent dans des lieux éloignés (parfois 30 ou 40 km de la ville), s'y rendre nécessite de passer par une agence, qui propose aussi un guide pour l'explication des différentes phases de la cérémonie. Compter minimum 100 Rls par personne. Vous trouverez les dates d'un certain nombre d'entre elles dans l'*agenda cultural,* disponible à l'office de tourisme. La nécessité de passer par une agence vient du fait de l'éloignement, mais aussi parce qu'il est impossible de trouver ces lieux tout seul. Enfin, il faut l'autorisation de la *Madre de santos* (ou du *Padre*) pour participer, ce que l'on ne peut obtenir seul. Dans les *terreiros* les plus visités, hommes et femmes sont séparés.

– ***Remarque :*** veillez aussi à porter un pantalon (plutôt qu'un short ou une jupe) et des vêtements plutôt clairs, les couleurs foncées étant, aux yeux des pratiquants, « porteurs de négativité ». Vous remarquerez que c'est le blanc qui domine.

LE CARNAVAL DE SALVADOR

Le carnaval de Salvador reste celui du peuple de la rue, l'ambiance est à la participation, plus qu'au spectacle. L'important ici est de *pular* (sauter-danser) ! Depuis l'époque où les esclaves affranchis manifestaient bruyamment leur joie lors du carnaval, le pli a été pris par les classes populaires d'envahir la ville. La liesse est totale, les interdits tombent. Un proverbe ne dit-il pas : *Salvador de todos os santos e de todos os pecados* (« Salvador de tous les saints et de tous les péchés ») ? Quelques différences distinguent le carnaval de Salvador des autres ? Ici, on danse la ***samba de Roda,*** une variante où les danseurs avancent et reculent ensemble avec des mouvements du corps très cadencés.

DE L'INDE AU BRÉSIL

Les filhos *(fils) de* Gandhi *furent créés en 1949 par les dockers de Salvador, à la suite du mouvement de non-violence initié par Gandhi en Inde. Les dockers s'inspirèrent de ce mode de contestation et eurent gain de cause. Ils formèrent un afoxé (groupe musical), largement soutenu par Gilberto Gil, et prirent le nom de* filhos de Gandhi*, en hommage au leader indien.*

Le ***frevo,*** la musique de Recife, n'est pas non plus absent. Les ***afoxés,*** cortèges de *candomblé,* participent au carnaval après avoir fait une offrande à *Exú* (le diable) pour qu'il ne trouble pas les festivités. Enfin, le ***trio elétrico*** est une

institution bien bahianaise, qui a fêté ses 60 ans en 2010 : orchestres jouant la ***musique axé,*** amplifiée par des haut-parleurs, debout sur la plate-forme d'un gros camion décoré et illuminé.
Derrière, les ***foliões*** (littéralement : « ceux qui s'amusent ») dansent des sambas endiablées. Le carnaval se déroule aussi dans les multiples fêtes de quartier, où se manifeste la virtuosité des musicien(ne)s. N'oublions pas de mentionner que le Brésil doit à la ville un nombre considérable d'artistes et de groupes, parmi lesquels ***Olodum, Timbalada*** (le groupe fondé par ***Carlinhos Brown***), ***Caetano Veloso, Daniela Mercury,*** ou encore ***Giberto Gil.*** Avec l'apport africain, les rythmes pratiqués à Bahia sont d'une extraordinaire diversité.
– ***En pratique :*** le carnaval commence 6 jours avant Mardi gras. Les trois grands circuits sont le centre historique (Pelourinho), de Campo Grande à la place Castro Alves, et du phare de Barra à la plage d'Ondina. Dans le Pelourinho, c'est un carnaval de rues. Pour les deux autres circuits, les *blocos* défilent le long des avenues parfois encadrées de tribunes payantes *(camarotes).* À partir de la praça da Sé, c'est de la folie furieuse. À pied, il faut presque toute la nuit pour aller du Pelourinho à Barra. Nuit et jour, plusieurs défilés de trios sont en marche et suivent différents tracés. Près de 3 millions de personnes en délire, c'est impressionnant !
– ***Conseil :*** il est recommandé de mettre son argent ailleurs que dans ses poches (dans les chaussettes, le slip, bref, où vous voulez !), et de n'avoir sur soi que le strict minimum (de quoi boire et grignoter). Pensez aussi à mettre des chaussures confortables, que vous n'aurez pas peur de « déglinguer », et des vêtements ultra-légers, car, au milieu de la foule, sous un soleil de plomb, la température grimpe très vite et très haut. Le soir, l'air est un peu plus frais, mais l'ambiance toujours aussi chaude. On vous prévient, le rythme est dur à tenir pour les non-initiés...
– Un site (essentiellement en portugais) à consulter pour réserver ses places et obtenir toutes les infos et la programmation des différents blocs : • *centraldocarnaval.com.br* •

LE BERCEAU DE LA CAPOEIRA

Longtemps interdite car assimilée aux coutumes clandestines issues de l'esclavagisme, la capoeira est aujourd'hui pratiquée dans tout le Brésil, mais les meilleures académies sont à Bahia. C'est ici que ***Mestre Bimba*** et ***Mestre Pastinha*** ouvrirent les premières écoles annonçant le renouveau et la réhabilitation de cet art sportif (voir la rubrique « Sports et loisirs » dans le chapitre « Hommes, culture, environnement » en fin de guide).
Des démonstrations sont fréquemment réalisées devant le *mercado Modelo* (seulement le matin) et sur le *Terreiro de Jesus,* mais on vous demandera quelques *reais* pour pouvoir prendre des photos. Cela reste des démonstrations destinées aux touristes, parfois spectaculaires mais pas vraiment authentiques...
L'idéal est d'assister aux entraînements dans l'une des académies bahianaises. Certaines d'entre elles proposent des cours ouverts à tous (pas cher, environ 35 Rls par mois) et ouvrent leurs portes pour des démonstrations gratuites, même s'il est d'usage à la fin de la séance qu'une petite collecte soit effectuée auprès de l'assistance.
– ***Le maculêlê*** est le sport de combat lié à la capoeira et se pratique avec des bâtons. L'initiation à l'un comme à l'autre dépend des mêmes académies. Ces deux sports, au-delà de leurs qualités esthétiques mettant en jeu la poésie des chants, la rythmique, la beauté des musiques, la qualité acrobatique de la danse, sont parmi les plus redoutables arts martiaux.

LA CUISINE BAHIANAISE

Les femmes bahianaises que vous croiserez au coin des rues du Pelourinho ou à Rio Vermelho portent toujours le costume traditionnel, composé d'une jupe et de plusieurs jupons superposés, ainsi que d'une petite blouse à volants et manches courtes. Sur la tête est noué d'une certaine façon un morceau d'étoffe *(torço).* Certains disent que ce costume vient directement d'Angola, d'autres qu'il serait né de la volonté des femmes noires d'imiter les riches robes de leurs maîtresses. Ces Bahianaises ont le droit, par arrêté municipal, de s'installer où bon leur semble pour préparer leurs beignets et les fameux ***acarajés.*** Autrefois, seules les *mães dos santos,* initiées aux rites du *candomblé,* disposaient de ce droit.

Dans les restos

La cuisine de Bahia possède une réputation internationale tout à fait méritée. Elle est à l'image de la ville, sensuelle et colorée. On dit qu'elle ne devait pas seulement plaire aux hommes, mais aussi aux dieux. L'huile de palme *(dendê)* intervient dans la composition de presque tous les plats : allez-y tout doucement, faute de quoi la digestion sera rude. Les crevettes séchées sont également très présentes. En revanche, le piment est toujours servi à part.
Voici les principaux plats que vous rencontrerez.
– ***Vatapá :*** savoureuse purée à base de mie de pain ou de farine de blé, comprenant crevettes, lait de coco, gingembre, noix de cajou, épices, etc. *Vatapá* et *acarajés* (voir plus loin) sont les deux plus grandes spécialités de Bahia.
– ***Moqueca :*** genre de pot-au-feu à base d'huile de *dendê* dans lequel on fait cuire tomates, oignons, coriandre, citron et lait de coco. Le tout bien salé. Les principaux composants de ce mets convivial peuvent être indifféremment poissons, crabes, poulpes, langoustes, crevettes, etc. Généralement accompagné de riz, de *feijão de leite* (purée de haricots à la noix de coco) et de *farofa* (farine de manioc sautée à l'huile), utilisée pour absorber la sauce. Un régal lorsqu'elle est bien préparée ! L'***ensopado*** est une version « allégée », sans *dendê* et parfois sans lait de coco (plus digeste, dit-on !).
– ***Caruru :*** petite purée gluante à base de *quiabos* (gombos), crevettes séchées, oignons et l'inévitable huile de *dendê.*
– ***Sarapatel :*** tripes de porc cuites au sang avec du foie et des rognons, assaisonnées de menthe et de piment.
– ***Xinxim de galinha :*** fricassée de poulet à l'huile de *dendê* avec de l'ail, des crevettes, de la menthe et du poivre noir.
– ***Efo :*** légume étrange, à mi-chemin entre la salade et le chou, appelé ***língua de vaca,*** coupé en lanières très fines et bouilli, avec crevettes séchées, sel, oignon, noix de cajou, *dendê,* etc.
– Autres curiosités et spécialités locales : les ***lambretas,*** sortes de praires au court-bouillon, parfumées de coriandre et de piment. Ou l'incontournable ***caldo de sururu*** (petite soupe épaisse de coquillages réputés aphrodisiaques), servi dans les restaurants de fruits de mer comme dans le quartier de Ribeira.

Dans la rue

– ***Acarajés :*** beignets de farine de haricots assaisonnés d'oignons et de sel puis plongés dans l'huile de palme, garnis de crevettes (en option et plus cher), de *vatapá,* d'une petite salade et parfois de *caruru.* Le piment en option est du genre très costaud. Une version plus légère des *acarajés* sont les *abarás* : constitués des mêmes ingrédients mais cuits à l'étouffée, emmaillotés dans une feuille de bananier.

CATCH FÉMININ

Rio Vermelho, quartier en vogue, propose les meilleurs acarajés (beignets) de Salvador. Ce fut aussi le lieu où a commencé la fameuse guerre des acarajés entre deux mães (matrones) très connues dans le coin. De terribles noms d'oiseaux furent échangés lorsque Regina eut le malheur d'empiéter sur le territoire de sa rivale Dinha. Il fallut que le gouverneur de Bahia en personne intervienne pour que Regina accepte de reculer de quelques mètres !

– ***Churrasquinhos de gato*** (littéralement « brochettes de chat ») **:** pour une somme modique, on trouve partout des petites brochettes... non pas de chat mais de bœuf, grillées au charbon de bois. Estomacs fragiles, faites gaffe !
– ***Queijo coalho/queijinho* :** brochettes de fromage grillé à la braise, vendues sur la plage et un peu partout dans la ville. Le fromage est un peu caoutchouteux (comme les brochettes de chamallows !), mais c'est plutôt goûteux et nourrissant.
– Enfin, n'oubliez pas tous les gâteaux et sucreries, notamment la ***cocada,*** noix de coco finement râpée, cuite dans du caramel ou du jus de canne, extrêmement sucrée. La ***goiabada cascão,*** délicieuse pâte de fruits à la goyave ; la meilleure s'achète en bloc sur les marchés. Et puis le ***quindim,*** dont la consistance se rapproche du pudding. D'autres sucreries composées de pâte de cacahuètes ou de fruits confits.

Arriver – Quitter

En bus

Rodoviária *(gare routière ; plan d'ensemble)* **:** *av. Antonio Carlos Magalhes, 4362, à 6-7 km à l'est du centre.* ☎ *3616-8358.* Pour y aller, plusieurs bus : ceux qui vont au *Shopping Center Iguatemi,* situé en face de la gare routière (départ de la rua Chili dans le centre ; *plan I, A2*), les bus « Rodoviária » depuis l'estação da Lapa (au sud du Pelourinho), ou encore le « Circular R-1 » depuis Campo Grande (entre le Pelourinho et Barra). Trajet : env 20 mn.
– Dans la gare, bureau d'infos touristiques *(☎ 3450-3871 ; tlj 7h30-21h).* Infos sur toutes les compagnies et les horaires. Consignes à bagages (24h/24), supermarché, librairie, pharmacie, centre Internet et distributeurs de billets dans le hall d'entrée. Bref, un vrai centre commercial !
– Les tickets de bus s'achètent à l'étage, où chaque compagnie possède un bureau. Destinations affichées en devanture. Trois catégories : bus *comun* (le plus économique), bus *executivo* et bus *leito* (le plus confortable et le plus cher).
– Pour consulter les horaires et les prix sur Internet : *• clickbus.com.br •* ou sur les sites des compagnies selon les destinations.

➢ ***Cachoeira* :** avec *Empresa Santana (☎ 3450-4951 ; • empresasantana.com.br •).* Départs ttes les 30 mn, 6h-21h30. Trajet : 2h30.

➢ ***Aracaju* :** avec *Rota (• rotatransportes.com •),* 4 bus/j., 6h-0h10 ; ou avec *Aguia Branca,* 9 bus/j., 6h-23h30. Trajet : env 5-6h.

➢ ***Praia do Forte* :** avec *Linha Verde (☎ 3450-0321 ; • expressolinhaverde.com.br •),* 5-6 bus/j., 6h-18h30. Trajet : 1h30.

➢ ***Ilheus* :** avec *Aguia Branca. (☎ 0800-725-12-12 ; • aguiabranca.com.br •).* 3 bus/j., à 9h, 12h45 et 22h45. Trajet : env 8h.

➢ ***Lençóis* :** avec *Real Expresso* et *Rapido Federal (☎ 0800-883-8830 ; • realexpresso.com.br •).* Env 4-6 bus/j., 7h-23h15. Trajet : 6h30.

➢ ***Porto Seguro* :** avec *Aguia Branca.* 1 bus/j. vers 20h. Trajet : 8h.

➢ ***Recife* :** à 850 km. 1 bus les mar, jeu et dim à 20h, avec la Cie *Penha (☎ 3450-1946 ; • nspenha.com.br •).* Trajet : 13h.

➢ ***Rio* :** à 1 680 km. 1 bus/j. (en matinée) avec *Itapemirim (• itapemirim.com.br •)* et avec *Aguia Branca,* à 7h. Trajet : 32h !

En bateau

➢ ***Itaparica* :** du port du ***terminal Maritimo da França*** à Salvador, devant le *mercado Modelo*, départs tlj à 7h30, 13h et 16h30. Retours à 6h, 9h et 17h30. Billet : env 7,60 Rls + 1 Rl de taxe d'embarquement, uniquement à l'aller. Trajet : 40 mn. Les *lanchas* vous emmènent directement à ***Mar Grande,*** dans le secteur des plages qui s'étendent, face à Salvador. Idéal pour y passer une journée.

➢ ***Morro de São Paulo* :** 2 possibilités pour parcourir les 64 km.
La première : prendre un des ***catamarã Ilha Béla*** à 8h30 ou 10h30, ***Biotur*** à 9h ou 11h30, ou ***Farol do Morro*** à 13h. Départs ***depuis le terminal***

Marítimo. Compter env 2h de trajet et env 80 Rls. Infos : ● *socicamnauticaeturismo.com.br* ● La seconde solution est plus longue mais moins chère : il faut prendre un ***ferry pour Itaparica depuis la gare maritime de São Joaquim,*** au nord du Pelourinho (pour y aller, bus depuis l'av. França dans la ville basse, ou taxi). Se reporter plus loin au chapitre consacré à Itaparica, rubrique « Arriver – Quitter ». Tlj 5h-23h, tte les heures (compter 4 Rls en sem et 5,50 Rls le w-e ; gratuit pour les plus de 60 ans et pour les enfants jusqu'à 5 ans). Une fois arrivé au débarcadère de Bom Despacho (sur l'île d'Itaparica), ***prendre un bus jusqu'à Valença*** (1h40 à 2h de trajet) ***ou un taxi*** (même tarif que le bus si vous êtes 4). ***Puis,*** de ce village, ***un bateau à moteur pour Morro de São Paulo.*** Ouf ! En tout, compter 4h-4h30 de trajet dans le meilleur des cas, et env 40 Rls. À vous de voir si l'économie réalisée équilibre la perte de temps et la fatigue.

LE NORDESTE

En avion

✈ ***Aeroporto internacional*** *(hors plan d'ensemble)* **:** *à env 30 km à l'est de la ville.* ☎ *3204-1010.* On y trouve un bureau de poste, des comptoirs de change côté « Arrivées internationales » (24h/24), plusieurs distributeurs de billets, des agences de location de voitures *(Localiza, Avis, Hertz...)* et un point d'infos touristiques *(☎ 3204-1444 ; tlj 8h30-23h),* mais pas grand-chose à en tirer, en dehors d'une carte de la ville.

➢ De Salvador, vols directs tlj pour ***São Paulo, Rio de Janeiro, Brasília, Belo Horizonte, Recife, Natal*** et ***Fortaleza.*** Pour les autres destinations comme São Luís, Belém, Manaus ou Foz do Iguaçu, les vols se font généralement avec escale (impliquant ou non un changement d'avion) dans l'une des villes précitées.

Pour rejoindre le centre (Pelourinho ou quartier de Barra)

➢ ***En bus :*** à la sortie de l'aéroport, à l'arrêt *Ônibus Seletivo,* des minibus (affichant « Praça da Sé ») se rendent au Pelourinho (centre historique) via la côte et le quartier de Barra. Circulent tlj 5h20 à 22h. Ttes les 30 mn. Dans l'autre sens, départs de la rua Voussaras *(plan I, A2),* 6h30-22h40. Compter env 1h-1h15 de trajet, parfois plus aux heures de pointe. Bon marché, le billet ne coûte que 5 Rls.

➢ ***En taxi :*** vous pouvez vous adresser au comptoir *Comtas-Coometas (dans le hall d'arrivée, ☎ 3224-4500 ou 0800-282-4500)* et payer d'avance le trajet en taxi avec cette compagnie, mais, pour le Pelourinho, ça revient à env 140 Rls ! On peut aussi sortir de l'aéroport et prendre un taxi ordinaire *(Taxi Comun).* Ce n'est pas bon marché non plus, mais si le trafic est fluide, on peut s'en tirer pour env 90 Rls. Mais attention, on trouve là pas mal de faux taxis (difficile à repérer quand on vient d'arriver).

En voiture

Si vous arrivez en voiture, par l'autoroute, vous aurez à payer un péage *(compter 5 Rls en sem, 7,50 Rls w-e et j. fériés).*

Les différents quartiers

Salvador est situé sur une vaste pointe qui délimite, à l'est, la baie de Tous-les-Saints. Plusieurs quartiers assez distincts composent la ville. Si vous comptez l'explorer au-delà des limites du centre historique, on vous conseille vivement de vous procurer (dans les kiosques) la carte *Mapa turistico de Salvador,* qui reprend toute l'agglomération de Salvador, les plages, et même, dans un encadré, l'ensemble de la baie. À noter que depuis les énergiques mesures prises il y a un certain temps (renforcement des effectifs de police), le climat d'insécurité qui régnait auparavant dans le centre a bien baissé. Mais tous les quartiers ne bénéficient pas de la même présence policière et, le soir, évitez de vous promener dans les rues peu fréquentées.

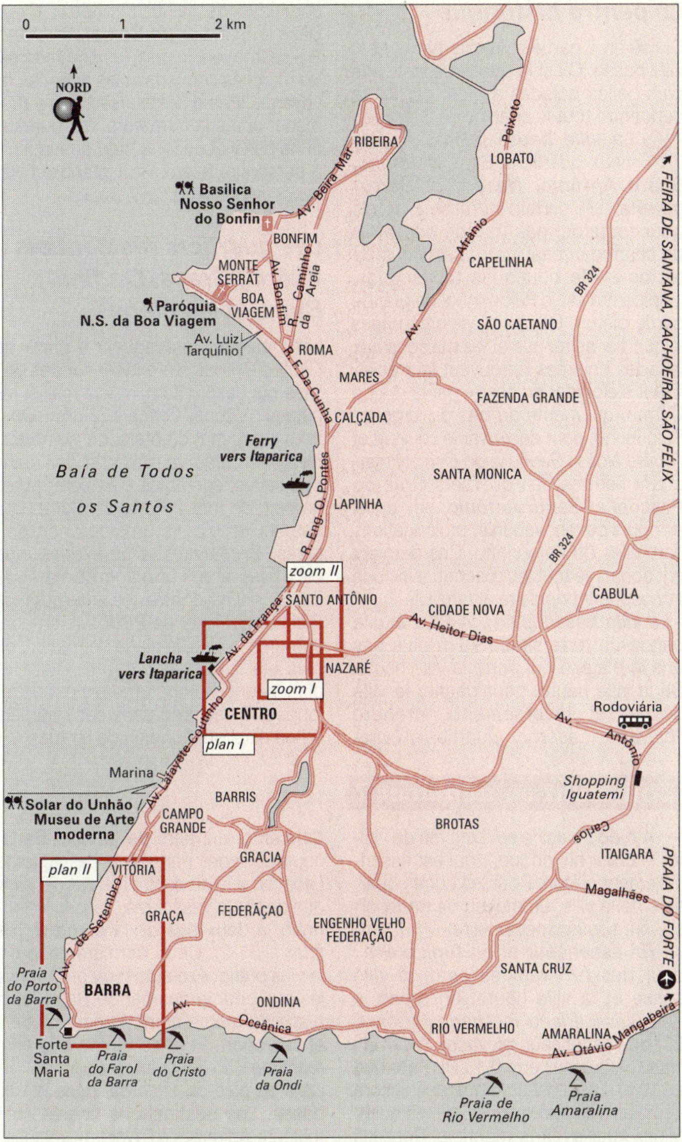

SALVADOR DA BAHIA – Plan d'ensemble

Le centre historique

Divisé en 2 parties : la ville haute et la ville basse. C'est là que vous ferez vos plus belles balades à pied, car ici se concentre tout le charme de Salvador.

– **La ville haute** *(plan I, A2-B1-2)* **:** 5 vieux quartiers, ***Sé, Pelourinho, Santo Antônio, Nazaré*** et ***Barroquinha.*** Un certain nombre d'hôtels pour routards, pas mal de *pousadas* de charme et beaucoup, beaucoup de restos et de boutiques touristiques. L'épicentre est le Pelourinho, en grande partie piéton. Depuis plusieurs années le quartier se rénove et les maisons aux façades colorées retrouvent leur éclat. Il faut s'éloigner du centre par la rua do Carmo, qui monte du bas du largo do Pelourinho, pour découvrir le *couvent* et l'*église Nossa Senhora do Carmo,* marquant l'entrée des quartiers ***Cruz do Pascoal*** et ***Santo Antônio,*** eux aussi en cours de rénovation et prolongations naturelles du Pelourinho. Ces derniers ont conservé tout leur cachet, avec une atmosphère populaire et familiale.

– **La ville basse** *(plan I, A-B1)* **:** étroite bande de terre située 75 m plus bas que le plateau qui porte la ville haute. De la ville haute, pour gagner la ville basse (et inversement), prendre l'*elevador Lacerda.* Quartier à éviter cependant dès la nuit tombée.

Dans le ***quartier de Comércio*** *(plan I, A1)* se trouvent le port, les commerces, les marchés couverts et les agences de voyages. Pas d'hôtels. Ne pas s'y promener après la fermeture des bureaux et ne pas y accéder à pied quand il n'y a personne. Mieux vaut prendre l'*elevador* (ascenseur).

Les quartiers résidentiels Vitória, Graça, Ondina, Barra et les plages

Les quartiers résidentiels à partir de Campo Grande s'étendent sur des collines qui descendent vers la mer et les plages : Vitória, Graça et Barra. On y trouve pas mal d'hôtels, de nombreux restos et bars à la mode, et des coins populaires, agréables à explorer après un bain de mer à Porto da Barra, une des seules plages urbaines non polluées. En suivant la côte atlantique vers l'est, après la plage do Farol de Barra, on rencontre les quartiers de ***Rio Vermelho*** et de ***Pituba*** (bien pour une virée le soir), la plage de Pituaçú et, plus loin, le quartier d'Itapuã. Outre les plages, une vie nocturne s'y est développée. On se rend dans ces quartiers si l'on dispose d'un peu de temps.

Comment se déplacer ?

➢ ***À pied* :** c'est le seul moyen de visiter le cœur historique... qui est essentiellement piéton. Pour les autres quartiers de la ville, un moyen de transport s'avère souvent nécessaire.

➢ ***En ascenseur et en funiculaire* :** pour des A/R rapides entre la ville basse et la ville haute, on prend le funiculaire *(Plano inclinado ; zoom I, B1)* ou l'ascenseur *(elevador Lacerda ; plan I, A2),* pour env 0,15 Rl. Fabriqué en 1930, l'ascenseur fonctionne encore très bien (il faut dire qu'il a été restauré). Mieux vaut avoir la monnaie. Pour les claustros, sachez que le trajet ne dure que 30 secondes. En tout cas, ne pas se rendre dans la ville basse à pied le soir. D'ailleurs, de manière générale, dès le soir tombé, évitez ce quartier.

➢ ***En bus* :** si l'on n'est pas en fonds, c'est le meilleur moyen de relier les différents quartiers de la ville. Beaucoup de lignes partent de l'*estação da Lapa,* au sud du centre historique, ainsi que de la rua Vassouras, dans le Pelourinho, à deux pas de la praça da Sé *(plan I, B1-2).* Cette dernière zone est la plus pratique, d'autant qu'on y trouve les bus pour le quartier de Barra (et la plage du même nom), la gare routière et l'aéroport. Pour se rendre à la gare maritime São Joaquim, prendre un bus juste au pied du *Lacerda,* dans la ville basse. Les destinations finales sont toujours indiquées à l'avant du véhicule. Reste que le réseau est dense et assez compliqué... Infos disponibles cependant sur l'appli : • *moovitapp.com* •

À noter, la plupart des bus sont sans clim. Le trajet coûte env 3 Rls. Les bus circulent en gros de 5-6h à 22-23h. Après ces horaires, prendre un taxi.

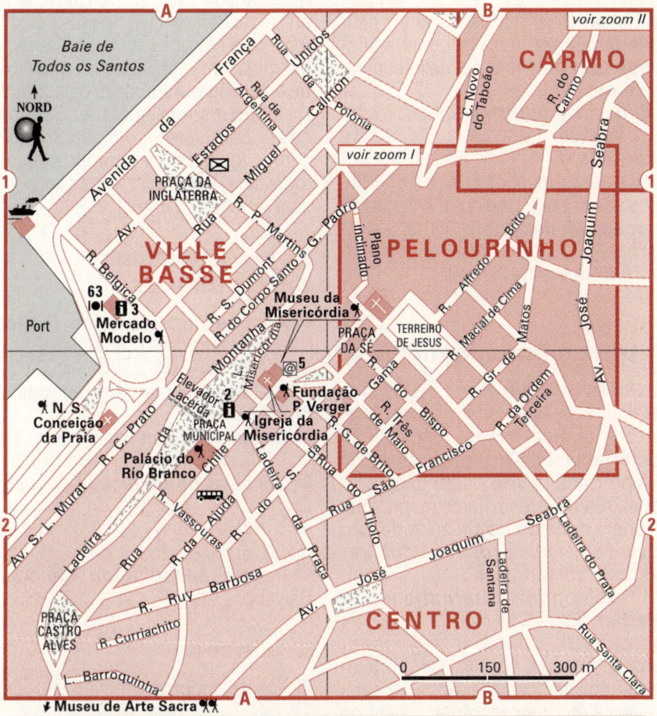

SALVADOR DA BAHIA – Centre (Plan I)

■ Adresses utiles	|●| Où manger ?
2 et **3** Offices de tourisme Saltur	**63** Mercado Modelo, restaurants Maria de São Pedro et Camafeu de Oxossi
@ **5** Easy Call	

➢ ***En taxi :*** ils fonctionnent en général avec compteur. *Ligue Táxi :* ☎ *3277-7777.*

➢ ***En métro :*** la ville a lancé un vaste projet couvrant 32 km et comprenant 19 stations sur 2 lignes. Un petit tronçon a été mis en service pour accéder au stade Itaipava lors de la Coupe du monde de 2014. Désormais, 4/5 des stations sont accessibles au public, mais éloignées du centre et fermées le dimanche... Le métro est d'ailleurs très peu utilisé par les habitants de Salvador. Pour le routard, seule la station Lapa (av. Vale de Tororo), située à côté du terminal de bus, peut s'avérer utile. Infos sur : *● ccrmetrobahia.com.br ●*

Adresses utiles

Offices de tourisme

Office de tourisme – Posto de Informação turística (zoom I, B1, **1**) : *rua das Laranjeiras, 2, dans le Pelourinho.* ☎ *3321-2133 ou 2463. ● bahia.com.br ● Tlj 8h30-23h.* Donne quelques brochures (dont un plan du centre) et des infos sur la ville et l'État de Bahia. On y trouve aussi un petit agenda culturel (en portugais seulement), bien pratique. Accueil souriant, en anglais.

Offices de tourisme Saltur : *à côté de l'elevador Lacerda, dans la ville haute (plan I, A2, **2**). ☎ 2201-6000. • salvador.ba.gov.br • Lun-ven 8h-18h.* Infos succinctes. Une autre antenne au ***mercado Modelo*** *(plan I, A1, **3**) : praça Cayru, 250, côté ascenseur. Lun-sam 9h-18h.* On y parle l'anglais.

Postes et télécommunications

✉ **Poste centrale** *(plan I, A1) : praça da Inglaterra, dans la ville basse. Lun-ven tte la journée, sam mat slt.* Fait poste restante. On trouve aussi un bureau dans la ville haute (plus pratique), rua da Ordem Terceira, presque à l'angle du largo do Cruzeiro de São Francisco *(zoom I, B2 ; mêmes fréquences d'ouverture).*

■ @ ***Téléphone international et Internet :*** ***Easy Call*** *(plan I, A2, **5**), rua Misericórdia, à côté de la galerie* Pierre Verger. *Lun-sam 8h-18h.* Centre téléphonique avec cabines, appels locaux ou vers l'étranger (compter moins de 1 Rl/mn pour la France). *Également* ***Baiafrica Internet Café*** *(zoom I, B1, **4**) : praça da Sé, 8. ☎ 3266-0373. Tlj 9h-21h (18h dim).* Appels internationaux et Internet (un peu plus cher que chez *Easy Call*).

Argent, change

■ ***Casas de Cambio*** *(zoom I, B2) : plusieurs maisons de change le long du largo do Cruzeiro de São Francisco. En général lun-sam 8h-17h (ou 18h).* Comparez les taux avant de vous décider. Pas de com'. C'est vraiment le plus pratique. Si vous tombez un dimanche, les boutiques de souvenirs du coin peuvent vous dépanner...

■ ***Distributeurs et change (Bradesco et Banco do Brasil) :*** nombreux dans la ville haute, notamment à l'entrée du largo Teresa Batista *(zoom I, B2).* On en trouve aussi un sur le largo do Cruzeiro de São Francisco *(zoom I, B2)* et un autre sur la praça Municipal *(plan I, A2).* Dans le quartier de Barra, la rue où se concentrent les banques est l'av. Almirante Marquès de Leão. Certaines banques font le change mais toutes ont des distributeurs accessibles 24h/24. Distributeurs également au *Shopping center Barra (plan II, F6),* au *Shopping center Iguatemi,* à l'aéroport et à la *rodoviária.* Acceptent toutes les cartes sauf *American Express.*

Représentations diplomatiques

■ ***Agence consulaire de France :*** *rua 7 de Setembro, 401, Ladeira da Barra. ☎ 9987-0673. Lun-ven 9h-11h.* À contacter seulement en cas de problème.

■ ***Consulat de Suisse :*** *av. Dom João, 201-203. ☎ 3334-1671. Sur rdv slt.*

■ ***Consulat de Belgique :*** *av. Santos Dumont, km 1, estrada do Côco ; edificio Refran. ☎ 9197-7357. Lun-ven mat.*

■ Pas de ***consulat du Canada*** à Salvador.

Urgences

■ ***Pronto socorro*** *(premiers secours) : ☎ 192.*

■ ***Pharmacies de garde :*** *☎ 136.*

✚ ***Hospital Português :*** *av. Princesa Isabel, 914 (Barra Avenida). ☎ 3203-5147. Urgences 24h/24.*

✚ ***Hospital Aliança :*** *av. Juracyr Magalhães Júnior, 2096 (Rio Vermelho). ☎ 2108-5600.* Excellent hôpital privé, mais cher : mieux vaut avoir une bonne assurance pour se faire rembourser au retour. Pratique aussi des vaccinations, sauf le samedi.

✚ ***Probaby :*** *av. Princesa Leopoldina 457, à Barra. ☎ 3339-9522.* Pour les urgences pédiatriques. Le meilleur hôpital pour les enfants.

■ ***Dentiste :*** ***Dr Greck,*** *rua Conde Filho, 87, dans le quartier de Graça, au nord de Barra. ☎ 3332-9393. 📱 98818-9603.* Il s'agit d'un dentiste francophone.

■ ***Farmacia*** *(zoom I, B1, **8**) : praça da Sé, 6. ☎ 3322-6921. Tlj 7h (10h30 lun et ven)-22h.* La grande pharmacie du Pelourinho. Centrale et bien fournie.

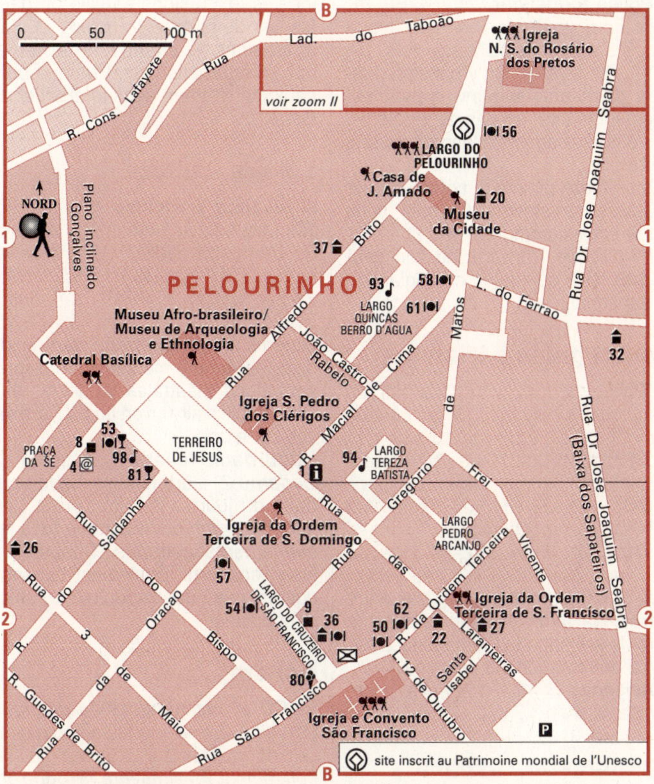

SALVADOR DA BAHIA – Pelourinho (Zoom I)

Adresses utiles

- 1 Office de tourisme – Posto de Informação Turística
- 4 Baiafrica Internet Café
- 8 Farmacia
- 9 Police touristique

Où dormir ?

- 20 Hostel Pousada Pais Tropical
- 22 Hostel Laranjeiras
- 26 Bahia Café Hotel
- 27 Pousada Solar das Artes
- 32 Pousada da Mangueira
- 36 Villa Bahia
- 37 Casa do Amarelindo

Où manger ?

- 36 Restaurant de la Villa Bahia
- 50 Café Conosco
- 53 O Cravinho
- 54 Romã Comida Natural
- 56 Senac
- 57 Odoyá
- 58 Uauá
- 61 Casa da Gamboa
- 62 Maria Mata Mouro

Où s'offrir une bonne glace ? Où boire un bon jus de fruits ?

- 80 Le Glacier Laporte
- 81 Clayton

Où boire un verre ? Où sortir ?

- 53 O Cravinho
- 93 Largo Quincas Berro d'Água
- 94 Largo Teresa Batista
- 98 Fundo de Cravinho

■ ***Police touristique*** *(zoom I, B2,* ***9****) : largo do Cruzeiro de São Francisco, à l'angle de Gregorio de Matos. ☎ 3116-6817. Ouv 24h/24.* On y parle en principe plusieurs langues, mais c'est rarement le cas ! En cas de problème, de nombreux agents sillonnent aussi la vieille ville.

– Pour toute plainte à communiquer (mauvaise prestation, arnaque), vous pouvez aussi composer le : *☎ 3103-3103 (Disque Turismo),* où l'on peut s'adresser à quelqu'un en anglais ou en espagnol.

Compagnies aériennes

■ ***TAM :*** *☎ 4002-5700 (central de résa). Également des agences en ville, mais loin du centre. • tam.com.br •*

■ ***TAP :*** *☎ 0300-210-60-60. • flytap.com •*

■ ***GOL :*** *☎ 0300-115-21-21 (central de résa). • voegol.com.br •*

■ ***Trip :*** *☎ 0800-887-11-18 ou de Salvador, ☎ 4003-1118. • voetrip.com.br •* Cette compagnie relie, entre autres, Salvador et Lençóis dans le parc de la Chapada Diamantina, à raison d'une rotation par semaine.

■ ***Avianca :*** *☎ 4004-4040. • avianca.com.br •*

Agences de voyages

■ ***Bahia Metisse*** *(zoom II, C4,* ***6****) : Ladeira do Carmo, 24. ☎ 3326-1445. • bahiametisse.com •* Voici une petite agence très pro, tenue par la dynamique Anne, proposant plusieurs visites d'un Salvador différent, en accord avec les communautés locales. De l'écotourisme citadin en quelque sorte, toujours en prise directe avec la population.

■ ***Voamais*** *(plan II, E6-7,* ***7****) : av. 7 de Setembro, 4313. ☎ 3012-1819. • voamais.com • Tlj sf dim 9h-21h.* Agence de voyages francophone qui propose toutes sortes de prestations locales (excursions en ville ou dans les îles de la côte, transferts...). Fait également le change, Internet et appels internationaux. Pratique pour ceux qui résident dans le quartier de Barra.

Loisirs, culture

■ ***Alliance française*** *(plan II, F5,* ***10****) : av. 7 de Setembro, 401 (Ladeira da Barra). ☎ 3336-7599. • afbahia.com.br • À l'angle du largo da Vitória. En été, lun-ven 8h-19h30, sam 8h30-11h30 ; en hiver, lun-ven 8h-17h45.* Galerie d'expos, petit centre de documentation, médiathèque, représentations théâtrales régulières etc. Café en plein air, ouvert au public, avec vue sur la baie.

– ***Journaux locaux :*** consulter le *Caderno 2,* supplément hebdomadaire du journal *A Tarde,* ou le *Correio,* quotidien qui répertorie tous les évènements culturels. Spectacles, films, concerts. Également l'agenda culturel mensuel disponible à l'office de tourisme.

Achats

CD et instruments de musique *(zoom I, B2) : les meilleures boutiques se situent ttes sur la praça da Sé, notamment* ***A Primavera, Progresso, Aurisom, Minisom,*** *ou* ***Planet Music.*** Instruments de musique, CD, et même des 33 tours. Pour les amateurs éclairés, on y fait parfois d'incroyables trouvailles.

Divers

La plupart des *pousadas* peuvent s'occuper de faire laver votre linge. Une adresse de laverie dans le centre historique :

■ ***Lavanderia Maria*** *(zoom II, C4,* ***11****) : ladeira do Carmo, 30. Tlj sf dim 9h-18h (17h sam).*

Où dormir ?

Les hôtels et *pousadas* sont assez chers à Salvador, mieux vaut le savoir. Beaucoup sont complets en juillet-août et de décembre à mars (période de vacances scolaires brésiliennes), en particulier au moment du carnaval.

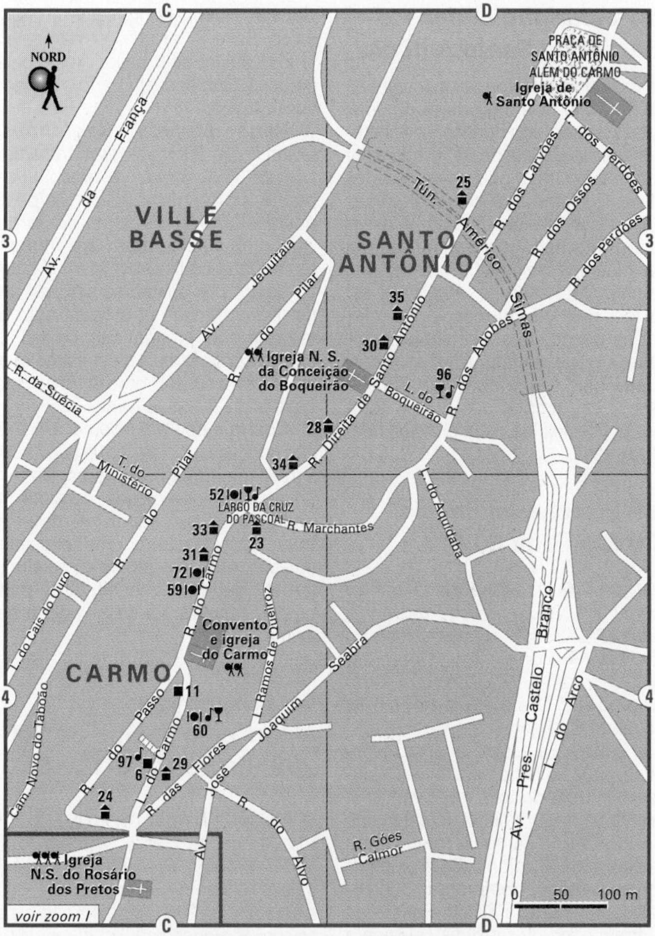

SALVADOR DA BAHIA – Carmo et Santo Antônio (zoom II)

■ Adresses utiles

- **6** Bahia Metisse
- **11** Lavanderia Maria

Où dormir ?

- **23** Nega Maluca Guesthouse
- **24** Albergue do Pelô
- **25** Pousada Hilmar
- **28** Pousada da Boqueirão
- **29** Studio do Carmo
- **30** Pousada Beija Flor
- **31** Pousada Villa Carmo
- **33** Casa Vila Bela
- **34** Pousada do Pilar
- **35** Pousada des Arts

Où manger ?

- **52** Bar Cruz do Pascoal
- **59** Al Carmo
- **60** Casa da Roça
- **72** Cafélier

Où boire un verre ? Où sortir ?

- **52** Bar Cruz do Pascoal
- **60** Casa da Roça
- **96** D'Venetta
- **97** Les escaliers de l'église Sacramento do Passo

Au Pelourinho et dans le quartier de Santo Antônio

C'est le quartier historique du centre où l'on trouve le plus d'hôtels de charme, mais ils ne sont pas donnés. Les chambres avec vue sur le port et la baie sont systématiquement plus chères que les autres. Également plusieurs auberges de jeunesse, affiliées ou non à l'association internationale des AJ, ce qui constitue une vraie solution assez bon marché. Côté sécurité, le quartier est sûr tant qu'il y a du monde. Mais les rondes de police s'arrêtent vers 1h, heure à partir de laquelle il redevient un peu plus risqué de traîner dans le coin. C'est simple, dès la nuit tombée, privilégiez les axes principaux et fréquentés.

Bon marché (moins de 130 Rls / env 33 €)

Hostel Pousada Pais Tropical *(zoom I, B1,* ***20****) : largo do Pelourinho, 7. ☎ 3322-1859. • pousadapaistropical.com • Dortoir env 40-60 Rls/pers ; doubles 90-160 Rls selon confort.* Des dortoirs de 4 à 6 lits et 5 doubles (avec AC et salle de bains) dans cette AJ agréable et assez lumineuse, située directement sur le Pelourinho. Certains dortoirs (avec ventilo et salle de bains commune) offrent même une vue sur la fameuse place. Bon matelas et murs colorés. Salle de bains à chaque étage, très propre. 2 chambres sans fenêtre (à éviter). Petit salon commun avec TV (et ordis), cuisine à dispo, laverie.

Hostel Laranjeiras *(zoom I, B2,* ***22****) : rua da Ordem Terceira, 13. ☎ 3321-1366. • laranjeirashostel.com.br • Réception ouv 7h-21h (portier tte la nuit). Dortoir env 40-55 Rls/pers selon confort et saison ; doubles sans ou avec sdb et AC 90-140 Rls. Réduc avec la carte* HI. La seule AJ officielle du centre historique, nichée dans une belle maison à la façade jaune. 8 dortoirs, de 5 à 8 lits, non mixtes. Un peu cher, c'est vrai, mais idéalement placé, au cœur du Pelourinho, et très bien tenu. De plus, architecture aérée, tout en bois. Petit déj-buffet bien copieux. Cuisine, laverie et consigne à disposition. Salle TV et un coin hamac sur la mezzanine, pour buller. Resto-café-crêperie. Bon accueil. Parfois bruyant, vu la situation.

Nega Maluca Guesthouse *(zoom II, C4,* ***23****) : rua dos Merchantes, 15. ☎ 3242-9249. • negamaluca.com • Dortoir env 33-40 Rls/pers ; doubles 90-140 Rls selon confort et saison.* Une atmosphère familiale règne dans ce lieu créé par un grand voyageur. Des chambres simples, une cuisine commune et un petit bout de terrasse pour prendre l'air. Le lieu est un peu confiné, mais c'est calme et on est fort bien situé. Propre et un peu rustique tout à la fois. Laverie.

Albergue do Pelô *(zoom II, C4,* ***24****) : rua do Passo, 5. ☎ 3242-8061. Ouv 24h/24. Compter 35 Rls/pers.* Dortoirs uniquement, non mixtes, de 4 à 8 lits. Sanitaires un peu spartiates mais nettoyés tous les jours. Petite cuisine équipée, quelques tables en bois pour le petit déj. Bon accueil. On y parle un peu l'anglais. Là aussi, coin assez animé.

De prix moyens à plus chic (moins de 200-400 Rls / env 50-100 €)

Pousada Hilmar *(zoom II, D3,* ***25****) : rua Direita de Santo Antônio, 136. ☎ 3243-4959. Bien située, dans le quartier calme de Santo Antônio. Doubles env 150-240 Rls selon confort et saison.* *Pousada* à l'intérieur simple (literie fatiguée), mais propre. Aucune déco. Quelques chambres ont vue sur la baie (les choisir en priorité), et d'autres ont une fenêtre... sur le couloir (à éviter). Au dernier étage, 2 chambres avec une terrasse surplombent la ville basse et la baie. Bon accueil.

Bahia Café Hotel *(zoom I, B2,* ***26****) : praça de Sé, 22. ☎ 3322-1266. • bahiacafehotelsalvador.com • Doubles env 250-300 Rls selon confort.* Tenue par le sympathique Michel, un Belge de Gand, cette maison coloniale du XVIIIe s est idéalement située en bordure du Pelo. Les 24 chambres, de bon confort

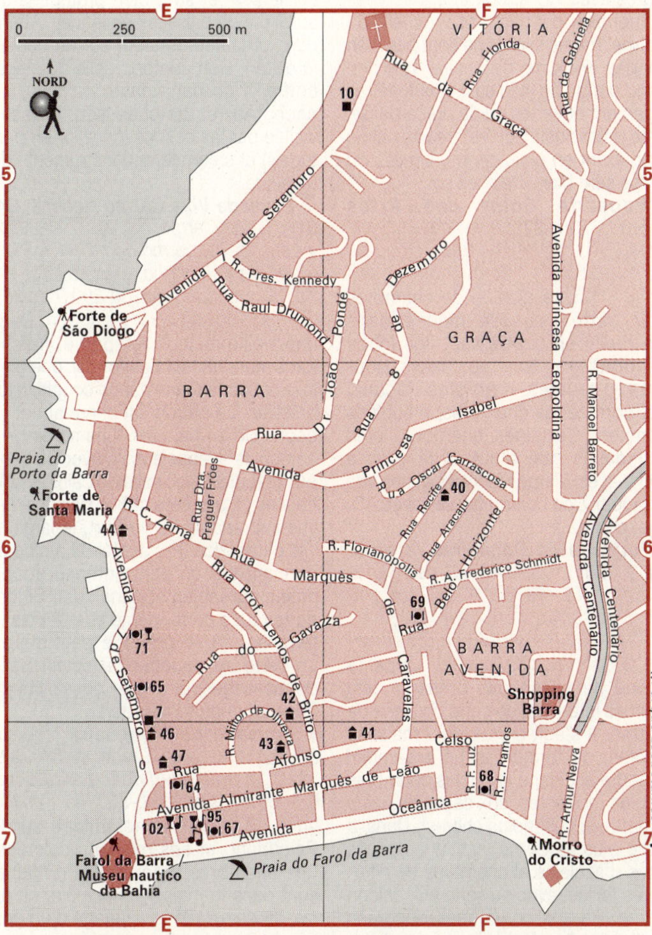

SALVADOR DA BAHIA – Barra (Plan II)

Adresses utiles

- **7** Voamais
- **10** Alliance française

Où dormir ?

- **40** Pousada La Villa Française
- **41** Ambar Pousada
- **42** Pousada Papaya Verde
- **43** Pousada O Ninho
- **44** Hotel Porto da Barra
- **46** Pousada Noa Noa
- **47** Pousada Estrela do Mar

Où manger ?

- **64** Restaurant Brasil Legal
- **65** Empada Brasil
- **67** Caranguejo do Farol
- **68** Caranguejo do Sergipe
- **69** Chopp do Miguel
- **71** Pereira

Où boire un verre ? Où sortir ?

- **71** Pereira
- **95** La Bouche et Off
- **102** Habeas Copos

(toutes avec AC et coffre) et décorées de meubles patinés, ont vraiment du charme, même si elles ne sont pas bien grandes. Petit déj de qualité, que l'on prend dans une jolie salle aux fenêtres largement ouvertes sur la praça da Sé. Autre point positif, on est très au calme et pourtant en plein centre. Un lieu où l'on se sent bien vite chez soi.

Pousada Solar das Artes (zoom I, B2, **27**) : *rua das Laranjeiras, 34. ☎ 3481-0085. Doubles env 190-260 Rls selon confort et saison.* Une dizaine de chambres pour cette *pousada* nichée dans une ruelle en cul-de-sac. Joli lobby qui donne le ton, aux murs couverts d'œuvres d'artistes locaux, tout comme les chambres, meublées d'ancien. Certaines chambres plus lumineuses que d'autres (il y en a même avec 3 larges fenêtres et une vue dégagée). Bon confort (toutes avec AC, frigo, coffre...).

Pousada da Boqueirão (zoom II, C-D3, **28**) : *rua Direita de Santo Antônio, 48. ☎ 3241-2262. • pousadaboqueirao.com.br • Doubles env 240-350 Rls selon confort et saison. (parties communes).* La petite façade ne laisse pas présager des volumes intérieurs de cette *pousada* de charme. Il s'agit en fait de 2 maisons accolées qui forment un bel ensemble. La partie ancienne abrite les chambres les plus modestes, aux salles de bains communes (les moins chères). Dans la partie plus moderne, sanitaires privés ornés d'azulejos et chambres de différentes tailles, avec ou sans AC, balcon et vue. Parties communes décorées d'artisanat local, distillant une atmosphère conviviale. Accueil agréable du proprio italien. Quant au petit déj (excellent), on le prend sur 2 adorables terrasses remplies de plantes, offrant une vue extra sur le port. À noter encore, la superbe cuisine ouverte.

Pousada Beija Flor (zoom II, D3, **30**) : *rua Direita de Santo Antônio, 259. ☎ 3241-2472. • beijaflorpousada.com.br • Doubles env 150-250 Rls. (rdc slt).* Une maison coloniale à la façade blanc-bleu sertie d'azulejos et restaurée avec un certain goût. Tenu par Riccardo, un Italien jazzman. La plupart des 7 chambres, lumineuses, donnent sur la baie et sont bien protégées du soleil par d'épaisses persiennes. Attention, certaines donnent sur un couloir (à éviter). Bon confort : salle de bains, coffre, frigo-bar, ventilo ou clim, au choix. Au rez-de-chaussée, terrasse visitée par les colibris (*beijaflor* en portugais) et salon garni d'instruments de musique.

Pousada Villa Carmo (zoom II, C4, **31**) : *rua do Carmo, 58. ☎ 3241-3924. • pousadavillacarmo.com.br • À 5 mn à pied du Pelourinho, près du largo do Carmo. Doubles env 200-300 Rls selon confort ; moins cher hors saison.* Dans une vieille maison retapée et fraîche (gros murs et hauts plafonds), une bien jolie *pousada* tenue par un couple italo-brésilien. Le patron est charmant et se débrouille en français. Chambres bien agréables et spacieuses, avec ou sans AC, et toutes avec salle de bains et coffre. Les plus chères ont un balcon avec vue imprenable sur le port, le large et l'île d'Itaparica. Profitez-en ! La plupart donnent sur un patio intérieur (donc moins agréables et sans vue). Sinon, on retrouve cette même vue depuis la terrasse, où se prend le petit déj ou un verre au coucher du soleil. Salle de massages, laverie et possibilité de transfert depuis l'aéroport.

Pousada da Mangueira (zoom I, B1, **32**) : *ladeira da Saúde, 9. ☎ 3242-3926. • pousadadamangueira.com.br • Doubles env 200-300 Rls. Parking privé.* Vue panoramique sur le Pelourinho et ses maisons colorées. Les chambres (une petite trentaine) sont dans la maison principale, ou au rez-de-chaussée et à l'étage d'un édifice tout en longueur, situé dans une sorte de courette où l'on trouve également une petite piscine en terrasse. C'est là que l'on prend le petit déj. Tarifs un peu surévalués, mais toutes les chambres ont été rénovées. Déco à la fois sobre et fonctionnelle, bon confort (AC, TV, salle de bains, frigo...). Accueil pro et gentil.

Casa Vila Bela (zoom II, C4, **33**) : *rua do Carmo, 64. ☎ 3243-0909. 98182-5151. • pousadacasavilabela.com.br • Compter 170-370 Rls pour 2 selon confort ; moins cher hors saison et réduc à partir de 4 nuits hors fin d'année et carnaval.* Encore une *pousada* dont le bâti date du XIXe s, nichée dans une belle maison d'époque peinte en bleu pastel. Entièrement restaurée par Stéphane, un Français originaire de Montpellier, elle abrite 8 chambres à thème de style colonial (4 avec vue mer et AC), réalisées avec des matériaux nobles (brique et bois). Le prix varie en fonction de la taille, du confort (attention, 2 sans fenêtre) et de l'orientation, mais de toute façon, ici encore, il y a soit une terrasse avec vue sur la baie de Tous les Saints, soit sur la rue avec les toits de Salvador pour décor. Petit déj copieux et varié. Hamac à disposition. Accueil prévenant.

Studio do Carmo *(zoom II, C4, **29**)* **:** *ladeira do Carmo, 17. ☎ 3326-2426. • studiodocarmo.com • Face aux escaliers conduisant à l'église de Passo. Doubles env 220-350 Rls selon saison.* Un vieux *sobrado* du XVIIIe s, plein de charme, aux escaliers un peu raides, rénové et tenu par une Italienne. Une dizaine de chambres spacieuses, claires et bien arrangées, avec AC, ventilo et frigo. Du confort et de l'espace. Beaux parquets de bois exotique. Certaines chambres donnent sur les escaliers montant vers l'église Sacramento do Passo (concert animé le mardi jusque 23h !), ou sur l'arrière. Un peu comme une maison de famille. Propose des forfaits de 7 nuits incluant 3 nuits à Morro de São Paulo.

Pousada do Pilar *(zoom II, C3, **34**)* **:** *rua Direita do Santo Antônio, 24. ☎ 3241-2033. Compter env 350-400 Rls pour 2.* Sur la douzaine de chambres qu'abrite cet hôtel, une grosse moitié offre une vue sur mer et possède un balcon. Si la demeure est ancienne, l'agencement de l'établissement est moderne, sobre et élégant. Chambres avec clim, coffre, TV et équipement de qualité. Tenue impeccable, évidemment. On prend le petit déj sur une terrasse, tout en haut, d'où l'on profite d'un panorama extra. Service pro, relevant plus de l'hôtellerie haut de gamme que d'une simple *pousada*.

Pousada des Arts *(zoom II, D3, **35**)* **:** *rua Direita de Santo Antônio, 90. ☎ 3012-5964. • pousadadesarts.com.br • Compter 200-350 Rls pour 2 selon vue et saison.* Large patio avec piano et quelques bananiers, murs occupés d'intéressantes œuvres d'art (à vendre). Sur 2 étages, de belles chambres aux planchers de bois précieux, avec terrasse pour la plupart. Elles se répartissent équitablement la vue sur la baie ou sur la ville. Déco soignée et personnalisée, lits à baldaquin, couleurs chaudes. Bon équipement : AC, ventilo, frigo-bar, etc. Salon TV commun. L'ambiance artistique est très marquée puisque des événements y sont régulièrement organisés.

Très chic (plus de 400 Rls / env 100 €)

Casa do Amarelindo *(zoom I, B1, **37**)* **:** *rua Portas do Carmo, 6. ☎ 3266-8550. • casadoamarelindo.com • Compter 400-690 Rls pour 2 selon saison.* Un établissement très élégant, tenu par des Français. Pour ceux qui ont les moyens donc, une dizaine de chambres superbes et hyper confortables, avec salle de bains en marbre, AC, écran plat, lecteur DVD, meubles en bois sombre et excellente literie. Du grand luxe en fait. Double vitrage pour éviter les bruits extérieurs. Douches tropicales dans les plus chères. Quelques chambres donnent sur la rue, les autres sur la baie. Terrasse pour certaines. Petite piscine et bar (ouvert à tous, de 16h à minuit) avec vue plongeante sur la baie. Une particularité : ici, le petit déj est servi toute la journée ! Resto aussi *(Pelô Bistrô)*, proposant une cuisine franco-bahianaise.

Encore plus chic (plus de 650 Rls / env 162 €)

Villa Bahia *(zoom I, B2, **36**)* **:** *largo do Cruzeiro de São Francisco, 16-18 (Pelourinho). ☎ 3322-4271. • pt.lavillabahia.com • Doubles 650-870 Rls selon saison.* Un véritable hôtel de très grand charme, au cœur du Pelourinho. 2 maisons coloniales décorées sur le thème des découvreurs portugais. Aux murs, des cartes anciennes répondent aux planchers de bois tropicaux. Près de la réception, un exemplaire de Coronelli, cartographe de Louis XIV. Une petite vingtaine de chambres à la déco hyper raffinée, jouant sur les accords de couleurs, mobilier choisi pour illustrer le thème. Confort parfait évidemment : AC, minibar, TV, coffre... Certaines donnent directement sur la place, l'une des plus belles de la ville. L'hôtel propose aussi un resto gastronomique faisant la part belle aux produits bio, ainsi qu'un « bistrot », parfait pour siroter un café dans l'après-midi. Superbes parties communes, notamment, dans un adorable patio, la petite piscine dont le fond est composé d'une mosaïque en forme de croix de Malte. Solarium sur le toit, avec très belle vue sur le centre ancien. Excellent petit déj, plein de surprises, service hors pair, en bref une demeure pour voyageurs certes très à l'aise dans leur budget, mais où tout a été pensé pour donner envie de séjourner !

À Barra

Nombreux hôtels dans ce quartier animé, un peu éloigné du centre historique mais proche des plages.

De bon marché à prix moyens (moins de 130-200 Rls / env 33-50 €)

Pousada La Villa Française *(plan II, F6,* ***40****)* **:** *rua Recife, 222. ☎ 3245-6008. • lavilafrancaise.com • Presque en face de l'Hostel Brasil. Dortoir env 45 Rls/pers ; doubles env 120-130 Rls.* Dans un coin à la fois tranquille et sûr, non loin de l'animation. Maison tenue par une Française, qui abrite 7 chambres claires et plutôt coquettes, avec clim et salle de bains, ainsi qu'un dortoir (mixte) de 6 lits. Stéphanie tient son lieu avec convivialité. Terrasse, véranda, coin bibliothèque et cuisine à disposition. Également un lave-linge. En prime, petit déj maison différent chaque jour !

Ambar Pousada *(plan II, F7,* ***41****)* **:** *rua Afonso Celso, 485. ☎ 3264-6956. • ambarpousada.com.br • Selon saison, compter 52-70 Rls/pers en dortoir 6-8 lits ; doubles env 140-200 Rls. (payant).* Bien située, à 5 mn à pied de la plage, dans une agréable rue ombragée. Ensemble calme, sympa et coloré, proposant une vingtaine de chambres (avec ventilo), assez petites mais parfaitement tenues et disposées autour d'une cour intérieure tranquille comme tout. Également des dortoirs simples et propres. Petit déj maison. Excellent accueil du personnel ou de la sympathique proprio française, Christine, qui peut vous donner de bonnes infos sur la ville. Ambiance conviviale et familiale. Le soir (sauf le mardi), on y sert une bien agréable *comida local* à prix doux.

Pousada Papaya Verde *(plan II, E6,* ***42****)* **:** *rua Eng. Milton Oliveira, 177. ☎ 3267-1008. • pousadapapaya verde.com • Doubles à partir de 140-160 Rls selon saison, avec AC, ventilo et douche/w-c ; chambres pour 3 à 5 pers à prix intéressants.* Au bord d'une petite rue tranquille et semi-circulaire, particulièrement agréable, une coquette villa noyée dans la verdure d'un jardin tropical, accolée à un immeuble moderne. Non loin de la plage, mais en retrait du bruit et de l'agitation. Bon accueil. Une quinzaine de chambres confortables et pimpantes (toutes avec AC, ventilo, frigo et salle de bains), de couleur lavande ou vert papaye (bien sûr !). Salle de petit déj très soignée, comme tout ici d'ailleurs. Sur le devant, quelques palmiers et arbres du voyageur vous accueillent. Grande terrasse à l'étage, équipée de quelques hamacs.

Pousada O Ninho *(plan II, E7,* ***43****)* **:** *rua Afonso Celso, 371. ☎ 3264-6952. • pousadaoninho.com.br • Doubles env 125-155 Rls selon confort et saison.* Une douzaine de chambres agréables et au calme dans cette superbe maison de style, située dans un secteur résidentiel. Façade saumon et élégantes petites colonnes torsadées. Un bout de courette sur le devant. Bon confort des chambres (AC, frigo et TV). Atmosphère familiale.

Hotel Porto da Barra *(plan II, E6,* ***44****)* **:** *av. 7 de Setembro, 3783. ☎ 3264-7711. • hotelportodabarra.com.br • Doubles env 120-160 Rls selon vue, confort et saison.* Sans charme particulier, mais bien situé, face à la plage de Porto da Barra (il suffit de traverser la rue). Chambres propres et de bon confort (avec ventilo ou AC), fonctionnelles avant tout. Sur la quarantaine de chambres, seulement une dizaine offre la vue sur la mer. Demander à en voir plusieurs et préférer celles du 3e étage, en particulier côté baie.

De prix moyens à un peu plus chic (moins de 250 Rls / env 62 €)

Pousada Noa Noa *(plan II, E7,* ***46****) : av. 7 de Setembro, 4295. ☎ 3264-1148. • pousadanoanoa.com • Doubles env 190-240 Rls selon saison ; familiale pour 3-6 pers (40 Rls/pers en plus).* Une quinzaine de chambres (dont 4 avec vue sur mer) toutes avec clim et salle de bains, dans cette maison aux allures basques, tenue impeccablement par Nicolas. Sur les murs, il expose en permanence d'excellents artistes locaux (les œuvres sont à vendre). Les moins chères sont proches de la réception. Salon commun très agréable. Laverie. Excellent petit déj-buffet. Un petit chemin à l'arrière grimpe sur la colline pour voir le coucher de soleil. La terrasse sur le devant est parfaite pour boire un verre tranquillou ou grignoter un morceau (service de tapas).

Pousada Estrela do Mar *(plan II, E7,* ***47****) : rua Afonso Celso, 119. ☎ 3022-4882. • estreladomarsalvador.com • Résa conseillée. Doubles env 175-245 Rls selon saison ; également une quadruple.* À 200 m de la plage et du phare de Barra, une jolie maison soigneusement décorée, fraîche, propre et très au calme. Une dizaine de chambres agréables et spacieuses, toutes blanches du sol au plafond, en passant par la literie et la déco. Accueil jovial et petit déj fameux, à base de bons produits fermiers.

Où manger ?

Comme les hôtels, les restos sont assez chers à Salvador, surtout dans le centre historique. Vous voilà prévenu !

Dans le centre historique

Bon marché (moins de 40 Rls / env 10 €)

Café Conosco *(zoom I, B2,* ***50****) : rua Ordem Terceira, 4. ☎ 3322-0441 ou 3321-8372. Tlj sf dim 10h-19h (17h sam ; ouv dim en fév).* Petit café tenu par une dame charmante et généreuse, qui prépare tous les jours, outre un choix de salades, plusieurs quiches différentes et vraiment succulentes, que l'on peut accompagner d'un excellent jus de fruit frais. Le cadre est vraiment mignon, avec des nappes colorées sur les tables et plein de tableaux aux murs. Gaufres, salades, etc. On peut aussi y venir dans l'après-midi, simplement pour siroter un thé (belle sélection), un bon café ou un chocolat frappé. On adore !

Bar Cruz do Pascoal *(zoom II, C4,* ***52****) : rua Direita de Santo Antônio, 2. ☎ 3243-2285. Tlj sf dim 13h-minuit.* Petit bar-resto où les gens du quartier se retrouvent dans une ambiance populaire. Pour manger, passer derrière le comptoir en bois pour accéder à l'arrière-salle et à la terrasse équipée de chaises en plastique qui bénéficie d'une jolie vue sur la baie. Nourriture vraiment très simple et économique, mais c'est avant tout un point de ralliement, où l'on sociabilise facilement. *Carne do sol* correcte, accompagnée de purée d'*aipim.* On peut aussi se contenter d'y boire un verre.

O Cravinho *(zoom I, B1,* ***53****) : Terreiro de Jesus, 3 (Pelourinho). ☎ 3322-6759. Tlj 11h-23h30.* Le bar le plus sympa du quartier (voir « Où boire un verre ? ») propose aussi petits plats et snacks en vitrine, comme le *peixe em posta,* le tout vraiment pas cher... On picore avec les doigts une assiette qu'on se partage à plusieurs. Le plus dur est d'arriver à accéder au comptoir les soirs de week-end ! Également une petite salle à l'arrière. Bon plan et bonne ambiance.

Cafélier *(zoom II, C4,* ***72****) : rua do Carmo, 50 (Santo Antônio). ☎ 3241-5095. Tlj sf mer 14h-22h.* Mélange d'atelier d'artiste et de café-resto dans une vieille maison remplie de meubles anciens. On y sirote de bonnes boissons chaudes ou froides en admirant l'étonnante vue, à pic, sur la baie. Petite carte de salades, sandwichs, soupes, pâtes et quelques douceurs pour la pause goûter.

Prix moyens (40-60 Rls / env 10-15 €)

|●| ***Romã Comida Natural*** *(zoom I, B2,* ***54****) : largo do Cruzeiro de São Francisco, 7. ☎ 3321-0495. Tlj sf dim 11h30-16h.* Ambiance animée le midi dans ce petit resto installé au 1er étage, avec 2 salles parquetées agréables et claires, aux larges fenêtres ouvertes sur la place. Savoureux jus de fruits et formule buffet *ao kilo* remarquable, à base de produits bio et très frais : légumes grillés, riz jaune aux amandes, quinoa, poissons, viandes... plus quelques muffins et autres pâtisseries pour le dessert. Excellent, tout simplement.

|●| ***Senac*** *(zoom I, B1,* ***56****) : largo do Pelourinho, 13-19 (au 1er étage). ☎ 3324-8107. Tlj 11h30-15h30. Buffet à volonté 56 Rls/pers (hors boissons).* Établissement installé dans l'un des beaux *sobradões* de la vieille ville. Salle à manger vaste et claire, de style colonial, avec ventilos. Ce sont les élèves de l'école hôtelière qui cuisinent et assurent le service. Ambiance un poil formelle, mais le buffet proposé vaut le détour, car il permet de faire un tour d'horizon complet de la gastronomie bahianaise. Une petite institution.

|●| ***Odoyá*** *(zoom I, B2,* ***57****) : largo do Cruzeiro de São Francisco. ☎ 3322-4397. Tlj midi et soir.* Avec ses serveuses en costume traditionnel qui racolent à l'extérieur, on pourrait croire qu'il s'agit là d'un resto touristique de plus dans cette partie du Pelo. Et pourtant, on y sert l'une des meilleures *moquecas* de la ville, vraiment goûteuse ! Essayer par exemple la *moqueca de polvo* (au poulpe). Bien d'autres choses à la carte sinon, notamment des salades en plat. Tables posées sur le trottoir ou dans une grande salle bruyante et animée (l'adresse est courue). Petit *couvert* pour la musique en soirée. Service preste.

|●| ***Uauá*** *(zoom I, B1,* ***58****) : rua Gregório de Matos, 36. ☎ 3321-3089. Tlj sf dim 11h30-22h.* La salle est au 1er étage. On vient au *Uauá* (prononcer « wawa ») pour ses bons plats typiques du Nordeste (suffisants pour 2), servis dans un décor soigné, inspiré des villages du Sertão. Balcons donnant sur la rue. À la carte, poisson et crevettes, notamment en ragoût, et viandes du Nordeste, comme la chèvre salée et séchée. Également *moqueca mista* et *guizado de carneiro.* Salle tranquille, ouverte sur un balcon. Excellent service.

|●| ***Al Carmo*** *(zoom II, C4,* ***59****) : rua do Carmo, 42. ☎ 3242-0283. Tlj sf dim, midi et soir. Plus cher le soir.* Jolie salle aux meubles rustiques et en bois sombre, un peu hors du temps, avec au fond une terrasse offrant un panorama sur la baie en contrebas. Vue extra ! Tenu par un Paulista, mais cuisine indéniablement italienne.

|●| ***Casa da Roça*** *(zoom II, C4,* ***60****) : ladeira do Carmo, 26. ☎ 3241-8580. Tlj 18h-minuit. Musique sam à 20h.* Salle décorée dans le style rustique des intérieurs du Sertão (bois, torchis...), avec une belle mezzanine. Un peu de tout à la carte (viandes, *moquecas,* pizzas), mais on y vient aussi pour boire un verre en écoutant de la musique *ao vivo,* car le proprio, argentin, organise des petits concerts. Bien aussi d'y passer le mardi puis de se joindre à l'énorme foule qui se presse juste en face pour écouter le groupe de Jeronimo (voir plus loin *Les escaliers de l'église Sacramento do Patio* dans « Où boire un verre ? Où sortir ? »).

|●| ***Casa da Gamboa*** *(zoom I, B1,* ***61****) : rua Marciel de Cima, 32. ☎ 3321-3393. Tlj sf dim 12h-16h, 18h-23h.* Au 1er étage d'une vieille demeure élégante, une salle à hauts plafonds, tables nappées de blanc, grands tableaux des *mães de leite* (nourrices) proposant leurs fruits généreux. Dans l'assiette, de savoureuses spécialités bahianaises : *vatapá, moqueca, bobó de camarão, xinxim* de poulet, *badejo* (poisson) au tamarin et d'autres plats ne reniant pas leurs origines africaines. Ambiance tranquille, salle avec hauts

plafonds et décorée de meubles en bois sombre. Service agréable et raffiné.

Chic (60-100 Rls / env 15-25 €)

|●| ***Maria Mata Mouro*** *(zoom I, B2,* ***62****)* **:** *rua da Ordem Terceira, 8. ☎ 3321-3929. Tlj 12h-23h30. Résa recommandée.* Excellent resto gastronomique dans une demeure datant du XVIe s, au cœur du quartier historique. Cuisine de Bahia authentique et revisitée de manière contemporaine, que l'on déguste dans un superbe et très romantique patio noyé dans la végétation. Ne manquez pas la *moqueca* au mérou, la paella (pour 2), le rumsteck au cassis, les *spaghetti della pina* et, en dessert, le chocolat au poivre... À l'entrée, salle élégante, baignée de pénombre, avec plein de miroirs aux murs. Personnel charmant et excellent service.

|●| Voir aussi le restaurant de la ***Villa Bahia*** *(zoom I, B2,* ***36****)*, décrit plus haut dans « Où dormir ? ».

Dans la ville basse (Cidade baixa)

De bon marché à prix moyens (moins de 40-60 Rls / env 10-15 €)

|●| ***Mercado Modelo*** *(plan I, A1,* ***63****)* **:** au rez-de-chaussée de ce marché artisanal touristique, proche de l'entrée faisant face au port, un alignement de ***barracas*** populaires où se rejoignent les amis pour déguster debout des assiettes de *lambretas* (coquillages), *mariscadas* et d'*agulinhas* (petits poissons grillés).

|●| ***Restaurants Maria de São Pedro et Camafeu de Oxossi*** *(plan I, A1,* ***63****)* **:** *praça Visconde de Cayru, 250, à l'étage du mercado Modelo. ☎ 3242-5262 (pour le 1er) et 9751 (pour le 2[d]). Ouv aux horaires du marché (tlj 9h-19h, dim jusqu'à 16h).* Grande salle semi-circulaire séparée en deux parties : choisir celui de gauche en entrant, à savoir le *Maria de São Pedro* (tables aux nappes bleu et blanc), car sa terrasse-balcon donne sur le port de plaisance. Serveuses en tenue bahianaise. Cuisine assez similaire de chaque côté, avec une dizaine de *moquecas*. On a bien aimé aussi le *xinxim* de poulet. Musicos pour accompagner l'attente des plats...

À Barra

Bon marché (moins de 40 Rls / env 10 €)

|●| ***Restaurant Brasil Legal*** *(plan II, E7,* ***64****)* **:** *rua Afonso Celso, 152, angle avec Dias Davila. ☎ 3267-6162. Très bien situé, près des plages. Tlj 11h-17h. Buffet à volonté env 20 Rls.* Resto populaire et sympa (*legal* signifie « sympathique »), très apprécié des Brésiliens. On y sert une nourriture bahianaise fraîche, copieuse et goûteuse, sous forme de grand buffet. Extra !

|●| ***Empada Brasil*** *(plan II, E6,* ***65****)* **:** *av. 7 de Setembro, 4191. ☎ 3016-1331. Face à la plage de Barra. Tlj midi et soir. Buffet à volonté env 20 Rls.* Autre adresse agréable qui constitue une véritable affaire. Buffet généreux que l'on déguste dans une petite salle semi-ouverte, en regardant la mer. Bon accueil.

Prix moyens (40-60 Rls / env 10-15 €)

|●| ***Caranguejo do Farol*** *(plan II, E7,* ***67****)* **:** *av. Oceânica, 235. ☎ 3264-6422. Tlj 10h-23h (minuit mer-jeu, 1h ven-sam, 22h dim).* Grand établissement, avec un côté *Sport's bar* (écrans géants). Tout est bon, et surtout frais, car le resto est très fréquenté et ça tourne dans les cuisines ! On y sert du poisson, des coquillages et autres produits de la mer. Les *caranguejos* sont également proposés à l'unité, avec des légumes braisés, servis sur plaque chauffante. Grande terrasse surplombant la plage. Service parfois un peu débordé, mais bon rapport qualité-prix et ambiance bon enfant.

|●| ***Caranguejo do Sergipe*** *(plan II, F7,* ***68****) : av. Oceânica, 235 (proche du Christ de Barra). ☎ 3245-9826. Tlj 11h (16h lun)-2h.* Grande terrasse hyper animée avec tables et chaises en bois, en lisière de la grande avenue de bord de mer. Une des adresses sûres du quartier pour manger de bons fruits de mer. Crabe à l'unité, douzaine de *lambretas* (coques), ou encore *camarão pistola,* crevettes géantes à l'ail et à l'huile d'olive. Autre spécialité, la *mariscada,* une savoureuse *moqueca de camarão.* Le plat est suffisant pour 3 personnes. Fréquenté à la fois par des touristes et des Bahianais.

|●| ***Chopp do Miguel*** *(plan II, F6,* ***69****) : rua Belo Horizonte, 65. ☎ 3011-7854. Tlj midi et soir, sf lun soir.* Bonne ambiance ici encore dans ce resto qui s'est taillé une solide réputation ! Très fréquenté le samedi et dimanche pour sa succulente *feijoada,* mais vous pouvez tout aussi bien vous laisser tenter par le *filé à modo do Miguel,* la *bacalhau ao forno* ou la *moqueca de camarão,* excellente et pas trop grasse, ou même simplement partager un assortiment de *pasteis*... Également des spécialités allemandes (choucroute !) et autres plats internationaux. Cadre simple et ouvert sur la rue. Très bon accueil.

Chic (60-100 Rls / env 15-25 €)

|●| ***Pereira*** *(plan II, E6,* ***71****) : av. 7 de Setembro, 3959 (Porto da Barra). ☎ 3264-6464. À côté de l'hôpital Espanhol. Tlj sf lun midi. Buffet mar-ven midi ; sam, feijoada.* Le bar-restaurant *lounge* de Salvador, prolongé par une superbe terrasse ombragée, face à la mer. Si vous n'êtes pas en fonds, venir le midi en semaine pour le super buffet. Le soir, c'est à la carte, avec des plats individuels aux influences variées. Bien plus cher évidemment, mais on y trouve tout de même sandwichs, burgers et pizzas à prix digérables. Pour dîner ou prendre un verre dans un cadre agréable et chic. Clientèle plutôt huppée.

À Rio Vermelho

De bon marché à prix moyens (moins de 40-60 Rls / env 10-15 €)

|●| ***Acarajé da Dinha :*** *largo de Santana. Sur la pl. centrale de Rio Vermelho, facile à repérer. Tlj 16h (11h dim)-minuit.* Un petit stand pris d'assaut, surtout en fin de semaine (se préparer à faire la queue un bon moment). Vous aussi, allez déguster ces *acarajés,* parmi les meilleurs de Salvador. Tous les jours après le travail et en soirée, les habitants du quartier viennent siroter quelques bières sur les terrasses de la place, rebaptisée *praça da Dinha do acarajé* par les Bahianais. Une manière d'être ensemble vraiment sympa. Ne pas négliger non plus le « vrai » restaurant, *Casa da Dinha* (voir ci-après).

|●| ***Casa da Dinha :*** *rua João Gomes, 25. ☎ 3334-4350. En face du largo de Santana. Tlj sf dim soir-lun : mar-jeu 18h-23h30 ; ven-sam 12h-15h, 18h-23h30. Buffet ven midi.* Fort du succès légendaire de ses *acarajés,* la légendaire Dinha, qui a rejoint ses ancêtres, a ouvert ce resto aujourd'hui tenu par ses filles. On y goûte une succulente cuisine régionale, comme les *moquecas* aux poissons et fruits de mer, dans une salle toutefois banale et tristounette. Si vous êtes là un vendredi midi, ne ratez pas le buffet, génial pour le prix !

|●| ***Boteco do França :*** *rua Borges Reis, 24. ☎ 3334-2734. Niché dans une ruelle à 300 m de la pl. de Vermelho. Tlj sf lun, de midi jusqu'au dernier client.* On se serre autour des tables en plastique, installées dans un étroit passage, pour boire une bière ou une caïpirinha maison, préparée avec divers fruits. Pour se rassasier, quelques plats bahianais, et surtout de savoureux *petiscos,* comme les fameux *bolinhos de bacalhau* et les *camarão do Moraes Moreira.* Très fréquenté et apprécié depuis fort longtemps par les autochtones.

Plus chic (plus de 100 Rls / env 25 €)

|●| ***Mercado do Peixe :*** *largo da Mariquita. En contrebas de l'hôtel* Golden Tulip. *Tlj.* Une longue rangée de comptoirs avec des tables et chaises en plastique rouge, jaune ou orange, installées sur d'immenses terrasses à l'avant. On y vient autant pour boire un coup que pour manger un morceau (*petiscos,* plats de poisson...), surtout tard le soir, quand tout le reste est fermé. Clientèle hétéroclite, boucan infernal délivré par les télés qui hurlent (chaque terrasse a la sienne, branchée sur une chaîne différente) et serveurs accrocheurs. Ça relève plus du cours de sociologie que de la halte gastronomique.

|●| ***Fogo de Chão :*** *praça Colombo, 4. ☎ 3555-9292. Entre la pl. de Vermelho et le mercado do Peixe. Tlj 12h-16h, 18h-minuit (sam en continu ; 22h30 dim et j. fériés).* Il s'agit d'une chaîne brésilienne de *churrascarias,* créée à l'origine par 3 frères à Porto Alegre. Grande salle très classe, en bois et en brique, haute de plafond et très reposante. Au menu, de la viande donc (bœuf, mouton, poulet et porc), de premier choix et cuite sous la flamme, que les serveurs vous apportent directement dans votre assiette... aussi longtemps que votre carte est posée sur la table du côté vert (pour faire un break, retournez-la du côté rouge !). Bien sûr, superbe buffet de crudités, de légumes et d'accompagnements. Boissons et desserts en sus. S'il vous reste de la place, essayez la *cocada de tabuleiro* – sorte de confiture de coco surmontée d'une boule de glace de tapioca –, unique à Salvador ! Accueil et service à l'unisson.

Où s'offrir une bonne glace ? Où boire un bon jus de fruits ?

Le Glacier Laporte *(zoom I, B2,* ***80****) :* *largo do Cruzeiro de São Francisco, 21. ☎ 3266-3649. Tlj 10h-19h.* Quelques tables en terrasse sur la plus belle place de Salvador. Selon Georges, français et maître glacier des lieux, les fruits du Brésil délivrent les parfums les plus fins et les plus originaux qui soient. Et c'est vrai qu'ici, on est conquis ! Essayez la glace au *jenipapo,* au *jaca* ou au *cupuacú...* ou encore celles au basilic, au chocolat au piment, ou à la *cocana,* de la noix de coco additionnée de cachaça, un pur régal ! On peut d'ailleurs goûter avant de choisir. Fait aussi des crêpes et des boissons chaudes.

Clayton *(zoom I, B1,* ***81****) :* *sur la praça Terreiro de Jesus. ☎ 3322-9743. Tlj tte la journée.* Pas l'endroit où l'on s'attarde (juste une salle avec un long comptoir), mais ils préparent ici de super jus de fruits frais, servis généreusement, pour quelques *reais* !

LE NORDESTE

Où boire un verre ? Où sortir ?

Dans le centre historique

Le mieux à faire dans le centre historique est de déambuler à la rencontre des petits concerts qui se tiennent un peu partout, en particulier pendant les mois qui précèdent le carnaval : presque chaque soir, les bars et restos sur les placettes et dans les ruelles du vieux centre proposent des petits concerts. Pas tout à fait gratuits (petit *couvert artístico*), mais pas chers. Pour trouver un lieu avec un peu d'ambiance, laissez-vous simplement guider par les rythmes brésiliens qui, çà et là, ne manqueront pas de vous chatouiller les oreilles... Le mardi et la fin de la semaine sont les moments les plus animés, mais on trouve facilement des musiciens les autres jours.

D'Venetta *(zoom II, D3,* ***96****) :* *rua dos Adobes, 12. ☎ 3243-0616. Mer-sam 18h-1h, dim 11h30-19h. Entrée : env 5-10 Rls selon les groupes.* Cette maison à l'écart des axes touristiques (mais malgré tout proche du Pelourinho), dégage une sacrée atmosphère. Plusieurs petits salons aux murs couverts de toiles et, au fond, une courette, prolongée par un jardin en espaliers, qui accueille des groupes live samba, jazz ou *MPB*. Une ambiance toujours très cool, des contacts faciles à établir et des petites formations sympas comme tout qui s'y produisent. Pas un touriste à l'horizon (sauf ceux qui ont les mêmes lectures que vous !). Toujours un petit truc à grignoter, comme une bonne *feijoada* des familles. Un coup de cœur.

O Cravinho *(zoom I, B1,* ***53****)* **:** *praça 15 de Novembro, 3, Terreiro de Jesus. ☎ 3322-6759. Tlj 11h-23h30 (et parfois bien plus tard).* Bar chaleureux au décor tout en bois et garni de tonneaux. Patron sympa. Les habitants et les travailleurs du quartier ont l'habitude de venir y boire un verre après le boulot. Tapas et bières pas chères, que l'on déguste entre amis dans la salle à l'arrière (voir aussi « Où manger ? »). Parmi les plus de 30 cachaças nature ou aromatisées à déguster, goûtez donc au *cravinho,* une cachaça parfumée au clou de girofle, ou au *ginger e limão* (citron et gingembre), délicieux ! Notez le nombre de petits robinets sur le tonneau qui servent à faire les mélanges. Si vous souhaitez en rapporter à la maison, jolie boutique juste à côté et beaux flacons (à mettre en soute bien emballés).

Largo Teresa Batista *(zoom I, B1,* ***94****)* **:** une petite place en plein Pelourinho, à laquelle on accède depuis la rua Gregório de Matos. On peut y assister, le mardi (en été), aux répétitions d'*Olodum* (le plus célèbre « bloc » de carnaval de Salvador), mais c'est cher (environ 50 Rls l'entrée). En revanche, les autres jours, concerts gratuits (ou bon marché) de différents groupes de musique bahianais. À noter, la place est particulièrement active de décembre à la fin du carnaval, au moment des répétitions.

Largo Quincas Berro d'Água *(zoom I, B1,* ***93****)* **:** une autre place vouée à la musique live, à un jet de pierre de la précédente. Nombreux concerts au style varié, presque tous les soirs de décembre à février, plutôt le week-end le reste de l'année.

Les escaliers de l'église Sacramento do Passo *(zoom II, C4,* ***97****)* **:** l'un des grands rendez-vous musicaux du Pelourinho. Tous les mardis à partir de 19h30 (parfois un peu plus tard), Jeronimo et le groupe de Montserrat se produisent au bas des escaliers de l'église do Passo, drainant au passage une foule compacte et endiablée. Concert gratuit et ambiance assez folle ; ça vaut vraiment la peine de faire le détour, mais sortez léger (rien dans les poches) ! Avant de venir ici, on vous conseille d'aller faire un tour à deux pas de là, à l'église *Rosário dos Pretos,* où la messe de 18h30 offre un spectacle de syncrétisme intéressant.

Fundo de Cravinho *(zoom I, B1,* ***98****)* **:** *Terreiro de Jesus, 5 ; entrée à 3 m du bar O Cravinho, sur la gauche. 99361-1508. Mar-dim 17h-23h45. Entrée payante.* En s'enfonçant dans un couloir, on accède à une cour couverte avec tables et chaises en plastique où, tous les soirs (sauf le lundi) à partir de 19h, un groupe fait se trémousser une foule bon enfant. Là encore, n'hésitez pas à passer !

Voir aussi le ***Bar Cruz do Pascoal*** *(zoom II, C4,* ***52****)* et la ***Casa da Roça*** *(zoom II, C4,* ***60****)*, décrits plus haut dans « Où manger ? ».

Dans la ville basse (Cidade baixa)

Bar da Ponta *(hors plan I par A2)* **:** *praça dos Tupinambás, 2. ☎ 3326-2208 ou 2211. En sortant de l'ascenseur, prendre à gauche, puis à droite juste après la station-service BR ; traverser ensuite le mall (galerie commerciale), c'est au bout du ponton. Lun-sam 17h30-1h (2h ven-sam).* Un des endroits les plus romantiques de Salvador, fréquenté par les *happy few.* Un bar à cocktails savoureux, d'où l'on ne se lasse pas de contempler le coucher de soleil. Un DJ anime les soirées du vendredi.

Acqua *(hors plan I par A2)* **:** *à la marina, non loin du Bar da Ponta. ☎ 3321-8553. Lun-ven 17h-minuit, w-e 10h-minuit.* Dans cette enclave chic de la ville basse, voilà un bar-resto idéalement situé pour assister ici encore à la tombée du jour. Large variété de caïpirinhas aux fruits et autres cocktails qu'on peut éponger avec quelques bons en-cas, comme les crêpes. Pas donné.

À Barra

Pereira (plan II, E6, **71**) : *av. 7 de Setembro, 3959. ☎ 3264-6464. Voir plus haut dans « Où manger ? ».* LE bar *lounge* de Salvador. Cocktails et tapas originaux.

Habeas Copos (plan II, E7, **102**) : *av. Almirante Marquês de Leão, 172. ☎ 3264-9771. Tlj 11h-1h du mat.* Lieu de retrouvailles des gens du quartier, qui viennent écouter du *MPB* en terrasse autour de caïpirinhas parfumées aux fruits de saison. On peut aussi y grignoter quelques petits plats *(carne do sol, feijoada...)*.

La Bouche (plan II, E7, **95**) : *rua Dias d'Avila, 25A. 99228-6793. Mer-dim à partir de 18h.* Groupe live et crêperie. Venir tard. Bonne ambiance, assez mode.

Off (plan II, E7, **95**) : *rua Dias d'Avila, 33. 99145-6604. Slt ven-sam.* La boîte gay tendance, mais sans être exclusive.

À Rio Vermelho

À quelques kilomètres à l'est de Barra par la côte, l'un des quartiers qui bougent bien toute l'année, mais encore plus pendant l'été brésilien. En fin de semaine, la praça Vermelho est noire de monde ! Mais il y a aussi tous les bars-restos du *largo da Mariquita* et du *largo de Santana,* où l'on se presse pour grignoter et boire un verre. C'est un coin très fréquenté par les étudiants et la jeunesse bohème, mais aussi par les fils à papa pleins aux as, qui *cruisent* à bord de leurs gros 4x4. Ainsi le quartier peut être particulièrement embouteillé le week-end. Certains soirs, une école de capoeira s'entraîne face à la mer, sur la petite place du marché aux poissons.

Boteco do França : *rua Borges do Reis, 24A. ☎ 3334-2734. Niché dans une ruelle à 300 m de la pl. centrale de Vermelho. Tlj sf lun, jusqu'au dernier client.* On vous le conseille pour manger (voir plus haut), mais beaucoup se contentent d'y boire un verre.

Borracharia (Garage Pneus Elite) : *rua Cons Pedro Luis, 101 A. ☎ 3334-0091. Ven-sam à partir de minuit. Entrée : 15-20 Rls.* Un lieu incroyable, complètement improbable. Voici un vrai garage, transformé en vraie boîte de nuit à partir de minuit. Dans la journée, on y répare des pneus, et le soir, on y transpire tout ce qu'on peut ! On a un peu l'impression de se retrouver dans un repaire clandestin de la piraterie, avec un côté bon enfant. La clientèle est d'ailleurs assez jeune (du moins le vendredi). Déco faite de matériaux recyclés, bougies partout et piles de pneus à l'entrée. Pas énormément d'espace, mais super ambiance animée par un DJ.

À Pituba

Ponte Aérea Pituba : *rua São Paulo, 404. ☎ 3346-1200. Tlj 11h-2h.* Un endroit très animé de Salvador, apprécié des 25-30 ans ! Ambiance cool, assis en plein air. La bière glacée et la *picanha* aux oignons en font un sérieux motif de fréquentation, les différentes caïpiroskas aussi.

Et aussi

Teatro Castro Alves et Concha Acustica : *praça Dois de Julho, sur le Campo Grande. ☎ 3535-0600.* Salle immense. Les grands noms de la musique brésilienne s'y produisent. Pièces de théâtre et concerts classiques également.

Où assister aux répétitions *(ensaios)* des « blocs de carnaval » ?

Il existe une trentaine de *blocos* de carnaval à Salvador, qui dès novembre-décembre commencent leurs répétitions. En voici une sélection critique et qualitative.

■ ***Olodum*** : *au Pelourinho. ☎ 3321-4154. • olodum.com.br • Siège et boutique rua Gregório de Matos, 22 ; s'y adresser pour participer au défilé du carnaval. Répétition mar en été* *(brésilien) à partir de 20h, sur le largo Teresa Batista. Entrée : env 50 Rls. Répétitions aussi tte l'année au largo Pedro Arcanjo, dim 16h-20h30 (env 25 Rls ; ce n'est pas le groupe principal). Également boutique et Escola Olodum ; rua das Laranjeiras, 30. ☎ 3322-8069. Tlj sf dim.* Fondé en 1979, Olodum tire son nom du yoruba *Deity Olodumaré,* signifiant « le dieu des dieux ». Ce collectif monte un carnaval, en 1980, afin d'aider les enfants pauvres de Salvador et se réunit autour de la culture noire. Au fil des années, il crée le *Grupo Cultural Olodum.* C'est sous cette forme qu'*Olodum* devient un groupe musical, proposant un mélange de reggae et de samba. Le groupe a notamment tourné dans un clip de Michael Jackson et participé à un album de Paul Simon. Ils arborent toujours les couleurs rastas, rouge, jaune et vert. En dehors de l'aspect musical, *Olodum* s'est aussi engagé contre le racisme et la discrimination sociale.

■ ***Ilê Aiyé :*** *rua do Curuzu, 228 (Curuzu-Liberdade). ☎ 2103-3400. • ileaiyeoficial.com •* C'est LE groupe mythique de Salvador, un des plus anciens, créé par des Noirs et autrefois exclusivement réservé aux Noirs. Depuis peu, les Blancs sont les bienvenus pour participer aux défilés. Leur musique est plus traditionnelle, avec la prédominance de percussions africaines et de chants revendicateurs. Le samedi, à partir de 22h, répétitions dans le quartier des anciens esclaves, Liberdade. *Aiyé,* c'est aussi un centre socioculturel où l'on propose des formations professionnelles aux habitants des quartiers défavorisés.

■ ***Didá :*** *rua Gregório de Matos, 19-21. ☎ 3321-2041. • dida-salvador.com • Répétitions parfois au largo Teresa Batista, mais pas de j. fixe. Entrée : env 20 Rls.* Soutenu depuis très longtemps par Caetano Veloso, ce *bloco* est exclusivement composé de femmes musiciennes et chanteuses, avec une section de percussionnistes diablement efficaces ! Samba bien sûr, mais aussi salsa. Par ailleurs, c'est une école de musique de qualité. *Didá* est un *bloco* dissident d'*Olodum,* créé par Neguinho do Samba.

■ ***Timbalada :*** *Alameda Benevento, 113, Pituba. ☎ 3354-2747. • timbalada.com • Répétitions fermées au public, mais prestations régulières au musée du Rythme. Entrée : env 80 Rls.* Certainement l'un des *blocos* les plus prisés de Salvador, créé par le célèbre Carlinhos Brown, qui a connu une carrière internationale et fondé notamment une école de percussion. Le style du groupe est un mélange de samba-reggae et d'*axé,* avec de fortes influences africaines. Il s'investit dans des actions sociales en intégrant les enfants dans le besoin au travers d'un programme d'enseignement. Ambiance très chaude et déferlement de rythmes vous laisseront un souvenir mémorable.

■ ***Filhos de Gandhy :*** *rua Gregorio de Matos, 53. ☎ 3321-7073. • filhosdegandhy.com.br • Démonstration musicale dim à 16h (gratuit).* Un des *blocos* les plus présents lors du carnaval.

■ ***Araketu :*** *à **Piata** (à 20 km du centre), dans un local près de la plage. Répétitions mer à 22h.* Pour participer au carnaval avec ce célèbre *bloco* de musique *axé* ou assister aux répétitions.

Où participer à une cérémonie de *candomblé* ?

Se reporter aussi à l'introduction de Salvador sur le *candomblé* et à la rubrique « Religions et croyances » dans le chapitre « Hommes, culture, environnement » en fin de guide. Liste complète des *terreiros* de Salvador sur *• salvadorcentral.com/candomble.htm •*

■ ***La Fédération nationale du culte afro-brésilien :*** *rua Portas do Carmo, 39, au cœur du Pelourinho. ☎ 3221-1548. Accueil à l'étage, lun-ven mat.* Infos sur les cérémonies, les jours et horaires, les prix...

– Également une agence sérieuse dans le Pelourinho auprès de laquelle se renseigner : ***Lar Turismo,*** *rua do Passo, 1, quartier de Santo Antônio. ☎ 3326-0802.*

■ ***Ilê Axé Opô Afonjá :*** *rua direita de*

São Gonçalo do Retiro, 557, Cabula. ☎ 3384-3321. À 25 mn en bus de Lapa. Le plus célèbre, un des plus anciens, et fréquenté notamment par la haute société et les artistes.

■ ***Terreiro do Gantois :*** *alto do Gantois, 23, Federação. ☎ 3331-9231. Près de la TV Bandeirante.* Lieu de culte réputé de la fameuse *Menininha de Gantois,* l'une des plus vénérées *mães de Santos* du *candomblé,* décédée dans les années 1980. Des personnages politiques, ou des artistes comme Caetano Veloso, Gal Costa, ou Maria Bethânia y ont été initiés par Mãe Mininha...

■ ***Casa Branca :*** *av. Vasco da Gama, 463, Rio Vermelho. ☎ 3334-2900.* Maison réputée pour être le plus ancien *terreiro* de *candomblé* à Salvador. Téléphoner avant pour savoir quand Mãe Altamira Cecília dos Santos organise une cérémonie.

■ ***Terreiro do Alaketu :*** *rua Luís Anselmo, 67. ☎ 3244-2285.* Un *terreiro* de plus d'un siècle. Démonstrations ouvertes au public.

■ ***Terreiro Bate Folha :*** *traversa São Jorge, Mata Escura. ☎ 3261-2354.* Un *terreiro* très impliqué dans les œuvres sociales.

Où prendre des cours de capoeira ?

Les amateurs de capoeira qui restent un certain temps à Salvador pourront prendre des cours. On vous indique ici les 3 principales écoles du centre historique.

■ ***Fundação e escola de capoeira Mestre Bimba*** (zoom I, B2) **:** *rua das Laranjeiras, 1. ☎ 3322-0639. • capoeiramestrebimba.com.br • Au sous-sol. Cours (env 15 Rls pour 1h) lun-sam 10h-20h30. Démonstrations (env 15 Rls) mar et ven à 19h.* L'école la plus connue.

■ ***Escola e associação de capoeira Angola Mestre Curió*** (zoom I, B2) **:** *rua Gregório de Matos, 9. ☎ 3321-0396. • mestrecurio@yahoo.com.br • Entraînements lun, mer et ven 19h-21h. Roda (démonstration) ven 19h30-22h.*

■ ***Fort de Santo Antônio*** (zoom II, D3) **:** *dans le fort même.* On y trouve 7 écoles des plus grands maîtres de capoeira Angola. En voici 2 : *Mestre Boca Rica* (📱 *98117-8191)* et *Mestre Ryck. En général, cours tlj 7h-21h.*

À voir

Pour les amateurs, il existe un bus touristique (à impériale) qui fait le tour de la ville : le *Salvador Bus (passage env ttes les heures 8h30-18h, tlj sf dim ; coût : env 50 Rls ; infos : ☎ 3356-6425 ; • salvadorbus.com.br •).* Le principe est celui du *hop-on hop-off* : on descend où l'on veut durant le parcours et on remonte dans l'un des bus suivants.

LA VILLE HAUTE (plan I et zooms I et II)

C'est là que se concentre toute la ferveur populaire de Salvador. Le grand écrivain Jorge Amado écrivait : « Toute la richesse de l'homme de Bahia, en grâce et en civilisation, et toute sa pauvreté infinie, tout son drame et toute sa magie naissent et se retrouvent dans la vieille ville. » Ce fut vrai tout un temps, mais l'ensemble du quartier a été considérablement rénové il y a une dizaine d'années, et nombre de familles défavorisées renvoyées dans des favelas éloignées... Restos, *pousadas* et échoppes ont remplacé aussi petit à petit les habitations. Le prix de l'immobilier a grimpé, sous l'effet des investissements réalisés par de riches Brésiliens ou étrangers qui achètent des maisons décrépies pour les rénover. Mais, pour autant, ce quartier n'a pas perdu son âme : chaque samedi, en particulier pendant l'été brésilien, les Bahianais continuent à faire la fête sur ses pavés, à tel point que les rues sont souvent bloquées !

À noter : pour la plupart, les musées du Pelourinho et de la vieille ville sont gratuits le jeudi.
Côté sécurité : rien à signaler de plus que les règles élémentaires à adopter dans tout quartier touristique. Quelques rues restent néanmoins à éviter, en particulier *ladeiro Misericórdia,* qui descend de la praça Municipal à la ville basse. En outre, le dimanche, la ville haute est quasi déserte. Pour des raisons évidentes de sécurité – mais aussi d'atmosphère –, nous vous déconseillons de la visiter ce jour-là.
Dernier conseil : les pavés du Pelourinho sont plutôt saillants et souvent disjoints. Prévoyez donc de bonnes chaussures...

Largo do Pelourinho (zoom I, B1)

Largo do Pelourinho : c'est le cœur triangulaire de la vieille ville, en déclivité vers l'est. Magnifique et harmonieux alignement de *sobrados* aux tons pastel, où vivaient les riches seigneurs du sucre. Ils pouvaient assister de leurs fenêtres à balcon de fer forgé aux supplices des criminels, fouettés parfois à mort. On pense que le pilori (d'où le nom « Pelourinho ») se tenait en haut du *largo,* à droite du *museu da Cidade,* à l'emplacement d'une pierre plate et ronde. En fin d'après-midi, au soleil couchant, la place s'embrase et l'***igreja N. S. do Rosário dos Pretos*** *(tlj 8h-17h – 12h w-e ; entrée : 3 Rls)* habille d'or sa façade bleutée. Une église étonnante puisqu'elle fut construite par les esclaves eux-mêmes, le soir après leur travail, et que tous les saints y sont... noirs. À l'intérieur, azulejos dans le bas des murs et chaires rococo. Statues de saints noirs, résultat du syncrétisme entre *orixás* et saints catholiques. Jolie chaire, plafond en bois entièrement peint, assez sombre. Au fond, sacristie, avec comme d'habitude de superbes meubles. Chaque mardi, à 18h, s'y tient une messe syncrétique.

CHÂTIMENT OUI, MAIS JAMAIS EN PUBLIC

Il est courant de dire que le Pelourinho (pilori) était le lieu où l'on attachait les esclaves pour les punir en place publique. En fait, il s'agissait de criminels que l'on exposait et fouettait ici, et non d'esclaves. Deux raisons à cela : en fouettant un esclave devant assistance, sa valeur de revente baissait (puisque pas obéissant et éventuellement blessé !). Par ailleurs, le propriétaire pouvait apparaître comme incapable de tenir sa maison, donc sujet à la moquerie. Bref, on préférait toujours corriger ses esclaves en privé...

Fundação Casa de Jorge Amado *(zoom I, B1)* **:** *largo do Pelourinho, à côté du museu da Cidade. ☎ 3321-0070. • jorgeamado.org.br • Tlj sf dim 10h-18h (16h sam ; ouv dim en janv-fév). Entrée : env 3 Rls ; gratuit mer.* Dans une large maison bleue avec 21 fenêtres en arc de cercle, collections de photos, de médailles et de titres honorifiques de l'écrivain. Une véritable star : vous le verrez en compagnie de Fidel Castro, de Sartre et de Beauvoir, de Montand, de Pablo Neruda, de Gabriel García Márquez... Également, à l'étage, des panneaux présentant ses plus grands succès

À LA RECHERCHE DE DONA FLOR !

À l'est du largo do Pelourinho se trouve le quartier de Nazaré, qui servit de cadre au film Dona Flor et ses deux maris *(tiré d'un roman célèbre de Jorge Amado). La belle maison de Dona Flor se situe au n° 12 de la jolie praça D. Anna Nery. C'est là qu'elle se mettait en quatre pour exécuter des plats d'une saveur exquise et sensuelle pour son mari, avant de rouler sous la table pour... d'autres acrobaties.*

littéraires, ainsi qu'un centre de documentation. Café sympa au rez-de-chaussée, aux murs tapissés des couvertures de ses romans traduits dans d'autres langues.

Largo do Cruzeiro de São Francisco *(zoom I, B2)*

Tout en longueur, dans le prolongement du *Terreiro de Jesus,* cette jolie place pavée, où est plantée une croix monumentale, offre une profondeur de champ idéale pour photographier la plus belle église de Salvador, avec son pignon baroque flanqué de deux tours symétriques. Le quartier porte le joli nom de *Maciel.* Quelques rues à droite sont peu sûres à la nuit tombée, mais le charme est bien là.

Igreja e convento São Francisco (zoom I, B2) : *largo do Cruzeiro de São Francisco. ☎ 3322-6430. Lun-sam 9h-17h30, dim 10h-15h (horaires variables ce jour-là). Entrée : 5 Rls ; pdt les offices, entrée gratuite, mais photos interdites.*
Le couvent, qui ne se visite pas, fut construit entre 1686 et 1708 à l'emplacement d'une chapelle donnée en 1587 aux franciscains lors de leur arrivée à Salvador. Une dizaine de moines l'occupent encore. L'extérieur ne présente pas un intérêt particulier.
- *L'église :* c'est le clou de la visite. Elle fut élevée entre 1708 et 1713. La décoration intérieure, du XVIIIe s, illustre parfaitement l'idéal baroque brésilien de cette époque : luxe époustouflant, entièrement recouvert de feuilles d'or, sculptures tarabiscotées et profusion de motifs floraux, feuilles d'acanthe, des angelots en veux-tu en voilà et des chérubins (castrés !), colonnes torses, bras sortant des murs en guise de torchères, etc.
À l'entrée, magnifiques panneaux d'azulejos ; celui de gauche représente saint François renonçant aux biens matériels. Celui de droite est tout aussi remarquable. Dans la chapelle du milieu, dans la nef de droite, superbe statue de São Pedro de Alcântara en jacaranda, œuvre de l'artiste bahianais Manoel Inácio da Costa, un véritable chef-d'œuvre de l'art baroque avec un rendu accusé de la souffrance du saint. Laissez encore glisser votre regard sur les rampes de jacaranda qui séparent les nefs latérales de la nef centrale à colonnes torses. Le plafond, peint et doré, fut réalisé entre 1736 et 1738. Au centre de l'arche du transept, on peut voir l'écusson franciscain et les armes du Portugal. Chaires chargées d'angelots. Noter les chapelles dont l'effet de perspective est particulièrement marqué.
- *Le chœur :* tapissé de dalles à motifs, ses côtés sont ornés de beaux azulejos de Bartolomeu Antunes. Au-dessus de l'entrée de la tribune, notez les lutrins, typique de l'art baroque mais qui confine ici au rococo (période ultime du baroque). Également un Christ en Descente de croix (c'est rare !).
- *Le cloître :* orné d'une série d'azulejos exceptionnels, réalisés au Portugal, numérotés puis assemblés ici. Chacun des murs traite d'un thème philosophique : l'argent sur le mur côté extérieur (le monde !), l'amitié (ou la solidarité) côté couvent, la vertu côté église, et la mort... côté cimetière. Belle galerie à arcades d'ordre toscan. Quelques plafonds, peints également, en bois, avec effet de perspective. Un vrai plaisir pour les yeux.
- *La sacristie :* garnie d'armoires à chasubles en jacaranda. Voir également les meubles à tiroirs, qui renfermaient les certificats de naissance, de baptême et de mariage des familles qui fréquentaient l'église. Plafonds à caissons.
- *Le vestibule du couvent :* à l'entrée, entre le cloître et l'église. Placez-vous dans les coins de la salle pour apprécier le plafond qui est entièrement peint avec un effet de perspective, technique typique de l'art baroque qui utilise abondamment les effets de trompe-l'œil. L'œuvre, dédiée à la Vierge, est de José Joaquim da Rocha (1774), fondateur de l'école bahianaise.

Tout à gauche, en retrait derrière une grille, dans la rua Ordem Terceira, s'élève la petite ***igreja da Ordem Terceira de São Francisco*** *(zoom I, B2 ; ☎ 3321-6968 ; tlj 8h-17h ; entrée : 5 Rls),* construite en 1703. La magnifique façade en style churrigueresque de 1703, abondamment travaillée en volutes et

guirlandes entourant les niches, contraste vivement avec celles des autres églises de la ville, en général plus sobres. Curieusement, cette splendide façade resta couverte de plusieurs couches de plâtre et d'enduit pendant 150 ans ; elle ne fut redécouverte qu'en 1936 par un ouvrier qui creusait dans le mur pour placer un câble. Il a fallu 9 ans de travail pour en restituer la magnificence d'origine.
À l'intérieur, contrastant avec la façade, une décoration néoclassique. Un couloir latéral mène à une enfilade de pièces et à l'étage, un intéressant petit ***musée*** : meubles, portraits, vêtements du sacerdoce, saints sculptés. Ne pas manquer l'étonnant Christ en croix emprunt de réalisme, avec ses filets de sang en velours carmin. Dans une salle, autour de la gigantesque table, intéressant ensemble d'azulejos représentant un cortège nuptial parcourant la ville de Lisbonne en 1729 (on en trouve aussi de grands panneaux au rez-de-chaussée, autour du patio). Cette ornementation permet de visualiser les monuments de la capitale portugaise d'avant le tremblement de terre de 1755. Assez unique.
Au sous-sol, dans la crypte, en 1900, on a rassemblé les ossements et les cendres des riches marchands qui édifièrent l'église et de leurs descendants.

Terreiro de Jesus *(zoom I, B1-2)*

L'une des places les plus animées de la ville. Au centre, une fontaine symbolise les quatre grands fleuves de Bahia. Petite foire artisanale sur le terre-plein central.

Catedral Basílica *(ou Catedral Basilica ; zoom I, B1)* **:** ☎ *3321-4573. Tlj 9h (13h dim)-17h. Entrée : env 3 Rls.*
Ancienne église du collège des jésuites du Brésil, elle devint cathédrale après l'expulsion du pays de la congrégation (1759), dont la plupart des monuments furent détruits ou dénaturés. La *basilica da Sé* fut construite entre 1657 et 1672 ; la façade et l'intérieur sont recouverts de marbre du Portugal (qui lestait aussi les bateaux revenant à vide). La cathédrale est caractéristique de l'art maniériste, dernière expression de la Renaissance.
À l'intérieur, contrairement aux autres églises de la ville, la grande nef centrale et les bas-côtés communiquent entre eux. Les deux premières chapelles latérales (à droite et à gauche) abritent les plus anciens retables en bois du Brésil. Certains présentent un incroyable travail baroque, aux colonnes pleines d'angelots.
Le *plafond de la nef* présente un travail de menuiserie exceptionnel aux dessins géométriques, peints et dorés datant de 1700. En son centre, le symbole de l'ordre.
Les *chapelles du transept* sont caractéristiques de la période du second baroque portugais, très riche également. Lourde chaire de marbre. Le *maître-autel,* en rénovation depuis un moment, est orné de 18 tableaux du XVIIe s, de style maniériste. Superbe plafond encadré de colonnettes, belles stalles en jacaranda incrusté de bois et d'ivoire.
La *sacristie,* au fond d'un long couloir, sur la gauche, sans doute le clou de la visite, est couverte d'azulejos remarquables. Une galerie de portraits des membres de la Compagnie de Jésus orne le plafond en caissons. On remarque encore l'autel central en marbre d'Italie ainsi que les deux grands meubles en jacaranda, beau travail de marqueterie d'ivoire et d'écaille de tortue (1683).
La *crypte,* au sous-sol, renferme une série de stalles sculptées.

Museu Afro-brasileiro *(zoom I, B1)* **:** *terreiro de Jesus.* ☎ *3283-5540. Lun-ven 9h-17h. Entrée : env 6 Rls, valable aussi pour le musée d'Archéologie et d'Ethnologie ; réduc. Brochure explicative en français.* Contigu à l'Académie de médecine, ce modeste musée est surtout consacré à la religiosité afro-brésilienne, dont la ville de Salvador est le berceau. Photos de Pierre Verger et intéressante collection de statuettes, céramiques, jeux et instruments de musique originaires du Bénin, du Ghana, du Nigeria et du Congo. Masques du royaume du Dahomey. Armes attestant de la maîtrise des techniques de métallurgie en Afrique de l'Ouest.

Costumes et photos de *candomblé,* certaines datant du XIXe s. Ne manquez pas non plus les panneaux sculptés de l'Argentin Carybé sur les *orixás* (dieux du *candomblé*), dans la salle du fond.

Museu de Arqueologia e Etnologia *(zoom I, B1)* **:** *même bâtiment, horaires identiques et même billet que le Museu Afro-brasileiro.* Dans les soubassements, joliment rénovés, de l'Académie de médecine. Belle collection (fort bien mise en valeur) d'objets archéologiques et des différentes ethnies de l'État de Bahia (urnes funéraires des peuples indiens du littoral avant l'arrivée des Portugais au XVIe s, belles parures de plumes).

Sur le terreiro de Jesus, encore deux églises dont vous remarquerez qu'elles sont chacune amputées du clocher droit. D'abord, face à la cathédrale, l'***igreja da Ordem Terceira de São Domingo*** *(zoom I, B2)***,** de style rococo *(fermée depuis mi-2015 pour travaux de rénovation),* et au nord-est de la place, l'***igreja São Pedro dos Clérigos*** *(ouv slt pdt les offices)* fait la transition entre le baroque et le néoclassique. Au plafond, Jésus remet les clés du ciel.

Praça da Sé *(plan I, A-B1-2)*

Elle succède au terreiro de Jesus. Encore une église, la ***igreja da Misericórdia*** *(plan I, A2)***,** accolée au *museu da Misericórdia* (voir ci-après), avant d'aborder la *praça Municipal,* où l'on trouve l'*elevador Lacerda* qui mène à la ville basse. En allant embrasser le panorama sur la baie depuis le belvédère, on remarquera la bien laide *Cruz Caida* (1998) du sculpteur local Mario Cravo.

Museu da Misericórdia *(plan I, A2)* **:** *rua da Misericórdia, 6. ☎ 3322-7355. Lun-sam 10h-17h, dim et j. fériés 9h-13h. Entrée : 6 Rls ; réduc. Visite accompagnée par une pers du musée. Photos interdites.* Il s'agit d'un ancien hôpital fondé en 1549 par la reine dona Leonor du Portugal. Tout autour d'une cour intérieure, sur deux étages, on parcourt diverses salles parmi lesquelles la sacristie (fontaine en marbre et meuble en bois ouvragé et précieux), une loggia italienne à trois arches, couverte de marbre (seule du genre en Amérique du Sud), puis la grande salle de réunion *(salão nobre),* assez spectaculaire, avec un plafond à caissons couvert de peintures bibliques et un fauteuil fabriqué pour la visite du dernier empereur du Brésil, Dom Pedro II, en 1859. La salle est entourée d'azulejos dans la partie basse. Autel baroque. Çà et là, portraits des donateurs de l'hôpital (certains étaient trafiquants d'esclaves). Petite galerie d'art religieux. On peut aussi voir, depuis peu, la pharmacie, avec son meuble monumental en bois précieux pour stocker pots de céramiques et bouteilles, et un tourniquet placé dans un mur extérieur pour recueillir les bébés abandonnés. Modeste section d'art contemporain. Pour finir, visite de l'église de la Miséricorde, juste à côté, dotée d'un autel de style rococo vraiment chargé. Également une salle dédiée à la peinture de José Joaquim da Rocha, artiste du XVIIIe s, qui réalisa un ensemble sur la passion du Christ. Sous des arcades, la première voiture à essence de Salvador, une Panhard de 1898.

Fundação Pierre Verger *(plan I, A2)* **:** *rua da Misericórdia, 9. ☎ 3321-2341. • pierreverger.org • Lun-sam 9h-19h (17h sam). GRATUIT.* Sur deux niveaux, une expo tournante des photos de feu Pierre Verger (1902-1996), célèbre photographe et anthropologue français, mort en 1996 à 94 ans. Beaucoup des clichés présentés sont des inédits.

Praça Municipal *(plan I, A2)*

Aussi appelée *Tome de Souza,* c'est la place de la ville haute d'où part l'ascenseur *(elevador)* de Lacerda, pour descendre à la ville basse (environ 0,15 Rl le trajet).

LE NORDESTE

Un bureau de l'office de tourisme est ouvert au public à côté du couloir qui mène à cet ascenseur.

Sur la gauche, face à la baie, la façade monumentale style crème chantilly et couronnée d'une coupole du ***palácio do Rio Branco,*** ancienne résidence du gouverneur. Il faut rappeler que c'est à partir d'ici que la ville se développa.
La place est entièrement piétonne, et le coucher de soleil, vu de la terrasse, exceptionnel, attire chaque soir une foule de flâneurs. Pas bête, un glacier *(El Cubana)* s'y est installé, mais franchement, il n'arrive pas à la cheville du glacier *Laporte,* sur le largo Cruzeiro de São Francisco (voir plus haut « Où s'offrir une bonne glace ? »). Sur la place toujours, la statue de Tome de Souza, pionnier portugais qui fonda la ville de Salvador au début du XVIe s.

Museu de Arte sacra *(hors plan I par A2)* **:** *rua do Sodré, s/n.* ☎ *3283-5600. Lun-ven 11h30-17h. Entrée : env 5 Rls ; réduc.* Dans l'ancien *couvent Santa Teresa,* un des plus remarquables témoins de l'architecture coloniale brésilienne. Collections d'art sacré tout à fait exceptionnelles, tant par la qualité que par le nombre : plus de 1 500 pièces exposées. Le cadre bien approprié et la disposition intelligente des objets rendent la visite attrayante. Nombreuses statues en bois polychrome, en ivoire, en pierre à savon, petits oratoires miniatures du XVIIIe s, tableaux et objets de culte en argent... Superbes meubles coloniaux du XVIe au XIXe s. Dans la sacristie, fontaine en marbre et magnifiques azulejos. Imaginez le labeur de l'ébéniste qui exécuta la commode en jacaranda de 10,72 m de long. Tout autour, beau jardin romantique.

LE NORDESTE

Au nord du Pelourinho : les quartiers du Carmo et de Santo Antônio (zoom II)

Au bas du *largo do Pelourinho,* la rue remonte assez fortement et devient la rua do Carmo qui, à elle seule, mérite une promenade pour ses maisons anciennes aux façades multicolores. Elles sont progressivement retapées par des particuliers qui y installent des restaurants et *pousadas.* C'est ensuite le début du quartier de Santo Antônio, qui s'achève à la place du même nom, bordée par l'église Santo Antônio et le fort éponyme.

Convento e igreja do Carmo *(zoom II, C4)* **:** *rua do Carmo, 1.* ☎ *3242-0182.* Le couvent, un des plus grands d'Amérique latine, abrite aujourd'hui un hôtel de luxe ainsi qu'un musée d'Art sacré, mais ce dernier est fermé pour restauration. C'est dans une de ses salles que fut signée la capitulation des Néerlandais en 1625. Remarquable autel chargé d'or et d'argent. Mais le plus époustouflant est la richesse démesurée de la sacristie, la plus décorée du Brésil (malheureusement pas visitable). Le délire étouffant du baroque y prend toute son ampleur. Bénitier en marbre de Carrare. Plafond orné de caissons peints et dorés, représentant la vie du prophète Élie. Admirable poésie des angelots de bois qui soutiennent les portraits des saints. Beaux meubles à tiroirs en jacaranda.

Igreja Nossa Senhora do Monte do Carmo *(zoom II, C4)* **:** *rua do Carmo, à côté du couvent. Lun-sam 8h-17h (12h sam) ; dim, slt pdt les messes. Entrée : 4 Rls.* Construite originellement en 1636, puis détruite en 1788. Beau plafond peint en bois et en perspective. Dans une salle, dans une vitrine, on peut découvrir une remarquable sculpture : un superbe christ en bois de cèdre sculpté, réalisé par un esclave, sans aucun modèle humain. Un médecin a vérifié : la taille de chaque membre et de la tête respecte parfaitement les proportions humaines. Regardez de plus près : 200 rubis de toutes tailles représentent les gouttes de sang du calvaire du Christ. Incroyable !

Dans le prolongement de la rua do Carmo, la rua Direita de Santo Antônio présente de jolies façades bien préservées. C'est un vieux quartier populaire à l'origine, qui se développe mais reste encore à l'écart de l'agitation touristique. On passe devant le *largo da Cruz do Pascoal* et son oratoire du XVIIIe s, couvert d'azulejos, puis la façade bleue de l'***igreja Nossa Senhora da Conceição do Boqueirão*** *(zoom II, D3)*, pour atteindre la *praça de Santo Antônio Além do Carmo*, d'où l'on bénéficie d'un superbe panorama sur la baie.

On découvre aussi l'***igreja de Santo Antônio*** *(zoom II, D3)*, qui perdit un clocher lors d'une tempête, mais pas le saint qu'elle renfermait (!). Le vieux *fort portugais* (1703) est l'ancien lieu de répétition du bloc de carnaval *Ilê Aiyé* et toujours le terrain d'entraînement d'écoles de capoeira.

➢ Retour vers le largo do Pelourinho par le même itinéraire.

LA VILLE BASSE *(Cidade baixa ; plan I, A1-2)*

Au départ de la *praça Municipal*, emprunter le très populaire *elevador Lacerda* (offert à l'origine par le Danemark) qui, bien qu'assez inesthétique, fait depuis longtemps partie du paysage de la ville. Un quartier d'affaires, de commerces et d'agences de voyages.

Mercado Modelo *(plan I, A1)* **:** *situé dans les anciens bâtiments de l'Alfândega (les douanes). Tlj 9h-19h (14h dim).*
Le marché brûla presque entièrement en 1984. Mais le mercado Modelo fut rebâti et la vie reprit ses droits autour du port. Il a été transformé en un grand hall de deux niveaux abritant des boutiques artisanales et des échoppes de souvenirs locaux, estampillés *made in China* (on est mauvaise langue, c'est parfois *made in Taiwan* !). On y trouve des colliers, des vêtements, des objets divers et des *berimbaus* (instruments de musique brésiliens) de pacotille... Aussi quelques éventaires de vraie dentelle bahianaise à des prix intéressants et deux restos avec une grande terrasse (voir « Où manger ? ») donnant sur l'agréable animation du port. Si vos achats vous laissent à sec, sachez qu'il y a un distributeur automatique au 1er étage.
Devant le marché, des capoeiristes font parfois des démonstrations plutôt artificielles...

Le port : tout à fait charmant et de taille humaine. Spectacle coloré quand les vieilles pinasses déchargent le poisson. D'abord réservé à la pêche et aux bateaux reliant Itaparica et les îles alentour, le port a subi des transformations – réussies – pour accueillir les immenses catamarans des navigateurs de la *Transat Jacques Vabre*, qui relie la ville du Havre à Salvador da Bahia (course tous les 2 ans, arrivée courant novembre).
Au large, on aperçoit un petit îlot au milieu duquel se dresse le ***fort de São Marcelo*** datant de 1623 *(visite mar-dim 9h-18h ; billet : 10 Rls, ou 14 Rls pour voir l'intérieur).*

Igreja N. S. Conceição da Praia *(plan I, A2)* **:** *largo da Conceição da Praia. ☎ 3242-0545. Lun 7h30-12h, 14h-17h ; mar-ven 7h30-17h ; w-e 7h30-11h30.*
Construite en 1623. Elle fut nommée ainsi (« da Praia »), car l'eau venait auparavant lui lécher les pieds. Avec l'église N. S. do Bonfim, elle est chère au cœur des Bahianais. Notez la forme de la façade, rococo, assez unique, avec des clochers octogonaux à angle vif de part et d'autre du porche. Le marbre provient entièrement du Portugal. Décoration intérieure assez sobre, mais beau plafond peint (sombre et donc peu visible). Nombreuses chapelles latérales aux colonnes torses et dorées. Autel baroque en diable, couvert de saints et d'angelots. Grande fête religieuse le 8 décembre et grande procession de Nosso Senhor dos Navegantes le 1er janvier (voir « Les fêtes populaires »).

Solar do Unhão – Museu de Arte moderna *(plan d'ensemble)* **:** *av. Contorno. ☎ 3117-6131. En bord de mer, en allant vers le quartier de Barra.* ***Attention :*** *le site*

LE NORDESTE

est fermé depuis l'été 2015 pour travaux de rénovation. Se renseigner sur sa réouverture. Ce site historique, situé en contrebas de la falaise rocheuse, au bord de l'eau, présente un exemple d'architecture coloniale très intéressant. Construit au XVIIe s, il comprend la maison de maître, l'église du domaine, la maison des esclaves et une petite usine sucrière (remaniée au XIXe s en entreprise de tabac à priser).
– L'édifice abrite aussi le ***museu de Arte moderna*** : *☎ 3117-6139. • mambahia.com • Mar-dim 13h (14h w-e et j. fériés)-19h. GRATUIT.* Intéressantes expos temporaires de photo, peinture et dessin d'artistes brésiliens.

LE QUARTIER DE BONFIM *(au nord ; plan d'ensemble)*

Quelques plages, des quartiers populaires, et surtout une église célèbre. Pour s'y rendre depuis Lapa, prendre le bus « Ribeira-Lapa » et descendre à la hauteur de l'église.

★★ *Basilica Nosso Senhor do Bonfim :* *☎ 3316-2196. Compter env 20 Rls pour un taxi depuis le mercado Modelo. Bus également au départ du mercado Modelo, direction « Ribeira » ou « Bonfim ». Horaires du musée : mar-sam 9h-12h, 14h-17h.* L'église la plus populaire de Bahia reçoit chaque année la grande procession de N. S. do Bonfim (voir « Fêtes populaires »). Elle fut spécialement construite pour accueillir la statue du Christ en croix (en ivoire et argent) apportée de Setúbal (Portugal) en 1745.
Les petits bracelets de tissu coloré que vous proposeront la ribambelle d'enfants et de vieilles dames à l'entrée de l'église correspondent à un rite bien précis. La longueur de ces morceaux d'étoffe (les *fitas*) est égale à l'écartement des bras de la statue du Christ en croix. N'hésitez pas à en acheter quelques-uns, ils sont vendus autour de 0,10 Rl. Selon la tradition, il faut en passer un à son poignet en faisant trois nœuds, et faire un vœu à chaque nœud. Quand le bracelet, usé, cédera, ces vœux seront exaucés. Plus exactement, il faut ajouter une contrainte supplémentaire pour garantir la réalisation de vos vœux : jeter le bracelet dans un cours d'eau...
La *façade,* décorée d'azulejos blancs et de guirlandes lumineuses, permet à tous les habitants de Salvador de suivre les cérémonies, même de très loin. À l'intérieur, les *autels* des bas-côtés sont joliment sculptés et dorés. Nombreux tableaux de Franco Velasco, grand artiste bahianais. Remarquer, dans le troisième autel sur la droite, la statue de Notre-Dame de la Bonne-Mort, dans son cercueil d'argent. Dans le *chœur,* en haut d'un trône soutenu par des colonnes corinthiennes, se trouve la fameuse *statue de Setúbal.* Au *plafond,* belle perspective peinte du début du XIXe s. Beaux meubles à tiroirs dans la *sacristie* et remarquables azulejos dans le couloir y menant, assez bien conservés. À droite du chœur, la *sala dos Milagres* est couverte d'offrandes votives. Elle témoigne de la dévotion populaire au Senhor do Bonfim.
Au 1er étage, petit *musée d'ex-voto* : sculptures, bijoux naïfs, etc. Des ex-voto en plastique représentant le membre malade sont suspendus au plafond, dans l'espérance d'une guérison.

★ *Paróquia Nossa Senhora da Boa Viagem :* *praça Adriano Gordilho. Mar-sam 8h-15h30 (12h sam) ; messes lun-ven 7h30 et 19h, sam 7h30 et 17h.* Une petite église datant de 1712, sans grande particularité, hormis de beaux azulejos. Il s'y déroule le 1er janvier une grande cérémonie : l'arrivée de Nosso Senhor dos Navigantes depuis l'église Conceição da Praia.

LES QUARTIERS RÉSIDENTIELS : BARRA ET ONDINA *(plan II et plan d'ensemble)*

★ *Barra :* très résidentiel, le quartier n'est pas dénué de charme, avec quelques monuments intéressants, à visiter au cours d'une agréable balade le long du front de mer. En réalité, Barra fut le premier lieu de peuplement de la ville, ce que rappelle un petit monument au bout de la praia do Porto, en dessous du fort de São Diogo. Plus tard, en 1549, le fondateur de la ville, Tome de Souza (premier

LE NORDESTE

governador general) préféra l'actuel centre historique pour établir le siège de la première capitale du Brésil. Les deux forteresses ont été construites au port de Barra pour repousser les invasions, après celle des Néerlandais.

– On longe d'abord l'avenida Oceânica (et la *praia do Farol*) entre le ***morro do Cristo*** *(plan II, F7),* statue du Christ élevée face à l'océan, et l'imposant ***farol da Barra*** *(plan II, E7),* élevé dans l'enceinte du fort de Santo Antônio da Barra, considéré comme le plus ancien de l'Amérique des colons portugais (1534). Il abrite un *Musée nautique* (voir ci-après) et un bar en terrasse, le *Café do Farol,* bien agréable en fin de journée.

– On poursuit la balade sur l'avenida 7 de Setembro, jusqu'au ***forte de São Diogo*** *(plan II, E5-6),* en passant par le ***forte de Santa Maria*** *(plan II, E6)* et l'agréable plage de *Porto da Barra.*

Museu nautico da Bahia *(plan II, E7)* **:** *praça Almirante Tamandaré, forte de Santo Antônio da Barra, dans le farol da Barra. ☎ 3264-3296. Tlj sf lun 9h-18h (ouv lun en janv et juil). Entrée : 15 Rls ; réduc. Explications en anglais et portugais.* Modeste (six salles) mais bien présenté, avec des pièces intéressantes. Maquettes de bateaux, collection de bouteilles, objets en céramique chinoise du XVIIe s venus par mer de Macao (Chine) et trouvés lors de fouilles archéologiques sous-marines dans les épaves du *Nossa Senhora do Rosario* (découvert en 1975 près du port Mont-Serrat) et du *Sacramento* (coulé dans la baie en 1668). Jarres en terre cuite et vieilles cartes géographiques portugaises de Salvador et de la baie, la plus ancienne (qui est toutefois une réplique de l'originale) datant de 1582.

Plus bas s'étend le ***quartier d'Ondina,*** résidentiel, avec de belles plages, hôtels et restos de luxe. On peut y visiter le parc zoologique.

Parque zoobotânico *(hors plan II par F7)* **:** *Alto de Ondina, s/n ; dans le quartier d'Ondina, à env 3 km à l'est de Barra. ☎ 3116-7954. • zoo.ba.gov.br • Tlj sf lun 8h30-17h. GRATUIT.* Dans un espace immense, deux secteurs distincts : un zoo classique et une partie où les animaux sont en semi-liberté (plus « semi » que « liberté », quand même). Vous pourrez admirer certains spécimens de la faune amazonienne que vous ne pourrez ou n'aurez pu voir in situ. Également spécialisé dans la reproduction des animaux en voie de disparition.

Plages

Si elles ne sont pas en pleine ville comme à Rio, elles s'étirent cependant dans des sites agréables, tout le long de la côte sud de la ville qui, à partir d'Amaralina, va vers le nord-est. Leur caractère populaire en fait toujours des lieux familiers et séduisants, malgré la forte urbanisation.

Pour s'y rendre, prendre le bus « Aeroporto-Campo Grande » en face de l'hôtel *da Bahia* (toutes les 15 mn environ) ou, plus simple mais moins fréquent, le bus climatisé pour l'aéroport qui part de la rua Vassouras *(plan I, A2),* dans le Pelourinho.

Depuis le centre jusqu'aux plus éloignées :

Praia do Porto da Barra **:** *la plus proche du centre de Salvador.* C'est quasiment une plage dans la ville, adossée à des flancs rocheux et urbanisés. Petite et bondée le week-end.

Amaralina **:** *à env 7 km à l'est de Barra.* Elle reçoit des vagues assez fortes et il y a beaucoup de vent. On peut y surfer, mais baignade dangereuse. Environ 4 km plus à l'est, la plage ***Jardim de Alá*** accueille aussi les surfeurs. Puis, encore plus à l'est, on trouve les plages ***Boca do Rio*** et ***Corsário*** très prisée de ceux qui pratiquent le volley ou le foot sur la plage.

Jaguaribe et Itapuã **:** *situées à env 20 km de Barra.* Ce sont parmi les plus populaires (ceux qui cherchent le calme iront voir ailleurs), avec leurs centaines de cocotiers et petits stands vendant snacks et boissons. La plage de *Piatã,* en revanche, est polluée.

Et puis, au nord-est d'Itapuã toujours, les plages ***Stella Maris, do Flamengo, Ipitanga,*** etc. Toujours assez fréquentées et dans un environnement un poil plus sauvage (on est déjà à une trentaine de kilomètres de Barra), ce sont nos préférées.

Fêtes populaires

– ***Fête du Bom Jesus dos Navegantes :*** c'est sûrement l'une des plus belles. Cette fête symbolise parfaitement le syncrétisme de Bahia, associant *Jesus* (patron des marins) à *Yemanjá* (déesse de la Mer). Le 31 décembre, la statue de N. S. dos Navegantes est emmenée à l'église Conceição da Praia (dans la ville basse). Le lendemain, elle est chargée sur un bateau et part en procession sur la mer jusqu'à Barra, puis elle est ramenée à l'église de Boa Viagem, accompagnée de dizaines de bateaux fleuris. Les *filles de saints* revêtent leurs belles robes blanches et jettent fleurs et cadeaux à *Iemanjá.* Une messe solennelle est célébrée à l'arrivée, en présence d'une foule nombreuse.

– ***Fête de Nosso Senhor do Bonfim :*** *du 1er au 2e dim après l'Épiphanie.* La plus grande fête religieuse de Salvador. Le *Senhor do Bonfim,* c'est *Jesus Oxalá.* Encore un bel exemple de syncrétisme entre le catholicisme et le *candomblé.* Temps fort le jeudi, lorsque les *filles de saints* traversent la ville, portant sur la tête des récipients pleins d'eau et de fleurs, suivies d'une foule énorme, entièrement vêtue de blanc, pour se rendre à l'église N. S. do Bonfim. Arrivées sur place, elles lavent à grande eau le parvis pour purifier l'entrée de l'église et permettre l'arrivée de Jesus Oxalá. Tout autour de l'église, c'est une fête joyeuse. Des baraques illuminées et colorées servent les meilleurs plats de la cuisine bahianaise, des gens dansent... L'atmosphère est indescriptible. Le 2e dimanche, la statue de N. S. do Bonfim est transportée de l'église N. S. do Conceição à celle de Bonfim. Puis la fête se déplace dans le quartier tranquille de Ribeira pour sa propre fête du lendemain : *Segunda Feira Gorda* (Lundi gras). Ça n'arrête pas !

– ***Fête de Yemanjá :*** *le 2 fév à Rio Vermelho où se tient la maison de Yemanjá (casa de Yemanjá).* Longue procession de bateaux chargés de présents pour la déesse de la Mer. Essayez de suivre en bateau jusqu'au lieu des offrandes.

– ***Carnaval :*** *24-28 fév 2017.*

– ***Carnaval de Micareta :*** *à* ***Feira de Santana,*** *ville située à 120 km au nord-ouest de Salvador. Pdt 4 j. fin avr ou début mai, selon le calendrier.* • *micaretafeira.com.br* • Fête populaire qui tient son nom du français « mi-carême ». Depuis sa création, en 1937, c'est LA grande fête annuelle de la ville et le deuxième carnaval de l'État après celui de Salvador. On y retrouve, en effectifs réduits, les grands blocs du carnaval de Salvador. Grand défilé le premier jour, avenida Presidente Dutra.

ITAPARICA

IND. TÉL. : 71

• Carte *p. 563*

C'est une grande île plate dans son ensemble, de 36 km de longueur sur 20 km de large. Située en face de Salvador, protégeant une partie de la vaste baie, elle a conservé un certain caractère rural.

L'île d'Itaparica constitue un bon choix pour se reposer une journée ou deux après la visite de Salvador. Les plus belles plages de l'île se trouvent sur la côte est, sur la partie la plus développée. Une enfilade de croissants au sable clair qui s'appellent *Ponta de Areia, Barra do Gil, Barra do Pote* ou *Coroa.* Pas mal de bonnes adresses sur l'île, toutefois pas données en haute saison. En

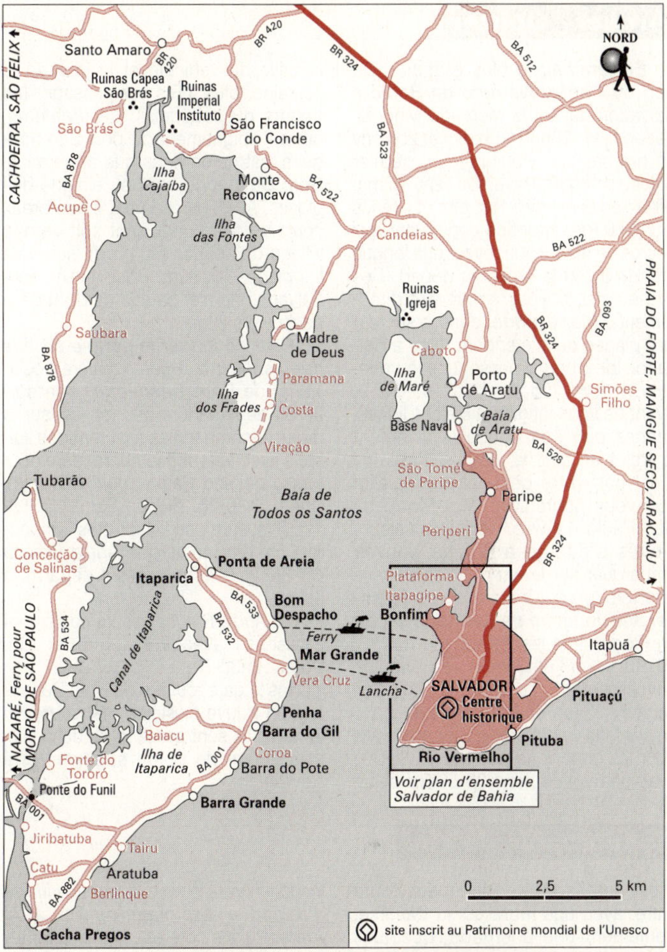

LA BAIE DE TODOS OS SANTOS ET L'ÎLE D'ITAPARICA

outre, beaucoup de monde sur les plages le week-end, car pour les Salvadoriens, venir ici est une manière rapide et pas chère d'échapper à la ville pour une journée. Si vous désirez être tranquille, privilégiez les jours de semaine !

UN PONT POUR LE FUTUR ?

Dans quelques années, sans doute autour de 2020, un pont de 12 km reliera Salvador à Itaparica. L'idée n'est pas de désenclaver l'île, mais d'éviter aux camions d'avoir à faire le grand tour de la baie pour aller vers le Sud du pays. Ainsi, les milliers de camions quotidiens qui l'emprunteront gagneront 4h de trajet. Mais l'île devrait sans doute subir les conséquences de cette fréquentation...

Arriver – Quitter

➢ ***En lancha :*** le plus pratique. Du port du ***Centro Náutico da Bahia*** à Salvador, devant le Mercado Modelo, départ tlj 6h-18h30 (10h dim et 20h env en hte saison). Pour revenir, dernier bateau à 16h30. Traversée : env 45 mn. Billet : en sem env 5 Rls, dim et j. fériés env 7,50 Rls. Attention cependant aux heures de marée pour éviter une longue attente avant le prochain départ. Ces petits bateaux vous emmènent directement à ***Mar Grande,*** dans le secteur des plages qui s'étendent, face à Salvador. Idéal pour y passer une journée.
➢ ***En ferry-boat :*** *☎ 3103-2050.* Avant de vous fatiguer à lire ces lignes, sachez que l'on conseille vivement le trajet en *lancha,* sauf si Itaparica n'est pas votre destination finale et que vous poursuivez vers Morro de São Paulo. Le w-e, parfois plusieurs heures d'attente avant de pouvoir embarquer sur le ferry et pas de résa possible (pour le moment). Du ***terminal São Joaquim de Salvador,*** départ en théorie ttes les heures (ou ttes les 30 mn selon l'affluence) ; en principe env 20 départs/j., 5h30-23h20. Traversée : 35 mn en bateau « express », 1h avec les « normaux ». Compter 5 Rls pour les piétons (le w-e env 7,50 Rls) ; avec une voiture, env 35-50 Rls selon la taille du véhicule et le jour de la semaine, plus 4 Rls par passager (en dehors du chauffeur). Le problème, outre l'éloignement du port São Joaquim, est qu'on débarque au terminal ***Bom Despacho,*** un peu éloigné des plages. Au débarcadère, de nombreux *combis* vous conduisent soit vers le village d'Itaparica (au nord), soit vers les plages (au sud). Pour revenir vers Salvador, dernier bateau de Bom Despacho vers 23h.
➢ ***Pour continuer le périple en bus depuis l'île :*** à la gare routière *(rodoviária)* de ***Bom Despacho,*** à la sortie du débarcadère des ferries, sur la droite. 2 compagnies assurent des liaisons avec ***Valença*** (embarcadère pour Morro de Sao Paulo ; voir plus loin). Durée 1h40-2h. *Cidade Sol (☎ 3682-1791),* assure une liaison ttes les heures, 5h-19h tandis que *Aguia Branca (☎ 3682-2425)* propose 1 départ/j. à 9h.
La Cie *Aguia Branca* assure également 2 liaisons/j. avec ***Ilhéus,*** à 9h et 13h. Durée : 6h30-7h.
– Dans la gare routière de Bom Despacho on trouve plusieurs ***distributeurs*** (à noter, ils sont assez rares dans l'île) et à 200 m de là, un ***supermarché*** *Bompreço.*

Topographie de l'île

C'est une île tout en longueur, toute plate, avec une route qui la traverse. Seulement une bourgade, quelques villages et plein de plages. Nous commençons notre présentation par ***Mar Grande,*** où les *lanchas* débarquent les passagers, puis petite incursion vers le nord-ouest au ***village d'Itaparica*** et la ***plage de Ponta de Areia.*** Puis la côte est, la seule véritablement développée, avec les plages de ***Barra do Gil*** et ***Penha,*** puis à la pointe sud, le charmant patelin de ***Cacha Pregos.***

Transports dans l'île

Une seule route centrale parcourt l'île du nord au sud, à la manière d'une colonne vertébrale. Les *combis* vous déposent au bord de la route, puis il faut marcher jusqu'aux plages, situées entre 1 et 3 km de la route.
➢ ***Depuis Mar Grande (débarcadère des lanchas) :*** on trouve des *taxis* au niveau du débarcadère, ainsi que des *combis* et des *motos-taxis* sur la place du village. Compter env 30 Rls pour Cacha Pregos.
➢ ***Depuis Bom Despacho (débarcadère des ferries) :***
– *En combi :* ces minibus blancs, officiels, se prennent à la sortie du

débarcadère, sur la droite, près de la gare routière. Beaucoup moins chers que les taxis, ils desservent toute l'île. Compter, par exemple, env 5 Rls/pers pour rejoindre Cacha Pregos, au sud de l'île. Ils embarquent jusqu'à 8 pers et partent une fois pleins. Si l'on est pressé, il est toujours possible de payer pour les places vides.

– *En taxi :* au même endroit que les *combis.* Pour Cacha Pregos (sud de l'île), compter env 35 Rls jusqu'à 4 passagers.

MAR GRANDE

Un des rares endroits de l'île un peu animé, non seulement le soir, mais aussi toute l'année, car c'est ici que débarquent les passagers en *lancha.* Mar Grande est une vraie petite bourgade, tout ce qu'il y a de plus provinciale, animée le matin et parfaitement tranquille l'après-midi. Petit centre agréable et plage à deux pas qui ne l'est pas moins, avec la ligne des immeubles de Salvador qui se découpe en toile de fond.

Adresses utiles

✉ **Poste :** *dans la rue qui monte du débarcadère, à l'angle de la estrada da Gamboa. Lun-ven tte la journée.*

■ **Banco do Brasil :** *praça Anisio Nelson de Brito, dans la rue commerçante, parallèle au débarcadère. Lun-ven 9h-14h. Distributeurs accessibles tlj 6h-22h.*

@ **Wifi :** *gratuit au niveau du débarcadère et de l'église.*

Où dormir ? Où manger ?

Prix moyens

Casa Grande : *praça Anisio Nelson de Brito, 198. ☎ 3633-1748. • pcasagrande.com.br • Face à la plage, au bout de la rue, non loin de la* Banco do Brasil. *Doubles avec sdb, ventilo ou AC env 110-130 Rls, petit déj compris.* Un petit hôtel aussi coloré à l'extérieur que sobre à l'intérieur. Chaque chambre arbore une façade de couleur différente, conférant à l'ensemble une atmosphère gaie et chaleureuse. Très propres, arrangées avec goût et équipées de TV et frigo. Certaines plus grandes que d'autres (en voir plusieurs).

Pousada Sonho de Verão : *rua São Bento, 2, dans le centre du bourg, à 5 mn à pied du débarcadère. ☎ 3633-1316. • pousadasonhodeverao.com.br • Double env 130 Rls, plus cher le w-e.* Une quinzaine de chambres dans cet établissement propre et fonctionnel, tranquille. De tailles différentes, mais toutes avec AC, TV et kitchenette. Petite piscine. Ensemble impeccable.

A Casa do Vizinho : *av. Beira Mar, 100 ; au débarcadère. ☎ 3633-6988. • acasadovizinho.com.br • Tlj sf lun 12h-23h (18h dim). Petite formule déj en sem env 15 Rls ; plats 30-100 Rls pour 1-2 pers. Également loc de 2 chambres, env 160 Rls pour 2.* Louis, un jeune chef français installé sur l'île, propose des plats traditionnels locaux (on ne se lasse jamais de la *moqueca*), mais aussi français. Délicieux *badejos* et autres *mariscadas,* ainsi que magret de canard à la mangue, steak au poivre et tournedos béarnaise ! Servi en salle ou sur la jolie terrasse face à la mer. Desserts de qualité : profiteroles, glaces artisanales, etc. En prime, bon pain maison et jolie sélection de vins. Quant aux chambres, elles sont situées dans la courette derrière le resto. Toutes simples, avec salle de bains, AC, ventilo, TV et frigo.

Bar-Budo : *au début de la rue qui monte du débarcadère, sur la gauche. ☎ 3633-3032. Tlj sf mar midi et soir (plus tard w-e et en hte saison). Plats 2 pers env 30-50 Rls.* Parmi les petits restos alignés à la sortie du débarcadère, celui-ci possède quelques sérieux atouts : notamment des plats bahianais servis en portions généreuses (bien bon *siri catado*). De quoi rendre un voyageur heureux et repu.

|●| ***Volta ao Mundo :*** *largo de São Mento (face à la Banco do Brasil). ☎ 3633-1031. Tlj sf mar 12h-22h30. Au déj en sem, buffet à volonté env 13 Rls ; le soir, à la carte.* Agréable terrasse couverte, rouge et noir. Bonne sélection de plats. Une aubaine pour les affamés et les fauchés.

ITAPARICA

Capitale de l'île, sur la pointe nord, à l'opposé de Cacha Pregos, Itaparica s'est assoupie depuis longtemps mais reste une étape prisée des Brésiliens le week-end et en haute saison. Le reste du temps, les rues sont plutôt désertes. Le village garde une atmosphère paisible et un charme désuet d'ancienne cité coloniale. Les vieilles maisons portugaises accentuent le côté décadent. Pas grand-chose à faire, si ce n'est se balader dans le quartier historique, au pied du vieux fort, le long du beau front de mer pavé ou des plages de l'autre côté.

■ À la marina, on trouve des ***distributeurs*** et un ***poste de police.***

Où manger ? Où boire un verre ?

|●| 🍷 ***Amigos BBQ :*** *av. 25 de Outubro, 716, le long de la promenade, en allant vers le centre historique depuis la forteresse. ☎ 3631-3736. Lun et mer-ven 17h-23h, w-e 12h-minuit.* Un charmant resto-bar tenu par un couple sud-africain, situé dans une sorte de jardin en terrasses. Essentiellement de la cuisine au barbecue : viandes, poissons et poulet, tout y passe. Bonne atmosphère et produits de qualité.

|●| ***Restaurante do Negão :*** *praça da Quitanda. ☎ 3631-1797. Le long de la promenade, à l'angle de la praça Tenente Botas. Tlj 8h-17h.* Cuisine locale à prix raisonnables, qui jouit d'une bonne réputation.

À voir. À faire

🚶 ***Fonte da Bica :*** *près de la marina. Repérer l'enceinte blanche et les murs vert et bleu.* Belle fontaine tout en azulejos datant de 1842, d'où coule une eau minérale qui alimente les habitants de la ville. Les fontaines tout autour de la place sont une servitude municipale. Selon la légende, il s'agit d'une fontaine de jouvence. Ainsi les touristes se font prendre en photo avant d'avoir bu l'eau, puis après !

🚶 ***Fortaleza de São Lourenço :*** *en bordure de mer. Ne se visite pas.* Construction portugaise datant de 1711, bâtie sur les ruines d'une ancienne forteresse édifiée par les occupants néerlandais au milieu du XVIIe s.

➢ ***Ilha dos Frades*** (île des Deux Frères) **:** *bateau à prendre à la marina au bout du village. Croisières également au départ de Salvador (depuis le Terminal marítimo), incluant une halte sur Itaparica, mais bien plus cher et touristique.* Ilha dos Frades est un îlot sauvage en face d'Itaparica, peuplé d'une cinquantaine d'habitants. Eau claire, sable blond... un endroit encore assez préservé.

PONTA DE AREIA

L'une des plus belles plages de sable, à quelques kilomètres de la ville d'Itaparica. Très calme, attention toutefois à l'arrivée des goélettes de promenade, le visage de la plage change alors en quelques instants ! Un lieu vraiment agréable quand il n'y a pas grand monde, mais assez sale quand il est trop fréquenté. En semaine, la plage est à vous ! Quelques petits restos sympas face aux flots bleus.

Où dormir ? Où manger ?

De prix moyens à chic

🏠 ***Pousada Claro de Luar :*** *av. Beira Mar, 200. ☎ 3631-1163. • clarodeluar.com • Doubles env 110-150 Rls selon saison, avec ventilo ou AC.* Dans une maisonnette au jardin tropical, tenue par Susana, une Argentine qui parle le français. Elle vous accueille dans 5 petites chambres simples ; climatisées au rez-de-chaussée, on préfère toutefois celles à l'étage avec ventilo. Face à la plage, idéal pour les baignades au saut du lit. En revanche, le coin peut être bruyant en fin de semaine.

🏠 ***Pousada Nel Blu :*** *av. Beira Mar, 23. ☎ 3631-4578. • nelblu.com.br • Doubles env 150-230 Rls selon saison, avec sdb et AC.* À l'arrière de la maison des proprios (italiens), 7 chambres de plain-pied (dont une pour 4 personnes et une suite) se font face, séparées par un jardinet soigné et arboré. Petit, simple et propre. Possède aussi l'avantage d'être assez calme car situé un peu sur l'arrière par rapport à la rue. La plage est juste en face.

🍽 ***Jardim da Ilha :*** *av. Beira Mar. ☎ 3631-4504. Sur la plage. Tlj 9h-17h. Plats 2 pers env 35-70 Rls.* Le resto le plus réputé de Ponta de Areia. Tables sous une grande hutte de palmes ou bien sur le sable. Tenu par un sympathique Italien, professionnel sérieux et exigeant, qui propose une cuisine locale de qualité à des prix très sages. Spécialité de fruits de mer et excellent *casquinha de siri.*

BARRA DO GIL ET PENHA

Situées à quelques kilomètres au sud de Mar Grande et dans le prolongement l'une de l'autre, voici sans doute les deux plages les plus séduisantes de l'île : longues, larges, ondulantes et calmes car protégées par une barrière de corail qui, si elle est moribonde, permet tout de même de conserver le calme des eaux de manière quasi permanente. L'été, les familles s'y retrouvent dans une atmosphère décontractée.

Où dormir ? Où manger ?

Prix moyens

🏠 🍽 ***Pousada Beija Flores et Pizzeria :*** *rua João das Botas, dans le cœur de **Barra do Gil,** à 300 m de la plage. 📱 98675-3623. • beijaflores.net • Doubles 160-200 Rls en hte saison, avec ventilo ou AC, petit déj inclus. Au resto, plats env 20-30 Rls.* 💻 📶 C'est le sympathique Jean-Eudes, jeune et dynamique retraité, amoureux du Brésil, qui vous accueille dans sa jolie maison. Située au fond d'un vaste jardin planté de manguiers, citronniers et arbres du voyageur. Charmante piscine, transats et hamacs pour se relaxer. Une dizaine de chambres simples et agréables, de tailles variées. Excellent petit déj en terrasse. Petit kiosque pour l'apéro. Par ailleurs, chouette petit resto où les gens des villages alentour viennent déguster d'excellentes pizzas, des lasagnes ou encore un beau poisson bien frais (à commander).

🏠 ***Chambres d'hôtes La Provence :*** *Condominio N. S. da Penha, à **Penha.** ☎ 3633-6027 ou 8752-6047. • laproventeitaparica.wix.com/br • À partir de l'entrée du condominio, c'est la 3e rue sur la gauche, puis la 3e maison sur la gauche. Compter 180-200 Rls selon le type de chambre, petit déj inclus.* 📶 Dans un ensemble de villas protégées, avec gardien à l'entrée, voici la maison de Christian, ex-boulanger, et de Neusa, son épouse. Une jolie demeure en vérité, nichée au fond d'un généreux jardin entretenu à l'anglaise, avec une petite piscine. 3 chambres, 2 dans la maison et une autre dans un charmant chalet à l'extérieur, toutes très fraîches et impeccables (avec AC et frigo), lumineuses et bien décorées. Le soir, Christian peut vous concocter un excellent repas de son cru.

CACHA PREGOS

À l'extrême sud de l'île, Cacha Pregos est un village de pêcheurs entouré d'îlots et de plages de sable blanc, baigné par des rios remontant dans les terres : un Brésil naturel, où le temps semble suspendu. Le village, protégé des assauts de l'océan par une barrière de sable, vit à l'heure des tropiques, dans une délicieuse nonchalance. C'est le point de départ idéal pour découvrir les îles verdoyantes de la baie et les méandres de la mangrove en louant les services des pêcheurs du coin.

BÂTON DE VIEILLESSE

Au bord du rio, on trouve un kiosque ouvert avec quelques tables de béton, où les vieux se retrouvent pour jouer aux dominos à la fraîche. Et ces vieux ont donné un nom à leur kiosque : « Praça do pau mole ». *Littéralement « Place des pénis mous » ! Au pays des machos, si les anciens ont perdu de la vigueur, ils n'ont rien perdu de leur humour.*

➢ *Pour y aller :* compter de 40 mn à 1h de minibus *(combi)* depuis le débarcadère de Bom Despacho, selon les arrêts.

– Pas de banque, pas d'office de tourisme, seulement des petits commerces de base. Le distributeur le plus proche est à Mar Grande.

Où dormir ? Où manger ?

Bon marché

🍴 ***Restaurant Lua Nova :*** *sur la place du village, rua da Praia.* ☎ *3637-1105. Fermé mer hors saison ; sert tte la journée.* Petite salle et quelques tables dehors sous un vieil arbre. Cuisine bahianaise mijotée tranquillement. Poissons, *casquinha de siri, camarãoes,* etc. Bon marché.

🍴 Quelques ***barracas*** sur la plage autour de la place principale.

De prix moyens à chic

🏠 ***Pousada Norage :*** *rua Joseir Martins dos Santos, 65.* ☎ *3637-1122.* • *pousadanorage.com* • *Selon saison, confort et vue, doubles env 140-180 Rls, avec ventilo, frigo et AC ; chambres pour 3 pers 170-200 Rls.* 💻 📶 Petit hôtel familial proposant une douzaine de chambres, aux murs extérieurs couverts de plantes vertes. Intérieur frais et propre, fonctionnel mais sans charme. Demander une chambre au 2e étage. Petit bout de vue sur la mer.

🏠 ***Pousada Graução :*** *rua B, 109.* ☎ *3637-1022. Dans une ruelle menant à la plage. Doubles avec sdb, TV, AC et frigo à partir de 130 Rls ; également des chambres pour 3-4 pers env 170-200 Rls.* 📶 Une douzaine de chambres agencées autour d'un petit jardin tropical, toutes très propres (carrelage, brique et bois). 2 chambres avec mezzanine (pour 4 personnes). Pas de vue sur la mer, mais sur le jardin dominé par un manguier et parsemé de hamacs. Agréable terrasse couverte pour le petit déj. Accueil aimable.

🏠 🍴 ***Privilège Aparthotel & Pousada :*** *rua Santo Antônio, 2, Vera Cruz.* ☎ *3637-1709.* • *privilegepousada.com* • *Compter 160-330 Rls pour 2 selon saison ; jusqu'à 580 Rls* *le grand appart pour 5 pers en hte saison. Resto midi et soir. Possibilité de ½ pens.* Petit bâtiment en bord de plage, qui se fond dans le paysage et abrite plusieurs appartements de taille variée (pour 2 à 6 personnes). Bon confort et équipement (TV, clim, minibar et certains avec cuisine), avec balcons donnant parfois directement sur la mer ou sur la piscine. Le patron, Marc Catel, très cool, est un Français à l'accent jovial du Sud qui a longtemps vendu des bateaux au Brésil. Les pieds dans le sable, plus coquette que ses voisines, la paillote du *Privilège* propose des fruits de mer à des prix très raisonnables (spécialité de fruits de mer à la feuille de bananier). Marc peut aussi vous aider à organiser des excursions sur les îlots aux alentours.

Où dormir ? Où manger dans les environs ?

Zimbo Tropical : *à* ***Aratuba****, rua Yemanja, s/n. ☎ 3638-1148. • zimbotropical.com • En combi, s'arrêter au niveau de Brazilgas et prendre le chemin en face, c'est quasi au bout. Sinon, s'arrêter au village et tél pour qu'on vienne vous chercher. Env 120-150 Rls pour 2 selon saison et type de chambre (160-250 Rls pour 4). Repas 35 Rls/pers ; sur résa pour les non-résidents. Possibilité de transfert depuis l'aéroport de Salvador.* Petite structure assez étonnante, créée par un adorable couple franco-brésilien. À peine l'enceinte franchie, on se retrouve immergé dans un bout de forêt tropicale, à partager cet habitat luxuriant avec une colonie de ouistitis restés sur place. Les bungalows sont simples et rustiques, complètement noyés dans la verdure avec, sous chaque véranda, l'indispensable hamac. Moustiquaires (obligatoire !). La plage est à environ 50 m. On peut aussi louer des vélos, jouer au billard, partir avec Philippe pratiquer le *snorkelling* ou en excursion en dehors de l'île... Y a qu'à demander ! Au dîner, cuisine franco-bahianaise préparée par Sueli, la femme de Philippe. Une adresse authentique comme on les aime, et à prix très doux.

Plusieurs ***petits restos*** s'alignent sur la plage d'Aratuba.

À voir. À faire

Que ce soit la balade dans la mangrove ou l'excursion jusqu'à Maragogipinho, passez par l'intermédiaire de votre *pousada* au moins un jour à l'avance, afin d'organiser le départ en fonction de la marée.

➢ ***Balade en bateau à partir de Cacha Pregos :*** *le long de la plage, un bateau longe la côte pour prendre des clients et les amener sur « l'île d'amour ». Passage env ttes les heures. Compter env 20 Rls A/R. On vous dépose et vous revenez quand vous voulez, quand le bateau repasse.* L'île d'amour est une superbe langue de sable immaculé qui enferme une grande poche d'eau pour former une sorte de petite mer intérieure. Une baignoire immense et personne en vue !

➢ ***Balade en saveiro :*** *compter 150 Rls la ½ journée, pour le bateau et jusqu'à 10 pers. Demander aux pêcheurs le long de la plage.* Cette excursion inclut en général l'île d'amour, un tour dans la mangrove et les sources d'eau naturelles à proximité.

➢ ***Balade dans la mangrove :*** *compter 120 Rls pour 4 pers et 2h de balade.* On aperçoit la mangrove à l'entrée du village sur la droite. Possibilité de la visiter en bateau avec un pêcheur.

➢ ***Excursion en bateau jusqu'à Maragogipinho :*** *env 300 Rls pour 4 pers.* Une journée de navigation en bateau rapide (aller-retour) au cœur d'une nature vierge (un seul village sur tout le parcours), qui mène au village de potiers de Maragogipinho.

LE RECÔNCAVO : CACHOEIRA ET SÃO FÉLIX

IND. TÉL. : 75

Deux petites villes coloniales situées à 130 km au nord-ouest de Salvador, face à face, séparées par le rio Paraguaçu, à la dernière extrémité de la baie de Tous les Saints. Si Cachoeira et São Félix sont aujourd'hui un peu endormies le long du fleuve Paraguaçu, elles témoignent du riche passé colonial de la région qui construisit son rayonnement économique sur l'exploitation de la canne à sucre, puis du tabac. L'entreprise allemande *Dannemann* fit du commerce des cigares l'activité prépondérante de cette région durant tout le XIXe s.
Classée Monument national depuis 1971, Cachoeira est aussi célèbre pour être la première à avoir reconnu l'empereur Dom Pedro Ier. L'architecture coloniale y est donc très riche, malgré un état de décrépitude qui évoque l'image de cités oubliées, figées sur leur passé glorieux. On se laisse prendre au charme des ruelles bordées de maisons aux couleurs pastel et d'églises aux façades délabrées ; on se laisse porter par l'atmosphère indolente de São Félix et Cachoeira, qui s'assoupissent l'après-midi et reprennent vie à la tombée du jour. Si vous avez du temps, passez donc une nuit dans l'une de ces deux cités reliées par un antique pont en métal mal entretenu... Une autre façon de goûter à la douceur de vivre brésilienne !

Arriver – Quitter

➢ ***Salvador :*** depuis la *rodoviária* de Salvador, un départ ttes les heures 5h30-21h10, omnibus ou direct avec *Santana (☎ 3450-5614).* Pour le retour, arrêts de bus situés de chaque côté du pont de fer. 2 bus directs/j., le mat et l'ap-m. Compter 2h de route agréable, à travers les paysages du Recôncavo.

Adresse utile

ℹ ***Office de tourisme :*** *rua Ana Nery, 7 (Centro). Lun-ven 8h-17h, w-e 9h-14h.* Personnel accueillant. Quelques docs et une carte des 2 villes.

Où dormir ?

De bon marché à prix moyens (moins de 130-200 Rls / env 33-50 €)

⌂ ***Pousada do Convento :*** *praça da Aclamação (Cachoeira). ☎ 3425-1716. • pousadadoconvento.com.br • Dans le prolongement de la praça Teixeira de Freitas. Doubles env 110-170 Rls, celles du rdc étant les moins chères ; également des suites ; petit déj inclus.* Vous voici dans l'ancien couvent carmélite de l'église de l'Ordem Terceira, ensemble architectural datant du début du XVIIIe s, rénové en 1981 et restructuré en musée et *pousada.* Un petit luxe à prix très raisonnable pour le confort et le cadre magnifique : un grand patio rempli de plantes tropicales distribue les vastes chambres hautes de plafond, parquetées et meublées d'acajou (préférer celles à l'étage). Un vrai saut dans le temps, à l'ère des riches colons portugais ! En bonus, piscines ombragées, avec petit bain pour les enfants. Fait aussi resto.

Pousada Paraguassu : *av. Salvador Pinto, 3 (São Félix). ☎ 3438-3369. • pousadaparaguassu.com.br • À l'extrémité de l'av. qui longe le fleuve. Doubles avec AC env 130-170 Rls, petit déj inclus.* Des chambres de plain-pied, simples et propres avec douche, w-c et TV. Les moins chères n'ont cependant qu'une fenêtre en trompe l'œil (la bonne blague !) ou une petite lucarne. Également 2 doubles un peu plus luxueuses (et plus chères) dotées d'une terrasse privée. Petit déj copieux. Un bon rapport qualité-prix. Resto en terrasse avec vue sur le fleuve et Cachoeira.

Pousada Labarca : *rua Inocêncio Boaventura, 37 (Cachoeira). ☎ 3425-1070. • pousadalabarcacachoeira.blogspot.com.br • Dans la rue de la Pousada do Convento. Doubles env 90-120 Rls, petit déj inclus.* Tenue par l'accueillante Cristina, une artiste qui a vécu quelques années en France. Une sorte d'AJ pour étudiants (la majorité des hôtes), comprenant une douzaine de chambres, dont plusieurs au-dessus du garage (local servant de cuisine et de *lavanderia)*, genre box puisque les murs ne montent pas jusqu'au plafond, favorisant la ventilation... (beaucoup moins l'intimité) ! D'autres chambres de l'autre côté de la rue, dont une immense, idéale en famille ou entre amis. Au rez-de-chaussée, une galerie d'art présente des œuvres inspirées du *candomblé.* Cristina propose d'ailleurs d'assister à des cérémonies dans les *terreiros* les plus traditionnels de Cachoeira.

Où manger ?

Centro de Hospitalidade – Rabbuni : *rua Ana Nery, 1, près de l'office de tourisme. ☎ 3425-1609. Lun-ven le midi slt. Buffet ao kilo env 20 Rls.* « Le meilleur de la cuisine pour une grande solidarité. » Un slogan qui ne saurait mentir ! Le resto finance en effet les projets sociaux de la paroisse. Une façon de se sustenter de plats locaux, et fort bien, pour la bonne cause.

Le long du fleuve, *rua Virgilio Reis,* des ***lanchonetes*** servent en terrasse boissons et petits plats.

LE NORDESTE

À voir. À faire

À Cachoeira

Igreja da Ordem Terceira do Carmo : *praça da Aclamação. Lun-ven 8h-12h, 14h-17h. Entrée : 5 Rls.*

Sur cette belle place bordée d'édifices coloniaux, ne pas manquer le couvent des Carmes. Il date des XVIIe et XVIIIe s. Voir la sacristie et les sept statues polychromes du Christ, représenté sur le chemin de croix, à différentes étapes. Les dernières sont couvertes de sang... Beau baptistère en marbre.

On passe ensuite dans l'ancienne église restaurée. Remarquer les magnifiques plafonds peints, l'autel couvert à la feuille d'or ou encore les azulejos de part et d'autre du chœur. À l'étage, les balcons permettaient autrefois aux notables d'assister à la messe sans trop se mêler à la foule.

Igreja Matriz Nossa Senhora do Rosário : *rua Ana Nery, s/n. Tlj sf sam ap-m et dim 8h-12h, 13h-18h.* Construite de 1674 à 1754. Possède une très intéressante décoration intérieure. Belles peintures, et surtout les plus grandes fresques d'azulejos du Brésil (3 à 5 m de haut), représentant des scènes de l'Évangile.

Fundação Hansen Bahia : *rua 13 de Maio, 13. ☎ 3425-1453. Mar-ven 9h-17h, sam 9h-13h. GRATUIT.* Petit musée présentant les œuvres de l'artiste allemand Karl Hansen, qui vécut à Bahia à partir de 1955. Technique de gravure étonnante :

gravures sur plaque de métal, transposées ensuite au fusain, avec parfois des touches de peinture. L'artiste vécut très proche du peuple bahianais, particulièrement des prostituées qu'il a souvent représentées dans ses œuvres. On remarque aussi les tableaux consacrés à la Seconde Guerre mondiale (le *Drama do Calvário*), ainsi que l'illustration du poème de Castro Alves *(Navio Negreiro)* sur la traite des esclaves.

Charutos (fabrique de cigares) : *av. Antonio Carlos Magalhaes, 82. ☎ 3425-1159. • charutosleitealves.com.br • Dans la grande rue qui monte, perpendiculaire au pont. Mar-sam 8h-12h, 13h-16h30.* Petite fabrique de cigares où l'on peut voir les ouvrières rouler les feuilles avant d'emballer la précieuse marchandise. Il existe différents parfums (sacrilège ! diront les puristes) : miel, chocolat, café, cerise ou nature. Achat possible, même à l'unité.

À São Félix

Centro cultural Dannemann : *av. Salvador Pinto, 29. ☎ 3438-4308. Mar-sam 8h-17h. GRATUIT.* Une partie de la fabrique de cigares est toujours en activité, mais le bâtiment abrite essentiellement un centre culturel qui a reçu de grands artistes de la scène musicale brésilienne, comme Gilberto Gil ou Carlinhos Brown. Il ne faut pas hésiter à franchir la lourde porte pour observer les ouvrières à l'œuvre ou acheter quelques cigares. Expositions ponctuelles d'artistes locaux.

Fêtes

– Cachoeira et São Félix sont connues dans l'État de Bahia pour leurs *terreiros de candomblé.* Quelques événements majeurs, notamment la ***São João*** courant juin et surtout la ***fête de N. S. da Boa Morte,*** qui se déroule dès le vendredi précédant le 15 août puis pendant 3 jours. L'une des manifestations afro-brésiliennes les plus intéressantes : la ***procession de l'Irmandade da Boa Morte,*** une fête majeure pour tous les pratiquants du *candomblé,* qui se rassemblent ici avec ferveur.

LE LITTORAL SUD DE BAHIA

• Carte *p. 573*

L'ARCHIPEL DE TINHARÉ

IND. TÉL. : 75

• Carte *p. 573*

Il s'agit d'un archipel de 26 îles lovées dans la baie de Valença, dont trois seulement sont habitées : l'île de Cairu, qui accueille les services administratifs

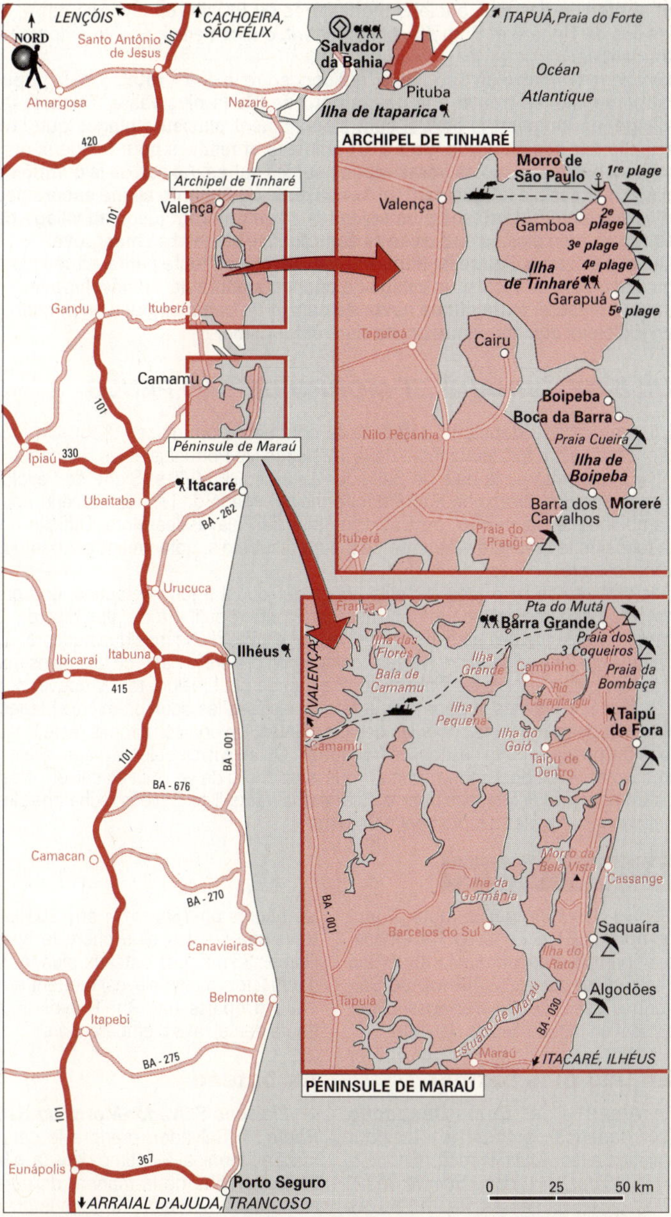

LE LITTORAL DE SALVADOR À PORTO SEGURO

et abrite l'un des plus anciens monastères du Brésil – on n'y loge pas –, et les îles de Tinharé et Boipeba, qui affichent, quant à elles, une vocation plus touristique.
Le village de Morro de São Paulo, qui concentre la quasi-totalité de la population de l'île, se trouve à la pointe nord de l'île la plus vaste, Tinharé. Du village, en longeant le littoral sud, s'enchaînent plusieurs plages que l'on appelle par des numéros (de 1 à 5) : animées et festives pour les deux premières, beaucoup moins fréquentées pour les autres. Au sud de la quatrième plage, accessible uniquement en 4x4, la *praia do Enconto* aligne encore peu d'hôtels. Les routards les plus solitaires s'aventureront jusqu'au village de Garapuá, bien plus au sud, avec sa somptueuse plage et sa mangrove.
Quant à Boipeba, l'autre île fréquentée de l'archipel, toute petite, située juste au sud de Tinharé, c'est un village de pêcheurs adorable, au développement encore mesuré, authentique havre de paix et de bonheur, qui a su conservé un judicieux équilibre entre art de vivre et tourisme.

L'ÎLE DE TINHARÉ ET MORRO DE SÃO PAULO

L'île est habitée depuis le début de la conquête portugaise (1505). Un mur d'enceinte et un fort témoignent de la lutte entre les Portugais et les Néerlandais pour le contrôle de la baie de Salvador au milieu du XVIIe s. Signe de l'évolution des temps, Morro de São Paulo, principal village de l'île, est devenu pour l'ambiance le Saint-Trop' de Bahia, mâtiné de Palavas-les-Flots. Difficile d'y reconnaître le modeste village de pêcheurs d'autrefois, notamment pendant les vacances brésiliennes.
Des dizaines de *pousadas* et petits hôtels qui jouent à touche-touche, un bord de plage entièrement occupé par des bars tout ce qu'il y a de plus discret, la plage envahie par des parasols tarifés, le tout enrobé d'une musique hurlante, où chaque bar joue sa partition. Niveau cocktails, on préfère la caïpi, ça fait moins mal à la tête ! Mais sur l'île de Tinharé, tout le monde peut malgré tout y trouver son compte. Si vous êtes là pour faire la fête, choisissez les deux premières plages. Amateur de calme, optez pour les deux suivantes. Un bon compromis reste le village qui possède certaines ruelles tranquilles. Quant à la cinquième plage, elle est très isolée. Mais bon, sachez que si vous avez choisi de venir ici en saison, c'est plutôt pour faire la fête, pas pour la culture ni la tranquillité. Si vous recherchez les ambiances zen, filez directement à Boipeba.

Arriver – Quitter

Depuis Salvador, par la route, il faut compter 256 km. En revanche, en passant par l'île d'Itaparica, Morro de São Paulo n'est plus qu'à 100 km de Salvador. Possibilité d'y aller aussi directement en bateau depuis Salvador.

En bus puis bateau

➢ À partir de ***Bom Despacho*** (sur Itaparica), prendre le bus pour Valença avec *Aguia Branca (☎ 3682-2425 ; 3 bus/j.), Cidade Sol (☎ 3682-1791 ; ttes les heures 5h-19h)* ou les *Bus Camurujipe (☎ 3682-1631 ; 2 départs/j., le mat).* Durée : 1h40-2h.
– Du port de ***Valença,*** prendre ensuite un bateau rapide pour ***Morro*** : ttes les heures 6h-18h. Prix : env 20 Rls ; traversée un peu plus chère le w-e. Durée : 35 mn. Les bateaux plus lents (tarifs 2 fois moins élevés) mettent env 1h30. Départs 6h-18h. Prévoir une (toute petite) taxe d'embarcation.

En bateau

➢ ***Liaisons Salvador-Morro de São Paulo :*** à Salvador, prendre le *catamarã* au terminal Marítimo dans la ville basse (proche de la marina, derrière le *mercado Modelo*). 2 fois plus cher qu'en bus et bateaux (par Valença), mais direct, donc au moins 2 fois plus rapide et moins fatigant. Reste à surmonter le mal de mer ! 4 compagnies proposent les mêmes prix et circulent à des horaires différents. De Salvador, départs tlj 9h-14h30 ; de Morro de São Paulo, 10h-15h. Compter 2h30 de trajet et env 80 Rls l'aller.

En avion

➢ La compagnie *Aerostar* assure la liaison entre ***Salvador*** et ***Morro de São Paulo.*** 2 vols/j. en avion-taxi de 8 places, selon le temps. Aller simple env 400 Rls. *Infos : ☎ (71) 3612-8600 ou 1763. ● aerostar.com.br ●*

Taxe

Les visiteurs doivent acquitter une taxe de 15 Rls/pers lors de leur entrée sur l'île.

Comment circuler sur l'île ?

À pied, pardi, aucun véhicule ne circulant de l'embarcadère jusqu'à la deuxième plage ! En fait, pour rallier les trois premières plages de l'île de Tinharé, et même la praia do Gamboa, au nord de l'embarcadère, on marche. La montée raide à la sortie du port pour atteindre la place principale du village donne le ton. Et si les ruelles sablonneuses ne rendent pas la progression très rapide, elles galbent à coup sûr le mollet ! Vous l'aurez compris, sac à dos vivement conseillé. Toutefois si vous êtes dans l'impossibilité de transporter vos bagages, on trouve de nombreux porteurs à brouette. Les porteurs attendent à la sortie du bateau et devant le *Central do Turismo,* à l'arrivée des 4x4 venant du sud. Ils facturent env 10 Rls le sac selon le trajet... C'est pas donné, mais on comprend rapidement pourquoi !

Entre la 1re et la 3e plage, une longue promenade de bois a été aménagée, ce qui permet de faire rouler son bagage sur le plat et sur le dur (et non dans le sable). Pratique.

➢ ***Pour rejoindre son hôtel depuis le port :*** tout dépend où il se trouve. Jusqu'à la 3e plage, pas de problème, vous marcherez au maximum 1,5 à 2 km depuis le port. Si vous n'êtes pas à quelques *reais* près et si vous n'avez pas de sac à dos, on conseille de prendre un porteur à brouette (il y a des parties où ça grimpe sévèrement). À partir de la 4e plage, prendre directement contact avec l'hôtel pour envisager la meilleure solution. La plupart possèdent leur propre *navette.* Ils pourront donc venir vous chercher au niveau du *Central do Turismo,* un peu à l'arrière de la 2e plage. Reste tout de même à aller jusque-là... avec ses bagages.

➢ ***Pour aller plus loin :*** dans l'intérieur de l'île, jusqu'à la 4e plage *(quarta praia),* à praia do Enconto ou encore plus au sud, vers Garapuá, il faut prendre un des *taxis 4x4* stationnés sur la petite place, derrière la deuxième plage, à un petit rond-point où l'on trouve le *Central do Turismo.* Pas donné néanmoins. Ainsi, de la 2e à la 4e plage, compter environ 30 Rls.

Adresses utiles

■ ***Poste de premier secours (posto de Saúde) :*** *près de l'église, au-dessus de l'embarcadère. ☎ 3652-1798.* Ils ont un 4x4 ainsi qu'un bateau-ambulance pour les urgences.

■ ***Distributeurs et change :*** il y en a 2 à Morro, régulièrement approvisionnés, sauf en fin de semaine. L'un dans la rue principale qui monte, sur la droite quand on se dirige vers la place. L'autre est sur la droite de la place, presque en face de l'église. Évitez de tomber à sec un dimanche ou un lundi matin.

■ ***Change :*** pas de bureau de change officiel, mais certaines agences de voyages ou quelques *pousadas* proposent ce service. Taux moyen. Préférable de faire le change auparavant.

@ ***Cybercafés et téléphone :*** *plusieurs adresses dans la rua Fonte Grande. Tlj jusque tard.* D'autres cybercafés sur les premières plages, notamment au milieu de la 2e plage, au fond d'une placette. Internet et appels internationaux.

Alimentation : *supérettes dans la rua Fonte Grande.*

■ **Rota Tropical :** *rua da Prainha, 75. ☎ 3652-1551. • rotatropical.tur.br • Tlj 8h30-21h.* Agence animée par une équipe jeune, sérieuse et dynamique. Visites de l'île et activités sportives : voile (laser, Hobie Cat...), observation des baleines en saison (juillet-octobre). Excursions en bateau à Boipeba (minimum 8 personnes), Garapuá, sorties dans la mangrove, etc.

■ **Central do turismo :** *sur la place, derrière la 2e plage. ☎ 3652-1819. Tlj 8h30-22h.* Point de rendez-vous aussi pour attendre un taxi ou une navette d'hôtel. Petit café à l'intérieur.

■ **Bonjour Bahia :** *de la pl. principale de Morro en descendant vers la 1re plage, sur la droite. ☎ 3652-1165. 📱 99142-0311. • bonjourbahia.com.br • Tlj 8h30-21h (plus tard en été).* Agence créée par Bertrand, un Montpelliérain. Visites de l'île et diverses excursions : sorties avec des pêcheurs, balades en bateau ou à cheval, bains d'argile à Gamboa, etc. Bon accueil. Fait aussi le change.

Où dormir ?

Petit état des lieux : une hallucinante concentration de *pousadas* au niveau de la 1re plage et dans le village (assez calme toutefois la nuit), de bars et de restos sur la 2e, celle-ci ayant été hissée au rang de repaire de fêtards et autres pirates des bacs à sable. Moralité (s'il y en a une !), ceux qui recherchent la tranquillité éviteront de dormir dans ce secteur ! À partir de la 3e plage, c'est déjà bien plus calme.

On vous propose ici un panel d'hébergements répartis selon leur situation géographique : au village de Morro d'une part puis sur les deux premières plages, c'est-à-dire accessibles à pied. Enfin quelques hébergements plus éloignés, qui nécessitent d'organiser un transport.

Au village de Morro et sur la 1re plage

Le village s'étire sur une colline au pied de laquelle on trouve la première plage. C'est pourquoi nous rassemblons ces adresses, tout en précisant où la *pousada* se situe.

De bon marché à prix moyens (moins de 130-200 Rls / env 33-50 €)

Hostel et Pousada Escorregue No Reggae : *rua da Fonte Grande, dans le village. ☎ 3652-1094. • pousadadoreggae.com.br • Lits en dortoir 45-50 Rls/pers ; doubles env 100-120 Rls selon saison. Réduc avec la carte HI.* Une auberge reggae à mort, comme l'atteste le choix des couleurs et le buste du grand Bob à l'entrée. Dortoirs de 6 personnes et quelques doubles, petites mais impeccables (AC, coffre et frigo), le long d'un couloir extérieur, ouvert sur la courette. Préférer celles à l'étage, un peu plus calmes. Un lieu sympathique tenu par un Rasta (c'est dire si c'est cool !) et une Suissesse (c'est dire si c'est propre !). Plus sérieusement, une bonne adresse.

Pousada Aconchego : *rua da Fonte Grande, dans le village. ☎ 3652-1005. • pousadaaconchego.com.br • Compter 160-240 Rls selon saison (60-70 Rls/pers supplémentaire).* Une dizaine de chambres impeccables, sises dans un petit édifice orange. Toutes avec salle de bains, AC, frigo et miniterrasse devant. Ensemble très bien tenu même si l'on est un peu confiné. Bon accueil.

De chic à plus chic (200-500 Rls / env 50-100 €)

Pousada Morena : *rua da Prainha, sur la 1re plage ; juste en bas de la rue principale. ☎ 3652-1196. • pousadamorena.net • Doubles env 200-420 Rls selon confort et vue.* Très bien situé. Des chambres spacieuses et bien tenues, joliment décorées dans les tons vert et orange. Elles se situent

LE NORDESTE

toutes au rez-de-chaussée (sans vue et donc assez sombres), hormis une à l'étage, particulièrement agréable. Prix surestimés en haute saison. Une généreuse terrasse percée d'un palmier surplombe la plage.

Pousada O Casarão : *praça Aureliano Lima, 190. ☎ 3652-1022. • ocasarao.net • Doubles env 200-350 Rls ; bungalow min 280 Rls.* Cette belle maison coloniale du début du XVIIe s domine la place du village de sa petite terrasse. Elle abrite des chambres plutôt spacieuses et hautes de plafond. Derrière, les bungalows simples ou *deluxe* sont plus au calme et tout confort. Bien chouette piscine située au-dessus des hébergements, dans un environnement verdoyant extra et au calme. Bassin pour les enfants. Un bon rapport qualité-prix pour les chambres de 1re catégorie.

Via Brasil : *rua da Prainha, sur la 1re plage, quasi en face de l'agence* Rota Tropical. *☎ 3652-1218. • pousadaviabrasil.com.br • Réception à l'étage. Doubles env 250-390 Rls selon confort, vue et saison.* Les chambres, construites en terrasses, ont chacune été décorées par un artiste différent (argentin, français, brésilien...). Elles sont pour le moins gaies et originales. Et celles de l'étage supérieur profitent d'une belle vue sur la mer, tout comme la terrasse du petit déj. Accueil jovial des proprios, originaires du sud du Brésil.

Natureza : *dans le village. ☎ 3652-1044. • hotelnatureza.com • En sortant du débarcadère, prendre à gauche après la montée, juste face à l'église. Doubles env 330-380 Rls selon saison ; cabañas env 400-460 Rls.* Plusieurs types d'hébergement : dans la maison principale, où les chambres sont plus spacieuses à l'étage et bénéficient pour certaines d'une vue sur la mer ; et dans le vaste jardin tropical, où s'étagent les bungalows et suites. Agréable piscine. Une belle adresse, bien tarifée.

Solar das Artes : *praça Aureliano Lima, 155 ; sur la place du village. ☎ 3652-1057. Doubles env 260-420 Rls selon saison et type de chambre.* Une belle adresse de semi-luxe au cœur du village, composée de plusieurs maisons de bois qui s'imbriquent les unes au-dessus des autres. On gagne les chambres par une série d'escaliers un peu labyrinthiques. Toutes lumineuses, certaines donnent sur la place. Bien arrangées, soigneusement décorées et aux murs couverts de peintures d'artistes brésiliens. L'ensemble est d'inspiration coloniale, avec plein d'objets chinés. Confort total (AC, frigo, TV, coffre...) et excellent petit déj que l'on prend sur la terrasse surplombant la place. Agréable petite piscine et salon de lecture charmant. Seul bémol, le week-end, l'animation n'épargne pas vos oreilles.

Sur la 2e et la 3e plage

De bon marché à prix moyens (moins de 130-200 Rls / env 33-50 €)

Pousada Millennium II : *rua Vila Nova, 100, dans une ruelle un peu à l'arrière de la 2e plage. 📱 99148-2097. • pousadamillennium2.com.br • Congés : mai-juin. Dortoirs (en hiver slt) env 40-45 Rls/pers ; doubles env 90-160 Rls selon saison.* Un petit hôtel niché dans une étroite venelle au calme. Au 1er étage, une terrasse et quelques chambres propres (notamment pour 4 personnes), avec clim. Petit barbecue commun.

Hostel Pousada Black and White : *au centre de la 3e plage. ☎ 3652-1152. • blackandwhite.orgfree.com • Lit en dortoir (4-16 lits) env 30-45 Rls ; double env 140 Rls.* Une trentaine de chambres dans 2 grands édifices colorés sur 2 étages, de chaque côté d'un passage. Beaucoup d'animation dans cette AJ où se retrouvent une majorité de jeunes Israéliens et Argentins. Amis fêtards, vous êtes arrivés ! Resto pas cher.

Pousada Timbalada : *rua Vila Nova, 122 ; dans une ruelle à l'arrière de la 2e plage. ☎ 3652-1366. • pousadatimbalada.com • Doubles env 140-150 Rls selon situation et saison.* Au fond d'une ruelle au calme, et malgré tout à une petite minute de la plage. Chambres pas bien grandes, mais équipées comme il faut (AC, frigo...). Certaines à l'étage donnent sur un balcon-terrasse (les préférer). Salon commun agréable au rez-de-chaussée. Cuisine à disposition. Bonne petite adresse tranquille à prix doux.

Amendoeira : *rua da Praia, sur la 3e plage. ☎ 3652-1025. • amendoeirapraiahotel.com.br • Congés : mai-juin. Doubles env 120-250 Rls avec sdb, AC, frigo et coffre.* Donnant directement sur la plage, une adresse toute en bois blanc, où les chambres s'organisent autour d'une petite piscine. Son aspect fait penser aux hôtels de la côte est des États-Unis. Quelques chambres avec vue sur la mer. Ensemble agréable, en bord de plage, tout en étant à deux pas de l'animation.

Chic (200-300 Rls / env 50-75 €)

Vila Guaiamú : *au milieu de la 3e plage. ☎ 3652-1035. • vilaguaiamu.com.br • Doubles env 180-320 Rls avec sdb, AC, TV et minibar ; également des chambres pour 3-4 pers. Réduc en payant cash. (réception).* Vaste jardin de 12 ha occupé autrefois par une plantation de palmiers. 23 bungalows tous bien espacés les uns des autres. Chacun arbore sous sa véranda l'indispensable hamac. Resto sur place mais pas de piscine, de toute façon la mer se déploie au bout du jardin. Un lieu tranquille et très agréable.

Plus loin...

Plus chic (300-500 Rls / env 75-125 €)

Anima Hotel : *praia do Encanto, à 7 km du village. ☎ 3652-2077. • animahotel.com • Une navette relie l'hôtel à la 2e plage plusieurs fois/j. Les contacter pour qu'ils viennent vous chercher. Bungalows 2 pers env 385-450 Rls selon saison.* *Pousada* construite en bois d'eucalyptus. Le patio central en forme de V comprend un bar, un salon et un resto, et s'organise autour d'une piscine donnant sur une longue plage de sable blanc bordée de cocotiers. Une dizaine de grands bungalows de différentes couleurs aménagés avec goût dans un bout de forêt atlantique : large salle de bains, AC, coffre, lecteur DVD, véranda avec hamacs. Les plus chers disposent même d'une baignoire hydromassante à l'extérieur, dans un cadre rustico-chic. Très bon accueil. Resto sur place (voir « Où manger ? »).

LE NORDESTE

Où manger ? Où déguster une glace ? Où boire un verre ? Où sortir ?

Dans le village et sur les 3 premières plages

Sur le pouce

Pistachio : *sur la gauche juste avt d'arriver sur la place. Tlj 10h jusque très tard.* Pour se rafraîchir le gosier, de bonnes glaces artisanales, bien parfumées.

Stands d'acarajés : *sur la place du village.* Tous les soirs, vers 19h, quelques roulottes s'installent sur la place et proposent de bons *acarajés* ou des crêpes de tapioca. C'est pas cher et ça remplit bien. Parfait pour les fauchés.

Bon marché (moins de 40 Rls / env 10 €)

Prato Bom : *rua Vila Nova, 100 ; dans une ruelle un peu à l'arrière de la 2e plage, juste au rdc de la Pousada Millennium II (voir « Où dormir ? »). 98188-2785. Tlj en continu.* Une petite adresse familiale, coincée dans une ruelle, où l'on sert des plats familiaux pour des tarifs très démocratiques. Très fréquenté par les clients des *pousadas* du coin.

Restaurante Tia Lita : *au milieu de la 3e plage, juste à l'angle d'une ruelle. ☎ 3652-1532. Tlj 7h-22h.* Salle ouverte sur la ruelle où l'on déguste des plats tout simples. Une cuisine de famille, dont profitent les habitants du quartier et quelques touristes qui connaissent le coin.

Prix moyens (40-60 Rls / env 10-15 €)

|●| ***Tempero Caseiro (Tia Dadai) :*** *sur la pl. principale du village, sur la gauche quand on regarde vers le haut, dans un petit renfoncement. ☎ 3652-1621. Tlj 12h-minuit.* Resto au cadre plus populaire que ses voisins, pour des prix démocratiques. La carte, assez courte, propose une bonne cuisine locale à base de poissons, langoustes (profitez-en) et aussi de viandes. La *moqueca* (de qualité) pour une personne va très bien pour 2 !

|●| ***Alecrim :*** *dans le village, dans la grande rue qui monte vers la place. ☎ 3652-1255. Tlj 12h-23h. Buffet ao kilo et carte à prix modérés.* Salle en surplomb de la rue, en terrasse. Cuisine régulière en qualité, servie dans le cadre d'un buffet proposé toute la journée. Chaque table est ornée de dessins d'enfants.

|●| ***Bianco e Nero Ristorante-Pizzeria :*** *dans la rue principale, dans le village, env 100 m avt d'arriver sur la place. ☎ 3652-1097. Tlj, tte la journée sf lun midi.* Parmi la flopée de restos italiens qui fleurissent chaque année, celui-ci est l'un des plus réguliers. Sur la terrasse surplombant légèrement la rue, on sert de très bonnes pâtes, cuites comme il se doit (excellents spaghettis à la langouste). Bonnes pizzas également.

|●| ***Canoa Restaurante :*** *sur la 3e plage, juste à l'entrée de la* Vila Guaiamú *(voir « Où dormir ? »). Tlj en continu. Pâtes 20-25 Rls ; spécialités locales env 35-40 Rls pour 2.* Devant la plage. Cuisine italienne et brésilienne pour mettre tout le monde d'accord. Odeurs alléchantes, présentation étudiée et service aux petits soins. Cuisine ouverte et terrasse agréable dans le jardin, sous une paillote.

|●| ***Chez Max :*** *au début de la 3e plage. ☎ 3652-1103. Tlj en continu.* Sous une large terrasse couverte, au cadre assez rustique, on mange une bonne cuisine italienne et, bien sûr, des fruits de mer. Les pizzas sont aussi copieuses et savoureuses. Patron aimable et attentif, d'origine romaine. Une valeur sûre à Morro.

Chic (60-100 Rls / env 15-25 €)

|●| ***Restaurante O Casarão :*** *sur la place du village de Morro. Voir plus haut « Où dormir ? ». Ouv le soir slt, 17h-23h30.* Bonne cuisine bahianaise et internationale. On dîne sur la terrasse avec vue sur la place, où les artisans exposent leurs réalisations le soir. Bon *Camarão no caxi* et plusieurs *filé mignon* de qualité. Une adresse charmante pour une soirée romantique.

|●| 🍸 ***Café das Arte :*** *sur la pl. principale du village. ☎ 3652-1057. Tlj 15h-23h (12h-minuit en hte saison).* Pour siroter en terrasse des cafés de toutes sortes, de revigorants jus de fruits ou craquer pour de bons gâteaux dans un cadre un peu chic. Jolies salades (aux noms d'artistes), risotto de qualité et large choix de *seafood.*

🍸 ♪ ***Bars de plages :*** *sur la 1re et la 2e plage (dans une moindre mesure sur la 3e).* Les chariots de fruits hauts en couleur le long du chemin principal constituent un bon moyen de se familiariser avec la variété de produits brésiliens. Ça, c'est pour la bonne conscience. Reste plus qu'à y ajouter une rasade (modérée, qui disent) de... cachaça ! Tout est prévu. Les bars montent en puissance vers la fin d'après-midi, le volume de la musique s'intensifie et les serveurs roulent des mécaniques pour attirer le chaland. Les boissons sont glacées, mais les corps s'échauffent vite. La nuit est tombée, on passe d'un bar à un autre, d'une plage à une autre, jusqu'à plus d'heure...

À voir. À faire

★ ***Le village de Morro :*** voir l'église du XVIIIe s, les ruines du fort édifié en 1630 et la vue depuis le phare sur l'île et les environs. Ne pas manquer aussi la grande fontaine, dans la bien nommée rua Fonte Grande (celle surmontée d'une arche), accessible depuis la place principale du village. Bâtie au XVIIe s, à l'époque coloniale par un architecte français, elle fut reconstruite au milieu du XVIIIe s. Juste à l'arrière, la réserve d'eau, en forme de stupa.

➢ Belles ***promenades*** dans les collines recouvertes de *Mata Atlântica* ou le long des plages.

Garapuá : *village de pêcheurs accessible en 4x4. Compter 160 Rls l'aller pour 2, env 220 Rls pour 4.* Ne pas hésiter à se regrouper pour amortir le coût du trajet. À ce prix-là, on y passe au moins la journée. Ça tombe bien, la plage ourle une mer turquoise, invitant au farniente. L'endroit est superbe. Il est également possible de visiter la mangrove avec les pêcheurs du coin. Renseignez-vous sur place. Sinon, possibilité de participer à une excursion à la journée *(env 80 Rls/pers),* incluant un petit tour en bateau aux *piscinas naturais* de Garapuá.

Gamboa : sur l'autre côté de l'île, au nord de l'embarcadère. Compter 4 mn de marche pour s'y rendre depuis Morro, mais seulement à marée basse. On longe la plage au départ du port de Morro, jusqu'à ce petit village de pêcheurs. À marée haute, liaisons en bateau (en 15 mn) pour quelques reais ; départs ttes les heures. Horaires des marées disponibles à l'office de tourisme. À Gamboa se dresse une falaise dont l'argile rose se mélange à l'eau des sources suintant des parois. Faites comme les locaux : enduisez-vous d'argile et laissez le tout sécher avant de prendre un bain dans la rivière. Bien moins cher que dans votre salon de beauté habituel !

BOIPEBA

Petite île de 4 000 habitants environ, au sud de Tinharé. Quasiment entièrement couverte d'une épaisse végétation et ourlée de superbes plages dont la plupart sont désertes. Aucune voiture sur l'île (il n'y a pas de route). Seuls quelques tracteurs (qui n'ont pas le droit de rentrer dans le village) permettent la liaison entre le village et la plage de Moréré. Une île presque confidentielle donc, encore bien préservée et loin de l'animation de Morro, à l'accueil tout en douceur et en larges sourires. On a craqué ! Il faut dire que le rythme est éreintant : marcher le long des kilomètres de plages de sable blond, partir à la découverte de la mangrove et de son étonnant écosystème, déambuler dans les ruelles du village, aller à la rencontre des habitants qui se retrouvent le soir sur la place principale, lézarder, nager... L'enfer, quoi !
La plupart des adresses se concentrent autour de la plage de Boca da Barra, au nord de l'île et dans le village, situé juste un peu à l'est, mais aussi autour de la plage de Moréré et son minivillage. Ce coin-là dégage également une belle atmosphère. Un chemin à travers la forêt relie le village et la plage de Moréré (compter 2h de marche). C'est un lieu de résidence extra, vraiment hors du temps, d'où se dégage une atmosphère familiale. Le coin est connu pour ses piscines naturelles à quelques encablures du littoral (on y va avec des pêcheurs, à marée basse).

Arriver – Quitter

Liaisons depuis Morro de São Paulo

➢ ***En bateau :*** des agences organisent des croisières d'une journée autour des îles (arrêts à Garapuá, au sud de Tinharé et sur les îles de Cairu et Boipeba). Prévoir env 100 Rls/pers. Ceux qui comptent séjourner à Boipeba (et on le conseille fortement) peuvent s'y faire déposer et récupérer un ou plusieurs jours plus tard, au passage d'une autre croisière. C'est la solution la moins chère et la plus pratique. Voir avec les agences que l'on indique à Morro.

➢ ***En 4x4 :*** le départ se fait au niveau d'un petit rond-point qui fait office de gare routière des 4x4, un peu à l'arrière de la 2e plage, là où se trouve le *Central do Turismo*. Trajet : env 1h15 à 1h30 de tôle ondulée sur des pistes de sable blanc dans un tambour de machine à laver monté sur roues (!), et qui plus est bien plus cher. Compter env 100 Rls/pers. Au bout de la piste, le passage du bras de mer entre l'île de Tinharé et Boipeba se fait en petit bateau, en 5 mn. Compris dans le tarif.

Liaisons depuis le continent

➢ ***En bateau :*** liaisons *Valença-Boipeba* en bateau rapide env ttes les 2h, 10-17h. Trajet : 1h. Compter 40 Rls. En bateau lent : 4 liaisons, 6h-14h. Prix : env 20 Rls. Durée 2h30. Depuis Salvador, ferry jusqu'à Bom Despacho (env 5 Rls) puis bus jusqu'à Valença (env 15 Rls). Compter 5h de trajet en tout (voir les détails dans la rubrique « Arriver – Quitter » à Salvador).

Comment circuler dans l'île ?

À pied, pardi ! La plupart des trajets peuvent se faire à pied en passant par les plages. Pour celle de Moréré, deux solutions : soit à pied en passant par le chemin des collines (compter 2h) ; soit en prenant un tracteur qui relie le village à cette plage. Compter 5 Rls/pers. Le tracteur part quand il est plein. Env 20 mn de trajet.

Adresse et info utiles

ℹ ***Kiosque d'infos :*** *petit kiosque sur la plage de Boca da Barra. ☎ 3653-6357.* Une association de guides propose des excursions, notamment le tour de l'île à la journée (lire les infos dans la rubrique « À voir. À faire »). Également trajet en 4x4 pour Morro de São Paulo, etc.

– Plein d'infos sur l'île en consultant le site : • *ilhaboipeba.org.br* •

Où dormir ?

Dans le village

De bon marché à prix moyens (moins de 130-200 Rls / env 33-50 €)

☗ ***Pousada Caminho de Pedras :*** *dans le village, près de la pl. principale en allant vers Boca da Barra. ☎ 3653-6168. • hotelcaminodepedras.com • Selon saison, doubles env 120-150 Rls avec sdb, ventilo ou AC et petit déj.* Wi-Fi Une trentaine de chambres dans une maison claire et propre. En voir plusieurs avant de se décider : certaines n'ont qu'une lucarne au plafond, d'autres donnent sur un mur. La plupart s'ouvrent quand même sur l'extérieur et l'ensemble reste très correct et vraiment propre. Sur les murs, quelques toiles d'artistes locaux. Reste un des meilleurs rapports qualité-prix.

☗ ***Pousada Aldeia :*** *rua do Porto. ☎ 3653-6288. • pousadaaldeia.com.br • Dans la rue centrale du village. Doubles env 180-275 Rls selon saison, avec AC ou ventilo.* Wi-Fi Au centre du village, mais dans une rue au calme, non loin du débarcadère. De jolies structures colorées sur 2 niveaux, au cœur d'un jardinet. D'élégantes passerelles de bois permettent d'accéder aux chambres à l'étage, impeccables et soignées. Accueil charmant de Flavia. Équipement de qualité (AC, frigo, moustiquaire) et bon petit déj varié.

☗ ***Sossego Pousada :*** *rua Nova, 52. ☎ 3653-6341. • ilhaboipeba.org.br • Dans la rue centrale du village. Doubles env 80-120 Rls selon saison, avec AC ou ventilo.* Wi-Fi Une dizaine de chambres propres et soignées, entourant un jardinet bien propret, avec bosquets peignés comme un premier communiant. Bien équipées, surtout pour le prix. Salles de bains impeccables. Rien à redire.

Almaviva : *dans le village, au-dessus de la pl. principale en montant vers l'église. ☎ 3653-6208. • almavivapousada.com • Congés : mai. Doubles env 150-180 Rls, selon saison, petit déj inclus.* Belle maison coloniale du XVIIIe s appartenant à une Italienne. 4 chambres spacieuses et charmantes, à la déco ancienne d'une belle sobriété. Jardinet et terrasse couverte au calme pour le petit déj. L'esprit qui anime les lieux est quant à lui résolument moderne. Les proprios ont adopté des mesures écologiques : panneaux solaires et produits bio issus de la région. Petite piscine et possibilité d'excursions. Un bon rapport qualité-prix.

Sur les plages de Boca da Barra et de Tassimirin

De prix moyens à chic (130-300 Rls / env 33-75 €)

Pousada Santa Clara : *à proximité de la plage de Boca da Barra, à 10 mn à pied du débarcadère. ☎ 3653-6085. • santaclaraboipeba.com • Doubles avec ventilo ou AC env 220-250 Rls selon saison ; à partir de 300 Rls pour 4 pers.* Voici une *pousada* vraiment hors normes, créée il y a belle lurette par 2 frères venus des États-Unis, Charles et Mark. Plus qu'un hébergement, elle apparaît comme un lieu d'échanges (Charles est polyglotte) où se mêlent toutes les cultures. Noyées dans un magnifique jardin tropical aux fleurs étonnantes, les 12 chambres colorées sont à la mesure de cet endroit unique : toutes différentes, dotées de tout le confort et décorées avec le souci du détail et un sens de l'esthétique constant. 3 d'entre elles, en duplex, se retrouvent quasi dans les arbres, avec les chambres juchées au niveau de la canopée. Pratiquement toutes ont une terrasse ou balcon. Fait aussi resto, que l'on vous conseille vivement (voir plus loin). Une adresse à la fois conviviale et originale.

Horizonte Azul : *près de la* Pousada Santa Clara. *☎ 3653-6080. • pousadahorizonteazul.com • Selon saison, doubles env 170-200 Rls avec ventilo ou AC.* Tenue par un couple italo-brésilien, cette adresse est constituée de bungalows spacieux avec terrasse privée, agréablement décorés et disséminés dans un beau jardin tropical en pente. Parfaitement au calme. Moustiquaire (fort bienvenue !) dans toutes les chambres. En haut, un kiosque d'inspiration asiatique pour adeptes de la méditation. Coin bibliothèque avec jeux et généreuse salle à manger ouverte sur le jardin.

Casa Mestiça : *à 5 mn à pied par un chemin de terre à partir de la plage Boca da Barra, 10 mn de l'embarcadère. ☎ 3653-6166. • casamestica.com.br • Doubles env 100-200 Rls, selon saison, petit déj inclus.* Perchées sur une colline, 5 chambres réparties dans 2 maisons à deux pas l'une de l'autre. Chambres bien ventilées (AC inutile), bien conçues et charmantes, toutes avec moustiquaire. 2 d'entre elles ont vue sur l'océan. Une autre avec généreuse terrasse et le tout noyé au cœur d'une végétation intouchée. Quelques hamacs de-ci de-là. Adorable accueil de Didier.

Pousada Luar das Aguas : *sur la plage de Boca da Barra. ☎ 3653-6015. • luardasaguas.com.br • Doubles env 150-280 Rls selon situation et saison.* Un peu à l'arrière du sympathique bar de plage appartenant à la *pousada*. Chambres au fond d'un jardin, au calme. Tout est dans les tons blancs, ce qui donne pas mal de fraîcheur à l'ensemble, bien tenu. Certaines chambres plus grandes que d'autres et les plus chères face à la mer. Toutes avec AC et frigo. Salon cool sur le devant, avec fauteuils et chaises de bois.

Très chic (plus de 500 Rls / env 125 €)

Manga Beiras : *sur les hauteurs de la plage de Tassimirim. ☎ 3653-6153. • pousadamangabeiras.com.br •*

Accès par un chemin (raide) au bout de la plage de Tassimiri. Sinon, une sorte de funiculaire permet d'éviter la grimpette. Congés : juin. Bungalows standard pour 2 pers env 590-680 Rls selon saison ; tarifs dégressifs. Cette famille brésilienne a vraiment relevé un défi : bâtir sur les hauteurs une petite dizaine de bungalows tout confort (coffre, frigo, TV), disposés le long d'une pelouse arborée, avec des percées sur la mer et la rivière. Spacieux et très bien équipés, leur atout principal réside dans leur balcon et la vue qu'ils offrent sur le littoral et au loin, sur les méandres du rio do Inferno. Pour une vue panoramique encore plus spectaculaire, montez à l'observatoire. L'espace autour de la piscine (taille raisonnable) est bien conçu, verdoyant et tranquille. Salle de jeux et de lecture. Un endroit loin de tout pour une tranquillité assurée.

Sur la plage de Moréré

Camping

Camping da Selva : *au bord de la plage. 99918-0320. Compter 30 Rls/pers.* Sur un grand terrain sablonneux et arboré. Sanitaires particulièrement sommaires. Cuisine à dispo.

De bon marché à prix moyens (moins de 130-200 Rls / env 33-50 €)

Hospedagem e Restaurante Paraíso : *sur la plage. ☎ 3653-6094. 999-16-75-36. Resto ouv 10h-18h. Congés : mai-juin. Doubles env 90-120 Rls selon saison.* Au cœur de ce beau jardin planté de palmiers et d'arbres fruitiers, quelques bungalows avec ventilo, juste devant la plage. Bonne ambiance. Sous les paillotes, on s'attable pour profiter d'une excellente cuisine, notamment le *risotto de polvo* ou l'*escabeche de peixe.*

A Mangueira : *dans l'unique ruelle (sablonneuse) de Moréré, perpendiculaire à la plage. ☎ 3653-8915. • pousadamangueira.com • Doubles env 250-270 Rls selon saison.* Sans doute le meilleur rapport qualité-prix de Moréré. Gary et Juan Carlos ont du goût, beaucoup de goût. La poignée de bungalows est nichée dans un bien joli jardin. Chambres vraiment adorables, avec une dominante de blanc, des voilages, un hamac, ventilo et terrasse privée. Salon commun fort agréable. Fait resto pour les clients.

Chalés Colibri Moréré : *sur la plage. 99815-5214. Compter 150-180 Rls pour 2 selon saison ; bungalows pour 4 et 6 pers également.* Jacques est suisse et soigne son jardin avec amour, de même que ses bungalows en bois, disposés dans le jardin afin que personne ne se gêne. Certains sont en surplomb et offrent une vue extra sur la côte. Tous avec ventilo, moustiquaire, cuisine et frigo. La plage est à quelques pas. Jacques n'est pas de Marseille, mais pour les amateurs, il fournit un jeu de pétanque pour faire une partie à l'heure du pastis... euh pardon... de la caïpi.

Où manger ? Où boire un verre ?

Dans le village

Bon marché (moins de 40-60 Rls / env 10-15 €)

Beiju de Tapioca : *sur la place du village. Ouv 18h-23h.* Un petit stand très couru des locaux, qui propose toute une variété de crêpes au tapioca (fameuses), salées et sucrées. Celles au poulet, fromage et tomates fraîches ou à la banane et *dolce de leche* nous ont laissé un souvenir mémorable... À 3 Rls la crêpe, on en redemande !

Quintal : *près de la rua do Ribeirinho. ☎ 3653-6150. Déc-mars, tlj 16h-minuit ; en basse saison, horaires restreints et fermé dim.* Un resto établi dans une maison colorée du village. Fait aussi cybercafé. Murs intérieurs en brique et, derrière, jardin tout en longueur où sont installées quelques tables. Toujours quelques notes de jazz qui flottent dans l'air. Spécialités de viandes grillées (*filé mignon* à toutes les sauces) et *picanha argentina,* accompagnées de 2 purées au choix. Très bon accueil.

Casa Namoa : *rua do Ribeirinho, 35 ; tt près du centre. ☎ 3653-6251. Tlj sf mar-jeu à partir de 19h.* Salées ou sucrées, les crêpes réalisées par Éric, un sympathique Bruxellois, nous ont conquis. Bien qu'il ne puisse se procurer de farine de blé noir, il parvient à concocter une bonne pâte qu'il garnit de légumes bien locaux, mais aussi de fromage de chèvre ou d'une sorte d'emmental, créant ainsi des mélanges insolites et goûteux. À déguster sur une terrasse au calme.

Panela de Barro : *rua Nova ; demander une fois sur la pl. principale. ☎ 3653-6118. Tlj jusqu'à 21h.* Petite salle toute simple, familiale et fort bien tenue. Avant de déguster une excellente cuisine locale, les habitués jouent aux dominos. Faites comme eux ! Bonne *moqueca camarão pistola.*

Sur les plages de Boca et Moréré

Les bars et restos alignés le long de la plage de *Boca da Barra* sont bien agréables, même s'ils sont plus chers qu'ailleurs.

Santa Clara Restaurante : *voir « Où dormir ? », à proximité de la plage de Boca da Barra. Fermé lun soir.* Un des meilleurs restos de l'île, spécialisé dans les fruits de mer. Les plats inscrits à l'ardoise changent régulièrement. Cuisine internationale qui change en fonction des produits frais trouvés et de l'inspiration du jour. Toujours de beaux poissons.

Voir aussi le ***Restaurante Paraíso,*** cité plus haut dans « Où dormir ? Sur la plage de Moréré ».

LE NORDESTE

À voir. À faire

La place du village de Boipeba : le soir, tout le monde s'y retrouve pour flâner devant les stands des artisans, écouter de la musique et déguster une super *batida* ou un jus de fruits fraîchement pressé à l'un des stands qui animent la place.

➢ Pour toutes les infos sur les excursions à Boipeba et autour, aller voir le kiosque sur la plage de Boipeba. Ils proposent notamment un ***tour de l'île en bateau*** à la journée *(env 70 Rls/pers, sans le repas),* avec arrêts aux piscines naturelles de Moréré, baignade sur le banc de sable de Coroa Grande, visite du village de pêcheurs de Cova de Onça, remontée du fleuve Rio dos Platos par la mangrove, puis halte au village ostréicole de Ponto das Ostras avec dégustation d'huîtres (en supplément).

➢ ***Balades sur les plages de Tassimirim et Cueira,*** bordées de palmiers et d'amandiers. Une vraie carte postale.

LA PÉNINSULE DE MARAÚ

IND. TÉL. : 73

• Carte *p. 573*

Cette longue péninsule d'une quarantaine de kilomètres abrite sur la côte atlantique une série de plages magnifiques et désertes qui s'étirent à l'infini. Au sud, on trouve la bourgade de *Maraú,* sans intérêt sur le plan touristique. Un seul village véritablement développé tout le long de cette côte qui constitue un vrai lieu de séjour : *Barra Grande,* situé à la pointe nord de la

presqu'île. Et puis *Taipu de Fora,* quelques kilomètres plus au sud, qui se développe doucement autour de sa plage (et offre quelques hébergements). En longeant la côte toujours vers le sud, on découvre encore d'autres plages sublimes comme *Saquaíra* et *Algodões,* mais en fait cette côte constitue une seule et même plage, qui s'étire à l'infini. À l'extrémité sud de la péninsule, la bourgade de *Maraú* n'a pas d'intérêt en soi. Petit port tranquille, on y trouve un mini-*mercado* central et une vénérable église paroissiale (plafond en bois orné d'une fresque du martyre de saint Sébastien).
Pour une halte de quelques jours, c'est sans hésiter Barra Grande que l'on choisit !

Arriver – Quitter

En bateau

➢ Que vous veniez du nord ou du sud, le plus simple est de prendre le bateau. De *Valença* (au nord) ou d'*Itacaré* (au sud), prendre un bus pour *Camamú*. De là, *lancha* rapide (ou lente) régulièrement à prendre au port. Pour les bateaux rapides, *Camamú Adventure.* ☎ *3255-2138. Env 10 liaisons/j., 7h-17h.* Trajet pour *Barra Grande* env 40 mn en bateau rapide (env 30 Rls) et 1h30 en bateau lent (env 8 Rls).
➢ ***De Barra Grande – Itacaré/ Ilhéus :*** *lancha* jusqu'à Camamú. De la *rodoviára* de Camamú, bus très fréquents et toute la journée pour Itacaré et Ilhéus.

Par la route

➢ Possible seulement si vous venez du sud, d'*Itacaré* ou d'*Ilhéus* par exemple. Prendre un bus pour *Maraú.* De là, des 4x4 empruntent régulièrement la piste (la BA 030) sur une quarantaine de km pour gagner Barra Grande. Seulement intéressant si vous souhaitez vous arrêter en route sur certaines plages. Sinon, on ne voit pas vraiment l'intérêt.

Se déplacer sur la péninsule

On fait tout à pied. Le village de Barra Grande est tout petit, et les plages sont facilement accessibles en longeant la côte les pieds dans l'eau.

➢ Pour se rendre à ***Taipú de Fora,*** à 7 km au sud, service de *jardineira* – camions aménagés qui font régulièrement la navette avec Barra Grande. Compter 10 Rls/pers.
➢ Pour les plages plus au sud, ***Saquaíra*** et ***Algodões,*** prendre un taxi de Barra Grande. Plutôt que de faire l'A/R dans la journée, on peut prévoir ces haltes dans le cadre d'un trajet vers Itacaré, en négociant à l'avance avec le chauffeur des haltes d'une paire d'heures sur ces deux plages. Ça se fait sans problème. Compter 150 Rls le trajet pour la voiture entière (après négociation) et comprenant les arrêts.

BARRA GRANDE (env 1 000 hab.)

Voici un coin qu'on adore. À la pointe nord de la longue presqu'île de Maraú, Barra Grande est facilement accessible depuis Camamú, sur la côte, ou par la route depuis Itacaré (puis bonne piste). Voici un embryon de village aux pistes de sable, où les quelques voitures ne troublent pas encore le chant des oiseaux ni le bruit des vagues. Des plages côté levant, des plages côté couchant, certaines calmes comme un lac, d'autres qui semblent avoir été créées pour batifoler dans les vagues, d'adorables *pousadas* pour prendre ses aises, quelques bons restos en bord de mer, une place du village tranquille où trône un vénérable et imposant manguier, des prix encore contenus... Vous ne nous croyez pas ? Et pourtant, ça existe !

Un peu d'histoire

Le village a une histoire récente. Il fut créé par une famille d'exploitant d'huile de palme avant de devenir une halte balnéaire pour les producteurs de cacao de la région d'Ilhéus. C'est un article de la revue *Terra* qui a mis le lieu à la mode dans les années 2000, mais de manière mesurée. Quelques *pousadas* ouvrirent, des restos suivirent. Des Brésiliens du Sud vinrent s'y installer peu à peu, y voyant un nouvel eldorado, et Barra Grande devint un vrai petit village aux ruelles de sable, qui attire de plus en plus les touristes.

Adresses et infos utiles

– Consulter le site • *barragrande.net* • Un excellent site animé par Didier (de la *Pousada Fruta Páo*), en français, et qui présente le village de manière pratique et intelligente.

■ ***Banque et change :*** ça va être vite vu ! Pas de change ni distributeurs à Barra Grande, ni sur toute la presqu'île.

@ ***Internet Floresta Digital :*** *rua José Melo Piraisa. Tlj jusqu'à 22h env.*

■ ***Farmácia Uniáo :*** *rua Jose Melo Piraja. ☎ 3258-6186. Tlj 8h-12h, 13h-20h.* La seule pharmacie du village.

Alimentation : quelques petites épiceries au cœur du village.

Où dormir ?

Nombreuses petites *pousadas* à tous les prix, mais dont les tarifs ont tendance à grimper au rythme du développement du village, surtout en été.

Camping

Camping Fonte dos Frades : *rua Dr Lilli. ☎ 3258-6484. Compter 25-30 Rls/pers.* On plante sa tente sur un grand espace arboré, ombragé et sablonneux. Sanitaires (eau chaude) et cuisine à disposition.

De bon marché à prix moyens (moins de 130-200 Rls / env 33-50 €)

Pousada Sabiá : *rua Chiquinho. ☎ 3258-6025. Doubles env 80-90 Rls, sans petit déj.* Maria José et Sergio tiennent leur maison de manière impeccable. Les chambres s'alignent à l'arrière de la demeure principale, au calme. Toutes avec AC. Cuisine à disposition, bien pratique. Jardinet, tables (aux mosaïques réalisées par Maria José) et hamacs. Un excellent rapport qualité-prix.

Pousada Maria de Firmino : *du débarcadère, aller tt droit et c'est à 50 m sur la droite. ☎ 3258-6482.* • *pousadamariadefirmino@yahoo.com.br* • *Doubles env 100-120 Rls selon période et confort (ventilo ou AC).* Chambres plutôt simples et agréables, dans une maison vert pomme. Au milieu d'un jardin ouvert et bien aménagé, où fleurissent des bougainvillées et des petits palmiers, flamboyants et manguiers. Bien équipées, en rez-de-chaussée ou à l'étage, certaines avec ventilo, les autres avec AC. Petites tables dans le jardin et hamac pour chaque chambre. Fait aussi resto. Accueil charmant.

De prix moyens à chic (130-300 Rls / env 33-75 €)

Pousada Meu Sossego : *rua Chiquinho. ☎ 3258-6012. 99954-4150.* • *meusossego.com* • *Du débarcadère, prendre tt droit puis la 2e à droite ; c'est à 200 m sur la droite. Doubles env 140-300 Rls selon confort et saison.* Une vingtaine de chambres (avec clim et ventilo) dans cet ensemble assez vaste et ouvert sur une rue tranquille. Elles sont aussi soignées que la pelouse du jardin est tondue, que les arbustes sont taillés et que l'accueil est doux. Un réseau de passerelles de bois relie les chambres à l'étage. Dans le jardin, un petit abri à oiseaux.

Pousada Fruta Pão : *rua Maráu. ☎ 3258-6083. • pousadafrutapao.com.br • Doubles 160-280 Rls selon saison ; chalets pour 4 pers env 250-350 Rls, avec petit déj.* Didier s'est installé ici bien avant que le village ne se développe. Il a conçu ses charmants bungalows autour d'un gigantesque arbre à pain planté dans le jardin (ce qui lui évite d'aller à la boulangerie !). Un habitat charmant et tranquille, à l'excellent confort (AC, ventilo, frigo, terrasse avec hamac...). Les chalets ont en plus une cuisine et une mezzanine. À l'accueil, sous une paillote, un charmant salon pour le petit déj, où l'on se retrouve pour papoter et prendre un verre le soir. Même ceux qui ne séjournent pas ici viendront sans hésiter goûter aux bonnes crêpes maison (les soirs d'été seulement), garnies comme il se doit. De temps en temps, ce fan de ciné projette sur grand écran un classique du répertoire.

Où manger ?

Bon marché (moins de 40 Rls / env 10 €)

Fonte dos Frades : *rua Dr Lilli. ☎ 3258-6484. Tlj midi et soir.* Discrètement installée dans une rue à l'arrière du centre, voici sans doute une adresse proposant le meilleur rapport qualité-prix du secteur. Les *pratos executivos* constituent une affaire. Plats généreux, savoureux et bien présentés. Sinon, carte classique avec *carne do sol* et *filé de frango.* Accueil adorable de toute la famille. Fait également camping (voir « Où dormir ? »).

Muqueca Bar : *sur la plage de Três Coqueiros (on peut y aller de la plage depuis le débarcadère, à marée basse). ☎ 3258-6153. Tlj 10h-18h.* Les pieds des tables sont plantés dans le sable et les nôtres aussi, parfait pour attendre la langouste grillée (en saison) la moins chère du secteur, préparée par le sympathique Manoel. La *moqueca de peixe* (ou de *camarão*) n'est pas mal non plus. Cuisine de qualité, vous l'aviez compris, vraiment pas chère dans un cadre simple et cool.

Dona Senhora : *praça das Mangueiras. ☎ 3258-6304. Tlj midi et soir.* Resto populaire sur la place du village. On mange tranquillou en regardant l'animation. Pour un repas bon marché, choisir les *pratos individuals* et les *executivos.*

Cavalo Marinha : *sur la praça. ☎ 3258-6443. Tlj midi et soir.* Une adresse fiable pour ses pizzas au feu de bois, servies en taille moyenne ou grande. Terrasse aux grosses tables de bois.

Prix moyens (40-60 Rls / env 10-15 €)

O Papagaio : *rua Dr Lilli. ☎ 3258-6206. En hte saison, tlj 10h-minuit ; ouv à partir de 16h le reste du temps. Congés : juin-sept.* *Filé mignon* au roquefort (du vrai), à la bordelaise ou à la moutarde, accompagné de ratatouille et purée, voilà pour le côté franchouillard. Des variations autour de la *moqueca* et des *bobo,* voici pour la version brésilienne. Une carte qui fait le grand écart entre les deux pays. Normal pour un couple franco-brésilien. Dans les 2 cas, de la qualité !

A Tapera : *rua Dr Lilli. ☎ 3258-6119. Tlj 13h-22h (23h mar en saison). Plats env 40-70 Rls pour 2.* Si vous en avez les moyens, voici l'adresse chic et chère de Barra Grande, mais dont on ne sort jamais déçu. La courette est fleurie, les tables nappées de fleurs itou, les serveurs (et -veuses) portent une chemisette raccord avec les nappes, une petite fontaine glougloute... Le cadre est posé pour profiter d'un excellent repas : préparations de poissons, *moqueca* et de *polvo.* Excellent service.

Voir aussi la crêperie de la **Pousada Fruta Páo,** décrite plus haut dans « Où dormir ? ».

Où boire un verre ?

Barra Grande a beau être un village tranquille, quelques adresses de bon aloi animent les soirées de fin de semaine.

Ma Cunaíma : *en bord de plage, juste à droite du débarcadère en regardant la mer.* Ouvert aux quatre vents, une paillote sympathique équipée de gros poufs posés au sol pour s'affaler autour des tables basses. Parfait pour siffler une bière au coucher du soleil.

O'Deck : *au sud du village, directement sur la plage. ☎ 3258-6170. Tlj 10h-3h (resto 11h-23h30).* En fin d'après-midi, les pieds dans le sable, vraiment agréable d'y prendre un verre. Parfois un petit groupe distille quelques notes pour parfaire l'atmosphère.

Café do Mar : *dans la partie nord du village, à env 10 mn de marche du débarcadère. Fonctionne déc-mars, jeu-sam. Pas avt 22h. Entrée : 10-15 Rls les soirs de concerts.* Tenu par Bart, un sympathique Belge (pléonasme), qui propose de la musique live régulièrement l'été. Grande terrasse couverte, avec tables basses face à la scène, les pieds dans le sable. Pour les affamés, bonnes pizzas au feu de bois. Ciné-club de temps en temps.

Santo Forte : juste à côté du Café do Mar. Des concerts l'été là aussi, pratiquement tous les jours, dans un jardin aménagé.

TAIPÚ DE FORA

À l'arrière de la plage se développe un lotissement composé de bars en bord de plage, de belles maisons privées et de quelques *pousadas.* Taipú de Fora conviendra à ceux qui souhaitent la tranquillité totale le soir. Bon à savoir, le week-end, tout le monde se donne rendez-vous ici.

LE NORDESTE

Où dormir ? Où manger ? Où boire un verre ?

Cais Dourado : *dans une ruelle perpendiculaire à la mer, à env 200 m de celle-ci. 99921-9300. • caisdouradopousada.com.br • Doubles env 100-160 Rls selon saison.* Dans une maison privée, 4 chambres pour 2 et 4 personnes (avec AC). Propre et familial, sans charme particulier. Si vous le pouvez, choisir les plus grandes, plus agréables. Salon commun.

Pousada Arte Latina : *dans une ruelle un peu en retrait de la plage. 99903-7688. • pousadaartelatina.com.br • Congés : mai-juin. Doubles env 190-290 Rls selon saison.* Une bien jolie maison blanc et bleu, très élégante, au décor raffiné, dont les murs sont couverts d'intéressantes toiles d'artistes locaux. Grandes chambres au rez-de-chaussée ou à l'étage, claires, calmes et vraiment confortables (AC, frigo). Une adresse pleine de charme, tenue avec gentillesse par Priscilla et Juan Pablo, qui font toujours flotter dans l'air quelques notes de jazz. Fait resto le soir pour les clients.

O Cajueiro : *sur la rue parallèle à la plage. ☎ 3258-9046. Tlj, tte la journée.* Petite adresse en terrasse, avec une carte longue comme un menu chinois. Mais ce sont bien les classiques de la cuisine bahianaise qui sont servis. Pour s'en tirer à bon prix, les *pratos individuais* restent la meilleure option. *Moqueca* de bon aloi.

Les bars de plage : plusieurs bars-restos de plage se concentrent devant les piscines naturelles. Le très mode *Buda Bar* squatte largement l'espace, avec ses transats doubles et ses cocktails trop chers...

À voir. À faire

➢ De Barra Grande, l'une des excursions les plus populaires est la ***balade dans les îles de la baie*** : environ 35 Rls par personne avec les agences (déj non compris). Départ vers 10h, retour vers 16h. Arrêt sur l'*ilha de Pedra Furada,* au village de *Campinho,* sur l'*île de Sapinho* (ou sur *Goió*). Également la possibilité d'***excursion dans la presqu'île*** à la journée, en *jardineira* (camion aménagé), pour faire le tour des plus belles plages et découvrir la péninsule.

Les plages

Plein de belles plages autour du village de ***Barra Grande,*** notamment ***Três Coqueiros*** et ***Bombaça*** côté atlantique, et ***praia da Barra*** côté baie. Dans le même coin, la pointe de ***Ponta do Mutá*** et son phare constituent une balade agréable.

Taipú de Fora : considérée comme l'une des plus belles de la côte. Ce qui fait la différence ici, c'est le phénomène de piscines naturelles que l'on découvre à marée basse. Agréable pour s'ébrouer. Beaucoup de monde le week-end et durant les vacances d'été.

À 15 km environ au sud de Taipú de Fora, on trouve la plage de ***Saquaíra,*** elle aussi remarquable, et quelques kilomètres plus loin, celle d'***Algodões.*** Deux plages qui semblent ne jamais vouloir finir. Pour se sustenter, quelques modestes cahutes de plage ici et là. Sur la dernière, le resto *Xikão,* bordé de cocotiers.

ITACARÉ

env 25 000 hab. IND. TÉL. : 73

• Plan *p. 591*

À 400 km environ au sud de Salvador et à 70 km au nord d'Ilhéus, au beau milieu de la côte du Cacao. Fondé au XVIIIe s, Itacaré est un gros village de pêcheurs à l'architecture marquée par son passé industrieux. Avec ses rues pavées, ses maisons colorées, ses quartiers populaires, ses boutiques de souvenirs, une population mélangée communiant dans l'amour des rythmes, c'est une bourgade aux multiples facettes, à la fois archaïque et moderne, tranquille et trépidante, bref, typiquement bahianaise. Comme le cacao n'est plus ce qu'il était, le village s'est heureusement tourné vers un tourisme vert, tendance balades dans la mangrove, surf, plongée sous-marine, etc. L'artère principale qui relie le centre à la plage de Tiririca regorge de *pousadas,* de restos, bars et boutiques, et porte le double nom de Pedro Longo et Pituba (du nom du quartier). Un petit paradis du farniente, pour se la couler douce, faire la fête et profiter des plages.

AUPRÈS DE MON ARBRE...

La région d'Itacaré a conservé sa forêt primaire à peu près intacte. En effet, les plants de cacao poussent à l'ombre des grands arbres, que les propriétaires terriens ont toujours voulu conserver pour avoir la possibilité de replanter du cacao dans la forêt ! Une vision à long terme, histoire de protéger la poule aux œufs d'or.

Arriver – Quitter

En voiture

➢ Bonne route asphaltée (BA 001) longeant le littoral sur env 70 km depuis ***Ilhéus.*** Prendre direction Praias Norte et non Itacaré. Compter une petite heure de trajet. Par le nord, depuis Camamú, env 50 km. Bonne route.

En bus

➢ ***Ilhéus-Itacaré :*** tlj, env ttes les heures, 5h40-20h40 ; trajet : env 1h30. Compter 13 Rls. 1 bus/h avec *Rota* à Itacaré *(☎ 3251-2181).*

➢ ***Porto Seguro-Itacaré :*** tlj, env ttes les heures, 8h-15h20 avec *Cidade Sol (☎ 3047-1000).*

➢ Depuis ou vers ***Salvador,*** avec *Cidade Sol* env 6 bus/j., 5h30-16h30 pour Bom Despacho (terminal des ferries à Itaparica), puis ferry vers Salvador. Avec *Aguia Branca (☎ 2102-5353),* 2 bus/j. pour Bom Despacho, puis ferry.

Adresses et infos utiles

– Nombreuses infos pratiques (et en français) sur le site *● itacare.com ●*

■ ***Banco do Brasil*** *(plan zoom, A1,* ***1****) : rua 31 de Março. ☎ 3251-2212. Ouv 10h-15h.* Pas de change. Distributeur de billets.

■ ***Encantur*** *(plan zoom, A1,* ***2****) : av. Castro Alves, 484. ☎ 3251-3222. Lun-ven 8h-12h, 15h-19h ; sam 8h-12h.* Agence de voyages qui fait aussi le change (taux standard).

@ ***Internet Itacaré*** *(plan zoom, A1) : rua João Coutinho, 164 ; proche d'Encantur. Lun-ven 8h30-12h30, 14h30-20h ; sam 8h30-13h.*

■ ***Crystal Clean Lavanderia*** *(plan zoom, B1,* ***3****) : rua Pedro Longo, 288, loja 3, dans le petit centre commercial The Gallery. ☎ 3251-3449. Lun-sam 8h30-15h.*

Où dormir ?

LE NORDESTE

Privilégier les hôtels et les commerces portant le label *Turismo Carbono Neutro.* Ces établissements « neutralisent » leurs émissions de CO_2, et participent à un programme de soutien aux petits agriculteurs locaux et de conservation de la forêt.

Dans le centre-ville et à proximité

De bon marché à prix moyens (moins de 130-200 Rls / env 33-50 €)

Hostel et Pousada Casarão Verde *(plan zoom, A1,* ***10****) : av. Castro Alves. ☎ 3251-2037. ● casaraoverdehostel.com ● Lits en dortoir (6-18 pers) 35-40 Rls ; doubles env 110-130 Rls selon saison.* Un peu à l'écart du centre mais face à la mer, une bien belle maison de maître de 1913, à l'élégante façade verte. Pas de clim mais la demeure profite d'un filet d'air permanent. Petits et grands dortoirs, mais aussi des chambres sobres et parfaitement propres, certaines plus lumineuses que d'autres. Bon matelas. Pour la plupart, salle de bains commune (impeccable). Quelques chambres situées dans un petit édifice dans le jardin, sur le devant. Cuisine à disposition, tables à l'extérieur. Accueil adorable.

■ **Adresses utiles**
- **1** Banco do Brasil
- **2** Agence Encantur
- **3** Crystal Clean Lavanderia

Où dormir ?
- **10** Hostel et Pousada Casarão Verde
- **11** Itacaré Hostel
- **12** Albergue O Pharol Hostel
- **13** Hostel Che Lagarto
- **14** Lawrence's Surf House
- **15** Pousada dos Anjos
- **16** Casas na Mata
- **17** Pousada Estrela
- **18** Pousada Ilha Verde

Où manger ?
- **30** Restaurante Zé Senzala
- **31** Café Caramelo
- **32** Naturalmente
- **33** Casa de Taipa
- **34** Boca de Forno
- **35** Casarão Amarelo

Où boire un verre ? Où sortir ?
- **40** Jungle et Favela
- **41** Pimenta Doce – Café Gourmet

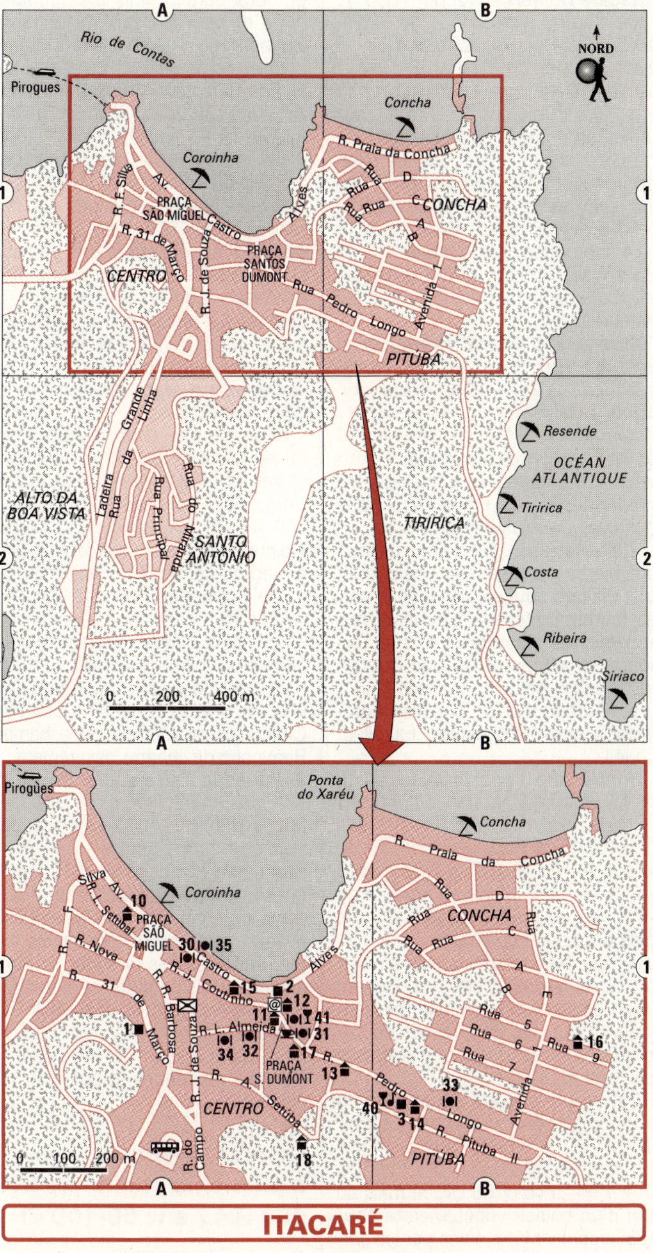

NORD
Rio de Contas
Pirogues
Coroinha
Concha
R. Praia da Concha
PRAÇA SÃO MIGUEL
Av. Castro Alves
R. F. Silva
R. 31 de Março
R. J. de Souza
CENTRO
PRAÇA SANTOS DUMONT
Rua Pedro Longo
Avenida 1
CONCHA
PITÚBA
Ladeira da Grande Linha
Rua
Rua do Miranda
Rua Principal
SANTO ANTÔNIO
ALTO DA BOA VISTA
TIRIRICA
Resende
OCÉAN ATLANTIQUE
Tiririca
Costa
Ribeira
Siriaco
ILHÉUS, SALVADOR
0 200 400 m
Ponta do Xaréu
R. L. Setubal
R. Nova
R. R. Barbosa
R. J. Coutinho
R. L. Almeida
R. A. Setúba
R. do Campo
PRAÇA S. DUMONT
Rua 5
Rua 6
Rua 7
Rua 9
R. Pituba II
0 100 200 m

ITACARÉ

Itacaré Hostel *(plan zoom, A1, **11**) : praça Santos Dumont, 2. ☎ 3251-2402. • itacarehostel.com.br • Selon saison, nuits en dortoir env 30-45 Rls ; double 140 Rls, avec petit déj ; réduc avec la carte* HI. Une AJ sur 2 niveaux, dotée d'une quinzaine de chambres nickel. Garçons et filles séparés pour les dortoirs (4-8 lits), tous avec salle de bains privée, TV et AC ou ventilo. Les chambres pour 2 à 4 personnes (1 lit double et 2 lits superposés) ont en prime un frigo-bar. Cuisine à disposition. Accueil chaleureux.

Albergue O Pharol Hostel *(plan zoom, A1, **12**) : praça Santos Dumont, 7. ☎ 3251-2527. • albergueopharol.com.br • Lit en dortoir env 45 Rls ; doubles env 140-180 Rls. Pas de petit déj.* AJ privée répartie sur 2 bâtiments. Offre toutes les formules : des minidortoirs de 4 à 6 personnes, des chambres doubles avec clim, balcon ou belle terrasse. Certains dortoirs sont bien agréables, avec balcon en bois. Placard pour les bagages (cadenas fourni). Dans le 2e bâtiment, plus moderne, les chambres n'en sont pas moins plaisantes et de bon confort (belles salles de bains carrelées). Jardinet. Grande cuisine fort bien équipée et laverie à disposition. Excellent accueil.

Hostel Che Lagarto *(plan zoom, A1, **13**) : rua Pedro Longo, 58 (Pituba). ☎ 3251-3019. • chelagarto.com • Lits en dortoir 35-50 Rls selon saison ; double env 140 Rls (avec AC). Réduc avec la carte* HI. Plusieurs dortoirs de 6-8 lits au rez-de-chaussée (salles de bains privées ou communes), donnant sur un couloir encaissé. Les chambres sont quant à elles à l'étage et donnent sur un petit balcon commun, perpendiculaire à la rue, donc assez calme. Fonctionnel et d'un bon rapport qualité-prix.

Lawrence's Surf House *(plan zoom, B1, **14**) : rua Pedro Longo. ☎ 3251-2049. • itacaresurf.com.br • Doubles env 90-200 Rls avec ventilo ou AC.* Au cœur du village mais au fond d'un couloir végétal, cette *pousada* largement fréquentée par les surfeurs abrite une douzaine de chambres sympathiques et colorées. Pas bien grandes certes, mais bien équipées (frigo et bar) et à prix raisonnables. Bonne atmosphère générale. Garage pour les personnes véhiculées.

Pousada dos Anjos *(plan zoom, A1, **15**) : rua João Coutinho, 185 et av. Castro Alves, 126. ☎ 3251-2482. 📱 99924-2488. • btdanjos@yahoo.com.br • Doubles env 110-200 Rls.* Dans une belle bâtisse historique du XIXe s, rénovée mais déjà bien abîmée, qui donne d'un côté sur la rue, de l'autre sur le quai et l'océan. 6 chambres confortables qui ont conservé leur style colonial. On préfère celles qui donnent sur le port. Grande véranda donnant sur le port pour le petit déj.

Casas na Mata *(plan zoom, B1, **16**) : rua do Cedro. 📱 99801-4800. • casasnamata.com.br • Résa impérative. Loc des chambres doubles slt l'hiver (et sans petit déj) env 100 Rls. L'été, loc de maisons (7-9 pers) env 350-500 Rls selon période.* 3 maisons vraiment extra, dans la forêt et à 10 mn à pied du centre. Elles appartiennent à Christophe, un Français installé ici depuis fort longtemps. Conçues par un architecte, elles sont naturellement ventilées, joliment colorées, dotées d'une grande cuisine, d'un barbecue. Plein de beaux objets, de sculptures... Chacune avec terrasse privée, hamacs. Beaucoup de charme, assurément.

Pousada Estrela *(plan zoom, A1, **17**) : rua Pedro Longo, 34. ☎ 3251-2006. 📱 99975-1010. • pousadaestrela.com.br • Compter 110-200 Rls selon confort et saison.* Dans une maison un peu tortueuse, une quinzaine de chambres de toutes tailles, avec ou sans balcon, certaines avec fenêtres aveugles (à éviter), d'autres avec vue plus dégagée et même avec petit balcon (toutes avec AC). Bref, en voir plusieurs. Très central et doté d'un petit parking. Courette centrale. Bonnes prestations et pas cher hors saison.

De prix moyens à plus chic (moins de 200-400 Rls / env 50-100 €)

Pousada Ilha Verde *(plan zoom, A1, **18**) : rua Ataíde Setúbal, 234.*

LE NORDESTE

☎ *3251-2056.* 📱 *99821-7092.* ● *ilhaverde.com.br* ● *Doubles env 150-220 Rls en basse saison et 270-390 Rls en hte saison ; cabane près de la piscine env 380-650 Rls pour 4 pers.* Nicole, installée au Brésil depuis plus de 20 ans, reçoit ses hôtes dans un superbe parc planté de manguiers centenaires, à 10 mn à pied de la plage et à la limite de la forêt tropicale : des chambres thématiques raffinées et confortables, pleines d'objets de l'artisanat local, des hamacs pour le farniente, un salon perché dans un arbre *(mango deck)*, une piscine. Petits déj copieux et pleins de fruits. Propose également des stages de yoga, massages ayurvédiques, taï-chi-chuan et cuisine bahianaise...

Sur la plage de Tiririca

L'une des plus jolies plages de la ville, grande comme un mouchoir de poche, et pas trop éloignée du centre.

De prix moyens à plus chic (moins de 200-400 Rls / env 50-100 €)

🏠 🍴 ***Pousada Brisa do Mar :*** *praça da Tiririca.* ☎ *3251-3021.* ● *pousadaerestaurantebrisadomar@hotmail.com* ● *Doubles env 110-150 Rls en basse saison et 140-190 Rls en hte saison.* Wi-Fi Grande maison tout en bois, composée de gros rondins, façon western, avec 5 chambres pas très grandes mais bien tenues, bien qu'assez sombres, au 1er étage, autour d'une grande terrasse couverte. Sol en bois verni, AC, frigo... Resto au rez-de-chaussée (mais pas terrible). Grande salle avec vue sur la plage. Hamacs.

🏠 ***Pousada Hanalei :*** *praça da Tiririca.* ☎ *3251-2311.* ● *pousadahanalei.com.br* ● *Doubles env 190-360 Rls (petit déj inclus) selon saison, taille et confort.* Wi-Fi Enfouie dans la végétation, charmante auberge tout en bois composée de plusieurs minichalets. Les plus chers disposent en fait de chambres pour 4 à 6 personnes (avec mezzanine, baldaquins), fort agréables et parfaites pour des familles. Très propre, salle de bains carrelée et tout le confort (AC, ventilo, moustiquaire, TV, frigo), déco originale. 2 chambres, les moins chères, sont bien plus petites mais vraiment très correctes, avec sanitaires à l'extérieur (mais privés). Parfait pour les petits budgets qui pourront profiter du confort général. Terrasse avec hamacs. Bon accueil (en anglais). Sur place, location de planches.

Où manger ?

Les restos et les bars se situent principalement *rua Pedro Longo,* ou *rua Lodônio Almeida (Passarela da Vila),* la rue piétonne de la ville.

Bon marché (moins de 40 Rls / env 10 €)

🍴 ***Restaurante Zé Senzala*** *(plan zoom, A1,* ***30****) : av. Castro Alves, 360 ; sur le front de mer.* ☎ *3251-2419. Tlj 12h-18h.* Self *ao kilo* avec nombreux choix de crudités et de plats reconstituants. Les bons plats sont tenus au chaud sur une sorte d'énorme four en brique, chauffé au bois. Tous les vendredis, spécialités bahianaises, et tous les samedis, *feijoada.* On conseille d'y venir plutôt pour le déjeuner : les plats sortent tout frais de la cuisine. Grande terrasse couverte sur le front de mer. Bonne adresse.

🍴 ☕ ***Café Caramelo*** *(plan zoom, A1,* ***31****) : Pedro Longo, 43.* ☎ *3251-3364. Tlj 7h30-1h.* Un café-pâtisserie grand comme un Abribus, prolongé par un échantillon de terrasse. Des tartes sucrées et salées, pas chères et excellentes. Bons thés et café.

🍴 ***Naturalmente*** *(plan zoom, A1,* ***32****) : rua Lodônio Almeida, 37.* 📱 *99827-9248. Tlj sf dim 13h-22h. Compter 30 Rls le repas.* Évidemment bio, on concocte dans cette salle de poche de bien belles *tortas salgadas,* quiches, préparations au tofu, petites pizzas aux légumes frais. Tartes fraîches tous les jours. Délicieux *prato do dia* présenté avec soin.

|●| ***Casa de Taipa*** *(plan zoom, B1, **33**) : Pedro Longo. ☎ 3251-3510. Tlj sf dim 12h-21h. Buffet ao kilo tte la journée env 35 Rls.* Fonctionne toute l'année avec une clientèle mixte, touristes et locaux. Une trentaine de plats proposés dont salades, plats bahianais, plats du chef et 2 types de fruits. Ainsi va leur pub, ainsi va la réalité. Indéniablement pas cher.

Prix moyens (40-60 Rls / env 10-15 €)

|●| ***Casarão Amarelo*** *(plan zoom, A1, **35**) : av. Castro Alves-Orla. ☎ 3251-3361. Tlj 18h-minuit.* Une belle maison jaune avec terrasse surplombant la baie. Décoration intérieure raffinée. Des plats locaux à la sauce européenne (le chef est suisse). Pour changer de la cuisine bahianaise. Un très bon rapport qualité-prix.

|●| ***Boca de Forno*** *(plan zoom, A1, **34**) : rua Lodônio Almeida, 108. ☎ 3251-3121. Tlj 17h-minuit. Pizzas env 30-45 Rls.* Grand espace aéré agréable, stylé et coloré, avec au fond un espace extérieur. Cadre bois et brique, grands tableaux modernes, pour d'excellentes pizzas au feu de bois. Une vraie institution locale. Accueil cordial.

Sur la plage de Tiririca

|●| ***Cabana Tiririca*** *: praça da Tiririca. ☎ 3251-2544. Env 40-50 Rls pour 2.* Un bar restaurant avec terrasse en dur, à l'entrée de la plage, tenu par Ana qui parle très bien le français. Poissons et fruits de mer du jour.

Où boire un verre ? Où sortir ?

LE NORDESTE

🍷 ♪ ***Jungle et Favela*** *(plan zoom, B1, **40**) : rua Pedro Longo (Pituba). Ouv à partir de 18h.* 2 bars musicaux l'un à côté de l'autre, qui accueillent régulièrement des groupes ou des DJs de qualité. Si les soirées commencent tard, elles se terminent tôt (le lendemain matin). Ambiance extra.

|●| 🍷 ***Pimenta Doce – Café Gourmet*** *(plan zoom, A1, **41**) : Praça Santos Dumont, 40. Tlj 9h-22h.* Un petit bar agréable pour siroter une bonne caïpirinha en terrasse sur la place, grignoter des amuse-gueules comme les *cubinhos afrodisíacos* (cubes de fromage cuit avec du tapioca et de la gelée de piment), déguster un risotto ou se faire plaisir avec des petits gâteaux à la banane enrobés de chocolat.

À faire

Les plages : cinq anses sablonneuses enserrées par la *serra* littorale se succèdent. La plus grande et la plus proche du centre est la ***Concha,*** avec ses restos de plage plus ou moins bondés, plus ou moins bons, puis à touche-touche quatre plages bien séparées par des collines et des rochers. Coup de cœur pour les deux premières : tout d'abord ***Resende,*** très tranquille. Puis juste à côté, ***Tiririca,*** la plus fréquentée, sur laquelle les surfeurs s'éclatent (vague courte, rapide et régulière) et où l'on trouve quelques *pousadas,* des loueurs de transats et de parasols, et une douche d'eau naturelle sur l'arrière (pratique pour se rincer). Dans le prolongement, au-delà d'une colline, ***Costa*** puis ***Ribeira,*** bien agréables elles aussi, moins fréquentées également car plus éloignées. Pour toutes ces plages, revenir avant la nuit. Même si les agressions sont rares, cela peut arriver. Au-delà, une demi-douzaine de plages idylliques un peu plus isolées s'égrènent vers le sud, comme celles de ***Prainha,*** véritable carte postale. Cette dernière est accessible à pied depuis *Ribeira,* mais pas seul car on peut se perdre facilement dans les chemins, et jamais après le coucher du soleil (risque d'agression). Plus au sud, plage de *Jeribucaçu* (accessible à pied ou en taxi), puis *Engenhoca, Havaizinho* (petit Hawaï, parfaite pour le surf)...

➢ ***Balade sur le rio de Contas** (plan A1)* **:** une pirogue à rames ou à moteur vous emmène remonter le rio sur quelques kilomètres. Glissade silencieuse sur les eaux tranquilles, observation des oiseaux de la mangrove et à l'arrivée, quelques minutes de marche pour aboutir à une sympathique cascade. Baignade extra. S'adresser directement aux pêcheurs au niveau du petit port, ou s'adresser à l'agence (sérieuse) *Brazil Trip Tour (Pedro Longo, 239 ; 98137-3367 ; ● braziltriptour.com ● ; env 60 Rls/pers, comprenant l'accès à la cascade).* Propose une bonne excursion sur le rio de Contas (départ vers 9h30, retour vers 14h). L'agence propose d'autres excursions comme le tour de la péninsule de Maraú, la baie de Camamú...

– ***Surf* :** Itacaré est sans aucun doute un des meilleurs spots de surf de la côte sud de Salvador, notamment pour les surfeurs débutants et moyens. Pas moins de 15 km de plages pour s'adonner aux joies de la glisse. Si vous n'avez pas de matériel ou si vous désirez prendre des cours, vous trouverez plusieurs boutiques spécialisées sur Pituba, la grande rue centrale, et dans certaines *pousadas* spécialisées dans l'accueil des surfeurs. Possibilités de prendre des cours. Aller voir l'*Association des surfeurs* directement sur la plage de Tiririca, ils vous donneront toutes les infos.

Praia do Pontal : *juste de l'autre côté du rio de Contas. Des pirogues et des barques vous font faire la traversée à la demande, à partir de* Porto Pedras *ou de la plage* Coroinha. Une étendue déserte qui semble sans fin, une plage ourlée de sable blanc et bordée de cocotiers.

ILHÉUS

187 000 hab. IND. TÉL. : 73

La fondation d'Ilhéus remonte à 1532. Située à 460 km au sud de Salvador, ancienne capitale du cacao (le littoral porte le nom de « côte du Cacao ») après avoir été celle du sucre, c'est aujourd'hui une grande ville moderne, avec un petit centre animé, agrémenté de quelques édifices dignes d'intérêt. C'est surtout LA ville où naquit l'immense Jorge Amado. D'ailleurs vous tomberez sur sa bonne tête à tous les coins de rue. Il y situe l'action de son plus grand succès mondial, *Gabriela, Cravo e Canalo (Gabriela, girofle et cannelle).* On peut toujours voir aux environs les immenses plantations de cacao qui furent touchées dans les années 1990 par une maladie qui les rendit stériles. Depuis, l'économie se reconvertit vers le secteur tertiaire (services et informatique). Juste au nord d'Ilhéus, une magnifique plage s'étend sur des kilomètres.

Arriver – Quitter

✈ ***Aeroporto Jorge Amado* :** *rua Brigadeiro Eduardo Gomes, s/n, à 3,5 km au nord de la ville.* Vols réguliers depuis São Paulo et Salvador. Liaisons également avec Rio et Belo Horizonte. En moyenne 1-2 liaisons/j. Compagnies aériennes *TAM (☎ 3234-5258), GOL (☎ 3633-7864), Azul (☎ 3234-4034), Avianca (☎ 3231-8881).* Loueurs de voitures dans l'aéroport. Compter 25 Rls pour rejoindre le centre en taxi. Nombreux distributeurs à l'aéroport.

***Rodoviária Ilhéus-Itabuna* :** *av. Governador Roberto Santos, 15.* Un peu excentré, à env 4 km à l'ouest du centre-ville, mais des bus assurent la liaison en permanence avec la gare des bus locaux située au centre ville, en 20 mn. Compter env 350 Rls le trajet. Bus pour Salvador (6h de trajet) et Itacaré (1h40). Plusieurs compagnies représentées :

➢ *Aguia Branca (☎ 3634-4121)* pour ***Salvador,*** 3 bus/j. ; pour ***Bom Despacho,*** 3 bus/j.

➢ *Rota* et *Cidade Sol* (☎ *3634-3161) :* bus pour **Itacaré** ttes les 45 mn, 5h40-20h40.
➢ *São Geraldo* (☎ *3634-6442)* pour **Rio,** 1 bus/j. vers 9h30 (durée : env 23h) ; pour **São Paulo,** 1 bus/j. vers 9h15 (durée : 30h) ; pour **Belo Horizonte,** 1 bus/j. (sf mar) à 8h45 (durée : 20h).
– 2 distributeurs dans la gare routière et un kiosque Internet.

Adresses et infos utiles

Kiosque touristique : *praça D. Eduardo, entre la mer et la cathédrale. Lun-ven 8h30-12h, 14h-18h.* Vraiment très peu d'infos à soutirer.
– Nombreuses infos mises à jour sur le site • *brasilheus.com.br* •
■ **Banco do Brasil,** *rua Marquês de Paranaguá, 112, et* **Banco Itaù,** *praça D. Eduardo.*
■ **Encantur :** *rua Jorge Amado, 64.* ☎ *2101-3900. Lun-ven 8h-18h, sam 9h-13h.* Fait le change à un taux intéressant.

Où dormir ?

De prix moyens à chic (moins de 200-300 Rls / env 50-75 €)

Ilhéus Praia Hotel : *praça D. Eduardo (et av. Soares Lopes).* ☎ *2101-2533. En face de la cathédrale. Doubles 220-250 Rls, avec ventilo ou AC, selon saison.* Grand hôtel (en taille) de standing classique et fonctionnel. Une soixantaine de chambres de confort moyen. Tristoune mais acceptable.

Hotel Britânia : *rua Jorge Amado, 16.* ☎ *3634-1722.* • *hotelbritania@hotmail.com* • *Très central, juste en face de la Maison de la culture. Doubles à partir de 160-200 Rls.* Confort correct (AC, sol carrelé, TV, frigo). Chambres sans charme, autant le savoir, avec certaines donnant sur l'atrium (à éviter). Préférer celles avec de vraies fenêtres au 1er étage. Elles sont un peu sombres, mais correctement tenues.

LE NORDESTE

Où manger ? Où boire un verre ?

Restaurante e bar Vesúvio : *praça D. Eduardo, 190.* ☎ *3634-2164. En face de la cathédrale. Tlj 11h-minuit (17h dim). Compter 45-70 Rls pour 2. Couvert musical.* Immanquable avec son Jorge Amado à l'entrée, qui attend qu'on lui offre un verre et où tout le monde vient se faire photographier. Le mythique café de l'écrivain, malheureusement « relooké » moderne. Quelques photos aux murs... Cuisine correcte : *peixe Amado* (bien sûr), langouste, *mariscada,* viandes diverses et cocktails (c'est un bar avant tout).
Gabriela, Cravo e Canela : *praça D. Eduardo, 81. Le resto du* Ilhéus Praia Hotel. ☎ *3634-2839. Tlj 7h-23h.* D'excellentes pizzas et une carte bien fournie. Service en salle ou en terrasse avec vue sur la cathédrale. Chanteur guitariste le soir. Ambiance sympathique. Une bonne adresse.

À voir. À faire à Ilhéus et dans les environs

À Ilhéus même, tout est concentré dans le centre-ville. Visite des églises et édifices coloniaux en 1h, sans se presser.

Catedral São Sebastião : édifiée à partir de 1931, de style bizarre, disons « éclectique tendance pâtisserie pastel ». Façade originale avec son porche en rotonde sur colonnes, surmonté d'un petit dôme. À l'intérieur, festival de tonalités blanc et beige et de vitraux roses, ça donne un côté pâtisserie.

À partir de la cathédrale, on découvre le ***Vesúvio,*** un monument littéraire, présent dans l'œuvre d'Amado bien sûr, puis la rue éponyme célébrant l'écrivain, la *rua Jorge Amado.* On y trouve tout d'abord, sur la gauche, le ***Cine Teatro municipal*** (1932), suivi, au n° 21, de la ***Casa de Cultura Jorge Amado*** *(☎ 3634-8986 ; lun-ven 9h-13h, 14h-18h, sam 9h-13h ; entrée : 5 Rls, visite guidée).* Elle fut créée par le père de l'écrivain en 1920 et connut l'écriture de son premier roman *(Le Pays du carnaval).* Nombreux souvenirs, quelques chemisettes fleuries (une achetée en Martinique !), et des couvertures d'éditions étrangères.
Au bout de la rua Amado s'élèvent quelques bâtiments notables de la grande période du cacao (1900-1930) : la ***casa dos Artistas,*** de style colonial fin du XIXe s et tout au bout, dominant la place J. J. Seabra, la masse lourdement ornementée du ***palácio Marquês de Paranaguá*** (1907). L'autre axe de la ville est la ***rua Antônio Lavigne,*** bordée de quelques demeures de caractère. Tout au bout, un bouquet d'intéressants édifices : le ***palácio Misael Tavares*** (1914), une loge maçonnique à la riche ornementation. À côté, l'***igreja-museu São Jorge,*** fondée en 1556, mais la construction actuelle date de 1723 : style baroque simplissime.

Bataclan : *av. 2 de Julho, 77. ☎ 3633-4701. Tlj sf dim 10h-17h. Entrée : 5 Rls.* Ancienne maison close au patronyme influencé par le cabaret parisien, il devint célèbre avec le roman *Gabriela* de Jorge Amado. Stratégiquement situé, près du port et de l'embarcadère de l'ancien marché d'Ilhéus, le *Bataclan* était le bordel préféré des grands marchands de cacao de l'avant-guerre et aussi le point de passage d'une faune interlope composée de marins en goguette, artistes, voyous, attirés par l'atmosphère glauque, le tango argentin et le french cancan... Tombé en ruine, il a été entièrement rénové et est à présent un endroit hybride : resto, bar, petit musée au fond à l'étage, avec reconstitution de la chambre de Maria Machadão, et un espace pour les expositions. Nombreuses photos de la grande époque et caisse enregistreuse d'origine.

UN DIMANCHE EN VILLE

Au bon temps de la prospérité et du commerce du cacao, les riches planteurs quittaient leurs fazendas pour emmener toute la maisonnée à la messe dominicale. Ils avaient pris toutefois la précaution de se cotiser à plusieurs pour soudoyer le curé, afin qu'il allonge le service religieux le plus longtemps possible... Car dès l'oraison, ils s'éclipsaient discrètement pour se rendre au Bataclan, *prendre du bon temps auprès de leurs « petites cocottes » préférées !*

Possibilité de visiter des ***fazendas de cacao.*** Renseignements dans les agences touristiques, ou téléphoner aux *fazendas* directement.

– ***Ceplac :*** *av. Juca Leão, 463, à Itabuna.* Le Centre de recherche national pour le cacao. Visionnage d'une vidéo sur le centre et ses objectifs, visite du siège et d'une plantation pour apprendre comment le fruit est récolté et transformé. Dégustation en fin de parcours. L'agence *Orbita* à Ilhéus offre un circuit attentionné pour une même approche *(rua Leite Mendes, 71 – petite rue qui monte du côté gauche de la cathédrale ; ☎ 3234-3250 ; • orbitaexpedicoes.com.br • ; tlj visite de 2h, résa obligatoire ; compter 50 Rls).*
– ***Fazenda Primavera :*** *à env 20 km d'Ilhéus, route d'Itabuna. ☎ 3613-7817. 📱 98818-3207. Visite env 30 Rls.* Découverte de tout le processus de production, de la cueillette au séchage, en passant par le cassage des cabosses...
– ***Chor*** *(rua Coronel Paiva, 93)* ***et Cacau do Céu*** *(av. Soares Lopes, 508) :* pour acheter du bon chocolat au détail.

LE NORDESTE

PORTO SEGURO

141 000 hab. IND. TÉL. : 73

• Plan p. 599

Grand site historique à 722 km au sud de Salvador. Il faut dire que c'est là que le Brésil fut découvert, le 22 avril 1500, par Cabral. Les Portugais y ont célébré leur première messe, en présence des Indiens. Celle-ci est d'ailleurs toujours célébrée chaque année.
Le centre-ville se situe à l'embouchure d'un fleuve et conserve une ambiance paisible, avec quelques *pousadas* et maisons de style colonial, qui longent la mangrove. La ville possède quelques monuments historiques intéressants, mais on vient surtout à Porto Seguro pour filer plus au sud et profiter des belles plages entre Arraial d'Ajuda et Trancoso.
Le front de mer de Porto Seguro s'est transformé aujourd'hui en un immense emporium. Que des boutiques et stands de vêtements, de gadgets et snacks plutôt du genre cheap et peu originaux. En réalité, les Paulistas et les Cariocas viennent ici désormais plus pour l'animation nocturne de la ville que pour son charme.

Arriver – Quitter

En bus

Nombreuses agences à la ***rodoviária*** *(hors plan par A1, **1** ; ☎ 3288-1914).* On y trouve les kiosques des compagnies, un bar-resto et un petit kiosque d'infos sur les hébergements.
➢ *São Geraldo (☎ 3288-1198 ; • saogeraldo.com.br •)* assure des liaisons quotidiennes avec ***Belo Horizonte*** (départs à 14h et 15h30), ***Rio*** (départ à 17h), ***São Paulo*** (départ à 14h40), ***Brasília*** (départ à 9h) et ***Goiâna*** (départ à 16h), avec connexion pour *Brasília, Curibita, Maceo...* Pour Rio compter 19h de route et pour São Paulo 26h.
➢ *Aguia Branca (☎ 3288-1039 ; • aguiabranca.com.br •)* dessert surtout ***Salvador.*** 1 liaison/j. Avec couchette, départ à 19h, arrivée à 7h.
➢ *Rota (☎ 3288-3791 ; • rota.com.br •)* assure la liaison avec ***Ilhéus.*** Env 4 départs/j. Pour ***Itacaré,*** 2 départs/j. (à 7h et 12h40).

En bateau

➢ 2 compagnies desservent ***Arraial d'Ajuda.*** De la *Travessia de Balsa* à la pointe extrême de la ville, les ferries traversent le *rio Buranhém.* Départs ttes les 30 mn 6h-1h et ttes les heures la nuit. Compter pour une voiture (chauffeur compris) 15 Rls le j. la sem, 18 Rls le w-e et la nuit et 4 Rls/passager supplémentaire.

En avion

✈ ***Aeroporto de Porto Seguro*** *(hors plan par A1) : ☎ 3288-1880. Proche du centre, par la rua Pitangueira puis la ladeira do Aeroporto.* Location de véhicules, bar-resto, kiosque et taxis (env 15 Rls) pour rejoindre le centre.
➢ Avec les compagnies *TAM (• tam.com.br •), AZUL (• voeazul.com.br •)* et *GOL (• voegol.com.br •),* liaisons fréquentes et directes avec ***Salvador, Rio*** et ***São Paulo.***

Adresses et infos utiles

i Petit ***centre d'informations touristiques*** *(hors plan par A1, **1**) : à la gare routière.*

✉ ***Poste*** *(plan B2) : rua Itajibá, 85. Dans le centre de Porto Seguro. Lun-sam 8h-16h (12h sam).*

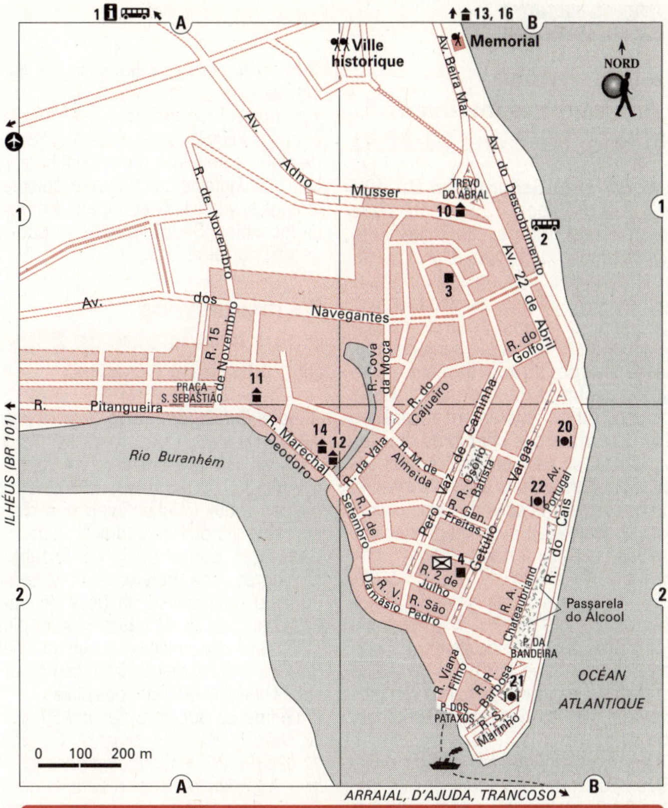

PORTO SEGURO

Adresses utiles

- 1 Terminal des bus et centre d'informations touristiques
- 2 Bus pour les plages
- 3 Banco do Brasil
- 4 Banco Bradesco

Où dormir ?

- **10** Hotel Porto Seguro
- **11** Pousada Casa Amarela
- **12** Hotel Estalagem Porto Seguro
- **13** Quinta do Sol Lite
- **14** Hotel Recanto do Sol
- **16** Quinta do Sol

Où manger ?

- **20** Tia Nenzinha
- **21** Portinha
- **22** Restaurante Esquina do Mundo

■ ***Banco do Brasil*** *(plan B1,* ***3****)* **:** av. Navegantes, 22. Pas de change, uniquement des distributeurs automatiques (24h/24).

■ ***Banco Bradesco*** *(plan B2,* ***4****)* **:** praça do Relógio. Distributeurs automatiques (24h/24) uniquement.

➢ Un système de ***bus*** et de ***navettes*** permet, le soir, de regagner les hôtels répartis tout au long des plages, au nord *(plan B1,* ***2****)*.

Où dormir ?

De bon marché à prix moyens (moins de 130-200 Rls / env 33-50 €)

Hotel Porto Seguro (plan B1, **10**) : rua Cova da Moça, 720, à côté de la Churrascaria Mirage. ☎ 3268-3266. • portoségurohostel.com.br • À 500 m du terminal de bus pour les plages. Doubles env 120-140 Rls selon saison ; également des apparts pour 4 pers. CB acceptées. Bâtisse sans charme, mais à deux pas du front de mer et guère loin du centre et de l'animation. Cette ancienne AJ complètement réhabilitée offre désormais des chambres doubles modernes et des familiales accueillantes pour un tarif tout à fait raisonnable. Toutes avec AC et salle de bains privée. Piscine, snack-bar, laverie et parking.

Pousada Casa Amarela (plan A1, **11**) : rua Marechal Deodoro, 286. ☎ 3288-2221. • pousadadacasaamarela.com • Doubles env 120-140 Rls. Impossible d'échapper à sa façade jaune. La plupart des chambres aux murs de brique donnent sur la piscine, au calme. Simples et propres, avec AC, ventilo, TV et frigo. Accueil agréable.

Quinta do Sol Lite (hors plan par B1, **13**) : av. Beira Mar, km 2, praia de Curuipe. ☎ 3288-8500. • qslite.com.br • À 2 km du centre. Doubles à partir de 120 Rls ; env 200 Rls en hte saison. Annexe du *Quinta do Sol* (voir plus bas). Bon rapport qualité-prix dans cette catégorie. Niché dans la verdure, petit hôtel à l'architecture plaisante, chambres en hauteur ménageant une tranquille intimité. Toutes avec terrasse et hamac, AC, TV à écran plat et frigo. L'ensemble est impeccable et la déco simple. Goûteux buffet de petit déj, avec gâteaux et fruits frais. Micro-piscine et bar.

Hotel Recanto do Sol (plan A2, **14**) : rua Marechal Deodoro, 82. ☎ 3288-5195. • portalrecantodosol.com.br • Doubles env 120-220 Rls selon saison. Sorte de motel, agréable et d'excellent confort. Une cinquantaine de chambres colorées (orange et vert à l'honneur), simples mais impeccables. Sauna, piscine et pataugeoire pour les enfants.

De prix moyens à plus chic (moins de 200-350 Rls / env 50-87 €)

Hotel Estalagem Porto Seguro (plan A2, **12**) : rua Mal Deodoro, 66. ☎ 3288-2095. • hotelestalagem.com.br • Doubles env 180-350 Rls selon saison. Une jolie maison toute fraîche, avec une déco agréable et des tableaux aux murs. Chambres spacieuses, confortables et propres. Une préférence pour celles du fond donnant sur la belle piscine. Les chambres du 1er bâtiment sont plus petites et moins pratiques. Sympathiques balcons avec hamacs. Quelques moustiques pendant la saison des pluies.

Quinta do Sol (hors plan par B1, **16**) : av. Beira Mar, km 1,5, praia de Curuipe. ☎ 3268-8500. • hotelquintadosol.com.br • À 1,5 km du centre vers le nord. Doubles env 180 Rls ; 350 Rls en hte saison. L'un des moins chers dans cette catégorie d'hôtels de petit luxe classique. Sur un étage, face à la plage (mais comme tous les autres hôtels du coin, il y a la route à traverser). Tout le confort : lit *king size*, AC, frigo, coffre, téléphone direct, petite terrasse, etc. Ne pas prendre les chambres du sous-sol sans point de vue. Belle piscine dans les palmiers, avec bassin pour enfants et toboggan, salle de gym, sauna, hydromassage, salle de jeux... Accueil souriant.

Où manger ?

De bon marché à prix moyens (moins de 40-60 Rls / env 10-15 €)

Tia Nenzinha (plan B2, **20**) : passarela do Alcool, 170 (ex-av. Portugal). ☎ 3288-1846. Tlj 12h-minuit. Repas complet env 30 Rls. Un des rares restos acceptables dans cette rue extrêmement touristique. Grand choix de spécialités bahianaises, poissons et crustacés essentiellement. Goûter à la *lagosta especial* (mais pas donnée et uniquement en saison), aux *bobo de camarão, vatapa, casquinha de siri,* etc. Tranquille mezzanine.

Portinha (plan B2, **21**) : *rua Saldanha Marinho, 33. ☎ 3288-2743. Tlj 12h-22h. Prix modérés.* Presque à la pointe extrême de la ville. Populaire self-service « au poids ». Grande salle bien aérée, au style vaguement médiéval. Si les hors-d'œuvre ne se distinguent guère par leur originalité (que des crudités), en revanche, bon choix de viandes et poissons. Plats réchauffés sur plaques au feu de bois *fogão a lenha.* Bons desserts également dans des vitrines réfrigérées. Terrasse et mezzanine.

Restaurante Esquina do Mundo *(plan B2,* ***22****)* : *passarela do Alcool, 292 (ex-av. Portugal). ☎ 3288-2139. Tlj 12h-minuit.* Adresse qui a pignon sur le front de mer. Grande salle et terrasse très proprette. Cuisine italo-bahianaise qui privilégie les produits de l'océan : pizza aux fruits de mer, carpaccio de poulpe, gratin de crevettes, mais aussi filet de bœuf argentin. Également des spécialités pour 4. Sous des dehors un peu fourre-tout, c'est une très bonne adresse.

Où boire un verre ? Où sortir ?

Pas besoin d'expliciter : sur le bord de mer, la ***Passarela do Alcool*** *(plan B2)* porte bien son nom. La *cerveja* et la cachaça y coulent à flots au milieu de l'animation créée par les musiciens de rue et les capoeiristes. Pour les amateurs d'expériences nouvelles, un cocktail redoutable : la *capeta,* à base de vodka, *guaraná* et lait concentré sucré, le tout saupoudré de cannelle et de chocolat... Explosif !

Pour les fêtards de tout poil, vaste choix de *complexo de lazer* plus au nord, notamment le long de ***praia de Taperapuan,*** qui concentre à la fois restos, bars, discothèque et salle de spectacle, pour s'éclater avec les Paulistas en goguette ! Avis aux amateurs... Voici quelques propositions, mais nul doute que vous trouverez la « boate » correspondant à vos fantasmes du moment.

Axe Moi : *praia de Taperapuan. ☎ 3679-3237. • axemoi.com.br • Tlj sf dim.* Vaste complexe de loisirs avec 5 restos et snacks, bar avec immense terrasse sur la plage *(8h-18h).* Pas mal d'activités pour les enfants la journée. Le soir, concerts et soirées *axé* endiablées ! Foule énorme, notamment pour certaines soirées événements : réveillon, carnaval, super shows de janvier à juillet et les folies d'octobre.

Barramares : *av. Beira Mar, praia de Itaperapuã, à 6 km au nord. ☎ 3679-2980. Shows tlj à partir de 22h.* Une des « boates » les plus éloignées. Spectacles de musique *axé,* samba, *forró...* Concerts.

Ilhas dos Aquários : *☎ 3268-2828. • ilhadosaquarios.com.br • Sur la bien nommée ilha dos Aquários ; liaisons en bateau depuis Porto Seguro ou Arraial d'Ajuda (env 7 mn, inclus dans le prix d'entrée). Slt ven 20h-5h. Tarif : 65 Rls.* Vaste complexe avec pas moins de 8 bars ou kiosques où s'abreuver, un resto et divers snacks avec concerts de *MPB* pour animer le repas, plusieurs lieux de concerts et un night-club au décor d'aquariums géants.

Transilvânia : *av. Beira Mar. ☎ 3268-2828. À partir de 21h.* Comme son nom l'indique, on y aime bien les vampires (on y aurait d'ailleurs rencontré Dracula lui-même en goguette). Soirées thématiques qui rassemblent parfois plus de 5 000 personnes. Mardi bien animé, et surtout le samedi. 4 bars et pizzeria.

À voir. À faire

Ville historique (plan A-B1) : *sur la colline dominant le centre. Accès par un long escalier depuis l'av. Beira Mar ou par la route, depuis la rodoviária (parking à l'arrivée).*

Romantiques vestiges de la première ville du Brésil, la *cidade Alta,* classée Monument national. Visite un peu décevante de 45 mn. Pas la peine de prendre un des guides de l'entrée. Beaucoup d'échoppes à souvenirs.
On l'aborde par une rue bordée de demeures coloniales allant du XVIe au XVIIIe s. À l'époque, pas de numéros de rue, c'est la couleur des façades qui déterminait les familles. La maison qui ressemble à une église fut le logement du premier médecin de la ville (la rue porte d'ailleurs son nom). Celle avec la façade rouge livre une fenêtre faite de pierres venant du Portugal et utilisées comme ballast dans les navires au voyage aller. La maison à façade bleue, à côté, est la plus ancienne. Beau panorama sur le large. On distingue bien la barrière de corail qui protégeait efficacement les bateaux (d'où « Porto Seguro »). Subsistent encore trois églises.
– ***Matriz Nossa Senhora da Pena :*** elle date de 1730. Antique pupitre en bois et icônes des XVIIIe et XIXe s.
– ***Capela do Colégio São Benedito*** *(ou do Salvador)* **:** construite au milieu du XVIIe s. Style très épuré, représentatif de la première période coloniale. La chapelle faisait partie du collège de jésuites qui fut détruit en 1917.
– ***Igreja da Misericórdia :*** *entrée : 2 Rls.* Construite à la fin du XVIIIe s, sur les vestiges d'une chapelle du XVIe. À l'intérieur de cet édifice, devenu le *Museu de Arte Sacra da Misericórdia,* retable de style rococo. Possède un saint François d'Assise du XVIe s, première représentation d'un saint au Brésil. Superbe représentation du Christ crucifié, déjà mentionnée dans les écrits à la fin du XVIe s.
– ***Casa de Câmara e Cadeia :*** *en face de l'igreja N. S. da Pena. ☎ 3288-5182. Ouv 9h-17h. Entrée : 5 Rls.* Bel exemple d'architecture du XVIIIe s. Servit de mairie et de prison. Muséographie moderne, parures indiennes, armes, petits films sur les rites de passage dans les sociétés amérindiennes et l'histoire de la colonisation, cartes des grands voyages, bien utiles pour reconstituer la chronologie des découvertes.
– ***Marco do Descobrimento :*** longue stèle de marbre sous un plexiglas protecteur, portant une croix d'un côté et le symbole royal de l'autre. Elle fut apportée en 1503 pour marquer la prise de possession du Brésil. Tout autour les différents drapeaux des États de la fédération brésilienne.

Memorial da Epopéia do Descobrimento do Brasil *(plan B1)* **:** *av. Beira Mar (praia do Cruzeiro), 800 ; à 1,5 km du centre. ☎ 3268-2586. • memorialdodescobrimento.com.br • Tlj sf dim 8h30-12h, 13h30-17h. Entrée : 10 Rls, guide compris.* On y trouve une réplique grandeur nature du navire de Pedro Álvarez Cabral, le découvreur du Brésil, une *Oca Indígena* ainsi que des reproductions de cartes de l'époque. Balade agréable dans le jardin botanique tropical.

Le site est surtout prisé pour ses innombrables ***plages*** (sable fin et eau turquoise), telles, vers le nord, ***Taperapuã, Mundaí, Curuípe, Itacimirim, Ponta Grande, Mutá*** et, vers le sud, ***Lagoa Azul, Pitinga, Itaquena...*** et quelques îlots quasi déserts. Éviter celle de *Cruzeiro,* la plus proche de la ville, car dangereuse et polluée.

➢ La ville de Porto Seguro est aussi le point de départ de belles balades dans le ***parque nacional de Monte Pascoal*** et la ***réserve marine de Recife de Fora*** *(infos : ☎ 3268-3723 ; et dans les agences touristiques).*

ARRAIAL D'AJUDA

IND. TÉL. : 73

Le charmant village d'Arraial d'Ajuda est fréquenté par une population très relax, rastas qui flânent à l'ombre des palmiers sur la praça São Braz et touristes néobabas se prélassant sur les plages de Mucugê, Parracho, Pitinga... Mais

à partir de Noël, l'ambiance s'échauffe, le monde afflue, et le village se transforme en royaume de fêtards et dragueurs invétérés... Chaque soir, canette en main, on fait le beau, on se balade en short avec caleçon apparent pour exhiber ses tablettes de chocolat, on flirte ardemment, la cachaça coule à flots et on finit la soirée dans une des boîtes en vogue, dans une atmosphère déchaînée.

Comment y aller depuis Porto Seguro ?

➢ On accède à Arraial en traversant le *rio Buranhém,* sur des bacs qui circulent 24h/24, ttes les 30 mn (1h après minuit). Prix du passage : env 4 Rls/pers, 15 Rls/voiture en sem (chauffeur compris), 18 Rls/voiture le w-e et la nuit.

➢ À Porto Seguro, départ en bus, praça dos Pataxós *(plan Porto Seguro, B2).* Env 10 mn de traversée. Puis encore 25 km de route, si l'on veut aller jusqu'à Trancoso.

Adresses utiles

■ ***Distributeurs automatiques :*** Banco Itaú *dans la rue commerçante, estrada do Mucugê, ou dans le centre. Également un* Banco do Brasil *rua Manoel Crescêncio Santiago, 22.*

■ ***Bureau de change :*** *au bar* Novo Astral, *rua Broadway, 57.* Euros et dollars acceptés mais en dépannage seulement, car le change est au plus bas.

Où dormir ?

De bon marché à prix moyens (moins de 130-200 Rls / env 33-50 €)

☗ ***Arraial d'Ajuda Hostel*** *(AJ) : rua do Campo, 94. ☎ 3575-1192. • arraialdajudahostel.com.br • Selon saison, en dortoir de 5 env 45-55 Rls/pers avec ou sans la carte* HI *(en vente sur place) ; doubles env 120-160 Rls (jusqu'à 220 Rls en janv), petit déj compris.* AJ officielle installée dans une ancienne *pousada,* ce qui explique cette charmante architecture et le cadre particulièrement agréable. Une soixantaine de lits en tout. À noter, la clim fonctionne seulement la nuit. Cuisine équipée, *lavanderia,* piscine de poche, coffre et vente de tickets de transport. Organise aussi diverses excursions, comme à Trancoso. Atmosphère extra.

☗ ***Pousada Alto Mar :*** *rua Bela Vista, 114. ☎ 3575-1935. • pousadahostelaltomar.net • Au bout de la rue derrière l'église N. S. d'Ajuda ; on longe le belvédère qui offre un superbe panorama. En dortoir (6 lits) env 30 Rls/pers ; doubles env 560-670 Rls/pers.* Bien cachée, dans un agréable jardin, en dehors du centre et au calme. Cette *pousada* propose 10 chambres simplissimes mais bien tenues, avec douche et hamacs à l'extérieur. Populaire point de chute des routards. Accueil chaleureux et ambiance tout à la fois très *roots* et familiale.

☗ ***Pousada Bemvirá :*** *alameda dos Flamboyants, 54. ☎ 3575-1184 ou 1714. • bemvira.com.br • À côté du resto* Rosas dos Ventos, *à 500 m de la plage. Doubles à partir de 160 Rls.* Structure de charme et intime dans un agréable jardin. Couleurs vives, déco soignée et atmosphère agréable. Chambres spacieuses et de bon confort (AC, TV, frigo, terrasse avec hamac). Petite piscine, terrain de beach-volley. Accueil amical. Un bon rapport qualité-prix.

☗ ***Tubarão Pousada :*** *rua Bella Vista, 210. ☎ 3575-3379. • pousadatubaraoarraial.com • Derrière l'église, à côté de la* Pousada Alto Mar. *Doubles env 100-320 Rls selon saison et confort.* Situé dans un coin particulièrement calme. Chambres classiques très correctes (AC ou ventilo), spacieuses (jusqu'à 5 personnes) et fraîches. Hamacs pour faire la sieste dans le jardin tropical en pente. Agréable piscine. Accueil aimable. Encore un bon rapport qualité-prix.

Pousada Oca dos Indios : *estrada do Mucugê, 305, caminho da Praia. ☎ 3575-1156. • ocadosindios.com.br • À 300 m de la plage, mais pas d'accès direct. Doubles à partir de 150 Rls.* 8 chalets impeccables, pour 2 à 5 personnes, répartis dans un grand jardin qui descend vers la mer. Tout confort : TV, AC, ventilo, frigo, et petite terrasse pour buller dans un hamac. Piscine surplombant la plage de Mucugê : vue imprenable garantie. *Churrasqueira.*

De chic à plus chic (200-500 Rls / env 50-125 €)

Aos Sinos dos Anjos (Art Residence) **:** *rua do Ipê, 71 ; légèrement à l'écart de l'agitation. ☎ 3575-1176. 99991-1169. • aossinosdosanjos.com • Congés : juin. Chambres et suites env 200-450 Rls selon saison et occupation.* Une structure hôtelière comme on aimerait en rencontrer plus souvent. Fruit de la créativité de Lorenza, une artiste italienne à l'aise dans plusieurs langues, dont le français. Dès le mur de clôture passé, une débauche de coloris enchante les yeux. La déco originale, personnalisée et humoristique fait de chaque chambre une œuvre d'art. La petite piscine avec son deck en teck (joli ça !) est surmontée d'une sirène chevelue. On navigue entre Niki de Saint Phalle et Botero. C'est pimpant, joyeux et communicatif. Confort complet, bien entendu. Staff aux petits oignons. On a du mal à quitter les lieux.

Atmosphera Pousada : *estrada do Mucugê, 735. ☎ 3575-1954. • atmospherapousada.com.br • À 50 m de la plage de Mucugê. Doubles env 220-260 Rls.* Gentil petit complexe hôtelier noyé dans une végétation exubérante. Plaisante architecture colorée s'intégrant fort bien à l'environnement. 14 chambres confortables et agréables, avec balcon en bois (préférer celles à l'étage) et un bungalow familial. Belle piscine. Bar et coin barbecue. Agréable terrasse couverte pour prendre le petit déj-buffet.

Hotel Paraiso do Morro : *estrada do Mucugê, 471. ☎ 3575-2423. • paraisodomorro.com • Doubles à partir de 370 Rls.* Petit hôtel de luxe accroché à la colline et dominant le grand large. Pas mal de charme avec ses tuiles romaines. Chambres d'excellent confort : AC, TV, téléphone direct, frigo, coffre... Pour le grand jeu, suites et apparts luxueux avec jacuzzi, écran plat et tout le tralala ! Large terrasse donnant sur l'océan, vue incomparable. Magnifique piscine se confondant avec l'horizon et transats invitant au farniente...

Mar Paraíso Resort : *praia do Mucugê, 476. ☎ 3575-4400 et 4486 (résas). • marparaisoresort.com.br • Mini-apparts à partir de 350 Rls, petit déj compris.* Un complexe touristique avec des petites unités disséminées dans un grand jardin, face à l'océan. Chambres spacieuses, avec salon-salle à manger et cuisine équipée. Plusieurs niveaux de confort : suite *standard,* appart, duplex, *casa luxo...* Grande terrasse. Belle piscine, sauna et salle de gym. L'idéal pour les familles, la plage se trouve à quelques mètres. Restaurant de plage.

Où manger ?

De bon marché à prix moyens (moins de 40-60 Rls / env 10-15 €)

Restaurante Paulo Pescador : *praça São Bras, 116 (la pl. principale du village). ☎ 3575-1242. Jeu-dim 12h-22h (tlj en hte saison).* Un petit resto bien tenu, qui propose une douzaine de plats de poissons, crustacés et viandes, servis avec pommes de terre, riz et *farofa.* Une bonne adresse pour se restaurer bon marché. Très fréquenté, mais l'accueil reste souriant.

Restaurante Portinha : *rua Estrada do Mucugê, 333, Shopping d'Ajuda. ☎ 3575-2045. Tlj 12h-18h. Prix modérés.* Le pendant du restaurant de Porto Seguro. Self-service « au poids » dans une salle bien aérée, ou en terrasse. Plats réchauffés sur plaques au feu de bois *fogão à lenha*. Pas de surprise désagréable.

Chic (60-100 Rls / env 15-25 €)

Rosa dos Ventos : *alameda dos Flamboyants, 24. ☎ 3575-1271. Tlj sf mer 16h-minuit (13h-22h dim).* Une des adresses les plus populaires, tenue par une Autrichienne (ça se voit à certains détails du décor). Spécialités de poisson et de langouste grillée (sur commande et en saison uniquement). Excellente salade tropicale. *Apfelstrudel* en dessert.

Les Terrasses de Valentino : *rua Bela Vista, 115. 99959-1063. En haut de la ville, derrière la petite église. Tlj 18h-minuit. Plat env 30 Rls ou* ao kilo. Un restaurant tendance cuisine italienne, tenu par Guy, un Français baroudeur originaire de Sète. Spécialités comme la *paella do rei,* les *lagosta grelhada* au kilo (langoustes pêchées le jour même avec le bateau de Guy), ainsi que quelques plats de poissons. Une bonne adresse en terrasse au calme pour savourer une cuisine de qualité.

Où boire un verre ?

La vie nocturne, les restos et les bars sont principalement concentrés dans la estrada do Mucugê. Deux lieux emblématiques sur cette rue : au 290, le ***Morocha Club,*** atmosphère jeune et branchée dès 18h. Au 1er étage, profonds fauteuils et divans. Possibilité de grignoter pizzas et salades, mais on conseille plutôt d'y boire un verre. Le ***beco das Cores,*** au 201, départ d'une ruelle qui aligne des bars animés jusque tard. Le dimanche, c'est calme plat.

TRANCOSO

IND. TÉL. : 73

Situé à 24 km d'Arraial et 47 km de Porto Seguro, on y trouve les plus belles plages, comme *Nativos, Coqueiros* et *Pedra Grande.* Depuis que des people (et un *Club Med*) l'ont investi, l'endroit est devenu très prisé. Urbanisation en bon chemin, hôtels et *pousadas* qui prolifèrent... mais sans étouffer le lieu. On a su garder sur la colline le charme de la place principale, le *Quadrado Histórico,* qui domine les plages et l'océan, avec sa pelouse centrale d'herbe rase où les mômes tapent dans le ballon, ses maisons de pêcheurs... Profitez-en tant que la sérénité magique des lieux est encore préservée.

Liaisons depuis Arraial d'Ajuda

➢ 6 bus/j. (7h-20h ; env 10 Rls) depuis la *praça centrale* d'Arraial d'Ajuda. Compter 50 mn de trajet. On peut aussi partir d'Arraial et faire le chemin par les plages ; 12 km de marche, ce n'est pas la mer à boire, à condition de savoir qu'il y a quelques estuaires de rivière peu profonds à franchir !

Adresses et infos utiles

– Nombreuses infos touristiques sur le site : • *trancosobahia.com.br* •

■ ***Distributeurs automatiques*** dans le centre (*Visa* et *MasterCard*), accessibles 24h/24 dont la ***Banque Bradesco*** sur l'avenida Itabela (pas de change).

■ Côté santé, une ***clinique,*** praça da Independência *(☎ 3668-2394),* et 2 ***pharmacies,*** sur la même place.

Où dormir ?

Prix moyens (moins de 200 Rls / env 50 €)

Pousada Saruê : *rua João Vieira (ex da Mangueira), 18. ☎ 3668-1582. • saruetrancoso.com • Doubles env 150-230 Rls selon saison.* Petite structure familiale en brique bien tranquille. 6 chambrettes coquettes et colorées, avec ventilo et clim, et miniterrasse avec hamac donnant sur un jardinet. Petit coin salon avec TV. Accueil sympathique.

De chic à très chic (350-500 Rls et plus / env 87-125 €)

Pousada Jardim das Margaridas : *rua Jovelino Vieira, 230 ; à 400 m du Quadrado et 800 m des plages. ☎ 3668-1108. 99911-4400. • jardimdasmargaridas.com • Chambres et suites env 250-390 Rls selon saison et capacité.* Une *pousada* de charme, impeccable et au calme, tenue par Pierre et Sophie. Une quinzaine de chambres et de suites au milieu d'un jardin tropical. Celles ayant un accès direct sur le jardin ou la belle piscine sont équipées avec TV, AC, ventilo, coffre-fort et minibar. Petit déj généreux et varié, le tout fait maison. Goûter à 17h. Plusieurs espaces de vie : coin petit déj, salon, patio avec hamacs favorisant l'intimité. Parking. Laissez-vous tenter par *The famous French Touch in Bahia,* la meilleure caïpirinha de Trancoso !

Pousada Capim Santo : *rua do Beco, 55. ☎ 3668-1122. • capimsanto.com.br • À deux pas de la praça São João. Doubles env 390-620 Rls selon saison, généreux petit déj-buffet compris.* Une jolie bâtisse noyée dans un jardin luxuriant. Superbes chambres soigneusement décorées, certaines avec jacuzzi. Tout le confort : AC, TV, frigo-bar, des hamacs pour buller, une piscine, des *hot tubs* (bains japonais), un resto réputé... et la plage pas trop loin. Très bon accueil.

Pousada Porto Bananas : *praça São João, 234, en bordure du Quadrado. ☎ 3668-1017. • portobananas.com.br • Compter 350-650 Rls selon taille et saison.* Au milieu d'un jardin tropical, des bungalows de petit luxe, bien isolés. Chambres, apparts et suites jusqu'à 4 personnes, avec équipement complet. Déco raffinée, un petit air caraïbe avec ses boiseries peintes, moustiquaires, vérandas avec hamac. Une adresse de charme.

Où manger ? Où boire un verre ?

À l'évidence, choisir de se restaurer ou de boire un verre sur la ***praça São João.*** Installé sous les grands arbres, noyé dans la pelouse, on n'en apprécie que mieux tout le charme du *Quadrado Histórico.* Pour quelques authentiques instants d'éternité.

De prix moyens à chic (40-100 Rls / env 15-25 €)

Rabanete : *praça São João. ☎ 3668-1835. Tlj 12h-22h.* Buffet *ao kilo* jusqu'à 17h puis plats à la carte en soirée. Large choix de crudités, viandes et poissons. Un excellent rapport qualité-prix. On mange dehors, autour de grandes tables sous les arbres.

Restaurante Capim Santo : *rua do Beco, 55. ☎ 3668-1122. Lun-sam 17h-minuit.* Le resto de cette belle *pousada* (voir « Où dormir ? ») est aussi réputé pour sa goûteuse cuisine traditionnelle. En vedette : le *mixo de peixe e camarão com leite de coco* (curry de poissons et crevettes au coco) ou la *lagosta gratinada no abacaxi* (langouste à l'ananas).

Sur la ***praia dos Nativos, Coqueiros*** et autres lieux de détente, les restos de plage avec leurs toits de bardeaux se succèdent, offrant à peu près la même cuisine et les mêmes prix.

À voir. À faire à Trancoso et dans les environs

Quadrado Histórico *(quartier historique)* **:** miraculeusement préservé. Il a conservé le plan colonial, avec ses deux alignements de maisons basses et colorées. Anciennes demeures de pêcheurs, investies aujourd'hui par les restos, cafés et boutiques, mais dont l'installation sait rester discrète, sans enseignes intempestives. Une large pelouse verte pour flâner (sauf lorsqu'elle sert de terrain de foot), sépare les deux rangs de maisons. Tout au bout de la pelouse, l'adorable petite *igreja São João Batista,* du XVIIe s, bâtie sur les ruines d'un couvent de jésuites, et un beau panorama sur le paysage de cocoteraies en contrebas, et l'horizon marin.

Plages : celle de ***Coqueiros*** est la plus proche du centre-ville, en passant par la rua da Cuba ou par une ruelle à droite de l'église du *Quadrado,* ensuite accès par une passerelle en bois de 100 m de long en mauvaise état, perçant la mangrove. La plage de ***Nativos*** n'est plus accessible que par la *Estrada Trancoso* qui mène à *Arraial d'Ajuda.* Cette plage, comme toutes les autres, est envahie par les bars. En continuant plus au sud, on peut atteindre ***Praia do Rio Verde*** (30 mn de marche), ***Praia de Itapororoca*** (45 mn), ***Praia de Itaquena*** (1h30). Enfin, pour les plus courageux, la reine des plages, ***Barra do Rio dos Frades*** (2h30 à pied). Si la marche vous rebute, vous pouvez accéder à certaines en voiture et stationner sur des parkings privés (10 Rls). Malheureusement, les condominiums ont envahi les bords de plage sur des kilomètres et ferment désormais les accès à la mer.

LE NORDESTE

L'INTÉRIEUR DE L'ÉTAT DE BAHIA : LE PARQUE NACIONAL DA CHAPADA DIAMANTINA

• Carte *p. 609*

À 400 km à l'ouest de Salvador, dans une région de basse montagne, aux canyons parsemés de cascades d'eau pure et au décor de plateaux tabulaires, ce parc national est l'un des plus intéressants du Brésil. Le mot *chapada* vient de *chapa* (plaque), qui fait écho à la forme des *morros,* ces montagnes au sommet plat et aux contours presque circulaires. Des contreforts de la Chapada descendent les eaux qui alimentent les principales rivières de l'État de Bahia. Le *Paraguaçu* et le *rio de Contas* ont creusé de profondes vallées, jalonnées de spectaculaires cascades, comme celle de la *Fumaça,* et percées de cavernes, à *Torrinha* et au *Pai Inácio. Vale do Pati,* la partie centrale du parc (sans accès aux véhicules) offre des sites naturels remarquables, notamment au *Morro do Castelo* et à la cascade de *Funis*. Différents écosystèmes s'y sont développés, comme le *cerrado,* la forêt atlantique, les champs rupestres et la *caatinga.* S'adaptant au climat, les variétés de broméliacées

et les orchidées y ont trouvé un milieu favorable. Côté faune, les *serras* qui culminent à 1 700 m dans le massif de l'*Esbarrancado* offrent les grands espaces nécessaires aux félins, comme le *jaguatirica* et le *puma,* mais aussi aux chevreuils et aux rongeurs, comme le *moco* et autres *seriemas* ou *teius.* À une altitude moyenne de 1 000 m, c'est l'endroit idéal pour faire des randonnées inoubliables. Les massifs de quartz qui ont résisté à l'érosion depuis le précambrien ont formé des forteresses minérales appelées *tepuys,* fréquentées par les Indiens cariris et maracas, qui occupaient la région avant l'arrivée des premiers *bandeirantes,* ces groupes armés d'esclavagistes qui opéraient des razzias aux XVIe et XVIIe s. Les *Morros* du *Tabor,* du *Calumbi* et du *Pai Inácio* défient le temps de leurs silhouettes altières et alimentent les légendes locales. Le parque nacional da Chapada Diamantina a été décrété en 1985 et couvre au total 150 000 ha. Il regroupe les municipalités de Lençóis, la bourgade principale, Palmeiras, Andaraí, Mucugê et Ibicoara. Les villes situées dans le parc ont conservé de beaux exemples d'architecture coloniale, datant de l'époque où l'extraction du diamant avait fait du Brésil le premier producteur mondial. Et les chemins ouverts alors par les *garimpeiros* (chercheurs de diamants) constituent aujourd'hui de merveilleux itinéraires de randonnée. Les *pousadas* et agences locales offrent des circuits à pied, de l'escalade en rappel, des balades à VTT et autres séjours à caractère plus spiritualiste. Le tourisme dans la Chapada est un tourisme écologique dont l'activité se déroule tout le long de l'année.

– Infos complètes sur les sites • *guiachapadadiamantina.com.br* • et • *guialencois.com.br* • et un excellent site en français élaboré par l'agence *Tatu na Trilha* • *parcnationalchapadadiamantina.com* •

LENÇÓIS

env 10 500 hab. IND. TÉL. : 75

• Plan *p. 611*

La capitale traditionnelle de la Chapada est un superbe village colonial classé, situé entre la rivière éponyme et les contreforts de la *serra do Sincorá.* Siège de nombreuses agences de voyages, elle offre également un large choix d'hébergements et de restaurants. Avec ses rues étroites et ses habitations colorées, on se plonge aisément dans un passé où les riches négociants parvenus paradaient dans leurs costumes de lin. Une curiosité : le bâtiment de la préfecture, avec son porche flanqué de deux lions fut autrefois résidence du vice-consul de France, installé dans la région pour favoriser les échanges commerciaux (surtout le diamant). Sa diversité architecturale est en effet liée à l'histoire de l'exploitation des diamants alluviaux, récoltés dans les nombreuses rivières environnantes. Lors des randonnées qui empruntent les berges sablonneuses des cours d'eau, on peut d'ailleurs encore aujourd'hui trouver des cristaux de roche. Pas mal d'artistes ont choisi Lençóis pour installer leur atelier. Et dans un tout autre domaine, c'est le territoire d'élection des professionnels de sports extrêmes : canyoning, escalade, spéléo, rafting.

Arriver – Quitter

En avion

✈ ***Aeroporto Coronel Horácio de Matos :*** *à 20 km à l'ouest de Lençóis.* ☎ *3625-8100.*

■ ***Trip Linhas Aéreas :*** • *voetrip.com.br* • Cette compagnie relie, entre autres, Salvador et Lençóis en saison, à raison de 2 rotations/sem, généralement jeu et dim en début d'ap-m, 40 mn de vol. Tarifs promotionnels sur le site internet.

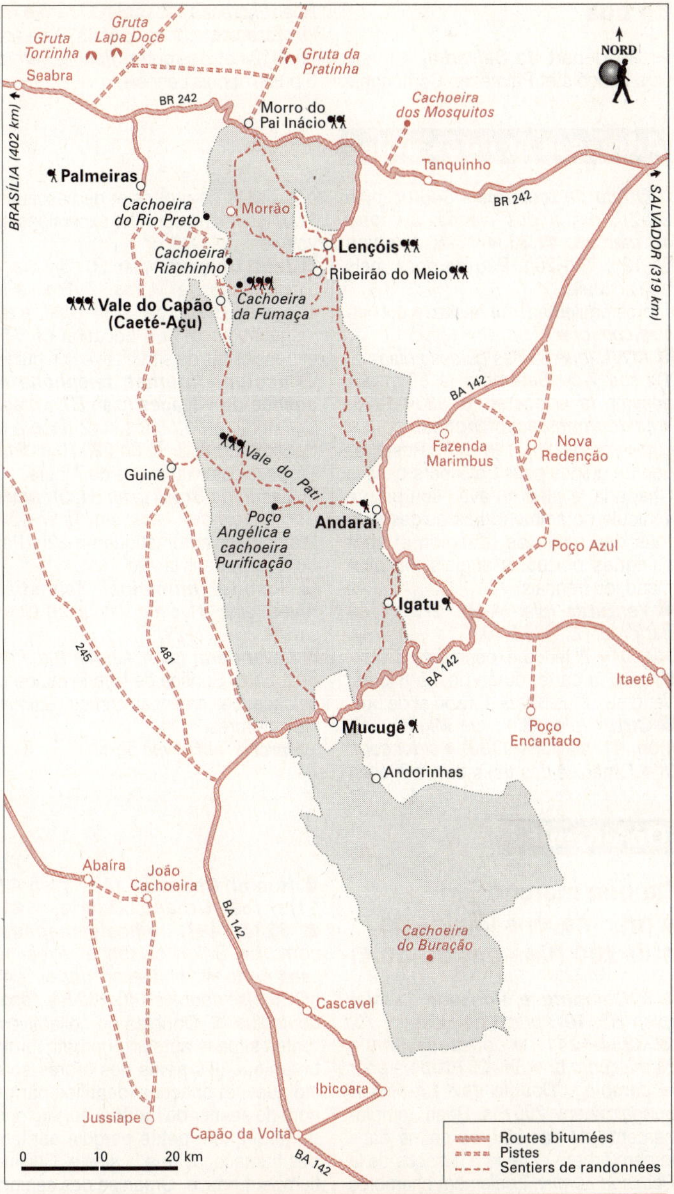

LE PARC NATIONAL DE LA CHAPADA DIAMANTINA

En bus

➢ Au départ de **Salvador,** 4 bus/j. vers Lençóis et Palmeras. Compagnie *Real Expresso* (☎ 3334-1112 ; ● realexpresso.com.br ●). Env 6h30 de trajet (410 km de route). Pour le retour, 3 bus/j. depuis Lençóis.

Adresses et infos utiles

Office de tourisme – Sectur (plan B1-2) **:** *pràça dos Nagôs, au fond du marché. ☎ 3334-1378. Lun-ven 8h-12h, 14h-20h.* Peu de docs mais bon accueil.

– Infos également sur le site *● guialencois.com.br ●*

■ **ACVL** (*bureau des guides ; plan A2,* **1**) **:** *rua 7 de Setembro (à 50 m au-dessus de la poste). ☎ 3334-1425. ● acvlcomunicacao@hotmail.com ● Lun-ven 8h-12h, 14h-17h.* Réservation de guides pour 1 à 5 jours dans la Chapada, à pied ou avec son propre véhicule notamment. Les guides sont tous des natifs de la région et sont bilingues portugais-anglais, ou allemand, ou français.

■ **Venturas** (*plan A-B2,* **2**) **:** *rua da Baderna. ☎ 3334-1030. ● venturas.com.br ●* Agence expérimentée. Trekkings à la carte, durée de 1 à 8 jours. Vend aussi les billets d'avion et de bus.

■ **Cirtur** (*plan B2*) **:** *rua Miguel Calmon, 41. ☎ 3334-1133. ● cirtur.com.br ●* Organise des treks de 1 à 7 jours, des visites de grottes et de cascades. Pour les moins sportifs, excursions en voiture.

■ **Terra Chapada** (*plan B1,* **5**) **:** *praça Col Horácio de Matos, 7 (face à la Banco do Brasil). ☎ 3334-1428. ● terrachapada.com.br ●* Location de VTT et possibilités de sorties avec un guide.

@ **Ecotur – Internet, téléphone et agence de voyages** (*plan B1*) **:** *praça Col Horácio de Matos, 142 (face à la Banco do Brasil). Tlj 8h-22h (18h dim).* Propose des excursions de 7 jours.

■ **Banco do Brasil** (*plan B1,* **3**) **:** *praça Col Horácio de Matos, s/n. Tlj 9h-13h.* Distributeur automatique 6h-22h. Pas de change dans la ville.

✚ **Hospital municipal Sebastião Alves** (*plan B1*) **:** *rua Vai Quem Quer, s/n. ☎ 3341-1129.*

■ **Lavanderia** (*plan A2,* **4**) **:** *rua 7 de Setembro.* Service de laverie rapide et efficace. Également au camping *Lumiar* (voir ci-après).

– **Marché :** *lun et ven 5h-8h.*

Où dormir ?

De bon marché à prix moyens (moins de 130-200 Rls / env 33-50 €)

Camping e Pousada Lumiar (*plan B2,* **10**) **:** *praça do Rosário, 70. ☎ 3334-1241. ● pousadaecampinglumiar.com.br ● Env 25 Rls/pers pour le camping. Double env 130 Rls et bungalow env 200 Rls.* Beaux emplacements de camping au calme dans le parc arboré et fleuri d'hibiscus de la *Pousada Lumiar.* Également chambres simples (salle de bains commune) et bungalows plus spacieux avec petite terrasse privative. Laverie et coin communautaire avec cuisine. En prime, bon resto, *La Pergola,* sur place.

Hostel Chapada (*AJ ; plan A2,* **11**) **:** *rua Urbano Duarte, 121. ☎ 3334-1497. ● hostelchapada.com.br ● Selon saison et avec ou sans carte* HI, *nuitée en dortoir env 55-65 Rls ; doubles 140-180 Rls ; petit déj inclus.* Doubles ou collectives, toutes situées autour d'un petit jardin botanique (les noms des arbres sont indiqués) et chacune identifiée par un nom de sentier de randonnée. Au fond du jardin, une petite pergola abritant des hamacs invite à la sieste. Cuisine flambant neuve. Organise des séjours incluant le bus aller-retour depuis Salvador, les nuitées, promenades et randonnées.

Pousada Violeiro (*plan B1,* **12**) **:** *rua Professor Assis, 70. ☎ 3334-1259.*

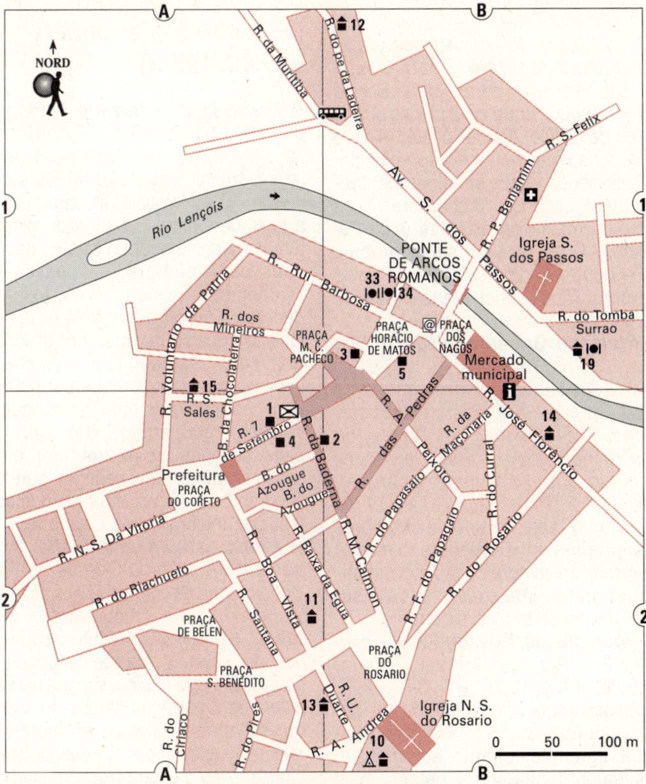

LENÇÓIS

Adresses utiles	14 Pousada Grisante
1 Bureau des guides ACVL	15 Pousada Corona de Pedra
2 Venturas	17 Pousada Vila Serrano
3 Banco do Brasil	18 Alcino Estalagem & Atelier
4 Lavanderia	19 Hotel Canto das Águas
5 Terra Chapada	20 Pousada do Sossego
Où dormir ?	**Où manger ? Où boire un verre ?**
10 Camping e Pousada Lumiar	19 Restaurant Azul
11 Hostel Chapada	33 Cozinha Aberta
12 Pousada Violeiro	34 O Bode
13 Pousada da Rita	

• *pousadavioleiro.com.br* • *Compter 60 Rls/pers, petit déj inclus.* Dans une rue tranquille, proche de la gare des bus, une petite structure indépendante à la façade jaune, bien tenue. Une dizaine de petits dortoirs de 4 lits et autant de chambres doubles, nickel, avec sanitaires privés. Ventilos. Certaines chambres ont une fenêtre donnant sur le couloir. Petit déj servi sur une terrasse avec jolie vue. Un bon plan pour petits budgets.

Pousada da Rita (plan A-B2, **13**) : *rua Urbano Duarte (ex-Boa Vista), 69. ☎ 3334-1916. • pousadadarita@yahoo.com.br • Doubles env 90-130 Rls, avec petit déj.* Bonne adresse située entre les 2 places principales de la ville. Accueil chaleureux de Rita dans cette petite maison blanche aux boiseries vertes et au parquet fraîchement ciré. Les 6 chambres sont simples mais confortables (salle de bains, AC ou ventilo), super propres et le petit déj varié (gâteaux et pains maison). Dîner sur demande. Service de guides.

Pousada Grisante (plan B2, **14**) : *rua José Florêncio, s/n. ☎ 3334-1527. • pousadagrisante.com.br • À 10 mn à pied de la gare routière, face à l'hôtel* Canto das Águas, *de l'autre côté du rio. Pas de réception (on appelle quand on arrive). Résa sur Internet. Doubles env 140-160 Rls.* Une dizaine de chambres très propres entièrement rénovées et tout confort avec AC, TV, frigo, minibar et coffre. Vue exceptionnelle sur les rapides de la rivière Lençóis.

Pousada do Sossego (hors plan par B2, **20**) : *rua Miguel Ângelo, s/n. ☎ 3334-1203. 📱 99942-9295. • dosossego.com.br • Dortoir 60 Rls/pers ; double 120 Rls.* Petite *pousada* agréable, simple et familiale. Seulement 9 chambres, petites, mais fraîches et confortables, avec salle de bains privée. Un dortoir également, bien tenu. Bon petit déj servi à la table commune. Carlos Henrique est aussi un excellent guide local et pourra vous organiser un trek sur mesure dans la Chapada (à pied, en kayak, etc.). Une bonne petite adresse.

Pousada Corona de Pedra (plan A1-2, **15**) : *rua Samuel Sales, 28. ☎ 3334-1624. • pousadacoronadepedra.com • Resto tlj sf mar ; réduc de 10 % pour les hôtes. Doubles env 135-180 Rls, avec petit déj.* *Pousada* familiale entièrement rénovée. 15 chambres réparties dans 3 bâtiments. Préférer celles de l'annexe, un bâtiment de 2 étages, rua Silva Jardim, avec AC, TV, ventilo, frigo-bar et terrasse donnant sur la montagne. Les chambres derrière le restaurant sont plus sommaires. Accueil gentil.

De chic à très chic (250-500 Rls et plus / env 62-125 €)

Pousada Vila Serrano (hors plan par B1, **17**) : *rua Alto de Bonfim, 8. ☎ 3334-1486. • vilaserrano.com.br • Doubles env 250-350 Rls selon saison.* Au cœur d'un parc arboré, à quelques minutes à pied du centre. Situation idéale pour un séjour relaxant dans cette charmante *pousada* de 16 chambres et bungalows, joliment décorés. Elle offre l'intimité et le service d'une petite maison d'hôtes, tout en préservant l'environnement local. Le souci écologique est poussé dans les moindres détails : panneaux solaires, récupération des eaux de pluie, produits bio au petit déj, massages shiatsu... sans négliger toutefois le confort moderne ! Petit resto le soir, tenu par une Française, Charlotte.

Alcino Estalagem & Atelier (hors plan par B1, **18**) : *rua General Viveiros, 139 (Tomba). ☎ 3334-1171. • alcinoestalagem.com.br • Doubles sans ou avec sdb privée env 250-480 Rls, superbe petit déj inclus.* Maison historique de couleur jaune vif et bleu, sur une hauteur à l'entrée du village. Elle a été reconstruite d'après des plans et photos du XIXe s. Meubles anciens, livres, poteries, tapis, pièces d'antiquaires. 3 chambres et 6 suites, dont certaines mansardées. Beaucoup de charme et moments agréables dans le patio intérieur. Français pratiqué par le patron.

Hotel Canto das Águas (plan B1, **19**) : *av. Senhor dos Passos, 1. ☎ 3334-1154. • lencois.com.br • Doubles à partir de 390 Rls, jusqu'à 850 Rls pour une suite luxueuse en hte saison. Réduc possible sur place hors saison.* La plupart des chambres font face aux rapides de la rivière Lençóis, ainsi que la terrasse suspendue où est servi un pantagruélique petit déj-buffet. Décoration tropicale chic, employant des matériaux rustiques mis en valeur par une touche de modernité. Piscine bien agréable, sauna, massages. Des tarifs élevés mais un hébergement somptueux. Une véritable adresse de charme. Resto de qualité (voir « Où manger ? Où boire un verre ? »).

Où manger ? Où boire un verre ?

La majorité des bars et restos (surtout ouverts le soir) sont situés dans la zone piétonne, notamment dans les *ruas das Pedras* et *da Baderna*. Vous n'aurez que l'embarras du choix. Agréable pour boire un verre en terrasse, mais la cuisine reste sans grande originalité.

De bon marché à prix moyens (moins de 40-60 Rls / env 10-15 €)

O Bode (*plan B1,* ***34***) **:** *av Rui Barbosa, s/n, dans la ruelle en face de la* Banco do Brazil. *Ouv 12h-17h. Formule buffet* ao kilo. Belle gamme de plats : salades, cactus, légumes grillés, poissons, viandes, etc. Terrasse aérée, donnant sur le rio Lençóis.

Chic (60-100 Rls / env 15-25 €)

Restaurante Azul (*plan B1,* ***19***) **:** *av. Senhor dos Passos, 1.* ☎ *3334-1154. Tlj 12h-16h, 19h-22h30. Plats env 60-100 Rls.* C'est le resto chic de l'hôtel *Canto das Águas.* Dans un décor romantique au bord des rapides. Cuisine de chef, spécialités comme la *panelinha de carne fumeiro.* Participe activement au festival gastronomique de la Chapada qui a lieu en décembre.

Cozinha Aberta (*plan B1,* ***33***) **:** *av. Rui Barbosa, 42.* ☎ *3334-1321. Tlj 12h30-16h30, 17h-22h30.* Façade Art déco, petite salle plutôt sobre, terrasse couverte à l'arrière. L'adresse gastronomique de Lençóis, affiliée au mouvement *slow food.* Produits bio, bien sûr, pour une cuisine fusion inventive, pleine d'arômes et de saveurs étonnantes, influences italienne et asiatique. S'armer de patience... *slow food* oblige ! Un peu plus cher que les autres, on s'en doute, mais ça vaut le coup.

Fêtes

- ***Festa do Senhor dos Passos* :** *fin janv.* Processions et « nuit du *garimpeiro* » avec concerts.
- ***Festa de São João*** (*Saint-Jean*) **:** *en juin.*
- ***Festival de musique do Inverno* :** *en août.*
- ***Quinzaine gastronomique* :** *mi-déc, dans tte la Chapada.*

DANS LES ENVIRONS DE LENÇÓIS

Plusieurs agences peuvent vous assister au départ de Lençóis. Elles proposent toutes à peu près les mêmes circuits (une quinzaine) et les mêmes tarifs. La notoriété de la ville comme « porte d'entrée » de la Chapada entraîne les visiteurs vers les circuits touristiques les plus faciles et les plus proches. On vous indique ici les incontournables. Mais les vrais amateurs de trek choisiront de s'écarter un peu de ces circuits balisés pour savourer la sérénité magique de la Chapada. À condition de réserver quelques jours dans votre itinéraire pour explorer la région, de nombreuses autres options existent.

***Ribeirão do Meio* :** *à 45 mn de marche de la ville (3 km).* Un bassin avec une succession de toboggans naturels sur la roche lisse, parfois glissante en raison de la présence de mousse. C'est l'idéal si l'on veut se payer une baignade après une longue nuit de bus. La couleur rouge de l'eau n'est pas due à la présence de fer dans la roche mais simplement aux sédiments végétaux. Plusieurs autres cascades sont accessibles à pied de Lençóis : la *cachoeira da Primavera* (3 km), la *cachoeira do Sossego* (7 km à travers le lit du rio Ribeiro), la *cachoeira do Serrano* (à moins de 3 km). Face à cette dernière se trouve le *Salão das Areias Coloridas,* d'où sont extraits ces sables colorés qui composent les paysages naïfs retenus dans de petites bouteilles.

Morro do Pai Inácio : *à 30 km au nord de Lençóis. Pour s'y rendre, on peut prendre le bus depuis Lençóis en direction de Palmeiras (à 5h et 12h), mais il reste 45 mn de marche avt d'arriver à l'accès du morro. Petite contribution demandée à l'entrée. De là, monter à pied (25 mn), de préférence en fin de journée.* Un des hauts sommets de la région (1 120 m). Coucher de soleil superbe. Vue panoramique stupéfiante, un peu gâchée toutefois par une vilaine antenne de télécommunications. Les amateurs de parapente s'y lancent depuis le sommet. Une excursion d'une journée permet également de rallier le *morro* en passant par les grottes *Torrinha, Pratinha* et *Lapa Doce* (infos auprès des agences de Lençóis).

➢ Les amateurs de VTT trouveront dans la région d'excellents circuits aussi bien en dehors du parc qu'à l'intérieur. Circuit Lençóis-Pai Inácio via Barro Branco-Vale do Capão-Morrão.

PALMEIRAS

env 8 400 hab. IND. TÉL. : 75

Palmeiras fut fondée à la grande époque du diamant (1890) et mérite une visite pour ses beaux immeubles d'allure coloniale, principalement autour de la place de l'église. Le centre administratif *(Ibama)* du parc national se trouve à l'entrée de la ville. Le *marché régional* du samedi est très typique avec ses artisans du cuir, ses vendeurs d'herbes parfumées et ses mules de bât qui donnent à la place du marché un petit air de Far West. Le *carnaval* de Palmeiras, le seul dans la région, attire une grande foule venue des quatre coins de la Chapada. Le développement de la ville doit beaucoup à l'attrait exercé par la vallée de Capão. Les amateurs de paléontologie seront aussi intéressés par les cavernes du *Matão,* décorées de centaines de dessins.

Arriver – Quitter

Palmeiras est située à 40 km au nord-est de Lençóis

En bus

➢ Au départ de ***Salvador,*** 4 bus/j. à 7h, 13h, 16h30 et 23h, via Lençóis. Cie *Real Expresso (☎ (71) 3450-9310 à Salvador ; • realexpresso.com.br •).* Env 7h de trajet (450 km de route). Pour le retour, 3 bus/j. vers 6h30, 12h15 et 22h30. Compter env 95 Rls le billet à réserver 24h à l'avance.

➢ À ***Palmeiras,*** des taxis collectifs attendent les passagers à la sortie du bus (sf pour les arrivées tardives) pour les emmener par une route en terre battue à Vale do Capão (env 45 mn) ; compter 10 Rls/pers si la voiture est complète. Autrement, transport privé env 150 Rls.

Où dormir ?

Hostelling Caminhos da Chapada : *à 200 m de la rodoviária. ☎ 3332-2049. • hostelcaminhosdachapada.com • Ouv 24h/24. Nuitée en dortoir env 40-48 Rls ; doubles 100-110 Rls, petit déj inclus.* Une AJ pratique pour ceux qui arrivent par un bus du soir. Jardinet et piscine de poche. Accueil chaleureux.

➢ De Palmeiras, il est possible de rejoindre Mucugê (voir plus loin) par une piste en assez bon état, qui longe la cordillère de l'Esbarrancado et passe par le hameau de ***Guiné,*** avec un point de vue superbe sur la chaîne de montagnes tout au long de l'itinéraire.

VALE DO CAPÃO

IND. TÉL. : 75

Au creux d'un magnifique paysage montagneux, la vallée de Capão semble sortie tout droit d'un récit de voyageurs à la recherche du *Shangri-La.* Son nom d'origine est *Caeté-Açu,* qui signifie la « grande forêt », et a donné le nom au village de la vallée, appelé aussi Vila do Capão. Les montagnes n'excèdent pas les 1 000 m et donnent naissance à plus de 53 sources, dont 30 d'entre elles génèrent des cours d'eau qui coulent toute l'année. Son microclimat permet d'y jouir de journées très agréables baignées d'un ciel bleu azur, tandis que les nuits sont bien fraîches. Jusqu'à la fin du XIXe s, la vallée ne vivait que de la recherche de diamants, puis la culture du café devint l'économie principale. Avec les rêves des années 1970, l'arrivée d'adeptes de vie alternative a complètement changé le visage de la vallée. Quant au village principal, il est loin d'être endormi aujourd'hui ; on peut assister, sous le kiosque central, à des démonstrations de capoeira, et le soir, à des bals *forró.*

➢ Prévoir un taxi collectif pour rejoindre Palmeiras au retour (de là, correspondances possibles en bus vers Salvador).

Adresses utiles

■ ***Association des guides de la vallée de Capão*** *(ACVVC) :* ☎ *3344-1087. Compter 140 Rls (dégressif en fonction du nombre de participants) pour 1 journée de trek.* Guides locaux expérimentés et très nombreuses possibilités. Idéal pour avoir accès aux principaux sites de la Chapada.

■ ***Tatu na Trilha :*** *dans les locaux de la* Pousada O Tatu Feliz *(voir « Où dormir ? »).* ☎ *3344-1031 et 1124. • tatunatrilha.com • Tarif des excursions variable en fonction du nombre de j., de pers et de l'hébergement. Pour une randonnée de 3 j./2 nuits, compter pour 2 à 8 pers 310-245 €/pers tt inclus.* Une agence d'écotourisme tenue par Claude, qui vit depuis assez longtemps dans la vallée pour en connaître tous les coins et recoins. Excursions vers la chute de la Fumaça, les cascades du Buracão et du Mosquito, les grottes d'Iraquara, le chemin du Pati... ainsi que d'autres sentiers moins fréquentés.

Où dormir ?

Dans ce sanctuaire écologique axé sur une quête du retour à la nature, la qualité de vie est omniprésente : nourriture bio, traitements et cures diverses à base de plantes médicinales, saunas traditionnels, shiatsu, massages et bains ayurvédiques...

Bon marché (moins de 130 Rls / env 33 €)

⛺ ⌂ ***Camping et pousada Sempre Viva :*** *rua do Juca.* ☎ *3344-1373. À 3 mn du centre du village. Emplacement 20 Rls/pers ; bungalow 35 Rls/pers.* Basique mais bien tenu. À disposition également, quelques bungalows octogonaux de couleurs vives. Cuisine commune. Accueil sympa.

⌂ ***Pousada O Tatu Feliz :*** *au centre de Caeté-Açu.* ☎ *3344-1124 et 1031. • pousadatatufeliz.com • Compter env 65 Rls/pers en appart.* Wi-fi. Une structure simple au cœur du village, tenue par Claude, un ingénieur sétois amoureux du parc national. 5 chambres pour 2 à 5 personnes, basiques mais bien équipées, avec bains privés. Petit déj aux couleurs locales.

Chic (200-300 Rls / env 50-75 €)

⌂ ***Castelar da Alvorada :*** *route de Palmeiras, Caeté-Açu.* ☎ *3344-1037. • castelaralvorada.com • Chalets pour 2 pers env 200-280 Rls ; tarif dégressif et réduc enfants. Possibilité de repas* *sur commande.* À l'écart de la route et isolés du village, une construction centrale et des chalets dispersés dans un grand jardin, pouvant héberger jusqu'à 40 personnes. La maison avec clocheton a des allures de petit manoir à la « Harry Potter », mais elle est bâtie dans les règles du feng shui, avec cristaux incorporés à la maçonnerie *(sic !)*. Tenue par Sylvie, une Française, et son mari brésilien, cette adresse conviendra à ceux qui sont concernés par les disciplines alternatives (mais pas exclusivement) : nourriture végétarienne, massages, hydrothérapie dans la belle piscine, sauna indien, espace de méditation et de réunion. Les fils du couple font aussi guides pour les amateurs de rando.

Où manger ? Où boire un verre ?

À *Caeté-Açu,* on peut découvrir une très bonne cuisine régionale cuite au feu de bois et déguster des plats du terroir comme le *godo* de banane, le poulet fermier aux cœurs de palmier, le gâteau de *jaca* (un fruit au parfum entêtant), sans oublier les pizzas végétariennes (!). Tous les plats sont préparés à base de légumes bio cultivés dans les potagers des maisons. Le miel local est aussi renommé.

LE NORDESTE

De bon marché à prix moyens (moins de 40-60 Rls / env 10-15 €)

O Galpão – Restaurante Natural : *à l'entrée du village, à gauche, juste avt la supérette. Ouv 7h-12h.* Bons petits déj, avec jus de fruits, crêpes, milk-shakes, yaourts aux fruits frais et *granola.*

Pizza Integral Capão Grande : *en face de l'église.* ☎ *3344-1138.* Jolie cour intérieure bien à l'ombre, grandes tablées. 2 sortes de pizzas seulement (végétariennes avec farine bio) : salées ou sucrées, comme celle à la banane, et taille au choix. Le miel au piment remplace l'huile piquante... Un délice. Service sympathique.

Restaurante Calumbé : *praça São Sebastião, en face de l'église.* Formule buffet *ao kilo* à base de produits très frais : salades, légumes grillés, riz jaune, poissons, viandes... Un bon rapport qualité-prix pour cette adresse ouverte récemment.

Dona Beli : *dans la rue principale.* ☎ *3344-1085. Tlj 12h-minuit.* Dans une maisonnette rose, le petit resto familial qui propose des plats préparés à l'avance. Sous le regard d'une Joconde au sourire ravageur, des tables couvertes d'une toile cirée. Poulet, *carne do sol,* ou cabri sur commande.

Flamboyam : *sur la pl. principale, à côté de la supérette.* Un bar-terrasse faisant l'angle, côté église, peuplé le soir par de jeunes locaux et des touristes. Basique, mais sympa pour boire une bière.

DANS LES ENVIRONS DE VALE DO CAPÃO

Cachoeira da Fumaça : c'est, paraît-il, la deuxième cascade la plus haute du Brésil : 380 m de haut. Une promenade facile depuis *Vale do Capão* qui ne prend que 2h aller (5h pour l'excursion complète), très fréquentée en haute saison. Surtout, il est difficile de voir la chute au sommet (il faut se coucher sur le sol à ras du précipice). Sujets au vertige s'abstenir ! Si vous avez du temps, faites plutôt un trek de 2-3 jours avec un guide au départ de *Vale do Capão*. N'oubliez pas maillot de bain et duvet. La première journée, vous marcherez et dormirez au pied d'une cascade, chez l'habitant ou dans une grotte. Le deuxième jour, vous découvrirez la beauté de la *cachoeira da Fumaça* dont les eaux s'écoulant d'une fente de la paroi dansent comme un accordéon avec le vent et se transforment en vapeur au fil de la chute. Frissons garantis depuis le canyon. Enfin, le troisième jour, vous atteindrez le sommet de la cascade, puis repartirez vers le petit village de *Capão* niché au cœur d'une vallée luxuriante. De là, on peut revenir à Palmeiras en taxi collectif, et à Lençóis en bus.

➢ Divers circuits de randonnée partent de la vallée, tous plus beaux les uns que les autres. Même si le sentier menant à la ***cachoeira da Fumaça*** demeure le must de la Chapada Diamantina, il en reste d'autres comme la ***cachoeira do Rio Preto,*** le ***poço Angélica*** (petite piscine naturelle entourée de végétation) et la ***cachoeira Purificação,*** d'une étonnante beauté, ou encore la ***cachoeira Riachinho.*** Toutes les infos auprès de l'association des guides locaux ou de l'agence *Tatu na Trilha* (voir « Adresses utiles »).

ANDARAÍ

env 13 400 hab. IND. TÉL. : 75

Cette ville de passage a été marquée par la prospection du diamant qui a concentré ici et pendant plusieurs dizaines d'années des milliers de *garimpeiros,* qui venaient y négocier leurs trouvailles, avec son cortège habituel de laissés-pour-compte et de destructions que cette activité prédatrice a engendré. Le tourisme commence à rendre à la ville une économie équilibrée, beaucoup de jeunes trouvant à présent dans le travail de guide une activité rémunératrice.

➢ À 100 km au sud de Lençóis par la route.

Où dormir ? Où manger ?

Prix moyens

Pousada Sincorá : *av Paraguaçu, 120. ☎ 3335-2210. • sincora.com.br • Double env 120 Rls.* Un peu excentrée mais c'est dans cette *pousada* que l'on trouvera tous les renseignements auprès des guides pour les randonnées autour d'Andarai. Resto servant quelques plats locaux.

Pousada Ecológica : *☎ 3335-2207. • pousadaecologicadeandarai.com.br • Entre Andaraí (à 5 km) et Mucugê. Double env 160 Rls. Au resto, compter 30-40 Rls.* Sa situation en bordure d'un large coude du rio Paraguaçu en fait une étape agréable. Sous des toits de tuiles roses, les chambres disposent d'un confort simple avec frigo et TV, les quadruples offrant un rapport qualité-prix acceptable. Le tout dans un jardin joliment fleuri et bien entretenu. Piscine dont les eaux sont captées par gravitation, en amont de la rivière. Terrain de foot, jeux pour enfants. Resto en terrasse avec vue sur le fleuve servant quelques plats locaux.

DANS LES ENVIRONS D'ANDARAÍ

À partir d'Andaraí, on peut aussi accéder au ***Vale do Pati,*** une vallée totalement isolée et habitée par une vingtaine de familles seulement. Elle est considérée par les spécialistes d'écotourisme comme l'un des trois plus beaux circuits de trekkings au monde. Guide indispensable. Possibilité de dormir chez l'habitant. Toutes les informations auprès de l'*Association des guides d'Andaraí (ACVA)* : *☎ 3335-2255,* ou au *Secretaría de Turismo* : *☎ 3335-2118.*

➢ Possibilité de parcourir la large plaine fluviale du ***Marimbus,*** riche en poissons et faune avicole. Avis aux pêcheurs amateurs !

IGATU

IND. TÉL. : 75

Perché à 800 m d'altitude, Igatu est sans doute un des endroits les plus exotiques de la Chapada, avec ses murs centenaires, ses rues pavées, ses maisons troglodytiques, son cimetière, son ambiance nonchalante et son décor de cinéma. Avec la ruée sur le diamant, la cité a compté quelques milliers d'habitants avant de sombrer dans l'oubli au milieu du XXe s, au moment de la découverte des diamants d'Afrique du Sud. Igatu fut quasiment abandonnée et devint un village fantôme, même si quelques familles ont continué de vivre (clandestinement) de la pierre précieuse. Son repeuplement (400 habitants à présent) a débuté dans les années 1990, et nombre de ses maisons en pierre ont été restaurées, conférant au village un charme indéniable. Aux fêtes de la Saint-Jean, on y danse le quadrille, et le carnaval a repris des couleurs.

➢ À 50 km au sud de Lençóis. Liaison en « camion-banquette » aléatoire depuis Andaraí, sinon bus vers Mucugê et arrêt à l'entrée du chemin de 7 km qui mène au village. On passe par un curieux chemin pavé au milieu de paysages escarpés, parsemé de collines, de canyons profonds, de parois rocheuses aux nombreuses failles et de crevasses propices à la pratique de la varappe.

Où dormir ? Où manger ?

Hospedagem Flor de Açucena : *à l'entrée du village, sur la gauche. ☎ 3335-7003. • pousadaflordeacucena.com/fr • Emplacement de camping env 50 Rls. Doubles (pouvant accueillir jusqu'à 4 pers) env 120-180 Rls selon confort et saison, petit déj inclus.* Tenue par un couple franco-brésilien, une *pousada* d'une quinzaine de chambres dont les différents éléments sont dispersés sur les 2 ha de jardin sauvage au flanc d'une colline, au bas de laquelle coule une rivière... Alain, qui était architecte de marine dans une autre vie, déborde d'activité et d'enthousiasme pour développer constamment son affaire. Les chambres aux noms de fleurs, certaines dotées de mezzanine, sont décorées avec fantaisie et presque toutes astucieusement intégrées aux parois rocheuses. Frigo, TV. Cuisine commune. Piscine d'eau naturelle et baignades dans la rivière. Randos organisées. Une adresse vraiment conviviale.

Bar e restaurante Àgua Boa : *rua Nora, s/n ; une petite rue sur la gauche de la rue principale. ☎ 3335-7013. Tlj 10h-22h.* On mange dans un jardinet sous la treille. Petits plats pas chers, simples et délicieux, comme le poulet aux mangues et polenta. Accueil aimable.

À voir

Galeria Arte e Memória : *rua Sao Sebastio, 50 m après l'église et le cemitério bizantino. ☎ 3335-7021. Mar-dim 9h-18h. Entrée : 5 Rls.* Musée en plein air aménagé dans une vieille mine de diamants. Le présent rejoint le passé et raconte l'histoire de ses habitants, avec les souvenirs d'un passé prospère. Les objets présentés sont assez hétéroclites : outils de mineurs, balances de précision, mais aussi instruments de torture utilisés pour réprimer les révoltes des esclaves.

– 200 m plus bas, le village ancien des *Garimpeiros* (les chercheurs d'or) en ruine, abandonné.

MUCUGÊ

env 18 600 hab. IND. TÉL. : 75

Autrefois connue sous le nom de *Santa Izabel do Paraguaçú.* Établie à une altitude de 960 m qui donne un climat bien agréable, la bourgade a conservé son charme tranquille. Le centre botanique de recherche *Projeto Sempre-Viva* intéressera ceux qui veulent en savoir un peu plus sur les *immortelles,* une variété de fleurs devenues le symbole de la région. L'aménagement du jardin, intégré à son milieu rocailleux, est du plus bel effet ; il est dû à un Français qui a développé le centre à ses débuts. À l'écart de la ville, à flanc de colline, le *cemitério bizantino* intrigue par la monumentalité de ses tombes, d'un blanc immaculé. En suivant le sentier longeant le cimetière, on accède au sommet du *Morro do Cruzeiro,* où la vue à 360° sur la ville et le paysage avoisinant est à couper le souffle. Pour les amateurs de randonnée, nombreux sentiers, notamment la remontée du rio Preto.

Adresses utiles

■ ***Association des guides de Mucugê*** *(ACVM) : ☎ 3338-2414.* Toutes les infos sur les sentiers de rando autour de Mucugê et le long du rio Preto.

■ ***Km Chapada :*** *praça Coronel Douca Medrado. ☎ 3338-2152. • kmchapada.com •* Une petite agence qui propose surtout des balades d'une journée autour de Mucugê, Andarai, Igatu et Itaeté : les grutas da Torrinha, da Fumaça et da Lapa Doce, les cachoeiras das Andorinhas, do Buracão et Poço Encantado ainsi que Poço Azul. Prix relativement doux.

Où dormir ? Où manger ?

De bon marché à prix moyens

🏠 ***Pousada Mucugê :*** *rua Dr Rodrigues Lima, 30. ☎ 3338-2210. • pousadamucuge.com.br • Double env 180 Rls.* 📶 Grande bâtisse du XIXe s construite par les jésuites et qui a gardé pas mal d'allure. Chambres nickel, alignées à la parade tout au long d'une galerie, dans l'annexe à l'arrière. Confortables et bien équipées, mais un peu impersonnelles. Piscine. Un lieu de détente.

|●| ***Lanchonetes :*** *regroupées au centre de la praça dos Garimpeiros.* Pour les petits budgets.

|●| ***Restaurante Sabor e Arte :*** *praça Coronel Douca Medrado. ☎ 3338-2180. Tlj midi et soir.* Grande salle avec formule buffet *ao kilo,* bonne variété de plats.

|●| ***Pizzaria Point de Chapada :*** *praça dos Garimpeiros. ☎ 3338-2241. Tlj sf lun, midi et soir jusqu'à 18h-minuit.* Salle agréable avec cheminée dans un grand bungalow. Plus de 25 sortes de pizzas, mais aussi des plats de viande et fondues. Prix raisonnables.

HOMMES, CULTURE, ENVIRONNEMENT

BOISSONS

Boissons non alcoolisées

– ***L'eau : éviter impérativement l'eau du robinet*** et boire de l'eau en bouteille. Profitez-en, le Brésil possède une infinité d'excellentes sources naturelles. L'eau plate se dit *água mineral (sem gas)* et l'eau gazeuse *água com gas.*

– ***Cafezinho** (« petit café »)* **:** une institution nationale. Partout, à l'agence, au magasin s'il vous faut attendre, on vous l'offre. Dans la plupart des restos au kilo *(ao kilo)* aussi. Dans les rues du Nordeste, il est aussi vendu à la Thermos, dans des gobelets en plastique. Dans le centre des villes, les bars proposent aussi l'*espresso,* plus cher.

– ***Guaraná* :** le soda national. Préparé à partir du fruit du *guaraná,* plante amazonienne exclusivement brésilienne, mais cette version soft-drink du *guaraná* n'a rien à voir avec la version originale des Indiens, assez amère, qui est un véritable stimulant ! *Brahma, Antarctica* et *Coca-Cola* se partagent le marché. Agréable et rafraîchissant, mais très sucré.

– ***Guaraná em pô* :** ce breuvage traditionnel possède d'incontestables vertus énergétiques, équilibrantes et tonifiantes. Pour l'obtenir, les Indiens concassent des graines de *guaraná* qu'ils mélangent à de la résine pour façonner un bâton d'environ 20 cm, dur comme une pierre luisante. On trouve de la poudre de *guaraná (em pô)* dans les pharmacies, herboristeries et partout dans le Nord et le Nordeste. On extrait aussi un sirop de *guaraná (xarope)* que de nombreux préparateurs ajoutent aux *vitaminas* de fruits. Il est aussi très consommé au moment du carnaval pour ses vertus énergisantes.

UNE BONNE GRAINE POUR LA PETITE GRAINE

Les vertus de la guaranine, l'alcaloïde du guaraná, *sont reconnues depuis longtemps. Au XVII*e *s, João Felipe Betteford, un père jésuite, en donnait déjà une description dithyrambique. Il précisait que les Indiens qui en faisaient usage au quotidien ne connaissaient ni la fatigue ni la faim. De plus, la petite graine réveillait un appétit sexuel démesuré qui se traduisait par une importante descendance... En avait-il fait l'expérience lui-même ?*

– ***Maté* :** boisson coloniale par excellence, le *maté* est une infusion d'*Ilex paraguariensis,* une herbe originaire de la région d'Iguaçu, à la conjonction du Paraguay, du Brésil et de l'Argentine – autrement connue sous le nom de *yerba maté.* Sa diffusion est à mettre au crédit du botaniste français Auguste Prouvençal de Saint-Hilaire au XIXe s. À la fois tonifiant et équilibrant, le maté se consomme sous deux formes, très différentes :

– ***Le chá maté* :** infusion de l'herbe grillée, qui donne une tisane brun foncé, presque noire, à boire glacée, avec ou sans sucre, avec ou sans citron. Très rafraîchissante, vendue au coin des rues à Rio, São Paulo, Belo Horizonte... ou sur les plages, en boîte ou en berlingot bien frais. On peut l'acheter en sachet ou en paquet. La marque la plus populaire : *Maté Leão* (avec un beau lion sur l'étiquette). Bien souvent, le *chá maté* remplace le thé au petit déj.

– ***Le maté de chimarrão :*** c'est LA boisson nationale du Sud du Brésil, en particulier des gauchos du Rio Grande do Sul. Se consomme en tout lieu, à toute heure, seul ou entre amis. Il s'agit de l'herbe verte, séchée et hachée, préparée en infusion dans une petite calebasse individuelle, à goulet cintré, la *cuia*. On le boit brûlant, en tirant sur la *bomba,* une pipette métallique à l'extrémité perforée.

– ***Sucos et vitaminas :*** dans n'importe quel resto, bar ou kiosque de rue, on boit des jus de fruits frais préparés au mixeur. On les consomme *natural* (pur), *com açúcar* (sucré) ou *com gelo* (avec glaçons). En Amazonie, des dizaines de fruits inconnus sont au menu : *cupuaçu* (le meilleur), *açaí, acerola, bacuri, mangaba...* On trouve aussi les fruits sous forme de petits cubes de pulpe congelée, mixée avec de l'eau (filtrée). Lorsqu'on les mélange avec du lait, on obtient une *vitamina.* Certains ne se préparent d'ailleurs qu'en *vitamina* : banane, papaye... Idéal par grosse chaleur ! Beaucoup d'échoppes dans les grandes villes en ont fait leur spécialité : la composition des cocktails est déclinée à l'infini, avec des résultats parfois extravagants.

LE SECRET DE L'ANANAS

Sa tige contient de la broméline, une enzyme qui a la particularité d'absorber les protéines. Il n'en fallait pas plus pour la retrouver au menu des régimes ! Seul inconvénient, les ramasseurs d'ananas sont obligés de porter des gants bien épais, car la broméline s'attaque aussi à la peau...

– ***Caldo de cana :*** jus de la canne à sucre broyée et pressée, au goût végétal prononcé ; il est parfois agrémenté de citron vert. Partout dans les rues, sur les marchés, etc.

– ***Coco verde :*** partout aussi, dans les rues, sur les plages ou au bord des routes, de solides gaillards armés de terribles machettes décollent comme un scalp le crâne de noix de coco vertes dont on boit le lait avec une paille. Demandez-les *frios,* rafraîchis dans un bain de glace, c'est encore meilleur ! On peut aussi l'acheter en bouteille dans les grandes surfaces.

Boissons alcoolisées

– ***Cachaça :*** appelé aussi *pinga* ou *aguardente,* ce rhum blanc agricole de (relativement) faible titrage (environ 40°) est, avec la bière, l'une des boissons alcoolisées les plus populaires. Ce qui porte le nom de « rhum » ou *ron* au Brésil n'est que le vieux rhum brun. Il existe autant de variétés de cachaças que d'alambics. Parmi les plus commercialisées, nous vous recommandons la *Velho Barreiro* ou la *Rochinha,* facilement trouvables en supermarché ; ou encore l'*Ypioca,* vendue en bouteille tressée de palme. Pour la caïpirinha, préférer une cachaça bon marché et pas trop goûteuse, afin d'éviter la collision avec le citron. Mais les vrais amateurs du cru ne jurent que par les cachaças artisanales, à boire pures, surtout lorsqu'elles contiennent des fruits ou plantes macérés censés leur conférer goût et vertus « thérapeutiques ».

– ***Caïpirinha :*** littéralement, la « petite provinciale ». C'est le cocktail brésilien par excellence, à base de cachaça, largement adoucie de glace pilée, de citron vert écrasé et de sucre de canne, servie bien glacée. Il existe autant de manières de la préparer que d'amateurs. La caïpiroska – ou caïpivodka – est une variante à base de vodka, très répandue.

– ***Batidas :*** le terme désigne toutes sortes de boissons obtenues en battant des jus de fruits avec de la cachaça et du sucre. Certaines *batidas* incluent jaune d'œuf, crème de coco ou de fruit de la passion... À boire bien glacées.

– ***La bière** (cerveja) **:*** c'est bien elle, LA boisson nationale ! Les Brésiliens ont le don de la servir givrée *(gelada),* surtout dans les endroits les plus chauds. L'*Antarctica,* la *Brahma,* la *Bohemia* et la *Skol* se partagent les faveurs du public, ainsi que la

Serpa dans le Nord. Selon nous, l'*Antarctica Original* (à ne pas confondre avec l'*Antarctica* générique) est l'une des meilleures, si l'on excepte l'*Amazon beer,* une bière fabriquée à Belém, vraiment excellente. La bière est servie en bouteille grand (600 ml) ou petit format, mais on peut aussi la consommer en canette *(lata)* ou à la pression (*chopp,* prononcer « choppi »).

– ***Le vin :*** il existe une petite production dans le Sud, à base de cépage cabernet franc, mais les vins brésiliens sont loin d'égaler la qualité des argentins et des chiliens, malgré les efforts consentis pour développer technologie et savoir-faire. En grande distribution, le *Mielo* et le *Saint-Germain* sont parmi les marques les plus acceptables. Autrement, il faut se rabattre sur les mousseux, les fameux « Espumantes », produits majoritairement dans la région de Bento Gonçalves (au nord de Porto Alegre) à base de chardonnay ou de pinot noir, voire de muscat.

CINÉMA

L'histoire du cinéma brésilien n'est pas un long fleuve tranquille. D'abord composé de films de carnaval, populaires, entrecoupés de scènes comiques, il faut attendre les années 1950 pour qu'apparaisse le *cinema novo,* néoréalisme brésilien marchant dans les pas des cinéastes Humberto Mauro et Nelson Pereira dos Santos. Avec la dictature et la domination culturelle américaine, dans les années 1960 et 1970, la production et la création connurent un nouveau coup dur. Le cinéaste ***Glauber Rocha*** s'exila tout en réalisant certains films de compromis, mais toujours dans la continuité du *cinema novo.* Citons *António das Mortes,* coproduit avec la France pour la TV. Les années 1980 et 1990 furent justement celles de la TV et de l'explosion des *telenovelas.* Nouveau coup dur. Durant cette période, seul un cinéaste comme ***Hector Babenco*** est parvenu jusqu'à nous, avec des films comme *Pixote, la loi du plus faible* et *Le Baiser de la femme araignée.* En 1998, l'Ours d'or de Berlin est attribué à *Central do Brasil.* Premier film et révélation de ***Walter Salles,*** auteur également de superbes documentaires (et, en 2003, de *Carnets de voyage,* une mise en images du périple du jeune Ernesto Guevara à travers l'Amérique latine, puis, en 2012, de la faible adaptation du cultissime *Sur la route* de Jack Kerouac).

En 2004, *De l'autre côté de la rue* a été primé dans plusieurs festivals. Son réalisateur n'est autre que le coscénariste de *Central do Brasil,* **Marcos Bernstein.** Ce polar a notamment été sélectionné au festival du Film de Berlin. Un festival qui réussit au cinéma brésilien car le premier film de ***José Padilha,*** *Tropa de elite,* sur les groupes d'intervention spécialisés dans la répression du trafic de drogue dans les favelas de Rio, a remporté l'Ours d'or de Berlin en 2008. Un film controversé pour sa vision très violente, sa musique omniprésente et son style saccadé, tourné caméra à l'épaule. Ce fut en tout cas un gros succès au Brésil, suivi par *Tropa de elite 2* sorti en 2010.

Mauvaise nouvelle en janvier 2013, l'acteur ***Walmor Chagas*** (82 ans) se donne la mort. Il joua dans *Xica da Silva* de Carlos Diegues (1976), réalisateur du *cinema novo.* Ce film avait connu un succès international.

Filmographie

– ***Rio, 40°*** *(Brésil, 1955)* **:** de Nelson Pereira dos Santos. Mélange de mélodrame et d'humour, raillant les mœurs bourgeoises, le film relate la vie de cinq vendeurs de rue qui se partagent les points touristiques de Rio, Copacabana, Pain de Sucre, Corcovado, Quinta da Boa Vista et Maracanã. Ce film, influencé par le néoréalisme italien, bouleverse les principes de production de l'époque, employant des acteurs non professionnels et tournant en décors naturels. Le second film du réalisateur, *Rio zone nord,* se concentre sur le destin tragique d'Espírito, habitant noir des favelas et compositeur de sambas.

– ***Orfeu Negro*** *(France, 1959)* **:** de Marcel Camus. D'après Vinícius de Moraes, musique de Tom Jobim. Palme d'or à Cannes en 1959. Eurydice, jeune paysanne innocente, arrive chez sa cousine de Rio. Durant les préparatifs du carnaval, Orphée, conducteur de tramway bon vivant et Don Juan notoire, fiancé à Mira, s'éprend d'Eurydice, tandis que celle-ci semble craindre une mystérieuse présence... Transposition noire du célèbre mythe sur fond de carnaval de Rio, *Orfeu Negro* est resté dans les annales cinématographiques comme un petit bijou baroque. La samba, omniprésente, donne une tension au film. Certains lui reprochent d'être une carte postale pour touristes. Mais il se laisse revoir avec plaisir !

– ***O Pagador de Promessas*** *(La Parole donnée ; Brésil, 1961)* **:** d'Anselmo Duarte. Palme d'or à Cannes en 1962. Un film tiré du célèbre roman de Dias Gomes. Le film mêle le parcours de nombreux personnages et relate en particulier l'histoire de Zé, un paysan qui fait une promesse à Santa Barbara pour la guérison de son âne, en effectuant un chemin de croix jusqu'à Salvador. Un film très académique à l'opposé du *cinema novo* de l'époque, qui soulève la question du rapport entre l'Église et le peuple.

– ***Pixote, la loi du plus faible*** *(Brésil, 1981)* **:** d'Hector Babenco, cinéaste d'origine argentine. Une œuvre remarquable, six fois primée, sur la terrible réalité des bas-fonds brésiliens. Film cru, au réalisme parfois violent, *Pixote* raconte le parcours hallucinant d'un enfant dans un orphelinat, où les brimades succèdent aux viols et aux meurtres, au sein d'une administration corrompue, hypocrite, aveugle... La seconde partie du film se passe dans la rue, dans un monde de délinquance forgé par la drogue, la prostitution et le racket, et où l'enfant devient un tueur. Le film fut tourné à São Paulo et Rio. À voir absolument.

– ***Le Baiser de la femme araignée*** *(coproduction américano-brésilienne, 1985)* **:** deuxième film d'Hector Babenco. Dans une prison sud-américaine, sous la dictature, Molina (William Hurt), un homosexuel, partage une cellule avec Arregui (Raul Julia), un prisonnier politique. Chaque jour, Molina raconte un passage d'un film à l'eau de rose déviant sur de la propagande nazie, afin, dit-il, de réconforter Arregui qui attend l'heure fatidique. Peu à peu, des liens se tissent entre eux et leurs souffrances finissent par se ressembler. Des thèmes incontournables pour cette partie du monde : la dictature et l'homosexualité. Un film remarquablement interprété, pour lequel Hurt a reçu un oscar.

– ***Mission*** *(États-Unis, 1986)* **:** de Roland Joffé. Palme d'or 1986 et oscar pour la meilleure photographie. L'ouverture sur les chutes d'Iguaçu est célèbre ! À la fin du XVIIe s, le père jésuite Gabriel (Jeremy Irons) reprend le flambeau d'une mission vouée à l'évangélisation des Indiens. Face à lui, Mendoza (Robert De Niro), un *bandeirante* chasseur d'esclaves. Tout les oppose. Mais la vie de Mendoza bascule lorsqu'il tue son propre frère par jalousie. Une lutte autour du sort des Indiens s'organise, avec pour protagonistes les royaumes d'Espagne et du Portugal. L'autre personnage du film, c'est la nature, superbe et omniprésente. Grand écran obligatoire !

– ***Tieta do Agreste*** *(Brésil, 1996)* **:** de Carlos Diegues. Dans le petit village de Mangue Seco (Bahia), Tieta est de retour après 26 ans d'absence. Devenue à São Paulo une femme riche et respectée, elle revient la tête haute. Animée d'un tempérament de feu, elle va bousculer la vie et les habitudes provinciales des habitants. Adapté du roman de Jorge Amado (voir à Mangue Seco, où fut tourné le film), ce film nous fait entrer dans l'univers picaresque d'Amado, qui mêle sensualité et réalisme, humour et gravité. Superbe musique de Caetano Veloso.

– ***Central do Brasil*** *(Brésil, 1998)* **:** de Walter Salles. Ours d'or à Berlin en 1998. Film symbole du renouveau d'un cinéma brésilien qui se penche sur la question de l'identité nationale. Josué, récent orphelin, part de la gare routière de Rio à la recherche de son père. Dora, écrivain public, l'accompagne. Film presque classique de la quête du père pour un pays qui se cherche, témoignage d'une époque. Si Walter Salles sombre parfois dans le pathos, il nous fait aussi découvrir un Brésil peu représenté dans les brochures touristiques.

Du même réalisateur, citons aussi ***Avril brisé*** (*Abril despedaçado* ; 2003), récit d'un enfant qui trouve une issue en rencontrant un cirque itinérant, ainsi qu'***Une famille brésilienne*** (*Linha de passe* ; 2009), récit polyphonique sur la vie de quatre frères à São Paulo.

– ***La Vie peu ordinaire de Dona Linhares*** *(Brésil, 2000)* **:** d'Andrucha Waddington. Mention spéciale « Un certain regard » à Cannes, meilleur film au festival de Carthagène et meilleure actrice au grand prix Brazilian Cinema. Au cœur du plateau semi-désertique du Sertão, où la terre brûlée par le soleil reste craquelée de longs mois dans l'année, Darlene, une femme pleine de vie et de sensualité, s'entoure de trois amants dotés chacun de qualités différentes. Ce film relate l'histoire vraie d'une femme qui bouscula les bases d'une société quelque peu patriarcale.

– ***Madame Satã*** *(France, Brésil, 2001)* **:** de Karim Aïnouz. Le film s'inspire librement de la vie de João Francisco dos Santos (1900-1976), « Madame Satã ». Orphelin de père, vendu par sa mère, ce Carioca noir bâti comme un athlète passa l'essentiel de son existence dans les rues chaudes de Lapa, à Rio de Janeiro. « Madame Satã » fut travesti et père adoptif de sept enfants, cuisinier et voyou, héros et taulard. Portrait d'un personnage complexe dans une ville hors normes.

– ***Cidade de Deus*** *(La Cité de Dieu ; Brésil, 2003)* **:** de Fernando Meirelles. Un très bon film, adapté de l'excellent roman du même nom (de Paulo Lins, édité par Gallimard). Violent (âmes sensibles, s'abstenir), le film illustre le quotidien d'une favela de Rio entre 1960 et 1980 à travers le parcours et le regard d'un adolescent qui veut s'en sortir. Absolue misère financière, affective et sociale qui conduit enfants et adolescents à toutes les violences, entre guerres des gangs et trafics de drogue, pour accéder à des rêves qui resteront fantasmes... Une série télévisée, *La Cité des hommes,* conçue par les mêmes réalisateurs, a aussi connu un beau succès.

MARCHE À L'OMBRE !

Fernando Meirelles et Katia Lund, les réalisateurs de La Cité de Dieu, *connurent des déboires avant d'entamer le tournage du film proprement dit. En effet, ils durent négocier les droits de tournage avec le « propriétaire » de la favela, lequel souhaitait fixer lui-même le montant de son à-valoir. Aussi durent-ils lui faire parvenir le synopsis, par des intermédiaires, et cela prit un peu de temps... car monsieur était en prison !*

– ***Moro no Brasil*** *(Je vis au Brésil ; Allemagne, Finlande, Brésil, 2003)* **:** de Mika Kaurismaki (documentaire musical). Un voyage initiatique au cœur de la musique brésilienne, de Rio à Bahia en passant par le Pernambuco. Le réalisateur s'est attaché aux pas des artistes de la rue, chanteurs et danseurs rencontrés au cours d'un périple de 4 000 km à travers le pays.

– ***Favela Rising*** *(Brésil, 2005)* **:** de Jeff Zimbalist et Matt Mochary. Un admirable documentaire réalisé dans le style d'un grand film de fiction. C'est l'histoire étonnante d'Anderson Sa, un jeune homme né à Vigario Geral, une des favelas les plus violentes de Rio. Il échappe à un destin tout tracé de délinquant en devenant musicien et fondateur du groupe *AfroReggae.* Entre les policiers corrompus et les gangs qui règnent en maîtres sur le trafic de drogue, il prône la non-violence, le respect de l'autre, l'action culturelle concrète auprès des jeunes défavorisés.

– ***Rio*** *(2010)* **:** de Carlos Saldanha. Ce film d'animation conçu par les studios Blue Sky (créateurs de *L'Âge de glace*) a été réalisé par un Brésilien et se situe dans sa ville natale. L'occasion de voir en famille quelques beaux clichés de la *cidade maravilhosa* ! En prime, la bande-son est aux couleurs du Brésil, entre classiques de la bossa ou de la samba, hip-hop, électro, etc. La suite, ***Rio 2*** *(2014),* est tout aussi réussie !

– ***Les Bruits de Recife*** *(2012)* **:** de Kleber Mendonça Filho. Jouant remarquablement sur les sons, comme son titre le laisse entendre, ce film relate le quotidien des habitants d'un quartier de Recife, bouleversé par l'arrivée d'une équipe de surveillance privée. Les effets sonores tout comme les scènes aux allures de feuilleton participent à la tension dramatique. Du même réalisateur, voir aussi ***Aquarius,*** salué par la critique et sélectionné au festival de Cannes en 2016.

CUISINE

La cuisine brésilienne résulte de l'étonnant mariage des traditions culinaires portugaises, amérindiennes et africaines, saupoudrées d'apports ultérieurs italiens, slaves, juifs et même arabes. À part Bahia, où l'influence africaine prédomine, et Belém, où les produits et les savoirs de l'Amazonie s'imposent, il est impossible de démêler l'écheveau des diverses influences. En cuisine, un seul mot s'impose, reflet de l'histoire : le métissage.

Les denrées alimentaires de base des Brésiliens sont le riz *(arroz)* et les haricots *(feijão).* Noirs, rouges, bruns... Quoi qu'il arrive, il y aura toujours de l'*arroz com feijão,* du riz aux haricots, un plat extrêmement nourrissant et équilibré.

À cela s'ajoutent de la farine de manioc, en *farofa ou* en *pirão* (purée), ainsi qu'une viande ou un poisson, rôtis ou cuits avec des légumes d'accompagnement (courgettes, gombos, chou vert ou blanc, potiron, banane plantain).

MANIAQUES DU MANIOC !

Les Brésiliens ne mangent pas de pain à table. Souvenir d'Afrique, il est remplacé par la farofa, de la farine de manioc que l'on fait revenir dans l'huile et qui sert d'accompagnement au plat principal. Il existe diverses recettes de farofa selon les régions, et autant de variantes que de foyers ou de restos populaires ! La farofa est parfois agrémentée de petits morceaux d'oignons, de viande séchée ou d'œuf.

Plats typiques

– ***Feijoada :*** c'est LE plat national brésilien, fameux quand il est bien préparé ! Dans les restos, il est traditionnellement servi le samedi midi. Les haricots sont mijotés avec des pieds, queues et oreilles de porc salé, de la poitrine et des saucisses fumées, de la viande de bœuf fumée *(charque),* le tout bien aromatisé à l'ail et aux oignons revenus à l'huile de palme. On sert avec du riz blanc arrosé de sauce obtenue à partir du jus de cuisson, du chou vert cuit à l'étouffée *(couve),* de la *farofa* (farine de manioc) et des quartiers d'orange.
– ***Virada a paulista ou mineira :*** le haricot est transformé en purée. Accompagné de riz, de chou vert et servi avec des côtelettes de porc, des couennes rôties, des bananes panées et, parfois, un œuf à cheval.
– ***Carne do sol*** (appelée aussi *carne seca*) ***:*** viande de bœuf salée et boucanée. Ses parties nobles, à la saveur inimitable, sont dessalées dans du lait, puis préparées en grillades ou sautées avec de la *farofa ;* les autres morceaux sont cuits avec des haricots et divers légumes, notamment du potiron ou des gombos. Accompagné de purée de manioc, le plat ressemble à notre hachis Parmentier. C'est la vedette de la gastronomie du Nordeste.
– ***Cartola :*** une spécialité sucrée emblématique du Pernambuco. Sorte de crêpe à base de farine de manioc, garnie de fromage fondu, bananes grillées et saupoudrée de cannelle. Certains restaurants la servent aussi en version salée.
– ***Farofa :*** semoule de manioc frite à laquelle on ajoute au choix des petits morceaux de *carne do sol,* de saucisse, des œufs, des haricots, des herbes et des petits oignons.
– ***Moqueca de peixe ou de camarão :*** on fait revenir le poisson ou les crustacés avec oignons, ail, coriandre et tomates dans du lait de coco et on achève la cuisson avec de l'huile de palme. Servi avec du riz et un *pirão.* Délicieux ! Toute la côte est, de Bahia à Santa Catarina, prépare différentes sortes de *moquecas* (crabe,

langouste, crevettes, moules, etc.). Une version « allégée » (l'*ensopado*) est proposée sans huile de palme.

- ***Empadão :*** grande tarte fourrée aux crevettes ou à la viande, avec des cœurs de palmier et divers légumes. Autant de recettes que de maisons. On se dispute son origine, portugaise, italienne ou russe. En tout cas *paulista, mineira* et bahianaise.
- ***Cuscus :*** rien à voir avec le couscous du Maghreb, il s'agit d'un gâteau de semoule de maïs fourré aux crevettes et aux sardines, avec des morceaux de légumes. Il existe deux types de *cuscus* principaux : le *paulista* et le *bahiano.*
- ***Vatapá :*** l'un des plats les plus réputés de la cuisine bahianaise, mais reconnu dans tout le Brésil. De l'avis des gastronomes brésiliens, le *vatapá* suffirait à lui seul à la gloire du pays. Encore faut-il pour cela qu'il soit bien préparé...
- ***Barreado :*** ce plat typique du littoral du Paraná, originaire des Açores, se retrouve dans tous les restos de Morretes et Paranaguá. La viande de bœuf ou de porc est mijotée (10 à 12h) dans une cocotte en argile, puis mélangée à de la farine de manioc afin d'obtenir une consistance pâteuse.
- ***Buchada de carneiro :*** un triomphe de la cuisine du Pernambuco ! Panse de mouton farcie aux tripes et abats, préparée en ragoût aux herbes ou cuite au court-bouillon.
- ***Churrasco :*** c'est l'un des grands « sports » brésiliens. Sa réputation vient du pays gaucho, mais il se pratique dans tout le pays. C'est la grillade de bœuf. Les pièces de viande, taillées dans les meilleurs morceaux, sont marinées et grillées à la broche, avec du gros sel, sur les braises. La plupart du temps, le *churrasco* est servi à volonté.
- ***Pernil assado :*** le jambon entier, frais et rôti, avec *farofa* et couennes grillées *(torresmo).* Tradition *paulista* et *mineira*.
- ***Pão de queijo :*** on en trouve dans tout le pays, mais c'est du Minas Gerais qu'il provient et où l'on mangera les meilleurs. C'est une sorte de petit chou au fromage, parfois fourré de différentes sauces. Amuse-gueule à savourer au petit déj ou à l'apéro.
- ***Salgados :*** une institution ! Petits en-cas vendus pour trois fois rien dans de nombreux bars, *padarias* et *lanchonetes,* ces beignets salés à la viande, au poisson, au fromage ou aux légumes font un petit déj de circonstance. Il faut goûter aux *pasteís, coxinhas, kibes, bolinhos de peixe...*
- Pour les amateurs d'exotisme, on trouve des plats à base de *viande de caïman*, de *singe,* de *serpent* ou encore de *chair de requin,* sans oublier une grande variété de *poissons exotiques,* cuisinés dans le Mato Grosso et les États d'Amazonie.

Sucreries

- ***Pudim :*** excellents petits flans laiteux, sucrés à souhait.
- ***Pé de Moleque :*** une sucrerie à base de cacahuètes et de caramel, sorte de nougatine irrésistible et dévastatrice pour les dents ! Elle est vendue sur les stands de rue, notamment à Parati et à Salvador, où l'on trouve aussi le ***bolo do estudante,*** un délicieux gâteau gélatineux à base de noix de coco, enrobé de noix de cajou.
- ***Brigadeiro :*** un grand classique qu'on trouve partout, décliné de mille façons. Son ingrédient principal, le *leite condensado* (lait condensé sucré), est un des ingrédients phare des sucreries brésiliennes.
- ***Romeo e Julieta :*** de la pâte de goyave à déguster avec un fromage *mineiro* (genre feta au goût moins prononcé). Tout le monde n'aime pas ce mariage sucré-salé... Très populaire partout au Brésil.
- ***Picolé :*** il s'agit de sorbets présentés comme un esquimau (sur un bâton), vendus dans les rues ou sur les plages.

Les fruits

Il en existe une grande variété de formes et de saveurs. Faites le plein de vitamines et n'hésitez pas à tous les goûter !

– ***Açaí :*** prononcez « asahi ». C'est le fruit du palmier pinot. Originaire de l'estuaire de l'Amazone, l'*açaí* est l'un des fruits les plus énergétiques du Brésil. Depuis toujours, ses baies font partie de l'alimentation traditionnelle des Indiens de la région. De couleur pourpre sombre, il se consomme sous forme de jus épais, saupoudré de farine de manioc et de tapioca, voire en confiture ou en sorbet.

– ***Acérola :*** appelé aussi la « cerise des Barbades » ou « cerise des Antilles », ce petit fruit rouge, assez amer, est surtout consommé sous forme de jus. L'*acérola* aurait une teneur en vitamine C 20 à 30 fois plus élevée que l'orange !

AÇAÍ PAR LE DOUTE

L'açaí a la cote depuis que les nutritionnistes de tout poil lui ont découvert d'importantes vertus antioxydantes. La demande à l'export est désormais si forte que les Indiens d'Amazonie, qui le consomment depuis la nuit des temps, n'ont plus les moyens de s'en acheter. Une bonne partie de la production est réservée aux pays occidentaux (en particulier aux États-Unis). Depuis sa mise sur le marché vers la fin des années 1980, son prix a augmenté de 500 %. En dialecte local, il est appelé iça-çaï, ce qui signifie « le fruit qui pleure ». On comprend pourquoi...

– ***Caja :*** fruit de couleur jaune-vert, vendu sur tous les marchés et qui donne un jus délicieux.

– ***Caju (cajou) :*** la plus ancienne description du *caju* (ou anacardier) remonte au voyageur français André Thevet (1558). La noix de *caju* possède la suprême élégance de pousser à l'extérieur de son fruit ! Ce dernier, au goût aigre-doux, est de couleur rouge orangé quand il est mûr. La noix se mange crue (et non grillée et salée comme en Europe), souvent en apéritif.

FRUIT DÉFENDU ?

Sur les marchés brésiliens, la noix de cajou est toujours proposée décortiquée. En effet, entre ses deux coques se trouve une résine particulièrement toxique, qui provoque des brûlures sur la peau si l'on tente d'extraire la noix manuellement.

– ***Cupuaçu :*** ce gros fruit de forme oblongue, recouvert d'une coque épaisse de couleur marron, ne semble guère appétissant. Sa chair jaune blanchâtre produit pourtant un excellent jus et une délicieuse crème dessert ! Son goût, bien qu'unique, évoque un peu celui d'une poire très acidulée.

– ***Graviola :*** appelée « corossol » ou « sapotille » dans d'autres pays, la *graviola* est un fruit à la chair fibreuse douce-acide, enveloppé d'une écorce hérissée d'épines.

– ***Jaca :*** appelée le « jacque » en Europe, fruit du jacquier.

– ***Mangaba :*** petit fruit aux airs de prune, jaune-rouge, provenant d'un arbre dont les fleurs ressemblent à celles du jasmin.

– ***Maracujá*** (ou fruit de la passion) ***:*** l'arbre qui le porte est connu sous le nom de « passiflore ». On le consomme surtout en jus. Contrairement à ce qu'indique son nom, il possède des vertus apaisantes et facilite le sommeil.

– ***Pinha :*** appelée aussi « pomme-cannelle », c'est le fruit de l'attier. Protégée par une sorte de carapace à alvéoles, elle possède une chair consistante et laiteuse et sent la cannelle.

– ***Pitanga :*** son nom signifie « rouge » en tupi-guarani. Appelée « cerise de Cayenne », la *pitanga* tient de la framboise par ses boursouflures. Elle renferme un liquide doux.

– ***Saputi :*** assez pâteuse, la sapotille a donné naissance à une chanson d'une célèbre école de samba de Rio. Elle raconte l'histoire de ce fruit importé par un roi du Portugal et aujourd'hui exporté aux États-Unis. Le *saputi* entre dans la composition de certains chewing-gums.

– ***Sériguela :*** sorte de prune de couleur jaune à rouge, de forme ovale, portée par le prunier d'Espagne (ou mombin rouge). Son fruit à noyau contient une pulpe juteuse et savoureuse.
– Et bien sûr les classiques ***abacaxí*** (ananas), ***mangua*** (mangue) et ***banana*** (banane), vraiment délicieux et sucrés en saison.

Restos, *rodizios* et autres *lanchonetes*

– ***Les restos « standard » :*** il en existe de différentes sortes, familiaux, classiques, chic, touristiques, etc. Les plats à la carte, notamment dans les régions côtières, sont généralement pour deux personnes. On peut néanmoins souvent demander une portion réduite, à prix réduit lui aussi. Quoi qu'il en soit, les portions sont généralement copieuses et les plats presque systématiquement servis avec du riz, de la *farofa* (farine de manioc) et des haricots. Dans les restos un peu chic (et parfois même dans les pas chic du tout), attendez-vous à payer 10 % de service sur le montant total. En ville, lorsque ce n'est pas inclus, il est de bon ton d'y penser !
– ***Les restaurants « ao kilo » :*** très répandus, il s'agit de restos proposant un buffet où l'on se sert de divers plats, puis on fait peser l'assiette. Souvent imbattable niveau prix !
– ***Le rodizio :*** idéal pour les gros mangeurs. On mange autant qu'on veut pour un prix fixe. D'un côté, un vaste buffet de hors-d'œuvre et de légumes. De l'autre, des serveurs qui tournent en salle et vous remplissent l'assiette à mesure qu'elle se vide. Les plus classiques sont les *rodizios de churrasco,* ou *churrascarias* avec quantité de viandes grillées, souvent succulentes. Mais il existe aussi des *rodizios* de pizzas, de pâtes et même de fruits de mer. Attention, les petits extras (apéritifs, amuse-gueules et desserts) sont systématiquement proposés, mais jamais gratuits !
– ***Les lanchonetes :*** c'est le snack du coin de la rue. On en trouve d'ailleurs littéralement (presque) à chaque coin de rue. On mange debout ou assis au comptoir. Cuisine populaire très bon marché. L'occasion de grignoter quelques *coxinhas de frango* (boulettes de poulet), avec ou sans *catupiri* (fromage), avec un café au perco ! Essayez aussi les boulangeries ***(padarias)*** où l'on peut consommer sur place des petits pains fourrés et autres sandwichs (également proposés dans les bars à jus).

Petit lexique culinaire

Eau	*Água*
Frais	*Fresco*
Vin (rouge/blanc)	*Vinho (tinto/branco)*
Bière	*Cerveja*
Thé, infusion	*Chá*
Jus de fruits sans lait	*Suco*
Avec lait (milk-shake)	*Vitamina*
Pain	*Pão*
Haricots	*Feijão*
Pomme de terre	*Batata*
Riz	*Arroz*
Sauce	*Molho*
Poivre, sel	*Pimenta, sal*
Huile de table	*Azeite*
Fruits de mer	*Mariscos*
Crevettes	*Camarões*
Homard	*Lavagante*
Poisson	*Peixe*
Palourde	*Amêijoa*
Langouste	*Lagosta*

Viande	*Carne*
Porc	*Porco*
Poulet	*Frango*
Bœuf	*Boi, bife*
Entrecôte	*Bisteca*
Rôti	*Assado*
Braisé	*Refogado*
Fromage	*Queijo*
Desserts	*Doces*
Crème glacée	*Sorvete*
Goyave	*Goiaba*
Fruit de la passion	*Maracujá*
Ananas	*Abacaxi*
Papaye	*Mamão*
Raisins	*Uvas*
Pomme	*Maçã* (prononcer « massin »)
Fraise	*Morango*

CURIEUX, NON ?

– Si l'on devait retenir une caractéristique commune au peuple brésilien, c'est bien la chaleur des ***contacts humains.*** Si vous demandez votre chemin ou un renseignement à un Brésilien, vous êtes presque sûr que votre interlocuteur se mettra en quatre pour vous aider et vous gratifiera d'un « *Tudo bem* », « *Beleza* » ou « *Valeu* » lancé le pouce levé, signifiant à la fois « OK », « Bonne route » et « Salut » ! Ce geste de ***lever le pouce*** est d'ailleurs utilisé à toutes les sauces, pour saluer, marquer son accord, remercier, féliciter...

– Les Brésiliens ont le contact facile et se donnent fréquemment l'***abraço*** (l'accolade) ; c'est d'ailleurs un mot employé pour dire au revoir.

– Le ***rapport au corps*** est très libre le long des côtes, le climat tropical et la plage incitant à se vêtir légèrement. Petit, gros, sexy, jeune ou vieux, le Brésilien s'exhibe naturellement. Rien de provocant, donc, à se promener torse nu pour les hommes et en minishort avec un haut de maillot pour les filles. En revanche, ***le topless sur les plages reste tabou*** (!), comme le naturisme.

LA QUINZAINE DU BLANC

Pour le passage d'une année à l'autre, à l'occasion du réveillon de la Saint-Sylvestre, la majorité des Brésiliens a coutume de s'habiller en blanc, couleur de la paix. L'industrie textile s'en frotte les mains : en décembre, les ventes augmentent de 40 % !

– Comme vous aurez souvent à utiliser le ***langage des mains*** pour communiquer avec vos interlocuteurs, sachez que pour désigner le chiffre 1, on ne lève pas le pouce mais l'index. Quant à 2 et 3, ce sont le majeur et l'annulaire que vous dresserez aussi, en gardant le pouce à l'intérieur de la main. Voilà pour éviter les petits malentendus.

– La ***patience*** est une des grandes vertus de chaque Brésilien, indispensable pour affronter les files d'attente qui se forment aux arrêts de bus, à la poste, dans les banques et devant chaque guichet « officiel ».

– On voit partout dans la rue, à l'entrée des maisons, des sortes de paniers en bois ou en métal à claire-voie, surélevés comme des cabanes à oiseaux, où sont perchées les ***poubelles*** pour éviter qu'elles ne soient éventrées par les animaux.

– Partout dans le pays, que ce soit dans un boui-boui ou un hôtel de luxe, on jette le papier toilette dans une poubelle et non dans les ***w-c,*** car le système d'évacuation des eaux usées et les égouts sont encore loin d'être au point.

– Important : si vous circulez au Brésil en voiture, vous remarquerez à chaque ***stationnement*** dans la rue des personnes qui se chargent de vous aider dans la manœuvre et de garder un œil sur votre voiture. La fonction de ces « gardiens », gamins ou personnes âgées, n'est pas officielle, mais elle est reconnue par tous. On laisse donc toujours 1 ou 2 Rls (ça dépend de la durée de l'absence) à son retour. Idem pour un autre petit travail : gardien de parapluie... On en trouve parfois à l'entrée des magasins dès qu'une averse survient !

– En règle générale, le ***marchandage*** est assez mal vu dans une boutique d'artisanat ou même sur les marchés. À la rigueur, on obtiendra une ristourne de 5 à 10 % en insistant bien, mais jamais au-delà. Toutefois, sur les marchés très touristiques, ne pas hésiter à négocier les prix.

DROITS DE L'HOMME

Système au « bord de l'implosion », « coup d'État parlementaire», « désenchantement » : les éditos des journaux n'ont pas été tendres avec le régime brésilien ces deux dernières années. Le scandale *Petrobras* qui a éclaboussé toute la classe politique brésilienne et a abouti à la suspension de la présidente Dilma Rousseff laissera des traces indélébiles. Les observateurs les plus optimistes y voient le signe d'une émancipation de la justice brésilienne, capable désormais d'inquiéter les plus hautes sphères du pouvoir, y compris l'emblématique ex-président Lula, également visé par une enquête pour trafic d'influence. Les associations craignent surtout que le départ du pouvoir du Parti des travailleurs ne remette en cause les programmes sociaux, comme la *Bolsa Familia,* qui avait permis une baisse sensible de la pauvreté. Mais la confiance envers les élites du pays s'était déjà érodée depuis un moment, avec en toile de fond les coûts exorbitants du Mondial de 2014 et des JO de 2016. Des dépenses somptueuses, pas forcément rentables, et qui ont été à l'origine de nombreuses expulsions avec relogement précaire.
Malgré d'importants efforts consentis par le gouvernement et quelques réussites notables dans des zones ultrasensibles, le point noir du Brésil demeure certainement le climat de violence généré par la criminalité (plus de 50 000 morts par an). Les forces de l'ordre ne sont pas en reste, qui utilisent encore trop souvent des moyens illégaux. En 2014, le nombre d'exécutions extrajudiciaires a augmenté de 40 % pour dépasser les 3 000 morts (des chiffres difficiles à obtenir pour 2015). Si la police se défend en affirmant que ces morts interviennent lors d'échanges de coups de feu (un argument contesté par les ONG), des « escadrons de la mort », qui impliquent des éléments de la police, sont régulièrement démantelés. Une loi antiterroriste, adoptée début 2015, présentait en outre des risques en matière de libertés d'association et d'expression, selon les organisations internationales. Ces dernières ont fait aussi campagne contre la surpopulation chronique au sein des prisons brésiliennes, ce qui a conduit les États à s'engager à réduire les délais de détention préventive. En mars 2015, un mécanisme national de lutte contre la torture a également été mis en place.
Alors qu'il se targue d'être la plus grande démocratie métissée, le Brésil souffre d'un racisme sociétal important, et les jeunes issus des populations noires – les plus pauvres du pays – sont souvent les premières victimes de ce climat de violence. Mais ils ne sont pas les seuls. Dans les zones rurales ou forestières, les petits paysans ou les populations indigènes doivent toujours faire face à la voracité des orpailleurs, des grands propriétaires terriens ou des multinationales. La loi sur la redistribution des terres n'est appliquée qu'au compte-goutte, et, signe plutôt négatif, le ministère du Développement agraire, chargé de la réforme du même nom, a disparu du premier gouvernement post-Rousseff. Les ONG dénoncent le soutien aux grandes exploitations, visant à accroître l'agrobusiness. Plus de 45 morts ont été dénombrés dans des conflits liés à la terre en 2015, victimes la plupart du temps de milices privées. En outre, les intérêts économiques et énergétiques menacent également aujourd'hui la survie des dernières populations amérindiennes d'Amazonie (voir la rubrique « Environnement »).

■ ***Fédération internationale des Droits de l'homme (FIDH) :*** *17, passage de la Main-d'Or, 75011 Paris.* ☎ *01-43-55-25-18.* ● *fidh.org* ● Ⓜ *Ledru-Rollin.*

ÉCONOMIE

Une puissance émergente

Pays continent aux multiples atouts, le Brésil est aujourd'hui une des grandes puissances émergentes réunies dans le groupe des ***BRICS*** (Brazil, Russia, India, China et South Africa, selon l'acronyme anglais). Elle a réussi un triple miracle : forte croissance, liberté politique et baisse des inégalités qui lui a permis de trouver sa place dans le monde. Ces cinq pays représentent à eux seuls 40 % de la population mondiale et plus du quart du PIB de la planète – un chiffre qui doit atteindre 40 % en 2025.
Pourtant, après 10 ans de miracle économique, les fragilités du pays apparaissent au grand jour. Le pays rentre en récession...

2001-2011 : 10 ans de miracle économique

Lula, une icône ? Tout ce que l'on peut dire, c'est que ses deux mandats consécutifs n'auront pas été sans effets. L'ancien métallo a sérieusement contribué à l'émergence de son pays en tant que véritable puissance mondiale. Non content d'avoir siégé à la tête du premier fournisseur de soja, de café et de sucre de la planète, il a réussi à l'imposer sur le plan diplomatique. Dans le cadre du G20, notamment, en défendant bec et ongles face aux pointures du commerce international les intérêts des pays émergents exportateurs. En outre, il se targue d'avoir réussi, dans un pays où les disparités entre revenus sont abyssales, à faire émerger une classe moyenne pourvoyeuse de croissance. Ces Brésiliens gagnant entre 500 et 1 000 €/mois représenteraient aujourd'hui le tiers de la population. Ce sont eux qui, en s'équipant de biens de consommation et en s'endettant, ont permis au Brésil de connaître une décennie faste.
Surtout, les « années Lula » ont été synonymes de progrès social. Selon les statistiques officielles, près de 20 millions de Brésiliens sont sortis de la pauvreté grâce à la croissance effrénée, mais aussi à des programmes sociaux volontaristes. En garantissant aux familles les plus pauvres l'accès aux produits alimentaires de base, *Fome Zero* (« Faim zéro ») a fait régresser de 46 % la malnutrition infantile tout en valorisant l'agriculture paysanne. Grâce au programme de soutien aux étudiants issus de familles modestes, *ProUni,* la durée moyenne de scolarisation a augmenté de 2 ans. Les « allocations familiales » à la brésilienne, *Bolsa Família,* sont versées désormais à 25 % de la population. Le salaire minimum a augmenté de plus de 50 % en termes réels (en tenant compte de l'inflation).
En 2011, Dilma Rousseff élargit le dispositif *Bolsa Família* au programme *Brasil sem Miseria* afin de tirer de la pauvreté extrême les 16,2 millions de Brésiliens vivant avec moins de 70 Rls/mois (17,50 €).

Mieux redistribuer les richesses

Malgré ces avancées, le Brésil reste l'un des pays les plus inégalitaires au monde. Cela tient à des raisons historiques, mais en partie aussi à sa politique fiscale : la majorité des impôts étant indirects (comme la TVA), les plus pauvres, qui consomment la quasi-totalité de leurs ressources, se retrouvent proportionnellement plus taxés que les nantis. L'impôt sur le revenu (non progressif) ne permet ni de rééquilibrer cette injustice ni de redistribuer suffisamment les richesses. Les inégalités se sont creusées, l'État ne faisant que compenser un peu à travers ses programmes sociaux.

Autre bémol, et non le moindre, aujourd'hui encore, près du tiers des surfaces arables du pays appartient à 0,8 % des propriétaires terriens ; 8 % d'entre eux produisent 85 % de la richesse agricole nationale... Parallèlement, 1 500 000 paysans peinent toujours à survivre sur de minuscules exploitations et l'exode rural n'a pas été freiné, 87 % des Brésiliens vivant désormais en ville. Lula n'a pas répondu aux attentes des « paysans sans-terre », principal mouvement social du Brésil et d'Amérique latine, qui se bat depuis 1984 pour une redistribution des terres agricoles, notamment via des occupations et mises en culture collective de terres inexploitées. Les « Sans-Terre » lui reprochent sa fébrilité à l'égard des réformes agraires et son inclination pour l'agro-industrie et les banques.
Enfin, à titre de comparaison, la corruption coûterait chaque année 38 milliards d'euros au Brésil, soit plus de deux fois plus que le programme emblématique de Lula, *Bolsa Família.*

Du miracle à la chute ?

En 2010, *exit* Lula – malgré ses 75 % d'opinion positive dans les sondages, la Constitution ne lui permet pas de briguer un troisième mandat. Dilma Rousseff, ex-guérillera reconvertie en économiste « mère du PAC » (le Plan d'accélération de la croissance), hérite d'une économie au top : le taux de croissance atteint alors 7,5 % et le taux de chômage est inférieur à 6 %.
Une crise de confiance s'installe. Déjà, l'inflation fait craindre une perte de compétitivité du pays. Le ralentissement de la croissance mondiale – et particulièrement de la Chine, premier partenaire du Brésil – touche le pays de plein fouet. Les prix des matières premières stagnent et la chute des prix du pétrole prive le pays d'une grosse partie de ses ressources.
L'économie vacille. Le pays rentre en récession (4 % en 2015, 3,5 % mi-2016). Les faiblesses du pays éclatent alors au grand jour : d'abord, une politique sociale qui n'a pas les moyens de ses dépenses et surtout déséquilibrée car pas financée. Le gouvernement est forcé d'annoncer des réductions de dépenses de 18,5 milliards de dollars. Les investissements étrangers manquent : entre l'interventionnisme gouvernemental dénoncé par les économistes et le système gangrené par la corruption, les investisseurs boudent. Les taux d'intérêt sont au plus haut, la consommation au plus bas, l'inflation tout comme le chômage ne cessent de grimper. Les déficits s'installent, la dette publique s'envole. Pour tenter de faire face, Joaquim Levy, ministre des Finances en 2015, s'est lancé dans une véritable politique d'austérité, coupant dans les dépenses publiques, mettant ainsi en péril la *Bolsa Família* si chère à Lula. Bref, le Brésil a de toute évidence perdu de sa superbe.

Agriculture et élevage

Le Brésil est d'abord un géant agricole. Il se place parmi les premiers producteurs et exportateurs agroalimentaires et agro-industriels du monde : café, canne à sucre, soja, coton, cacao, agrumes, pâte à papier et cellulose, viandes. « Le Brésil sera la ferme du monde », avait déclaré le président Lula...
L'agriculture joue un rôle de premier plan dans l'économie du pays (19 % de la population active en 2014), bien qu'elle ne représente que 5,7 % du PIB, et contribue de manière très significative au maintien de la croissance. Avec plus de 15 % des ressources mondiales renouvelables en eau potable (record mondial) et plus de 200 millions d'hectares encore inexploités, le Brésil n'a pas dit son dernier mot. Oui, mais à quel prix ? Qui dit agriculture intensive dit aussi déboisement, utilisation massive de pesticides et de semences OGM, épuisement des sols...
– ***Sucre :*** le Brésil est, de loin, le 1er producteur mondial de sucre (40 % du sucre de canne de la planète !), avec des rendements étonnants. La consommation mondiale étant en plein boom, sa production, qui avoisine 40 millions de tonnes par an, est un facteur de croissance de premier ordre.

- ***Café :*** 1er producteur et exportateur mondial de café depuis le milieu du XIXe s (avec environ 2,7 millions de tonnes par an), le Brésil fournit près du tiers de la production mondiale. São Paulo et Minas Gerais, mais aussi Paraná et Espírito Santo, sont les quatre principaux États producteurs (98 % du revenu total).
- ***Soja :*** le Brésil a détrôné les États-Unis et est aujourd'hui le 1er producteur mondial, avec 97 millions de tonnes produites en 2014-2015 (estimation). De nombreuses variétés sont cultivées, transgéniques à près de 90 %. L'extension de la monoculture du soja entraîne un déboisement considérable au Mato Grosso et en Amazonie, véritable calamité pour l'environnement. La vente de soja à la Chine représente à elle seule 40 % du total des exportations brésiliennes !
- ***Orange et cacao :*** le Brésil est le 1er producteur mondial de jus d'orange (plus de 50 % à lui seul !) et le 6e de cacao.
- ***Maïs :*** 3e producteur mondial.
- ***Tabac, manioc, coton :*** 2e producteur mondial de tabac et de manioc, 5e pour le coton.
- ***Viande :*** 2e pays du monde pour l'élevage de bovins (près de 200 millions de têtes), le Brésil concentre sa production dans les États du Sud (Mato Grosso en particulier).

L'économie de la forêt brésilienne

La forêt recèle des richesses comme l'huile de *tung* (vernicia) utilisée en imprimerie, la cire de *carnaúba* (cosmétiques), la fibre de *caroá* (corderie), le caoutchouc (latex de l'hévéa), mais aussi des huiles végétales, des résines, sans parler de l'immense variété de plantes médicinales (plus de détails plus loin dans la rubrique « Environnement » puis dans la partie « Le Nord, l'Amazonie »). Les États forestiers du Nord sont à leur tour touchés par la croissance de l'agro-industrie. L'État du Pará produit à lui seul 80 % du bois tropical exporté par le Brésil.

Les mines et l'industrie

27 % du PIB du pays provient des industries et des mines.
- ***L'industrie minière*** est d'abord attachée au fer. Le Brésil pourrait bientôt dépasser l'Australie et devenir le 2e producteur mondial, après la Chine, et il détient les deuxièmes réserves de la planète, estimées à 31 milliards de tonnes. Parmi ses mines géantes, celle de Carajás, dans le Pará, est la plus grande au monde ; elle est réputée pour la haute teneur en fer de son minerai (66 %), ce qui explique son succès commercial sur le marché. Outre le fer, le complexe minéro-industriel de Carajás abrite de très importantes réserves en minerais, pierres précieuses et semi-précieuses. Le Brésil est par ailleurs le 6e producteur mondial d'aluminium.
- ***L'industrie automobile :*** 7e producteur de véhicules automobiles au monde, en fort déclin courant 2015. Premières marques : Fiat, Volkswagen, Chevrolet (General Motors) et Ford. Côté français, Renault (et son plan d'investissements de 162 millions d'euros pour la période 2014-2019) semble mieux s'en sortir que le groupe PSA.

Ressources énergétiques

- ***Électricité :*** environ 82 % de la production électrique est assurée par des barrages, pour la plupart situés dans les États de São Paulo et du Paraná. Celui d'Itaipu, le plus grand au monde en termes de production, a fourni à lui seul 16,9 % de l'électricité brésilienne en 2013 ! Cette énergie, propre en apparence, a ses inconvénients : les effets directs sur les zones inondées lors de la construction sont considérables pour l'environnement et les habitants. En outre, les spécialistes mettent en avant l'importante émission de gaz à effet de serre découlant de la décomposition des végétaux noyés dans les premières années de fonctionnement. La polémique s'est aujourd'hui cristallisée autour du barrage de Belo

Monte, sur le rio Xingu (Pará), ouvert en mai 2016, malgré les recours intentés par les écologistes et les Indiens de la zone.

– ***Énergie verte :*** le Brésil a le vent en poupe ! Le plus grand parc d'éoliennes d'Amérique latine est installé dans le Sertão (Nordeste), une région pauvre et sèche, mais venteuse. Le secteur bénéficie d'un soutien actif du gouvernement, et le français Alstom fournira à Renova Energia 127 éoliennes courant 2017. Quant à l'énergie solaire, ressource encore très minoritaire au Brésil, elle devrait se développer avec la promesse d'installation de 31 parcs solaires d'ici à 2017. Le but ? Compenser grâce au vent et au soleil les déficits de production des barrages en période de basses eaux et de sécheresse.

– ***Nucléaire :*** il représente pour l'instant 3 % de la production énergétique. Le Brésil possède des mines d'uranium, deux réacteurs (Angra 1 et 2) et une usine d'enrichissement, implantés à l'ouest de Rio. Une troisième tranche est en construction (entrée en service prévue pour 2018) et quatre nouvelles centrales sont à l'étude.

– ***Charbon :*** le Brésil possède la 10e plus importante réserve de charbon au monde. Ses mines se trouvent principalement dans le sud du pays (États de Santa Catarina et Rio Grande do Sul), largement décriées pour leur impact écologique. Le pays se place parallèlement au 1er rang mondial en termes de production de ***charbon de bois,*** à l'origine d'un déboisement massif ; les deux tiers sont destinés au secteur sidérurgique situé dans le Minas Gerais et à Carajás.

– ***Pétrole :*** depuis 2011, le Brésil est autosuffisant en pétrole. En 1979, 80 % du pétrole consommé au Brésil était acheté à l'étranger et représentait 50 % des importations. Le pétrole brésilien provient aujourd'hui essentiellement de champs sous-marins situés très au large des côtes, découverts dans les années 2007-2008. Le pays connut alors une euphorie soudaine, faisant dire à *Petrobras,* la compagnie nationale semi-publique, que les réserves pouvaient atteindre 240 milliards de barils – davantage que l'Arabie Saoudite ! Reste à voir... L'essentiel de ces réserves se trouve sous une carapace de sel, à de très grandes profondeurs, donc difficiles d'accès. Les coûts d'extraction sont faramineux et les compagnies étrangères renâclent – d'autant que de nombreux puits se sont révélés secs. *Petrobras* a récemment vu son image entachée par un immense scandale de corruption (4 milliards de dollars auraient été détournés en 10 ans), poussant sa dirigeante, Graça Foster, à démissionner en février 2015. Un coup dur pour le jeune secteur pétrolier brésilien.

– ***Gaz naturel :*** au Brésil, de nombreux véhicules roulent aussi au gaz naturel. Le pays en possède d'importantes réserves, mais n'est pas encore autosuffisant. Une partie de la consommation est donc importée de Bolivie, d'Argentine et du Venezuela. Plusieurs projets de gazoducs sont à l'étude.

– ***Éthanol*** (alcool de canne à sucre) ***:*** au Brésil, cet agrocarburant est appelé *álcool comun.* En 1975, dans le sillage de la crise pétrolière de 1973, le gouvernement militaire lance le premier programme de production d'éthanol. Il accorde des subventions aux producteurs et oblige les stations-service de toutes les villes de plus de 1 500 habitants à installer des pompes à éthanol. Au début des années 1980, la plupart des voitures neuves vendues au Brésil roulent exclusivement à l'éthanol ; la diminution des subventions voit ensuite cette proportion diminuer. Aujourd'hui,

BROUSSAILLE QUI CRAQUE ET VACHES QUI PÈTENT !

Si le Brésil n'émet pas de gaz à effet de serre en produisant une grande partie de son énergie, on ne peut pas en dire autant de son industrie agroalimentaire. Plus de la moitié du CO_2 émis provient de la filière bovine, et en particulier des défrichages sur brûlis de la forêt amazonienne pour constituer des pâturages. Quant aux flatulences des vaches, n'en parlons pas, l'émission de méthane de ces braves bêtes est 20 fois plus nocive que le CO_2.

le Brésil est le 2e producteur et exportateur mondial d'éthanol. Sur place, tous les nouveaux véhicules sont équipés de moteurs hybrides, acceptant éthanol et essence. Seul hic, l'engouement s'est traduit par des pénuries récurrentes et une augmentation assez importante des tarifs... À la pompe, un litre coûte toujours 25 % de moins que l'essence – mais, en vérité, cela revient au même, la distance parcourue avec un litre d'éthanol étant inférieure de 25 % à celle parcourue avec un litre d'essence... Bref, l'éthanol n'est plus la panacée qu'il semblait être.
– ***Les autres agrocarburants et énergies renouvelables :*** depuis juin 2006, le Brésil produit d'une manière industrielle un carburant (breveté par *Petrobras*) appelé le *H-Bio Diesel.* C'est un mélange d'huile de soja, de colza, de palme ou de tournesol (à hauteur de 10-20 %) et de pétrole raffiné. Son coût est plus élevé que celui du diesel fossile, alors, pour garantir sa rentabilité, tout diesel consommé au Brésil doit contenir au minimum 7 % de ce biodiesel. S'il dégage moins d'oxydes de soufre qu'un diesel standard, son intérêt écologique est pour le reste très limité, voire controversé, car s'appuyant une fois encore sur la monoculture du soja, indissociable d'atteintes à l'environnement (lire aussi plus bas « Environnement »). Dans le même esprit, le gouvernement brésilien entend poursuivre la construction de centrales à biomasse, capables de recycler les déchets organiques en les transformant en énergie.

Le tourisme au Brésil

Plages superbes de Rio et de Recife, immensité des paysages intérieurs (Mato Grosso, Sertao...) et variété remarquable des écosystèmes, forêt amazonienne classée comme la plus vaste biosphère du monde, célèbres chutes d'Iguaçu, villes coloniales chargées d'histoire (Salvador, Oura Preto, Tiradentes...), carnaval et samba... Le Brésil fait rêver et attire de plus en plus. En 2014, année du Mondial au Brésil et en toute logique, année record, près de 7 millions de personnes ont visité le pays, générant 6,9 milliards de dollars de dépenses.
Quelque 7 millions d'emplois dépendent directement ou indirectement du tourisme. Bien décidé à encourager le mouvement, le gouvernement s'est attaqué à la fragilité et à l'insuffisance des infrastructures. Dans le cadre du Mondial 2014 et des Jeux olympiques de 2016 à Rio, de grands travaux ont été entrepris pour mettre à niveau les aéroports du pays, améliorer la sécurité, encourager le développement de l'hôtellerie, etc. C'était sans compter sur la grave crise politico-économique que traverse le pays, et l'épidémie de zika qui fatalement freine les réservations...

ÉGLISES BAROQUES

Du Nordeste au Minas Gerais en passant par Rio, les églises baroques sont incontournables ! Elles témoignent du mouvement architectural et artistique que connut le Brésil à partir du XVIIe s et sont l'œuvre d'une société naissante et de communautés multiples qui ont trouvé là un formidable terrain d'expression.
On peut difficilement rester indifférent face à une telle théâtralité, une telle mise en scène de la foi, mais aussi à une telle manifestation de l'art, tout simplement. Il y a de fortes chances pour que l'enthousiasme s'empare même des plus réfractaires !
Depuis le parvis, il est bien souvent difficile d'imaginer ce qui attend le visiteur à l'intérieur. Les façades sont en général sobres, avec de simples murs blancs ou gris (plus rarement bleus ou jaunes), ornés de quelques chaînages de pierres sombres ou de linteaux et de chambranles aux courbes et volutes élégantes. Dès que l'on franchit le seuil, tout se précipite. L'œil hésite, titube. C'est un foisonnement de sculptures sur bois *(talha),* de dorures, de colonnes et de pilastres. Les plafonds se parent de fresques, les retables trônent dans le chœur. Parfois, des azulejos recouvrent les murs de l'église et du cloître. Dans le Minas Gerais, l'intérieur de certains édifices est même entièrement recouvert d'une pellicule d'or...

Au XVIIe s, les Portugais bâtirent les premières églises sur la côte. Au début du XVIIIe s, l'essor économique du Brésil favorisa l'avènement du baroque. C'est alors à ***Recife*** et à ***Olinda*** que cet art s'exprima dans toute sa splendeur. Puis la découverte d'or et de pierres précieuses dans le Minas Gerais suscita la multiplication d'églises ; le baroque se répandit à l'intérieur des terres, avec l'apport et la créativité de chaque communauté de la mosaïque brésilienne. En construisant leurs propres églises, les esclaves noirs gagnèrent ainsi, selon l'universitaire Angelo Oswaldo de Araújo Santos, « leur première victoire sur le chemin de la reconquête de la liberté ». On assista bientôt à l'émergence d'une nouvelle société, formée par les descendants des esclaves affranchis et les enfants issus de mariages mixtes. Beaucoup sont des artistes de grand talent, dont le travail révèle la sensibilité transcendée par leurs origines. La seconde moitié du XVIIIe s reste d'ailleurs incontestablement marquée par le métis Antônio Francisco Lisboa, dit « l'Aleijadinho » (le Petit Estropié), appelé encore le « Michel-Ange » du Minas Gerais. Atteint d'une grave maladie dégénérative (une forme de lèpre), ce sculpteur, qui devait attacher ses outils à ses moignons et se faire porter pour se déplacer, a illustré son talent et son génie avec les célèbres 12 prophètes au pied de l'église Bom Jesus de Matozinhos à Congonhas do Campo. La façade de l'***église São Francisco de Assis à Ouro Preto*** est considérée également comme l'un de ses chefs-d'œuvre.

PLEIN LES YEUX !

Le baroque latino-américain se traduit par une architecture fastueuse et clinquante, aux décors exubérants. Pourquoi s'attacher et s'efforcer à une telle démonstration de la puissance divine ? Tout simplement pour amener les Indiens à se convertir au christianisme. Une seule solution : impressionner, émerveiller et persuader, afin que s'éveille durablement la foi.

ENVIRONNEMENT

Associez le mot « environnement » à « Brésil » et voilà que l'on pense à l'Amazonie, à la déforestation et aux Indiens contraints de quitter leurs terres pour laisser la place à des usines hydroélectriques, à des routes ou des cultures extensives.

Parmi les principales causes du déboisement figurent l'élevage bovin, mais aussi les cultures à plus grande échelle comme celles du soja, ou encore le peuplement des zones forestières par les petits paysans en quête de terres cultivables. Le Brésil, c'est aussi un pionnier de la production d'agrocarburants, dont la fabrication nécessite la culture de canne à sucre sur d'immenses étendues.

Dans ce vaste territoire s'affrontent tous les intérêts : ceux des multinationales et des ouvriers, des agriculteurs et des Indiens, des défenseurs de l'environnement et des autorités, locales ou nationales.

Les arbres, la pluie, l'eau et la vie

Le Brésil possède environ 15 % de toute l'eau douce du monde, concentrée aux trois quarts dans le bassin amazonien. Ce pays est le champion mondial de la pluviométrie avec plus de 15 000 km³ d'eau de pluie qui tombe chaque année sur son vaste territoire. Conséquence, près de 95 % des cultures du Brésil sont irriguées naturellement. Cette eau tombée du ciel est précieuse...

POURQUOI « BRÉSIL » ?

Le nom vient du pau brasil, *littéralement « bois de braise », un bois de couleur rouge très répandu au Brésil et employé autrefois dans l'industrie textile. De consistance très dure, il est encore utilisé pour la fabrication des archets de violon.*

D'où viennent les pluies brésiliennes ? De l'évaporation de l'océan Atlantique, mais aussi de l'Amazonie et du Pantanal, des rivières et des zones humides. Il y a la mer bleue et la mer verte ! L'Amazonie est, en la matière, aussi importante que l'océan. On pourrait même dire qu'elle est doublement importante : 1 m² de sa forêt peut libérer dans l'atmosphère près du double de 1 m³ d'eau (douce ou salée). Imaginez les tonnes d'eau qui montent de la forêt amazonienne dans les airs. La barrière des Andes empêche ces nuages et ces masses de vapeur d'eau de se jeter dans l'océan Pacifique. Résultat, les pluies bénéfiques retombent sur le Brésil. C'est une source incomparable de richesse naturelle, qu'il est indispensable de respecter et de maintenir. Dès lors, il est facile de comprendre l'importance de la forêt amazonienne pour la vie et la survie des cultures et des hommes.

L'Amazonie, état des lieux

N'hésitez pas à vous reporter également à l'introduction du chapitre sur l'Amazonie.

Champion olympique de la biodiversité, le Brésil regroupe plus de 20 % de l'ensemble des espèces de la planète. L'Amazonie abrite à elle seule quelque 2,5 millions d'espèces d'insectes, au moins 40 000 espèces de végétaux, 2 200 de poissons, 1 294 oiseaux, 427 mammifères et autant d'amphibiens, sans oublier 378 reptiles (sales bêtes !). Des milliers d'autres restent encore à découvrir... Une richesse inestimable pour l'humanité !

UN POUMON QUI S'ESSOUFFLE

Si le terme de « poumon de la planète » donné à l'Amazonie a joué son rôle en marquant les esprits, il est à nuancer. En vérité, la forêt amazonienne consomme autant d'oxygène qu'elle en produit (elle en rejette le jour, mais en absorbe la nuit). Une chose est sûre : la déforestation produit du CO_2, notamment par la décomposition et surtout la combustion des arbres abattus.

La ***déforestation en Amazonie*** trouve ses « racines » dans la politique de développement du territoire menée dans les années 1970. Pour désenclaver cet espace immense, le gouvernement brésilien décida en 1975, après l'échec de la route transamazonienne, de créer des pôles de développement. Des milliers d'hectares furent distribués aux grands propriétaires terriens pour trois fois rien. Résultat : les défoliants, les bulldozers et le feu libérèrent le terrain pour créer des pôles agropastoraux (élevage intensif) et agrominiers. Bientôt s'imposèrent les cultures à grande échelle, comme celle du soja, dont le cours élevé incite les agriculteurs à défricher sans cesse davantage.

Plus on détruit les forêts, plus on participe au ***réchauffement climatique*** de la planète. Les arbres abattus libèrent le carbone qu'ils contiennent en se décomposant, ou pire, en étant brûlés. Les sols dénudés reflètent davantage l'énergie lumineuse dans l'atmosphère que les forêts qui, elles, l'utilisent pour la photosynthèse. En conséquence, si l'on prend en compte l'ensemble des sources de gaz à effet de serre, le Brésil en est le 4e plus gros émetteur au monde.

Si le déboisement a globalement été divisé par six depuis le pic de 1995 (29 000 km², contre 4 848 km² en 2014), ***des milliers d'hectares de forêt sont encore anéantis chaque jour.*** Depuis les années 1970, plus de 760 000 km² auraient ainsi été détruits. Cela peut sembler peu au regard de l'immense territoire de l'Amazonie brésilienne, mais cette déforestation n'a pas eu lieu en un seul et même endroit : au contraire, elle a vu le territoire morcelé, menaçant les équilibres écologiques.

Si le gouvernement Lula a marqué quelques points déterminants dans la lutte contre la déforestation, les succès de Dilma Rousseff dans ce domaine sont nettement moins patents.

Autre point inquiétant : la multiplication des ***assassinats d'activistes environnementaux.*** Ces 30 dernières années, plus de 1 000 militants écologistes ont été abattus pour le simple motif qu'ils dénonçaient la vente illégale de terre ou de bois. Cela ne va pas sans alarmer les organisations internationales.
En projets ? ***Désenclaver certaines régions*** potentiellement susceptibles d'engendrer des richesses dans le domaine agro-industriel, en construisant des ports, des aires de stockage, des gazoducs, en aménageant les voies fluviales, mais aussi en traçant des infrastructures routières dans le sens nord-sud (Macapá-Porto Alegre) et est-ouest (Rio Branco-João Pessoa), pour permettre aux exploitants d'acheminer leur production vers les ports de la côte atlantique.
Initié au début des années 2000 par Cardoso, repris et accentué par Lula puis Dilma Rousseff, ce plan gigantesque de maillage *(progama de Aceleração do Crecimiento)* s'appuie, entre autres, sur les coûts d'acheminement des denrées.
Ces projets provoquent une levée de boucliers des ONG, qui montrent du doigt le manque de concertation et redoutent les conséquences catastrophiques sur l'environnement de ces infrastructures dont la mise en place est puissamment soutenue par le lobbying des multinationales du secteur agro-industriel.

Les plages et la *Mata Atlântica*

L'environnement au Brésil, ce sont aussi les plages, dont certaines polluées, en particulier autour des grandes villes comme Rio et Recife. À l'occasion du Rio + 20 en 2012, les plages les plus importantes de Rio se sont dotées de douches écologiques, alimentées à 95 % par de l'eau de mer filtrée et dessalée.
Cela n'empêchera pas les petits paysans, derrière les collines de Rio, de pratiquer le brûlis sur leurs champs, sans protéger les sous-bois atlantiques (la *Mata Atlântica*) tout proches. Ou les citadins de construire une résidence secondaire en bord de mer, sur des aires protégées, détruisant là aussi la forêt atlantique. Celle-ci couvrait plus de 1,2 million de km² lors de l'arrivée des Portugais au XVIe s ; 93 % de cette forêt a aujourd'hui disparu et ses vestiges sont à 80 % morcelés en miniparcelles.
Comme le souligne l'historien Geraldo Prado : « L'histoire du déboisement de la *Mata Atlântica,* c'est l'histoire économique du Brésil. À chaque cycle de croissance a correspondu la destruction d'une partie de la forêt. ».

NAUFRAGES CLIMATIQUES

Chaque année, les manchots migrent de la Patagonie argentine vers le Sud brésilien, à la recherche de nourriture. Ils suivent tout simplement les courants froids vers le nord, et lorsque la température se réchauffe trop, font demi-tour. Seulement voilà, en 2008, ils ont poursuivi toujours plus avant, jusqu'à échouer à... Salvador, soit un voyage de près de 6 000 km ! La moitié d'entre eux n'ont pas survécu, les autres ont été renvoyés vers le sud du Brésil en... avion.

Les agrocarburants, une alternative durable ?

Il existe deux types d'éthanol (alcool) utilisés comme agrocarburant : l'alcool de maïs d'une part, qui a propulsé les États-Unis au 1er rang des producteurs d'éthanol, et l'alcool de canne à sucre d'autre part, dont le Brésil est le 1er producteur et exportateur mondial. L'éthanol ne dégage ni CO_2 ni gaz à effet de serre et n'aurait donc, à première vue, aucune conséquence sur le réchauffement climatique de la planète.
But de la manœuvre : faire baisser d'un quart le taux d'émissions nocives générées par les moteurs à essence. Dans les grandes villes, on le sent déjà. Les constructeurs automobiles ont en effet adapté leurs véhicules aux besoins du marché,

créant des carburateurs « bicarburant » fonctionnant aussi bien à l'essence classique qu'à l'alcool de canne à sucre. À partir de 2008, avec l'envolée du prix du brut, la consommation d'éthanol a dépassé celle de l'essence. Les investissements étrangers ont afflué, pariant sur un boom de l'éthanol brésilien et l'utilisation de la bagasse (résidu de canne) comme source d'énergie. Petit problème : cet engouement a créé une pénurie et vu grimper les prix de l'éthanol, réduisant son attractivité.
Selon les autorités, l'alcool brésilien présenterait l'avantage d'être beaucoup moins énergivore à fabriquer que son concurrent nord-américain. Autre bon point, la canne à sucre n'est pas une denrée alimentaire essentielle détournée à des fins énergétiques, comme peut l'être le maïs. Et pourtant, les dommages causés par la production d'éthanol sont régulièrement dénoncés.
Alors, l'avenir est-il dans l'agrocarburant ? Rien n'est moins sûr. L'augmentation de la demande s'est traduite par une extension de la surface des terres cultivées. La canne empiétant de plus en plus sur des espaces réservés aux pâturages, ceux-ci sont repoussés plus au nord, vers l'Amazonie, favorisant le déboisement. De plus, la monoculture appauvrit considérablement les sols – et donc la biodiversité. C'est aussi une production très gourmande en eau et en pesticides, d'où certains risques de contamination de la nappe phréatique. La fumée dégagée lorsqu'on brûle la paille avant la récolte se révèle particulièrement toxique, ce qui amène aux conditions de travail des ouvriers agricoles. Et c'est là sans doute le plus grand scandale lié à l'extension de la culture de la canne.

Belo Monte, un barrage très controversé

Après quatre décennies de résistance et de bataille juridique, le feu vert a été donné fin 2011 à la ***construction du barrage hydroélectrique de Belo Monte,*** sur le rio Xingu, au cœur de la forêt tropicale amazonienne (État de Pará). Une nouvelle dramatique pour les peuples indiens de la région et l'occasion, pour le chef Raoni, de repartir sur le sentier de la guerre médiatique.
Inauguré en mai 2016, le barrage, véritable mastodonte aux 27 turbines, est conçu pour produire plus de 11 000 mégawatts par an. C'est le 3e plus grand ouvrage hydroélectrique au monde après celui des Trois-Gorges, en Chine, et celui d'Itaipu, que le Brésil exploite déjà avec son voisin paraguayen. Un projet dont le coût a été estimé à 13 milliards de dollars.
On estime à plus de 500 km^2 la zone inondée et à 5 000 km^2 le territoire impacté. Les experts s'accordent à prédire des ***conséquences néfastes sur les écosystèmes*** et une altération significative de la dynamique saisonnière de la grande boucle du Xingu. Quelque 20 à 25 000 personnes ont été contraintes de se déplacer, menaçant la survie des communautés indiennes – particulièrement des derniers groupes isolés de la région.
En outre, plusieurs analyses montrent que pour assurer sa pérennité, Belo Monte devrait être soutenu par d'autres digues... ce qui, évidemment, ne rassure pas les écologistes. Tour à tour, les instances judiciaires du Pará, la Commission interaméricaine des droits de l'homme, l'ONU et l'Organisation internationale du travail ont déclaré le projet contraire à la Convention 169 relative aux droits des peuples indigènes et tribaux. En vain. Selon le gouvernement, la construction du barrage répond à un impératif de taille : la nécessité d'augmenter à court terme la capacité énergétique du Brésil...
À cela s'ajoute la ***catastrophe écolologique*** liée à la ***rupture de deux barrages miniers*** à Bento Rodrigues, à proximité de la ville de Mariana, dans le Minas Gerais, le 5 novembre 2015. Ces barrages contenaient les « stériles » miniers et les eaux usées. L'accident a provoqué une gigantesque coulée de boue (près de 60 millions de litres) qui a englouti cette commune voisine et entraîné une pollution majeure, avec des boues toxiques chargées de déchets minéraux qui se sont déversées dans le rio Doce (5e plus grand fleuve du Brésil) et toute la région... jusqu'à l'océan.

FAVELAS

Partie intégrante de l'âpre réalité du Brésil, ***la favela signifie l'exclusion sociale.*** Alors que dans la plupart des grandes villes les favelas s'étendent dans les quartiers périphériques, à Rio ou à Salvador, elles sont établies sur les *morros* qui surplombent la ville du nord au sud, au-dessus de chacun des quartiers résidentiels. Leur croissance est à la mesure de la crise sociale : en 1964, 1 habitant sur 14, dans l'État de Rio, vivait en favela ; aujourd'hui, on estime que 3 millions de personnes y vivent, pour la seule ville de Rio (soit 20 % de la population totale) ! Rio compte près de 1 020 favelas (qui occupent 3,7 % du territoire), la ville de São Paulo plus de 1 200.

FAVELA ?

Le terme favela *a été emprunté à l'insurrection des « Canudos », dans l'État de Bahia, à la fin du XIXᵉ s.* Favela *était le nom d'une colline d'où ces exclus de l'époque résistèrent aux expéditions militaires chargées de les écraser. Quand la révolte fut matée en 1897, les soldats démobilisés, de retour à Rio, s'établirent « sauvagement » sur les collines* (morros), *en récompense du service qu'ils avaient rendu à la République. Ils nommèrent* favela *leur quartier, en souvenir de la guerre à laquelle ils avaient participé.*

Une histoire difficile

Au début des années 1980, les autorités de Rio, en quête de terrains spéculatifs, tentèrent à plusieurs reprises de repousser les favelas vers les lointaines périphéries, mais elles se heurtèrent à la résistance farouche des habitants. Soutenues par l'Église progressiste, des associations d'habitants se formèrent, exigeant une politique d'équipement, de citoyenneté et de prise en charge par les pouvoirs publics. À partir de 1990, l'administration travailliste de l'État opta pour la reconnaissance de ces associations et pour un programme d'urbanisation des favelas. Politique bien intentionnée, mais qui resta à la surface des choses, tandis que la disparition de toutes les industries à Rio et l'aggravation de la crise économique renforçaient la barrière sociale, raciale, culturelle et psychologique entre les deux mondes : *asphalte* (comme on nomme les quartiers résidentiels) et favelas.

Drogue, gangs et violence

Dans les favelas, le véritable pouvoir est aux mains des gangs qui vivent du trafic de drogue.

Dans ce monde où l'État de droit s'arrête, c'est l'arbitraire de la police, militaire ou civile, détentrice du monopole sur le trafic de cocaïne « en gros » et sur le trafic d'armes, qui fait loi. La concurrence entre bandes, aiguillonnées et armées par la police, aggravée par la saturation du « marché » de la cocaïne et la chute des prix, a abouti alors à une situation explosive où chaque favela se trouve sous la coupe d'une « quadrille » de jeunes adolescents, organisés et lourdement équipés d'armes de guerre fournies par les trafiquants de la police elle-même. Les règlements de comptes entre gangs et policiers souvent ripoux causent plusieurs centaines de morts par an dans les favelas de Rio, descendant régulièrement jusqu'au centre des villes.

Les mouvements communautaires et les associations d'habitants, qui avaient permis des progrès et une démocratisation importante dans les favelas, se trouvent fragilisés par cette double pression bandits/police, tandis que sur l'« asphalte », campagnes de presse et mouvements d'opinion des classes aisées en appellent à la liquidation des favelas.

Police de proximité et opérations de « pacification »

Après avoir, des années durant, privilégié une réponse sécuritaire quasi militaire face au développement des réseaux criminels dans les favelas, la police de l'État de Rio (au Brésil, chaque État gère sa police) a, depuis 2010, décidé d'opérer un changement de stratégie. Désormais, il s'agit d'occuper le terrain, de préférer la prévention à la répression. Des « ***Unités de police pacificatrice*** » (UPP) ont été déployées dans les favelas, une sorte de police de proximité censée restaurer la confiance entre policiers et habitants. Ces nouveaux agents encadrent des activités sportives, laissent le flingue dans l'étui et leur présence s'accompagne d'un retour des services publics dans les favelas.

ROLEZINHO

Le terme vient de rolê, qui signifie en language courant « faire une petite balade ». Ce phénomène fait référence à ces flash-mobs initiés sur les réseaux sociaux par les jeunes des favelas, qui investissent soudainement un centre commercial. L'apartheid économique existe et ces boutiques leur sont souvent interdites. Désormais, ils revendiquent le droit de fréquenter ces lieux de consommation, sans vol ni violence.

Les effets de cette nouvelle politique se sont traduits dans certains cas par des résultats édifiants, comme à la ***favela de Santa Marta*** à Rio : le trafic a disparu, les gangs sont partis ailleurs. Le retour de la sécurité dans les favelas stimule l'économie. Même si, pour beaucoup, l'enfer, ce sont les favelas, dans la réalité on y trouve une majorité de Brésiliens, pauvres mais honnêtes. Un bon signe pour l'avenir.

La question est néanmoins loin d'être réglée. Tandis que des progrès sont constatés ici et là, les autorités n'hésitent pas à raser certaines favelas, comme celle de Metrô, située près du stade Maracanã, sans toujours offrir pour autant de solution pérenne de relogement aux habitants...

Visiter une favela ?

– ***Un conseil :*** n'essayez en aucun cas d'aller vous promener tout seul, le nez en l'air, dans les favelas. Si vous tenez à y aller, sachez que des visites guidées sont organisées par des petites agences impliquées dans un processus d'aide sociale et humanitaire. Contactez une agence spécialisée (voir « Adresses utiles » à Rio).

GÉOGRAPHIE

Le Brésil a la forme d'une harpe (quel beau symbole !), et sa ligne de frontière reproduit globalement (et étrangement) la silhouette entière de l'Amérique du Sud.

Le Brésil forme une république fédérative de 26 États, un district fédéral et 5 grandes régions administratives : Nord, Nordeste, Centre-Ouest, Sud-Est et Sud. Il est peuplé de 204,45 millions d'habitants, dont 65 % vivent dans le Sud-Est et le Sud.

– ***Le Nord*** comprend sept États : ***Pará, Amapá, Roraima, Amazonas, Acre, Rondônia*** et ***Tocantins.*** C'est la plus vaste région du pays (45,3 % du territoire national) et la moins peuplée (le seul État du Pará est grand comme 2,3 fois la France

LA PLUS GRANDE FRONTIÈRE AVEC LA FRANCE ?

Eh bien non, ce n'est pas l'Espagne, puisqu'elle n'a que 623 km de frontière commune avec l'Hexagone. En réalité, il s'agit du Brésil, qui partage 730 km de frontière avec la Guyane française.

pour moins de 8 millions d'habitants). Avec une bonne partie du Centre-Ouest, le Nord est presque entièrement recouvert par la forêt amazonienne. Les deux principaux points d'accès en sont Belém, capitale du Pará, à l'embouchure de l'Amazone, et Manaus, en plein cœur du continent, au confluent du Solimões et du Rio Negro (qui ne forment l'Amazone qu'en aval). Le Nord abrite des centaines de nations indiennes (Bororo, Xingu, Yanomami...) qui perpétuent leurs civilisations sylvestres et réclament la délimitation de leurs territoires. C'est aussi le théâtre d'une « conquête de l'Ouest » qui provoque la destruction rapide de la plus grande réserve de forêt, d'eau et d'oxygène de la planète.

– ***Le Nordeste*** comprend neuf États : ***Maranhão, Piauí, Ceará, Rio Grande do Norte, Paraíba, Pernambuco, Alagoas, Sergipe*** et ***Bahia.*** Première région colonisée au XVIe s, destination de nombreux esclaves, le Nordeste concentre les *latifúndios*, d'immenses domaines privés de plusieurs dizaines de milliers d'hectares, sur lesquels règnent de grands propriétaires terriens, les *coroneis* (colonels), qui font la pluie et le beau temps dans leurs États. C'est de là que viennent les millions de paysans privés de terre qui se bousculent autour des capitales du Sud-Est, ou vont former les fronts de colonisation et de déboisement dans le Nord et le Centre-Ouest. Terre de grandes richesses et de traditions culturelles, c'est aussi une région ravagée par la plus terrible misère sociale. À l'origine, le littoral était souligné par la Mata Atlântica, une forêt tropicale remplacée par la canne à sucre et le café. Dans l'intérieur des terres, le Sertão Nordestino, oscillant entre 200 et 500 m d'altitude, est à la fois chaud et sec ; les épisodes de sécheresse y sont parfois dramatiques.

– ***Le Centre-Ouest*** regroupe le ***district fédéral*** et les États de ***Goiás, Mato Grosso*** et ***Mato Grosso do Sul.*** C'est le socle continental du pays, au centre géographique duquel est édifiée la capitale : Brasília. Il se partage entre plateaux érodés *(chapadas)*, zones de *cerrado* (sorte de savane), marches amazoniennes au nord et immense région de marais à l'ouest (Pantanal). Très peu peuplé, le Centre-Ouest est aussi, dans sa partie occidentale, une terre de colonisation des paysans venus du Sud et du Nordeste, et un lieu de conflits pour la possession de la terre. Le *cerrado* est essentiellement consacré à l'élevage extensif.

– ***Le Sud-Est,*** qui couvre à peine plus de 10 % du territoire national, regroupe 40 % des Brésiliens dans les États de ***Minas Gerais, Espírito Santo, Rio de Janeiro*** et ***São Paulo.*** Cœur du Brésil développé, de sa vitalité et de ses fièvres économiques, le Sud-Est contribue au PIB à hauteur de 60 % à lui seul ! La région, où l'agriculture de haut rendement d'origine coloniale – lait, café, canne à sucre et agrumes – s'est combinée avec la concentration industrielle, est symbolisée par la puissance de São Paulo et le rayonnement de Rio. Le littoral, splendide, est marqué par le plus vaste pan préservé de Mata Atlântica (vallée de Ribeira) et entaillé de baies profondes – en particulier dans la province de Rio. Exubérant et tropical, le Sud-Est est aussi un pays de montagnes couvertes de forêts, parsemé de sources thermales et de lacs intérieurs. On y trouve aussi nombre de sites historiques d'une grande beauté, notamment dans le Minas Gerais.

– ***Le Sud*** (7 % du territoire national) regroupe les trois États de ***Paraná, Santa Catarina*** et ***Rio Grande do Sul.*** Situé aux confins du Paraguay, de l'Argentine et de l'Uruguay, c'est une région subtropicale à tempérée. C'est la terre des gauchos, les cow-boys brésiliens, des rodéos et des *churrascos* (bœuf grillé). On y trouve aussi des sites naturels de toute beauté, comme les chutes d'Iguaçu et l'île de Florianópolis. Bien que connaissant des hivers frais dans l'extrême Sud, c'est une terre chaleureuse, où les racines noires et indiennes, les utopies des jésuites et les traditions d'immigrants d'Europe centrale ont formé un mélange étonnant. Une terre où l'équilibre social, mis ici aussi à rude épreuve, ne connaît pourtant pas le naufrage du reste du pays.

HISTOIRE

L'arrivée des Portugais

Après les découvreurs, voici les pionniers et les colons qui arrivent. Le bois et la canne à sucre furent les premières richesses de ce nouveau continent. ***Salvador da Bahia*** devient capitale en 1549.

Les Néerlandais, après une brève occupation de la côte nord-est autour de 1630, sont chassés définitivement en 1654 par les Portugais. À la fin du XVIIe s, colonisation de l'intérieur par les ***bandeirantes*** (aventuriers). Découverte vers 1700 de l'or du Minas Gerais et, un peu plus tard, de mines de diamants. Rio, port d'embarquement des nouvelles richesses, supplante Salvador et devient capitale en 1763. ***Révolte contre l'administration coloniale*** et les injustices dans le Minas Gerais, et création de l'*Inconfidência,* mouvement révolutionnaire indépendantiste directement influencé par la Révolution française. L'âme de la révolte, Joaquim José da Silva Xavier, dit *Tiradentes,* est arrêté et exécuté à Rio, la conjuration écrasée.

ET ON SE PARTAGEA LE NOUVEAU MONDE

Pour mettre fin aux conflits entre Portugais et Espagnols, le pape Alexandre VI imposa la signature du traité de Tordesillas en 1494. On traça une ligne imaginaire, un méridien nord-sud, à 370 lieues à l'ouest du Cap-Vert. La frontière coupait l'Amérique du Sud en deux de telle façon que l'Espagne récupéra les riches Pérou et Bolivie. Tout était à l'avantage des Espagnols ! Mais, revers de l'Histoire, le Brésil fut découvert 7 ans plus tard et tomba de fait dans l'escarcelle du Portugal.

XIXe s : indépendance et abolition de l'esclavage noir

À l'arrivée des troupes de Napoléon au Portugal, en 1807, ***la famille royale fuit le Portugal pour se réfugier à Rio de Janeiro.*** La ville devient alors une vraie petite capitale européenne, se couvrant de monuments et développant une grande richesse culturelle. En 1820, le roi Jean VI retourne au Portugal, mais son fils Pierre, le prince régent, reste sur place et proclame l'***indépendance du Brésil en 1822.*** Il abdique en 1831, et son fils Pierre II régnera de 1840 (il n'a alors que 15 ans !) à 1889. Cette période sera marquée par un essor économique. Le café devient la production nationale, suivie à partir de 1870 de celle du caoutchouc.

À la suite de l'***abolition de l'esclavage noir*** en 1888, Pierre II perd le soutien des riches et est renversé par un coup d'État militaire. La République est proclamée en 1889.

La République : 1889-1930

Le Brésil s'industrialise, les capitaux accumulés sur le café, le sucre, le caoutchouc s'investissent à São Paulo et à Rio. L'***immigration venue d'Europe*** amène des artisans, des intellectuels, des ouvriers qualifiés, dotés de savoir-faire moderne. Le Brésil regarde vers Paris, Vienne et Milan. Le rêve d'une nouvelle Amérique, sans le puritanisme, s'empare des classes montantes. Mais pays et institutions restent aux mains des familles coloniales

VOÛTE CÉLESTE

Les 27 étoiles du drapeau brésilien rappellent les différents États (l'étoile isolée est celle de Brasília). Elles ne sont pas alignées à l'instar du drapeau américain, mais la signification en est plus poétique : il s'agit de la représentation de la voûte céleste le soir du 15 novembre 1889, date de l'indépendance du pays. Au centre, la célèbre Croix du Sud.

et le *latifundio* demeure la base du pouvoir. Seuls 3 % de la population disposent alors du droit de vote... Des idées sociales, modernistes et révolutionnaires se développent alors dans l'*intelligentsia* comme chez les ouvriers du Sud-Est et les paysans du Nordeste.

L'exposition de 1924 révèle une nouvelle vague intellectuelle radicale : Villa-Lobos en musique, Tarsila do Amaral en peinture, Mário de Andrade en poésie et, surtout, Oswald de Andrade, qui lance le mouvement anthropophagique. L'avant-garde internationale les reconnaît : Stravinski, Blaise Cendrars, Sonia Delaunay, Nijinski, de Falla... En 1927, la ***tentative d'insurrection*** dirigée par le leader communiste Luís Carlos Prestes – « le chevalier de l'espérance » – échoue après une longue marche de 3 ans du nord au sud du pays. La crise mondiale de 1929 mine les cours du café et provoque la chute du gouvernement. En 1930, le leader libéral du Sud, ***Getúlio Vargas,*** inspiré par la marche sur Rome de Mussolini, déclenche un coup d'État et s'empare du pouvoir.

L'ère getúliste : 1930-1964

S'inspirant des conceptions mussoliniennes et du « New Deal », Getúlio Vargas va imposer l'unité du pays aux diverses factions de la bourgeoisie, en commençant par briser les velléités indépendantistes de la bourgeoisie pauliste. C'est l'« ***État nouveau*** » *(Estado Novo)* : dissolution des armées de chaque État au service des oligarchies locales, centralisation administrative, grands travaux d'équipement, système syndical corporatiste et obligatoire, livret ouvrier, police politique et sociale secrète (la *DOPS*) omniprésente ; création du salaire minimum et école publique obligatoire, vote des femmes, système de prévoyance des fonctionnaires, etc. S'appuyant sur une ***organisation totalitaire,*** il écrase les dernières tentatives de soulèvement populaire : les communistes en 1935, puis les *cangaceiros* de Lampião et Maria Bonita dans le Nordeste. L'État subventionne les grandes cultures industrielles, donnant au ***latifundio*** une place prépondérante dans le système : caoutchouc, café, coton et canne. En 1942, après une longue hésitation, le Brésil entre en guerre aux côtés des États-Unis, ce qui favorise une forte croissance sous l'aile américaine.

JEUNES ESCLAVES

En 1933, à Itapetininga, de riches familles brésiliennes créèrent un orphelinat où les enfants étaient réduits à l'esclavage. Soumis à l'idéologie nazie, certains moururent aux travaux forcés, d'autres sous les coups. Le centre ferma en 1945, après la défaite allemande.

Après la victoire des Alliés, ***Vargas est déposé par les militaires en 1945.*** Son passé faisait désordre. L'aide américaine favorise la mutation industrielle, et le Parti communiste est légalisé. Mais ***en 1950, Getúlio Vargas est réélu*** triomphalement, avec l'appui de la gauche. Il institue la Sécurité sociale, le système de retraite, nationalise le pétrole, la sidérurgie, lance la réforme agraire... et se heurte à l'opposition intransigeante des grands propriétaires fonciers, de l'armée et des Américains. Plutôt que de renoncer ou de reculer, ***Vargas se suicide*** dans une ambiance de crise dramatique, ***le 24 août 1954.*** Il laisse son empreinte à l'État, aux institutions et à la société brésilienne moderne dont il est le véritable fondateur, avec toutes ses ambiguïtés et ses limites.

En 1956, le président ***Juscelino Kubitschek,*** « J. K. », assume l'héritage politique et le style Vargas, mais en évitant la réforme agraire et en créant un code des investissements favorable aux Américains. C'est le boom de l'automobile, la construction de Brasília, le « ***miracle brésilien*** ».

C'est aussi une nouvelle explosion d'***avant-garde artistique*** qui rayonne dans le monde entier, inspirée par le modernisme des années 1920 : bossa-nova en musique, *cinema novo* de Glauber Rocha et Nelson Pereira dos Santos, mises en scène avant-gardistes du *Teatro Oficina*.

En 1962, dans le Nordeste, sous l'impulsion de Miguel Arraes, le « gouverneur rouge » du Pernambuco, un ***fort mouvement pour la réforme agraire*** converge avec une ***intense agitation ouvrière*** dans le Sud-Est, que le jeune président, João Goulart (dit « Jango »), ex-ministre du Travail de Getúlio Vargas, semble soutenir.

Le ***coup d'État militaire du 1er avril 1964,*** appuyé par une classe moyenne effrayée à l'idée de perdre ses privilèges, met fin brutalement et définitivement aux modèles de développement inspirés de Getúlio Vargas.

Vingt ans de dictature militaire : 1964-1985

Pendant 20 ans, le pays sera sous la coupe des généraux qui se succèdent par cooptations et complots en comité restreint. La ***répression,*** impitoyable, va d'abord briser les mouvements paysans du Nordeste et les secteurs syndicalistes radicaux. Le pays est ouvert sans restriction aux capitaux internationaux qui affluent, et les industries multinationales prolifèrent. C'est le deuxième miracle économique, qui voit São Paulo devenir l'actuelle mégalopole de l'Amérique du Sud. Deux partis seulement sont autorisés : la « situation » et l'« opposition », représentées par le *MDB* (Mouvement démocratique brésilien, modéré).

En 1968, face à la révolte étudiante et à la reprise d'une agitation sociale, le système se durcit. C'est le ***régime de la terreur*** : suspension des garanties constitutionnelles, dissolution du Parlement, pleins pouvoirs aux organes de sécurité, tortures, disparitions, exécutions, escadrons de la mort, etc. Tandis que l'Église s'engage aux côtés de la résistance illégale, intellectuels et artistes, les uns après les autres, sont emprisonnés ou contraints à l'exil (beaucoup vont en France), comme l'écrivain Jorge Amado, l'architecte Oscar Niemeyer et le musicien Chico Buarque qui écrit à Paris sa célèbre chanson, *Samba de Orly.*

La croissance économique s'accompagne d'un ***exode rural*** massif et une énorme classe ouvrière apparaît dans le Sud-Est, tandis qu'à partir de 1975 la condition des classes populaires commence à s'aggraver. En 1978, estimant avoir éradiqué les dangers de subversion, les militaires préparent leur retrait progressif du pouvoir, en désignant le général Figueiredo à la présidence. C'est l'« ***ouverture graduelle*** ». Mais l'apparition d'un puissant mouvement syndical indépendant et les manifestations populaires démocratiques montrent que la société civile ne se contente pas du rôle de spectateur du changement politique. ***Le miracle économique a pris fin.*** La dette extérieure est astronomique. La misère et l'exclusion commencent à faire leur apparition. L'inflation prend un rythme obsessionnel et atteint des chiffres vertigineux. En 1982, tous les partis politiques sont autorisés.

DÉMOCRATIE CORINTHIANE

En 1981, en pleine dictature militaire, le combat pour la démocratie se déplaça sur l'un des terrains favoris des Brésiliens, le football. Les joueurs des Corinthians de São Paulo prirent le pouvoir dans leur club, décidèrent de l'organisation des entraînements, de la redistribution des bénéfices, élirent eux-mêmes leur coach. Le symbole fut d'importance, d'autant que les résultats sportifs donnèrent raison à la « démocratie corinthiane », qui remporta deux titres de champion d'affilée. Pour la finale de 1983, les joueurs brandirent une banderole « Gagner ou perdre, mais toujours en démocratie ». Ils sortirent vainqueurs.

Le retour des civils : 1985-2002

Le retour à la démocratie civile, en 1985, ne sera qu'une suite d'espoirs déçus. En 1985, malgré une mobilisation populaire sans précédent pour l'élection directe

du président, les militaires imposent que le premier président civil soit désigné par un collège restreint. L'élu est quand même ***Tancredo Neves,*** le candidat souhaité par la rue, mais il meurt le jour de son investiture.
Le pays sera dirigé par le vice-président, José Sarney, qui avait été imposé sur le « ticket » de Tancredo Neves par les militaires. Celui-ci, outre son manque de légitimité, doit faire face à la crise économique... sans succès. Le parti de l'ancienne opposition à la dictature, le MDB, s'empare du Parlement et de tous les rouages institutionnels, et tombe vite dans la corruption, les lobbies et la préservation des privilèges, tandis que le pays s'enfonce dans le tourbillon inflationniste. En 1989, Sarney laisse le pays éreinté, atteint par une misère montante, une inflation galopante et une déconsidération de la classe politique.
Son successeur, ***Fernando Collor de Mello,*** play-boy issu d'une famille de *coroneis* du Nordeste, ne fera pas mieux. Élu de justesse après une campagne très démago, il sera destitué en 1992 par un mouvement d'indignation nationale contre les affaires de corruption révélées sur son compte, et traduit en justice. Une fois de plus, c'est le vice-président, ***Itamar Franco,*** terne et sans projet, qui gouverne jusqu'en 1995.
Suivra ensuite la présidence de ***Fernando Henrique Cardoso,*** dont le mandat sera renouvelé en 1998, soutenu par la classe politique traditionnelle et par les partis du grand *latifundio*. Malgré les premiers succès de son programme de réformes sociales, le ***plan Real,*** le pays sortira affaibli après 8 ans de discrédit politique, de promesses non tenues, mais surtout d'***appauvrissement de la population.*** Les systèmes de santé publique, d'enseignement, de protection sociale, de logement populaire sont en ruine. La violence, corollaire de l'exclusion, prend dans certaines grandes villes des proportions alarmantes et les scandales financiers se multiplient...

2002 : Lula président, un nouvel espoir ?

Le 27 octobre 2002, après trois échecs successifs aux élections présidentielles, ***Luiz Inácio Lula da Silva, dit Lula, est élu président*** avec 63 % des voix au second tour. Cet ancien ouvrier tourneur nordestin immigré à São Paulo, est le leader du ***Parti des travailleurs (PT),*** né de l'opposition syndicale clandestine des grandes grèves de 1979-1981 et formé d'ouvriers et de cadres syndicaux. Un profond bouleversement dans l'histoire politique du pays, car c'est le premier syndicaliste et homme de gauche élu à la tête de l'État. Cette élection, qui suscite d'immenses espoirs dans la classe populaire, est l'occasion de fêtes démesurées dans la plupart des grandes villes. Son ***programme de lutte contre les inégalités sociales*** est ambitieux : éradication de la faim (programme « Faim zéro »), qui touche 54 millions de Brésiliens, augmentation du salaire minimum, soutien aux industries nationales et à l'exportation, restructuration de la police et de l'éducation, etc.
Mais le gouvernement de Lula doit composer avec une situation très fragile et se heurte à la crise économique et monétaire, sans parler des exigences et restrictions imposées par le FMI. La problématique consiste donc à respecter les engagements pris à la fois envers le peuple brésilien, mais aussi avec les institutions économiques internationales (Banque mondiale, FMI). Il doit aussi régler le problème agraire en poursuivant la réforme engagée par le président Cardoso et contenter le MST (Mouvement des Sans-Terre), très influent dans le pays, qui attend beaucoup de ce gouvernement.

2009 : le Brésil de nouveau une terre d'avenir

Lula est réélu président en octobre 2006. Les premiers bilans à l'issue de ces premières années de pouvoir ont été avant tout positifs pour les plus pauvres comme pour les plus riches : Lula plaît aux pauvres et n'effraie plus les milieux financiers. La pauvreté a reculé de 20 % et 7 millions de personnes sont sorties de la misère. L'inflation est maîtrisée (moins de 3 % par an), le déficit commercial fortement

réduit, les investissements colossaux. C'est, pour l'équipe de Lula, le prix à payer pour hisser le Brésil sur le devant de la scène mondiale. Paradoxe : avec un *real* trop fort par rapport au dollar, les produits brésiliens exportés sont devenus moins compétitifs, notamment par rapport à la Chine.
Un autre problème grave : la ***corruption,*** qui n'a pas manqué de toucher, hélas, le PT. Corruption financière classique et achat de votes au Parlement. Le PT fit le ménage et vira les politiciens les plus impliqués.
En 2009, le Brésil devenu autonome en énergie enregistre ***le plus fort taux de croissance économique depuis 1996,*** sa dette s'est évanouie : c'est un événement historique pour ce grand pays endetté depuis deux siècles. Cela confirme la thèse de son émergence au rang des grandes puissances dans les deux décennies à venir avec la Chine et l'Inde.

Une femme à la tête du pays

Alors qu'il atteint des sommets de popularité, Lula doit céder la place en 2010, la Constitution lui interdisant de briguer un troisième mandat. Sa dauphine, ***Dilma Rousseff,*** ex-guérillera contre la dictature militaire dans les années 1960, ancienne technocrate et chef de cabinet de Lula, est élue présidente, une première dans l'histoire du Brésil. Elle constitue le gouvernement « le plus féminin » que le Brésil ait connu en multipliant par trois le nombre de ministres femmes. Réputée femme de dossiers, Dilma s'engage à ***poursuivre la politique de son prédécesseur,*** en particulier la lutte contre la pauvreté. Elle doit aussi s'attaquer aux dossiers laissés en suspens : la réforme du système politique et fiscal, l'amélioration du système de santé et d'éducation, la réforme agraire, la grogne des policiers et pompiers exigeant d'importantes augmentations de salaire, la lutte contre la violence urbaine et la corruption... Dans la foulée éclate une nouvelle affaire de corruption, touchant de nombreux élus et entrepreneurs, impliqués dans les travaux mis en œuvre pour le Mondial de foot. Car Dilma Rousseff doit aussi veiller au bon déroulement des préparatifs de la Coupe du monde de football de 2014 et des Jeux olympiques de 2016, à Rio, deux événements majeurs pour un pays qui entend désormais affirmer sa stature internationale et obtenir un siège permanent au ***Conseil de sécurité de l'ONU.*** Mais avant de se projeter vers l'avenir, les députés entendent aussi solder le passé. Ils décident fin 2011 la création d'une commission chargée d'enquêter sur les meurtres, disparitions et tortures survenus durant la dictature militaire. Reste que, depuis 1979, une loi d'amnistie couvre les crimes commis durant cette période. Une loi encore confirmée par la Cour suprême brésilienne.

Quel avenir pour le Brésil ?

En mai 2013, petite révolution socioculturelle, le Conseil national de justice ***autorise les mariages de couples homosexuels.*** À la même période, le Brésilien Roberto Azevedo est officiellement désigné pour diriger l'OMC pour un mandat de 4 ans. Sa désignation à la tête d'un organisme mondial affirme la place du pays sur la scène internationale. Une image toutefois ternie dès juin 2013 lors d'immenses manifestations, à Rio et São Paulo notamment, pour protester contre l'***augmentation du coût de la vie et des transports,*** la corruption (encore et toujours) et le ***coût exorbitant de l'organisation du Mondial de football*** en 2014 (estimé à 11 milliards d'euros). Or le Mondial va se solder par une défaite cuisante du Brésil contre l'Allemagne en demi-finale sur le score historique de 7-1 !
C'est dans ce contexte social tendu et incertain que Dilma Rousseff est réélue de justesse (51,64 % des suffrages au second tour) en octobre 2014 face au candidat de centre droit, Aécio Neves. « Le dialogue, c'est le premier engagement de mon nouveau mandat », a-t-elle aussitôt promis.
Le début de l'année 2015 est marqué par le ***scandale de corruption qui a touché Petrobras,*** l'entreprise pétrolière contrôlée par l'État, et les géants brésiliens du

BTP. Ces derniers auraient surfacturé des marchés et, en contrepartie, les partis de la coalition de centre gauche au pouvoir auraient reçu des pots-de-vin afin, notamment, de financer les campagnes électorales. Ce réseau de corruption aurait détourné pas moins de 4 milliards de dollars en 10 ans. L'enquête menée par Sergio Moro, un jeune juge incorruptible, met en cause 303 députés sur les 513 que compte le gouvernement, ainsi que 49 sénateurs sur 81, également mis aussi en examen ! Le pays se retrouve plongé dans le plus grand scandale politico-financier de son histoire alors que sa situation économique est à la dérive avec une ***récession de 4 %*** pour sa 2e année consécutive, un ***chômage qui touche 10 millions de personnes et une inflation de 10 %.*** En mars 2016, la tentative de Dilma Rousseff de nommer Lula au poste de ministre de la *Casa Civil* (l'équivalent d'un poste de Premier ministre), ce qui lui permettrait d'échapper à la justice pour corruption et blanchiment d'argent, pousse les Brésiliens à bout. Trop c'est trop, ***les manifestations se multiplient et prennent une ampleur sans précédent*** (avec un record en mars 2016 de plus de 3 millions de personnes dans les rues, dont 1,4 million à São Paulo où habite Lula). Au printemps 2016, le sort de Dilma Rousseff, dont la cote de popularité est au plus bas, semble soldé. ***Sous le coup d'une procédure de destitution*** *(impeachment)* menée par la Chambre des députés, la présidente est écartée du gouvernement pour « crime de responsabilité », malgré l'absence de preuves concrètes. En attendant un dénouement à cette procédure, c'est Michel Tremer, ancien vice-président, qui est temporairement le chef du gouvernement. Beaucoup parlent d'un « coup d'État organisé » et on peine à légitimer les accusations des députés quand certains d'entre eux dédient leur vote en faveur de l'*impeachment* à des tortionnaires de la dictature militaire, tandis que d'autres brandissent des pancartes « *Tchau Querida !* » (Salut chérie !)... Autre mesure inquiétante, la suppression du ministère de la Culture, instaurée dès l'arrivée de Tremer à la présidence du pays.
À l'heure où nous imprimons ce guide, il est difficile de présager de la situation politico-sociale du pays, qui divise la population aujourd'hui. Un vote du Sénat doit être organisé fin août pour déterminer l'avenir de Dilma Rousseff. Soit elle est destituée et perd ses droits politiques pour 8 ans, soit elle retrouve son mandat présidentiel jusqu'à la prochaine élection, fin 2018.

MÉDIAS

Votre TV en français : TV5MONDE, la première chaîne culturelle francophone mondiale

Avec ses 11 chaînes et ses 14 langues de sous-titrage, TV5MONDE est distribuée dans plus de 190 pays du monde par câble, satellite et sur IPTV. Vous y retrouverez de l'information, du cinéma, du divertissement, du sport, du documentaire...
Grâce aux services pratiques de son site voyage *(• voyage.tv5monde.com •)*, vous pouvez préparer votre séjour et rester connecté une fois sur place, avec les applications et le site *• tv5monde.com •* Demandez à votre hôtel le canal de diffusion de TV5MONDE et contactez *• tv5monde.com/contact •* pour toute remarque.

Euronews

Chaîne d'information la plus regardée en Europe, Euronews traite l'actualité mondiale en continu. Grâce à ses 400 journalistes de plus de 30 nationalités, la chaîne est accessible 24h/24 en 13 langues.
Véritable hub média multiculturel indépendant, Euronews porte un regard unique sur les événements et en propose une analyse factuelle. Créée en 1993, à Lyon, la chaîne s'adresse à 400 millions de foyers dans 155 pays et est disponible partout

à travers le globe via ses déclinaisons digitales (Internet, applications mobile, TV connectée, web radio...).

Journaux

Après 20 années de dictature militaire, le Brésil a effectué son retour à la démocratie au milieu des années 1980. À la censure a succédé une relative ***liberté de parole et de la presse.*** Si peu de médias parviennent à couvrir l'ensemble du territoire (plus de 8 500 000 km² !), il existe en revanche une multitude de stations de radio et de journaux au plan régional ou local. C'est d'ailleurs la presse locale qui est encore l'objet de pressions et d'agressions.

Pays immense, le Brésil connaît une profusion de journaux. Pas moins de 465 quotidiens ont été recensés. Parmi eux, cinq titres diffusés dans tout le pays se distinguent particulièrement. Le traditionnel « groupe des quatre » *(A Folha de São Paulo, O Estado de São Paulo, O Globo, O Jornal do Brasil),* auquel il faut ajouter, pour l'actualité économique, *Brasil Econômico* ou *Valor Econômico. O Estado* et *O Globo* sont à ranger parmi les journaux conservateurs, au contraire de *A Folha de São Paulo.*

Télévision

C'est incontestablement le média le plus populaire. Sur les 11 chaînes, dont 5 régionales, deux se taillent la part du lion : *TV Globo,* longtemps présidée par le magnat de la presse Roberto Marinho (décédé en 2003, à 98 ans !), et *SBT (Sistema Brasileiro de Televisão),* entre les mains du roi des jeux et des loteries, Silvio Santos. Le puissant groupe Rede Globo contrôle à lui seul plusieurs chaînes de TV, 8 stations de radio, un quotidien national, des éditions de disques et de livres, des régies publicitaires et des studios de cinéma. *TV Globo* caracole en tête des sondages d'audience, avec tous les soirs presque 50 % de l'Audimat pour ses fameuses ***telenovelas,*** *exportées dans plus de 120 pays dans le monde !*

BIG GLOBO IS WATCHING YOU !

TV Globo est le 3ᵉ réseau mondial de télévision après CBS et NBC. La chaîne a la particularité de produire elle-même la quasi-totalité des programmes diffusés. Célèbre pour ses telenovelas (feuilletons à l'eau de rose) vendues dans le monde entier, elle rassemble, chaque jour, 120 millions de téléspectateurs. TV Globo exerce une véritable influence sur la vie quotidienne, notamment dans la popularisation du divorce, qui était, naguère, tabou au Brésil. C'est elle aussi qui impose les horaires des matchs de football, fixés selon l'heure de diffusion de la novela *das nove (novela de 21h).*

Rassurez-vous, si les *telenovelas* ne sont pas votre tasse de thé, le Brésil compte ce qu'il faut de chaînes par satellite ou par câble pour satisfaire tous les goûts. Côté chaînes culturelles, TV Cultura présente un programme assez diversifié, et pour les cinéphiles, Canal Brasil propose en général une intéressante sélection de films, essentiellement brésiliens.

Dans un autre registre, les Églises évangélistes contrôlent notamment les chaînes *Record* et *Rede TV.* La diffusion de la messe à 6h30 est aussi un événement du paysage audiovisuel brésilien.

Liberté de la presse

Le Brésil est le 3ᵉ pays le plus meurtrier des Amériques derrière le Mexique et le Honduras, avec 41 journalistes assassinés entre 2000 et 2015 en relation évidente ou possible avec leur activité professionnelle. Nombre de journalistes tués enquêtaient sur des sujets sensibles tels que le narcotrafic, la corruption ou les conflits politiques locaux. En 2015, 3 journalistes ont été assassinés. En plus des assassinats, de nombreuses atteintes à la liberté d'information perdurent. Plus d'une centaine de journalistes ont fait les frais de la violence de la police militaire, mais aussi des manifestants, lors des mouvements de protestation qui secouent le pays depuis juin 2013.

En mars 2014, le projet d'un Observatoire sur la violence contre les journalistes en partenariat avec l'Unesco était lancé, mais ne s'est jamais réalisé. De même un projet de loi allant dans le sens de la fédéralisation des enquêtes sur les crimes commis contre les journalistes a été écarté en mai 2015.

En outre, les journalistes subissent régulièrement des pressions et sont victimes de procédures abusives de la part des autorités locales (pour diffamation, injure, etc.), débouchant parfois sur des amendes exorbitantes ou encore sur l'instauration d'une « censure préventive », qui touche en particulier l'information en ligne. Cette explosion procédurière est une triste réaction aux importantes avancées en matière de liberté d'information sous les présidences de Lula da Silva (2003-2010) et de Dilma Rousseff. En témoignent l'abrogation en 2009 de la loi de 1967 (héritée de la dictature militaire, celle-ci prévoyait des peines de prison ferme en cas de diffusion d'informations jugées subversives), mais également la suspension de la clause de la loi électorale de 1997, qui interdisait le droit à la caricature en période de campagne électorale, et une amélioration sensible de l'accès à l'information publique. Considérée comme une avancée, la promulgation du *Marco Civil do Internet,* sorte de Constitution des droits sur Internet et dont la mise en place a été accélérée par les révélations d'Edward Snowden, garantit la neutralité du Net et la protection des données personnelles des utilisateurs.

Le paysage médiatique brésilien reste très concentré, contrastant avec l'extrême diversité de la société. Dix principaux groupes économiques, issus d'autant de familles, se partagent le marché de la communication de masse et les fréquences. Le pluralisme est également mis à mal par les restrictions dans la distribution des annonces et par la colossale manne publicitaire officielle, d'où un certain assujettissement financier des médias et l'existence d'une relation extrêmement forte entre pouvoirs médiatique, économique et politique.

Les médias communautaires demeurent les principales victimes de ce système. Ils opèrent souvent dans l'illégalité, faute de posséder un statut clair et des concessions leur permettant de diffuser. De fait, la loi de télécommunications de 1962, qui continue de régir l'allocation des fréquences, n'a jamais connu de refonte en profondeur depuis la fin de la dictature militaire. Le Brésil reste enfin dans l'attente d'une nouvelle loi de régulation des médias.

Ce texte a été réalisé en collaboration avec *Reporters sans frontières.* Pour plus d'informations sur les atteintes à la liberté de la presse, n'hésitez pas à les contacter :

■ ***Reporters sans frontières :*** *CS90247, 75083 Paris Cedex 02.* | ☎ *01-44-83-84-84.* • *rsf.org* • Ⓜ *Grands-Boulevards.*

MUSIQUE

Visiter le Brésil, c'est découvrir aussi la musique qui accompagne la vie de chaque Brésilien, dans toutes les régions et à toute heure de la journée. Ici, la musique est une façon de vivre, gaie ou triste ; peu de peuples l'expriment aussi intensément comme un « art de vivre ». Avec un triple héritage amérindien, portugais et africain, la musique brésilienne est d'une grande variété et on ne saurait la limiter à la samba ou à la bossa-nova : chaque région possède une tradition et une culture musicale qui lui est propre.

Mais le Brésil c'est la ***samba*** d'abord, bien sûr. Ici, on dit LE samba, « Sa Majesté » qui « naît dans le cœur ». La samba peut être lente, chanson habillée par une voix toujours chaude, alors *samba canção,* hymne au rythme roulant et saccadé du défilé de carnaval, alors *samba de enredo,* ou même marche entraînant l'enthousiasme collectif, *marcha rancha...* Musique avant tout populaire, elle court le quartier, la ville, les ondes radio et, d'un jour à l'autre, est sur toutes les lèvres et dans toutes les mémoires. Écoutez les grands noms qui ont fait sa renommée : Paulinho da Viola ou Beth Carvalho à Rio, Nelson Sargento ou Martinho da Vila...

La samba vit son apogée au moment du carnaval, mais elle remplit la vie de chaque Brésilien, en particulier à Rio, avec les ***multiples écoles*** comme les prestigieuses Mangueira, Beija-Flor et Portela, qui rassemblent des centaines de personnes par quartiers. Chaque année, on rivalise de talent pour composer et choisir la samba qui deviendra un tube, créer le plus beau défilé, préparer les costumes, répéter avec les musiciens et les danseurs... Le carnaval n'est que la partie émergée de l'iceberg, car la samba coule chaque jour dans le sang des Brésiliens, en particulier dans les quartiers populaires.

En outre, avec le succès tardif rencontré par les dinosaures cubains du Buena Vista Social Club depuis le début des années 1990, les anciennes voix de la samba réinvestissent le devant de la scène : Velha Guarda da Portela, Velha Guarda da Mangueira et l'emblématique Alcione dias Nazareth, née en 1947 et qui enflamme les salles depuis qu'elle a 12 ans ! Ne la ratez pas si vous passez par Lapa lors d'un séjour à Rio !

La musique brésilienne saisit aussi les ***multiples influences du reste du monde,*** africaines surtout, mais aussi latines et occidentales, métissant différents styles pour les réinventer, entre la pop, le jazz et les rythmes africains. Avec souvent ce sentiment intraduisible de *saudade* (nostalgie, mélancolie), qui est peut-être le secret de cette musique que l'on retrouve à Cuba, en Angola ou au Cap-Vert.

La *saudade* se traduit aussi à merveille dans la ***bossa-nova,*** née d'une fusion harmonieuse entre la guitare sèche et la douceur de vivre du littoral. On peut citer en tête et bien sûr, *Mestre* Tom Jobim, qui composa plus de 500 musiques, d'*Orfeu Negro* à *Girl of Ipanema* ou *Desafinado,* appartenant désormais à la mémoire populaire, mais aussi Vinícius de Moraes, João Gilberto et les mélodies de Caetano Veloso, troublant poète et musicien. Écouter aussi la voix de Gal Costa, « la voix qui maintient toute la pureté de la nature, où il n'y a ni péché ni pardon ». Sans oublier, bien sûr, Gilberto Gil, Bahianais au rythme ensorcelant, promu un temps ministre de la Culture au sein du gouvernement Lula, et puis Chico Buarque, le Carioca à la fois habité par la veine populaire de la samba du coin de la rue et intellectuel rigoureux à la grammaire mathématique.

Dans le Minas Gerais, c'est la voix de Milton Nascimento qui résonne et, dans un tout autre genre, le hard rock du groupe Sepultura... De fait, les nouveaux courants s'affirment. Comme le ***rap,*** que le Brésil digère à sa façon, avec un retour au réel « nu et cru », pourtant swing et festif. Celui des Racionais ou de *Raça Negra,* à São Paulo, ou encore le rap carioca de Marcelo D2, mêlant allègrement samba, bossa et reggae. Et puis toutes les musiques dérivées du carnaval, comme l'***axé-music*** de Daniela Mercury ou Margareth Menezes, qui attirent toute la jeunesse bahianaise ; ou le ***pagode,*** très populaire de Rio à Salvador, sorte de samba en formation réduite, chanté notamment par Zeca Pagodinho. Et la musique afro des blocs de carnaval à Salvador da Bahia, Ilê Ayé, Olodum et la Timbalada, avec Carlinhos Brown, percussionniste et digne représentant du métissage de la musique brésilienne.

Écoutez aussi Raul Seixas, décédé en 1992, qui chante la rage et le désir d'une jeunesse exclue, et dont tout « jeune bandit » fredonne les paroles.

Et puis il y a les musiques du Nordeste : le ***forró*** à l'énergie chaleureuse, avec ses rythmes syncopés d'accordéon *(sanfona),* rendu célèbre dans les années 1940 avec la chanson *Asa Branca* de Luiz Gonzaga ; la langueur ***sertaneja*** et le ***frevo*** de Recife ; ou encore le ***brega*** de la région de Belém et de l'île de Marajó, qui signifie « ringard » (sic !) et attire des couples de danseurs appliqués au bal du vendredi soir.

Et encore, bien sûr, la fameuse ***MPB,*** *Musica Popular Brasileira,* que vous rencontrerez à tous les coins de rue et dans de nombreux bars ou restos. Une sorte de bossa-nova revisitée dans les années 1960 par les grands musiciens de l'époque (Jorge Ben, Chico Buarque ou Milton Nascimento, tous originaires de la côte entre São Paulo et Rio), et qui sera suivie, à partir de 1968, de l'apparition du « tropicalisme », avec Gilberto Gil.

DÉLICATESSE

Le chanteur de charme Wando avait des textes tellement suggestifs, pour ne pas dire franchement érotiques, que ses fans lui envoyaient leurs petites culottes sur scène ! Il avait même commencé à les collectionner, se vantant d'en posséder pas moins de 17 000...

En cours de route, jetez dans votre sac à dos les CD des anciens, ceux que vous ne pourrez plus écouter *ao vivo* (en live) : Luiz Gonzaga, à la voix dorée, le compositeur et chanteur des *forrós* les plus émouvants du Nordeste, le grand Cartola, compositeur de l'école de samba de Mangueira, Nelson Cavaquinho, Elis Regina, dont la voix et la rage se sont brutalement interrompues en 1982, l'album mythique *Tropicália,* qui regroupe toute la famille de ce courant musical des années 1970, Gal Costa, Caetano Veloso, Maria Bethânia, Gilberto Gil... et puis le reste, le renouveau incarné par les talentueuses Marisa Monte, Adriana Calcanhoto, Maria Rita (fille d'Elis Regina), Cassia Eller, Bebel Gilberto et les non moins doués Arnaldo Antunes, Tom Zé, Lenine, Marcio Faraco, Seu Jorge, Russo Passapusso...
Au Brésil, il y a des concerts partout, souvent, pas chers, et c'est rare qu'on s'y ennuie... Alors, en piste !

PERSONNAGES

Les politiques

– ***Luís Carlos Prestes*** *(1898-1990)* **:** militaire et homme de gauche, il participa à la révolte des *tenentes,* dans les années 1920. Il est célèbre pour l'épisode dit « de la colonne Prestes » : une longue marche de 27 mois à travers le Brésil, 25 000 km à travers 14 États avec une foule d'opposants, tout en évitant les troupes gouvernementales et les bandits qui voulaient sa peau ! Figure historique du Parti communiste brésilien, sa mémoire est révérée même par ses adversaires politiques.
– ***Juscelino Kubitschek*** *(1902-1976)* **:** c'est l'homme de Brasília. Médecin de formation, « J. K. » (pour les intimes) s'est d'abord fait connaître sur la scène politique en tant que maire de Belo Horizonte, où il avait déjà fait appel à Niemeyer pour dynamiser l'architecture d'un quartier de la ville. Il s'agissait en somme d'un laboratoire, avant de se lancer, en 1956, à la suite de son élection à la présidence, dans la formidable aventure de cette nouvelle capitale née de rien, dans une contrée oubliée. En exil pendant une partie de la dictature, il rentra au pays en 1967. Un retour qui ne devait pas plaire à tout le monde, puisque aujourd'hui encore le mystère entoure les circonstances exactes de sa mort, survenue lors d'un accident de voiture jugé douteux en août 1976.
– ***Dom Helder Câmara*** *(1909-1999)* **:** cet ancien évêque de Recife a connu une grande popularité en raison de son engagement en faveur des Brésiliens les plus pauvres. Figure emblématique de la « théologie de la libération », il fut souvent inquiété par le pouvoir politique brésilien (condamné à 7 ans d'exil intérieur en 1970), mais c'est finalement Jean-Paul II qui le remplaça en 1985 par un évêque beaucoup plus conservateur. La théologie de la libération n'avait pas bonne presse au Vatican...
– ***Chico Mendes*** *(1944-1988)* **:** leader des ouvriers *seringueiros* de l'Acre, en pleine Amazonie, et militant écologiste, il a été de ceux qui ont fait prendre conscience à la communauté internationale de l'enjeu de la protection de la forêt, de

ses habitants et de ses ressources. Empêcheur de scier en rond, il a été assassiné par les hommes de main d'un grand propriétaire terrien. À ce jour, le crime reste impuni. Un film de John Frankenheimer, *The Burning Season* (1994), lui a été consacré.

– ***Luiz Inácio Lula da Silva, dit Lula :*** né en 1945 à Caétés, dans le Nordeste (Pernambuco), dans une famille pauvre de huit enfants, Lula – « calamar » en portugais ! – quitte l'école à 10 ans. Il est d'abord pêcheur de crabes, vendeur de cacahuètes, puis ouvrier tourneur à São Paulo. Lula habite la favela de Vila Carioca à São Paulo. En 1964, année du coup d'État militaire, il déménage pour São Bernardino do Campo, le quartier ouvrier. Il devient métallurgiste. Son frère Chico, membre du Parti communiste clandestin, lui ouvre les portes du puissant syndicat des métallos, dont il prend la direction 11 ans plus tard. En 1979, les travailleurs descendent dans la rue, Lula en tête. Ce barbu charismatique y gagne 20 jours de prison et la célébrité nationale. En 1980, il fonde le PT, Parti des travailleurs, aujourd'hui le plus structuré du Brésil. Son élection à la présidentielle en octobre 2002 suscite de nombreux espoirs dans la classe populaire ; il est reconduit dans ses fonctions en octobre 2006. En 2010, il cède la place à Dilma Rousseff avec une cote de popularité de près de 80 % ! La même année, le magazine *Time* le consacre dirigeant le plus influent de la planète. Bonjour les jaloux ! Soigné d'un cancer du larynx en 2011, Lula est depuis touché par le scandale Petrobras et accusé de corruption et de blanchissement d'argent. Sa popularité est en chute libre depuis le début de l'année 2016 et de nombreux Brésiliens demandent son emprisonnement en brandissant lors d'immenses manifestations sa poupée en plastique en tenue de taulard.

– ***Dilma Rousseff*** *(née en 1947)* **:** la première femme élue à la tête du Brésil est originaire de Belo Horizonte (Minas Gerais). Son père était un avocat bulgare (Pétar Rúsef), émigré en France en 1929, puis, après la guerre, en Argentine et finalement au Brésil. À la fin des années 1960, après une éducation en partie francophone, elle s'engage dans la lutte armée contre la dictature militaire (suite à la lecture d'un livre de Régis Debray). Arrêtée en 1970, elle est torturée pendant 22 jours, puis détenue pendant presque 3 ans ! En 1977, elle décroche un diplôme en économie et accède, en 1991, à la fonction de secrétaire d'État à l'Énergie. Elle devient ministre de l'Énergie en 2003 dans le gouvernement Lula, qui en fait sa dauphine. En 2010, elle s'impose au second tour de l'élection présidentielle face au candidat social-démocrate José Serra, avec 56 % des voix. Après un premier mandat jugé décevant par manque de résultats, elle est malgré tout réélue en octobre 2014. L'héritière de Lula est embourbée depuis 2015 dans le scandale Petrobras. Sous le coup d'une procédure de destitution *(impeachment)* depuis avril 2016, son avenir politique semble fortement compromis...

Les écrivains

– ***José de Anchieta*** *(1534-1597)* **:** né aux Canaries, arrivé à 19 ans au Brésil, ce père jésuite est considéré comme le premier véritable écrivain de la colonie portugaise. Grammairien, poète et dramaturge, auteur d'une grammaire tupi, il a élaboré la *lingua geral,* qui devint le moyen de communication linguistique entre Indiens et Portugais.

– ***Joaquim Machado de Assis*** *(1839-1908)* **:** né à Rio d'un père mulâtre, il a édifié l'œuvre littéraire brésilienne la plus importante du XIXe s. Chez lui, aucun exotisme de pacotille, aucune effusion romantique ; c'est un classique, un ironiste, qui pose son regard acéré et souvent amusé sur la société de son temps. Il a fondé et présidé l'Académie brésilienne des lettres. À lire : *Dom Casmurro, L'Aliéniste, Mémoires posthumes de Brás Cubas.*

– ***Oswald de Andrade*** *(1890-1954)* **:** « *Tupi or not tupi, that is the question* », proclamait le poète iconoclaste, promoteur de la Semaine d'art moderne à São Paulo en 1922. Andrade est l'auteur du manifeste poétique *Pau-Brasil,* emblématique du

« modernisme » et du *Manifeste anthropophage.* Il affirme la nécessité de l'assimilation et de l'appropriation des autres cultures – en particulier européennes.

– ***João Guimarães Rosa*** *(1908-1967)* **:** d'abord médecin dans son Minas Gerais natal, puis diplomate et surtout romancier ; son œuvre est toujours située dans les paysages desséchés du *sertão,* qu'il transfigure par un usage démiurgique de la langue et une inventivité folle. La complexité et la richesse de son univers romanesque l'ont fait comparer à James Joyce, rien de moins (mais c'est justifié, y compris pour la difficulté de lecture). *Diadorim* est son grand roman (voir « Livres de route »), mais on peut se replier sur *Sagarana, Corpo de baile* ou *Mon Oncle le jaguar.*

– ***Jorge Amado*** *(1912-2001)* **:** fils de planteur, né à Salvador da Bahia, militant de gauche, il se passionne très tôt pour la littérature et les luttes sociales. Ses premiers romans portent la marque de son engagement communiste : *Cacao, Sueur, Bahia de tous les saints, Capitaines des sables.* Après la guerre, sans renoncer à ses préoccupations politiques, il chante la joie et l'énergie du petit peuple de Bahia, dans des romans comme *Dona Flor et ses deux maris, Gabriela, La Boutique aux miracles.* « La tristesse, disait-il, est le seul péché mortel, car c'est le seul qui offense la vie. » Comment lui donner tort ?

– ***Paulo Coelho*** *(né en 1947 à Rio de Janeiro)* **:** on aime ou pas les livres de Paulo Coelho, classé aujourd'hui comme le deuxième auteur le plus lu dans le monde (165 millions de livres vendus, dans 80 langues). Dans les années 1970, hippie brésilien, Paulo voyage, fricote avec la drogue et le nihilisme, devient journaliste de TV, dramaturge, metteur en scène, musicien rebelle (il est le parolier de Raul Seixas). Il est emprisonné pour hostilité à la dictature et subit même la torture. Son premier roman, *L'Alchimiste,* est un immense succès. Son écriture simple et accessible, ses intrigues faciles ont conduit la critique à le classer parmi les romanciers populaires mineurs, mais ses lecteurs le suivent pour la richesse du contenu philosophique et spirituel de son œuvre, capable de toucher les gens quels que soient leur âge, leur condition ou leur culture. Figure internationale de la scène littéraire, il s'est vu décerner une place à l'Académie des lettres (l'équivalent de notre Académie française). Il s'investit aujourd'hui dans de nombreux programmes humanitaires, notamment une fondation créée pour soutenir les défavorisés au Brésil.

Les artistes

– ***Aleijadinho*** *(Antônio Francisco Lisboa, dit ; 1730-1814)* **:** né dans le Minas Gerais, celui qu'on a appelé le « Michel-Ange brésilien » n'est jamais allé en Europe pour étudier la statuaire classique. Il a pourtant édifié une œuvre très personnelle, unanimement reconnue, d'architecte et de sculpteur. Fils d'un architecte portugais et d'une esclave noire, le jeune Antônio, sans jamais quitter Ouro Preto et sa région, acquit une renommée dans tout le pays. Il créa et sculpta avec passion des œuvres religieuses en bois et en pierre à savon d'une qualité et d'une richesse extraordinaires. La plupart des églises du Minas lui doivent quelque chose, en particulier l'extraordinaire ensemble de la *Basílica do Senhor Bom Jesus de Matosinhos* à Congonhas. Vers 1777, défiguré et mutilé par une terrible lèpre, *Aleijadinho* (« le Petit Estropié »), comme on le surnomme alors, continue à travailler, au besoin en se faisant fixer marteau et burin au bout de ses moignons – et trouve au contraire dans ce supplice une nouvelle force pour exalter son œuvre. Un poète disait de lui : « Cet homme n'avait rien de petit ni de faible ; il était prodigieux jusque dans sa difformité. Ni son physique, ni son moral, ni son art ne révélèrent une quelconque faiblesse sentimentale. »

– ***Heitor Villa-Lobos*** *(1887-1959)* **:** né à Rio, il étudie la musique en autodidacte et commence peu à peu à mêler la tradition savante occidentale aux musiques populaires du Brésil. Dans les années 1920, il séjourne longtemps à Paris et fréquente l'avant-garde européenne. Son œuvre foisonnante (près de 2 000 titres à son actif) en fait le principal musicien brésilien contemporain, tendance classique.

À écouter : les *Choros*, les *Bachianas brasileiras et La Découverte du Brésil*, vastes compositions à la gloire de la terre et des hommes du pays.

– ***Candido Portinari** (1903-1962)* **:** né à Santa Rosa, dans l'État de São Paulo, il fut l'un des plus importants artistes brésiliens du courant néoréaliste. Portinari a peint près de 5 000 œuvres, qui vont de petites esquisses à de vastes peintures murales.

– ***Dona Canô** (1907-2012)* **:** de son vrai nom Claudionor Viana Teles Velloso. Décédée à l'âge de 105 ans, cette femme exceptionnelle fut une figure de la lutte contre la dictature militaire brésilienne. Deux de ses huit enfants sont devenus des chanteurs et musiciens célèbres, Caetano Veloso et Maria Bethânia. Daniela Mercury l'a « consacrée » avec une chanson éponyme devenue un classique de la MPB.

– ***Vinícius de Moraes** (1913-1980)* **:** né à Rio, il débute comme poète tout ce qu'il y a de plus traditionnel, puis se tourne vers la musique populaire et la bossa-nova, écrivant les paroles de milliers de chansons, dont *Garota de Ipanema, Samba da benção, Tarde em Itapuã, Consolação* et on en passe. Il travaille avec Orson Welles et Franck Sinatra, reçoit les visiteurs dans son bain... La musique, l'alcool (whisky de préférence) et les jolies femmes (il fut marié neuf fois !) constituent sa sainte trinité.

– ***Antônio Carlos « Tom » Jobim** (1927-1994)* **:** Carioca et fier de l'être, Jobim est le compositeur célébré de très nombreux morceaux de bossa-nova *(Chega de saudade, Garota de Ipanema, Águas de Marzo, Corcovado, Desafinado, Meditação, Água de beber, Insensatez...).* L'aéroport de Rio porte son nom. Normal pour qui écrivit *Samba do Avião.* Cherchez bien parmi les mélodies que vous fredonnez : il y en a sûrement une de « Tom » Jobim.

– ***Baden Powell** (1937-2000)* **:** non, ce n'est pas le chef scout ! Roberto B. P. de Aquino a cependant été baptisé ainsi par son père, en souvenir de l'autre, justement. Né à Rio, l'enfant prodige de la guitare a vécu dans de nombreux pays, notamment en France et en Allemagne. Rythmicien hors pair, mélodiste parfait, ouvert sur les expériences avec d'autres musiques (jazz, classique), Baden Powell était un grand, un très grand de la six cordes. À écouter : *Afro-sambas* ou *Rio das valsas.*

– ***Sebastião Salgado** (né en 1944)* **:** fils d'un éleveur du Minas Gerais, le jeune homme suit une formation d'économiste (au Brésil, puis à Paris) et travaille quelque temps à Londres avant de se tourner vers la photographie en 1973, au cours d'un voyage. Il fait clairement partie de ces photographes engagés qui, au travers de leur art, entendent témoigner. L'homme, sa dignité et ses activités restent au cœur de son travail, et c'est cette vision humaniste qui lui a valu de nombreuses récompenses dans le monde entier depuis une vingtaine d'années. Un beau regard en noir et blanc sur notre monde. Il a publié une dizaine d'ouvrages dont *Exodes* (Taschen, 2016), *Genesis* (Taschen, 2013), *La Main de l'homme* (La Martinière, 2014), *Serra Pelada* (Photo Poche, 2004) ou *Autres Amériques* (Contrejour, 2015). Sa vie et son travail sont portés au grand écran en 2014 dans *Le Sel de la terre,* très beau documentaire (qui a reçu plusieurs récompenses) réalisé par son fils, Juliano Ribeiro, et Wim Wenders.

– ***Miguel Rio Branco** (né en 1946)* **:** de père diplomate, ce photographe inventif doit son œil à ses nombreux voyages. Correspondant de l'agence *Magnum,* il décortique les différentes facettes du Brésil avec des partis pris radicaux. Prostitution, douleur, se mêlent à la religion, sublimant la cruauté par une beauté parfois violente.

Les novateurs

– ***Zumbi** (1655-1695)* **:** cet esclave noir du Pernambuco a vécu au XVIIe s, mais sa légende est restée vivace. Il fut le dernier chef, et le plus charismatique, d'une communauté d'esclaves. On appelle celle-ci un *quilombo,* groupe formé par les esclaves en fuite avant l'abolition de l'esclavage au Brésil (1887). Ces hommes résistèrent pendant près de 100 ans aux assauts des troupes portugaises, dans la région des Palmares (État d'Alagoas). Assassiné en 1695, Zumbi est adoré des Noirs brésiliens. Le 20 novembre, jour anniversaire de sa mort, a été décrété officiellement « Journée de la conscience noire » au Brésil.

– ***Cândido Rondon*** *(1865-1958)* **:** militaire positiviste, passionné par le progrès, il fut un infatigable arpenteur de l'Amazonie. Il bâtit des postes avancés en pleine jungle, fit passer le télégraphe et prit contact avec des tribus indiennes farouches, envers lesquelles il se refusait à faire usage des armes (sa devise : « Mourir s'il le faut, mais ne jamais tuer »). Très proche des Indiens, Rondon était considéré par certains chefs de tribus comme l'un des leurs. Il fonda en 1910 le Service de protection des Indiens. C'est en sa mémoire que l'État de Rondônia a été baptisé.

– ***Alberto Santos-Dumont*** *(1873-1932)* **:** de père français et de mère brésilienne, ce pionnier de l'aéronautique, qui vécut à Paris, fut fort apprécié du public français de la Belle Époque. Il construit d'abord des ballons, puis un dirigeable, puis, en 1904, des prototypes d'aéroplane – et ça vole ! En 1906, il effectue deux vols entrés dans l'histoire : 60 m en octobre et 220 m en novembre (nouveau record du monde). Il met au point ses « Demoiselles », des petits monoplans motorisés, qui obtiennent un vif succès. Il survole alors Paris et... passe sous la tour Eiffel. Il retourne au Brésil en 1928 et s'y suicide 4 ans plus tard.

– ***Oscar Niemeyer*** *(1907-2012)* **:** influencé par l'esthétique du Bauhaus et surtout par Le Corbusier, c'est l'architecte de Brasília et, tout simplement, un des plus grands architectes contemporains. À ses yeux, l'ennemi, c'est la ligne droite ; l'architecture doit être ondoyante, audacieuse, accordée aux courbes des plages et à celles de la femme aimée. En 2005, cet infatigable créateur, remarié à 99 ans (!), signe l'auditorium de São Paulo. Petit tour de chauffe avant d'assister, en avril 2006, à l'inauguration de la bibliothèque et du musée d'Histoire de Brasília. En 2012, la rénovation du sambodrome de Rio, qu'il a lui-même conçu en 1983, compte parmi l'un de ses derniers projets. En France, on dénombre près d'une vingtaine d'œuvres de Niemeyer, dont le siège du Parti communiste à Paris (1965) et la Maison de la culture du Havre (1972).

IMMORTEL COUP DE CRAYON

« Je viens au bureau tous les jours, même le samedi », affirmait l'infatigable Niemeyer au lendemain de ses 102 ans ! En plus de 70 ans de carrière, l'architecte contemporain de Le Corbusier et de Frank Lloyd Wright a mené à terme plus de 600 projets à travers le monde, dont la capitale Brasília. Le dernier en date constitue un record : la cité administrative Tancredo Neves, dans le Minas Gerais, abrite cinq bâtiments, dont le palais Tiradentes (siège du gouvernement) retenu par 1 080 câbles d'acier – le plus grand édifice en béton armé suspendu au monde.

Les « people »

– ***Ivo Pitanguy*** *(1926-2016)* **:** quand on parle de chirurgie plastique et esthétique au Brésil, c'est Pitanguy qui est cité en premier. Mondialement connu, ce chirurgien a commencé à Rio en 1963 avec une clinique qu'il équipa du matériel le plus moderne de l'époque. Des stars comme Ursula Andress, Sophia Loren, Mick Jagger, François Mitterrand, la duchesse de Windsor sont passées par les mains de ce roi du bistouri et du lifting. Très riche, mais mécène à ses heures, il a soutenu aussi financièrement la favela qui borde sa luxueuse maison de Rio.

C'EST GONFLÉ !

Les opérations esthétiques, notamment les implants mammaires, sont désormais déductibles des impôts. En effet, l'État estime que ces interventions sont excellentes pour la santé mentale des Brésiliennes. Et aussi un facteur de promotion professionnelle !

– ***Guilherme Peirão Leal*** *(né en 1950)* **:** homme d'affaires et milliardaire, Leal a fait sa fortune dans l'industrie cosmétique. Une sorte d'Yves Rocher brésilien dont le groupe *Natura* est aujourd'hui (très bien) coté en Bourse. Politiquement, Leal soutient le Parti vert. Lors de l'élection de 2010, il se présente comme vice-président aux côtés de la candidate Marina Silva. Il est aussi membre du WWF Brésil et très actif au sein du *Funbio (Fundo Brasileiro para a Biodiversidade).*

– ***Eike Batista*** *(né en 1956)* **:** en 2011, Batista est considéré comme l'homme le plus riche du Brésil et la 8e fortune mondiale. Patron d'une discrète mais très puissante holding, il contrôle des mines d'or et de fer, des centrales thermiques, des infrastructures portuaires, un groupe d'hôtellerie de luxe et des champs pétrolifères. Milliardaire au physique avantageux, au caractère spontané, à la personnalité franche et généreuse, Batista finance la campagne du président Lula et a versé 5 millions d'euros au Comité olympique de Rio, ville où il a restauré l'hôtel *Gloria.* Son chiffre préféré : 63. Il ajoute toujours 63 centimes au montant de tous ses contrats... par superstition. Aurait-il fini par oublier ? Fin 2013, sa filiale pétrolière OGX fait faillite. Les puits supposés arrondir encore son pécule et celui du Brésil sont désespérément secs. D'un coup, il perd près de 20 milliards de dollars sur les 30 de sa fortune...

– ***Gisele Bündchen*** *(née en 1980)* **:** mannequin iconique, cette top model était la mieux payée au monde avant d'annoncer sa retraite des défilés début 2015 (34 ans, certes, mais déjà pas moins de 20 ans de carrière) ! Fille d'immigrés allemands du Rio Grande do Sul, Gisele a tout pour plaire. Au-delà de sa plastique, elle symbolise à elle seule les valeurs du Brésil actuel, fusion de bonheur et de santé à travers une vie saine et sportive, l'action sociale et la défense de l'environnement. Elle a notamment créé une marque de cosmétiques bio *Sejaa,* et s'est mariée en 2009 au footballeur américain Tom Brady.

Les sportifs

– ***Pelé*** *(Edson Arantes do Nascimento, dit ; né en 1940)* **:** footballeur qu'on ne présente plus. Né dans le Minas Gerais, mais étoile du club de Santos dès l'âge de 16 ans. L'homme aux 1 000 buts se retire en 1972 (un vrai jour de deuil pour les supporters !). L'enfant pauvre des favelas devient par la suite ministre des Sports, mais sans connaître, semble-t-il, les mêmes succès que sur le terrain. Il reste une figure mythique du football au Brésil et sur le plan international.

LE ROI PELÉ

Il fut le plus jeune joueur à gagner une Coupe du monde (à 17 ans). Sa notoriété internationale éclipsa tous les autres footballeurs de sa génération. Enfin, il fut le seul joueur à remporter 3 Coupes du monde (1958, 1962, 1970).

– ***Ayrton Senna*** *(1960-1994)* **:** surdoué du sport automobile, il batifole dès l'âge de 4 ans sur les circuits de karting. Devenu pilote professionnel, il est triple champion du monde, avec 41 victoires en Grand Prix et 65 pôles positions. Jusqu'à ce funeste 1er mai 1994 à Imola, où il fait sa dernière sortie de piste... Le deuil national est alors décrété au Brésil. Un tunnel urbain de São Paulo porte désormais son nom.

– ***Ronaldo*** *(Luis Nazário de Lima, dit ; né en 1976)* **:** né dans le quartier ouvrier de Bento Ribeiro à Rio, Ronaldo fait ses débuts à 16 ans. Appelé dès 1994 dans l'équipe nationale, il arrive très vite en Europe, pour se retrouver, après un passage au PSV Eindhoven, au FC Barcelone et à l'Inter Milan, parmi les étoiles du galactique Real Madrid, puis au Milan AC. Le petit prodige du football brésilien triomphe au Mondial 2002 et fait mieux que Pelé en 2006, avec 15 buts marqués en Coupe du monde (4 en 1998, 8 en 2002 et 3 en 2006). Il finit sa carrière au Brésil, au SC Corinthians, avant d'annoncer sa retraite en février 2011. En tout, « *Il Fenomeno* », a marqué 62 buts en 98 matchs sous le maillot brésilien. Seul Pelé a fait mieux.

– ***Ronaldinho*** *(Ronaldo de Assis Moreira, dit ; né en 1980)* **:** né dans une favela de Porto Alegre, il est intégré à l'équipe de football du FC Barcelone en 2003. L'année 2005 lui est on ne peut plus favorable : élu joueur de l'année par la FIFA, il reçoit également le Ballon d'or. En 2006, champion d'Espagne et d'Europe (Ligue des champions) avec le FC Barcelone, il est désigné meilleur joueur du monde par la FIFPro 2006 et meilleur joueur de la Ligue des champions. Il poursuit sa carrière au Milan AC, avant de retourner au Brésil, pour le prestigieux club du Flamengo, qui remporte en février 2011 le championnat de l'État de Rio... Puis il rejoint l'Atlético Mineiro de Belo Horizonte en 2012, avant de signer, 2 ans plus tard, avec le Querétaro FC mexicain qu'il quitte en 2015. Il joue depuis pour le club équatorien de Barcelona Sporting Club

– ***Kaká*** *(Ricardo Izecson dos Santos Leite, dit ; né en 1982)* **:** encore un oiseau rare du football ! Quand il marque un but, Kaká lève souvent les bras au ciel et se met à prier ! Outre son incroyable talent de meneur de jeu, ce footballeur aimable et souriant est connu pour sa grande foi (église évangélique). Originaire de Brasília, né dans une famille aisée, Kaká a grandi dans la banlieue chic de São Paulo. Il a joué pour les plus grands clubs, notamment le Milan AC, où il est revenu en 2013 après quatre années passées au Real Madrid. L'année suivante, il part pour les États-Unis dans le club d'Orlando City.

– ***Neymar*** *(Neymar da Silva Santos Júnior, dit ; né en 1992)* **:** c'est lui le prodige, le météore, l'étoile montante et l'espoir du foot brésilien et international ! Considéré comme le meilleur buteur, attaquant et dribbleur de son pays, et tout simplement comme un des meilleurs footballeurs du monde, il débute dès 13 ans au FC Santos. À 17 ans, déjà célèbre, il est réclamé par le Real Madrid, mais son père refuse. D'autres clubs européens le convoitent, mais il ne part finalement pour le vieux continent qu'en 2013, intégrant le FC Barcelone. Ultime coup du sort, sa blessure lors du quart de finale de la Coupe du monde de 2014 l'a privé de demi-finale face à l'Allemagne, avec le résultat désastreux que l'on connaît. Sans Neymar, le Brésil a perdu ses moyens...

PIERRES PRÉCIEUSES

Attention, terrain miné, les faussaires ne manquent pas de ressources pour faire passer le faux pour du vrai... Pour tout achat important, restez donc de marbre, exigez un certificat d'analyse émanant d'un laboratoire de gemmologie reconnu et non un certificat exotique bidon.

Sachez aussi que, pour avoir la valeur d'une partie de vos économies, une pierre doit avoir un marché. Combien de gemmes naturelles de qualité collent aux tiroirs parce qu'elles ne sont pas recherchées dans cette couleur, cette nuance, ce poids ou cette forme ? En juger est un métier.

ALEXANDRITE, PIERRE MYSTÉRIEUSE...

Cette pierre précieuse, découverte en 1830 en Russie, tire son nom du tsar Alexandre II qui arborait les couleurs vert et rouge de la Russie impériale. Au Brésil, c'est l'une des gemmes les plus curieuses du Minas Gerais. Sa particularité ? Par un étrange phénomène, elle change de couleur selon la lumière : ainsi passe-t-elle du vert le jour (sous lumière naturelle) au rouge la nuit (sous lumière artificielle). Toute petite et très rare, elle vaut parfois plus cher qu'un diamant !

POPULATION

Le Brésil est une société multiethnique. Dès le début de la colonisation, contrairement aux Anglais, les Portugais ne réprimèrent pas les relations entre colons et Indigènes ou esclaves. De plus, le manque de femmes favorisa ce type d'unions.

Le Brésil présente donc toute la gamme de métissage, du *caboclo* (métis de Blanc et d'Indien) au *mulato* (métis de Noir et de Blanc), en passant par le *cafuzo* (métis de Noir et d'Indien). Plus de 40 adjectifs, en brésilien, désignent les différentes nuances de couleur de l'épiderme. Cela ne doit cependant pas faire illusion. Tous les leviers de commande politiques et économiques sont aux mains des Blancs. La publicité, les médias, ne présentent en général que l'image du Blanc. Sur les chaînes de TV, la grande majorité des journalistes sont blancs et les animatrices les plus en vue sont de blondes poupées aux yeux bleus ! Même si le symbole du Brésil, provoquant tous les fantasmes des touristes, est la belle *mulata,* devenue une sorte d'image de marque, un dicton précise : « Au Brésil, on se marie avec plus blanc que soi, mais on fait l'amour avec plus noir que soi. » Il n'y a rien de plus vrai, aujourd'hui encore...

Les Noirs et les Blancs

Les recensements brésiliens classifient les citoyens non en fonction de leur ascendance réelle (invérifiable), mais en fonction de leur perception personnelle. Ainsi, au recensement de 2010, seuls 7,6 % des Brésiliens se sont déclarés Noirs *(pretos),* contre 43 % de métis *(pardos)* et 47,7 % de Blancs *(brancos).* En réalité, les spécialistes estiment que les Noirs sont plus nombreux et les Blancs moins nombreux... D'ailleurs, les Blancs ne possèdent, en général, que 70 à 80 % de sang européen ! Géographiquement parlant, le Sud est davantage blanc, le Nord davantage noir. Le premier a vu débarquer de nombreux Allemands, Italiens, Espagnols et Polonais aux XIXe et XXe s, le second quelque 4 millions d'esclaves africains en trois siècles d'exploitation.

Après l'abolition tardive de l'esclavage, en 1888, les Noirs se retrouvèrent libres, mais libres d'être pauvres, sans avenir ni perspectives. Ils furent destinés aux plus basses besognes puis à l'entassement dans les bidonvilles des grandes villes.

Aujourd'hui encore, le racisme reste bien ancré. Dans les immeubles chic, les Noirs sont parfois invités à utiliser l'ascenseur de service (car identifiés comme employés de maison). Les chances de grimper l'échelle sociale sont directement liées à la couleur de la peau ou aux cheveux (frisés ou non). Ne dit-on pas : « Le Brésil n'est pas raciste, mais un Noir ne pourra réussir qu'en devenant footballeur ou danseur de samba » ?

Il n'en reste pas moins que la culture africaine – par la musique, la cuisine, les pratiques religieuses – a pénétré toutes les strates de la société brésilienne, tant et si bien que le culte des *orixás* africains est largement pratiqué jusque dans les quartiers populaires du Rio Grande do Sul (voir la rubrique « Religions et croyances »). C'est à Bahia que vous rencontrerez avec le plus de force cette présence de la culture africaine.

Les *caboclos*

Difficile de dire combien sont les *caboclos.* Comptabilisés par l'État dans le groupe des *pardos* (« bruns »), ces métis d'Européens et d'Indiens vivent principalement dans la région amazonienne, mais aussi dans le Ceará, le Pernambuco et l'Alagoas. Le terme peut aussi désigner un Indien assimilé.

L'histoire des *caboclos* recoupe celle du Brésil. Nés des premiers explorateurs portugais, ils ont vu leur communauté se développer largement au gré du boom du caoutchouc, à la fin du XIXe et au début du XXe s. Leur parcours est jalonné d'illuminations prophétiques et de révoltes à connotations mystiques : les *canudos* d'Antônio Conselheiro, le mouvement du *padre* Cicero, le *cangaço* (banditisme social) de Virgulino Ferreira, dit Lampião, et de Maria Bonita... Autant de légendes entretenues par la littérature des *cordeis* (petits livrets populaires vendus dans les rues) et par les chansons des *repentistas,* improvisées par deux guitaristes. Leur musique ? Le *forró,* où l'accordéon et les percussions lancent les rythmes haletants du *baião* ou du *xote.*

Belém vous fera sentir l'importante présence des Indiens d'Amazonie, ainsi que Manaus, tandis qu'au sud l'héritage indien, longtemps valorisé par les jésuites, se mêle aux cultures apportées par les émigrants du Vieux Monde : Italiens, Russes, juifs, Polonais, Allemands... Le Brésil, c'est Babel.
Le 24 juin a été déclaré fête des *Caboclos* !

Les Brésiliens d'ascendance asiatique

Le Brésil abrite la plus forte communauté d'ascendance japonaise dans le monde, estimée entre 1,5 et 3 millions de personnes – concentrées dans les États de São Paulo et du Paraná. Recrutés comme travailleurs dans les plantations de café et colons, les premiers Japonais débarquèrent en 1908. Dans les années 1990, un mouvement inverse s'est produit : quelque 200 000 Brésiliens d'ascendance japonaise ont tenté l'aventure du retour sur la terre de leurs ancêtres – avec, souvent, de gros problèmes d'intégration.
Le pays compte en outre des minorités d'origine chinoise (250 000 personnes) et coréenne (50 000), sans oublier une communauté levantine (Libanais et Syriens, chrétiens pour la plupart).

Les Indiens du Brésil

Les estimations peinent à s'accorder. Combien étaient les Indiens sur le territoire de l'actuel Brésil avant le début de la colonisation ? Des chiffres très différents circulent, entre 1 et 10 millions. Ceux d'aujourd'hui sont plus faciles à déterminer. Au dernier recensement de 2010, 900 000 personnes se sont définies comme « indiennes » (0,45 % de la population du pays).
La FUNAI *(Fundação Nacional do Indio),* organisme d'État chargé d'assurer la « protection » des Indiens, fixe leur nombre à environ 3 millions de personnes en l'an 1500 et 820 000 aujourd'hui – les deux tiers, environ, vivant sur leurs territoires ancestraux. Le déclin est marqué, mais le pire a été évité : en 1957, point bas des données démographiques et période d'innombrables exactions, les Indiens n'étaient plus que 70 000 au Brésil. Autant dire que leur taux de natalité est, aujourd'hui, quatre fois supérieur à celui des autres Brésiliens. Mais l'explication de ce rebond spectaculaire est plus vaste : les Brésiliens sont de plus en plus nombreux à revendiquer leur part d'identité indienne.
– ***Où vivent les Indiens du Brésil ?*** La plupart vivent dans quelque 600 réserves ou parcs nationaux, à l'accès interdit, couvrant près de 12,5 % du pays. Les cinq territoires les plus importants se trouvent dans le Mato Grosso (parcs d'Aripuaná et du Xingu), dans le Pará (parc de Tumucumaque sur la frontière guyanaise), dans le Tocantins (parc d'Araguaia sur l'îlha do Bananal) et dans l'État de Roraima (parc des Yanomamis à la frontière vénézuélienne). C'est bien logiquement dans le Nord (Amazonie) et le Nord-Est que les Indiens sont les plus nombreux (63 %), mais on les trouve aussi dans le Centre-Ouest, dans le Mato Grosso et le Mato Grosso do Sul (16 %), au sud-est (12 %) et au sud (9,2 %), aux confins du monde guarani.
– ***Combien de nations indiennes ?*** Toujours selon la FUNAI, les Indiens se répartissent en 305 ethnies parlant 274 langues, sans compter les quelque 69 groupes qui n'auraient jamais eu de contact avec le reste du monde. Les trois peuples les plus importants démographiquement sont les Ticunas (Amazonie), les Guaranis Kaiowá (Mato Grosso do Sul) et les Kaingang (Sud). Certaines nations ne comptent que quelques dizaines d'individus et sont, de ce fait, menacées d'extinction. Les Juma du Rondônia ne sont même plus que quatre, les Akuntsu cinq... Pour y voir plus clair, des ethnologues ont essayé de les classer par grandes familles linguistiques. On en compte principalement cinq :
– ***Les Arawaks :*** originaires d'Amazonie, leurs ancêtres ont conquis, au fil des siècles, les Petites, puis les Grandes Antilles. Au Brésil, ils sont concentrés dans le Nord-Ouest du pays (Roraima et Amazonie) et sont représentés aujourd'hui par une centaine de tribus, chacune possédant sa langue. C'est dans le domaine religieux qu'ils

se caractérisent, avec un culte particulier pour d'énormes trompes sacrées, sortes d'instruments à vent, qui doivent toujours être cachées aux yeux des femmes.

- ***Les Karibs*** (Caraïbes), regroupés dans les régions de Roraima, Amapá et nord du Pará, étaient d'habiles guerriers ; ils volaient régulièrement des femmes arawaks pour en faire leurs épouses et étaient religieusement cannibales. Ces pratiques, combattues par le catholicisme, n'existent plus aujourd'hui, mais les hommes ont tout de même gardé une de leurs croyances, celle de la *couvade,* qui consiste en une espèce de pantomime des douleurs qui accablent l'homme lorsque sa femme accouche d'un garçon.
- ***Les Tupis-Guaranis,*** implantés sur tout le territoire brésilien, en particulier au centre-nord, au sud et sur le littoral, ont été les premiers Indiens à entrer en contact avec les explorateurs européens au XVIIe s. Animés par un puissant sentiment religieux, seuls quelques-uns de leurs mythes ont survécu au choc de la colonisation, comme celui de la Terre-sans-mal, paradis terrestre qui offrirait à l'Indien tout ce dont il rêve. La langue tupi a fait entrer des centaines de mots dans la langue portugaise, notamment des noms d'animaux comme jaguar, piranha, tapir, tatou, toucan... Aujourd'hui, le *mato grosso* (littéralement la « forêt touffue ») est sévèrement déboisé. Ayant perdu leurs territoires de pêche et de chasse, les Guaranis survivent en travaillant comme saisonniers dans les plantations de canne à sucre et les distilleries qui encerclent leurs terres.
- ***Les Macro-Jê*** occupent le cœur du Brésil. La pauvreté de leur culture matérielle en a fait des parias. Ils couchent à même la terre et disent vivre en ne connaissant que la faim, mais possèdent en revanche une organisation sociale extrêmement complexe, sorte de club politique, véritable casse-tête ethnologique.
- ***Les Panos-Tacanas*** sont disséminés, quant à eux, dans le haut bassin amazonien (principalement la région de Rondônia), aux confins du Pérou et de la Bolivie. Ils vivent de la chasse et d'une agriculture semi-sédentaire à base de maïs, d'arachide, de banane, de patate douce, de canne à sucre, de piment, etc. Leur existence est difficile, mais ils savent encore profiter de la jungle et se créer cette vie paisible, harmonieuse, aux désirs immédiatement satisfaits, qu'avaient pu remarquer les premiers explorateurs.

Pour en savoir plus, vous pouvez consulter le site : • *funai.gov.br* • Voir aussi l'introduction au chapitre « L'Amazonie ».

RELIGIONS ET CROYANCES

Le Brésil noir et mystique

Si le Brésil est le plus grand pays catholique du monde, il n'en demeure pas moins que c'est aussi le plus grand pays de religion africaine *yoruba,* qu'on désigne sous le terme global de *candomblé.* On compte sûrement plus de dévots du *candomblé* au Brésil qu'en Afrique ; à peu près autant que de catholiques brésiliens. Toute la subtilité et l'ambivalence du style brésilien résident là. Le dimanche matin, à la messe, tout le monde est catholique, mais le lundi soir, ou n'importe quel autre soir de la semaine, les mêmes iront au *terreiro de candomblé* pour célébrer les dieux africains avec la même ferveur que lors de l'eucharistie.

L'héritage religieux des Yorubas

Le terme de *candomblé* désigne la religion africaine du peuple yoruba, perpétuée au Brésil par les esclaves et leurs descendants, et vigoureusement pratiquée du nord au sud du pays, mais principalement à Salvador, ainsi qu'à Belo Horizonte, São Paulo et Rio.

Arrivés au Brésil en provenance de régions et de nations africaines dispersées, de langues différentes, les esclaves noirs d'Afrique furent soumis à un processus de destruction de leur identité culturelle : nations, ethnies, tribus, familles dispersées ; interdiction de perpétuer coutumes et croyances, de parler leur langue...

Minoritaires parmi les esclaves brésiliens, originaires du delta du Niger, les Yorubas, porteurs d'une des civilisations les plus florissantes et complexes d'Afrique, communiquèrent leur héritage religieux et culturel à tous les Noirs du Brésil. Ils enterrèrent les fondements magiques de leur peuple, secrètement transportés d'Afrique, comme ce fut aussi le cas à Cuba, faisant du Nigeria, du Brésil et de Cuba les trois terres sacrées du peuple yoruba dans le monde.
Les dieux de cette religion, dont le nombre est considérable, représentent des forces bien précises qui trouvent leurs origines dans les éléments du terroir africain et de la nature : tempêtes, rivières, forêts, brousse, foudre, mer... Mais ils ont aussi et surtout la faculté d'habiter l'esprit et le corps des humains dans ce qu'on appelle la possession, ou transe. Ainsi, chacun est habité par un dieu, un *orixá* (prononcer « oricha »), qui donne une valeur sacrée aux traits profonds de sa personnalité : penchant érotique, caractère coléreux, amour de son prochain...

Le candomblé

Religion où la beauté des rituels fait partie de la fête, le *candomblé* caractérise chaque *orixá* par une foultitude d'attributs : objets, matières, jours de la semaine, parures, bijoux, plantes, couleurs, chants, tambours, préparations culinaires et sacrifices spécifiques, lieu qui l'abrite... toutes choses qui manifestent sa présence, mais peuvent varier selon les régions du Brésil.
En sacralisant toute la gamme des penchants humains, le *candomblé* ne fait pas seulement œuvre d'infinie tolérance morale. Les cérémonies et fêtes ont pour but de faire se manifester ces divinités parmi les vivants, par la transe. Au dieu physiquement présent dans le corps du fidèle possédé, on pourra demander d'user de toute la force de ses pouvoirs pour aider à résoudre les problèmes de la vie : amour, santé, argent, conflits, projets, voisinage, etc. En retour, on s'informera des offrandes et fêtes qu'il souhaite pour accomplir son « travail ».
En dehors de ces cérémonies et fêtes, toute une série de pratiques entretiennent une convivialité permanente avec les dieux : faculté de faire appel à leur aide pour toutes sortes de questions, en consultant les *búzios,* l'oracle des 16 coquillages, pour élucider un problème ou en réalisant des « travaux » *(trabalhos),* c'est-à-dire offrandes, sacrifices, bricolages et actes spécifiques, exigés par un *orixá* sollicité pour résoudre un problème, débloquer une situation... Ne souriez pas, peu de Brésiliens, même des plus rationalistes, peuvent prétendre ne jamais y avoir eu recours, et la vie comme l'histoire brésilienne foisonnent d'histoires étranges et impressionnantes qui incitent à la prudence sur le sujet.

Les terreiros de candomblé

Le culte des *orixás,* au Nigeria, hormis les grandes fêtes communautaires, est essentiellement domestique. Les conditions de survie des cultures africaines au Brésil ont fait naître les *terreiros de candomblé* comme véritables lieux de culte communautaires au milieu d'un quartier.
C'est une petite maison paroissiale, dirigée par un *babalorixá* ou par une *yalorixá,* qu'on appelle aussi « père » ou « mère de saint » (*pai* ou *mãe de santo*), entouré(e) d'une petite communauté d'assistants directs, et qui fait appel à ses initiés quand il (elle) a besoin d'eux pour un rituel important. Le *terreiro* assure l'assistance à tout le quartier.
Véritable curé de paroisse, le *babalorixá* (ou la *yalorixá*) rend les oracles, dirige les *trabalhos,* accomplit les sacrifices, procède à l'initiation des adeptes qui le désirent ou en ont besoin et, bien sûr, organise les fêtes et cérémonies rituelles indispensables.
Le *candomblé,* dont les rituels font appel à une riche mythologie, à des règles d'une grande précision, à des secrets et à des savoirs soumis à l'initiation, ne professe aucune doctrine, aucun message, aucune révélation. Sachez aussi que le *candomblé* n'a aucune institution unifiée, du genre Église, et ne repose que sur

le prestige et l'autorité de chaque *terreiro,* la beauté de ses fêtes et la réputation des *trabalhos* qui y sont accomplis.

L'initiation n'est nullement nécessaire pour fréquenter un *terreiro,* interroger l'oracle, assister à une cérémonie. Les fêtes de *candomblé* sont parmi les expériences les plus belles et les plus saisissantes que vous puissiez vivre au Brésil, tant par la fièvre des rythmes et des chants, la beauté des costumes, la douceur et la séduction qui y règnent, les parfums et la saveur des cuisines sacrées, que par la puissance sans violence des transes qui s'y manifestent.

Le *candomblé* n'entretient pas un rapport moral à l'argent. Aussi ne cache-t-il pas que les divinités ne « travaillent » pas gratis. Mais sachez aussi que s'il demande de l'argent, ou une forme concrète de rétribution, c'est pour faire face à des frais de fonctionnement assez élevés.

Le syncrétisme

Religion des signes et non du verbe, longtemps soumis à de dures persécutions, réprimé par la *loi des Tambours* qui interdisait de battre les tambours la nuit, pourchassé, clandestin, le *candomblé* dut user de pseudonymes : au lieu de nommer et de représenter les *orixás* à la façon yoruba, les *terreiros* et leurs adeptes les recouvrirent de l'image des saints de la mythologie chrétienne, trouvant dans ces images pieuses un détail, une couleur, un objet qui manifestaient la présence de l'*orixá*.

Ainsi, la représentation de flèches dans les images de saint Sébastien fit adopter ce dernier pour représenter *Oxóssi* (Ochossi), le dieu de la Chasse et de la Brousse ; *Oxum* s'appelle aussi Notre-Dame de la Chandeleur ; *Yemanjá,* déesse de la Mer, mais aussi de la Sensualité possessive et maternelle, est Notre-Dame de l'Immaculée Conception...

La fusion s'est faite dans l'imaginaire brésilien. Cela a fini par créer une espèce de syncrétisme brésilien où l'on ne sait plus toujours quel saint on honore, chrétien ou yoruba. C'est ainsi qu'à Salvador, où le *candomblé* est fortement présent dans la vie sociale, toutes les fêtes catholiques sont marquées par de grandes manifestations du *candomblé*.

Sectes et évangélisme

« Combien y a-t-il de religions au Brésil ? Dieu seul le sait... et encore ! », a-t-on coutume de dire. À côté du catholicisme, du *candomblé,* il existe toutes sortes de religions, depuis les plus classiques (chrétiens orthodoxes, réformés de divers courants, juifs, musulmans, bouddhistes, shintoïstes) jusqu'aux plus exotiques, en passant par les sectes de génération locale les plus extravagantes.

LE POSITIVISME

Ce mouvement français fondé au XIXe s sur la science et le progrès fut assez vite oublié dans le monde, sauf au Brésil. On en fit même une religion matérialiste (l'Église positiviste), qui refusait notamment l'esclavage. La devise sur le drapeau national, « Ordre et Progrès », est d'influence positiviste.

Différente et préoccupante, en revanche, la montée en puissance dans les quartiers pauvres d'un phénomène nouveau qui dépasse le simple penchant brésilien pour les religions ébouriffantes : la percée des sectes en général, et des évangélistes pentecôtistes en particulier. Leurs discours, au contenu intégriste, extrêmement durs, convergent, de même que leur organisation qui a tendance à s'unifier autour de deux grands centres : l'Église universelle du Règne de Dieu et l'Assemblée de Dieu. En rupture totale avec la tolérance religieuse brésilienne, engagées dans une « guerre contre l'œuvre du diable » qui serait la cause des malheurs sociaux, elles enrégimentent dans une mobilisation permanente les gens

les plus désespérés des quartiers pauvres, en prenant ouvertement pour cible les traditions culturelles et spirituelles africaines, la liberté morale et sexuelle, la médecine, l'école, les mouvements progressistes et syndicaux.
Leur succès impressionnant et leur grande richesse (l'Église universelle du Règne de Dieu possède 1 800 églises dans le pays, 3 quotidiens, 34 chaînes de radio et la grande chaîne de TV Record) trahissent sans doute les cassures du tissu social et culturel comme le désarroi spirituel du peuple dans l'extrême gravité de la crise qui l'atteint.

Le chamanisme

Dans un univers où le sacré se mêle au profane, le chaman (sorcier) est l'un des personnages les plus importants des communautés indiennes. Si l'on excepte les Indiens guayakis et les Gés, chez qui l'on n'en trouve nulle trace, le chamanisme est bien l'un des traits de culture communs à tout le bassin amazonien.
Mais qui se cache derrière ce personnage, à la fois homme, médecin, sorcier, trait d'union entre le monde des hommes et celui des esprits, porte-parole de la surnature ? Un homme le plus souvent, une femme rarement. Énormément de talent, un certain goût pour la mise en scène, mais surtout un apprentissage très long qui le mettra à l'épreuve et lui révélera – ou non – ses talents. Le chaman fait profession de communiquer avec les esprits et parfois d'en être possédé. Si un homme est malade, que potions et onguents n'ont pu le guérir, c'est que la maladie est due à une puissance malfaisante qui a réussi à introduire dans le corps du patient un sort, qui peut, au pire, emprisonner son âme. Un sort que seul le chaman peut conjurer. Après chants, massages, psalmodies, le chaman va, par succion et lors d'un magistral tour de passe-passe, extraire un objet ensanglanté, cause du mal. Potions et onguents clôturent la cérémonie et parachèvent le traitement.
Capable de guérir, le chaman peut également nuire à un ennemi. Il est indispensable à la communauté car, outre ses dons de guérisseur, il sait prédire l'avenir, faire tomber la pluie. Il est aussi le conseiller militaire, le grand maître des cérémonies magico-religieuses, le détenteur des secrets des pistes giboyeuses. Mais son pouvoir ne tient qu'à un fil, très mince, car sa magie n'est efficace que pour autant que l'on croit qu'elle l'est.

SITES INSCRITS AU PATRIMOINE MONDIAL DE L'UNESCO

UNESCO
Organisation des Nations Unies pour l'éducation, la science et la culture

En coopération avec le centre du patrimoine mondial de l'UNESCO

Pour figurer sur la liste du Patrimoine mondial, les sites doivent avoir une valeur universelle exceptionnelle et satisfaire à au moins un des 10 critères de sélection. La protection, la gestion, l'authenticité et l'intégrité des biens sont également des considérations importantes.
Le patrimoine est l'héritage du passé dont nous profitons aujourd'hui et que nous transmettons aux générations à venir. Nos patrimoines culturel et naturel sont deux sources irremplaçables de vie et d'inspiration. Ces sites appartiennent à tous les peuples du monde, sans tenir compte du territoire sur lequel ils sont situés. Pour plus d'informations : • *whc.unesco.org* •
Les sites traités dans le guide sont :
- Brasília ;
- le parc national d'Iguaçu ;
- le centre historique de la ville d'Olinda ;
- le centre historique de la ville de Diamantina ;
- le centre historique de Salvador da Bahia ;
- le centre historique de São Luis ;

– la place São Francisco, dans la ville de São Cristovão ;
– le sanctuaire du Bom Jesus à Congonhas ;
– la ville historique d'Ouro Preto ;
– l'aire de conservation du Pantanal ;
– le complexe de conservation de l'Amazonie centrale ;
– la côte de la découverte – Réserves de la forêt atlantique (États de Bahia et de l'Espírito Santo) ;
– la forêt atlantique – Réserves du Sud-Est (États du Paraná et de São Paulo) ;
– Rio de Janeiro.

SPORTS ET LOISIRS

Le pays du *futebol*

Quand on parle de sport au Brésil, on pense évidemment au ***football,*** élevé au rang de religion populaire par l'ensemble des Brésiliens et pratiqué dans toutes les villes et tous les villages du pays, sur une plage, un chemin de terre ou un terrain aménagé en plein air. Les gamins des favelas s'entraînent même dans les *ladeiras,* et à les observer jouer pieds nus dans ces rues en pente, on comprend la réputation de virtuoses du ballon des joueurs brésiliens. L'équipe nationale est d'ailleurs la seule à avoir emporté cinq Coupes du monde, en 1958, 1962, 1970, 1994 et enfin en 2002. Bon, on ne mentionne pas l'écrasante défaite de l'équipe nationale sur ses terres, à l'occasion de la Coupe du monde de football en 2014. La victoire de l'Allemagne (7-1), qui a d'ailleurs remporté la finale cette année-là, reste le pire souvenir de tous les aficionados de football... et ils sont nombreux !

LE FOOT MACHO

Le Brésil est la patrie du football, un sport réservé pendant longtemps aux hommes ! De 1941 à 1975, les femmes avaient interdiction de jouer au foot, soi-disant pour cause d'incomptabilité avec la nature féminine. En réalité, les matchs féminins attiraient bien plus de monde que ceux de la gent masculine...

Le nombre et la taille des stades de football dans les villes brésiliennes témoignent bien de l'engouement pour ce sport, les plus célèbres étant le ***Maracanã*** de Rio et le ***Morumbi*** à São Paulo. Chaque grande métropole possède au moins deux équipes, donc deux stades, une équipe soutenue par la classe populaire et une autre supportée par la classe bourgeoise.

Pour vivre l'ambiance effervescente des matchs et se plonger dans cette folie toute brésilienne, vous pouvez aller au stade, en général tous les mercredis et dimanches. Pour les grandes rencontres, TOUT s'arrête. La ville est déserte, silencieuse... et, à chaque but, fusées et pétards retentissent à faire trembler les rues. Chacun ici a SON équipe, *Flamengo* (rouge et noir) ou *Fluminense* (vert et blanc) à Rio, *Corinthians* (noir et blanc) à São Paulo... Les grands champions – Ronaldo, Garrincha, le « roi » Pelé, Socrates ou Romario – sont adulés à l'égal des dieux. Et l'ambiance tient du délire collectif lors d'un « Fla-Flu » (Flamengo contre Fluminense).

LE MAILLOT FAIBLE

En 1950, les joueurs de l'équipe du Brésil (Seleção) étaient donnés grands favoris à la finale de la Coupe du monde de football. Le match contre l'Uruguay ne semblait donc qu'une formalité. C'est pourquoi la défaite (2-1) fut mise sur le compte du maillot, traditionnellement blanc. Depuis, il est coloré en jaune, à l'image du drapeau national...

Un peuple de sportifs

Le Brésil compte environ 8 000 clubs sportifs qui démontrent l'engouement des Brésiliens pour le sport. Après le foot, le ***volley-ball*** et le ***beach-volley,*** pratiqué sur les plages du littoral, sont très populaires et appréciés des hommes et des femmes, avec des équipes plusieurs fois championnes du monde et championnes olympiques. Tout comme le ***basket-ball,*** qui a vu naître des joueurs de haut niveau, plusieurs fois vainqueurs des championnats internationaux. La classe moyenne apprécie particulièrement le ***tennis,*** avec de célèbres joueurs comme Maria Ester Bueno, qui a remporté trois fois le tournoi de Wimbledon dans les années 1960 et, bien plus récemment, la star « Guga », Gustavo Kuerten, qui a pris sa retraite sportive en mai 2008. Sans oublier la ***formule 1,*** popularisée par les pilotes mythiques du sport automobile, Nelson Piquet dans les années 1980, Rubens Barrichello, ou encore Ayrton Senna (voir « Personnages »).
Sur le littoral du Nordeste, d'août à septembre, le ***kitesurf*** a le vent en poupe ! La petite ville de Paracuru, à une centaine de kilomètres au nord de Fortaleza, est devenue, en quelques années, l'un des spots mondiaux de ce sport, tout comme Jericoacoara ou Barra Grande.
Sinon, il y a une activité méconnue en Europe mais pratiquée par une majorité de Brésiliens, la ***marche tonique*** (!). En effet, cette activité nécessite des conditions bien spécifiques à ces contrées, car elle se pratique de préférence dans un cadre idyllique, le long des plages du littoral, telles que Copacabana, pour ne citer que la plus célèbre... Tôt le matin ou en fin de journée, une foule homogène, vêtue d'un caleçon moulant, de baskets futuristes et généralement équipée d'écouteurs, arpente d'un pas énergique les quelques kilomètres qui longent ces immenses plages de sable fin. Une activité démocratique, pratiquée seul ou à plusieurs, de 7 à 77 ans, qui offre parfois un spectacle insolite sur les plages de Rio, de l'Espírito Santo ou de Bahia.

La capoeira

Autre particularité, et non la moindre, la ***capoeira,*** pratiquée dans de nombreuses villes du Brésil, l'après-midi ou le soir, sur une place ou en bord de mer. Au son de chants africains et de trois instruments de musique – le *berimbau* (en forme d'arc), le *pandeiro* (tambourin) et l'*atabaque* (sorte de tam-tam) –, d'étonnants danseurs, souvent vêtus de blanc, rivalisent deux à deux au milieu d'un cercle (la *roda*) formé par les participants. Le rythme particulier, la vibration de la corde d'acier des *berimbaus,* le chœur à l'évidence truculent et profane, mais en même temps psalmodié comme un chant religieux, tout cela ne peut qu'attirer votre attention. Et les figures acrobatiques de ces « danseurs-combattants », généralement des hommes, vous feront penser à un véritable ballet aux allures tragiques et assassines. C'est de la capoeira qu'il s'agit, et, sous ses allures de danse, c'est bien l'un des plus redoutables sports de combat qui soient. Emprunté aux techniques martiales de diverses nations africaines, on y retrouve des figures de la boule sénégalaise, autant que des feintes et passes pratiquées en Angola et chez les Zoulous ; d'ailleurs, la capoeira a emprunté sa rythmique et sa ligne musicale à l'Angola.
La capoeira remonte à la fin du XVIIIe s et était pratiquée en secret par les esclaves, qui exprimaient ainsi leurs révoltes et camouflaient sous des apparences musicales ces activités qui leur étaient interdites. Ainsi, le *toque,* le motif rythmique scandé par le *berimbau,* servait jadis de signal d'alarme. Les maîtres craignaient que ces groupes de combat organisent un mouvement de révolte. Malgré cette opposition, la capoeira acquit peu à peu une grande popularité et se répandit dans de nombreuses régions au Brésil. Mais cet art martial restait entaché d'une mauvaise réputation, d'autant que les capoeiristes étaient organisés en bandes et n'hésitaient pas à servir d'hommes de main pour le compte des diverses autorités ; dans le langage brésilien blanc du XIXe s, capoeira signifiait d'ailleurs « bandit, brigand ». Avec l'abolition de l'esclavage noir en 1888 et la proclamation de

la république en 1890, la répression se durcit à l'encontre des manifestations de la culture afro-brésilienne, y compris la capoeira. Sa pratique fut donc interdite dès 1890, et ce jusqu'en 1932, lorsque le gouvernement de Getúlio Vargas officialisa cet art martial comme « sport national ».

Car depuis le début du XXe s, des maîtres virtuoses de capoeira, personnellement engagés dans les luttes contre la ségrégation raciale envers les Noirs, avaient fait définitivement reconnaître la capoeira comme un art digne de respect. C'est à Salvador da Bahia que s'ouvrirent les premières académies officielles. Deux « écoles » se distinguent : la *capoeira régionale,* créée par Mestre Bimba (première académie ouverte en 1932), plus acrobatique et proche des arts martiaux, et la *capoeira angola,* pratiquée par l'académie de Mestre Pastinha (ouverte en 1941), qui revendique le style traditionnel. La capoeira est aujourd'hui pratiquée dans tout le Brésil, avec des championnats et une fédération sportive (dont les meilleures académies sont évidemment à Bahia). Elle sert d'étendard culturel aux divers mouvements de conscience noire.

les ROUTARDS sur la FRANCE 2017-2018

(dates de parution sur • **routard.com** •)

Découpage de la FRANCE par le ROUTARD

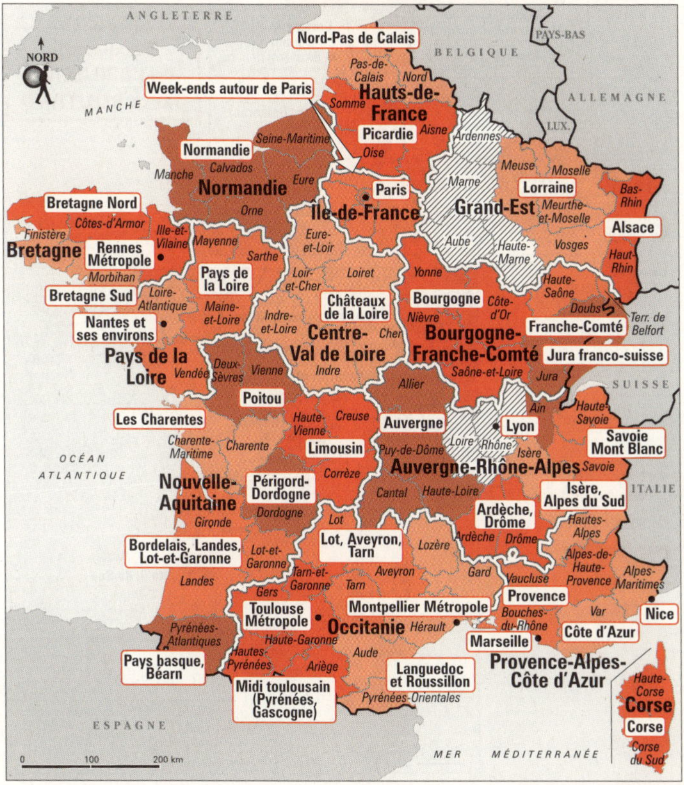

Autres guides nationaux

- Hébergements insolites en France (mars 2017)
- La Loire à Vélo
- La Vélodyssée (Roscoff-Hendaye)
- Nos meilleurs campings en France
- Nos meilleures chambres d'hôtes en France
- Nos meilleurs restos en France
- Les visites d'entreprises

Autres guides sur Paris

- Paris
- Paris balades
- Restos et bistrots de Paris
- Le Routard des amoureux à Paris
- Week-ends autour de Paris

les ROUTARDS sur l'ÉTRANGER 2017-2018

(dates de parution sur • ***routard.com*** •)

Découpage de l'ESPAGNE par le ROUTARD

Découpage de l'ITALIE par le ROUTARD

Autres pays européens

- Allemagne
- Angleterre, Pays de Galles
- Autriche
- Belgique
- Budapest, Hongrie
- Capitales baltes (avril 2017)
- Crète
- Croatie
- Danemark, Suède
- Écosse
- Finlande
- Grèce continentale
- Îles grecques et Athènes
- Irlande
- Islande
- Madère
- Malte
- Norvège
- Pologne
- Portugal
- République tchèque, Slovaquie
- Roumanie, Bulgarie
- Suisse

Villes européennes

- Amsterdam et ses environs
- Berlin
- Bruxelles
- Copenhague
- Dublin
- Lisbonne
- Londres
- Moscou
- Prague
- Saint-Pétersbourg
- Stockholm
- Vienne

les ROUTARDS sur l'ÉTRANGER 2017-2018

(dates de parution sur • *routard.com* •)

Découpage des ÉTATS-UNIS par le ROUTARD

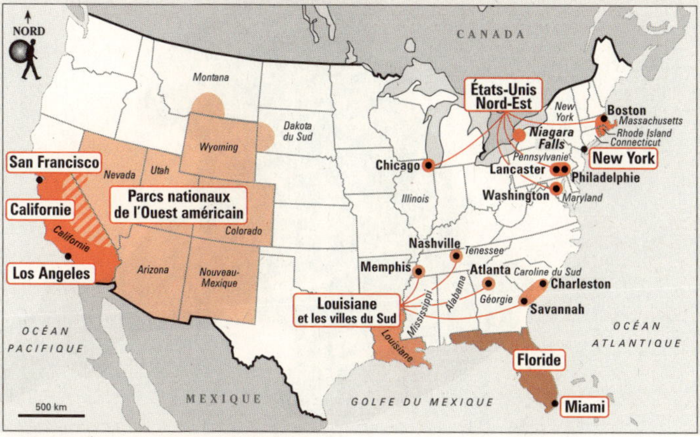

Autres pays d'Amérique

- Argentine
- Brésil
- Canada Ouest
- Chili et île de Pâques
- Costa Rica (novembre 2016)
- Équateur et les îles Galápagos
- Guatemala, Yucatán et Chiapas
- Mexique
- Montréal
- Pérou, Bolivie
- Québec, Ontario et Provinces maritimes

Asie et Océanie

- Australie côte est + Red Centre
- Bali, Lombok
- Bangkok
- Birmanie (Myanmar)
- Cambodge, Laos
- Chine
- Hong-Kong, Macao, Canton
- Inde du Nord
- Inde du Sud
- Israël et Palestine
- Istanbul
- Jordanie
- Malaisie, Singapour
- Népal
- Shanghai
- Sri Lanka (Ceylan)
- Thaïlande
- Tokyo, Kyoto et environs
- Turquie
- Vietnam

Afrique

- Afrique du Sud
- Égypte
- Kenya, Tanzanie et Zanzibar
- Maroc
- Marrakech
- Sénégal
- Tunisie

Îles Caraïbes et océan Indien

- Cuba
- Guadeloupe, Saint-Martin, Saint-Barth
- Île Maurice, Rodrigues
- Madagascar
- Martinique
- République dominicaine (Saint-Domingue)
- Réunion

Guides de conversation

- Allemand
- Anglais
- Arabe du Maghreb
- Arabe du Proche-Orient
- Chinois
- Croate
- Espagnol
- Grec
- Italien
- Japonais
- Portugais
- Russe
- G'palémo (conversation par l'image)

Les Routards Express

Amsterdam, Barcelone, Berlin, Bruxelles, Budapest, Dublin, Florence, Istanbul, Lisbonne, Londres, Madrid, Marrakech, New York, Prague, Rome, Venise.

Nos coups de cœur

- Les 50 voyages à faire dans sa vie (octobre 2016)
- Nos 52 week-ends dans les plus belles villes d'Europe
- France
- Monde

INDEX GÉNÉRAL

INDEX GÉNÉRAL

LISTE DES CARTES ET PLANS

Nous tenons à remercier tout particulièrement Loup-Maëlle Besançon, Thierry Bessou, Gérard Bouchu, François Chauvin, Grégory Dalex, Fabrice Doumergue, Cédric Fischer, Carole Fouque, Michelle Georget, David Giason, Claude Hervé-Bazin, Emmanuel Juste, Dimitri Lefèvre, Fabrice de Lestang, Romain Meynier, Éric Milet, Pierre Mitrano, Jean-Sébastien Petitdemange et Thomas Rivallain pour leur collaboration régulière.

Emmanuelle Bauquis
Jean-Jacques Bordier-Chêne
Michèle Boucher
Sophie Cachard
Lucie Colombo
Agnès Debiage
Émilie Debur
Jérôme Denoix
Flora Descamps
Louise Desmoulins
Tovi et Ahmet Diler
Clélie Dudon
Sophie Duval
Alain Fisch
Roman Fossurier
Bérénice Glanger
Adrien et Clément Gloaguen
Marie Gustot
Bernard Hilaire
Sébastien Jauffret
Jacques Lemoine
Amélie Mikaelian
Caroline Ollion
Martine Partrat
Odile Paugam et Didier Jehanno
Émilie Pujol
Prakit Saiporn
Jean-Luc et Antigone Schilling
Caroline Vallano

Direction : Nathalie Bloch-Pujo
Contrôle de gestion : Jérôme Boulingre et Adeline Cazabat Barrere
Secrétariat : Catherine Maîtrepierre
Direction éditoriale : Catherine Julhe
Édition : Matthieu Devaux, Géraldine Péron, Olga Krokhina, Gia-Quy Tran, Julie Dupré, Emmanuelle Michon, Sarah Favaron, Ludmilla Guillet, Flora Sallot, Elvire Tandjaoui, Quentin Tenneson, Clémence Toublanc et Sandra Vavdin
Préparation-lecture : Véronique Rauzy
Cartographie : Frédéric Clémençon et Aurélie Huot
Fabrication : Nathalie Lautout et Audrey Detournay
Relations presse France : COM'PROD, Fred Papet. ☎ 01-70-69-04-69.
• *info@comprod.fr* •
Direction marketing : Adrien de Bizemont, Clémence de Boisfleury et Charlotte Brou
Contacts partenariats : André Magniez (EMD). • *andremagniez@gmail.com* •
Édition des partenariats : Élise Ernest
Informatique éditoriale : Lionel Barth
Couverture : Clément Gloaguen et Seenk
Maquette intérieure : le-bureau-des-affaires-graphiques.com, Thibault Reumaux et npeg.fr
Relations presse : Martine Levens (Belgique) et Maureen Browne (Suisse)
Régie publicitaire : Florence Brunel-Jars

Remarque importante aux hôteliers et restaurateurs

Les enquêteurs du *Routard* travaillent dans le plus strict anonymat. Aucune réduction, aucun avantage quelconque, aucune rétribution n'est jamais demandé en contrepartie. Face aux aigrefins, la loi autorise les hôteliers et restaurateurs à porter plainte.

Avis aux lecteurs

Le Routard, ce n'est pas comme le bon vin, il vieillit mal. On ne veut pas pousser à la consommation, mais évitez de partir avec une édition ancienne. Les modifications sont souvent importantes.

Les réductions accordées à nos lecteurs ne sont jamais demandées par nos rédacteurs afin de préserver leur indépendance. Les hôteliers et restaurateurs sont sollicités par une société de mailing, totalement indépendante de la rédaction, qui reste donc libre de ses choix. De même pour les autocollants et plaques émaillées.

Avec routard.com, choisissez, organisez, réservez et partagez vos voyages !

✓ Rejoignez la plus grande communauté francophone de voyageurs : plus de **2 millions** de visiteurs !

✓ Échangez avec les routarnautes : forums, photos, avis d'hôtels.

✓ Retrouvez aussi toutes les informations actualisées pour choisir et préparer vos voyages : plus de 200 fiches pays, une centaine de dossiers pratiques et un magazine en ligne pour découvrir tous les secrets de votre destination.

✓ Enfin, comparez les offres pour organiser et réserver votre voyage au meilleur prix.

Les Routards *parlent aux* Routards

Faites-nous part de vos expériences, de vos découvertes, de vos tuyaux. Indiquez-nous les renseignements périmés. Aidez-nous à remettre l'ouvrage à jour. Faites profiter les autres de vos adresses nouvelles, combines géniales... On adresse un exemplaire gratuit de la prochaine édition à ceux qui nous envoient les lettres les meilleures, pour la qualité et la pertinence des informations. Quelques conseils cependant :

– Envoyez-nous votre courrier le plus tôt possible afin que l'on puisse insérer vos tuyaux sur la prochaine édition.

– N'oubliez pas de préciser l'ouvrage que vous désirez recevoir, ainsi que votre adresse postale.

– Vérifiez que vos remarques concernent l'édition en cours et notez les pages du guide concernées par vos observations.

– Quand vous indiquez des hôtels ou des restaurants, pensez à signaler leur adresse précise et, pour les grandes villes, les moyens de transport pour y aller. Si vous le pouvez, joignez la carte de visite de l'hôtel ou du resto décrit.

– N'écrivez si possible que d'un côté de la lettre (et non recto verso).

– Bien sûr, on s'arrache moins les yeux sur les lettres dactylographiées ou correctement écrites !

En tout état de cause, merci pour vos nombreuses lettres.

122, rue du Moulin-des-Prés, 75013 Paris

• *guide@routard.com* • *routard.com* •

Routard Assurance *2017*

Née du partenariat entre *AVI International* et le *Routard*, *Routard Assurance* est une assurance voyage complète qui offre toutes les prestations d'assistance indispensables à l'étranger : dépenses médicales, pharmacie, frais d'hôpital, rapatriement médical, caution et défense pénale, responsabilité civile vie privée et bagages. Présent dans le monde entier, le plateau d'assistance d'*AVI International* donne accès à un vaste réseau de médecins et d'hôpitaux. Pas besoin d'avancer les frais d'hospitalisation ou de rapatriement. Numéro d'appel gratuit, disponible 24h/24. *AVI International* dispose par ailleurs d'une filiale aux États-Unis qui permet d'intervenir plus rapidement auprès des hôpitaux locaux. À noter, *Routard Assurance Famille* couvre jusqu'à 7 personnes, et *Routard Assurance Longue Durée Marco Polo* couvre les voyages de plus de 2 mois dans le monde entier. *AVI International* est une équipe d'experts qui répondra à toutes vos questions par téléphone : ☎ 01-44-63-51-00 ou par mail • *routard@avi-international.com* • Conditions et souscription sur • *avi-international.com* •

Édité par Hachette Livre (58, rue Jean-Bleuzen, CS 70007, 92178 Vanves Cedex, France)
Photocomposé par Jouve (45770 Saran, France)
Imprimé par Jouve 2 (Quai n° 2, 733, rue Saint-Léonard, BP3, 53101 Mayenne Cedex, France)
Achevé d'imprimer le 28 octobre 2016
Collection n° 13 - Édition n° 01
84/3763/9
I.S.B.N. 978-2-01-330186-2
Dépôt légal : octobre 2016

PAPIER À BASE DE FIBRES CERTIFIÉES